업계 유일 논리 전공자의
천재적인 문제 해결력
Smart, Perfect, Real Logic!

LEET 추리논증
김우진

논리적으로 접근해야
문제 해결력이 높아집니다.

문제 푸는 요령만 학습해서는 안됩니다.
**제대로된 논리학적 접근법을 익혀야 완벽한 추리논증 사고의 틀을
완성할 수 있습니다.**

○ **해커스로스쿨 LEET 추리논증 단과강의 10% 할인쿠폰**

66CDEE8055AD4000

해커스로스쿨 사이트(lawschool.Hackers.com) 접속 후 로그인 ▶
우측 퀵메뉴 내 [쿠폰/수강권 등록] 클릭 ▶ 위 쿠폰번호 입력 후 이용

* 등록 후 7일간 사용 가능(ID당 1회에 한해 등록 가능)
* 3만원 미만 단과강의, 첨삭 포함 강의에는 사용 불가

해커스로스쿨 **lawschool.Hackers.com**

해커스 LEET
김우진
추리논증
유형별 기출문제집

김우진

이력

- Antonian Univ. Ph.D. 철학박사
- 논리(modal logic) 및 인식론(epistemology) 전공
- 연세대, 중앙대, 숙명여대, 세종대, 한양대, 이화여대, 동국대 등 강의 진행
- (현) 해커스로스쿨 추리논증 전문강사
- (현) 해커스PSAT 상황판단 전문강사
- (현) 프라임 법학원 PSAT 언어논리 전임
- (전) 메가 로스쿨 LEET 추리논증 전임

저서

- 해커스 LEET 김우진 추리논증 기초
- 해커스 LEET 김우진 추리논증 유형별 기출문제집
- 해커스 LEET 김우진 추리논증 기본
- 해커스 LEET 김우진 추리논증 PSAT 400제
- 해커스 LEET 김우진 추리논증 파이널 모의고사
- 해커스 LEET PSAT 김우진 논리게임 유형별 집중공략
- 해커스 PSAT 김우진 상황판단 기본서
- 해커스 PSAT 김우진 상황판단 15개년 기출문제집
- PSAT 언어논리 기본서
- 김우진 논리 추론
- 김우진 논리와 퍼즐

서문

해커스 LEET 김우진 추리논증 유형별 기출문제집

LEET 추리논증 대비를 위한
『해커스 LEET 김우진 추리논증 유형별 기출문제집』을 내면서

법학적성시험(LEET)의 추리논증 영역은 논리 비판적 사고를 측정하기 위한 목적을 지닌 시험입니다. 그리고 이러한 목적을 위해 다양한 내용학적인 측면에서 논리적인 사고와 비판적인 사고에 적합한 형식의 문제를 출제하고 있습니다.

이론상으로는 대학 교육에 기반하여 접근할 수 있는 문제로 구성되어 있으나, 실제로 출제되는 문제들은 일반적으로 접근하기 어려운 고난도의 문제가 다수 포함되어 있어서 평균 절반 정도에 미치는 어려운 시험이 LEET 시험입니다.

특히 추리논증 시험은 출제자들이 대부분 논리 전공자로 구성되어 있기에 논리적 사고 훈련이 되어 있지 않을 경우 접근하기 매우 어렵게 출제되고 있습니다. 이에 출제되는 문제들에 대해 영역별로 유형화된 틀을 정확하게 파악할 경우 그에 대한 대비를 통해 문제해결력을 높일 수 있습니다.

『해커스 LEET 김우진 추리논증 유형별 기출문제집』은 현재까지 출제된 모든 기출문제를 유형에 따라 정리하였습니다. 기준이 되는 유형은 출제처에서 발표한 자료에 근거하여 정리하였으며, 이론 강의에서 진행하고 있는 논리 비판적 이론과 접근 방법론을 요약하여 함께 실었습니다.

추리논증 시험은 이론적 배경이 논리와 비판적 사고라는 명확한 토대를 지니고 있는 영역입니다. 단순히 문제 푸는 요령이나 단편적 지식으로 접근하는 것은 한계가 있으며 논리 비판적 실력을 기르고 그에 따라 원리 및 원칙적으로 문제를 해결하는 것이 고득점을 위한 효율적인 방식이 됩니다.

또한 유형별 기출문제를 학습함으로써 자신이 강한 분야와 약한 분야를 정리하고 약한 분야에 대한 훈련과 연습을 통해 이를 보완할 경우 실전에서 좋은 성과를 이룩할 수 있으리라 기대합니다. 이 책이 출간되기까지 수고하신 모든 분들께도 감사드리며 이 책으로 학습하는 모든 분들의 소망이 이루어지기를 바랍니다.

Ph.D. 김우진

목차

| 추리논증 고득점을 위한 이 책의 활용법 | 기간별 맞춤 학습 플랜 | 추리논증 고득점 가이드

PART 01 | 추리 영역

01 연역과 귀납 기출유형공략 … 16
- 유형 01 연역추리 … 20
- 유형 02 귀납추론 … 35

02 언어 추리 기출유형공략 … 46
- 유형 01 법·규범학 … 50
- 유형 02 인문학 … 116
- 유형 03 사회과학 … 134
- 유형 04 과학기술 … 159

03 논리 게임 기출유형공략 … 192
- 유형 01 배열 … 196
- 유형 02 속성매칭 … 202
- 유형 03 연결·그룹핑 … 208
- 유형 04 진실 혹은 거짓 게임 … 215
- 유형 05 수적배열 … 221
- 유형 06 승패게임 … 227

04 수리 추리 기출유형공략 … 230
- 유형 01 대수 및 연산 … 232
- 유형 02 도형 및 기하 … 239
- 유형 03 게임이론 및 이산수학 … 241
- 유형 04 표·그래프 … 247

해커스 LEET 김우진 추리논증 유형별 기출문제집

PART 02 | 논증 영역

01 논증 분석 기출유형공략   256
  유형 01   명시적 분석   258
  유형 02   암묵적 분석   284
  유형 03   구조 분석   295

02 논쟁 및 반론 기출유형공략   304
  유형 01   반론 및 반박   308
  유형 02   논쟁 분석   324

03 평가 및 문제해결 기출유형공략   348
  유형 01   법·규범학   350
  유형 02   인문학   369
  유형 03   사회과학   388
  유형 04   과학기술   405

[책 속의 책]
정답 및 해설

추리논증 고득점을 위한 **이 책의 활용법**

1 **출제 경향 분석**으로 **최신 출제 경향을 파악**한다.

- 최근 기출문제에 대한 LEET 전문가의 상세한 출제 경향 분석으로 추리논증의 최신 출제 경향을 파악할 수 있습니다.

LEET 및 추리논증 소개

출제 경향 분석

2 자신의 학습 기간에 맞는 **학습 플랜**으로 **전략적으로 학습**한다.

- 학습 기간에 따른 두 가지 종류의 학습 플랜 중 자신의 상황에 맞는 학습 플랜을 선택하여 더욱 전략적으로 학습할 수 있습니다.

2주 완성 학습 플랜

4주 완성 학습 플랜

3 전 개년 전 문항의 유형별 기출문제로 실전에 확실하게 대비한다.

· 전 개년 전 문항의 기출문제를 유형별로 수록하였습니다. 유형별 핵심 이론과 출제 경향으로 문제 풀이 전략을 수립한 다음, 전략에 따라 전 개년 전 문항의 유형별 기출문제를 풀이하면 확실한 유형 공략으로 실전에 대비할 수 있습니다.

| 핵심 이론 & 출제 경향 | 유형별 기출문제 |

4 상세한 해설로 완벽하게 정리하고, 효과적인 풀이법을 익힌다.

· 모든 선택지에 대한 정답 및 오답의 근거를 제시하는 해설을 통해 문제를 완벽하게 이해할 수 있는 것은 물론, 빠르고 정확한 풀이법을 익힐 수 있습니다. 또한 문항별로 난이도를 제시하여 자신의 실력을 점검하고, 약점을 보완할 수 있습니다.

| 해설

기간별 맞춤 학습 플랜

자신의 학습 기간에 맞는 학습 플랜을 선택하여 계획을 수립하고, 그날에 해당하는 분량을 공부합니다.

2주 완성 학습 플랜

1주차

날짜	___월___일	___월___일	___월___일	___월___일	___월___일
학습 내용	PART 01 01 연역과 귀납	PART 01 02 언어 추리	PART 01 02 언어 추리	PART 01 03 논리 게임	PART 01 04 수리 추리

2주차

날짜	___월___일	___월___일	___월___일	___월___일	___월___일
학습 내용	PART 01 복습	PART 02 01 논증 분석	PART 02 02 논쟁 및 반론	PART 02 03 평가 및 문제해결	PART 02 복습

4주 완성 학습 플랜

1주차

날짜	__월__일	__월__일	__월__일	__월__일	__월__일
학습 내용	PART 01 01 연역과 귀납	PART 01 01 연역과 귀납	PART 01 01 연역과 귀납 복습	PART 01 02 언어 추리	PART 01 02 언어 추리

2주차

날짜	__월__일	__월__일	__월__일	__월__일	__월__일
학습 내용	PART 01 02 언어 추리	PART 01 02 언어 추리 복습	PART 01 03 논리 게임	PART 01 03 논리 게임	PART 01 03 논리 게임 복습

3주차

날짜	__월__일	__월__일	__월__일	__월__일	__월__일
학습 내용	PART 01 04 수리 추리	PART 01 04 수리 추리 복습	PART 02 01 논증 분석	PART 02 01 논증 분석 복습	PART 02 02 논쟁 및 반론

4주차

날짜	__월__일	__월__일	__월__일	__월__일	__월__일
학습 내용	PART 02 02 논쟁 및 반론	PART 02 02 논쟁 및 반론 복습	PART 02 03 평가 및 문제해결	PART 02 03 평가 및 문제해결	PART 02 03 평가 및 문제해결 복습

추리논증 고득점 가이드

1. LEET 소개

1) LEET란?
LEET(Legal Education Eligibility Test, 법학적성시험)는 법학전문대학원 교육을 이수하는 데 필요한 수학 능력과 법조인으로서 지녀야 할 기본적 소양 및 잠재적인 적성을 가지고 있는지를 측정하는 시험을 말합니다. LEET는 법학전문대학원 입학전형에서 적격자 선발 기능을 제고하고 법학교육 발전을 도모하는데 그 목적이 있습니다.

2) 응시자격 및 시험성적 활용
LEET의 응시자격에는 제한이 없으나, 법학전문대학원에 입학하기 위해서는 『법학전문대학원 설치·운영에 관한 법률』 제22조에 따라 학사학위를 가지고 있는 자 또는 법령에 의하여 이와 동등 이상 학력이 있다고 인정된 자, 해당년도 졸업예정자(학위취득 예정자 포함)이어야 합니다. 또한 LEET 성적은 『법학전문대학원 설치·운영에 관한 법률』 제23조에 따라 당해 학년도에 한하여 유효하며 개별 법학전문대학원에서 입학전형 필수요소 중 하나로 활용됩니다.

3) 시험영역 및 시험시간
언어이해와 추리논증 영역의 문제지는 홀수형과 짝수형으로 제작되며, 수험번호 끝자리가 홀수인 수험생에게는 홀수형, 짝수인 수험생에게는 짝수형 문제지가 배부됩니다. 한편 논술 영역의 문제지는 단일 유형으로 제작됩니다.

교시	시험영역	문항 수	시험시간	문제형태
1	언어이해	30	09:00~10:10(70분)	5지선다형
2	추리논증	40	10:45~12:50(125분)	5지선다형
점심시간			12:50~13:50(60분)	
3	논술	2	14:00~15:50(110분)	서답형
계	3개 영역	72문항	305분	

※ 출처: 법학전문대학원협의회 홈페이지

2. 추리논증 알아보기

1) 출제 방향
추리논증은 지문의 제재나 문제의 구조, 질문의 방식 등을 다양화하여 이해력, 추리력, 비판력을 골고루 측정하는 시험이 될 수 있도록 출제됩니다. 또한 추리 능력을 측정하는 문제와 논증 분석 및 평가 능력을 측정하는 문제가 규범, 인문, 사회, 과학기술의 각 영역 모두에서 균형 있게 출제됩니다. 한편 상이한 토대와 방법론에 따라 진행되는 다양한 종류의 추리 및 비판을 상황과 맥락에 맞게 파악하고 적용하는 능력을 측정하고자 합니다.

2) 출제 범위
추리논증은 규범, 인문, 사회, 과학기술과 같은 학문 영역이 모두 균형 있게 출제되고 있습니다. 규범 영역의 문항은 법학 일반, 법철학, 공법, 사법 등 소재를 다양화하였고, 인문 영역의 문항들은 지식이나 규범과 관련된 원리적 토대를 다루면서도 예술이나 사회과학, 자연과학과 융합된 방식의 내용이 주를 이루고 있습니다.

3) 문제 구성
① 내용 영역
　추리논증은 논리학·수학, 인문, 사회, 과학기술, 규범의 총 다섯 가지 내용 영역으로 출제되며, 총 40문제가 출제됩니다.

내용 영역	내용
논리학·수학	추리 문항의 해결에 필요한 원리, 일상적이고 실용적인 내용에 대한 탐구를 목적으로 하는 영역
인문	인간의 본질과 문화에 대한 탐구와 설명을 목적으로 하는 영역
사회	사회 현상에 대한 탐구와 설명을 목적으로 하는 영역
과학·기술	자연 현상, 기술 공학에 대한 탐구와 설명을 목적으로 하는 영역
규범	법과 윤리에 대한 탐구와 설명을 목적으로 하는 영역

추리논증 고득점 가이드

② 인지 활동 유형

추리논증은 크게 '추리 영역'과 '논증 영역'으로 나눌 수 있습니다. 추리 영역의 언어 추리 유형에서는 법학과 과학기술을 중심으로 꾸준히 출제되고 있으며, 사회과학은 매년 비중이 다르게 출제되고 있습니다. 또한 인문학 소재의 논증 지문을 통해 추리할 수 있는 문제도 출제되고 있습니다. 논증 영역의 논증 분석 유형에서는 비교 분석과 논증의 구조 파악이 출제되고 있으며, 논쟁 및 반론 유형에서는 분석과 반론을 보여주고 판단하는 문제의 비중이 높아졌고, 논증의 강화와 약화 판단 문제도 꾸준하게 출제되고 있습니다.

구분	인지 활동 유형	내용
추리	형식적 추리	· 명제 논리적 연결사들의 진리 조건에 따라서 추리하여 해결하거나 다이어그램이나 모델을 만들어서 해결할 수 있는지 묻는 유형
	언어 추리	· 원리 적용: 개념이나 원리 원칙을 파악하고 이를 실제 사례에 적용할 수 있는지 묻는 유형 · 함축 및 귀결: 텍스트 안에 함축되어 있거나 정보로부터 귀결되는 바를 파악할 수 있는지 묻는 유형 · 사실관계로부터의 추리: 사건이나 사실을 토대로 추리할 수 있는지 묻는 유형
	논리 게임	· 배열이나 속성매칭, 그룹핑 등 연역적인 추리 능력을 검사할 수 있는지 묻는 전형적인 논리 퍼즐 유형
	수리 추리	· 간단한 수 계산이나 방정식을 포함한 대수식을 이용하여 해결하거나 경우의 수, 도형, 이산 수학/게임 이론을 통해 문제를 해결할 수 있는지 묻는 유형
논증	논증 분석	· 논증의 주장과 제시된 근거를 파악, 논증의 원리, 생략된 전제를 찾거나 논증의 구조를 정리할 수 있는지 묻는 유형
	논쟁 및 반론	· 논쟁의 쟁점이나 전제를 파악하거나 주어진 논증에 대하여 반론, 오류를 제기할 수 있는지 묻는 유형
	평가 및 문제 해결	· 귀납 논증에서 결론의 정당성을 강화하거나 약화하는 사례 내지 조건을 파악하거나 논증에 대하여 종합적으로 평가할 수 있는지 묻는 유형

3. 출제 경향 분석

1) 출제 방향

논리학·수학	· 경우의 수에 따른 수적 배열 및 점수 구성을 묻고 있는 등 수학적 퍼즐 유형으로 구성되어 높은 난도를 보이고 있습니다. · 문제의 접근에 있어서 주어진 보기의 사례를 추가로 고려하여 경우를 한정하여 파악하는 문제와 배열을 통한 수적인 변화를 확인하는 문제 등의 게임 유형으로 출제되었습니다. · 배열 및 속성매칭이 모두 수학적인 퍼즐로 변환 출제되었습니다. 특히 형식적 추리에 관한 직접적인 문제보다 이에 기반한 논리 이론을 중심으로 하여 출제되는 경향을 보이고 있습니다.
인문	· 논증 영역을 중심으로 구성되었으며, 논증의 구조 분석이 지속적으로 출제되고 있고 논쟁 분석과 강화 약화 등 논증 평가를 중심으로 출제되었습니다. · 2024학년도는 윤리학 소재가 많이 활용되었으며 인과 관련 문제와 이가 원리, 조건문을 활용한 해석 문제 등 논리학 지문 관련 제재의 문제도 확장되어 출제되었습니다. · 비중은 예년과 비슷하게 '규범'과 '인문'의 비중이 60% 넘게 출제되었습니다.

사회	· 추리와 논증이 균형 있게 출제되었으며 특히 추리에서 계산 유형이 지속적으로 출제되고 있습니다. · 논증에서도 다양한 소재 및 논의를 취하고 있으며 평가와 논쟁 분석 중심으로 출제되어 일정한 난이도를 유지하고 있습니다.
과학기술	· 소재 및 제재의 다양성을 고려하여 생명공학뿐 아니라 기술공학, 양자역학, 물리학 등에서 고루 출제되었습니다. · 그리고 대부분이 실험 및 자료를 통한 이론과 가설을 확인하는 문제로 구성되어 있으며 그림을 통한 이해를 토대로 해결해야 하는 문제도 포함되었습니다.
규범	· 규정의 적용을 통한 추리 문제를 중심으로 출제되었으며 논증은 예년에 비해 축소되어 출제되었습니다. · 수적 기준을 통한 추리 유형 및 수적 계산을 통한 추리가 연속으로 출제되었으며 각 보기 선지마다 사례를 적용하여 계산해야 하기에 시간 내에 해결하기 어려운 문제들도 포함되었습니다. · 그리고 고전 지문을 기준으로 한 추리도 출제되어 다양한 제재를 통한 추리 능력을 측정하고자 하였습니다.

2) 난이도와 변화

전체 난이도는 예년과 유사한 수준을 유지하고 있으며 거의 동일하게 유형 및 제재 비중을 지니고 있습니다. '규범'에서는 수리 추론을 위한 다양한 소재를 통해 유형 변화가 진행되고 있습니다. 전체적으로 수리적 요소가 포함된 수리 추론과 수학적 퍼즐이 예년보다 조금 높은 비중으로 10개 정도 출제되었는데, 복잡한 수리 계산 유형의 문제가 증가하여 이에 대한 해결 능력에 의해 변별력이 결정될 것으로 보입니다. 논증 영역은 인문 제재의 지문 길이는 줄었지만 사회 제재의 논증 문제는 길이가 늘었습니다.

4. 대비 전략

우선 자신의 위치를 파악하기 위해 최근 3개년 기출문제를 시간 안에 풀어보고 오답이나 어려운 문항이 어떤 것인지 확인해야 합니다. 그리고 이에 따라 자신이 약한 분야에 대한 기본 개념을 위해 독서를 하면서 고난도 문제 해결을 위한 준비를 해야 합니다.

① 고난도 문제 해결을 위해 수리 추론 및 퍼즐에 집중해야 합니다.

평균적으로 볼 때 고난도 문제는 대부분 수리 추론 유형에 집중되어 있습니다. 40문항 중 10개 정도의 약 25%로 출제되는 수리 계산 유형을 극복하지 못할 경우 고득점이 어렵게 됩니다. 이러한 문제는 제재나 구성이 다양하게 출제되기 때문에 다양한 경험을 통해 접근 방식을 습득하여 빠르게 해결하는 능력이 필요합니다. 실제 계산은 사칙연산 정도에 불과하나 지문의 정보를 통해 원리나 기준을 파악하고 사례에 적용하는 훈련이 바탕이 되어야 시간 안에 해결할 수 있기 때문입니다. 최근 '규범'에서 4~5문항, '사회'에서 1문항은 거의 고정적으로 출제되고 있고, '논리 게임'에서 1~3문항, '과학기술'에서는 유동적으로 출제되고 있습니다.

② 내용학적 개념을 파악해야 합니다.

시간 내에 빠르게 문제를 해결하기 위해서 또는 고난도 문제를 풀기 위한 시간을 확보하기 위해서는 지문에 나오는 기본 개념에 대한 빠른 포착이 필요합니다. 이를 위해 자신이 약한 제재 중에서 구체적으로 법학(규범학) 개념 및 윤리, 경제, 정치, 과학기술 등의 기초적 개념에 대한 인식을 위한 노력이 있어야 할 것입니다. 이는 해당 분야 독서를 기반으로 하여 진행되어야 하기에 중단기적 플랜을 세워 집중적으로 학습해야 합니다.

해커스 LEET 김우진 추리논증 유형별 기출문제집

한 번에 합격, 해커스로스쿨 **lawschool.Hackers.com**

영역 소개

추리 영역은 논리적 사고 측정을 위한 영역으로 주어진 정보로부터 귀결되는 요소를 파악하는 능력을 확인하기 위한 문제가 출제된다. 추리 영역의 출제 유형 및 의도는 다음과 같다.

연역과 귀납	· 타당성 파악을 측정하는 형식적 추리 · 통계확률과 가설추론 이론 및 적용 · 논리 이론 파악과 귀결
언어 추리	· 모든 내용학적 영역에서 출제되며 주어진 지문에서 의미와 원리를 파악하고 이를 적용하는 능력 평가
논리 게임	· 퍼즐 유형의 문제를 통해 연역적 사고 측정
수리 추리	· 수리적인 사고를 측정하기 위한 영역으로 다양한 도구를 활용한 수리적 능력 측정

PART 01

추리 영역

01 연역과 귀납 기출유형공략

02 언어 추리 기출유형공략

03 논리 게임 기출유형공략

04 수리 추리 기출유형공략

01 연역과 귀납 기출유형공략

핵심 이론

주어진 정보로부터 새로운 정보를 도출하는 사고를 '추리(reasoning)'라고 한다. 이때 주어진 정보를 '전제', 도출된 정보를 '결론'이라고 하며, 전제로부터 결론이 필연적으로 도출될 때에 이를 '연역(deduction)'이라고 한다. 한편 전제로부터 결론이 개연적으로 도출되는 것을 '귀납(induction)'이라고 한다.

01 연역추리

연역추리에서는 주어진 논증의 타당성(validity)을 파악한다. 전제로부터 결론이 필연적으로 도출될 때에 그 논증은 타당하며, 그렇지 못할 경우 타당하지 못한 부당한(invalid) 논증이 된다. 연역은 문장을 기준으로 하는 문장논리와 주어와 술어 개념을 사고 기준으로 하는 술어논리 형식으로 나뉜다. 두 형식에서 사용하는 타당성 파악을 위한 논리적 규칙은 동일하며, 진리표와 규칙을 사용하여 문제를 해결한다.

진리표	· 명제 간에 논리적 관계가 성립하는 경우, 각각의 명제는 참 또는 거짓의 진릿값을 갖기 때문에 2개의 명제 간에는 총 4가지의 경우가 발생하며 이를 정리한 표를 진리표라고 한다. · 논리적 관계는 연언(&), 선언(∨), 조건문(→)의 관계가 형성되며 이를 진리표로 나타내면 다음과 같다.

p	q	p & q	p ∨ q	p → q
T	T	T	T	T
T	F	F	T	F
F	T	F	T	T
F	F	F	F	T

· 그리고 '부정'은 하나의 명제가 참일 때에 그 명제의 부정은 '거짓'이 되며, 하나의 명제가 거짓일 때에 그 명제의 부정은 참이 된다.

추리규칙	· 진리함수적 추리규칙		
	긍정논법 (전건긍정식; M.P.: Modus Ponens)		부정논법 (후건부정식; M.T.: Modus Tollens)
	$p \rightarrow q$ p $\therefore q$		$p \rightarrow q$ $\sim q$ $\therefore \sim p$
	조건(가언)삼단논법 (H.S.: Hypothetical Syllogism)		선언논법 (D.S.: Disjunctive Syllogism)
	$p \rightarrow q$ $q \rightarrow r$ $\therefore p \rightarrow r$		$p \vee q$ $\sim p$ $\therefore q$
	딜레마		분리논법 (단순화; Simp.: Simplification)
	① $(p \rightarrow q) \& (p \rightarrow r)$ p $\therefore q \vee r$ ③ $(p \rightarrow q) \& (r \rightarrow q)$ $p \vee r$ $\therefore q$ ⑤ $(p \rightarrow q) \& (r \rightarrow s)$ $p \vee r$ $\therefore q \vee s$	② $(p \rightarrow q) \& (p \rightarrow r)$ $\sim q \vee \sim r$ $\therefore \sim p$ ④ $(p \rightarrow q) \& (r \rightarrow q)$ $\sim q$ $\therefore \sim p \vee \sim r$ ⑥ $(p \rightarrow q) \& (r \rightarrow s)$ $\sim q \vee \sim s$ $\therefore \sim p \vee \sim r$	$p \& q$ $\therefore p$
	연언논법 (Conj.: Conjunction)		부가논법 (Add.: Addition)
	p q $\therefore p \& q$		p $\therefore p \vee q$

추리규칙	· 대치규칙		

· 대치규칙

드 모르간의 법칙 (DeM: De Morgan's Theorems)	교환법칙 (Com: Commutation)
$\sim(p \& q) \equiv (\sim p \vee \sim q)$ $\sim(p \vee q) \equiv (\sim p \& \sim q)$	$(p \vee q) \equiv (q \vee p)$ $(p \& q) \equiv (q \& p)$
결합법칙 (Assoc.: Association)	분배법칙 (Dist.: Distribution)
$[p \vee (q \vee r)] \equiv [(p \vee q) \vee r]$ $[p \& (q \& r)] \equiv [(p \& q) \& r]$	$[p \& (q \vee r)] \equiv [(p \& q) \vee (p \& r)]$ $[p \vee (q \& r)] \equiv [(p \vee q) \& (p \vee r)]$
이중부정 (D.N.: Double Negation)	대우법칙 (Contra.: Contraposition; 對偶)
$p \equiv \sim\sim p$	$(p \to q) \equiv (\sim q \to \sim p)$
단순함언 (Imp.: Material Implication)	단순동치 (Equiv.: Material Equivalence)
$(p \to q) \equiv (\sim p \vee q)$	$(p \equiv q) \equiv [(p \to q) \& (q \to p)]$ $(p \equiv q) \equiv [(p \& q) \vee (\sim p \& \sim q)]$
추출법칙 (Exp.: Exportation)	항진법칙 (Taut.: Tautology; 恒眞)
$[(p \& q) \to r] \equiv [p \to (q \to r)]$	$p \equiv (p \vee p)$ $p \equiv (p \& p)$
복합명제의 번역	
① $(p \& q) \to r \equiv (p \to r) \vee (q \to r)$ ② $p \to (q \& r) \equiv (p \to q) \& (p \to r)$ ③ $(p \vee q) \to r \equiv (p \to r) \& (q \to r)$ ④ $p \to (q \vee r) \equiv (p \to q) \vee (p \to r)$	

필요충분조건	· 아래 세 명제는 모두 논리적으로 동치이며 A는 B가 참이기 위한 '충분조건'이 되고 B는 A가 참이기 위한 '필요조건'이 된다. - A라면 B이다. - B가 아니면 A가 아니다. - 오직 B일 경우에만 A이다.
양화 이론	· 현대 논리학에서 주어와 술어를 기준으로 하는 술어논리를 기호화하는 이론을 '양화(quantify)'라고 한다. 아리스토텔레스가 규정한 정언명제를 이에 따라 기호화하면 다음과 같다. - 전칭긍정명제: 모든 S는 P이다. = $(\forall x)(Sx \to Px)$ - 전칭부정명제: 모든 S는 P가 아니다. = $(\forall x)(Sx \to \sim Px)$ - 특칭긍정명제: 어떤 S는 P이다. = $(\exists x)(Sx \& Px)$ - 특칭부정명제: 어떤 S는 P가 아니다. = $(\exists x)(Sx \& \sim Px)$ · '사랑한다'와 같이 다항 술어로 이루어진 경우, 의미와 맥락에 따라 문장의 형식이나 모형을 활용하여 문제를 해결한다.

02 귀납추론

귀납추론은 전제로부터 결론이 개연적으로 도출되는 추론으로 다음과 같은 종류로 구분된다.

보편 일반화	단칭 진술로부터 종합 진술로 도출되는 추론
통계적 일반화	여론 조사와 같이 집단의 표본으로부터 확률적인 개연성을 파악하는 추론
유비추론	유사성으로부터 다른 유사성을 추론하는 방식
가설추론	원인이나 이유를 예측하여 가설로 설정하고 이를 관찰이나 실험 등을 통해 파악하는 추론
최선의 설명으로의 추론	현상을 가장 잘 설명하는 이론을 결론으로 설정하는 추론

※ 인과관계: P는 Q의 원인이다.
　- 필요조건으로의 원인 파악: P가 없으면 Q도 없다.
　- 충분조건으로의 원인 파악: P가 있으면 Q도 있다.
※ 공통원인
　- P(원인)로 인해 Q와 R의 두 가지 결과가 발생할 경우, P는 Q와 R의 공통원인이 된다.
※ 상관관계
　- 비례, 반비례 관계로 확률적 입증 방법

출제 경향

01 연역추리에서는 타당성 파악을 중심으로 하여 타당한 논증의 생략된 전제를 파악하거나 주어진 정보로부터 타당하게 귀결되는 바를 판단하는 문제가 주로 출제되며, 최근에는 논리 이론을 중심으로 하여 진리표나 규칙을 활용하여 문제를 파악하는 추론 형식도 출제되고 있다.

02 귀납추론에서는 일반화를 활용하여 수적 차원에서 가설을 확인하는 문제와 통계 확률의 원리를 활용하여 추리하는 문항, 가설추론이나 최선의 설명으로의 추론에 대한 이론을 제시하고 이를 토대로 선택지를 판단하는 형식으로 출제되고 있다. 또한 인과관계와 상관관계를 활용한 문제는 지속적으로 출제되고 있다.

유형 01 – 연역추리

문장 논리

01

〈보기〉의 논증이 타당해지기 위해서 반드시 보충되어야 할 전제는?

―〈보기〉―

석이가 영이를 사랑하지 않는다면, 철이가 영이를 사랑한다. 철이와 돌이가 동시에 영이를 사랑하는 일은 있을 수 없다. 그러므로 석이가 영이를 사랑한다.

① 돌이가 영이를 사랑하거나 철이가 영이를 사랑한다.
② 돌이가 영이를 사랑한다면 철이는 영이를 사랑하지 않는다.
③ 석이가 영이를 사랑한다면 돌이는 영이를 사랑하지 않는다.
④ 석이가 영이를 사랑하거나 돌이가 영이를 사랑한다.
⑤ 철이가 영이를 사랑하지 않는다면, 돌이가 영이를 사랑한다.

02

다음 글이 참이라고 할 때, 〈보기〉의 진술 중 반드시 참인 것을 모두 묶은 것은?

도대체 인간의 마음과 몸은 어떤 존재일까? 이러한 철학적 물음에 대하여, 인간의 마음은 몸이라는 존재자와는 구별되는 또 다른 존재자라고 대답하는 전통적인 입장을 심신 이원론이라고 한다. 근대 이전까지 심신 이원론은 매우 상식적인 견해로 인정되어, 그 이론을 거부하는 것은 상식적인 직관을 거부하는 것으로 받아들여졌다. 그러나 마음과 몸 사이의 관계를 어떻게 설명해야 하는가라는 문제에 부딪혀서, 전통적인 심신 이원론은 더 이상 받아들이기 어려운 이론이 되었다.

20세기 중반 이후, 인간의 마음과 뇌 현상은 동일한 것이라는 동일론이 등장하였는데, 전통적인 심신 이원론을 포기하고 동일론을 받아들이는 철학자들은 인간의 모든 정신 상태를 뇌의 물리적 현상으로 환원할 수 있다는 환원주의를 받아들인다. 우리가 환원주의를 받아들인다면, 정신 현상을 기계론적으로 설명할 수 있다는 점에서 장점이 있고, 또한 인간의 정신을 기계적으로 실현하는 문제를 연구하는 인공지능에 대한 낙관적인 기대를 할 수 있을 것이다. 그러나 환원주의를 받아들이면 인간 정신의 자율성을 부인하게 되고, 나아가서 인간 정신의 자율성을 부인하게 되면 인간의 행위에 대한 도덕적 판단을 할 수 없다는 비판을 피할 수 없을 것이다.

―〈보기〉―

가. 동일론을 거부하는 철학자는 인공지능에 대한 낙관적인 기대를 하지 않는다.
나. 정신 현상을 기계론적으로 설명할 수 있다고 주장하는 사람은 정신의 자율성을 부인한다.
다. 인간 행위에 대한 도덕적 판단을 할 수 없다는 비판으로부터 자유로운 철학자는 동일론을 거부한다.
라. 근대 이전에는 상식적인 직관을 거부하는 사람만이 심신 이원론을 거부했다.

① 가, 나   ② 나, 다   ③ 다, 라
④ 가, 나, 라   ⑤ 가, 다, 라

03

다음의 논증이 타당하기 위해서 보충되어야 할 전제는?

> 참을 깨달은 자는 배움이 있는 자이다. 책임의 소중함을 느끼는 자가 아니라면 겨레를 위해 희생을 각오한 자가 아니다. 진정한 지도자는 겨레를 위해 희생을 각오한 자이다. 그러므로 진정한 지도자는 배움이 있는 자이다.

① 참을 깨달은 자는 책임의 소중함을 느끼는 자이다.
② 책임의 소중함을 느끼는 자는 참을 깨달은 자이다.
③ 배움이 있는 자는 책임의 소중함을 느끼는 자이다.
④ 참을 깨달은 자는 겨레를 위해 희생을 각오한 자이다.
⑤ 참을 깨달은 자는 책임의 소중함을 느끼는 자가 아니다.

04

다음 진술과 논리적으로 동등한 것은?

> 슬픔을 나눌 수 있는 가족이 있거나 즐거움을 나눌 수 있는 친구가 있다면 행복한 사람이다.

① 슬픔을 나눌 수 있는 가족도 없고 즐거움을 나눌 수 있는 친구도 없다면 행복한 사람이 아니다.
② 행복하지 않은 사람은 슬픔을 나눌 수 있는 가족이 없거나 즐거움을 나눌 수 있는 친구가 없다.
③ 슬픔을 나눌 수 있는 가족이 없거나 즐거움을 나눌 수 있는 친구가 없다면 행복한 사람이 아니다.
④ 슬픔을 나눌 수 있는 가족이 없으면 즐거움을 나눌 수 있는 친구가 있어도 행복한 사람이 아니다.
⑤ 슬픔을 나눌 수 있는 가족이 있으면 행복한 사람이고 즐거움을 나눌 수 있는 친구가 있어도 행복한 사람이다.

05 정답: ① A

06 정답: ⑤ 공리주의는 경험적 주장이다.

07

다음 추론이 타당하기 위해서 추가로 필요한 진술은?

> 사고 자동차가 1번 도로를 지나왔다면, 이 자동차는 A마을에서 왔거나 B마을에서 왔을 것이다. 자동차가 A마을에서 왔다면, 자동차 밑바닥에 흙탕물이 튀었을 것이고 자동차 모습을 담은 폐쇄회로 카메라가 적어도 하나 있을 것이다. 자동차가 B마을에서 왔다면, 도로 정체를 만났을 것이고 적어도 검문소 한 곳을 통과했을 것이다. 자동차가 도로 정체를 만났다면 자동차 모습을 담은 폐쇄회로 카메라가 적어도 하나 있을 것이다. 자동차가 적어도 검문소 한 곳을 통과했다면 자동차 밑바닥에 흙탕물이 튀었을 것이다. 따라서 자동차는 1번 도로를 지나오지 않았다.

① 자동차 밑바닥에 흙탕물이 튀었을 것이다.
② 자동차는 도로 정체를 만나지 않았을 것이다.
③ 자동차가 적어도 검문소 한 곳을 통과했을 것이다.
④ 자동차는 검문소를 한 곳도 통과하지 않았을 것이다.
⑤ 자동차 모습을 담은 폐쇄회로 카메라는 하나도 없을 것이다.

08

'결정적 정보'에 해당하는 것은?

> A~E의 증언에 대해서 다음과 같은 〈관계〉가 성립한다는 것이 알려졌다.
>
> 〈관계〉
> ○ A, B, C 가운데 적어도 한 사람의 증언은 참이다.
> ○ D와 E 가운데 적어도 한 사람의 증언은 참이다.
> ○ A의 증언이 참이면, C의 증언도 참이고 D의 증언도 참이다.
> ○ B의 증언이 참이면, E의 증언은 참이 아니다.
>
> 〈관계〉만으로는 5명의 증언이 각각 참인지 아닌지가 결정되지 않지만, 어떤 정보가 추가된다면 이들의 증언이 각각 참인지 아닌지가 완전히 결정될 수 있다. 5명의 증언이 각각 참인지 아닌지를 완전히 결정하게 만드는 추가 정보를 '결정적 정보'라고 하자.

① A의 증언은 참이다.
② B의 증언은 참이다.
③ C의 증언은 참이다.
④ D의 증언은 참이 아니다.
⑤ E의 증언은 참이 아니다.

09

다음으로부터 추론한 것으로 옳은 것만을 〈보기〉에서 있는 대로 고른 것은?

> 수리 센터에서 A, B, C, D, E 5가지 부품의 불량에 대해 조사한 결과 다음 사실이 밝혀졌다.
>
> ○ A가 불량인 제품은 B, D, E도 불량이다.
> ○ C와 D가 함께 불량인 제품은 없다.
> ○ E가 불량이 아닌 제품은 B나 D도 불량이 아니다.

〈보기〉

ㄱ. E가 불량인 제품은 C도 불량이다.
ㄴ. C가 불량인 제품 중에 A도 불량인 제품은 없다.
ㄷ. D는 불량이 아니면서 B가 불량인 제품은, C도 불량이다.

① ㄱ　　② ㄴ　　③ ㄱ, ㄷ
④ ㄴ, ㄷ　　⑤ ㄱ, ㄴ, ㄷ

10

다음에서 추론한 것으로 옳은 것만을 〈보기〉에서 있는 대로 고른 것은?

> 3개의 상자 A, B, C가 다음 조건을 만족한다.
>
> ○ A, B, C 중 적어도 하나에는 상품이 들어 있다.
> ○ A에 상품이 들어 있고 B가 비었다면 C에도 상품이 들어 있다.
> ○ C에 상품이 들어 있다면 상품이 들어 있는 상자는 2개 이상이다.
> ○ A와 C 중 적어도 하나는 빈 상자이다.

〈보기〉

ㄱ. A에 상품이 들어 있다면 B에도 상품이 들어 있다.
ㄴ. B에 상품이 들어 있다면 A와 C 중 적어도 하나에는 상품이 들어 있다.
ㄷ. C에 상품이 들어 있다면 B에도 상품이 들어 있다.

① ㄱ　　② ㄴ　　③ ㄱ, ㄷ
④ ㄴ, ㄷ　　⑤ ㄱ, ㄴ, ㄷ

11

다음으로부터 추론한 것으로 옳지 않은 것은?

> P기관은 연구 프로젝트를 수행하기 위해 수학자, 철학자, 법학자, 경제학자, 통계학자, 천문학자, 심리학자 각 1인을 자문위원으로 위촉하여 총 7명으로 구성된 자문위원회를 발족했다. 자문위원회를 개최했는데, 다음과 같은 사실이 알려졌다.
>
> ○ 천문학자가 참석했다면, 철학자는 참석하지 않았다.
> ○ 통계학자가 참석했다면, 경제학자는 참석하지 않았다.
> ○ 철학자나 심리학자가 참석하지 않았다면, 수학자와 법학자 둘 다 참석했다.
> ○ 통계학자가 참석하지 않았다면, 수학자와 법학자 중에서는 한 사람만 참석했다.

① 수학자가 참석했거나, 천문학자가 참석하지 않았다.
② 철학자와 심리학자가 참석했거나, 법학자가 참석했다.
③ 심리학자가 참석하지 않았다면, 경제학자도 참석하지 않았다.
④ 심리학자와 천문학자가 참석했다면, 참석한 자문위원은 총 4명이다.
⑤ 경제학자가 참석했고 수학자가 참석하지 않았다면, 법학자는 참석했지만 천문학자는 참석하지 않았다.

술어 논리

01

2009학년도 LEET 문4

다음 추론에서 결론을 도출하기 위해 보충해야 할 전제는?

> X가 변호사가 아니라면 그는 아나운서이다. 그런데 모든 아나운서는 붉은색 넥타이를 착용한다. 그러나 X는 푸른색 넥타이를 착용한다. 만일 X가 변호사라면, 그는 미국인이거나 영국인이다. 그런데 어느 영국인도 한국 생활을 경험해 본 적이 없다면, 김치를 먹을 줄 모른다. 그리고 한국 생활을 경험한 변호사들은 모두 붉은색 넥타이를 착용한다. 따라서 X는 미국인 변호사이다.

① X는 김치를 먹을 줄 안다.
② X는 한국 생활을 경험하지 않았다.
③ 어떤 아나운서는 변호사가 될 수 있다.
④ 미국인의 일부는 김치를 먹을 줄 안다.
⑤ 김치를 먹을 수 있는 사람은 영국인이 아니거나 한국 생활을 경험했다.

02

2010학년도 LEET 문11

다음 글로부터 추리한 것으로 옳은 것은?

> 어떤 회사의 사원 평가 결과 모든 사원이 최우수, 우수, 보통 중 한 등급으로 분류되었다. '최우수'에 속한 사원은 모두 45세 이상이었다. 그리고 35세 이상의 사원은 '우수'에 속하거나 자녀를 두고 있지 않았다. '우수'에 속한 사원은 아무도 이직 경력이 없다. '보통'에 속한 사원은 모두 대출을 받고 있으며, 무주택자인 사원 중에는 대출을 받고 있는 사람이 없다. 이 회사의 직원 A는 자녀를 두고 있으며 이직 경력이 있는 사원이다.

① A는 35세 미만이고 무주택자이다.
② A는 35세 이상이고 무주택자이다.
③ A는 35세 미만이고 주택을 소유하고 있다.
④ A는 45세 미만이고 무주택자이다.
⑤ A는 45세 이상이고 주택을 소유하고 있다.

03
2010학년도 LEET 문12

5명의 친구 A~E가 모여 '수호천사' 놀이를 하기로 했다. 갑이 을에게 선물을 주었을 때 '갑은 을의 수호천사이다'라고 하기로 약속했고, 다음 〈관계〉처럼 수호천사 관계가 성립되었다. 이후 이들은 다음 〈규칙〉에 따라 추가로 '수호천사' 관계를 맺었다. 이들 외에 다른 사람은 이 놀이에 참여하지 않는다고 할 때, 옳지 않은 것은?

〈관계〉
○ A는 B의 수호천사이다.
○ B는 C의 수호천사이다.
○ C는 D의 수호천사이다.
○ D는 B와 E의 수호천사이다.

〈규칙〉
○ 갑이 을의 수호천사이고 을이 병의 수호천사이면, 갑은 병의 수호천사이다.
○ 갑이 을의 수호천사일 때, 을이 자기 자신의 수호천사인 경우에는 을이 갑의 수호천사가 될 수 있고, 그렇지 않은 경우에는 을이 갑의 수호천사가 될 수 없다.

① A는 B, C, D, E의 수호천사이다.
② B는 A의 수호천사가 될 수 있다.
③ C는 자기 자신의 수호천사이다.
④ D의 수호천사와 C의 수호천사는 동일하다.
⑤ E는 A의 수호천사가 될 수 있다.

04
2012학년도 LEET 문32

다음 글로부터 추론한 것으로 옳은 것만을 〈보기〉에서 있는 대로 고른 것은?

다음은 갑과 을이 A~D 4개국에 대해 각자 조사한 결과와 그로부터 추리한 내용이다.

〈갑의 조사 결과와 추리 내용〉
○ 조사 결과: GDP가 2만 달러 이상인 국가는 모두 국제노동기구에 가입했다. GDP가 2만 달러 미만이거나 인구가 7천만 명 이상인 국가는 모두 사형제 폐지 국가가 아니다. 국제노동기구에 가입하고 GDP가 2만 달러 이상인 국가는 모두 사형제 폐지 국가가 아니다. 세계무역기구 회원국이면서 집단학살방지 협약에 가입한 국가는 모두 사형제 폐지 국가이다. A국은 국제노동기구에 가입하지 않았다. B국은 집단학살방지 협약에 가입했다.
○ 추리 내용: A국은 사형제 폐지 국가가 아닐 것이다.

〈을의 조사 결과와 추리 내용〉
○ 조사 결과: 모든 국가는 세계무역기구 회원국이거나 국제노동기구에 가입했다. 국제노동기구에 가입하지 않은 국가는 모두 GDP가 2만 달러 미만이다. 국제노동기구에 가입하고 집단학살방지 협약에 가입한 국가는 모두 사형제 폐지 국가이다. C국의 GDP는 2만 달러 이상이다. D국의 인구는 7천만 명 이상이다.
○ 추리 내용: C국은 사형제 폐지 국가일 것이다.

〈보기〉
ㄱ. 갑의 추리는 옳고 을의 추리는 옳지 않다.
ㄴ. 갑과 을의 조사 결과가 모두 옳다면, B국은 사형제 폐지 국가이다.
ㄷ. 갑과 을의 조사 결과가 모두 옳다면, D국은 집단학살방지 협약에 가입하지 않았다.

① ㄱ　　② ㄷ　　③ ㄱ, ㄴ
④ ㄴ, ㄷ　　⑤ ㄱ, ㄴ, ㄷ

05

다음으로부터 추론한 것으로 옳지 않은 것은?

> 어느 회사가 새로 충원한 경력 사원들에 대해 다음과 같은 정보가 알려져 있다.
>
> ○ 변호사나 회계사는 모두 경영학 전공자이다.
> ○ 경영학 전공자 중 남자는 모두 변호사이다.
> ○ 경영학 전공자 중 여자는 아무도 회계사가 아니다.
> ○ 회계사이면서 변호사인 사람이 적어도 한 명 있다.

① 여자 회계사는 없다.
② 회계사 중 남자가 있다.
③ 회계사는 모두 변호사이다.
④ 회계사이면서 변호사인 사람은 모두 남자이다.
⑤ 경영학을 전공한 남자는 회계사이면서 변호사이다.

06

다음으로부터 추론한 것으로 옳은 것은?

> 어떤 학과의 졸업 예정자 갑~무에 대해 다음이 알려졌다.
>
> ○ 취업을 한 학생은 졸업평점이 3.5 이상이거나 외국어 인증시험에 합격했다.
> ○ 인턴 경력이 있는 학생들 중 취업박람회에 참가하지 않은 학생은 아무도 없었다.
> ○ 졸업평점이 3.5 이상이고 취업박람회에 참가한 학생은 모두 취업을 했다.
> ○ 외국어 인증시험에 합격하고 인턴 경력이 있는 학생들은 모두 취업을 했다.

① 취업박람회에 참가하고 취업을 한 갑은 인턴 경력이 있다.
② 외국어 인증시험에 합격했지만 취업을 하지 못한 을은 취업박람회에 참가하지 않았다.
③ 취업박람회에 참가하고 외국어 인증시험에 합격한 병은 취업을 했다.
④ 취업박람회에 참가하지 않았는데 취업을 한 정은 외국어 인증시험에 합격했다.
⑤ 인턴 경력이 있고 졸업평점이 3.5 이상인 무는 취업을 했다.

07

〈원리〉에 따라 추론한 것으로 옳은 것만을 〈보기〉에서 있는 대로 고른 것은?

수십 명의 직원이 근무하는 정보국에는 A, B, C 세 부서가 있고, 각 부서에 1명 이상이 소속되어 있다. 둘 이상의 부서에 소속된 직원은 없다. 이들 직원의 감시와 관련하여 세 가지 사실이 알려져 있다.

(1) A의 모든 직원은 B의 어떤 직원을 감시한다. 이는 A 부서에 속한 직원은 누구나 B 부서 소속의 직원을 1명 이상 감시하고 있음을 의미한다.
(2) B의 모든 직원이 감시하는 C의 직원이 있다. 이는 C 부서의 직원 가운데 적어도 한 사람은 B 부서 모든 직원의 감시 대상임을 의미한다.
(3) C의 어떤 직원은 A의 모든 직원을 감시한다. 이는 C 부서에 속한 직원 가운데 적어도 한 사람은 A 부서의 모든 직원을 감시 대상으로 삼고 있음을 의미한다.

〈원리〉
갑이 을을 감시하고 을이 병을 감시하면, 갑은 병을 감시하는 것이다.

〈보기〉
ㄱ. A의 모든 직원은 C의 직원 가운데 적어도 한 사람을 감시하고 있다.
ㄴ. B의 어떤 직원은 A의 모든 직원을 감시하고 있다.
ㄷ. C의 어떤 직원은 B의 직원 가운데 적어도 한 사람을 감시하고 있다.

① ㄱ   ② ㄴ   ③ ㄱ, ㄷ
④ ㄴ, ㄷ   ⑤ ㄱ, ㄴ, ㄷ

08

다음으로부터 추론한 것으로 옳은 것만을 〈보기〉에서 있는 대로 고른 것은?

○ 모든 사업가는 친절하다.
○ 성격이 원만하지 않은 모든 사람은 친절하지 않다.
○ 모든 논리학자는 친절하지 않은 모든 사람을 좋아한다.
○ 친절하지 않은 모든 사람을 좋아하는 사람은 모두 그 자신도 친절하지 않다.
○ 어떤 철학자는 논리학자이다.

〈보기〉
ㄱ. 사업가이거나 논리학자인 갑의 성격이 원만하지 않다면, 갑은 친절하지 않은 모든 사람을 좋아한다.
ㄴ. 을이 논리학자라면, 어떤 철학자는 을을 좋아한다.
ㄷ. 병이 친절하다면, 병은 사업가가 아니거나 철학자가 아니다.

① ㄱ   ② ㄷ   ③ ㄱ, ㄴ
④ ㄴ, ㄷ   ⑤ ㄱ, ㄴ, ㄷ

논리 지문

01

2017학년도 LEET 문31

다음 글로부터 추론한 것으로 옳지 않은 것은?

증거는 가설을 입증하기도 하고 반증하기도 한다. 물론, 어떤 증거는 가설에 중립적이기도 하다. 이렇게 증거와 가설 사이에는 입증·반증·중립이라는 세 가지 관계만이 성립하며, 이 외의 다른 관계는 성립하지 않는다. 그럼 이런 세 관계는 어떻게 규정될 수 있을까? 몇몇 학자들은 이 관계들을 엄격한 논리적인 방식으로 규정한다. 이 방식에 따르면, 어떤 가설 H가 증거 E를 논리적으로 함축한다면 E는 H를 입증한다. 또한 H가 E의 부정을 논리적으로 함축한다면 E는 H를 반증한다. 물론 H가 E를 함축하지 않고 E의 부정도 함축하지 않는다면, E는 H에 대해서 중립적이다. 이런 증거와 가설 사이의 관계는 '논리적 입증·반증·중립'이라고 불린다.

그러나 증거와 가설 사이의 관계는 확률을 이용해 규정될 수도 있다. 가령 우리는 "E가 가설 H의 확률을 증가시킨다면 E는 H를 입증한다."고 말하기도 한다. 이와 비슷하게 우리는 "E가 H의 확률을 감소시킨다면 E는 H를 반증한다."고 말한다. 물론 E가 H의 확률을 변화시키지 않는다면 E는 H에 중립적이라고 하는 것이 자연스럽다. 이런 증거와 가설 사이의 관계에 대한 규정은 '확률적 입증·반증·중립'이라고 불린다.

그렇다면 논리적 입증과 확률적 입증은 어떤 관계가 있을까? 흥미롭게도 H가 E를 논리적으로 함축한다면 E가 H의 확률을 증가시킨다는 것이 밝혀졌다. 반면에 그 역은 성립하지 않는다. 우리는 이 점을 이용해 입증에 대한 두 규정들 사이의 관계를 추적할 수 있다.

① E가 H를 논리적으로 반증하지 않고 H에 논리적으로 중립적이지도 않다면, E는 H에 확률적으로 중립적이지 않다.
② E가 H를 논리적으로 입증한다면 E의 부정은 H를 논리적으로 반증한다.
③ E가 H를 논리적으로 반증한다면 E의 부정은 H를 확률적으로 입증한다.
④ E가 H에 확률적으로 중립적이라면 E는 H를 논리적으로 입증하지 않는다.
⑤ E가 H를 확률적으로 입증하지 않는다면 E는 H를 논리적으로 반증한다.

02

2018학년도 LEET 문15

다음 글을 분석한 것으로 옳은 것만을 〈보기〉에서 있는 대로 고른 것은?

일상적인 조건문의 진위는 어떻게 결정되는가? 다음 예를 통해 알아보자.

K공항에서 비행기가 이륙하기 위해서는 1번 활주로와 2번 활주로 중 하나를 통해서만 가능하다. 영우는 1번 활주로가 며칠 전부터 폐쇄되어 있다는 것을 안다. 그래서 ㉠"어제 K공항에서 비행기가 이륙했다면, 1번 활주로로 이륙하지 않았다."라고 추론한다. 경수는 2번 활주로가 며칠 전부터 폐쇄되어 있다는 것과 비행기 이륙이 1번 활주로와 2번 활주로 중 하나를 통해서만 가능하다는 것을 알고 있다. 경수는 이로부터 ㉡"어제 K공항에서 비행기가 이륙했다면, 1번 활주로로 이륙했다."라고 추론한다.

위 예에서 영우와 경수가 사용한 정보들은 모두 참이며 영우와 경수의 추론에는 어떤 잘못도 없으므로 ㉠도 참이고 ㉡도 참이라고 결론 내릴 수 있다.

그런데 정말 ㉠과 ㉡이 둘 다 참일 수 있을까? 우리가 일상적으로 'A이면 B이다'라는 조건문의 진위를 파악하는 (가) 방식에 따르면, A를 참이라고 가정하고 B의 진위를 따져본다. 즉 A를 참이라고 가정할 때, B가 참으로 밝혀지면 'A이면 B이다'가 참이라고 판단하고, B가 거짓으로 밝혀지면 'A이면 B이다'가 거짓이라고 판단한다. 이에 따라 A가 참이라고 가정해 보자. 그런데 'B이다'와 'B가 아니다' 중에 하나만 참일 수밖에 없으므로, 'A이면 B이다'와 'A이면 B가 아니다'가 모두 참이라고 판단하는 것이 가능하지 않다. 그렇다면 조건문의 진위를 파악하는 이 방식에 따르면, ㉠과 ㉡ 중 최소한 하나는 참이 아니라고 결론 내려야 한다. 그러나 이는 앞의 결론과 충돌한다.

〈보기〉

ㄱ. 영우가 가진 정보와 경수가 가진 정보를 모두 가지고 있는 사람은 "어제 K공항에서는 어떤 비행기도 이륙하지 않았다."를 타당하게 추론할 수 있다.
ㄴ. 영우가 가진 정보가 참이라는 것을 아는 사람이 (가)를 적용하면 ㉡이 거짓이라고 판단할 것이다.
ㄷ. 영우나 경수가 가진 어떤 정보도 갖지 않은 사람이 (가)를 적용하면, ㉠과 ㉡이 모두 거짓이라고 판단할 것이다.

① ㄱ   ② ㄷ   ③ ㄱ, ㄴ
④ ㄴ, ㄷ   ⑤ ㄱ, ㄴ, ㄷ

03

2018학년도 LEET 문17

㉠으로 적절한 것만을 〈보기〉에서 있는 대로 고른 것은?

어떤 논리학 교수가 한 농부와 대화를 나누었다.

교수: 자, 독일에 낙타가 없다고 합시다. 그리고 B라는 도시가 독일에 있다는 건 잘 아시죠? 그럼 B에 낙타가 있을까요, 없을까요?

농부: 글쎄요, 잘 모르겠습니다. 독일에는 가본 적이 없어서요.

교수: 다시 생각해 보시죠. 그냥 독일에 낙타가 없다고 치자는 겁니다.

농부: 음, 다시 생각해 보니 B에 낙타가 있을 것도 같군요.

교수: 그래요? 어째서 그렇게 생각하시죠? 제 질문을 제대로 기억하시나요?

농부: 독일에는 낙타가 없는데, 그럴 때 B에 낙타가 있느냐, 없느냐, 물으시는 거 아닌가요? 그런데 B가 꽤 큰 도시라고 알고 있거든요. 그래서 거기에 낙타가 있을 것 같다는 생각이 드는 겁니다.

교수: 그러지 말고 제 질문을 다시 잘 생각해 보시죠.

농부: 아무래도 그 도시에는 확실히 낙타가 있을 것 같습니다. 왜냐하면 세상에는 큰 도시들이 있는데, 그런 곳에는 꼭 낙타들이 있는 법이니까요. B가 큰 도시라는 건 당신도 아실 테고요.

교수: 그렇지만, 독일 안에 그 어디에도 낙타라고는 단 한 마리도 없다고 치자고 했는데 그건 어떻게 되나요?

농부: 그건 모르겠고 하여튼 B가 큰 도시잖아요. 그러면 카자크스나 크리기즈(둘 다 낙타의 종들이다)가 거기에 있을 것입니다.

대화를 마친 직후 교수는 이 농부가 논리적 추론을 전혀 할 줄 모른다고 판단했다. 하지만 얼마 후 교수는 ㉠이 대화의 녹취록에서 찾아낸 근거를 고려하여 자신의 판단이 너무 성급했다고 생각하게 되었다.

〈보기〉

ㄱ. 실제로 농부는 대화 중에 올바른 논증을 사용한 적이 있다.
ㄴ. 큰 도시에 낙타가 있고 B가 큰 도시라는 농부의 말은 거짓이 아니었다.
ㄷ. 농부는 순전히 가정적인 전제에서 시작하는 추론을 굳이 할 필요가 없다고 여긴 것 같다.

① ㄱ   ② ㄴ   ③ ㄱ, ㄷ
④ ㄴ, ㄷ   ⑤ ㄱ, ㄴ, ㄷ

04

2021학년도 LEET 문31

다음으로부터 추론한 것으로 옳지 <u>않은</u> 것은?

연역적 질의-응답 체계는 주어진 데이터베이스(DB)에 근거하여 입력된 명제에 대한 판정을 출력한다. 이 과정에서 DB는 '열린 세계' 또는 '닫힌 세계' 중 하나로 가정된다.

DB를 열린 세계로 가정하면, DB는 관련 영역에 대한 모든 정보를 갖는 것은 아니다. 따라서 DB 내에 명제로 표현된 사실들, 또는 그 명제들을 이용하여 참(또는 거짓)을 논리적으로 증명할 수 있는 명제들만 참(또는 거짓)으로 판정된다. 참 또는 거짓을 증명할 수 없는 명제는 결정불가능이라는 판정을 받는다.

DB를 닫힌 세계로 가정하면, DB는 관련 영역에 대한 모든 정보를 갖는다. 따라서 참을 증명할 수 있는 명제는 참, 그렇지 않은 명제는 거짓으로 판정된다.

한 항공사의 운항 정보 DB가 다음 〈사실〉을 포함하고 있고 〈규칙〉이 적용된다고 하자.

〈사실〉
○ 서울발 제주행 항공편이 있다.
○ 제주발 부산행 항공편이 있다.
○ 광주발 부산행 항공편이 있다.

〈규칙〉
○ 'X발 Y행 항공편이 있다'와 'Y발 X행 항공편이 있다'는 동일하게 판정한다.
○ 'X와 Y가 항공편으로 연결된다'와 'X발 Y행 항공편이 있거나, X와 Y 모두와 항공편으로 연결된 Z가 있다'는 동일하게 판정한다.

① 열린 세계를 가정하면 '광주발 제주행 항공편이 있다'는 결정불가능으로 판정된다.
② 열린 세계를 가정하면 '부산과 광주가 항공편으로 연결된다'는 참으로 판정된다.
③ 닫힌 세계를 가정하면 '제주발 서울행 항공편이 없다'는 거짓으로 판정된다.
④ 닫힌 세계를 가정하면 '서울과 부산이 항공편으로 연결되지 않는다'는 참으로 판정된다.
⑤ 열린 세계를 가정하든 닫힌 세계를 가정하든 '광주와 서울이 항공편으로 연결되지 않는다'는 거짓으로 판정된다.

05

다음 글에 대한 분석으로 옳은 것만을 〈보기〉에서 있는 대로 고른 것은?

> 다음 두 정의를 받아들여 보자.
> (정의 1) '사건 Y가 사건 X에 인과적으로 의존한다'는, X와 Y가 모두 실제로 일어났고 만약 X가 일어나지 않았더라면 Y도 일어나지 않았을 것이라는 것이다.
> (정의 2) '사건 X가 사건 Y의 원인이다'는, X로부터 Y까지 이르는 인과적 의존의 연쇄가 있다는 것이다.
>
> 갑이 치사량의 독약을 마시자마자 건물 10층에서 떨어졌고 땅바닥에 부딪쳐 죽었다. 사건 A~E는 다음과 같다.
> A: 갑이 독약을 마시는 사건
> B: 독약이 온몸에 퍼지는 사건
> C: 갑이 건물 10층에서 떨어지는 사건
> D: 갑이 땅바닥에 부딪치는 사건
> E: 갑의 죽음
>
> C로부터 D를 거쳐 E까지 모두 실제로 일어났다. 하지만 ㉠B는 실제로 일어나지 않았다. 즉, 독약이 온몸에 퍼지기 전에 갑은 이미 죽었다. 반면에 ㉡'만약 C가 일어나지 않았더라면 E는 일어나지 않았을 것이다'는 거짓이다. C가 일어나지 않은 경우에는, A로부터 B를 거쳐 E까지 이르는 인과적 의존의 연쇄가 실현되었을 것이기 때문이다. 그래서 ㉢C는 E의 원인이 아니라는 귀결이 도출되는 듯 보인다. 하지만 Z가 X에 인과적으로 의존하지 않더라도, Y가 X에, Z가 Y에 인과적으로 의존할 수 있다. C가 일어나지 않았더라면 D가 일어나지 않았을 것이고, D가 일어나지 않았더라면 E가 일어나지 않았을 것이다.

〈보기〉
ㄱ. 위 글로부터 '갑이 건물 10층에서 떨어진 것이 갑의 죽음의 원인이다'가 따라 나온다.
ㄴ. (정의 1)과 ㉠으로부터 '어떠한 사건도 B에 인과적으로 의존하지 않는다'가 따라 나온다.
ㄷ. (정의 1), ㉡, 그리고 'C가 E의 원인이라면 E는 C에 인과적으로 의존한다'로부터, ㉢이 따라 나온다.

① ㄱ   ② ㄷ   ③ ㄱ, ㄴ
④ ㄴ, ㄷ   ⑤ ㄱ, ㄴ, ㄷ

06

다음으로부터 추론한 것으로 옳은 것만을 〈보기〉에서 있는 대로 고른 것은?

> 조건문 "만일 P라면 Q일 것이다."에서 전건 P가 실제 사실이 아닌 거짓인 조건문을 반사실문이라고 한다. 예를 들어 다음의 조건문 (1)은 억만장자가 아닌 내가 억만장자인 상황을 가정하기 때문에 반사실문이다.
>
> (1) 만일 내가 억만장자라면 나는 가장 비싼 스포츠카를 구입할 것이다.
>
> (1)은 '가능세계' 개념을 통해서 분석될 수 있는데, 가능세계는 세계가 현실과 다르게 될 수 있는 가능한 방식을 말한다. 이에 따르면, 내가 억만장자인 수많은 가능세계 중 현실 세계와 가장 유사한 가능세계(즉, 현실 세계처럼 스포츠카를 판매하는 사람이 있는 등)에서, 내가 가장 비싼 스포츠카를 구입한다면 (1)은 참이고, 그렇지 않다면 거짓이다.
> 하지만 다음 반사실문을 보자.
>
> (2) 만일 철수가 둥근 사각형을 그린다면 기하학자들은 놀랄 것이다.
>
> 개념적으로는 가능한 (1)의 전건과 달리, (2)의 전건은 개념적으로 불가능한 상황을 나타내고 있다. 이러한 반사실문은 반가능문이라고 한다. 반가능문의 경우 전건이 성립하는 가능세계란 존재하지 않기에, 가능세계를 통한 분석을 적용할 수 없다. 하지만 여전히 (2)가 참이라는 직관이 있으며, 이를 설명할 수 있는 개념적 도구가 필요하다.
> 이를 설명하기 위해 '불가능세계'라는 개념이 제안되었다. 불가능세계는 세계가 개념적으로 불가능하게 될 수 있는 방식을 말한다. 그 방식은 다양할 수 있다. 예를 들어 총각인 철수가 여자인 것과 철수가 둥근 사각형을 그리는 것은 모두 개념적으로 불가능하지만, 이 둘은 다른 불가능한 상황들이며, 이에 따라 각각이 성립하는 서로 다른 불가능세계가 있을 수 있다. 이때, 철수가 둥근 사각형을 그리는 수많은 불가능세계 중 현실 세계와 가장 유사한 불가능세계에서 기하학자들이 놀란다면 (2)는 참이고, 그렇지 않다면 거짓이다.

〈보기〉
ㄱ. 스포츠카를 판매하는 사람이 있는 불가능세계도 있다.
ㄴ. (2)가 참이라면, 철수가 둥근 사각형을 그리는 모든 불가능세계에서 기하학자들이 놀란다.
ㄷ. "만일 대한민국의 수도가 서울이라면 나는 억만장자일 것이다."는 반사실문에 속하지만 반가능문에 속하지는 않는다.

① ㄱ   ② ㄴ   ③ ㄱ, ㄷ
④ ㄴ, ㄷ   ⑤ ㄱ, ㄴ, ㄷ

07
2023학년도 LEET 문17

다음 글에 대한 분석으로 옳은 것만을 〈보기〉에서 있는 대로 고른 것은?

어떤 학자들은 한국어 연결사 '또는'이 두 가지 다른 종류의 의미를 표현하는 데 사용되는 애매한 용어라고 주장한다. ㉠ 이러한 입장에 따르면, 다음 두 문장에서 사용되는 '또는'의 문자적 의미는 다르다.

(1) 철수는 노트북 또는 핸드폰을 가지고 있다.
(2) 후식으로 커피 또는 녹차를 드립니다.

(1)의 경우 '또는'이 철수가 노트북과 핸드폰을 모두 가지고 있는 경우에도 참이 되는 포괄적 의미로 사용된 반면, (2)의 경우 '또는'은 후식으로 커피와 녹차를 모두 주는 경우 문장이 거짓이 되는 배타적 의미로 사용되었기 때문이다.

하지만 이는 ㉡ 문자적 의미와 함의를 구분하지 못한 주장이며, 이를 구분하면 '또는'이 애매한 용어가 아니라는 이론을 구성할 수 있다. 다음 문장을 보자.

(3) 어떤 회원들은 파티에 참석할 수 있다.

문장 (3)이 문자적 의미로서 표현하는 내용은 〈어떤 회원들은 파티에 참석할 수 있다〉이다. 그런데 (3)을 사용하는 많은 경우, '어떤'이란 단어를 사용하는 화자의 의도는 〈모든 회원들이 파티에 참석할 수 있는 것은 아니다〉라는 내용 역시 청자에게 전달하는 것이다. 하지만 이는 문자적 의미가 아니라 함의로서 전달되는 것이다. 왜냐하면 문자적 의미와 달리 특정 맥락에서 전달된 함의의 경우, 그 함의된 내용의 부정을 표현하는 문장을 원래 문장 뒤에 나열해도 두 문장 사이에서 어떤 논리적 모순도 발생하지 않기 때문이다. 즉, "어떤 회원들은 파티에 참석할 수 있다. 물론 모든 회원들이 참석할 수도 있다."에서는 어떤 모순도 발생하지 않는다.

마찬가지로 ㉢ '또는'의 문자적 의미는 포괄적 의미일 뿐, 배타적 의미는 함의로서 전달되는 것이라는 진단이 가능하다. 즉, "후식으로 커피 또는 녹차를 드립니다. 물론 둘 다 드릴 수도 있습니다."에서는 어떤 모순도 나타나지 않고, 따라서 우리는 (2)의 사용을 통해 전달된 내용 〈커피와 녹차를 모두 드릴 수는 없다〉가 원래 문장의 문자적 의미가 아니라 함의였다고 결론 내릴 수 있다.

〈보기〉

ㄱ. "p, q, r, s가 모두 참인 문장일 때, 문장 'p 또는 q'는 참이지만 문장 'r 또는 s'는 거짓이라면, 전자와 후자의 문장에서 사용된 '또는'이 다른 의미를 나타낸다."라는 것은 ㉠과 상충하지 않는다.

ㄴ. ㉡에 대한 필자의 설명에 따르면, "철수는 밥과 빵을 먹었다."라는 문장을 사용하여 〈철수는 빵을 먹었다〉라는 내용을 함의로서 전달할 수는 없다.

ㄷ. ㉢에 따르면, 〈후식으로 커피와 녹차 모두를 드릴 수 있다〉라는 내용은 (2)의 문자적 의미에 포함되는 것이 아니라 함의로서 전달되는 것이다.

① ㄱ ② ㄷ ③ ㄱ, ㄴ
④ ㄴ, ㄷ ⑤ ㄱ, ㄴ, ㄷ

08
2024학년도 LEET 문19

다음 논쟁에 대한 분석으로 옳은 것만을 〈보기〉에서 있는 대로 고른 것은?

갑: 모든 명제는 수학, 윤리 등 어느 하나의 논의 주제에만 관한 것이며 어떤 논의 주제에 관한 것도 아닌 명제는 없다. 또한 명제는 그 명제의 논의 주제에 상대적으로만 참이거나 거짓이다. 그래서 "명제 p는 참이다.", "명제 q는 거짓이다."와 같이 말하는 것은 적절하지 않으며, "명제 p는 수학적-참이다.", "명제 q는 윤리적-거짓이다." 등과 같이 말해야 옳다. 명제는 그 명제의 논의 주제가 아닌 다른 주제에 관해서는 참이 아니다. 즉 윤리에 관한 명제 p는 수학적-참이 아니다. 그런데 '이가 원리'에 의하면 모든 명제는 참이거나 거짓이거나 둘 중 하나이다. 다시 말해, 어떤 명제가 참이 아니라면 그 명제는 거짓이고, 그 명제가 거짓이 아니라면 그 명제는 참이다. 나의 견해는 얼핏 이가 원리와 충돌하는 것처럼 보인다. 하나의 명제가 수학적-참이면서 윤리적-참은 아닐 수 있기 때문이다. 그러나 어떤 명제가 수학적-참이면서 수학적-참이 아니라고 말하는 것이 모순이지, 수학적-참이면서 윤리적-참이 아니라고 말하는 것은 모순이 아니다.

을: 그렇지 않다. 너의 견해와 이가 원리를 모두 받아들이면 모순이 발생한다. "살인은 나쁘다."라는 명제를 r라고 하자. r는 윤리에 관한 명제이므로 수학적-참이 아니다. 그런데 너의 견해에 따르면 모든 참 거짓은 논의 주제에 상대적이므로, r가 수학적-참이 아니라는 명제 또한 어떤 특정한 논의 주제에 상대적으로 참이다. 살인에 대한 가치 평가의 참 거짓 문제가 수학적 주제에 관한 것이 아니라는 것은 명백하기에, r가 수학적-참이 아니라는 명제가 윤리의 논의 주제에 관한 것이라고 가정해 보자. 우리의 가정에 의해서, r가 수학적-참이 아니라는 명제는 윤리적-참이다. 그런데 너의 견해에 따르면 모든 명제는 하나의 논의 주제에만 속하므로, 윤리적-참인 명제는 수학적-참이 아니다. 그러므로 r가 수학적-참이 아니라는 명제는 수학적-참이 아니다. 그런데 이가 원리에 따르면 모든 명제 p에 대해서, p가 참이 아니라는 것이 참이 아니라면, p는 참이다. 그러므로 r는 수학적-참이다. 이는 r가 수학적-참이 아니라는 우리의 가정과 충돌한다.

〈보기〉

ㄱ. 논의 주제 s에 관한 명제 p에 대해서, p가 s-참이 아니라면 p가 s-거짓이라는 것을 갑은 부정하지 않는다.

ㄴ. "p는 참이 아니라는 것은 참이 아니다."에서 앞의 '참'과 뒤의 '참'이 같은 논의 주제에 관한 것일 수 없다면, 을의 주장은 약화된다.

ㄷ. r가 수학적-참이 아니라는 명제가 윤리의 논의 주제가 아닌 예술의 논의 주제에 관한 것이라고 가정하더라도 을의 결론은 똑같이 도출된다.

① ㄱ ② ㄴ ③ ㄱ, ㄷ
④ ㄴ, ㄷ ⑤ ㄱ, ㄴ, ㄷ

09

다음으로부터 추론한 것으로 옳은 것만을 〈보기〉에서 있는 대로 고른 것은?

"목적을 욕구하는 사람이라면 그것에 필수불가결한 수단 역시 욕구해야 한다."라는 칸트의 격률에 대해서는 두 해석이 존재한다. 두 해석은 칸트의 격률에 나타난 '해야 한다'의 범위에 대한 것으로, 그 적용 및 만족 조건에 있어 차이가 있다.

"건강을 바라는 사람이라면 담배를 끊고자 해야 한다."라는 요구를 생각해 보자. 좁은 범위 해석에 따르면, '해야 한다'는 이 조건문의 전건을 충족시키는 행위자에게 적용되며, 이런 행위자에게 요구되는 것은 조건문의 후건을 충족시키는 것이다. 즉 담배를 끊고자 하는 것이 위의 요구를 만족시키는 방법이며, 담배를 끊고자 하지 않는다면 해당 요구를 위반한다. 한편 건강을 바라지 않는 행위자에게는 애초에 이 요구가 적용되지 않으므로 만족 여부를 논할 수 없다.

반면 넓은 범위 해석에 따르면, '해야 한다'는 조건문 전체, 즉 "건강을 바라는 사람이라면 담배를 끊고자 한다."를 범위로 갖는다. 다시 말해, 위의 요구는 행위자가 주어진 목적을 욕구하는지 여부와 무관하게 모든 행위자에게 적용되며, 요구를 만족시킬 수 있는 방법은 두 가지이다. 하나는 목적을 욕구하지 않는 것이고, 다른 하나는 필수적인 수단을 욕구하는 것이다. 금연 사례의 경우, 건강을 바라는 행위자에게든 그렇지 않은 행위자에게든 위의 요구가 적용되며, 행위자는 담배를 끊고자 함으로써 이 요구를 만족시킬 수도 있지만, 건강을 바라지 않음으로써도 이 요구를 만족시킬 수 있다.

〈보기〉

ㄱ. 좁은 범위 해석에 따르면, 목적을 욕구하지 않으면서 그것에 필수적인 수단은 욕구하는 행위자는 칸트의 격률을 만족시킨다.
ㄴ. 넓은 범위 해석에 따르면, 일평생 그 어떠한 목적도 욕구해 본 적이 없는 행위자는 칸트의 격률을 만족시킨다.
ㄷ. "목적을 욕구하면서 그것에 필수적인 수단을 욕구하지 않을 경우 그리고 오직 그 경우에만 행위자는 칸트의 격률을 위반한다."라는 점에 대해 좁은 범위 해석과 넓은 범위 해석은 차이가 없다.

① ㄱ
② ㄴ
③ ㄱ, ㄷ
④ ㄴ, ㄷ
⑤ ㄱ, ㄴ, ㄷ

10

다음으로부터 추론한 것으로 옳은 것만을 〈보기〉에서 있는 대로 고른 것은?

문장이 가지고 있는 의미를 흔히 '명제'라고 부른다. 다음은 명제란 무엇인가에 대한 서로 다른 두 견해이다.

갑: 문장이 표현하는 명제는 곧 그 문장이 참인 가능세계들의 집합이다. 예를 들어, "수철이는 키가 크다"라는 문장과 "수철이는 학생이다"라는 문장은 서로 다른 명제를 표현하는데 이는 수철이가 키가 큰 가능세계들의 집합과 수철이가 학생인 가능세계들의 집합이 서로 다른 집합이기 때문이다. 만약 어떤 문장이 모든 가능세계에서 참이라면, 그 문장이 표현하는 명제는 모든 가능세계들의 집합이다. 가령, "3은 홀수이거나 홀수가 아니다"라는 문장이 표현하는 명제는 모든 가능세계들의 집합이다.

을: 명제는 일종의 순서쌍이다. 예를 들어, "3은 홀수이다"라는 문장이 표현하는 명제는 '3'이 가리키는 대상과, '홀수이다'가 가리키는 속성으로 구성된 순서쌍으로 이해될 수 있다. '3'이 가리키는 대상을 m, '홀수이다'가 가리키는 속성을 F라고 할 때, "3은 홀수이다"가 표현하는 명제는 ⟨m, F⟩이다. 또 다른 사례로 "수철이는 희영이를 사랑한다"라는 문장이 표현하는 명제는 '수철'이 가리키는 대상과, '희영'이 가리키는 대상, '사랑한다'가 가리키는 2항 관계로 구성된 순서쌍으로 이해될 수 있다. '수철'이 가리키는 대상을 a, '희영'이 가리키는 대상을 b, '사랑한다'가 가리키는 2항 관계를 R이라고 한다면, "수철이는 희영이를 사랑한다"라는 문장이 표현하는 명제는 ⟨a, b, R⟩이다.

〈보기〉

ㄱ. 갑과 을은, '수철'과 '희영'이 서로 다른 대상을 가리킨다고 할 때, "수철이는 희영이를 사랑한다"라는 문장과 "희영이는 수철이를 사랑한다"라는 문장이 서로 다른 명제를 표현한다는 데 동의한다.
ㄴ. "둥근 사각형은 존재한다"라는 문장과 "3은 홀수이면서 홀수가 아니다"라는 문장이 서로 다른 의미를 가지고 있다고 믿는 사람은 갑의 견해에 반대할 것이다.
ㄷ. '샛별'과 '개밥바라기'가 같은 대상을 가리킨다고 할 때, "샛별은 아름답다"라는 문장과 "개밥바라기는 아름답다"라는 문장이 서로 다른 의미를 가지고 있다고 믿는 사람은 을의 견해에 반대할 것이다.

① ㄴ
② ㄷ
③ ㄱ, ㄴ
④ ㄱ, ㄷ
⑤ ㄱ, ㄴ, ㄷ

유형 02 – 귀납추론

01
LEET 2차 예시 문2

다음은 어느 지질학자의 논증에서 보인 추리 과정을 간략하게 정리한 것이다.

> 남아프리카의 화도(volcanic pipe)에서 다이아몬드가 발견되었다. 다이아몬드는 오직 탄소로부터 만들어지며, 온도가 적어도 1000℃에 달하고 압력이 적어도 55kbar일 때 다이아몬드로 합성된다. 그러므로 압력이 적어도 55kbar에 이르고 온도가 적어도 1000℃에 달하는 지하 심부에서 만들어진 다이아몬드가 화도를 따라서 다른 물질들과 함께 위로 옮겨 왔을 것이다.

다음 〈보기〉의 논증들 중 위 논증에서 보인 추리 과정과 같은 것을 모두 고른 것은?

〈보기〉

ㄱ. 비가 내리면 도로는 젖는다. 비가 내린다. 그러므로 도로는 젖을 것이다.

ㄴ. 어떤 아이의 구강 내 점막에 좁쌀 크기의 하얀 반점이 몇 십 개 보인다. 홍역에 걸렸을 때 나타나는 특징적인 증상은 구강 내 점막에 생기는 작은 반점들이다. 그러므로 이 아이는 홍역에 걸렸을 것이다.

ㄷ. 질량이 매우 큰 별 주위에서 빛의 경로가 별 쪽으로 휘어지는 현상이 관찰되었다. 모든 질량을 가진 물체는 질량이 큰 별에 의해 끌어당겨진다. 그러므로 빛은 질량을 가지고 있을 것이다.

ㄹ. 지각 변동으로 지층이 융기하면 육지에서도 조개 화석이 발견된다. 히말라야 산맥은 지각 변동으로 지층이 융기하여 만들어진 것이다. 그러므로 히말라야 산맥에서는 조개 화석이 발견될 것이다.

① ㄱ, ㄴ   ② ㄴ, ㄷ   ③ ㄷ, ㄹ
④ ㄱ, ㄴ, ㄷ   ⑤ ㄴ, ㄷ, ㄹ

02
2009학년도 LEET 예비 문8

다음 글의 추론 형식과 가장 유사한 것은?

> 당신은 소수자에 대한 어느 정도의 차별은 피할 수 없다고 말하지만 나는 그렇게 생각하지 않습니다. 당신이 고귀한 생명을 유지하기 위해 하루의 음식을 먹듯이 그들 역시 하루의 음식을 먹고, 당신에게 고된 하루를 위로해 줄 가족이 있듯이 그들에게도 가족이 있습니다. 당신에게 분별력이 있다면 그들에게도 분별력이 있으며, 당신이 부당한 억압에 대해 노여워하듯이 그들 역시 부당한 억압에 대해 노여워합니다. 그러므로 당신이 고귀한 존재로서 존중받아야 한다면 그들 역시 존중받아야 하는 것입니다.

① 대부분의 사람들은 자신에게 이익이 되는 것을 옳다고 말한다. 그 역시 그런 사람들 가운데 하나일 뿐이다. 그러므로 그도 자신에게 이익이 되는 것을 옳다고 말하는 것이다.

② 남태평양의 원주민들 중 일부는 불길한 자가 나타나면 신성한 나뭇가지로 그를 때려 액땜을 하고, 우리나라 사람들은 소금을 뿌려 액땜을 한다. 그런데 우리나라에는 복조리가 있다. 그러므로 그들의 땅에도 복을 부르는 상징물이 있을 것이다.

③ 인간이 자연의 일부라면, 만물이 언젠가는 소멸한다는 자연의 법칙에 지배를 받는 것은 당연하다. 어느 누구라도 늙지 않을 수 없고 결국에는 죽음을 피할 수 없다는 점만 보아도 그렇다. 결국 인간이 자연의 일부라는 사실을 외면할 수는 없는 것이다.

④ 인류가 위대하다는 말은 결코 옳지 않다. 만약 그 말이 옳다면, 자신들의 문명을 자부하는 나라는 마땅히 열악한 사정에 있는 나라에게 원조를 아끼지 말아야 한다. 그러나 어떤 문명국가는 세입의 절반을 다른 나라의 시민들을 해치는 전쟁에 쓰고 있다.

⑤ 누구든 자신에게 친절한 사람을 좋아하기 마련이다. 삶을 낙관적으로 보는 사람은 다른 사람에 대해서 너그럽다. 타인에게 너그러운 사람은 사람의 허물을 들추는 일을 즐기지 않고, 그런 이유로 늘 친절할 수 있는 것이다. 그래서 삶을 낙관적으로 보는 사람이 언제나 환영받는 것이다.

03

2009학년도 LEET 문29

다음 물질 A, B, C의 특성에 대하여 추정한 것으로 옳은 것만을 〈보기〉에서 있는 대로 고른 것은?

갑, 을, 병은 산행을 하다 식용으로 보이는 버섯을 채취하였다. 하산 후 갑은 생버섯 5g과 술 5잔, 을은 끓는 물에 삶은 버섯 5g과 술 5잔, 병은 생버섯 5g만을 먹었다.

다음 날 아침 갑과 을은 턱 윗부분만 검붉게 변하는 악취(顎醉) 현상이 나타났으며, 둘 다 5일 동안 지속되었으나 병은 그러한 현상이 없었다. 또한, 세 명은 버섯을 먹은 다음 날 오후부터 미각을 상실했다가, 7일 후 모두 회복되었다. 한 달 후 건강 검진을 받은 세 명은 백혈구가 정상치의 1/3 수준으로 떨어진 것이 발견되어 무균 병실에 입원하였다. 세 명 모두 1주일이 지나 백혈구 수치가 정상이 되어 퇴원하였고 특별한 치료를 한 것은 없었다.

담당 의사는 만성 골수성 백혈병의 권위자였다. 만성 골수성 백혈병은 비정상적인 유전자에 의해 백혈구를 필요 이상으로 증식시키는 티로신 키나아제 효소가 만들어짐으로써 나타난다. 담당 의사는 3개월 전 문제의 버섯을 30g 섭취한 사람이 백혈구의 급격한 감소로 사망한 보고가 있다는 것을 알았으며, 해당 버섯에서 악취 현상 원인 물질 A, 미각 상실 원인 물질 B, 백혈구 감소 원인 물질 C를 분리하였다.

〈보기〉

ㄱ. A는 알코올과의 상호 작용에 의해서 증상을 일으킨다.
ㄴ. B는 알코올과의 상관관계는 없고, 물에 끓여도 효과가 약화되지 않는다.
ㄷ. C는 물에 끓이면 효과가 약화되며, 티로신 키나아제의 작용을 억제하는 물질로 적정량 사용하면 만성 골수성 백혈병 치료제의 가능성이 있다.

① ㄱ ② ㄷ ③ ㄱ, ㄴ
④ ㄴ, ㄷ ⑤ ㄱ, ㄴ, ㄷ

04

2010학년도 LEET 문13

어떤 스포츠용구 회사가 줄의 소재, 프레임의 넓이, 손잡이의 길이, 프레임의 재질 등 4개의 변인이 테니스채의 성능에 미치는 영향에 관하여 실험하였다. 다음 표는 최종 실험 결과를 나타낸 것이다. 표로부터 추리한 것으로 옳은 것은?

성능	변인			
	줄의 소재	프레임의 넓이	손잡이의 길이	프레임의 재질
O	천연	넓다	길다	보론
X	천연	좁다	길다	탄소섬유
X	천연	넓다	길다	탄소섬유
X	천연	좁다	길다	보론
O	천연	넓다	짧다	보론
X	천연	좁다	짧다	탄소섬유
X	천연	넓다	짧다	탄소섬유
X	천연	좁다	짧다	보론
O	합성	넓다	길다	보론
X	합성	좁다	길다	탄소섬유
X	합성	넓다	길다	탄소섬유
X	합성	좁다	길다	보론
O	합성	넓다	짧다	보론
X	합성	좁다	짧다	탄소섬유
X	합성	넓다	짧다	탄소섬유
X	합성	좁다	짧다	보론

O: 좋음 X: 나쁨

① 손잡이의 길이가 단독으로 성능에 영향을 준다.
② 프레임의 넓이가 단독으로 성능에 영향을 준다.
③ 손잡이의 길이와 프레임의 재질이 함께 성능에 영향을 준다.
④ 프레임의 넓이와 프레임의 재질이 함께 성능에 영향을 준다.
⑤ 주어진 실험결과로는 변인들이 성능에 미치는 영향을 알 수 없다.

05

2010학년도 LEET 문23

다음 가상의 연구 (가)와 (나)에서 사용한 추론 방식을 〈보기〉에서 골라 짝지은 것으로 옳은 것은?

> 범죄성의 유전 여부에 관한 연구에서는 유전 요인과 환경 요인의 영향을 분리하는 것이 중요하다. 그래서 연구자들은 쌍생아와 입양아를 대상으로 연구한다. 쌍생아 연구에서는 일란성과 이란성 쌍생아의 범죄성 일치율을 비교하는데, 범죄성 일치란 쌍생아 중 한 쪽이 범죄를 저질렀을 때 다른 쪽도 범죄를 저지른 경우를 말한다.
>
> (가) 일란성 쌍생아와 이란성 쌍생아 각 300쌍의 기록을 연구한 결과, 형제 중 한 쪽의 범죄 기록이 있는 경우에 일란성 쌍생아의 범죄성 일치율은 40%, 이란성 쌍생아의 범죄성 일치율은 10%였다. 이로 미루어 유전 요인이 범죄성에 영향을 미친다고 볼 수 있다.
>
> (나) 1,000명의 입양아를 대상으로 생부, 양부, 입양아의 범죄 기록을 조사하였다. 입양아가 범죄를 저지른 비율은, 생부와 양부 모두 범죄 기록이 있을 때 40%, 양부만 범죄 기록이 있을 때 15%, 생부만 범죄 기록이 있을 때 35%, 생부와 양부 모두 범죄 기록이 없을 때 10%였다. 이로 미루어 유전 요인이 범죄성에 영향을 미친다고 볼 수 있다.

〈보기〉

> ㄱ. 여러 다른 요인들의 있고 없음이 달라지는 가운데 어떤 요인(X)이 언제나 있고 결과(Y)에 차이가 없다면 X가 Y의 원인이다.
>
> ㄴ. 여러 다른 요인들이 고정된 상황에서 어떤 요인(X)의 있고 없음에 따라 결과(Y)에 차이가 있다면 X가 Y의 원인이다.
>
> ㄷ. 다양한 요인들 가운데 크기나 양에 있어 연속적인 값을 갖는 어떤 요인(X)이 있어서 X의 정도 변화에 따라 Y의 정도가 일정한 방향으로 변화한다면 X가 Y의 원인이다.

	(가)	(나)
①	ㄱ	ㄴ
②	ㄴ	ㄱ
③	ㄴ	ㄴ
④	ㄴ	ㄷ
⑤	ㄷ	ㄷ

06

2011학년도 LEET 문14

다음 글로부터 바르게 추론한 것은?

> 갑자기 내린 소낙비를 피해 오두막으로 들어온 철수와 영희는 천장에서 마치 옥수수 볶는 것 같은 소리를 들었다. 이런 소리가 들리는 현상을 설명하기 위해 둘은 다음과 같이 나름의 '가설'을 내놓았다.
>
> 철수의 가설: 천장에서 도깨비가 옥수수를 볶고 있다.
> 영희의 가설: 비가 거세게 내리면서 지붕을 때리고 있다.
>
> 어떤 현상을 설명하고자 내놓은 가설이 얼마나 '설명도'가 높은가 하는 문제와 그 가설의 '개연성'이 얼마나 높은가 하는 문제는 구별될 필요가 있다. '가설의 설명도'란 그 가설이 참이라고 가정했을 때 설명하고자 하는 현상이 참일 확률을 말한다. 반면 '가설의 개연성'이란 어떤 현상이 관찰을 통해 참이라고 밝혀졌다고 가정할 때 그 가설이 참일 확률을 말한다. 예를 들어, 눈앞에 종이 한 장이 놓여 있다는 시각 정보를 갖고 있고 이를 설명하기 위한 두 가설 A와 B가 있다고 해 보자. A는 눈앞에 야구 방망이가 놓여 있다고 주장하고, B는 눈 앞에 종이 한 장이 놓여 있다고 주장한다. 당연히 두 가설 중 B가 A보다 주어진 관찰과 관련하여 설명도도 높고 개연성도 높다. 하지만 또 다른 가설 C를 생각해보자. 이에 따르면 사실 눈앞에는 종이가 없지만 악마가 우리로 하여금 눈앞에 종이 한 장이 있다면 가졌을 그런 시각 정보를 갖도록 만들었다. B와 C 중에서 개연성이 높은 쪽은 당연히 B이다. 하지만 두 가설 중 어느 가설이 더 설명도가 높은지는 말하기 어렵다. 따라서 어떤 가설의 설명도가 높다고 해서 반드시 그 가설을 받아들여야 할 필요는 없는 것이다.
>
> 관찰 현상을 표현하는 명제, '눈앞에 종이가 있다'와 이 현상을 설명하려는 두 가설을 생각해보자. 이 명제로 표현되는 현상과 관련하여 이 중 한 가설이 다른 가설보다 설명도가 높다고 가정한다면, 이 명제의 부정 명제('눈앞에 종이가 없다')로 표현되는 관찰과 관련해서는 반대로 후자의 가설이 전자의 가설보다 설명도가 높다.

① 천장에서 나는 소리와 관련하여 철수의 가설이 영희의 가설보다 개연성이 높다.

② 천장에서 나는 소리와 관련하여 영희의 가설이 철수의 가설보다 설명도가 높다.

③ '눈앞에 종이가 있다'는 관찰과 관련하여 A와 C는 설명도가 비슷하다.

④ '눈앞에 종이가 없다'는 관찰과 관련하여 A가 B보다 설명도가 높다.

⑤ '눈앞에 종이가 없다'는 관찰과 관련하여 C가 A보다 설명도가 높다.

07

〈그림 1〉과 〈그림 2〉의 A, B, C로 가장 적절한 것은?

여러 종교와 인종의 사람들이 섞여 사는 미국 남부의 묘지를 살펴보면, 가톨릭교 묘지는 개신교 묘지에 비해 십자가 묘표를 사용한 묘의 비율이 높다. 또한 가톨릭교 묘지에 비해 개신교 묘지는 그리스도의 재림을 기대하는 상징으로 묘를 동향으로 쓰는 비율이 높다.

〈그림 1〉과 〈그림 2〉는 미국 남부 L주(州)에 속한 K군(郡)의 묘지를 1984년에 조사한 결과이다. 이 조사는 20세기 이후에 조성된 공동묘지를 대상으로 하였다. 프랑스인이 군 서부의 M강(江) 연안 지역부터 농경지를 개간한 K군은 원래 가톨릭교도가 많은 지역이었다. 개발 초기에 농장의 흑인 노예들은 백인인 주인을 따라 가톨릭교회에 다니는 경우가 많았는데, 1860년대 노예해방과 함께 점차 군 전체로 고르게 퍼져 나갔다. 한편 1880년대에 철도가 개통되면서 앵글로색슨계 백인들이 북동부 주들에서 군의 동부로 많이 이주해 왔고, 이들과의 접촉을 통해 개신교로 개종하는 흑인이 늘어났다. 그런데 M강 연안 지역에 거주하는 흑인 개신교도들은 타 지역 흑인 개신교도와 달리, 이 지역의 가톨릭 관습을 종교적인 특징으로 생각하기보다는 지역적 전통으로 여기는 경향이 있었다.

〈그림 1〉

〈그림 2〉

	A	B	C
①	가톨릭교	백인 개신교	흑인 개신교
②	가톨릭교	흑인 개신교	백인 개신교
③	백인 개신교	가톨릭교	흑인 개신교
④	흑인 개신교	가톨릭교	백인 개신교
⑤	흑인 개신교	백인 개신교	가톨릭교

08

다음 글에 대한 분석으로 옳은 것만을 〈보기〉에서 있는 대로 고른 것은?

영민은 아래의 〈설명〉을 보고 처음에는 ⓐ "S_1의 낙하가 S_2 낙하의 원인이다."라는 직관적 판단을 했지만, 〈인과 이론〉을 배운 후에는 ⓑ "S_2의 낙하가 S_1 낙하의 원인이다."라는 판단도 가능하다고 생각하게 되었다.

〈설명〉

실린더 속에 금속판 S_1과 S_2가 접해 있다. 위쪽의 S_1은 줄에 매달려 있고, 아래쪽의 S_2는 양 옆에 칠한 강한 접착제에 의해서 지탱되고 있다. 만약 접착제에 의하여 S_2가 지탱되지 않는다면, S_2는 중력에 의해서 낙하할 것이다.

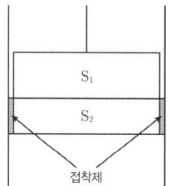

〈인과 이론〉

집중호우가 산사태의 원인이라는 것은 "만약 집중호우가 발생하지 않았다면 산사태가 발생하지 않았을 것이다."로 분석할 수 있다. 즉 사건 A가 B의 원인이라는 것은 A가 발생하지 않으면 B도 발생하지 않는다는 의미이다.

이 이론에 따라 영민은 〈설명〉을 다음과 같이 분석했다. 어떤 시점에 S_1이 매달려 있던 줄이 끊어지고, 그에 따라 자유낙하를 하고자 하는 S_1이 아래 방향의 힘을 S_2에 가하여 접착제가 부서지고, S_2와 S_1이 낙하하게 된다. 영민은 S_2가 S_1보다 먼저 떨어진다고 생각했다. 그래서 영민은 만약 S_2가 낙하하지 않으면 S_1 역시 낙하하지 않을 것이므로, "S_2의 낙하가 S_1의 낙하의 원인이다."라고 판단했다.

〈보기〉

ㄱ. "S_1이 낙하하지 않았다면 S_2 역시 낙하하지 않았을 것이다."라는 판단이 참이라면, 판단ⓐ는 〈인과 이론〉에 의해서 지지될 수 있다.

ㄴ. 원인은 결과보다 시간적으로 앞선다고 할 때, 영민이 생각한 대로 S_2의 낙하가 S_1의 낙하에 시간적으로 앞선다면 판단ⓑ는 설득력을 갖는다.

ㄷ. S_1이 아래 방향으로 힘을 가하는 사건과 S_1이 낙하하는 사건을 구분해서, S_1이 아래 방향으로 힘을 가하여 S_2가 낙하하고, 그래서 S_1이 낙하한다고 생각하면, 판단ⓐ는 옳지만 판단ⓑ는 옳지 않다.

① ㄱ ② ㄷ ③ ㄱ, ㄴ
④ ㄴ, ㄷ ⑤ ㄱ, ㄴ, ㄷ

09

2014학년도 LEET 문13

다음 글로부터 추론한 것으로 옳은 것만을 〈보기〉에서 있는 대로 고른 것은?

> 사람들은 흡연자이거나 비흡연자이고, 또 폐암에 걸리거나 걸리지 않는다. 흡연자가 폐암에 걸리는 확률이 비흡연자가 폐암에 걸리는 확률보다 높을 때, 다시 말해서 흡연자 중 폐암 발생자의 비율이 비흡연자 중 폐암 발생자의 비율보다 클 때 흡연은 폐암과 긍정적으로 상관되어 있다고 말한다. 가령 흡연자 중 폐암 발생자의 비율이 2%이고 비흡연자 중 폐암 발생자의 비율이 0.5%라면, 흡연과 폐암은 긍정적으로 상관된다.
> 역으로 흡연자가 폐암에 걸리는 확률이 비흡연자가 폐암에 걸리는 확률보다 낮을 때 흡연은 폐암과 부정적으로 상관되어 있다고 말한다. 상관관계는 대칭적이어서, 흡연이 폐암과 긍정적으로 상관되어 있으면, 역으로 폐암도 흡연과 긍정적으로 상관된다.
> 두 사건 사이에 직접적인 인과관계가 없을 때에도 그 둘은 상관관계를 가질 수 있다. 가령 그것들이 하나의 공통 원인의 결과일 때 그런 일이 있을 수 있다. 다른 한편, 두 사건 사이에 인과관계가 있어도 이들 사이에 긍정적 상관관계가 없을 수도 있다. 예를 들어, 흡연은 심장 발작을 촉진하지만, 흡연자들은 비흡연자들보다 저염식 식단을 선호하는 성향이 있다고 하자. 이런 경우 흡연이 심장 발작을 일으키는 성향은 흡연이 흡연자로 하여금 심장 발작을 방지하는 음식을 선호하게 만드는 성향과 상쇄되어 흡연과 심장 발작 사이에는 상관관계가 없을 수 있으며, 심지어는 부정적 상관관계가 있을 수도 있다.

〈보기〉

ㄱ. 흡연이 비만과 부정적으로 상관되어 있다면, 비만인 사람 중 흡연자의 비율이 비만이 아닌 사람 중 흡연자의 비율보다 작다.
ㄴ. 흡연과 비만 사이에 긍정적 상관관계가 있다면, 비만인 사람 중 흡연자의 수가 비흡연자의 수보다 많다.
ㄷ. 흡연이 고혈압의 원인이고 고혈압이 심장 발작과 긍정적 상관관계를 갖는다면, 흡연은 심장 발작과 긍정적 상관관계를 갖는다.

① ㄱ ② ㄷ ③ ㄱ, ㄴ
④ ㄱ, ㄷ ⑤ ㄴ, ㄷ

10

2016학년도 LEET 문23

다음 글에 나타난 견해를 비판하는 논거로 가장 적절한 것은?

> 음모론은 기존에 알려진 사실들을 그 이면에 숨겨진 원인으로 설명하는데, 음모론에 등장하는 가설들은 상식에 비춰볼 때 너무 예외적이어서 많은 경우 터무니없다는 반응을 불러일으킨다. 그렇지만, 어떤 사람들은 음모론 속 가설들이 기존 사실들을 무척 잘 설명한다는 것을 근거로 그 가설이 참이라고 생각하기도 한다. 그럼, 그런 높은 설명력을 가진다는 것이 음모론에 등장하는 가설에 대한 과학적 근거라고 할 수 있는가?
> 사실, 과학적 추론들 중에도 가설의 뛰어난 설명력을 근거로 가설의 채택 여부를 결정하는 것이 있다. 그런 추론은 흔히 '최선의 설명으로의 추론'이라고 부른다. 이 추론은 기존 증거를 고려하여 가장 그럴듯한 가설, 즉 해당 증거에 대해서 가장 개연적인 설명을 제공하는 가설을 골라낸다. 이와 더불어 그 추론은 가설의 이론적 아름다움, 즉 단순성과 정합성 등을 파악하여 미래 증거에 대해서도 가장 좋은 설명을 제공할 것 같은 가설을 찾아낸다. 이렇듯 최선의 설명으로의 추론은 기존 증거와 미래 증거를 모두 고려하여 가장 그럴듯하면서도 아름다운 가설을 채택하는 과정이다.
> 이런 점을 생각해볼 때, 음모론 속 가설의 설명력이 그 가설에 대한 과학적 근거를 제공하지 못한다는 것은 분명하다. 왜냐하면 그런 가설들은 예외적인 원인을 이용하여 기존 증거에 대해서는 놀라운 설명을 제공하지만, 그 예외적인 원인의 뛰어난 설명력을 유지하기 위해서 복잡하고 비정합적일 수밖에 없게 되어 미래 증거에 대한 올바른 설명을 제공할 수 없기 때문이다.

① 기존 증거를 잘 설명하는 음모론의 가설들은 미래에 대한 예측의 부정확성이 높을 뿐 예측 자체를 못하는 것은 아니다.
② 과학사에 등장했던 이론적으로 아름다운 가설들은 대개 기존 증거들에 대해 충분히 개연적인 설명을 제공하는 가설들이었다.
③ 몇몇 놀라운 과학적 성취는 그 초기에 기존 증거들을 제대로 설명하지 못했지만 그것의 뛰어난 이론적 아름다움 때문에 일부 과학자들에게 채택되기도 했다.
④ 기존 증거들을 잘 설명하지만 복잡한 형태로 제시된 가설들이 후속 연구에 의해서 설명력을 훼손하지 않은 채 이론적으로 단순하고 아름다워지는 경우가 많다.
⑤ 음모론에 등장하는 가설에 대한 사람들의 믿음은 그 가설이 갖추고 있는 과학적 근거보다는 그것을 믿게 되었을 때 얻을 수 있는 정신적 혹은 사회적인 이익에 의해서 결정된다.

11

〈사례〉에 대해 추론한 것으로 옳은 것만을 〈보기〉에서 있는 대로 고른 것은?

우리는 미래에 일어날 사건의 확률을 결정하기 위해 관련된 여러 정보를 이용한다. 그럼 어떤 정보도 없는 경우에는 어떻게 확률을 결정해야 하는가?

갑: 동전에 대한 아무 정보도 없다면, 그 동전을 던졌을 때 앞면이 나온다는 것을 더 믿을 이유가 없고, 뒷면이 나온다는 것을 더 믿을 이유도 없다. 따라서 우리는 앞면이 나온다는 것과 뒷면이 나온다는 것이 동일한 확률 0.5를 가진다고 생각해야 한다.

을: 그렇지 않다. 동전이 어느 쪽으로도 편향되지 않았다는 정보를 획득한 경우를 생각해 보자. 이 경우, 누구나 인정하듯이, 앞면이 나온다는 것의 확률은 0.5여야 한다. 이에, 당신의 입장은 편향되지 않았다는 정보가 있는 경우와 그렇지 않은 경우를 구분하지 못한다. 편향되지 않았다는 정보를 가지고 있을 때와 달리, 그런 정보가 없을 때는 앞면이 나올 확률의 최솟값은 0이고 최댓값은 1이라고만 말할 수 있을 뿐이다.

〈사례〉

구슬 100개가 잘 섞여 있는 항아리가 있다. 각 구슬들의 색깔은 붉거나, 희거나, 검으며, 각 구슬들의 재질은 나무이거나 금속이다. "붉은색 구슬은 모두 50개다."라는 정보는 주어졌지만, 다른 색 구슬의 개수에 대한 정보는 주어지지 않았다. 그리고 "나무로 된 흰색 구슬의 개수와 금속으로 된 흰색 구슬의 개수는 같다."라는 정보는 주어졌지만, 다른 구슬에 대해서는 이런 정보가 주어지지 않았다. 이제 이 항아리에서 무작위로 구슬을 하나 뽑을 것이다.

〈보기〉

ㄱ. 나무로 된 흰색 구슬이 뽑힐 확률에 대해서 갑과 을은 동일한 값을 부여할 것이다.

ㄴ. 붉은색 구슬이 뽑힐 확률이 흰색이 아닌 구슬이 뽑힐 확률보다 크지 않다는 것에 대해서 갑과 을은 동의할 것이다.

ㄷ. 나무로 된 구슬은 모두 흰색이라는 정보가 주어진다면, 흰색 구슬이 뽑힐 확률이 검은색 구슬이 뽑힐 확률보다 작지 않다는 것에 대해서 갑과 을은 동의할 것이다.

① ㄱ   ② ㄴ   ③ ㄱ, ㄴ
④ ㄱ, ㄷ   ⑤ ㄴ, ㄷ

12

다음 글로부터 추론한 것으로 옳지 않은 것은?

우리는 다양한 사건을 관찰하여 여러 정보를 획득한다. 이때 우리가 획득하는 정보의 양은 해당 사건의 관찰과 관련된 우리 상태에 따라 달라진다. 특히 어떤 관찰 이후 우리가 획득하는 정보의 양은 해당 관찰에 대해 느끼는 놀라움에 정도에 비례한다. 우리는 검은 까마귀를 관찰했을 때보다 흰 까마귀를 관찰했을 때 더 많이 놀란다. 이런 경우에 우리는 검은 까마귀를 관찰했을 때보다 흰 까마귀를 관찰했을 때 더 많은 정보를 획득한다. 여기서 말하는 놀라움의 정도는 예측의 정도와 반비례한다. 좀처럼 예측되기 어려운 사건이 일어나면 더 놀라움을 느끼고, 쉽게 예측되는 사건이 일어나면 덜 놀라움을 느낀다. 그럼 이 예측의 정도는 어떻게 측정할 수 있는가? 한 가지 방법은 확률을 이용하는 것이다. 즉 어떤 사건을 관찰하기 전에 우리가 그 사건에 부여하고 있었던 확률이 작으면 작을수록 예측의 정도는 더 작아진다. 저 앞에 있는 까마귀의 색을 확인하기 전이라고 해보자. 분명 우리는 그 까마귀가 검은 색이라는 것보다 흰색이라는 것에 더 작은 확률을 부여한다. 바로 이런 확률의 차이를 통해 우리가 검은 까마귀의 관찰보다 흰 까마귀의 관찰을 더 약하게 예측한다는 것을 드러낼 수 있다.

① 서로 다른 두 사람이 무언가를 관찰한 후에 획득한 정보의 양이 서로 같다고 하더라도 그들이 관찰한 사건은 다를 수 있다.

② 어떤 사람이 서로 다른 두 사건을 관찰했을 때 느끼는 놀라움의 정도의 차이는 그 사람이 관찰 이전에 두 사건에 부여했던 확률의 차이에 반비례한다.

③ 어떤 사건이 발생했다는 것을 관찰했을 때 획득되는 정보의 양은 그 사건이 발생하지 않았다는 것을 관찰했을 때 획득되는 정보의 양과 서로 반비례한다.

④ 어떤 사건이 반드시 일어날 수밖에 없다고 생각하는 사람이 그 사건이 일어나는 것을 관찰했을 때 획득하는 정보의 양은 그 어떤 정보의 양보다 크지 않다.

⑤ 주사위를 던져서 나올 결과들에 대해 서로 다른 확률을 부여하는 사람이 있다면, 해당 주사위 던지기의 결과 중 무엇을 관찰하든 그가 느끼는 놀라움의 정도는 서로 다르다.

13
2017학년도 LEET 문32

다음 글로부터 추론한 것으로 옳은 것만을 〈보기〉에서 있는 대로 고른 것은?

과학자들은 "속성 C는 속성 E를 야기한다."와 같은 인과 가설을 어떻게 입증하는가? 다른 종류의 가설들과 마찬가지로 인과 가설 역시 다양한 사례들에 의해 입증된다. 예를 들어 과학자들은 '폐암에 걸린 흡연자의 사례'와 '폐암에 걸리지 않은 비흡연자의 사례'가 "흡연이 폐암을 야기한다."는 인과 가설을 입증한다고 생각한다. 'C와 E를 모두 가진 사례'와 'C와 E를 모두 결여한 사례'가 "C가 E를 야기한다."를 입증한다는 것이다. 여기서 문제의 두 사례들이 해당 인과 가설을 입증하기 위해서는 두 사례 중 하나는 다른 사례의 '대조 사례'여야 한다. 물론, C와 E를 모두 가진 사례와 C와 E를 모두 결여한 사례들이 언제나 서로에 대한 대조 사례가 되는 것은 아니며, 다음 조건들을 만족해야만 "C가 E를 야기한다."를 입증하는 대조 사례라 할 수 있다.

○ 두 사례는 속성 C의 존재 여부를 제외한 거의 모든 측면에서 유사하다.
○ 속성 E를 가진다는 것을 설명할 때, 속성 C를 가진다는 것보다 더 잘 설명하는 다른 속성 P가 존재하지 않는다.
○ 속성 E의 결여를 설명할 때, 속성 C의 결여보다 더 잘 설명하는 다른 속성 Q가 존재하지 않는다.

예를 들어, 오랫동안 흡연한 60대 폐암 환자 갑과 담배에 전혀 노출되지 않고 폐암에도 걸리지 않은 신생아 을은 "흡연이 폐암을 야기한다."를 입증하는 좋은 대조 사례가 아니다. 갑과 을은 흡연 이외에도 많은 차이가 있으며, 흡연을 하지 않았다는 것보다 신생아라는 것이 을이 폐암에 걸리지 않았다는 것을 보다 잘 설명하기 때문이다.

〈보기〉

ㄱ. 전혀 다른 가정에 입양되어 자란 일란성 쌍둥이 갑과 을이 모두 조현병에 걸렸다면 갑과 을은 "유전자가 조현병을 야기한다."는 인과 가설을 입증하는 대조 사례이다.
ㄴ. β형 모기에 물린 이후 말라리아에 걸린 갑과 β형 모기에 물리지 않고 말라리아에 걸리지 않은 을이 "β형 모기에 물린 것이 말라리아를 야기한다."는 인과 가설을 입증하는 대조 사례가 되기 위해서는 적어도 말라리아에 대한 선천적 저항력과 관련해 갑과 을 사이에는 별 차이가 없다는 것이 밝혀져야 한다.
ㄷ. 총 식사량을 줄이면서 저탄수화물 식단을 시작한 이후 체중이 줄어든 갑과 총 식사량을 줄이지 않고 일반적인 식단을 유지하여 체중 변화가 없었던 을이 "저탄수화물 식단이 체중 감소를 야기한다."는 인과 가설을 입증하는 대조 사례가 되기 위해서는 적어도 갑의 체중 감소가 저탄수화물 식단보다 총 식사량의 감소에 의해서 더 잘 설명되지 않아야 한다.

① ㄱ ② ㄴ ③ ㄱ, ㄴ
④ ㄴ, ㄷ ⑤ ㄱ, ㄴ, ㄷ

14
2018학년도 LEET 문14

다음 논쟁에 비추어 〈사례〉를 평가한 것으로 옳은 것만을 〈보기〉에서 있는 대로 고른 것은?

갑: 어떤 것이 없다거나 어떤 것을 행하지 않았다는 것은 원인이 될 수 없어. 예를 들어, 철수가 화초에 물을 주지 않았다는 것이 그 화초가 죽게 된 원인이라고는 할 수 없어. 다른 것의 원인이 되기 위해서는 일단 존재하는 것이어야 하니까. 만약 철수가 화초에 뜨거운 물을 주어 화초가 죽었다면, 철수가 준 뜨거운 물이 화초가 죽게 된 원인이라고 할 수 있지. 철수가 준 뜨거운 물은 존재하는 것이니까 말이야.

을: 원인이 되는 사건이 일어나지 않았더라면 결과도 일어나지 않았을 것이라고 판단할 수 있는지가 원인과 결과를 찾는 데 중요해. 철수가 화초에 물을 주었더라면 화초가 죽는 사건은 일어나지 않았을 거야. 그런 점에서 철수가 화초에 물을 주지 않았다는 것이 화초가 죽게 된 원인이라고 해야겠지.

병: 이미 일어난 사건이 일어나지 않았을 상황을 상상하라는 것은 지나친 요구가 아닐까? 어떤 사건이 다른 사건의 원인인지 여부는 경험할 수 있는 것을 토대로 밝혀야 한다고 생각해. 어떤 사건이 일어난 시점 이후에 다른 사건이 일어나는 경우에만 앞선 사건이 뒤이은 사건의 원인일 수 있어. 물론 그것만 가지고 그 사건을 원인이라고 단정할 수는 없지만 말이야.

〈사례〉

탐험가 A는 홀로 사막으로 탐험을 떠날 예정이다. 그런데 그의 목숨을 노리는 두 사람 B와 C가 있다. A는 사막에서 생존하는 데 필수적인 물을 물통에 가득 담아 챙겨 두었다. B는 몰래 이 물통을 비우고 물 대신 소금을 넣었다. 이후 이를 모르는 C는 A가 탐험을 떠나기 직전 물통을 훔쳤다. 탐험을 떠난 A는 주변에 마실 물이 없었기 때문에 갈증 끝에 죽고 말았다.

〈보기〉

ㄱ. 갑은 A 주변에 오아시스가 없다는 것이 A가 사망한 사건의 원인이라고 보지 않을 것이다.
ㄴ. 을은 B의 행위와 C의 행위가 각각 A가 사망한 사건의 원인이라고 볼 것이다.
ㄷ. 병은 B의 행위가 A가 사망한 사건의 원인이라고 볼 것이다.

① ㄱ ② ㄴ ③ ㄱ, ㄷ
④ ㄴ, ㄷ ⑤ ㄱ, ㄴ, ㄷ

15

A의 계획에 대한 평가로 옳은 것만을 〈보기〉에서 있는 대로 고른 것은?

연구자 A는 우리나라 기독교인들의 특성을 알아보기 위해 설문조사를 시행하려고 한다. 이를 위해서는 우리나라 기독교인을 대표할 수 있는 표본을 뽑아야 한다. 이 표본으로부터 얻은 정보에서 모집단인 우리나라 전체 기독교인의 정보를 추론하려는 것이다. 이를 위해서는 A가 뽑은 표본의 총체적 특성이 모집단인 전체 기독교인의 총체적 특성에 거의 근접해야 하며, 이러한 표본을 대표성 있는 표본이라고 한다. 표본의 대표성을 확보하기 위해서는 전국의 모든 기독교인들이 표본으로 뽑힐 확률을 동일하게 해야 한다. 또한 표본의 대표성은 많은 수의 기독교인을 뽑을수록 높아질 것이다. 만약 우리나라 모든 기독교인의 명단이 있다면, 이로부터 충분히 많은 수의 교인을 무작위로 뽑으면 된다. 하지만 그러한 명단은 존재하지 않는다. 대신 초대형 교회부터 소형교회까지 전국의 모든 교회를 포함하는 교회 명단은 존재하므로, A는 이 명단으로부터 일정 수의 교회를 무작위로 뽑기로 하였다. 다음 단계로 이 교회들의 교인 명단을 확보하여 이 명단으로부터 각 교회 당 신도 일정 명씩을 무작위로 뽑기로 하였다. 이렇게 하여 A는 1,000명의 표본을 대상으로 설문조사를 실시하려고 계획한다. 여기서 고려할 점은 집단의 구성원들이 동질적일수록 그 집단으로부터 뽑은 표본은 그 집단을 더 잘 대표할 것이며, 교회처럼 자연스럽게 형성된 집단에 속한 사람들은 전체 모집단에 속한 사람들과 비교할 때 일반적으로 더 동질적이라는 사실이다.

〈보기〉

ㄱ. 이 표본은 전국의 모든 기독교인들이 뽑힐 확률을 동일하게 하였으므로 대표성이 높다.
ㄴ. 뽑을 교회의 수를 늘리고 각 교회에서 뽑을 신도의 수를 줄이는 것보다, 뽑을 교회의 수를 줄이고 각 교회에서 뽑을 신도의 수를 늘리는 것이 표본의 대표성을 더 높인다.
ㄷ. 표본의 대표성을 높이기 위해서는 교회가 뽑힐 확률을 교인 수에 비례하여 정해야 한다.

① ㄱ ② ㄷ ③ ㄱ, ㄴ
④ ㄴ, ㄷ ⑤ ㄱ, ㄴ, ㄷ

16

다음으로부터 추론한 것으로 옳지 않은 것은?

자료와 가설 사이에 성립하는 증거 관계는 자료가 가설의 확률을 어떻게 변화시키느냐에 의해 정의된다. '자료가 어떤 가설에 대해 긍정적 증거'라는 말은 그 자료가 해당 가설이 참일 확률을 높인다는 뜻이다. 마찬가지로 '자료가 어떤 가설에 대해 부정적 증거'라는 말은 그 자료가 해당 가설이 참일 확률을 낮춘다는 뜻이다. 또한 '자료가 어떤 가설에 대해 중립적 증거'라는 말은 그 자료가 해당 가설이 참일 확률을 높이지도 낮추지도 않는다는 뜻이다. 이를 통해 하나의 자료가 서로 양립할 수 없는 여러 경쟁가설들과 어떤 관계에 있는지 추적할 수 있다. 이를 위해 경쟁가설들로 이루어진 집합을 생각해 보자. 참일 수 없는 가설은 고려할 가치가 없으므로 우리가 고려하는 경쟁가설의 확률은 모두 0보다 크다고 할 수 있다. 또한 경쟁가설 집합에 속한 가설들은 동시에 참이 될 수 없으며, 그 가설들 중 하나는 참이라고 상정한다. 그러므로 경쟁가설 집합에 속한 각 가설들이 참일 확률의 합은 1이 된다. 물론 경쟁가설 집합의 크기는 다양할 수 있다. 위 정의에 따라 경쟁가설 집합에 속한 가설들과 자료 사이의 관계를 규명할 수 있다. 가령, 경쟁가설 집합에 H1과 H2라는 두 개의 가설만 있는 경우를 생각해 보자. 이 경우 H1이 참일 확률과 H2가 참일 확률의 합은 1로 고정되어 있어 하나의 확률이 증가하면 다른 것의 확률은 감소할 수밖에 없다. 따라서 H1에 대해 긍정적 증거인 자료는 H2에 대해 부정적 증거가 된다. 비슷한 이유에서, H1에 대해 중립적 증거인 자료는 H2에 대해서도 중립적 증거가 된다.

① 어떤 자료가 세 개의 가설 각각에 대해 부정적 증거라면, 이 세 가설이 속하는 경쟁가설 집합에는 또 다른 가설이 적어도 하나는 있어야 한다.
② 어떤 자료가 경쟁가설 집합에 속한 한 가설의 확률을 1로 높이면, 그 자료는 그 집합에 속한 다른 가설에 대해 중립적 증거일 수 있다.
③ 경쟁가설 집합에 속한 어떤 가설에 대해 긍정적 증거인 자료는 그 집합에 속한 적어도 한 개의 다른 가설에 대해 부정적 증거가 된다.
④ 경쟁가설 집합 중에서 어떤 자료가 긍정적 증거가 되는 경쟁가설의 수와 부정적 증거가 되는 경쟁가설의 수는 다를 수 있다.
⑤ 경쟁가설 집합에 세 개의 가설만 있는 경우, 그 집합에 속한 가설 중 단 두 개에 대해서만 중립적인 자료는 있을 수 없다.

17
2018학년도 LEET 문31

다음으로부터 추론한 것으로 옳은 것은?

여기 동전이 하나 있다. 이 동전은 앞으로 4번 던져질 것이며, 4번 던져진 이후 폐기될 것이다. 이 동전이 어느 쪽으로 치우쳐 있는지는 알 수 없으며, 각 동전 던지기는 서로 영향을 주지 않는다. 이 동전을 던졌을 때 앞면이 나올 확률은 얼마인가? 한 가지 방법은 관련된 빈도가설에 따라 확률을 결정하는 것이다. '4번 동전 던지기에서 앞면이 N번 나온다'를 빈도가설-N이라 하자. 위 동전 던지기와 관련된 빈도가설들은 모두 이런 형태이고 다른 어떤 빈도가설도 없다. 그럼 우리는 동전 던지기 결과들의 확률에 대해 말할 수 있다. 가령, '빈도가설-2에 따르면, 앞면이 나올 확률은 1/2이고 4번 모두 앞면이 나올 확률은 1/16이다'가 성립한다.

위 방식을 이용하면 특정 빈도가설이 참일 확률에 대해서도 말할 수 있다. 가령, 빈도가설-4를 생각해 보자. 이 가설은 '4번 모두 앞면이 나온다'라는 것과 같은 말이다. 따라서 '빈도가설-2에 따르면 빈도가설-4가 참일 확률은 1/16이다'가 성립한다. 이렇게 각 빈도가설은 자신을 포함해 여러 빈도가설들에 대해서 확률적 판단을 내린다.

위 빈도가설들 중, 자신 이외에 다른 가설들도 참일 수 있다고 판단하는 가설, 즉 자신과 다른 몇몇 빈도가설에 0보다 큰 확률을 부여하는 가설은 '겸손한 빈도가설'이라고 불린다. 한편, 자신 이외에 어떤 다른 빈도 가설도 참일 수 없다고 판단하는 가설은 '겸손하지 않은 빈도가설'이라고 불린다. 예를 들어, 빈도가설-2는 겸손하지만 빈도가설-4는 겸손하지 않다. 왜냐하면 빈도가설-2에 따르면 자신과 다른 몇몇 빈도가설에 0보다 큰 확률이 부여되지만, 빈도가설-4에 따르면 자기 자신을 제외하고 모든 빈도가설에 0의 확률이 부여되기 때문이다. 한편, 겸손하지 않은 가설들 각각에 대해서 그 가설들이 참일 수 있다고 판단하는 가설은 '포용력 있는 빈도가설'이라고 불린다.

① 포용력 있는 빈도가설들 중 겸손하지 않은 빈도가설이 있다.
② 모든 빈도가설들에 의해 참일 수 있다고 판단되는 빈도가설이 있다.
③ 자신을 포함하여 모든 빈도가설들에 동일한 확률을 부여하는 빈도가설은 없다.
④ 자신이 참일 수 있다고 판단하는 빈도가설은 모두 포용력 있는 빈도가설이다.
⑤ 겸손한 빈도가설은 다른 어떤 가설보다 자기 자신에게 가장 낮은 확률을 부여한다.

18
2019학년도 LEET 문36

다음으로부터 추론한 것으로 옳은 것만을 〈보기〉에서 있는 대로 고른 것은?

질병의 원인을 어떻게 추정할 수 있을까? 19세기 과학자 K가 제안한 단순한 초기 가설에 따르면, 어떤 병원균의 보균 상태가 아님에도 어떤 질병이 발병하거나 그 병원균의 보균 상태임에도 그 질병이 발병하지 않는다면, 그 병원균은 그 질병의 원인이 아니다. 이를테면 결핵 환자들 중에 어떤 병원균의 보균자인 사람도 있고 아닌 사람도 있다면 그 병원균을 결핵의 원인으로 추정할 수 없으며, 어떤 병원균의 보균자들 중에 결핵을 앓고 있는 사람도 있고 아닌 사람도 있다면 그 병원균 역시 결핵의 원인으로 추정할 수 없다는 것이다. 이를 엄밀하게 표현하면 아래와 같다.

다음 두 조건을 모두 만족하는 경우에, 병원균 X를 질병 Y의 원인으로 추정할 수 있다.
조건 1: Y를 앓는 모든 환자가 X의 보균자이다.
조건 2: 누구든 X의 보균자가 되면 그 때 반드시 Y가 발병한다.

〈보기〉
ㄱ. 질병 D를 앓는 모든 환자들이 병원균 α와 β 둘 다의 보균자이고, 누구든 α와 β 둘 다의 보균자가 되면 그 때 반드시 D가 발병하는 경우, α도 조건 2를 만족하고 β도 조건 2를 만족한다.
ㄴ. 질병 D를 앓는 환자에게서 병원균 α와 β가 함께 검출되는 경우가 없다면, α와 β 중 기껏해야 하나만 위 두 조건을 모두 만족할 수 있다.
ㄷ. 질병 D를 앓는 모든 환자에게서 병원균 α와 β 중 적어도 하나가 검출된다면, α와 β 중 적어도 하나는 조건 1을 만족한다.

① ㄱ
② ㄴ
③ ㄱ, ㄷ
④ ㄴ, ㄷ
⑤ ㄱ, ㄴ, ㄷ

19

다음으로부터 추론한 것으로 옳은 것은?

> 사건들은 서로 간에 양 또는 음의 상관관계가 성립할 수 있으며, 어떤 상관관계도 없이 서로 독립적일 수도 있다. 이런 상관관계는 주어진 조건에 따라서 달라진다. 특히 상관관계 성립 여부는 사건들이 어떤 인과적 구조에 있느냐에 의존한다.
>
> 예를 들어 보자. 비가 와서 땅이 젖었으며, 땅이 젖게 되어 그 땅을 딛고 있는 나의 발이 젖었다고 해 보자. 비가 온 것은 땅이 젖은 것의 원인이며, 땅이 젖은 것은 나의 발이 젖은 것의 원인이다. 비가 온다는 것과 발이 젖는다는 것 이외에 어떤 것도 고려하지 않는다면, 우리는 이 두 사건 사이에 상관관계가 성립한다고 말해야 한다. 하지만 그 두 사건을 연결하는 매개 사건, 즉 땅이 젖는다는 조건 아래에서는 비가 온 것과 발이 젖은 것은 서로 독립적인 사건이 된다. 왜냐하면 땅이 젖기만 한다면 비가 오든 오지 않든 발이 젖을 것이기 때문이다. 이렇듯 두 사건 사이를 인과적으로 매개하는 사건은 그들 사이의 상관관계를 지운다.
>
> 다른 예도 있다. 비가 와서 땅이 젖고 강물도 범람했다고 하자. 비가 온 것은 땅이 젖은 것의 원인이기도 하며, 강물이 범람한 것의 원인이기도 하다. 이 경우, 땅이 젖은 것과 강물이 범람한 것 이외에 어떤 것도 고려하지 않는다면, 우리는 땅이 젖은 것과 강물이 범람한 것 사이에 상관관계가 성립한다고 말해야 한다. 하지만 두 사건의 공통 원인에 해당하는 사건, 즉 비가 온다는 조건 아래에서는 땅이 젖은 것과 강물이 범람한 것은 서로 독립적인 사건이 된다. 왜냐하면 비가 오기만 했다면, 강물이 범람하든 하지 않든 땅이 젖을 것이기 때문이다. 이렇듯 두 사건의 공통 원인인 사건은 그 두 사건 사이의 상관관계를 지운다.
>
> 우리는 이런 두 가지 사례를 모두 포괄하는 방식으로 인과관계와 상관관계 사이의 관계를 다음과 같이 규정할 수 있다. 사건 X의 원인은 사건 X와 이 X의 결과가 아닌 사건 사이에 성립하는 상관관계를 지운다.

① 사건 X를 원인으로 하는 사건이 하나밖에 없다면, X가 지우는 상관관계는 존재하지 않는다.
② 사건 X와 사건 Y 사이에 성립하는 상관관계를 지우는 사건이 있다면, X와 Y 모두의 원인인 사건이 있다.
③ 사건 X가 사건 Y의 원인이고 Y는 사건 Z의 원인이라면, X라는 조건 아래에서 Y와 Z는 서로 독립적인 사건이 된다.
④ 사건 X의 원인은 사건 Y이기도 하고 사건 Z이기도 하다면, X라는 조건 아래에서 Y와 Z는 서로 독립적인 사건이 된다.
⑤ 사건 X가 사건 Y와 사건 Z의 유일한 원인이고 Y는 사건 W의 원인이지만 Z는 W의 원인이 아니라면, X는 Z와 W 사이에 성립하는 상관관계를 지운다.

20

다음 논쟁에 대한 분석으로 옳은 것만을 〈보기〉에서 있는 대로 고른 것은?

> 갑1: 종이에 쓰인 '개'라는 기호는 개에 관한 것이야. 마찬가지로 우리 머릿속의 개-생각 또한 개에 관한 것이지. 그런데 '개'라는 임의의 기호가 왜 개에 관한 것인지를 설명할 때와 마찬가지로, 개-생각이 어떻게 개에 관한 것인지를 설명하기도 까다로운 것 같아.
>
> 을1: 그건 간단히 설명할 수 있어. 만약 대상 X가 어떤 생각을 인과적으로 야기하고, 그리고 X가 있을 때만 그 생각이 인과적으로 야기된다면, 그 생각은 X에 관한 것이지. 승강기 지시등을 생각해봐. 7층 지시등은 승강기가 7층에 도달하면 그리고 오직 그 경우에만 켜지잖아. 7층 지시등이 7층에 관한 것임과 똑같은 방식으로 개-생각은 개에 관한 것이야.
>
> 갑2: 너의 견해는 만족스럽지 않아. 예를 들어 병이 개를 본다고 해봐. 개에서 병의 개-생각까지 이어지는 인과적 경로는 매우 길어. 빛이 개의 털에 반사되어 병의 망막으로 들어오지. 망막은 특정한 양식으로 활성화되고 그 정보는 시신경을 통해 뇌에 전달돼. 마지막으로 개-생각이 병의 뇌 깊은 데서 형성되지. ㉠병의 망막 위의 활성화 양식을 'd-양식'이라 하자. 그렇다면 개가 아닌 d-양식이라는 대상에 의해, 그리고 오직 그 대상이 있을 때만 병의 개-생각이 인과적으로 야기된다고 말할 수 있지.
>
> 을2: 하지만 그 d-양식을 인과적으로 야기한 대상의 인과관계를 계속 거슬러 올라가면 마지막에는 항상 개가 있지. 그러므로 병의 개-생각은 여전히 개에 관한 것임에 변함이 없어.
>
> 갑3: 그러면 병이 안개 낀 저녁에 양을 개로 오인하고 '저 안개 너머에 개가 있다.'라고 생각했다고 해볼까? 지금 병의 개-생각은 양에 의해서 야기되었어. 반면 정상적인 상황에서는 양이 아닌 개가 병의 개-생각을 야기하겠지. 개-생각은 양에 의해 야기되기도 하고 개에 의해 야기되기도 해. 그렇다면 개-생각은 개 또는 양에 의해 야기된다고 해야 해. 그러므로 너의 견해가 옳다면 병의 개-생각은 개가 아닌 개-또는-양이라는 대상에 관한 것이라는 결론에 도달해.

〈보기〉

ㄱ. ㉠까지 이어지는 인과적 경로의 출발점이 개 전체가 아니라 개의 일부라고 가정하더라도 갑2의 결론은 똑같이 도출된다.
ㄴ. 을2는 대상 a, b, c에 대해서 만약 a가 b를 인과적으로 야기하고 b가 c를 인과적으로 야기한다면 a는 c를 인과적으로 야기한다는 원리를 전제한다.
ㄷ. 갑2와 갑3에 제시된 논증은, 만약 을1의 견해를 수용한다면 병의 개-생각이 개가 아닌 다른 무언가에 관한 것일 수 있다는 것이다.

① ㄱ
② ㄷ
③ ㄱ, ㄴ
④ ㄴ, ㄷ
⑤ ㄱ, ㄴ, ㄷ

21

2024학년도 LEET 문27

다음 글에 대한 평가로 적절한 것만을 〈보기〉에서 있는 대로 고른 것은?

> 배심원들이 확률적 증거에 기초하여 피고에게 사건의 책임이 있을 가능성이 크다고 추론하였음에도 불구하고 유죄나 원고 승소 평결을 내리기 주저하는 현상이 발견된다. 이를 설명하는 〈가설〉이 있다.
>
> 〈가설〉
> 사건의 책임이 누구에게 있는지를 명시적으로 제시하지 않은 증거는 그 자체로 타당하다고 받아들여지더라도 정보로서의 가치가 낮게 평가된다. 따라서 이러한 정보는 배심원의 평결에 영향을 덜 미치게 된다.
> 즉 "피고에 책임이 있을 확률이 80%이다."라는 증언과 "맞을 확률이 80%인 증거에 근거할 때 피고에 책임이 있다."라는 증언은 배심원들이 받아들이는 데에 심리적으로 큰 차이가 있다는 것이다. 연구진은 이 가설을 검증하기 위해 〈실험〉을 진행하였다.
>
> 〈실험〉
> 모의 배심원들에게 다음과 같은 사건 개요를 읽게 한다.
> "갑은 같이 산책 중이던 자신의 개를 친 혐의로 버스 회사 B를 고소했다. 갑이 사는 도시에는 파란색 버스만 운행하는 회사 B와 회색 버스만 운행하는 회사 G, 2개만 있는데, 갑은 색맹이어서 사고를 낸 버스의 색을 확인할 수 없었다."
> 모의 배심원을 무작위로 둘로 나눈 뒤, 집단 1에게는 조사관의 증언 X만을, 집단 2에게는 조사관의 증언 X와 Y 모두를 제시한다.
>
> X: 타이어 매칭 기술을 적용한 결과 B의 전체 버스 10대 중 8대와 G의 전체 버스 10대 중 2대가 사고 현장에서 수거한 타이어 자국과 완벽하게 일치한다.
> Y: 나는 타이어 자국 증거에 근거해서 B의 버스가 원고의 개를 쳤다고 본다.
>
> 모의 배심원들로 하여금 B의 버스가 실제로 개를 쳤을 확률을 제시하고 B에 대한 평결을 내리도록 했다. 실험 결과, 모의 배심원이 B에 책임이 있을 확률로 제시한 값인 '주관적 확률'은 두 집단이 같았고, 각 집단에서 B에 책임이 있다고 판단한 모의 배심원의 비율인 '원고 승소 평결률'은 두 집단 모두에서 주관적 확률보다 낮았다.

〈보기〉

ㄱ. 집단 1의 원고 승소 평결률이 집단 2보다 유의미하게 낮다면, 〈가설〉은 약화된다.
ㄴ. 주관적 확률과 원고 승소 평결률 사이의 차이가 집단 2보다 집단 1에서 유의미하게 크다면, 〈가설〉은 강화된다.
ㄷ. 만약 회색 버스가 갑의 개를 쳤다는 목격자의 증언이 두 집단에게 추가로 제공되었을 때, 집단 1보다 집단 2에서 원고 승소 평결률이 유의미하게 더 낮아졌다면, 〈가설〉은 약화된다.

① ㄱ ② ㄴ ③ ㄱ, ㄷ
④ ㄴ, ㄷ ⑤ ㄱ, ㄴ, ㄷ

02 언어 추리 기출유형공략

핵심 이론

현재 가장 많은 출제 비중을 지닌 영역으로 지문의 정보로부터 출제에서 요구되는 바를 추리하는 능력을 측정한다. 지문의 개념, 문장, 맥락으로부터 함축된 정보를 파악하고 이로부터 귀결되는 바를 추론하는 능력을 측정하는 '함축 및 귀결', 지문에서 원리나 이론, 규범 등을 파악하고 이를 사례에 적용하여 판단하는 능력을 측정하는 '원리 적용', 사실이나 사건을 통해 추리되는 정보를 파악하는 능력을 측정하는 '사실관계로부터의 추리' 유형이 있으며, 각 유형은 법·규범학, 인문학, 사회과학, 과학기술 제재에서 출제된다. 특히 법학과 과학기술 제재에서 주로 출제된다.

01 법·규범학

법조문을 중심으로 출제되며 법·규범을 파악하여 이로부터 사례를 판단하는 유형이다. 법이나 규범에서 규정하는 범위나 대상을 파악하고 그러한 규범의 예외나 단서 및 조건을 확인하여 판단해야 한다. 법·규범학에서의 문제 유형은 다음과 같다.

법적 삼단논법 (Legal Syllogism)	· 법규정에 대한 일련의 적용방식은 논리적으로 법적 삼단논법을 통해 정형화된다. · 이는 일반적인 법규정을 적용할 때에 기반이 되는 법철학의 원리이며 실제로 문제해결에서 활용되는 내재적인 원칙으로 다음과 같이 모형화될 수 있다. 대상 → 요건 사례 → 대상 사례 → 요건
수리적 계산	· 법·규범학에서 가장 높은 난도의 문제들은 대부분 수리적인 기준을 제시하고 계산을 통해 추리하는 유형으로 구성된다. · 법조문 자체의 의미 파악보다는 수적인 규칙이 적용되는 대상과 상황에 따라 요건을 적용하여 판단하는 것이 더 중요한 요소이다.

02 인문학

인문학의 특성상 지문의 정보로부터 숨겨진 의미를 파악하고 함축된 바를 추리하여 문제를 해결하는 개념 파악 유형이 주로 출제되고 있다. 필자가 의미한 바에 맞추어 주어진 개념을 파악하고 그러한 논지에 따른 함축된 정보를 추리한다. 물론 원리를 제시하고 수적인 비교를 요구하는 문제도 출제된 바 있다. 인문학 문제의 접근 방식은 다음과 같다.

Keyword 및 개념 파악	· 정보로부터 반복되거나 높은 비중을 지닌 핵심어를 파악한다. · 문단마다 서로 다른 개념들이 있을 경우 그러한 개념의 의미를 파악한다.
함축된 정보 파악	· 지문에서 나타나는 필자나 화자의 논지를 파악하고 글의 맥락을 파악하여 함축된 정보를 찾아낸다.
비교 및 대조	· 다중 개념이나 이론이 있을 경우 이들 간의 공통점과 차이점을 파악한다.

03 사회과학

사회과학 제재에서는 경제학을 주된 소재로 하여 원리적용 유형이 출제되고 있다. 사회 정치 관련 소재도 출제된 바 있으며 원칙과 원리를 주고 이를 통해서 사례를 분석하는 형식을 취한다. 이때 관련 수적 기준에 의한 수리추론의 유형도 포함되어 출제되며 자료를 활용한 문제도 포함된다. 사회과학 문제의 접근 방식은 다음과 같다.

영역 및 원리 파악	출제되는 영역이 어떤 것인지 파악하고 이에 맞추어 주어진 개념 및 원리를 정리한다.
사례 파악	사례에 해당하는 요소가 지문에서 제공된 개념이나 원리, 어떤 대상이나 영역에 해당되는지를 파악한다.
사례 적용 판단	주어진 사례를 적용하여 원리를 통해 추리된 바를 정리하고 판단한다.
수적 기준 적용	원리가 수적인 차원에서 제시된 경우 계산을 통해 추리한다.

04 과학기술

과학기술 제재의 언어추론 영역에서는 주로 원리적용 유형으로 출제되며, 현상에 대한 개념이나 작동되는 용어 파악을 통해 사례를 확인하고 작동 메커니즘을 통해 가설을 설정하는 문제가 출제되고 있다. 과학기술 제재는 고유한 분석 틀이 있기에 다른 제재와는 다르게 이를 고려한 분석이 필요하다. 과학기술에서의 문제 유형은 다음과 같다.

과학적 용어 및 개념	• 과학적 용어는 일상생활에서 다루는 개념이기도 하지만, 대부분의 문제에서는 이론이나 원리로 제시되며 생소한 용어도 자주 등장한다. 이러한 용어의 의미는 대부분 지문에서 정보를 주고 있다. 특히 과학적 용어가 어떤 의미가 있으며, 그러한 용어가 대상 안에서 어떠한 기능을 하는 것인지, 어떤 역할을 수행하는지를 파악해야 한다. • 과학적 용어에는 일상적으로 사용되는 용어나 개념도 있지만, 생명과학이나 물리학적 개념은 생소한 용어들이다. 이러한 개념들에 대한 파악은 과학 교과서 등을 통해 전반적으로 학습할 수 있다.
메커니즘 파악	• 과학기술 영역에서 매우 중요한 것은 현상에 대한 단계적 인과 해석이다. 첫 단계에서 어떤 것의 기능에 의해서 다음 단계로 진행하고 그러한 진행의 원리인 메커니즘을 제시하기 때문이다. 특히 생물학이나 기술공학에서는 단계적 구분 및 알고리즘과 같은 메커니즘을 파악해야 인과적 설명이 가능한 경우가 대부분이다. 따라서 단계적 정리에 의한 메커니즘의 파악은 문제 해결을 위한 중요한 분석 대상이다. 메커니즘 파악 유형은 가장 많은 출제 범위를 지니고 있으며 특히 생명과학 분야에서 가장 많은 출제가 되고 있다.
실험 분석	• 과학기술 제재에서 다루는 이론은 대부분 가설에 해당한다. 가설은 주어진 현상에 대한 원인을 규명하는 것이므로, 이에 대한 증명인 가설추론에서는 직접적인 실험 및 관찰이 필요하다. 지문에서 실험이 제시되며 그로부터 나타나는 결과를 추론하거나 결과까지 제시한 후, 가설을 설정하는 방식도 출제되고 있다. • 실험이 제시되는 경우에는 반드시 검증하고자 하는 가설이 무엇이며, 그러한 가설과 실험의 의도 및 실험 결과와의 매칭성도 확인해야 한다.

> **출제 경향**

01 전체적으로 원리 적용 유형으로 최근 5개년 출제가 이루어지고 있으며, 함축 및 귀결이나 사실관계 추리 분야는 극소수로만 출제되고 있다.

02 법·규범학에서는 법조문 중심의 추리 문항이 서술형으로 전환 출제되는 경향이 있다. 법조문의 내용을 서술하면서 이에 따른 규정과 예외적인 규정이 함께 서술되며 대상에 대한 요건이나 제한적인 사항도 함께 서술되기에 법조문과 동일한 분석 방식으로 정리할 필요가 있다. 법조문이 나타나는 문항은 현재 대부분 수리계산 유형에 해당된다. 이는 일반 법조문 출제보다 더 큰 비중을 지니고 있으며, 도표나 자료를 활용하는 유형도 자주 출제되는 경향을 보인다. 그래서 수적 기준과 이에 따른 정확한 대상 매칭을 주의해야 하며 보기나 선택지에서 다양한 사례가 적용되는 규정이 무엇인지도 파악해야 한다.

03 인문학에서는 이론이나 원리를 비교하여 사례에 적용하는 유형이 주로 출제되며 비중은 1~2문항으로 매우 적게 출제되고 있다. 윤리적인 다중 견해에 대한 해석을 비교하거나 원칙을 적용하여 해석하고 판단하는 유형이 대부분이다.

04 사회과학에서는 대부분 수리계산 유형이 출제되고 있다. 사회과학 관련 이론들, 경제 및 정치 사회 영역의 이론들을 소개하고 이에 따라 자료에서 제시되는 수리적인 관계를 함께 적용하여 판단하는 유형이다. 그래프나 도표를 활용한 문제가 출제되기에 익숙하게 적용할 수 있는 훈련이 필요하다.

05 과학기술에서는 과거 생명공학 분야가 주로 출제되었으나 최근에는 물리학과 화학, 기술공학 등 다양한 분야에서 출제되며 전문적인 이론도 매년 적어도 1문항 포함되고 있다. 내용을 이해하려는 시도는 전공 분야가 아닌 이상 좋은 방법이 아니며, 주어진 과학적 용어 및 개념이 무엇을 지시하고 어떤 역할과 기능을 하는지에 집중하는 접근이 필요하다. 과학기술의 특징인 메커니즘 파악과 실험분석에 대한 비중도 높아지고 있어서 이에 대한 분석의 틀을 찾는 것이 필요하다.

유형 01 – 법·규범학

법·규범 적용

01
2009학년도 LEET 문17

'갑', '을', '병'이 공통적으로 언급하고 있는 A조항으로 가장 적절한 것은?

> 갑: A 조항은 적어도 적전(敵前)이 아닌 경우 그 동기와 살해에 이르게 된 정황, 살해 방식 등을 고려하여 합리적 양형이 가능하도록 개정되어야 한다. 비록 남·북한 대치 상태가 존재하는 특수 상황이 있다고 하더라도 군의 기강과 전력은 A 조항이 가져올 효과만으로 기대하기는 어렵다는 점을 고려할 때, 이 조항을 계속 유지시키는 것은 실익이 적다.
>
> 을: A 조항이 있더라도 원심 법원의 사형 선고가 부당하다고 판단되면, 대법원으로서는 A 조항에 대한 위헌 여부의 심판 없이도 다른 법에 따라 사형 이외의 형이 선고되도록 할 수 있다. 그러므로 대법원이 꼭 A 조항이 위헌임을 다툴 필요는 없다.
>
> 병: A 조항은 입법 목적의 달성에 필요한 정도를 구분하지 않은 것으로 범죄의 책임과 형벌은 비례되어야 한다는 원칙에 맞지 않다. 그러나 적전에서 지휘 명령권을 가진 자, 즉 상관을 죽인 경우에 A 조항을 적용하는 것은 헌법에 위반된다고 보기 어렵다.

① 지휘 명령권을 가진 자를 살해한 자는 사형에 처한다.
② 상관을 살해한 자는 사형, 무기 또는 5년 이상의 징역에 처한다.
③ 적전이 아닌 경우 지휘 명령권을 가진 자를 살해한 자는 사형에 처한다.
④ 적전에서 상관의 신체를 상해하여 사망에 이르게 한 자는 사형에 처한다.
⑤ 상관을 살해한 자는 적전인 경우에는 사형에 처하고, 기타의 경우에는 무기 징역에 처한다.

02
2009학년도 LEET 문31

선진국 A는 다음에 언급된 합의를 반영하기 위하여 법률 조항을 개정하였다. 개정된 법률 조항에 해당하는 것만을 〈보기〉에서 있는 대로 고른 것은?

> 다국적 제약 회사들이 특허권을 이용하여 의약품 가격을 높게 책정하기 때문에 해마다 수천만 명에 달하는 개발도상국 국민들이 의약품을 적시에 구매할 수 없어서 에이즈 등의 전염성 질병으로 사망한다. 다국적 제약 회사들이 개발도상국에게는 특허권이 부여된 의약품을 자유롭게 생산할 것을 허용하였지만, 개발도상국들은 의약품에 대한 생산 능력도 시설도 갖고 있지 않아 의약품을 생산할 수 없다. 따라서 다국적 제약 회사들의 반대에도 불구하고 선진국과 개발도상국은 인도주의 차원에서 다음과 같은 내용에 합의하였다.
>
> ○ 공중 보건과 관련하여 국내 의약품 생산 능력이 결여된 개발도상국의 경우 제3국으로부터 의약품을 수입할 수 있도록 허용한다.
> ○ 수입국은 필요한 의약품의 명칭 및 예정 수량을 수출국에 설명해야 한다.
> ○ 수출국은 자국 내에서의 판매 방지를 위하여 수입국이 필요로 하는 양의 의약품만을 생산해야 하며 생산된 의약품에는 특허 의약품과 구별되는 포장, 색깔, 형태 및 특정 서식을 사용해야 한다.

〈보기〉

ㄱ. 정부는 전시, 사변 또는 이에 준하는 국가 비상시에 있어 공공의 이익을 위하여 비상업적으로 사용할 필요가 있는 경우에 특허 발명을 권리자가 아닌 자에게 사용하게 할 수 있다.

ㄴ. 특허의 사용을 허락하는 문서에는 특허권을 사용할 수 있는 범위 및 기간, 특허권자가 공급하는 의약품과 외관 상 구분할 수 있는 포장, 표시를 명시하여야 한다.

ㄷ. 수입국은 수입국이 필요로 하는 의약품의 명칭과 수량 및 의약품 생산을 위한 제조 능력이 없거나 부족하다는 것을 확인하여 통지하여야 한다.

① ㄱ ② ㄴ ③ ㄱ, ㄷ
④ ㄴ, ㄷ ⑤ ㄱ, ㄴ, ㄷ

03

2009학년도 LEET 문34

다음의 '병'에 해당되는 C를 언급한 것만을 〈보기〉에서 있는 대로 고른 것은?

우리 법에서는 거래할 때에는 진정한 의사를 가지고 행하여야 하고, 서로 짜고 허위로 거래한 경우 그 거래를 원칙적으로 무효로 하고 있으며, 이 무효가 된 거래를 몰랐던 제3자에게 피해가 가지 않도록 하고 있다. 구체적인 설명은 아래와 같다.

○ 갑과 을이 서로 짜고 실제로 거래할 생각이 전혀 없음에도 불구하고 가짜로 거래가 있었던 것처럼 한 경우에는 그 거래는 원칙적으로 무효이다.
○ 제3자인 병이 이러한 허위 거래가 있었다는 사실 자체를 몰랐고 갑과 을의 허위 거래를 통하여 형성된 것을 토대로 다른 거래를 한 경우, 누구도 병에게 갑과 을의 거래가 무효라고 주장할 수 없다.
○ 이렇게 병을 보호하는 이유는 병이 이 거래를 기초로 해서 새로운 이해관계를 가지게 되었기 때문이다.
○ 병과 같이 보호를 받기 위해서는 새로운 거래를 했느냐 하는 형식적 판단이 아니라, 서로 짜고 가짜로 한 거래를 기초로 해서 새로운 이해관계가 생겼는지 여부를 실질적으로 판단해야 한다.

〈보기〉

ㄱ. A는 B에게 자신의 아파트를 허위로 양도하였고, C는 B가 진짜 소유자인 줄 알고 B와 아파트에 관한 매매 계약을 체결하여 아파트를 취득하게 된 경우의 C.
ㄴ. A는 B로부터 허위로 돈을 빌린 것처럼 하여 이 사실을 모르는 C에게 보증인이 될 것을 요청했다. C는 A의 보증인으로서 B에게 돈을 갚았고, 그 돈을 A에게 달라고 한 경우의 C.
ㄷ. A는 B에게 자신의 토지를 허위로 양도하였다. B가 이 사실을 모르는 D에게 이 토지를 양도하였다. 소유권을 상실한 A는 B에게 손해 배상을 청구하였는데, B에 대한 손해 배상 청구권을 양도받은 C.

① ㄱ   ② ㄷ   ③ ㄱ, ㄴ
④ ㄴ, ㄷ   ⑤ ㄱ, ㄴ, ㄷ

04

2010학년도 LEET 문3

X국의 다음 〈규정〉과 〈사실관계〉에 근거한 판단으로 옳은 것만을 〈보기〉에서 있는 대로 고른 것은?

〈규정〉
(가) 누구든지 자기의 현재 배우자가 피고인인 형사재판에서 증언을 거부할 수 있다.
(나) 누구든지 결혼 기간 중 배우자로부터 들은 내용에 대해서는, 상대방이 피고인인 형사재판에서 증언을 거부할 수 있고, 그 내용을 말한 자도 자신이 피고인인 형사재판에서 상대방이 그 내용에 대하여 증언하는 것을 금지시킬 수 있다.

〈사실관계〉
A는 여자친구 B에게 자신이 마약조직의 두목이라는 사실을 은밀히 고백하였다. A의 부하는 A가 고백한 사실을 알게 된 후, B를 죽여서 나중에 A가 마약범죄로 기소될 경우에 증언할 가능성을 막아야 한다고 A에게 조언했다. A는 B와 결혼하면 B가 남편인 자기에 대하여 증언하는 것이 법률상 불가능하다고 대답한 후 B와 결혼하였다. 그 후 A는 마약범죄로 기소되었고 검사는 B를 증인으로 신청하였다.

〈보기〉

ㄱ. (가)에 규정된 권리는 B가 주장할 수 있는 권리이다.
ㄴ. (가)에 규정된 권리는 A와 B가 이혼하면 B가 주장할 수 없는 권리이다.
ㄷ. (나)의 '증언을 거부할 수 있는 권리'는 고백 당시 B가 A의 배우자가 아니므로 B가 주장할 수 없는 권리이다.
ㄹ. (나)의 '증언을 금지시킬 수 있는 권리'는 고백 당시 A가 B의 배우자가 아니므로 A가 주장할 수 없는 권리이다.

① ㄱ, ㄴ   ② ㄷ, ㄹ   ③ ㄱ, ㄴ, ㄷ
④ ㄴ, ㄷ, ㄹ   ⑤ ㄱ, ㄴ, ㄷ, ㄹ

05

다음 〈규정〉과 〈사실관계〉를 근거로 판단할 때 국제형사재판소의 관할권 행사가 가능한 경우를 〈보기〉에서 고른 것은?

〈규정〉

제12조【관할권 행사의 전제조건】
　제13조 (가)와 (나)의 경우, 집단살해죄 혐의 행위가 발생한 영역국이나 그 범죄혐의자의 국적국 중, 어떤 국가가 이 규정의 회원국이거나 국제형사재판소의 관할권을 수락한 경우에만 국제형사재판소는 관할권을 행사할 수 있다.

제13조【관할권의 행사】
　국제형사재판소는 다음 어느 하나에 해당하는 경우, 집단살해죄에 대하여 관할권을 행사할 수 있다.
　(가) 회원국이 집단살해죄 혐의사건을 국제형사재판소의 검사에게 회부한 경우
　(나) 국제형사재판소의 검사가 집단살해죄 혐의사건에 대하여 수집한 정보를 근거로 독자적으로 수사를 개시한 경우
　(다) 국제연합 안전보장이사회가 집단살해죄 혐의사건을 국제형사재판소의 검사에게 회부한 경우

〈사실관계〉

국제형사재판소의 검사는 A 국의 대통령 갑이 집단살해죄의 혐의가 있다는 정보를 수집하였다. 대통령 갑의 집단살해의 대상은 A 국에 거주하고 있는 B 국 국적의 사람들이고, 그 행위가 발생한 영역국은 A 국이었다. A 국은 위 규정의 회원국이 아니었으나 B 국과 C 국은 회원국이었다.

〈보기〉

ㄱ. A 국이 국제형사재판소의 관할권을 수락한 후 C 국이 이 사건을 국제형사재판소의 검사에게 회부하였다.
ㄴ. B 국이 이 사건을 국제형사재판소의 검사에게 회부하였다.
ㄷ. 국제형사재판소의 검사가 이 사건에 대하여 수집한 정보를 근거로 독자적으로 수사를 개시하였다.
ㄹ. 국제연합 안전보장이사회가 이 사건을 국제형사재판소의 검사에게 회부하였다.

① ㄱ, ㄷ　　② ㄱ, ㄹ　　③ ㄴ, ㄷ
④ ㄴ, ㄹ　　⑤ ㄷ, ㄹ

06

갑과 을의 견해를 적용한 것으로 옳은 것만을 〈보기〉에서 있는 대로 고른 것은?

갑: 협박죄는 일반적으로 사람이 공포를 느끼기에 충분한 해악(害惡)을 고지하여 상대방이 그 의미를 인식하면 성립되고, 상대방이 그것에 의하여 실제로 공포를 느낄 필요는 없다.

을: 협박죄는 일반적으로 사람이 공포를 느끼기에 충분한 해악을 고지하여 상대방이 그 의미를 인식하는 것만이 아니라 실제로 공포를 느껴야 비로소 성립된다.

〈보기〉

ㄱ. A가 B를 협박할 의사로 "부인에게 불륜 사실을 알리겠다."라고 말하였으나, B는 그것이 차라리 낫겠다고 여겨 공포를 느끼지 않았다. 이 경우 갑에 의하면 협박죄가 성립되지만, 을에 의하면 성립되지 않는다.

ㄴ. A가 B를 협박할 의사로 "부인에게 불륜 사실을 알리겠다."라고 쓴 편지를 보냈고, B는 편지를 받았으나 뜯지 않고 보관하던 중 분실했다. 이 경우 갑, 을 어느 쪽에 의하더라도 협박죄가 성립되지 않는다.

ㄷ. A가 B를 협박할 의사로 "돈을 갚지 않으면 폭력배를 시켜 손가락을 자르겠다."라고 말하였으나, B는 귀가 어두워 알아듣지 못하였다. 이 경우 갑에 의하면 협박죄가 성립되지만, 을에 의하면 성립되지 않는다.

① ㄱ　　② ㄷ　　③ ㄱ, ㄴ
④ ㄴ, ㄷ　　⑤ ㄱ, ㄴ, ㄷ

07

다음 글로부터 추론한 것으로 옳은 것만을 〈보기〉에서 있는 대로 고른 것은?

> 원고 소유의 A아파트에서 보이는 한강의 경관은 법적으로 보호받는 조망의 대상이 될 만큼 아름답다. 그러나 그것만으로 A아파트가 한강 조망에 관하여 특별한 가치가 있다고 인정할 수는 없다. 저지대인 A아파트 부지에서는 원래 한강을 볼 수 없었으나, 10층인 A아파트가 건축됨으로써 비로소 한강을 볼 수 있게 되었다. 그러나 이후 피고가 20층인 B아파트를 신축하여 A아파트에서는 한강을 조망할 수 없게 되었다. 그런데 이 일대는 고층건물 허용 지역이므로 B아파트 부지에 고층건물이 신축될 수 있다는 점은 원고도 쉽게 예상할 수 있었다. 또한 원고도 고층건물에 의하여 한강을 조망할 수 있게 되었으면서 피고가 고층건물을 신축한 것이 원고의 조망권을 침해한다고 주장할 수는 없다. 따라서 A아파트가 한강 조망에 관하여 언제나 특별한 가치를 가진다고 볼 수는 없다. 그뿐만 아니라 설령 원고의 주장과 같이 A아파트가 한강 조망에 관하여 특별한 가치를 가지고 있다고 가정하더라도, B아파트로 인하여 원고가 한강을 볼 수 없게 된 것이 사회통념상 이웃 사이에 참고 받아들여야 할 정도를 넘는다고 볼 수 없다. 그러므로 어느 모로 보나 원고의 손해배상 청구는 이유 없다.

〈보기〉

ㄱ. 조망의 이익은 주변의 객관적 상황 변화에 의하여 변용되거나 제약을 받을 수 있고, 조망의 이익을 누리던 사람이라도 특별한 사정이 없는 한 그러한 변화를 제약할 수 없다.

ㄴ. 자기 소유 건물이 어떤 경관의 조망에 관하여 특별한 가치가 있고, 인접 토지에 건물이 신축됨으로 인하여 그 조망의 이익이 침해된 경우에도 손해배상청구권이 인정되지 않을 수 있다.

ㄷ. 조망의 이익은 자신의 건물과 조망 대상 사이에 다른 건축물이 없다는 우연한 사정으로 생긴 이익에 불과하므로 그 성질상 법적 권리로 인정되지 않는다.

① ㄱ   ② ㄴ   ③ ㄱ, ㄴ
④ ㄱ, ㄷ   ⑤ ㄴ, ㄷ

08

다음에 나타난 축하곡, 강의 내용, 강연 내용의 보호에 관한 A국과 B국의 저작권법의 차이점을 지적한 것으로 가장 적절한 것은? (단, 판단은 연주와 강의와 강연이 완료된 시점을 기준으로 한다.)

> ○ 작곡가 겸 가수 갑은 을의 콘서트에 초대 가수로 초청되었다. 콘서트에서 을은 갑에게 콘서트를 축하하는 곡을 즉석에서 작곡해 달라고 요청하였고, 갑은 머릿속에 떠오른 리듬을 기타로 연주하였다. 을의 콘서트에서는 녹음이나 녹화가 금지되었다. 갑이 연주한 축하곡은 A국에서는 보호되지만 B국에서는 보호되지 않는다.
>
> ○ 교수 갑은 자신이 작성한 강의노트를 수업 시간에 첨삭 없이 읽어 내려가는 방법으로 강의하였다. 갑은 강의노트 내용이 공개되는 것을 꺼려 수업 중 녹음이나 녹화를 금지하였다. 갑의 강의 내용은 A국과 B국 모두에서 보호된다.
>
> ○ 사회적 쟁점에 대한 시민토론회가 개최되었다. 주제의 민감성 때문에 녹음이나 녹화는 금지되었다. 저명한 학자 갑은 초청을 받지는 않았지만 앞으로 연구하고 싶은 주제여서 토론회에 참석하였다. 갑이 온 것을 안 사회자는 강연을 부탁하였고 갑은 생각난 것을 즉석에서 강연하였다. 갑의 강연 내용은 A국에서는 보호되지만 B국에서는 보호되지 않는다.

① A국에서는 노동력이 투여되면 보호되지만 B국에서는 전문성이 있어야 보호된다.
② A국에서는 등록, 허가가 없어도 보호되지만 B국에서는 등록, 허가가 있어야 보호된다.
③ A국에서는 예술성이나 학술성이 없어도 보호되지만 B국에서는 예술성이나 학술성이 있어야 보호된다.
④ A국에서는 남의 것을 베끼지 않는 정도의 창작성이 있으면 보호되지만 B국에서는 독창성이 있어야 보호된다.
⑤ A국에서는 사상이나 감정을 표현한 것이면 보호되지만 B국에서는 사상이나 감정이 유형의 표현매체에 고정되어야 보호된다.

09

B국의 다음 〈규정〉을 근거로 판단할 때 병이 상표ⓣ 상품을 수입하는 것이 상표권 침해가 되지 <u>않는</u> 경우만을 〈보기〉에서 있는 대로 고른 것은?

〈규정〉
국내의 상표권자와 외국의 상표권자가 동일인이거나 계열회사 관계 등 동일인으로 볼 수 있는 경우에는 외국에서 적법하게 상표가 부착되어 유통되는 진정상품을 제3자가 국내의 상표권자의 허락 없이 수입하더라도 상표권 침해가 되지 않는다.

〈보기〉
ㄱ. 갑은 A국과 B국에서 상표ⓣ에 대한 상표권을 가지고 있다. 병은 A국에서 상표ⓣ 진정상품을 구매하여 B국으로 수입, 판매하고 있다.
ㄴ. 상표ⓣ에 대한 상표권을 A국에서는 갑이, B국에서는 을이 가지고 있다. 갑과 을은 계열회사 등의 특별한 관계에 있지 않다. 병은 A국에서 상표ⓣ 진정상품을 구매하여 B국으로 수입, 판매하고 있다.
ㄷ. 상표ⓣ에 대한 상표권을 A국에서는 갑이, B국에서는 을이 가지고 있다. 갑과 을은 계열회사이다. 을은 B국에서 상표ⓣ 상품을 제조하여 A국으로 수출하였다. 병은 A국에서 상표ⓣ 진정상품을 구매하여 B국으로 수입, 판매하고 있다.

① ㄱ ② ㄴ ③ ㄱ, ㄷ
④ ㄴ, ㄷ ⑤ ㄱ, ㄴ, ㄷ

10

X, Y, Z 세 국가가 합의한 〈규정〉과 주어진 〈사실관계〉만을 토대로 판단할 때 옳은 것을 〈보기〉에서 고른 것은?

〈규정〉
제1조 어떤 국가도 수입 상품에 대하여 자국에서 생산되는 동종(同種) 상품에 부과하는 내국세를 초과하는 내국세를 부과해서는 안 된다.
제2조 어떤 국가도 자국의 국내 생산을 보호하기 위하여 자국에서 생산되는 국산품과 직접 경쟁하거나 대체가 가능한 수입 상품에 대하여 국산품에 부과되는 내국세와 유사한 정도를 넘는 내국세를 부과해서는 안 된다.

〈사실관계〉
X국은 자국에서 생산되는 국산품 A에 대해서 5%의 내국세를 부과하고 있다. 한편 X국은 Y국으로부터 수입된 상품 B와 C에 대해서는 각각 6%와 8%, Z국으로부터 수입된 상품 D에 대해서는 10%의 내국세를 부과하고 있다.

〈보기〉
ㄱ. 만약 상품 A와 B가 동종 승용차라면 X국은 〈규정〉을 위반한 것이다.
ㄴ. 만약 상품 A와 C가 각각 음주(飮酒) 용도의 소주와 위스키라면, X국이 〈규정〉을 위반했다고 주장하기 위해서 Y국은 상품 A와 C를 동종 상품으로 보는 것이 유리하다.
ㄷ. 만약 상품 A와 D가 각각 냉장고와 휴대전화라면 X국은 〈규정〉을 위반한 것이다.
ㄹ. 만약 상품 C와 D가 각각 X국이 수입한 사과와 배이고 이 두 상품이 유사하게 과세되지 않았다고 본다면 X국은 〈규정〉을 위반한 것이다.

① ㄱ, ㄴ ② ㄱ, ㄹ ③ ㄴ, ㄷ
④ ㄴ, ㄹ ⑤ ㄷ, ㄹ

11
2011학년도 LEET 문4

가상의 국가 P에서는 선지자가 정한 다음 4계명을 예외 없이 엄격하게 반영한 재산법을 통해 분쟁을 해결하였다. P국 재산법을 적용함으로써 선지자의 뜻에 부합하도록 판단한 것을 〈보기〉에서 고른 것은?

〈P국 재산규율 4계명〉
재산관계에서 모든 인간은,
1. 태어나는 순간부터 독립되고 대등한 존재이어야 한다.
2. 거래를 함에 있어 오류를 저지르지 않는 존재이어야 한다.
3. 타인의 상황에는 전혀 관심이 없는 존재이어야 한다.
4. 항상 진정한 의사(意思)를 가지고 말하는 존재이어야 한다.

〈보기〉
ㄱ. A가 스스로 진품으로 확신하고 구매했던 고려청자가 다음날 가품으로 밝혀진다면, A가 구매대금을 돌려달라고 요구하는 것은 정당하다.
ㄴ. 15세에 불과한 B가 자신의 돈 5만 원으로 은반지를 C로부터 구매하였다면, 이후 이 사실을 알게 된 부모와 함께 온 B가 반지 대금 5만 원을 돌려달라고 요구하는 것은 정당하지 않다.
ㄷ. D가 집을 비운 사이에 도둑이 들자 이웃인 E가 D를 돕기 위해 D의 집에 가서 도둑과 격투를 벌이다가 다쳤다면, E가 자신의 병원 치료비를 D에게 청구하는 것은 정당하다.
ㄹ. F는 친구 G에게 "어제 연못에 빠진 네 시계, 내가 찾아 줄게."라고 하고는 다음날 그와 유사한 시계를 사서 G에게 주었는데, G가 이를 거절하고 연못에 빠진 그 시계를 달라고 요구하였다면 F는 이에 응하여야 한다.

① ㄱ, ㄴ ② ㄱ, ㄹ ③ ㄴ, ㄷ
④ ㄴ, ㄹ ⑤ ㄷ, ㄹ

12
2011학년도 LEET 문5

A국의 법에 대한 다음 글로부터 바르게 추론한 것만을 〈보기〉에서 있는 대로 고른 것은?

국가기관이 하자 있는 처분을 한 경우 그 기관은 별다른 법적 근거가 없더라도 그 처분을 취소할 수 있다. 다만 상대방에게 이익을 주는 처분을 취소할 때에는 이를 취소하여야 할 공익상의 필요와 그 취소로 인하여 상대방이 입게 될 기득권이나 신뢰보호의 침해와 같은 불이익을 비교한 후, 공익상의 필요가 상대방이 입을 불이익을 정당화할 만큼 강한 경우에 한하여 취소할 수 있다. 그러나 국가기관의 하자 있는 처분이 당사자의 사실은폐나 사기에 의한 신청에 근거한 것이라면 당사자는 자신이 받는 이익이 취소될 수 있다는 가능성도 예상하고 있었다고 보아야 하며, 이러한 개인의 불이익은 법이 보호하고자 하는 범위를 벗어나는 것이므로 그 처분은 취소되어야 한다.

〈보기〉
ㄱ. 주변 환경과 미관을 해칠 수 있는 골프장의 건설을 불허하는 처분을 내린 지 1년 후 이 처분이 골프장법에 위반됨을 알게 된 경우, 국가기관은 이 처분을 취소할 수 있다.
ㄴ. 운전면허를 취소하여야 하는 사유가 있는 운전자에게 국가기관이 운전면허법을 위반하여 1개월 면허정지 처분을 내린 경우, 이 처분은 운전자에게 이익을 주는 것이므로 취소할 수 없다.
ㄷ. 노인이 나이를 속여 65세 이상에게만 지급되는 생활보조금을 받을 자로 지정된 경우, 엄격한 법의 집행으로 얻게 될 공익이 노인이 받을 불이익을 정당화시키지 못한다면 국가기관은 지정처분을 취소하지 않을 수 있다.

① ㄱ ② ㄴ ③ ㄷ
④ ㄱ, ㄴ ⑤ ㄴ, ㄷ

13

견해 (가), (나)와 〈전제〉에 기초한 판단으로 옳은 것만을 〈보기〉에서 있는 대로 고른 것은?

(가) 외국인은 내국인과 동일한 대우를 받으며, 외국인에 대한 대우는 이것으로 충분하다. 일단 자발적으로 입국한 외국인은 현지의 조건에 자신을 맡겨야 하며, 그가 외국인이란 이유로 부당한 차별을 받지 않는 한, 외국인의 국적 국가는 이 문제에 개입할 수 없다.

(나) 외국인과 내국인의 동일한 대우는 외국인에 대한 대우의 적정성을 보장하는 주요 기준은 되지만 절대적 기준은 될 수 없으며, 외국인에 대한 대우 수준은 국제사회가 합의한 최소한의 수준에 합치되게 결정되어야 한다.

〈전제〉
○ (가)와 (나)는 사적 영역에서의 논의이고 공적 영역에서의 외국인에 대한 대우는 배제한다. 또한 내란 또는 전쟁 등 국가 위기 상황이 아닌 평시를 기준으로 한다.
○ 자국민에 대해서는 선진국이 개발도상국보다 더 높은 수준으로 대우한다.
○ 외국인에 대한 대우 수준은 (가)보다 (나)를 따를 때 더 낮아지지는 않는다.

〈보기〉
ㄱ. (가)는 개발도상국이 선진국의 과도한 요구로부터 스스로를 방어하기 위한 하나의 논거로 활용될 수 있다.
ㄴ. (나)는 결과적으로 개발도상국이 선진국에 있는 자국민에 대한 특별대우를 선진국에 요구하는 것으로 인식될 수 있다.
ㄷ. '외국인을 부당하게 대우하는 자는 그 외국인의 국적 국가를 간접적으로 침해하는 것'이라는 주장은 (가)와 (나) 모두에 적용 가능한 배경 진술이 될 수 있다.
ㄹ. 만약 (가)를 지지하는 어떤 국가가 다른 상황이나 조건의 변화 없이 (나)를 따르는 것으로 정책을 변경하였다면 자국민에 대한 역차별 문제가 나타날 수 있다.

① ㄱ, ㄴ ② ㄱ, ㄹ ③ ㄴ, ㄷ
④ ㄱ, ㄷ, ㄹ ⑤ ㄴ, ㄷ, ㄹ

14

조직폭력단의 일원으로 알려진 갑이 소년 K를 차에 태우고 간 것이 목격되었고 이후 K가 실종되었다. K를 납치한 혐의를 받고 있는 갑은 친구 을을 변호사로 선임하였다. 〈규정〉에 근거한 판단으로 옳은 것만을 〈보기〉에서 있는 대로 고른 것은?

〈규정〉
제3조【변호사 비밀유지의무】
변호사 또는 변호사이었던 자(이하 '변호사')는 의뢰인이 법적 자문을 구하기 위해 변호사에게 알려준 비밀을 누설하여서는 아니 된다. 다만, 타인의 생명이나 신체에 대한 중대하고 임박한 위해를 방지하기 위한 경우에는 그러하지 아니하다.

제4조【비밀유지의무의 대상】
비밀유지 대상은 변호사와 의뢰인 간 직무상 나눈 비밀 대화 및 문서를 포함한다.

제5조【비밀유지의 기간】
비밀유지의무는 의뢰인이 포기하지 않는 한 '변호사-의뢰인 관계'가 종료된 후에도 지속된다.

〈보기〉
ㄱ. 갑이 납치사실을 인정하고 비밀을 지켜 달라고 부탁하면서 K의 소재를 알려주었다면, 을은 이 사실을 경찰에 알려주어서는 안 된다.
ㄴ. 갑의 소송 진행 중, 갑의 사무실을 청소하던 직원이 갑 몰래 을에게만 갑이 살해한 K의 소재를 알려주었다면, 을은 이 사실을 경찰에 알려줄 수 있다.
ㄷ. 갑의 소송 진행 중, 갑과 을이 친구들과 함께 한 술자리에서 자신이 K를 납치했다고 갑이 공개적으로 실토하여 을이 K의 소재를 알게 되었다면, 을은 이 사실을 경찰에 알려주어서는 안 된다.
ㄹ. 갑으로부터 K를 잔혹하게 살해하였다는 것을 듣게 된 을이 변호사의 양심상 더 이상 갑의 변호사가 될 수 없어 사임하였더라도, 을은 K의 소재를 경찰에 알려주어서는 안 된다.

① ㄱ, ㄴ ② ㄴ, ㄹ ③ ㄷ, ㄹ
④ ㄱ, ㄴ, ㄷ ⑤ ㄱ, ㄷ, ㄹ

15

다음 글에서 그 근거나 이유를 찾기 어려운 것은?

○ 직장은, 근로자는 물론 그 가족에 있어 생계유지의 수단이라는 전통적 의미 이외에도, 근로자가 자신의 인격을 실현하는 장이라는 현대적 의미도 갖는다.
○ 근로계약은 단순히 노동력의 제공과 임금의 지급만을 내용으로 하는 것처럼 보이지만, 실은 인간 대 인간으로서 하나의 인적 공동체를 형성시킨다. 그러므로 근로계약관계의 형성과 지속에 있어 업무 능력보다는 상호 인간적 신뢰가 더 중요하다. 또한 그 공동체는 고유한 질서를 가진 또 다른 작은 사회에 다름 아니다.
○ 노동법은 해고를 엄격히 제한함으로써 근로자의 고용안정을 도모한다. 해고의 정당한 사유는 크게 세 가지 유형이 있다. 첫째, 근로자가 근로계약상의 의무를 심대하게 위반하는 경우이다. 둘째, 근로자가 업무 수행의 적격성을 상실한 경우이다. 적격성을 상실하였다는 것은, 근로자가 업무를 수행하고 싶어도 상당 기간 수행할 수 없게 되었다는 것을 말한다. 셋째, 회사의 경영 사정이 매우 좋지 않게 되어 이를 이유로 해고를 하는 경우이다. 이를 흔히 정리해고라고 하는데, 정리해고는 근로자가 아니라 사용자에게 해고사유가 존재한다는 점에서 앞서의 두 해고 유형과 구별된다.

① 정리해고의 경우, 해고사유가 발생하면 이후 일정한 기준을 통해 해고대상자를 선정하는 과정이 필요하다.
② 요즘은 정년퇴임하여 연금도 넉넉히 받는 노인들이 동네 아파트 경비원으로 일을 계속하는 경우가 많아지고 있다.
③ 흡연 행위는 비록 형법에서 금지된 행위는 아니지만, 회사는 사내 규칙을 통해 근로자의 사내 흡연 행위를 징계사유로 삼을 수 있다.
④ 근로자인 택시 운전자가 원인 불명으로 눈이 보이지 않게 되었더라도 해고하기 전에 그것이 일시적인 증상인지 여부가 검토되어야 한다.
⑤ 신입사원 채용 면접에서 사용자가 구직자에게 취미가 무엇인지 물어보았지만 이에 대해 구직자가 사생활이라며 대답을 거부하였다면, 사용자는 이러한 사실을 이유로 면접 점수를 낮게 주는 등 불이익을 주어서는 안 된다.

16

〈사실 관계〉에 대한 〈추리 내용〉을 평가한 것으로 적절하지 않은 것은?

〈사실 관계〉
병마영 밖에 사는 김 소사는 콩죽을 팔아 겨우 살아갔다. 어느 날 장에 가면서 열 살 난 아들에게 집을 보라 하였는데, 돌아와 보니 아들이 죽어 있었다. 목에 죔을 당한 자국이 있고, 아이 곁에 목을 조를 때 쓰인 줄이 끌러져 놓여 있었다. 세간을 점검해 보니 잃어버린 것이 호미 등 사소한 물건 몇 가지뿐이었다. ㉠이 일이 있기 전에 이웃 사는 백 소사가 이잣돈 두 꾸러미를 김 소사에게 꾸어 주었는데, 김 소사는 본전만 갚고 이자는 갚지 않았다. ㉡아이가 죽기 전날 백 소사가 김 소사의 집을 샅샅이 뒤져 집 안에 얼마 남지 않은 쌀을 모두 찾아내 가져 간 일이 있었으니, 혐의를 받을 자는 이 한 사람뿐이었다.
이에 김 소사는 백 소사를 고소하면서 "㉢백 소사의 딸이 코에 병을 얻어 보기에도 더럽다. 죽은 아이가 살았을 때 그 딸을 보고 비웃은 일이 있다. 이 사실도 원한을 맺을 꼬투리이다."라고 하였다.

〈추리 내용〉
백 소사가 진범이라면 원한이나 재물과 같은 범행 동기가 있었을 것이다. (A) 백 소사가 ㉠ 때문에 분함을 가지게 되었을 수는 있다. 그러나 그런 정도의 분함이라면 ㉡에 의해 해소되었을 것이다. (B) 재물을 동기로 볼 경우, 백 소사가 ㉡과 같은 행동을 한 일이 있으므로 백 소사가 김 소사 집에 재차 침입하여 호미 등을 가져가지는 않았을 것이다. (C) ㉢이 사실이라 해도 아이를 죽일 원한이 되지 못할 것이다. (D) 줄로 아이를 목 졸라 죽이려 한 범인이 그 줄을 끌러 아이 옆에 놓았다면, 그것은 범인이 재물을 목적으로 침입하여 줄로 아이의 목을 감아 죄어 놓고 재물을 뒤지다가 특별히 값나가는 물건이 없자 일이 맹랑하게 되었음을 깨닫고 뒤늦게 아이가 불쌍해져 죽지 않기를 바라고 목에 감긴 줄을 끌러 놓았기 때문일 것이다. (E) 범인은 아이가 살아날 경우 자신이 범인으로 지목되지 않게 할 대응책도 가진 자일 것이다.

— 정약용, 『흠흠신서』 —

① (A)가 타당한지 확인하려면 김 소사와 백 소사 사이의 평소 인간관계나 금전 거래 관계를 조사해 볼 필요가 있을 것이다.
② (B)는 "누구든 가져갈 것이 없음을 알고 있는 집에 도둑질하러 들어가지는 않을 것이다."라는 취지의 암묵적인 전제에 의존하고 있다.
③ (C)의 숨은 전제를 "비웃음을 당하였다고 살인까지 하지는 않을 것이다."로 볼 경우, 이것은 백 소사가 관대한 사람이었다는 평판에 의해 반박될 수 있다.
④ 김 소사가 남몰래 집 안에 귀중품을 감추어 두고 있었다는 사실이 사건 후에 새로 밝혀졌다 해도 범인이 그 사실을 알지 못하였다면 (D)는 약화되지 않는다.
⑤ (E)로부터 백 소사가 범인이 아님을 단정할 수 없지만, 죽은 아이가 모르는 사람이 범인일 가능성이 있다고 추리할 수 있다.

17

다음 글에 비추어 판단한 것으로 옳지 않은 것은?

> 피고인은 아래 교통사고와 관련한 범죄혐의로 기소되었다. 검사와 피고인의 주장은 다음과 같고, 확인된 사실은 (가)~(바)와 같다.
>
> 검 사: 피고인은 이 사건 당시에 가해 트럭을 운전하였다.
> 피고인: 나는 2010년 9월경 사고차량인 트럭을 도난당했고, 사고 당시에 가해 트럭을 운전한 사실이 없다.
>
> (가) 2010년 11월 6일 06:00경 ○○시의 시내 교차로에서 L이 운전하던 택시를 트럭이 뒤에서 들이받는 교통사고가 발생하였다. 신원불명의 트럭 운전자는 사고 직후 도주하였다.
> (나) 피고인은 사고를 낸 트럭의 소유자이지만 도난신고를 한 일은 없었다.
> (다) 피고인은 2010년 8월 이후 자동차운전면허가 없었고 다른 범죄혐의로 경찰의 추적을 받고 있었다.
> (라) 사고 직후 트럭 안에서 휴대전화 1개, 피고인 앞으로 발부된 범칙금납부고지서가 발견되었지만, 그 외에 운전자의 신원을 짐작할 수 있는 물건은 발견되지 않았다.
> (마) 위 휴대전화의 발신번호 및 통화내역을 조회해 본 결과, 사고 당일 01:30경부터 01:33경까지 K의 휴대전화로 5차례 발신된 사실이 있다.
> (바) L은 교통사고 당시 피고인과 비슷한 사람이 운전한 것을 목격한 것 같다고 진술하였고, K는 자신이 피고인의 선배이며 (마)의 발신인이 피고인이었다고 진술하였다.

① (가)에서 교통사고가 발생하였다는 사실은 검사 주장의 전제는 되지만 그 사실만으로 피고인 주장의 참·거짓을 판단할 수는 없다.
② 피고인이 운전자라고 주장하는 검사는 (다)를 피고인이 사고 후 도주한 이유에 대한 설명으로 제시할 수 있다.
③ (라)의 범칙금납부고지서가 2010년 8월 10일에 발급된 것으로 확인되었을 경우, 이 사실만으로는 검사와 피고인 주장의 참·거짓을 판단할 수 없다.
④ (바)에서의 L과 K의 진술을 모두 신뢰할 수 있다면, L과 K의 진술은 검사 주장을 강화하는 데 사용할 수 있다.
⑤ 검사와 피고인 주장이 동시에 참일 수 없으며, (가)~(마)가 모두 사실인 경우 두 사람의 주장은 동시에 거짓일 수도 있다.

18

다음은 특허 부여에 대하여 회원국이 지켜야 할 최소한의 기준을 규정하고 있는 T협정 및 각국의 관련 규정에 대한 설명이다. (가)~(다)국과 A~C국을 바르게 짝지은 것은?

> ⟨T협정 제27조(특허 대상)⟩
> 제1항 제2항을 조건으로, 모든 기술 분야에서 물건 또는 방법에 관한 어떠한 발명도 신규성, 진보성 및 산업상 이용가능성이 있으면 특허 획득이 가능하다.
> 제2항 각 회원국은 인간 또는 동물에 대한 치료, 진단 및 수술하는 방법을 특허의 보호 대상에서 제외할 수 있다.
>
> ⟨(가)~(다)국의 관련 규정에 대한 설명⟩
> (가)국: 의료행위는 인간 또는 동물의 존엄과 생존에 깊이 관련되어 있으므로, 인간 또는 동물을 대상으로 치료, 진단 및 수술하는 방법의 신규성, 진보성 및 산업상 이용가능성이 인정되는 경우에도 이러한 방법에 대해서는 특허가 부여되지 않는다.
> (나)국: 치료, 진단 및 수술하는 방법을 포함하여 새롭고 유용한 방법, 기계, 제조물, 합성물 또는 이들의 유용한 개량을 발명한 자에게 특허가 부여된다.
> (다)국: 인간의 질병을 치료, 진단 및 수술하는 방법을 사용하는 의료행위에 관한 발명은 산업에 이용될 수 있는 발명으로 인정되지 않는다. 그러나 동물을 대상으로 치료, 진단 및 수술하는 방법에 대해서는 특허가 부여된다.
>
> ⟨특허 부여에 대한 판단⟩
> ○ A~C국의 관련 규정은 모두 T협정에 부합한다.
> ○ 동물의 치료를 위해 동물로부터 채취한 혈액을 정제한 후 다시 주입하는 방법은 A국과 B국에서 특허를 받을 수 있다.
> ○ 인간 유전자의 발현을 변화시킴으로써 질병을 치료, 예방하는 유전자 치료 방법은 B국과 C국에서 서로 다른 이유로 특허를 받을 수 없다.

	(가)	(나)	(다)
①	A	B	C
②	A	C	B
③	B	A	C
④	C	A	B
⑤	C	B	A

19

다음 법적 판단에 대한 진술로 가장 적절한 것은?

(가) A법률에서 "미성년자가 혼인을 할 때에는 부모의 동의를 얻어야 한다."라는 규정은, 성년자의 혼인에 대해서는 부모의 동의 여부에 관한 특별한 규정이 없다 하더라도 부모의 동의를 요하지 않는다는 취지로 해석된다.

(나) B법률은 개발제한구역 내에 설치할 수 있는 시설로서 '경찰기동대'와 '전투경찰대'의 훈련 시설만을 규정하고 있으므로, '경찰기마대'의 훈련 시설은 이에 포함되는 것으로 볼 수 없다.

(다) C법률이 금지하고 있는 '경품제공행위'에는 경품을 실제 교부·지급하는 경우 이외에도, 경품을 교부·지급하겠다는 의사를 표시한 후 '진열·전시'한 경우도 포함한다고 보는 것이 입법취지에 비추어 타당하다.

(라) 최근 개정된 D법률에서 종전의 '제5항'을 '제6항'으로 항의 숫자를 바꾸어야 함에도 불구하고 이를 그대로 둔 것은 법률 개정 과정상의 실수에서 비롯된 것임이 분명하므로, 현행 개정 법률의 조문에 쓰인 '제5항'을 '제6항'으로 바로 잡아 적용해야 한다.

(마) E법률에서 노래연습장업자가 '접대부'를 고용·알선하는 행위를 금지한 것은 노래연습장에서의 퇴폐행위를 방지하는 데 그 취지가 있다. 당시 입법자의 의도를 고려할 때 접대부란 여성을 의미하는 것이었다 하더라도, 영업 형태가 다양화되는 시대 상황에 맞게 여성과 남성 모두 이에 포함되는 것으로 관련 규정을 적용할 수 있다.

① (가)와 (라)는 법령 규정의 문자·용어를 일반적으로 사용되는 의미보다 좁게 해석할 필요가 있다고 판단하고 있다.

② (가)와 (마)는 법령의 규정 내용과 반대의 경우에는 반대의 효과가 생기는 취지의 규정까지도 포함하는 것으로 해석할 필요가 있다고 판단하고 있다.

③ (나)는 법령의 문구로부터 상당히 벗어나게 되는 경우가 생기더라도, 그 문구의 본래 의미를 대체하여 다른 의미로 해석할 필요가 있다고 판단하고 있다.

④ (다)와 (라)는 법령에 명시적으로 규정되지 않은 사항에 대해서는 그와 충분히 비슷한 사안에 대한 규정을 적용할 수 있다고 판단하고 있다.

⑤ (마)는 법령의 문자·용어가 그것이 제정된 당시의 의미와 다르게 해석될 수 있다고 판단하고 있다.

20

다음 글로부터 바르게 판단한 것만을 〈보기〉에서 있는 대로 고른 것은?

Z국은 A, B, C 세 인종으로 구성되어 있는데 전체 인구의 절반 가까이를 차지하여 온 A인종이 사회의 주류 세력으로서 타 인종들에 대한 배타적인 정책을 실시해 왔다. 교육에서도 A인종만의 입학을 허용하는 교육기관, 그 외의 인종만의 입학을 허용하는 교육기관, 그리고 모든 인종의 입학이 허용되는 교육기관을 분리하여 설치·운영하였다. 이후 인종 간의 통합이 강조되면서 재학생 중 A인종의 비율이 60%를 초과하는 교육기관을 대상으로 A인종의 비율이 60%를 넘지 못하도록 하는 정책을 시행하였다. 이러한 정책이 지나치게 일률적이라는 반발이 거세지자 정부는 교육기관마다 선별적으로 정책을 집행하기로 하고, 그 정책 적용의 제한기준에 대하여 법률가 갑, 을, 병에게 자문을 구하였다. 이들은 각각 아래와 같은 원칙을 제시하였다.

갑: 이 정책은 특정 인종에 유리하도록 학생을 선발해 온 교육기관에 적용되어야 한다.

을: 이 정책은 교육기관에 재학 중인 각 인종 학생들 모두의 학업성취도를 향상시키는 데 이바지하여야 한다.

병: 이 정책은 교육기관에 보다 다양한 인종의 학생들이 다니는 결과를 낳아야 한다.

〈보기〉

ㄱ. 교육기관 P의 입학생 중 A인종의 비율이 매년 평균 78%로 유지되고 있었다. 교육기관 P가 A인종이 다른 인종에 비하여 언어능력시험성적이 높다는 사실을 발견하고 이를 학생 선발에 적극적으로 활용해 왔다면, 갑의 원칙에 따를 때 교육기관 P에 위 정책이 적용된다.

ㄴ. 교육기관 Q에는 A인종만이 재학하고 있는데 B, C인종의 학생들이 전학해 올 경우 그 학생들의 학업성취도는 이전 학교에서보다 상당히 상승할 것으로 예측된다. 을의 원칙에 따르면 교육기관 Q에 위 정책이 적용된다.

ㄷ. 교육기관 R은 B, C인종의 낙후된 교육수준을 높이기 위하여 설립되어 나름대로 훌륭한 교사진과 시설을 갖추고 인종을 기준으로 B, C인종의 학생들만 선발하여 왔다. 병의 원칙에도 불구하고 교육기관 R에는 위 정책이 적용되지 않는다.

① ㄱ   ② ㄴ   ③ ㄱ, ㄷ
④ ㄴ, ㄷ   ⑤ ㄱ, ㄴ, ㄷ

21

다음 대화로부터 추론한 것으로 적절하지 않은 것은?

> 갑: 아무리 권리자라고 하더라도 몇 십 년의 시간이 흐른 후에야 비로소 권리를 행사하는 것까지 허용할 수는 없어.
> 을: 하지만 어쩔 수 없이 권리를 행사하지 못한 사람들도 있는데, 이러한 경우에도 오랜 시간이 지났다는 이유만으로 권리를 행사할 수 없게 하는 것은 부당하지 않아?
> 갑: 물론 권리를 행사하는 것이 법률상 불가능했던 사람들에게까지 권리행사를 못하도록 하여서는 안 되겠지. 하지만 권리행사가 법률상 가능했던 사람들에게는 오랜 시간 동안 권리를 행사하지 않았고, 그동안 이러한 상황을 토대로 많은 사람들이 관련되어 우리의 사회생활이 형성되어 왔다는 점을 고려하면, 그 권리행사를 제한할 수 있다고 봐.
> 을: 권리를 행사하는 것이 법률상 가능했던 경우라도 마찬가지야. 권리가 존재한다는 것 자체를 알지 못했다거나, 권리가 존재한다는 것을 알았더라도 그것을 행사하는 것이 사실상 불가능한 상태에 놓여 있었던 사람들의 권리는 보호할 필요가 있다고.

① 갑의 주장에 따르면, 인접 지역에 고층빌딩이 건축됨으로써 일조권을 침해당하게 된 사람은 아무런 권리주장 없이 일정 기간이 지나면 고층빌딩 소유자를 상대로 손해배상청구권을 행사할 수 없을 것이다.

② 을의 주장에 따르면, 불법구금상태에서 고문을 당한 후 정치·사회적 상황상 수십 년간 국가를 상대로 손해배상을 청구하지 않던 사람이 과거사정리위원회의 진실규명결정을 받은 후에 비로소 손해배상을 청구하는 경우 이를 인정할 수 있을 것이다.

③ 을의 주장에 따르면, 교통사고로 인해 혼수상태에 빠진 사람은, 스스로 손해배상청구권을 행사할 수 없고 법정대리인도 없었던 경우 자신을 대신하여 손해배상청구권을 행사해 줄 법정대리인을 선임해 달라고 청구할 수도 없으므로, 실제로 법정대리인이 선임되기까지 오랜 시간이 지났더라도 그 권리를 행사할 수 있도록 해야 할 것이다.

④ 갑의 주장에 따르더라도, 국가에 의해 자신의 재산권이 침해당하였으나 오랜 시간 동안 보상에 관한 법규정이 없어 보상을 받지 못한 사람은 이러한 법규정의 흠결이 재산권을 보장하고 있는 헌법에 합치되지 않는다는 헌법재판소의 결정이 있은 이후에는 보상청구권을 행사할 수 있을 것이다.

⑤ 을의 주장에 따르더라도, AIDS가 발병한 후 자신의 병이 20년 전 투여 받은 HIV 감염 혈액제제 때문이라는 것을 알게 된 사람은 위 혈액제제를 투여한 의사 또는 위 혈액제제를 제조·공급한 자를 상대로 손해배상청구권을 행사할 수 없을 것이다.

22

⟨C국 법원의 판단⟩의 근거로 가장 적절한 것은?

> ⟨사안⟩
> A국의 국민 X는 배우자 Y와 B국에 주소를 두고 생활하던 중 사망하였다. X의 상속재산으로는 C국 소재 부동산이 있었다. Z는 자신도 X의 상속인임을 주장하면서 C국 법원에 Y를 상대로 상속인 지위의 확인을 구하는 취지의 소를 제기하였다.
> A, B, C국 모두에서 고려되어야 할 법률은 ⟨당해 재판에 적용할 법률⟩과 상속법이며, ⟨당해 재판에 적용할 법률⟩은 상속법에 우선하여 적용된다.
>
> **각국의 ⟨당해 재판에 적용할 법률⟩ 규정**
> A국: 상속에 관하여는 사망자의 최후 주소지의 법률에 따른다.
> B국: 상속에 관하여는 상속재산 소재지의 법률에 따른다.
> C국: 상속에 관하여는 사망자의 본국의 법률에 따른다.
>
> ⟨C국 법원의 판단⟩
> 이 사건 재판에 A국의 상속법이 적용되어야 한다.

① C국의 ⟨당해 재판에 적용할 법률⟩이 다른 나라의 ⟨당해 재판에 적용할 법률⟩에 따르도록 하는 경우 그 다른 나라는 자국의 법률을 따라야 한다.

② C국은 자국의 ⟨당해 재판에 적용할 법률⟩은 물론 A국, B국의 ⟨당해 재판에 적용할 법률⟩에 따라 적용할 법률을 결정해야 한다.

③ C국의 ⟨당해 재판에 적용할 법률⟩에서 언급되고 있는 법률에는 다른 나라의 ⟨당해 재판에 적용할 법률⟩ 자체는 포함되지 않는다고 해석해야 한다.

④ C국의 ⟨당해 재판에 적용할 법률⟩이 다른 나라의 ⟨당해 재판에 적용할 법률⟩에 따르도록 하는 경우 재판을 하는 C국 법원은 그 다른 나라의 ⟨당해 재판에 적용할 법률⟩을 따라야 한다.

⑤ C국의 ⟨당해 재판에 적용할 법률⟩에 따른 결과가 다시 C국의 법률을 적용하도록 명하는 경우 C국의 ⟨당해 재판에 적용할 법률⟩은 적용하지 않는 것이 타당하다.

23

다음으로부터 바르게 추론한 것만을 〈보기〉에서 있는 대로 고른 것은?

〈사실관계〉
A국과 B국은 지역안보조약을 체결하면서 지역 내 C국과 D국에도 안보적 지원을 하되 약소국인 C국이 요청하는 경우 무상으로 지원을 제공하는 조항(a조항)과 자원 부국인 D국이 그 비용의 일부를 부담하도록 하는 조항(b조항)을 규정하였다. 이 과정에서 C국은 명시적으로는 동의하지 않았으나 해당 조약의 내용은 인지하고 있었다. 그리고 D국은 C국에 대한 지원 비용을 A, B, D 3국 간에 균등하게 분배하는 것을 내용으로 하는 b조항에 서면으로 동의하였다.

〈조약에 관한 법적용을 규정하는 협약〉
제35조 (제3국의 의무 또는 권리의 발생)
1. 조약은 원칙적으로 조약 당사국이 아닌 제3국에 대해서는 그 국가의 동의 없이 의무 또는 권리를 창설하지 아니한다.
2. 조약 당사국이 조약을 통해 제3국에게 의무를 설정하고, 해당 제3국이 서면으로 그 의무를 명시적으로 수락하는 경우에는 해당 제3국에게 의무가 발생한다.
3. 조약 당사국이 조약을 통해 제3국에게 권리를 부여하고, 해당 제3국이 이에 동의하는 경우에는 해당 제3국에게 권리가 발생한다. 다만, 제3국의 동의는 반대의 표시가 없는 동안 있는 것으로 추정된다.

제37조 (제3국의 의무 또는 권리의 취소 또는 변경)
1. 제35조에 따라 제3국에게 의무가 발생된 때에는 그 의무는 조약 당사국과 제3국의 동의를 얻는 경우에만 취소 또는 변경될 수 있다.
2. 제35조에 따라 제3국에게 권리가 발생된 때에는 그 권리는 제3국의 동의 없이도 조약 당사국에 의하여 취소 또는 변경될 수 있다.

〈보기〉
ㄱ. 조약의 b조항은 D국에게 의무를 창설한다.
ㄴ. 조약 체결 당시 C국이 조약의 a조항에 반대의 의사표시를 하더라도 조약의 a조항은 유효하다.
ㄷ. C국의 동의 없어도 조약의 a조항에 따라 발생된 권리는 조약 당사국에 의해 변경될 수 있다.
ㄹ. D국의 동의 없어도 조약의 b조항에 따라 발생된 의무는 조약 당사국에 의해 취소될 수 있다.

① ㄱ, ㄴ ② ㄱ, ㄷ ③ ㄴ, ㄹ
④ ㄱ, ㄷ, ㄹ ⑤ ㄴ, ㄷ, ㄹ

24

다음으로부터 추론한 것으로 옳지 않은 것은?

형사소송절차에서 특정인을 피고인으로 인식한 검사의 의사 이외에 그 특정인이 제3자의 이름을 도용해 공소장에 기재토록 하거나 특정인을 대신해 제3자가 법정에 위장 출석하는 경우 등 피고인을 정할 요소가 복수로 발생하는 경우가 있다. 이런 경우 A, B, C국은 다음 원칙에 의해 한 명만을 피고인으로 인정한다.

〈A, B, C국 법원의 피고인 인정 절차의 원칙〉
(가) A, B, C 각국은 세 가지의 피고인 인정 요소(특정인을 피고인으로 인식한 검사의 의사, 공소장에 기재된 이름, 실제 소송에서 법정에 출석한 자) 중 두 가지 요소만을 고려하며, 두 가지 요소 중 우선순위가 높은 요소 한 가지만을 사용하여 피고인으로 인정한다.
(나) A, B, C 각국은 우선순위가 높은 요소에 해당하는 자가 복수이거나 없을 경우, 차순위 요소에 해당하는 자를 피고인으로 인정한다.
(다) A, B, C 각국이 고려하지 않는 한 가지 요소는 세 나라가 모두 다르다.

〈A, B, C국 법원의 처리 결과〉
(1) 검사가 갑을 피고인으로 인식하였으나 공소장에는 을의 이름이 기재되어 있고 법정에는 병만 출석한 경우, A국에서는 병을 피고인으로 인정하였다.
(2) 검사가 갑을 피고인으로 인식하였으나 공소장에는 을의 이름이 기재되어 있고 법정에는 아무도 출석하지 않은 경우, A국과 B국에서는 을을 피고인으로 인정하였다.
(3) 검사가 갑을 피고인으로 인식하고 공소장에도 갑의 이름이 기재되었으나 법정에는 을만 출석한 경우, C국에서는 갑을 피고인으로 인정하였다.

① B국에서는 '법정에 출석한 자'를 피고인 인정 요소로 삼지 않을 것이다.
② 검사가 피고인으로 인식한 갑과 공소장에 기재된 을이 모두 법정에 출석한 경우, A국에서는 을을 피고인으로 인정할 것이다.
③ 검사가 피고인으로 인식한 갑과 공소장에 기재된 을이 모두 법정에 출석하지 않고 대신 병이 출석한 경우, C국에서는 갑을 피고인으로 인정할 것이다.
④ 검사가 피고인으로 인식한 갑과 공소장에 기재된 을이 모두 법정에 출석한 경우, C국에서는 을을 피고인으로 인정할 것이다.
⑤ 검사가 갑을 피고인으로 인식하였으나 공소장에는 을의 이름이 기재되었고 법정에는 을만 출석한 경우, A국에서는 을을 피고인으로 인정할 것이다.

25

〈사실관계〉

500여 년 전 X국에서 조전남은 본처 김씨와의 사이에 장남 조방림, 차남 조부림을, 첩과의 사이에 아들 조서자, 딸 조서녀를 두었는데, 장남 조방림에게 제사를 받들게 하고 사망하였다. 장남 조방림은 본처와의 사이에 아들 조적자, 첩과의 사이에 아들 조복해를 차례로 두고 있었는데, 조적자가 사고로 갑자기 죽자 조복해로 하여금 제사를 받들게 하고 사망하였다. 그러나 조방림의 아우 조부림은 자신의 부 조전남의 제사를 받들 권한이 조복해가 아니라 자신에게 있다고 주장하면서 조복해로부터 제사와 관련된 집과 땅을 빼앗아 갔다.

〈관련규정〉

본처 소생 장남이 가계를 승계하여 제사를 받든다. 본처 소생 장남이 없으면 장남 이외의 아들이, 그도 없으면 첩 소생 아들이 제사를 받들어야 한다.

〈보기〉

ㄱ. 〈관련규정〉만으로는 조부림이 조방림의 제사를 받들 근거가 되지 못할 것이다.
ㄴ. 〈관련규정〉의 '본처 소생 장남'이 조적자를 가리킨다면, 조부림의 행동은 정당화될 수 없을 것이다.
ㄷ. 〈관련규정〉에 근거해서 조부림을 옹호하려는 편은 〈관련규정〉의 '장남 이외의 아들'이 조부림이라고 주장할 것이다.

① ㄱ ② ㄷ ③ ㄱ, ㄴ
④ ㄴ, ㄷ ⑤ ㄱ, ㄴ, ㄷ

26

〈규정〉을 적용한 것으로 옳지 <u>않은</u> 것은?

〈규정〉

혼인무효의 소는 다음 각 호에 해당하는 가정법원에 제기하여야 한다.
1. 부부가 같은 가정법원의 관할구역 내에 주소지가 있을 때에는 그 가정법원
2. 부부가 최후의 공통의 주소지를 가졌던 가정법원의 관할구역 내에 부부 중 일방의 주소지가 있을 때에는 그 가정법원
3. 위 1 및 2에 해당하지 아니하는 경우로서 부부의 일방이 타방을 상대로 하는 때에는 상대방의 주소지, 제3자가 부부의 쌍방을 상대로 하는 때에는 부부 중 일방의 주소지의 가정법원
4. 부부의 일방이 사망한 경우에는 생존한 타방의 주소지의 가정법원
5. 부부 쌍방이 사망한 경우에는 부부 중 일방의 최후 주소지의 가정법원

① A-B 부부가 서울에 주소지를 두고 있던 중 A가 B를 상대로 혼인무효의 소를 제기하고자 할 때에는 서울가정법원에 제기하여야 한다.
② 서울에 주소지를 두고 있던 A-B 부부 중 A가 홀로 부산으로 이사하여 자신의 주소지를 변경한 후 A가 B를 상대로 혼인무효의 소를 제기하고자 할 때에는 서울가정법원에 제기하여야 한다.
③ 서울에 주소지를 두고 있던 A-B 부부 중 A가 홀로 부산으로 이사하여 자신의 주소지를 변경하였고, 그 후 B가 A를 상대로 혼인무효의 소를 제기하고자 할 때에는 부산가정법원에 제기하여야 한다.
④ 서울에 주소지를 두고 있던 A-B 부부 중 A는 부산으로, B는 광주로 이사하여 각각 자신의 주소지를 변경하였고, 그 후 A의 모친(대구에 주소지를 두고 있음)이 A와 B를 상대로 혼인무효의 소를 제기하고자 할 때에는 부산가정법원에 제기할 수 있다.
⑤ 서울에 주소지를 두고 있던 A-B 부부 중 A가 홀로 부산으로 이사하여 자신의 주소지를 변경한 후 A가 사망한 상태에서 B가 혼인무효의 소를 제기하고자 할 때에는 서울가정법원에 제기하여야 한다.

27

〈원칙〉을 적용한 것으로 옳은 것을 〈보기〉에서 고른 것은?

〈원칙〉

자신의 권리를 주장하는 자는 그 권리의 발생에 필요한 사실을 증명할 책임이 있다. 권리가 발생하였으나 사후에 소멸하였다고 주장하는 자는 권리의 소멸에 관한 사실을 증명할 책임이 있다. 분쟁 당사자 사이에 이러한 권리 발생의 주장이나 그 사후 소멸에 관한 주장에 관한 다툼이 없으면 권리의 발생이나 그 소멸을 주장하는 자는 그 주장이 진실하다는 것을 증명할 필요가 없다.

〈보기〉

ㄱ. 갑이 을에게 "당신이 빌려 간 100만원을 돌려 달라."라고 주장하였다. 을은 "돈이 생기면 갚겠다."라고 주장하였다. 이 경우에 갑이 을에게 100만원을 빌려 주었다는 사실을 증명할 책임이 갑에게 없다.

ㄴ. 갑이 을에게 "당신이 빌려 간 100만원을 돌려 달라."라고 주장하였다. 을은 "빌렸지만 그 후에 갚았다."라고 주장하였다. 이 경우에 갑으로부터 빌린 돈을 을이 갚았다는 사실을 증명할 책임이 을에게 있다.

ㄷ. 갑이 을에게 "당신이 빌려 간 100만원을 돌려 달라."라고 주장하였다. 을은 "당신으로부터 100만원을 빌린 적이 없다."라고 주장하였다. 이 경우에 갑이 을에게 100만원을 빌려 주었다는 사실을 증명할 책임이 갑에게 없다.

ㄹ. 갑이 을에게 "당신이 빌려 간 100만원을 돌려 달라."라고 주장하였다. 을은 "100만원을 받기는 하였지만 그것은 당신이 빌려 준 게 아니라 그냥 준 것이다."라고 주장하였다. 이 경우에 갑이 을에게 100만원을 빌려 주었다는 사실을 증명할 책임이 갑에게 없다.

① ㄱ, ㄴ ② ㄱ, ㄷ ③ ㄱ, ㄹ
④ ㄴ, ㄹ ⑤ ㄷ, ㄹ

28

X국 Z법률의 〈규정〉과 〈사실관계〉로부터 추론한 것으로 옳은 것을 〈보기〉에서 고른 것은?

〈규정〉

군인·경찰관 기타 공무원의 직무상 불법행위로 손해를 받은 사람은 국가에 손해배상을 청구할 수 있다. 다만 군인·경찰관이 전투·훈련과 관련된 직무집행과 관련하여 받은 손해에 대하여 다른 법률에 따라 보상금을 지급 받을 수 있는 경우에는 국가에 대해 손해배상을 청구할 수 없다.

〈사실관계〉

회사원 A는 동료인 B를 태우고 자기 아버지 C 소유의 승용차를 운전하던 중, 육군 하사인 D가 운전하던 오토바이와 충돌하였다. 당시 그 오토바이 뒷좌석에는 육군 중사인 E가 타고 있었고 D와 E는 직무를 집행하던 중이었다. 위 교통사고는 D가 운전 중 졸음을 이기지 못하고 전방을 제대로 주시하지 못하여 발생한 것이었다. 이 사고로 인하여 B와 E는 각각 약 8주간의 치료를 필요로 하는 우슬관절내측부인대파열 및 전방십자인대파열 등의 상해를 입었다.

〈보기〉

ㄱ. D의 직무상 불법행위가 인정되고 A도 상해를 입었다면 A는 국가에 대해 손해배상을 청구할 수 있을 것이다.

ㄴ. D의 직무상 불법행위가 인정되더라도 사고 당시 D의 직무집행행위가 전투·훈련과 무관한 것이라면 B는 국가에 대해 손해배상을 청구할 수 없을 것이다.

ㄷ. D의 직무상 불법행위가 인정되고 그로 인해 C의 자동차가 파손되었더라도 C는 그 피해의 배상을 국가에 청구할 수 없을 것이다.

ㄹ. D의 직무상 불법행위가 인정되고 사고 당시 D와 E의 직무가 전투·훈련과 무관한 것이라면 E는 국가에 대해 손해배상을 청구할 수 있을 것이다.

① ㄱ, ㄴ ② ㄱ, ㄹ ③ ㄴ, ㄷ
④ ㄴ, ㄹ ⑤ ㄷ, ㄹ

29

X국의 형법 B조의 구성요건은 형법 A조의 구성요건의 모든 요소를 포함하고 그 이외의 다른 요소를 구비한다. B조에 해당하는 모든 경우는 A조에도 해당되지만, 이 경우 법원은 A조를 적용하지 않고 B조를 적용한다. A조는 "사람의 신체에 대하여 폭행을 가한 자는 2년 이하의 징역 또는 500만원 이하의 벌금에 처한다."라고 규정하고 있다. B조는 "단체 또는 다중의 위력을 보이거나 위험한 물건을 휴대하여 사람의 신체에 대하여 폭행을 가한 자는 5년 이하의 징역에 처한다."라고 규정하고 있다. 일방이 상대방의 신체에 대하여 폭행을 가한 경우에는 A조가 적용되지만, 일방이 위험한 물건을 휴대하여 상대방의 신체에 대하여 폭행을 가한 경우에는 B조가 적용될 것이다.

〈보기〉

ㄱ.
- 타인의 재물을 절취한 자는 6년 이하의 징역 또는 1,000만원 이하의 벌금에 처한다.
- 야간에 사람의 주거, 간수하는 저택, 건조물이나 선박 또는 점유하는 방실에 침입하여 타인의 재물을 절취한 자는 10년 이하의 징역에 처한다.

ㄴ.
- 미성년자를 약취 또는 유인한 자는 10년 이하의 징역에 처한다.
- 추행, 간음 또는 영리의 목적으로 사람을 약취 또는 유인한 자는 1년 이상 30년 이하의 징역에 처한다.

ㄷ.
- 부녀의 촉탁 또는 승낙을 받아 낙태하게 한 자는 1년 이하의 징역 또는 200만원 이하의 벌금에 처한다.
- 의사, 한의사, 조산사, 약제사 또는 약종상이 부녀의 촉탁 또는 승낙을 받아 낙태하게 한 때에는 2년 이하의 징역에 처한다.

ㄹ.
- 사람의 궁박한 상태를 이용하여 현저하게 부당한 이익을 취득한 자는 3년 이하의 징역 또는 1,000만원 이하의 벌금에 처한다.
- 사람을 공갈하여 재물의 교부를 받거나 재산상의 이익을 취득한 자는 10년 이하의 징역 또는 2,000만원 이하의 벌금에 처한다.

① ㄱ, ㄴ   ② ㄱ, ㄷ   ③ ㄴ, ㄷ
④ ㄴ, ㄹ   ⑤ ㄷ, ㄹ

30

A~D의 입장을 적용한 것으로 옳은 것만을 〈보기〉에서 있는 대로 고른 것은?

정조 11년(1787) 김성백과 문정추가 황해도 황주의 계 모임에서 만났다. 말다툼 중에 김성백이 주먹으로 문정추의 얼굴을 때렸다. 문정추는 맞은 데 화가 나서 술을 많이 마시고 집으로 돌아가던 중, 술기운에 냇물에서 넘어져 결국 얼어 죽었다. 김성백이 문정추의 죽음에 대하여 책임을 져야 하는지에 관하여 다음과 같은 주장들이 제기되었다.

A: 김성백이 문정추를 구타하지 않았다면 문정추가 화가 나서 술을 많이 마시지 않았을 것이다. 문정추가 술을 많이 마시지 않았다면 술기운에 냇물에 빠졌을 리가 없다. 김성백의 구타가 문정추의 죽음의 원인이 된 것이므로 김성백을 처벌해야 한다.

B: 문정추의 죽음을 야기한 직접적 원인에 대해서만 죄책을 물을 수 있다. 어떤 행위가 피해 결과의 직접적 원인인지 여부는 행위자의 의도를 고려해 판단해야 한다. 문정추의 죽음은 술기운에 물에 빠진 것이 원인이 된 사고이므로 김성백을 처벌할 수 없다.

C: 그 행위가 발생된 결과를 일으키는 전형적인 원인이라고 일반 사람들이 평가할 때 그 결과에 대하여 책임을 물을 수 있다. 일반 사람들이 김성백의 구타 행위가 문정추가 물에 빠져 얼어 죽은 결과의 전형적인 원인이라고 평가하지 않기 때문에 김성백을 처벌할 수 없다.

D: 그 행위가 없었다면 결과가 발생하지 않았다고 볼 수 있는 경우 그 행위자는 그 결과에 대하여 책임이 있다. 그러나 피해자의 노력으로 그 피해 결과를 회피할 수 있었던 경우에는 가해자에게 피해 결과에 대한 책임을 지울 수 없다. 문정추가 스스로 술을 많이 마셨고 그 때문에 냇물에 넘어진 것이므로 김성백을 처벌할 수 없다.

〈보기〉

ㄱ. 의사 갑이 독약 관리를 제대로 하지 않은 틈을 타서 간호사 을이 독약을 빼돌려 변심한 애인을 죽였다. A와 B는 갑이 독살 당한 자의 죽음에 대한 책임이 없다고 할 것이다.

ㄴ. 갑이 을을 때려 다리를 부러뜨렸다. 을이 구급차에 실려 병원으로 옮겨지던 중 교통사고가 발생하여 즉사하였다. B와 C는 갑이 을의 죽음에 대한 책임이 없다고 할 것이다.

ㄷ. 갑이 을을 절벽에서 밀어 떨어뜨려 죽이기 위하여 산책을 권유하였다. 절벽 쪽으로 걸어가던 중 을이 번개를 맞아 죽었다. C와 D는 갑이 을의 죽음에 책임이 있다고 할 것이다.

ㄹ. 갑이 을을 독살하려고 하였으나 독약이 치사량에 미치지 못하여 질병을 얻게 하는 데 그쳤다. 의사는 완치 전에 술을 마시면 위험하다고 경고를 하였으나, 을은 이를 무시하고 술을 많이 마셨고 병이 악화되어 사망하였다. A와 D는 갑이 을의 죽음에 책임이 있다고 할 것이다.

① ㄱ   ② ㄴ   ③ ㄱ, ㄷ
④ ㄴ, ㄹ   ⑤ ㄷ, ㄹ

31

다음 글로부터 추론한 것으로 옳은 것만을 〈보기〉에서 있는 대로 고른 것은?

우리 헌법은 국가가 개인이 가지는 불가침의 기본적 인권을 확인하고 이를 보장할 의무를 진다고 규정함으로써, 소극적으로 국가가 국민의 기본권을 침해하는 것을 금지하는 데 그치지 않고 적극적으로 국민의 기본권을 타인의 침해로부터 보호할 의무를 부과하고 있다. 국가가 소극적 방어권으로서의 기본권을 제한하는 경우, 자유와 권리의 본질적 내용을 침해할 수는 없으며 침해 범위도 필요 최소한도에 그쳐야 한다. 그러나 국가가 적극적으로 국민의 기본권을 보호해야 하는 경우에는 설사 그 보호의 정도가 국민이 바라는 이상적인 수준에 미치지 못한다고 해서 헌법 위반으로 보기는 어렵다. 국가가 기본권 보호의무를 어떻게, 어느 정도로 이행할지는 국가의 정치·경제·사회·문화적인 제반 여건을 고려하여 정책적으로 판단해야 하는 재량의 범위에 속하기 때문이다. 따라서 헌법재판소는 이러한 재량을 존중하는 취지에서 소위 과소보호금지원칙을 적용하여 국가의 기본권 보호의무 위반 여부를 판단한다. 이 원칙에 따르면 국가는 국민의 기본권 보호를 위하여 적절하고 효율적인 최소한의 보호 조치를 취해야 하고, 이에 미치지 못하는 경우에만 기본권 보호의무를 위반한 것으로 판단된다.

〈보기〉

ㄱ. 건축 공사장의 먼지로 주변 주민들의 주거권이라는 기본권이 침해된다고 인정된다. 그런데 국가가 건축 경기 활성화를 이유로 아무 규제 조치도 취하지 않는다면 이는 주거권 보호의무 위반이다.

ㄴ. 농어촌 지역에 약국이 부족해서 주민들의 건강권이라는 기본권이 침해된다고 인정된다. 이에 주민 수와 상관없이 일정한 면적마다 약국을 설치하는 것이 적절하고 효율적인 최소한의 조치로 평가되는데, 제시된 면적보다 10배 이상 넓은 면적 단위마다 약국을 설치하도록 국가가 조치했다면 이는 건강권 보호의무 위반이다.

ㄷ. 확성장치 사용에 의한 소음으로 환경권이라는 기본권이 침해된다고 인정된다. 이에 확성장치의 '전면적 사용 금지', '특정 시간대별 사용제한', '사용 대수 제한' 등이 적절하고 효율적인 조치로 평가받고 있는데 국가가 그중 효율성이 중간 정도라 평가받는 '사용 대수 제한' 조치를 취했다면 이는 환경권 보호의무 위반이다.

① ㄴ
② ㄷ
③ ㄱ, ㄴ
④ ㄱ, ㄷ
⑤ ㄱ, ㄴ, ㄷ

32

다음 글로부터 추론한 것으로 옳은 것만을 〈보기〉에서 있는 대로 고른 것은?

형사법은 형법과 형사소송법 등으로 구성된다. 형법은 범죄와 형벌에 관한 내용을, 형사소송법은 범죄의 수사, 공소의 제기, 공판절차, 유·무죄의 선고 등 형사절차를 규정하고 있다.

형법의 경우 원칙적으로 범죄와 형벌은 행위자가 행위할 당시의 법규정에 의해서만 결정되어야 한다. 행위할 당시 범죄가 되지 않았던 행위를 이후에 법을 제정 또는 개정하여 처벌하거나, 범죄를 저지를 당시에 규정되었던 처벌의 범위를 넘어서 나중에 중하게 처벌한다면, 어떠한 국민도 자유롭게 자신의 삶을 살아갈 수 없게 된다. 그러나 이러한 원칙은 국가 형벌권이 국민에게 불이익을 줄 경우에만 해당할 뿐, 만약 과거의 국가 형벌권이 남용되었다는 반성에 근거하여 형을 감경 또는 면제할 때에는 적용되지 않는다.

그런데 형사소송법의 경우에도 형법상의 원칙이 적용되어야 하는지에 대해서는 견해가 대립되고 있다. A견해는 형사소송법이 국가 형벌권을 실현하는 절차를 규율할 뿐 범죄와 형벌 그 자체를 정하는 것은 아니기 때문에 형법상 원칙이 적용될 필요는 없다는 입장이다. 반면, B견해는 형사소송법이 절차에 관한 규정이지만 이것을 새롭게 만들거나 바꾸는 것이 국가 형벌권을 이용하여 국민에게 불이익을 주는 경우와 실질적으로 다르지 않다면, 행위자가 행위를 할 당시의 규정이 적용되어야 한다는 입장이다.

〈보기〉

ㄱ. 헌법재판소의 위헌결정으로 인하여 형벌에 관한 법률이 소급하여 효력을 상실하였다면, 당해 법률조항이 적용되어 공소가 제기된 사건에 대해 무죄판결이 선고되어야 한다.

ㄴ. 형사소송법상 친고죄는 고소기간 내에 고소가 있어야 검사가 공소를 제기할 수 있다. 만약 행위자가 친고죄에 해당하는 범죄를 저지른 후 고소기간이 경과되지 않은 상태에서 법률이 개정되어 친고죄의 고소기간이 연장되었다면, A견해에 의할 경우 개정된 법률은 당해 행위자에게 적용된다.

ㄷ. 행위자가 범죄를 저지른 후 외국에 도피해 있는 동안 공소시효가 완성되었음에도 불구하고, 만약 행위자가 외국에 있는 기간 동안은 공소시효가 정지되는 것으로 형사소송법이 개정되었다면, B견해에 의할 경우 행위자가 귀국하여 그에 대한 공소제기 여부를 판단할 때 외국에 도피해 있던 기간은 제외하고 공소시효 기간을 계산해야 한다.

① ㄱ
② ㄴ
③ ㄷ
④ ㄱ, ㄴ
⑤ ㄱ, ㄷ

33

다음 글로부터 추론한 것으로 옳은 것만을 〈보기〉에서 있는 대로 고른 것은?

법은 여러 종류의 규칙들이 결합하여 이루어지는 체계이고, 그 기저에는 '무엇이 법인가'에 대한 규칙인 '승인규칙'이 자리한다. 승인규칙은 '사회적 규칙'의 일종이다. 사회적 규칙은 어떤 집단에서 구성원 대부분이 어떤 행위를 반복적으로 할 때 존재한다는 점에서 집단적인 습관과 비슷하지만, 그에 대한 준수의 압력이 있고, 그로부터의 일탈은 잘못된 것으로 비판받으며, 그래서 적어도 일부 구성원들이 그 행동을 집단 전체가 따라야 하는 일반적인 기준으로 보는 반성적이고 비판적 태도를 가진다는 점에서 습관과 구별된다. 사회적 규칙에 대하여 사회구성원 다수는 그것을 행동의 기준이나 이유로 받아들이고 사람들의 행위에 대한 비판적인 태도를 정당화하는 근거로 여기는 '내적 관점'을 취한다.

승인규칙은 법관들과 공직자들 및 시민들이 일정한 기준에 비추어서 법을 확인하는 관행 또는 실행으로 존재한다. 그럴 때 그들은 그 규칙에 대하여 내적 관점을 가지고 있다. 그 체계의 다른 규칙들에 대한 효력기준을 제공하는 궁극적인 규칙이기 때문에, 승인규칙에 대하여는 다시 효력을 물을 수는 없고, 과연 그것이 실제와 부합하는지, 그런 승인규칙을 가진 법체계가 없는 것보다 나은지, 그것을 지지할 타산적 근거나 도덕적 의무가 있는지 등의 문제가 제기될 수 있을 뿐이다. 어딘가에 법이 있다고 할 수 있기 위해서는 법관들이 그 규칙을 내적 관점에서 올바른 판결의 공적이고 공통된 기준으로 여겨야 한다. 이는 법체계 존재의 필수조건이다. 통일적이고 계속적이지 않다면 법체계가 존재한다고 할 수 없고, 법체계의 통일성과 계속성은 법관들이 법적 효력에 대한 공통의 기준을 수용하는 데 달려 있기 때문이다.

―〈보기〉―

ㄱ. 어떤 사회에 소수의 채식주의자가 있다면, "육식을 하면 안 된다."는 것이 그 사회의 사회적 규칙이다.
ㄴ. 법으로 음주를 금지하지 않는 나라의 국민이 법으로 음주를 금지하는 나라의 이야기를 하면서 "그 나라에서는 술을 마시면 안 된다."고 할 때, 그는 '내적 관점'을 취하고 있다.
ㄷ. 군주가 법을 제정하는 나라와 의회에서 법을 제정하는 나라의 승인규칙은 다르다.

① ㄱ ② ㄷ ③ ㄱ, ㄴ
④ ㄴ, ㄷ ⑤ ㄱ, ㄴ, ㄷ

34

다음 글로부터 추론한 것으로 옳은 것을 〈보기〉에서 고른 것은?

A: 특허법은 발명을 장려하여 기술 발전을 촉진해야 한다. 발명가가 혁신적인 기술을 만들려면 상당한 노동이 요구된다. 하지만 노동의 산물로부터 이익을 얻을 수 없다면, 어느 누구도 노동을 하려 하지 않을 것이다. 때문에 국가는 당해 기술이 최초로 공개된 신규의 것으로서 산업상 이용 가능할 정도로 충분히 개발이 완료된 것이라면, 발명가에게 독점적 특허권을 부여함으로써 독점적 이익을 얻을 수 있게 해야 한다. 그러나 독점적 특허권은 기술의 사회적 이용을 가로막아 사회 전체의 효율성을 감소시킬 수 있다. 때문에 국가는 발명가가 당해 기술의 내용을 구체적으로 공개하고, 제한된 기간 동안에만 독점권을 행사할 수 있게 해야 한다.

B: 특허법은 기술 발전을 촉진하여 사회적 이익을 증대하기 때문에 반드시 요구되지만, 그로 인해 발생하는 사회적 손실을 최소화할 필요가 있다. 독점적 특허권을 통해 발명가가 얻을 수 있는 막대한 이익은 치열한 특허 경쟁과 과도한 중복 투자를 유발하는데, 이때 경쟁에 탈락한 사람들의 투자 비용은 모두 사회적 손실이 된다. 특히 특허법이 개발이 충분히 완료된 기술이어야 함을 요구한다면 특허 경쟁은 오랫동안 지속될 수밖에 없고 그에 비례하여 사회적 손실은 커지게 된다. 이러한 이유로 국가는 아직 기술 개발이 완료되지 않았어도 장래 혁신적인 것으로 개발될 가능성이 있는 발명에 대해 독점적 특허권을 부여함으로써 중복 투자가 발생할 수 있는 기간을 단축시켜야 한다. 또한 개선 단계에서의 경쟁을 제한하기 위해 발명가에게 앞으로 개발될 수 있는 기술의 구체적 개선 과정들을 조정할 수 있는 광범위한 권한을 부여해야 한다. 더불어 발명가가 개발 가능한 기술을 상업화하여 독점적 이익을 얻으려면 더 오랜 기간이 필요하기 때문에 특허권의 보호 기간도 연장해야 한다.

―〈보기〉―

ㄱ. A는 특허법의 목적이 기술 발전을 통한 사회적 효율성의 증대라고 보는 반면, B는 그렇지 않다.
ㄴ. A는 '만약 B에 따라 특허법을 제정한다면 최초 발명가는 특허권을 통해 보다 큰 독점적 이익을 얻을 수 있으므로 특허 경쟁은 더 치열해져 결국 B가 우려하는 사회적 비용은 줄지 않을 것이다'라고 반박할 수 있다.
ㄷ. 신약 개발 과정에서 최초의 아이디어가 상업화 단계에 이르기 위해서는 너무 오랜 시간과 많은 비용이 든다면 B의 설득력은 높아진다.
ㄹ. 수많은 기존 발명에 근거하여 혁신적 연구가 이루어져야만 신제품을 개발할 수 있는 생명공학 분야에서, 발명가의 조정 권한을 광범위하게 인정할 경우 혁신적 신제품이 시장에 등장하는 속도가 늦어진다면, B의 설득력은 높아진다.

① ㄱ, ㄴ ② ㄱ, ㄷ ③ ㄴ, ㄷ
④ ㄴ, ㄹ ⑤ ㄷ, ㄹ

35

〈사례〉별로 그것의 정당성을 인정하는 〈주장〉들을 모두 골라 바르게 배열한 것은?

대통령의 특권인 사면에는 일반 사면과 특별 사면이 있다. 일반 사면은 죄의 종류를 지정하여 이에 해당하는 모든 죄인에 대해 형의 선고의 효력을 소멸시키며 형의 선고를 받지 않은 자에 대해서는 공소권을 소멸시키는 것을 말한다. 특별 사면은 형의 선고를 받은 특정인에 대해 형의 집행을 면하는 것을 말한다. 대통령의 사면권은 사법부 결정을 무효화한다는 점에서 남용에 대한 우려가 제기되어 왔고 그 행사에는 일정한 제한이 필요하다는 논의가 있다.

〈주장〉
갑: 일반 사면이든 특별 사면이든 정권에 대립하는 정적을 포용하는 대승적 차원에서만 그 행사가 정당화될 것입니다.
을: 일반 사면이든 특별 사면이든 폭넓게 인정될 필요가 있지만, 정적이나 측근에 대한 특별 사면은 대통령의 사면권 남용의 적나라한 모습이므로 정당화될 수 없습니다.
병: 특정인만을 대상으로 하지 않는 일반 사면은 대통령에 의하여 남용될 가능성이 낮아 큰 문제가 없지만, 특별 사면은 그렇지 않아 일정한 제한이 필요합니다. 헌정 질서를 파괴 또는 교란하는 행위를 한 자나 뇌물 수수를 한 범죄자의 경우에 한해서는 특별 사면을 허용하지 않도록 해야 합니다.
정: 다들 사면권 행사의 절차적 정당성은 고려하지 않는군요. 대통령의 사면권 행사에는 전면적인 재량을 인정할 필요가 있지만 권력분립 원칙상 이에 대한 절차적 견제 장치는 필요합니다. 일반 사면이나 특별 사면 모두 관련 심의 기관의 심의 과정을 거치고 국회의 동의도 받아야 정당화될 것입니다.

〈사례〉
(가) 헌정 질서를 교란한 죄로 징역형을 선고받고 대통령과 정치적 대립 중인 야당 대표 A에 대하여 대통령은 야당과의 연립정부를 구성하기 위하여 관련 심의 기관의 심의를 거치고 국회의 동의를 받아 사면을 내렸다.
(나) 대통령의 최측근인 B가 간통죄로 기소되어 벌금형을 선고받았는데 그의 정치적 복귀를 돕고자 대통령은 관련 심의 기관의 심의를 거쳤지만 국회의 동의를 받지는 않고 B에 대하여 사면을 내렸다.
(다) 소비자보호법을 위반하여 300만 원 이하의 벌금형을 받은 자 모두에 대하여, 경기 활성화 차원에서 대통령은 관련 심의 기관 심의를 거치고 국회의 동의를 받아 형의 선고의 효력을 소멸시키는 사면을 내렸다.

	(가)	(나)	(다)
①	갑	병, 정	을, 정
②	정	갑, 병	을, 병, 정
③	갑, 정	병	을, 정
④	갑, 정	병, 정	병, 정
⑤	갑, 정	병	을, 병, 정

36

다음 글로부터 추론한 것으로 옳지 않은 것은?

민사소송에서는 원칙적으로 당사자가 절차의 개시와 종결을 주도하고, 심판의 대상과 범위를 정한다. 그리하여 법원은 당사자가 판결을 신청한 사항에 대하여 그 신청 범위 내에서만 판단하여야 한다. 따라서 당사자가 신청한 사항과 별개의 사항에 대해서 판결하여서는 안 된다. 예컨대, 원고가 불법행위를 이유로 손해배상을 청구한 경우에 계약불이행과 같이 그와 다른 이유를 근거로 하여 손해배상을 명할 수는 없다. 또, 당사자가 신청한 것보다 적게 판결하는 것은 허용되지만, 신청의 범위를 넘어서 판결하여서는 안 된다.

이와 관련하여, 신체상해로 인한 손해배상을 청구하는 경우에 심판대상을 어떻게 볼지 견해가 엇갈린다. A견해는 치료비 등의 적극적인 손해와 치료기간 동안 얻지 못한 수입 등의 소극적인 손해, 그리고 정신적 손해를 구별하여 서로 다른 세 개의 심판대상으로 보고, B견해는 그 전체가 하나의 심판대상이라고 본다.

〈사례〉
○ 갑은 을에게 1,000만 원을 빌려주었다.
○ 병은 정의 잘못으로 교통사고를 당하였고, 정에게 치료비 2,000만 원, 치료기간 동안 얻지 못한 임금 7,000만 원, 정신적 손해 1,000만 원의 손해에 대한 배상을 청구하였다. 법원은 병이 입은 손해를 치료비 3,000만 원, 치료기간 동안 얻지 못한 임금 4,000만 원, 정신적 손해 3,000만 원으로 평가하였다.

① 갑은 을에게 빌려준 돈 1,000만 원을 지급하라고 청구하였지만 법원이 판단하기에 빌려준 돈은 500만 원이고 을에게 받을 매매대금이 500만 원이라면, 법원은 500만 원을 한도로 하여 갑의 청구를 받아들이는 판결을 할 수 있다.
② 갑이 을에게 빌려준 돈 500만 원을 지급하라고 청구하였다면, 법원이 판단하기에 빌려준 돈이 1,000만 원이라도 법원은 500만 원을 한도로 하여 갑의 청구를 받아들이는 판결을 할 수 있다.
③ A견해에 따르면, 법원은 치료비의 경우 2,000만 원을 한도로 하여 병의 청구를 받아들이는 판결을 할 수 있다.
④ B견해에 따르면, 법원은 1억 원을 한도로 하여 병의 청구를 받아들이는 판결을 할 수 있다.
⑤ 어떤 견해에 따르든, 원고가 신청한 교통사고 손해배상액의 총액이 법원이 인정한 손해배상액의 총액보다 적은 경우에 원고가 신청한 액수보다 적은 금액을 배상하라고 판결할 수는 없다.

37

Y의 소유권자에 대하여 A와 B의 판단이 일치하지 않는 경우는?

〈사건 개요〉
갑은 을 소유의 소 X를 훔쳐 병에게 팔았다. 갑은 이러한 사실을 병에게 말하지 않았기 때문에 병은 매수할 당시 X가 도둑맞은 소임을 알지 못했다. X는 병의 농장에서 송아지 Y를 출산하였다. 그 후 을은 병의 농장에서 X를 찾게 되었고, 병에게 X와 Y를 모두 자기에게 반환하라고 요구하고 있다.

〈법률〉
원래의 소유권자는 도둑맞은 물건(도품)을 매수한 사람에게 자신의 소유물을 반환하라고 요구할 수 있다. 그러나 매수자가 그 물건을 매수하였을 당시에 도품인 것을 알지 못한 상태에서 2년 동안 보유하였을 때에는 도품에 대한 소유권을 갖게 된다.

〈논쟁〉
A: Y는 X의 일부로 보아 판단해야 해. 〈법률〉에 따라 아직 일정한 기간이 지나지 않았기 때문에 병이 X를 소유할 수 없다고 판단된다면 그 경우에 Y도 을의 것이어야 해. 이 경우 X가 Y를 을의 농장에서 수태하였든 병의 농장에서 수태하였든 그것은 고려할 필요가 없어. 또한 〈법률〉이 정한 기간이 지나 병이 X의 소유권을 갖게 되면 병은 Y도 소유하게 돼.

B: 항상 Y를 X의 일부로 판단할 수는 없어. 물론 병이 X를 소유할 수 있을 정도로 〈법률〉이 정한 기간이 지났다면 Y도 병의 소유가 된다는 점은 당연해. 하지만 그러한 기간이 지나지 않은 경우에도 병이 X를 매수한 다음에 Y가 수태되었고, Y가 태어날 때까지 X가 도품인 줄 병이 몰랐다면, 병은 Y를 가질 자격이 있어. 이 경우만은 X와 Y의 소유를 별개로 생각해야 해.

① X가 Y를 수태한 것이 도난되기 전이었고, Y의 출산 이후 X가 도품임을 병이 알았는데 그 시점이 매수 이후 2년이 지나기 전인 경우

② X가 Y를 수태한 것이 도난되기 전이었고, Y의 출산 이후 X가 도품임을 병이 알았는데 그 시점이 매수 이후 2년이 지난 뒤인 경우

③ X가 Y를 수태한 것이 매수 이후이었고, Y의 출산 이후 X가 도품임을 병이 알았는데 그 시점이 매수 이후 2년이 지나기 전인 경우

④ X가 Y를 수태한 것이 매수 이후이었고, Y의 출산 이후 X가 도품임을 병이 알았는데 그 시점이 매수 이후 2년이 지난 뒤인 경우

⑤ X가 Y를 수태한 것이 매수 이후이었고, Y의 출산 이전에 X가 도품임을 병이 알았는데 그 시점이 매수 이후 2년이 지나기 전인 경우

38

다음에서 추론한 것으로 옳은 것만을 〈보기〉에서 있는 대로 고른 것은?

혼인 중 일정 금액을 납입하여 장래 퇴직한 후에 받을 것으로 기대되는 연금의 경우, 이혼 상대방이 연금 수령자에게 재산분할을 청구할 수 있는지, 청구할 수 있다면 어떻게 분할할지에 대해 의견이 대립되고 있다.

A: 이혼 전 퇴직하여 이미 받은 연금만이 분할 대상이 된다. 이혼 후 받게 될 연금은 장래 발생 여부가 불확실하기 때문에 재산분할의 대상이 될 수 없다.

B: 이혼일에는 퇴직 후 받게 될 연금총액을 현재 가치로 산정한 후 그 금액에 대해서만 이혼 상대방의 연금형성 기여율만큼 미리 지급하고, 연금 수령자는 퇴직 시에 연금총액을 지급받도록 해야 한다.

C: 이혼일에는 이혼 상대방의 연금형성 기여율만을 정하여 둔 후, 퇴직일에는 실제 받게 될 연금총액 중 이혼일에 정했던 기여율만큼 이혼 상대방에게 지급해야 한다.

D: 이혼일에는 연금 수령자가 그날에 사퇴한다면 받게 될 연금액 중 이혼 상대방의 연금형성 기여율에 해당하는 금액만을 결정한 후, 실제 퇴직 시에는 그 금액에 물가상승률을 반영하여 이혼 상대방에게 지급해야 한다.

〈보기〉
ㄱ. 이혼 상대방이 연금형성에 기여했음에도 불구하고 연금분할 여부가 이혼절차의 종결시점에 따라 결정되는 것은 불합리하다면, A는 약화된다.
ㄴ. 만약 이혼 후 회사의 퇴직연한이 65세에서 60세로 바뀌었기 때문에 연금 수령자가 연금 전액을 수령하기 위한 최소한의 근속연수를 채우지 못하는 경우가 발생한다면, 연금 수령자에게는 B보다 D가 더 유리하다.
ㄷ. 만약 이혼 후 연금 자산운용의 수익률 증가로 인하여 연금 수령자가 이혼 시 예상했던 것보다 더 많은 연금을 받게 된다면, 이혼 상대방에게는 C보다 B가 더 유리하다.

① ㄱ   ② ㄴ   ③ ㄱ, ㄴ
④ ㄱ, ㄷ   ⑤ ㄴ, ㄷ

39

다음에서 추론한 것으로 옳은 것만을 〈보기〉에서 있는 대로 고른 것은?

권리를 가진 자만이 타인에게 권리를 이전해 줄 수 있다. 하지만 예외적으로, 물건의 일종인 동산에 대하여는 거래 시에 물건이 매도인의 것이라고 믿은 매수인이 유효한 거래에 의하여 넘겨 받는 경우라면 무권리자(소유권이 없는 자)로부터도 물건에 대한 권리를 취득할 수 있다. 예컨대, 갑이 병의 자전거를, 갑의 소유가 아니라는 사실을 모르고 있는 을에게 돈을 받고 넘겨주면, 그 자전거가 갑의 것이 아니기 때문에 원래는 을의 것이 되지 않는다고 보아야겠지만, 예외적으로 이러한 경우 을은 그 자전거가 갑의 소유가 아님을 알지 못하였기 때문에 즉시 을의 것이 된다. 거래의 안전을 보호하기 위해 이러한 예외가 필요하다.

그런데 거래의 목적물인 동산이 도품인 경우에는 도품의 성질 때문에, 거래 시에 그 물건이 매도인의 것이라고 매수인이 믿고 유효한 거래에 의하여 넘겨 받았다 하더라도 무권리자(소유권이 없는 자)로부터 그 물건에 대한 권리를 취득할 수는 없다고 보아야 한다. 즉 위의 예에서 자전거가 병으로부터 절취된 경우라면 거래의 안전보다는 진정한 소유자로서의 병의 권리를 우선적으로 고려하여 갑이 을에게 병의 자전거를 매도하고 넘겨주었다 해도 을의 것이 되는 것이 아니라 여전히 병의 것으로 남는 것으로 보아야 한다.

반면, 돈은 물건이라는 측면과 가치(비물건)라는 측면 모두를 가지고 있다. 돈을 물건으로 보면 동산과 동일하게 취급하여야 한다. 하지만, 돈을 가치로 본다면 돈은 물건으로서의 성질이 부정되며 그 돈을 가지고 있는 사람에게 속하는 것으로 보아야 한다.

〈보기〉

ㄱ. 도품 아닌 시계를 갑이 을에게 매도하고 넘겨주었는데, 을은 그 시계가 갑의 것이 아님을 알고 있었다. 을이 다시 정에게 그 시계를 매도하고 넘겨주었는데, 이 때 정은 을이 시계의 소유자라고 믿었다. 정은 시계에 대하여 유효하게 권리를 취득한다.

ㄴ. 돈을 물건으로 보는 경우, 갑이 을에게 도품인 돈을 넘겨 주었는데, 을은 그 돈이 도품이라는 사실을 몰랐으며 갑의 것이라고 믿었음에도 불구하고 그 돈은 을의 것이 되지 못한다.

ㄷ. 돈을 가치로 보는 경우, 갑이 을에게 돈을 주었는데, 을은 갑이 그 돈을 훔쳤다는 사실을 알고 있었다 하더라도 그 돈은 을의 소유가 된다.

① ㄱ　　② ㄴ　　③ ㄱ, ㄷ
④ ㄴ, ㄷ　　⑤ ㄱ, ㄴ, ㄷ

40

다음에서 추론한 것으로 옳은 것만을 〈보기〉에서 있는 대로 고른 것은?

행정청의 법적 행위의 위법 여부는 원칙적으로 각각의 행위별로 독립적으로 검토되어야 한다. 그러나 둘 이상의 행위가 연속적으로 행해지는 경우 일정한 요건 하에서 행정청의 앞선 행위의 하자를 이유로 후속 행위의 위법을 인정하는 경우가 있다.

만약 앞선 행위의 하자를 다툴 수 있는 제소기간이 지나서 취소소송으로 더 이상 다툴 수 없음에도 불구하고, 후속 행위를 다투는 취소소송에서 앞선 행위의 하자를 후속 행위의 위법사유로 계속해서 주장할 수 있게 한다면, 법적 안정성이나 제소기간을 둔 취지가 훼손되므로, 행정행위 상호간의 하자는 승계되지 않는 것이 원칙이다. 그러나 앞선 행위와 후속 행위가 서로 결합하여 하나의 법적 효과를 완성하는 경우에는, 앞선 행위에 대한 하자를 다투는 제소기간이 경과하였더라도 앞선 행위의 하자를 후속 행위의 위법사유로 주장할 수 있도록 함으로써 후속 행위의 효력을 제거하는 것을 인정한다.

예컨대, 행정청이 갑에게 건축물의 철거명령(앞선 행위)을 내렸으나, 갑이 이를 스스로 이행하지 않아 행정청이 직접 갑의 건축물을 철거하는 대집행 절차(후속 행위)에 이르게 된 경우, 철거명령과 대집행 절차는 서로 별개의 법적 효과를 발생시키는 독립적 행위로 인정된다. 또한 대집행 절차를 구성하는 일련의 단계적인 행위들(대집행의 계고, 실행의 통지, 실행, 비용징수)은 서로 결합하여 하나의 법적 효과를 발생시키는 행위로 인정된다.

다른 한편으로 앞선 행위의 하자가 중대하고 명백하여 제소기간의 적용을 받지 않는 무효에 해당한다면, 법적 안정성의 가치에 비해 권리구제의 필요성이 크므로 앞선 행위와 후속 행위가 서로 결합하여 하나의 법적 효과를 발생시키는지 여부를 묻지 아니하고 앞선 행위의 하자를 후속 행위의 위법사유로 주장할 수 있다.

〈보기〉

ㄱ. 철거명령에 하자가 있었으나 이에 대한 제소기간이 지났고 그 하자가 무효가 아니라면, 대집행 계고 처분 취소소송에서 철거명령의 하자를 대집행 계고 처분의 위법사유로 주장할 수 없다.

ㄴ. 철거명령이 무효인 경우, 철거명령과 대집행 계고가 서로 결합하여 하나의 법적 효과를 발생시키는지 여부에 관계없이, 대집행 계고 처분 취소소송에서 철거명령의 하자를 대집행 계고 행위의 위법사유로 주장할 수 있다.

ㄷ. 철거명령과 대집행 절차상의 행위가 서로 결합하여 하나의 법적 효과를 발생시키는지 여부에 관계없이, 비용징수 처분 취소소송에서 대집행 계고 행위의 하자를 비용징수 행위의 위법사유로 주장할 수 있다.

① ㄱ　　② ㄴ　　③ ㄱ, ㄷ
④ ㄴ, ㄷ　　⑤ ㄱ, ㄴ, ㄷ

41

다음에서 추론한 것으로 옳은 것만을 〈보기〉에서 있는 대로 고른 것은?

> 제대로 조직된 국가에서 사형은 정말 유용하고 정당한가? 인간들은 무슨 권리로 그들의 이웃을 살해할 수 있는가? 주권과 법의 토대를 이루는 권리가 그것이 아님은 분명하다. 법은 각자의 개인적 자유 중 최소한의 몫을 모은 것일 뿐인데, 자신의 생명을 빼앗을 권능을 타인에게 기꺼이 양도할 자가 세상에 어디 있겠는가? 개인의 자유 가운데 희생시킬 최소한의 몫에 어떻게 모든 가치 중 최대한의 것인 생명 자체가 포함될 수 있겠는가? 만약 그렇다 하더라도, 자살을 금지하는 다른 원칙과 어떻게 조화될 수 있겠는가?
>
> 그러니 사형은 권리의 문제가 아니라, 사회가 자신의 존재를 파괴당하지 않기 위해서 시민에 대하여 벌이는 전쟁행위이다. 따라서 국가가 자유를 상실할 기로에 서거나, 무정부상태가 도래하여 무질서가 법을 대체할 때가 아니라면 시민의 죽음은 불필요하며, 그런 비상한 상황이 아닌 다음에는 한 사람의 죽음이 타인들의 범죄를 억제하는 유일한 방법이어서 사형이 필요하고 정당한 경우가 있을 수 있는지만이 문제된다.
>
> 결심이 선 인간이 사회를 침해하는 것을 사형이 막지 못한다는 것을 모든 시대의 경험이 입증하고 있지만, 이것으로는 부족하다고 의심하는 이들을 설득하는 데는 인간의 속성을 살펴보기만 해도 된다. 인간의 정신에 무엇보다 큰 효과를 미치는 것은 형벌의 강도가 아니라 지속성이다. 우리의 감수성은 강력하지만 일시적인 충격보다는 미약하더라도 반복된 인상에 훨씬 쉽고도 영속적으로 영향을 받기 때문이다. 범죄자가 처형되는 무섭지만 일시적인 장면을 목격하는 것이 아니라, 일하는 짐승처럼 자유를 박탈당한 채 노동해서 사회에 끼친 피해를 갚아나가는 인간의 모습을 오래도록 보는 것이 범죄를 가장 강력하게 억제한다.
>
> – 베카리아(1738-1794), 『범죄와 형벌』 –

〈보기〉

ㄱ. 법에 따른 지배가 구현되고 있는 평화로운 나라에서 사형은 허용되지 않는다.
ㄴ. 형벌의 주된 목적은 범죄자의 잘못된 습관을 교정하는 데 있다.
ㄷ. 형벌의 공개집행에 반대한다.

① ㄱ
② ㄴ
③ ㄱ, ㄷ
④ ㄴ, ㄷ
⑤ ㄱ, ㄴ, ㄷ

42

다음 글로부터 추론할 수 있는 A국 법원의 입장으로 옳은 것은?

> 1940년대 말 이후부터 A국은 제2차 세계대전의 패배에 따른 여러 가지 법적 청산 작업을 진행하였다. 이때 나치 체제에 협력하였던 나치주의자들은 형사상 책임을 졌을 뿐만 아니라 회사로부터도 해고되었다. 더 나아가 당시에는 회사의 사용자가 나치 체제에 동조한 '혐의'가 있는 근로자에 대하여도 해고하는 일이 자주 있었고, 이러한 해고의 유효 여부의 다툼에서 A국 법원은 혐의가 있다는 것만으로도 해고의 정당한 이유가 있다고 보았다. 그런데 당시 A국 Y사의 기능공이었던 갑은 1951년 3월 나치 체제에 동조한 사실이 있다는 혐의로 A국 검찰에 소환 조사를 받고 형사재판을 기다리고 있었는데, 이러한 일이 발생하자 Y사의 사용자 을은 갑에게 해고 통고를 하였다. 갑이 이 해고의 무효를 주장하였지만 A국 법원은 1951년 12월 을의 해고는 정당한 이유 있는 해고라고 판시하였다. 그런데 그 후 1954년 갑은 나치 체제에 동조한 사실이 없었던 것으로 최종 밝혀졌다. 이에 갑은 1955년 법원을 상대로 자신의 해고가 잘못된 것임을 주장하면서 해고 무효를 구했으나, 법원은 당시 해고가 무효는 아니라고 했다. 근로 계약의 양 당사자에게 중요한 것은 '신뢰'로서 사용자가 근로자에 대하여 인간적 신뢰를 잃게 되면 근로 관계를 지속하게 하는 것을 기대할 수 없기 때문이라는 것이 그 이유이다. 하지만 갑의 사정을 고려하여 특이한 청구권을 갑에게 인정하는 판결을 내렸다. 즉, 갑에게 Y사 사용자 을로 하여금 자신을 신규로 고용해 줄 것을 요구할 수 있는 청구권을 인정하였던 것이다. 그리고 이러한 청구권을 행사할 경우, 을은 갑을 고용할 의무가 발생한다고 판결하였다.

① 갑의 해고 결정은 무죄 판결에 의해 소급적으로 소멸한다.
② 갑의 해고에 대한 정당성의 판단 기준 시점은 해고 통고 시이다.
③ 해고의 정당한 사유나 원인이 없는 경우라도 갑의 해고는 적법하다.
④ 해고와 달리 갑의 신규 고용 여부를 정당화하는 사유에서는 신뢰관계가 고려되지 않는다.
⑤ 무죄 추정의 원칙에 따라 갑에게 범죄 혐의가 있다는 사실만 가지고는 근로 관계 지속을 위한 신뢰가 깨진다고 볼 수 없다.

43

다음 글로부터 추론한 것으로 옳은 것은?

친자 관계는 자연적 출산 또는 입양에 의해 성립한다. 이에 따를 경우 보조 생식 의료를 통해 태어난 아이는 누구의 아이인가? '보조 생식 의료'라 함은 시험관 아기 시술, 배아이식 및 인공 수정을 가능하게 하는 임상적·생물학적 시술 및 이와 동일한 효과를 갖는 시술로, 자연적 과정 외의 생식을 가능하게 하는 모든 의료 기술을 말한다.

A국에서는 자신의 체내에 생식세포가 주입되거나 배아가 이식된 결과 아이를 출산하면 출산한 여성이 아이의 모(母)로 확정된다. 그리고 부(父)의 결정에 있어 가장 중요한 요건은 보조 생식 의료에 동의하였는지 여부인데, 법이 정한 동의의 요건만 갖추면 자녀와의 혈연 관계와 여성과의 혼인 관계라는 요건이 없어도 법적 부의 지위가 인정된다. 더구나 남성뿐만 아니라 여성이라도 이 동의라는 요건만 갖추면 혼인 여부와 상관없이 부가 될 수 있다. 한편 대리모 계약을 금지하고 있지는 않지만 그 계약을 강제 이행할 수는 없는 것으로 하고 있다.

B국에서는 보조 생식 의료에 있어서 "사람은 생식 가능한 남녀로부터 태어난다."라고 하는 자연적 섭리를 중시한다. 따라서 보조 생식이 행해질 수 있는 경우는 '질병의 치료'라고 하는 목적에 의해 제한된다. B국에서 난자 또는 정자를 제3자로부터 받는 등 보조 생식 의료를 행하기 위해서는 남녀 모두 자연적으로 생식 가능하다고 간주되는 연령에 있고, 혼인 관계에 있어야 한다. 또한 시술 시점에 의뢰한 남녀가 함께 생존하고 시술에 동의해야 한다. 출산한 사람만이 모로 되고 이 여성과의 혼인 관계에 따라 부가 확정된다. B국에서는 대리모 계약을 선량한 풍속에 반한다고 하여 무효로 하고 있다.

① A국에서는 여성도 다른 여성의 보조 생식 의료에 동의할 경우 그 출산한 여성과 부부로 인정된다.
② A국에서 대리모에게 난자를 제공한 의뢰인이 모가 되기 위해서는 그 출생한 자를 입양하는 방법밖에 없다.
③ B국에서는 자연적으로 생식이 불가능한 모든 자가 보조 생식 의료를 통해 합법적으로 자녀를 가질 수 있게 되었다.
④ B국에서 아이를 갖기 위한 여성이 남편의 동의를 얻어 보조 생식 의료를 통해 다른 남성의 정자를 제공받아 출산하면 그 아이의 부는 정자를 제공한 자이다.
⑤ A국과 B국 모두 '제3자를 위해 출산을 하는 계약은 무효'라는 내용의 법규정을 가지고 있다.

44

다음 글에 대한 평가로 옳은 것만을 〈보기〉에서 있는 대로 고른 것은?

K국 형법은 "미성년자를 약취(略取)한 사람은 10년 이하의 징역에 처한다."라고 하여 '미성년자약취죄'를 규정하고 있다. 이 규정에서 '약취'라고 하는 것은 폭행·협박을 행사하거나 정당한 권한 없이 사실상의 힘을 사용하여 미성년자를 생활관계 또는 보호관계로부터 약취행위자나 제3자의 지배하에 옮기는 행위를 의미한다. 그런데 '정당한 권한 없이 사실상의 힘을 사용하여'의 해석에 관해서는 아래와 같이 견해가 나뉜다.

〈견해 1〉
미성년자약취죄가 보호하고자 하는 법익(法益)은 미성년자의 평온·안전이다. 따라서 미성년자의 평온·안전을 해치지 않는 한 부모 일방이 다른 일방의 동의 없이 미성년자의 거소를 옮기는 행위만으로는 정당한 권한 없이 사실상의 힘을 사용한 것에 해당하지 않는다.

〈견해 2〉
미성년자약취죄가 보호하고자 하는 법익은 미성년자의 자유와 보호자의 보호·양육권이다. 따라서 부모 일방이 다른 일방의 동의 없이 미성년자의 거소를 옮기는 행위는 정당한 권한 없이 사실상의 힘을 사용한 것에 해당한다.

〈보기〉
ㄱ. 부모가 이혼하였거나 별거하는 상황에서 미성년의 자녀를 부모의 일방이 평온하게 보호·양육하고 있는데, 부모 중 다른 일방이 폭행·협박을 행사하여 그 보호·양육 상태를 깨뜨리고 자녀를 탈취하여 자기 또는 제3자의 사실상 지배하에 옮긴 경우라면, 위의 어떠한 견해에 따르더라도 미성년자약취죄에 해당한다.
ㄴ. 부모가 함께 동거하면서 미성년의 자녀를 보호·양육하여 오던 중 부(父)가 모(母)나 그 자녀에게 어떠한 폭행·협박을 행사하지 않고 그 자녀를 데리고 종전의 거소를 벗어나 다른 곳으로 옮겨 자녀에 대한 보호·양육을 적절히 한 경우, 〈견해 1〉에 따르면 미성년자약취죄에 해당하지 않는다.
ㄷ. 보호·양육하던 미성년자를 종전에 거주하던 K국 거주지에서 부의 동의 없이 모가 국외로 이전하는 행위로 인해, K국 국적을 가진 자녀가 생활환경 등이 전혀 다른 외국에서 부의 보호·양육이 배제된 채 정신적·심리적 충격을 겪는 경우, 〈견해 1〉에 따르면 미성년자약취죄에 해당하지 않지만 〈견해 2〉에 따르면 미성년자약취죄에 해당한다.

① ㄱ ② ㄷ ③ ㄱ, ㄴ
④ ㄴ, ㄷ ⑤ ㄱ, ㄴ, ㄷ

45

〈원칙〉

상속은 가장(家長)의 유언에 따라야 한다. 유언으로 정한 대로 상속이 이루어질 수 없으면, 법이 정한 방법에 따라 상속이 이루어져야 한다. 법정상속은 직계비속이 균분으로, 직계비속이 없을 경우 직계존속이 균분으로, 직계존속이 없으면 배우자의 순으로 이루어진다. 태아는 상속인의 지위를 갖는다. 가장은 배우자 및 직계비속 중 상속인에서 제외하려는 자가 있을 경우 반드시 유언으로 그를 지정해야 한다. 만약 상속인으로 지정되지도 제외되지도 않은 직계비속이 있을 경우 가장의 유언은 무효이다. 상속인의 지위를 상실하게 할 수 있는 조건을 부가하여 상속인을 지정한 가장의 유언은 무효이다.

〈판단〉

아직 자녀가 없는 가장 A는 아내가 임신한 상태에서 "태아와 아내만을 상속인으로 지정한다. 만약 아들이 태어나면, 그가 내 재산의 2/3를 상속받고 나머지는 내 아내가 상속받는다. 그러나 만약 아들이 아니라 딸이 태어나면, 그녀가 내 재산의 1/3을 상속받고 나머지는 아내가 상속받는다."와 같은 유언을 남기고 사망하였다. 그런데 아내는 A의 예상과 달리 아들 1명과 딸 1명의 쌍둥이를 출산하였다. 이에 대해 법률가 X는 "유언자의 의사에 따라 유산을 7등분하여 아들이 4, 아내가 2, 딸이 1을 갖도록 하는 것이 올바르다."고 판단하였다.

〈보기〉

ㄱ. X는 "아들과 딸은 각각 1/2씩 상속을 받아야 하며 아내는 상속을 받을 수 없다."고 판단해야 했다.

ㄴ. X는 "'만약 ……이 태어나면'이라는 조건을 부가하여 상속인을 지정하고 있기 때문에 A의 유언은 처음부터 무효이다."고 판단해야 했다.

ㄷ. X는 "A가 아들 또는 딸이 출생하는 경우에 대하여 유언을 한 것이지 아들과 딸이 동시에 출생하는 경우에 대하여 한 것은 아니었다."고 판단해야 했다.

① ㄴ ② ㄷ ③ ㄱ, ㄴ
④ ㄱ, ㄷ ⑤ ㄱ, ㄴ, ㄷ

46

〈사실 관계〉의 (가)와 (나)에 들어갈 방법으로 옳은 것은?

채무자가 채무를 이행할 수 있는데도 하지 않을 경우, 채권자가 직접 돈을 뺏어오거나 할 수 없고 법원에 신청하여 강제적으로 채무를 이행하게 할 수밖에 없다. 이렇게 강제로 이행하게 하는 방법은 상황에 따라 다른데, K국에서 법으로 인정하고 있는 방법은 세 가지이다. 'A방법'은 채무자가 어떤 행위를 하여야 하는데 하지 않는 경우, 채무자의 비용으로 채권자 또는 제3자에게 하도록 하여 채권의 내용을 실현하는 방법이다. 'B방법'은 목적물을 채무자로부터 뺏어 채권자에게 주거나 채무자의 재산을 경매하여 그 대금을 채권자에게 주는 것과 같이, 국가 기관이 직접 실력을 행사해서 채권의 내용을 실현하는 방법이다. 이 방법은 금전·물건 등을 주어야 하는 채무에서 인정되며, 어떤 행위를 해야 하는 채무에 대하여는 인정되지 않는다. 'C방법'은 채무자만이 채무를 이행할 수 있는데 하지 않을 경우에 손해배상을 명하거나 벌금을 과하는 등의 수단을 써서 채무자를 심리적으로 압박하여 채무를 강제로 이행하도록 만드는 방법이다. 'C방법'은 채무자를 강제하여 자유의사에 반하는 결과에 이르게 하는 것이므로 다른 강제 수단이 없는 경우에 인정되는 최후의 수단이다.

〈사실 관계〉

○ K국은 통신회사가 X회사 하나였는데 최근 통신서비스 시장 개방에 따라 다수의 다른 통신회사가 설립되어 공급을 개시하였다.

○ K국의 X회사는 소비자 Y에게 계약에 따라 통신서비스를 제공할 의무가 있는데 요금 인상을 주장하며 이행하지 않았다. Y가 X회사의 강제 이행을 실현할 수 있는 방법은 통신서비스 시장 개방 전에는 (가) 방법, 시장 개방 후에는 (나) 방법이다.

	(가)	(나)
①	A	C
②	B	A
③	B	B
④	C	A
⑤	C	C

47

다음 글로부터 추론한 것으로 옳은 것만을 〈보기〉에서 있는 대로 고른 것은?

A국은 각 지방자치단체에 대한 재정적 지원제도인 교부금제도를 시행하고 있다. 각 지방자치단체의 수입은 국가로부터의 교부금과 지방자치단체의 자체수입금으로 구성된다. 국가는 지방자치단체가 제출한 자체수입예상액과 지출예상액을 고려하여 국가가 판단한 총지출규모를 수립한 후 필요한 교부금을 지급한다.

A국은 아래의 교부금 중 하나를 선택하여 모든 지방자치단체에 지급할 수 있다.

○ 동액교부금: 모든 지방자치단체에 대해 획일적으로 동일한 금액이 지급되는 교부금
○ 동률교부금: 각 지방자치단체의 자체수입금에 비례하는 금액이 지급되는 교부금
○ 보통교부금: 각 지방자치단체의 자체수입금이 국가가 수립한 총지출규모를 충당하지 못하는 경우 국가가 그 재정부족분만큼 지급하는 교부금. 다만 자체수입금이 풍부하여 재정부족분이 발생하지 않는 지방자치단체에 대해서는 보통교부금이 지급되지 않음(이를 '불교부단체'라 함).

―〈보기〉―

ㄱ. A국이 보통교부금을 지급할 경우, 불교부단체를 제외한 모든 지방자치단체는 자체수입금 증대를 위한 최대의 재정적 노력을 기울일 것이다.
ㄴ. 국가가 수립한 각 지방자치단체의 총지출규모가 동일한 상황에서 재정부족분이 많이 발생하는 지방자치단체(갑)와 상대적으로 적게 발생하는 지방자치단체(을)가 있다면, 보통교부금을 지급받을 때에는 갑이 을에 비해, 동률교부금을 지급받을 때에는 을이 갑에 비해 언제나 많이 받는다.
ㄷ. 국가가 수립한 각 지방자치단체의 총지출규모가 같고 각 지방자치단체의 자체수입액이 같다면, 어떠한 교부금에 의하더라도 각 지방자치단체가 지급받는 교부금의 액수는 동일하다.

① ㄱ ② ㄷ ③ ㄱ, ㄴ
④ ㄴ, ㄷ ⑤ ㄱ, ㄴ, ㄷ

48

〈규정〉과 〈견해〉로부터 추론한 것으로 옳은 것만을 〈보기〉에서 있는 대로 고른 것은?

〈규정〉
A: 타인의 물건의 효용을 해한 자는 곤장 10대에 처한다.
B: 타인의 문서를 숨긴 자는 곤장 3대에 처한다.
    단, B가 적용되는 경우에는 A는 적용하지 않기로 한다.

〈견해〉
갑: 물건의 효용을 해하는 행위란 파손뿐 아니라 숨기는 것도 포함한다. B는 물건의 효용을 해하는 행위 중에서 문서를 숨기는 행위를 가볍게 벌하는 규정이다. 타인의 문서를 숨긴 경우에는 B가 적용된다.
을: 물건의 효용을 해하는 행위란 파손뿐 아니라 숨기는 것도 포함한다. B는 물건 중에서 문서의 효용을 해하는 행위를 가볍게 벌하는 규정이다. 타인의 문서의 효용을 해한 경우에는 B가 적용된다.
병: 물건의 효용을 해하는 행위란 파손만을 포함하고 숨기는 것은 포함하지 않는다. B는 물건 중에서 문서를 숨기는 것을 벌하는 규정이다. 타인의 문서를 숨긴 경우에는 B가 적용된다.

―〈보기〉―

ㄱ. 갑에 따르면, 타인의 문서를 파손한 경우 B가 적용되지 않는다.
ㄴ. 을에 따르면, 타인의 문서를 파손한 경우 B가 적용된다.
ㄷ. 병에 따르면, 타인의 문서를 파손한 경우 A가 적용된다.

① ㄱ ② ㄴ ③ ㄱ, ㄷ
④ ㄴ, ㄷ ⑤ ㄱ, ㄴ, ㄷ

49

〈규정〉에 따라 〈사례〉를 판단한 것으로 옳은 것만을 〈보기〉에서 있는 대로 고른 것은?

〈규정〉
(1) 주주가 소유하는 주식 1주 당 의결권 1개가 인정된다. 다만, 어떤 안건에 특별한 이해관계가 있는 주주는 주주총회에서 그 안건에 의결권을 행사하지 못한다.
(2) 이사는 주주총회의 특별결의로 해임될 수 있다.
(3) 주주총회의 특별결의는 출석 주주의 소유 주식 수가 회사 발행주식 총수의 3분의 1 이상이고, 출석 주주 중에서 의결권을 행사할 수 있는 주주의 의결권 수의 3분의 2 이상 찬성이라는 두 가지 요건을 모두 충족하는 결의를 말한다.

〈사례〉
X 주식회사의 발행주식 총수는 1,000주인데 모두 의결권이 있는 주식이다. 갑은 발행주식 총수의 34%, 을은 26%, 병은 40%를 갖고 있다. 병은 이 회사의 이사이다. 한편, 병의 이사해임 안건이 주주총회에 상정되었다. 병이 자신의 해임 안건에 대하여 특별한 이해관계가 있는 주주인지 여부가 다투어지고 있다.

〈보기〉
ㄱ. 병이 해임 안건에 특별한 이해관계가 있다면, 갑, 을, 병이 모두 출석한 경우 갑과 을이 모두 해임에 찬성해야만 병의 해임 안건이 가결된다.
ㄴ. 병이 해임 안건에 특별한 이해관계가 없다면, 갑과 을은 불참하고 병만 출석한 경우 해임에 대한 가부의 결의를 할 수 없다.
ㄷ. 병이 해임 안건에 특별한 이해관계가 있다면, 을은 불참하고 갑과 병은 참석한 경우 갑의 찬성만으로 병의 해임을 가결할 수 없다.

① ㄱ ② ㄴ ③ ㄱ, ㄷ
④ ㄴ, ㄷ ⑤ ㄱ, ㄴ, ㄷ

50

〈견해〉에 따라 판단한 것으로 옳은 것만을 〈보기〉에서 있는 대로 고른 것은?

〈견해〉
갑: '행위 당시 행위자가 인식한 사실' 또는 '행위 당시 행위자 이외의 일반인이 인식·예견 가능했던 사실'에 기초해서 판단할 때, 그 행위에 의해 그 결과가 발생하는 것이 이례적이지 않은 경우에는 그 행위와 그 결과 사이의 인과관계가 인정된다.
을: '행위 당시 행위자의 인식 여부 또는 일반인의 인식·예견가능성 유무와 상관없이 그 당시 객관적으로 존재한 모든 사실'에 기초해서 판단할 때, 그 행위에 의해 그 결과가 발생하는 것이 이례적이지 않은 경우에는 그 행위와 그 결과 사이의 인과관계가 인정된다.

〈보기〉
ㄱ. A가 땅콩에 대해 특이체질이라는 것을 알고 있는 X가 A에게 땅콩이 든 빵을 주어 이를 먹은 A가 땅콩에 대한 특이체질 반응을 일으켜 상해를 입은 경우, 갑과 을 모두 X의 행위와 A의 상해 사이의 인과관계를 인정한다.
ㄴ. 대낮에 보행신호에 따라 횡단보도를 건너던 B를 Y가 운전하는 트럭이 치고 지나가 B가 즉사했는데 Y는 운전 중 조는 바람에 이를 인식하지 못한 경우, 갑은 Y의 행위와 B의 사망 사이의 인과관계를 인정하지 않지만 을은 인정한다.
ㄷ. Z가 시속 10km로 자전거를 타다가 건장한 보행자 C와 부딪쳤는데 C가 아무렇지도 않다고 하여 그 자리를 떴다. 그 후 5분 정도 지나 C는 갑자기 의식을 잃고 쓰러져 병원으로 이송되었는데, 고혈압이 있는 C는 고혈압성 뇌출혈로 사망하였다. 이 경우 갑과 을 모두 Z의 행위와 C의 사망 사이의 인과관계를 인정한다.

① ㄱ ② ㄴ ③ ㄱ, ㄷ
④ ㄴ, ㄷ ⑤ ㄱ, ㄴ, ㄷ

51

2018학년도 LEET 문8

다음 글을 근거로 판단한 것으로 옳은 것만을 〈보기〉에서 있는 대로 고른 것은?

> 행정청이 권한을 행사한 행위를 취소해 달라고 청구하는 소송을 취소소송이라 한다. 취소소송이 적법하기 위해서는 소송의 대상인 행정청의 행위가 다음 세 요소를 모두 갖추고 있어야 한다.
>
> A: '행정청이 우월한 지위에서 한 공권력의 행사'여야 한다. 계약 당사자처럼 행정청이 상대방과 대등한 관계에서 행한 행위는 이에 해당하지 않는다.
> B: '구체적 사실에 관한 행위'여야 한다. 이는 관련자가 특정되거나 개별적이고 규율대상이 구체적인 행위를 말하고, 시행령 제정행위와 같이 규율대상이 일반적인 행위는 이에 해당하지 않는다.
> C: '권리·의무에 직접적으로 영향을 미치거나, 변동을 일으키는 것'이어야 한다. 행정청의 행위에 의하여 비로소 변동이 발생하여야 하므로, 기존의 법률관계에 의하여 이미 발생한 의무를 이행하라고 독촉하는 행위는 이에 해당하지 않는다.

―〈보기〉―

ㄱ. 행정청과 갑은 행정청이 갑에게 제품개발자금을 지급하되 갑의 책임으로 사업이 실패할 경우에는 행정청이 지급한 자금의 반환을 요구할 수 있도록 정한 계약을 체결하였다. 행정청은 이 계약에 따라 갑에게 개발자금을 지급하였는데, 갑의 책임으로 사업이 실패하자, 지급한 개발자금을 반환하라고 요구하였다. 행정청의 개발자금 반환 요구행위는 A, B, C 모두 갖추었다.

ㄴ. 감사기관이 P시의 공무원 을의 징계권자인 P시장에게 복무규정을 위반한 을을 징계하라고 요구하였으나, 감사기관의 징계요구는 강제성이나 구속력이 없어 P시장은 이에 따르지 않고 을에게 아무런 징계를 하지 않았다. 을이 감사기관의 징계요구에 대해 취소소송을 제기하는 것은 C를 갖추지 못하였다.

ㄷ. S시장은 S시 소유의 X토지를 병에게 적법하게 임대해 주었고, 그 후 임대차계약에서 정한 사용료산정방식에 따라 X토지를 사용한 기간 동안의 토지 사용료를 납부하라고 병에게 통보하였다. 시장이 병에게 한 X토지 사용료의 납부통보는 A와 C를 갖추지 못하였다.

① ㄱ
② ㄴ
③ ㄱ, ㄷ
④ ㄴ, ㄷ
⑤ ㄱ, ㄴ, ㄷ

52

2018학년도 LEET 문9

다음 글로부터 추론한 것으로 옳지 않은 것은?

> 행정청이 허가를 내린 후에 허가의 효력을 상실시키기 위해서 그 허가를 취소하는 경우가 있다. 이러한 허가 취소는 두 유형으로 나눌 수 있다.
>
> 유형 A는 허가를 내릴 당시에는 허가를 받을 요건을 모두 갖추고 있어 허가가 내려졌는데 그 후에 의무를 위반하는 등으로 허가를 받은 자에게 책임이 있거나 공익을 위해 허가를 거둬들여야 하는 새로운 사정이 발생하여 행정청이 장래를 향해 허가의 효력을 소멸시키는 것이다. 허가가 발령 당시에는 정당하게 내려진 허가이므로 행정청은 함부로 이 유형의 허가 취소를 할 수 없고, 법에 이러한 사정이 개별적으로 허가 취소의 사유로 규정되어 있어야 한다. 허가를 받은 자에게 책임이 있어서 내려지는 유형 A의 허가 취소는 제재적 의미를 갖기 때문에 허가를 받은 자가 이미 받은 허가에 대한 신뢰를 보호해 달라고 주장할 수 없지만, 공익을 위해 허가를 거둬들여야 하는 새로운 사정이 발생해서 내려지는 유형 A의 허가 취소에 대해서는 허가에 대한 신뢰를 보호해 달라고 주장할 수 있다.
>
> 유형 B는 애초에 허가를 받을 요건을 구비하지 못하였음에도 허가가 위법 또는 부당하게 내려진 것에 대하여 행정청이 이를 바로잡기 위해 허가의 효력을 소급해서 소멸시키는 것이다. 유형 B의 허가 취소는 법에 이를 할 수 있는 사유에 관한 규정이 없어도 이뤄질 수 있다. 또한 이 유형의 허가 취소는 허가를 받은 자가 스스로 위법 또는 부당한 방법으로 허가를 받았거나 허가가 위법 또는 부당하게 내려진 사실을 알 수 있었기 때문에, 허가를 받은 자가 허가에 대한 신뢰를 보호해 달라고 주장할 수 없다.

① 허가를 받은 자가 행정청의 정당한 약관변경명령을 이행하지 않아 행정청이 허가 취소를 하는 경우는 유형 A에 해당한다.
② 허가에 필요한 시설을 갖춘 것처럼 허위의 자료를 제출하여 허가를 받은 자에 대해 행정청이 허가 취소를 하는 경우는 유형 B에 해당한다.
③ 허가가 내려진 이후 해당 사업을 폐지하기로 행정정책이 바뀌어 행정청이 그 허가를 취소하려는 경우, 허가를 받은 자는 허가에 대한 신뢰를 보호해 달라고 주장할 수 있다.
④ 허가에 필요한 동의서의 수가 부족하였으나 이를 간과하고 허가가 내려진 것이 발견되어 행정청이 허가 취소를 하는 경우, 법에 이 사유가 허가 취소 사유로 규정되어 있지 않으면 행정청이 허가 취소를 할 수 없다.
⑤ 허가를 받은 자가 허가를 받은 날부터 정당한 사유 없이 2년이 지나도록 사업을 개시하지 않고 있어 이를 이유로 행정청이 허가 취소를 하는 경우, 법에 이 사유가 허가 취소 사유로 규정되어 있어야 행정청이 허가 취소를 할 수 있다.

53

다음으로부터 추론한 것으로 옳은 것만을 〈보기〉에서 있는 대로 고른 것은?

> 계약 위반을 두고 갑과 을이 다투는 소송에서 판사가 판결을 내리는 상황을 생각해 보자. 둘 사이의 계약에서 계약 위반이 발생하는 조건은, 첫째, 계약이 특정한 행위 X를 금지하고, 둘째, 계약 당사자가 그 금지된 행위를 하는 것이다. 갑은 을이 계약을 위반했다고 주장하는 반면, 을은 위반하지 않았다고 주장한다. 을이 계약을 위반했는지를 따지는 쟁점은 다음 두 쟁점에 달려 있다. 하나는 이 계약이 을로 하여금 행위 X를 하지 못하도록 금지하는지 여부이고, 다른 하나는 을이 실제로 행위 X를 했는지 여부이다.
> 세 명의 판사가 내린 판단은 각각 달랐다. 판사1은 이 계약이 행위 X를 금지하고 을이 행위 X를 했다고 본다. 판사2는 이 계약이 행위 X를 금지하는 것은 맞지만 을이 행위 X를 한 것은 아니라고 본다. 판사3은 을이 행위 X를 한 것은 맞지만 이 계약이 행위 X를 금지하는 것은 아니라고 본다. 이 경우 우리는 어떤 결론을 내리는 것이 옳을까?
> 각 쟁점에 대해서 다수의 판사들이 내리는 판단을 따른다는 원칙을 받아들이기로 하자. 만약 각 쟁점에 대해서 서로 다른 판단을 내리는 판사의 수가 같다면, 가장 경력이 오래된 판사의 판단에 따르기로 한다. 세 명의 판사 중 가장 경력이 오래된 판사는 판사1이다. 그렇다면 우리는 이 계약이 행위 X를 금지하고 있다고 받아들여야 하고 을이 행위 X를 한 것도 받아들여야 한다. 그럼에도 불구하고 을이 계약 위반을 한 것은 아니라고 판단해야 하는 ㉠ 곤란한 상황에 도달한다. 왜냐하면 이 다툼에서 을이 계약을 위반했다고 판단하는 판사는 한 명뿐이기 때문이다.

〈보기〉

ㄱ. 을은 자신이 행위 X를 하지 않았다고 주장하였을 것이다.
ㄴ. 만약 다른 조건은 동일한데 판사3이 '이 계약은 행위 X를 금지하는 것도 아니고 을이 행위 X를 한 것도 아니다'라고 판단했더라면, ㉠은 발생하지 않았을 것이다.
ㄷ. 만약 다른 조건은 동일한데 판사 한 명을 추가하여 네 명이 판단하도록 했다면, ㉠은 발생하지 않았을 것이다.

① ㄱ ② ㄴ ③ ㄱ, ㄷ
④ ㄴ, ㄷ ⑤ ㄱ, ㄴ, ㄷ

54

다음으로부터 추론한 것으로 옳은 것만을 〈보기〉에서 있는 대로 고른 것은?

> 국가는 국민의 기본권을 보장할 의무가 있다. 이를 위하여 국가는 입법·사법·행정의 활동을 행한다. 그중 행정은 법률에 근거해서 국민의 기본권을 적극적으로 실현하고, 때로는 다수 국민의 안전, 질서 유지, 공공복리를 위하여 국민의 권리를 제한하기도 한다. 그러나 원칙적으로 행정의 역할은 국민의 기본권을 실현하는 것이므로, 여하한 이유로 국민의 기본권을 제한함에 있어서는 선행 조건을 갖춰야 한다. 즉 행정으로 인하여 직접적으로 기본권을 제한받는 당사자 본인에게는 사전에 그 행정이 필요한 이유와 내용 및 근거를 알려야 한다.
> 행정은 다양하고 복합적인 형태로 이루어진다. 행정은 한 개인에게 권리를 갖게 하거나 권리를 제한하기도 하고, 한 개인을 대상으로 권리를 갖게 하는 동시에 일정 권리를 제한하기도 한다. 또한 행정은 국민 사이에 이해관계의 대립을 초래하기도 한다. 예컨대 신발회사가 공장설치 허가를 신청하고 행정청이 허가하는 경우에, 회사 측과 공장이 설치되는 인근 지역의 주민들은 대립할 수 있다. 회사는 공장설치 허가를 통해 영업의 자유라는 기본권을 실현하게 되는 반면, 주민들 입장에서는 환경권·건강권 등의 침해를 주장할 수 있다. 이러한 경우에도 행정 활동을 함에 있어 갖춰야 할 선행 조건은 엄격하게 요구된다.

〈보기〉

ㄱ. 주유소 운영자 갑에게 주유소와 접하는 도로의 일부에 대해 행정청으로부터 점용 허가 처분과 점용료 납부 명령이 예정된 경우, 행정청은 사전에 갑에게 점용 허가 처분 및 점용료 납부 명령 각각의 이유와 내용 및 근거를 알려야 한다.
ㄴ. 행정청이 을 법인에게 원자로시설부지의 사전승인을 할 때 환경권·건강권의 침해를 직접 받게 되는 인근 주민 병이 있는 경우, 행정청은 원자로시설부지의 사전승인에 앞서 병에게 그 사전승인의 이유와 내용 및 근거를 알려야 하지만, 을 법인에게는 사전승인에 앞서 알릴 필요가 없다.
ㄷ. 대리운전기사 정이 음주운전으로 적발되어 행정청이 정의 운전면허를 취소하려는 경우, 행정청은 사전에 정과 그 가족에게 운전면허취소의 이유와 내용 및 근거를 알려야 한다.

① ㄱ ② ㄴ ③ ㄱ, ㄷ
④ ㄴ, ㄷ ⑤ ㄱ, ㄴ, ㄷ

55

원님 갑이 재판에서 채택할 진술을 〈사례〉에서 있는 대로 고른 것은?

원님 갑은 고을에서 일어나는 범죄에 대한 모든 재판을 담당하였다. 재판에서 증거로 받아들이기 어려운 진술들이 많이 제출되어 재판이 지연되자, 갑은 일정한 요건을 갖춘 증거들만 제출할 수 있도록 제한하였다. 그리하여 갑은 용의자의 평소 행실에 관한 진술은 재판에서 채택하지 않기로 하였다.

그러나 갑은 증인의 평소 언행의 진실성에 대한 진술은 들을 필요가 있다고 생각하였고, 이러한 진술의 채택 요건을 아래와 같이 제한하여 예외적으로 받아들였다.

첫째, 증인의 평소 언행의 진실성에 대해서 진술하는 것은 평소 고을에서의 평판에만 한정하고, 과거에 특정한 행위를 한 적이 있다는 진술은 채택하지 않는다.

둘째, 증인이 예전에 재판에서 허위 진술을 하여 처벌을 받은 적이 있다는 것은 중요하기 때문에 이에 대한 진술은 채택하기로 한다.

셋째, 증인의 평소 언행의 진실성을 모든 사건에서 다 확인할 필요는 없기 때문에 '증인이 진실하다'는 진술은 다른 사람이 '증인이 진실하지 못하다'고 진술하거나 '증인이 예전에 재판에서 허위 진술을 하여 처벌을 받은 적이 있다'고 진술을 한 때에 비로소 채택한다.

〈사례〉

현재 갑이 담당하고 있는 재판에서 갑돌이는 〈혐의 1〉 갑순이 집 앞에서 담배를 피우다 버려 갑순이 집의 외양간을 태웠고, 〈혐의 2〉 그 사실이 소문나면 주인마님에게 혼날까 봐 무서워 불이 나던 날 밤 '을돌이가 갑순이 집 앞에서 담배를 피우는 것을 보았다'는 거짓 소문을 냈다는 두 가지 혐의를 받고 있다.

〈혐의 1〉과 관련하여 갑이 갑돌이에게 그날의 행적에 대하여 묻자, 갑돌이는 ㉠ "저는 주변에서 매우 조심성 있는 사람이라는 평을 듣습니다."라고 진술하였다. 다음으로 〈혐의 2〉와 관련하여 갑돌이의 친구 마당쇠가 증인으로 나와 "갑돌이는 거짓말을 안 하는 진실한 놈이라는 평판이 자자합니다."라고 진술하였다. 그러자 대장장이가 증인으로 나와 ㉡ "예전에 마당쇠가 을순이에게 거짓말을 해서 을순이 아버지에게 크게 혼난 일이 있었지요."라고 진술하였다. 갑이 을돌이를 증인으로 불러 그날의 행적에 대하여 진술하게 하자 을돌이는 "그날 저는 집에 있었습니다."라고 진술하였다. 이에 다음 증인 병돌이는 ㉢ "예전에 을돌이가 아랫동네 살인 사건 재판에서 거짓말을 하여 곤장 다섯 대를 맞은 적이 있습니다."라고 진술하였다. 이에 다른 증인 방물장수는 ㉣ "을돌이가 매우 진실하다는 소문이 윗마을까지 나 있습니다."라고 진술하였다.

① ㉠, ㉡ ② ㉠, ㉣ ③ ㉢, ㉣
④ ㉠, ㉡, ㉢ ⑤ ㉡, ㉢, ㉣

56

〈규정〉과 〈견해〉로부터 추론한 것으로 옳은 것만을 〈보기〉에서 있는 대로 고른 것은?

〈규정〉
(1) CCTV란 일정한 공간에 지속적으로 설치되어 사람 또는 사물의 영상을 촬영하는 장치이다.
(2) 누구든지 CCTV를 설치·운영할 수 있으나, 공개된 장소에서의 설치·운영은 범죄의 예방 및 수사를 위하여 필요한 경우에만 가능하다.
(3) CCTV를 설치·운영하는 자는 CCTV를 설치하여 운영하고 있다는 내용을 알리는 CCTV 설치·운영 안내판을 설치하여야 한다.

〈견해〉
갑: 택시 안은 공개된 장소가 아니다.
을: 일정한 공간에 지속적으로 설치되어 사람의 영상을 촬영하는 휴대전화 카메라는 CCTV에 해당한다.
병: 비공개된 자동차 내부에 설치·운영되며, 외부를 촬영하고 있는 블랙박스도 CCTV에 해당한다.

〈보기〉
ㄱ. 갑에 따르면, 택시 안에서는 CCTV 설치·운영 안내판을 설치하기만 하면 언제든지 CCTV를 설치·운영할 수 있다.
ㄴ. 을에 따르면, 비공개된 자신의 서재에 휴대전화 카메라를 지속적으로 설치하여 촬영할 경우에 CCTV 설치·운영 안내판을 설치하여야 한다.
ㄷ. 병에 따르면, 범죄의 예방 및 수사를 위하여 필요한 경우에만 블랙박스를 설치·운영할 수 있다.

① ㄱ ② ㄷ ③ ㄱ, ㄴ
④ ㄴ, ㄷ ⑤ ㄱ, ㄴ, ㄷ

57

〈비행기준〉에 따를 때, 신고와 비행승인이 모두 없어도 비행이 허용되는 경우만을 〈보기〉에서 있는 대로 고른 것은?

〈비행기준〉
1. 무인비행장치는 사람이 탑승하지 아니하는 것으로 연료의 중량을 제외한 자체 중량(이하 '자체 중량')이 150kg 이하인 무인비행기와 자체 중량이 180kg 이하이고 길이가 20m 이하인 무인비행선을 말한다.
2. 무인비행장치를 소유한 자는 무인비행장치의 종류, 용도, 소유자의 성명 등을 행정청에 신고하여야 한다. 다만 군사목적으로 사용되는 무인비행장치와 자체 중량이 18kg 이하인 무인비행기는 제외한다.
3. 오후 7시부터 이튿날 오전 6시 사이에 무인비행장치를 비행하려는 자는 미리 행정청의 비행승인을 받아야 한다.
4. 무인비행장치를 사용하여 비행장 및 이착륙장으로부터 반경 3km 이내, 고도 150m 이내인 범위에서 비행하려는 사람은 미리 행정청의 비행승인을 받아야 한다. 다만 군사목적으로 사용되는 무인비행장치와 자체 중량이 10kg 이하인 무인비행기는 제외한다.

〈보기〉
ㄱ. 자체 중량이 120kg인 공군 소속 무인비행기를 공군 비행장 내 고도 100m 이내에서 오전 10시부터 오후 2시까지 군수물자 수송을 위하여 비행하려는 경우
ㄴ. 택배회사가 영업을 위하여 새로 구입한 자체 중량 160kg, 길이 15m인 무인비행선을 오후 4시부터 오후 5시 사이에 대학병원 헬기 이착륙장 반경 200m에 있는 사무실로 물품 배달을 위하여 비행하려는 경우
ㄷ. 육군 항공대가 자체 중량이 15kg인 농업용 무인비행기를 빌려서 군사훈련 보조용으로 공군 비행장 반경 2km 이내에서 오후 2시부터 오후 3시까지 고도 100m로 비행하려는 경우
ㄹ. 대학생들이 자체 중량이 8kg인 무인비행기를 김포공항 경계선 2km 지점에서 15m 이내의 높이로 오후 8시부터 30분 동안 취미로 비행하려는 경우

① ㄱ, ㄷ ② ㄱ, ㄹ ③ ㄴ, ㄹ
④ ㄱ, ㄴ, ㄷ ⑤ ㄴ, ㄷ, ㄹ

58

다음으로부터 추론한 것으로 옳은 것만을 〈보기〉에서 있는 대로 고른 것은?

X국의 보험약관법에는 다음과 같이 보험사의 손해배상책임을 면제하는 약관조항을 금지하는 규정이 있다. (1) 보험사의 고의 또는 중대한 과실로 인한 손해배상책임을 면제하는 약관조항은 금지된다. (2) 보험사나 보험계약자의 잘못이 아닌 제3자의 잘못으로 보험계약자에게 발생한 손해에 대한 보험사의 책임을 타당한 이유 없이 면제하는 약관조항은 금지된다. 이러한 손해를 제3자 대신 보험사가 배상하는 것이 보험계약의 핵심이기 때문이다. 이들 금지규정에 위반되는 약관은 무효이다.

위 규정 (1)과 관련하여, ㉠ 보험사의 고의, 중대한 과실, 경미한 과실 여하에 대한 아무런 언급이 없이 보험사의 모든 책임을 면제하는 내용의 약관조항을 생각해 보자. 이 조항은 경우에 따라 무효가 될 수도 있고 유효가 될 수도 있다. 이러한 약관조항 전체를 무효로 보게 되면 이를 다시 만들어야 하므로, 무효인 경우를 제거하고 유효가 될 수 있는 경우에만 약관이 적용되도록 함으로써 그 약관조항을 유지할 수 있다. 이를 약관의 효력 유지적 축소 해석이라고 한다.

이런 축소 해석의 방법을 위 규정 (2)와 관련되는 약관조항에 적용해 보자. 예를 들어 ㉡ "무면허운전은 누가 운전을 하더라도 보험사는 아무런 책임이 없습니다."라는 자동차보험 약관조항은 무효가 될 수 있다. 무면허인 차량 절도범이 사고를 냈다면 차량 주인인 ㉢ 보험계약자의 지배와 관리가 불가능하였으므로, 보험사의 책임을 면제하는 것은 타당한 이유가 없기 때문이다. 그러나 차량 주인의 자녀가 운전면허 없이 운전하다 사고를 냈다면 보험계약자의 지배와 관리가 가능하였으므로 보험사의 책임을 면제하는 것이 약관의 효력을 유지하는 축소 해석이다.

〈보기〉
ㄱ. ㉠에 대해 효력을 유지하면서 축소 해석을 하면, 보험사의 경미한 과실로 인한 손해배상책임은 면제될 것이다.
ㄴ. ㉢의 경우에 ㉡이 보험사의 책임을 면제한다면, ㉡은 보험약관법에 위반될 것이다.
ㄷ. 약관조항 전체를 무효로 하는 경우에 비하여 약관조항의 효력을 유지하는 방향으로 축소 해석을 하면, 보험사로 하여금 규정 (1), (2)에 부합하는 약관조항을 만들게 하는 유인이 약해질 것이다.

① ㄴ ② ㄷ ③ ㄱ, ㄴ
④ ㄱ, ㄷ ⑤ ㄱ, ㄴ, ㄷ

59

다음으로부터 추론한 것으로 옳은 것만을 〈보기〉에서 있는 대로 고른 것은?

〈사례〉
X국에서는 장애아동보호법에 "장애아동은 각자의 능력과 필요에 따라 적절한 공교육을 무상으로 받을 권리를 가진다"고 규정하고 있다. 적절한 공교육의 범위에 관해 다음과 같이 견해가 나뉜다.

〈견해〉
甲: 잠재능력을 발현할 수 있도록 장애아동에게 제공되는 기회는 비장애아동에게 주어진 기회와 상응하는 수준이어야 한다. 이를 위해 공교육이 실시되기 전에 장애아동과 비장애아동의 잠재능력을 측정하고, 공교육의 결과 장애아동과 비장애아동이 잠재능력을 어느 정도 발현하고 있는지 확인해야 한다. 그런 다음 장애아동과 비장애아동이 각각 자신의 잠재능력에 비례하는 성과를 내는 데 차이가 나지 않도록 개별 장애아동에게 필요한 추가적인 학습 과정과 지원 서비스를 무상으로 제공해야 한다.

乙: 공교육이 적절하다는 것은 어떤 특별한 교육적 수준의 보장이나 능력에 관계없는 절대적 교육 기회의 평등을 의미하기보다는 장애아동에게 기본적 수준의 교육 기회에 평등하게 접근할 수 있도록 공교육을 무상으로 제공하는 것을 의미한다. 장애아동이 수업을 이수하고 과목별 합격 점수를 받아 상급 학년으로 진급하는 학업 성취 결과가 나왔다면 그러한 평등이 실현된 것으로 볼 수 있다.

〈보기〉
ㄱ. 청각장애가 갑자기 생겨 성적이 떨어졌지만 상급 학년으로 진급하는 데에는 어려움이 없는 아동에게 부모가 자비로 수화 통역사를 제공하였더니 종전의 성적을 회복한 경우, 공교육이 그 아동에게 수화 통역사를 무상으로 제공해야 하는지 여부에 대하여 甲과 乙의 견해가 일치한다.
ㄴ. 乙의 견해에 따르면, 청각장애아동들이 공교육의 수업을 이수하고 과목별 합격 점수를 받아 중학교 1학년 과정에서 2학년 과정으로 모두 진급하는 데 성공하는 경우, 공교육 기관은 그 중학교 1학년 과정에 이전까지는 제공되지 않았던 학습 과정과 지원 서비스를 요청하는 청각장애아동의 요구를 받아들이지 않아도 된다.
ㄷ. 공교육 기관은 장애아동이 공교육에서 배제되지 않도록 하면 되고 공교육을 통한 장애아동의 학업 성취 결과까지는 고려하지 않아도 된다는 주장을 甲은 받아들이지 않고 乙은 받아들인다.

① ㄱ ② ㄴ ③ ㄱ, ㄷ
④ ㄴ, ㄷ ⑤ ㄱ, ㄴ, ㄷ

60

다음으로부터 추론한 것으로 옳은 것만을 〈보기〉에서 있는 대로 고른 것은?

P회사에 근무하던 甲은 상습절도를 한 혐의로 수사를 받게 되었다. 甲은 혐의를 완강하게 부인하였고 명확한 증거는 없었다. 불구속수사가 원칙임에도 불구하고 검사는 甲의 혐의를 인정하고 구속기소하였다. 그러자 P회사는 이를 이유로 甲을 해고하였다. 이에 P회사의 직원들은 甲의 구속기소와 해고를 둘러싸고 논쟁을 하게 되었다.

乙: 평소에 甲의 행동이 수상하다고 생각했어. 우리 급여 수준에 비해 씀씀이가 지나치게 컸어. 우리 물건이 없어질 수도 있었는데 회사의 적절한 대응이었다고 생각해.
丙: 법에는 "누구든지 유죄의 판결이 확정될 때까지는 무죄로 추정된다"는 원칙이 있다고 들었어. 甲이 절도를 했다는 명확한 증거가 없는 상태에서 구속기소까지 한 것은 무죄추정의 원칙에 위배돼.
丁: 무죄추정의 원칙은 재판 과정에서 검사가 피고인의 유죄를 증명하지 못하는 한 피고인을 처벌할 수 없다는 의미일 뿐이고 다른 의미는 없어. 그러니까 수사 과정에서 유죄가 의심되면 구속기소해도 무방해.
乙: 무죄추정의 원칙은 수사 절차에서 재판 절차에 이르기까지 형사 절차의 전 과정에서 구속 등 어떠한 형사 절차상 불이익도 입지 않아야 한다는 것만을 말해. 회사에서 직원을 해고하는 것은 무죄추정의 원칙과 상관없어.
丙: 무죄추정의 원칙은 이를 실현하는 구체적인 규정이 있을 때 오직 그 경우에만 인정되는 거야. 형사 절차와 관련해서는 무죄추정에 관한 구체적인 규정이 있지만, 회사의 해고와 관련해서는 규정이 없어.

〈보기〉
ㄱ. 丙은 甲의 해고가 무죄추정의 원칙에 위배되는지 여부에 대하여 乙과 결론을 같이한다.
ㄴ. 丁은 수사기관이 수사를 행하면서 알게 된 피의 사실을 재판 전에 공개하여 마치 유죄인 것처럼 여론을 형성하는 것이 무죄추정의 원칙에 위배되지 않는다고 주장할 것이다.
ㄷ. 상습절도의 재판에서 절도하지 않았음을 스스로 증명하지 못하는 피고인은 처벌을 받도록 하는 특별법이 무죄추정의 원칙에 위배된다는 주장에 대해 乙과 丁은 입장을 달리한다.

① ㄱ ② ㄷ ③ ㄱ, ㄴ
④ ㄴ, ㄷ ⑤ ㄱ, ㄴ, ㄷ

61

다음으로부터 〈사례〉를 판단한 것으로 옳은 것만을 〈보기〉에서 있는 대로 고른 것은?

X국은 출산과 관련된 산모의 비밀 유지를 보장하고 신생아의 생명과 신체의 안전을 보장하기 위하여 익명출산제를 시행하기로 하였다. 이에 따라 의료기관의 적극적인 협조를 포함하는 다음의 〈규정〉이 제정되었다.

〈규정〉
제1조 ① 익명출산을 하고자 하는 자(이하 신청자라 한다)로부터 익명출산 신청을 받은 의료기관은 의료기록부에 신청자의 이름을 가명으로 기재한다.
② 신청자는 자녀가 출생한 때로부터 7일 내에 다음 사항을 포함하는 신상정보서를 작성하여 출산한 의료기관에 제출한다.
　　(1) 자녀의 이름을 정한 경우 그 이름, 성별, 출생 일시, 출생 장소 등 자녀에 관한 사항
　　(2) 신청자의 이름 및 주소, 익명출산을 하게 된 사정 등 자녀의 부모에 관한 사항
제2조 신청자는 신상정보서를 작성한 때로부터 2개월이 경과한 때 자녀에 관한 모든 권리를 상실한다.
제3조 국가심의회는 성년에 이른 자녀(자녀가 사망한 경우에는 성년에 이른 그의 직계 후손)의 청구가 있으면 제1조 ②의 신상정보서의 사항을 열람하게 한다.
제4조 제3조에도 불구하고 제1조 ② (2)의 사항은 신청자의 동의를 받은 때에만 열람하게 한다. 그러나 신청자가 신상정보서 작성 시 자신이 사망한 이후에 이를 공개하는 것에 대하여 명시적으로 반대하지 않으면, 신청자가 사망한 이후에는 청구에 따라 언제든지 열람할 수 있게 한다.

〈사례〉
X국에 살고 있는 甲(여)은 乙(남)과의 사이에 丙을 임신하였고, 甲은 익명출산을 신청하였다.

〈보기〉
ㄱ. 甲과 乙이 혼인관계에 있다면, 乙이 甲의 출산 사실 및 丙에 대한 신상정보의 열람을 청구한 경우, 국가심의회는 甲의 동의를 받아 열람을 허용한다.
ㄴ. 성인이 된 丙이 신상정보서상 자신의 혈연에 관한 정보, 출생 당시의 정황에 관한 정보의 공개를 청구한 경우, 甲의 사망 사실이 확인되는 이상 국가심의회는 해당 정보를 열람할 수 있게 허용하여야 한다.
ㄷ. 丙이 사망한 후 그의 딸 丁(23세)이, 丙이 출생할 당시 甲이 丙에게 지어 준 이름, 丙의 출생 일시, 출생 장소에 관한 정보의 열람을 청구한 경우, 국가심의회는 甲의 명시적인 반대의 의사에도 불구하고 해당 정보를 열람하게 할 수 있다.

① ㄱ
② ㄷ
③ ㄱ, ㄴ
④ ㄴ, ㄷ
⑤ ㄱ, ㄴ, ㄷ

62

다음으로부터 〈사례〉를 판단한 것으로 옳지 않은 것은?

X국의 법에 의하면, 누구나 유언을 통하여 한 사람 또는 여러 사람의 상속인을 지정할 수 있다. 그리고 임의로 각 상속분도 정할 수 있다. 상속인을 지정하는 유언이 없는 경우에는 일정한 범위의 혈연관계 내지 가족관계에 있는 자들이 상속인 지위를 얻어 상속재산을 취득하는데, 자녀, 손자 같은 직계비속 및 배우자가 1순위 상속인이고, 부모, 조부모와 같은 직계존속이 2순위 상속인이며, 형제, 자매 같은 방계의 친족이 3순위를 이룬다. 선순위의 상속인이 상속을 받으면 후순위의 상속인은 상속을 받을 수 없다. 같은 순위의 공동상속인 사이의 상속분은 균등하다.

혈연관계 내지 가족관계에 있지 않은 사람도 유언을 통하여 상속인으로 지정될 수 있고, 직계존비속을 포함한 친족을 상속인으로 지정하지 않는 유언도 유효하다. 그렇지만 친족이면서도 상속인으로 지정되지 않아 상속에서 배제된 자가 사정에 따라서는 유언한 자의 사후에 경제적으로 매우 곤궁한 상태에 처하게 될 우려도 있다. 이와 같은 경우에 X국에서는 법이 정하고 있는 상속 순위에 있는 자 중 상속에서 배제된 자에 한하여 그 유언이 윤리에 반한다고 주장하면서 해당 유언의 무효를 선언해 줄 것을 요구하는 소(이하 반윤리의 소라 한다)를 제기할 수 있다. 판사가 유언의 반윤리성 여부를 심사할 때에는 그 상속 사안에서 상속 순위에 있는 친족들에게 존재하는 사정만을 판단의 근거로 삼을 수 있다. 유언의 반윤리성이 인정되어 유언이 효력을 잃으면 유언이 없는 것과 같은 상태가 된다.

〈사례〉
X국에 사는 甲에게는 혈연관계 내지 가족관계에 있는 사람으로는 자녀 乙과 동생 丙만 있고, 평소 친하게 지내는 친구 丁이 있다.

① 甲이 유언으로 丙과 丁만을 상속인으로 지정하였다면, 이때 乙이 반윤리의 소를 제기하여 승소하지 않는 한 乙은 상속에서 배제된다.
② 甲은 유언으로 乙과 丁만을 상속인으로 지정하면서 상속분을 균등하게 정할 수 있다.
③ 甲이 유언으로 丁을 유일한 상속인으로 지정하였고 이에 대해 乙이 반윤리의 소를 제기한 경우, 판사는 丁이 甲의 생전에 甲을 부양해 왔다는 丁의 주장을 반윤리성 판단의 근거로 삼을 수 없다.
④ 甲이 유언으로 乙과 丁만을 상속인으로 지정하면서 丁에게 더 많은 상속분을 정한 경우, 乙은 반윤리의 소를 제기할 수 있다.
⑤ 甲이 유언으로 丁을 유일한 상속인으로 지정한 경우, 丙이 제기한 반윤리의 소에 대하여 승소 판결이 내려지면 乙이 단독으로 상속재산을 취득한다.

63

2020학년도 LEET 문10

다음으로부터 추론한 것으로 옳은 것만을 〈보기〉에서 있는 대로 고른 것은?

인터넷이나 모바일 등에서 거래를 중개하는 사업 모델 중 포털사이트나 가격비교사이트는 판매 정보를 제공하고 판매자의 사이트로 연결하는 통로의 역할만 한다. 이에 비해 오픈마켓 형태의 모델은 사이버몰을 열어 놓고 다수의 판매자가 그 사이버 공간에서 물건을 판매하도록 한다. 후자의 모델은 중개자가 거래 공간을 제공할 뿐만 아니라 계약 체결이나 대금 결제의 일부에 참여하기도 하여 소비자가 중개자를 거래 당사자로 오인할 가능성이 크다. 이러한 판매 중개와 관련하여 X국의 법률은 다음과 같이 규정하고 있다.

(1) '사이버몰판매'란 판매자가 소비자와 직접 대면하지 않고 사이버몰(컴퓨터, 모바일을 이용하여 재화를 거래할 수 있도록 설정된 가상의 영업장을 말한다)을 이용하고 계좌이체 등을 이용하는 방법으로 소비자의 청약을 받아 재화를 판매하는 것이다.

(2) '사이버몰판매중개'란 사이버몰의 이용을 허락하거나 중개자 자신의 명의로 사이버몰판매를 위한 광고수단을 제공하거나 청약의 접수 등 사이버몰판매의 일부를 수행하는 방법으로 거래 당사자 간의 사이버몰판매를 알선하는 행위이다.

(3) 사이버몰판매중개자는 사이버몰 웹페이지의 첫 화면에 자신이 사이버몰판매의 당사자가 아니라는 사실을 고지하면 판매자가 판매하는 상품에 관한 손해배상책임을 지지 않는다. 다만, 사이버몰판매중개자가 청약의 접수를 받거나 상품의 대금을 지급받는 경우 사이버몰판매자가 거래상 의무를 이행하지 않을 때에는 이를 대신하여 이행해야 한다.

〈보기〉

ㄱ. P는 인터넷에서 주문을 받아 배달하는 전문 업체로서, 유명 식당에 P의 직원이 직접 가서 주문자 대신 특정 메뉴를 주문하고 결제하여 주문자가 원하는 곳으로 배달까지 해 주는 서비스를 제공한다. 이 경우 P는 사이버몰판매중개자가 아니다.

ㄴ. Q는 모바일 어플리케이션을 이용하여 원룸과 오피스텔의 임대차를 전문적으로 중개하는 사업자이다. 이 경우 Q는 사이버몰판매중개자이다.

ㄷ. R은 인터넷에서 테마파크의 할인쿠폰을 판매하는 업체이다. R은 인터넷 쇼핑몰 웹페이지에 자신이 사이버몰판매의 당사자가 아니라고 고지한 경우 상품에 관한 손해배상책임에서 면제된다.

① ㄱ ② ㄷ ③ ㄱ, ㄴ
④ ㄴ, ㄷ ⑤ ㄱ, ㄴ, ㄷ

64

2020학년도 LEET 문11

다음으로부터 추론한 것으로 옳은 것만을 〈보기〉에서 있는 대로 고른 것은?

여러 상품들을 취급하는 기업의 입장에서는 각 상품을 개별 단위로 판매하기보다 여러 조합으로 묶어서 판매하는 것이 비용 절감이나 시장 공략 측면에서 효과적인 전략일 수 있다. 휴대전화+집전화+초고속인터넷+IPTV 등 여러 상품을 묶어서 판매하는 경우가 자주 등장하는 이유도 그 때문이다. 예컨대 상품 A와 상품 B의 묶음상품 판매 방식은 다음 세 가지로 나눌 수 있다.

판매 방식 1: A와 B를 묶어서 가격을 할인하여 판매하고 개별 상품은 별도로 판매하지 않는 방식

판매 방식 2: A와 B를 묶거나 개별적으로 판매하는 방식. 다만 묶어서 판매하는 경우 가격을 할인

판매 방식 3: A를 구입하려면 B도 반드시 구입해야 하는 방식. 다만 B만 구입하는 것은 가능

하지만 이와 같이 상품을 묶어서 판매하는 것은 소비자의 선택권을 제한하거나 다른 기업에 불리한 경쟁 환경을 조성하는 결과를 초래할 수 있기 때문에 법적 규제의 대상이 된다. 다만 묶어서 판매하는 방식에 가격 할인이 뒤따르는 경우에는 그로 인해 기대되는 소비자의 경제상 이익이나 가격 경쟁 촉진 효과 등을 종합적으로 고려하여 법 위반 여부를 결정하게 된다. 형식적으로는 소비자에게 선택권을 주고 있으나 개별 상품 가격의 총합이 묶음상품의 가격에 비해 현저히 높아서 소비자들이 개별 구매할 가능성이 낮은 경우나 가격 할인이 과도해서 효율적인 경쟁자를 배제하는 경우는 규제 대상에 포함된다.

〈보기〉

ㄱ. A, B를 개별적으로 모두 구매하려는 소비자는 판매 방식 2를 판매 방식 3보다 선호한다.

ㄴ. 소비자의 선택권을 선택지의 개수로만 판단하면 판매 방식 3이 선택권을 가장 크게 제한한다.

ㄷ. 두 상품을 묶어서 판매하는 가격이 단일 상품만 취급하는 기업의 단일 상품 가격보다도 낮은 경우에는 규제 대상에 포함될 수 있다.

① ㄱ ② ㄴ ③ ㄱ, ㄷ
④ ㄴ, ㄷ ⑤ ㄱ, ㄴ, ㄷ

65

규칙을 제정할 때는 항상 그 규칙을 정당화하는 목적이 있어야 한다. 그런데 규칙의 적용이 그 목적의 관점에서 정당화되지 않는 경우들이 존재한다. 규칙이 그 목적의 관점에서 볼 때 어떤 사례를 포함하지 않아도 되는데도 포함하는 경우 이 사례를 '과다포함'한다고 하고, 어떤 사례를 포함해야 하는데도 포함하지 않는 경우 이 사례를 '과소포함'한다고 한다. 예를 들어 '시속 80km 초과 금지'라는 규칙이 있다고 하면, 그 목적은 '운전의 안전성 확보'가 된다. 하지만 운전자들이 시속 80km 초과의 속도로 운전하지 않아야 안전하다는 것이 대부분의 경우 사실이라 하더라도, 시속 80km 초과로 달려도 안전한 경우가 있다. 이때 이 규칙은 시속 80km 초과로 달려도 안전한 사례를 '과다포함'한다고 한다. 반면 '시속 80km 초과 금지'라는 규칙은 안개가 심한 날 위험한데도 시속 80km로 달리는 차량을 금지하지 않게 되어 그 목적을 달성하지 못할 수 있다. 이 경우 규칙이 해당 사례를 '과소포함'한다고 한다.

〈사례〉
X동물원에서는 동물원 내 차량 진입 금지 규칙의 도입을 검토하고 있다. 이 규칙의 목적은 ㉠ 동물원 이용자의 안전 확보, ㉡ 차량으로 인한 동물원 내의 불필요한 소음 방지의 두 가지이다. 도입될 규칙의 후보로 다음의 세 가지가 제시되었다.
규칙 1: 동물원 내에는 어떠한 경우에도 차량이 진입할 수 없다.
규칙 2: 동물원 내에는 동물원에 의해 사전 허가를 받은 차량 외에 다른 차량은 진입할 수 없다.
규칙 3: 동물원 내에는 긴급사태로 인해 소방차, 구급차가 진입하는 경우 외에 다른 차량은 진입할 수 없다.

〈보기〉
ㄱ. 목적 ㉠의 관점에서 본다면, 규칙 1은 '동물원 내 무단 진입한 차량이 질주하여 이용자의 안전을 위협하자 이를 막기 위해 경찰차가 사전 허가 없이 진입하는 경우'를 '과다포함'한다.
ㄴ. 목적 ㉡의 관점에서 본다면, 규칙 2는 '불필요한 소음을 발생시키는 핫도그 판매 차량이 사전 허가를 받아 동물원에 진입하는 경우'를 '과소포함'한다.
ㄷ. 목적 ㉠, ㉡ 모두의 관점에서 본다면, 규칙 3은 '불필요한 소음을 발생시키지 않는 구급차가 동물원 이용자를 구조하기 위해 동물원 내로 진입하는 경우'를 '과다포함'하지도 않고 '과소포함'하지도 않는다.

① ㄱ ② ㄴ ③ ㄱ, ㄷ
④ ㄴ, ㄷ ⑤ ㄱ, ㄴ, ㄷ

66

〈규정〉을 〈사례〉에 적용한 것으로 옳지 <u>않은</u> 것은?

〈규정〉
제1조 ① 유실물(가축을 포함한다)의 습득자는 유실물을 신속하게 소유자에게 반환하거나 습득한 날부터 7일 이내에 경찰서에 신고 및 제출하여야 한다.
② 유실물이 경찰서에 신고 및 제출된 경우 경찰서장은 유실물을 소유자에게 반환하여야 한다. 다만 소유자를 알 수 없을 때는 유실물이 신고 및 제출된 날부터 3일 이내에 신문에 공고하여야 한다.
③ 경찰서에 제출된 유실물은 경찰서장이 보관하여야 하나, 경찰서장은 제출된 날부터 3개월 이내의 기간을 정하여 적당한 자로 하여금 유실물을 보관하도록 명할 수 있다. 다만 이 조에 따른 의무를 위반한 자를 제외한다.
제2조 ① 유실물 공고 후 3개월이 경과하도록 소유자가 권리를 주장하지 않으면 습득자는 유실물의 소유권을 취득한다.
② 소유자는 자신의 권리를 포기할 수 있다. 이 경우 제1항에도 불구하고 습득자가 유실물을 습득한 때에 그 소유권을 취득한 것으로 본다.
제3조 습득자 및 보관자는 소유자(제2조에 의해 소유권을 상실한 자는 포함하고 이를 취득한 자는 제외한다)에게 유실물의 제출·교부 및 가치보존에 소요된 비용을 청구할 수 있다. 다만 제2조가 적용되는 경우의 습득자는 이를 청구할 수 없다.

〈사례〉
2020. 1. 13. 갑은 자기 소유의 염소 A를 팔러 시장에 가던 중에 A가 달아나자 뒤쫓다가 놓쳤다. 2020. 1. 14. 을은 길에서 다리에 상처를 입은 A를 발견하고 집으로 데려가 먹이를 주고 상처를 치료해 주었다. 2020. 1. 23. 을은 경찰서에 A의 습득사실을 알리고 A를 제출하였다. 경찰서장은 2020. 1. 24. 지역신문에 A의 발견 및 보관 사실을 공고하였다.

① 경찰서장은 을에게 A를 보관하도록 명할 수 없다.
② 갑이 2020. 4. 14. 경찰서장에게 A의 반환을 요구한다면 A를 데려올 수 있다.
③ 갑이 2020. 4. 14. 경찰서장에게 A에 대한 포기 의사를 밝혔다면 A는 2020. 1. 14.부터 을의 소유가 된다.
④ 갑이 2020. 4. 30. 경찰서장에게 A의 반환을 요구한다면 을은 갑에게 A의 상처 치료에 소요된 비용을 청구할 수 있다.
⑤ 갑이 2020. 4. 14. 경찰서장에게 A에 대한 포기 의사를 밝혔다면 경찰서장은 갑에게 A가 경찰서에 보관되어 있는 동안 소비한 사료에 대한 비용을 청구할 수 있다.

67

〈규정〉에 따라 X국 감독당국에 신고의무가 있는 경우만을 〈보기〉에서 있는 대로 고른 것은?

> X국은 X국 회사가 외국에서 증권을 발행하는 경우뿐만 아니라 외국 회사가 외국에서 증권을 발행하는 경우에도 다음 〈규정〉에 따라 X국 감독당국에 대한 신고의무를 부과하고 있다.
>
> 〈규정〉
> 제1조 X국 회사가 외국에서 증권을 발행하는 경우 X국 감독당국에 신고하여야 한다. 다만, 그 증권이 X국 거주자가 발행일부터 2년 이내에 그 증권을 취득하는 것을 허용하지 않는 때에는 그러하지 아니하다.
> 제2조 외국에서 증권을 발행하는 외국 회사가 X국 주식시장에 상장되어 있거나 X국 거주자의 주식보유비율이 20% 이상인 경우 제1조를 준용한다.
> 제3조 제2조의 외국 회사가 외국에서 외국 통화로 표시한 증권을 발행하는 경우 그 증권이 X국 거주자가 발행일부터 1년 이내에 그 증권을 취득하는 것을 허용하지 않는 때에는 제1조의 신고의무가 없다.

〈보기〉
ㄱ. X국 주식시장에 상장된 Y국 회사(X국 거주자의 주식보유비율 10%)가 '발행일로부터 2년이 경과하지 않으면 X국 거주자가 취득할 수 없다'는 조건이 포함된 증권(X국 통화로 표시)을 Y국에서 발행하는 경우
ㄴ. Y국 주식시장에 상장된 Z국 회사(X국 거주자의 주식보유비율 15%)가 '발행일로부터 1년이 경과하면 X국 거주자가 취득할 수 있다'는 조건이 포함된 증권(X국 통화로 표시)을 Y국에서 발행하는 경우
ㄷ. Y국 주식시장에 상장된 Z국 회사(X국 거주자의 주식보유비율 20%)가 '발행일로부터 6개월이 경과하면 X국 거주자가 취득할 수 있다'는 조건이 포함된 증권(Z국 통화로 표시)을 Y국에서 발행하는 경우

① ㄱ　　② ㄷ　　③ ㄱ, ㄴ
④ ㄴ, ㄷ　　⑤ ㄱ, ㄴ, ㄷ

68

다음으로부터 추론한 것으로 옳은 것만을 〈보기〉에서 있는 대로 고른 것은?

> X국은 소셜 네트워크상 명예훼손, 혐오표현 등이 포함된 위법 콘텐츠의 무분별한 확산에 대응하기 위해 소셜 네트워크 사업자의 의무와 책임을 규정하는 법을 제정하였다.
>
> 제1조 ① 이 법은 등록기준지가 국내인 소셜 네트워크 사업자('국내 사업자')에 적용된다. 다만 등록기준지가 국외인 사업자('국외 사업자')로서 국내 등록이용자 수가 100만 명 이상인 경우에는 적용 대상이 된다.
> ② 제1항의 적용 대상 중 국내 등록이용자 수가 150만 명 이하인 플랫폼을 운영하는 국내 사업자는 제2조제2항의 의무를 면한다.
> ③ 제1항의 적용 대상 중 국내 등록이용자 수가 200만 명 이하인 플랫폼을 운영하는 국내 사업자 및 국외 사업자는 제2조제3항의 의무를 면한다.
> 제2조 ① 사업자는 이용자가 위법 콘텐츠 신고를 할 수 있도록 자신의 플랫폼에 알기 쉽고 투명한 절차를 제공하여야 한다.
> ② 사업자는 위 신고가 있는 경우 지체 없이 위법 여부를 심사하여야 하며 위법 콘텐츠에 해당하는 경우 신고일부터 7일 이내에 이를 삭제하여야 한다.
> ③ 사업자는 신고자 및 콘텐츠 제공자에게 위 심사 결과와 이유를 통지하여야 한다.
> 제3조 국외 사업자는 국내에 송달대리인을 임명하고 플랫폼에 이를 공시해야 한다.
> 제4조 이 법을 위반한 행위에 대해 최대 50억 원 이하의 과태료를 부과한다. 다만 제3조 위반에만 해당하는 경우 과태료는 5억 원 이하로 한다.

〈보기〉
ㄱ. X국 내 등록이용자 수가 120만 명인 플랫폼을 운영하는 국외 사업자가 위법 콘텐츠 신고에 대한 심사 결과를 통지하지 않고 X국 내 송달대리인의 정보를 공시하지 않은 경우 5억 원을 한도로 과태료가 부과된다.
ㄴ. X국 내 등록이용자 수가 150만 명인 플랫폼을 운영하는 국내 사업자가 위법 콘텐츠 신고가 있었음에도 심사를 게을리하고 심사 결과도 통지하지 않은 경우 최대 50억 원 이하의 과태료가 부과된다.
ㄷ. X국 내 등록이용자 수가 180만 명인 플랫폼을 운영하는 국외 사업자는 위법 콘텐츠 신고에 대한 심사 결과 위법 콘텐츠에 해당하지 않는다고 결론을 내린 경우 해당 콘텐츠 제공자에게 심사 결과를 통지하여야 한다.

① ㄱ　　② ㄷ　　③ ㄱ, ㄴ
④ ㄴ, ㄷ　　⑤ ㄱ, ㄴ, ㄷ

69

〈규정〉을 〈사례〉에 적용한 것으로 옳은 것만을 〈보기〉에서 있는 대로 고른 것은?

〈규정〉
제1조 상속인은 상속재산 한도에서 사망자의 빚을 갚는 것을 조건으로 상속('조건부 상속')할 수 있다.
제2조 상속인은 금전이 아닌 상속재산을 현금화하는 경우 법원의 허가를 얻어 경매하여야 한다. 여러 재산을 경매한 경우, 상속인은 각 재산으로부터 생긴 금전을 섞이지 않게 분리해 두어야 한다.
제3조 ① 사망자의 특정 재산에 대해 우선적으로 채권을 회수할 권리를 가진 채권자('우선권 있는 채권자')가 있는 경우, 상속인은 그 재산이 현금화된 때에는 다른 채권자보다 우선권 있는 채권자에게 먼저 빚을 갚아야 한다. 우선권 있는 채권자의 채권회수 후에 남은 재산이 있으면 제2항에 의한다.
② 상속인은 사망자의 특정 재산에 대해 우선권 있는 채권자가 없는 경우, 그 재산이 현금화된 때에는 빚을 갚아야 할 시기의 선후, 청구의 순서, 빚의 크기 등에 관계없이 자신의 의사에 따라 자유롭게 빚을 갚을 수 있다.
③ 특정 재산에 대해 우선권 있는 채권자가 그 재산으로부터 회수하지 못한 채권은 우선권 없는 채권으로 남는다.
제4조 제3조에 의하여 빚을 갚고 남은 상속재산이 없으면, 상속인은 더 이상 사망자의 빚을 갚을 책임이 없다.

〈사례〉
갑이 사망하면서 유일한 상속인 을에게 집 한 채와 자동차 한 대, 그리고 1억 7천만 원의 빚을 남겼고, 을은 조건부 상속을 하였다. 집에 대해서는 갑에게 7천만 원의 채권이 있던 병이 우선권을 가지고 있고, 자동차에는 누구도 우선권이 없다. 정과 무도 갑에게 5천만 원씩의 채권을 가지고 있었다.

〈보기〉
ㄱ. 집만 1억 원에 경매된 경우, 을은 병에게 7천만 원을 갚고, 나머지는 정과 무 중 빚을 갚을 것을 먼저 요구한 자에게 지급하여야 한다.
ㄴ. 집과 자동차가 동시에 각각 5천만 원, 2천만 원에 경매되고, 병, 정, 무가 동시에 지급을 요구한 경우, 을은 병에게 7천만 원 전부를 지급할 수 있다.
ㄷ. 집과 자동차가 동시에 각각 1억 원, 2천만 원에 경매되고, 병, 정, 무가 동시에 지급을 요구한 경우, 을이 병에게 7천만 원, 무에게 5천만 원을 지급하면 정에게는 지급하지 않아도 된다.

① ㄱ   ② ㄷ   ③ ㄱ, ㄴ
④ ㄴ, ㄷ   ⑤ ㄱ, ㄴ, ㄷ

70

[규정]과 〈사례〉를 근거로 판단할 때 〈보기〉에서 [규정]을 준수한 것만을 있는 대로 고른 것은?

[규정]
제1조 ① '개인정보처리자'란 업무를 목적으로 개인정보를 처리하는 자를 말한다.
② '업무수탁자'란 개인정보처리자가 본래의 개인정보 수집·이용 목적과 관련된 업무를 위탁한 경우 위탁자의 이익을 위해 개인정보를 처리하는 자를 말한다.
③ '제3자'란 개인정보처리자와 업무수탁자를 제외한 모든 자를 말한다.
제2조 ① 개인정보처리자는 정보주체의 동의를 받은 경우에 한하여 개인정보를 수집할 수 있으며 그 수집 목적의 범위에서 이용할 수 있다.
② 전항의 개인정보처리자는 수집 목적 범위에서 개인정보를 제3자에게 제공(공유를 포함)할 수 있다. 다만 제공 후 1주일 이내에 제공사실을 정보주체에게 알려야 한다.
③ 개인정보처리자는 정보주체의 이익을 부당하게 침해할 우려가 없는 경우에 한하여 정보주체로부터 별도의 동의를 받아 개인정보를 수집 목적 이외의 용도로 이용하거나 이를 제3자에게 제공할 수 있다.
④ 개인정보처리자는 개인정보 처리업무를 위탁하는 경우에 위탁 후 위탁사실을 정보주체에게 알려야 하고, 정보주체가 확인할 수 있도록 공개하여야 한다.

〈사례〉
숙박예약 전문사이트를 운영하는 P사는 숙박예약 및 이벤트 행사를 위한 목적으로 회원가입시 이용자의 동의를 받아 개인정보를 수집하였다.

〈보기〉
ㄱ. P사는 회원들로부터 별도의 동의 없이 숙박시설 운영자 Q에게 해당 숙박시설을 예약한 회원의 정보를 제공하고 즉시 그 회원에게 제공사실을 알려주었다.
ㄴ. P사는 여행사 S사와 사업제휴를 맺고 회원들로부터 별도의 동의 없이 S사가 S사의 여행상품을 홍보할 수 있도록 회원정보를 공유하였다.
ㄷ. P사는 항공권 경품이벤트를 알리기 위해 홍보업체 R사와 이벤트안내 메일발송업무에 관한 위탁계약을 체결하고 회원정보를 R사에게 제공한 후, 10일이 경과한 후에 제공사실을 회원들에게 알리고 공개하였다.
ㄹ. P사는 인터넷 불법도박사이트 운영업체 T사가 불법도박을 홍보할 수 있도록, 회원들로부터 별도의 동의를 받아 T사에게 회원정보를 유료로 제공하였다.

① ㄱ, ㄷ   ② ㄱ, ㄹ   ③ ㄴ, ㄹ
④ ㄱ, ㄴ, ㄷ   ⑤ ㄴ, ㄷ, ㄹ

71

2022학년도 LEET 문9

[규정]에 따라 〈사례〉를 판단한 것으로 옳은 것만을 〈보기〉에서 있는 대로 고른 것은?

[규정]
제1조 ① 타인의 동의를 얻어 그의 물건을 원재료로 사용하여 새로운 물건을 제작한 경우 새로운 물건은 원재료 소유자가 소유한다.
② 제1항에도 불구하고 새로운 물건의 가격이 원재료 가액을 초과한 경우에는 새로운 물건을 제작한 자가 소유한다. 이 경우 원재료 소유자는 새로운 물건을 제작한 자에게 원재료 가액의 지급을 청구할 수 있다.
③ 제2항에서 제작행위를 한 자가 여럿이면 그 제작행위를 한 자가 새로운 물건을 공동으로 소유한다.
제2조 타인의 동의 없이 그의 물건을 원재료로 사용하여 새로운 물건을 제작한 경우 원재료 소유자는 다음의 권리를 가진다.
 1. 새로운 물건의 가격이 원재료 가액을 초과한 경우에는 새로운 물건을 소유한다.
 2. 새로운 물건의 가격이 원재료 가액과 동일하거나 미달하는 경우에는 우선 새로운 물건을 제작한 자에게 원재료 가액의 지급을 청구하여야 하고, 새로운 물건을 제작한 자가 이를 지급하지 않는 경우에 한하여 새로운 물건을 소유한다.
제3조 제1조 및 제2조에도 불구하고 새로운 물건을 쉽게 원재료로 환원할 수 있고 원재료 소유자가 이를 원할 경우에는 새로운 물건을 제작한 자는 원재료 소유자에게 원상대로 원재료를 반환하여야 한다.

〈사례〉
가죽 유통업자 갑은 장당 50만 원인 소가죽 50장을 소유·보관하고 있다. 구두장인 을은 갑의 소가죽 3장을 가져가 한 장은 손쉽게 제거 가능한 광택을 넣어 가격이 50만 원인 ㉠ 광택 나는 새로운 소가죽을 제작하였고, 다른 한 장으로는 ㉡ 구두를 제작하는 한편, 나머지 한 장은 소파제작자 병에게 보내 소파를 제작하게 하였다. 병은 이를 재단하여 100만 원인 ㉢ 소파를 제작하였는데, 소파 제작에 사용된 목재는 병이 50만 원에 구입한 것이다.

〈보기〉
ㄱ. 을이 갑의 사용동의 없이 소가죽을 가져가 ㉠을 제작한 경우, 갑은 을에게 원상대로 소가죽을 반환할 것을 청구할 수 있다.
ㄴ. ㉡이 30만 원이고 소가죽에 대한 갑의 사용동의가 없는 경우, ㉡은 갑의 소유이다.
ㄷ. ㉢을 제작하는 데 있어서 만약 소가죽에 대한 갑의 사용동의가 있다면 ㉢의 소유자는 을이 되지만, 만약 갑의 사용동의가 없다면 ㉢은 갑의 소유가 된다.

① ㄱ
② ㄷ
③ ㄱ, ㄴ
④ ㄴ, ㄷ
⑤ ㄱ, ㄴ, ㄷ

72

2022학년도 LEET 문10

입법안 〈1안〉, 〈2안〉, 〈3안〉에 대한 분석으로 옳지 않은 것은?

〈1안〉
① 성적 의도로 다른 사람의 신체를 그 의사에 반하여 촬영한 자는 4년 이하의 징역에 처한다.
② 제1항에 따른 촬영물 또는 그 복제물을 유포한 자는 6년 이하의 징역에 처한다.
③ 영리를 목적으로 제1항의 촬영물 또는 그 복제물을 정보통신망을 이용하여 유포한 자는 10년 이하의 징역에 처한다.

〈2안〉
① 성적 의도로 다른 사람의 신체를 그 의사에 반하여 촬영하거나 그 촬영물 또는 그 복제물을 유포한 자는 5년 이하의 징역에 처한다.
② 제1항의 촬영이 촬영 당시에는 촬영대상자의 의사에 반하지 아니한 경우에도 촬영 후에 그 의사에 반하여 촬영물 또는 그 복제물을 유포한 자는 3년 이하의 징역에 처한다.
③ 영리를 목적으로 제1항 또는 제2항의 촬영물 또는 그 복제물을 정보통신망을 이용하여 유포한 자는 7년 이하의 징역에 처한다.

〈3안〉
① 성적 의도로 사람의 신체를 촬영대상자의 의사에 반하여 촬영한 자는 5년 이하의 징역에 처한다.
② 제1항에 따른 촬영물 또는 그 복제물을 유포한 자는 7년 이하의 징역에 처한다. 제1항의 촬영이 촬영 당시에는 촬영대상자의 의사에 반하지 아니한 경우에도 그 촬영물 또는 그 복제물을 촬영대상자의 의사에 반하여 유포한 자는 7년 이하의 징역에 처한다.
③ 영리를 목적으로 정보통신망을 이용하여 제2항의 죄를 범한 자는 8년 이하의 징역에 처한다.
④ 제1항 또는 제2항의 촬영물 또는 그 복제물을 소지·구입·저장 또는 시청한 자는 1년 이하의 징역에 처한다.

※ 유포: 1인 이상의 타인에게 반포·판매·임대·제공하거나 타인이 볼 수 있는 방법으로 전시·상영하는 행위를 포함하여 촬영물이나 그 복제물을 퍼뜨리는 행위

① 〈1안〉과 〈3안〉은 성적 의도로 타인의 신체를 그의 의사에 반하여 촬영하는 행위보다 그 촬영물을 유포하는 행위가 더 중한 범죄인 것으로 보고 있다.
② 성적 의도로 타인의 신체를 그의 의사에 반하여 촬영한 동영상을 인터넷에서 다운로드 받아 개인 PC에 저장하는 행위는 〈3안〉에서만 처벌대상이다.
③ 성적 의도로 촬영대상자의 허락을 받아 촬영한 나체사진을 그의 의사에 반하여 다른 사람에게 이메일로 전송하는 행위는 〈2안〉과 〈3안〉에서만 처벌대상이다.
④ 〈3안〉에 의하면 촬영자가 성적 의도로 촬영자 자신의 나체를 촬영하여 SNS로 보내온 사진을 그 촬영자의 의사에 반하여 다른 사람들에게 SNS로 보낸 행위도 처벌대상이다.
⑤ 타인의 의사에 반하여 그의 신체를 성적 의도로 촬영한 사진을 한적한 도로변 가판대에서 유상 판매하는 행위에 대해 가장 중한 처벌을 규정한 입법안은 〈1안〉이다.

73. ③ ㄱ, ㄴ

74. ① ㄴ

75

다음으로부터 추론한 것으로 옳은 것만을 〈보기〉에서 있는 대로 고른 것은?

> X국은 지방정부의 공정한 업무 처리를 위하여 다음과 같이 감사청구제도 및 시민소송제도를 도입하였다.
>
> ○ 감사청구제도 개요
> 지방정부의 장의 업무 처리가 법률을 위반하거나 공익을 현저히 해친다고 인정되면 해당 지방의 18세 이상 시민은 해당 지방의 18세 이상 시민 100명 이상의 연대서명을 거쳐 행정부장관에게 감사를 청구할 수 있다. 감사 청구된 사항에 대하여 행정부장관은 감사를 한 후, 그 결과를 감사청구인과 해당 지방정부의 장에게 서면으로 알려야 한다. 행정부장관은 감사결과에 따라 필요한 경우 해당 지방정부의 장에게 필요한 조치를 요구할 수 있으며, 조치 요구를 받은 지방정부의 장은 이를 성실히 이행하고, 그 조치 결과를 해당 지방의회와 행정부장관에게 보고하여야 한다.
>
> ○ 시민소송제도 개요
> 지방정부의 장의 공금 지출에 관한 사항, 재산의 취득에 관한 사항 또는 지방세 부과·징수를 게을리한 사항에 대하여 감사청구를 한 시민은 그 감사청구의 결과에 따라 해당 지방정부의 장이 행정부장관의 조치 요구를 성실히 이행하지 아니한 경우, 그 감사 청구한 사항과 관련이 있는 위법한 행위나 업무를 게을리한 사실에 대하여 해당 지방정부의 장을 상대로 시민소송을 제기할 수 있다. 이 시민소송이 계속되는 중에 소송을 제기한 시민이 사망한 경우 소송의 절차는 중단되나, 시민소송 전에 이뤄진 감사청구의 연대서명자가 있는 경우 해당 연대서명자는 이 시민소송절차를 이어받을 수 있다.

〈보기〉

ㄱ. Y지방정부의 장이 Y지방정부의 재산 취득 시 법률을 위반하자, Y지방 시민 갑이 Y지방 시민 을 등의 연대 서명을 거친 후 단독으로 적법하게 감사청구를 하였고 행정부장관은 감사결과에 따른 조치 요구를 하였으나 Y지방정부의 장이 이를 이행하지 않았다. 이 경우 을은 Y지방정부의 장을 상대로 시민소송을 제기할 수 있다.

ㄴ. V지방의 시민 병이 V지방정부의 장의 공금 지출에 관한 사무처리가 공익을 현저히 해쳐 적법하게 감사청구를 하였고, 행정부장관은 감사결과에 따른 조치 요구를 하였으나 V지방정부의 장이 이를 이행하지 않았다. 이 경우 병은 V지방정부의 장을 상대로 공금 지출이 공익을 현저히 해쳤다는 이유로 시민소송을 제기할 수 있다.

ㄷ. W지방정부의 장이 지방세 부과를 게을리한 부분이 법률에 위반되어 W지방의 시민 정이 적법하게 감사청구를 하였고 감사결과에 따른 행정부장관의 조치 요구가 있었음에도 W지방정부의 장은 이를 이행하지 않았다. 이 경우 정은 감사 청구한 사항과 관련이 있는 위법한 행위에 대해서도 W지방정부의 장을 상대로 시민소송을 제기할 수 있다.

① ㄱ   ② ㄷ   ③ ㄱ, ㄴ
④ ㄴ, ㄷ   ⑤ ㄱ, ㄴ, ㄷ

76

갑, 을, 병이 언급한 모든 사항을 충족하는 A 조항의 내용으로 가장 적절한 것은?

> '알선'이란 어떤 사람과 그 상대방 간에 일정한 사항을 중개하여 편의를 도모하는 것을 의미한다. X국 「범죄법」 A 조항은 특정한 알선행위를 처벌하고 있다.
>
> 갑: 공무원 신분을 가지지 않은 사람도 학연, 지연 등 개인의 영향력을 이용하여 공무원의 직무에 영향을 미칠 수 있으므로, A 조항은 이러한 사람의 알선행위도 처벌한다.
>
> 을: 공무원의 직무집행에 대한 사회적 신뢰 보호가 중요하므로, A 조항은 실제로 알선행위를 하였는지와 상관없이 공무원의 직무에 관하여 알선 명목으로 자신의 이익을 추구하는 행위를 처벌한다.
>
> 병: 선의의 알선행위를 금지할 필요는 없으므로, A 조항은 자신의 이익을 취득하기 위한 공무원의 직무에 관한 알선행위를 금지한다. 이때 A 조항은 일정한 예방 효과를 거두기 위해서 알선에 관련하여 취득된 재산을 보유하지 못하도록 강제하고 있다.

① 공무원의 직무에 속한 사항의 알선에 관련하여 금품이나 이익을 받거나 받기로 약속한 사람은 5년 이하의 징역 또는 1천만 원 이하의 벌금에 처한다.

② 금품이나 이익을 받거나 받기로 약속하고 공무원의 직무에 속한 사항에 관하여 알선한 사람은 5년 이하의 징역에 처하고, 이로 인하여 취득한 재산은 몰수한다.

③ 공무원이 그 지위를 이용하여 다른 공무원의 직무에 속한 사항의 알선에 관련하여 금품이나 이익을 받거나 받기로 약속한 사람은 5년 이하의 징역 또는 1천만 원 이하의 벌금에 처한다.

④ 공무원의 직무에 속한 사항의 알선에 관련하여 금품이나 이익을 받거나 받기로 약속한 사람은 5년 이하의 징역 또는 1천만 원 이하의 벌금에 처하고, 이로 인하여 취득한 재산은 몰수한다.

⑤ 공무원의 직무에 속한 사항의 알선에 관련하여 금품이나 이익을 제공하거나 제공의 의사를 표시한 사람은 5년 이하의 징역 또는 7년 이하의 자격정지에 처하고, 이로 인하여 취득한 재산은 몰수한다.

77. ③ ㄱ, ㄷ

78. ④ ㄴ, ㄷ

79

2024학년도 LEET 문11

[규정]을 〈사례〉에 적용한 것으로 옳은 것만을 〈보기〉에서 있는 대로 고른 것은?

W국은 X주, Y주 등으로 구성된 연방국가이다. [규정]은 W국의 모든 주에 적용된다.

[규정]
제1조 당사자들 사이에 형성된 일정한 법률관계로 말미암아 분쟁이 발생하면 당사자들은 그 법률관계와 관련이 있는 주 법원에 그 분쟁에 관한 소송을 제기한다. 하나의 분쟁에 관한 소송은 하나의 주 법원에서만 소송절차를 개시할 수 있고, 같은 분쟁에 관하여 나중에 소송이 제기된 주 법원은 소송절차를 개시할 수 없다.
제2조 당사자들은 그들 사이에 형성된 일정한 법률관계로 말미암아 분쟁이 발생하면 그 분쟁에 관한 소송을 특정한 주 법원에만 제기하기로 하는 합의(이하 '전속관할합의')를 할 수 있다. 전속관할합의의 대상인 법률관계로 말미암은 소송이 당사자들이 합의하지 않은 주 법원에 제기되면 그 주 법원은 소송절차를 개시할 수 없다.
제3조 당사자들이 전속관할합의를 한 법원이 그 합의의 대상인 법률관계와 아무런 관련이 없는 경우 그 합의는 처음부터 무효인 것으로 본다. 그 법원이 있는 주에 당사자들의 영업소 소재지 또는 의무 이행지가 없다면 그 법원은 전속관할합의의 대상인 법률관계와 아무런 관련이 없는 것으로 본다. 이는 어느 주 법원에 소송이 제기되어 해당 전속관할합의의 유효 여부가 문제되는 시점을 기준으로 판단한다. 전속관할합의가 무효라면 당사자들이 합의한 주 법원은 소송절차를 개시할 수 없고, 그 법원에 처음부터 소송이 제기되지 않은 것으로 본다.
제4조 제3조는 2023. 1. 1.부터 시행한다. 제3조 시행 당시 어느 주 법원에서든 소송절차가 이미 개시된 분쟁에는 제3조를 적용하지 않는다.

〈사례〉
갑과 을의 영업소는 X주에만 있다. 2022. 10. 1. 갑과 을은 물품매매계약을 체결하면서, 갑의 물품인도의무와 을의 대금지급의무는 추후 갑의 영업소에서 동시에 이행하기로 하고, 그 계약으로 말미암은 소송은 Y주 법원에만 제기하기로 합의하였다. 이후 갑과 을 사이에 위 계약으로 말미암은 분쟁 P가 발생하였다.

〈보기〉
ㄱ. 2022. 12. 1. 갑이 을을 상대로 X주 법원에 P에 관한 소송을 제기하였다면, X주 법원은 소송절차를 개시할 수 없다.
ㄴ. 2022. 12. 1. 갑이 을을 상대로 Y주 법원에 P에 관한 소송을 제기하였고 2023. 1. 1. 을이 갑을 상대로 X주 법원에 P에 관한 소송을 제기하였다면, X주 법원은 소송절차를 개시할 수 없다.
ㄷ. 2023. 2. 1. 갑이 을을 상대로 Y주 법원에 P에 관한 소송을 제기하였고 2023. 3. 1. 을이 갑을 상대로 X주 법원에 P에 관한 소송을 제기하였다면, X주 법원은 소송절차를 개시할 수 없다.

① ㄴ ② ㄷ ③ ㄱ, ㄴ
④ ㄱ, ㄷ ⑤ ㄱ, ㄴ, ㄷ

80

2024학년도 LEET 문12

[규칙]을 〈사례〉에 적용한 것으로 옳은 것만을 〈보기〉에서 있는 대로 고른 것은?

과거 P집안은 같은 성(姓)을 사용하되 그 집안 소속 남성들의 이름을 [규칙]에 따라 지었다.

[규칙]
1. 같은 항렬에 있는 세대는 오행(五行), 즉 목(木), 화(火), 토(土), 금(金), 수(水) 중 하나를 부수(部首)로 하는 같은 한자를 사용하여 이름을 짓는다. 그 한자를 '돌림자'라고 한다. 돌림자의 부수는 목, 화, 토, 금, 수를 순서대로 반복하여 사용한다.
2. 이름을 두 글자로 짓는 경우 돌림자는 이름의 첫째 글자로든 둘째 글자로든 사용할 수 있으나, 같은 세대이면 한쪽으로 일치시킨다. 그리고 돌림자 아닌 글자로는 형제간이라면 같은 부수가 왼쪽에 붙은 한자를 사용한다. 그 부수를 '돌림변'이라고 하는데, 사촌간이라면 다른 돌림변을 사용한다.
3. 이름을 한 글자로 짓는 경우 같은 항렬에 있는 세대는 돌림자 대신에 돌림변을 사용한다. 그 세대에서 이름을 두 글자로 지었더라면 사용하였을 돌림자의 부수는 바로 다음 세대에서 사용한다.

〈사례〉
갑, 을, 병, 정, 무는 P집안 소속의 남성이다. 갑의 이름은 '일곤(一坤)'이다. 을과 병은 갑의 아들이다.

(상황 1) 정과 무는 을의 아들이다.
(상황 2) 정은 을의 아들이고 무는 병의 아들이다.

〈보기〉
ㄱ. 을과 병의 이름은 '인(仁)'과 '신(信)'일 수 없다.
ㄴ. (상황 1)이면 정과 무의 이름은 '종인(鍾仁)'과 '종근(鍾根)'일 수 없다.
ㄷ. (상황 2)이면 정과 무의 이름은 '근(根)'과 '식(植)'일 수 없다.

① ㄱ ② ㄴ ③ ㄱ, ㄷ
④ ㄴ, ㄷ ⑤ ㄱ, ㄴ, ㄷ

81

2025학년도 LEET 문3

다음으로부터 추론한 것으로 옳은 것만을 〈보기〉에서 있는 대로 고른 것은?

X국 정부는 담합 등 경쟁을 제한하는 위법한 행위를 규제한다. 위법성 여부는 시장 규모, 경쟁 정도, 규제를 통해 보호되는 법익, 담합을 규제하는 경우에 발생하는 역효과 등 모든 상황을 종합적으로 고려하여 판단한다. X국 정부는 담합에 대한 위법성 평가의 기준을 제시하면서, 시장 환경의 변화에 따라 서비스업에서 종전에 비하여 경쟁이 심해진 경우, 서비스의 질적 저하를 막기 위해 가격을 담합한 경우, 그리고 담합을 규제한 결과로 이용자가 부담하는 가격이 상승하여 이용자에게 더 불리하게 작용하는 경우 등은 위법성의 정도가 낮은 것으로 평가하겠다고 공표하였다.

변호사업과 같은 지식 서비스업에서 경쟁이 심화되면 서비스 이용가격은 계속 내려갈 수밖에 없다. 이러한 이유에서 X국 변호사들은 변호사회를 결성하여 ⊙ 의뢰인이 승소 여부와 관계없이 부담하는 최저수임료를 정하는 규정 및 ⓒ 의뢰인이 승소한 경우에는 성공보수를 지급하도록 하고 그 최저보수를 정하는 규정을 두었다. 그러자 ⊙과 ⓒ이 변호사들의 가격 담합에 해당한다는 고발이 증가하였다.

─────〈보기〉─────

ㄱ. ⊙의 최저수임료 이하로 수임료가 낮아지는 경우에 서비스의 질적 하락이 가격의 하락보다 더 큰 폭으로 발생한다면, X국 정부는 ⊙에 의한 담합은 위법성의 정도가 낮다고 평가할 것이다.

ㄴ. 변호사들의 성공보수약정 담합을 규제하는 경우 그 약정금액이 승소와 관계없이 의뢰인이 부담하는 수임료로 전부 전가된다면, X국 정부는 ⓒ에 의한 담합은 위법성의 정도가 낮다고 평가할 것이다.

ㄷ. X국 정부가 종전의 제도를 변경하여 변리사도 관련 업무에 대한 국내 소송사건을 수임할 수 있게 한다면, X국 정부는 ⊙과 ⓒ에 의한 담합은 모두 위법성의 정도가 낮다고 평가할 것이다.

① ㄱ　　② ㄷ　　③ ㄱ, ㄴ
④ ㄴ, ㄷ　　⑤ ㄱ, ㄴ, ㄷ

82

2025학년도 LEET 문4

[규칙]을 〈사례〉에 적용한 것으로 옳은 것은?

[규칙]

(1) 내란죄 또는 살인죄를 범한 죄인은 사형에 처하고 그 배우자는 유배한다.
(2) 강도죄를 범한 죄인은 유배형에 처하고 그 배우자가 자원하면 함께 유배한다.
(3) 사형에 처한 죄인은 사면이 선포되면 유배형에 처하고 그 배우자가 자원하면 함께 유배한다. 다만, 내란죄를 범한 죄인의 배우자는 자원하지 않더라도 죄인과 함께 유배한다.
(4) 죄인과 그 배우자를 함께 유배하는 경우에는 같은 곳에 유배한다.
(5) 유배지로 이송되던 죄인이 도망하더라도 함께 이송되던 배우자는 계속 이송한다.
(6) 유배형에 처한 죄인은 사면이 선포되면 석방한다. 그 죄인이 유배지로 이송되던 중이면 함께 이송되던 배우자도 석방한다. 다만, 유배지로 이송되던 중 도망한 죄인에 대하여 선포된 사면은 죄인과 그 배우자에게 효력이 없다.
(7) 사면이 선포되기 전에 유배지로 이송되던 중 도망한 죄인이 사면이 선포된 후에 사망한 것으로 확인되는 경우 자원하여 유배된 배우자는 석방한다.

〈사례〉

갑은 내란죄로 사형, 을과 병은 살인죄로 사형, 정과 무는 강도죄로 유배형에 각각 처해졌다. 갑, 을, 병에게 사형이 집행되기 전에 갑, 을, 병, 정, 무 모두에 대하여 사면이 선포되었다. 이후 병이 유배지로 이송되던 중 병에 대하여 추가로 사면이 선포되었다. 정과 무는 사면이 선포되기 전에 유배지로 이송되던 중 도망하였는데, 사면이 선포된 후 정은 체포되었고 무는 사망한 것으로 확인되었다.

① 갑의 배우자는 자원하지 않으면 갑과 함께 유배되지 않는다.
② 을의 배우자는 자원하지 않더라도 을과 같은 곳에 유배된다.
③ 병의 배우자는 병과 함께 유배지로 이송되던 중이었다면 석방된다.
④ 정의 배우자는 자원하여 정과 함께 유배되었다면 석방된다.
⑤ 무의 배우자는 무와 함께 유배되었더라도 석방되지 않는다.

83

〈주장〉에 대한 평가로 옳은 것만을 〈보기〉에서 있는 대로 고른 것은?

당사자의 자유로운 의사결정에 의해 체결된 계약을 통제하기 위해서는 정당화 사유가 있어야 한다. 그것이 정보비대칭으로 발생한 시장실패의 교정에 있다는 주장 A와 역학적 불균형으로부터의 보호에 있다는 주장 B가 존재한다.

〈주장〉
A: 정보비대칭은 계약체결시 계약의 체결과 내용에 의미가 있는 제반 사정이 당사자에게 불평등하게 분배되는 상황을 초래하여 시장실패를 발생시킨다. 시장실패가 불러온 제품의 질적 저하라는 위험은 계약당사자 중 정보의 열위에 있는 자가 모두 부담한다. 정보비대칭으로 인한 시장실패를 교정하기 위해 계약은 통제되어야 한다. 정보비대칭은 관련 정보를 상대방에게 제공하기만 하면 해소된다. 상대방이 알고 있는 정보나 시장에서 형성된 가격과 같은 정보는 이미 제공된 것으로 본다.
B: 계약은 강자의 손에서는 강력한 무기가 되고 약자의 손에서는 무딘 도구가 된다. 계약에서의 자기결정권은 당사자가 대등한 교섭력을 가지는 경우에만 보장된다. 당사자 일방은 미성년자이고 상대방은 성년자인 경우나 당사자 일방만이 국가인 경우처럼 역학적 불균형 상태에서 체결된 계약은 당사자 일방의 자기결정권만 보장하므로 통제되어야 한다.

〈보기〉
ㄱ. 성년자 갑이 자기 소유의 물건에 관한 모든 정보가 적힌 설명서를 대학을 졸업한 미성년자 을에게 교부한 후 을과 매매계약을 체결한 경우, 이 계약에 대한 통제는 A에 의해서는 정당화되지 않고 B에 의해서는 정당화된다.
ㄴ. 미성년자 병이 온라인 중개 플랫폼을 통해 일면식도 없는 성년자 정에게 자신이 소유한 자전거를 시장가격보다 훨씬 낮은 가격으로 매도한 경우, 이 계약에 대한 통제는 A에 의해서는 정당화되고 B에 의해서는 정당화되지 않는다.
ㄷ. 성년자 무와 국가 X가 어떤 토지에 관한 모든 정보를 알고 그 토지에 대한 매매계약을 체결한 경우, 이 계약에 대한 통제는 A에 의해서든 B에 의해서든 정당화되지 않는다.

① ㄱ　　② ㄷ　　③ ㄱ, ㄴ
④ ㄴ, ㄷ　　⑤ ㄱ, ㄴ, ㄷ

84

다음으로부터 추론한 것으로 옳은 것만을 〈보기〉에서 있는 대로 고른 것은?

X국의 법에 의하면 의료인이 그 의료행위에서 주의의무를 다하지 못하여 사고가 발생한 경우에는 의료인 자신이 그 피해에 대한 배상책임을 부담한다. 그러나 의료인이 주의의무를 다하였으나 불가항력으로 인하여 사고가 발생한 경우에는 배상책임이 없다.
또한 의료사고가 발생한 경우 일반인으로서는 의료인의 주의의무 위반을 밝혀내기 극히 어렵고, 주의의무 위반이 밝혀지더라도 배상에 시간이 오래 소요된다. 따라서 의료사고 피해자를 보호해주기 위하여 국가가 피해를 보상하는 법안이 다음과 같이 제출되었다.

〈1안〉
제○조 의료인이 주의의무를 다하였으나 불가항력으로 인한 의료사고로 피해가 발생한 경우 그 피해는 국가가 보상한다.

〈2안〉
제○조 의료사고로 피해가 발생한 경우 의료인이 주의의무를 다하였는지 여부를 묻지 아니하고 그 피해는 국가가 보상한다. 국가는 보상 후 의료인이 주의의무를 다하지 못한 경우에 한하여 그에게 보상액을 청구할 수 있다.

〈3안〉
제○조 의료인이 주의의무를 다하지 못하여 의료사고로 피해가 발생한 경우 그 피해는 국가가 보상한다. 국가는 보상 후 그 의료인에게 보상액을 청구할 수 있다.

〈보기〉
ㄱ. 의료인이 주의의무를 다하였으나 불가항력으로 인하여 의료사고가 발생한 경우에는 〈1안〉에 따르든 〈2안〉에 따르든 환자는 국가로부터 피해의 보상을 받을 수 있다.
ㄴ. 의료인이 주의의무를 다하지 못하여 의료사고가 발생한 경우에는 〈2안〉에 따르든 〈3안〉에 따르든 환자는 국가로부터 피해의 보상을 받을 수 있다.
ㄷ. 의료인이 주의의무를 다한 경우에는 〈1안〉, 〈2안〉, 〈3안〉 중 어느 것에 따르더라도 국가는 의료인에게 보상액을 청구할 수 없다.

① ㄱ　　② ㄷ　　③ ㄱ, ㄴ
④ ㄴ, ㄷ　　⑤ ㄱ, ㄴ, ㄷ

85

[규정]을 〈사례〉에 적용한 것으로 옳지 <u>않은</u> 것은?

혼인과 상속에 관한 고대 X국의 [규정]은 다음과 같다.

[규칙]
제○조 ① 혼인하면서 처(妻)가 가져온 재산(이하 '지참재산')은 부(夫)가 소유권을 취득한다.
② 부(夫)의 귀책사유로 이혼하는 경우에만 처(妻)에게 지참재산의 소유권이 회복된다.
③ 부(夫)가 이혼 후 사망한 경우에 상속인이 없다면 그 지참재산의 소유권은 이혼 전의 처(妻)에게 회복된다.
제○조 ① 상속은 유언이 있으면 유언에 따른다.
② 유언이 없으면 상속은 다음에 따른다.
  1. 부부 상호 간에는 상속받을 수 없다.
  2. 자녀는 그 부(父)로부터만 재산을 상속받을 수 있다.
  3. 상속인은 사망한 자(이하 '피상속인')의 상속재산에 대한 소유권을 취득한다. 이때 피상속인이 생전에 부여한 상속재산에 대한 사용권은 피상속인의 사망시 소멸한다.
③ 상속인이 상속을 포기하면 상속받을 수 없다.

〈사례〉
갑과 을이 혼인할 때 처(妻) 을은 소를 지참재산으로 가져왔다. 그 후 갑과 을은 자녀 없이 이혼하였다. 이혼 후 갑은 집 한 채를 구매하였고 병과 혼인하여 자녀 정을 두었다. 갑이 사망 전에 자신의 말에 대한 사용권을 병에게 부여하여 병이 말을 사용하고 있다. 이후 갑은 사망하였고, 갑의 유언장에는 "정이 말을 상속받고, 말에 대한 병의 사용권은 유지되어야 한다."라는 내용이 기재되어 있었다.

① 갑과 을의 이혼이 갑의 귀책사유 때문이라면 을에게 소의 소유권이 회복된다.
② 갑과 을의 이혼이 을의 귀책사유 때문이라면 정은 소를 상속받지 못한다.
③ 정은 갑의 집을 상속받는다.
④ 병이 말의 사용권을 포기하지 않더라도 정은 말을 상속받는다.
⑤ 정이 상속을 포기하면 을에게 소의 소유권이 회복된다.

86

〈이론〉에 따라 〈사례〉를 판단한 것으로 옳은 것만을 〈보기〉에서 있는 대로 고른 것은?

〈이론〉
온라인 콘텐츠를 통한 명예훼손이 가능해지면서 가해자와 피해자가 서로 다른 나라에 거주하는 경우와 피해자에게 여러 나라에서 손해가 발생하는 경우가 많아졌다. 이때 피해자의 명예가 훼손된 나라의 법원은 피해자가 가해자를 상대로 손해배상청구의 소를 제기하는 경우 그 소에 대하여 재판권을 행사할 수 있다. 피해자의 명예가 훼손된 나라로서 그 나라의 법원이 재판권을 행사할 수 있는 나라는 ⓐ 피해자가 거주하는 나라라는 견해와 ⓑ 가해자가 그곳에서 피해자의 명예가 훼손되기를 의도하였던 나라라는 견해가 대립한다. 후자에서 가해자의 의도는 콘텐츠가 작성된 언어와 콘텐츠에 접근할 수 있는 나라의 공용어가 같고 다름을 기준으로 판단한다.
한 나라의 법원이 재판권을 행사할 수 있는 경우, 재판권 행사의 범위에 관하여는 ⓒ 피해자가 그 법원이 있는 나라에서 입은 손해에 한정하는 견해와 ⓓ 피해자가 여러 나라에서 입은 모든 손해라는 견해가 대립하고, 손해배상의 성립 여부와 금액을 판단하는 기준에 관하여는 ⓔ 피해자가 거주하는 나라의 법을 적용하여야 한다는 견해, ⓕ 가해자가 거주하는 나라의 법을 적용하여야 한다는 견해, ⓖ 손해가 발생한 국가별로 각국에서 발생한 손해에 대하여 각국의 법을 적용하여야 한다는 견해가 대립한다.

〈사례〉
X국에 거주하는 갑은 Y국에 거주하는 을을 비난하는 콘텐츠를 인터넷에 게시하였고, 이는 X국, Y국, Z국에서만 접근할 수 있다. 그 콘텐츠는 진실한 사실을 적시하고 있으나, Y국 공용어인 A언어가 아니라 X국과 Z국 공용어인 B언어로 작성되었다. 갑의 행위로 을이 입은 손해는 X국에서 50, Y국에서 30, Z국에서 20이다. 명예훼손으로 손해가 발생하더라도 X국법은 허위의 사실을 적시한 행위에 대하여만 손해배상책임을 인정하고 Y국법, Z국법은 진실한 사실이든 허위의 사실이든 이를 적시한 행위에 대하여 손해배상책임을 인정한다. 을은 Y국 법원에서 갑을 상대로 손해배상청구의 소를 제기하였다.

〈보기〉
ㄱ. Y국 법원이 ⓑ을 적용하여 판단하면 을은 갑으로부터 손해배상을 받을 수 없다.
ㄴ. Y국 법원이 ⓐ, ⓒ, ⓕ의 순서로 적용하여 판단하든 ⓐ, ⓓ, ⓕ의 순서로 적용하여 판단하든 을은 갑으로부터 손해배상을 받을 수 없다.
ㄷ. Y국 법원이 ⓐ, ⓓ, ⓔ의 순서로 적용하여 판단하든 ⓐ, ⓓ, ⓖ의 순서로 적용하여 판단하든 을은 X국, Y국, Z국에서 발생한 모든 손해에 대하여 갑으로부터 손해배상을 받을 수 있다.

① ㄴ   ② ㄷ   ③ ㄱ, ㄴ
④ ㄱ, ㄷ   ⑤ ㄱ, ㄴ, ㄷ

87

[규정]에 따라 〈사례〉를 분석한 것으로 옳은 것만을 〈보기〉에서 있는 대로 고른 것은?

[규정]
제1조(개발사업 시행자) ① 국가는 개발구역의 전부 또는 일부에 대한 개발사업을 위하여 지방자치단체 또는 개발조합 중에서 시행자를 지정한다.
② 국가는 개발사업 시행 전에 시행자를 변경할 수 있다. 다만, 기존 시행자가 선택한 개발사업 시행방식은 제3조에 따라 변경되지 않는 한 변경될 수 없다.
③ 제1항 및 제2항에도 불구하고 개발구역 전부에 대하여 제2조 제1호의 방식으로 개발사업을 시행하는 것은 시행자가 지방자치단체인 경우에 한한다. 이는 시행자 또는 시행방식의 변경으로 인한 경우에도 같다.
제2조(개발사업 시행방식) 시행자는 다음 중 어느 하나의 방식을 선택하여 개발구역의 전부 또는 일부에 대한 개발사업을 시행한다. 다만, 개발구역 일부의 시행자 또는 시행방식이 변경되는 경우에 다음 중 둘 이상의 방식이 개발구역 전부에 대하여 혼용되는 때에는 제3호를 선택한 것으로 본다.
  1. 토지 소유권 취득 후 보상금 지급 방식
  2. 대체 토지 소유권 이전 방식
  3. 제1호와 제2호를 혼용하는 방식
제3조(개발사업 시행방식의 변경) 시행자는 다음 중 어느 하나에 해당하는 경우에만 개발사업 시행방식을 변경할 수 있다.
  1. 지방자치단체가 개발구역의 전부 또는 일부에 대하여 개발사업 시행방식을 제2조 제2호 또는 제3호에서 제2조 제1호로 변경하는 경우
  2. 개발조합이 개발구역의 전부 또는 일부에 대하여 개발사업 시행방식을 제2조 제3호에서 제2조 제1호 또는 제2호로 변경하는 경우

〈사례〉
A토지, B토지로만 구성된 X개발구역에 대한 개발사업 시행자로 A토지는 P지방자치단체, B토지는 Q개발조합이 지정되었다. P지방자치단체는 제2조 제1호, Q개발조합은 제2조 제3호의 방식을 선택하여 개발사업을 시행하기로 하였다.

〈보기〉
ㄱ. Q개발조합은 B토지 개발사업 시행방식을 제2조 제1호로 변경하여 개발사업을 시행할 수 있다.
ㄴ. A토지 개발사업 시행자가 Q개발조합으로 변경되는 경우 Q개발조합은 X개발구역 전부에 대한 개발사업 시행방식을 제2조 제2호로 변경하여 개발사업을 시행할 수 있다.
ㄷ. B토지 개발사업 시행자가 P지방자치단체로 변경되는 경우 P지방자치단체는 B토지에 대한 개발사업 시행방식을 제2조 제1호로 변경하여 개발사업을 시행할 수 있다.

① ㄱ ② ㄴ ③ ㄱ, ㄷ
④ ㄴ, ㄷ ⑤ ㄱ, ㄴ, ㄷ

88

다음으로부터 추론한 것으로 옳은 것만을 〈보기〉에서 있는 대로 고른 것은?

사회학자 갑은 국가가 개인의 행동을 통제하는 방식을 통제수단의 종류, 통제대상자에게 통제수단이 영향력을 미치는 방식, 통제대상자의 행동선택권 자체에 대한 제한의 유무 등을 고려하여 두 가지로 구분한다. 하나는 법규범을 수단으로 통제대상자의 행동을 직접적으로 금지하거나 의무를 부여하는 '직접통제'이다. 다른 하나는 법규범 또는 그 밖의 방법을 수단으로 통제대상자 이외의 대상에게 영향력을 행사함으로써, 종국적으로는 통제대상자의 행동을 유도하거나 제한하는 '간접통제'이다.
갑은 직접통제보다는 간접통제를, 간접통제 중에서도 법규범을 활용한 방식보다 '사회적 의미'를 활용한 방식을 더 중시한다. 여기서 사회적 의미란 특정 행동에 대하여 사회공동체가 내리는 평가를 말한다. 이러한 주장은 사람들이 사회 내에서 가능한 한 좋은 평가를 받기 위해 또는 가능한 한 나쁜 평가를 받지 않기 위해 행동하며, 이로 인해 법규범보다 사회적 의미가 개인의 행동을 통제하는 더 효과적인 수단이 될 수 있다는 점에 기반한다.

〈보기〉
ㄱ. 낙태행위를 하려는 임신부를 통제하기 위해, 낙태시술비용에 대해서 의료보험혜택을 받지 못하도록 하는 것은 간접통제인 반면 낙태시술을 한 산부인과 의사를 형법으로 처벌하는 것은 직접통제이다.
ㄴ. 갑이 법규범을 활용한 간접통제보다 사회적 의미를 활용한 간접통제를 중시하는 이유는 후자가 전자보다 통제대상자의 행동선택권 자체를 덜 제한하기 때문이다.
ㄷ. 표준계약서와 다른 계약을 체결하고자 하는 매도인에게 해당 계약이 표준계약서와 다르다는 점을 고지하도록 법으로 정함으로써 매수인이 해당 계약과 표준계약서를 비교하여 계약을 체결하도록 하였다면, 이는 매수인의 계약체결행위에 대한 간접통제이다.

① ㄱ ② ㄷ ③ ㄱ, ㄴ
④ ㄴ, ㄷ ⑤ ㄱ, ㄴ, ㄷ

89

다음으로부터 추론한 것으로 옳은 것만을 〈보기〉에서 있는 대로 고른 것은?

X국의 군인은 직업군인과 의무복무군인 두 종류가 있다. 현재는 두 종류의 군인 모두 군복무 중 사망한 경우, 순직심사위원회가 군복무와 관련하여 사망하였는지 여부를 기준으로 순직자 또는 일반사망자로 판정하고 있다. 의무복무군인이 국방의 의무를 수행하기 위하여 소집되었다는 특수성을 고려하여, 의무복무군인의 순직 인정 범위를 넓히기 위해 다음 3개의 법안이 발의되었다.

〈법안 1〉 "의무복무자로서 복무기간 중 사망한 군인은 순직자로 본다."

〈법안 2〉 "의무복무자로서 복무기간 중 사망한 군인은 순직자로 본다. 의무복무자가 전역 후 군복무와 밀접한 관련성이 있는 사유로 인하여 사망한 경우도 같다."

〈법안 3〉 "의무복무자로서 복무기간 중 사망한 군인은 순직자로 본다. 다만, 자신의 고의 또는 중과실로 인한 위법행위로 사망한 경우에 해당하여 사망이 군복무와 관련성이 없다고 인정되는 경우 순직심사위원회는 해당 군인을 일반사망자로 판정할 수 있다."

─── 〈보기〉 ───

ㄱ. 만약 〈법안 1〉 또는 〈법안 2〉가 통과되었다면 복무기간 중 사망한 군인이 일반사망자로 판정된 경우 해당 군인은 직업군인일 것이고, 만약 통과된 법안이 〈법안 3〉이라면 해당 군인은 직업군인이 아닐 수도 있다.

ㄴ. 군인이 군복무로 인하여 질병을 얻고 전역 후 그 질병이 직접 원인이 되어 사망한 경우, 〈법안 1〉과 〈법안 3〉 중 어디에 따르든 그 사람은 순직자가 되지 않지만, 〈법안 2〉에 따르면 순직자가 된다.

ㄷ. 의무복무자인 군인이 휴가 중 교통사고로 사망한 경우, 해당 군인은 〈법안 1〉과 〈법안 2〉 중 어디에 따르든 순직자가 되지만, 〈법안 3〉에 따르면 순직자가 되지 않을 수 있다.

① ㄱ   ② ㄴ   ③ ㄱ, ㄷ
④ ㄴ, ㄷ   ⑤ ㄱ, ㄴ, ㄷ

90

다음으로부터 추론한 것으로 옳은 것만을 〈보기〉에서 있는 대로 고른 것은?

X국은 산아제한정책을 도입하고자 아래의 3가지 [정책 판단기준]에 따라 [외국의 정책례]를 비교·검토 중이다.

[정책 판단기준]

ⓐ 효율성 기준: 정책은 적용대상자에게 효율성이 있어야 한다. 효율성이란 이득은 최대화하고 비용은 최소화하는 것을 의미한다. 이때 이득이나 비용은 금전적으로 평가할 수 있는 것만을 말한다.

ⓑ 형평성 기준: 정책은 적용대상자 간의 형평성을 고려하여야 한다. 형평성이란 정책의 적용을 받는 모두가 경제적 조건에 구애됨 없이 자신의 합법적 선택을 실현할 수단을 동등하게 획득할 수 있음을 말한다.

ⓒ 자율성 기준: 정책은 적용대상자에게 자율성을 부여하여야 한다. 예컨대 선택을 후회하는 자에게 달리 선택할 기회가 주어지는 경우는 그렇지 않은 경우보다 자율성이 더 높다.

[외국의 정책례]

Y국은 여성에게 평생 자녀 한 명만 출산하게 하는 ㉠'고정 할당제'를 운영한다. 이에 따르면 Y국 여성이 2명 이상을 낳으면 국가는 둘째부터 1명당 사회초년생의 2년치 연봉 수준의 벌금을 부과한다. 부유층은 벌금형을 감수하고 자녀를 2명 이상 출산하는 반면 저소득층은 이 정책을 준수한다.

Z국은 여성에게 자녀를 한 명 출산할 수 있는 허가증을 발행해 주는 ㉡'출산허가증 거래제'를 운영한다. 이에 따르면 여성은 허가증을 사용할 수도 있고 판매할 수도 있다. 허가증의 판매금액은 당사자들이 자유롭게 정할 수 있으며 허가증을 판매한 자는 그 누구에게로부터도 허가증을 구매할 수 없다. 여성이 허가증 없이 자녀를 출산할 방법은 없다.

─── 〈보기〉 ───

ㄱ. ⓐ에 의하면, 출산을 원하지 않는 자에게는 ㉠이 ㉡보다 효율성이 높다.

ㄴ. ⓑ에 의하면, 2명을 출산하려는 자에게는 ㉡이 ㉠보다 형평성이 크다.

ㄷ. ⓒ에 의하면, 출산을 포기했다가 이를 번복하고 출산하려는 자에게는 ㉠이 ㉡보다 자율성이 높다.

① ㄱ   ② ㄷ   ③ ㄱ, ㄴ
④ ㄴ, ㄷ   ⑤ ㄱ, ㄴ, ㄷ

91

2026학년도 LEET 문6

다음으로부터 추론한 것으로 옳은 것만을 〈보기〉에서 있는 대로 고른 것은?

X국 법원은 구금형을 받은 범죄자에게 재범 가능성을 고려하여 〈A조치〉 또는 〈B조치〉를 취할 수 있다.

〈A조치〉
이 조치는 경미한 범죄를 처음 저지르고 유죄판결을 선고받아 구금형의 집행을 받는 사람을 대상으로 한다. 법원은 형기의 1/2 시점에 구금 기간 중 교정의 정도를 고려하여 대상자가 재범 가능성이 낮다고 판단되면 남은 형기(이하 '잔여 형기')의 집행을 중단하는 조치를 선고한다. 집행이 중단되어 석방되면, 잔여 형기 동안 대상자는 교정기관의 감독을 받는다. 교정기관의 감독에 잘 따른 경우 잔여 형기가 만료하는 시점에 선고된 형의 집행이 종료된 것으로 본다. 다만, 교정기관의 감독규정을 위반한 경우에는 다시 구금되고 잔여 형기가 집행된다.

〈B조치〉
이 조치는 살인 등 중대한 범죄를 저지른 자로서 재범 가능성이 현저히 높은 사람을 대상으로 한다. 법원은 대상자에게 유죄판결을 하면서 "선고된 형기의 종료 시점에 재범 가능성을 평가하여 그 형기를 연장할 수 있다."라는 내용을 포함하여 선고한다. 형기의 종료 시점에 법원은 구금 기간 중 교정의 정도를 고려하여 대상자가 재범 가능성이 현저히 높다고 판단되면 앞서 선고된 형기의 1/2 범위에서 구금형을 연장하는 조치를 선고한다.

─〈보기〉─

ㄱ. 〈A조치〉와 〈B조치〉 모두 처음 구금형을 선고할 때 대상자가 재범 가능성이 있는지를 판단한다.
ㄴ. 2년의 구금형과 〈A조치〉가 선고된 사람이 2년의 구금형과 〈B조치〉가 선고된 사람보다 집행 종료일이 늦어지는 경우가 있다.
ㄷ. 형사처벌로 범죄자가 구금된 기간은 이미 저지른 범죄행위에 상응해야 한다는 원칙에 〈A조치〉는 부합하지만 〈B조치〉는 부합하지 않는다.

① ㄱ   ② ㄴ   ③ ㄱ, ㄷ
④ ㄴ, ㄷ   ⑤ ㄱ, ㄴ, ㄷ

92

2026학년도 LEET 문9

다음으로부터 〈사례〉를 판단한 것으로 옳지 않은 것은?

X국에서는 교통사고가 발생한 경우 가해자와 피해자가 직접 합의하는 것이 현실적으로 어려우므로 일반적으로 제3자가 주도하여 합의를 이끌어 낸다. 이때 피해자에게 금전적으로 가장 유리한 조건을 제시한 제3자의 주도하에 합의가 이루어질 가능성이 높다.

영업용 택시가 교통사고를 내면 과거에는 사고차량 회사의 해결 전담자인 '사고상무'가 나타나 다음과 같은 수습 노력을 하였다. 우선 사고상무는 피해자가 입원해 있는 병원으로 찾아가 약간의 위로금을 전달하며 피해자에게 정중하게 사과와 위로의 뜻을 표해 분노의 감정을 누그러뜨린다. 그 후 또 병문안을 가면서 우는 아이를 업은 사고 운전기사의 배우자를 대동하여 우리 가족을 한 번만 살려 달라고 읍소를 하게 한다. 이렇게 피해자의 마음을 움직여 결국 피해자가 소송을 통해 받을 수 있는 돈보다 적은 돈을 건네고 합의를 이끌어 낸다. 피해자가 법적으로 받을 수 있는 돈의 액수를 모를수록, 피해자의 권리의식이 낮을수록, 피해자의 사정이 급박할수록 사고상무의 활약이 더 두드러진다. 그러나 최근에는 교통사고 손해산정이 객관화되면서 사고상무의 역할이 많이 줄어 들었다. 오히려 교통사고의 정보를 입수한 '사건브로커'가 나타나 판결로 받아낼 수 있는 배상금을 계산하여 제시하며 자기가 합의를 이끌어 냈다고 피해자를 유도한다. 합의를 이끌어 낸 사건브로커는 피해자가 지급받은 합의금에서 고정 비율의 돈을 수수료 명목으로 챙긴다.

〈사례〉
갑은 2025년 6월 22일 횡단보도를 건너던 중 택시회사 A에 소속된 기사 을이 운전하는 택시에 치여 골절상을 입고 병원에 입원했다. A에는 사고상무 병이 있다. 사건브로커 정이 현재 갑을 접촉한 상황이다.

① 병이 제시하는 위로금과 합의금을 합한 금액이 정을 통해서 받을 합의금에서 수수료를 공제한 금액보다 크면, 합의는 병의 주도하에 이루어질 가능성이 높다.
② 병과 정이 합의금으로 같은 금액을 제시하였는데 그 금액이 소송으로 받을 수 있는 돈보다는 많은 경우라면, 합의는 병의 주도하에 이루어질 가능성이 높다.
③ 판결을 통해 얻을 수 있는 배상액보다 소송비용이 더 많이 든다면, 소송으로 가기보다는 병 또는 정의 주도하에 합의가 이루어질 가능성이 높다.
④ 갑은 최대한 빨리 합의금을 받아야 할 사정이 있고 을과 A가 이러한 사정을 알고 있다면, 병의 주도하에 합의가 이루어질 가능성이 높다.
⑤ 정이 받는 수수료 액수가 많으면 많을수록, 합의는 병의 주도하에 이루어질 가능성이 높다.

② ㄷ

수리 계산

01
2010학년도 LEET 문22

옛날 어떤 나라에 살던 노비 '흥'은 동료 셋과 함께 양민인 주인의 숙부를 구타하여 손가락 3개를 부러뜨리고 도망하였다가 동료 한 명을 붙잡아 자수하였다. 당시의 〈형벌 규정〉과 이를 적용한 〈처벌 사례〉를 근거로 판단할 때, '흥'이 받았을 처벌은?

〈형벌 규정〉
- 장형에는 60대, 70대, 80대, 90대, 100대의 다섯 등급이 있다. 그 위로는 도형에 처해지는데, 도형에는 1년, 1년 반, 2년, 2년 반, 3년의 다섯 등급이 있다.
- 양민이 양민을 물건으로 구타하면 장형 60대에 처한다. … 물건으로 상해하면 장형 80대에 처한다. … 치아나 손가락을 1개 부러뜨리면 도형 1년에 처한다. 치아나 손가락을 2개 이상 부러뜨리면 도형 1년 반에 처한다. 칼날로 상해하거나 늑골을 부러뜨리면 도형 2년에 처한다. 팔이나 다리를 부러뜨리거나 한쪽 눈을 실명케 하면 도형 3년에 처한다.
- 여럿이 함께 사람을 구타하여 상해하였다면 1등급씩 감한다. 범인이 자수를 하면 2등급을 감하고, 같이 범행을 저지른 범인을 붙잡아 자수할 경우 다시 1등급을 감하고, 반수 이상을 붙잡아 자수할 경우 다시 1등급을 감한다.
- 가해자와 피해자 신분이 양민, 상급천민인 부곡, 하급천민인 노비로 서로 다른 경우, 신분의 고하에 따라 1등급을 차등적으로 가감하고, 가해자나 피해자에 주인의 친족이 포함된 경우 다시 1등급을 차등적으로 가감한다.

〈처벌 사례〉
- 양민 갑의 노비 을은 양민 병과 싸우다 병의 치아를 하나 부러뜨려 도형 2년에 처해졌고, 병의 부곡 정은 갑과 싸우다 갑의 치아를 2개 부러뜨려 도형 2년에 처해졌다.
- 갑의 노비 을은 갑의 숙부 무와 싸우다 무를 벽돌로 쳐서 상해를 입혀 도형 1년에 처해졌고, 무는 을의 늑골을 부러뜨려 장형 100대에 처해졌다.

① 도형 2년 반 ② 도형 2년 ③ 도형 1년 반
④ 도형 1년 ⑤ 장형 100대

02
2010학년도 LEET 문31

무작위로 선정된 10명이 배심원으로 출석할 것을 통보받았다. 〈배심원단 구성 규정〉과 〈인적 구성〉을 근거로 판단할 때, 10명 중 배심원으로 출석해야 하는 인원이 최소로 되는 경우 그 인원은?

〈배심원단 구성 규정〉
(가) 배심원은 10년 이상 자국에 거주하고 금고형 이상을 받지 않은 성인이어야 하며, 출석 통보를 받더라도 이 자격을 갖추지 않으면 배심원으로 출석할 수 없다.
(나) 배심원 출석을 통보 받은 사람 중 1명에 한하여 이유를 밝히고 출석을 거부할 수 있으나, (가)에서 규정된 자격을 갖춘 여성 또는 경로 우대자는 출석을 거부할 수 없다.
(다) 검사는 배심원 출석을 통보 받은 사람 중 1명의 출석 금지를 요청할 수 있고 재판부는 이 요청을 받아들여야 하지만, (나)에 위반될 때에는 이 요청을 받아들이지 않아야 한다.

〈인적 구성〉
- 10년 이상 자국에 거주한 성인이 9명 있다.
- 여성이 6명 있다.
- 경로 우대자가 2명 있다.
- 금고형 이상을 받은 사람이 2명 있다.

① 4명 ② 5명 ③ 6명
④ 7명 ⑤ 8명

03

다음으로부터 바르게 추론한 것은?

2013학년도 LEET 문9

〈상황〉
평민 A, B와 관리 C가 금주기간에 술을 마신 혐의를 받고 있었는데 각자 자백이 있어야 처벌이 가능하였다. 수사를 하기 위해 포도청 소속 X가 이들을 포박하려던 중 A가 X를 폭행하여 장출혈을 야기하였다. 수사과정에서 수사관 Y가 모두에게 "술을 마셨는지 마시지 않았는지 숨김없이 말해라!"라고 명령하자 A와 C는 술을 마셨다고 자백하였다. 하지만 나름대로 적용법률과 형량을 모두 따져 자신이 자백을 하면 『일반 형사령』 제10조에 따라 처벌될 것이라 생각한 B는 차라리 ⓒ대를 맞을 것을 작심하고 아무런 말도 하지 않아 『일반 형사령』 제50조 공무집행방해죄를 범하였다. 이에 국왕은 아래 〈사법관리들간의 논의〉를 토대로 판단을 내리려 하고 있다.

〈관련법률〉
『금주에 관한 왕령』 금주기간에 술을 마신 자는 곤장 ⓐ대에 처한다.

『일반 형사령』
제10조(왕령위반죄) 왕령을 위반하였을 경우 곤장 60대에 처한다.
제50조(공무집행방해죄) 공무를 담당하는 자의 명령에 저항하여 복종하지 아니하거나 파견된 사람을 폭행한 경우에는 곤장 ⓒ대에 처한다. 폭행의 정도가 심하여 상해에 이르렀을 경우 20대를 가중한다.
제91조(2개의 죄) 2개의 죄를 저질렀을 경우 형을 합산하여 처벌한다.
제92조(곤장형) 곤장형은 가중 또는 감경 전 기준으로 최하 40대부터 최고 120대까지이며 10대 단위로 부과한다.

〈사법관리들의 논의〉
갑: 관리와 달리 평민이 금주기간에 술을 마셨다면 『금주에 관한 왕령』에 따라 처벌해야 합니다.
을: 아닙니다. 금주기간에 술을 마신 경우 어떻든 왕령을 위반했으니 평민, 관리 모두 『일반 형사령』 제10조 왕령위반죄에 따라 처벌해야 합니다.
갑: 『일반 형사령』 제10조부터 제19조까지는 체계상 '제3장 관리들의 죄'에 포함된 조문입니다. 전에는 이를 잘못 적용하여 평민에게도 적용했기 때문에 모든 평민들이 왕령 위반 시 제10조에 따라 60대를 맞는 줄 오해하고 있지만, 이제부터는 관리에게만 적용해야 합니다.
을: 하지만 왕령위반죄 조문 어디에도 '관리'라는 단어가 나오지 않으므로 그러한 해석은 불가능합니다. 왕령 위반의 경우 관리뿐만 아니라 평민에게도 『일반 형사령』 제10조가 적용되어야 합니다.
갑: 그러한 잘못된 해석으로 인하여 평민들이 어리석은 판단을 내리는 것입니다. B의 경우만 하더라도 만약 술을 마셨다고 자백했다면, 공무집행방해죄에 의해 처벌받는 것보다 유리하였을 것입니다.

① 국왕이 갑의 판단을 따르는 경우, C는 A보다 곤장을 더 많이 맞을 것이다.
② 국왕이 갑의 판단을 따르는 경우, B가 처음부터 술을 마셨다고 자백했다면 C와 같은 대수의 곤장을 맞을 것이다.
③ 국왕이 을의 판단을 따르는 경우, B가 처음부터 술을 마셨다고 자백했다면 B는 C보다 곤장을 더 적게 맞을 것이다.
④ 국왕이 을의 판단보다 갑의 판단을 따르는 경우가 A에게는 유리할 것이다.
⑤ 국왕이 을의 판단보다 갑의 판단을 따르는 경우가 C에게는 유리할 것이다.

04
2015학년도 LEET 문6

〈규정〉으로부터 추론한 것으로 옳은 것만을 〈보기〉에서 있는 대로 고른 것은?

〈규정〉
(가) A법은 상시 사용하는 근로자 수가 5명 이상인 모든 사업장에 적용한다. 다만, 사용자가 그와 동거하는 친족만을 사용하는 사업장에 대하여는 적용하지 아니한다.
(나) (가)에서의 '상시 사용하는 근로자 수'는, 해당 사업장에서 법 적용 사유 발생일 전 1개월 동안 사용한 근로자의 '연인원'을 같은 기간 중의 '가동일수'로 나누어 산정한다. 여기서 '연인원'이라 함은 특정 업무를 위해 일정한 기간 동안 동원된 총 인원수를 말하는데, 예를 들면 열흘 동안 매일 다섯 사람이 근로하여 완성한 일의 연인원은 50명이다. 그리고 '가동일수'는 실제 사업장이 운영된 일수를 말한다.
(다) 위 (나)에 따라 해당 사업장에서 상시 사용하는 근로자 수를 산정한 결과 법 적용 사업장에 해당하는 경우에도, 가동일수의 일별로 근로자 수를 파악하였을 때 법 적용 기준에 미달한 일수가 가동일수의 2분의 1 이상인 경우, A법이 적용되지 않는다.
(라) 연인원의 산정 시, 사용자에게 고용되어 있지 않은 파견근로자는 제외되지만 해당 사업장의 사용자에 고용된 단시간 근로자(하루 중 일부 시간만 근무하는 근로자)는 포함된다.

〈보기〉
ㄱ. 법 적용 사유 발생일 전 1개월 동안, 가동일수가 20일이며, 처음 10일은 6명, 나중 10일은 4명이 사용자에게 고용되어 근무하였다면 당해 사업장에 A법은 적용된다.
ㄴ. 법 적용 사유 발생일 전 1개월 동안, 사용자에게 고용된 4명의 근로자가 오전 중 3시간을 매일 근무하고, 사용자에게 고용된 또 다른 4명의 근로자가 오후 중 3시간을 매일 근무한 사업장에 A법은 적용된다.
ㄷ. 법 적용 사유 발생일 전 1개월 동안, 동거하는 친족 3명과 단시간 근로자 2명이 당해 사업장에서 사용자에게 고용되어 고정적으로 매일 근무하였고 이에 더하여 사용자에게 고용되어 있지 않은 파견근로자 2명이 함께 매일 근무하였다면 당해 사업장에 A법은 적용되지 않는다.

① ㄱ   ② ㄴ   ③ ㄱ, ㄷ
④ ㄴ, ㄷ   ⑤ ㄱ, ㄴ, ㄷ

05
2018학년도 LEET 문2

〈규정〉에 따라 〈사례〉를 판단한 것으로 옳은 것만을 〈보기〉에서 있는 대로 고른 것은? (단, 기간을 계산할 때 초일(初日)은 산입하지 않고, 공휴일 여부는 무시한다.)

〈규정〉
제1조(합당) ① 정당이 새로운 당명으로 합당(이하 '신설합당'이라 한다)할 때에는 합당을 하는 정당들의 대의기관의 합동회의의 결의로써 합당할 수 있다.
② 정당의 합당은 제2조 제1항의 규정에 의하여 선거관리위원회에 등록함으로써 성립한다.
③ 본조 제1항 및 제2항의 규정에 의하여 정당의 합당이 성립한 경우에는 그 소속 시·도당도 합당한 것으로 본다. 다만, 신설 합당의 경우 합당등록신청일로부터 3개월 이내에 시·도당 개편대회를 거쳐 변경등록신청을 해야 한다.
④ 신설합당된 정당이 제3항 단서의 규정에 의한 기간 이내에 변경등록신청을 하지 아니한 경우에는 그 기간만료일의 다음 날에 당해 시·도당은 소멸된다.
제2조(합당된 경우의 등록신청) ① 신설합당의 경우 정당의 대표자는 제1조 제1항의 규정에 의한 합동회의의 결의가 있은 날로부터 14일 이내에 선거관리위원회에 합당등록신청을 해야 한다.
② 제1항의 경우에 시·도당의 소재지와 명칭, 대표자의 성명 및 주소는 합당등록신청일로부터 120일 이내에 보완해야 한다.
③ 제2항의 경우에 그 기간 이내에 보완이 없는 때에는 선거관리위원회는 시·도당의 등록을 취소할 수 있다.

〈사례〉
A당과 B당은 국회의원 선거를 앞두고 2017년 5월 1일 대의기관 합동회의에서 합당 결의를 하고 C당으로 당명을 변경하였다.

〈보기〉
ㄱ. C당으로의 합당이 성립하려면 그 대표자에 의한 합당등록신청 외에 그 소속 시·도당의 합당이 전제되어야 한다.
ㄴ. C당 소속 시·도당이 개편대회를 통해 변경등록신청을 하지 않은 경우 당해 시·도당이 소멸되는 시점은 2017년 8월 16일이다.
ㄷ. C당의 대표자가 2017년 5월 10일 합당등록신청을 한 경우 늦어도 2017년 9월 7일까지 그 소속 시·도당의 대표자의 성명을 보완하지 않으면 당해 시·도당의 등록이 취소될 수 있다.

① ㄴ   ② ㄷ   ③ ㄱ, ㄴ
④ ㄱ, ㄷ   ⑤ ㄱ, ㄴ, ㄷ

06

2018학년도 LEET 문6

다음 글로부터 추론한 것으로 옳지 않은 것은?

> X국은 중소기업을 보호하기 위하여 2010년부터 중소기업 판단 규정을 적용하고 있다. 이 규정에 의하면, 1년간 매출액이 1,000억 원 이하이면 중소기업, 1,000억 원 초과이면 대기업에 해당한다. 그런데 중소기업의 매출액이 증가하여 대기업의 기준에 해당하게 되더라도 바로 그 해와 그 다음 해부터 3년간은 계속하여 중소기업으로 인정한다(이를 '중소기업보호기간'이라고 한다). 다만, 다음의 경우에는 중소기업보호기간을 인정하지 않는다.
>
> ○ 중소기업(중소기업보호기간 중인 기업 포함)이 아닌 기업과 합병한 경우
> ○ 중소기업보호기간을 적용받았던 기업이 매출액 감소로 원래 의미의 중소기업이 되었다가 매출액 증가로 다시 중소기업에 해당하지 않게 된 경우
>
> 기업별 매출액은 다음과 같다.
>
> (단위: 억 원)
>
> | 연도
기업 | 2010 | 2011 | 2012 | 2013 | 2014 | 2015 | 2016 |
> |---|---|---|---|---|---|---|---|
> | A | 900 | 900 | 900 | 900 | 900 | 900 | 2,000 |
> | B | 900 | 900 | 900 | 900 | 900 | 2,000 | 3,000 |
> | C | 900 | 900 | 900 | 900 | 900 | 900 | 3,000 |
> | D | 900 | 2,000 | 2,000 | 2,000 | 2,000 | 900 | 2,000 |
> | E | 900 | 900 | 900 | 2,000 | 2,000 | 2,000 | 2,000 |
> | 갑 | 900 | 900 | 900 | 900 | 900 | 900 | |
> | 을 | 2,000 | 2,000 | 2,000 | 2,000 | 2,000 | 2,000 | |
> | 병 | 900 | 900 | 2,000 | 2,000 | 2,000 | 2,000 | |

① 2015년 A가 갑을 합병한 경우, 2016년 기준 A는 중소기업이다.
② 2015년 B가 을을 합병한 경우, 2016년 기준 B는 대기업이다.
③ 2015년 C가 병을 합병한 경우, 2016년 기준 C는 중소기업이다.
④ 2015년 D가 어떤 중소기업을 합병한 경우, 2016년 기준 D는 중소기업이다.
⑤ 2015년 E가 어떤 중소기업을 합병한 경우, 2016년 기준 E는 중소기업이다.

07

2018학년도 LEET 문7

〈X법〉을 〈사례〉에 적용할 때 갑이 지급받을 수 있는 보상금의 총합은?

> **〈X법〉**
>
> 제1조(재해 등에 대한 보상) 국가의 업무 수행 중에 부상을 입거나 사망하면 재해 보상금을 지급하고, 치료로 인하여 생업에 종사하지 못하면 그 기간 동안 휴업 보상금을 지급한다. 다만, 다른 법령에 따라 국가의 부담으로 같은 종류의 보상금을 받은 자에게는 그 보상금에 상당하는 금액은 지급하지 아니한다.
>
> 제2조(재해 보상금의 지급) ① 제1조에 따른 재해 보상금은 사망 보상금과 장애 보상금으로 구분하며, 그 지급액은 다음과 같다.
>   1. 사망 보상금은 고용노동부에서 공표하는 전체 산업체 월평균임금총액(사망한 해의 전년도를 기준으로 한다)의 36배에 상당하는 금액
>   2. 장애 보상금은 장애등급에 따라 다음과 같이 정한다.
>   가~마. 장애등급 1급~5급: (생략)
>   바. 장애등급 6급: 사망 보상금의 $\frac{1}{2}$
>
> 제3조(휴업 보상금의 지급) 제1조에 따른 휴업 보상금은 통계청이 매년 공표하는 도시 및 농가가계비를 평균한 금액(전년도를 기준으로 한다)의 100분의 60에 해당하는 금액을 월 30일을 기준(31일이 말일인 경우에도 같다)으로 하여 1일 단위로 계산한 금액에 치료로 인하여 생업에 종사하지 못한 기간의 일수를 곱한 금액으로 한다.
>
> **〈사례〉**
>
> 자영업자 갑은 2016년 8월 예비군 훈련 중 자신의 과실 없이 사고로 부상을 입어 60일간의 입원 치료로 생업에 종사하지 못하였고, 장애등급 6급 판정을 받았다. 갑의 월평균 수입은 360만 원이고, 고용노동부에서 공표하는 전체 산업체 월평균임금총액은 2015년 240만 원, 2016년 250만 원이다. 통계청이 공표하는 도시 및 농가가계비를 평균한 금액은 2015년 월 100만 원, 2016년 월 120만 원이다. 한편, 갑은 위 부상과 관련하여 X법이 아닌 다른 법령에 따라 국가로부터 재해 보상금으로 400만 원을 지급받았다.

① 4,040만 원   ② 4,120만 원   ③ 4,440만 원
④ 4,464만 원   ⑤ 4,840만 원

08

2019학년도 LEET 문8

〈규정〉을 근거로 〈사실관계〉에 대하여 옳은 판단을 하는 변호사는?

〈규정〉

종업원은 직무와 관련하여 한 발명에 대하여 기여도에 따라 다음과 같이 보상을 받을 권리를 가진다.
(1) 회사가 직무발명에 대한 특허출원을 할 경우 출원보상을 한다. 보상금은 그 중요도에 따라 건당 10만 원에서 30만 원을 지급하며, 나머지는 회사 내에 설치된 직무발명심의위원회의 결정 심사 후에 지급한다.
(2) 회사 명의로 등록된 특허권을 매도 또는 임대하였을 때 처분보상을 한다. 특허권을 타인에게 유상으로 임대한 경우에는 특허임대수익의 5~10%에 해당하는 금액을 발명자에게 보상금으로 지급한다.
(3) 단, 특허임대수익의 산정은 수령하였거나 수령할 총 임대료에서 개발비용, 영업비용을 제외한다.

〈사실관계〉

X는 Y사에 직무발명에 대한 정당한 보상금의 지급을 요청하는 소송을 하기 위해 법무법인에 찾아갔다. X는 Y사에서 2007년부터 4년 4개월 동안 연구원으로 근무하였다. X는 Y사의 다른 연구원들과 함께 A사가 독점하고 있는 의약품과 동등하면서도 제조원가 대비 38%로 생산 가능한 방법을 48억 원의 비용을 들여 발명하였다. 해당 발명에 관여한 연구원들은 Y사에게 직무발명에 관한 특허 받을 권리를 이전하였고, Y사는 자사명의로 특허출원을 하였다. 이와 관련된 특허발명에서 X의 기여도는 1/3로 인정받았고 출원보상은 상여금 명목으로 5천만 원을 지급받았다.

한편 Y사는 2010년도에 A사와 특허권 임대계약을 체결하기 위해 42억 원의 비용을 소요하였다. 그 계약에 의해 A사로부터 초회 대금 45억 원, 중간 정산대금 23억 원을 지급받음과 동시에 40개월 간의 임대료로 요율 3~5%에 의해 산정된 금액 24억 원을 수령하였다. 계약기간인 2030년까지 추가적으로 수령할 Y사의 임대료는 약 28억 원으로 추정된다.

① 갑: 특허임대수익의 5~10%에 해당하는 금액이 이미 지급받은 출원보상금 5천만 원을 넘지는 않을 것 같습니다.
② 을: 회사가 타인에게 특허권을 유상으로 임대했기 때문에 임대료 수익을 받을 수 있겠군요. 최대 1억 원은 청구 가능할 것 같아요.
③ 병: Y사가 해당 특허로 수령할 총 임대료는 120억 원이군요. 따라서 당신은 최대 4억 원의 보상금을 받을 수 있습니다.
④ 정: 본 특허로 얻을 Y사의 임대료 수익은 임대료 명목으로 지급받은 52억 원입니다. 따라서 최소 2억 6천만 원의 보상금을 청구할 수 있어요.
⑤ 무: 임대료 수익은 실제 발생한 금액만 가지고 산정하여야 합니다. 미래의 시장 상황까지는 고려할 수 없어요. 따라서 92억 원을 특허임대수익으로 봐야 해요.

09

2019학년도 LEET 문9

다음으로부터 〈사례〉를 판단한 것으로 옳은 것은?

지방자치단체의 구역변경이나 설치·폐지·분할 또는 합병이 있는 때에는 다음과 같이 당해 지방의회의 의원정수를 조정하고 의원의 소속을 정한다.

첫째, 지방자치단체의 구역변경으로 선거구에 해당하는 구역의 전부가 다른 지방자치단체에 편입된 때에는 그 편입된 선거구에서 선출된 의원은 종전의 지방의회의원의 자격을 상실하고 새로운 지방의회의원의 자격을 취득하되, 그 임기는 종전의 지방의회의원의 잔임기간으로 하며, 해당 의회의 의원정수는 재직하고 있는 의원수로 한다.

둘째, 선거구에 해당하는 구역의 일부가 다른 지방자치단체에 편입된 때에는 그 편입된 구역이 속해 있던 선거구에서 선출되었던 의원은 자신이 속할 지방의회를 선택한다. 그 선택한 지방의회가 종전의 지방의회가 아닌 때에는 종전의 지방의회의원의 자격을 상실하고 새로운 지방의회의원의 자격을 취득하되, 그 임기는 종전의 지방의회의원의 잔임기간으로 하며, 해당되는 의회 각각의 의원정수는 재직하고 있는 의원수로 한다.

셋째, 두 개 이상의 지방자치단체가 합병하여 새로운 지방자치단체가 설치된 때에는 종전의 지방의회의원은 새로운 지방자치단체의 지방의회의원으로 되어 잔임기간 재임하며, 그 잔임기간의 합병된 의회의 의원정수는 재직하고 있는 의원수로 한다.

넷째, 하나의 지방자치단체가 분할되어 두 개 이상의 지방자치단체가 설치된 때에는 종전의 지방의회의원은 후보자등록 당시의 선거구를 관할하게 되는 지방자치단체의 지방의회의원으로 되어 잔임기간 재임하며, 그 잔임기간의 분할된 의회의 의원정수는 재직하고 있는 의원수로 한다. 이 경우 비례대표의원은 자신이 속할 지방의회를 선택한다.

〈사례〉
○ 지방자치단체인 A구 의회의 선거구는 a1, a2, a3, a4로 구성되어 있다. 각 선거구에서 2명의 지역구의원이 선출되며, 비례대표의원은 2명으로 의원 정수는 10명이다.
○ 지방자치단체인 B구 의회의 선거구는 b1, b2, b3으로 구성되어 있다. 각 선거구에서 2명의 지역구의원이 선출되며, 비례대표의원은 2명으로 의원 정수는 8명이다.

① A구와 B구가 합병된다면, 합병된 지방의회의 잔임기간 의원정수는 16명이다.
② A구 선거구 a1이 B구로 편입된다면, a1에서 선출된 A구 의회 의원은 A구 의회 소속을 유지한다.
③ A구 선거구 a2의 일부 구역이 B구로 편입된다면, a2에서 선출된 A구 의회의원은 B구 의회로 소속이 변경된다.
④ B구가 2개의 지방자치단체 B1(b1)구와 B2(b2+b3)구로 분할된다면, B1구 지방의회의 잔임기간 최대 의원정수는 4명이다.
⑤ 지방자치단체의 구역변경·합병·분할 중, 지방의회의원의 잔임기간이 경과한 후 해당 지방의회 의원정수가 조정될 가능성이 있는 것은 구역변경과 분할이다.

10

2019학년도 LEET 문12

〈규정〉에 따라 〈사례〉를 판단한 것으로 옳은 것만을 〈보기〉에서 있는 대로 고른 것은?

〈규정〉
(1) 회사가 새로이 발행하는 주식의 취득을 50인 이상의 투자자에게 권유하기 위해서는 사전에 신고서를 금융감독청에 제출해야 한다.
(2) 위 (1)에서 50인을 산정함에 있어 투자자에게 주식의 취득을 권유하는 날로부터 그 이전 6개월 이내에 50인 미만에게 주식 취득을 권유한 적이 있다면 이를 합산한다.
(3) 다만, 위 (1)에서 50인 이상의 투자자에게 취득을 권유하는 경우에도 주식 발행 금액이 10억 원 미만인 경우에는 신고서의 제출 의무가 면제된다.
(4) 위 (3)에서 10억 원을 산정함에 있어 투자자에게 주식의 취득을 권유하는 날로부터 그 이전 1년 이내에 신고서를 제출하지 아니하고 발행한 주식 금액을 합산한다.

〈사례〉
A회사는 아래 표와 같은 순으로 주식을 새로이 발행하였다.

회차	주식 발행일	주식 발행 금액	취득 권유일	취득을 권유받은 투자자 수
1	2017년 3월 10일	7억 원	2017년 3월 3일	70명
2	2017년 10월 4일	9억 원	2017년 9월 27일	40명
3	2018년 3월 27일	8억 원	2018년 3월 20일	10명

〈보기〉
ㄱ. 1회차에는 신고서를 제출하지 않아도 된다.
ㄴ. 2회차에는 신고서를 제출해야 한다.
ㄷ. 3회차에는 신고서를 제출해야 한다.

① ㄱ ② ㄴ ③ ㄱ, ㄷ
④ ㄴ, ㄷ ⑤ ㄱ, ㄴ, ㄷ

11

2020학년도 LEET 문7

다음으로부터 추론한 것으로 옳은 것만을 〈보기〉에서 있는 대로 고른 것은?

X협회는 전국의 소상공인들이 결성한 단체로서, 회원총회와 대의원회를 두고 있다. 회원총회는 X협회의 재적회원 전원으로 구성된다. 대의원회는 소관 전문위원회와 전원위원회를 둔다. 전문위원회는 대의원회의 의장이 필요하다고 인정하거나 전문위원회 재적위원 4분의 1 이상의 요구가 있을 때에만 개최될 수 있다. 전문위원회는 재적위원 과반수의 출석과 출석위원 과반수의 찬성으로 의결한다.

대의원회는 전문위원회의 심사를 거친 안건 중 협회 구성, 회비 책정, 회칙 변경, 회원 징계, 협회 해산 등 주요 사항의 심사를 위하여 대의원회 재적의원 4분의 1 이상이 요구할 때에만 대의원 전원으로 구성되는 전원위원회를 개최할 수 있다. 전원위원회는 재적위원 4분의 1 이상의 출석과 출석위원 과반수의 찬성으로 의결한다.

회칙의 변경, 회원의 징계, 협회의 해산에 관한 사항은 대의원회 전원위원회를 거쳐서만 회원총회에 상정된다. 회원총회는 재적회원 과반수의 출석과 출석회원 과반수의 찬성으로 의결한다.

〈사례〉
X협회는 재적회원이 10,000명이다. 대의원회는 재적의원이 300명이고, 각 전문위원회는 재적위원이 20명이다. 대의원회 재적의원의 종사 업종 비율은 A업종 40%, B업종 35%, C업종 15%, D업종 10%이다. 이 협회의 재적회원 및 각 전문위원회의 재적위원의 종사 업종 비율도 위와 동일하다. 단, 각 회원, 의원, 위원은 하나의 업종에만 종사하고 있다. 회칙의 변경을 위한 안건(이하 안건이라 한다)이 대의원회 소관 전문위원회에서 의결된 후 전원위원회를 거쳐 회원총회에 상정되었다. 각 회의의 표결 결과 무효표나 기권표는 없는 것으로 한다.

〈보기〉
ㄱ. 회비 인상에 대한 사항이 소관 전문위원회의 심사를 거친 때에는 대의원회의 의장이 필요하다고 인정하면 그 사항을 심사하기 위한 전원위원회가 개최될 수 있다.
ㄴ. A업종 종사 전문위원들만 안건 심사를 위한 전문위원회의 개최를 요구하고 다른 업종 종사 전문위원들이 그에 반대한다면, 전문위원회는 열리지 못한다.
ㄷ. 전문위원회에서 A업종 종사 전문위원 전원과 B업종 종사 전문위원 전원만 출석하여 투표하고 A업종 종사 전문위원 전원이 안건에 찬성한다면, 안건은 가결된다.
ㄹ. 회원총회에서 재적회원 전원이 출석하여 투표하고 A업종에 종사하는 회원 전원과 D업종에 종사하는 회원 전원만 안건에 찬성한다면, 안건은 부결된다.

① ㄱ, ㄴ ② ㄱ, ㄹ ③ ㄴ, ㄷ
④ ㄴ, ㄹ ⑤ ㄷ, ㄹ

12

2020학년도 LEET 문12

다음으로부터 추론한 것으로 옳은 것만을 〈보기〉에서 있는 대로 고른 것은?

X국 코인거래소에서는 A, B, C 3개 종류의 코인이 24시간 거래되고 있다.

구분	A코인	B코인	C코인
가격	1,000원	2,000원	2,500원

코인거래소는 코인의 구매 및 사용에 대해 다음과 같은 〈규정〉을 두고 있다.

〈규정〉
(1) 코인은 원화 또는 다른 종류의 코인으로 구매할 수 있다. 코인의 최소 거래단위는 1개이다.
(2) 원화로 구매할 수 있는 코인의 1개월간 총한도는 1인당 1,000만 원(이하 구매한도액이라 한다)을 초과할 수 없다.
(3) 코인을 다른 코인으로 구매할 경우 거래자 1명이 1회의 거래에서 그 지급대가로 사용할 수 있는 코인 개수는 구매한도액으로 취득할 수 있는 최대 코인 개수의 10분의 1을 초과할 수 없다. 단, 이때의 최대 코인 개수는 코인 종류별로 구매한도액 내에서 취득할 수 있는 최대 코인 개수를 비교하여 그중 최저치로 한다. 이 기준은 (4)에도 적용된다.
(4) 거래자 1명이 코인을 구매하거나 지급에 사용한 결과, 1일 동안(같은 날 0시부터 24시 사이를 말한다) 그 거래자의 총보유량이 같은 날 0시 총보유량과 비교하여 구매한도액으로 취득할 수 있는 최대 코인 개수의 5분의 1을 초과해서 감소한 경우 그 시점부터 24시간 동안 거래가 정지된다.

〈보기〉
ㄱ. 1명의 거래자가 2개의 코인 계정을 가지고 1개월간 원화로 각각 600만 원의 코인을 구매하는 것은 허용된다.
ㄴ. 2019년 6월 26일 19시에 코인 1,000개를 보유한 채 그날의 거래를 시작한 자가 첫 거래에서 현금으로 200개를 구매하고 이후 3번의 거래에서 코인을 지급에 사용한 결과 마지막 거래의 종료 시점인 같은 날 20시에 총보유량이 300개가 된 경우 그 시점부터 24시간 동안 코인 사용이 정지된다.
ㄷ. 거래자가 1회의 거래에서 코인 구매에 사용할 수 있는 코인은 400개를 초과할 수 없다.
ㄹ. 2019년 6월 26일 23시 40분에 코인 1,500개를 보유한 채 그날의 거래를 시작한 자가 자정 전까지 몇 차례의 거래로 600개를 지급에 사용하고 자정 이후 300개를 추가로 지급에 사용하더라도, 그 시점에 코인 사용은 정지되지 않는다.

① ㄱ, ㄴ ② ㄱ, ㄷ ③ ㄴ, ㄷ
④ ㄴ, ㄹ ⑤ ㄷ, ㄹ

13

2020학년도 LEET 문23

다음으로부터 추론한 것으로 옳은 것만을 〈보기〉에서 있는 대로 고른 것은?

형사사건에서는 검사의 입증이 '합리적 의심'의 수준을 넘어서야 한다. 정의의 관점에서 무고한 사람을 처벌하는 것이 범죄를 저지른 사람을 풀어 주는 것에 비해 훨씬 더 나쁘기 때문이다. 왜 그런지 보기 위해 유죄 입증 수준을 수치화할 수 있다고 해 보자. 가령 판사는 95% 이상으로 유죄를 확신할 수 있을 때만 유죄를 선고한다고 가정하자. 10명의 피고인이 있고 그들 각각이 90%의 확률로 범죄자일 가능성이 있다고 생각해 보자. 검사는 이 확률로 각 피고인에 대해 유죄를 확신할 수 있는 증거를 확보하였다. 이때 판사가 자신의 역할을 제대로 수행한다면 모든 피고인이 처벌받지 않을 것이다. 검사가 95%라는 유죄 입증 수준을 충족하지 못한 셈이기 때문이다. 하지만 10명의 피고인 각각이 범죄를 실제로 저질렀을 확률이 90%이므로, 피고인 10명 중 9명이 실제로는 범죄를 저질렀지만 처벌받지 않은 것이라고 생각할 수 있다. 이는 정의롭지 못한 것이 틀림없으나 중요한 것은 그중 무고한 1명이 처벌받을 가능성을 없앨 수 있다는 점이다.

같은 계산을 구체적인 상황에 적용해 보자. 유죄 입증 수준을 다르게 설정한 A상황, B상황은 다음과 같다. 단, 각 상황에서 피고인의 수는 300명이며, 검사는 각 피고인이 실제 범죄자일 확률로 증거를 확보하였다.

상황	유죄 입증 수준	피고인의 수, 각 피고인이 실제 범죄자일 확률	유죄가 선고되는 피고인의 수	무죄가 선고되는 피고인의 수	범죄자인데도 처벌받지 않은 피고인의 수	범죄자가 아닌데도 처벌받은 피고인의 수
A	90%	100, 95%	100	0	0	5
		100, 80%	0	100	80	0
		100, 65%	0	100	65	0
B	75%	100, 95%	100	0	0	5
		100, 80%	100	0	0	20
		100, 65%	0	100	65	0

가령 범죄자인데도 처벌받지 않은 피고인이 1명 있을 경우 나쁨의 값을 1, 범죄자가 아닌데도 처벌받은 피고인이 1명 있을 경우 나쁨의 값을 10이라고 한다면, A상황에서보다 B상황에서 나쁨의 값의 총합이 더 크기 때문에 A상황보다 B상황이 더 나쁘다고 할 수 있다.

〈보기〉
ㄱ. 한 사람의 무고한 피고인을 처벌하는 것이 세 사람의 범죄자를 방면하는 것과 똑같은 정도로 나쁘다고 가정한다면, A상황이 B상황보다 더 나쁘다.
ㄴ. B상황에서 피고인들이 실제로 범죄를 저질렀을 확률이 10%p 낮아져 각각 85%, 70%, 55%라면, 유죄 입증 수준을 65%로 낮추어도 무고하게 처벌받은 사람의 수는 변하지 않는다.
ㄷ. A상황에서 유죄 입증 수준을 95%로 높인다면, 무고하게 처벌받는 사람의 수를 줄일 수 있다.

① ㄱ ② ㄴ ③ ㄱ, ㄷ
④ ㄴ, ㄷ ⑤ ㄱ, ㄴ, ㄷ

14. ③ ㄱ, ㄷ

15. ⑤ ㄱ, ㄴ, ㄷ

16. 〈규정〉에 따라 〈사례〉의 병이 받을 형벌은?

④ 노역 3년 6개월

17. 〈규정〉에 따라 〈사례〉의 갑이 추가로 갖추어야 할 최소 주차대수는?

⑤ 20대

18
2021학년도 LEET 문12

〈규정〉을 〈사례〉에 적용한 것으로 옳지 않은 것은?

> X국은 〈규정〉과 같이 미술품에 대한 저작자의 권리를 인정한다.
>
> 〈규정〉
> 제1조 '미술상'은 저작권협회 회원으로서 미술품을 영업으로 매도·매수·중개하는 자이다.
> 제2조 미술저작물의 원본이 최초로 매도된 후에 계속해서 거래되고, 각 후속거래에서 미술상이 매도·매수·중개한 경우, 저작자는 매도인을 상대로 ㉠ 거래가액의 일정 비율의 금액을 청구할 수 있다. 거래가액이 40만 원 미만이면 그러하지 아니하다.
> 제3조 제2조에 의하여 청구할 수 있는 금액은 다음과 같이 거래가액을 기준으로 산정한다.
> (1) 5천만 원 이하: 거래가액의 1%
> (2) 5천만 원 초과 2억 원 이하: 거래가액의 2%
> (3) 2억 원 초과: 거래가액의 3%. 단, 상한은 1천만 원으로 한다.
> 제4조 저작자는 미술상에게 최근 3년간 미술상이 관여한 자기 저작물의 거래 여부에 관한 정보를 요구할 수 있고, 미술상은 이에 응하여야 한다.
> 제5조 저작자는 제2조의 권리를 행사하기 위해, 거래에 관여한 미술상에게 매도인의 이름, 주소, 거래가액에 관한 정보를 요구할 수 있고, 미술상은 이에 응하여야 한다.
>
> 〈사례〉
> 화가 갑은 자신이 그린 그림 A를 40만 원에 미술상 을에게 판매하였다. 한 달 후 을은 친구 병에게 A를 20만 원에 판매하였다. 5년이 지나 병은 을의 중개로 미술상 정에게 A를 2억 원에 판매하였다. 그로부터 1년 후 사업가 무가 정에게서 A를 3억 원에 구입하였고, 다시 3년이 지나 무는 기에게 A를 선물하였다.

① 갑이 청구할 수 있는 ㉠은 총 1천3백만 원이다.
② 을은 갑에게 ㉠으로 4천 원을 지급할 의무가 없다.
③ 병은 갑에게 ㉠을 지급할 의무가 있다.
④ 갑은 을을 상대로 병의 이름과 주소, 병이 정에게 매도한 금액에 관한 정보의 제공을 요구할 수 있다.
⑤ 갑이 정에게 A의 거래 여부에 관한 정보를 요구할 경우, 기가 현재 A를 보유하고 있다는 사실을 알고 있는 정은 그 정보를 제공할 의무가 있다.

19
2022학년도 LEET 문4

[규정]에 따라 〈사실관계〉를 판단할 때 갑의 운전면허는 최종적으로 언제까지 정지되는가?

> [규정]
> 제1조(정의) ① '벌점'은 교통법규위반에 대하여 그 위반의 경중에 따라 위반행위자에게 배점되는 점수를 말한다.
> ② '처분벌점'은 교통법규위반시 배점된 벌점을 누적하여 합산한 점수에서 기간경과로 소멸한 벌점 점수와 운전면허 정지처분으로 집행된 벌점을 뺀 점수를 말한다.
> 제2조(벌점의 배점 등) ① 속도위반을 제외한 교통법규위반에 대하여 배점되는 벌점은 아래 표와 같다.
>
> | 사유 | 벌점 | 사유 | 벌점 |
> |---|---|---|---|
> | 신호위반 | 15점 | 정지선위반 | 18점 |
> | 앞지르기금지위반 | 20점 | 갓길통행 | 25점 |
>
> ② 속도위반에 대하여 배점되는 벌점은 아래 표와 같다.
>
> | 초과된 속도 | 20km/h 초과 40km/h 이하 | 40km/h 초과 |
> |---|---|---|
> | 벌점 | 15점 | 40점 |
>
> ③ 벌점은 해당 교통법규위반일로부터 3년이 지나면 소멸하고, 30점 미만인 처분벌점은 최종 교통법규위반일로부터 교통법규위반 없이 1년이 지나면 소멸한다.
> 제3조(운전면허정지처분 등) ① 처분벌점이 40점 이상이 되면 운전면허정지처분을 하되, 최종 교통법규위반일 다음날부터 운전면허가 정지되며 처분벌점 1점을 정지일수 1일로 계산하여 집행한다.
> ② 운전면허정지 중에 범한 교통법규위반행위에 대해서는 벌점을 2배로 배점한다.
> ③ 운전면허정지 중에 새로운 운전면허정지처분을 추가로 받는 경우, 추가된 운전면허정지처분은 집행 중인 운전면허정지처분의 기간이 종료한 다음날부터 집행한다.
>
> 〈사실관계〉
> 갑은 그 이전까지는 교통법규위반 전력이 없었는데, 2017. 5. 1.에 신호위반을 하고, 2020. 7. 1.에 정지선위반을 하고, 2021. 3. 1.에 갓길통행을 하고, 2021. 4. 1.에 규정속도를 45km/h 초과하여 속도위반을 하였다. 갑은 위 모든 교통법규위반행위들에 대해 위반일자에 [규정]에 따른 벌점 또는 운전면허정지처분을 받았다.

① 2021. 5. 23.   ② 2021. 6. 7.   ③ 2021. 6. 14.
④ 2021. 7. 2.   ⑤ 2021. 7. 17.

20

2022학년도 LEET 문7

다음으로부터 추론한 것으로 옳은 것만을 〈보기〉에서 있는 대로 고른 것은?

X국은 "교통사고 당시 운전자의 혈중알코올농도가 0.03% 이상인 것이 확인되면 면허를 취소한다."는 규정을 두고 있다. 그런데 교통사고 시점으로부터 일정 시간이 경과한 이후에 음주측정이 이루어진 경우에는 교통사고 시점의 혈중알코올농도를 직접 확인할 수 없다. 이런 경우에 대비하여 X국 법원은 사고 후에 측정한 혈중알코올농도를 근거로 교통사고 시점의 혈중알코올농도를 추정하는 A공식을 도입하여 면허취소 여부를 판단하고자 한다.

A공식은 섭취 후 일정 시간 동안은 알코올이 소화기관에 의하여 혈액에 일정량 흡수되어 혈중알코올농도가 증가(상승기)하지만 최고치에 이른 시점 이후부터는 분해작용에 따라 서서히 감소(하강기)한다는 점에 착안한 것이다. A공식은 측정한 혈중알코올농도에 시간의 흐름만큼 감소한 혈중알코올농도를 더하는 방식이므로 교통사고가 혈중알코올농도 하강기에 발생한 경우에만 적용될 수 있다.

A공식: $C = r + b \times t$

(C: 확인하고자 하는 시점의 혈중알코올농도, r: 실측 혈중알코올농도, b: 시간당 알코올 분해율, t: 경과시간)

A공식에서 b는 시간당 0.008~0.03%로 사람마다 다른데 X국 법원은 개인별 차이를 고려하지 않고 위 범위에서 측정대상자에게 가장 유리한 값을 대입한다. 또한 t는 확인하고자 하는 시점부터 실제 측정한 시간까지의 경과시간을 시간 단위(h)로 대입한다.

한편 혈중알코올농도가 증가하는 '상승기 시간'은 음주종료시점부터 30분에서 1시간 30분까지로 사람마다 다른데 X국 법원은 역시 개인별 차이는 고려하지 않고 일괄적으로 음주종료시부터 1시간 30분 후에 최고 혈중알코올농도에 이르는 것으로 본다.

〈보기〉

ㄱ. 20:00까지 술을 마신 후 운전을 하다 21:00에 교통사고를 냈고 같은 날 21:30에 측정한 혈중알코올농도가 0.031%인 사람은 면허가 취소된다.

ㄴ. 20:00까지 술을 마신 후 운전을 하다 교통사고를 냈고(시간 미상), 같은 날 23:30에 측정한 혈중알코올농도가 0.012%인 사람은 이후 사고시간이 밝혀지더라도 면허가 취소되지 않는다.

ㄷ. 20:00까지 술을 마신 직후 자가측정한 혈중알코올농도가 0.05%이었고 이후 운전을 하다 22:30에 교통사고를 냈으며 같은 날 23:30에 측정한 혈중알코올농도가 0.021%인 사람의 면허는 취소되지 않는다.

① ㄱ ② ㄴ ③ ㄱ, ㄷ
④ ㄴ, ㄷ ⑤ ㄱ, ㄴ, ㄷ

21

2022학년도 LEET 문11

X국, Y국 법원이 자국 규정에 따라 재판할 때 〈사례〉의 갑, 을, 병에게 선고되는 형 중 최저 형량과 최고 형량을 옳게 짝지은 것은?

[X국 규정]
제1조 ① 강간한 사람은 징역 7년형에 처한다.
② 전항은 X국 영역 내에서 죄를 범한 내국인과 외국인에게 적용한다.
제2조 ① 해상에서 강도한 사람은 징역 8년형에 처한다.
② 전항은 X국 영역 내에서 죄를 범한 내국인과 외국인 및 X국 영역 외에서 죄를 범한 내국인에게 적용한다.
제3조 X국의 국적만 가진 사람을 내국인으로 본다.
제4조 처벌대상이 되는 동종 또는 이종의 범죄가 수회 범해진 경우, 개별 범죄에서 정한 형을 전부 합산하여 하나의 형을 선고한다. 이때 한 행위자가 동종의 범죄를 범한 경우, 1회의 범죄를 1개의 범죄로 본다.

[Y국 규정]
제1조 ① 강간한 사람은 징역 6년형에 처한다.
② 전항은 Y국 영역 내에서 죄를 범한 내국인과 외국인 및 Y국 영역 외에서 죄를 범한 내국인에게 적용한다.
제2조 ① 해상에서 강도한 사람은 징역 9년형에 처한다.
② 전항은 Y국 영역 내·외에서 죄를 범한 내국인과 외국인에게 적용한다.
제3조 Y국의 국적을 가진 사람을 내국인으로 본다.
제4조 ① 처벌대상이 되는 동종 또는 이종의 범죄가 2회 범해진 경우에는 개별 범죄에서 정한 형 중 중한 형을 선택하여 그 형에 그 2분의 1을 더한 형만 선고하고, 3회 이상 범해진 경우에는 개별 범죄에서 정한 형 중 가장 중한 형을 선택하여 그 형에 그 3분의 2를 더한 형만 선고한다.
② 전항에서 한 행위자가 동종의 범죄를 범한 경우, 1회의 범죄를 1개의 범죄로 본다.

〈사례〉
- X국 국적의 갑이 X국에서 1회 강간을 하고 1회 해상강도를 한 후 Y국에서 다시 1회 해상강도를 하였다. 갑은 Y국에서 재판을 받는다.
- Y국 국적의 을이 Y국에서 2회 강간을 하고 X국에 가서 1회 강간을 하였다. 본국으로 강제 송환된 을은 Y국에서 재판을 받는다.
- X국과 Y국의 국적을 모두 가진 병이 Y국에서 1회 해상강도를 한 후 X국에서 2회 강간을 하였다. 병은 X국에서 재판을 받는다.

① 10년 – 13년 6개월
② 10년 – 14년
③ 10년 – 15년
④ 12년 – 13년 6개월
⑤ 12년 – 14년

22

[규정]에 따라 〈사례〉를 판단한 것으로 옳지 않은 것은?

X국에서 유행성 독감이 급격히 확산하자 마스크 품귀 현상이 발생하였고 마스크 판매가격이 급등하였다. 이에 마스크 생산회사를 인수하여 마스크 공급을 독점하려는 동태가 감지되자 X국 정부는 [규정]을 제정하였다.

[규정]
제1조(지분 보유 제한) 자연인 또는 법인(회사를 포함한다)은 단독으로 또는 제2조에 규정된 '사실상 동일인'과 합하여 마스크 생산회사 지분을 50%까지만 보유할 수 있다.
제2조(사실상 동일인) '사실상 동일인'이란 다음 각호 중 어느 하나에 해당하는 자를 말한다.
  1. 해당 자연인의 부모, 배우자, 자녀
  2. 해당 자연인이 50% 이상 지분을 보유하고 있는 법인
  3. 해당 자연인이 제1호에 규정된 자와 합하여 50% 이상 지분을 보유하고 있는 법인

〈사례〉
X국에서 마스크를 생산하는 P회사 지분은 갑이 15%, 마스크 생산과 무관한 Q회사가 20%를 보유하고 있고, 나머지는 제3자들이 나누어 보유하고 있다. Q회사 지분은 을, 병, 정이 각각 10%, 40%, 50%를 보유하고 있다. 병은 을의 남편이다.

① 병은 제3자들로부터 P회사 지분 30%를 취득할 수 있다.
② 을이 갑의 딸인 경우, 갑은 제3자들로부터 P회사 지분 35%를 취득할 수 있다.
③ 정이 갑의 딸인 경우, 정은 제3자들로부터 P회사 지분 15%를 취득할 수 있다.
④ 정이 병으로부터 Q회사 지분 10%를 취득하는 경우, 병은 제3자들로부터 P회사 지분 50%를 취득할 수 있다.
⑤ 갑이 정으로부터 Q회사 지분 50%를 취득하는 경우, 갑은 제3자들로부터 P회사 지분 35%를 취득할 수 있다.

23

[규정]의 적용으로 옳은 것만을 〈보기〉에서 있는 대로 고른 것은?

[규정]
제1조 행정청은 무도장업자의 위반사항에 대하여 아래의 〈처분기준표 및 적용 방법〉에 따라 처분한다.
제2조 무도장업자가 그 영업을 양도하는 경우에는 행정청에 신고하여야 하며, 양수인은 그 신고일부터 종전 영업자의 지위를 이어받는다. 종전 영업자에게 행한 제재처분의 효과는 그 제재처분일부터 1년간 양수인에게 미치고, 제재처분을 하기 위한 절차가 진행 중인 경우 그 절차는 양수인에 대하여 계속하여 진행한다. 다만, 양수인이 양수할 당시에 종전 영업자의 위반사실을 알지 못한 경우에는 그 절차를 계속하여 진행할 수 없다.

〈처분기준표 및 적용 방법〉

위반사항	처분기준		
	1차위반	2차위반	3차위반
주류판매	영업정지 1개월	영업정지 3개월	영업정지 5개월
접대부 고용	영업정지 2개월	영업정지 5개월	등록취소
호객행위	시정명령	영업정지 10일	영업정지 20일

가. 위반사항이 서로 다른 둘 이상인 경우(어떤 위반행위에 대하여 제재처분을 하기 위한 절차가 진행되는 기간 중에 추가로 다른 위반행위가 있는 경우 포함)로서 그에 해당하는 각각의 처분기준이 다른 경우에는 전체 위반사항 또는 전체 위반행위에 대하여 하나의 제재처분을 하되 각 위반행위에 해당하는 제재처분 중 가장 무거운 것 하나를 택한다.
나. 어떤 위반행위에 대하여 제재처분을 하기 위한 절차가 진행되는 기간 중에 위반사항이 동일한 위반행위를 반복하여 한 경우로서 처분기준이 영업정지인 때에는 각 위반행위에 대한 제재처분마다 처분기준의 2분의 1씩을 더한 다음 이를 모두 합산하여 처분한다.
다. 위반행위의 차수는 최근 1년간 같은 위반행위로 제재처분을 받은 횟수의 순서에 따르고, 이 경우 기간의 계산은 위반행위에 대하여 제재처분을 받은 날과 그 처분 후 같은 위반행위를 하여 적발된 날을 기준으로 한다.

〈보기〉
ㄱ. 무도장업자 갑이 주류판매로 2019. 6. 20. 영업정지 1개월을 받은 후, 이를 알고 있는 을에게 2020. 6. 30. 그 영업을 양도하고 신고를 마쳤는데, 을이 2020. 7. 25. 접대부 고용과 주류판매로 적발되었다면, 행정청은 을에게 영업정지 3개월의 처분을 한다.
ㄴ. 호객행위로 2020. 3. 15. 시정명령을 받은 무도장업자 병이 2020. 5. 15. 호객행위로 적발되었고 제재처분 전인 2020. 5. 30. 또 호객행위로 적발되었다면, 이 두 위반행위에 대하여 행정청이 병에게 처분할 영업정지 기간의 합은 45일이 된다.
ㄷ. 주류판매로 2019. 5. 10. 영업정지 5개월을 받은 무도장업자 정은 2020. 5. 5. 접대부 고용으로 적발된 후 그 제재처분을 받기 전에 이를 모르는 무에게 2020. 5. 7. 이 무도장을 양도하고 신고를 마쳤다. 무가 이 무도장 운영 중 2020. 5. 15. 주류판매로 적발되었다면, 행정청은 무에게 영업정지 2개월의 처분을 한다.

① ㄱ   ② ㄴ   ③ ㄱ, ㄷ   ④ ㄴ, ㄷ   ⑤ ㄱ, ㄴ, ㄷ

24

2023학년도 LEET 문7

〈견해〉에 따라 〈사례〉에서 갑에게 부과되는 형의 범위로 옳은 것은?

[규정]
「범죄처벌법」 제1조(절도죄) 타인의 물건을 훔친 자는 6년 이하의 징역에 처한다.
　제2조(반복범) 징역 이상의 형을 받아 그 집행을 종료하거나 면제를 받은 후 2년 이내에 징역 이상에 해당하는 죄를 범한 자의 형의 기간 상한은 그 죄의 형의 기간 상한의 1.5배로 한다.
「절도범죄처벌특별법」 제1조(절도반복범) 절도죄로 두 번 이상의 징역형을 받은 자가 다시 절도죄를 범한 경우에는 2년 이상 20년 이하의 징역에 처한다.

〈견해〉
견해1: 「범죄처벌법」에서 '형의 집행을 종료한 후'란 형의 집행 종료일 이후를 의미한다고 해석하여야 하므로 반복범의 기간 2년을 계산하는 시작점은 형의 집행 종료일 다음날이 되어야 한다.
견해2: 「범죄처벌법」에서 '형의 집행을 종료한 후'란 문언 그대로 형의 집행이 종료된 출소 이후를 의미한다고 해석하여야 하므로 반복범의 기간 2년을 계산하는 시작점은 형의 집행 종료 당일이 되어 종료 당일도 2년의 기간에 포함된다.
견해A: 「절도범죄처벌특별법」 제1조는 「범죄처벌법」 제2조와 별개의 규정이므로 절도반복범에 해당하는 경우, 「절도범죄처벌특별법」이 따로 규정한 형벌의 범위 내에서만 형이 부과되어야 한다.
견해B: 「절도범죄처벌특별법」의 절도반복범은 절도범에 대한 가중처벌이므로 이 법에 따라 처벌하고, 이어 「범죄처벌법」의 반복범에도 해당하면 그 법에 따라 다시 가중처벌해야 한다.

〈사례〉
갑은 절도죄로 징역 6월을 선고받아 2014. 3. 15. 형집행이 종료되었고 이후 다시 저지른 절도죄로 징역 1년을 선고받아 2017. 9. 17. 형집행이 종료되었는데 다시 2019. 9. 17. 정오 무렵에 절도를 저질렀다(기간 계산에 있어서 시작일은 하루로 계산한다).

① 견해1과 견해A에 따르면, 징역 2년 이상 30년 이하
② 견해1과 견해B에 따르면, 징역 2년 이상 30년 이하
③ 견해2와 견해A에 따르면, 징역 2년 이상 30년 이하
④ 견해2와 견해A에 따르면, 징역 9년 이하
⑤ 견해2와 견해B에 따르면, 징역 2년 이상 30년 이하

25

2023학년도 LEET 문10

[규정]을 〈사례〉에 적용한 것으로 옳은 것만을 〈보기〉에서 있는 대로 고른 것은?

주식시장에서는 [규정]에 의하여 체결 가격(이하 가격이라 한다)을 결정한다.

[규정]
제1조 가격은 10분마다 결정한다.
제2조 직전 가격 결정 후 10분간의 매도·매수주문에 따라 새로운 가격을 결정한다.
제3조 호가(매도·매수하려는 사람이 표시하는 가격) 중 체결가능수량이 가장 많은 호가를 가격으로 결정하여 거래가 체결된다. 이때 체결가능수량은 다음 ①과 ② 중에서 적은 것으로 한다.
　① 해당 호가 이상의 매수주문 주식 수의 총합
　② 해당 호가 이하의 매도주문 주식 수의 총합
제4조 가격이 결정되면 해당 가격의 체결가능수량은 그 가격에 전량 체결된다. 이때 그 체결가능수량이 매도주문 수량이면 해당 가격보다 높은 호가의 매수 수량부터, 매수주문 수량이면 해당 가격보다 낮은 호가의 매도 수량부터 먼저 체결된다.

〈사례〉
특정 시점에 A주식에 대한 주문은 다음과 같다. 이후 가격 결정 시점까지 갑 이외의 사람은 추가로 주문을 내지 않으며, 이미 낸 주문을 철회하지도 않는다(A주식의 호가별 차이는 50원이다).

매도·매수 호가	매도주문 수량(주)	매수주문 수량(주)
10,550원 이상	0	0
10,500원	20,000	8,400
10,450원	14,000	(㉠)
10,400원 이하	0	0

〈보기〉
ㄱ. ㉠이 17,000이고 갑이 만약 10,500원에 4,000주 추가 매수주문을 내면 10,500원에 12,400주 전량이 체결된다.
ㄴ. 갑이 만약 10,500원에 8,000주 추가 매수주문을 내면 ㉠과 관계없이 10,500원에 16,400주 전량이 체결된다.
ㄷ. 갑이 만약 10,450원에 10,000주 추가 매도주문을 내고 10,450원에 매도주문된 24,000주 전량이 체결되었다면, ㉠은 15,700이 될 수 있다.

① ㄱ　　② ㄴ　　③ ㄱ, ㄷ
④ ㄴ, ㄷ　　⑤ ㄱ, ㄴ, ㄷ

26
2023학년도 LEET 문11

다음 글에 대한 분석으로 옳은 것만을 〈보기〉에서 있는 대로 고른 것은?

[X국 세법의 부동산보유세율]

부동산 가격	세율
5억 원 이하	0.5%
5억 원 초과 10억 원 이하	1.5%
10억 원 초과 20억 원 이하	2.5%
20억 원 초과	3.5%

〈상황〉
회사 갑과 회사 을은 P그룹에 속하고, 회사 병과 회사 정은 Q일가의 가족이 운영하고 있다. P는 기업등록부에 그룹으로 등록되어 있으며, Q는 그룹으로 등록되어 있지 않다. X국의 현행 세법에 따르면 각 회사별로 보유하고 있는 부동산에 대하여 개별 과세한다. (P와 Q 자체는 부동산을 보유하고 있지 않다.)

〈견해〉
견해1: 과세는 경제공동체 단위로 이루어져야 한다. 기업등록부에 등록된 하나의 그룹 내 속한 회사들은 경제공동체로 볼 수 있다. 예컨대 P그룹에 속한 회사 중 갑만이 10억 원의 부동산을 소유하는 경우의 총과세액과 갑, 을 각각 5억 원의 부동산을 소유하는 경우의 총과세액이 현행 세법에 따르면 달라지는데 이는 경제공동체라는 점이 반영되지 않으므로 부당하다. P그룹 내 각 회사의 부동산 소유 개별 가격에 관계 없이 합산 부동산 가격에 대해 과세해야 경제공동체라는 점이 반영된다. 즉, P그룹 내 회사들의 소유 부동산에 대해 합산과세하여야 한다.
견해2: 과세는 경제공동체 단위로 이루어지는 것이 바람직하지만, 기업등록부에 등록된 그룹에 대해서만 부동산보유세 합산과세를 하는 경우에는 다음과 같은 문제점이 생긴다. 예컨대 Q일가가 운영하는 병과 정은 기업등록부에 그룹으로 등록된 회사가 아니므로 병과 정의 보유 부동산 가액은 과세 시 합산되지 않는다. P와 Q에 속한 각 회사들의 부동산 가액의 합이 같은 경우에는, P와 Q 모두 실질적으로 경제공동체의 속성을 가지고 있음에도 불구하고 P가 Q보다 세금을 더 내게 되어 불공평한 결과를 초래한다. 따라서 차라리 현행 세법에 따라 그룹 등록 여부와 무관하게 각 회사별로 개별과세하는 것이 옳다.

〈보기〉
ㄱ. P에 속한 회사들의 부동산 합산 가격이 5억 원 이하라면, 견해1에 의하여 과세하든 견해2에 의하여 과세하든 과세 총액이 달라지지 않는다.
ㄴ. P에 속한 회사들의 부동산 합산 가격이 20억 원을 초과한다면, 견해1에 의하여 과세하는 경우와 견해2에 의하여 과세하는 경우에 각 과세 총액이 같아지는 경우는 없다.
ㄷ. Q 등의 실질적인 경제공동체를 기업등록부에 등록된 그룹으로 보는 세법 개정이 이루어진다면, 견해2는 P에 대한 부동산보유세 합산과세에 반대하지 않을 것이다.

① ㄱ ② ㄴ ③ ㄱ, ㄷ
④ ㄴ, ㄷ ⑤ ㄱ, ㄴ, ㄷ

27
2024학년도 LEET 문3

다음으로부터 〈사례〉를 판단한 것으로 옳은 것만을 〈보기〉에서 있는 대로 고른 것은?

거래 당사자들은 특별한 경우에는 거래에 필요한 정보를 상대방에게 고지해야 한다.
객관적이고 평균적인 거래 당사자의 입장에서 보아 거래를 결정하는 데에 중요하지 않은 정보는 고지할 필요가 없다. 거래의 당사자 일방이 가지는 주관적 사정을 고려하면 중요한 정보이더라도 객관적이고 평균적인 거래 당사자에게 중요한 정보가 아니라면 고지할 필요가 없다. 거래의 당사자 일방이 상대방에게 의미가 있는 주관적인 사정을 인지하였더라도 마찬가지이다. 객관적이고 평균적인 거래 당사자의 입장에서 중요한 정보(이하 '객관적 정보')인지는 세대별 시장 가격 차이를 가져오는 요인을 통해 판단한다.
객관적 정보는 정보 보유자가 목적한 바에 따라 비용을 들여 조사한 결과로 취득한 것인지 아니면 우연히 취득한 것인지에 따라 고지의무 유무가 달라진다. 전자의 경우 정보 보유자가 거래 상대방에게 정보를 고지할 필요가 없지만 거래의 일방 당사자가 정보 취득을 위해 탐지 비용을 들인 경우에도 취득한 정보를 통해 이미 비용 지출 목적을 달성하였다면 정보를 고지해야 한다. 후자의 경우 고지의무를 부담하나 정보 제공에 의해 거래 상대방이 거래 가격을 상승시킬 유인이 된다면 그 정보를 고지할 필요가 없다. 또한 시장 가격보다 낮은 금액으로 거래할 경우 객관적 정보이더라도 거래 상대방에게 고지할 필요는 없다.

〈사례〉
거래 대상인 A지역 B아파트의 세대별 평($3.3m^2$)당 시장 가격은 아래 표와 같다.

	강 조망	숲 조망	도시 조망	기타 조망
평당 가격(만 원)	2,000	1,800	1,600	1,400

〈보기〉
ㄱ. 갑이 우연히 B아파트가 재건축되어 시장 가격이 상승될 것임을 알게 된 후 B아파트의 도시 조망 세대를 평당 1,600만 원에 매수하는 경우, 갑은 매도인에게 이 정보를 고지할 의무가 있다.
ㄴ. 매수인이 강을 보는 것을 두려워한다는 사실을 밝혔음에도 B아파트 강 조망 세대의 소유자 을이 매수인에게 강 조망이라는 사실을 알리지 않고 평당 1,600만 원에 매도하였다면, 을은 고지의무를 위반한 것이다.
ㄷ. B아파트 숲 조망 세대의 소유자 병이 시장 가격 하락 요인인 바닥의 누수 여부를 확인하기 위해 비용을 들여 조사한 결과 바닥에 누수가 발생하였음을 확인한 후 이 정보를 알리지 않고 평당 1,800만 원에 매도하였다면, 병은 고지의무를 위반한 것이다.

① ㄱ ② ㄷ ③ ㄱ, ㄴ
④ ㄴ, ㄷ ⑤ ㄱ, ㄴ, ㄷ

28

[규정]의 적용으로 옳은 것만을 〈보기〉에서 있는 대로 고른 것은?

[규정]
제1조 용도지역 또는 용도지구(이하 '용도지역등')에 있는 대지의 용적률(대지 면적에 대한 건물 각 층의 바닥 면적을 합한 전체 면적의 비율)과 건폐율(대지 면적에 대한 건물 바닥 면적의 비율)은 다음과 같다.

	용도지역		용도지구	
	주거지역	상업지역	고도지구	경관지구
용적률(%)	500	1,500	200	100
건폐율(%)	70	90	60	50

제2조 하나의 대지가 둘 이상의 용도지역등에 걸치는 경우에 다음 각호를 제외하고는 그 대지 중 가장 넓은 면적이 속하는 용도지역등에 관한 규정을 적용한다.
1. 각 용도지역등에 걸치는 부분 중 가장 작은 부분의 규모가 400m² 이하인 경우, 전체 대지의 용적률과 건폐율은 〈계산식〉에 따른 결과값(가중평균 용적률 또는 건폐율)을 적용한다. 다만 대지의 용도변경에 의해 각 용도지역등에 걸치는 부분 중 가장 작은 부분의 규모가 400m² 이하가 된 경우에는 종전보다 용적률과 건폐율이 모두 증가하는 경우에 한하여 〈계산식〉에 따른 결과값을 적용한다.
2. 대지 위 건축물이 고도지구에 걸치는 경우, 그 대지의 전부에 대하여 고도지구의 대지에 관한 용적률과 건폐율을 적용한다. 다만 건축물이 경관지구에도 걸치는 경우에는 대지의 절반은 경관지구로 나머지 절반은 고도지구로 보고, 전체 대지의 용적률과 건폐율은 〈계산식〉에 따른 결과값을 적용한다.

〈계산식〉
○ 가중평균 용적률(건폐율) = [각 용도지역등에 해당하는 토지 부분의 면적에 그 부분의 용적률(건폐율)을 곱한 값의 총합] ÷ [전체 대지 면적]

〈보기〉
ㄱ. 1,000m²의 대지가 상업지역 600m²와 주거지역 400m²로 걸치는 경우, 대지의 용적률은 1,100%이고 건폐율은 82%이다.
ㄴ. 1,000m²의 대지가 상업지역 550m²와 주거지역 450m²로 걸치고 대지 위 건축물이 고도지구와 경관지구에 걸치는 경우, 대지의 용적률은 150%이고 건폐율은 55%이다.
ㄷ. 1,000m²의 대지가 주거지역 550m²와 상업지역 450m²로 걸쳐 있었는데 관할관청의 용도변경으로 주거지역 400m²와 상업지역 600m²로 걸치게 되는 경우, 대지의 용적률은 500%이고 건폐율은 70%이다.

① ㄱ
② ㄷ
③ ㄱ, ㄴ
④ ㄴ, ㄷ
⑤ ㄱ, ㄴ, ㄷ

29

다음으로부터 추론한 것으로 옳지 않은 것은?

계약은 당사자의 자율적 합의로 성립된다. 계약의 본질과 기능에 비추어 계약법은 당사자의 자율을 승인할 뿐만 아니라 이를 최대한 관철시키고 강화하는 규범체계라야 한다. 당사자의 자율은 어느 경우에 제한할 수 있는가? 이에 대해 세 가지 견해가 있다.

A: 자율은 그것이 가져오는 결과보다는 자율 그 자체에 가치가 있는 것이기에 보호되어야 한다. 당사자의 의사는 '원래' 존중할 가치가 있기 때문에, 당사자 일방이 의도했던 의사가 다르게 표시되어 상대방이 그 표시대로 믿었더라도 표시보다는 당사자 일방이 의도한 의사를 존중해야 한다. 국가의 후견적 관여는 자율의 행사가 오히려 자율 그 자체를 본질적으로 침해하는 정도에 이르러야 비로소 정당화된다.

B: 자율 그 자체의 가치보다는 자율이 당사자에게 가져다주는 효용에 주목하여 자율을 보호해야 한다. 자율을 제한함으로써 당사자에게 발생하는 비용(−)의 절댓값이 당사자에게 발생하는 효용(+)의 절댓값보다 작으면, 자율에 대한 제한은 정당화된다. 자율을 제한하여 당사자 이외의 제3자(국가나 사회 포함)의 효용을 높일 수 있다는 것만으로는 자율에 대한 제한이 정당화되지 않는다.

C: 자율 그 자체의 가치보다는 자율이 사회 전체에 가져다주는 효용에 주목하여 자율을 보호해야 한다. 이러한 사고는 효용을 평가할 때 당사자가 아닌 사회 전체에 초점을 맞춘다. 다만 자율을 제한함으로써 당사자에게 발생하는 비용(−)의 절댓값이 당사자에게 발생하는 효용(+)의 절댓값보다 큰 경우에는 그 차액만큼 국가 등이 보상해주어야 자율을 제한할 수 있다. 보상된 만큼 당사자의 효용은 증가된 것으로 본다.

① A에 따르면, 당사자 일방이 자신이 의도했던 의사가 ㉮임에도 실수로 ㉯로 표시하여 상대방이 ㉯로 인식한 경우에도 당사자 일방의 의사를 ㉮로 본다.
② B에 따르면, 당사자의 자율을 정당하게 제한함으로써 발생하는 당사자의 비용(−)과 효용(+)의 합은 항상 양(+)이다.
③ C에 따르면, 당사자의 자율을 제한하는 경우에 당사자의 비용(−)과 효용(+)의 합이 음(−)인 경우가 발생한다.
④ A와 C 중 어느 것에 따르든, 당사자의 자율을 제한하여 발생하는 당사자의 비용(−)과 효용(+)의 합이 양(+)이 되더라도 당사자의 자율을 제한할 수 없는 경우가 존재한다.
⑤ X국 규제기본법이 "사회 전체에 창출되는 효용의 총합이 자율을 제한하여 발생하는 비용을 초과하는 경우에만 당사자의 자율을 제한한다."라고 규정한다면, 이는 B보다는 C에 따라 입법된 것이다.

30

[규정]의 적용으로 옳은 것만을 〈보기〉에서 있는 대로 고른 것은?

[규정]
제1조 ① 도로관리청은 도로와 도로구역을 관리한다.
② '도로'란 차도, 보도를 말하며, 도로의 부속물(도로관리청이 도로의 이용과 관리를 위하여 설치하는 주차장, 버스정류시설, 휴게시설 등)을 포함한다.
③ '도로구역'이란 도로를 구성하는 일단의 토지를 말한다.
제2조 ① 도로관리청은 도로 노선의 지정 또는 폐지의 고시가 있으면 해당 도로구역을 지정 또는 폐지하여야 한다. 도로구역의 지정 또는 폐지의 효력은 고시함으로써 발생한다.
② 도로(도로구역 포함)로 지정된 국유지 또는 사유지를 점용하려는 자는 도로관리청의 허가를 받아야 하고, 매월 일정한 토지점용료(이하 '월 토지점용료')를 납부하여야 한다.
제3조 ① 도로관리청은 도로점용허가를 받지 아니하고 도로를 점용(이하 '무단점용')한 경우 무단점용한 기간에 대하여 무단점용한 토지에 부과되어야 하는 월 토지점용료의 100분의 150에 상당하는 금액을 변상금으로 징수한다.
② 도로점용허가를 받은 자가 도로점용허가의 내용을 초과하여 도로를 점용(이하 '초과점용')한 경우 초과점용한 기간에 대하여 초과점용한 토지에 부과되어야 하는 월 토지점용료의 100분의 120에 상당하는 금액을 변상금으로 징수한다. 다만 초과점용이 도로 점용자의 고의·과실로 인한 것이 아닌 경우에는 도로관리청은 초과점용 부분에 대한 토지점용료 상당액을 징수한다.

〈보기〉
ㄱ. 도로의 초과점용에 대하여 6,000만 원의 변상금 부과처분을 하였으나, 고의·과실 없이 초과점용한 것으로 밝혀져 변상금 부과처분이 취소된 경우, 도로관리청이 초과점용을 이유로 부과할 토지점용료 상당액은 5,000만 원이다.
ㄴ. 신도로 완공 후, 구도로 노선의 도로구역으로 지정되었던 토지에 도로관리청의 도로점용허가 없이 농지를 조성한 경우가 변상금 부과처분 대상이 아닌 것으로 확정되었다면, 구도로 노선의 도로구역 폐지의 고시가 있었을 것이다.
ㄷ. 도로인 X국유지(월 토지점용료 1,200만 원)를 도로점용허가 없이 1개월간 점용한 경우 부과처분될 변상금액은, X국유지에 대하여 도로점용허가를 받은 후 인근의 도로구역인 사유지(월 토지점용료 1,500만 원)를 고의로 1개월간 초과점용한 경우 부과처분될 변상금액과 같다.

① ㄱ
② ㄷ
③ ㄱ, ㄴ
④ ㄴ, ㄷ
⑤ ㄱ, ㄴ, ㄷ

31

[선발 규칙]과 [조정 규칙]의 적용으로 옳은 것만을 〈보기〉에서 있는 대로 고른 것은?

P사는 신입사원을 선발할 때 [선발 규칙]의 세 가지 안 중 하나를 적용하여 1,600명을 우선 선발하였고, [조정 규칙]을 적용하여 추가 선발하였다.

[선발 규칙]
1안: 공대 출신과 비공대 출신을 3:1로 선발한다.
2안: 공대 출신과 비공대 출신을 3:2로 선발하고, 경력자와 비경력자도 3:2로 선발한다. 이때 비공대 출신 경력자와 비공대 출신 비경력자는 같은 수가 되도록 한다.
3안: 공대 출신 경력자, 공대 출신 비경력자, 비공대 출신 경력자, 비공대 출신 비경력자를 1:1:1:1로 선발한다.

[조정 규칙]
1안: 비공대 출신 선발자 수의 4분의 1에 해당하는 비공대 출신을 추가로 선발한다. 추가 선발자 중 경력자와 비경력자는 같은 수가 되도록 한다.
2안: 선발된 경력자 수의 2분의 1에 해당하는 경력자를 추가로 선발한다. 추가 선발자 중 공대 출신과 비공대 출신은 같은 수가 되도록 한다.

〈보기〉
ㄱ. [선발 규칙] 1안에 따른 결과를 [조정 규칙] 1안에 따라 조정하였다면, 최종 선발자 중 경력자의 수는 1,650명을 넘을 수 없다.
ㄴ. [선발 규칙] 2안에 따른 결과를 [조정 규칙] 2안에 따라 조정하였다면, 최종 선발자 중 공대 출신의 수는 비공대 출신의 수의 1.5배를 초과한다.
ㄷ. [선발 규칙] 3안에 따른 결과를 [조정 규칙] 1안에 따라 조정하고 그 결과를 [조정 규칙] 2안에 따라 조정하였든, [선발 규칙] 3안에 따른 결과를 [조정 규칙] 2안에 따라 조정하고 그 결과를 [조정 규칙] 1안에 따라 조정하였든, 최종 선발된 공대 출신 비경력자의 수는 같다.

① ㄱ
② ㄴ
③ ㄱ, ㄷ
④ ㄴ, ㄷ
⑤ ㄱ, ㄴ, ㄷ

32

2024학년도 LEET 문9

[규정]과 〈약관〉으로부터 추론한 것으로 옳은 것만을 〈보기〉에서 있는 대로 고른 것은?

렌터카 사업을 하는 P사는 포인트 적립 계약과 관련한 〈약관〉을 두고 있었는데, 〈약관〉의 일부 조항을 개정하여 즉시 시행한다고 공지하자 기존 가입자 중 일부가 개정된 조항이 [규정]에 위반되는 불공정약관조항이라고 주장하고 있다.

[규정]
제1조 '불공정약관조항'이란 사업자에게만 이익이 되고 고객에게 일방적으로 불리한 내용을 정하고 있는 약관조항을 말한다.
제2조 위원회는 사업자가 제1조를 위반한 경우 사업자에게 해당 불공정약관조항의 삭제·수정 등 시정에 필요한 조치를 권고할 수 있다.

〈약관〉
1. 소비자는 렌터카를 이용하여 1년간 주행할 것으로 예상되는 거리에 따라 A, B 플랜 중 하나만 선택하여 가입할 수 있다.
2. 각 플랜의 계약기간은 1년으로 하고, 적립포인트의 유효기간은 각 플랜의 계약기간이 종료된 날로부터 2년으로 한다.
3. 포인트는 다음 표에 따라 적립된다. A 플랜에서는 기준거리를 초과한 경우에만 전체 주행거리에 대해서 포인트가 적립된다.

플랜	기준거리	적립포인트(km당)	
		개정 전	개정 후
A	1,000km	1.5	2.0
B	없음	1.0	0.5

〈보기〉
ㄱ. 〈약관〉 개정 후 A 플랜 계약자는 〈약관〉 개정 전과 동일한 포인트를 적립하기 위하여 25% 더 적은 거리를 주행하여도 충분하나, B 플랜 계약자는 100% 더 많은 거리를 주행하여야 한다.
ㄴ. 위원회가 개정된 〈약관〉의 '개정 후' 부분에 대해서 [규정] 제2조에 따라 시정조치를 권고하는 경우, 기존 가입자에게 개정된 〈약관〉을 잔여 계약기간에 적용할지를 선택할 수 있도록 함으로써 기존 가입자의 그 기간에 대한 불공정성을 완화할 수 있다.
ㄷ. 위원회의 시정조치 권고에 따라, 개정 후 〈약관〉의 B 플랜을 선택하는 계약자에게 1,000km를 초과한 부분에 대해서는 1.5포인트를 적립해주기로 한다면, 2,000km를 초과하여 운행해야만 개정 전 〈약관〉에 따라 B 플랜을 선택한 경우보다 더 많은 포인트가 적립된다.

① ㄱ ② ㄴ ③ ㄱ, ㄷ
④ ㄴ, ㄷ ⑤ ㄱ, ㄴ, ㄷ

33

2025학년도 LEET 문10

다음으로부터 추론한 것으로 옳은 것만을 〈보기〉에서 있는 대로 고른 것은?

P사는 2023. 8. 1. 출시한 제품 A를 2023. 8. 1.부터 2023. 8. 31.까지는 정가 15,000원에 판매하다가, 할인율을 표시하지 않고 2023. 9. 1.부터 2023. 9. 10.까지는 14,500원, 2023. 9. 11.부터 2023. 9. 20.까지는 13,500원, 2023. 9. 21.부터 2023. 9. 30.까지는 11,000원에 판매하였다. P사는 2023. 10. 1.부터 6개월간 신문 및 전단을 통하여 A에 대한 '1+1 행사'를 한다고 광고하면서 A의 1개 판매가격을 15,000원으로 기재하였다. 규제기관 Q는 2024. 2. 1. P사의 '1+1 행사' 광고가 [규정]을 위반하였다는 이유로 과태료를 부과하였다. Q는 ㉠ 판매방식과 관계없이 소비자들은 종전거래가격에 대비하여 50% 할인된 가격으로 구매한다고 생각하므로 '1+1 행사'는 할인판매에 해당한다고 본 것이다.

[규정]
제○조(할인판매) ① 사업자가 상품의 할인판매를 하는 경우 할인율을 표시하고 광고 개시 직전 30일간의 종전거래가격을 기재한다. 다만, 30일간의 가격이 계속 변동된 경우에는 '30일간의 가격의 평균'과 '30일간의 가격 중 최저가격과 최고가격의 평균' 중 낮은 가격을 종전거래가격으로 기재한다.
② 제1항에도 불구하고 서로 다른 조건으로 연달아 할인판매를 하는 경우에는 최초의 할인판매 직전 30일간의 종전거래가격을 기재한다.
③ 제1항 또는 제2항을 위반한 경우에는 3,000만 원 이하의 과태료를 부과한다.

〈보기〉
ㄱ. P사의 '1+1 행사'는 할인율을 직접 표시하지 않았으므로 15,000원을 판매가격으로 기재한 행위가 증정판매를 위한 것에 불과하다는 해석은 ㉠을 약화한다.
ㄴ. Q에 따르면, P사는 A의 판매가격을 13,000원으로 기재했어야 한다.
ㄷ. 할인율을 표시하지 않고 할인하여 판매한 경우도 할인판매로 본다면, P사의 '1+1 행사'가 할인판매로 인정되더라도 P사가 이 행사에서 15,000원을 판매가격으로 기재한 것은 [규정] 위반이 아니다.

① ㄱ ② ㄴ ③ ㄱ, ㄷ
④ ㄴ, ㄷ ⑤ ㄱ, ㄴ, ㄷ

34. 정답 ③ ㄱ, ㄴ

35. 정답 ① ㄴ

36

다음으로부터 추론한 것으로 옳은 것만을 〈보기〉에서 있는 대로 고른 것은?

X국의 등기부나 토지대장 등의 공적장부(이하 '공부')에서는 면적 단위로 제곱미터(㎡)를 쓰고, 일반적인 거래 실무에서는 제곱미터와 평(坪)을 혼용하고 있다. 1평은 3.3058㎡이고, 1㎡는 0.3025평에 해당한다. 토지의 면적은 등기비용을 산정하는 데 중요한 기준이 되는데, 지역과 관계없이 면적당 같은 등기비용이 부과되지만, 단위면적당 등기비용은 논이 밭이나 임야의 2배이다. 한편 X국의 오래된 공부에는 '정단무보(町段畝步)'로 면적이 표기되어 있는 경우도 있다. 이 '정단무보'는 1900년대에 공부를 처음 만들 때부터 쓰던 토지의 면적 단위이다. 1정은 밭두둑을 의미하고, 1단은 물에 흙이 쓸려 내려간 단층 면적을 의미하며, 1무는 밭이랑 면적만큼을 나타내고, 1보는 사람의 한 걸음만큼의 면적을 나타낸다. 이를 평으로 환산하면, 1정은 3,000평, 1단은 300평, 1무는 30평, 1보는 1평에 해당한다. 이 '정단무보'는 임야나 밭의 면적 단위에 사용하였다. 토지의 면적에 대해 오늘날 법령에서 종종 사용하는 단위로, 아르(a)와 헥타아르(ha)도 있다. 1아르는 가로세로가 모두 10m인 정사각형의 면적이고, 1헥타아르는 가로세로가 모두 100m인 정사각형의 면적을 의미한다. 한편 P와 Q지방에서는 논의 고유한 면적 단위로 '계(界)'를 사용했다. 1계는 쌀 1톤의 수확량을 얻기 위해 필요한 논의 면적을 말한다. 1계의 면적은 P와 Q지방에서 달랐는데 P지방에서는 100평을 1계로 불렀고, Q지방에서는 300평을 1계로 불렀다.

〈보기〉

ㄱ. P지방의 '1헥타아르의 논 A'와 Q지방의 '밭이랑 200개에 해당하는 면적의 임야 B'를 상속한 을이 자기 앞으로 등기를 이전하는 경우에, 을은 B보다 A의 등기비용을 더 지출하게 된다.

ㄴ. 갑이 등기소에 2정 3단 1무 10보의 토지를 등기신청하였는데, 등기공무원이 등기부에 22,900㎡로 기재하였다면, 실제 면적 보다 등기부에 작게 기재된 것이다.

ㄷ. P지방의 논 C에서 얻을 수 있는 쌀 수확량과 Q지방의 논 D에서 얻을 수 있는 쌀 수확량이 같다면 C 면적이 D 면적의 3배이다.

① ㄱ ② ㄷ ③ ㄱ, ㄴ
④ ㄴ, ㄷ ⑤ ㄱ, ㄴ, ㄷ

유형 02 - 인문학

01
LEET 1차 예시 문6

다음의 글로부터 추론할 수 있는 것은?

> 미국 사회에서 아시안 아메리칸 학생들은 '모범적 소수 인종(model minority)'으로, 즉 미국의 교육체계 속에서 뚜렷하게 성공한 소수 인종의 전형으로 간주되어 왔다. 그리고 그들은 성공적인 학교 생활을 통해 주류 사회에 동화되고 이것에 의해 사회적 삶에서 인종주의의 영향을 약화시킨다는 주장으로 이어졌다. 하지만 아시안 아메리칸 학생들이 이러한 정형화된 이미지처럼 인종주의의 장벽을 넘어 미국 사회의 구성원으로 참여하고 있는가는 의문이다. 미국 사회에서 아시안 아메리칸 학생들의 인종적 정체성은 다수자인 '백인'이 가진 장점이라고 생각하는 것과, 소수자인 아시아인이 가진 단점이라고 생각하는 것과의 관계 속에서 구성된다. 그리고 이것은 그들에게 두 가지 보이지 않는 상처를 낳는다. 하나는 대부분의 아시안 아메리칸 학생들이 인종적인 차이에 대한 그들의 불만을 해소하고 인종 차이에서 발생하는 차별을 피하기 위하여 백인이 되기를 원하는 것이다. 다른 하나는 학생들이 다른 사람들이 자신을 아시아계 사람으로 연상하지 않도록 자신을 아시아인들의 전형적인 모습들로부터 이탈시키는 것이다. 그러므로 모범적 소수 인종으로서의 아시안 아메리칸 학생은 백인에 가까운 또는 아시아인에서 먼 '아메리칸'으로 성장할 위험 속에 있다.

① '모범적 소수 인종'은 고유의 인종적 정체성을 내면화하고 있다.
② '아시안 아메리칸 학생'들의 성공은 일시적이고 허구적인 것이다.
③ 소수 인종은 인종 차이가 초래할 부정적인 효과에 대해 의식하고 있다.
④ 집단으로서 인종들은 사회에서 한정된 자원의 배분을 놓고 갈등하고 있다.
⑤ 다인종 사회에서 다수파 인종은 은폐된 형태로 인종 차별을 지속시키고 있다.

02
2009학년도 LEET 문9

원문의 알파벳을 다른 알파벳으로 바꾸어 제작된 암호문을 입수하였는데, 원문에 사용된 언어가 어떤 언어인지 밝혀졌다. 이 암호문에 대한 다음의 해독법이 제안되었을 때, 이 방법이 성공하기 위해 필요한 조건만을 〈보기〉에서 있는 대로 고른 것은?

> 원문과 같은 언어로 쓰인 평범한 텍스트 몇 장을 구한 다음, 각 알파벳의 사용 빈도를 센다. 가장 많이 사용된 알파벳을 '제1자'라 하고, 다음으로 자주 사용된 알파벳을 '제2자'라고 하는 식으로 해서 텍스트에 나오는 모든 알파벳을 조사한다. 암호문에 나오는 알파벳도 위와 같은 방법으로 분석, 분류한다. 암호문에서 가장 많이 사용된 알파벳을 위의 '제1자'로 대치하고, 두 번째로 자주 사용된 알파벳은 '제2자'로 대치하는 식으로 암호문에 나오는 모든 알파벳을 정리해 나간다.

―〈보기〉―
ㄱ. 알파벳의 빈도를 정하기 위해 사용된 텍스트와 암호문 텍스트는 충분히 길다.
ㄴ. 한 암호문 내에서 원문 알파벳과 암호문 알파벳 사이의 대응은 일관되게 유지된다.
ㄷ. 암호문의 알파벳을 대치하는 원문의 알파벳 중 처음 몇 자만으로 대응 규칙을 발견할 수 있다.

① ㄱ ② ㄷ ③ ㄱ, ㄴ
④ ㄴ, ㄷ ⑤ ㄱ, ㄴ, ㄷ

03

2009학년도 LEET 문10

다음에서 설명된 '자연적'의 의미를 바르게 적용한 것은?

> 미덕은 자연적인 것이고 악덕은 자연적이지 않은 것이라는 주장보다 더 비철학적인 것은 없다. 자연이라는 단어가 다의적이기 때문이다. '자연적'이라는 말의 첫 번째 의미는 '기적적'인 것의 반대로서, 이런 의미에서는 미덕과 악덕 둘 다 자연적이다. 자연법칙에 위배되는 현상인 기적을 제외한 세상의 모든 사건이 자연적이다. 둘째로, '자연적'인 것은 '흔하고 일상적'인 것을 의미하기도 한다. 이런 의미에서 미덕은 아마도 가장 '비자연적'일 것이다. 적어도 흔하지 않다는 의미에서의 영웅적인 덕행은 짐승 같은 야만성만큼이나 자연적이지 못할 것이다. 세 번째 의미로서, '자연적'은 '인위적'에 반대된다. 행위라는 것 자체가 특정 계획과 의도를 지니고 수행되는 것이라는 점에서, 미덕과 악덕은 둘 다 인위적인 것이라 할 수 있다. 그러므로 '자연적이다', '비자연적이다'라는 잣대로 미덕과 악덕의 경계를 그을 수 없다.

① 수재민을 돕는 것은 첫 번째와 세 번째 의미에서 자연적이다.
② 논개의 살신성인적 행위는 두 번째와 세 번째 의미에서 자연적이지 않다.
③ 내가 산 로또 복권이 당첨되는 일은 첫 번째와 두 번째 의미에서 자연적이지 않다.
④ 벼락을 두 번이나 맞고도 살아남은 사건은 첫 번째와 두 번째 의미에서 자연적이다.
⑤ 개가 낯선 사람을 보고 짖는 것은 두 번째 의미에서는 자연적이지 않지만, 세 번째 의미에서는 자연적이다.

04

2010학년도 LEET 문14

다음 글로부터 추리한 것으로 옳은 것만을 〈보기〉에서 있는 대로 고른 것은?

> 20장의 카드가 바닥에 겹치지 않게 놓여 있다. 이 20장의 카드 모두 앞면에는 '음' 또는 '양' 중 하나가, 뒷면에는 '해' 또는 '달' 중 하나가 씌어 있음을 철수는 알고 있다. 이 중 12장이 앞면을 보이는데, 그 가운데 10장에 '음'이, 2장에 '양'이 씌어 있다. 나머지 8장 가운데 3장에 '해'가, 5장에 '달'이 씌어 있다. 이 20장의 카드 중 앞면에 '음'이 쓰인 카드의 뒷면에는 반드시 '달'이 씌어 있다고 영희가 말한다. 철수는 이 말의 진위를 확인하기 위해 카드를 뒤집어 보려 한다. 하지만 철수가 카드 1장을 뒤집을 때마다 영희에게 1만 원씩 내야 한다.

〈보기〉

ㄱ. 영희의 말이 사실이 아니면, 철수가 영희에게 1만 원을 내고 그 말의 진위를 확인하게 되는 경우가 있을 수 있다.
ㄴ. 영희의 말이 사실이든 아니든, 철수가 영희에게 내는 돈이 12만 원을 초과하기 전에 그 말의 진위를 반드시 확인하게 해주는 방법이 있다.
ㄷ. 영희의 말이 사실이면, 철수가 영희에게 15만 원 이상을 내지 않고는 그 말의 진위를 확인할 수 없다.

① ㄱ ② ㄴ ③ ㄷ
④ ㄱ, ㄴ ⑤ ㄴ, ㄷ

05

신하들의 반론으로부터 태종의 '유훈'을 추리한 것으로 적절한 것만을 〈보기〉에서 있는 대로 고른 것은?

인정(仁政)과 선왕의 유훈을 둘러싼 세종과 신하들의 의견 대립은 양녕대군과 그의 맏아들의 처리를 둘러싼 논쟁에서 본격적으로 불거졌다. 양녕대군의 맏아들에게 인정을 시행하려고 하자 신하들은 다음과 같이 반대하였다.

갑: 양녕은 선왕께 죄를 지어 선왕께서 종묘와 사직에 그의 죄를 고하고 합당한 처분을 내리셨고, 처분의 변경 여부를 조정에 맡기셨습니다. 지금 전하께서 그의 맏아들을 도성 안에 살게 하시는 것은 선왕의 유훈을 어기시는 것과 마찬가지입니다.

을: 당연합니다. 아비와 아들은 비록 몸은 다르지만 마음은 같으니, 아들이 도성 안에 사는 것은 아비가 도성 안에 사는 것과 다를 바 없습니다. 따라서 양녕의 맏아들에게 인정을 베푸시는 것도 조정이 논의할 사항입니다.

병: 선왕께서 양녕을 불러 만나신 것은 종묘와 사직에 대한 대의를 잊으신 것이 아니지만, 전하께서 우애의 정을 내세워 양녕을 도성으로 불러 만나시는 것은 대의를 잊고 유훈을 어기시는 것입니다.

정: 선왕께서 양녕에게 내리신 처분은 사후에 벌어질 사단에 대한 염려 때문이었습니다. 그는 오랫동안 세자의 지위에 있었으므로 그와 친밀한 무리들이 도성 안에 많습니다. 도성을 오가게 되면 이들과 도성에서 간악한 일을 도모하지 않으리란 법도 없습니다.

〈보기〉
ㄱ. 내 사후에는 양녕을 도성에 왕래 못하게 하라.
ㄴ. 양녕의 맏아들을 도성 안에 거주하지 못하게 하라.
ㄷ. 양녕의 맏아들의 거처에 관한 결정은 조정에 맡긴다.

① ㄱ   ② ㄴ   ③ ㄷ
④ ㄱ, ㄴ   ⑤ ㄱ, ㄴ, ㄷ

06

다음 글로부터 A~C에 대해 추론한 것으로 옳은 것은?

어떤 역사가는 유라시아 대륙에서 과거 인간의 주요 거주 지역을 위도에 따라 큰 강 유역의 농경지대, 농목복합지대, 유목지대로 나누고 다음과 같은 가설을 세웠다. (1) 문명은 큰 강을 끼고 있는 북위 30도 전후의 농경지대에서 발생한다. 그러나 농경지대와 유목지대(북위 40도 이상) 사이의 교역과 인적 교류가 늘어나자 점차 북위 30~40도 사이의 농목복합지대가 교역의 중심이 되어 인구가 모여든다. (2) 8~9세기가 되면 전례 없이 많은 인구, 다양한 문화와 정보, 경제적 부가 결집된 대도시가 유라시아 대륙의 동부, 중앙부, 서부에서 발달한다. (3) 이들 대도시는 원형이나 정방형 등 자신들의 세계관에 따른 이상적 계획도시의 형태이며, 모두 높고 견고한 성벽으로 둘러싸여 있다.

8~9세기에 발달한 유라시아 대륙의 대도시, 즉 동부의 A, 중앙부의 B, 서부의 C를 대상으로 이 가설을 검증해 보았다. 세 도시는 모두 제국의 수도였고, 위도는 C가 제일 높고, B가 제일 낮았다. 한편 문명이 발생한 강 중에 하나만 북위 35도에서 40도 사이에 위치하였고, 그 강의 상류이지만 비슷한 위도에 세 도시 중 하나가 위치하였다. 또한 이 중 오직 두 도시만 북위 40도 이하에 위치하였는데, 다른 한 도시는 문명의 발상지와 완전히 떨어져 꾸불꾸불한 해안 지형을 따라 자연적으로 형성되었다. 원형과 정방형의 성벽으로 둘러싸인 계획도시가 하나씩 존재하였는데, 원형의 도시가 정방형의 도시보다 위도가 낮았다.

문명의 형성과 대도시의 발달에 대한 가설 (1), (2), (3)에 모두 부합하는 사례는 B밖에 없었다.

① A는 북위 40도 이상에 위치하였을 것이다.
② B는 정방형의 도시였을 것이다.
③ C는 북위 35도와 40도 사이에 위치하였을 것이다.
④ C는 문명이 탄생한 큰 강의 상류에 위치하였을 것이다.
⑤ A와 B는 계획도시로 건설되었을 것이다.

07

〈자료〉는 기원전 200년 경 한(漢)나라 때에 작성된 『주언서(奏讞書)』의 일부이다. 이로부터 바르게 추론될 수 없는 것은?

〈자료〉

여자 갑(甲)은 남편 정(丁)이 병사하여 상을 지내고 있었다. 관을 대청에 두고 정의 모친 소(素)와 함께 밤새 관 주위를 돌며 곡을 하다가 갑이 남자 병(丙)과 관 뒤의 안방에서 통정했다. 다음날 이 행위를 이유로 소가 갑을 고소했다. 관리가 갑을 체포한 뒤, 심리를 마치고 정위(廷尉)는 갑을 처벌하는 취지의 판결문을 작성했다. 속관인 정사(廷史)가 뒤늦게 이에 이의를 제기했다.

정사: 저는 처벌의 근거와 죄목이 분명하지 않으면 처벌해서는 안 된다고 생각합니다. 가령 남편을 두고 다른 남자에게 시집가는 것과 남편 사후에 시집가는 것 중 어느 쪽의 죄가 더 무겁습니까?

정위: 전자는 '간음'에 해당하고, 후자는 논죄하지 않는다.

정사: 그럼 남편이 외출 중에 아내가 집에서 다른 남자와 간음하였더라도, 관리가 아내를 집 밖에서 체포하여 입건하였다면 어떻게 논죄합니까?

정위: '간음'으로 논죄할 수 없다.

정사: 살아 있는 가장을 잘 모시지 않은 자와 사망한 가장의 제사를 잘 지내지 않은 자는 어떻게 논죄합니까?

정위: 전자는 '불효'에 해당하고, 후자는 논죄하지 않는다.

정사: 살아 있는 가장의 가르침을 듣지 않는 자와 사망한 가장의 가르침을 듣지 않는 자는 어떻게 논죄합니까?

정위: 전자는 '오한(敖悍)'에 해당하고, 후자는 논죄하지 않는다.

정사: 그런데 갑의 행위가 가장을 잘 모시지 못한 죄와 가르침을 듣지 않은 죄 중 어디에 해당한다고 보신 것입니까?

정위: 소를 모시는 데 부족함이 없었다고 이미 확인했다.

정사: 판결문에도 그렇게 나오더군요. 다만 소가 갑에게 통정을 하지 말라는 가르침을 내린 적이 있었는지 확인하셨습니까?

정위: 없었다고 확인했지만 내가 그 사실을 간과한 채 판결을 내렸구나. 네 견해에 따라 판결문을 다시 작성해야겠다.

① '간음'은 판결문에서 갑에게 적용된 죄목이 아니었을 것이다.
② 당초 정위는 갑의 행위를 소에 대한 죄라고 판단했을 것이다.
③ 정위는 갑이 '무죄'라는 취지로 판결문을 다시 작성했을 것이다.
④ 당초 정위는 갑의 행위가 '불효'에 해당한다고 판단했을 것이다.
⑤ 당초 정위는 소가 가장에 해당해야 갑을 처벌할 수 있다고 판단했을 것이다.

08

(가), (나), (다)의 관계에 대한 판단으로 옳은 것만을 〈보기〉에서 있는 대로 고른 것은?

"차별 대우를 정당화하는 차이가 없는 한 개인들을 똑같이 대우해야 한다." 이 말은 차별 대우를 정당화하는 차이가 있어야만 개인들을 차별 대우할 수 있다는 것을 뜻한다.

이 말을 더 잘 이해하기 위해 차별 대우와 그것을 정당화하는 차이 사이에 어떤 관계가 가능한지를 생각해 보자.

(가) 각각의 차별 대우를 정당화하는 차이가 적어도 하나 있다.

(나) 모든 차별 대우를 정당화하는 차이가 적어도 하나 있다. 이에 따르면 개인들 사이에 존재하는 어떤 특정한 차이가 모든 차별 대우를 정당화하는 차이가 된다.

(다) 각각의 차별 대우를 정당화하는 차이는 언제나 다르다. 다시 말해 A와 B가 다른 차별 대우라면, A를 정당화하는 차이와 B를 정당화하는 차이는 언제나 다르다.

〈보기〉

ㄱ. (가)가 성립하면 (나)도 성립한다.
ㄴ. (나)가 성립하면 (가)도 성립한다.
ㄷ. (다)가 성립하면 (나)도 성립한다.

① ㄱ   ② ㄴ   ③ ㄷ
④ ㄱ, ㄷ   ⑤ ㄴ, ㄷ

09

다음 글로부터 바르게 추론한 것만을 〈보기〉에서 있는 대로 고른 것은?

증언에 근거한 추론은 목격자의 보고가 사실과 일치하는지에 대한 관찰에 근거한다. 증언하는 사람이 거짓말을 자주 하던 사람이라거나 증언의 내용이 진기한 사건이라면 증언의 신뢰성은 낮아진다. 이제 증언의 내용이 단순히 진기한 사건이 아니라 기적적인 사건이라고 하고, 증언 자체는 의심의 여지가 없을 만큼 아주 신뢰할 만하다고 해 보자. 이 경우 강력한 증거에 반하는 또 다른 강력한 증거가 있는 셈이다. 우리는 이 가운데 더 강력한 증거가 있는 것을 받아들여야 할 것이다.

기적은 자연법칙의 위반이다. 일상적으로 일어나는 일이라면 기적이라 할 수 없을 것이다. 건강하던 사람이 갑자기 죽었다면 그것은 기적이 아니다. 그런 죽음도 가끔 일어나곤 하기 때문이다. 하지만 죽은 사람이 다시 살아났다면 그것은 기적이다. 그런 일은 어느 때도, 어디에서도 관찰된 적이 없기 때문이다. 따라서 모든 기적적인 사건에는 그것과 상반되는 '한결같은 경험'이 있기 마련이며, 그렇지 않다면 그 사건을 기적이라 부를 수 없을 것이다. 그런데 한결같은 경험은 기적의 존재를 부정하는 직접적이고도 강력한 증거이다.

누군가가 죽은 사람이 다시 살아난 것을 보았다고 말한다면, 나는 곧 그가 나를 속일 확률이 그 사건이 실제로 일어났을 확률보다 더 높은지를 가늠해 본다. 나는 하나의 기적과 다른 기적을 서로 저울질해 보고, 항상 더 기적적인 쪽을 버린다. 그의 증언이 거짓이라는 것이 그가 말하는 그 사건보다 더 기적적이라면, 그리고 그 경우여야 비로소 그는 나의 믿음이나 견해를 바꿀 수 있다. 우리가 내릴 수 있는 명백한 결론은 다음과 같다. "증언이 거짓이라는 것이 그 증언을 통해 확립하려는 사실보다 더 기적적이지 않은 이상, 어떤 증언도 기적을 입증할 수 없다."

〈보기〉

ㄱ. 글쓴이는 죽은 사람이 다시 살아났다는 사건이 참일 가능성보다 그 증언이 거짓일 가능성이 더 기적적이어야 부활을 믿을 것이다.

ㄴ. 글쓴이에 따르면, 증언을 토대로 어떤 기적이 발생했다고 믿는 사람은 자연법칙에 어긋나는 사건이 발생할 가능성보다 그 증언이 거짓일 가능성이 낮다고 믿어야 한다.

ㄷ. 1만 번에 1번 정도만 거짓말을 할 정도로 아주 신뢰할 만한 사람이 "동전 던지기를 1만 번 했는데 모두 앞면이 나왔다."고 증언했을 경우, 글쓴이는 그런 사건이 일어났다고 믿지 않을 것이다.

① ㄱ
② ㄴ
③ ㄱ, ㄷ
④ ㄴ, ㄷ
⑤ ㄱ, ㄴ, ㄷ

10

다음 글에 따라 〈상황〉을 분석한 것으로 옳지 않은 것은?

우리가 말하는 문장은 사실의 기술(記述) 이외에도 많은 기능을 수행할 수 있다. 하나의 문장은 단순히 발화(發話)되기도 하지만, 그것을 넘어 정보를 전달하는 행위, 무엇을 물어보는 질문, 무엇을 지시하는 명령 등에도 사용된다. 발화된 문장이 어떤 기능을 수행하는지는 화자의 의도 및 발화의 맥락에 주로 의존한다.

(1) 어느 겨울 날 혼자 길을 걷던 갑순이 전광판에 표시된 기온을 확인하고 "날씨가 춥다."라고 말했다면, 이때 이 문장은 특정한 기상 상황을 기술하는 기능을 수행한 것이다. (2) 갑순이 갑돌에게 날씨 정보를 전달하려는 의도에서 "날씨가 춥다."라고 말했다면 이는 사실의 기술을 넘어 정보 전달 기능을 수행한 것이다. 그런데 (3) 만약 갑순이 갑돌로 하여금 어떤 비언어적 행동을 일으킬 의도, 예컨대 목도리를 풀어 달라는 의도로 그 문장을 말한 것이라면, 이는 사실의 기술 및 정보 전달 기능뿐 아니라 갑돌로 하여금 어떤 행위를 하도록 유발하는 기능을 수행한 것이다.

이때 발화된 문장은 (1)에서는 사실을 기술하는 문자 그대로의 의미, 즉 '문장 의미'만을 지니는 반면, (2)에서는 날씨가 춥다는 것을 알리려는 화자의 의도가 포함된 의미, 즉 '화자 의미'를 지닌다. 또한 (3)에서도 목도리를 풀어 달라는 화자의 의도가 포함된 화자 의미를 지닌다. 그런데 (3)에서는 "문 좀 닫아주실래요?"처럼 문장 의미와 화자 의미가 가까운 경우도 있는 반면, 문을 닫게 할 의도로 "바람이 차네요."라고 말하는 경우처럼 문장 의미와 화자 의미의 거리가 더 먼 경우도 있다.

〈상황〉

㉠ "플로렌스의 추억, 차이코프스키."라고 중얼거리면서, 큰 테이블 곁에 혼자 서서 예나는 멜로디를 흥얼거렸다. 멀리서 현악기의 소리가 은은히 들렸고, 사람들은 행복해 보였다. "클래식 음악 좋아하시나 봐요? ㉡ 저편으로 가셔서 신랑 신부에게 인사하시지요." 석하가 다가오며 말을 건넸다. ㉢ "다른 하객 분들도 거기 모여 계십니다."라는 석하의 말에 예나는 그 자리를 떠나고 싶지 않아 말했다. ㉣ "이 자리에 있으면 안 되나요?" 이 말을 더 이상 귀찮게 하지 말라는 의도로 이해한 석하는 씁쓸한 표정으로 저편에 있는 사람들에게 돌아갔다.

① ㉠이 대화 상황에서 말해졌다면, (2)는 ㉠이 수행하는 기능 중의 하나일 것이다.
② (3)은 ㉡이 수행하는 기능 중의 하나이다.
③ (2)는 ㉢이 수행하는 기능 중의 하나이다.
④ 화자의 의도를 고려할 때, ㉢은 ㉡보다 문장 의미와 화자 의미의 거리가 멀다.
⑤ ㉣의 경우, 석하가 이해한 문장 의미와 화자 의미의 거리는 예나가 의도한 문장 의미와 화자 의미의 거리보다 가깝다.

11
2012학년도 LEET 문14

〈설명〉과 〈상황〉으로부터 추론한 것으로 가장 적절한 것은?

한 심리학자가 사람들이 남을 속이는 다양한 상황을 조사해서 이때 개입하는 전형적인 감정을 연구하였다. 그 감정들 중 주요한 것은 수치심, 발각의 두려움, 안도감, 죄책감, 쾌감이다. 감정 A, B, C는 그중 세 가지이다.

〈설명〉
○ 감정 A는 상대방이 속이기 어려운 사람이라는 평판이 있을 때, 상대방이 의심하기 시작할 때, 속여 본 경험이 별로 없을 때, 속임수의 대가가 클 때 강하게 나타난다. 이 감정은 적당히 있을 때 실수를 줄여 주는 역할을 한다.
○ 감정 B는 다른 사람의 인지 여부와 관계없이 느끼는 감정으로, 상대방이 손해를 보게 될 때, 상대방과 친할 때, 속이는 사람이 평소에 상대방의 신뢰를 얻기 위해 노력해 왔을 때 강하게 느낀다. 이 감정을 줄이기 위해서 속이는 행위를 정당화할 방법을 찾는다.
○ 감정 C는 속임수가 성공한 후에 주로 느끼는 감정으로, 상대방이 속이기 어렵다는 평판을 가지고 있을 때, 속여야 할 내용 때문에 성공하기 어려울 때, 다른 사람들이 속이는 사람을 주시할 때, 속이는 능력을 남들로부터 인정받을 때 강하게 느낀다.

아래 각각의 상황에서는 감정 A, B, C 중 주로 두 가지만 느끼는 사람들이 가장 많았다.

〈상황〉
(가) 친구들과 포커 게임을 할 때 나쁜 패를 들고 그렇지 않은 것처럼 허세를 부리는데, 판돈이 커지고 친구들이 속아 넘어가는 상황
(나) 학생이 참고서를 산다고 거짓말을 하고 부모에게 돈을 타내는 상황
(다) 청소년 몇 명이 재미로 모자 가게에서 모자를 훔치는데, 한 명이 먼저 모자를 훔쳐 오면 다음 사람이 그것을 쓰고 가서 다른 것으로 계속 바꾸어 훔쳐 오는 상황

〈보기〉
ㄱ. (가), (나) 모두에서 감정 A가 나타날 것이다.
ㄴ. (가), (다)에서 나타난 두 감정은 같을 것이다.
ㄷ. (나), (다) 모두에서 감정 B가 나타날 것이다.

① ㄱ ② ㄴ ③ ㄷ
④ ㄱ, ㄴ ⑤ ㄱ, ㄷ

12
2013학년도 LEET 문17

〈주장〉과 〈상황〉으로부터 바르게 추론한 것만을 〈보기〉에서 있는 대로 고른 것은?

〈주장〉
A: 최소한 체험적 이익(experiential interest)을 기대할 수 있다면 생명은 존중되어야 한다. 체험적 이익이란 어떤 행위를 통하여 느끼는 좋음이나 얻게 되는 만족을 말한다. 예컨대 먹거나 자거나 음악을 듣거나 숲을 산책하면서 느끼는, 경험에서 오는 만족이나 즐거움 등이 이에 속한다.
B: 생명가치의 존중은 자기결정권을 바탕으로 이루어져야 한다. 그런데 자기결정권을 행사할 수 없는 환자의 경우에는, 환자의 평소 가치관이나 신념들에 비추어 자기결정권 행사가 가능했었다면 그가 하였을 의사결정을 추정하여 대리 의사결정자가 환자의 자기결정권을 대신 행사할 수 있다. 만일 환자의 의사를 추정할 수 없다면 타인은 환자의 죽음을 앞당기는 결정을 해서는 안 된다.
C: 생명을 무조건 보존하는 것이 곧 생명에 대한 존중이라고 생각하는 것은 잘못이다. 생명은 인간 존엄성과 관련된 결정적 이익(critical interest)이 있거나 이를 기대할 수 있는 경우에 한하여 보호할 가치가 있다. 인간 존엄성은 개인의 정체성이나 삶의 정합성과 깊은 관련이 있다. 우리는 좋은 삶의 모습이 어떤 것인지에 대한 신념과 함께 그것을 이루고자 하는 소망을 가지고 있다. 우리는 자신의 삶이 그러한 신념들과 일관된 경험이나 성취로 채워지기를 원하며, 그것들과 어긋나는 방식으로 삶이 끝나기를 원하지 않는다. 결정적 이익은 환자의 인격에서 비롯되므로 타인은 환자의 결정적 이익을 새롭게 만들어 낼 수 없으며, 이미 존재하는 결정적 이익이 있을 경우 이를 보호하는 결정을 내릴 수 있을 뿐이다.

〈상황〉
(1) 갑은 비정상적으로 뇌가 작고 뇌에 액체가 지나치게 많으며 척추가 심하게 튀어나오는 등 많은 신체적 결함을 가지고 태어났다. 즉시 수술을 하지 않으면 생명이 유지될 수 없다. 수술을 받으면 20대까지 생존할 가능성은 있다. 자각적 인지 능력은 기대할 수 없지만, 기초적인 쾌·불쾌만을 느끼며 타인에 의존하여 살아가는 것은 가능하다.
(2) 을은 알츠하이머 병 진단을 받고, 치매가 심각해지면 폐렴 등의 진단을 받더라도 어떤 치료도 받지 않겠다는 사전의료지시서를 남겼다. 그 후 을은 병세가 악화되어 가족도 알아볼 수 없는 지경에 이르러 애초의 희망과 달리 "배고프다.", "목마르다."라고 말하며 생에 대한 애착을 보였다. 그런데 을은 갑작스러운 교통사고로 현재는 혼수상태에 있지만, 수술을 하면 생명 유지와 의식 회복은 가능한 상태이다.

〈보기〉
ㄱ. A와 B는 상황(2)에서 수술 여부에 대하여 다르게 판단할 것이다.
ㄴ. B와 C는 상황(1)에서 수술 여부에 대하여 동일하게 판단할 것이다.
ㄷ. C는 상황(1)과 상황(2)에서 수술 여부에 대하여 동일하게 판단할 것이다.

① ㄱ ② ㄴ ③ ㄱ, ㄷ
④ ㄴ, ㄷ ⑤ ㄱ, ㄴ, ㄷ

13

A~C 모두와 양립할 수 있는 것만을 〈보기〉에서 있는 대로 고른 것은?

A: 오늘날 인류가 지니는 양심은 사회적 감정으로서 타인의 고통과 쾌락에 대한 공감의 감정이 역사적으로 학습된 결과, 즉 인류가 공유하는 습관화된 동정심이다. 타인의 쾌락을 증진시키고 고통을 감소시키는 데 기여하지 않는 양심은 잘못된 양심일 뿐이다. 우리는 양심에서 비롯된 잘못된 행위의 많은 사례들을 실제로 인류 역사에서 확인할 수 있다.

B: 양심은 취득될 수 있는 것이 아니며 양심을 구비해야 할 의무란 없다. 모든 사람은 근원적으로 양심을 자기 내에 가지고 있다. '이 사람은 양심이 없다'고 말하는 것은 그가 양심의 요구를 외면하고 있음을 의미하지, 그가 실제로 양심을 결여하고 있음을 의미하지 않는다. 양심이란 개인적 욕구로부터 독립적인 보편타당한 도덕 판단을 하는 실천이성에 다름 아니다. 어떤 사람이 종교적 이단 처형을 '신의 계시에 따른 내적 확신에서 비롯된 순수한 양심'을 통하여 정당화한다면, 이때의 '양심'은 실은 양심이 아니다.

C: 양심이란 부모의 권위가 내면화된 초자아의 기능이다. 어린이는 특정 시기를 지나면서 부모라는 대상을 향한 성적 욕구를 포기하고, 이러한 포기에 대한 보상으로서 부모와의 동일시를 강화하게 된다. 아이의 초자아는 부모의 초자아에 따라 형성되며 따라서 초자아는 이런 식으로 세대를 넘어 이어진 가치의 계승자가 된다. 많은 신경증적 증후들은 초자아가 지나치게 강한 결과, 즉 양심이 과도하게 열등감이나 죄의식으로 자아를 벌한 결과이다.

〈보기〉
ㄱ. 양심 없는 인간이 있을 수 있다.
ㄴ. 양심의 명령에 따르는 행동이 비도덕적일 수 있다.
ㄷ. 나의 행동이 양심이 명령하는 바와 일치하지 않을 수 있다.

① ㄴ　　② ㄷ　　③ ㄱ, ㄴ
④ ㄱ, ㄷ　　⑤ ㄱ, ㄴ, ㄷ

14

다음 글로부터 추론한 것으로 옳은 것만을 〈보기〉에서 있는 대로 고른 것은?

대통력(大統曆)은 한 해를 12개월, 한 달을 큰달(대, 30일) 혹은 작은달(소, 29일)로 하되, 19년 중 7년은 윤달을 추가하여 1년을 13개월로 하였다. 윤달의 이름은 다음과 같이 정했다. 예를 들어 어느 해의 넷째 달을 윤달로 정하면 그 달은 '윤3월'로 불렸다. 윤달을 어떤 달에 넣을 것인지의 결정은 절기와 깊은 관계가 있었다.

절기(節氣)란 동지점을 기점으로 태양이 지나는 황도(黃道)를 15도 간격으로 24개의 기준점으로 나눈 것인데, 12개의 '중기(中氣)'와 12개의 나머지 절기로 구분된다. 달의 이름이 무엇이 될지는 '중기'의 포함 여부와 어떤 '중기'가 포함되는지에 따라 결정되었다. 예를 들어 '중기' 중 하나인 동지를 포함한 달은 11월이 되는 식이었다.

　11월　　　12월　　　정월　　　2월　　　3월
… **동지** – 소한 – **대한** – 입춘 – **우수** – 경칩 – **춘분** – 청명 – **곡우** …
(굵은 글씨는 각 달의 '중기')

대통력에서는 '중기' 간의 시간 간격이 태양년의 1년을 12로 나눈, 약 30.4일로 일정하다고 간주하였다. 이 간격은 30일보다 컸으므로, 간혹 어떤 달의 끝에 '중기'가 오고 다음 '중기'가 한 달을 건너뛰어 다다음 달의 처음에 오는 일이 생긴다. 이런 경우 '중기'가 없는 달을 윤달로 삼는데, 이를 무중치윤법(無中置閏法)이라고 한다.

효종(孝宗) 초년 조선에서는 대통력을 썼는데, 효종 1년(경인년)에서 효종 2년(신묘년)에 걸쳐 윤달의 위치와 달의 대소는 다음과 같았다.

경인년: 10월(대), 11월(소), 윤11월(소), 12월(대)
신묘년: 정월(소), 2월(대)

〈보기〉
ㄱ. 대통력에서는 같은 달에 24절기 중 3개의 절기가 함께 들어 있을 수 없다.
ㄴ. 경인년 윤11월에는 24절기 중 소한만 들어 있을 것이다.
ㄷ. 신묘년 2월에는 24절기 중 경칩과 춘분이 들어 있을 것이다.

① ㄱ　　② ㄷ　　③ ㄱ, ㄴ
④ ㄴ, ㄷ　　⑤ ㄱ, ㄴ, ㄷ

15

다음 글로부터 추론한 것으로 옳은 것은?

> 과학자가 자신이 수행한 연구 결과의 우선권을 인정받기 위해 만족해야 할 조건으로 다음을 고려할 수 있다.
>
> F-조건: 연구 결과는 산출 당시 관련 학문의 지식에 비추어 최초의 것이어야 한다.
> I-조건: 연구 결과는 다른 사람의 연구 내용을 그대로 가져온 것이 아닌, 독립적으로 성취한 것이어야 한다.
> P-조건: 연구 결과가 동료 연구자에게 학술지, 저서 등을 통해 공개되어야 한다.
>
> ○ 16세기 초 델 페로는 3차 방정식의 한 형태인 '약화된' 3차 방정식의 해법을 최초로 발견하였으나 이를 학계에 공개하지 않고 죽었다. 동시대의 타르탈리아는 독자적으로 '약화된' 3차 방정식을 포함한 3차 방정식의 일반 해법을 최초로 발견하였지만 이를 다른 사람에게 공개하지 않았다. 이 소식을 들은 카르다노는 타르탈리아를 설득하여 이 해법을 알게 되었지만 타르탈리아의 허락 없이는 해법을 공개하지 않겠다는 약속을 했기에 그 내용을 출판할 수 없었다. 그러다가 카르다노는 델 페로가 타르탈리아보다 먼저 '약화된' 3차 방정식의 해법을 발견했다는 사실을 알게 되었고, 이를 근거로 3차 방정식의 일반 해법을 1545년 「위대한 기예」라는 저서에서 발표하였다.
>
> ○ 뉴턴은 미적분법을 누구보다 먼저 1666년부터 연구해 왔지만 완성된 전체 내용을 공식적으로 출판하지는 않고 있었다. 그 후 라이프니츠는 1675년부터 미적분법에 대한 독자적 연구를 수행하였고, 완성된 내용을 정리하여 1684년 논문으로 출판하였다. 뉴턴은 1687년에야 자신의 미적분법 연구를 「프린키피아」를 통해 처음으로 공식 발표하였다.

① F-조건만을 적용하면, 델 페로는 3차 방정식의 일반 해법에 대한 우선권을 가진다.
② I-조건만을 적용하면, 타르탈리아가 아니라 카르다노만이 3차 방정식의 일반 해법에 대한 우선권을 가진다.
③ F-조건과 I-조건을 모두 적용하면, 타르탈리아와 뉴턴 모두 우선권을 가진다.
④ 세 조건을 모두 적용하면, 우선권을 가지는 사람은 아무도 없다.
⑤ '약화된' 3차 방정식의 해법에 대해 델 페로와 타르탈리아 모두 우선권을 가지도록 허용하는 조건만을 적용하면, 미적분법에 대해 라이프니츠만 우선권을 가진다.

16

다음으로부터 추론한 것으로 옳지 않은 것은?

> 존재하는 것 중에는 '좋은 것'도 있고, '나쁜 것'도 있으며, '좋지도 나쁘지도 않은 것'도 있다. 덕, 예컨대 분별력과 정의는 좋은 것이다. 이것의 반대, 즉 우매함과 부정의는 나쁜 것이다. 반면에 유익하지도 해롭지도 않은 것은 덕도 아니며 덕의 반대도 아니다. 건강, 즐거움, 재물, 명예, 그리고 이것들의 반대인 질병, 고통, 가난, 불명예가 바로 그런 것이다. 이것들은 선호되거나 선호되지 않을 수는 있어도, 좋은 것도 아니고 나쁜 것도 아니다. 오히려 이것들은 차이가 없는 것이다. 여기서 '차이가 없는 것'은 행복에 대해서도, 불행에 대해서도 어떤 기여도 하지 않는 것을 의미한다. 왜냐하면 이런 것이 없어도 행복할 수 있기 때문이다. 이런 것을 얻는 과정에서 행복하거나 불행할 수는 있을지라도 말이다. 차갑게 만드는 것이 아니라 뜨겁게 만드는 것이 뜨거운 것의 고유한 속성인 것처럼, 해를 끼치는 것이 아니라 유익하게 하는 것이 좋은 것의 고유한 속성이다. 그런데 건강과 재물은 해를 끼치지도 않고 유익하게 하는 것도 아니다. 건강과 재물은 좋게 사용될 수도 또한 나쁘게 사용될 수도 있다. 좋게 사용될 수도 있고 나쁘게 사용될 수도 있는 것은 좋은 것이 아니다.
>
> — 디오게네스, 『철학자 열전』 —

① 건강의 반대, 즉 질병은 좋은 것이 아니다.
② 재물을 얻는 과정에서 행복할 수 있다.
③ 나쁜 것이 아닌 것은 좋은 것이다.
④ 건강과 재물은 좋은 것이 아니다.
⑤ 분별력은 나쁘게 사용될 수 없다.

17

다음 글로부터 추론한 것으로 옳은 것만을 〈보기〉에서 있는 대로 고른 것은?

우리는 대상이 갖고 있는 성질들을 본질적 속성과 우연적 속성으로 나눌 수 있다. 본질적 속성은 어떤 대상을 바로 그 대상이게끔 하는 성질로서 그 대상이 바로 그 대상으로서 존재하는 한 절대 잃어버릴 수 없는 것이다. 반면 우연적 속성이란 그 대상이 바로 그 대상으로 존재하는 데 반드시 필요한 것은 아니라서 그 대상으로 존재하면서도 갖고 있지 않을 수 있는 성질이다. 예를 들어, 시간을 표시해 주는 것이 시계의 본질적 속성이라면, 시침과 분침이 있다는 것은 우연적 속성이다. 문제는 이런 구분의 보편적 기준을 확립할 수 있느냐에 있다. 다음 우화에 등장하는 동물들은 저마다 기준이 다른 것처럼 보인다.

어느 날 사슴 초롱이가 암소 얼룩이를 만났다.
"너는 참 우스꽝스럽게 생긴 사슴이구나! 그래도 뿔은 멋진 걸." 하고 초롱이가 말했다.
"나는 암소지 사슴이 아니야!" 하고 얼룩이가 말했다.
"다리 네 개와 꼬리 하나와 머리에 뿔이 있는 걸 보니, 넌 틀림없이 사슴이야! 만약에 그 중에 하나라도 너한테 없다면, 당연히 나랑 같은 사슴이라 할 수 없겠지만 말이야."
"하지만 나는 '음매' 하고 우는데!"
"나도 '음매' 하고 울 수 있어." 하고 초롱이가 말했다.
"그래? 그럼 너는 네 몸에서 젖을 짜서 사람들에게 줄 수 있어? 나는 그런 일도 할 수 있단 말이야!" 하고 얼룩이가 말했다.
"그래, 맞아, 난 못해. 그러니까 너는 사람들을 위해 젖을 짜낼 수 있는 사슴인 거야!"
초롱이와 얼룩이가 토끼 깡총이를 만났다. 깡총이는 초롱이와 얼룩이를 귀가 작은 토끼들이라고 부른다. 그리고 나서 초롱이와 얼룩이와 깡총이가 함께 조랑말 날쌘이에게로 간다. 그러자 날쌘이가 그들 모두에게 "조랑말들아, 안녕!" 하고 인사를 건넨다.

〈보기〉
ㄱ. 얼룩이가 젖을 짜낼 수 있는 성질을 암소의 본질적 속성으로 여긴다면, 얼룩이는 초롱이를 암소로 여기지 않을 것이다.
ㄴ. 만약 깡총이 머리에 뿔이 없다면, 초롱이는 깡총이를 사슴으로 여기지 않을 것이다.
ㄷ. 만약 초롱이가 날쌘이를 사슴으로 여긴다면, 날쌘이는 '음매'하고 울 수 있을 것이다.

① ㄱ   ② ㄷ   ③ ㄱ, ㄴ
④ ㄴ, ㄷ   ⑤ ㄱ, ㄴ, ㄷ

18

다음으로부터 추론한 것으로 옳은 것만을 〈보기〉에서 있는 대로 고른 것은?

'죽이는 것'과 '죽게 내버려 두는 것'의 실제 적용 기준에 대해 다음 주장들이 제안되었다.
갑: '죽이는 것'은 죽음에 이르는 사건 연쇄를 시작하는 것이고, '죽게 내버려 두는 것'은 죽음에 이르는 사건 연쇄의 진행을 막지 않거나, 죽음에 이르는 사건 연쇄의 진행을 막는 장애물을 제거하는 것이다.
을: '죽이는 것'은 죽음에 이르는 사건 연쇄를 시작하거나, 죽음에 이르는 사건 연쇄의 진행을 막는 장애물을 제거하는 것이다. 반면에 '죽게 내버려 두는 것'은 죽음에 이르는 사건 연쇄의 진행을 막지 않는 것이다.
병: 죽음에 이르는 사건 연쇄를 시작하는 경우 '죽이는 것'이며, 죽음에 이르는 사건 연쇄의 진행을 막지 않는 경우 '죽게 내버려 두는 것'이다. 죽음에 이르게 되는 사건 연쇄의 진행을 막는 장애물을 제거할 경우, 그 장애물이 자신이 제공한 것이라면 '죽게 내버려 두는 것'이고 다른 사람이 제공한 것이라면 '죽이는 것'이다.

〈사례〉
(가) A는 수영장에서 물에 빠져 허우적거리는 아이를 발견하였다. A가 구조 요원에게 이 사실을 알렸더라면 그 아이는 죽지 않았을 것이다. A는 ㉠구조 요원에게 알리지 않았고 그 아이는 죽었다.
(나) 어떤 환자가 심각한 병에 걸려 의사가 제공한 생명 유지 장치의 도움으로 생명을 유지하고 있었다. 그 장치의 도움이 없었다면 환자는 곧 죽었을 것이다. 그런데 B가 의사 몰래 병실에 들어와 ㉡장치를 꺼 버렸고 그 환자는 죽었다.
(다) 어떤 사람이 생명 유지에 필요한 특정한 물질을 투입받지 못할 경우 죽게 되는 심각한 병에 걸렸다. 그 물질을 자신이 가지고 있음을 알게 된 C는 자신의 몸과 그 환자의 몸을 튜브로 연결하여 그 물질을 전달하였다. 며칠 동안 그 물질을 전달하고 있던 C는 마음이 변하여 ㉢튜브를 제거하였고, 그 직후에 그 환자는 죽었다.

〈보기〉
ㄱ. ㉠ 행위는 갑과 을에 따르면 '죽게 내버려 두는 것'이고 병에 따르면 '죽이는 것'이다.
ㄴ. ㉡ 행위는 갑에 따르면 '죽게 내버려 두는 것'이고 을과 병에 따르면 '죽이는 것'이다.
ㄷ. ㉢ 행위는 갑과 병에 따르면 '죽게 내버려 두는 것'이고 을에 따르면 '죽이는 것'이다.

① ㄱ   ② ㄷ   ③ ㄱ, ㄴ
④ ㄴ, ㄷ   ⑤ ㄱ, ㄴ, ㄷ

19

〈이론〉

각 사람의 행복을 극대화하는 행동이 올바른 행동이다. 이를 판단하기 위해서 다음의 네 가지 원리가 있다. 단, X와 Y는 가능한 상황을, p와 q는 사람을 나타낸다.

원리 1: p가 상황 X에서 누리는 행복보다 더 많은 행복을 누리게 될 다른 가능한 상황이 없다면, p는 X에서 나쁘게 대우받는 것은 아니다.

원리 2: p가 X에서 존재하고 X에서보다 더 많은 행복을 누리게 되는 가능한 상황 Y가 존재하는 경우, Y에서 존재하는 사람 중에 Y보다 X에서 더 많은 행복을 누리게 되는 q가 존재하지 않는다면 p는 X에서 나쁘게 대우받는 것이고, 그러한 q가 존재한다면 p는 X에서 나쁘게 대우받는 것이 아니다.

원리 3: p가 X에서 존재하지 않는다면, p가 존재하여 더 많은 행복을 누리게 될 가능한 상황이 있더라도 p가 X에서 나쁘게 대우받는 것은 아니다.

원리 4: 원리 1~3에 따라 X에서 누구도 나쁘게 대우받지 않는 경우에만 X는 도덕적으로 허용될 수 있다.

〈사례〉

남편인 甲과 아내인 乙에게 자녀 丙이 있다. 이 부부가 둘째 아이를 낳으면 甲의 행복도는 그대로인 반면 乙은 건강이 나빠져 행복도가 떨어지지만, 丙의 행복도는 알려져 있지 않다. A는 이 부부가 둘째 아이를 낳지 않는 상황이고, B는 이 부부가 둘째 아이 丁을 낳는 상황이다. 아래 표는 각각의 상황에서 甲, 乙, 丙, 丁의 행복도를 나타낸다. 단, 가능한 상황은 A와 B뿐이며, 甲, 乙, 丙, 丁 외에 다른 사람은 존재하지 않고, 상황 A에서 丁은 존재하지 않으므로 행복도는 0이라고 가정한다.

사람	A	B
甲	5	5
乙	5	3
丙	5	a
丁	0	5

〈보기〉

ㄱ. A에서 甲~丁 중 누군가 나쁘게 대우받는 것이 가능하다.
ㄴ. B에서 甲~丁 중 한 사람만 나쁘게 대우받고 있다면 a는 5보다 작다.
ㄷ. A, B가 모두 도덕적으로 허용 가능하다면 a는 5보다 크다.

① ㄱ ② ㄷ ③ ㄱ, ㄴ
④ ㄴ, ㄷ ⑤ ㄱ, ㄴ, ㄷ

20

연민은 이성에 앞서는 것으로 인간에게 보편적인 자연적 감정이다. 연민은 동물들에게도 뚜렷이 나타난다. 동물이 새끼에 대해 애정을 품고 같은 종의 죽음에 대해 불안감을 느낀다는 사실이 이를 보여 준다. 이 감정은 모든 이성적 반성에 앞서는 자연의 충동이며, 교육이나 풍속에 의해서도 파괴하기 어려운 자연적인 힘이다. 연민은, 본성에 의해서 우리에게 새겨진 또 다른 감정인 자기애가 자연이 설정한 범위를 넘어서 과도하게 작용되는 것을 방지하여 종 전체의 존속에 기여한다. 남이 고통 받는 모습을 보고 깊이 생각할 여지도 없이 도와주러 나서게 되는 것도 연민 때문이다. 하지만 연민이 자기희생을 의미하는 것은 아니다. 연민은 굶주리고 있는 인간에게까지 약한 어린이나 노인이 힘겹게 획득한 식량을 빼앗지 말라고 하지는 않는다. "남이 해 주길 바라는 대로 남에게 행하라"는 이성의 원리에 앞서 "타인의 불행을 되도록 적게 하라"라는 생각을 먼저 품게 하는 것이 연민이다. 인간이 고통을 당하는 것을 보거나 인간이 악을 행했을 때 느끼는 혐오감의 원인도 정교한 이성적 논거가 아니라 이 연민이라는 자연의 감정 속에서 그 근원을 발견할 수 있다. 만일 인류의 생존이 인류 구성원들의 이성적 추론에만 달려 있었다면 인류는 벌써 지상에서 자취를 감추었을 것이다.

〈보기〉

ㄱ. 연민은 이성적 반성 없이는 작동되지 않는다.
ㄴ. 혐오감과 자기애는 모두 연민의 감정에서 비롯된다.
ㄷ. 타인에 대한 연민의 감정은 자기애와 양립 가능하다.

① ㄱ ② ㄷ ③ ㄱ, ㄴ
④ ㄴ, ㄷ ⑤ ㄱ, ㄴ, ㄷ

21

다음으로부터 추론한 것으로 옳은 것만을 〈보기〉에서 있는 대로 고른 것은?

甲, 乙, 丙 세 사람 모두 약속 위반이 잘못된 행위이며 특별한 사정이 없는 한 그런 행위자를 도덕적으로 비난할 수 있다고 생각한다. 이들이 인정하는 특별한 사정이란 "당위는 능력을 함축한다"라는 근본적인 도덕 원리와 관련된 것으로서, 만약 약속을 지킬 수 있는 능력이 없는 경우라면 약속 위반자를 도덕적으로 비난하지 않겠다는 것이다. 이와 더불어 세 사람은 모두 행위자가 물리력을 행사하여 수행할 수 있는 범위 내에 있는 행위라면 '그 행위자에게 그 행위를 할 수 있는 능력이 있는 것'으로 간주한다. 하지만 행위 능력이 있더라도 행위자가 그 능력을 인지하는지 여부에 따라 추가로 특별한 사정이 생길 수 있다는 ⊙ 입장과 그런 여부와 상관없이 특별한 사정은 생기지 않는다는 ⓒ 입장이 갈릴 수 있다.

〈사례〉

丁은 오늘 정오에 戊를 공항까지 태워 주기로 약속했지만 끝내 제시간에 약속 장소에 나타나지 않았다. 밝혀진 바에 따르면, 丁은 약속을 분명히 기억하고 있었고 시간을 착각한 것도 아니면서 제때 방에서 나오지 않았다. 하지만 약속 위반자인 丁에게 특별한 사정이 있었을 수도 있다. 이제 다음 세 가지 상황을 고려해 보자.

〈상황〉

(1) 丁은 집주인이 방문을 잠가 놓았다는 사실을 알게 되었다. 밖에서 방문을 열어 주지 않는 한 그가 나갈 수 있는 방법은 전혀 없었고 외부와의 연락 수단도 없었다.

(2) 丁은 집주인이 방문을 잠가 놓았다는 사실을 알게 되었다. 밖에서 열어 주지 않는 한 방문을 열 수 있는 방법은 전혀 없었고 외부와의 연락 수단도 없었다. 하지만 방 안에는 丁이 전혀 모르는 버튼이 있는데, 그 버튼을 누르면 비밀 문이 열린다. 버튼을 누르는 일은 丁이 물리력을 행사하여 수행할 수 있는 범위 내에 있었다.

(3) 집주인이 방문을 잠가 놓았고 밖에서 방문을 열어 주지 않는 한 丁이 방에서 나갈 수 있는 방법은 전혀 없었다. 방에는 외부와의 연락 수단도 없었다. 하지만 丁은 귀찮아서 방을 나가려 하지 않았고 방문이 잠겨 있다는 사실을 전혀 몰랐다.

〈보기〉

ㄱ. 甲이 (1)과 (3)의 상황에서 丁에 대한 도덕적 판단이 서로 달라야 할 이유가 없다고 생각한다면, 甲은 ⓒ을 채택한 것이다.

ㄴ. ⓒ을 채택한 乙은 (2)의 상황에서 丁을 도덕적으로 비난하지 않을 것이다.

ㄷ. 丙은 ⊙을 채택하든 ⓒ을 채택하든 (3)의 상황에서 丁이 도덕적 비난의 대상이 될 수 있다는 것을 설명할 수 없다.

① ㄱ ② ㄷ ③ ㄱ, ㄴ
④ ㄴ, ㄷ ⑤ ㄱ, ㄴ, ㄷ

22

다음으로부터 추론한 것으로 옳은 것만을 〈보기〉에서 있는 대로 고른 것은?

甲: 신은 완전한 존재이다. 이는 첫째로 신이 전능함을 함축한다. 따라서 신은 자신이 원한다면 무슨 일이든지 할 수 있을 것이다. 기적을 일으켜 자연법칙을 거스를 수도 있고 이미 지나가 버린 과거를 바꿀 수도 있다. 둘째로 신의 완전함은, 신이 이 세상을 완벽하게 창조했으며 자신이 계획한 그대로 역사를 진행시킨다는 것을 함축한다. 신의 이러한 계획에 개입할 수 있는 존재는 없다.

乙: 甲의 주장에는 문제가 있다. 우선 甲의 두 주장은 서로 상충한다. 신이 완벽하게 과거 현재 미래를 이미 결정한 채 역사를 진행시키고 있다는 것이 사실이라면, 신이 그렇게 진행되어 온 과거를 결코 바꾸지 않을 것이다. 게다가 각 주장도 거짓이라 볼 이유가 있다. 첫째, 신은 엄청난 능력을 가지고 있기는 하나 무엇이든지 다 할 수 있다고 보는 것은 문제가 있다. 신은 아직 결정되지 않은, 장차 벌어질 사건들에서는 무한한 능력을 발휘할 수 있다. 하지만 신조차도 시간의 흐름만은 통제할 수 없기에, 과거로 거슬러 올라가 이미 벌어진 사건을 바꿀 수는 없다. 둘째, 만일 신이 자신이 계획한 대로 역사를 진행시킨다면, 우리가 신에게 기도하는 현상을 설명할 수 없다. 우리는 기도를 통해 우리가 신의 계획에 영향을 줄 수 있다고 믿는다. 이 믿음이 옳다면, 신이 세상을 계획에 따라 창조했더라도 신의 계획은 변경될 수 있을 것이다.

〈보기〉

ㄱ. 甲과 乙은 둘 다 기적이 있을 수 있다고 믿는다.

ㄴ. 甲과 乙은 신이 역사를 진행시키는 방식에 대한 견해가 다르다.

ㄷ. 乙은 신이 과거를 바꾼다는 것은 신의 계획이 완전하지 않음을 의미한다고 여긴다.

① ㄱ ② ㄴ ③ ㄱ, ㄷ
④ ㄴ, ㄷ ⑤ ㄱ, ㄴ, ㄷ

23

다음으로부터 추론한 것으로 옳은 것만을 〈보기〉에서 있는 대로 고른 것은?

A: "미처 몰랐어."라는 말은 나쁜 행위에 대한 변명이 될 수 있고 비난의 여지를 줄여줄 수 있다. 가령 내가 친구의 커피에 설탕인 줄 알고 타 준 것이 독약이었다고 하자. 이는 분명 나쁜 행위이지만, 내가 그것을 몰랐다는 사실은 나에 대한 비난가능성을 줄여줄 것이다. 사실에 대한 무지가 도덕적 비난가능성을 줄일 수 있다면, 도덕에 대한 무지라고 다를 리 없다. 가령 어떤 사람이 노예제도가 도덕적으로 옳지 않다는 것을 모른 채 노예 착취에 동참했다고 해 보자. 이런 무지는 노예를 착취한 행위에 대해서 그 사람을 비난할 가능성을 줄여준다. 어떤 사람이 전쟁에서 적군을 잔인하게 죽이는 것이 옳다고 강하게 믿고 의무감에서 적군을 잔인하게 죽였다면, 그런 행위로 인해 그 사람은 심지어 칭찬받을 여지도 생길 수 있다.

B: 도덕적 무지가 나쁜 행위의 비난가능성을 줄일 수 있다면, 극악무도한 행위에 대해서도 "도덕적으로 그른 일인지 몰랐어."라는 변명이 통할 것이다. 그러나 이는 불합리하다. 어떤 행위를 한 사람이 칭찬받을 만한지 비난받을 만한지는 그 사람이 가진 옳고 그름에 대한 믿음에 따라 결정되는 것이 아니라, 행위가 드러내는 그 사람의 도덕적 성품에 따라 결정되어야 할 문제이다. 도덕적으로 선한 성품을 가진 사람은 그가 가진 도덕적 믿음에 상관없이 나쁜 것에 거부감을 느끼고 좋은 일에 이끌리기 마련이고, 그런 성품의 결과로 나온 행동은 칭찬받을 만하다. 사실 극단적인 형태의 도덕적 무지는 악한 성품에서 생겨나는 것이라 볼 수밖에 없다. 잘못된 도덕적 믿음과 의무감으로 인해 잔인하게 사람들을 죽이는 사람이 비난받아 마땅한 이유이다.

〈보기〉

ㄱ. 노예제도가 당연시되던 시대에 살던 갑은 노예를 돕는 행위가 도덕적으로 옳지 않다고 믿음에도 불구하고 곤경에 빠진 노예를 돕는다. A에 따르면 갑은 이 행위로 인해 비난받을 만하고, B에 따르더라도 그러하다.

ㄴ. 을은 고양이를 학대하는 것이 도덕적으로 나쁘지 않다고 믿고 있다. 이 때문에 그는 거리낌 없이 고양이를 잔인하게 학대한다. A에 따르면 을의 도덕적 무지는 그에 대한 비난가능성을 낮추지만, B에 따르면 그렇지 않다.

ㄷ. 병은 식당에서 나오는 길에 다른 사람의 비싼 신발을 자기 것으로 착각하고 신고 가버렸다. A에 따르면 병의 착각은 그에 대한 비난가능성을 낮춘다.

① ㄱ ② ㄷ ③ ㄱ, ㄴ
④ ㄴ, ㄷ ⑤ ㄱ, ㄴ, ㄷ

24

다음으로부터 추론한 것으로 가장 적절한 것은?

'지금', '여기', '오늘', '어제'와 같은 단어들을 지표사라고 부른다. 내가 어느 날 "오늘 비가 온다."라고 말한다고 하자. 다음 날도 "오늘 비가 온다."라고 말하면 어제 한 말과 같은 말을 한 것인가? "오늘 비가 온다."라고 한 날이 화요일이었다고 해보자. 그러면 이때 '오늘'은 화요일을 가리킨다. 그런데 다음 날 내가 "오늘 비가 온다."라고 말한다면 여기서 '오늘'은 수요일을 가리킬 것이며, 따라서 어제와 같은 말을 한 것이 아니다. 첫 번째 발화의 경우 '오늘'은 화요일을 가리키나 두 번째 발화에서는 같은 단어가 수요일을 가리킨다. 우리는 '오늘'이라는 표현을 이틀 연속 사용해서 같은 날을 가리킬 수 없다.

내가 화요일에 한 말과 같은 말을 수요일에도 하려면 "어제 비가 왔다."라고 말해야 한다. 하지만 '오늘'과 '어제'라는 두 단어는 같은 날을 가리킬 때조차 언어적으로 다른 의미를 지닌다. 그런데도 화요일에 "오늘 비가 온다."라고 말하고 다음 날인 수요일에 "어제 비가 왔다."라고 말했을 때 두 문장이 같은 말이라는 것은 직관적으로 분명하다. 따라서 두 문장이 언어적 의미가 같아서 같은 말이 된 것은 아니다. 확실히 "오늘 비가 온다."와 "어제 비가 왔다."라는 문장은 언어적으로 같은 의미를 갖지 않는다. '오늘'과 '어제'가 두 문장에서 같은 대상을 가리킨다는 점이 중요하지만, 두 표현이 가리키는 대상이 같다고 해서 두 표현을 바꿔 쓴 문장이 같은 말을 하는 문장임이 보장되는 것은 아니다. 같은 대상을 가리키는 '세종의 장남'과 '세조의 형'이라는 두 표현을 고려해 보자. 누군가가 "세종의 장남은 총명하다."라고 말한 것을 세조의 형은 총명하다고 말했다고 다른 사람이 보고한다면 다른 말을 전하는 셈이 될 것이다. '세종의 장남'과 '세조의 형'은 언어적 의미가 다르기 때문이다. 하지만 날짜와 관련한 지표사의 경우, 같은 말을 하려면 먼저 사용한 단어인 '오늘'과 언어적 의미가 다른 단어인 '어제'를 사용해야 한다.

① 다른 말을 하는 두 문장에 사용된 표현은 같은 대상을 가리킬 수 없다.

② 한 문장에 사용된 어떤 단어를, 가리키는 대상은 같지만 언어적 의미가 다른 단어로 바꿔 쓰더라도, 여전히 같은 말을 할 수 있다.

③ 한 문장에 사용된 어떤 단어를 다른 단어로 바꿔 써서 발화자의 맥락에 따라 같은 말을 했다면, 그 두 단어의 언어적 의미는 같다.

④ 한 문장에 사용된 어떤 단어를, 가리키는 대상은 다르지만 언어적으로 의미가 같은 다른 단어로 바꿔 쓰더라도, 여전히 같은 말을 할 수 있다.

⑤ 한 문장에 사용된 어떤 단어를, 가리키는 대상도 같고 언어적 의미도 같은 단어로 바꿔 쓰더라도, 발화자의 맥락에 따라 다른 말을 할 수 있다.

25

다음으로부터 추론한 것으로 옳은 것만을 〈보기〉에서 있는 대로 고른 것은?

인용 부호(작은따옴표)를 사용하면, 언어 표현 자체에 대해 언급할 수 있다. 예를 들어, 다음의 문장 (1)은 돼지라는 동물에 대해 언급하는 거짓인 문장인 반면, 인용 부호가 사용된 문장 (2)는 언어 표현 '돼지'에 대해 언급하는 참인 문장이고, 따라서 두 문장은 다른 의미를 표현한다.

(1) 돼지는 두 음절로 이루어져 있다.
(2) '돼지'는 두 음절로 이루어져 있다.

이때 문장 (2)의 영어 번역에는 다음 세 가지 후보가 있다.

(3) '돼지' has two syllables.
(4) 'Pig' has one syllable.
(5) 'Pig' has two syllables.

(2)는 참인 문장이지만 (5)는 거짓인 문장이므로, 우선 (5)는 올바른 번역에서 제외된다. 남은 (3)과 (4)는 모두 참인 문장이지만, (4)는 (2)의 올바른 번역이라고 볼 수 없다. 왜냐하면 번역에서는 두 문장의 의미가 엄격하게 보존되어야 하는데, (2)의 '두 음절'과 (4)의 'one syllable'은 명백히 다른 의미를 표현하고, 또한 (2)는 한국어 단어 '돼지'에 대해 말하는 문장인 반면, (4)는 영어 단어 'Pig'에 대해 말하는 문장이기 때문이다. 결국 (4)가 의미하는 것은 영어 단어 'Pig'가 한 음절이라는 것인데, 이는 (2)가 의미하는 것과는 완전히 다르므로, 올바른 번역이 될 수 없다. 따라서 (2)의 올바른 영어 번역은 한국어 단어 '돼지'가 두 음절이라는 동일한 의미를 표현하는 문장 (3)이다. 즉 어떤 언어에 속한 문장의 정확한 의미를 보존하는 다른 언어 문장으로의 올바른 번역은, 인용 부호 안의 표현 자체를 그대로 남겨두는 것이 되어야만 한다.

그렇다면 다음 문장들을 고려해 보자.

(6) '돼지'는 글자 '돼'로 시작한다.
(7) 'Pig' starts with the letter 'P'.
(8) '돼지'는 동물이다.
(9) '돼지' is an animal.

〈보기〉

ㄱ. (6)을 (7)로 번역하는 것은 올바른 번역이 아니다.
ㄴ. (8)을 (9)로 번역하는 것은 올바른 번역이 아니다.
ㄷ. 서로 다른 언어에 속한 두 문장의 진리값이 다르다는 사실은, 한 문장이 다른 문장의 올바른 번역이 아니라는 것을 보이기 위한 충분조건이긴 하지만, 필요조건은 아니다.

① ㄴ ② ㄷ ③ ㄱ, ㄴ
④ ㄱ, ㄷ ⑤ ㄱ, ㄴ, ㄷ

26

〈사례〉에 대한 분석으로 옳지 않은 것은?

행위는 인식과 목적 두 측면에서 합리적인 것으로 평가받을 수 있어야 진정으로 합리적이며, 그렇지 않으면 비합리적이다. 두 측면을 이해하는 방식에는 각각 논란이 있다. 행위의 인식 측면에서는, 행위자가 개인적으로 믿고 있는 정보를 기준으로 목적을 달성할 수 있는 행위를 수행한 경우 합리적이라고 평가된다는 입장과 실제로 참인 정보를 토대로 해야 합리적으로 평가된다는 입장이 대립한다. 전자를 '주관적' 입장, 후자를 '객관적' 입장이라고 하자.

행위의 목적 측면에서는, 행위를 수행하는 목적이 행위자 자신에 대한 직접적 해악과 무관하다면 합리적이라고 평가된다는 입장과 그 목적이 비판적으로 정당화되는 도덕이론의 관점에서 부당하지 않은 경우에만 합리적으로 평가된다는 입장이 대립한다. 전자를 '내재주의', 후자를 '외재주의'라고 하자. 이를 조합하면 행위는 '주관적 내재주의', '주관적 외재주의', '객관적 내재주의', '객관적 외재주의'의 네 가지 입장에서 평가할 수 있다.

〈사례〉

○ A는 수분을 섭취하기 위해 병에 담겨 있는 액체를 이온음료라고 믿고 마셨지만 그것은 실제로는 벤젠이었고 그 결과 A는 심각한 상해를 입게 되었다.
○ B는 이웃돕기 성금을 마련하기 위해 중고 거래 사이트에 허위 매물을 올렸다. 그는 이 사이트의 거래 수단이 선입금 구매자의 보호에 취약하다는 사실을 잘 알고 있었다. 이 점을 이용하여 B는 판매 대금만 수령하고 물건은 보내지 않는 방식으로 이웃돕기 성금을 마련할 수 있었다.
○ C는 금품 편취를 목적으로 동료에게 이메일을 보냈으나 이메일 주소를 잘못 알고 있었기에 그는 C에게 금품을 편취당하지 않았다.

① A와 C의 행위를 모두 비합리적이라고 평가하는 입장은 1개이다.
② 주관적 내재주의는 A와 B의 행위를 모두 합리적이라고 평가한다.
③ A의 행위의 합리성에 대한 주관적 외재주의와 주관적 내재주의의 평가는 일치한다.
④ 동료가 C에게 이메일 주소를 일부러 거짓으로 알려주었다 하더라도, C의 행위에 대한 합리성 평가는 어떤 입장에 따르더라도 변경되지 않는다.
⑤ 만약 외재주의가 행위의 목적뿐만 아니라 수단의 도덕성을 함께 고려하는 입장이라면, 주관적 외재주의와 객관적 외재주의는 B의 행위를 비합리적이라고 평가한다.

27

2023학년도 LEET 문12

다음으로부터 〈사례〉를 판단한 것으로 옳은 것만을 〈보기〉에서 있는 대로 고른 것은?

> X를 하겠다고 약속하는 경우 일반적으로 X를 해야 할 도덕적 의무가 생겨난다. 하지만 이에 대한 예외가 있는데 그것은 X가 도덕적으로 옳지 않은 경우이다. 이 예외를 어떻게 설명할지에 대해서 갑과 을이 논쟁하였다.
>
> 갑: X를 하는 것이 도덕적으로 옳지 않을 때 X를 하겠다고 약속하는 것은 도덕적으로 옳지 않다. 예를 들어 어떤 사람을 살해하겠다는 약속이 옳지 않은 이유는, 살인 행위 자체가 도덕적으로 잘못되었기 때문이다. 일반적으로 약속을 한 사람은 그 약속을 지켜야 할 의무가 있지만, 그것이 도덕적으로 옳지 않은 약속일 경우에 그리고 그런 경우에만 그 약속을 지킬 의무가 생겨나지 않는다. 살인 약속은 살인 자체가 나쁘기 때문에 그 약속을 지켜야 할 의무가 없는 것이다.
>
> 을: X를 하기로 약속했다고 할 때 X를 하는 것이 나쁘다고 해서 X를 하기로 한 약속 역시 도덕적으로 나쁘다고 볼 수 없다. 우리는 약속을 하는 것과 그 약속을 지키는 것을 구별할 필요가 있다. 예를 들어 사람을 살해하는 것과 같이 X를 하는 것이 도덕적으로 옳지 않다고 하더라도, X를 하기로 한 약속을 수단으로 사용해서 선한 결과를 얻는다면 그 약속 자체는 오히려 도덕적으로 옳다고 볼 수 있다. 일반적으로 약속은 그 약속을 지켜야 할 의무를 부과하지만, 살인과 같이 X가 도덕적으로 옳지 않고 X를 하지 않을 의무가 X를 하기로 한 약속을 지키는 의무보다 더 강할 때 그 약속을 지켜야 할 의무가 사라지는 것이다.
>
> 〈사례〉
> 범죄 조직에 신분을 숨기고 잠입한 경찰관 A는 그 조직 내에서 신뢰를 얻게 되었다. A는 조직 두목인 B에게 접근하여 "현금 1억 원을 준다면 경쟁 조직의 두목을 살해하겠다."는 약속을 했다. 그 약속을 믿은 B는 A의 계좌로 1억 원을 송금했고, A는 계좌 추적을 통해서 B를 구속하고 범죄 조직을 일망타진했다.

〈보기〉

ㄱ. A가 B에게 한 약속이 도덕적으로 나쁜지에 대해 갑과 을은 의견을 달리할 것이다.
ㄴ. A가 B에게 한 약속을 지킬 의무가 있는지에 대해서 갑과 을은 의견을 달리할 것이다.
ㄷ. 만약 A의 약속이 "현금 1억 원을 준다면 내가 물구나무를 서겠다."라는 것이었다면, A가 이 약속을 지킬 의무가 있는지에 대해서 갑과 을은 의견을 달리할 것이다.

① ㄱ   ② ㄷ   ③ ㄱ, ㄴ
④ ㄴ, ㄷ   ⑤ ㄱ, ㄴ, ㄷ

28

2023학년도 LEET 문24

다음으로부터 추론한 것으로 가장 적절한 것은?

> 우리는 세상에 대해 여러 믿음을 갖는다. 믿음은 참일 수도, 거짓일 수도 있다. 거짓인 믿음은 지식이 될 수 없지만, 참인 믿음이라고 모두 지식은 아니다. 믿음이 형성된 경로와 참이 된 경로가 적절할 때만 지식이 된다. 고장이 나서 3시에 멈춘 시계를 보고 '지금 3시'라고 믿는다고 하자. 우연히 그때가 3시였더라도, 이 믿음은 지식이 아니고 운 좋은 참일 뿐이다. 그렇다면 믿음이 참인지 아닌지, 그리고 그것이 지식인지 아닌지가 그 믿음에 기반한 행동이 단순 행동이 아니라 '행위'인지 여부를 결정할 수 있을까? 이에 대해 세 견해 A, B, C가 있다.
>
> A: 믿음이 참인지 거짓인지가 매우 중요하다. 이와 상관없는 행동은 행위일 수 없다. 갑이 '브레이크가 정상적으로 작동한다'고 믿고서 페달을 밟았다고 하자. 이 믿음이 참이라면 차가 설 것이지만, 거짓이라면 갑은 차를 세우지 못할 것이다. 이때 갑의 믿음이 정당한지를 따지기 전에 갑의 믿음이 참이기만 하면 차는 설 것이다. 참인 믿음으로부터 차를 세운 것만이 행위가 된다.
>
> B: 무엇인가를 행위로 보느냐에서 중요한 것은 믿음이 있느냐 없느냐일 뿐 그 믿음이 참인지 아닌지는 아무 상관이 없다. 을은 오랫동안 차를 정비하지 않았다. 여러 주요 부품이 고장 난 것을 알고 있음에도 그는 '브레이크가 정상적으로 작동할 것'이라고 믿는다. 을은 갑자기 등장한 장애물을 보고서 브레이크 페달을 밟는다. 이때, 중요한 것은 을이 브레이크가 정상이라고 믿는다는 점이다. 을의 믿음이 참인지 여부는 페달을 밟는 것이 행위인지 아닌지와 상관이 없다. 브레이크가 실제로는 고장이 났더라도 을은 페달을 밟을 것이다.
>
> C: 믿음이 지식인지 아닌지는 무엇이 행위인지 아닌지에 영향을 준다. 병은 브레이크가 고장 난 차를 수리점에 맡겼다. 그런데 수리점 직원은 브레이크 페달과 연결된 선을 연료 펌프에 연결하여 페달을 밟으면 연료가 차단되게 하였다. 이를 모르는 병은 '페달을 밟으면 차가 설 것'이라고 믿는다. 하지만 이 믿음은 지식일 수 없다. 그가 아는 브레이크 작동 원리는 실제와 일치하지 않는다. 페달을 밟아 차가 멈췄더라도 그는 과연 차를 세운 행위를 한 것일까? 결국 지식에 근거하여 차를 세운 것만이 행위이다.

① 차를 정비한 직후 갑이 브레이크 페달을 밟았을 때 정상적으로 작동하지 않았더라도 C는 이를 행위라고 판단할 것이다.
② 을이 브레이크 페달을 밟은 것이 행위인지에 관해 B와 C는 견해가 같을 것이다.
③ 병이 브레이크 페달을 밟아도 차가 서지 않았다면, 그가 페달을 밟는 것이 행위인지에 관해 A와 B는 견해가 같을 것이다.
④ C가 행위라고 여기는 것은 A도 행위로 여길 것이다.
⑤ C가 행위라고 여기지 않는 것은 B도 행위로 여기지 않을 것이다.

29

다음으로부터 추론한 것으로 옳은 것만을 〈보기〉에서 있는 대로 고른 것은?

한 사회는 외부의 압력에 의해 파괴되는 경우보다 내부로부터의 압력에 의해 해체되는 경우가 더 많다. 사회가 해체되는 첫 단계는 도덕적 연대가 느슨해지면서부터라는 것을 역사는 반복해서 보여 주고 있다. 그러므로 사회의 존속에 필수적인 도덕적 규약을 보존하기 위한 노력은 정당하다. 이러한 규약은 개개인이 아닌, 한 사회 공동체의 도덕적 판단에 의해 형성된다.

사회 공동체 X에서 그 사회의 도덕적 판단은 X의 구성원 중에서 선정된 배심원단이 주어진 안건을 놓고 토론과 숙의를 거침으로써 결정한다. 이 판단은 언제나 X가 용인할 수 있는 한계를 넘어서는 것이 무엇인지를 확고히 한다. 이러한 과정을 통해 무언가를 사회적으로 용인할 수 없다는 결정에 이르는 일은 단지 선호 여부의 문제가 아니라 실제로 그것을 거부하고자 하는 느낌에 기초한다. 만약 그런 느낌이 실제로 느껴진 것이고 꾸며낸 것이 아니라면, 그것은 사회적으로 조건화된 역겨움, 즉 사회적 역겨움이다. 그러므로 사회적 역겨움은 사회적 용인의 한계점인 도덕적 금기가 무엇인지를 결정하는 데에 필수적이며, 그러한 금기의 위반을 두려워하여 역겨움을 느끼는 성향이 있는 사람이 X의 배심원으로 선정된다. 결국 X의 존속에 필수적인 도덕적 연대를 공고히 하는 것은 이렇게 결정된 도덕적 금기를 지키는 일과 다르지 않다.

〈보기〉

ㄱ. X에서 인종차별이 도덕적 금기로 결정되지 않았다면, X에는 배심원으로 선정된 사람도 없을 것이다.
ㄴ. X에서 도덕적 금기의 위반 사례가 나타난다면, X에는 사회적 역겨움을 느끼는 사람들이 있었을 것이다.
ㄷ. 어떤 사회이든 사람들 사이에 도덕적 판단이 일치하지 않는다면, 그 사회의 도덕적 판단이 무엇인지는 결정될 수 없다.

① ㄴ ② ㄷ ③ ㄱ, ㄴ
④ ㄱ, ㄷ ⑤ ㄱ, ㄴ, ㄷ

30

다음으로부터 〈사례〉를 판단한 것으로 옳은 것만을 〈보기〉에서 있는 대로 고른 것은?

많은 철학자들은 "증거의 부재는 부재의 증거가 아니다."를 일반적인 ㉠격률로 받아들인다. 그러나 언제나 이 격률이 성립하는 것은 아니다. 어떤 사람이 천장에서 나는 소리를 들으려고 애썼지만 어떤 소리도 들리지 않는 경우를 생각해보자. 그는 천장에 쥐가 있다는 어떤 증거도 발견하지 못한다. 이 경우, 증거의 부재가 "천장에 쥐가 없다."는 부재 가설의 증거가 된다. 철학자 A는 다음의 두 조건이 모두 만족되면 증거의 부재가 부재 가설의 증거가 되며, 따라서 위 격률이 성립하지 않게 된다고 주장한다.

○ 조건1: 부재 가설이 참일 확률은 100%보다 작아야 한다.
○ 조건2: 부재 가설이 참일 때 '부재 가설이 거짓이라는 증거'를 획득할 확률은 부재 가설이 거짓일 때 '부재 가설이 거짓이라는 증거'를 획득할 확률보다 작아야 한다.

〈사례〉

X산으로 등산을 떠난 갑은 혹시 X산에 멧돼지가 있을까 걱정했다. 하지만 X산에서 멧돼지 발자국을 찾아볼 수 없었다. 이를 바탕으로 갑은 X산에는 멧돼지가 없다고 추론하였다. (단, 멧돼지 유무의 증거는 발자국뿐이라고 가정한다.)

〈보기〉

ㄱ. A에 따르면, X산에 멧돼지가 존재할 확률이 0%일 때 갑의 추론에서 ㉠은 성립하지 않는다.
ㄴ. 갑이 등산하기 전에 누군가 먼저 X산을 깨끗이 정돈하여 모든 동물 발자국을 지워 놓았다면, 갑의 추론은 조건1도 조건2도 만족하지 않는다.
ㄷ. X산에 멧돼지가 있을 때 멧돼지 발자국이 발견될 확률이 X산에 멧돼지가 없을 때 멧돼지 발자국이 발견될 확률보다 더 큰 경우, 갑의 추론은 조건 2를 만족한다.

① ㄱ ② ㄷ ③ ㄱ, ㄴ
④ ㄴ, ㄷ ⑤ ㄱ, ㄴ, ㄷ

31

다음으로부터 〈사례1〉과 〈사례2〉를 판단한 것으로 옳은 것만을 〈보기〉에서 있는 대로 고른 것은?

위선과 비난에 대해 다음과 같은 [원리]가 있다.

[원리] 어떤 사람 X가 어떤 규범 N의 위반에 대하여 위선자가 아닐 경우, 그리고 그 경우에만 N을 위반한 어떤 다른 사람 Y를 비난할 자격이 있다.

그런데 [원리]에서 위선자를 어떻게 정의할지에 대해 다음과 같은 주장이 있다.

A: X가 N을 위반했고 N을 위반한 다른 사람을 비난했을 경우, 그리고 그 경우에만 X는 N의 위반에 대하여 위선자이다.
B: X가 N을 위반했고 N을 위반한 자신을 비난하지 않지만 N을 위반한 다른 사람을 비난했을 경우, 그리고 그 경우에만 X는 N의 위반에 대하여 위선자이다.
C: X가 N을 위반했고 X에게는 자신을 제외하고 다른 사람만 비난하는 성향이 있어 그 성향 때문에 X가 N을 위반한 다른 사람을 비난하고 자신을 비난하지 않는 경우, 그리고 그 경우에만 X는 N의 위반에 대하여 위선자이다.

〈사례1〉
갑과 을은 1년 전에 각자 거짓말을 하였다. 당시 갑은 거짓말을 한 자신을 비난하지 않았지만 거짓말을 한 을을 비난하였다. 이후 갑은 잘못된 행위에 대해서는 자신이든 다른 사람이든 비난하는 성향을 가지게 되었다. 최근 갑과 을이 각자 거짓말을 하였다. 갑은 거짓말을 한 자신을 비난하고 거짓말을 한 을을 비난하고 있는데, 이는 모두 자신이 가진 그 성향 때문이다.

〈사례2〉
병과 정은 지난 1년간 시험 볼 때마다 유혹을 이기지 못하고 부정행위를 했으며 이를 서로 알고 있다. 병은 부정행위를 한 자신을 매번 비난했고 부정행위를 한 정을 매번 비난했다. 정은 부정행위를 한 병을 비난했지만 부정행위를 한 자신을 비난하지 않았는데, 이는 모두 자신이 가진 성향 때문이다.

〈보기〉
ㄱ. A에 따르면 1년 전 상황에서 갑은 을을 비난할 자격이 없고, C에 따르면 현재 상황에서 갑은 을을 비난할 자격이 없다.
ㄴ. B에 따르면 병은 정을 비난할 자격이 있지만, C에 따르면 병은 정을 비난할 자격이 없다.
ㄷ. A에 따르든 B에 따르든 정은 병을 비난할 자격이 없다.

① ㄴ ② ㄷ ③ ㄱ, ㄴ
④ ㄱ, ㄷ ⑤ ㄱ, ㄴ, ㄷ

32

다음으로부터 추론한 것으로 옳은 것만을 〈보기〉에서 있는 대로 고른 것은?

도덕적 악행의 피해자가 가해자를 용서한다는 것은 무엇일까? 단순히 분노가 사라진다고 해서 진정한 의미에서 용서가 일어난다고 할 수는 없다. 용서가 되려면, 피해자의 분노는 적어도 다음의 세 가지 조건이 만족된 상태에서 없어져야 한다.

첫째, 피해자는 가해자의 행위가 도덕적으로 나쁘다는 판단을 수정하지 않는 방식으로 분노를 버려야 한다. 만약 가해자의 행위에 대한 도덕적 판단을 수정함으로써 분노를 버린다면 피해자는 그 행위가 나쁜 행위가 아니라는 것을 인정하는 것이므로, 이런 경우는 용서한 것이 아니라 그 행위에 정당성을 부여하는 것이 된다.

둘째, 피해자는 가해자가 그 자신의 행위에 대해 합리적인 도덕적 판단을 내릴 수 있는 행위자라는 사실 또한 반드시 받아들여야 한다. 즉, 가해자의 도덕적 책임 가능성에 대한 판단이 수정되지 않는 방식으로 분노가 없어질 때 용서라 할 수 있다. 가령 가해자가 모종의 이유로 정상적인 사리 판단을 할 수 없는 상태에 있었다는 이유로 인해 행위의 책임이 그에게 있지 않았다는 판단을 하게 된다면, 이 상황에서 분노를 버리는 것은 용서가 아니라 면책해 주는 것에 불과하다.

셋째, 피해자의 자기 존중이 훼손되지 않아야 한다. 피해자는 부당한 상황에 대해서 분노함으로써 자신의 인격적, 도덕적 가치를 보호하는 것이다. 만약 이런 상황에서 분노하지 않거나, 또는 아무런 이유 없이 분노를 쉽게 버린다면, 피해자가 자기 자신을 도덕적, 인격적으로 가치 있게 생각하지 않는다는 것을 시사한다.

〈보기〉
ㄱ. 자신의 차를 허락 없이 사용한 이웃에게 분노했던 사람이, 호흡이 멈춘 갓난아이를 병원에 데려가기 위해서였음을 깨닫고 그 이웃에 대한 분노가 풀렸다면, 이는 용서라고 볼 수 없다.
ㄴ. 아버지에게 어린 시절 가정 폭력을 당한 사람이, 성인이 된 후 아버지가 말기 암 진단을 받았다는 것을 듣고 아버지에 대한 분노가 사라졌다면, 이는 용서라고 볼 수 없다.
ㄷ. 아이 친구의 실수로 아이가 다친 것을 알게 된 부모가, 그 친구가 사리 분별이 가능한 나이가 아님을 깨닫고 그 친구에 대한 분노가 사라졌다면, 이는 용서라고 볼 수 없다.

① ㄴ ② ㄷ ③ ㄱ, ㄴ
④ ㄱ, ㄷ ⑤ ㄱ, ㄴ, ㄷ

33

다음으로부터 추론한 것으로 옳은 것만을 〈보기〉에서 있는 대로 고른 것은?

> 갑, 을, 병 세 사람이 '삼신기'라는 댄스 그룹을 결성하였다. 다음은 그룹의 존재에 대한 논의이다.
>
> A: 그룹 같은 것은 존재하지 않는다. 존재하는 것은 그룹의 구성원들뿐이다. 예를 들어 "삼신기가 공연했다"라는 말은 성립하지 않고, "갑, 을, 병이 함께 공연했다"라고 말해야 한다.
> B: 삼신기는 세 사람 각각과는 구분되는 새로운 존재자로, 갑, 을, 병 세 사람을 단순히 모은 것과 동일하다. 갑, 을, 병의 모음인 삼신기는 갑, 을, 병을 부분으로 가지며, 특정한 공간을 차지한다.
> C: 삼신기는 구성원이 변하더라도 존속할 수 있는 종류의 대상이다. 세 사람이 그룹을 결성했을 때 삼신기는 비로소 존재하기 시작하지만, 각각의 구성원이나 그들의 모음과는 다르다. 삼신기는 어떤 특정한 공간을 차지하는 대상이 아니라 추상적 존재자로 보아야 한다.

〈보기〉

ㄱ. 갑, 을, 병 세 사람만 존재할 뿐, 삼신기라는 그룹은 존재하지 않는다는 것에 대해 A와 B 모두 동의한다.
ㄴ. 삼신기 결성 이후 갑, 을, 병이 장기에 흥미를 가지고 '외통수'라는 장기 동아리를 결성했다고 하자. 삼신기와 외통수가 동일하다는 것에 대해 B는 동의하지만, C는 동의하지 않는다.
ㄷ. 갑이 새로운 멤버로 교체되어도 삼신기는 존재한다는 것에 대해 A와 C 모두 동의한다.

① ㄱ   ② ㄴ   ③ ㄱ, ㄷ
④ ㄴ, ㄷ   ⑤ ㄱ, ㄴ, ㄷ

34

다음으로부터 추론한 것으로 옳은 것만을 〈보기〉에서 있는 대로 고른 것은?

> 부탁의 거절에 관한 연구들은 독립적 문화 성향을 가진 사람들과 상호의존적 문화 성향을 가진 사람들 사이에 부탁을 거절할 때의 기준이 다르며, 이로 인하여 거절 행동이 상이하게 나타난다는 것을 발견했다. 독립적 문화 성향을 가진 사람은 부탁의 수용과 거절을 개인 내적 기준에 비춰보아 합당한 부탁인지, 그 부탁의 수용이 개인의 독립성 및 자율성, 그리고 권리 향유를 저해하는지 여부에 따라 결정한다.
>
> 반면, 상호의존적 문화 성향을 가진 사람은 대인관계의 원만한 지속에 가치를 부여한다. 상호의존적 문화 성향이 강한 사람은 사회적 관계를 중요하게 여기기 때문에, 대인관계에서 긴장을 초래하지 않기를 원한다. 따라서 부탁의 거절이 상대방에게 끼칠 부정적인 영향을 실제보다 과대 추정할 가능성이 크다.
>
> 한편, 개인의 문화 성향에 따라 거절 행동이 달라질 뿐 아니라, 다른 사람의 관점에 서서 그의 감정, 사고, 역할, 동기 등을 이해하고 추론하는 능력을 뜻하는 조망 수용(perspective-taking) 정도에 따라서도 거절 행동이 달라진다. 조망 수용은 개인의 고정 관념적 편향을 줄이며 친사회적 도덕 추론과 동정심을 촉진하기 때문에 어려운 부탁에 대한 수용 가능성을 높인다.

〈보기〉

ㄱ. 조교 일을 하는 대학원생이 수업의 학점을 올려 달라는 부정 청탁을 할 경우, 상호의존적 문화 성향을 가진 교수가 독립적 문화 성향을 가진 교수보다 부탁을 거절할 가능성이 더 크다.
ㄴ. 자신이 누군가의 부탁을 거절할 경우, 상호의존적 문화 성향이 강한 사람은 그 성향이 약한 사람에 비해 상대방에게 끼칠 부정적 영향을 보다 크게 여길 것이다.
ㄷ. 자신이 누군가의 부탁을 거절할 경우, 조망 수용을 하면 조망 수용을 하지 않았을 때보다 자신에게 거절당하는 상대방에 대한 미안한 마음이 더 클 것이다.

① ㄱ   ② ㄴ   ③ ㄱ, ㄷ
④ ㄴ, ㄷ   ⑤ ㄱ, ㄴ, ㄷ

35

상대방을 경어법으로 대우하는 절차는 호칭 대명사에서 간명하게 체계화된다. 예컨대, 라틴어 2인칭 대명사가 평칭어 'tu'와 경칭어 'vos'로 양분되듯이, 대다수 서양어의 2인칭 대명사는 평칭어(T)와 경칭어(V)로 양분된다. 이들 대명사의 사용은 우선 지위에 의해 결정된다. 연장자와 연하자, 부모와 자녀, 고용주와 고용인, 귀족과 평민, 장교와 사병 사이에는 지위의 차이가 있고, 상위자는 하위자에게 T를, 하위자는 상위자에게 V를 사용한다. 만일 지위가 동등하다면 서로 V를 사용하거나 서로 T를 사용하는데, V의 생성 과정상 초기에 귀족층은 V를, 평민층은 T를 사용하였다.

이들 대명사의 선택을 결정하는 요인으로는 지위 이외에 유대(혹은 친근도)도 있다. 가족, 동향, 동지 등과 같은 어떤 공통 바탕에 따라 유대의 두터움 정도가 사람마다 다른데, 그러한 가까움의 정도가 지위 못지않은 요인으로 작용한다. 예를 들어, 지위가 동등하더라도 가까운 사이가 아니라면 서로 V를, 가까운 사이라면 서로 T를 쓴다. 지위의 차이가 있을 때는 한쪽은 V를 다른 한쪽은 T를 쓰고, 지위가 동등할 경우는 친근도에 따라 서로 T를 주고받거나 서로 V를 주고받는다.

20세기 중반 이후 점차 유대가 지위보다 더 중요한 요인으로 부상한다. 가령, 고객은 점원보다 지위에서 더 높다고 볼 수도 있으나 둘은 전혀 모르는 사이다. 지위의 차이만 고려하면 고객이 점원에게 T를 써야 하나 실제로는 그러기 어렵다. 지위만 고려하면 자식은 부모에게 V를 써야 하지만, 워낙 친근한 사이라서 T를 쓰는 일이 흔하다. 이는 지위의 차이와 상관없이 친근한 사이에서는 서로 T를, 그렇지 않은 사이에서는 서로 V를 사용하는 양상이 크게 확대되었음을 말해준다. 그렇지만 서로 V를 주고받다가 친해지면서 서로 T를 사용하자고 제안할 때 그 제안자가 하위자일 수는 없다는 점에서, 여전히 지위의 고하가 명맥을 유지하고 있다.

① 시대와 상관없이 서양에서 갑이 을에게 V를 사용한다면, 적어도 을이 갑보다 지위에서 하위자는 아니다.

② 시대와 상관없이 서양에서 지위가 동등한 자들끼리 T를 사용하는 경우보다 유대가 깊은 자들끼리 T를 사용하는 경우가 더 많다.

③ 20세기 중반 이후에는 서양에서 한쪽은 V를 사용하고 다른 한쪽은 T를 사용하며 서로 대화하는 양상이 그 이전보다 줄어들었다.

④ 20세기 중반 이후 서양에서 갑과 을이 서로 V를 사용하다가 서로 친분이 쌓이면서 갑의 제안으로 서로 T를 쓰게 되었다면, 갑이 을보다 지위에서 상위자이다.

⑤ 20세기 중반 이전에는 서양에서 갑과 을이 서로 V를 사용하다가 갑의 지위가 상승하여 상위자가 되었을 때, 갑과 을이 여전히 V를 사용하게 되는 경우가 그 이후보다 많았다.

36

무언가를 믿는 정도는 확률로 나타낼 수 있고, 그 확률은 증거가 가진 특징들을 반영하고 있다. 동전 던지기를 생각해 보자. 동전에 대한 아무런 정보도 없는 경우 우리는 동전을 여러 번 던져 얻은 빈도를 증거로 삼아 확률을 결정하곤 한다. 가령 4번의 동전 던지기 중 3번 앞면이 나왔다고 해 보자. 빈도를 이용한 결정법에 따르면, 다음번 동전 던지기에서 앞면이 나올 확률은 3/4이다. 이는 증거가 '다음번 동전 던지기에서 뒷면이 나온다'라는 명제보다 '다음번 동전 던지기에서 앞면이 나온다'라는 명제에 기울어져 있다는 것을 말해 준다. 다시 말해, 확률 3/4에는 그 기울어짐의 정도 즉 '증거의 기울기'가 반영되어 있는 것이다.

확률에는 증거의 다른 특징도 반영되어 있다. '4번의 동전 던지기에서 3번 앞면이 나왔다'라는 증거 E1과 '100번의 동전 던지기에서 75번 앞면이 나왔다'라는 증거 E2를 비교해 보자. 이 두 증거의 기울기는 같다. 하지만 증거 E2는 증거 E1보다 더 많은 정보를 가지고 있다. 이렇게 증거가 가진 정보의 양은 '증거의 무게'라고 불리고, 정보의 양이 많을수록 증거의 무게는 증가한다. 그렇다면, 증거의 무게는 확률에 어떻게 반영되는가? 증거 E1을 획득한 이후 5번째 동전 던지기에서 뒷면이 나왔다고 하자. 이 경우, '다음번 동전 던지기에서 앞면이 나온다'라는 명제의 확률은 3/5이 된다. 이제 증거 E2를 획득한 이후 101번째 동전 던지기에서 뒷면이 나왔다고 하자. 이 경우에는 '다음번 동전 던지기에서 앞면이 나온다'라는 명제의 확률이 75/101이 된다. 따라서 동일한 추가 증거에 의해서 이 명제의 확률이 감소하는 정도는 증거 E2의 경우가 증거 E1의 경우보다 작다.

〈보기〉

ㄱ. 어떤 명제에 대한 서로 다른 두 증거의 기울기가 같더라도 그 두 증거의 무게는 서로 다를 수 있다.

ㄴ. 어떤 명제에 대한 두 증거 E3과 E4 중 E3이 E4보다 더 많은 정보를 가지고 있다면 E3은 E4보다 그 명제에 더 기울어져 있다.

ㄷ. 어떤 명제에 대한 증거의 기울기가 3/5에서 4/5로 커지는 데 최소한으로 필요한 추가 증거의 정보의 양은 그 명제에 대한 기존 증거의 무게에 반비례한다.

① ㄱ   ② ㄴ   ③ ㄱ, ㄷ
④ ㄴ, ㄷ   ⑤ ㄱ, ㄴ, ㄷ

유형 03 – 사회과학

01
LEET 1차 예시 문8

다음의 글로부터 이끌어낼 수 있는 판단으로 적절하지 않은 것은?

> 경제 위기가 여성 노동에 미치는 영향에 관한 연구에서 나타나는 입장은 크게 세 가지로 분류할 수 있다. 첫째는 안전판 가설로, 여성 노동력은 주기적인 경기 변동의 충격을 흡수하는 일종의 산업예비군적 노동력으로서 경기 상승 국면에서는 충원되고 하강 국면에서는 축출된다고 지적한다. 둘째는 대체 가설로, 불황기에 기업은 비용 절감과 생산의 유연성 증대를 위해 남성 노동력 대신 여성 노동력을 사용하기 때문에 여성의 고용이 완만하게 증가한다고 분석한다. 마지막으로 분절 가설에서는 여성 노동력이 특정의 산업과 직무에 고용되어 있는 성별 직무 분리 때문에 여성의 고용 추이는 경기 변화의 영향을 남성 노동과 무관하게 받는다고 주장한다. 그런데 서구의 1970-80년대 경기 침체기 여성 노동 변화에 대한 경험적 연구에 따르면, 이 기간에도 여성 고용은 전반적으로 증가하였으며 불황의 초기 국면에서는 여성 고용이 감소하지만 불황이 심화되어감에 따라 여성 고용은 오히려 증가하는 경향을 보였다. 또한 경제 위기 자체보다도 산업별·규모별·직업별 구조적 변동이 여성 노동에 더 큰 영향을 미치는 것으로 나타났다. 이것은 세 가지 가설이 경기의 국면과 산업 부문에 따라 차별적으로 설명력을 갖는다는 것을 의미한다.

① 노동시장에서 여성 노동은 남성 노동과 상호작용하면서 존재한다.
② 추측의 산물인 가설은 경험 자료를 근거로 기각되거나 채택된다.
③ 복잡한 사회 상황을 특정의 입장에서 명료하게 해명하기는 어렵다.
④ 경기 변동과 관계없이 여성의 경제 활동 참여는 지속적으로 증가하고 있다.
⑤ 안전판, 대체, 분절 등의 비유는 사회 현실을 이해하는 데 도움을 준다.

02
2009학년도 LEET 예비 문23

다음 글에 언급된 2월의 소비자 기대 지수 조사 결과로부터 추리할 수 있는 것으로 반드시 참인 것은?

> 소비자 기대 지수는 소비자가 향후 경기를 어떻게 전망하고 있는지를 측정하는 지수이다. 그 값이 100이면 향후 경기를 긍정적으로 보는 소비자 가구 비중이 부정적으로 보는 소비자 가구 비중과 같다는 것을 의미한다. 그리고 이 값이 클수록 향후 경기를 긍정적으로 보는 소비자 가구 비중이 커진다는 것을 의미한다. 소비자 기대 지수는 모든 소득 계층(매 100만 원 단위)과 모든 연령대(매 10세 단위)별로 발표되고 있다.
> 2월의 조사에 의하면, 모든 소득 계층과 모든 연령대에서 예외 없이 1월보다 소비자 기대 지수가 하락한 것으로 나타났다. 1월 대비 하락에도 불구하고 월평균 소득 300만 원대인 계층에서는 소비자 기대 지수가 여전히 100보다 큰 것으로 나타났다. 그러나 이 계층을 제외한 다른 모든 소득 계층에서 소비자 기대 지수가 100에 미치지 못하였다. 또한 30대 연령에서도 소비자 기대 지수가 100보다 큰 것으로 나타났지만, 이 연령대를 제외한 다른 모든 연령대에서 소비자 기대 지수가 100보다 작았다고 한다. 그런데 ○○지역에는 월평균 소득이 300만 원대인 가구가 훨씬 높은 비율로 거주하고 있다. 그러므로 ○○지역에 거주하는 소비자는 향후 경기를 긍정적으로 보고 있을 가능성이 있다.

① 소득 계층별 소비자 기대 지수의 평균은 100을 넘지 못한다.
② 40대 이상 연령의 소비자는 다른 연령대에 비하여 향후 경기를 부정적으로 본다.
③ 월평균 소득액이 300만 원대에 속하는 각각의 연령대 소비자는 모두 향후 경기를 긍정적으로 본다.
④ 월평균 소득이 300만 원대인 소비자가 ○○지역보다 많은 지역이 있다면, 그 지역의 소비자는 ○○지역의 소비자보다 향후 경기를 긍정적으로 본다.
⑤ 40대 연령의 1월 소비자 기대 지수가 30대 연령의 1월 소비자 기대 지수보다 높았다면, 1월 대비 2월 소비자 기대 지수의 하락 폭은 30대 연령보다 40대 연령에서 더 크다.

03

2009학년도 LEET 예비 문34

다음 글에서 컨버전스 제품이 출시된 이후에 저품질 A의 생산이 중단될 때, 사회적 후생이 감소할 가능성을 높이는 것을 〈보기〉에서 모두 고른 것은?

기술의 발달은 개별 제품들의 각 기능을 한 기기 내에 담을 수 있는 가능성을 열어주는데, 이를 '컨버전스(convergence)'라고 부른다. 컨버전스는 사용자의 편의성과 더불어 경쟁의 활성화라는 경제적 효과를 야기하게 된다. 경쟁의 활성화가 소비자의 후생 증진으로 이어지려면 소비자 선택의 다양성이 존중되어야 한다. 선택권을 상실한 소비자의 효용 감소가 매우 크다면, 사회적 후생의 감소로 이어질 가능성이 있다.

예를 들어 제품 A의 시장이 독점적인 성격을 지니고 있어, A를 생산하는 기업이 제품의 차별화를 통하여 이윤 극대화를 도모한다고 가정하자. 그렇다면 저품질(저가) A와 고품질(고가) A를 공급함으로써 소비자 스스로 자신의 조건에 맞는 선택을 하도록 유인하여 이윤을 높이려는 시도를 하게 될 것이다. 이러한 상황에서 A에 서로 대체성이 없는 제품 B의 기능이 추가된 컨버전스 제품 C가 출시되었다고 하자. 이제 C의 시장진입으로 저품질 A의 소비자 그룹을 대상으로 경쟁이 치열하게 전개된다면, A를 생산하는 기업은 저품질 A의 시장을 포기하고, C와의 차별화를 시도할 가능성이 있다. A를 생산하는 기업이 저품질 A의 생산을 중단하고 고품질 A에 특화할 때 사회적 후생이 감소할 가능성이 있다.

─── 〈보기〉 ───
ㄱ. C는 저품질 A에 비하여 가격이 크게 높다.
ㄴ. 기술 혁신으로 고품질 A의 가격이 하락한다.
ㄷ. 소비자가 B의 가격에 대해 민감하게 반응하지 않는다.

① ㄱ
② ㄷ
③ ㄱ, ㄴ
④ ㄱ, ㄷ
⑤ ㄴ, ㄷ

04

2009학년도 LEET 문35

다음 '상황'과 '가정'으로부터 추론한 것으로 옳은 것은?

〈상황〉
○ 총유권자가 60만 명인 어떤 나라에서 대통령 선출 방식으로 단순 다수제와 결선(투표)제를 두고 토론을 진행 중인데, 투표 방식이 결정되면 ○○일 후 대통령 선거가 실시된다.
○ 단순 다수제는 1회 투표에서 최다 득표자가 당선되는 방식이고, 결선제는 1차 투표에서 과반수 득표자가 없을 경우, 상위 1, 2위 득표자를 놓고 2차 투표를 실시하여 다득표자가 당선되는 방식이다. (각 투표 시 유권자는 1명에게만 기표한다.)

〈후보 선호도 및 연합의 가정〉
○ 후보 A~F가 출마할 경우, 4개 계층으로 나뉜 유권자의 선호도는 표와 같다. 투표율은 항상 100%이다.

계층	인원수 (만 명)	순위			
		1순위	2순위	……	6순위
1계층	10	F	D	……	A
2계층	26	C	B	……	F
3계층	18	D	E	……	F
4계층	6	A	D	……	F

○ 단순 다수제나 결선제 1차 투표에서 후보 간 연합이 이루어질 경우, 유권자의 후보에 대한 충성도가 높아 각 후보 지지자는 연합 후보를 100% 지지한다.
○ 결선제 1차 투표에서 후보 연합을 통해서도 당선자를 결정하지 못할 경우, 2차 투표에서 후보들이 연합을 하더라도 유권자는 이를 고려하지 않고 선호도 표의 순위에 따라 투표한다. 예를 들면 4계층은 A가 후보에서 탈락되면 D를 선택하는 방식이다.
○ 투표 전 이루어진 연합이 선거에서 최종 승리할 경우, 이 승리 연합은 연합 정부를 구성한다.

① 결선제를 채택하면 C-A 연합 정부는 나타날 수 없다.
② 단순 다수제나 결선제 중 어느 것을 채택하든 D-F 연합 정부가 나타날 수 있다.
③ 결선제 1차 투표에서 당선자를 결정하지 못할 경우 D-F-A 연합 정부가 탄생할 수밖에 없다.
④ 단순 다수제에서 D, A, B가 연합하고 F와 C는 독자 출마한 채 투표가 실시되는 경우, D-A-B 연합 정부가 나타날 수 있다.
⑤ 결선제를 채택하면 이번 선거에서 2차 투표를 실시할 수밖에 없을 것이고, 또한 이로 인해 단순 다수제보다 선거 비용이 증대될 것이다.

05

2009학년도 LEET 문36

기업이 (나)의 전략을 택하기 위한 조건만을 〈보기〉에서 있는 대로 고른 것은?

기업이 자사 상품의 재고량을 어느 수준으로 유지해야 하는가는 각 기업이 처한 상황에 따라 달라진다. 우선 그림 (가)에서는 기업이 생산량 수준을 일정하게 유지하면서 재고를 보유하는 경우를 나타낸다. 수요량에 맞추어 생산량을 변동하려면 노동자와 기계가 쉬거나 초과 근무를 하는 경우가 발생할 수 있으며, 이 경우 생산 비용이 상승할 수 있다. 따라서 기업은 생산량을 일정하게 유지하는 것을 선호하며, 이때 생산량과 수요량의 차이가 재고량을 결정한다. 즉 판매가 저조할 때에는 재고량이 늘고 판매가 활발할 때에는 재고량이 줄게 된다.

그런데 기업에 따라 그림 (나)와 같은 경우도 발견된다. 이러한 기업들의 생산량과 수요량의 관계를 분석해 보면, 수요량이 증가할 때 생산량이 증가하고 수요량이 감소할 때 생산량도 감소하는 경향을 보이며, 생산량의 변동이 수요량의 변동에 비해 오히려 더 크다.

〈보기〉

ㄱ. (가)의 전략을 택하는 기업에 비해, 기업의 제품당 생산 비용이 생산량에 의해 크게 영향을 받지 않는다.
ㄴ. (가)의 전략을 택하는 기업에 비해, 수요가 상승하는 추세에서 생산량 및 재고량이 수요량을 충족시키지 못하는 경우 시장 점유 측면에서 상대적으로 불리하다.
ㄷ. 가격과 품질 등 다른 조건이 동일한 상품에 대하여, 수요가 줄어드는 추세에서 발생한 재고에 따르는 추가적인 재고 관리 비용이 (가)의 전략을 택하는 기업에 비해 더 크다.

① ㄱ ② ㄷ ③ ㄱ, ㄴ
④ ㄴ, ㄷ ⑤ ㄱ, ㄴ, ㄷ

06

2010학년도 LEET 문24

(가)~(라)의 유형 구분에 사용되었을 두 가지 기준을 〈보기〉에서 고른 것으로 가장 적절한 것은?

한 범죄학자가 미성년자 대상 성범죄자의 프로파일을 작성하기 위해서 성범죄자를 A 기준과 B 기준에 따라 네 유형으로 분류하였다.

A 기준	B 기준	
	(가) 유형	(나) 유형
	(다) 유형	(라) 유형

(가) 유형은 퇴행성 성범죄자로, 평소에는 정상적으로 성인과 성적 교류를 하지만 실직이나 이혼 등과 같은 실패를 경험하는 경우에 어려움을 극복하는 기술이 부족하여 일시적으로 미성년 여자를 대상으로 성매매 등의 성적 접촉을 시도한다. 이들은 흔히 내향적이며 정상적인 결혼생활을 하고 있고 거주지가 일정하다.

(나) 유형은 미성숙 성범죄자로, 피해자의 성별에 대한 선호를 보이지 않는다. 정신적, 심리적 문제를 가진 경우가 많고 주위 사람들로부터 따돌림을 당해서 대부분 홀로 생활한다. 이들의 범행은 주로 성폭행과 성추행의 형태로 나타나는데, 일시적이고 충동적인 면이 있다.

(다) 유형은 고착성 성범죄자로, 선물이나 금전 등으로 미성년자의 환심을 사기 위해 장기간에 걸쳐 노력을 기울인다. 발달과정의 한 시점에 고착되었기 때문에 10대 후반부터 미성년자를 성적 대상으로 삼는 행동을 보인다. 성인과의 대인관계를 어려워하며, 생활과 행동에서 유아적인 요소를 보이는 경우가 많다.

(라) 유형은 가학성 성범죄자로, 공격적이고 반사회적인 성격을 가진다. 전과를 가진 경우가 많고, 피해자를 해치는 경우가 많으며, 공격적 행동을 통하여 성적 쾌감을 경험한다. 어린 미성년 남자를 반복적으로 범죄 대상으로 선택하는 경우가 많다.

〈보기〉

ㄱ. 미성년자 선호 지속성
ㄴ. 내향성
ㄷ. 공격성
ㄹ. 성별 선호

① ㄱ, ㄴ ② ㄱ, ㄷ ③ ㄴ, ㄷ
④ ㄴ, ㄹ ⑤ ㄷ, ㄹ

07

2010학년도 LEET 문33

다음 글을 근거로 판단할 때, 환율이 상승하는 요인만을 〈보기〉에서 있는 대로 고른 것은? (단, 화폐시장은 균형을 이룬다고 가정하며, 설명된 것 이외의 경로는 고려하지 않는다.)

> 환율은 자국 통화와 비교 대상 국가 통화 간의 교환 비율을 나타낸다. 이러한 환율은 두 나라의 상대적 물가에 의해서 결정된다. 가령 우리나라에서 1,200원에 살 수 있는 상품을 미국에서 1달러에 살 수 있다면 환율은 1달러에 1,200원이 된다. 그래서 한 나라의 물가가 오르면 그 나라의 환율도 오른다.
>
> 한 국가의 실질 화폐 공급량이 실질 화폐 수요량과 같을 때 화폐시장이 균형을 이루게 된다. 실질 화폐 공급량이란 명목 통화량을 물가로 나눈 것이다. 실질 화폐 수요량은 자국의 소득 및 이자율의 영향을 받아 결정되는데, 소득이 증가(감소)하면 화폐 수요량이 증가(감소)하고, 이자율이 상승(하락)하면 화폐 수요량이 감소(증가)한다. 그리고 화폐시장이 균형을 이루므로 물가는 명목 통화량을 실질 화폐 수요량으로 나눈 값과 같다. 두 나라에서 이러한 방식으로 결정되는 두 나라 물가의 비율이 환율과 같다.

〈보기〉

ㄱ. 자국의 이자율 상승
ㄴ. 자국의 명목 통화량 감소
ㄷ. 비교 대상 국가의 소득 증가

① ㄱ ② ㄴ ③ ㄱ, ㄷ
④ ㄴ, ㄷ ⑤ ㄱ, ㄴ, ㄷ

08

2010학년도 LEET 문34

다음 글을 근거로 판단할 때, 옳은 것만을 〈보기〉에서 있는 대로 고른 것은? (단, 각 경매 참여자 또는 입찰자가 지불할 용의가 있는 최고 금액은 경매 도중 달라지지 않는다.)

> 경매는 입찰가의 공개 여부에 따라 공개 경매와 비공개 경매로 구분되며, 이들은 다시 여러 형태로 나뉜다. 공개 경매의 한 형태인 '영국식 경매'에서는 판매자가 현재 입찰가를 경매 참여자들에게 알려주면서 더 높은 가격을 부르도록 유도한다. 현재 입찰가보다 높은 가격을 지불할 용의가 있는 입찰자는 미리 정해진 호가 단위* 한 단위를 현재 입찰가에 더하여 제시한다. 상품은 최종적으로 제시된 입찰가에 낙찰된다. 또 다른 공개 경매인 '네덜란드식 경매'는 최초 호가에서 내려가는 방식으로 진행된다. 제시된 호가에 아무도 사려 하지 않으면 판매자는 호가를 내리며, 제시된 호가를 가장 먼저 받아들인 경매 참여자에게 낙찰된다.
>
> 비공개 경매에서는 입찰가가 봉인된 채 동시에 제출되며 최고 입찰가를 써낸 사람에게 낙찰된다. 그 중 '1위 가격 비공개 경매'는 낙찰자가 자신이 써낸 입찰가를 지불하는 방식이다. 또 다른 비공개 경매인 '2위 가격 비공개 경매'에서는 최고 입찰가를 써낸 사람에게 낙찰되지만, 그가 지불하는 가격은 두 번째로 높은 입찰가이다. 1위 가격 비공개 경매에서는 입찰자들이 가진 정보의 편차가 심한 경우 상품의 가치를 과대평가한 입찰자가 낙찰을 받기 쉽다. 그래서 정보가 부족한 입찰자들은 이러한 위험을 피하려고 낮은 가격을 써내는 경향을 보이는데, 2위 가격 비공개 경매는 이를 고려하여 판매자의 처지에서 고안된 방식이다.

* 호가 단위: 사거나 팔려고 부르는 가격 간의 간격

〈보기〉

ㄱ. 영국식 경매에서의 낙찰가는 호가 단위가 작을수록 1위 가격 비공개 경매에서의 낙찰가에 가까워질 것이다.
ㄴ. 네덜란드식 경매에서는 최초 호가가 경매 참여자들이 수락하려는 가격 중 최고 가격보다 높아야만 판매자에게 유리하다.
ㄷ. 네덜란드식 경매에서 최초 호가가 경매 참여자들이 수락하려는 가격 중 두 번째로 높은 가격보다 낮다면, 그 경우의 낙찰자는 2위 가격 비공개 경매를 했더라도 낙찰자가 되었을 것이다.

① ㄱ ② ㄴ ③ ㄱ, ㄷ
④ ㄴ, ㄷ ⑤ ㄱ, ㄴ, ㄷ

09

다음 글로부터 바르게 추론한 것을 〈보기〉에서 고른 것은?

○ 경쟁시장에서 공급자는 가격을 마음대로 정하기 어렵다. 그러나 독점기업은 생산량을 조절하는 방법으로 가격을 결정할 수 있으므로 자신의 이윤이 극대화되는 양까지만 생산한다. 일반적인 상황에서 독점기업의 생산량은 사회적으로 적절한 생산량보다 적고, 가격은 경쟁가격보다 높다. 이 경우에 독점의 사회적 손실이 발생한다.

○ 경제를 자유방임 상태에 둘 경우 경제적 자유에 내재하는 경제력 집중적 또는 시장 지배적 경향으로 인해 시장의 자유가 제한받게 된다. 따라서 국가의 법질서에 의하여 공정한 경쟁 질서를 형성하고 확보하는 것이 필요하고, 이러한 공정한 경쟁 질서의 유지는 자연적인 사회 현상이 아니라 국가의 지속적 과제이다.

〈보기〉

ㄱ. 국가는 사회적 손실을 막기 위하여 재활용이 어려운 플라스틱 제품의 제조업자와 수입업자에 대하여 그 폐기물의 처리에 드는 비용을 부과, 징수할 수 있다.

ㄴ. 구조적으로 독점의 폐해가 발생하는 산업에 대하여 이를 민간 사업자에게 맡겨 둘 경우 독점의 사회적 손실이 생기므로 국가가 직접 경영하는 방식을 취해야 한다.

ㄷ. 독점적 제조업자가 자신의 지위를 이용하여 소규모 경쟁제조업자와 거래하지 않는 것을 조건으로 자신의 상품을 취급하는 유통업자와 거래한 행위에 대하여 법률에 따라 일정한 제재를 부과할 수 있다.

ㄹ. 맥주와 소주가 단일시장에서 경쟁한다면, 맥주 소비자의 70%가 마시는 맥주의 제조회사 A가 소주 소비자의 80%가 마시는 소주의 제조회사 B를 합병하려 할 때 국가는 A에게 합병 금지 명령을 내릴 수 있다.

① ㄱ, ㄴ   ② ㄱ, ㄷ   ③ ㄴ, ㄷ
④ ㄴ, ㄹ   ⑤ ㄷ, ㄹ

10

다음 글로부터 바르게 추론한 것만을 〈보기〉에서 있는 대로 고른 것은?

청과물의 거래 방식으로 밭떼기, 수의계약, 경매가 있고, 이 중 한 가지를 농가가 선택한다고 하자. 밭떼기는 재배 초기에 수집 상인이 산지에 와서 계약을 하고 대금을 지급한 다음, 수확기에 가져가 도매시장의 상인에게 파는 방식이다. 수의계약은 수확기에 농가가 도매시장 내 도매상과의 거래를 성사시킨 후 직접 수확하여 보내는 방식인데, 이때 운송 책임은 농가가 진다. 경매는 농가가 수확한 청과물을 도매시장에 보내서 경매를 위임하는 방식인데, 도매시장에 도착해서 경매가 끝날 때까지 최소 하루가 걸린다.

같은 해 동일 품목의 경우, 수의계약의 평균거래가격과 경매의 평균거래가격은 밭떼기의 거래가격과 같다고 가정한다. 단, 생산량과 소비량의 변동에 의해 가격변동이 발생하는데, 도매시장에서의 가격변동 폭은 경매가 수의계약보다 크다.

농가 A, B, C, D는 여름철 청과물을 생산하는데, 안정된 가격에 팔기 원하는지 여부와 거래가 완료될 때까지 신선도가 유지되는지 여부만을 고려하여 재배 초기에 거래 방식을 결정한다. 이들 농장에서 도매시장까지의 거리는 D가 가장 가깝고, A와 B가 동일하게 가장 먼데, 가장 먼 곳이라도 6시간이면 시장까지 도착한다.

A와 B는 하루 안에 거래를 마쳐야 할 정도로 빨리 시드는 청과물을 생산한다. A는 안정된 가격에 팔기 원하지만, B는 가격의 변동을 이용하여 평균가격보다 높게 팔려고 한다.

C와 D가 생산하는 청과물은 빨리 시들지 않아 거래에 일주일 이상의 여유가 있다. C와 D는 B와 마찬가지로 가격의 변동을 이용하여 평균가격보다 높게 팔려고 하는데, 그 정도는 C와 D가 동일하다.

〈보기〉

ㄱ. A와 B는 가장 선호하는 거래 방식이 다르지만, 가장 기피하는 거래 방식은 같다.

ㄴ. C와 D는 가장 선호하는 거래 방식이 같지만, 가장 기피하는 거래 방식은 다르다.

ㄷ. A~D가 각자 가장 선호하는 방식으로 거래할 때, 도매시장으로 오는 동안 발생하는 청과물의 품질 하락으로 인한 손실 가능성이 가장 적은 농가는 D이다.

① ㄱ   ② ㄴ   ③ ㄱ, ㄷ
④ ㄴ, ㄷ   ⑤ ㄱ, ㄴ, ㄷ

11

2011학년도 LEET 문27

다음의 연구 결과로부터 바르게 추론한 것만을 〈보기〉에서 있는 대로 고른 것은?

> 범행을 결심한 침입절도범은 먼저 범행지역을 선택한 후, 그 지역에서 침입할 집을 선택한다.
>
> 범행지역의 선택은 범행이 적발될 가능성을 기준으로 하는데, 범행이 적발될 가능성은 범행지역의 (1) 경찰 순찰 정도, (2) 인적의 다소, (3) 경비자의 존재 유무로 판단된다.
>
> 침입할 집의 선택은 침입용이성을 기준으로 하는데, 침입용이성은 (1) 집의 층수, (2) 침입방법의 용이성, (3) 침입할 집 내부의 보안설비 유무로 판단된다.
>
> 범죄자의 특성은 범죄경력, 체포에 대한 두려움, 범행계획수준인데 범죄자의 특성에 따라 대상의 선택이 달라지기도 한다. 다음은 범죄자의 특성에 따라 대상의 선택이 달라지는 경우만을 제시한 것이다.
>
> ○ 초범인 절도범, 범행계획수준이 낮은 절도범, 체포에 대한 두려움이 많은 절도범은 범행지역에서의 적발가능성을 최소화하는 경향이 있다. 재범 이상인 절도범, 범행계획수준이 높은 절도범, 체포에 대한 두려움이 적은 절도범은 적발가능성에 대해서 상대적으로 무관심하다.
>
> ○ 재범 이상인 절도범, 범행계획수준이 낮은 절도범은 침입이 용이한 집을 선택하는 경향이 있다. 초범인 절도범, 범행계획수준이 높은 절도범은 침입의 어려움을 무릅쓰는 경우가 많다.

〈보기〉

ㄱ. 체포에 대한 두려움은 범행지역의 선택에는 영향을 미치지만, 침입할 집의 선택에는 영향을 미치지 못한다.

ㄴ. 범행지역 선택 단계에서 재범 이상인 절도범은 경찰 순찰이나 인적의 다소, 경비자의 존재 등에 상대적으로 신경을 쓰지 않지만, 최종 목표를 선택할 때는 1층이나 보안설비가 없는 집을 선택하는 경향이 있다.

ㄷ. 재범 이상인 절도범과 범행계획수준이 낮은 절도범은 목표를 선택할 때 범행지역의 사람 왕래나 경비자의 존재를 고려하지 않고 창문이 열린 집이나 1층인 집을 찾는다.

① ㄱ ② ㄷ ③ ㄱ, ㄴ
④ ㄴ, ㄷ ⑤ ㄱ, ㄴ, ㄷ

12

2012학년도 LEET 문13

다음 글로부터 추론한 것으로 옳은 것만을 〈보기〉에서 있는 대로 고른 것은?

> 일반적으로 업적 평가는 다음 세 가지 방법을 사용한다.
> (가) 요소별 등급 평가법은 평가 요소마다 별도로 등급을 매기는 방법이다. 정량화된 결과만으로 우열을 판단하는 것이 부적절할 때 많이 사용된다. 평가 요소 선정의 합리성과 각 요소 간 독립성 유지가 그 적용을 위한 선행 조건이다. 평가 요소에 대한 평가자의 주관적 선호가 개입될 위험이 있다.
> (나) 강제 배분법은 평가 대상자들에 대한 평가 결과의 등급 비율을 미리 정해 놓는 방법으로 평가가 지나치게 어느 한 쪽으로 집중되는 경향을 배제할 수 있다. 평가 대상자들의 능력과 실적이 유사한 경우에 작은 성과 차이가 큰 등급 차이로 나타날 수 있어 평가 결과를 신뢰하기 힘든 경우도 발생한다.
> (다) 산출 평가법은 계량적으로 측정 가능한 요소들만 평가대상으로 삼는다. 성과 달성에 소요되는 통상적인 단위 시간을 결정할 수 있는 경우에 효과적이나, 작업의 질처럼 양적 측정이 어렵거나 작업 능률에 영향을 미치는 책임성 같은 주관적 요소를 평가하는 데 한계가 있다.

〈보기〉

ㄱ. 신입사원 선발 전형에서 정량 평가를 마친 후 면접을 통해 성실성과 창의성에 대한 질적 평가를 덧붙이고자 한다. 평가 대상자에 대한 정보가 부족하여 한 요소에 대한 평가가 다른 요소들의 평가에 영향을 끼칠 수 있으며, 평가자가 높거나 낮은 점수를 피하여 중간대의 점수만을 부여할 우려가 있다. 이 경우 (나)보다 (가)가 적절하다.

ㄴ. 대학에서 학문적 업적이 뛰어난 학자를 채용하려고 평가위원회를 구성하였다. 평가자와 평가 대상자들 사이의 친소 관계를 배제할 수 없으며, 연구의 우수성에 대한 판단 기준이 평가자마다 상이하다. 이 상황에서 공정성을 유지하려면 (가)보다 (다)가 적절하다.

ㄷ. 우수한 직원들이 특정 부서에 편중되어 있는 상황에서, 부서별이 아니라 직원 전체를 대상으로 업무 성과만을 고려하여 상여금을 지급하고자 한다. 부서에 따른 업무 난이도 차이가 적고 업무의 내용이 표준화되어 있는 상황에서, 평가는 부서 단위로 하되 가능한 한 업무 성과가 우수한 직원들이 상여금을 받도록 하려면 (나)보다 (다)가 적절하다.

① ㄱ ② ㄴ ③ ㄱ, ㄷ
④ ㄴ, ㄷ ⑤ ㄱ, ㄴ, ㄷ

13

알코올과 공격 행동의 관계를 진술하는 다음 가설들에 대한 분석으로 옳은 것만을 〈보기〉에서 있는 대로 고른 것은?

(가) 알코올은 공격 행동을 제어하는 뇌 부위에 생리적 영향을 미친다. 취하면 누구나 자신의 행동을 제어할 수 없게 된다.
(나) 알코올이 비폭력적인 사람으로 하여금 폭력적인 행동을 하게 한다고 볼 수는 없다. 알코올은 개인의 평소 성향을 강화하는 효과를 가질 뿐이다. 공격적인 성향을 가진 사람은 알코올의 영향을 받으면 이런 성향이 더욱 잘 드러난다.
(다) 공격적인 성향을 지닌 사람이 공격 행동을 하게 되려면 알코올의 영향만으로는 부족하고 상황적 요인이 추가되어야 한다. 무언가 또는 누군가 취한 사람을 화나게 하거나 위협하거나 기타 방법으로 자극해야만 공격 행동이 나타난다.
(라) 알코올보다는 알코올에 대한 개인의 기대나 인식이 그 개인의 취중 행동에 더 큰 영향을 미친다. 어떤 집단에서는 음주를 일상으로부터의 휴식으로 생각하며, 취중의 일탈 행위가 어느 정도 용인된다. 음주 시의 사회적 행동 변화는 그 사회를 지배하는 음주 문화의 영향을 받는다.

〈보기〉
ㄱ. (다)는 (가)의 설명 중 알코올이 공격 행동에 영향을 미친다는 점은 인정하면서, 추가 요인을 제시하여 알코올과 공격 행동의 관계를 설명한다.
ㄴ. 공격 성향을 가진 사람이 취중에 모욕을 당한 경우 (다)는 그의 공격 행동을 예측하지만 (나)는 그렇게 예측하지 않는다.
ㄷ. 회식자리에서 술에 취해 공격 행동을 보인 사람이 술이 깬 후 "어쩔 수 없었다."라거나 "취하면 그렇게 된다."라고 변명하는 것이 통한다는 사실을 (가)와 (라) 모두 설명할 수 있다.

① ㄱ   ② ㄴ   ③ ㄱ, ㄷ
④ ㄴ, ㄷ   ⑤ ㄱ, ㄴ, ㄷ

14

다음 글로부터 추론한 것으로 옳은 것만을 〈보기〉에서 있는 대로 고른 것은?

업무는 분석 가능성과 다양성을 기준으로 구분할 수 있다. 분석 가능성이란 업무를 표준화된 절차에 따라 과정별로 나누어 수행을 용이하게 할 수 있는 정도를 뜻한다. 다양성이란 업무 중에 예측하지 못한 새로운 일이 생기는 정도를 뜻한다. 이에 따라 아래의 표를 만들고, 여러 가지 직업의 특성을 고려하여 P1~P4에 몇 가지 직업을 채워 보았다.

		B	
		(다)	(라)
A	(가)	P1	P2
	(나)	P3	P4

○ P1에는 많은 정보에 대한 분석 기술을 가지고 일정한 절차와 기법 등에 따라 예외 상황을 해결할 수 있는 직업군으로 회계사, 토목기사 등이 속하였다.
○ P2에는 업무 예외 상황의 발생 가능성이 낮고 단순 정보에 대한 분석 기술로 업무를 처리할 수 있는 직업군으로 은행 창구 직원, 생산직 근로자 등이 속하였다.
○ P3에는 새로운 상황이 많이 발생하며 업무와 관련된 정보가 복잡하여 경험과 넓은 시각 및 통찰력과 직관력이 필요한 직업군이 속하였다.

〈보기〉
ㄱ. (가)는 분석 가능성이 낮은 유형이다.
ㄴ. (다)는 다양성이 낮은 유형이다.
ㄷ. 작곡가, 피아니스트와 같은 직업은 P4에 속할 것이다.

① ㄱ   ② ㄷ   ③ ㄱ, ㄴ
④ ㄴ, ㄷ   ⑤ ㄱ, ㄴ, ㄷ

15

A, B와 〈조건〉으로부터 바르게 추론한 것만을 〈보기〉에서 있는 대로 고른 것은?

A: 표적의 매력성이란 범죄자가 범행대상(표적)을 원하는 정도, 그 대상을 가치 있다고 생각하는 정도를 의미한다. 이는 범행가능성과 범행거리(범죄자의 거주지와 범행 현장 간의 거리)를 결정할 때 고려하는 이익요소이다. 범죄자는 매력 있는 표적에 가치를 두기 때문에 그러한 표적이 있는 지역으로 이동하게 될 것이다. 범죄자가 표적의 매력성을 중시하는 정도가 강할수록 범행할 가능성이 높고, 범행을 위해서 더 먼 거리를 이동하는 경향이 있다. 매력성을 중시하는 경향은 범행의 계획성이 높을수록 그리고 전과가 많을수록 강해진다.

B: 검거위험성이란 범죄자가 범행을 결정할 때 고려하는 손해요소로서 범행가능성과 범행거리에 영향을 미친다. 범죄자들은 범행을 위해 자신의 집에서 비교적 가까운 거리를 이동하려고 하는 특성을 가지고 있지만, 자신의 집으로부터 아주 가까운 지역에서는 범행을 피하려 한다. 자신을 알아보는 사람들이 많아 범행이 발각될 가능성을 우려하기 때문이다. 따라서 범행을 가장 많이 하는 지역은 주로 범죄자의 집에서 약간 떨어진 곳에 위치하며, 범죄자의 거주지로부터 이 지점에 이를 때까지 범행의 빈도는 거리가 늘어남에 따라 증가하지만 이 지점을 넘어선 다음부터는 거리가 늘어남에 따라 범행 빈도가 감소한다. 또한 범죄자는 나이가 들수록 검거위험성을 표적의 매력성에 비해 더 많이 고려하는 경향이 있으며, 검거위험성을 매우 중시하면 검거위험성이 높다고 생각하는 곳에서는 표적의 매력성이 높더라도 범행을 하지 않는다.

〈조건〉
○ 다른 조건들이 동일할 때, 같은 유형의 범죄에서는 범행을 위한 이동 거리가 같다.
○ 재산범죄는 폭력범죄보다 계획성이 높다.
○ 범죄자는 자신의 거주지 근처의 지형에 대해 잘 알고 있다.

〈보기〉
ㄱ. 젊은 절도범은 같은 동네에 거주하는 나이 든 성폭행범보다 범행거리가 더 길 것이다.
ㄴ. 현재 주거지에 오래 거주한 강도범의 범행거리는 다른 동네에서 갓 이사 온 강도범의 범행거리보다 더 길 것이다.
ㄷ. 검거위험성을 매우 중시하는 두 명의 강도범 중 전과가 많은 쪽이 전과가 적은 쪽보다 보안시스템이 아주 잘 된 은행을 대상으로 범행을 저지를 가능성이 높을 것이다.

① ㄴ　　② ㄷ　　③ ㄱ, ㄴ
④ ㄱ, ㄷ　　⑤ ㄱ, ㄴ, ㄷ

16

〈가정〉과 〈상황〉으로부터 추론한 것으로 옳은 것만을 〈보기〉에서 있는 대로 고른 것은?

법률이나 정책 등을 바꾸려면 '거부권 행사자'라 불리는 일정 수의 개인 또는 집합적 행위자들의 동의가 필요하다. 거부권 행사자는 헌법에 의거한 '제도적' 거부권 행사자와 정치체제에 의거한 '당파적' 거부권 행사자로 나뉜다.

대통령중심제 국가이면서 양원제를 채택하고 있는 미국에서는 법률이나 정책을 바꾸려고 할 때 대통령, 상원, 하원의 동의를 필요로 하며 이때 제도적 거부권 행사자의 수는 셋이 된다. 의원내각제 국가의 경우에는 행정부가 입법부와 긴밀히 연계되어 있어서 행정부를 별도의 거부권 행사자로 보기 어렵다.

다른 한편, 의원내각제 국가의 경우에는 정치 체제의 특성상 대통령중심제와 달리 당파적 거부권 행사자가 존재한다. 말하자면, 정부를 구성하는 정당들 하나하나가 별도의 거부권 행사자가 되는데, 연립정부는 단일정당정부에 비해 더 많은 수의 당파적 거부권 행사자를 갖게 된다. 국회의원 선거제도에는 소선거구제와 비례대표제가 있다.

〈가정〉
○ 거부권 행사자의 수가 많을수록 정책안정성은 높아진다.
○ 소선거구제에서는 양당제가, 비례대표제에서는 다당제가 출현한다.
○ 의원내각제 하에서 다당제가 출현하면 연립정부가 출범한다.

〈상황〉
○ A국은 대통령중심제, 비례대표제, 단원제 국가이다.
○ B국은 대통령중심제, 소선거구제, 양원제 국가이다.
○ C국은 의원내각제, 소선거구제, 단원제 국가이다.
○ D국은 의원내각제, 비례대표제, 양원제 국가이다.

〈보기〉
ㄱ. A국이 B국보다 정책안정성이 높을 것이다.
ㄴ. D국이 A국보다 정책안정성이 높을 것이다.
ㄷ. D국이 C국보다 정책안정성이 높을 것이다.

① ㄱ　　② ㄷ　　③ ㄱ, ㄴ
④ ㄴ, ㄷ　　⑤ ㄱ, ㄴ, ㄷ

17

다음 글로부터 추론한 것으로 옳은 것만을 〈보기〉에서 있는 대로 고른 것은?

한 경제의 노동량을 계산하는 것은 그 자체로 중요한 문제일 뿐 아니라 노동량의 변화 추이를 파악하거나 국가 간 노동량 비교를 위해서도 필요하다. 경제 전체의 노동량을 계산하기 위해서는 숙련도가 다른 노동을 적절한 비율로 환산할 필요가 있다. 숙련노동 1시간과 미숙련노동 1시간을 동일하게 취급할 수는 없기 때문이다. 숙련도가 다른 두 노동이 동일한 상품을 협업 없이 독립적으로 생산한다고 하자. 이 두 노동 간 환산에 관해 다음과 같은 제안이 있다. 단, 하나의 상품은 하나의 가격을 갖는다.

A: 각 노동의 단위 시간당 보수를 계산하여 그 비율을 환산율로 삼는다.
B: 각 노동의 단위 시간당 생산물의 시장 가치를 계산하여 그 비율을 환산율로 삼는다. (시장 가치 = 생산량 × 가격)

〈보기〉
ㄱ. A와 B에 따른 환산율이 동일할 수 있다.
ㄴ. 생산물 가격이 변동하면 B에 따른 환산율도 변한다.
ㄷ. 설비 증가에 따라 노동의 단위 시간당 생산량이 같은 비율로 증가할 때 그에 따른 잉여 증가분을 설비 소유자가 모두 가져간다면, A는 숙련도가 다른 두 노동 간의 숙련도 차이를 반영하지 못한다.

① ㄱ ② ㄴ ③ ㄷ
④ ㄱ, ㄴ ⑤ ㄱ, ㄴ, ㄷ

18

다음으로부터 추론한 것으로 옳은 것만을 〈보기〉에서 있는 대로 고른 것은?

아래 그림은 Z국의 1인당 실질 소득과 사망률 및 출생률을 나타낸다. Z국의 1인당 실질 소득은 꾸준히 증가했으며, 사망률은 꾸준히 감소했고 출생률은 처음에는 증가하다가 나중에는 감소하는 추세를 보였다. B는 출생률에서 사망률을 뺀 값이 가장 큰 점이다. 단, 인구의 유출입은 없었다.

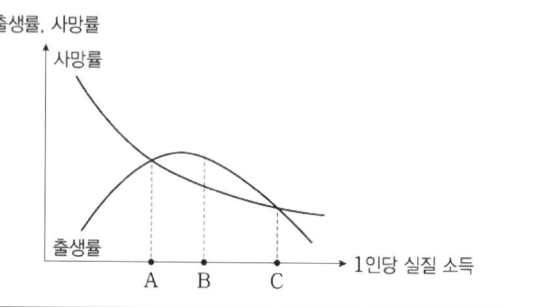

〈보기〉
ㄱ. 인구는 B에서 최대가 되었다.
ㄴ. A~C 구간에서 인구는 꾸준히 증가했다.
ㄷ. Z국 전체의 실질 소득은 꾸준히 증가했다.

① ㄱ ② ㄴ ③ ㄷ
④ ㄱ, ㄷ ⑤ ㄴ, ㄷ

19

2016학년도 LEET 문22

다음에서 추론한 것으로 옳은 것만을 〈보기〉에서 있는 대로 고른 것은?

2007년에 스페인의 정부 부채는 GDP의 43%에 불과하여 66% 수준이었던 독일보다도 낮았다. 따라서 지난 2008년의 세계금융위기 이전까지만 해도 스페인은 모범적으로 재정을 운영한다고 여겨졌다. 온화한 날씨와 아름다운 해변 때문에 유럽의 플로리다로 불리는 스페인은 2002년에 유로화로 통합되면서 유럽의 다른 나라들로부터 자본이 흘러들어와 엄청난 건설 경기 호황과 인플레이션을 경험했다. 다른 유럽 국가들에 비해 상대적으로 높은 물가와 낮은 생산성 때문에 스페인의 수출은 경쟁력을 상실했지만, 건설 경기 덕분에 전반적으로 호황이 유지되었다. 하지만 부동산 거품이 꺼지게 되자 실업률이 치솟는 등 경제가 침체하여 정부 재정은 큰 적자를 기록하게 되었다. 만약 스페인이 유로화를 사용하지 않고 여전히 구(舊)화폐인 페세타를 사용하고 있었더라면, 정부는 팽창적인 통화정책을 통해 비교적 신속하게 문제를 해결할 수 있었을 것이다. 또 만약 스페인이 정치통합 없이 화폐통합을 이룬 유로 지역의 한 나라가 아니라 미국의 한 주(州)였더라면 지금처럼 상황이 악화되지는 않았을 것이다. 호황이었을 때 다른 주로부터 노동자들이 몰려들어 그처럼 과도한 임금 상승이나 물가 상승이 발생하지 않았을 것이고, 위기가 닥쳤다 해도 연방정부로부터 지원을 받아 실업을 비롯한 여러 가지 어려움이 그처럼 심각한 수준에 처하지 않았을 것이며 연방정부가 통화정책을 사용해 경제를 회복시킬 수 있었을 것이기 때문이다. 하지만 미국의 한 주가 아니라 유로 지역의 한 국가인 스페인은 느리고도 고통스러운 디플레이션 과정을 통해서만 경쟁력을 다시 회복할 수 있을 것이다.

〈보기〉

ㄱ. 스페인의 재정적자는 스페인 경제 침체의 원인이 아니라 결과이다.
ㄴ. 유로 지역에 속한 스페인은 경제 침체에 대응할 수 있는 통화정책 수단을 갖고 있지 않기 때문에 디플레이션 과정을 통해서만 경쟁력 회복이 가능한 상태에 처하게 되었다.
ㄷ. 스페인이 유로화가 아니라 미국과 정치통합 없이 달러화로 화폐통합을 했더라도 비슷한 어려움에 처했을 것이다.

① ㄱ ② ㄷ ③ ㄱ, ㄴ
④ ㄴ, ㄷ ⑤ ㄱ, ㄴ, ㄷ

20

2017학년도 LEET 문28

다음 글로부터 추론한 것으로 옳은 것만을 〈보기〉에서 있는 대로 고른 것은?

시장에 나온 상품의 양이 유효수요를 초과하는 경우, 그 상품가격의 구성부분들(지대, 임금, 이윤) 중 일부는 그 자연율 이하의 대가를 받을 수밖에 없다. 만약 그것이 지대라면, 토지 소유자의 이해관계는 즉시 그의 토지의 일부를 그 사업으로부터 거둬들이도록 할 것이고, 만약 그것이 임금 또는 이윤이라면 노동자 또는 고용주의 이해관계는 그들의 노동 또는 자본의 일부를 그 사업으로부터 줄이도록 할 것이다. 이리하여 시장에 나오는 상품의 양은 겨우 유효수요를 만족시키는 데 충분한 수준이 될 것이다. 따라서 상품가격의 모든 구성부분들은 그들의 자연율로 상승할 것이고, 상품의 가격은 자연가격으로 상승할 것이다.

이와는 반대로, 시장에 나오는 상품의 양이 유효수요보다 적다면, 상품가격의 구성부분들 중 일부는 그 자연율을 웃도는 대가를 받게 될 것이다. 만약 그것이 지대라면, 여타의 토지 소유자의 이해관계는 당연히 이 상품의 제조에 더 많은 토지를 제공하게 만들 것이고, 그것이 임금 또는 이윤이라면, 여타의 모든 노동자와 제조업자들의 이해관계는 그 상품을 제조하여 시장에 내보내는 데 더 많은 노동과 자본을 사용하게 만들 것이다. 그리하여 시장에 나오는 상품의 양은 곧 유효수요를 만족시키는 데 충분하게 될 것이다. 따라서 가격의 모든 구성부분들은 곧 그들의 자연율 수준으로 하락할 것이며, 전체 가격은 자연가격으로 하락할 것이다.

— 애덤 스미스, 『국부론』 —

〈보기〉

ㄱ. 궁극적으로 모든 토지의 소유주들이 얻는 지대는 그 자연율을 향해 움직이는 경향을 보인다.
ㄴ. 노동자들이 노동의 자연율 수준을 안다면, 이 수준을 자신의 노동을 어디에 투입할 것인지를 결정하는 하나의 준거로 삼을 수 있다.
ㄷ. 자동차 가격과 그 중간재인 철강 가격이 동시에 자연가격 이하로 떨어지는 경우, 자동차 산업의 자본 소유주는 자신의 자본을 자동차 산업에서 회수할 것이다.

① ㄱ ② ㄷ ③ ㄱ, ㄴ
④ ㄴ, ㄷ ⑤ ㄱ, ㄴ, ㄷ

21

다음 글로부터 추론한 것으로 옳은 것만을 〈보기〉에서 있는 대로 고른 것은?

세 명의 위원 갑, 을, 병으로 구성된 위원회에서 세 명의 후보 a1, a2, b 중 한 사람을 선발하는 상황을 고려해 보자. a1과 a2는 동일한 A당(黨)에 속한 사람이고, b는 다른 B당 사람이다. 각 위원의 후보에 대한 선호는 다음과 같이 알려져 있다. (예를 들어, a1 > b는 a1을 b보다 선호한다는 의미다.)

위원	선호
갑	a1 > a2 > b
을	a2 > a1 > b
병	b > a1 > a2

위원회의 결정은 다수결 투표에 따른다. 각 위원은 자신의 선호에 따라 정직하게 투표에 임할 수도 있고, 전략적으로 투표에 임할 수도 있다. 전략적 투표란 자신이 더 선호하는 후보가 선발되게 만들기 위해 정직하지 않게 투표를 하는 행위다. 예를 들어, 위원 갑이 a1이 최종 선발될 가능성이 없다고 판단하여 자신이 가장 싫어하는 b가 당선되는 경우를 막기 위해 a2에게 투표하는 것이 이에 해당한다.

〈보기〉

ㄱ. 1차 투표에서 후보 세 명을 대상으로 투표한 후 만약 승자가 없다면 갑이 최종 결정한다고 하자. 이 경우 전략적 투표를 허용하더라도 정직하게 투표한 결과와 같다.

ㄴ. A당의 두 후보 중 한 사람을 1차 선발하고, 그 승자를 b와 결선하여 최종 승자를 결정하는 방식을 고려하자. 이 경우 위원 을은 전략적 투표를 할 유인이 있다.

ㄷ. A당과 B당 중 하나를 1차 투표로 결정하고, 만약 A당이 선택되면 a1과 a2의 결선의 승자를, 만약 B당이 선택되면 b를 최종 승자로 결정하는 방식을 고려하자. 이 경우 전략적 투표를 허용하면 b가 선발될 것이다.

① ㄱ ② ㄷ ③ ㄱ, ㄴ
④ ㄴ, ㄷ ⑤ ㄱ, ㄴ, ㄷ

22

㉠을 지지하는 사례로 옳은 것만을 〈보기〉에서 있는 대로 고른 것은?

사람들의 선호는 항상 일정해서 변하지 않는 것이 아니라 시간의 경과에 따라 변할 수 있고 이런 현상을 '시간적 비정합성'이라고 부른다. 미래의 결과들 A, B에 대해 처음에는 A를 B보다 더 선호하다가 시간이 경과함에 따라 선호가 역전되거나 선호의 차이가 좁혀지는 현상이다. 이러한 현상을 설명하는 이론으로 ㉠ 시간해석이론이 있다. 이 이론에 따르면, 사람은 어떤 대상의 가치를 평가할 때 마음속으로 해석하여 선호를 결정하며, 동일한 대상이라도 시간적으로 멀리 있는 경우와 가까운 경우에 대상을 바라보는 관점이 달라진다는 것이다. 사람들은 시간적으로 멀리 있는 대상에 대해서는 더 본질적인 점에 주목하는 '고차원적 수준'의 해석에 상대적으로 강하게 의지하고, 시간적으로 가까운 대상에 대해서는 더 부수적인 점에 착안하는 '저차원적 수준'의 해석에 집착한다. 예를 들어, 미래 이익에 대한 평가에서 이익의 크기 변화는 고차원적 수준이고, 그 실현 시점의 다소간 차이는 저차원적 수준이다. 결국 시간적 거리에 따라 대상에 대한 해석 수준이 달라지면서 시간적 비정합성이 발생한다고 본다.

〈보기〉

ㄱ. 5천 원인 노트를 반값에 구매하기 위해 20분 동안 운전할 용의는 있지만, 202만 원인 냉장고를 200만 원에 구매하기 위해 20분 동안 운전하려 하지 않는다.

ㄴ. 여행 출발이 많이 남은 시점에서는 좋은 경치, 맛있는 음식 등을 상상하면서 기대에 부풀지만, 여행 출발이 다가올수록 준비물, 교통수단 등 세부 사항을 걱정하게 된다.

ㄷ. "60일 후에 배달 예정인 냉장고를 배달이 하루 늦어지면 5% 할인해 주겠다."는 제안을 받아들이지만, "내일 배달 예정인 냉장고를 배달이 하루 늦어지면 5% 할인해 주겠다."는 제안은 거부하였다.

① ㄱ ② ㄴ ③ ㄱ, ㄷ
④ ㄴ, ㄷ ⑤ ㄱ, ㄴ, ㄷ

23

2018학년도 LEET 문21

다음 글로부터 추론한 것으로 옳은 것만을 〈보기〉에서 있는 대로 고른 것은?

주가 변동에 관해 효율적 시장 가설은 주가가 현재 이용 가능한 모든 정보를 반영하고 있으므로 오로지 새로운 정보만이 미래의 주가 변화를 설명할 수 있다는 가설이다. 그러나 새로운 정보는 현 시점에서 예측이 불가능하므로 주가의 변동 역시 예측이 불가능하고, 따라서 미래 주가에 대한 가장 합리적인 예측치는 결국 현재 주가가 된다.

한편, 주가는 평균 회귀 성향을 가지고 있어 평균 추세 주위에서 등락을 반복하는 경향이 있다는 주장도 있다. 이런 입장을 대변하는 투자전략으로 A 전략과 B 전략이 있다. A 전략은 가격이 오른 주식은 사고, 가격이 내린 주식은 파는 투자기법이다. 반면, B 전략은 가격이 오른 주식은 팔고, 가격이 내린 주식은 사는 투자기법이다. A 전략은 시장상황에 편승하여 당시에 인기 있는 주식이 당분간 상승세를 유지할 것으로 판단하고 추격매수를 수행하는 것으로, 기업의 재무 정보보다는 해당 기업 주식에 대한 시장의 평가에 더 의존하는 경향을 보인다. B 전략은 주가가 급변하는 경우 이를 해당 주식의 본질적인 가치와는 괴리된 상황으로 인식하고 조만간 주가가 본질적인 가치를 반영하는 수준으로 수렴될 것이라고 생각한다.

〈보기〉

ㄱ. 효율적 시장 가설이 옳다면 이미 시장에 알려진 정보만을 이용한 투자로는 시장의 평균 수익을 초과하는 수익을 달성할 수 없다.

ㄴ. A 전략은 기업실적 대비 주가가 낮은 주식을, B 전략은 기업실적 대비 주가가 높은 주식을 선호한다.

ㄷ. B 전략은 A 전략에 비해 주가가 평균 추세 수준으로 수렴하기 위해 상대적으로 긴 시간이 소요될 것으로 전망한다.

① ㄱ   ② ㄴ   ③ ㄱ, ㄷ
④ ㄴ, ㄷ   ⑤ ㄱ, ㄴ, ㄷ

24

2018학년도 LEET 문22

다음 글로부터 추론한 것으로 옳은 것을 〈보기〉에서 고른 것은?

15세 이상 인구를 생산가능인구라고 한다. 이 중 적극적으로 노동할 의사가 있는 사람들을 경제활동인구, 나머지를 비경제활동인구라고 한다. 경제활동인구는 다시 실업자와 취업자로 구분된다. 실업자에 대한 정의는 조사대상 1주일간에 수입이 발생하는 일에 전혀 종사하지 못하고, 적극적으로 구직활동을 했으며, 일자리가 생기면 즉시 일을 시작할 수 있는 사람을 말한다. 실업자를 뺀 나머지 경제활동인구를 취업자로 정의한다.

경제활동인구 가운데 실업자의 비율로 정의되는 '실업률'은, 일을 하고 싶지만 일자리가 없어서 일을 하지 못하는 사람이 어느 정도인지를 보여주는 것으로서 노동시장의 상태를 나타내는 대표적인 통계이다. 하지만 실업률은 오랫동안 일자리를 구하지 못해 구직을 단념한 '구직단념자', 구직을 위해 취업준비를 하는 사람들, 더욱 많은 시간 동안 일하고 싶지만 마땅한 일자리를 구하지 못하여 원하는 시간보다 짧은 시간만 일하고 있는 '불완전취업자' 등의 존재를 파악하지 못하는 한계가 있다. 이 때문에 노동시장의 상태를 나타내는 지표로 실업률과 함께 생산가능인구 중 경제활동인구 비율을 나타내는 '경제활동참가율'이나 생산가능인구 중 취업자 비율을 나타내는 '고용률'을 이용하기도 한다. 단기적으로 인구의 변화가 없는 경제에서 위 경제지표들의 상호 관계가 중요한 의미를 갖는다.

〈보기〉

ㄱ. 일자리가 증가함과 동시에 실업률이 상승할 수는 없다.

ㄴ. 실업률과 고용률을 통해 취업자 중 불완전취업자의 비중을 알 수 있다.

ㄷ. 구직단념자가 많아질수록 실업률은 하락하는 반면 고용률은 변화가 없다.

ㄹ. 실업률 하락과 고용률 하락이 동시에 발생하면 경제활동참가율도 하락한다.

① ㄱ, ㄴ   ② ㄱ, ㄷ   ③ ㄴ, ㄷ
④ ㄴ, ㄹ   ⑤ ㄷ, ㄹ

25

2018학년도 LEET 문23

다음으로부터 추론한 것으로 옳은 것만을 〈보기〉에서 있는 대로 고른 것은?

개발 중인 신약의 효과를 확인하기 위해서 실험연구를 시행한다. 약 처방에서 원래 의도한 효과를 '직접적인 생리적 효과'라고 부른다면, 이와 대비되는 효과로 '간접적인 생리적 효과'가 있다. 후자를 ㉠ 플라시보 효과라고 하는데 피험자가 실제 아무런 생리적 효과가 없는 가짜 약을 복용하고 있음에도 자신이 진짜 약을 처방받았다고 생각하여 그러한 생각이 몸의 상태에 영향을 주어 실제로 긍정적 신체 효과가 나타난 경우이다. 이처럼 생리적으로 활성이 없는 약이 실험에서 애초에 의도했던 효과와는 다른 방식으로 실험 결과에 영향을 끼칠 수 있는 효과가 세 가지 더 있다.

먼저 ㉡ 피험자 보고편향은 긍정적 신체 효과가 없는데도 진짜 약을 처방받았다고 생각하여 자신의 기분을 보고하는 방식에서 생기는 효과를 일컫는다. ㉢ 기대성 효과는 실험자가 신약의 잠재력에 대해서 분명하게 낙관적일 경우, 그 낙관적 느낌이 피험자에게도 전달되어 피험자 보고편향과 플라시보 효과를 강화하는 경우이다. ㉣ 실험자 보고편향은 신약의 효과를 시험하는 실험자들이 실험의 결과에 대해 특정한 희망과 기대를 가지기 때문에 생기는 효과이다. 실험 결과가 애매할 경우 실험자들이 결과를 읽는 방식은 그들이 보고자 하는 것에 의해 강하게 영향을 받는다.

〈보기〉

ㄱ. 동일한 예방조치로 ㉠과 ㉡을 차단할 수 없다.
ㄴ. ㉢과 ㉣을 차단하기 위한 예방조치는 서로 다를 수 있다.
ㄷ. ㉣을 차단하기 위해서는 어떤 피험자가 진짜 약을 처방하는 집단에 속하고 어떤 피험자가 가짜 약을 처방하는 집단에 속하는지에 대해 실험자가 몰라야 한다.

① ㄱ　　② ㄴ　　③ ㄱ, ㄷ
④ ㄴ, ㄷ　　⑤ ㄱ, ㄴ, ㄷ

26

2019학년도 LEET 문21

다음으로부터 추론한 것으로 옳은 것만을 〈보기〉에서 있는 대로 고른 것은?

우리에게 미래 세대의 행복을 극대화해야 할 책임이 있다고 할 때, 우리는 행복 총량의 증대를 추구해야 할까, 아니면 행복 평균의 증대를 추구해야 할까? 인구가 고정되어 있다면 어느 쪽을 채택하든 결과가 같기 때문에 고민할 필요가 없다. 하지만 미래 인구의 변동을 고려해야 하는 상황이라면, 행복 총량과 행복 평균의 구분이 중요해진다.

먼저, 행복 총량 견해를 선택한다고 해 보자. 행복 총량을 증대하려면 가능한 한 많은 미래 세대를 낳아야 할 것이다. 사람들마다 누리는 행복의 크기는 다르겠지만, 적어도 전혀 행복을 누리지 못하는 사람들만 늘어나는 것이 아닌 한, 인구가 증가하면 어쨌든 행복 총량은 조금이라도 증대될 것이다. 하지만 이것은 행복 총량이 늘어나기만 하면, ㉠ 행복보다 고통이 더 큰 사람들이 무수히 많아지는 상황을 야기해도 상관없음을 함의한다. 한편, 행복 평균 견해를 선택해도 역시 당혹스러운 결론에 도달한다. 이 선택에 따르면 생활환경이 열악한 지역의 미래 세대는 행복 평균 증대에 도움이 안 될 개연성이 크므로 그런 곳의 인구 증가는 바람직하지 않다. 결국, 생활수준이 높은 지역만이 출산의 당위성을 확보하게 되고 ㉡ 낙후 지역의 출산율은 인위적으로 통제되는 상황이 이어질 수도 있다.

〈보기〉

ㄱ. 인구가 감소하면 행복 총량은 감소하고 행복 평균은 증대한다.
ㄴ. 만약 행복 총량 견해가 행복 총량에서 고통 총량을 뺀 소위 '순(純)행복' 총량의 극대화를 목표로 한다면, ㉠이 야기될 가능성이 낮아진다.
ㄷ. 먼저 행복 총량 견해를 선택하고 한 세대가 지난 후 행복 평균 견해로 변경하는 경우, 처음부터 행복 평균 견해만 선택하는 경우보다 ㉡의 확대 가능성이 더 낮아진다.

① ㄱ　　② ㄴ　　③ ㄱ, ㄷ
④ ㄴ, ㄷ　　⑤ ㄱ, ㄴ, ㄷ

27

2019학년도 LEET 문26

다음으로부터 추론한 것으로 옳지 않은 것은?

〈제도〉
온실가스 배출권 거래 제도는 정부가 온실가스 배출 총량을 정해 온실가스를 배출하는 사업장에 연 단위 배출권을 할당하고, 사업장이 할당 범위 안에서 온실가스를 배출하거나 과부족 분량을 다른 사업장과 거래할 수 있도록 한 제도이다. 총량 설정을 통해 온실가스 배출량을 줄이되 거래 제도를 이용하여 효율성을 극대화한 것이 이 제도의 특징이다.

〈사례〉
갑국에는 온실가스를 연간 5단위씩 배출해 오던 기업 A와 B가 있는데 정부가 연간 배출권을 각각 2단위씩 할당했다. 즉 A와 B가 할당된 배출권대로 온실가스를 감축하면 각각 3단위씩 감축해야 한다. A와 B는 온실가스 배출량을 감축하는 설비를 갖추고 있고, 온실가스 배출량 한 단위를 감축하는 비용은 감축량에 정비례한다. A의 경우 첫째 단위 감축 비용은 2가 들지만 둘째 단위 감축 비용은 4가 들어, 단위가 늘어날 때 단위당 감축 비용은 2씩 증가한다. B의 경우 첫째 단위 감축 비용은 4가 들지만 둘째 단위 감축 비용은 8이 들어 4씩 증가한다. A, B 모두 감축 비용이 소요됨에도 불구하고 조업 수준은 유지하고자 한다.

배출권 거래는 한 번에 한 단위씩 A, B 사이에서만 가능하다고 하자. 거래가 성립하려면 A와 B 모두에게 이득이 될 수준에서 가격이 형성되어야 한다. 예컨대, A는 배출권 한 단위의 거래 가격이 배출량을 한 단위 더 감축하는 비용보다 높으면 파는 것이 이득이 되고, B는 구입한 배출권 덕분에 감축하지 않아도 되는 한 단위의 감축 비용보다 거래 가격이 낮으면 사는 것이 이득이 된다.

① 할당된 배출권대로 감축할 때 최종 단위 감축 비용은 A가 6, B가 12이다.
② 배출권 거래 가격이 10이라면 1단위 거래가 성립할 수 있다.
③ 배출권은 결과적으로 1단위만 거래될 것이다.
④ 거래가 종료된 결과 A의 총 감축 비용과 B의 총 감축 비용의 합은 34이다.
⑤ A, B 중 단위당 감축 비용이 더 낮은 기업이 온실가스 배출량을 더 많이 감축하게 된다.

28

2019학년도 LEET 문28

다음으로부터 추론한 것으로 옳은 것만을 〈보기〉에서 있는 대로 고른 것은?

소득곡선과 생존선을 함께 나타낸 그래프를 이용하면 경제성장의 역사를 간단하게 설명할 수 있다. 소득곡선은 인구가 생산에 투입되어 얻을 수 있는 소득을 보이는 것으로, 인구와 소득을 각각 가로축과 세로축에 표시한 평면에 나타내면 그림과 같다. 생존선은 주어진 인구가 생존하기 위해 필요한 최소한의 소득을 나타낸 것이다. 소득에 기여하는 요소는 인구, 자본, 기술이 있는데, 이 중 인구와 자본은 한계소득체감의 법칙을 따른다. 이 법칙은 다른 요소가 일정할 때 해당 요소가 증가할수록 소득이 증가하지만 소득의 증가 정도는 점점 줄어드는 법칙이다. 소득을 인구로 나눈 1인당 소득은 인구가 증가할수록 감소하는 것을 그림에서 알 수 있다. 기술은 한계소득체감의 법칙을 따르지 않는다.

두 선이 교차할 때의 인구 수준 A를 기준으로 인구가 적을 때는 소득곡선이 생존선 위에 있고 인구가 많을 경우에는 반대가 된다. 학자 M은 한 사회의 소득 수준이 생존 수준을 상회하면 인구가 늘어나고 하회하면 인구가 감소하는 경향이 있기 때문에 A를 중심으로 인구가 주기적으로 늘거나 주는 움직임이 반복된다고 주장했다. 이를 'M의 덫'이라고 하며, 자본과 기술이 일정할 때 일어나는 전근대적 현상이라 볼 수 있다. 이와 대조적으로 학자 K는 '근대적 경제성장'의 시기에는 인구와 소득이 함께 늘어날 수 있다고 설파했다. 이것은 소득곡선의 이동으로 설명할 수 있다. 예를 들어 자본이 축적되면 소득곡선이 위로 이동하여 생존선과 교차하는 점이 오른쪽 위로 바뀌고 소득과 인구가 동시에 증가하는 것이 가능해진다.

〈보기〉

ㄱ. 'M의 덫'에 빠져 있을 때 인구와 1인당 소득 사이에는 양(+)의 상관관계가 나타날 것이다.
ㄴ. 다른 요소가 일정할 때 자본이 축적될수록 추가되는 자본 단위당 소득곡선이 위로 이동하는 정도는 점점 줄어들 것이다.
ㄷ. 인구의 증가만으로는 K의 '근대적 경제성장'을 이룰 수 없을 것이다.

① ㄱ   ② ㄴ   ③ ㄱ, ㄷ
④ ㄴ, ㄷ   ⑤ ㄱ, ㄴ, ㄷ

29

다음으로부터 추론한 것으로 옳지 않은 것은?

> 인터넷 신문에 배치되어 있는 배너 광고들의 효과가 크지 않다는 연구 결과가 있다. 이 결과의 가장 근본적인 원인은 배너 광고가 독자들이 수행하고자 하는 과제(인터넷 신문 기사를 읽는 것)와 관련되지 않는 일종의 방해 자극이기 때문이다. 우리의 지각 시스템은 어떤 과제를 보다 잘 수행하기 위해 과제와 관련된 자극의 정보는 더 정교하고 빠르게 처리하는 반면, 관련 없는 자극은 방해 자극으로 간주하여 처리되지 않도록 억제하는데, 이를 주의 통제 기제라고 한다.
>
> 하지만 몇몇 연구들에 따르면 방해 자극의 정보도 처리되는 경우가 있다고 한다. 예를 들어 학자 甲은 방해 자극의 선명도에 따라 방해 자극의 정보가 처리되는 정도가 달라지며 그 결과 과제 수행이 영향을 받는다고 주장하였다. 甲은 연구 대상자들로 하여금 빠르게 제시되는 영어 알파벳 안에 숨겨져 있는 두 개의 숫자를 보고하도록 하면서 주변에 방해 자극을 주어 그것이 과제 수행을 방해하는 정도를 측정하였다. 그 결과, 방해 자극이 쉽게 지각될 수 있을 정도로 선명하면 과제 수행에 영향을 끼치지 못하지만, 방해 자극이 쉽게 지각되지 않는 역치하(subliminal) 수준일 때는 과제 수행을 효과적으로 방해하였다.
>
> 甲은 이 결과 또한 주의 통제 기제의 작용으로 설명하였다. 방해 자극의 선명도가 높을 경우 방해 자극에 주의가 가게 되어 방해 자극의 정보 처리가 효과적으로 억제됨으로써 과제 수행이 저하되지 않지만, 그 정도로 선명하지 않은 방해 자극인 경우에는 방해 자극에 주의를 기울일 수가 없어서 과제 수행이 저하될 수 있다는 것이다. 한편, 과제의 난이도를 높일수록 선명한 방해 자극의 정보가 처리될 가능성이 높아진다.

① 방해 자극의 지각 정도와 방해 자극이 과제 수행을 방해하는 정도는 역의 상관관계를 보인다.
② 만일 甲의 실험에서 과제의 난이도를 높이면, 선명한 방해 자극은 과제 수행을 방해할 것이다.
③ 방해 자극의 선명도를 매우 높게 해서 아주 쉽게 지각되도록 하면, 그 방해 자극의 정보는 처리될 것이다.
④ 방해 자극이 과제의 수행과 연관성이 높아 보여 방해 자극으로 보이지 않게 되면, 그 방해 자극의 정보는 처리될 것이다.
⑤ 방해 자극의 선명도를 역치하 수준으로 낮게 해도 방해 자극 자체에 의도적으로 주의를 가게 하면, 그 방해 자극의 정보 처리가 억제될 것이다.

30

다음 글에 대한 분석으로 옳은 것만을 〈보기〉에서 있는 대로 고른 것은?

> 甲, 乙, 丙 세 사람이 상품 A, B, C를 소유한 사회를 고려하자. 세 사람이 각자 현재 소유한 상품과 가장 선호하는 상품은 다음과 같다.
>
> | 사람 | 현재 소유한 상품 | 가장 선호하는 상품 |
> |---|---|---|
> | 甲 | A | C |
> | 乙 | B | A |
> | 丙 | C | B |
>
> 각 사람은 자신이 가장 선호하는 상품을 가질 때까지 다른 사람과 교환하며, 가장 선호하는 상품을 소유하면 더 이상 교환하지 않는다. 각 사람이 가장 선호하는 상품을 갖기 위해 다른 사람과 교환하여 잠시 보유하게 되는 상품은 그 사람에게 교환의 매개 도구 즉 화폐로 사용되는 것이다.

〈보기〉

ㄱ. 모든 상품이 화폐가 될 수 있다.
ㄴ. 甲이 화폐로 사용할 수 있는 상품은 B뿐이다.
ㄷ. 이 사회에서는 세 번의 교환이 발생할 수 없다.
ㄹ. 상품 A가 화폐로 사용된다면 乙과 丙이 가장 먼저 교환해야 한다.

① ㄱ, ㄴ ② ㄴ, ㄹ ③ ㄷ, ㄹ
④ ㄱ, ㄴ, ㄷ ⑤ ㄱ, ㄷ, ㄹ

31

2020학년도 LEET 문29

〈사실〉을 근거로 〈사례〉를 분석한 것으로 옳은 것만을 〈보기〉에서 있는 대로 고른 것은?

〈사실〉
순보험료란 과거에 발생한 보험금 지급 자료에 근거해 계산한 것으로, 보험사가 약정한 사안의 발생으로 가입자에게 지급하게 될 보험금의 기댓값에 상응하는 보험료를 뜻한다. 이를 기반으로 산정된 보험료 대비 실제 지급된 보험금을 나타내는 손해율은 보험사가 예상한 범위에서 벗어날 수 있다. 특히 과거 자료가 부족한 경우 손해율의 변동성은 커지게 된다.

〈사례〉
X국의 보험통계기관은 최근까지 축적된 각 보험사의 자료를 통합하여 반려동물보험(펫보험)에 대한 순보험료를 계산해 발표했다. 펫보험은 매년 손해율이 들쭉날쭉해 보험사들이 상품 출시에 소극적이었으나, 최근 반려동물 개체 수가 급증하면서 수요가 커졌다. 발표에 따르면 네 살 반려견을 기준으로 연간 25만 원의 순보험료라면 건수 상관없이 동물병원에서 총 200만 원 한도의 치료를 받을 수 있다고 한다. 반려묘에 대해 같은 수준의 보장을 받으려면 연간 20만 원의 순보험료가 필요한 것으로 계산되었다. ㉠ 반려동물 주인이 치료 비용의 일정 비율을 보험으로 보장받고 나머지는 본인이 부담하는 보험 상품이 출시될 수도 있다. 예를 들어 보장률이 70%인 상품이면 30%는 반려동물 주인이 부담한다. ㉡ 반려동물 주인이 일정 금액까지 치료비를 우선적으로 부담하고 나머지는 보험금으로 전액 충당하는 보험 상품도 나올 것으로 전망된다.

〈보기〉
ㄱ. 반려묘의 보험금 수령 건수는 네 살 반려견의 보험금 수령 건수의 80%이다.
ㄴ. 보험통계기관의 순보험료 발표로 개별 보험사의 펫보험 손해율의 변동성이 작아질 것으로 기대된다.
ㄷ. ㉡에 가입하면 ㉠에 비해 진료비가 비싸질수록 진료비에 대한 보험 가입자의 부담이 커진다.

① ㄱ   ② ㄴ   ③ ㄱ, ㄷ
④ ㄴ, ㄷ   ⑤ ㄱ, ㄴ, ㄷ

32

2021학년도 LEET 문26

다음으로부터 추론한 것으로 옳은 것만을 〈보기〉에서 있는 대로 고른 것은?

X국에서 국회의원 후원회가 후원금을 기부 받은 때에는 그 날부터 30일 이내에 정치자금영수증을 후원인에게 교부해야 한다. 단, 1회 1만 원 이하의 후원금은 해당 연도 말일에 합산하여 일괄 발행·교부할 수 있다. 정치자금영수증은 '정액영수증'과 '무정액영수증'으로 구분된다. 정액영수증은 1만·5만·10만·50만·100만·500만 원이 표시된 6종이다. 무정액영수증은 10만 원 미만 후원금에 한해 발행할 수 있다. 또한 10만 원을 초과해 기부한 경우라도 10만 원 미만 금액에 한해 발행할 수 있다. 예컨대 13만 원을 기부받았다면 10만 원 정액영수증 1장과 3만 원 무정액영수증 1장을 발행할 수 있다.

다음 중 하나에 해당하는 경우 정치자금영수증을 교부하지 않을 수 있다. 첫째, 후원인이 정치자금영수증 수령을 원하지 않는 경우, 둘째, 후원인이 연간 1만 원 이하의 후원금을 기부한 경우이다. 그러나 후원회는 위 두 가지 경우에도 정치자금영수증을 발행하여 원부와 함께 보관해야 한다.

갑은 2020년 5월 국회의원 을, 병, 정의 후원회에 후원금을 기부했다. 을 후원회에 1만 원 3회, 2만 원 1회, 병 후원회에 1회 72만 원, 정 후원회에는 1회 100만 원을 기부했다.

〈보기〉
ㄱ. 을 후원회는 2020년 12월 31일에 5만 원에 해당하는 정치자금영수증 1장을 발행하여 갑에게 교부할 수 있다.
ㄴ. 병 후원회가 갑으로부터 기부받은 금액에 대해 정액영수증과 무정액영수증을 함께 발행했다면, 발행된 정치자금영수증은 4장 이상이다.
ㄷ. 갑이 정 후원회에 기부한 금액에 대해 정치자금영수증 수령을 원하지 않았다면, 정 후원회는 정치자금영수증을 발행하지 않아도 된다.

① ㄴ   ② ㄷ   ③ ㄱ, ㄴ
④ ㄱ, ㄷ   ⑤ ㄱ, ㄴ, ㄷ

33

2021학년도 LEET 문27

〈사례〉에 대해 판단한 것으로 옳은 것만을 〈보기〉에서 있는 대로 고른 것은?

어떤 개인이나 집단이 다른 개인이나 집단에 '기생'한다는 것과 '무임승차'한다는 것을 다음과 같이 정의한다.
○ 갑이 을에게 기생한다는 것은, 갑이 자신의 어떤 행위를 통해 순이익을 얻지만 그 행위로 인해 을이 순손실을 입는다는 것이다.
○ 갑이 을에게 무임승차한다는 것은, 갑이 병의 행위를 통해 순이익을 얻지만 그 행위로 인해 을이 순손실을 입는다는 것이다.

단, 순이익은 이익이 손실보다 큰 경우 발생하며 이익에서 손실을 뺀 값이다. 순손실은 그 반대이다.

〈보상원칙〉
갑이 기생이나 무임승차를 통해 순이익을 얻었고, 을이 그 순손실에 대해 어떤 보상도 받지 못했다면, 갑은 자신이 얻은 순이익과 을이 입은 순손실 중 적은 쪽에 해당하는 양만큼 을에게 보상해야 한다.

〈사례〉
X, Y, Z의 세 나라만이 있다. 각 나라에는 1901년부터 1980년까지 살았던 이전세대와 1981년부터 현재까지 살고 있는 현세대가 있다. 세 나라의 이전세대와 현세대를 통틀어 X의 이전세대만이 대기 중에 CO_2를 과다 배출하여 온실효과가 발생하는 A산업 행위를 했고 이로 인해 세 나라의 현세대가 손실을 입었다. A산업 행위로 인한 손실을 반영했을 때, 세 나라의 이전세대와 현세대가 A산업 행위로부터 얻은 순이익과 순손실은 다음과 같다.

	X	Y	Z
이전세대	순이익 10	순이익 6	순이익 0
현세대	순이익 7	순이익 3	순손실 4

〈보기〉
ㄱ. X의 이전세대는 Z의 현세대에 기생하며 Y의 이전세대는 Z의 현세대에 무임승차한다.
ㄴ. 〈보상원칙〉에 따르면, Z의 현세대가 A산업 행위로 인한 손실에 대해 어떤 보상도 받지 못했을 경우, Y의 현세대는 Z의 현세대에 4를 보상해야 한다.
ㄷ. 〈보상원칙〉을 '기생 또는 무임승차로 현세대가 얻은 순이익의 총합에서 순손실의 총합을 뺀 전체 순이익을 분배하여 각 나라의 현세대가 똑같은 순이익을 갖도록 해야 한다.'로 대체할 경우, X와 Y의 현세대가 Z의 현세대에 제공해야 할 순이익의 총합은 6이다.

① ㄱ ② ㄴ ③ ㄱ, ㄷ
④ ㄴ, ㄷ ⑤ ㄱ, ㄴ, ㄷ

34

2021학년도 LEET 문28

〈논쟁〉에 대한 평가로 적절한 것만을 〈보기〉에서 있는 대로 고른 것은?

X국은 월별 가정용 전기 요금으로 다음과 같은 누진 요금제를 적용하고 있다.

구간별 사용량 (kWh)	기본 요금 (원)	단가 (kWh당 요금, 원)
1구간: 200 이하	900	90
2구간: 200 초과 400 이하	1,600	180
3구간: 400 초과	7,300	280

일례로 한 달에 300kWh의 전력을 소비한 가정은 기본 요금 1,600원에, 단가는 1구간에 90원, 2구간에는 180원이 적용되어 총 37,600원(= 1,600 + 200 × 90 + 100 × 180)의 전기 요금을 부담하게 된다.

최근 X국은 여름철에 사용한 전기에 대해서는 사용량의 각 구간을 '300 이하', '300 초과 450 이하', '450 초과'로 변경하되, 구간별 요금 체계는 이전과 동일하게 하는 '쿨섬머 제도'를 도입하였다.

〈논쟁〉
A: 안정적인 전력 공급을 위해서는 시간당 전력 소비가 가장 클 때의 전력을 발전 설비가 감당할 수 있어야 한다. 쿨섬머 제도 도입으로 전력 공급의 안정성은 낮아질 것이다.
B: 냉방은 선택이 아닌 필수이다. 대부분 가정의 여름철 전기 요금 부담을 낮춰 주기 위해 쿨섬머 제도보다는 1,600원의 기본 요금에 단가를 180원으로 하는 단일 요금제로 변경하는 것이 낫다.
C: 모든 가정보다는 취약 계층 복지에 초점을 맞추는 것이 낫다. 쿨섬머 제도를 취약 계층에 한해 적용하도록 변경할 필요가 있다.

〈보기〉
ㄱ. X국의 시간당 전력 소비가 여름철에 가장 크게 나타난다는 자료는 A를 약화한다.
ㄴ. 대부분의 가정이 월 400~450kWh의 전력을 소비한다는 자료는 B를 약화한다.
ㄷ. 취약 계층의 대다수를 차지하는 독거노인들은 월 200kWh 이하의 전력만 사용한다는 자료는 C를 약화한다.

① ㄱ ② ㄴ ③ ㄱ, ㄷ
④ ㄴ, ㄷ ⑤ ㄱ, ㄴ, ㄷ

35

다음으로부터 추론한 것으로 옳은 것만을 〈보기〉에서 있는 대로 고른 것은?

주가의 수익률 변동성은 예측치 못한 상황으로 인한 수익률의 불확실성 정도를 의미한다. 일반적으로 수익률 변동성이 클수록 주식 투자에 따른 위험이 증가하는데, 투자자들은 위험한 주식을 보유하기를 꺼리므로 이런 주식에 투자할 유인이 생기려면 주가가 낮아 높은 기대 수익률이 보장되어야 한다.

수익률 변동성은 두 가지 특성을 가진다. 첫째, 수익률 변동성은 군집성을 가진다. 즉, 특정일의 변동성이 높으면 익일의 변동성도 높고, 변동성이 낮으면 익일의 변동성도 낮게 나타난다. 변동성의 군집성은 주가에 영향을 미치는 정보가 일정 기간 지속적으로 시장에 유입되기 때문에 나타난다.

둘째, 수익률 변동성은 주가가 상승할 때보다는 하락할 때 상대적으로 더 크게 나타나는 비대칭성을 가진다. 이러한 비대칭성을 설명하기 위한 가설로는 레버리지 효과 가설과 변동성 피드백 가설이 있다. 레버리지 효과 가설에 따르면, 주가 하락이 기업의 부채 비율인 레버리지를 상승시킴으로써 재무 위험이 증가하고 수익률 변동성을 높이는 반면, 주가 상승은 레버리지를 하락시켜 변동성을 낮춘다. 한편, 변동성 피드백 가설은 수익률 변동성의 증가로 주식 투자의 위험이 증가하므로 주식 보유 유인으로서의 위험 프리미엄*이 높아져 주가가 하락한다는 것이다. 두 가설은 수익률 변동성과 주가 간 음(−)의 상관관계를 예측한다는 점에서는 유사하나 인과 구조는 서로 상반된다.

* 위험 프리미엄: 위험 보상을 위한 추가 수익률

〈보기〉

ㄱ. 주가가 상승한 시기보다 하락한 시기에 수익률 변동성의 군집성이 더 오래 지속될 것이다.

ㄴ. 레버리지 효과 가설에 따를 경우, 부채 비율이 동일하게 유지되는 기업에서는 주가와 수익률 변동성 간 음(−)의 상관관계는 나타나지 않을 것이다.

ㄷ. 변동성 피드백 가설에 따를 경우, 수익률 변동성 증가로 인한 위험 프리미엄의 상승이 주식의 기대 수익률을 높이는 요인으로 작용할 것이다.

① ㄱ ② ㄴ ③ ㄱ, ㄷ
④ ㄴ, ㄷ ⑤ ㄱ, ㄴ, ㄷ

36

빅셀의 주장으로부터 추론한 것으로 옳은 것만을 〈보기〉에서 있는 대로 고른 것은?

리카도는 어음, 수표와 같은 신용 수단은 화폐 사용을 절약하는 도구로만 인식하여 화폐의 범주에서 제외하였다. 그에 따르면 화폐량 증가는 이자율을 하락시키고 물가는 상승시키는 요인이 된다. 이에 반해 투크는 물가는 화폐량뿐만 아니라 신용 수단을 포함한 모든 형태의 신용에 의해 영향을 받는다고 반박하였다. 그는 물가 상승은 기업가의 이윤 동기를 자극하여 투자를 위한 신용 수요를 확대시킴으로써 이자율을 상승하게 만든다고 보았다.

빅셀은 이자율과 물가의 관계에 대한 리카도와 투크의 주장이 서로 배치되지 않음을 보이고자 하였다. 그는 리카도와 투크가 사용하는 이자율을 '화폐 이자율'이라 정의하고 이와는 별개로 '자연 이자율'이라는 새로운 개념을 도입하였다. 화폐 이자율은 은행 신용에 대한 수요와 공급을 일치시키는 이자율이고, 자연 이자율은 자본재에 대한 수요와 공급을 일치시키는 이자율이다. 그는 두 이자율이 같아질 때 경제 내 균형이 달성된다고 보았다.

화폐량 증가로 화폐 이자율이 자연 이자율을 하회하여 경제가 균형에서 이탈하는 상황이 발생하였다고 하자. 이 상황의 초기에는 자본재에 대한 기업들의 투자 수요가 늘어난다. 이런 투자를 실행하기 위해서는 소비재 생산에 투입되던 생산 요소들이 자본재 생산으로 이동하면서 소비재 공급이 감소하고 물가는 상승한다. 한편 시간이 경과하면서 소비재 물가의 상승에 따른 기업들의 이윤 동기가 자극되어 소비재 생산을 위한 투자 수요 역시 증가한다. 이 과정에서 기업들의 은행 신용에 대한 수요가 확대되고 화폐 이자율이 상승하여 장기적으로는 자연 이자율과 일치하는 수준에서 균형이 회복된다. 빅셀은 ㉠ 두 이자율 간 괴리가 발생하는 초기 상황 및 이후의 동태적 조정 과정을 통해 이자율과 물가의 관계에 대한 리카도와 투크의 주장이 서로 양립 가능함을 보였다.

〈보기〉

ㄱ. 자본재와 소비재 간 생산 요소의 이동이 빠를수록 리카도가 주장하는 물가와 이자율의 관계가 더 빨리 나타날 것이다.

ㄴ. 균형에서 벗어나 화폐 이자율이 자연 이자율을 상회할 경우, 은행이 신용 공급을 축소하여 자연 이자율을 상승시키면 두 이자율 간 균형이 회복된다.

ㄷ. ㉠에서 물가와 이자율의 관계는, 초기 상황에서는 리카도의 주장에 부합하고 이후의 동태적 조정 과정에서는 투크의 주장에 부합한다.

① ㄱ ② ㄴ ③ ㄱ, ㄷ
④ ㄴ, ㄷ ⑤ ㄱ, ㄴ, ㄷ

37

<이론>에 따라 <사례>를 분석한 것으로 옳은 것만을 <보기>에서 있는 대로 고른 것은?

<이론>

복지 분배의 불평등이 최소화되어야 한다고 주장하는 평등주의 이론에는 두 사람 사이의 불평등 정도를 결정하는 방식과 관련하여 다음과 같은 견해들이 있다.

○ 생애 전체 견해: 두 사람이 생애 전체에서 얻는 복지의 총량이 서로 다르면, 그 차이만큼 복지의 분배는 불평등하다.

○ 동시대 부분 견해: 20년 단위로 동시대 부분들을 구분하여, 두 사람이 모두 생존해 있는 동시대 부분에서만 그들이 얻는 복지의 양을 서로 비교하여 차이를 구한다. 복지의 분배는 그 차이들을 모두 더한 만큼 불평등하다.

○ 해당 부분 견해: 개인의 생애를 유년기, 청년기, 중년기, 노년기로 구분하여, 두 사람이 각 해당 기간마다 얻는 복지의 양을 서로 비교하여 차이를 구한다. 복지의 분배는 그 차이들을 모두 더한 만큼 불평등하다.

<사례>

갑과 을은 각각 1921년과 1941년에 태어나 80년 동안 살았다. 각 생애는 20년 단위로 유년기, 청년기, 중년기, 노년기로 나뉜다. 다음은 가설적인 두 상황에서 각 기간에 개인이 얻은 복지의 양을 숫자로 나타내었다.

(상황 1)

	1921~1940	1941~1960	1961~1980	1981~2000	2001~2020
갑	3	7	6	5	–
을	–	7	6	4	5

(상황 2)

	1921~1940	1941~1960	1961~1980	1981~2000	2001~2020
갑	2	8	6	5	–
을	–	7	6	4	5

<보기>

ㄱ. 해당 부분 견해에 따르면, (상황 1)의 불평등 정도와 (상황 2)의 불평등 정도는 2만큼의 차이를 보인다.

ㄴ. (상황 1)과 (상황 2)의 불평등 정도를 비교한다면, 생애 전체 견해만이 두 상황의 불평등 정도가 같다고 판단할 것이다.

ㄷ. (상황 2)의 갑과 을이 1941~1960년의 동시대 부분에서 얻은 복지의 양이 서로 바뀐 경우, 생애 전체 견해에 따르면 불평등 정도가 커지지만, 동시대 부분 견해에 따르면 그렇지 않다.

① ㄱ   ② ㄷ   ③ ㄱ, ㄴ
④ ㄴ, ㄷ   ⑤ ㄱ, ㄴ, ㄷ

38

다음으로부터 추론한 것으로 옳은 것만을 <보기>에서 있는 대로 고른 것은?

어떤 지역에 특정 범죄 예방 프로그램을 시행할 경우, 그 지역의 범죄는 줄어드는 대신 다른 지역의 범죄가 증가하기도 한다. 이런 현상을 '범죄전이'라 한다. 반면 어떤 지역을 겨냥한 범죄 예방 프로그램의 범죄 감소 효과가 이웃 지역에까지 미치기도 하는데, 이를 '혜택확산'이라 한다. 범죄전이지수(WDQ)는 특정 지역에 적용한 범죄 예방 프로그램의 긍정적 효과가 인근 지역으로까지 확산되는지 아니면 인근 지역에 범죄전이를 유발하는지를 파악하기 위한 지수이다. WDQ를 설명하기 위해서는 3개의 지역 설정이 필요하다. A는 범죄 예방 프로그램이 시행되는 실험 지역이고, B는 A를 둘러싸고 있으면서 A의 범죄 예방 프로그램으로 인해 범죄전이나 혜택확산이 나타날 것으로 예상되는 완충 지역이며, C는 A나 B에서 발생하는 변화에 영향을 받지 않는 통제 지역이다. WDQ는 C를 기준으로 한, A 대비 B의 범죄율 증감을 나타내며, 공식은 아래와 같다.

$$WDQ = \frac{(B_1/C_1 - B_0/C_0)}{(A_1/C_1 - A_0/C_0)}$$

(A_0, B_0, C_0은 범죄 예방 프로그램 실시 전 A, B, C의 범죄율이며, A_1, B_1, C_1은 범죄 예방 프로그램 실시 후 A, B, C의 범죄율이다.)

A~C에서 다음과 같은 사실이 관찰되었다.

○ A에서 범죄 예방 프로그램을 실시한 결과 범죄 감소 효과가 나타났다.

○ B에 나타나는 범죄전이나 혜택확산 효과는 A에서 범죄 예방 프로그램을 시행한 결과이다.

○ 범죄 예방 프로그램 실시 이전 A~C 각 지역의 범죄율과 그 변화 추이는 동일했다.

○ 범죄 예방 프로그램이 A에서 시행되는 동안 범죄 예방 프로그램을 제외하고 범죄율에 영향을 미칠 수 있는 요인들의 변화는 A~C 어느 곳에서도 나타나지 않았다.

<보기>

ㄱ. WDQ가 1보다 크면, A의 범죄 감소 효과보다 B로의 혜택확산 효과가 크다.

ㄴ. WDQ가 −1보다 크고 0보다 작으면, B로의 범죄전이 효과는 A의 범죄 감소 효과보다 작다.

ㄷ. WDQ가 −1에 근접하면, A의 범죄 감소 효과와 B로의 혜택확산 효과가 거의 동일하다.

① ㄱ   ② ㄷ   ③ ㄱ, ㄴ
④ ㄴ, ㄷ   ⑤ ㄱ, ㄴ, ㄷ

39

2022학년도 LEET 문35

다음으로부터 추론한 것으로 옳은 것만을 〈보기〉에서 있는 대로 고른 것은?

신호탐지이론은 외부 세계를 신호와 잡음 두 상태로 나누고 그 상태에 따라 어떤 반응을 보여야 가장 좋은 효과를 얻을 수 있는가를 결정하는 이론이다. 레이더 기지에 새롭게 배치된 관측병 갑의 임무는 물체 X가 레이더에 나타났을 때 버튼을 눌러 아군 전투기를 출동시킬지 아니면 버튼을 누르지 않을지 결정하는 것이다. X가 사전에 신고되지 않은 비행기인 경우를 신호라 하고, X가 기타 물체, 예컨대 독수리인 경우를 잡음이라 하자. 신고된 비행기는 X와 다른 방식으로 레이더에 표시되므로 고려 대상이 아니다. 버튼을 눌렀을 때 신호이면 '적중'이고 잡음이면 '오경보'이다. 버튼을 누르지 않았을 때 신호이면 '누락'이고 잡음이면 '정기각'이다. 버튼을 누르거나 누르지 않는 것에 따른 갑의 득실은 아래와 같다.

	신호	잡음
버튼 누름	3	−3
버튼 누르지 않음	−3	2

기존의 데이터에 따르면 X가 신호일 확률은 0.8이다. 갑은 X에 관한 기존의 데이터에 따른 확률에 득실을 곱하여 X를 관측한다면 버튼을 누를지 말지 결정하려 한다. 예컨대, 적중의 기댓값은 2.4이다. 버튼을 눌렀을 때 기댓값의 합계가 버튼을 누르지 않았을 때 기댓값의 합계보다 크거나 같다면, 갑은 X를 관측했을 때 버튼을 누를 것이다.

〈보기〉

ㄱ. X가 신호일 확률이 0.1일 경우, 갑은 X가 레이더에 나타나면 버튼을 누르지 않을 것이다.
ㄴ. 누락의 득실만 −3에서 0으로 변경될 경우, 갑은 X가 레이더에 나타나면 버튼을 누를 것이다.
ㄷ. 오경보의 득실만 −3에서 −2로 변경될 경우, 갑은 X가 레이더에 나타나면 버튼을 누를 것이다.

① ㄴ   ② ㄷ   ③ ㄱ, ㄴ
④ ㄱ, ㄷ   ⑤ ㄱ, ㄴ, ㄷ

40

2023학년도 LEET 문30

다음으로부터 추론한 것으로 옳은 것만을 〈보기〉에서 있는 대로 고른 것은?

선출직과 임명직 공무원의 정책 결정 과정이 다른 경우는 흔하다. 선출직의 경우 장래 선거를 고려하여 ㉠ 주민 효용 극대화를, 임명직의 경우 조직의 확대를 고려하여 ㉡ 예산 극대화를 추구한다. 다음 상황을 생각해 보자.

공무원 갑은 다음 해 예산을 결정하기 위해 신규 예산안을 제출한다. 신규 예산 수준이 기존 예산 수준과 같으면 주민 투표 없이 제출된 안이 확정되고, 다르면 찬반 투표에 부쳐야 한다. 신규 예산안이 주민의 과반수 찬성을 얻어 통과되면 확정 예산이 되고, 부결되면 기존 예산이 확정 예산이 된다. 신규 예산안이 기존 예산보다 더 낮은 효용을 주지 않는 한 주민들은 찬성표를 던진다.

예산에 따른 주민의 효용은 아래 그림과 같다. 이를 알고 있는 갑은 어떻게 행동할까? 예를 들어, 기존 예산이 x_0라고 하자. 갑이 주민 효용 극대화를 추구한다면, 갑은 x^*를 제안하고 이 안은 주민 투표를 거쳐 확정될 것이다. 만약 갑이 예산 극대화를 추구한다면, 갑은 x_1을 제안함으로써 예산 확대를 꾀할 것이다.

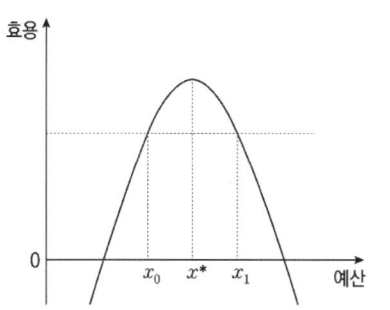

〈보기〉

ㄱ. 갑이 ㉠을 추구하고 기존 예산이 x_1이면, 신규 예산안은 주민 투표에서 통과될 것이다.
ㄴ. 갑이 ㉡을 추구하고 기존 예산이 x^*보다 크다면, 주민 투표에 부쳐진 신규 예산안은 항상 부결될 것이다.
ㄷ. 기존 예산이 x^*가 아니라면, 확정 예산은 갑이 ㉠을 추구할 때가 ㉡을 추구할 때보다 항상 작다.

① ㄱ   ② ㄴ   ③ ㄱ, ㄷ
④ ㄴ, ㄷ   ⑤ ㄱ, ㄴ, ㄷ

41

〈상황〉에 대해 추론한 것으로 옳은 것은?

> 정부의 정책 선택은 사회 구성원 개인의 효용에 영향을 미친다. 정부는 정책이 사회 구성원에게 미치는 영향을 종합적으로 평가해 정책을 선택해야 한다. 다음 평가 기준 A, B, C를 생각해 보자.
> A: 사회 구성원 중 어떤 사람의 효용도 현재보다 낮추지 않으면서 적어도 한 사람의 효용을 높일 수 있다면 '개선'이다. 더 이상 '개선'을 이룰 수 없는 정책만 수용가능하다.
> B: 사회 구성원 효용의 산술평균값이 가장 큰 정책이 바람직한 정책이다.
> C: 사회 구성원 중 효용이 가장 낮은 사람의 효용이 가장 큰 정책이 바람직한 정책이다.
>
> 〈상황〉
> 두 집단 1과 2로 구성된 사회가 있다. 전체 인구에서 집단 1이 차지하는 비율은 α이고 집단 2가 차지하는 비율은 1-α이다. (단, 0 < α < 1) 이 사회에서 선택 가능한 정책은 X, Y, Z만 있으며 각 정책에 따른 집단 구성원의 개인 효용은 다음과 같다. (단, $y > 0$)
>
> | 개인 효용 | | X | Y | Z |
> |---|---|---|---|---|
> | | 집단 1 | 1 | y | 3 |
> | | 집단 2 | 5 | $2y$ | 2 |

① $y = 2$인 경우, C에 따른 바람직한 정책은 하나뿐이다.
② A에 따른 정책의 수용가능 여부는 α값에 따라 달라진다.
③ $y = 2$인 경우, B에 따라 X가 바람직한 정책이라면 α = 0.5이어야 한다.
④ 집단 1과 2의 인구가 같을 경우, B와 C에 따른 바람직한 정책은 같다.
⑤ 집단 1과 2의 인구가 같을 경우, B에 따른 바람직한 정책은 A에 따라 항상 수용가능하다.

42

다음 글에 대한 분석으로 옳은 것만을 〈보기〉에서 있는 대로 고른 것은?

> 경제학에서는 경제주체의 효용이 다른 경제주체에 의해 영향을 받으면 외부성이 존재한다고 말한다. 남이 최소한의 소득 수준은 누리기를 내가 바라는 경우, 나의 소득이 어느 수준을 넘어서면 나의 효용은 오히려 감소할 수도 있다. 이러한 상황에서의 소득 배분을 보다 구체적으로 살펴보기 위해, 두 사람 갑과 을로 구성된 가상의 사회를 생각해 보자. 둘이 나눠 가지는 소득의 총량은 100으로 고정되어 있다. 각자의 소득은 정수이며 둘은 100을 남김없이 나눠 가진다고 하자. 이때 두 사람의 효용은 다음과 같이 정해진다. 갑, 을 모두 동일한 임계점 y_c가 있어 (단 $y_c \geq 50$), 자신의 소득이 y_c 이하일 때는 소득이 그대로 효용이 되지만, 소득이 그보다 클 때는 소득이 y_c를 초과한 값을 y_c에서 뺀 값이 효용이 된다. 예를 들어 y_c가 70일 때, 만약 소득이 60이라면 효용은 60이지만, 소득이 90이라면 효용은 50이다. 이 사회에서 하나의 배분을 두 소득의 조합 (y_1, y_2)로 표시하자. 여기서 y_1과 y_2는 각각 갑과 을의 소득을 나타낸다.
> 위 상황에서 특정 배분을 평가하는 기준으로 효율성 개념을 이용할 수 있다. 임의의 배분 $y = (y_1, y_2)$에 대해 또 다른 배분 $y' = (y_1', y_2')$이 존재하여 y보다 y'에서 갑과 을 각각의 효용이 모두 더 높다면, y를 '비효율적 배분'이라고 정의한다. 반면 이러한 y'이 존재하지 않는다면, y를 '효율적 배분'이라고 정의한다.

〈보기〉
ㄱ. $y_c = 100$이면, 갑은 소득이 증가할수록 효용이 증가한다.
ㄴ. $y_c = 80$일 때 배분 (10, 90)은 효율적이다.
ㄷ. y_c가 커질수록 효율적인 배분의 개수는 줄어든다.

① ㄱ
② ㄴ
③ ㄱ, ㄷ
④ ㄴ, ㄷ
⑤ ㄱ, ㄴ, ㄷ

43. ①

44. ⑤

45

〈상황〉에 대한 추론으로 옳은 것만을 〈보기〉에서 있는 대로 고른 것은?

국가 간 거래가 급증하고 있는 상황에서 한 나라의 경제 활동을 나타내는 주요 지표로 무역수지와 무역의존도가 있다. 무역수지는 수출액에서 수입액을 뺀 값으로 양(+)이면 흑자, 음(-)이면 적자, 같으면 균형이다. 무역의존도는 국내총생산(GDP)에서 차지하는 무역액(수출액+수입액)의 비중을 나타내며, 무역액 대신 수출액을 넣으면 수출의존도, 수입액을 넣으면 수입의존도가 된다.

일반적으로 내수 기반이 취약하거나 부존자원이 부족한 국가들은 무역을 강화해 왔다. 하지만 이는 무역의존도를 높여 경제 안정성의 훼손 가능성을 높인다.

〈상황〉
갑국, 을국, 병국만 존재하는 상황에서 갑국과 을국 사이에는 교역이 존재하지 않는다. 표는 2023년과 2024년 갑국과 을국의 GDP, 수출의존도, 수입의존도를 나타낸다. 또한 병국의 2023년 GDP는 100억 달러이고 2024년 수출의존도는 35%이다.

구분(단위)	갑국		을국	
	2023년	2024년	2023년	2024년
GDP(억 달러)	100	200	100	200
수출의존도(%)	10	20	20	10
수입의존도(%)	30	20	5	15

〈보기〉
ㄱ. 병국의 2024년 무역수지는 흑자이다.
ㄴ. 병국의 2024년 GDP는 200억 달러이다.
ㄷ. 무역의존도 기준으로 세 국가 모두 2024년에 전년 대비 경제 안정성의 훼손 가능성은 변화가 없다.

① ㄱ
② ㄷ
③ ㄱ, ㄴ
④ ㄴ, ㄷ
⑤ ㄱ, ㄴ, ㄷ

46

다음으로부터 〈사례〉를 판단한 것으로 옳은 것만을 〈보기〉에서 있는 대로 고른 것은?

전략적 상황에서 '균형'을 이용하여 결과를 예측할 수 있다. 균형에서는 누구도 자신의 선택으로부터 혼자서 이탈하여 득을 볼 수 없게 된다.

다음 게임을 생각해 보자. 3명이 왼손과 오른손 중 하나를 동시에 들어야 한다. 만약 모두 왼손을 든다면 각자 2의 보수를 받고, 모두 오른손을 든다면 각자 1의 보수를 받는다. 반면 왼손과 오른손이 섞여 있으면 각자의 보수는 0이 된다. 이 경우 모두 왼손을 든 상황이 균형이다. 다른 사람들이 왼손을 든 상황에서 한 사람만 오른손으로 바꾸면 그의 보수는 2에서 0으로 줄어들기 때문이다. 비슷한 논리로 모두가 오른손을 든 상황도 균형이다.

〈사례〉
3명이 어떤 범법 행위를 목격하였다. 각자는 경찰에 신고하거나 신고하지 않는 둘 중 하나를 동시에 선택해야 한다. 신고하는 행위에는 2의 비용이 든다. 경찰은 2명 이상의 신고를 받아야 출동한다. 경찰이 출동하면 문제가 해결되어 각자 5의 편익을 얻고, 출동하지 않으면 각자 0의 편익을 얻는다. 이때 각 사람의 보수는 편익에서 비용을 뺀 값이다.

〈보기〉
ㄱ. 3명 모두 신고하는 상황은 균형이다.
ㄴ. 만일 목격자 수가 6명인 조건이라면, 2명만 신고하는 상황은 균형이다.
ㄷ. 만일 1명의 신고만으로도 경찰이 출동한다는 조건이라면, 1명만 신고하는 상황은 균형이다.

① ㄱ
② ㄷ
③ ㄱ, ㄴ
④ ㄴ, ㄷ
⑤ ㄱ, ㄴ, ㄷ

47

㉠과 ㉡에 들어갈 적절한 내용을 옳게 나열한 것은?

④ (20원, 20원, 50원) 충분

48

㉠에 들어갈 내용으로 옳은 것은?

③ $(x-z)-(y-w)$

49

2026학년도 LEET 문28

다음 글에 대한 평가로 적절한 것만을 〈보기〉에서 있는 대로 고른 것은?

> X국에서 부모와 자녀의 세대 간 소득 순위 연관성에 관한 연구가 수행되었다. 세대 간 소득 순위 연관성은 부모의 소득 수준에 따라 자식의 소득 수준이 결정되는 정도를 의미한다. 연구진은 설문 조사를 통해 부모의 소득 10분위 순위를 무작위로 제시하고, 그 부모의 자녀가 성인이 되었을 때의 소득 10분위 순위를 예측하도록 하였다. 세대 간 소득 순위 연관성의 현실과 인식 간의 차이를 분석하기 위해, 시민들의 설문에 기초한 부모-자녀 소득 순위 관계선(이하 '예측선')과 실제 소득 행정 자료에 기초한 부모-자녀 소득 순위 관계선(이하 '실제선')을 구하였다. 각 관계선은 통계 처리 후 부모-자녀 소득 순위의 연관성을 직선으로 나타낸 것이다. x축과 y축은 각각 부모 10분위 소득 순위와 자녀 10분위 소득 순위이다. 두 직선의 기울기는 각각 0과 1사이에 있으며 부모의 소득이 커질수록 자녀의 소득도 커진다.
>
> 여기서 두 관계선의 기울기는 부모의 소득 수준이 자녀의 소득 수준에 미치는 영향을 나타낸다. 부모와 자녀의 소득 연관성이 크면, 사회의 유동성이 작으며 기회의 평등이 잘 보장되지 않는 사회로 평가된다.

〈보기〉

ㄱ. 예측선의 기울기가 실제선보다 크다면, 시민들은 실제에 비해 기회의 평등 수준을 낮게 인식하고 있다.

ㄴ. 예측선의 기울기가 실제선보다 작고 두 직선이 축 중간에서 교차한다면, 시민들은 저소득층 자녀의 소득 순위를 실제보다 높게 전망하고, 고소득층 자녀의 소득 순위를 실제보다 낮게 전망하고 있다.

ㄷ. 예측선이 실제선보다 부모의 소득 순위 전체에서 모두 위에 있고 두 직선의 기울기가 동일하다면, 시민들은 모든 자녀들의 소득 순위를 실제보다 높게 전망하고 부모와 자녀의 소득 순위 연관성을 실제보다 작게 인식하고 있다.

① ㄱ ② ㄷ ③ ㄱ, ㄴ
④ ㄴ, ㄷ ⑤ ㄱ, ㄴ, ㄷ

유형 04 – 과학기술

01
LEET 1차 예시 문3

다음은 세 검출기 A, B, C를 써서 네 종류의 입자 가, 나, 다, 라의 성질을 검사한 결과다. 검출기는 언제나 둘씩 짝을 지어 장치되고 만일 입자가 첫 번째 검출기를 통과하면 두 번째 검출기로 들어가게 되어 있다. 검출기에 입사된 입자는 각 검출기의 특성에 따라 그것을 통과하거나 차단된다. 세 검출기의 특성과 실험 결과가 다음과 같다고 할 때, 다음 중 실험의 결과를 올바르게 해석하지 <u>못한</u> 것은? (단, 스핀을 지닌 입자는 모두 전기를 띠고 있다.)

A: 탄소원자보다 무거운 입자를 차단한다.
B: 전기를 띤 입자를 차단한다.
C: 스핀을 지닌 입자를 차단한다.

검출기의 배치 \ 입자	가	나	다	라
A–B	X	X	X	O
B–C	X	X	O	O
C–A	O	X	X	O

※ O은 입자가 두 검출기로 이루어진 장치를 통과했음을 뜻하고 X는 어디선가 차단되어 통과하지 못했음을 뜻한다.

① ㉮는 전기를 띠고 있다.
② ㉮와 ㉰는 모두 ㉯보다 가볍다.
③ ㉯와 ㉰ 중에는 분명 전기를 띤 입자가 있다.
④ ㉯는 ㉱보다 무겁다.
⑤ ㉰와 ㉱는 스핀에 관한 특성이 동일할 수도 있다.

02
LEET 2차 예시 문15

다음 글로부터 추론할 수 있는 것으로 적절하지 <u>않은</u> 것은?

어떤 종의 개체들은 싸움 전략에 따라, 매파든 비둘기파든 어느 한편에 속한다고 생각해 보자. 매파의 개체는 항상 맹렬히 싸우고 심하게 다쳤을 때가 아니면 굴복하지 않는다. 비둘기파의 개체는 그저 품위 있는 전통적인 방법으로 위협을 줄 뿐 누구에게도 상처를 주지 않는다. 매파의 개체와 비둘기파의 개체가 싸우면 비둘기파는 그냥 도망치므로 다치는 일이 없다. 매파의 개체끼리 싸우면 그들은 한편이 중상을 입을 때까지 싸운다. 비둘기파끼리 부딪칠 때에는 장기전에 의한 시간 낭비는 있을 수 있어도 어느 편이든 다치는 경우가 없다. 그들은 오랫동안 서로 자세를 취하기만 하다가 결국 싫증이 나거나 더 이상 버틸 필요가 없다고 생각되어 싸움을 포기하는 쪽이 진다. 또한 특정 경쟁자가 매파인지 비둘기파인지를 미리 알 수 없는 것으로 가정해 놓자. 그는 경쟁자와 싸워 본 뒤에야 비로소 그것을 알 뿐, 특정 개체와의 과거의 싸움을 기억하지 못하는 것으로 한다.
이제 싸우는 양쪽에게 '점수'를 주기로 한다. 예컨대 승자에게는 50점, 패자에게는 0점, 중상자에게는 −100점, 장기전에 의한 시간 낭비에는 −10점의 점수를 부여하는 방식이다. 이들 '점수'는 유전자의 생존이라는 가치로 환산된다고 볼 수 있다. 높은 점수를 얻은 개체, 즉 높은 평균 '득점'을 받는 개체는 유전자 풀 속에 다수의 유전자를 남기는 개체이다.

① 매파와 비둘기파의 싸움에서 매파는 평균 +50점을 얻어 비둘기파보다 막대한 이익을 누린다.
② 전원 비둘기파인 개체군에서의 싸움은 반은 이기고 반은 지는 것으로 예상할 때 그 평균 득점은 +15점이다.
③ 매파와 비둘기파의 싸움 전략 그 자체만으로는 한 개체가 다수의 유전자를 남기는 데 유리할지 불리할지 결정하기 어렵다.
④ 만일 매파의 유전자가 순조롭게 퍼져서 개체군 전체가 매파로 됐을 때 이때의 모든 싸움은 매파끼리의 싸움이 될 것이므로, 싸움당 평균 득점은 −25점이 된다.
⑤ 매파의 개체군 내에 비둘기파의 한 개체가 있을 때, 비둘기파의 평균 득점은 매파 개체군 내의 평균 득점보다 낮기 때문에 비둘기파의 유전자는 그 개체군 내에 퍼지지 못한다.

03

다음 글에서 설명하고 있는 측정 장치를 이용하여 신뢰할 만한 결과를 얻기 위해 전제되어야 할 조건을 〈보기〉에서 모두 고른 것은?

19세기 후반에 이르기까지 음속 측정은 측정 과정에 인간의 지각과 반응 시간이 포함되어 정확성이 떨어지는 경우가 대부분이었다. 그런 점에서 프랑스 과학자 르뇨의 음속 측정법은 탁월한 고안이었다. 그는 전기 회로를 사용해서 시간 간격을 자동으로 잴 수 있는 장치를 고안함으로써 인간의 지각과 반응이 음속 측정에 개입할 때 발생하는 오차를 원천적으로 없앴다. 르뇨의 음속 측정 방법은 다음과 같다. 직류가 흐르는 회로에는 전자석 M이 있어 그것이 잡아당긴 철필 S가 일정한 속도로 회전하는 원통 D 위에 일정한 선을 남기도록 한다. 그러다가 음원인 권총이 W에서 발사되면서 그곳의 회로가 끊어지고 전자석 M은 철필 S를 놓아 그 흔적을 회전하는 원통 위에 남긴다. 곧이어 총소리가 박판 R에 도달하면 박판이 진동하면서 순간적으로 회로가 연결되고 전자석 M이 철필 S를 잡아당겨 그 흔적을 다시 원통 위에 남기게 된다. 그러면 원통 위에 남은 표시들의 간격을 통해서 W에서 R까지 소리가 전달되는 데 걸린 시간을 잴 수 있고 W와 R 사이의 거리를 재면 음속을 계산할 수 있다.

〈보기〉
ㄱ. 원통을 일정한 속도로 회전시키기 위한 장치가 필요하다.
ㄴ. W와 R 사이의 거리를 되도록 짧게 하여 오차를 줄여야 한다.
ㄷ. 권총이 발사된 시점과 회로가 끊어지는 시점 사이의 간격은 무시할 만하다.

① ㄱ　② ㄴ　③ ㄱ, ㄷ
④ ㄴ, ㄷ　⑤ ㄱ, ㄴ, ㄷ

04

수소 분자(H_2) 1개와 염소 분자(Cl_2) 1개가 반응하면 염화수소 분자(HCl) 2개가 생성된다. 만일 수소 분자 3개와 염소 분자 1개가 반응하면 염화수소 분자 2개가 생성되고 수소 분자 2개는 반응하지 않고 남는다. 이와 같이 화학 반응에서 반응물의 분자 개수와 생성물의 분자 개수 사이에는 일정한 정수비가 성립한다. 또한 일정한 온도와 압력이 유지될 때 기체의 부피는 분자의 종류에 관계없이 분자 개수에 비례한다.

어떤 원소 A, B로 이루어진 기체 분자 AB와 기체 분자 B_2가 반응하여 한 가지 기체 생성물 P를 만든다. 표는 일정한 온도와 압력에서 AB와 B_2의 부피를 변화시키며 반응시켰을 때, 반응 전 AB와 B_2의 부피와 반응 후 전체 부피를 나타낸 것이다.

반응 전 부피(L)		반응 후 전체 부피(L) (P의 부피 + 반응 후 남은 AB 또는 B_2의 부피)
AB	B_2	
4	1	4
4	2	4
4	3	5
4	4	6

위 결과로부터 알 수 있는 생성물 P의 분자식은?

① A_2B_4　② AB_4　③ AB_3
④ AB_2　⑤ A_2B

05

2009학년도 LEET 문2

물에 떠 있는 석탄 입자를 현미경으로 관찰하면 입자가 불규칙하게 운동하는 것을 볼 수 있다. 다음 설명을 토대로 이 운동에 대해 예상할 수 있는 것만을 〈보기〉에서 있는 대로 고른 것은?

> 석탄 입자의 운동은 물 분자와의 충돌에 의한 것이다. 즉 물 분자는 멈추지 않고 끊임없이 운동을 하는데, 물 분자가 물에 뜬 입자에 부딪히면 입자가 밀려서 계속 운동을 한다. 이때 입자의 크기가 클수록 입자의 서로 다른 곳에 동시에 충돌하는 물 분자의 수도 많아진다. 이 때문에 충돌에 의한 운동 효과가 상쇄된다. 즉 힘의 균형은 입자가 작을수록 깨지기 쉽다. 한편, 물 분자의 운동은 온도가 높을수록 활발하다.

〈보기〉
ㄱ. 입자의 크기가 클수록 운동이 활발할 것이다.
ㄴ. 빛을 차단한 상태에서도 입자의 운동이 지속될 것이다.
ㄷ. 물의 온도를 높이면 입자의 운동이 더욱 활발해질 것이다.

① ㄱ   ② ㄴ   ③ ㄱ, ㄷ
④ ㄴ, ㄷ   ⑤ ㄱ, ㄴ, ㄷ

06

2009학년도 LEET 문7

다음은 시신에 알을 낳는 검정금파리를 통해 사망 시각을 추정한 과정을 설명하는 글이다. 이 글에 대한 진술로 옳은 것만을 〈보기〉에서 있는 대로 고른 것은?

> 시신은 10월 15일 오전 8시에 도로 주변의 공터에서 발견되었고, 현장의 시신에서 채집한 검정금파리 유충은 오전 9시에 보존 처리되었다. 현장은 하루 중 기온의 변화가 거의 없는 지역이다. 연구 자료에 의하면, 채집된 검정금파리 유충과 같은 정도로 성숙하기 위해서는 ADH(온도·시간 누적값) 936이 필요하다. ADH는 온도와 시간을 곱한 값인데, 생명 활동이 가능한 온도 범위에서 검정금파리의 유충이 특정한 단계에 도달하는 데 필요한 총 ADH는 항상 일정하다. 시신이 발견된 날의 평균 기온은 20℃였으므로 10월 15일의 ADH는 180이다. 한편, 시신이 발견되기 전날 평균 기온은 21℃였으므로 이 날의 ADH는 504이다. 이틀 동안의 ADH의 합은 684이므로 936이 되려면 252가 더 필요하다. 10월 13일의 평균 기온은 21℃였다.

〈보기〉
ㄱ. 사망 시각은 10월 13일 정오 이전일 것이다.
ㄴ. 생명 활동이 가능한 온도 범위에서 검정금파리 유충은 기온이 높을수록 빨리 성숙한다.
ㄷ. 현장에서 검정금파리 유충을 채집할 때, 성숙 단계가 서로 다른 다양한 유충들 가운데, 가장 많은 수가 속해 있는 단계의 유충을 채집하여야 한다.

① ㄱ   ② ㄷ   ③ ㄱ, ㄴ
④ ㄴ, ㄷ   ⑤ ㄱ, ㄴ, ㄷ

07

다음 글로부터 제품 X와 Y에 대해서 추론한 것으로 옳은 것만을 〈보기〉에서 있는 대로 고른 것은?

제품 X와 Y는 원료 a, b, c, d 중에서 한 가지 이상의 원료를 1g 단위로 사용하여 전체가 10g이 되도록 섞어서 만들었다. 원료들이 섞이면 a와 b는 질량비 1:1로 반응하고 c와 d도 질량비 1:1로 반응하는데, 반응하는 물질 중에서 어느 한쪽 원료가 완전히 소진될 때까지 이 반응이 일어난다. 이 외의 경우에는 어떤 원료들 사이에도 반응이 일어나지 않는다. 제품의 부피는 반응 전 원료들의 총부피에서 반응한 원료 2g당 1mL씩 감소한 값이 된다. 제품의 이익은 사용된 원료에 따라 1g당 a는 10원, b는 20원, c는 100원, d는 200원 발생한다.

○ X의 부피는 사용된 원료의 총부피보다 5mL 작고, 이익은 150원 발생했다.
○ Y의 부피는 사용된 원료의 총부피보다 2mL 작고, 이익은 690원 발생했다.

〈보기〉
ㄱ. X에 a가 사용되었다.
ㄴ. X에 세 가지 원료만이 사용되었다.
ㄷ. Y에 a는 3g만 사용되었다.

① ㄱ ② ㄴ ③ ㄱ, ㄷ
④ ㄴ, ㄷ ⑤ ㄱ, ㄴ, ㄷ

08

다음은 지표면에서 바람이 부는 원리에 관한 어떤 가설이다. 이 가설에 의해 잘 설명되는 사례를 〈보기〉에서 고른 것은?

지표면 온도가 서로 다른 인접한 두 지역에 공기가 정체하게 되면, 상대적으로 저온인 지표 위의 공기는 고온인 지표 위의 공기보다 더 차가워진다. 그 결과 전자의 공기 밀도는 후자의 경우보다 커진다. 밀도가 다른 두 공기 덩어리가 수평으로 맞닿게 되면, 밀도가 큰 공기가 작은 공기의 아래로 파고들게 된다.

〈보기〉
ㄱ. 낮에 지표 온도가 높은 평지로부터 지표 온도가 낮은 계곡 지역을 향해 부는 바람이 관측된다.
ㄴ. 겨울철에 시베리아에 정체하여 냉각된 찬 공기가 해수면 온도가 높은 남쪽 해상을 향해 분다.
ㄷ. 낮에 해안 지역에서 육지로 부는 해풍이 관측되는데 이때 해수면 온도가 육상의 지표면 온도보다 낮다.
ㄹ. 봄철에 따뜻한 남쪽 해양에 정체하여 따뜻해진 공기가 저온의 고위도 육상을 향해 부는 바람이 관측된다.

① ㄱ, ㄴ ② ㄱ, ㄷ ③ ㄱ, ㄹ
④ ㄴ, ㄷ ⑤ ㄷ, ㄹ

09

다음 글에 등장하는 가설들과 실험의 관계에 대한 진술로 옳지 않은 것은?

중세 스콜라 학자들은 자연계에 진공이 발생하면 자연은 그 진공을 즉각 없애 버리는 방향으로 움직인다는 가설에 입각해서 자연현상을 설명했다. 예컨대, 펌프로 지하수를 끌어올리는 현상에 대해서, 펌프질을 통해 진공을 만들면 지하수는 이 진공 공간을 메우려고 관을 통해 펌프 안으로 올라오게 된다고 설명하였다. 이 가설이 옳다면 지하수가 있는 깊이에 상관없이 펌프로 진공만 만들어 내면 지하수는 지상까지 올라와야 한다.

하지만 깊이가 10m 이상 되는 곳에 있는 지하수는 펌프를 통해 진공을 만들어도 펌프로 올라오지 않는다는 사실이 알려지면서 이 가설에 의문이 제기되었다. 이 소식을 접한 갈릴레오는, 자연이 진공을 없애려는 힘을 갖고 있지만 그 힘의 크기는 진공 공간의 크기에 비례한다는 가설을 제안했다. 그의 가설에 따르면, 10m 이상의 깊이에 있는 지하수의 경우 기존의 펌프가 만들 수 있는 진공 공간이 작아서 물이 올라오지 못한다는 것이다.

토리첼리는 한쪽이 막힌 1m 길이의 유리관에 수은을 가득 채운 다음 입구를 손으로 막고 수은이 담긴 실험용 용기 속에 유리관을 거꾸로 세웠다. 입구를 막았던 손을 떼었더니, ㉠ 유리관 속을 가득 채웠던 수은 기둥의 높이가 낮아지다가 용기의 수은 면으로부터 약 76cm 높이에서 정지하였고, 유리관 상부에는 진공 공간이 발생하였다. ㉡ 이어 유리관을 옆으로 기울여 보니, 유리관 진공 부분이 줄어들며 진공의 부피는 감소했지만, 수은 면에서 수은 기둥 꼭대기까지의 높이는 유리관의 기울기와 관계없이 약 76cm를 그대로 유지하였다.

① 갈릴레오의 가설은 진공에 관한 스콜라 학자의 가설을 부분적으로 수용하고 있다.
② 갈릴레오의 가설은 진공 공간의 크기와 그 진공 공간을 메우려는 힘 사이의 비례 관계를 통해 스콜라 학자의 가설로 설명되지 않던 자연현상을 설명하려는 시도이다.
③ ㉠의 실험 결과로는 스콜라 학자의 가설이 자연현상의 설명 모델로 적합한지를 판단할 수 없다.
④ ㉡의 실험 결과는 스콜라 학자의 가설이 자연현상의 설명 모델로 적합하지 않다는 것을 보여 준다.
⑤ 토리첼리의 실험 결과는 갈릴레오의 가설이 자연현상의 설명 모델로 적합하지 않다는 것을 보여 준다.

10

다음 글에 제시된 가설을 지지하는 조사 결과만을 〈보기〉에서 있는 대로 고른 것은?

딱따구리는 나무에 구멍을 파 둥지를 짓는다. 평소 암수는 각자 잠을 자는 둥지를 짓지만, 번식기(4월~5월)가 되면 짝을 만나 새끼를 키울 둥지를 짓는다. 번식기에도 암컷은 밤이 되면 잠을 자는 둥지로 돌아가며 수컷만 새끼들과 함께 번식 둥지에서 잠을 잔다.

조사자는 딱따구리의 번식기에 우리나라 어떤 지역의 A구역과 B구역을 대상으로 딱따구리의 둥지를 조사하였다. A구역에는 울창한 숲 사이에 남북으로 곧게 뻗은 약 10m 폭의 산책로가 있으며, 산책로 동쪽에는 높은 산이 인접하여 오전에는 산책로에 그늘이 진다. B구역은 주위에 산이 없이 평평한 곳으로 나무들이 띄엄띄엄 서 있다. 조사가 끝난 뒤 이 지역의 기상 자료를 분석한 결과 비가 온 날에는 언제나 남풍이 불었던 것으로 나타났다.

조사 결과와 기상 자료를 기초로 조사자는 딱따구리의 둥지에 대해 다음의 가설을 세웠다. 첫째, 딱따구리의 둥지는 어떠한 것이든 비가 들이칠 수 있는 방향은 우선적으로 피한다. 둘째, 잠을 자는 둥지는 둥지 안으로 들어오는 빛의 양은 상관하지 않으며 그 입구는 다른 나무로 인한 걸림이 많은 쪽을 향한다. 셋째, 번식 둥지는 가능한 한 오랜 시간 빛이 들어오고, 다른 나무로 인한 걸림이 적어 수시로 드나들기 쉬운 방향을 선택한다.

〈보기〉
ㄱ. A구역의 경우 번식 둥지는 주로 산책로의 서쪽 가장자리 나무에 있었으며 그 입구는 대부분 동쪽을 향하고 있었다.
ㄴ. A구역의 산책로를 벗어난 울창한 숲 속에는 잠을 자는 둥지만 있었고, 잠을 자는 둥지의 입구는 동쪽, 서쪽, 북쪽을 향하고 있었으며 그 빈도는 세 방향이 비슷하였다.
ㄷ. B구역의 경우 번식 둥지의 입구는 동쪽 또는 서쪽을 향하고 있었으며 그 빈도는 동쪽과 서쪽이 비슷하였다.

① ㄱ ② ㄴ ③ ㄱ, ㄷ
④ ㄴ, ㄷ ⑤ ㄱ, ㄴ, ㄷ

11

다음 이론이 성립하기 위한 조건으로 옳은 것만을 〈보기〉에서 있는 대로 고른 것은?

> 지형학자 데이비스는 온난 습윤 기후 지역에서 지표가 일정한 방향으로 진화한다고 주장하였다. 그 과정은 다음과 같다.
> 지반의 융기가 더 이상 일어나지 않는 안정 상태에 이르면, 원지형(原地形)은 침식되면서 유년기가 시작된다. 온난 습윤 기후 지역에서는 강수량이 풍부하여 곧 하천이 발달하며, 하천의 하방 침식*이 활발하여 V자형의 골짜기가 파인다.
> 원지형이 대부분 산등성이로 변하면서 지형은 유년기에서 장년기로 넘어 간다. 장년기에는 산등성이가 뾰족해지고 하천 바닥과 산등성이 간의 높낮이 차가 최대에 이르며, 원지형은 산정 부분에 일부만 남는다. 그리고 본류와 주요 지류의 하방 침식이 둔화되고 측방 침식*이 우세해지며 범람원*이 발달하기 시작한다. 장년기 후기에는 높낮이 차가 작아지고 범람원이 넓어지며 산등성이가 둥글어지고 산지의 경사가 완만해진다.
> 노년기에는 산지가 아주 완만한 경사의 구릉지로 변한다. 그리고 골짜기는 하천의 측방 침식에 의해 크게 넓혀지고, 넓은 범람원을 지나는 하천은 곡류하면서 각종 지형을 만들어 놓는다. 노년기 말에는 지표면이 침식 기준면*인 해수면에 아주 가까워지는 동시에 평탄면이 넓게 형성되며, 주요 산등성이를 중심으로 단단한 암석으로 이루어진 부분만 우뚝한 언덕으로 남는다.
>
> * 하방 침식: 하천의 바닥 쪽을 향해 일어나는 침식
> * 측방 침식: 하천의 옆쪽을 향해 일어나는 침식
> * 범람원: 홍수 시 하천의 범람이 일어날 수 있는 저습지
> * 침식 기준면: 하천이 침식할 수 있는 하한(下限) 또는 지표가 하천의 침식으로 낮아질 수 있는 하한. 일반적으로 해수면이 침식 기준면으로 간주된다.

〈보기〉

ㄱ. 해발 고도가 해수면보다 훨씬 높고 평탄한 원지형이 존재한다.
ㄴ. 지표가 진화하는 동안 하천 상류의 유속은 일정하게 유지된다.
ㄷ. 지표가 진화하는 동안 해수면의 급격한 변동은 일어나지 않는다.

① ㄱ   ② ㄴ   ③ ㄷ
④ ㄱ, ㄷ   ⑤ ㄴ, ㄷ

12

다음 글에서 추론한 것으로 옳은 것만을 〈보기〉에서 있는 대로 고른 것은? (단, 지반의 융기와 침강은 고려하지 않는다.)

> 신생대 제4기 플라이스토세에는 수십 차례 빙기(氷期)와 간빙기(間氷期)가 반복하여 나타났다. 약 12.5만 년 전에 시작된 최후 간빙기의 기후는 오늘날과 대체로 비슷했다. 최후 빙기가 시작된 것은 약 7.5만 년 전이었고, 약 6만 년 전까지는 대륙 빙하가 크게 확장되었다. 빙하는 약 4만 년 전부터 기온의 상승으로 어느 정도 후퇴했다가 약 2.5만 년 전에 다시 크게 확장되어 북아메리카에서는 북위 39°, 유럽에서는 북위 52°까지 남하했다.
> 1만 년 전 최후 빙기가 끝나고 현재까지의 기간은 현세라고 불린다. 현세에 들어와서도 기온 변화에 따라 고산 지대의 곡빙하(谷氷河)는 전진과 후퇴를 반복했다. 최근의 연구 결과에 의하면 약 6,000년 전에는 세계의 기후가 지금보다 따뜻했다. 유럽에서는 연평균 기온이 지금보다 2~3℃ 높았고, 그 영향은 해수면에 반영되었다.

〈보기〉

ㄱ. 약 6만 년 전 당시의 해안선은 현재의 해안선보다 바다 쪽을 향해 더 나아갔을 것이다.
ㄴ. 약 2.5만 년 전에 저위도 지역 하천의 평균 길이는 현재보다 더 길었을 것이다.
ㄷ. 약 6,000년 전 당시의 곡빙하는 현재의 곡빙하보다 낮은 고도에서도 형성되었을 것이다.

① ㄱ   ② ㄴ   ③ ㄷ
④ ㄱ, ㄴ   ⑤ ㄴ, ㄷ

13

다음 개체군 크기 추정 방법이 유의성을 갖기 위해 필요한 조건만을 〈보기〉에서 있는 대로 고른 것은?

개체군이란 동일 지역에 서식하는 단일종 개체들의 집단으로 정의되며, 개체군 크기는 특정 시기에 개체군에 포함되어 있는 개체 수를 의미한다. 개체군 크기의 추정은 멸종위기종, 경제적으로 중요한 종, 농업 해충 등을 관측하고 관리하는 데 필수적이다. 일반적으로 개체군의 분포는 넓은 반면 개체는 크기가 작고 이동성이 있을 때, 개체군 크기의 추정은 1차 채집 → 표지 → 놓아주기 → 2차 채집의 순서로 진행되며 그 방법은 다음과 같다.

조사 대상 지역을 대표할 수 있는 몇 개의 채집 지점에서 조사 대상 개체를 채집하여 표지한 후 놓아준다. 일정 기간이 지난 다음, 동일한 채집지에서 조사 대상 개체를 다시 채집하여 그 중 표지가 있는 개체 수를 확인한다. 이 비율은 개체군의 몇 퍼센트가 1차 채집에서 잡혔는지 알려주는 단서가 되며, 이에 기초하여 개체군 크기는 (1차 채집 후 표지한 개체 수)×(2차 채집에서 잡힌 총 개체 수/2차 채집에서 잡힌 개체 중 표지된 개체 수)로 추정한다.

〈보기〉
ㄱ. 표지는 적어도 2차 채집 완료 시기까지 남아있어야 한다.
ㄴ. 2차 채집에서 표지된 개체가 표지되지 않은 개체보다 더 잘 잡혀야 한다.
ㄷ. 1차 채집 후 표지한 개체 수보다 2차 채집에서 잡힌 총 개체 수가 적어야 한다.

① ㄱ ② ㄴ ③ ㄷ
④ ㄱ, ㄴ ⑤ ㄴ, ㄷ

14

다음 글로부터 추론한 것으로 옳은 것만을 〈보기〉에서 있는 대로 고른 것은?

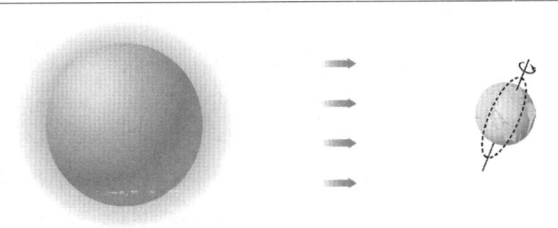

지구 상의 기온이 시간과 위치에 따라 변하는 원인은 지구가 자전한다는 사실, 자전축이 공전 면의 수직축에 대해서 기울어져 있다는 사실, 그리고 지구가 구형이라는 사실에 있다. 지구는 자전축을 중심으로 하루에 한 바퀴씩 회전하는데, 그 결과 구형의 지표면이 태양빛을 교대로 받게 된다.

태양빛과 지표면이 이루는 각도가 수직에 가까울수록 지표면에 도달하는 태양빛의 양이 많아진다. 태양이 지표면을 수직으로 비출 수 있는 위치는 봄과 가을에는 적도 주변, 여름에는 북반구, 겨울에는 남반구 지역이 된다. 이것이 계절이 생기는 이유이다. 만약 자전축이 기울어져 있지 않다면 태양이 연중 적도 면만 수직으로 비치게 되어 태양빛이 각 위도의 지표면에 도달하는 양은 연중 변화가 없을 것이다.

대기의 영향을 무시한다면, 태양빛에 수직이 되도록 판을 세워두면 그 판에 도달하는 태양빛의 양은 위도에 관계없이 지구의 모든 지점에서 거의 같게 된다. 그러나 실제 지표면에 도달하는 태양에너지의 양은 위도에 따라 다른데, 그것은 지구가 구형이어서 위도에 따라 태양빛과 지표면이 이루는 각도가 다르기 때문이다.

〈보기〉
ㄱ. 지구가 더 빨리 자전한다면 낮과 밤의 기온차가 더 커질 것이다.
ㄴ. 자전축의 기울어짐이 작을수록 적도 지역의 연평균 기온은 더 높아질 것이다.
ㄷ. 지구가 남북으로 긴 타원체로 바뀐다면 고·저위도 간의 기온차가 작아질 것이다.

① ㄱ ② ㄴ ③ ㄱ, ㄷ
④ ㄴ, ㄷ ⑤ ㄱ, ㄴ, ㄷ

15. ③ ㄴ, ㄷ

16. ② X: a, c   Y: a, b   Z: b, c

17

다음 대화와 〈표〉로부터 바르게 추론한 것은?

철수: 왜 돼지고기 삼겹살의 기름은 상온에서 고체인데 기름장의 참기름은 상온에서 액체일까?
영희: 동물성 지방과 식물성 지방의 포화지방산 대 불포화지방산 조성 비율이 서로 다르기 때문이야.
철수: 포화지방산과 불포화지방산의 차이가 뭐지?
영희: 지방산은 지방의 구성 성분으로, 여러 개의 탄소가 선형으로 길게 연결되어 있는 구조로 되어 있어. 지방산의 탄소와 탄소 사이는 단일결합 또는 이중결합으로 연결되어 있지. 탄소와 탄소 사이가 모두 단일결합으로 이루어진 지방산이 포화지방산이고 하나 이상의 이중결합이 있는 지방산이 불포화지방산이야.

〈표1〉 포화지방산의 탄소 개수와 녹는점의 관계

탄소 개수	10	12	14	16	18
녹는점(℃)	32	45	54	63	70

〈표2〉 탄소 개수 18인 지방산의 이중결합수와 녹는점의 관계*

이중결합수	0	1	2	3
녹는점(℃)	70	16	5	−11

* 이 관계는 모든 지방산에 유사하게 나타난다.

① 탄소 개수 12인 포화지방산이 탄소 개수 14인 불포화지방산보다 녹는점이 낮을 가능성이 높다.
② 같은 탄소 개수로 이루어진 지방산이라면 이중결합을 많이 가지고 있을수록 상온에서 고체로 존재할 가능성이 높다.
③ 탄소 개수 16인 포화지방산과 탄소 개수 16이고 이중결합 1개를 가진 불포화지방산 사이의 녹는점의 차이는, 탄소 개수 14이고 이중결합 1개를 가진 불포화지방산과 탄소 개수 14이고 이중결합 2개를 가진 불포화지방산 사이의 녹는점의 차이보다 클 가능성이 높다.
④ 상온에서 액체인 식물성 지방을 원료로 빵에 발라 먹을 수 있는 고체 마가린을 만들기 위해서는 식물성 지방의 불포화지방산의 탄소와 탄소 사이에 좀 더 많은 이중결합을 만들어야 한다.
⑤ 동물성 지방은 식물성 지방보다 불포화지방산의 함량이 일반적으로 높다.

18

다음 글을 토대로 ㉠을 가장 잘 설명한 것은?

포유류의 성별은 성염색체인 X염색체와 Y염색체에 의해서 결정된다. 그런데 암컷의 체세포*에서 두 개의 X염색체 중 하나는 초기 발생 과정에서 극도로 응축되어 기능하지 않는다. 이는 X염색체에 존재하는 유전자에서 만들어지는 RNA 및 단백질의 양이 수컷에 비해 두 배로 나타나지 않게 하기 위함이다.

발생 과정은 정자와 난자가 합쳐진 수정란에서 시작하여 연속된 세포분열을 통해 이루어지는데, 발생 초기에 배아의 세포들은 성체가 된 후 있어야 할 위치로 움직인다. 이 세포들은 각각 연속된 세포분열을 통해 이웃 세포들을 만들고 이 이웃 세포들이 피부 등의 조직을 형성한다. 그러므로 성체의 조직에서 근거리에 위치하는 같은 종류의 세포들은 하나의 세포로부터 연속된 분열을 통하여 형성된 것이다.

A종(種) 고양이의 털색은 X염색체에 존재하는 유전자에 의하여 결정된다. X염색체에 존재하는 A종 고양이 털색 결정 유전자는 흰색을 내는 유전자와 검은색을 내는 유전자 두 가지가 있는데, 하나의 X염색체에는 이 두 가지 중 하나만 존재한다. A종 수코양이는 X염색체가 하나밖에 없으므로 흰색이나 검은색의 개체만 관찰된다. ㉠ 반면 A종 암코양이의 털색은 흰색, 검은색 그리고 아래 〈그림〉의 왼쪽과 같이 흰색과 검은색의 얼룩무늬로 나타나기도 한다. 하지만 〈그림〉의 오른쪽과 같이 흰 털과 검은 털이 고르게 섞여 회색으로 보이는 형태는 나타나지 않는다.

〈그림〉

* 체세포: 생식세포(예: 정자, 난자)를 제외한 세포

① X염색체 응축이 수정 이전에 어미의 난자에서 일어났기 때문이다.
② 두 개의 X염색체 중 하나가 응축되는 과정에서 털색 결정 유전자가 응축에서 제외되었기 때문이다.
③ 털을 만드는 세포들이 털이 나기 직전에 두 개의 X염색체 중 하나를 무작위로 응축시켰기 때문이다.
④ 두 개의 X염색체 중 어느 쪽이 응축되는가는 발생 초기에 각각의 세포에서 무작위로 정해졌기 때문이다.
⑤ 두 개의 X염색체가 서로 다른 털색 결정 유전자를 가지고 있을 경우에는 X염색체 하나가 응축될 필요가 없었기 때문이다.

19

다음 실험 결과로부터 알 수 있는 것만을 〈보기〉에서 있는 대로 고른 것은?

공작나비는 평소에는 날개를 접고 있다가 포식자인 박새가 접근하면 날개를 접고 펴는 동작을 반복하여 소리를 내는 동시에 날개 위쪽에 있는 무늬를 보여 준다. 공작나비가 내는 소리와 날개의 무늬가 어떤 역할을 하는지 알아보기 위해 날개의 무늬를 지워 없애는 방법과 날개에서 소리를 내는 부분을 제거하는 방법을 조합하여 실험하였다.
공작나비를 박새의 먹이로 사용한 실험 결과는 다음과 같다.
○ 날개무늬가 있고 소리를 내는 공작나비는 100% 살아남았다.
○ 날개무늬가 있고 소리를 내지 못하는 공작나비는 100% 살아남았다.
○ 날개무늬가 없고 소리를 내는 공작나비는 50% 살아남았다.
○ 날개무늬가 없고 소리를 내지 못하는 공작나비는 20% 살아남았다.
○ 박새가 접근했을 때 날개를 접고 펴는 빈도는 날개무늬가 있는 공작나비보다 날개무늬가 없는 공작나비가 더 높았다.

〈보기〉
ㄱ. 박새의 포식을 피해 공작나비가 살아남는 데에는 소리를 내는 것보다 날개무늬가 있는 것이 더 효과적이다.
ㄴ. 날개무늬가 없는 공작나비가 박새에게 더 많이 잡아먹힌 이유는 날개를 접고 펴는 빈도가 높을수록 소리가 커지기 때문이다.
ㄷ. 박새의 포식을 피해 공작나비가 살아남는 데에는 날개무늬만 있는 것보다 날개무늬도 있고 소리도 내는 것이 더 효과적이다.

① ㄱ ② ㄴ ③ ㄱ, ㄷ
④ ㄴ, ㄷ ⑤ ㄱ, ㄴ, ㄷ

20

다음 글로부터 〈실험〉의 결과를 추론한 것으로 옳은 것만을 〈보기〉에서 있는 대로 고른 것은?

세균 A는 과산화수소 등의 활성산소를 감지하여 분해하는 시스템을 가지고 있다. 이 시스템은 조절단백질 X와 효소 Y로 이루어져 있는데, X는 과산화수소를 감지하여 Y의 발현을 조절하는 기능을 하고 Y는 과산화수소를 분해하여 그 독성을 제거하는 기능을 한다. X는 다음 두 가지 메커니즘 중 하나를 이용하여 Y의 발현을 조절한다.

○ 메커니즘 (가): 과산화수소를 감지하지 않은 X는 DNA에 결합하지 않지만, 과산화수소를 감지한 X는 DNA에 결합한다. Y는 DNA에 결합한 X가 없으면 발현되지 않지만, DNA에 결합한 X가 있으면 발현된다.
○ 메커니즘 (나): 과산화수소를 감지하지 않은 X는 DNA에 결합하지만, 과산화수소를 감지한 X는 DNA에 결합하지 않는다. Y는 DNA에 결합한 X가 있으면 발현되지 않지만, DNA에 결합한 X가 없으면 발현된다.

〈실험〉
조절단백질 X와 효소 Y의 기능을 알아보기 위해, 세균 A로부터 X를 만드는 유전자를 제거한 돌연변이 세균 B를, A로부터 Y를 만드는 유전자를 제거한 돌연변이 세균 C를, A로부터 X를 만드는 유전자와 Y를 만드는 유전자를 모두 제거한 돌연변이 세균 D를 제조한 후, A~D의 특성을 조사한다.

〈보기〉
ㄱ. X가 메커니즘 (가)를 이용한다면 B는 A보다 과산화수소의 독성을 더 잘 제거할 것이다.
ㄴ. X가 메커니즘 (나)를 이용한다면 B는 C보다 과산화수소의 독성을 더 잘 제거할 것이다.
ㄷ. X의 메커니즘에 관계없이 C는 D보다 과산화수소의 독성을 더 잘 제거할 것이다.

① ㄴ ② ㄷ ③ ㄱ, ㄴ
④ ㄱ, ㄷ ⑤ ㄴ, ㄷ

21
2012학년도 LEET 문26

다음 글로부터 추론한 것으로 옳은 것만을 〈보기〉에서 있는 대로 고른 것은?

> 가정부 로봇에 대한 갑, 을, 병의 판단을 기준으로 하여, 몇 가지 가상 사례들에 대하여 동일성 여부를 판단해 보았다.
> 철수는 시점 t_1에 가정부 로봇을 하나 구입하였다. 인공지능 회로에 고장이 나서 t_2에 같은 종류의 새 부품으로 교체하였으며, t_3에 새로운 소프트웨어로 로봇을 업그레이드하였고, t_4에 로봇의 외형을 새로운 모습으로 바꾸었다. 화재로 t_4의 로봇이 망가지자 철수는 t_4 시점의 로봇을 복제한 새 로봇을 t_5에 구입하였다. 시점 t_1에서 t_5에 이르는 로봇의 동일성 여부에 대하여 갑, 을, 병은 각기 다른 기준에 따라 다음과 같이 판단하였다.
> 갑: 시점 t_1과 t_4의 로봇은 동일하지만, t_5의 로봇은 이들과 동일하지 않다.
> 을: 시점 t_2와 t_3의 로봇은 동일하지만, t_1의 로봇은 이들과 동일하지 않다.
> 병: 시점 t_3과 t_5의 로봇은 동일하지만, t_2의 로봇은 이들과 동일하지 않다.
> 우리는 인간의 신체와 정신의 관계에 대하여 다음 가정을 받아들이기로 한다.
> ○ 신체와 정신의 관계는 하드웨어와 소프트웨어의 관계와 같다. 두뇌를 포함한 인간의 신체가 하드웨어라면, 정신은 신체를 제어하는 소프트웨어이다.
> ○ 만약 두뇌가 복제되면, 정신도 함께 복제된다.

〈보기〉
ㄱ. 왕자와 거지의 심신이 뒤바뀌어서 왕자의 정신과 거지의 몸이 결합된 사람을 을은 거지라고, 병은 왕자라고 판단할 것이다.
ㄴ. 사고로 두뇌와 신체를 크게 다친 철수는 첨단 기술의 도움으로 인간과 기계가 결합된 사이보그가 되었다. 갑과 을은 둘 다 원래의 철수와 사이보그가 된 철수를 다른 사람이라고 판단할 것이다.
ㄷ. 한 개인의 신체에 관한 모든 정보를 다른 장소로 원격 전송한 다음에, 인근에 있는 분자를 이용하여 그 정보에 따라 신체를 똑같이 조합하였다. 원래의 존재와 조합된 존재를 갑은 다르다고, 병은 같다고 판단할 것이다.

① ㄱ ② ㄴ ③ ㄱ, ㄷ
④ ㄴ, ㄷ ⑤ ㄱ, ㄴ, ㄷ

22
2013학년도 LEET 문32

다음 글로부터 추론한 것으로 옳은 것은?

> 제자리에서 높이뛰기를 하는 것보다 도움닫기를 한 후 높이뛰기를 할 경우 훨씬 더 높이 뛰어오를 수 있다. 그 이유를 물리학적으로 설명하면, 제자리높이뛰기를 하는 경우 우리 몸의 근육에 저장되어 있는 에너지가 위치에너지로 변환되지만, 도움닫기를 하는 경우에는 추가적으로 도움닫기 과정의 운동에너지가 위치에너지로 변환되기 때문이다. 이때 우리 몸의 질량, 도움닫기 시 달리는 속도, 중력가속도 및 뛰어오르는 높이를 사용하여 물리학적으로 물체의 운동에너지와 위치에너지를 정의할 수 있는데, 운동에너지는 질량에 속도 제곱을 곱한 양의 절반으로 정의되며, 위치에너지는 질량과 중력가속도, 그리고 높이의 곱으로 정의된다. 이상적인 상황에서 물체의 운동에너지가 모두 위치에너지로 변환된다면, 물체의 높이는 속도 제곱의 절반을 중력가속도인 $10m/s^2$로 나눈 값으로 나타낼 수 있다. 예를 들어 $10m/s$의 속도를 가진 물체의 운동에너지가 위치에너지로 변환될 경우 물체의 높이는 $5m$가 된다.
> 실제 상황에서는 운동에너지를 모두 위치에너지로 변환시킬 만큼 우리 몸의 근육과 뼈가 충분한 탄성과 강도를 지니고 있지 않고, 또한 마찰 등에 의한 에너지 손실이 있기 때문에 도움닫기로 얻어진 모든 운동에너지가 위치에너지로 변환되는 것은 아니다. 하지만 장대높이뛰기에서처럼 장대를 사용하게 되면 운동에너지를 위치에너지로 효율적으로 변환시킬 수 있기 때문에 같은 도움닫기를 하더라도 다리의 근육과 뼈를 이용한 일반적인 높이뛰기보다 더 높이 뛰는 것이 가능하다. 현재 장대높이뛰기의 세계기록은 $6.14m$이며 17명만이 $6m$ 이상의 기록을 보유하고 있다고 알려져 있다.

① 같은 양의 운동에너지가 위치에너지로 변환된다면, 다른 모든 조건이 동일한 경우 중력가속도가 클수록 더 높이 뛸 수 있을 것이다.
② 뛰어오르기 직전의 달리기 속도가 $10m/s$ 이하인 경우, 근육으로부터 나오는 에너지의 양이 얼마든 상관없이 장대높이뛰기 세계기록은 갱신될 수 없을 것이다.
③ 높이뛰기에 사용되는 에너지가 오로지 도움닫기에 의한 운동에너지뿐이라면, 다른 모든 조건이 동일한 경우 질량이 작을수록 더 높이 뛸 수 있을 것이다.
④ 두 장대높이뛰기 선수의 도움닫기 속도 및 근육으로부터 나오는 에너지의 총량이 각각 서로 같다면, 다른 모든 조건이 동일한 경우 질량이 작은 선수가 뛸 수 있는 높이는 질량이 큰 선수가 뛸 수 있는 높이 이상일 것이다.
⑤ 도움닫기와 장대의 도움이 있어도 키 높이의 3~4배 정도만 뛰어오를 수 있는 인간과 달리 일부 곤충이 도움닫기 없이도 자신의 몸 크기의 수십 배 이상을 뛰어오를 수 있는 이유는 이들 곤충의 질량이 인간보다 작기 때문이다.

23

다음 글에 비추어 〈보기〉 A의 다리 감각을 검사한 결과로 가장 적절한 것은?

척수는 31개의 분절로 이루어져 있으며, 각 분절에서 좌우 한 쌍의 척수신경이 뻗어 나간다. 척수는 뇌의 기저부에서 시작하여 아래로 내려가면서 차례로 목척수, 가슴척수, 허리척수, 천골척수로 구분된다. 팔과 다리의 감각 신호는 척수를 따라 위쪽으로 이동하면서 최종적으로 뇌로 전달되는데, 팔에서 발생한 감각 신호는 목척수로, 다리에서 오는 신호는 주로 허리척수를 통해 뇌로 전달된다. 또 왼쪽 팔과 다리에서 발생한 신호는 오른쪽 뇌에서, 오른쪽 팔과 다리에서 발생한 신호는 왼쪽 뇌에서 인식된다. 이를 감각의 좌우교차라고 한다.

좌우교차는 어떤 종류의 감각이냐에 따라 교차되는 위치가 다르다. 팔과 다리의 피부를 통해 감지된 촉각은 척수로 입력되어 같은 쪽의 척수를 타고 뇌에 입력된 후 좌우교차가 일어나는 반면, 통증과 차가운 온도 감각은 입력되는 척수에서 좌우교차가 먼저 일어난 후 척수를 타고 뇌에 전달된다. 예를 들어 왼쪽 팔에 통증이나 차가운 온도에 해당하는 감각 신호가 주어지는 경우, 이 신호는 척수에 입력되는 부위인 목척수에서 좌우가 교차하여 오른쪽 척수를 타고 뇌로 전달된다. 반면, 왼쪽 팔에 가볍게 만지는 촉각 신호가 주어지는 경우, 감각 신호는 왼쪽 척수를 타고 올라가 뇌로 입력되고 뇌 안에서 좌우가 교차되어 인식된다.

─〈보기〉─

A는 교통사고로 척수가 손상되었다. A는 사고 당시 의식을 잃지 않았으나 사고 직후 다리를 움직이지 못하였다. A의 척수 손상 위치를 확인하기 위해 MRI 검사를 시행한 결과 오른쪽 가슴척수가 절단되었음이 밝혀졌다. 그러나 왼쪽 척수는 전혀 손상되지 않았다.

① 왼쪽 다리를 핀으로 찌르자 아프다는 느낌이 있다.
② 왼쪽 다리를 얼음으로 문지르자 만지고 있다는 느낌이 있다.
③ 오른쪽 다리를 핀으로 찔러도 아프다는 느낌이 없다.
④ 오른쪽 다리를 얼음으로 문질러도 차갑다는 느낌이 없다.
⑤ 오른쪽 다리를 부드러운 솔로 문지르자 만지고 있다는 느낌이 있다.

24

다음 글로부터 바르게 추론한 것만을 〈보기〉에서 있는 대로 고른 것은?

1860년대에 새로운 이론으로 널리 알려진 기체 운동 이론에 따라 클라우지우스가 계산한 바에 따르면, 상온에서 기체 입자들은 평균적으로 초속 수백 미터의 순간 속도로 움직인다. 하지만, 이 속도는 우리의 경험적 사실과는 맞지 않는다. 예를 들어, 방의 한 쪽 구석에서 향수병의 뚜껑을 열면, 향기가 방의 다른 쪽 구석까지 전달되는 데는 기체 입자들의 순간 속도로 계산한 것보다 훨씬 더 오랜 시간이 걸린다.

클라우지우스는 이를 다음과 같이 설명했다. 기체 입자들은 다른 기체 입자들과 빈번하게 충돌해서 방향을 바꿔가며 이동한다. 이로 인해 기체 입자들이 이동해야 하는 거리가 늘어나게 되므로 기체 입자들이 이동하는 데 더 많은 시간이 걸리게 된다. 이때 평균적으로 기체 입자들이 한 번 충돌하고 나서 다음 번 충돌할 때까지 움직이는 거리를 평균 자유이동거리라고 한다. 만일 기체 입자들의 크기가 유클리드의 점과 같이 0이라면 서로 충돌하지 않을 것이므로, 평균 자유이동거리라는 개념에는 기체 입자가 유한한 크기를 갖는다는 중요한 가정이 들어 있다. 결국 클라우지우스의 설명에 따르면 기체 입자는 크기를 가진 존재이며, 그 크기에 따라 기체 입자의 충돌 횟수와 평균 자유이동거리가 변하게 되는 것이다.

─〈보기〉─

ㄱ. 다른 모든 조건이 동일하다면, 기체 입자들의 크기가 클수록 기체 입자들의 순간 속도의 평균은 클 것이다.
ㄴ. 다른 모든 조건이 동일하다면, 기체 입자들의 크기가 클수록 기체 입자들의 평균 자유이동거리는 짧을 것이다.
ㄷ. 다른 모든 조건이 동일하다면, 기체 입자들의 수가 많을수록 기체 입자들의 평균 자유이동거리는 길 것이다.

① ㄴ
② ㄷ
③ ㄱ, ㄴ
④ ㄱ, ㄷ
⑤ ㄱ, ㄴ, ㄷ

25

'압력 조절실'에 대해 추론한 것으로 옳은 것은?

> 기체의 용해도는 기체가 액체에 녹는 정도를 말하는데 압력이 높을수록 높아진다. 주변 기압에 적응된 인체의 혈액에도 일정량의 공기가 녹아 있는데, 갑작스러운 주변 기압의 변화로 인해 이 공기의 용해도가 급격하게 변화될 수 있다. 따라서 심해나 우주처럼 일반적인 대기압 조건과 다른 곳을 왕래하는 경우, 혈액 내 공기 용해도의 급격한 변화에 의해 인체가 해를 입을 수 있다. 일반적으로 잠수부가 물속으로 잠수해 들어가는 것은 큰 문제가 되지 않는데 비해, 물속에서 수면으로 빠르게 올라오면 혈액에 녹아 있던 질소가 기체 상태로 변하면서 혈류를 막아 심각한 위험을 초래할 수 있다.
>
> 아폴로-소유즈 실험 계획은 미국과 소련 간 최초의 국제 공동 유인 우주 비행 실험으로, 그 임무 중 하나는 장래의 미-소 우주선의 도킹 시스템을 점검하는 것이었다. 이 계획의 실행 당시 소련 우주선인 소유즈 내에는 지상의 공기와 기체 구성비 및 기압이 동일한 공기가 공급되었지만, 미국 우주선인 아폴로 내에는 지상의 공기에서 질소 등의 다른 대기 성분을 뺀 순수 산소만이 대기압보다 낮은 압력으로 공급되었다. 도킹할 때마다 두 우주선 전체의 압력을 같게 만드는 것은 현실성이 없었기에, 두 우주선 중간에 압력 조절실을 따로 두고 우주인이 이를 통과하면서 자신의 신체가 두 우주선 사이의 압력 차이에 천천히 적응할 수 있도록 했다.

① 압력 조절실을 통과하는 과정에서 우주인 혈액 내의 기체 용해도는 변화하지 않을 것이다.
② 아폴로 우주선에 산소 외에 다른 기체를 섞어 대기압과 같게 되도록 공급하더라도 압력 조절실은 여전히 필요할 것이다.
③ 압력 조절실 없이 미국 우주인이 소유즈 우주선으로 이동하는 상황은 잠수부가 수면으로 급격히 상승하는 상황과 유사할 것이다.
④ 압력 조절실 없이 소련 우주인이 아폴로 우주선으로 바로 이동할 경우 소련 우주인의 혈액 속의 질소가 기체 상태로 바뀔 것이다.
⑤ 압력 조절실을 통해 이동할 경우, 소련 우주인이 아폴로 우주선으로 이동할 때보다 미국 우주인이 소유즈 우주선으로 이동할 때가 더 위험할 것이다.

26

다음 글로부터 추론한 것으로 옳은 것만을 〈보기〉에서 있는 대로 고른 것은?

> 콜레스테롤은 지용성 분자로 동물 세포에서 발견된다. 콜레스테롤은 세포막을 구성하는 주요 성분으로, 세포막을 통한 물질 이동과 관련된 세포막 유동성(fluidity)을 조절한다고 알려져 있다. 세포막 유동성은 일반적으로 온도가 올라갈수록 증가한다. 그런데 저온에서는 콜레스테롤이 있는 경우가 없는 경우보다 세포막 유동성이 크고, 고온에서는 콜레스테롤이 있는 경우가 없는 경우보다 세포막 유동성이 작다.
>
> 에르고스테롤은 진균의 세포막에 존재하는 물질로 세포막 유동성과 관련하여 콜레스테롤과 같은 기능을 한다. 다만 콜레스테롤과는 구조적인 차이가 있어서 이를 활용한 항진균제 개발이 가능하다. 대표적인 항진균제인 케토코나졸은 에르고스테롤의 생체 내 합성을 방해함으로써 세포막 유동성을 변화시켜 진균의 성장을 억제한다. 반면 또 다른 항진균제인 암포테리신-B는 세포막 유동성에는 거의 영향을 주지 않지만, 에르고스테롤과 결합하여 진균 세포막에 구멍이 나게 함으로써 진균의 성장을 억제한다.

〈보기〉
ㄱ. 진균의 세포막 유동성은 케토코나졸로 처리하면 증가할 것이다.
ㄴ. 암포테리신-B로 처리한 진균의 세포막 유동성은 고온보다 저온에서 더 클 것이다.
ㄷ. 암포테리신-B로만 처리할 때보다 케토코나졸과 암포테리신-B로 동시에 처리할 때, 진균 세포막에 구멍이 나는 정도가 줄어들 것이다.

① ㄴ　　② ㄷ　　③ ㄱ, ㄴ
④ ㄱ, ㄷ　　⑤ ㄴ, ㄷ

27

다음 글로부터 그레이브스병 환자에 대해 추론한 것으로 옳은 것만을 〈보기〉에서 있는 대로 고른 것은?

갑상선 호르몬의 일종인 티록신은 포도당의 분해를 증가시키고 체온을 높이는 등 신체의 물질대사를 촉진하는 기능을 한다. 정상적인 신체는 체내의 티록신 농도를 일정하게 조절하여 항상성을 유지한다. 이를 위해 간뇌의 시상 하부에는 티록신 농도를 감지하는 조직이 있어, 티록신이 부족하면 이곳에서 '갑상선 자극 호르몬 방출 호르몬'(TRH)이 분비된다. TRH는 다시 뇌하수체 전엽에서 '갑상선 자극 호르몬'(TSH)의 분비를 촉진하고, TSH는 갑상선 세포 표면에 있는 TSH-수용체에 결합하여 티록신의 분비를 촉진한다. 이 신호를 받아 갑상선에서 티록신이 더 많이 생산되고 티록신의 혈중 농도가 높아지면, 시상 하부의 TRH 분비량이 줄어들며 이에 따라 TSH의 분비량과 티록신 합성량이 차례로 줄어들어 티록신 농도를 정상 수준으로 조절한다.

그레이브스병은 티록신 농도가 정상보다 높은 수준으로 유지되는 질병이다. 이 병의 특이한 증상은 환자의 체중이 왕성한 식욕에도 불구하고 감소하는 것이다. 그레이브스병은 신진대사 속도에 영향을 주는 자가면역 질환의 일종이다. 이 병은 TSH-수용체에, TSH를 대신하여 결합하는 항체가 생성되는 것이 그 원인이라고 알려져 있다. 이 항체가 TSH-수용체에 결합하면 TSH 농도와 무관하게 티록신 합성이 촉진된다.

〈보기〉
ㄱ. TRH와 TSH의 분비량이 정상인에 비해 적을 것이다.
ㄴ. TSH를 감소시키는 약물을 주사하면 티록신의 분비가 감소할 것이다.
ㄷ. TSH-수용체가 부족해지거나 파괴된 경우에도 유사한 증상을 보일 것이다.

① ㄱ ② ㄴ ③ ㄷ
④ ㄱ, ㄴ ⑤ ㄱ, ㄷ

28

다음 글로부터 추론한 것으로 옳은 것만을 〈보기〉에서 있는 대로 고른 것은?

대칭적 암호체계를 이용한 비밀 통신의 원리는 간단하다. 즉 송신자와 수신자 둘만이 공유하고 있는 하나의 열쇠를 이용해 송신자가 메시지를 암호화하여 보내면 수신자는 공유하고 있는 동일한 열쇠를 이용해서 암호화된 메시지를 해독하는 것이다.

그러나 동일한 열쇠를 오랜 기간 동안 반복해서 사용하게 되면, 외부에 열쇠가 노출될 위험이 커지는 문제가 발생한다. 오랜 기간 사용한 열쇠를 '장기열쇠'라고 한다. 장기열쇠가 노출되는 위험을 피하기 위해서 통신을 할 때 장기열쇠 외에 단기적으로 사용하는 열쇠, 즉 '단기열쇠'를 따로 설정해서 메시지를 암호화하게 된다.

채은과 유진 두 사람이 대칭적 암호체계를 이용해서 비밀 통신을 한다고 하자. 채은과 유진은 두 사람이 모두 동일한 장기열쇠와 단기열쇠를 공유하고 있는지를 확인할 필요가 있고 동시에 제3자가 단기열쇠를 알아채지 못하게 해야 할 필요가 있다. 이를 위해서 두 사람은 다음과 같은 단계들을 거쳐야 한다.

단계(1): 채은은 자신이 만든 임의의 메시지 M과 자신의 아이디(ID)를 유진에게 보낸다.

단계(2): 유진은 자신이 갖고 있는 장기열쇠를 이용하여 M과 자신이 임의로 지정한 단기열쇠 S를 암호화한 후 이를 채은에게 보내고, 채은은 자신이 갖고 있는 장기열쇠를 이용하여 이를 해독한 후 해독한 메시지에 M이 있는지 확인한다.

단계(3): 채은은 유진이 보낸 S를 이용하여 M을 암호화한 후 이를 보내고, 유진은 이를 해독한 메시지가 M과 동일한지 확인한다.

〈보기〉
ㄱ. 단계(2)가 완료되었을 때 유진은 자신과 채은이 S를 공유하게 되었음을 알 수 있다.
ㄴ. 단계(2)에서 채은이 해독한 메시지에 M이 없다면, 채은은 자신과 유진이 장기열쇠를 공유한다고 확신할 수 없다.
ㄷ. M과 유진이 사용한 장기열쇠를 알고 있는 제3자가 단계(2)에서 유진이 채은에게 전송한 메시지를 가로챈다면 그는 S를 알 수 있다.

① ㄱ ② ㄴ ③ ㄱ, ㄷ
④ ㄴ, ㄷ ⑤ ㄱ, ㄴ, ㄷ

29

2015학년도 LEET 문17

다음으로부터 추론한 것으로 옳은 것만을 〈보기〉에서 있는 대로 고른 것은?

디지털 통신에서 0과 1로 구성된 데이터 비트들을 전송하다 보면 오류로 인해 일부 데이터가 0에서 1로 혹은 1에서 0으로 바뀌어 전달될 수 있다. 송신자(sender)는 수신자(receiver) 쪽에서 오류를 탐지하는 데 도움을 주고자 부가 비트를 붙여 전송한다. 〈그림 1〉에서 행렬의 5행과 5열이 부가 비트에 해당하고, 그 이외의 비트는 데이터 비트에 해당한다. 송신자는 데이터의 각 행과 각 열에서 1의 개수를 세어 1의 개수가 홀수이면 1을, 짝수이면 0을 부가 비트로 부여한다. 이렇게 만들어진 부가 비트를 데이터 비트들과 함께 전송하면 수신자는 부가 비트를 포함하여 각 행과 열의 1의 개수를 세어 짝수이면 정상 수신, 홀수이면 오류로 간주한다. 〈그림 2〉와 같이 2행 2열의 데이터 비트가 전송 중 1에서 0으로 변경되면 수신자 측에서는 2행과 2열에서 1의 개수가 홀수가 되어 오류가 났음을 알 수 있다. 그러나 행과 열 각각에서 짝수 개의 데이터 비트들이 변경될 경우 부가 비트를 사용하더라도 수신자 측에서 오류를 탐지해 내지 못한다. 〈그림 2〉의 A 영역에 있는 4개의 데이터 비트가 모두 0에서 1로 바뀌는 경우에는 3행, 4행, 3열, 4열에서 각각 1의 개수가 짝수이므로 오류를 탐지해 내지 못한다.

수신자가 〈그림 3〉과 같은 정보를 수신하였고 부가 비트에는 오류가 없다고 가정하자.

	1열	2열	3열	4열	5열
1행	0	1	0	1	0
2행	1	0	1	0	1
3행	1	0	0	1	1
4행	0	1	1	1	1
5행	1	0	1	1	1

수신자
〈그림 3〉

〈보기〉
ㄱ. 〈그림 3〉의 2행과 3행에서 오류가 발생하였다.
ㄴ. 〈그림 3〉의 2열과 4열에서는 오류가 발생하지 않았다.
ㄷ. 〈그림 3〉에서 오류가 발생한 데이터 비트는 4개 이상이다.

① ㄱ ② ㄴ ③ ㄷ
④ ㄱ, ㄷ ⑤ ㄴ, ㄷ

30

2016학년도 LEET 문28

다음에서 추론한 것으로 옳은 것만을 〈보기〉에서 있는 대로 고른 것은?

사람의 유전 정보는 대부분 핵에 있는 22쌍의 상염색체와 1쌍의 성염색체로 구성되는 DNA에 보관되어 있다. 남자의 경우 아버지와 어머니로부터 물려받은 상염색체는 재조합을 통해 서로 섞일 수 있지만, X와 Y로 이루어진 성염색체는 서로 섞이지 않는다. 또한, X염색체는 어머니로부터 아들과 딸에게로 유전되는데 반해, Y염색체는 아버지로부터 아들로 유전되며 딸에게는 유전되지 않는다. 핵에 존재하는 DNA 이외에 사람의 유전 정보의 일부는 미토콘드리아 DNA에 보관되어 있으며, 어머니의 미토콘드리아는 아들과 딸에게 전해지지만, 아버지의 미토콘드리아는 자식에게 전해지지 않는다. DNA를 통한 혈연관계 감정에는 이러한 Y염색체와 미토콘드리아의 특성이 활용된다.

러시아 로마노프 왕조의 마지막 황제인 니콜라이 2세와 황후인 알렉산드라 그리고 5명의 자식들은 볼셰비키 혁명 이후 살해당한 후 매장되었다. 1991년 이들의 유골이 매장된 곳이 공식적으로 발굴되었으며, 이후 유골이 누구의 것인지를 밝히기 위해 DNA를 이용한 혈연관계 검사가 진행되었다. 이때 영국 엘리자베스 여왕의 남편인 필립 공의 DNA도 사용되었는데, 필립 공의 외할머니는 알렉산드라 황후와 자매지간으로 영국 빅토리아 여왕의 외손녀이다. 한편 당시 발굴된 유골 중에는 연령 및 성별 추정으로 판단할 때 아들인 알렉세이와 딸인 아나스타샤로 추정되는 유골이 없어서 이들이 살아남은 것은 아닌가 하는 의혹이 제기된 적이 있다.

〈보기〉
ㄱ. 본인이 아나스타샤라고 주장하는 여인이 나타났다. 필립 공의 미토콘드리아 DNA와 이 여인의 미토콘드리아 DNA를 이용한 혈연관계 검사를 통해 서로 관계가 없다는 결과가 나온다면, 이 여인이 아나스타샤가 아님을 알 수 있다.
ㄴ. 알렉세이로 추정되는 유골이 발견되었다. 유골의 Y염색체 DNA와 필립 공의 아들인 찰스 왕세자의 Y염색체 DNA를 이용한 혈연관계 검사를 통해 서로 관계가 없다는 결과가 나온다면, 이 유골이 알렉세이의 유골이 아님을 알 수 있다.
ㄷ. 미토콘드리아 DNA를 이용한 혈연관계 검사를 수행한다면, 니콜라이 2세 유골은 니콜라이 2세 누이의 외손자와 외손녀 모두와 혈연관계가 있다는 결과가 나올 것이다.

① ㄱ ② ㄴ ③ ㄱ, ㄷ
④ ㄴ, ㄷ ⑤ ㄱ, ㄴ, ㄷ

31

(라)에 대한 추론으로 옳은 것을 〈보기〉에서 고른 것은?

면역체계는 다양한 종류의 항원을 인식하고 파괴하는 방어메커니즘으로, 면역체계의 특징 중 하나는 기억 메커니즘을 가진다는 것이다. 즉, 특정 항원 P에 대한 면역 반응이 유도되면 이후에 이 항원과 동일하거나 유사한 항원은 기억 메커니즘에 의해 효율적으로 제거되고, 어떤 항원 Q가 그 기억 메커니즘에 의해서 효율적으로 제거되면 P와 Q는 동일하거나 유사한 항원이다.

면역체계는 외부 인자뿐 아니라, 암세포도 항원으로 인식하여 효율적으로 제거함으로써 암이 발생하는 것을 방지하는 역할을 수행한다. 암세포는 다양한 종류의 바이러스 혹은 화합물에 의해 유도될 수 있는데, 암 유발 물질의 종류에 따라 서로 같거나 다른 종류의 항원성을 가지는 암세포가 유도될 수 있다.

〈실험〉

(가) 바이러스 SV40으로부터 유발된 암세포 (A1, A2) 및 화합물 니트로벤젠으로부터 유발된 암세포 (B1, B2)를 분리하였다.

(나) 암세포에 노출된 적이 없어 암세포를 이식하면 암이 발생되는 4마리의 생쥐를 준비한 후, 2마리의 생쥐 (X1, X2)에는 A1을 이식하였고, 다른 2마리의 생쥐 (Y1, Y2)에는 B1을 이식하였다. 이들 암세포를 항원으로 하는 면역반응이 유도될 수 있는 충분한 시간이 지난 후, 수술을 통해 암세포로부터 형성된 암조직을 제거하여 암을 완치시켰다.

(다) 암이 완치된 2마리의 생쥐 (X1, Y1)에는 A2를, 암이 완치된 다른 2마리의 생쥐 (X2, Y2)에는 B2를 이식하였다. 이들 암세포를 항원으로 하는 면역반응이 유도될 수 있는 충분한 시간 동안 생쥐를 키우며 암 발생 여부를 관찰한 결과, X1에서만 암이 발생되지 않았다.

(라) (다)실험에서 암이 발생한 생쥐들은 암조직을 제거하여 암을 완치시킨 후, 이 생쥐들 (X2, Y1, Y2) 및 (다)실험에서 암이 발생하지 않은 X1에게 또 다시 암세포를 이식한 후 암 발생 여부를 관찰하였다.

〈보기〉

ㄱ. A1을 이식했다면 Y1과 Y2에서 암이 발생했을 것이다.
ㄴ. A2를 이식했다면 X2와 Y2에서 암이 발생했을 것이다.
ㄷ. B1을 이식했다면 X1과 X2에서 암이 발생했을 것이다.
ㄹ. B2를 이식했다면 X1과 Y1에서 암이 발생했을 것이다.

① ㄱ, ㄴ ② ㄱ, ㄷ ③ ㄱ, ㄹ
④ ㄴ, ㄹ ⑤ ㄷ, ㄹ

32

〈그림〉의 라우터에서 입력포트에 대기 중인 패킷들이 모두 출력포트로 전달되는 데 걸리는 최소 시간은?

라우터는 입력포트로 들어오는 패킷을 목적지 방향에 연결된 출력포트로 전달하는 역할을 한다. 〈그림〉의 라우터는 어떤 패킷이 입력포트 A, B, C, D 중 하나로 들어와서 X, Y, Z 출력포트 중 하나로 나가는 구조를 가지고 있다. 입력포트 A, B, C, D에는 각각 4개의 패킷이 도착해 있고, 각각의 패킷은 자신의 출력포트인 X, Y, Z로 나가기 위해 대기 중이다.

〈그림〉

라우터는 출력포트만 겹치지 않으면 서로 다른 입력포트에서 서로 다른 출력포트로 동시에 패킷을 전달할 수 있다. 예를 들어, 〈그림〉에서 입력포트 A, B의 첫 번째 패킷은 출력포트가 각각 X, Z이므로 동시에 전달될 수 있다. 그러나 입력포트 B, C, D의 첫 번째 패킷과 같이 출력포트가 같으면 동시에 전달되지 못하고 이들 중 하나만 무작위로 선택되어 출력포트로 전달되고 나머지 두 패킷은 앞선 패킷의 출력이 완료될 때까지 기다려야 한다. 그리고 한 입력 포트에 대기 중인 패킷들은 입력포트에 들어온 순서에 따라 출력포트로 전달된다. 모든 패킷의 길이는 동일하고, 입력포트에 있는 하나의 패킷이 출력포트로 전달되는 데 걸리는 시간은 1ms(1/1000초)이다.

① 9ms ② 8ms ③ 7ms
④ 6ms ⑤ 5ms

33

다음 글로부터 추론한 것으로 옳은 것만을 〈보기〉에서 있는 대로 고른 것은?

모든 생명체는 탄수화물, 지질, 단백질, 핵산 등의 유기물로 이루어진 유기체이다. 유기물이란 탄소에 수소, 산소, 질소, 인 등이 결합한 탄소화합물이다.

생명체는 자신의 몸을 구성하는 탄소를 얻는 방식에 따라 독립영양생물과 종속영양생물로 분류된다. 독립영양생물은 탄소가 산화된 형태인 이산화탄소로부터 탄소를 얻고, 종속영양생물은 독립영양생물 혹은 다른 종속영양생물로부터 유래된 유기물로부터 탄소를 얻는다.

또한 생명체가 살아가기 위해서는 몸을 구성하는 유기물 성분뿐 아니라, 에너지도 필요하다. 에너지를 얻는 방식에 따라 생명체는 광영양생물과 화학영양생물로 분류된다. 광영양생물은 광합성을 통해 에너지를 빛으로부터 얻고, 화학영양생물은 화학반응을 통해 에너지를 화합물로부터 얻는다.

따라서 모든 생명체는 에너지를 얻는 방식과 탄소를 얻는 방식에 따라 광독립영양생물, 광종속영양생물, 화학독립영양생물, 화학종속영양생물 중 하나로 분류되며, 지구에는 각각의 그룹에 해당되는 생명체들이 존재한다.

〈보기〉

ㄱ. 화성에서 광독립영양생물이 발견된다면 화학종속영양생물도 존재할 것이다.
ㄴ. 지구에서 식물을 포함하는 모든 광독립영양생물이 사라진다면 화학종속영양생물인 모든 동물 또한 사라질 것이다.
ㄷ. 빛이 닿지 않는 바다 속 10km에서 살면서, 해저 화산으로부터 나오는 무기물인 황화수소를 산화시켜 에너지를 얻고, 이 에너지를 이용해 이산화탄소로부터 유기물을 합성하여 살아가는 박테리아는 화학독립영양생물이다.

① ㄱ ② ㄷ ③ ㄱ, ㄴ
④ ㄴ, ㄷ ⑤ ㄱ, ㄴ, ㄷ

34

다음 글로부터 추론한 것으로 옳은 것만을 〈보기〉에서 있는 대로 고른 것은?

세포 내에는 수천 가지 이상의 서로 다른 단백질들이 존재하는데, 이들은 서로 간의 작용, 즉 상호작용을 통해 다양한 생명 현상에 관여한다. 단백질의 상호작용 중 가장 대표적인 것은 2개 이상의 서로 다른 단백질이 결합을 통해 상호작용하는 것이다. 이때 2개의 단백질이 서로 결합하는 경우 두 단백질은 직접적으로 결합하지만, 3개 이상의 서로 다른 단백질이 결합하여 상호작용하는 경우에는 이 중 두 단백질 사이에 직접적인 결합이 존재하지 않을 수 있다.

세포 내에 존재하는 어떤 단백질을 분리하기 위해 가장 널리 사용되는 방법 중 하나는 단백질과 결합할 수 있는 능력을 가진 항체를 이용하는 것이다. 단백질 A를 분리할 경우, 단백질 A에 결합할 수 있는 항체 X와, 자성(磁性)을 가지면서 항체 X에 결합할 수 있는 항체 Y를 이용한다. 먼저, 항체 X와 항체 Y를 단백질 A가 들어있는 용액에 첨가하여 결합 반응을 유도한다. 이후 자성을 가진 물질이 금속에 붙는 성질을 이용하여 자성을 가진 항체 Y를 금속을 이용해 용액에서 분리하면, 항체 X뿐 아니라 항체 X에 결합된 단백질 A도 함께 분리할 수 있다.

〈실험 및 결과〉

단백질 A와 상호작용하는 세포 내 단백질이 무엇인지 알아보기 위해서 위의 항체 X와 항체 Y를 이용하여 실험을 수행한다. 실험군으로 세포 내의 모든 단백질을 포함하고 있는 세포추출물에 항체 X와 항체 Y를 첨가하여 결합 반응을 유도한 후, 금속을 이용해서 항체 Y를 분리하고 이와 함께 분리된 모든 단백질의 종류를 분석한다. 항체 X와의 결합이 아니라 금속 또는 항체 Y와의 결합으로 분리되는 단백질을 파악하기 위해, 대조군으로는 동일한 세포추출물에 항체 Y만 첨가하여 결합 반응을 유도한 후 실험군과 동일한 분리 및 분석을 수행한다.

실험 결과, 실험군에서는 항체 X 및 항체 Y와 더불어 단백질 A, B, C, D가 검출되었고, 대조군에서는 항체 Y와 단백질 B만 검출되었다. 항체 X와 단백질 사이의 결합을 분석한 결과, 항체 X는 단백질 A뿐 아니라 B에도 직접 결합했으며, 단백질 C와 D에는 직접 결합할 수 없었다.

〈보기〉

ㄱ. 단백질 A, C, D는 자성을 갖지 않는다.
ㄴ. 단백질 B가 대조군에서 검출된 이유는 자성을 갖기 때문이다.
ㄷ. 단백질 C와 단백질 D 둘 다 단백질 A와 직접 결합하는 단백질이다.

① ㄱ ② ㄷ ③ ㄱ, ㄴ
④ ㄴ, ㄷ ⑤ ㄱ, ㄴ, ㄷ

35

다음으로부터 추론한 것으로 옳은 것만을 〈보기〉에서 있는 대로 고른 것은?

우리는 여러 검사법을 이용해 사물이 가진 특징을 확인한다. 가령, 우리는 위폐 여부를 확인하기 위해 다양한 검사법을 이용하기도 한다. 그럼 훌륭한 검사법은 어떤 특징을 갖추어야 하는가? 위폐 검사법을 예로 들어 생각해 보자. 첫 번째는 위폐를 누락해서는 안 된다는 것이다. 즉 훌륭한 위폐 검사법이라면 위폐는 모두 '위폐이다'라고 판정해야 한다. 이런 특징을 가진 검사법은 완전한 검사법이라고 불린다. 두 번째는 '위폐이다'라는 판정 결과가 틀리지 말아야 한다는 것이다. 즉 해당 검사법이 '위폐이다'라고 판정한 것은 모두 위폐이어야 한다. 이런 특징을 가진 검사법은 건전한 검사법이라고 불린다. 여기서 주의할 것은 건전한 검사법이 위폐가 아닌 모든 것을 '위폐가 아니다'라고 판정하는 것은 아니라는 점이다. 건전한 검사법은 위폐가 아닌 것을 '위폐이다'라고 판정하지 않을 뿐이다. 여기서 "'위폐이다'라고 판정하지 않는다."라는 것은 '위폐가 아니다'라고 판정할 가능성과 아무런 판정 결과도 내놓지 않을 가능성을 포함한다. 이와 관련해 훌륭한 검사법이 갖추어야 할 마지막 특징은 결정가능성이다. 결정가능한 검사법은 '위폐이다'라는 판정과 '위폐가 아니다'라는 판정 중 하나의 결과를 내놓는 검사법을 말한다. 이에 결정가능한 검사법은 아무런 판정 결과도 내놓지 않을 가능성을 배제한다.

〈보기〉

ㄱ. 완전하고 건전한 위폐 검사법은 위폐인 A에 대해서 어떤 판정 결과도 내놓지 않을 수 있다.
ㄴ. 건전하고 결정가능한 위폐 검사법은 위폐가 아닌 B를 '위폐가 아니다'라고 판정한다.
ㄷ. 완전하고 결정가능한 위폐 검사법이 C에 대해서 '위폐가 아니다'라는 판정을 내리지 않았다면 C는 위폐이다.

① ㄱ
② ㄴ
③ ㄱ, ㄷ
④ ㄴ, ㄷ
⑤ ㄱ, ㄴ, ㄷ

36

다음으로부터 추론한 것으로 옳은 것만을 〈보기〉에서 있는 대로 고른 것은?

염색체에는 짧은 염기서열 단위가 여러 번 반복되는 STR (short tandem repeat)이라는 부위들이 존재한다. STR의 반복횟수는 개인에 따라 다양하며, 부모로부터 자식에게 유전된다. STR의 반복횟수를 검사 및 대조하여 유전자 감식에 이용한다. 예를 들어, 두 검체를 가지고 상염색체 STR을 통해 아버지와 자식 관계를 검사할 때, 부모의 STR 한 쌍 중 자식은 한쪽만을 받으므로 동일한 STR 부위에서 한 쌍 중 하나의 반복횟수는 반드시 동일해야 한다. 만약 그렇지 않으면 친자관계의 가능성은 배제된다. 성염색체인 Y염색체는 상염색체와는 달리 쌍을 이루지 않고 1개만 존재하며 아버지의 것이 아들에게 그대로 유전된다. 그러므로 아버지와 아들의 Y염색체 STR의 검사 결과는 동일하다. 반면 미토콘드리아 DNA는 염색체와는 무관하게 독립적인 유전을 하는데, 어머니의 것이 아들과 딸에게 그대로 유전되지만 아버지의 것은 자식에게 전해지지 않는다. 따라서 미토콘드리아 DNA 염기서열의 동일성 여부가 모계 추정에 활용된다.

비행기 추락 지역에 흩어진 다수의 시체 파편에 대해 DNA 감식이 시행되었다. 유가족 갑과 우선 발견된 유해 파편 검체의 DNA 감식 결과가 다음 〈표〉와 같았다. 각 STR 부위의 유전형은 반복횟수로 표기되며, 상염색체는 한 쌍이므로 두 개의 숫자로, Y염색체는 한 개이므로 한 개의 숫자로 표기된다. 예를 들어 어떤 상염색체 STR 부위의 유전형이 (9-11)이라면 (11-9)로 표기해도 무방하다. 미토콘드리아 DNA 감식 결과는 염기서열의 특징을 그리스 문자로 표기하였다.

〈표〉 갑과 검체들의 DNA 감식 결과

DNA 부위 이름	갑	검체 A	검체 B	검체 C
상염색체 STR1	15-15	10-15	13-13	12-15
상염색체 STR2	10-11	11-12	9-10	9-11
상염색체 STR3	7-9	8-9	5-7	8-8
Y염색체 STR1	8	8	10	8
Y염색체 STR2	12	12	12	12
Y염색체 STR3	10	10	8	12
미토콘드리아 DNA	α형	β형	α형	α형

〈보기〉

ㄱ. 검체 A는 갑의 친부일 가능성이 있다.
ㄴ. 검체 B는 갑의 이종사촌(이모의 자녀)일 가능성이 있다.
ㄷ. 검체 C는 갑의 이복형제일 가능성이 있다.

① ㄱ
② ㄷ
③ ㄱ, ㄴ
④ ㄴ, ㄷ
⑤ ㄱ, ㄴ, ㄷ

37

다음으로부터 추론한 것으로 옳은 것만을 〈보기〉에서 있는 대로 고른 것은?

가설과 증거 사이에는 다양한 관계가 성립한다. 증거는 가설을 강화하기도 하고 약화하기도 하며 그 정도는 다양하다. '구리를 가열했더니 팽창했다'는 증거가 '모든 금속은 가열하면 팽창한다'는 가설을 강화하는 정도는 그 증거가 '어떤 금속은 가열하면 팽창한다'는 가설을 강화하는 정도와 다르다.

어떤 이론가들은 이런 강화 및 약화의 정도 사이에 다음과 같은 대칭성이 성립한다고 주장한다.

○ 증거–대칭성: 증거 E가 가설 H를 강화하는 정도와 증거 E의 부정이 가설 H를 약화하는 정도는 같다.

한편, 이런 강화 및 약화의 정도에는 최댓값이 있다. 주어진 배경 지식과 함께 증거 E가 가설 H를 논리적으로 함축하면 증거 E는 가설 H를 최대로 강화한다. 마찬가지로 주어진 배경 지식과 함께 증거 E가 가설 H의 부정을 논리적으로 함축하면 증거 E는 가설 H를 최대로 약화한다. 그리고 증거 E가 가설 H를 최대로 강화하고 E의 부정이 H를 최대로 약화하면, E가 H를 강화하는 정도와 E의 부정이 H를 약화하는 정도는 같다.

〈배경 지식〉

이번 살인 사건의 용의자는 갑, 을, 병 세 사람이다. 그리고 이 중 한 사람만 범인이다.

〈보기〉

ㄱ. '갑이 범인이다'라는 증거는 '을이 범인이 아니다'라는 가설을 최대로 강화하지만, '갑이 범인이 아니다'라는 증거는 '을이 범인이 아니다'라는 가설을 최대로 강화하지 않는다.

ㄴ. 병이 범인이 아니라는 사실이 〈배경 지식〉에 추가된다면, '갑이 범인이다'라는 증거는 '을이 범인이다'라는 가설을 최대로 약화하고, '갑이 범인이 아니다'라는 증거는 '을이 범인이 아니다'라는 가설을 최대로 약화한다.

ㄷ. 병이 범인이 아니라는 사실이 〈배경 지식〉에 추가된다면, '갑이 범인이다'라는 증거와 '을이 범인이 아니다'라는 가설 사이에는 증거–대칭성이 성립한다.

① ㄱ ② ㄴ ③ ㄱ, ㄷ
④ ㄴ, ㄷ ⑤ ㄱ, ㄴ, ㄷ

38

다음으로부터 추론한 것으로 옳은 것만을 〈보기〉에서 있는 대로 고른 것은?

인체에서 에너지는 주로 미토콘드리아의 전자전달계와 ATP 합성효소에 의해 생성된다. 전자전달계는 영양소를 분해할 때 생긴 전자가 단백질 복합체를 거쳐 최종적으로 산소에 전달되는 체계이다. 산소가 전자를 받으면 물이 되므로 전자전달계가 활성화되면 산소 소모량이 증가하게 된다.

1961년 미첼 박사는 전자전달계가 어떻게 ATP 합성과 연결되어 있는지에 대한 이론을 발표하였다. 이 이론에 따르면 전자전달계가 전자를 전달하는 동안 수소이온이 미토콘드리아 내막 바깥으로 투과되어 수소이온 전위차가 형성된다. 이 수소이온은 미토콘드리아 내막에 존재하는 ATP 합성효소를 통과하여 내막 안쪽으로 다시 들어온다. 이로써 전위차가 해소되고 효소가 활성화되어 ATP가 합성된다. 이처럼 전자전달계와 ATP 합성은 전위차를 통해 서로 연결되어 있다. 즉 전자전달이 일어나지 않으면 전위차가 형성되지 않아 ATP 합성이 일어날 수 없으며, 반면에 ATP 합성이 억제되면 전위차 해소가 일어날 수 없기 때문에 전자전달도 중지된다. 전위차가 해소되어야 지속적인 전자전달과 산소 소모가 이루어질 수 있기 때문이다. 이러한 이론은 전자전달계를 억제하는 약물 X 또는 ATP 합성효소 활성을 억제하는 약물 Y를 이용하여 다음과 같이 검증할 수 있다.

미토콘드리아를 분리하여 시험관에 넣은 후 반응을 일으키면 전자전달과 ATP 합성이 시작되어 산소 소모량과 ATP 합성량이 증가하게 된다. 일정 시간 경과 후에 약물 X 또는 약물 Y를 처리하여 변화를 관찰한다. 또한 약물 X 또는 약물 Y를 처리한 후 약물 Z를 처리하고 변화를 관찰한다. 약물 Z는 미토콘드리아 내막의 수소이온 투과도를 높임으로써 전자전달에 의한 전위차를 ATP 합성효소에 의하지 않고 급격하게 해소할 수 있는 약물이다. 약물 X, Y, Z는 모두 독립적으로 작용한다.

〈보기〉

ㄱ. 약물 X만 처리한 경우 ATP 합성에는 영향을 주지 못한다.

ㄴ. 약물 Y만 처리한 경우 산소 소모량은 감소한다.

ㄷ. 약물 Y에 이어 약물 Z를 처리한 경우, 약물 Y만 처리한 때에 비해 산소 소모량이 증가한다.

① ㄱ ② ㄴ ③ ㄱ, ㄷ
④ ㄴ, ㄷ ⑤ ㄱ, ㄴ, ㄷ

39

다음으로부터 추론한 것으로 옳은 것만을 〈보기〉에서 있는 대로 고른 것은?

> B형 간염 바이러스는 바이러스 DNA와 그것을 둘러싼 단백질들로 되어 있다. 이 바이러스 단백질들은 체내 면역시스템에 대한 항원으로 작용하여 바이러스에 감염된 사람은 이에 대한 항체를 만들게 된다. 단백질 항원은 바이러스 DNA로부터 만들어지며, 바이러스 DNA가 체내에서 완전히 사라지면 항원도 결국 사라지게 된다. B형 간염 바이러스는 HBs 항원과 HBc 항원을 가지고 있다.
>
> HBs 항원은 바이러스 감염 시 1~10주 이내에 혈중에 나타나며 회복되는 경우 4~6개월 후 사라진다. 6개월 이후에도 증상이 지속되고 HBs 항원이 양성이면 '만성 B형 간염'으로 진단한다. HBs 항원이 양성이지만 간의 염증 등 다른 증상이 나타나지 않는 경우는 'B형 간염 보유자'로 정의한다. HBs 항원이 소실되면서 HBs 항체가 양성이 되는데, 이는 인체에서 지속적으로 방어 항체로서 기능한다.
>
> HBc 항원은 감염된 간세포 내에 존재하여 혈중에서는 검출되지 않는다. 반면 이에 대한 항체인 HBc 항체는 혈중에서 감염 직후부터 나타나며, M형과 G형 항체로 구분된다. M형 항체는 바이러스 복제가 활발한 시기에 나타나고, G형 항체는 급성, 만성기는 물론 회복기를 거쳐 평생 동안 지속된다.
>
> B형 간염을 예방하기 위한 백신은 HBs 항원만을 분리하여 제조한다. 이를 주사할 경우 간염 바이러스 없이 HBs 항체를 생성하여 바이러스의 감염을 방어하게 된다.

〈보기〉

ㄱ. HBs 항체가 양성이면서 HBc 항체가 음성이면 B형 간염 백신을 맞은 사람이다.
ㄴ. HBs 항체가 양성이면서 G형 HBc 항체가 양성인 사람은 과거에 B형 간염 바이러스에 감염된 적이 있다.
ㄷ. 만성 B형 간염 환자와 B형 간염 보유자의 차이는 체내 바이러스 DNA의 존재 유무이다.

① ㄱ ② ㄷ ③ ㄱ, ㄴ
④ ㄴ, ㄷ ⑤ ㄱ, ㄴ, ㄷ

40

다음으로부터 추론한 것으로 옳은 것만을 〈보기〉에서 있는 대로 고른 것은?

> 대부분의 세포는 생명 활동을 위해 금속인 철을 필요로 한다. 세포 내에 철이 부족할 경우 철을 필수적으로 사용하는 효소들이 제대로 기능을 할 수 없고, 철이 많을 경우 세포를 손상시키기 때문에 세포는 적당한 수준의 세포 내 철 농도를 유지하는 것이 필요하다. 세포 내에 철이 부족할 경우, 세포 외부로부터 철을 세포 내로 수송하는 단백질 A는 생산되지만 세포 내에서 철과 결합해 철 농도를 낮추는 단백질 B는 생산되지 않는다. 반대로 세포 내에 철이 많을 경우, 단백질 A는 생산되지 않고 단백질 B는 생산된다. 전사인자 T는 철이 많을 경우 철과 결합하고 철이 부족할 경우 철과 결합하지 않는 단백질로서, 다음 (가)~(다) 단계를 거쳐 단백질 A와 B의 생산을 조절한다.
>
> 단계 (가): 전사인자 T와 DNA의 결합 여부는 다음 중 하나로 결정된다.
> ⓐ 철과 결합한 T는 DNA와 결합하고, 철과 결합하지 않은 T는 DNA와 결합하지 않는다.
> ⓑ 철과 결합한 T는 DNA와 결합하지 않고, 철과 결합하지 않은 T는 DNA와 결합한다.
>
> 단계 (나): RNA C는 T가 DNA와 결합하면 생산되고, 결합하지 않으면 생산되지 않는다.
>
> 단계 (다): 단백질 A와 B 각각의 생산 여부는 다음 중 하나로 결정된다.
> ⓒ RNA C가 있으면 생산되고, 없으면 생산되지 않는다.
> ⓓ RNA C가 있으면 생산되지 않고, 없으면 생산된다.

〈보기〉

ㄱ. 단백질 A의 생산 조절이 (가)의 ⓐ를 거칠 경우, (다)의 ⓓ를 거칠 것이다.
ㄴ. 단백질 B의 생산 조절이 (가)의 ⓐ를 거칠 경우, (다)의 ⓒ를 거칠 것이다.
ㄷ. 단백질 B의 생산 조절이 (다)의 ⓒ를 거칠 경우, T를 만드는 유전자를 제거한 돌연변이 세포 내에서는 철이 많은 경우라도 B는 생산되지 않을 것이다.

① ㄱ ② ㄷ ③ ㄱ, ㄴ
④ ㄴ, ㄷ ⑤ ㄱ, ㄴ, ㄷ

41

다음으로부터 추론한 것으로 옳은 것은?

어떤 데이터를 사전에 성공적으로 예측한 가설과 그 데이터를 사후에 설명하기 위해 도입된 가설이 있다고 하자. 이 데이터가 두 가설들을 입증했다고 말할 수 있을까? 입증에 관한 〈이론〉은 다음과 같이 대답한다.

〈이론〉
가설은 시험을 통과함으로써만 입증 정도가 높아지며, 통과하지 못함으로써만 입증 정도가 낮아진다. 그리고 가설은 예측 성공이나 실패를 통해서만 시험을 통과하거나 통과하지 못한다. 예측의 경우 가설이 먼저 만들어져 앞으로 어떤 일이 일어날지를 이야기하기에 실제로는 그런 일이 일어나지 않았음이 밝혀질 위험을 감수한다. 그러나 사후 설명은 그런 위험을 전혀 감수하지 않는다. 사후 설명의 절차를 통해서는 가설이 틀렸음이 밝혀질 수 없는데, 왜냐하면 그 가설은 애초부터 알려진 자료와 일치하도록 구성되었기 때문이다.

〈사례〉
지난 99일간의 날씨에 대해 甲은 강우 현상에 관한 과학적 이론인 A가설에 따라 매번 그다음 날에 비가 올지 안 올지에 대해 예측하였고, 그러한 甲의 예측은 매번 성공적이었다. 甲이 예측에 성공한 99번의 강우 현상들을 C증거라고 부르자. 이제 甲은 99일째인 오늘 A가설에 따라 내일 비가 온다고 예측한다. 甲과 달리 乙은 내일 비가 오지 않는다고 예측한다. 乙의 예측은 강우 현상에 관한 또 다른 과학적 이론인 B가설에 따른 것이다. 그런데 이 가설은 지난 99일의 날씨가 관측된 이후에 만들어졌다. 따라서 이 가설은 99일 시점까지 어떤 예측도 한 적이 없고, 이에 당연히 예측에 성공한 적도 없다. 그러나 B가설은 C증거에 대한 좋은 설명을 제시한다. C증거는 甲의 A가설과 乙의 B가설을 비교할 수 있는 경험적 증거의 전부이다.

① 두 가설이 같은 증거들을 가지고 있다면 그 가설들이 내놓는 예측은 서로 다를 수 없다.
② 〈이론〉에 따르면, 100일째에 비가 오지 않았다는 증거는 A가설의 입증 정도에 영향을 주지 않는다.
③ 〈이론〉에 따르면, 100일째에 비가 오지 않았다고 하더라도 B가설의 입증 정도는 올라가지 않는다.
④ 〈이론〉에 따르면, 99일째의 시점에서 볼 때 B가설은 입증되기는 하였으나 그 정도는 A가설보다 낮다.
⑤ 〈이론〉에 따르면, B가설이 아직 구성되지 않은 어떤 시점에서 A가설은 이미 어느 정도 입증되었다.

42

다음으로부터 추론한 것으로 옳은 것만을 〈보기〉에서 있는 대로 고른 것은?

단백질의 전하량은 각 단백질에 고유한 단백질의 pI와 이 단백질이 들어 있는 완충용액의 pH에 따라 결정된다. 단백질의 pI는 단백질의 전하량이 0이 되도록 하는 완충용액의 pH를 측정함으로써 알 수 있다. 완충용액의 pH가 단백질의 pI보다 낮아질수록 단백질은 양전하를 더 많이 가지게 되고, 높아질수록 음전하를 더 많이 가지게 된다.

이온교환 크로마토그래피는 단백질의 전하량 차이를 이용하여 단백질을 분리하는 방법이다. 이는 음전하를 가진 양이온교환수지를 사용하는 양이온교환 크로마토그래피와 양전하를 가진 음이온교환수지를 사용하는 음이온교환 크로마토그래피로 구분된다. 이온교환 크로마토그래피로 단백질을 분리하기 위해서는, 먼저 적절한 pH의 완충용액을 이용하여 분리하고자 하는 단백질을 이 단백질과 상반되는 전하를 가진 이온교환수지에 결합시키고 이온교환수지와 결합하지 않은 단백질은 씻어 낸다. 이후 완충용액 속의 NaCl 농도를 증가시키면 Na^+ 혹은 Cl^-가 이온교환수지에 결합해 있는 단백질과 교환됨으로써 단백질이 흘러나오게 된다. 단백질이 가진 전하량이 클수록 이온교환수지와의 결합력이 강해지기 때문에, 더 큰 전하량을 가진 단백질이 더 높은 농도의 NaCl에서 흘러나오게 된다.

〈보기〉
ㄱ. pI가 7인 단백질은 pH8인 완충용액에서 양이온교환수지보다 음이온교환수지와 더 잘 결합한다.
ㄴ. pI가 9인 단백질은 pH7인 완충용액보다 pH8인 완충용액에서 양이온교환수지와 더 잘 결합한다.
ㄷ. pH8인 완충용액을 이용하여 pI가 6인 단백질과 pI가 7인 단백질을 분리하고자 할 경우, 음이온교환 크로마토그래피보다 양이온교환 크로마토그래피를 사용하면 이 두 단백질을 서로 더 잘 분리할 수 있다.

① ㄱ ② ㄷ ③ ㄱ, ㄴ
④ ㄴ, ㄷ ⑤ ㄱ, ㄴ, ㄷ

43

다음으로부터 추론한 것으로 옳은 것만을 〈보기〉에서 있는 대로 고른 것은?

> 갈바니 전지는 금속의 물리화학적 변화를 이용하여 전자를 이동시킴으로써 전기를 생산한다. 예컨대 황산아연 수용액에 들어 있는 아연 전극과 황산구리 수용액에 들어 있는 구리 전극을 이용할 경우, 아연 전극에서는 금속 아연(Zn)이 전자를 잃어 아연 이온(Zn^{2+})으로 변하는 산화 반응이 일어나서 아연 전극의 질량이 감소하고, 구리 전극에서는 구리 이온(Cu^{2+})이 전자를 얻어 금속 구리(Cu)로 변하는 환원 반응이 일어나서 구리 전극의 질량이 증가한다.
>
> 각 전극에서 일어나는 반응은 '표준환원전위'를 이용하면 알 수 있는데, 이 값이 큰 물질일수록 그 물질은 환원되려는 경향이 크다. $Zn^{2+} \rightleftarrows Zn$의 표준환원전위는 $-0.76V$이고, $Cu^{2+} \rightleftarrows Cu$의 표준환원전위는 $+0.34V$이므로 위와 같은 반응이 일어난다.
>
> 표준 조건에서 전지를 구성하는 두 전극의 전위차를 '표준전지전위'라 하며, 이 값은 환원 전극의 표준환원전위 값에서 산화 전극의 표준환원전위 값을 빼서 얻는다. 따라서 구리-아연 전지의 표준전지전위는 $1.10V$가 된다.
>
> 표준 조건에서 금속 A, B, C, D를 이용하여 다양한 종류의 갈바니 전지를 구성했을 때, 다음과 같은 사실이 알려졌다. 단, 각 전극에서 각 금속 원자 및 이온이 잃거나 얻는 전자의 수는 동일하다.
> ○ A~D에 대한 금속이온 $\rightleftarrows$ 금속의 표준환원전위는 모두 $+1.20V$ 이하이다.
> ○ A에 대한 금속이온 $\rightleftarrows$ 금속의 표준환원전위는 $+0.92V$이다.
> ○ C와 A를 이용한 전지에서 환원 반응은 C전극에서 일어났다.
> ○ A와 B를 이용한 전지에서 양쪽 전극의 전위차는 $1.05V$이다.
> ○ C와 D를 이용한 전지에서 양쪽 전극의 전위차는 $1.95V$이다.

〈보기〉
ㄱ. D전극의 질량이 증가하는 갈바니 전지 구성이 적어도 하나 존재한다.
ㄴ. 가장 큰 표준전지전위를 갖는 갈바니 전지는 C와 D로 만든 전지이다.
ㄷ. A와 C를 이용한 전지의 표준전지전위는 B와 D를 이용한 전지의 표준전지전위보다 크다.

① ㄱ　　② ㄴ　　③ ㄱ, ㄷ
④ ㄴ, ㄷ　　⑤ ㄱ, ㄴ, ㄷ

44

다음으로부터 추론한 것으로 옳은 것만을 〈보기〉에서 있는 대로 고른 것은?

> 포유동물의 소화기관은 위-소장-대장의 순서로 되어 있는데, 일반적인 포유동물의 경우 위에서는 일부 단백질의 분해가 일어나고 소장에서는 단백질, 탄수화물, 지질 등이 분해된 후 소장 점막을 통해 흡수가 일어난다. 이후 대장에서는 수분과 일부 영양분의 흡수가 일어난 후, 나머지 성분들이 대변의 형태로 배출된다.
>
> 식물을 주 영양원으로 사용하는 초식동물들조차 식물의 주성분인 셀룰로오스를 분해하는 효소를 가지고 있지 않아서 미생물의 도움을 받아 셀룰로오스를 분해한다. 소와 같은 반추동물의 경우, 반추위에서 셀룰로오스를 분해하여 먹고 사는 다양한 종류의 미생물을 배양한다. 이후 셀룰로오스가 분해 및 발효된 성분과 배양된 미생물은 실질적 위에 해당하는 네 번째 위와 소장, 대장을 지나게 된다. 토끼와 같은 초식동물들은 반추위가 없기 때문에 대장의 일부인 맹장에서 미생물에 의한 셀룰로오스의 분해와 미생물의 배양이 일어난다. 토끼는 맹장에서 배양된 미생물 등을 작은 알갱이 형태의 식변으로 배출한 후, 자신의 변을 먹는 자기분식(cecotrophy)을 함으로써 음식물에 포함된 영양분을 효과적으로 섭취한다. 초식동물이지만 반추와 자기분식을 하지 않는 말의 경우에도 셀룰로오스 성분의 분해와 발효는 주로 맹장에서 미생물에 의해 일어나며, 그 결과물은 대장을 지나게 된다.

〈보기〉
ㄱ. 셀룰로오스가 주성분인 먹이를 섭취했을 때, 셀룰로오스로부터 유래된 영양분의 흡수가 주로 대장에서 일어나는 동물은 소, 말, 토끼 중 말일 것이다.
ㄴ. 소의 경우 소화된 영양분의 흡수는 주로 소장에서 일어나고, 토끼의 경우 소화된 영양분의 흡수는 주로 위에서 일어날 것이다.
ㄷ. 반추동물이 아니면서 자기분식을 하지 않는 육식성 포유동물인 고양이의 경우 섭취한 셀룰로오스의 대부분을 소장에서 분해하고 흡수할 것이다.

① ㄱ　　② ㄷ　　③ ㄱ, ㄴ
④ ㄴ, ㄷ　　⑤ ㄱ, ㄴ, ㄷ

45

2021학년도 LEET 문39

다음으로부터 추론한 것으로 옳은 것만을 〈보기〉에서 있는 대로 고른 것은?

항원변이는 감염원이 자신의 표면에 존재하는 표면 항원을 변형시켜 숙주가 기존 감염을 통해 획득한 기억 면역시스템을 회피하는 메커니즘이다. 바이러스의 항원변이에는 항원연속변이와 항원불연속변이가 있는데, 항원연속변이는 하나의 바이러스 유전자에 돌연변이가 축적되는 과정을 통해 항원이 서서히 변하는 것이고, 항원불연속변이는 서로 다른 두 개 이상의 바이러스 유전자가 혼합되는 과정을 통해 항원이 급격하게 변하는 것이다.

항원변이에 대한 연구는 인플루엔자 바이러스 A와 B를 대상으로 주로 진행되어 왔다. 세균에 비해 인플루엔자 바이러스에서 돌연변이가 더 잘 일어나는 이유는 유전체의 복제 과정에서 교정기능이 없는 RNA 중합효소가 사용되기 때문이다. 돌연변이가 일어나는 정도는 인플루엔자 바이러스 사이에서도 차이가 있는데, 인플루엔자 바이러스 B보다 A에서 돌연변이가 더 잘 일어나는 것으로 알려져 있다.

인플루엔자 바이러스 A와 B는 8개의 절편으로 이루어진 유전체를 가지고 있기 때문에, 서로 다른 유전체를 가진 바이러스들이 한 세포를 감염시켜 새로운 바이러스가 만들어지는 경우 8개의 절편은 다양한 조합으로 재편성될 수 있다. 인플루엔자 바이러스 B는 주로 사람만 감염시키지만, 인플루엔자 바이러스 A는 사람뿐 아니라 돼지, 그리고 다양한 조류도 감염시키는 것으로 알려져 있다. 실제로 2009년에 전 세계적으로 대유행한 인플루엔자는 사람, 돼지, 조류 인플루엔자 바이러스의 유전자가 모두 섞인 새로운 형태로 밝혀졌다.

〈보기〉

ㄱ. 항원연속변이를 통한 항원의 변화는 인플루엔자 바이러스 A보다 B에서 더 크고, 항원불연속변이를 통한 항원의 변화는 인플루엔자 바이러스 B보다 A에서 더 클 것이다.
ㄴ. 어린 시절 특정 인플루엔자 바이러스 A와 B에 노출되어 각각에 대한 기억 면역이 생긴 사람의 경우, 성인이 되었을 때 인플루엔자 바이러스 B보다 A에 감염될 확률이 더 높다.
ㄷ. '평년보다 다소 증가한 인플루엔자의 소규모 유행'이 발생한 것이 아니라 '전 세계적인 인플루엔자의 대규모 유행'이 발생했다면, 이 유행은 항원불연속변이보다 항원연속변이에 의해 일어났을 확률이 높다.

① ㄴ ② ㄷ ③ ㄱ, ㄴ
④ ㄱ, ㄷ ⑤ ㄱ, ㄴ, ㄷ

46

2021학년도 LEET 문40

다음으로부터 추론한 것으로 옳은 것만을 〈보기〉에서 있는 대로 고른 것은?

웨스턴 블랏은 단백질 사이의 특이적인 상호작용을 이용하여 원하는 단백질을 검출하는 방법으로, 단백질인 항체를 이용하여 이 항체와 특이적으로 결합하는 표적단백질을 검출하는 것이다. 웨스턴 블랏은 먼저 단백질들을 크기별로 분리하고, 이 단백질들을 여과막에 결합시키는 블랏 과정을 거친 후, 최종적으로 항체를 이용하여 표적단백질을 검출한다.

블랏 과정에 사용되는 여과막에는 모든 종류의 단백질이 비특이적으로 결합할 수 있다. 따라서 블랏 과정과 항체를 이용한 단백질 검출 과정 사이에는, 분리된 단백질이 결합해 있지 않아 비어 있는 여과막 부분에 다른 단백질을 결합시키는 과정이 필요하다. 이를 '여과막 차단'이라 하며, 이 과정을 거치는 이유는 여과막의 비어 있는 부분에 항체가 비특이적으로 결합하여 표적단백질과 상관없는 '백그라운드 신호'를 발생시키는 것을 방지하기 위함이다.

여과막 차단 과정을 거친 후에는 검출을 원하는 표적단백질과 특이적으로 결합하는 1차 항체를 처리한 후, 이 1차 항체에 특이적으로 결합하는 2차 항체를 순차적으로 처리한다. 2차 항체에는 효소가 결합되어 있는데, 이 효소에 의한 신호를 확인함으로써 표적단백질을 검출할 수 있게 된다.

표적단백질 검출을 위해 1차 항체만을 사용하지 않고 추가적으로 2차 항체를 사용하는 이유는 크게 두 가지로 요약할 수 있다. 첫째, 여러 종류의 표적단백질 검출을 위한 다양한 종류의 1차 항체 각각에 효소를 결합시킬 필요가 없어지기 때문이다. 둘째, 1차 항체 1개당 여러 개의 2차 항체가 결합할 수 있기 때문에 최종적으로 검출 신호의 증폭이 일어나기 때문이다.

〈보기〉

ㄱ. 2차 항체가 1차 항체뿐 아니라 표적단백질에도 결합한다면, 백그라운드 신호가 증가할 것이다.
ㄴ. 여과막 차단에 사용된 단백질 중 2차 항체와 결합하는 능력을 가진 단백질이 존재한다면, 백그라운드 신호는 증가하지 않을 것이다.
ㄷ. 1차 항체에 단백질 검출을 위한 효소가 결합되어 있고 이 효소가 검출에 충분한 신호를 낸다면, 2차 항체를 사용하지 않고도 표적단백질 검출이 가능할 것이다.

① ㄱ ② ㄷ ③ ㄱ, ㄴ
④ ㄴ, ㄷ ⑤ ㄱ, ㄴ, ㄷ

47

2022학년도 LEET 문40

다음으로부터 추론한 것으로 옳은 것만을 〈보기〉에서 있는 대로 고른 것은?

최근에는 생쥐의 특정 유전자를 인위적으로 조작할 수 있게 되었다. 과학자들은 세포에 A라는 효소가 발현되어야만 특정 유전자가 조작될 수 있는 장치를 고안하였으며, 이를 이용하여 다음과 같이 조건적으로 유전자를 조작할 수 있게 되었다. 첫째는 조직별 조작 시스템으로, A 효소 유전자 앞에 특정 조직에서만 작동하는 프로모터를 넣어 두면 이 프로모터가 작동하는 특정 조직에서만 A 효소가 발현되어 목적한 유전자가 조작되며, 프로모터가 작동하지 않는 그 이외 조직에서는 유전자가 조작되지 않는다. 둘째는 시기별 조작 시스템으로, 보통 A 효소 유전자 앞 프로모터가 어떤 약물이 있어야만 작동하게 설계한다. 이렇게 하면 약물을 투여하는 동안에만 A 효소가 발현되어 비로소 목적한 유전자가 조작된다.

이러한 유전자 조작을 이용하여 동물 모델에서 지방 세포의 수와 크기의 증가를 관찰하기 위해 다음 실험을 디자인하였다.

〈실험〉

생쥐를 적당히 조작하여 특정 프로모터에 의해 A 효소가 발현되도록 했으며, 이 프로모터가 X 약물이 있는 상황에서만 작동하도록 하였다. 또한 A 효소가 작동하면 유전자가 조작되어 세포는 파란색이 되며, 한번 파란색이 된 세포는 죽지 않으며 색깔도 잃지 않는다. 이 생쥐에 X 약물을 일정 기간 동안 처리한 후 약물을 중단하고 고지방 식이로 비만을 유도하여 변화를 관찰한 실험 결과는 다음과 같다.

〈실험 결과〉

세포 종류	X 약물 처리 후		고지방 식이 후	
	파란 세포 수	세포의 크기	파란 세포 수	세포의 크기
내장 지방 세포	100	정상	20	증가
피하 지방 세포	100	정상	100	증가
근육 세포	0	정상	0	정상

* 파란 세포 수: 임의의 세포 100개당 파란 세포의 수

―〈보기〉―

ㄱ. 고지방 식이를 하면 내장 지방 세포는 새로 만들어지지만 피하 지방 세포는 그렇지 않다.
ㄴ. 고지방 식이를 하면 체내 내장 지방의 부피는 증가하지만 피하 지방의 부피는 증가하지 않는다.
ㄷ. X 약물을 처리한 경우 A 효소는 내장 지방 세포와 피하 지방 세포에 발현되지만 근육 세포에서는 발현되지 않는다.

① ㄱ ② ㄴ ③ ㄱ, ㄷ
④ ㄴ, ㄷ ⑤ ㄱ, ㄴ, ㄷ

48

2023학년도 LEET 문35

다음으로부터 추론한 것으로 옳은 것만을 〈보기〉에서 있는 대로 고른 것은?

일상적인 한국어 대화를 할 수 있는 프로그램 X가 개발되었다. 갑, 을, 병은 X의 한국어 능력과 한국어 원어민의 한국어 능력에 근본적인 차이가 있는지 논쟁 중이다.

갑: 들은 것 모두를 기억할 수 있는 영국인 로이가 있다고 하자. 한국어를 전혀 모르는 로이에게 X가 구사할 수 있는 모든 한국어 대화를 들려 줬다. 이제 로이는 일상적 대화 중 등장하는 한국어 단어나 문장이 연속적으로 관계할 수 있는 거의 모든 조합을 암기하였다. 로이와 대화를 나누는 평범한 한국인은 로이의 한국어가 유창하다고 생각할 것이다. 하지만 로이는 한국어의 의미는 이해하지 못한다. X와 로이의 한국어 능력은 유사하므로, X와 한국어 원어민은 한국어 능력에서 근본적인 차이가 있다.

을: 뇌과학자 민수가 자신의 뇌에 신경 프로그램을 이식했다고 가정하자. 이 신경 프로그램은 숫자와 연산자 같은 수학 기호를 사용하여 다양한 방정식의 해를 구하도록 설계되었으며, 민수가 그저 수식을 바라보기만 하면 그 해가 의식에 떠오르는 방식으로 작동한다. 민수가 신경 프로그램에 의존하지 않고 방정식의 해를 구하는 것과 신경 프로그램이 해를 구하는 것 사이에는 본질적으로 차이가 없다. 하지만 민수와 달리 신경 프로그램은 수학 기호의 의미, 예컨대 숫자 0의 의미를 이해하지 못한다. 그런데 X가 한국어를 구사하는 방식도 신경 프로그램이 수학 방정식을 푸는 방식과 원리상 다를 바 없기에 X의 한국어 능력과 신경 프로그램의 수학적 능력은 유사하다. 그러므로 X와 한국어 원어민은 한국어 능력에서 근본적으로 같다.

병: 물론 X 자체는 한국어의 의미를 이해하지 못한다. 하지만 다양한 감각 센서를 통해 세계를 지각하고 그에 따라 행동할 수 있는 장치에 X를 설치한 로봇 R를 생각해 보자. 이 경우, 예컨대, R가 실제 고구마를 본다면 R의 전자두뇌에서 '고구마'라는 기호가 활성화될 것이다. R는 일상적인 한국어 대화를 할 수 있을 뿐만 아니라 한국어 단어나 문장이 지시하는 실제 사물이나 현상에 적절히 반응할 수 있다. 한국어의 의미를 이해한다는 것은 이와 다르지 않은 것 같다.

―〈보기〉―

ㄱ. 갑에 따르면, 로이와 R가 실제 감자를 본다면 둘 다 '감자'라는 기호를 떠올릴 것이다.
ㄴ. 을은, R와 한국어 원어민이 한국어 능력에서 근본적인 차이가 없다는 데 동의할 것이다.
ㄷ. 갑과 을은 X가 한국어의 의미를 이해하지 못한다는 데 동의할 것이다.

① ㄱ ② ㄷ ③ ㄱ, ㄴ
④ ㄴ, ㄷ ⑤ ㄱ, ㄴ, ㄷ

49

2023학년도 LEET 문36

다음으로부터 추론한 것으로 옳은 것만을 〈보기〉에서 있는 대로 고른 것은?

DNA 분석에서는 특정 인구 집단에서 DNA가 우연히 일치할 확률을 고려하는데, 이러한 확률은 일부 사람의 DNA 분석만을 근거로 한 것이어서 범죄현장의 DNA가 용의자의 것일 가능성을 정확하게 반영하지 못한다. 이에 대한 보완책으로 다음의 방식을 생각해 볼 수 있다.

범죄현장에 남겨진 범인의 DNA와 용의자의 DNA가 일치할 때 그 용의자가 범인일 가능정도는 '용의자가 범인이 아닐 때 DNA가 일치할 확률(Q)'에 대한 '용의자가 범인일 때 DNA가 일치할 확률(R)'의 비로 나타낸다. 이때 범죄현장에 남겨진 범인의 DNA가 용의자의 것임을 전제로 하여 R를 1로 보게 된다면 그 가능정도는 ㉠ 1/Q이며, Q가 1/1,000이면 1/Q=1,000이다. 흔히 이런 계산만으로 '용의자가 범인일 확률이 아닐 확률의 1,000배'라고 말하지만, 이는 범죄현장의 DNA가 용의자의 것이라는 전제하에 얻은 결과이므로 이처럼 단정할 수 없다. 그러므로 이를 보정하기 위해서 ㉡ '사전가능정도'를 알아야 한다. 이는 DNA 분석 이외의 범죄 정보에 따라 '용의자가 범인이 아닐 확률'에 대한 '용의자가 범인일 확률'의 비이며, DNA 분석 결과 이외의 수사에 따른 용의자의 범죄혐의 정도를 말한다. 사전가능정도를 반영하여 용의자가 범인일 가능정도를 계산한 것을 '사후가능정도'라고 한다. 이 사후가능정도는 'DNA 분석 결과를 반영한 용의자가 범인이 아닐 확률'에 대한 'DNA 분석 결과를 반영한 용의자가 범인일 확률'의 비로 나타내고, ㉠과 ㉡의 값을 곱하여 그 값을 얻을 수 있다.

〈보기〉

ㄱ. Q가 1/10,000일 때, 범죄현장에 남겨진 범인의 DNA와 용의자의 DNA가 일치한다면 그 범죄현장의 DNA가 용의자의 것일 확률은 용의자의 것이 아닐 확률의 10,000배이다.

ㄴ. 범죄현장에 남겨진 범인의 DNA가 용의자의 것과 일치해도 범행 시각에 용의자가 범행 장소가 아닌 다른 장소에 있었다는 사실이 입증되면 사후가능정도가 0이 될 수 있다.

ㄷ. 범죄현장에 남겨진 범인의 DNA와 용의자의 DNA가 일치하는 상황에서 Q가 1/1,000이고 사전가능정도가 1/100인 경우, 이를 근거로 '용의자가 범인일 확률은 범인이 아닐 확률의 10배이다'라고 말할 수 있다.

① ㄱ ② ㄷ ③ ㄱ, ㄴ
④ ㄴ, ㄷ ⑤ ㄱ, ㄴ, ㄷ

50

2023학년도 LEET 문38

다음으로부터 추론한 것으로 옳은 것만을 〈보기〉에서 있는 대로 고른 것은?

물질들은 내부 에너지를 축적하는 능력이 서로 다르다. 시간당 물질이 흡수하는 열량이 같다는 가정하에 여러 물질의 온도를 높이는 다음 경우를 생각해 보자. 상온과 상압에서 물이 끓기 시작할 때까지 약 16분이 걸린다면 같은 질량의 철을 같은 온도만큼 높이는 데는 2분 정도밖에 걸리지 않는다. 은이라면 1분이 채 걸리지 않는다. 이렇게 정해진 질량의 물질을 같은 온도만큼 높이는 데 필요한 열량은 물질마다 다르다. 물질에 흡수된 에너지는 물질을 구성하는 원자나 분자에 여러 가지 방식으로 영향을 미치는데, 흡수된 에너지가 원자나 분자의 운동에너지를 증가시킬 때 물질의 온도가 올라간다. 어떤 물질 1g의 온도를 1℃ 높이는 데 필요한 열량을 비열이라고 하며, 어떤 물체의 온도를 1℃ 높이는 데 필요한 열량을 열용량이라고 한다. 여기서 물질과 물체는 다른 개념인데, 예를 들어 철 100g의 공과 철 200g의 공은 같은 물질로 된 두 물체이다.

〈보기〉

ㄱ. 10℃의 물질을 채워 만든 주머니로 사람의 체온을 낮추고자 할 때, 다른 조건이 같다면 비열이 더 작은 물질을 채워 만든 주머니가 체온을 더 낮출 것이다.

ㄴ. 1kg의 물, 철, 은 각각을 20℃에서 가열하여 30℃에 이르렀을 때, 공급된 열량이 가장 적은 것부터 순서대로 나열하면 은, 철, 물이 된다.

ㄷ. 물 100g과 은 1.5kg을 비교했을 때 비열과 열용량 모두 은보다 물이 더 크다.

① ㄱ ② ㄷ ③ ㄱ, ㄴ
④ ㄴ, ㄷ ⑤ ㄱ, ㄴ, ㄷ

51

다음으로부터 추론한 것으로 옳은 것만을 〈보기〉에서 있는 대로 고른 것은?

이 방에서 뭔가 다른 감각이 느껴진다. 나는 근처의 시험관을 잡고 허공에 던져 본다. 시험관은 당연히 위로 올라갔다가 떨어진다. 하지만 왠지 신경이 거슬린다. 지금 이 순간에도 물체가 떨어지는 모습이 거슬린다. 이유를 알고 싶다.

뭘 가지고 알아보면 될까? 이 방에는 실험실이 있고, 나는 그 실험실을 사용할 줄 안다. 나는 줄자를 집어 들고 살펴본다. 눈금은 미터 단위로 되어 있다. 줄자를 사용해 실험대 높이를 쟀다. 실험대는 바닥과 1m 떨어져 있다. 시험관을 실험대에 올려놓고 스톱워치를 준비한다. 한 손으로 실험대에서 시험관을 밀치며 다른 손으로 스톱워치를 작동시킨다. 시험관이 땅에 떨어질 때까지의 시간을 쟀다.

0.4초! 아무리 해 봐도 0.4초다. 거리는 가속도의 2분의 1에 시간의 제곱을 곱한 값이다. 숫자를 계산해 보고 얻은 결과가 마음에 들지 않는다. 원래 지구의 중력가속도는 $9.8m/s^2$이어야 하는데! 낙하하는 물체가 다르게 느껴지는 이유를 이제 알겠다.

─〈보기〉─

ㄱ. 만약 실험대와 바닥이 2m 떨어져 있었다면, 시험관이 땅에 떨어질 때까지의 시간은 0.8초로 측정됐을 것이다.
ㄴ. 만약 '이 방'이 지구 표면에 정지해 있다면, 1m 높이에서 시험관을 떨어뜨리는 동일한 실험을 했을 때 0.4초보다 큰 값을 얻게 된다.
ㄷ. 지구 표면에 정지한 상태로 용수철저울을 사용하여 '나'의 몸무게를 쟀을 때 눈금이 '60kg'으로 읽혔다면, '이 방'에서 같은 저울을 사용하여 몸무게를 재면 같은 값으로 읽힌다.

① ㄴ   ② ㄷ   ③ ㄱ, ㄴ
④ ㄱ, ㄷ   ⑤ ㄱ, ㄴ, ㄷ

52

다음으로부터 추론한 것으로 옳은 것만을 〈보기〉에서 있는 대로 고른 것은?

투명전극은 투명 디스플레이와 태양광 전지를 포함해 많은 전자 및 에너지 소자에 필수적인 소재이다. 투명전극으로 사용할 수 있는 물질은 가시광선 영역의 빛을 일정량 투과시켜야 하며, 이와 동시에 전기가 잘 흐르는 전도체의 성질을 가져야 한다. 투명전극의 성능지수 Φ는 T^{10}을 R_S로 나눈 값이며, 여기에서 T는 가시광선 영역의 빛의 평균 투과율, R_S는 면(面)저항을 의미한다. 불투명한 물질은 T가 0이며, 부도체는 R_S가 매우 크다. 전도체에서 전기가 잘 흐르는 이유는 전도체 안에 많은 자유전자가 있기 때문이다. 자유전자의 개수가 많아지면 R_S는 줄어들며, 이렇게 많은 자유전자는 가시광선 영역의 빛을 흡수하게 되어 T가 줄어들기 때문에, T와 R_S는 서로 양의 상관관계를 갖는다.

한편 이러한 상관관계는 단일 물질로 이루어진 투명전극의 두께 변화에 따른 T와 R_S 값들을 관찰해 보면 잘 확인할 수 있다. 투명전극의 두께가 두꺼워질수록 T가 지속적으로 줄어들며, 일정 두께 이상일 경우 0이 된다. 아래는 다양한 투명전극 후보 물질 M1~M4의 두께(nm)에 따른 T와 R_S의 측정 결과로부터 성능지수 Φ($\times 10^{-4}$)를 정리한 표이다.

M1		M2		M3		M4	
두께	Φ	두께	Φ	두께	Φ	두께	Φ
8	6	4	5	4	25	32	11
9	11	5	10	9	35	45	181
10	9	6	11	14	24	58	504
11	8	7	6	18	16	70	362
12	3	9	3	38	3	84	49

─〈보기〉─

ㄱ. Φ가 0이 아닐 때, 투명전극의 두께가 얇아지면 R_S는 커진다.
ㄴ. 만약 두께가 9nm로 동일한 M1과 M2가 같은 값의 T를 갖는다면, 이때 M2가 M1보다 전기가 잘 통한다.
ㄷ. 표의 측정값에 한정하여 가장 성능 좋은 투명전극 물질을 찾을 경우, 두께 30nm 미만에서는 M3를 선택할 것이고, 30nm 이상에서는 M4를 선택할 것이다.

① ㄱ   ② ㄴ   ③ ㄱ, ㄷ
④ ㄴ, ㄷ   ⑤ ㄱ, ㄴ, ㄷ

53

2024학년도 LEET 문36

다음으로부터 추론한 것으로 옳은 것만을 〈보기〉에서 있는 대로 고른 것은?

단백질 합성에 필요한 정보는 유전자에 저장되어 있다. 단백질의 기능을 밝히는 데 중요한 열쇠는 특정 단백질이 어떤 단백질과 결합하는지를 알아내는 것이다.

단백질 T는 특정 DNA에 결합하여 단백질 R의 합성을 활성화하며, BD와 AD라는 두 영역으로 이루어진다. BD는 DNA에 결합하고, AD는 R의 합성을 활성화한다. BD와 AD가 각각 별개의 단백질로 합성되면, BD와 AD는 더 이상 연결되어 있지 않다. 이때 BD는 AD와 연결되지 않아도 DNA에 결합하지만, AD는 BD와 연결되지 않으면 R의 합성을 활성화할 수 없다. 하지만 BD와 AD가 다른 단백질을 매개로 간접적으로라도 연결되면 R의 합성이 활성화된다. 이런 특성을 이용하여 단백질 사이의 결합 여부를 알아낼 수 있다.

〈실험〉

T를 합성하지 못하며 모든 유전자가 동일한 두 세포, 세포 1과 세포 2를 준비한다. 세포 1에는 AD에 단백질 Y가 연결된 단백질(AD-Y)과 BD에 단백질 X가 연결된 단백질(BD-X)이 합성되도록 하고, 세포 2에는 AD에 단백질 Z가 연결된 단백질(AD-Z)과 BD-X가 합성되도록 한다. 시약을 처리하여, R가 합성된 세포만 파란색으로 바뀌도록 한다. 세포 1은 색의 변화가 없었고 세포 2는 파란색으로 변했다.

〈보기〉

ㄱ. 세포 1이 파란색으로 변하지 않은 이유는 R의 합성에 필요한 정보를 저장한 유전자가 없기 때문이다.
ㄴ. 세포 2에서 영역 BD와 영역 AD가 간접적으로 연결되었다.
ㄷ. 〈실험〉은 X와 Y가 결합한다는 것을 보여 준다.

① ㄱ ② ㄴ ③ ㄱ, ㄷ
④ ㄴ, ㄷ ⑤ ㄱ, ㄴ, ㄷ

54

2024학년도 LEET 문38

다음으로부터 추론한 것으로 옳은 것만을 〈보기〉에서 있는 대로 고른 것은?

사냥꾼 사이의 미시적 상호 작용의 한 모형으로서 평평한 원판 형태의 사냥터 안에서 무작위로 흩어져 있던 사냥꾼들이 사냥감을 쫓아가서 포획하는 경우를 생각해 보자. 사냥꾼과 사냥감은 모두 이 사냥터를 벗어날 수 없다. 사냥꾼 주위의 일정 거리 안으로 사냥감이 들어오면 사냥감은 포획되고, 사냥감의 개체수는 시간이 지남에 따라 점차 줄어들 것이다. 사냥꾼과 사냥감은 각각 일정한 속력으로 움직이고, 사냥감은 사냥꾼 혹은 사냥터 경계가 자신으로부터 일정 거리 안에 들어오면 그중 가장 가까운 대상으로부터 멀어지는 방향으로 움직인다. 사냥꾼이 '직접 추격 전략(D)'을 택하면 단순히 자기에게 가장 가까운 사냥감을 쫓아간다. 반면 '집단 추격 전략(G)'을 택하면 일정 거리 안에 있는 다른 사냥꾼들의 위치를 고려하여 사냥감이 자신을 포함한 사냥꾼 무리의 중심에 놓이게끔 자신의 운동 방향을 결정한다. 즉 G를 선택한 사냥꾼은 다른 사냥꾼들이 사냥감으로 접근할 때, 사냥꾼 집단이 사냥감을 더 잘 포위하도록 자신은 오히려 사냥감으로부터 물러날 때도 있다. 사냥꾼 각각은 D와 G 중 하나를 선택한다.

사냥꾼 50명이 사냥감 100마리를 사냥하는 모형을 시뮬레이션하였다. 표는 사냥꾼들이 모두 D를 선택한 경우와 모두 G를 선택한 경우, 시간에 따라 살아남은 사냥감의 개체수를 나타낸다. 사냥감의 속력은 1이다. 주어진 시간 t에서의 '사냥률'이란 시간 0부터 t까지 포획한 사냥감의 개체수를 t=0에서의 사냥감의 개체수로 나눈 값이다.

속력 \ 시간(t)		0	20	40	60	80	100
전략 D 사냥꾼 속력	0.7	100	99	98	97	96	95
	0.8	100	98	96	95	93	92
	0.9	100	97	95	93	91	90
전략 G 사냥꾼 속력	0.7	100	92	86	78	72	68
	0.8	100	88	78	69	61	53
	0.9	100	83	71	60	50	41

〈보기〉

ㄱ. 전략이 D인 경우, 사냥꾼의 속력이 빠를수록 사냥률이 높다.
ㄴ. 사냥꾼들의 속력이 0.8이고 전략이 D인 경우 t=100에서의 사냥률과, 속력이 0.7이고 전략이 G인 경우 t=20에서의 사냥률은 같다.
ㄷ. 속력이 0.9인 사냥꾼 1명이 전략 D로 속력이 1인 사냥감 10마리를 사냥하는 모형을 시뮬레이션한다면, 사냥감은 대부분 사냥터 가운데에서 포획될 것이다.

① ㄱ ② ㄷ ③ ㄱ, ㄴ
④ ㄴ, ㄷ ⑤ ㄱ, ㄴ, ㄷ

55

다음으로부터 추론한 것으로 옳은 것만을 〈보기〉에서 있는 대로 고른 것은?

양자 역학에서 입자의 상태를 나타내는 함수를 '상태함수'라고 한다. 구별불가능한 두 전자 전체에 대한 상태함수는 두 전자를 맞바꾸는 연산을 고려하여 다음과 같이 주어진다. 1번 전자가 a 상태에 있고 2번 전자가 b 상태에 있을 상태함수 $\psi(1=a, 2=b)$와, 두 전자의 상태를 바꾼 상태함수에 -1을 곱한 것을 합한 것, 즉 $\psi(1=a, 2=b) - \psi(1=b, 2=a)$가 구별불가능한 두 전자 전체에 대한 상태함수이다. 그런데 전자는 운동량이나 위치와 같은 상태뿐만 아니라, '업'과 '다운' 중 하나의 스핀 상태를 갖는다. 스핀값이 다른 두 전자는 구별가능하지만, 스핀값이 같은 두 전자는 구별불가능하다. 구별가능한 두 전자의 경우, 그 상태함수는 $\psi(1=a, 2=b)$ 또는 $\psi(1=b, 2=a)$로 나타낼 수 있으므로, 두 전자를 맞바꾸는 연산을 고려할 필요가 없다.

모두 스핀 '업'인 두 전자가 서로를 향해 진행하여 산란하는 경우는 어떠한가? 〈그림 1〉과 같이 두 전자가 모두 처음 진행 방향과 θ의 산란각으로 산란하면 두 전자의 상태함수는 $f(\theta)$이다. 〈그림 2〉와 같이 산란 후 두 전자를 맞바꾸는 연산을 하면, 두 전자는 모두 처음 진행 방향과 $180°-\theta$의 산란각으로 산란하며 두 전자의 상태함수는 $f(180°-\theta)$이다. 따라서 두 전자 전체에 대한 상태함수는 $f(\theta) - f(180°-\theta)$가 되고, 이때 스핀 '업' 전자를 각도 θ에서 발견할 확률은 $|f(\theta) - f(180°-\theta)|^2$이다. 이는 계측기에 도착하는 전자가 왼쪽에서 왔는지 오른쪽에서 왔는지 알 수 없기 때문이라고 할 수 있다.

반면 산란 전 오른쪽에서 오는 전자만을 스핀 '다운' 전자로 바꾸어 산란시키면 스핀 '업' 전자를 각도 θ에서 발견할 확률은 $|f(\theta)|^2$이 된다. 이는 두 전자가 구별가능하여 스핀 '업' 전자가 왼쪽에서 왔다는 것을 확실히 알 수 있기 때문이다.

〈그림 1〉 〈그림 2〉

─〈보기〉─

ㄱ. 스핀값이 다른 두 전자를 맞바꾸면, 두 전자의 상태함수는 달라진다.
ㄴ. 스핀 '다운'인 두 전자를 이용하여 산란 실험을 하면 각도 θ에서 스핀 '다운' 전자를 발견할 확률은 $|f(\theta) - f(180°-\theta)|^2$이다.
ㄷ. 스핀값이 같은 두 전자를 맞바꾸는 연산을 하였을 때, 바꾸기 전의 상태함수 $\psi(1=a, 2=b)$가 바꾼 후의 상태함수 $\psi(1=b, 2=a)$와 같으면 두 전자 전체에 대한 상태함수는 0이다.

① ㄱ   ② ㄴ   ③ ㄱ, ㄷ
④ ㄴ, ㄷ   ⑤ ㄱ, ㄴ, ㄷ

56

다음으로부터 추론한 것으로 옳은 것만을 〈보기〉에서 있는 대로 고른 것은?

결정 내 원자 배열 간격과 비슷한 파장의 X선을 결정에 쬐면 회절 현상을 관측할 수 있다. 물질의 미세 결정 구조를 정밀하게 관측하는 몇몇 장비들은 전자기파인 X선이 아니라 전자를 사용한다. 전자를 이러한 첨단 회절 장비에 사용하게 된 원인을 거슬러 올라가면 전자와 같은 입자도 파동성을 갖는다는 것을 처음 주장한 드 브루이와 마주치게 된다. 이 주장을 실험적으로 증명한 것은 A였다.

A는 처음에 진공상태에서 다결정 니켈 시료에 전자 빔을 쬐어 산란되는 전자를 이용하여 니켈 원자의 배열을 알아내려는 실험을 하고 있었다. 이 실험은 알파 입자의 입자성을 이용하여 핵에 대한 산란 실험을 했던 것과 같은 방식이었다. 이 과정에서 실수로 진공 장비 내에 공기가 새어 들어가 니켈 표면에 산화막이 형성되었다. 이 산화막을 없애기 위해 A는 고온 전기로에 시료를 넣고 가열하였다. 이 과정에서 원자 배열이 고르지 않던 기존의 다결정 니켈 시료가 원자 배열이 주기적인 단결정 구조로 변했는데, 정작 A는 그 사실을 인지하지 못했다. 고온 처리한 시료에서 전자에 의한 회절 패턴을 얻게 되자 A는 아예 니켈 단결정을 사용하여 실험을 수행하였다. 전자가 회절한다는 결과는 입자의 파동성을 증명하는 획기적 실험 증거였다.

─〈보기〉─

ㄱ. A는 처음에 전자의 입자성을 이용한 실험을 설계하였다.
ㄴ. 단결정 상태가 아닌 니켈 시료에 전자를 쬐면 전자는 산란하지 않는다.
ㄷ. 첨단 회절 장비에서 전자를 활용해 물질의 미세 결정 구조를 관측할 수 있는 것은 전자의 파동성 덕분이다.

① ㄱ   ② ㄴ   ③ ㄱ, ㄷ
④ ㄴ, ㄷ   ⑤ ㄱ, ㄴ, ㄷ

57

다음으로부터 추론한 것으로 옳은 것만을 〈보기〉에서 있는 대로 고른 것은?

오늘날 기후 위기는 최근 급격하게 배출량이 늘고 있는 메테인(CH_4)과 이산화탄소(CO_2) 등의 온실기체의 영향이 크다. 특히 메테인은 대기 중 농도가 이산화탄소의 0.5%에 불과하지만 온실효과에 대한 기여도는 이산화탄소의 3분의 1에 달한다.

이산화탄소와 메테인 같은 기체와 온실효과 사이의 관계를 이해하기 위해서는 지구에 공급되는 태양의 복사 에너지가 어떤 경로로 나누어지고 저장되고 다시 우주로 돌아가는지를 살펴봐야 한다. 온도를 가진 물체는 그 온도에 해당하는 스펙트럼의 전자기파를 방출하며, 온도가 높을수록 많은 에너지를 방출한다. 지구는 태양에서 받는 에너지와 외부로 방출하는 에너지가 같은 상태가 되어 열적 평형 상태를 달성한다. 한편 태양은 자외선, 가시광선, 적외선을 포함한 다양한 스펙트럼의 전자기파를 우주로 보낸다. 지구에 도달한 태양의 전자기파 중 절반 정도가 대기를 통과해 표면에 도착한 후 흡수되어 지구의 온도를 일정하게 유지시킨다.

대기권을 구성하는 특정 분자들은 가시광선은 그대로 통과시키면서 지표면에서 방출되는 적외선은 매우 잘 흡수한다. 기체 분자들은 분자 구조에 따라 고유한 진동수로 진동한다. 즉, 에너지를 받아 들뜨면서 자신만의 고유한 춤을 추는 것이다. 지표면이 방출하는 적외선 에너지를 흡수해 그 장단에 맞춰 춤출 수 있는 기체가 바로 이산화탄소, 메테인과 같은 기체다. 적외선을 흡수해 진동하는 분자들은 흡수한 적외선을 다시 사방으로 방출하는데, 일부는 지표면으로 향하고 나머지는 우주로 빠져나간다. 즉, 온실기체는 지구 밖을 향해 방출되어야 할 에너지의 일부를 붙잡아 다시 지구로 돌려보낸다. 지구로 되돌려진 만큼의 에너지는 결국에는 방출되어 지구는 열적 평형 상태에 도달한다. 이때 지구의 온도는 온실효과가 없을 때보다 높아진 상태로 유지된다.

─〈보기〉─

ㄱ. 지구 대기 중의 분자당 적외선 흡수량은 이산화탄소가 메테인보다 크다.
ㄴ. 지구의 현재 대기의 양과 구성 성분 비율이 고정된다면 지구의 온도는 점차 높아진다.
ㄷ. 다른 조건이 같을 때, 지구 대기에서 메테인이 완전히 사라진다면 온실효과는 완화된다.

① ㄱ ② ㄷ ③ ㄱ, ㄴ
④ ㄴ, ㄷ ⑤ ㄱ, ㄴ, ㄷ

58

다음으로부터 추론한 것으로 옳은 것만을 〈보기〉에서 있는 대로 고른 것은?

표준환원전위(E_0)는 전자를 받아서 환원되려고 하는 물질의 경향성을 수치화하여 나타낸 것이다. E_0가 큰 물질일수록 전자를 받아 환원되려는 경향성이 크므로 E_0가 작은 물질로부터 큰 물질로 전자가 이동한다. 이때 나오는 에너지의 크기는 두 물질의 E_0 차이에 의해 결정되며 그 차이가 클수록 더 많은 에너지가 나온다.

사람과 대장균은 포도당에서 나온 전자를 NAD^+ 혹은 FAD를 거쳐 최종적으로 산소로 이동시켜 산소에 전자가 저장된 형태인 물을 생성하는 과정, 즉 산소의 환원 과정을 통해 에너지 저장 물질인 ATP를 생성할 수 있다. 포도당에서 나온 일부 전자는 NAD^+로 이동하여 NAD^+에 전자가 저장된 형태인 NADH를 생성하고, 일부는 FAD로 이동하여 FAD에 전자가 저장된 형태인 $FADH_2$를 생성한다. 이후 NADH와 $FADH_2$에 있던 전자들이 최종적으로 산소로 이동하면서 ATP가 합성된다. 예를 들어, NAD^+의 E_0는 $-0.32V$이고 산소의 E_0는 $+0.82V$이므로, 이들의 E_0 차이인 $1.14V$에 의해 NADH 1분자당 3분자의 ATP가 합성된다. 하지만 이 과정에서 $FADH_2$는 1분자당 2분자만의 ATP를 생성할 수 있다.

사람과 달리, 대장균은 무산소 호흡을 통해 에너지를 생산할 수 있다. 대장균은 산소가 있으면 산소를 최종 전자수용체로 이용하지만, 산소가 없으면 NADH나 $FADH_2$의 전자를 산소가 아닌 다른 물질로 최종적으로 이동시켜 에너지를 얻을 수 있다. 이러한 물질에는 질산염($E_0 = +0.42V$)과 푸마르산($E_0 = +0.03V$)이 있다.

─〈보기〉─

ㄱ. E_0가 작은 물질일수록 전자를 잃을 경향성이 크다.
ㄴ. FAD의 E_0는 $-0.32V$보다 더 클 것이다.
ㄷ. 산소가 없고 질산염과 푸마르산이 있는 경우, 대장균은 포도당으로부터 더 많은 에너지를 얻기 위해 최종 전자수용체로 푸마르산을 이용할 것이다.

① ㄱ ② ㄷ ③ ㄱ, ㄴ
④ ㄴ, ㄷ ⑤ ㄱ, ㄴ, ㄷ

59

〈상황〉에 대한 추론으로 옳은 것만을 〈보기〉에서 있는 대로 고른 것은?

물체가 움직일 때 물체의 질량과 속도를 곱한 물리량을 운동량이라고 한다. 하나 혹은 그 이상의 물체들로 구성된 어떤 계의 모든 물체의 운동량 합은 외부와의 상호작용이 없을 때 항상 보존된다.

에너지는 어떤 물체나 계가 일을 할 수 있는 능력 혹은 가능성으로, 일을 통해 다른 형태의 에너지로 전환될 수 있다. 다양한 형태의 에너지 중, 물체의 역학적 에너지는 운동에너지와 퍼텐셜에너지의 합으로 정의되며, 마찰이나 공기의 저항 등에 의한 에너지 손실이 없는 경우 역학적 에너지는 보존된다.

물체의 운동에너지는 운동량 크기의 제곱을 질량으로 나눈 값의 절반으로 정의된다. 퍼텐셜에너지는 위치 변화에 따르는 일을 할 수 있는 능력으로, 중력에 의한 퍼텐셜에너지, 용수철이 늘어나거나 압축될 때 원래의 위치로 돌아가려는 탄성력에 의한 퍼텐셜에너지 등이 있다. 중력에 의한 물체의 퍼텐셜에너지는 물체의 질량과 지표면에서의 높이 변화, 그리고 중력가속도(g)를 모두 곱한 값으로 정의된다.

〈상황〉

지표면과 평행한 평면에 질량이 각각 m_A와 m_B인 두 물체 A와 B 사이에 질량을 무시할 수 있는 용수철을 넣은 후 두 물체를 근접시켜 용수철을 압축시킨다. 처음 정지 상태에 있던 두 물체를 동시에 가만히 놓으면, 탄성력에 의한 퍼텐셜에너지가 운동에너지로 전환되어 서로 반대 방향으로 움직인다. 이때 A와 B의 속력이 각각 v_A와 v_B라면 운동에너지는 각각 $m_A v_A^2/2$과 $m_B v_B^2/2$이다. 평면을 따라 움직이던 두 물체는, 평면의 양 끝에서 오르막 빗면을 오르게 된다. 물체와 평면, 물체와 빗면 사이의 마찰과 공기에 의한 저항 등은 무시할 정도로 작다. 물체가 출발한 평면 위의 지점을 기준으로 A와 B가 도달한 최고점의 높이는 각각 h_A와 h_B가 되는데, 이때 역학적 에너지 보존으로부터 $m_A g h_A = m_A v_A^2/2$과 $m_B g h_B = m_B v_B^2/2$이 각각 성립한다.

─〈보기〉─

ㄱ. h_A와 h_B의 비율은 용수철이 처음 압축된 정도와 무관하다.
ㄴ. m_A와 m_B의 비가 1:2라면, 분리된 순간 A와 B의 운동량 크기의 비는 1:2이다.
ㄷ. 두 물체를 놓기 직전의 탄성력에 의한 퍼텐셜에너지는 A와 B가 최고점에 올라갔을 때의 A, B의 중력에 의한 퍼텐셜에너지의 합과 같다.

① ㄱ ② ㄴ ③ ㄱ, ㄷ
④ ㄴ, ㄷ ⑤ ㄱ, ㄴ, ㄷ

60

다음 글에 대한 분석으로 옳은 것만을 〈보기〉에서 있는 대로 고른 것은?

종(species)은 생명체를 분류하는 기본 단위이다. 종의 정의 중 하나는 ㉠종이란 다른 집단과는 생식적으로 격리되어, 집단 내 상호교배가 가능한 개체군의 집단이라는 것이다. 다윈의 진화론에 따르면 자연선택에 의한 진화 과정에서 변이가 축적되어 생식적 격리가 발생하고 이로 인해 종분화, 즉 종의 형성이 일어난다. 이러한 종의 정의는 유성생식을 하는 동물에는 비교적 잘 적용되지만, 무성생식을 하거나 멸종한 생명체에는 적용되지 않는다. 또한, 식물의 경우에는, 동물이라면 발생이 진행되지 않을 비정상적인 염색체 수를 가지더라도 정상적으로 발생이 진행되어 부모와는 다른 종을 형성하는 경우도 있다.

우장춘 박사는 서로 다른 종이 교배를 통해 새로운 종으로 진화할 수 있다는 종의 합성 이론을 제안하였다. 우 박사는 배추속에 속하는 배추, 양배추, 흑겨자, 유채, 갓, 에티오피아 겨자 사이의 유전학적 관계를 ㉡우의 삼각형 모델로 설명하였다. 이에 따르면 배추속에 속하는 다른 두 종간의 자연적 교배를 통해 한 종의 염색체에 다른 종의 염색체가 추가되어 두 종의 염색체를 모두 가지는 또 다른 종이 생성된다. 예를 들어, 배추(n=10)와 양배추(n=9)가 교배되어 유채(n=19)가 만들어지고, 배추와 흑겨자(n=8)가 교배되어 갓(n=18)이 만들어지며, 흑겨자와 양배추가 교배되어 에티오피아 겨자가 만들어진다.

─〈보기〉─

ㄱ. 에티오피아 겨자의 염색체 수(n)는 흑겨자의 염색체 수(n)보다 크다.
ㄴ. ㉠에 따르면 배추와 양배추는 다른 종으로 볼 수 없고, ㉡에 따르면 흑겨자와 갓은 다른 종으로 볼 수 있다.
ㄷ. ㉠이 같은 종으로 분류하는 말티즈(n=39)와 푸들(n=39) 사이에서 말티푸(n=39)가 태어났을 때, ㉡에 사용된 종의 합성 이론은 푸들과 말티푸를 다른 종으로 분류한다.

① ㄱ ② ㄷ ③ ㄱ, ㄴ
④ ㄴ, ㄷ ⑤ ㄱ, ㄴ, ㄷ

61

2025학년도 LEET 문40

다음 글을 분석한 것으로 옳은 것만을 〈보기〉에서 있는 대로 고른 것은?

> 한 조직에서 합성되어 다른 조직으로 이동해 그 조직의 생리 활성을 조절하는 호르몬은 펩타이드계와 스테로이드계로 구분할 수 있다. 대부분의 스테로이드계 호르몬은 극성도가 낮아 세포막을 쉽게 투과하여 세포 내부에서 직접적으로 신호전달 물질로 작용하지만, 대부분의 펩타이드계 호르몬은 극성도가 높아 세포막을 투과하지 못한다. 따라서 세포막을 투과하지 못하는 펩타이드계 호르몬은 세포 표면에 존재하는 수용체에 결합하고, 이로 인한 수용체의 구조적 변화를 통해 세포 내부의 신호전달 단백질을 활성화시키는 메커니즘을 사용한다.
>
> 동물 스테로이드계 호르몬은 세포막을 쉽게 투과하지만, 식물의 생장을 촉진하는 식물 스테로이드계 호르몬인 브라시노라이드(BR)는 동물 세포와 식물 세포의 세포막에 큰 차이가 없음에도 불구하고 세포막을 쉽게 투과하지 못하는 것으로 알려져 있다. 〈실험〉은 BR이 펩타이드계 호르몬과 유사하게 세포 표면 수용체 및 신호전달 단백질을 이용하는 메커니즘을 규명한 연구의 일부이다.
>
> 〈실험〉
> BR 생합성 유전자와 BR 수용체 유전자 중 하나에만 손상이 있는 애기장대 돌연변이 A와 돌연변이 B를 선별하였다. 둘 모두 야생형과 비교하여 생장이 저해된 표현형을 나타내었다. BR을 처리했을 때, A는 저해된 생장이 회복되지 않았지만, B는 회복되었다. BR 수용체의 구조적 변화를 인식하는 신호전달 단백질 유전자에만 돌연변이가 일어나 생장이 저해된 표현형을 가지는 애기장대 돌연변이 C를 선별하여, BR 처리 후의 표현형 변화를 관찰하였다.

〈보기〉

ㄱ. 동물과 식물 스테로이드계 호르몬의 세포막 투과도 차이가 극성에 의해서만 결정된다면, BR은 동물 스테로이드계 호르몬보다 극성도가 높을 것이다.
ㄴ. 〈실험〉은 "A는 BR을 합성하지 못하고, B는 BR 수용체에 이상이 있다"라는 가설을 강화한다.
ㄷ. BR 처리 후, B와 C는 유사한 표현형을 나타낼 것이다.

① ㄱ ② ㄷ ③ ㄱ, ㄴ
④ ㄴ, ㄷ ⑤ ㄱ, ㄴ, ㄷ

62

2026학년도 LEET 문35

다음으로부터 추론한 것으로 옳은 것만을 〈보기〉에서 있는 대로 고른 것은?

> 인간은 X와 Y염색체를 성염색체로 가지며 X염색체는 Y염색체보다 세 배 정도 크다. X염색체는 1,000여 개의 유전자를 포함하고 있지만 Y염색체는 100여 개의 유전자만을 가지고 있다. 따라서, 정상 여성의 체세포에 존재하는 두 개의 X염색체와 정상 남성의 체세포에 존재하는 한 개의 X염색체를 고려하면, 여성과 남성은 유전자 수에서 불균형을 보인다. 이론적으로 여성은 X염색체에 존재하는 유전자를 남성보다 두 배로 발현할 능력이 있다. 그러나 인간은 이러한 X염색체 수의 차이에서 발생하는 유전자 발현량의 불균형을 조절하기 위한 유전자량 보정 메커니즘을 가진다. 여성의 두 X염색체 중 하나가 불활성화되어 X염색체상에 존재하는 유전자의 발현량이 남성과 동등하게 맞춰진다. 불활성화된 X염색체는 DNA가 응축되었기 때문에 현미경에서 어둡게 보이는 소체 형태로 관찰되는데, 이를 바소체라고 한다. 두 개 이상의 X염색체를 가지는 체세포에는 한 개의 X염색체를 제외한 나머지가 불활성화된다. 체세포에 한 개의 X염색체만을 가지는 터너증후군 여성에서는 X염색체 불활성화가 일어나지 않아 바소체가 관찰되지 않는다.
>
> 한편, 여성이 가지는 두 개의 X염색체 중에서 어떤 X염색체가 불활성화되는지는 ㉠ 라이온 가설로 설명된다. 이 가설에 따르면, X염색체 불활성화는 배아 발생 초기 어떤 시점의 체세포들에서 둘 중 하나의 X염색체에 무작위로 일어나고, 불활성화가 일어난 뒤 그 자손 세포들은 같은 X염색체를 불활성화시킨다.

〈보기〉

ㄱ. ㉠에 따르면, 한 쌍의 X염색체에 대립유전자 A와 a를 하나씩 갖는 정상 여성의 경우, 한 개의 체세포에서 유전자 A와 a의 발현이 모두 일어날 것이다.
ㄴ. 성염색체를 XXY로 갖는 클라인펠터 증후군 남성의 체세포 한 개와 XXX로 갖는 삼중-X증후군 여성의 체세포 한 개에서 관찰되는 바소체의 개수는 동일할 것이다.
ㄷ. '정상 여성의 불활성화된 X염색체에서 일부 유전자의 발현이 일어난다'라는 추가 연구 결과는 터너증후군 여성의 표현형이 정상 여성과 다르게 나타나는 이유를 설명할 수 있다.

① ㄴ ② ㄷ ③ ㄱ, ㄴ
④ ㄱ, ㄷ ⑤ ㄱ, ㄴ, ㄷ

63

다음 글에 대한 분석으로 적절한 것만을 〈보기〉에서 있는 대로 고른 것은?

> 사람의 뇌에서 개별 신경세포는 이웃하는 다른 신경세포와 시냅스를 통해 연결된다. 하나의 신경세포가 자극을 받으면 그 신호가 시냅스를 거쳐 이웃하는 신경세포에 전달되는데, 같은 신호가 전달되어도 이웃하는 신경세포는 시냅스의 연결 강도에 따라서 자극을 받을 수도, 그렇지 않을 수도 있다. 외부의 자극이 전달되어 시냅스로 연결된 두 신경세포가 함께 자극받는 빈도가 변하면 시냅스 연결 강도가 변한다는 원리가 헵의 규칙이며, 이는 학습의 미시적인 메커니즘이다.
>
> 많은 인공신경세포를 연결망 구조로 구현한 것이 홉필드의 인공신경망이다. 홉필드는 물리학에서 강자성체를 설명하는 A모형에 주목했다. A모형은 '업'과 '다운' 중 하나의 상태를 갖는 스핀들이 상호작용하는 방식을 기술한다. 이웃하는 각 스핀의 방향에 따라 상호작용 에너지가 결정되는데, 시스템의 안정된 상태는 전체 에너지가 가장 낮은 상태에 도달했을 때 이루어진다.
>
> 홉필드는 헵의 규칙을 이용해 A모형에서 스핀들의 상호작용을 기술하는 행렬 요소를 재정의하고, A모형의 에너지와 수학적으로 같은 형태로 인공신경망의 에너지를 구현했다. 예를 들어, 평면에 여러 화소로 구성된 이미지 'ㅊ'을 떠올려 보자. 각각의 화소를 인공신경세포로 간주하고, 'ㅊ' 모양에서 검은색 화소의 상태를 1, 흰색 화소의 상태를 0이라 하자. 헵의 규칙을 적용해 이웃하는 두 화소가 (1,1)이나 (0,0)처럼 같은 상태일 때는 그 두 인공신경세포 사이를 연결하는 시냅스 연결에 +1을 부여하고, (1,0)이나 (0,1)처럼 두 화소 상태가 다를 때는 시냅스 연결에 −1을 부여한다. 이처럼 학습시키고자 하는 다양한 패턴은 연결망 가중치로 표현될 수 있다.
>
> 홉필드 인공신경망이 다양한 형태의 'ㅊ'을 충분히 학습하고 나면, 정확한 'ㅊ' 모양이 아니라 약간의 오류가 있는 이미지를 입력해도 전체의 에너지가 줄어드는 방향으로 연결망의 상태를 변화시켜, 결국 제대로 된 'ㅊ'을 생성한다.

〈보기〉

ㄱ. 홉필드 인공신경망의 개별 화소 상태는 A모형의 스핀 상태에 해당한다.
ㄴ. 홉필드 인공신경망은 학습 과정에서 개별 연결망 가중치를 변화시킨다.
ㄷ. 오류를 교정해 정확한 정보를 생성하는 것은 홉필드 인공신경망의 에너지를 점차 낮추는 과정이다.

① ㄱ ② ㄴ ③ ㄱ, ㄷ
④ ㄴ, ㄷ ⑤ ㄱ, ㄴ, ㄷ

64

다음으로부터 추론한 것으로 옳은 것만을 〈보기〉에서 있는 대로 고른 것은?

> 속이 빈 원통형 구조체를 생각해 보자.(단, 원통의 두께는 무시한다.) 그 구조체가 원통 윗면의 중심과 밑면의 중심을 관통하는 직선을 축으로 일정하게 회전하면, 그 옆면의 안쪽 벽에 인공중력이 만들어진다. 다른 외력이 없을 때 이 안쪽 벽에 붙어 원통과 함께 회전하는 물체는 원운동을 하게 되며, 이때 작용하는 원심력을 중력으로 생각할 수 있다. 원통의 안쪽 벽이 물체를 지지하는 힘은 구심력 역할을 하며, 안쪽 벽의 표면은 지표면과 같은 역할을 한다. 이렇게 인공적으로 만들어진 중력가속도의 크기 a는 Rw^2이 되는데, 이때 R은 원통의 반지름이고, w는 원통의 회전 각속력, 즉 단위 시간당 회전하는 각도이다. 이 중력가속도의 크기는 v^2/R로도 표현할 수 있으며, 이때 v는 물체가 원의 접선 방향으로 움직이는 선속력이다. 예를 들어, 지름 20,000m인 원통형 구조체에서 지구와 같은 크기의 중력, 즉 중력가속도 $10m/s^2$을 구현한다고 해 보자. $10=10,000 \times w^2$으로부터 w는 약 $0.03rad/s$임을 알 수 있다. 이는 구조체가 1초에 약 $2°$를 회전해야 한다는 것이다.

〈보기〉

ㄱ. 각속력이 동일하다면 원통의 반지름이 커질수록 선속력은 이와 정비례해서 커진다.
ㄴ. 지름 10,000m인 원통형 구조체에서 지구와 같은 크기의 중력을 구현하려면 각속력은 $0.03rad/s$보다 커야 한다.
ㄷ. 일정하게 회전하는 위 구조체 옆면의 안쪽 벽 표면에서 출발한 사람이 고정된 사다리를 타고 원통의 회전축을 향해 움직인다면, 이 사람에게 작용하는 인공중력은 점차 감소한다.

① ㄱ ② ㄴ ③ ㄱ, ㄷ
④ ㄴ, ㄷ ⑤ ㄱ, ㄴ, ㄷ

한 번에 합격, 해커스로스쿨

lawschool.Hackers.com

03 논리 게임 기출유형공략

핵심 이론

논리 게임은 연역적인 사고를 측정하기 위한 목적으로 출제되고 있다. 퍼즐의 형식을 취하고 있으며 출제되는 형식에 따른 접근방식이 필요하다.

시나리오	논리 게임 문제에서는 우선, 해결해야 하는 사항이 무엇이며 어떤 방향으로 접근해야 하는지를 파악해야 한다. 문제에서 지시문의 형식으로 주어지는 요구 사항과 지문에서 나타나는 상황을 통해 게임의 시나리오를 확인할 수 있다. 이를 통해 어떤 유형이며, 어떠한 전략으로 문제에 임해야 하는지를 파악할 수 있다.
모형화: 베이스(base), 도식 만들기	논리 게임의 접근 방식에서 가장 중요한 방식은 도식을 만드는 것이다. 문제마다 적절한 형식과 방법에 따라 도표나 부등식 등을 사용하여 시각적으로 모형화하는 것이 필요하다. 이때 기준이 되는 것이 베이스가 된다. 베이스는 일반적으로 고정된 변수를 사용해야 한다. 가변적인 사항은 문제 해결에 경우의 수를 만들어 혼동을 줄 수 있기 때문이다. 베이스를 정한 후 변수에 따른 배열을 결정하여 도표를 만들 수 있다. 또는 순서를 정하는 형식을 취할 수 있다.
확정 및 배제	반드시 참이 되는 정보는 확정된 정보가 되며 반드시 거짓이 되는 정보는 배제되어야 하는 정보이다. 이러한 정보로부터 추리가 시작되기 때문에 모형화한 후 우선적으로 그 모형에 확정과 배제된 정보를 표시해야 한다. 또한 지문의 정보에서 반드시 인접하여 배치되어야 한다는 등의 정보는 주어진 도식에 블록(block) 등으로 표시해야 하거나 배열하여야 하며, 반대로 반드시 있어서는 안 된다는 배제 정보 역시 표시해야 한다.
경우의 수 설정	문제에서 요구하는 조건 및 정보를 적용할 경우 두 가지 이상의 경우가 발생하면서 경우의 수가 설정될 수 있다. 이때에는 각각의 템플릿(template)을 설정하여 판단해야 한다.
선택지 적용	주어진 규칙이나 정보로부터 더 이상 추리가 되지 않은 상태에서 많은 경우의 수가 발생하는 경우도 있다. 이 경우 선택지를 통해 제한적인 사항이나 조건을 주어 배열을 완성할 수 있다. 선택지의 상황을 대입하여 판단하는 방법으로 그 적용에 있어서 두 가지로 구분할 수 있다. · 선택지의 조건이나 추가 정보를 대입하여 확정되는 경우를 찾아서 추리 · 귀류법: 선택지의 조건이나 추가 정보를 대입하여도 다른 규칙에 위배되는지를 확인하는 방법

01 배열

이 유형은 모든 논리 게임의 기본이 되는 유형으로, 적절한 순서를 파악하는 능력을 측정하기 위한 것이다. 시·공간적 배열을 중심으로 나타나며, 나열하기, 자리배치, 순서정하기 등의 종류로 나타난다. 배열 문제의 접근 방식은 다음과 같다.

규칙들의 표시	확정, 배제, 인접 등 모형화 및 시각화
규칙을 통한 추리	규칙의 연결, 확정 및 배제에 의한 매칭
선택지 대입	추가 정보에 의한 배열의 완성

02 속성매칭

어떤 속성이 어떤 대상에 속하며, 그 대상이 어떤 집합에 속하는지를 파악하는 것이다. 이때 조건이 많거나 변수들이 다양하다면, 그 조건들을 일치시키며 전체를 조망하는 것이 중요하다. 그리고 주어진 조건들로부터 연역된 사실도 정리해야 한다. 조건의 정리에 있어서, 하나의 집합에 포함되는 요소가 무엇인지, 각각의 집합들이 공유하고 있는 것은 무엇인지, 총 경우의 수까지도 확정지어야 효율적인 검증 가능한 도식화가 가능하게 된다. 속성매칭 문제의 접근 방식은 다음과 같다.

도식화	가로 및 세로의 기준(base)을 토대로 도표 작성
확정 및 배제 표시 및 추리	선언적 추리를 통한 속성매칭

03 연결·그룹핑

조건화된 규칙을 파악하고 규칙에 따라 배열이나 그룹핑하는 문제 유형이다. 그룹핑은 그룹으로 주어진 변수들을 나누어 집합화하는 것으로 배열과 속성매칭의 틀과 유사하게 모형화를 통해서 해결할 수 있다. 다만, 그룹핑의 조건들이 주어지고 추리규칙의 원리가 적용되는 문제로 출제되고 있다. 연결·그룹핑 문제의 접근 방식은 다음과 같다.

모형화	규칙이 적용될 수 있는 적절한 시각화
규칙 적용	조건문이나 직접적인 지시사항을 통한 변수들에 대한 추리

04 진실 혹은 거짓 게임

주어진 전제의 조건에 따라 참 또는 거짓의 값을 부여하고 주어진 답을 찾아내는 형식을 갖고 있다. 문제해결에 있어서 가장 중요한 점은 가능한 경우의 수를 최소화하는 것이다. 진술들 중에서 모순이 되는 점을 찾아서 그 중 하나가 참일 경우, 다른 하나는 거짓임을 설정하여 조건에 맞추어 파악해야 한다. 이 과정에서는 모순을 찾아 제거시키는 귀류법(contra deductive method)적인 사고가 포함되어 있다. 또한 발생 가능한 경우의 수를 모순이 되는 두 가지로 설정하는 가정법의 방식도 내포되어 있다. 진실 혹은 거짓 게임 문제의 접근 방식은 다음과 같다.

참 또는 거짓 확인	참이나 거짓의 총 개수 및 진술들의 참 거짓 여부 확인
모순 및 양립	모순되는 진술의 경우 파악하여 가정적 템플릿 설정

05 수학적 퍼즐

수학적 퍼즐이란 논리 게임의 해결에 있어서 수학적 계산과 수리적 사고가 필요한 문제를 의미한다. 외형은 동일한 퍼즐의 형태로 나타나면서 동시에 수리적 소양을 지닌 문제이다. 따라서 문제의 상황과 조건, 정보, 규칙이나 원리를 지문에서 제공한다. 따라서 주어진 조건을 파악하고 그것을 기초적인 수학적 원리에 대응하여 문제를 해결하면 된다. 수학적 퍼즐의 유형은 다음과 같다.

수적배열	배열 유형을 수리적인 기준에 의해 배열하는 문제의 유형이다. 주어진 수적 기준을 확인하고 변수나 집합을 이 기준에 의하여 배열 및 적용하며 규칙에서 계산이 요구되는 때에 계산을 통한 추리도 필요하다.
승패게임	승패게임은 구기 종목 등과 같은 게임의 상황을 설정해주고 결과를 추리하거나 주어진 결과 자료를 토대로 요구되는 바를 해결하는 문제이다.

출제 경향

01 논리 게임은 최근 3문항 정도로 지속적으로 출제되고 있으며 다양한 유형으로 출제되고 있다. 특히 수학적 퍼즐에서 수적배열 유형은 1문제 이상이 지속적으로 출제되는데 2024학년도에는 3문제가 모두 수적배열에서 출제되었다. 이전에는 배열 및 속성매칭, 진실 혹은 거짓 게임이 교대로 출제되었었다.

02 논리 게임의 유형이 고루 출제되고 있기에 기본 유형인 배열부터 논리 게임의 접근 방식과 다양한 문제 경험에 초점을 두고 학습할 필요가 있다.

유형 01 – 배열

01
LEET 1차 예시 문5

다음 글을 읽고 아래의 물음에 답하시오.

> 영업부의 박 부장은 월요일부터 목요일까지 매일 남녀 각 한 명씩 두 사람을 회사 홍보 행사 담당자로 보내야 한다. 영업부에는 현재 남자 사원 4명(길호, 철호, 영호, 치호)과 여자 사원 4명(영숙, 옥숙, 지숙, 미숙)이 근무하고 있으며, 다음과 같은 제약 사항이 있다.

〈보기〉
가. 매일 다른 사람을 보내야 한다.
나. 치호는 철호 이전에 보내야 한다.
다. 옥숙은 수요일에 보낼 수 없다.
라. 철호와 영숙은 같이 보낼 수 없다.
마. 영숙은 지숙과 미숙 이후에 보내야 한다.
바. 치호는 영호보다 앞서 보내야 한다.
사. 옥숙은 지숙 이후에 보내야 한다.
아. 길호는 철호를 보낸 바로 다음 날 보내야 한다.

01-1
만일 영호와 옥숙을 같은 날 보낼 수 없다면, 목요일에 보내야 하는 남녀 사원은 누구인가?

① 길호와 영숙 ② 영호와 영숙
③ 치호와 옥숙 ④ 길호와 옥숙
⑤ 영호와 미숙

01-2
만일 영호를 철호보다 앞서 보내야 한다면, 수요일에 보내야 하는 남녀 사원은 각각 누구인가?

① 길호 – 영숙 ② 영호 – 미숙
③ 영호 – 영숙 ④ 철호 – 미숙
⑤ 치호 – 영숙

02
LEET 2차 예시 문10

A, B, C 삼국이 모여서 협상을 한다고 가정하자. A국과 B국은 서로 적국이고, C국은 양국을 중재하고자 하는 중립국이다. 각국은 각기 네 명의 대표단을 파견했고, 그 명단과 서열은 다음과 같다.

> A국: 앨리스 — 밥 — 캐롤 — 데이빗
> B국: 알레프 — 베쓰 — 기멜 — 달레쓰
> C국: 갑수 — 을수 — 병수 — 정수

각국 대표들이 앉을 협상 테이블은 정육각형 모양이며, 각 면에 의자가 두 개씩 전체적으로 균등하게 배치되어 있고, 각국 대표들은 다음의 조건에 따라 의자에 앉아야 한다.

(가) 같은 나라 대표들끼리 세 명 이상 인접해 앉아서는 안 된다.
(나) A와 C국 대표들이 앉는 순서는 서열의 순서와 시계방향이 일치해야 한다. 예컨대 앨리스 다음에 시계 방향으로 밥, 캐롤, 데이빗의 순서로 앉아야 한다.
(다) A와 B국의 대표들은 자신과 서열이 동등한 적국 대표와 정면으로 바로 마주보고 앉아야 한다.

(라) 앨리스와 밥은 협상 테이블의 같은 면에 앉아야 한다.
(마) 캐롤과 밥, 그리고 캐롤과 알레프 사이에 동일한 수의 대표가 앉아야 한다.
(바) 데이빗은 B국 대표와 인접해서 앉아서는 안 된다.

이 경우 밥의 입장에서 바로 왼쪽에 앉아 있는 사람은 누구인가?

① 갑수 ② 을수 ③ 병수
④ 데이빗 ⑤ 달레쓰

03

갑, 을, 병, 정의 네 나라에 대한 다음의 조건으로부터 추론할 수 있는 것은?

○ 이들 나라는 시대순으로 연이어 존재했다.
○ 네 나라의 수도는 각각 달랐는데 관주, 금주, 평주, 한주 중 어느 하나였다.
○ 한주가 수도인 나라는 평주가 수도인 나라의 바로 전 시기에 있었다.
○ 금주가 수도인 나라는 관주가 수도인 나라의 바로 다음 시기에 있었으나, 정보다는 이전 시기에 있었다.
○ 병은 가장 먼저 있었던 나라는 아니지만, 갑보다는 이전 시기에 있었다.
○ 병과 정은 시대순으로 볼 때 연이어 존재하지 않았다.

① 금주는 갑의 수도이다.
② 관주는 병의 수도이다.
③ 평주는 정의 수도이다.
④ 을은 갑의 다음 시기에 존재하였다.
⑤ 한주가 수도인 나라가 가장 오래되었다.

04

어떤 지역에 5개 공장이 입주하였다. 공장의 입지 결정 과정에서 고려할 수 있는 입지 요인은 A, B, C, D, E이다. 다음의 조건을 충족시킬 때, 참인 진술을 〈보기〉에서 모두 고른 것은?

○ A를 고려한 공장은 2개이다.
○ B를 고려한 공장은 3개이다.
○ C를 고려한 공장은 1개이다.
○ D를 고려한 공장은 1개이다.
○ E를 고려한 공장은 2개이다.

〈보기〉

ㄱ. 모든 공장이 1개 이상의 입지 요인을 고려하였다면, 5개의 입지 요인을 모두 고려한 공장이 있을 수 있다.
ㄴ. 모든 공장이 1개 이상의 입지 요인을 고려하였다면, 동일한 수의 입지 요인을 고려한 공장은 3개일 수 없다.
ㄷ. 어떠한 입지 요인도 고려하지 않은 공장이 있다면, 동일한 수의 입지 요인을 고려한 공장은 4개일 수 없다.
ㄹ. 모든 공장이 1개 이상의 입지 요인을 고려하였고, 2개 이상의 입지 요인을 고려한 공장이 2개 있다면, 3개의 입지 요인을 고려한 공장이 가장 많은 입지 요인을 고려한 것이다.

① ㄱ, ㄷ
② ㄴ, ㄹ
③ ㄷ, ㄹ
④ ㄱ, ㄴ, ㄷ
⑤ ㄴ, ㄷ, ㄹ

05

2014학년도 LEET 문19

다음 글로부터 추론한 것으로 옳은 것만을 〈보기〉에서 있는 대로 고른 것은?

주상께서는 오제 가운데 저희 왕조를 낳아 주신 신께 남교에서 제사를 올려야 합니다. 오제는 적제, 흑제, 청제, 백제, 황제를 말하는데, 각기 오행(화, 수, 목, 금, 토)을 상징하는 신들입니다. 역대 각 왕조는 오덕종시설(五德終始說) 즉 오행의 상생 또는 상극의 순환 순서에 따라서 왕조 교체가 규칙적으로 이루어진다는 주장을 받아들여, 오덕 중 자신의 덕에 맞는 신에게 제사를 올렸던 것입니다. 그러나 상극설과 상생설에 따른 오행의 순환 순서에는 차이가 있습니다. 예를 들어 상극설에서는 화 다음에 수가 이어지지만, 상생설에서는 금 다음에 수가 이어집니다.

상생설과 상극설에 따른 오행의 순환 순서가 논란이 되자, 한(漢)왕조는 우선 자신을 중심으로 상생설과 상극설의 순환 순서를 결정하였습니다. 만약 한왕조가 상극설에 따라 토덕(土德)을 받들고 이후 여러 왕조에서 모두 상극설을 따랐다면, 저희 왕조는 한왕조가 망한 뒤 여섯 번째에 들어선 왕조이므로 목덕(木德)을 받들어야 했을 것입니다. 그러나 한왕조는 상생설에 따라서 화덕(火德)을 받들었고, 이후 여러 왕조에서는 모두 상생설을 따랐습니다. 한의 다다음 왕조는 금덕(金德)을 받들었는데, 한과 그 이후 왕조가 계속 상극설을 따랐어도 이는 마찬가지였을 것입니다. 저희 왕조도 한왕조 이후의 전례에 따라 상생설을 따르는 것이 좋으니, 원컨대 주상께서는 토덕을 받들어 황제(黃帝)께 제사 드리기를 바라옵니다.

─〈보기〉─

ㄱ. 현 왕조의 직전 왕조는 한왕조와 마찬가지로 화덕을 받들었을 것이다.
ㄴ. 한왕조부터 상극설이 채택되어 계속 유지되었다면 현 왕조의 전전 왕조는 황제에게 제사 지냈을 것이다.
ㄷ. 상생설과 상극설 중 한왕조가 어떤 설을 선택하든 그 설이 이후 왕조에서 계속 유지된다면, 현 왕조의 다음 왕조는 백제에게 제사 지낼 것이다.

① ㄱ ② ㄴ ③ ㄱ, ㄷ
④ ㄴ, ㄷ ⑤ ㄱ, ㄴ, ㄷ

06

2016학년도 LEET 문31

다음에서 추론한 것으로 옳은 것만을 〈보기〉에서 있는 대로 고른 것은?

어떤 국가는 A, B, C, D, E, F의 6개 주(州)로 구성되어 있다. 각 주는 하나의 덩어리 형태이며 다음과 같이 접경을 이루고 있다.

○ A는 C 이외의 모든 주와 접경을 이루고 있다.
○ B는 A, C, D, F와만 접경을 이루고 있다.
○ C는 B, D와만 접경을 이루고 있다.
○ D, E, F는 서로 접경을 이루지 않는다.

이제 빨강, 주황, 초록, 파랑, 보라의 5개 색을 사용하여 6개 주를 색칠하려고 한다. 각 주는 하나의 색만을 사용하여 색칠되어야 한다. 또한 아래와 같은 조건들이 주어진다.

〈조건1〉 A는 초록색으로 칠한다.
〈조건2〉 C와 F는 보라색으로 칠한다.
〈조건3〉 접경을 이룬 주끼리 같은 색을 사용해서는 안 된다.
〈조건4〉 파란색과 보라색은 접경을 이룬 주끼리 사용될 수 없다.
〈조건5〉 5개의 색이 모두 사용되어야 한다.

─〈보기〉─

ㄱ. E는 파란색이다.
ㄴ. B가 주황색이면 D는 빨간색이다.
ㄷ. 위의 조건들 중 〈조건5〉를 없애면 최소 3개의 색으로 6개의 주를 모두 색칠할 수 있다.

① ㄱ ② ㄷ ③ ㄱ, ㄴ
④ ㄴ, ㄷ ⑤ ㄱ, ㄴ, ㄷ

07

2017학년도 LEET 문21

다음으로부터 추론한 것으로 옳지 않은 것은?

> 아래 배치도에 나와 있는 10개의 방을 A, B, C, D, E, F, G 7명에게 하나씩 배정하고, 3개의 방은 비워두었다. 다음 〈정보〉가 알려져 있다.
>
> | 1호 | | 6호 |
> |---|---|---|
> | 2호 | | 7호 |
> | 3호 | | 8호 |
> | 4호 | | 9호 |
> | 5호 | | 10호 |
>
> 〈정보〉
> ○ 빈 방은 마주 보고 있지 않다.
> ○ 5호와 10호는 비어 있지 않다.
> ○ A의 방 양옆에는 B와 C의 방이 있다.
> ○ B와 마주 보는 방은 비어 있다.
> ○ C의 옆방 가운데 하나는 비어 있다.
> ○ D의 방은 E의 방과 마주 보고 있다.
> ○ G의 방은 6호이고 그 옆방은 비어 있다.

① 1호는 비어 있다.
② A의 방은 F의 방과 마주 보고 있다.
③ B의 방은 4호이다.
④ C와 마주 보는 방은 비어 있다.
⑤ D의 방은 10호이다.

08

2019학년도 LEET 문30

다음으로부터 추론한 것으로 옳은 것만을 〈보기〉에서 있는 대로 고른 것은?

> 다음과 같이 10개의 숫자가 사각형 안에 적혀 있다.
>
> | 1 | 2 | 3 |
> |---|---|---|
> | 4 | 5 | 6 |
> | 7 | 8 | 9 |
> | | 0 | |
>
> 숫자가 적혀 있는 두 사각형이 한 변을 서로 공유할 때 두 숫자가 '인접'한다고 하자. 서로 다른 6개의 숫자를 한 번씩만 사용하여 만든 암호에 대하여 다음 정보가 알려져 있다.
>
> ○ 4와 인접한 숫자 중 두 개가 사용되었다.
> ○ 6이 사용되었다면 9도 사용되었다.
> ○ 8과 인접한 숫자 중 한 개만 사용되었다.

〈보기〉
ㄱ. 8이 사용되었다.
ㄴ. 2와 3은 모두 사용되었다.
ㄷ. 5, 6, 7 중에 사용된 숫자는 한 개이다.

① ㄱ
② ㄴ
③ ㄱ, ㄷ
④ ㄴ, ㄷ
⑤ ㄱ, ㄴ, ㄷ

09

다음으로부터 추론한 것으로 옳은 것은?

> 어떤 교수가 피아노 연주회에서 자신이 지도하는 6명의 학생 甲, 乙, 丙, 丁, 戊, 己의 연주 순서를 정하는 데 다음 〈조건〉을 적용하고자 한다.
>
> 〈조건〉
> ○ 각자 한 번만 연주하며 두 명 이상이 동시에 연주할 수 없다.
> ○ 丙은 戊보다 먼저 연주해야 한다.
> ○ 丁은 甲과 乙보다 먼저 연주해야 한다.
> ○ 戊는 甲 직전 또는 직후에 연주해야 한다.
> ○ 己는 乙 직전에 연주해야 한다.

① 甲이 己 직전에 연주하면 丙과 丁의 순서가 결정된다.
② 乙이 丙 직전에 연주하면 甲과 戊의 순서가 결정된다.
③ 丙이 戊 직전에 연주하면 甲과 乙의 순서가 결정된다.
④ 丁이 甲 직전에 연주하면 丙과 己의 순서가 결정된다.
⑤ 戊가 己 직전에 연주하면 丙과 丁의 순서가 결정된다.

10

다음으로부터 추론한 것으로 옳은 것은?

> 가장 아래에서부터 위로 1부터 6까지 차례로 번호가 부여된 여섯 개의 상자가 쌓여 있다. 이 상자들에 대하여 다음이 성립한다.
>
> ○ 상자는 빨간 상자, 파란 상자, 하얀 상자 중의 하나이다.
> ○ 빨간 상자의 개수는 하얀 상자의 개수보다 많다.
> ○ 어떤 파란 상자는 모든 빨간 상자보다 아래에 있다.
> ○ 어떤 파란 상자 바로 아래에는 하얀 상자가 있다.
> ○ 상자 4는 빨간 상자이고, 상자 5와 상자 6의 색깔은 같다.

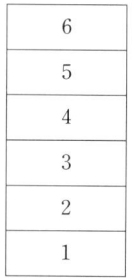

① 상자 1은 하얀 상자이다.
② 상자 2의 색깔과 상자 5의 색깔은 서로 다르다.
③ 상자 3이 빨간 상자이면 파란 상자는 1개이다.
④ 파란 상자의 개수는 하얀 상자의 개수보다 많다.
⑤ 하얀 상자 아래 파란 상자가 있으면 빨간 상자는 3개이다.

11

2023학년도 LEET 문34

다음으로부터 추론한 것으로 옳은 것만을 〈보기〉에서 있는 대로 고른 것은?

> 다음과 같이 다섯 대를 주차할 수 있도록 선이 그어져 있는 주차장 칸에 갑, 을, 병, 정, 무는 각각 자신의 차를 한 대씩 주차하였다.
>
>
>
> 다음 진술 중 세 개는 참이고 한 개는 거짓이다.
>
> 갑: "내 차는 왼쪽에서 두 번째 칸에 주차되어 있다."
> 을: "내 차의 바로 옆 칸에는 정의 차가 주차되어 있다."
> 병: "내 차는 가장 오른쪽 칸에 주차되어 있다."
> 정: "내 차의 바로 양 옆 칸에는 갑의 차와 무의 차가 각각 주차되어 있다."

〈보기〉

ㄱ. 갑의 차 바로 옆 칸에 정의 차가 주차되어 있다면 정의 진술은 참이다.
ㄴ. 을과 병 중 한 명의 진술이 거짓이라면 을의 차는 가장 왼쪽 칸에 주차되어 있다.
ㄷ. 거짓을 진술한 사람의 차와 무의 차 사이에는 두 대의 차가 주차되어 있다.

① ㄱ   ② ㄴ   ③ ㄱ, ㄷ
④ ㄴ, ㄷ   ⑤ ㄱ, ㄴ, ㄷ

12

2025학년도 LEET 문35

다음으로부터 추론한 것으로 옳은 것만을 〈보기〉에서 있는 대로 고른 것은?

> 4개 법무법인 P, Q, R, S의 공동 프로젝트 수행을 위해, P는 5명, Q는 4명, R는 4명, S는 2명의 소속 변호사를 각각 파견하고, 이들을 A팀, B팀, C팀으로 나누어 배정하려고 한다. 그 배정 조건은 다음과 같다.
>
> ○ 어느 팀에도 배정되지 않는 변호사는 없고, 둘 이상의 팀에 배정되는 변호사도 없다.
> ○ 각 팀에는 최소 3개 법무법인의 변호사를 배정한다.
> ○ P의 변호사 중 3명을 C팀에 배정한다.
> ○ S의 변호사를 배정하는 팀에는 R의 변호사를 배정하지 않는다.
> ○ S의 변호사를 배정하는 팀에는 P의 변호사를 최소 2명 배정한다.

〈보기〉

ㄱ. S의 변호사는 서로 다른 팀에 배정된다.
ㄴ. P, Q, R의 변호사로 구성된 총원 7명인 팀은 없다.
ㄷ. A팀에 배정된 변호사가 6명이라면 B팀에 배정된 변호사는 3명이다.

① ㄱ   ② ㄴ   ③ ㄱ, ㄷ
④ ㄴ, ㄷ   ⑤ ㄱ, ㄴ, ㄷ

유형 02 - 속성매칭

01
2009학년도 LEET 문13

A~D의 의견을 추론한 것으로 옳지 <u>않은</u> 것은?

> ○ 사건 개요: 북위 선무제 때인 514년에 백성 갑은 모친이 사망했지만 가난하여 장례를 치를 수 없었기 때문에 7세 된 자식을 을에게 양민임을 알리고 노비로 팔았다.
> ○ 선무제의 판결: 그대들 네 명의 의견을 보면 갑에 대해 각각 사면, 1년 형, 5년 형, 사형으로 다 다르고, 역시 을에 대해 사면, 1년 형, 5년 형, 사형으로 다 다르오. 또한 갑과 을에 대해 동일한 처분을 내리자고 하는 사람도 없소. 갑을 사면하거나 사형에 처해야 한다는 의견을 내놓은 두 명은 을에게 1년 형이나 5년 형을 내려야 한다고 하는데 이 견해는 받아들이겠소. 갑은 모친의 장례를 치르고자 자식을 팔았으니 특별히 사면하도록 하시오. 하지만 을은 5년 형에 처하도록 하시오.
>
> 〈판결 이후 네 명의 대화〉
> A: 결국 우리 중에서 황제의 판결과 완전히 일치하는 견해를 내놓은 사람은 없구려. 갑이나 을 누구도 사형시켜서는 안 된다는 내 의견을 다행히 황제께서 받아들이셨소.
> B: 그 의견은 나도 올렸소. 다만 갑을 사면해서는 안 된다는 내 의견을 받아들이지 않으신 것은 안타깝구려.
> C: 을을 사형시키자는 D의 의견도 받아들이지 않으셨소.
> D: 그런데 내가 갑에 대해 주장한 처분이 공교롭게도 A가 을에 대해 주장한 처분과 같구려.

① A는 갑을 5년 형에 처하자고 했을 것이다.
② B는 을을 사면하자고 했을 것이다.
③ C는 갑을 사형에 처하자고 했을 것이다.
④ C는 을을 5년 형에 처하자고 했을 것이다.
⑤ D는 갑을 1년 형에 처하자고 했을 것이다.

02
2011학년도 LEET 문23

다음 글로부터 바르게 추론될 수 <u>없는</u> 것은?

> A, B, C국 유권자들은 20세 이상이다. 이들은 다음 요인들을 고려하여 후보자를 선택하며, 하나의 요인을 결정 요소로 정하면 나머지 요인들은 배제한다.
> 우선 유권자는 자신의 집안이 전통적으로 지지해 왔던 정당의 후보에 그대로 투표하기도 한다. 이러한 '정당일체감 요인' 투표는 양당제가 제도화되어 있는 A국과 B국에서는 나타나지만, 다당제인 C국에서는 나타나지 않는다.
> 또한 유권자는 계급, 인종, 종교 등의 사회 균열 요인에 기초하여 '균열 요인' 투표를 할 수 있다. 국가에 따라 작용하는 균열 요인은 다르지만, 모든 국가에서 균열 요인 투표가 나타난다. 그런데 어느 국가든 20대 유권자에서는 균열 요인 투표가 나타나지 않으며, A국과 B국의 40대 이상 유권자는 모두 균열 요인 투표를 한다.
> 또한 유권자는 정책과 공약을 고려하여 자신의 이익을 가장 잘 대변해 줄 후보에게 투표하는 '정책 요인' 투표를 하기도 한다. B국과 C국의 경우, 30대는 예외 없이 정책 요인 투표를 하지만 50대 이상은 정책 요인 투표를 하지 않는다.

① A국의 경우, 20대에서 정책 요인 투표가 나타나지 않는다면 30대에서 정당일체감 요인 투표가 나타난다.
② A국의 경우, 20대에서 정당일체감 요인 투표가 나타나지 않는다면 30대에서 정당일체감 요인 투표가 나타난다.
③ B국의 20대에서 정당일체감 요인 투표가 나타난다.
④ B국과 C국에서 투표에 참여한 50대의 투표 성향은 같다.
⑤ C국에서 투표에 참여한 20대와 30대의 투표 성향은 같다.

03

2013학년도 LEET 문12

한국화학회는 〈시상규칙〉에 따라 학술상을 수여한다. 어느 해 같은 계절에 유기화학과 무기화학 분야에 상을 수여하였다면, 그해의 시상에 대한 진술 중 참일 수 <u>없는</u> 것은?

〈시상규칙〉
○ 매년 물리화학, 유기화학, 분석화학, 무기화학의 네 분야에 대해서만 수여한다.
○ 봄, 여름, 가을, 겨울에 수여하며 매 계절 적어도 한 분야에 수여한다.
○ 각각의 분야에 매년 적어도 한 번 상을 수여한다.
○ 매년 최대 여섯 개까지 상을 수여한다.
○ 한 계절에 같은 분야에 두 개 이상의 상을 수여하지 않는다.
○ 두 계절 연속으로 같은 분야에 상을 수여하지 않는다.
○ 물리화학 분야에는 매년 두 개의 상을 수여한다.
○ 여름에 유기화학 분야에 상을 수여한다.

① 봄에 분석화학 분야에 수여한다.
② 여름에 분석화학 분야에 수여한다.
③ 여름에 물리화학 분야에 수여한다.
④ 가을에 무기화학 분야에 수여한다.
⑤ 겨울에 유기화학 분야에 수여한다.

04

2013학년도 LEET 문13

다음으로부터 바르게 추론한 것만을 〈보기〉에서 있는 대로 고른 것은?

(가)~(마)팀이 현재 수행하고 있는 과제의 수는 다음과 같다.
(가)팀: 0
(나)팀: 1
(다)팀: 2
(라)팀: 2
(마)팀: 3
이 과제에 추가하여 8개의 새로운 과제 a, b, c, d, e, f, g, h를 다음 〈지침〉에 따라 (가)~(마)팀에 배정한다.

〈지침〉
○ 어느 팀이든 새로운 과제를 적어도 하나는 맡아야 한다.
○ 기존에 수행하던 과제를 포함해서 한 팀이 맡을 수 있는 과제는 최대 4개이다.
○ 기존에 수행하던 과제를 포함해서 4개 과제를 맡는 팀은 둘이다.
○ a, b는 한 팀이 맡아야 한다.
○ c, d, e는 한 팀이 맡아야 한다.

〈보기〉
ㄱ. a를 (나)팀이 맡을 수 없다.
ㄴ. f를 (가)팀이 맡을 수 있다.
ㄷ. 기존에 수행하던 과제를 포함해서 2개 과제를 맡는 팀이 반드시 있다.

① ㄱ   ② ㄴ   ③ ㄱ, ㄷ
④ ㄴ, ㄷ   ⑤ ㄱ, ㄴ, ㄷ

05

다음으로부터 추론한 것으로 옳은 것은?

> 동물 애호가 A, B, C, D가 키우는 동물의 종류에 대해서 다음 사실이 알려져 있다.
>
> ○ A는 개, C는 고양이, D는 닭을 키운다.
> ○ B는 토끼를 키우지 않는다.
> ○ A가 키우는 동물은 B도 키운다.
> ○ A와 C는 같은 동물을 키우지 않는다.
> ○ A, B, C, D 각각은 2종류 이상의 동물을 키운다.
> ○ A, B, C, D는 개, 고양이, 토끼, 닭 외의 동물은 키우지 않는다.

① B는 개를 키우지 않는다.
② B와 C가 공통으로 키우는 동물이 있다.
③ C는 키우지 않지만 D가 키우는 동물이 있다.
④ 3명이 공통으로 키우는 동물은 없다.
⑤ 3종류의 동물을 키우는 사람은 없다.

06

다음에서 추론한 것으로 옳은 것만을 〈보기〉에서 있는 대로 고른 것은?

> 일렬로 위치한 5개 사무실에 회사 A, B, C, D, E가 입주해 있다. 각 회사는 로고 색이 한 가지 색으로 되어 있고, 음료와 과자를 하나씩 생산하며, 수출대상국이 한 국가씩 있다. 5개 회사의 로고 색, 음료, 과자, 수출대상국은 모두 다르다.
>
> 로고 색: 연두색, 회색, 보라색, 하늘색, 검정색
> 음료: 생수, 커피, 이온음료, 녹차, 주스
> 과자: 와플, 전병, 비스킷, 마카롱, 쌀과자
> 수출대상국: 싱가포르, 중국, 태국, 일본, 대만
>
> ○ 생수를 생산하는 회사의 사무실은 정 가운데 위치한다.
> ○ C회사의 사무실은 가장 왼쪽에 위치하고, 보라색 로고의 회사 사무실 옆에 위치한다.
> ○ 연두색 로고의 회사는 커피를 생산하고, 그 사무실은 회색 로고의 회사 사무실 왼쪽에 붙어있다.
> ○ A회사의 로고는 하늘색이다.
> ○ 검정색 로고의 회사는 싱가포르로 수출하며, 와플을 생산하는 회사 사무실 옆에 위치한다.
> ○ 태국에 수출하는 회사의 사무실은 주스를 생산하는 회사의 사무실 오른쪽에 붙어있다.

〈보기〉
ㄱ. A회사는 생수를 생산한다.
ㄴ. 싱가포르에 수출하는 회사는 주스를 생산한다.
ㄷ. 보라색 로고의 회사는 중국에 수출한다.

① ㄱ   ② ㄴ   ③ ㄷ
④ ㄱ, ㄴ   ⑤ ㄴ, ㄷ

07

2017학년도 LEET 문22

다음으로부터 추론한 것으로 옳은 것만을 〈보기〉에서 있는 대로 고른 것은?

대형 전시실 3개와 소형 전시실 2개를 가진 어느 미술관에서 각 전시실 별로 동양화, 서양화, 사진, 조각, 기획전시 중 하나의 주제로 작품을 전시하기로 계획하였다. 설치 작업은 월요일부터 금요일까지 〈작업 계획〉에 따라 하루에 한 전시실씩 진행한다.

〈작업 계획〉
○ 동양화 작품은 금요일 이전에 설치한다.
○ 수요일과 금요일에는 대형 전시실에 작품을 설치한다.
○ 조각 작품을 설치한 다음다음날에 소형 전시실에 사진 작품을 설치한다.
○ 기획전시 작품을 설치한 다음다음날에 대형 전시실에 작품을 설치하는데, 그 옆 전시실에는 서양화가 전시된다.

─〈보기〉─
ㄱ. 서양화 작품은 수요일에 설치한다.
ㄴ. 동양화 전시실과 서양화 전시실은 옆에 있지 않다.
ㄷ. 기획전시가 소형 전시실이면 조각은 대형 전시실이다.

① ㄴ ② ㄷ ③ ㄱ, ㄴ
④ ㄱ, ㄷ ⑤ ㄱ, ㄴ, ㄷ

08

2018학년도 LEET 문25

다음에서 추론한 것으로 옳은 것만을 〈보기〉에서 있는 대로 고른 것은?

컴퓨터 사용자 갑, 을, 병, 정의 아이디와 패스워드를 다음 규칙으로 정하고자 한다.

○ 아이디는 apple, banana, cherry, durian 중 하나이다.
○ 패스워드는 apple, banana, cherry, durian 중 하나이다.
○ 하나의 아이디를 두 명 이상이 같이 쓸 수 없다.
○ 하나의 패스워드를 두 명 이상이 같이 쓸 수 없다.
○ 사용자의 아이디와 패스워드는 같을 수 없다.
○ 을의 아이디는 cherry이다.
○ 정의 패스워드는 durian이다.
○ 병의 아이디는 아이디가 banana인 사용자의 패스워드와 같다.

─〈보기〉─
ㄱ. 정의 아이디는 apple이다.
ㄴ. 갑의 패스워드가 cherry라면 을과 병의 패스워드를 확정할 수 있다.
ㄷ. 아이디가 durian인 사용자의 패스워드로 banana를 쓸 수 있다.

① ㄱ ② ㄷ ③ ㄱ, ㄴ
④ ㄴ, ㄷ ⑤ ㄱ, ㄴ, ㄷ

09

다음에서 추론한 것으로 옳은 것만을 〈보기〉에서 있는 대로 고른 것은?

여러 개의 프로그램이 동시에 실행되면서 같은 작업을 수행하는 병렬 프로그래밍에서, 각 프로그램이 사용하는 데이터는 일정한 메모리 영역에 저장되고 공유된다. 프로그램 P1~P4와 이들이 사용하는 메모리 영역 M1~M4에 대하여 다음이 성립한다.

○ P1~P4만이 실행되고 각 프로그램은 M1~M4를 사용한다. 각 프로그램은 적어도 1개 이상의 메모리 영역을 사용하고 어떤 프로그램에 의해서도 사용되지 않는 메모리 영역은 없다.
○ 메모리 영역은 M1~M4의 순서대로 일렬로 연결되어 있다.
○ 전체 프로그램이 사용하는 메모리 영역의 개수의 합은 최대 6이다.
○ 어떤 프로그램도 연속되는 2개의 메모리 영역을 사용할 수 없다.
○ P1은 2개의 메모리 영역을 사용한다.
○ P2는 M2를 사용한다.
○ P4는 P2가 사용하는 메모리 영역을 1개 이상 공유한다.

〈보기〉

ㄱ. 만약 P2가 2개의 메모리 영역을 사용한다면 P3은 1개의 메모리 영역만을 사용한다.
ㄴ. M2가 3개의 프로그램에 의해서 사용될 수도 있다.
ㄷ. 만약 P4가 M4를 사용한다면 P4는 M2도 사용한다.

① ㄱ ② ㄷ ③ ㄱ, ㄴ
④ ㄴ, ㄷ ⑤ ㄱ, ㄴ, ㄷ

10

다음으로부터 추론한 것으로 옳은 것만을 〈보기〉에서 있는 대로 고른 것은?

오래 전에 바다에 침몰했던 배에서 총 6개의 유물 A, B, C, D, E, F가 발견되었다. 이 유물들은 각각 고구려, 백제, 신라 중 한 나라에서 만들었다고 한다. 역사학자들은 이 6개의 유물을 정밀 조사하여 다음과 같은 사실을 밝혀냈다.

○ C와 E는 같은 나라에서 만들었다.
○ A와 C는 다른 나라에서 만들었다.
○ 신라에서 만든 유물의 수는 백제에서 만든 유물의 수보다 크다.
○ B는 고구려에서 만들었고 F는 백제에서 만들었다.

〈보기〉

ㄱ. A는 백제에서 만든 유물이 아니다.
ㄴ. C가 고구려에서 만든 유물이면 D는 신라에서 만든 유물이다.
ㄷ. E를 만든 나라의 유물이 가장 많다.

① ㄱ ② ㄴ ③ ㄱ, ㄷ
④ ㄴ, ㄷ ⑤ ㄱ, ㄴ, ㄷ

11

다음으로부터 추론한 것으로 옳지 <u>않은</u> 것은?

> P법학전문대학원에 지원한 갑, 을, 병, 정, 무 5명의 법학적성시험점수와 면접점수를 나열하면 다음과 같다.
>
> ○ 법학적성시험점수: 80, 85, 90, 95, 100
> ○ 면접점수: 70, 75, 80, 85, 90
>
> 두 점수의 평균이 85점 이상이면 최종 합격하며 이들의 점수와 관련하여 알려진 사실은 다음과 같다.
>
> ○ 을은 면접점수가 법학적성시험점수보다 높다.
> ○ 면접점수가 75점인 학생은 법학적성시험점수가 95점이다.
> ○ 병의 두 점수의 평균은 85점이 아니다.
> ○ 정의 두 점수의 평균은 80점이다.
> ○ 면접점수가 85점인 학생은 법학적성시험점수가 90점이다.

① 갑은 법학적성시험점수가 면접점수보다 20점 이상 높다.
② 을의 두 점수의 평균과 병의 두 점수의 평균은 같다.
③ 정의 법학적성시험점수는 80점이다.
④ 무의 법학적성시험점수는 갑의 법학적성시험점수보다 높다.
⑤ 갑과 무는 P법학전문대학원에 최종 합격한다.

유형 03 - 연결·그룹핑

01
2009학년도 LEET 예비 문16

찬반 토론의 특성과 팀별 요구 사항들을 고려했을 때, B팀과 토론할 팀과 논제의 짝이 적절한 것은?

> 토론 동호회에서 찬반 토론을 기획하고 있다. 참여를 희망하는 팀은 모두 다섯 팀이고, 논제는 셋이다. 각 팀은 다음의 세 가지 논제 중 두 가지를 선택해 각각 찬반 의견을 밝혔다.
>
> ○ 낙태를 합법화해야 한다.
> ○ 사형 제도는 유지되어야 한다.
> ○ 안락사는 허용되어야 한다.
>
> A팀은 낙태 논제에는 찬성하지만 사형 제도 논제에는 반대한다. B팀은 안락사 논제에 찬성하고 사형 제도 논제에 대해서도 찬성한다. C팀은 안락사 논제에는 찬성이지만 낙태 논제에는 반대한다. D팀은 안락사 논제와 사형 제도 논제에 대해 모두 반대 입장이다. E팀은 안락사 논제에는 반대하지만 사형 제도 논제에는 찬성한다.
> 어느 팀이든 각각 두 번 토론한다. 그런데 일부 팀이 내부 사정으로 인하여 다음과 같은 요구 사항들을 제시하였다.
>
> 1) A팀은 시간 관계상 E팀과 토론할 수 없다.
> 2) C팀은 다른 기회에 안락사 논제를 가지고 D팀과 토론한 적이 있기 때문에 이번에는 다른 팀을 원한다.

① C팀과 안락사
② D팀과 안락사
③ D팀과 사형 제도
④ E팀과 안락사
⑤ E팀과 사형 제도

02
2009학년도 LEET 예비 문31

물리학자가 어떤 실험으로부터 얻은 데이터를 분석하여 4개의 입자의 존재를 확인하였다. 이 실험 데이터에는 각각 양(+)으로 대전된 입자 A, B, C, D와 각각 음(-)으로 대전된 입자 E, F, G, H 중 4개가 포함되어 있다. A, E, G, H의 질량은 m이고, B, C, D, F의 질량은 $2m$이다. 실험 결과, 존재가 확인된 4개의 입자들은 다음 조건을 만족한다.

> ○ 입자는 시계방향으로 회전하거나 반시계방향으로 회전한다.
> ○ 음(-)으로 대전된 입자는 반시계방향으로 회전한다.
> ○ 적어도 1개의 입자는 시계방향으로 회전한다.
> ○ 질량이 m인 입자의 개수는 2이다.
> ○ D와 G 중 적어도 하나가 포함되어 있다.

이 입자들에 대한 설명으로 옳은 것을 〈보기〉에서 모두 고른 것은?

〈보기〉
ㄱ. 이 입자들은 A, B, C, G일 수 있다.
ㄴ. 반시계방향으로 회전하는 질량 $2m$인 입자가 포함되어 있다면, C와 D 중 1개의 입자도 반드시 포함되어 있다.
ㄷ. A와 G가 포함되어 있다면, 질량 $2m$인 양(+)으로 대전된 입자도 반드시 포함되어 있다.

① ㄱ
② ㄷ
③ ㄱ, ㄴ
④ ㄱ, ㄷ
⑤ ㄴ, ㄷ

03

2009학년도 LEET 예비 문33

다음은 어떤 학과의 교과과정과 이수 규정이다. 학생은 주어진 규정에 따라 수강하여야 졸업을 할 수 있다.

교양	국어, 영어, 국사, 윤리학
전공 기초	헌법(1), 헌법(2), 법철학, 법제사
전공 일반	민법(1), 민법(2), 민법(3), 형법(1), 형법(2), 상법, 행정법
전공 심화	민사소송법(1), 민사소송법(2), 형사소송법, 노동법, 국제법

〈이수 규정〉
○ 20개의 모든 과목을 수강하여야 한다.
○ 한 학기에 3과목까지 수강할 수 있다.
○ 교양 과목은 3번째 학기까지 수강이 끝나야 한다.
○ 전공 기초 과목을 모두 이수한 후에 전공 일반 과목을 수강할 수 있고, 전공 일반 과목을 모두 이수한 후에 전공 심화 과목을 수강할 수 있다.
○ 헌법(1), 헌법(2)와 같이 번호만 다른 과목은 같은 학기에 수강할 수 없고 번호 순서대로 수강하여야 한다.

최소 학기만 등록하고 졸업하고자 할 때, 옳은 것을 〈보기〉에서 모두 고른 것은?

〈보기〉
ㄱ. 졸업에 필요한 최소 학기는 7학기이다.
ㄴ. 상법과 행정법은 동일 학기에 수강할 수 없다.
ㄷ. 전공 일반 과목을 1과목만 수강하는 학기는 없다.
ㄹ. 민법(3)과 형법(2)는 같은 학기에 수강하여야 한다.

① ㄱ, ㄴ   ② ㄱ, ㄷ   ③ ㄷ, ㄹ
④ ㄱ, ㄴ, ㄹ   ⑤ ㄴ, ㄷ, ㄹ

04

2009학년도 LEET 문26

다음 제도 하에서 현재 나이 10세인 수험생이 축년(丑年)인 올해부터 공부를 시작하여 한 번 이상 시험에서 떨어진다고 가정하고, 최단 기간에 제3차 시험까지 합격했을 경우에 대하여 추론한 것으로 옳지 않은 것은?

과거 시험 제도에 따르면 제1차 시험은 자년(子年)과 오년(午年)에 『시경』 등 세 과목을, 묘년(卯年)에는 『주례』 등 네 과목을, 유년(酉年)에는 『좌씨전』 등 세 과목을 치른다.
제2차 시험은 미년(未年)에 주희 등에 대한 여섯 과목을, 술년(戌年)에는 『오기』 등 두 과목을, 축년(丑年)에는 『순자』 등 네 과목을, 진년(辰年)에는 『관자』 등 네 과목을 치른다.
제3차 시험은 해년(亥年)에 『삼사』 등 세 과목을, 인년(寅年)에는 『삼국지』 등 세 과목을, 사년(巳年)에는 『오대사』 등 두 과목을, 신년(申年)에는 『송사』 등 두 과목을 치른다.

○ 수험생은 매년 한 과목만 공부할 수 있지만, 수험생이 시험을 치르는 해에는 공부할 수 없고, 한 과목은 반드시 1년간 공부해야 합격할 수 있다.
○ 자년과 오년에 치르는 제1차 시험을 제외하고 어떤 시험에서든 과목이 겹치는 경우는 없다. 어느 해의 시험을 보든 그 시험 한 번만 합격하면 그 차수의 시험은 합격한 것이다.
○ 시험은 제1차를 시작으로 순차적으로 치러야 한다. 제2차 시험은 제1차 시험에 합격한 바로 다음 해에, 제3차 시험은 제2차 시험에 합격한 바로 다음 해에 응시해야 한다. 어느 차수에서든 시험에 떨어지면 제1차 시험부터 다시 치러야 한다.

연도	자	축	인	묘	진	사	오	미	신	유	술	해
차수	1	2	3	1	2	3	1	2	3	1	2	3
과목 수	3	4	3	4	4	2	3	6	2	3	2	3

① 『시경』을 공부했을 것이다.
② 『순자』를 공부했을 것이다.
③ 제1차 시험에서는 한 번만 떨어졌을 것이다.
④ 제3차 시험에 합격했을 때의 나이는 23세일 것이다.
⑤ 두 과목만 공부하면 합격하는 시험을 치렀을 것이다.

05

A~E 사건 중 인질범이 투항할 가능성이 높은 것은?

정답: ① **A**

해설: '위압적 언동 약화'(W) ↔ '교섭 빈도 증가'(N)는 동시 발생. W가 A에 나타났고 N이 C, D에 나타났으므로 W, N 모두 {A, C, D}에서 나타남 (각 3회로 최대치). '요구 수준 저하'(R)는 E에, '합의 사항 이행'(합의)은 A에만 가능(D에서 X, R→D 성립으로 D는 C에 없음→합의도 C에 없음, N이 B·E에 없으므로 합의도 B·E에 없음). A 사건에서는 W, N, D(범인·인질간 대화 증가), 합의 사항 이행이 모두 성립 가능하므로 4개 이상의 징후가 나타남.

06

다음 글로부터 바르게 추론될 수 없는 것은?

정답: ④ **갑과 병 중 적어도 1명은 형벌을 면제받았을 것이다.**

해설: 9급으로 모든 요구를 만족시키려면 다음과 같이 배분:
- 갑(4급): 부모(1×2) + 자녀 중 성년 1명(1) + 갑의 처(1) = 4급 → 4급 승급에 장교 포로 필요 (①)
- 을(3급): 자녀 중 성년 1명(1) + 을 본인(1) + 을의 처(1) = 3급 → 수급 3개 이상 (②)
- 병(2급): 자녀 중 성년 1명(1) + 병의 처(1) = 2급 → 수급 2개 이상 (③)

각 가족마다 부모 면제에 따른 미성년 자녀 1명이 면제되어야 9급으로 가능 → 세 가족 모두 미성년(신장 5척 미만) 자녀 1명 이상 (⑤)

갑, 병 본인은 면제 명단에 포함되지 않으므로 ④는 추론될 수 없음.

07

〈제도〉와 표로부터 바르게 추론한 것은?

〈제도〉
위(魏)나라에서는 구품중정제를 시행했다. 정부는 최고 1품에서 9품까지 관품에 따른 9품관제를 두었다. 지방마다 중정이 재능과 덕행 및 평판을 바탕으로 관리희망자를 1품에서 9품까지 등급을 매겨 정부에 보고하였다. 이를 향품이라고 한다. 이부(吏部)는 관리를 임명할 때 초임관품을 향품보다 4품씩 낮게 임명하였고, 처음 정해진 향품은 관리가 된 후 승진할 수 있는 관품의 최종 한계를 의미하였다. 즉 향품 4품이면 초임 관품이 8품이고 최종 관품은 4품 이하에 머물러야 했다. 이상의 기준 내에서 관품이 이동하는 경우는 향품을 다시 매기지 않지만, 관리가 기준보다 높은 관품으로 승진하거나 낮은 관품으로 좌천될 때는 중정이 향품을 다시 매겨야 했다.

진(晉)나라가 되면 중정이 향품을 매길 때 동료나 고관의 자제를 우대했다. 그 결과 대대로 자제가 향품 2품 이상만 받는 가문이 처음으로 등장하였으며, 이를 문지2품 즉 귀족이라 부른다. 그러자 같은 관품 내에서 향품 2품 이상과 향품 3품 이하가 맡는 관직이 엄격히 구분되었다. 전자를 '청직', 후자를 '탁직'이라고 부른다. 위나라 때도 이 구분은 있었지만 초임직이 탁직이더라도 향품을 다시 받아 청직을 맡을 수도 있었다. 문지2품이 청직을 독점하자 향품에서 정해진 관품의 이동 기준을 넘는 관리의 승진이나 좌천 현상이 사라졌으므로 중정이 향품을 다시 매길 필요도 없어졌다.

	초임직(관품)	역임직1(관품)	역임직2(관품)	최종직(관품)
갑	중서랑(5품)	효기장군(4품)	산기상시(3품)	태학박사(6품)
을	공부사마(8품)	장군부연(7품)	공부연(7품)	시어사(6품)
병	비서랑(6품)	산기시랑(5품)	태상경(3품)	금자광록대부(2품)
정	낭중(8품)	공부연(7품)	종사중랑(6품)	광록훈(3품)
무	중산대부(7품)	말릉현령(7품)	종사중랑(6품)	시어사(6품)

① 병의 초임직인 비서랑은 탁직일 것이다.
② 정은 진나라 때에 향품을 받았을 것이다.
③ 을과 무의 최종직인 시어사는 청직일 것이다.
④ 갑~무 중 문지2품 출신은 2명일 것이다.
⑤ 갑~무 중 향품을 다시 받은 인물은 2명일 것이다.

08

다음 글로부터 바르게 추론될 수 없는 것은?

용의자에 관한 정보를 2개의 서류철에 담아 관리하고 있다. 1번 서류철에는 용의자 A, B, C에 관한 서류가 있고, 2번 서류철에는 D, E, F에 관한 서류가 있다. 이 두 서류철을 근거로 해서 다음과 같이 추가로 두 개의 서류철을 만들었다.

○ 1번 서류철에 포함된 사람이 2번 서류철에 포함된 사람 중 2명과 만난 적이 있을 경우, 이 3명의 서류를 복사하여 3번 서류철에 넣는다.
○ 2번 서류철에 포함된 사람이 1번 서류철에 포함된 사람 중 2명과 만난 적이 있을 경우, 이 3명의 서류를 복사하여 4번 서류철에 넣는다.

다음과 같은 사실이 알려져 있다.

○ A가 만난 적이 있는 사람은 E뿐이다.
○ 3번 서류철은 C에 관한 서류와 D에 관한 서류를 포함한다.

① B와 E가 만난 적이 있다면 4번 서류철은 E에 관한 서류를 포함한다.
② C와 D가 만난 적이 없다면 4번 서류철은 A에 관한 서류를 포함한다.
③ C와 D가 만난 적이 없다면 3번 서류철은 F에 관한 서류를 포함하지 않는다.
④ C와 E가 만난 적이 있다면 4번 서류철은 E에 관한 서류를 포함한다.
⑤ C와 E가 만난 적이 없다면 C와 F는 만난 적이 있다.

09

다음 글로부터 추론한 것으로 옳지 않은 것은?

> 어떤 회사의 직원은 A~G 7명이다. 그들은 다음과 같은 방법으로만 연락한다.
>
> ○ 바로 아래 하급 직원으로부터 연락받으면 자신의 바로 위 상급 직원 한 명에게만 연락한다.
> ○ 바로 위 상급 직원으로부터 연락받으면 자신과 같은 직급의 모든 직원에게 연락한다.
> ○ 같은 직급의 직원으로부터 연락받으면 같은 직급의 다른 직원 한 명에게만 연락한다.
>
> 다음과 같은 사실이 알려져 있다.
>
> ○ B는 D보다 직급이 한 등급 높다.
> ○ D가 B에게 연락하자 B는 A에게만 연락했다.
> ○ G가 C에게 연락하자 C는 B에게만 연락했다.
> ○ C가 F에게 연락하자 F는 D와 E에게 연락했다.

① C와 G가 같은 직급이고 D가 E에게 연락하면, E는 F에게만 연락할 수 있다.
② C와 G가 같은 직급이고 E가 C에게 연락하면, C는 A에게만 연락할 수 있다.
③ C와 G가 같은 직급이고 F가 G에게 연락하면, G는 A에게만 연락할 수 있다.
④ C와 G가 다른 직급이고 A가 B에게 연락하면, B는 C에게만 연락할 수 있다.
⑤ C와 G가 다른 직급이고 D가 C에게 연락하면, C는 G에게만 연락할 수 있다.

10

다음으로부터 바르게 추론한 것만을 〈보기〉에서 있는 대로 고른 것은?

> 신입사원 선발에서 어학능력, 적성시험, 학점, 전공적합성을 각각 상, 중, 하로 평가하여 총점이 높은 사람부터 선발하기로 하였다. 합격선에 있는 동점자는 모두 선발하기로 하고, 상은 3점, 중은 2점, 하는 1점을 부여하였다. 지원자 A, C, D의 평가 결과는 다음과 같았다.
>
> | | 어학능력 | 적성시험 | 학점 | 전공적합성 |
> |---|---|---|---|---|
> | A | 중 | 상 | 중 | 상 |
> | C | 상 | 중 | 상 | 상 |
> | D | 하 | 하 | 상 | 상 |
>
> 문서 전달의 실수로 인사 담당자에게 B의 평가 결과가 알려지지 않았다. 그 대신에 다음 사실이 알려졌다.
>
> ○ B가 선발되지 않고 C가 선발된다면, A는 선발된다.
> ○ D가 선발되지 않을 경우, 나머지 세 명의 지원자는 선발된다.

〈보기〉

ㄱ. A와 C는 반드시 선발된다.
ㄴ. 두 명을 선발하는 경우가 있다.
ㄷ. B는 상, 중, 하로 평가 받은 영역이 최소한 하나씩은 있다.

① ㄱ   ② ㄴ   ③ ㄱ, ㄷ
④ ㄴ, ㄷ   ⑤ ㄱ, ㄴ, ㄷ

11
2014학년도 LEET 문21

다음으로부터 추론한 것으로 옳은 것만을 〈보기〉에서 있는 대로 고른 것은?

> 6명의 선수 A, B, C, D, E, F가 참가하는 어떤 게임은 다음 조건을 만족한다고 한다. 이 게임에서 선수 X가 선수 Y에게 우세하면 선수 Y는 선수 X에게 열세인 것으로 본다.
> ○ A, B, C 각각은 D, E, F 중 정확히 2명에게만 우세하다.
> ○ D, E, F 각각은 A, B, C 중 정확히 2명에게만 열세이다.
> ○ A는 D와 E에게 우세하다.

〈보기〉
ㄱ. C는 E에게 우세하다.
ㄴ. F는 B와 C에게 열세이다.
ㄷ. B가 E에게 우세하면 C는 D에게 우세하다.

① ㄱ ② ㄴ ③ ㄷ
④ ㄱ, ㄷ ⑤ ㄴ, ㄷ

12
2018학년도 LEET 문28

다음에서 추론한 것으로 옳은 것만을 〈보기〉에서 있는 대로 고른 것은?

> A반 4명, B반 3명, C반 3명, D반 2명으로 구성된 동아리를 세 개의 팀으로 나누는데, 다음 조건을 만족한다.
> ○ 각 학생은 어느 한 팀에만 포함된다.
> ○ 각 팀은 최소한 3개의 반의 학생을 포함한다.
> ○ 특정 반의 학생 전체를 포함한 팀은 없다.

〈보기〉
ㄱ. 각 팀의 학생의 수가 모두 같을 수 있다.
ㄴ. A반, B반, C반으로만 구성된 6명인 팀이 있을 수 있다.
ㄷ. B반, C반, D반으로만 구성된 5명인 팀이 있을 수 없다.

① ㄱ ② ㄷ ③ ㄱ, ㄴ
④ ㄴ, ㄷ ⑤ ㄱ, ㄴ, ㄷ

13

다음으로부터 추론한 것으로 옳은 것만을 〈보기〉에서 있는 대로 고른 것은?

> 사회관계망 서비스(SNS)는 온라인에서 사용자를 연결해 주는 기능을 제공한다. 두 사용자가 다른 사용자를 거치지 않고 연결되어 있는 경우 '직접 연결'되어 있다고 한다. 어느 SNS를 이용하는 일곱 명의 사용자 A, B, C, D, E, F, G는 다음과 같이 연결되어 있다.
>
> ○ A와 직접 연결되어 있는 사용자는 D, E를 포함하여 세 명이다.
> ○ B와 직접 연결되어 있지 않은 사용자는 D를 포함하여 두 명이다.
> ○ C와 직접 연결되어 있는 사용자는 F를 포함하여 세 명이다.
> ○ A와 C 둘 다에게 직접 연결된 사용자는 G뿐이다.
> ○ D와 직접 연결된 사용자는 한 명이다.
> ○ E와 직접 연결된 사용자는 두 명이고, F와 직접 연결된 사용자는 세 명이다.

〈보기〉
ㄱ. A와 F는 직접 연결되어 있지 않다.
ㄴ. C와 D 둘 다에게 직접 연결된 다른 사용자가 있다.
ㄷ. 팀의 구성원들 각자가 나머지 구성원들 모두와 직접 연결되어 있도록 팀을 만들 때, 가능한 팀의 최대 인원은 4명이다.

① ㄱ
② ㄴ
③ ㄱ, ㄷ
④ ㄴ, ㄷ
⑤ ㄱ, ㄴ, ㄷ

14

다음으로부터 추론한 것으로 옳은 것은?

> 총 4번의 경주로 치러지는 육상 대회를 준비하는 한 팀의 코치는 5명의 주자 갑, 을, 병, 정, 무 중 4명을 선발하여 이들 각각이 몇 번째 경주에 참가할 것인지를 결정해야 한다. 선발된 4명의 주자 각각은 첫 번째, 두 번째, 세 번째, 네 번째 경주 중 꼭 하나의 경주에만 참가하고, 2명 이상의 주자가 같은 경주에 참가하지는 않는다.
> 코치의 주자 선발과 그에 따른 결정은 다음 조건을 만족시키고, 선발되지 않은 1명은 육상 대회에 참가하지 않는다.
>
> ○ 만약 을을 선발하면, 갑을 선발하지 않는다.
> ○ 무는 두 번째 경주에 참가하지 않는다.
> ○ 정은 병이 참가한 경주의 바로 다음 번 경주에 참가한다.
> ○ 만약 갑이 첫 번째 경주에 참가하지 않는다면, 을이 세 번째 경주에 참가한다.

① 갑은 첫 번째 경주에 참가한다.
② 을은 두 번째 경주에 참가한다.
③ 병은 첫 번째 경주에 참가한다.
④ 정은 세 번째 경주에 참가한다.
⑤ 무는 네 번째 경주에 참가한다.

유형 04 – 진실 혹은 거짓 게임

01
LEET 2차 예시 문5

어느 모임에서 지갑 도난 사건이 있었다. 여러 가지 증거를 근거로 혐의자는 A, B, C, D, E로 좁혀졌다. A, B, C, D, E 중 한 명이 범인이고, 그들의 진술은 다음과 같다.

> A: 나는 훔치지 않았다. C도 훔치지 않았다. D가 훔쳤다.
> B: 나는 훔치지 않았다. D도 훔치지 않았다. E가 진짜 범인을 알고 있다.
> C: 나는 훔치지 않았다. E는 내가 모르는 사람이다. D가 훔쳤다.
> D: 나는 훔치지 않았다. E가 훔쳤다. A가 내가 훔쳤다고 말한 것은 거짓말이다.
> E: 나는 훔치지 않았다. B가 훔쳤다. C와 나는 오랜 친구이다.

각각의 혐의자들이 말한 세 가지 진술 중에 두 가지는 참이지만 한 가지는 거짓이라고 밝혀졌다. 지갑을 훔친 사람은 누구인가?

① A ② B ③ C
④ D ⑤ E

02
LEET 2차 예시 문17

다음을 읽고 물음에 답하시오.

> 전설의 섬 음양도에는 태양인과 소음인이라는 두 부류의 주민들만 산다. 외지인들은 이 섬의 태양인과 소음인을 외모로는 구분할 수 없다. 또 외지인들은 이 섬의 주민들을 겉보기만으로는 남성인지 여성인지 분간할 수 없다. 이들을 분간할 수 있는 단서는 다음뿐이다. 소음인은 여성은 언제나 참말만 하고, 남성은 항상 거짓말만 한다. 반대로 태양인은 남성은 항상 참말만 하고, 여성은 언제나 거짓말만 한다. 한 외지인이 이 섬을 방문해서 다섯 명의 섬 주민 A, B, C, D, E와 다음과 같이 대화를 주고받았다.
>
> 외지인: "당신은 태양인입니까?"
> A: "아니오."
> 외지인: "당신은 남성입니까?"
> B: "예."
> C: "저는 소음인 남성입니다."
> 외지인: "아, 예!"
> D: "저는 태양인 남성이 절대 아니올시다."
> 외지인: "알겠습니다!"
> E: "저는 태양인 남성이거나 소음인 여성입니다."
> 외지인: "아, 그러신가요!"

02-1
위의 대화에 등장하는 섬 주민들에 관해 알 수 있는 것은?

① 남성이 두 명 이상 등장한다.
② 여성이 세 명 이상 등장한다.
③ 소음인이 두 명 이상 등장한다.
④ 태양인이 세 명 이상 등장한다.
⑤ 소음인 남성은 등장하지 않는다.

02-2
외지인이 이 섬의 주민들이자 부부 사이인 F와 G를 만나서 나눈 다음 대화를 보고 맞는 것을 고르시오.

> 외지인: "당신들은 어떤 부류에 속하십니까?"
> F: "제 배우자는 태양인입니다."
> G: "저희 부부는 둘 다 태양인입니다."

① F는 소음인 아내, G는 소음인 남편이다.
② F는 소음인 남편, G는 태양인 아내이다.
③ F는 태양인 아내, G는 소음인 남편이다.
④ F는 태양인 남편, G는 태양인 아내이다.
⑤ F는 태양인 남편, G는 소음인 아내이다.

03

우주인 선발에 지원한 A, B, C, D, E, F, G의 7명 중에서 2명이 선발되었다. 누가 선발되었는가에 대하여 5명이 다음과 같이 각각 진술하였다.

> ○ A, B, G는 모두 탈락하였다.
> ○ E, F, G는 모두 탈락하였다.
> ○ C와 G 중에서 1명만 선발되었다.
> ○ A, B, C, D 중에서 1명만 선발되었다.
> ○ B, C, D 중에서 1명만 선발되었고, D, E, F 중에서 1명만 선발되었다.

3명의 진술만 옳을 때, 반드시 선발된 사람은?

① A ② C ③ D
④ E ⑤ G

04

다음 글로부터 바르게 추론한 것은?

> 우리는 어떤 질문에 대해서 동료들이 어떻게 답변하는가에 관심을 가질 뿐 아니라 그들이 그 질문에 대해 내가 어떻게 답변할 것으로 예상하는가에 대해서도 관심을 가진다. 물론 동료들의 실제 답변이나 예상 답변에 얼마나 영향을 받는가는 사람의 성향에 따라 달라질 수 있다. 다음과 같은 네 가지 유형을 그 예로 들 수 있다.
>
> ○ 소심형: 자신을 제외한 동료 집단의 과반수가 한 실제 답변을 알게 되면 이를 자신의 실제 답변으로 삼는 유형
> ○ 눈치형: 자신을 제외한 동료 집단의 과반수가 할 것으로 자신이 예상하는 답변을 자신의 실제 답변으로 삼는 유형
> ○ 순종형: 자신을 제외한 동료 집단의 과반수가 예상하고 있는 자신의 답변을 알게 되면 이를 자신의 실제 답변으로 삼는 유형
> ○ 반대형: 자신을 제외한 동료 집단의 과반수가 예상하고 있는 자신의 답변을 알게 되면 그와 정반대되는 답변을 자신의 실제 답변으로 삼는 유형
>
> 한 사무실의 동료 집단을 구성하는 갑, 을, 병, 정은 회사의 새로운 규정에 대해 찬반을 묻는 두 질문을 받게 되었다. 첫 번째 질문에서는 동료 집단의 의견과는 상관없이 자신이 그 규정에 찬성하는가 반대하는가를 답변하도록 했고, 두 번째 질문에서는 동료 3명이 각각 그 규정에 찬성할 것인가 반대할 것인가를 예상하여 그 예상 답변들을 적도록 했다. 갑, 을, 병, 정의 순서로 두 질문에 비공개로 답변을 하게 한 후, 이들에게 답변 결과를 모두 알려 주고 역시 갑, 을, 병, 정의 순서로 첫 번째 질문에 대한 자신의 답변을 바꿀 수 있도록 했다.
>
> 다음과 같은 사실이 알려져 있다.
>
> ○ 갑은 소심형, 을은 눈치형, 병은 순종형, 정은 반대형이다.
> ○ 첫 번째 질문에서 을과 병은 찬성이라고 답변했고, 갑과 정은 반대라고 답변했다.
> ○ 두 번째 질문에서 갑은 다른 동료 모두 반대 답변을 할 것으로 예상했고, 을과 병은 정이 찬성 답변을 할 것으로 예상했다.
> ○ 첫 번째 질문에 대한 답변을 바꾼 사람은 한 명이다.

① 두 번째 질문에서 을은 갑이 반대 답변을 할 것으로 예상했다.
② 두 번째 질문에서 을은 병이 반대 답변을 할 것으로 예상했다.
③ 두 번째 질문에서 병은 갑이 찬성 답변을 할 것으로 예상했다.
④ 두 번째 질문에서 병은 을이 찬성 답변을 할 것으로 예상했다.
⑤ 두 번째 질문에서 정은 병이 찬성 답변을 할 것으로 예상했다.

05

2013학년도 LEET 문14

다음으로부터 바르게 추론한 것은?

> 이번 학기에 4개의 강좌 〈수학사〉, 〈정수론〉, 〈위상수학〉, 〈조합수학〉이 새로 개설된다. 수학과장은 강의 지원자 A, B, C, D, E 중 4명에게 각 한 강좌씩 맡기려 한다. 배정 결과를 궁금해 하는 A~E는 다음과 같이 예측했다.
>
> A: "B가 〈수학사〉 강좌를 담당하고 C는 강좌를 맡지 않을 것이다."
> B: "C가 〈정수론〉 강좌를 담당하고 D의 말은 참일 것이다."
> C: "D는 〈조합수학〉이 아닌 다른 강좌를 담당할 것이다."
> D: "E가 〈조합수학〉 강좌를 담당할 것이다."
> E: "B의 말은 거짓일 것이다."
>
> 배정 결과를 보니 이 중 한 명의 진술만 거짓이고, 나머지는 참임이 드러났다.

① A는 〈수학사〉를 담당한다.
② B는 〈위상수학〉을 담당한다.
③ C는 강좌를 맡지 않는다.
④ D는 〈조합수학〉을 담당한다.
⑤ E는 〈정수론〉을 담당한다.

06

2014학년도 LEET 문33

다음으로부터 추론한 것으로 옳은 것만을 〈보기〉에서 있는 대로 고른 것은?

> 한 아파트에서 발생한 범죄 사건의 용의자로 유석, 소연, 진우가 경찰에서 조사를 받았다. 사건이 발생한 아파트에서 피해자와 같은 층에 사는 사람은 이 세 사람뿐인데, 이들은 각각 다음과 같이 차례로 진술하였다. 이 중 진우의 두 진술 ⓔ와 ⓕ는 모두 참이거나 또는 모두 거짓이다.
>
> 유석 ⓐ: "범행 현장에서 발견된 칼은 진우의 것이다."
> ⓑ: "나는 피해자를 만나본 적이 있다."
>
> 소연 ⓒ: "피해자와 같은 층에 사는 사람은 모두 피해자를 만난 적이 있다."
> ⓓ: "피해자와 같은 층에 사는 사람 중에서 출근이 가장 늦은 사람은 유석이다."
>
> 진우 ⓔ: "유석의 두 진술은 모두 거짓이다."
> ⓕ: "소연의 두 진술은 모두 참이다."

〈보기〉

ㄱ. ⓑ가 거짓이면, 범행 현장에서 발견된 칼은 진우의 것이다.
ㄴ. ⓒ가 참이면, 범행 현장에서 발견된 칼은 진우의 것이다.
ㄷ. ⓐ가 거짓이고 ⓓ가 참이면, 소연과 진우 중 적어도 한 사람은 피해자를 만난 적이 없다.

① ㄱ   ② ㄴ   ③ ㄱ, ㄷ
④ ㄴ, ㄷ   ⑤ ㄱ, ㄴ, ㄷ

07

다음으로부터 추론한 것으로 옳은 것은?

> 어떤 회사가 A, B, C, D 네 부서에 한 명씩 신입 사원을 선발하였다. 지원자는 총 5명이었으며, 선발 결과에 대해 다음과 같이 진술하였다. 이중 1명의 진술만 거짓으로 밝혀졌다.
>
> 지원자 1: 지원자 2가 A 부서에 선발되었다.
> 지원자 2: 지원자 3은 A 또는 D 부서에 선발되었다.
> 지원자 3: 지원자 4는 C 부서가 아닌 다른 부서에 선발되었다.
> 지원자 4: 지원자 5는 D 부서에 선발되었다.
> 지원자 5: 나는 D 부서에 선발되었는데, 지원자 1은 선발되지 않았다.

① 지원자 1은 B 부서에 선발되었다.
② 지원자 2는 A 부서에 선발되었다.
③ 지원자 3은 D 부서에 선발되었다.
④ 지원자 4는 B 부서에 선발되었다.
⑤ 지원자 5는 C 부서에 선발되었다.

08

다음으로부터 추론한 것으로 옳지 않은 것은?

> 네 명의 피의자 甲, 乙, 丙, 丁은 다음과 같이 진술하였다. 단, 이 네 명 이외에 범인이 존재할 가능성은 없다.
>
> 甲: 丙이 범인이다.
> 乙: 나는 범인이 아니다.
> 丙: 丁이 범인이다.
> 丁: 丙의 진술은 거짓이다.

① 범인이 두 명이면 범인 중 적어도 한 명의 진술은 거짓이다.
② 거짓인 진술을 한 사람이 세 명이면 乙은 범인이다.
③ 범인이 세 명이면 두 명 이상의 진술이 거짓이다.
④ 丙과 丁 중에 적어도 한 명의 진술은 거짓이다.
⑤ 乙이 범인이 아니면 두 명 이상의 진술이 참이다.

09

2022학년도 LEET 문34

다음으로부터 추론한 것으로 옳은 것만을 〈보기〉에서 있는 대로 고른 것은?

> 어떤 사건에 대하여 네 명의 용의자 갑, 을, 병, 정에게 물었더니 다음과 같이 각각 대답하였다.
>
> 갑: "병은 범인이다. 범인은 두 명이다."
> 을: "내가 범인이다. 정은 범인이 아니다."
> 병: "나는 범인이다. 범인은 나를 포함하여 세 명이다."
> 정: "나는 범인이 아니다. 갑은 범인이다."
>
> 각각 두 문장으로 구성된 갑, 을, 병, 정 네 사람 각자의 대답에서 한 문장은 참이고 다른 한 문장은 거짓이라고 한다.

〈보기〉

ㄱ. 갑의 대답 중 "범인은 두 명이다."는 거짓이다.
ㄴ. 을은 범인이다.
ㄷ. 병과 정 중에서 한 명만 범인이면 갑은 범인이 아니다.

① ㄱ
② ㄴ
③ ㄱ, ㄷ
④ ㄴ, ㄷ
⑤ ㄱ, ㄴ, ㄷ

10

2025학년도 LEET 문34

다음으로부터 추론한 것으로 옳은 것만을 〈보기〉에서 있는 대로 고른 것은?

> 갑, 을, 병, 정 네 사람이 각자 사과를 가지고 있었는데, 그 개수는 4개 이상 7개 이하로 각각 달랐다. 네 사람은 자신이 가지고 있는 사과를 1개 또는 2개 먹었고, 각자에게 남은 사과의 개수는 각각 달랐다. 이들은 사과를 먹은 후 다음과 같이 말했는데, 이 중 사과를 1개 먹은 사람이 한 말은 참, 2개 먹은 사람이 한 말은 거짓으로 밝혀졌다.
>
> 갑: 정이 먹은 사과는 1개야.
> 을: 갑에게는 4개의 사과가 남아있어.
> 병: 내가 먹은 사과의 개수와 정이 먹은 사과의 개수를 합하면 3개야.
> 정: 을은 사과를 2개 먹었어.

〈보기〉

ㄱ. 갑이 처음에 가지고 있던 사과는 5개이다.
ㄴ. 을에게 남은 사과는 6개이다.
ㄷ. 병이 먹은 사과의 개수와 정이 먹은 사과의 개수는 같다.

① ㄱ
② ㄴ
③ ㄱ, ㄷ
④ ㄴ, ㄷ
⑤ ㄱ, ㄴ, ㄷ

11

다음으로부터 추론한 것으로 옳은 것만을 〈보기〉에서 있는 대로 고른 것은?

갑, 을, 병, 정 4명의 용의자의 혐의 개수는 각자 1개 이상이며, 그들의 혐의 개수를 모두 더하면 10개이다. 각 용의자는 다음과 같이 말했는데, 이 중 혐의 개수가 2개인 용의자의 말은 거짓이고, 혐의 개수가 2개가 아닌 용의자의 말은 참이다.

갑: 을과 병의 혐의 개수를 더하면 5개이다.
을: 병과 정의 혐의 개수를 더하면 5개이다.
병: 갑과 정의 혐의 개수를 더하면 5개이다.
정: 갑과 을의 혐의 개수를 더하면 4개이다.

〈보기〉
ㄱ. 을의 혐의 개수는 2개이다.
ㄴ. 병의 혐의 개수는 정의 혐의 개수보다 많다.
ㄷ. 거짓을 말한 용의자가 참을 말한 용의자보다 많다.

① ㄱ
② ㄴ
③ ㄱ, ㄷ
④ ㄴ, ㄷ
⑤ ㄱ, ㄴ, ㄷ

유형 05 – 수적배열

01
LEET 1차 예시 문4

다음 글을 읽고 아래의 물음에 답하시오.

> 가상의 나라인 '단어국'에서는 영어 알파벳(A-Z까지 26개 문자)을 문자로 차용하여, 〈보기〉의 여섯 가지 규칙을 만족하는 알파벳 문자열만을 단어로 사용한다고 한다. (단, 이 나라 알파벳에서 모음은 A, E, I, O, U뿐이며, 나머지 문자는 모두 자음이다.)

―〈보기〉―
1. 모든 단어에서 사용된 문자의 개수는 홀수이다.
2. 자음은 세 개 이상 연달아 나타날 수 없다.
3. 한 단어에 같은 모음은 많아야 두 번 나올 수 있다.
4. 모든 단어는 모음 혹은 D, N, T로 시작한다.
5. 모든 단어는 모음 혹은 R, S, T로 끝난다.
6. 모든 단어에 적어도 하나의 모음은 포함된다.

01-1
이 나라에서 사용되는 단어 중 가장 긴 단어는 몇 자로 이루어지는가?

① 27　　② 28　　③ 29
④ 31　　⑤ 33

01-2
이 나라에서 사용되는 단어에 대한 〈보기〉의 명제 중에서 옳지 않은 것을 모두 묶은 것은?

―〈보기〉―
가. 같은 문자가 세 개 이상 연달아 있는 단어는 없다.
나. 문자열 'KOREA'가 포함된 단어는 최대 27자로 되어 있다.
다. 단 한 개의 문자로 이루어진 단어는 5개 존재한다.
라. 자음이 2개밖에 없는 단어 중에 가장 긴 단어들에는 반드시 T가 포함되어 있어야 한다.
마. 모든 알파벳이 다 포함되어 있는 단어는 없거나 많아야 1개 존재한다.

① 가, 나　　② 나, 마　　③ 다, 라
④ 가, 다, 라　　⑤ 나, 라, 마

02
LEET 2차 예시 문6

세 개의 주머니 A, B, C가 있는데 각 주머니에는 세 장의 카드 ①, ②, ③이 들어 있다. 갑이 주머니 A에서 한 장, 주머니 B에서 한 장, 주머니 C에서 한 장의 카드를 뽑아 모두 세 장의 카드를 가졌다. 그 다음, 을이 갑과 마찬가지로 주머니 A, B, C에서 각각 한 장의 카드를 뽑아 세 장의 카드를 가졌다. 마지막으로 병이 각 주머니에 남아 있는 한 장의 카드를 뽑아 세 장의 카드를 가졌다. 이 때 갑이 가지고 있는 카드가 ①, ②, ③, 을이 가지고 있는 카드도 ①, ②, ③, 병이 가지고 있는 카드도 ①, ②, ③이라면 다음 중 옳지 않은 것은?

① 갑이 A 주머니에서 ①을 뽑고 을이 B 주머니에서 ①을 뽑았다면 병은 C 주머니에서 ①을 뽑았음에 틀림없다.
② 갑이 A 주머니에서 ①을 뽑고 을이 B 주머니에서 ②를 뽑았다면 병은 C 주머니에서 ③을 뽑았음에 틀림없다.
③ 갑이 A 주머니에서 ②를 뽑고 을이 B 주머니에서 ②를 뽑았다면 갑은 C 주머니에서 ①을 뽑았음에 틀림없다.
④ 갑이 A 주머니에서 ②를 뽑고 을이 B 주머니에서 ①을 뽑았다면 갑은 C 주머니에서 ①을 뽑았음에 틀림없다.
⑤ 갑이 A 주머니에서 ③을 뽑고 을이 B 주머니에서 ②를 뽑았다면 을은 C 주머니에서 ③을 뽑았음에 틀림없다.

03

12명의 사람이 모자, 상의, 하의를 착용하는데, 모자, 상의, 하의는 빨간색 또는 파란색 중 하나이다. 12명이 모두 모자, 상의, 하의를 착용했을 때, 다음과 같은 모습이었다.

> ○ 어떤 사람을 보아도 모자와 하의는 다른 색이다.
> ○ 같은 색의 상의와 하의를 입은 사람의 수는 6명이다.
> ○ 빨간색 모자를 쓴 사람의 수는 5명이다.
> ○ 모자, 상의, 하의 중 1가지만 빨간색인 사람은 7명이다.

이때 하의만 빨간색인 사람은 몇 명인가?

① 5　　　② 4　　　③ 3
④ 2　　　⑤ 1

04

직장 상사가 사원 A, B, C를 업무 능력, 리더십, 인화력의 세 영역에서 평가한다. 평가는 절대 평가 방식에 따라 −1(부족), 0(보통), 1(우수)로 이루어지고, 세 영역의 점수를 합산하여 개인 별로 총점을 낸다. 다음을 만족시킬 때 가능한 평가 결과표의 개수는?

평가 결과표

사원 \ 영역	업무 능력	리더십	인화력
A			
B			
C			

> ○ 각자의 총점은 0이다.
> ○ 각 영역의 점수 합은 0이다.
> ○ 인화력 점수는 A가 제일 높고, 그 다음은 B, C 순이다.

① 4　　　② 5　　　③ 6
④ 7　　　⑤ 8

05

2012학년도 LEET 문29

다음 글로부터 추론한 것으로 옳은 것만을 〈보기〉에서 있는 대로 고른 것은?

> 번역사 P는 고객 A, B, C로부터 문서를 의뢰받아 번역 일을 한다. P는 하루에 10쪽씩 번역한다. 모든 번역 의뢰는 매일 아침 업무 시작 전에 접수되며, A, B, C가 의뢰를 처음 시작하는 날짜는 동일하다. 고객들은 다음과 같이 일정한 주기로 일정한 분량을 의뢰하고, 모든 문서에는 각각 작업 기한이 있다.
>
> ○ A는 3일 주기로 10쪽의 문서를 의뢰하고, 기한은 3일이다.
> ○ B는 4일 주기로 20쪽의 문서를 의뢰하고, 기한은 4일이다.
> ○ C는 5일 주기로 10쪽의 문서를 의뢰하고, 기한은 5일이다.
>
> P는 다음 원칙에 따라 번역한다.
>
> ○ 남은 기한이 짧은 문서를 우선 번역한다.
> ○ 남은 기한이 같으면 먼저 의뢰받은 문서를 우선 번역한다.
> ○ 우선순위가 더 높은 문서가 들어오면 현재 번역 중인 문서는 보류하고 우선순위가 높은 문서를 먼저 번역한다.

〈보기〉
ㄱ. P는 5일째 되는 날 A의 두 번째 문서를 번역한다.
ㄴ. P는 8일째 되는 날 C의 문서를 번역한다.
ㄷ. P는 60일째 되는 날, 그날까지 의뢰받은 A, B, C의 모든 문서를 번역할 수 있다.

① ㄱ   ② ㄴ   ③ ㄱ, ㄴ
④ ㄱ, ㄷ   ⑤ ㄴ, ㄷ

06

2014학년도 LEET 문34

다음으로부터 추론한 것으로 옳은 것만을 〈보기〉에서 있는 대로 고른 것은?

> 어떤 경비업체는 보안 점검을 위탁받은 한 건물 내에서 20개의 점검 지점을 지정하여 관리하고 있다. 보안 담당자는 다음 〈규칙〉에 따라서 20개 점검 지점을 방문하여 이상 여부를 기록한다.
>
> 〈규칙〉
> ○ 첫 번째 점검에서는 1번 지점에서 출발하여 20번 지점까지 차례로 모든 지점을 방문한다.
> ○ 두 번째 점검에서는 2번 지점에서 출발하여 한 개 지점씩 건너뛰고 점검한다. 즉 2번 지점, 4번 지점, …, 20번 지점까지 방문한다. 또한 세 번째 점검에서는 3번 지점에서 출발하여 두 개 지점씩 건너뛰고 점검한다. 즉 3번 지점, 6번 지점, …, 18번 지점까지 방문한다.
> ○ 이런 식으로 방문이 이루어지다가 20번째 점검에서 모든 점검이 완료된다.

〈보기〉
ㄱ. 20번 지점은 총 6회 방문하게 된다.
ㄴ. 2회만 방문한 지점은 총 8개이다.
ㄷ. 한 지점을 최대 8회 방문할 수 있다.

① ㄱ   ② ㄷ   ③ ㄱ, ㄴ
④ ㄴ, ㄷ   ⑤ ㄱ, ㄴ, ㄷ

07

〈성적 산출 기준〉으로부터 추론한 것으로 옳지 않은 것은?

> 어떤 교수가 수업 시간에 문제 1과 문제 2의 두 문제로 구성된 쪽지 시험을 실시하고 그 채점 결과로 성적을 산출한다. 각 문제의 채점 결과는 정답, 오답, 무답 중 하나만 가능하다. 정답, 오답, 무답에 따른 다음의 〈성적 산출 기준〉을 반영하여 각 학생에게 A, B, C, D 중 하나의 성적을 부여하고자 한다.
>
> 〈성적 산출 기준〉
> ○ 문제 1과 문제 2의 채점 결과가 모두 정답이면 A를 부여한다.
> ○ 문제 1의 채점 결과가 정답이 아니고 문제 2의 채점 결과도 정답이 아닌 경우 D를 부여한다. 단, 이때 문제 1과 문제 2의 채점 결과 중 적어도 하나가 무답이 아니면 풀이 내용에 따라 C를 부여할 수도 있다.

① 甲이 C를 받을 가능성이 없다면 B를 받을 수 없다.
② 乙이 두 문제 모두 무답으로 제출한 경우 반드시 D를 받는다.
③ 丙이 B를 받았다면 두 문제의 채점 결과 중 반드시 어느 한 쪽이 정답이어야 한다.
④ 丁의 답안지에서 문제 1의 채점 결과가 오답, 문제 2의 채점 결과가 정답이면 C를 받을 수 없다.
⑤ 戊가 문제 2를 무답으로 제출한 경우, 문제 1의 채점 결과가 정답이 아닌 한 B를 받을 수 없다.

08

다음으로부터 추론한 것으로 옳은 것만을 〈보기〉에서 있는 대로 고른 것은?

> 아래 그림과 같이 크기가 모두 같고 번호가 한 개씩 적혀 있는 빈 상자 12개가 일렬로 나열되어 있다.
>
> | 1 | 2 | 3 | 4 | 5 | 6 | 7 | 8 | 9 | 10 | 11 | 12 |
>
> 이 중 5개의 상자에 5개의 구슬 A, B, C, D, E를 담는다. 한 개의 상자에는 한 개의 구슬만 담을 수 있고, 서로 다른 두 상자 사이에 놓여 있는 상자의 개수를 그 두 상자의 '거리'로 정의한다. 예를 들면 4번 상자와 8번 상자의 거리는 3이다.
> 이때 다음 정보가 알려져 있다.
>
> ○ 구슬이 담겨 있는 임의의 두 상자의 거리는 모두 다르다.
> ○ 구슬 A와 D가 각각 담겨 있는 두 상자 사이에 구슬이 담겨 있는 상자는 한 개뿐이다.
> ○ 구슬 A와 E가 각각 담겨 있는 두 상자의 거리는 0이다.
> ○ 구슬 B와 D가 각각 담겨 있는 두 상자의 거리는 1이다.
> ○ 구슬 C와 E가 각각 담겨 있는 두 상자의 거리는 2이다.

〈보기〉
ㄱ. 구슬 A와 B가 각각 담겨 있는 두 상자 사이에는 구슬이 담겨 있는 상자가 없다.
ㄴ. 구슬 C가 담겨 있는 상자의 번호는 구슬 D가 담겨 있는 상자의 번호보다 크다.
ㄷ. 7번 상자와 8번 상자는 모두 비어 있다.

① ㄱ ② ㄴ ③ ㄱ, ㄷ
④ ㄴ, ㄷ ⑤ ㄱ, ㄴ, ㄷ

09

2024학년도 LEET 문33

다음으로부터 추론한 것으로 옳은 것만을 〈보기〉에서 있는 대로 고른 것은?

갑, 을, 병, 정, 무로 구성된 위원회는 안건의 통과 여부를 다음 방식에 따라 결정한다.

○ 각 위원은 기권할 수는 없고, 찬성이나 반대 중에서 하나를 선택하여야 한다.
○ 각 위원은 찬성하는 경우 1점, 2점, 3점, 4점, 5점 중 하나를 부여하고, 반대하는 경우 0점을 부여한다.
○ 각 위원이 부여한 점수의 합이 17점 이상이면 안건은 통과된다.

안건 P에 대하여 갑, 을, 병 중에서 찬성한 위원은 짝수 점수를 부여하였고, 정, 무 중에서 찬성한 위원은 홀수 점수를 부여하였다고 한다.

─〈보기〉─

ㄱ. 을이 부여한 점수가 정이 부여한 점수보다 클 때, P가 통과되었다면 갑은 찬성하였다.
ㄴ. P에 대하여 다섯 명의 위원이 부여한 점수의 합이 13점이면 반대한 위원도 있고 4점을 부여한 위원도 있다.
ㄷ. 반대한 위원이 병이고 P가 통과되었다면 다섯 명의 위원이 부여한 점수의 합은 18점이다.

① ㄴ   ② ㄷ   ③ ㄱ, ㄴ
④ ㄱ, ㄷ   ⑤ ㄱ, ㄴ, ㄷ

10

2024학년도 LEET 문34

다음으로부터 추론한 것으로 옳은 것만을 〈보기〉에서 있는 대로 고른 것은?

A, B, C, D, E, F, G 종류의 LED 전구로 다음과 같은 네 개의 전광판을 만들었다.

| A | B | C | E | | A | C | D | F | | B | D | E | G | | C | E | F | G |

이 LED 전구들은 다음 규칙에 따라 켜지거나 꺼진다.

○ 각 전광판에 켜진 LED 전구의 개수는 0 또는 2 또는 4이다.
○ 같은 종류의 LED 전구는 한꺼번에 켜지거나 한꺼번에 꺼진다.
○ A, B, C 중에서 켜져 있는 종류는 하나이다.

─〈보기〉─

ㄱ. A 종류의 LED 전구는 켜져 있다.
ㄴ. 켜져 있는 LED 전구의 종류가 3가지이면 D 종류의 LED 전구는 켜져 있다.
ㄷ. F 종류의 LED 전구가 켜져 있으면 G 종류의 LED 전구도 켜져 있다.

① ㄱ   ② ㄷ   ③ ㄱ, ㄴ
④ ㄴ, ㄷ   ⑤ ㄱ, ㄴ, ㄷ

11

다음으로부터 추론한 것으로 옳은 것만을 〈보기〉에서 있는 대로 고른 것은?

갑, 을, 병, 정 네 사람은 2024. 7. 6.부터 2024. 7. 9.까지 각각 다른 날 구치소에 구금되었고, 2024. 7. 10.부터 2024. 7. 13.까지 각각 다른 날 석방되었다. 여기서 네 사람의 구금 및 석방 일자와 구금 일수에 관하여 다음과 같은 사실이 알려졌다. (단, 구금 일수는 구금 일자부터 석방 일자까지의 일수로 한다. 예를 들어, 구금된 다음 날 석방되면 구금 일수는 2일이다.)

○ 네 사람 중 갑의 구금 일수가 가장 적고 정의 구금 일수가 가장 많다.
○ 을과 병의 구금 일수는 같고, 이 두 사람만 구금 일수가 같다.
○ 정의 석방 일자는 2024. 7. 13.이 아니다.
○ 정이 구금된 날, 병은 이미 구금되어 있었다.

〈보기〉
ㄱ. 을의 구금 일수는 5일이다.
ㄴ. 정은 2024. 7. 8.에 구금되었다.
ㄷ. 갑이 병보다 먼저 석방되었다.

① ㄱ　　② ㄴ　　③ ㄱ, ㄷ
④ ㄴ, ㄷ　　⑤ ㄱ, ㄴ, ㄷ

유형 06 - 승패게임

01
2009학년도 LEET 문5

어떤 시합에 대한 다음의 설명으로부터 추론한 것으로 옳은 것만을 〈보기〉에서 있는 대로 고른 것은?

> 갑, 을, 병은 A에서 동시에 출발하여 B를 거쳐 C까지 경주한다. 출발선에서 갑, 을, 병은 각각 구두, 등산화, 운동화를 신고 있다. 등산화와 운동화를 신었을 때 구두의 경우에 비해 각각 2배와 4배의 속도로 달린다.
> B에 도착한 사람은 신고 있던 신발을 앞 사람이 벗어 놓고 간 신발로 갈아 신고 가는 방식으로 경기를 진행한다. B에 처음 도착한 사람은 미리 놓여 있는 운동화로 갈아 신는다. 신발을 갈아 신는 데 모두 같은 시간을 사용한다.

> 첫째 구간에서 갑은 쉬지 않고 B까지 달렸고, 을은 B에 도달하는 데에 걸린 시간 중에서 40%를 쉬는 데에 사용하였으며, 병은 걸린 시간의 80%를 쉬는 데에 사용하였다.
> B부터 C까지 가는 데에 걸린 시간은 세 사람 중 두 명이 같았으며, 이 구간에서 세 사람 중 한 명만이 중간에 쉬었다. 결승점 C에 을이 가장 먼저 들어오지는 않았다.

―〈보기〉―
ㄱ. B에 가장 먼저 도착한 사람은 을이다.
ㄴ. 병은 둘째 구간에서 쉬지 않았다.
ㄷ. C에 가장 먼저 도착한 사람은 갑이다.

① ㄱ ② ㄷ ③ ㄱ, ㄴ
④ ㄴ, ㄷ ⑤ ㄱ, ㄴ, ㄷ

02
2009학년도 LEET 문6

다음은 '갑', '을', '병' 세 사람이 벌인 탁구 시합의 진행 방법과 결과이다. 이에 대한 추론으로 옳은 것만을 〈보기〉에서 있는 대로 고른 것은?

> 〈진행 방법〉
> ○ 첫 시합을 할 두 선수는 제비뽑기로 정한다.
> ○ 두 사람이 시합을 하고 나머지 한 사람은 대기한다.
> ○ 시합에서 이긴 사람은 대기한 사람과 시합을 한다.
> ○ 7번을 이긴 사람이 처음 나올 때까지 시합을 계속한다.
> ○ 무승부는 없다.
>
> 〈결과〉
> 갑과 병이 첫 시합을 하였다. 모든 시합이 끝났을 때, 갑은 7번을, 을은 6번을, 병은 2번을 이겼다. 을과 병 두 사람 사이의 시합에서는 서로 이긴 횟수가 같았다.

―〈보기〉―
ㄱ. 총 시합 수는 30이다.
ㄴ. 갑은 병과 모두 4번 시합을 하였다.
ㄷ. 을과 병 사이의 전적은 2승 2패이다.

① ㄴ ② ㄷ ③ ㄱ, ㄴ
④ ㄱ, ㄷ ⑤ ㄴ, ㄷ

03

2013학년도 LEET 문16

다음으로부터 바르게 추론한 것만을 〈보기〉에서 있는 대로 고른 것은?

> 4개의 부서 A, B, C, D의 업무 역량을 평가하기 위해서 두 부서끼리 빠짐없이 한 번씩 서로 비교하려 한다. 이 업무 역량 평가는 매 평가마다 서로 다른 요인을 평가하기 때문에 평가 결과끼리는 서로 영향을 주지 않는다. 예를 들어, A가 B보다 우월하고 B가 C보다 우월하더라도 A가 C보다 반드시 우월하다고 할 수 없다. 두 부서의 업무 역량에 우열이 드러나면, 업무 역량이 더 나은 부서에 5점, 상대 부서에 0점을 부여한다. 두 부서의 업무 역량이 서로 동등하다고 평가되면, 두 부서 모두에 2점씩 부여한다. 평가 결과는 다음과 같았다.
>
> A: 7점
> B: 7점
> C: 4점
> D: 10점

〈보기〉

ㄱ. A와 C의 비교에서 두 부서는 동등하다고 평가되었다.
ㄴ. B와 D의 비교에서 B가 더 나은 평가를 받았다.
ㄷ. A와 B의 비교에서 A가 더 나은 평가를 받았다는 정보를 추가하면 우열 관계에 대한 나머지 모든 결과를 알 수 있다.

① ㄱ ② ㄴ ③ ㄱ, ㄷ
④ ㄴ, ㄷ ⑤ ㄱ, ㄴ, ㄷ

04

2014학년도 LEET 문35

다음으로부터 추론한 것으로 옳은 것만을 〈보기〉에서 있는 대로 고른 것은?

> A, B, C, D 네 팀이 서로 한 번씩 상대하여 총 6번 경기를 치르는 축구 리그전에서 각 팀이 2번씩 경기를 치렀다. 각 팀은 다음 〈규칙〉에 따라 승점을 얻는다.
>
> 〈규칙〉
> ○ 이기면 승점 3점, 비기면 승점 1점, 지면 승점 0점을 얻는다.
> ○ 승부차기는 없다.
>
> 4번의 경기를 치른 결과가 다음과 같다.
>
> | 팀 | 승점 | 득점 | 실점 |
> |---|---|---|---|
> | A | 4 | 3 | 2 |
> | B | 4 | 2 | 1 |
> | C | 3 | 3 | 2 |
> | D | 0 | 0 | 3 |

〈보기〉

ㄱ. A와 B는 0:0으로 비겼다.
ㄴ. B는 C와 아직 경기를 하지 않았다.
ㄷ. C는 D에 2:0으로 이겼다.

① ㄱ ② ㄴ ③ ㄱ, ㄷ
④ ㄴ, ㄷ ⑤ ㄱ, ㄴ, ㄷ

05

다음으로부터 추론한 것으로 옳은 것만을 〈보기〉에서 있는 대로 고른 것은?

8개의 축구팀 A, B, C, D, E, F, G, H가 다음 단계 1~3에 따라 경기하였다.

단계 1: 8개의 팀을 두 팀씩 1, 2, 3, 4조로 나눈 후, 각 조마다 같은 조에 속한 두 팀이 경기를 하여 이긴 팀은 준결승전에 진출한다.
단계 2: 1조와 2조에서 준결승전에 진출한 팀끼리 경기를 하여 이긴 팀이 결승전에 진출하고, 3조와 4조에서 준결승전에 진출한 팀끼리 경기를 하여 이긴 팀이 결승전에 진출한다.
단계 3: 결승전에 진출한 두 팀이 경기를 하여 이긴 팀이 우승한다.

무승부 없이 단계 3까지 마친 경기 결과에 대하여 갑, 을, 병, 정이 아래와 같이 진술하였다.

갑: A는 2승 1패였다.
을: E는 1승 1패였다.
병: C는 준결승전에서 B에 패했다.
정: H가 우승하였다.

그런데 이 중에서 한 명만 거짓말을 한 것으로 밝혀졌다.

〈보기〉

ㄱ. 을의 진술은 참이다.
ㄴ. 갑이 거짓말을 하였으면 H는 준결승에서 E를 이겼다.
ㄷ. H가 1승이라도 했다면 갑 또는 병이 거짓말을 하였다.

① ㄴ　　② ㄷ　　③ ㄱ, ㄴ
④ ㄱ, ㄷ　　⑤ ㄱ, ㄴ, ㄷ

04 수리 추리 기출유형공략

> **핵심 이론**

수리적인 자료로부터 수리적으로 이루어지는 계산이나 추리 유형으로, 최근 출제에서는 언어 추리의 영역으로 변환되어 출제되고 있다.

01 대수 및 연산

수리 연산은 주로 사칙연산에 의한 계산이 출제되고 대수 관련 문항도 초기 출제된 바 있다. 대부분 주어진 정보에 수리적인 성격을 띠는 정보를 주고 이를 토대로 하여 계산을 하거나 추리를 요구하는 문항으로 구성되어 있다. 연산은 대부분 간단한 수 계산이며 방정식을 활용하여 해결하는 문제도 이 영역에 해당한다.

02 도형 및 기하

도형의 성질이나 도형들의 관계를 이용하여 해결할 수 있는 문제로, 지도의 모형을 통한 거리 파악과 바둑판 모양의 모형을 활용한 공간 개념 파악 및 추리 문제가 출제된 바 있다.

03 게임이론 및 이산수학

게임이론이란 상충적(相衝的)이고 경쟁적(競爭的)인 조건에서의 경쟁자 간의 경쟁 상태를 모형화하여 참여자의 행동을 분석함으로써 최적전략(最適戰略)을 선택하는 것을 이론화하려는 것이다. 정치나 경제 등 다양한 제재에서 나타나는 경쟁적 상황을 보여주고 여기서 최적화를 추구하는 귀결을 추리하는 문제가 출제된 바 있다. 게임이론 역시 이산수학의 범주에 포함되는 것으로, 이산수학은 선택과 배열, 알고리즘, 의사결정과 최적화 등이 출제되고 있다.

04 표·그래프

표와 그래프는 수리적 요소 분석을 위해 출제되었으며, 주로 사회학과 경제학 분야에서 출제되고 있다. 경제 주체들의 편익 분석에 따른 그래프 분석은 가장 많은 비중을 보이고 있으며, 범죄 경향 예측이나 노인 문제, 또는 농산물 가격에 대한 도표의 비교 분석, 사망률과 출생률, 1인당 국민소득의 증가 그래프도 출제되었다.

출제 경향

01 최근에는 수리 추리의 고유 영역이 거의 사라지고 모두 언어 추리의 수리계산 유형으로 출제되고 있다.

02 특히 법·규범학이나 사회과학에서 출제되며, 기초적인 사칙연산을 활용하여 문제를 해결하는 문제로 단순화된 상태이다.

유형 01 - 대수 및 연산

01
LEET 2차 예시 문1

물리학자가 실험을 수행하던 중 강한 상호작용을 하는 입자를 발견했다. 이 입자는 세 개의 쿼크 또는 반쿼크로 이루어진다. 쿼크 A, B, C는 전하량이 각각 $\frac{2}{3}$, $\frac{1}{3}$, $-\frac{1}{3}$이고, D, E, F는 각각 A, B, C의 반쿼크이다. 반쿼크는 쿼크와 전하량의 부호만 반대이다. 발견된 입자는 다음 조건을 만족한다.

○ 전하량은 −1, 0, 1 중 하나이다.
○ 적어도 하나의 쿼크를 포함하고 있다.
○ B와 D는 동시에 포함될 수 없다.
○ C가 포함되어 있다면 E도 포함되어야 한다.

01-1
다음 중 이 입자를 이룰 수 있는 쿼크 또는 반쿼크의 구성은?
① A, A, C ② A, B, E ③ B, D, F
④ C, C, E ⑤ D, D, F

01-2
이 입자가 A를 포함하고 있을 때, 다음 중 어느 것이 참인가?
① B를 포함한다.
② D를 포함한다.
③ E를 포함한다.
④ F를 포함한다.
⑤ 또 다른 A와 C를 포함한다.

02
LEET 2차 예시 문3

다음은 음의 진동수와 음정의 어떤 체계를 설명한 것이다.

○ 음 A(N+1)의 진동수는 음 A(N)의 진동수의 2배이다. 단, N은 양의 정수이다.
○ A(N)와 A(N+1) 사이에 B(N), C(N+1), D(N+1), E(N+1), F(N+1), G(N+1)가 있으며 A(N)에 대한 각 음의 진동수 비는 〈표〉와 같다.

음	A(N)	B(N)	C(N+1)	D(N+1)	E(N+1)	F(N+1)	G(N+1)	A(N+1)
진동수 비	0	$\frac{9}{8}$	$\frac{5}{4}$	$\frac{4}{3}$	$\frac{3}{2}$	$\frac{5}{3}$	$\frac{15}{8}$	2

〈표〉 A(N+1)과 A(N) 사이의 음들과 A(N)에 대한 각 음의 진동수 비

○ A(4)의 진동수는 440Hz이다.

다음 중 옳은 것은?
① A(7)의 진동수는 7,040Hz이다.
② B(6)의 진동수는 F(5)의 진동수의 4배이다.
③ C(6)와 C(5)의 진동수 차는 550Hz이다.
④ D(5)와 D(4)의 진동수 차는 D(4)와 D(3)의 진동수 차와 같다.
⑤ 진동수가 330Hz인 음은 이 체계로 표현할 수 없다.

03

2009학년도 LEET 예비 문4

어느 과학자가 간염을 치료하기 위한 신약을 개발하였다. 이 약의 효과를 검증하고자 60명의 간염 환자 중 40명을 무작위로 선택하여 신약을 투여하고, 나머지 20명에게는 위약(placebo)을 투여하는 임상 실험을 하였다. 표는 임상 실험 결과를 나타낸 것이며, A, B, C, D는 사람 수이다.

	호전됨	호전되지 않음	합
신약	A	B	40
위약	C	D	20
합	48	12	60

표에 대한 설명으로 옳은 것을 〈보기〉에서 모두 고른 것은?

〈보기〉
ㄱ. D가 클수록 신약을 투여 받은 사람 중 호전된 사람의 비율이 커진다.
ㄴ. A와 C의 차이가 작을수록 신약을 투여 받은 사람 중 호전된 사람의 비율이 작아진다.
ㄷ. A:B가 4:1이면 신약을 투여 받은 사람 중 호전된 사람의 비율이 위약을 투여 받은 사람 중 호전된 사람의 비율과 같다.

① ㄱ ② ㄴ ③ ㄱ, ㄷ
④ ㄴ, ㄷ ⑤ ㄱ, ㄴ, ㄷ

04

2009학년도 LEET 예비 문9

표는 어떤 신설 산업 지구에 입주해 있는 총 기업 수와 월평균 생산액을 월별로 나타낸 것이다.

	1월	2월	3월
총 기업 수(개)	2	3	5
월평균 생산액(백만 원)	20	22	22

이 산업 지구에 1월부터 3월까지 입주한 기업들이 다음의 조건을 만족할 때, 3월의 월 생산액이 가장 많은 기업이 입주한 달부터 3월의 월 생산액이 가장 적은 기업이 입주한 달까지 순서대로 바르게 나열한 것은? (단, 이 기간에 철수한 기업은 없다.)

○ 같은 달에 입주한 기업의 월 생산액은 동일하다.
○ 짝수 달에 입주한 기업의 월 생산액은 변하지 않는다.
○ 홀수 달에 입주한 기업의 월 생산액은 매월 백만 원씩 증가한다.

① 1월 − 2월 − 3월
② 1월 − 3월 − 2월
③ 2월 − 1월 − 3월
④ 2월 − 3월 − 1월
⑤ 3월 − 2월 − 1월

05

컴퓨터 단층 촬영 장치의 원리를 설명한 다음의 글에서 추론한 것으로 옳은 것만을 〈보기〉에서 있는 대로 고른 것은?

X-선이 물체에 투과될 때 그 물체는 일정 비율의 X-선을 흡수하고 나머지만 통과시킨다. 이때 물체에 따라 X-선을 흡수하는 정도가 다르며 이것을 '흡수도'로 나타낸다.

그림은 정육면체 모양의 네 가지 물체 A~D가 겹쳐 있을 때 X-선을 화살표 방향으로 각각 투과시켜 측정한 흡수도를 숫자로 나타낸 것이다.

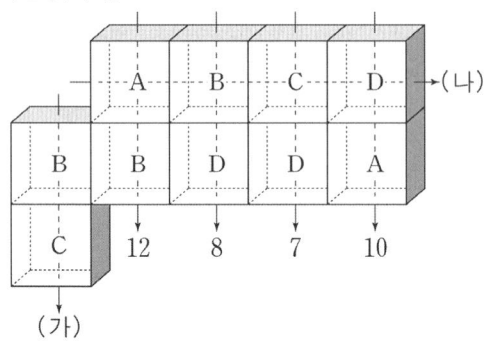

여러 개의 물체를 투과할 때의 흡수도는 각 물체의 흡수도를 더한 값이다. 따라서 여러 방향에서 측정된 흡수도로부터 물체 A~D 각각에 대한 흡수도를 알아낼 수 있다.

이와 같은 과정을 인체 여러 부위에서 반복 시행한 결과들을 컴퓨터를 이용하여 합성하면 인체 내부의 3차원적 영상을 얻게 된다.

〈보기〉
ㄱ. A~D 중 흡수도가 가장 작은 물체는 D이다.
ㄴ. 흡수도 (가)는 10보다 크다.
ㄷ. 흡수도 (나)는 20보다 작다.

① ㄱ   ② ㄴ   ③ ㄱ, ㄷ
④ ㄴ, ㄷ   ⑤ ㄱ, ㄴ, ㄷ

06

다음은 학습의 원리와 가상 실험에 대한 설명이다. 실험 결과에 대한 옳은 진술만을 〈보기〉에서 있는 대로 고른 것은?

파블로프는 개에게 먹이를 주면서 침 분비와 관련 없던 종소리를 반복해서 들려주었더니, 나중에는 먹이 없이 종소리만 들려주어도 침을 흘린다는 것을 발견하였다.

어떤 연구자가 이 원리를 검증하기 위해 개에게 실험을 하였다. 실험 조건을 살펴보면, 종소리를 들려준 후 먹이를 주는데, 종소리 열 번 중 여덟 번의 비율로 먹이를 주는 경우(Aa라 함)와 종소리 열 번 중 여섯 번의 비율로 먹이를 주는 경우(Ab라 함)로 나누었다. Aa와 Ab 각각은 종소리를 들려준 후 몇 초 만에 먹이를 주는지에 따라 네 조건(1초, 2초, 3초, 4초)으로 세분되었다. 예를 들어, 종소리 열 번 중 여덟 번의 비율로 먹이를 주면서, 종소리를 들려주고 1초 후 먹이를 주면 Aa 1초 조건이 된다. 그밖에도 매번 먹이를 주고 1초 후 종소리를 들려주는 B조건, 종소리와 먹이를 동시에 주는 C조건이 있었다.

각 조건에 따라 20회 시행 후 먹이 없이 종소리만 들려주는 시행을 반복하였다. 먹이 없이 종소리만 들려준 횟수와 침을 흘리는 횟수의 비율을 학습률이라고 할 때, 실험 결과 Aa 1초, 2초, 3초, 4초 조건으로 갈수록 학습률이 20%씩 등간격으로 감소하였다. 또한 Aa에서 네 조건의 학습률의 평균은 50%였다. Ab에서 네 조건 각각의 학습률은 Aa의 같은 시차 조건의 학습률과 비교하여 그 절반이었다. B조건의 학습률은 Ab 3초 조건의 학습률과 같았고, C조건의 학습률은 Aa 2초 조건의 학습률과 같았다.

〈보기〉
ㄱ. Aa 3초 조건의 학습률은 Ab 1초 조건의 학습률과 같다.
ㄴ. B조건의 학습률은 Aa 4초 조건의 학습률과 같다.
ㄷ. C조건의 학습률은 Ab 2초 조건의 학습률과 Ab 3초 조건의 학습률을 합한 값과 같다.

① ㄱ   ② ㄷ   ③ ㄱ, ㄴ
④ ㄴ, ㄷ   ⑤ ㄱ, ㄴ, ㄷ

07

2014학년도 LEET 문18

다음 글로부터 추론한 것으로 옳은 것만을 〈보기〉에서 있는 대로 고른 것은?

> 17세기 중국의 사상가 황종희는 국가 재정이 넉넉해지려면 지금 국가가 지고 있는 군대 부양(扶養)의 부담을 줄여야 하는데, 이를 위해서는 직업 군인제 대신 병농 일치의 군사 제도를 채택해야 한다고 주장하였다. 그는 구체적으로 다음과 같은 방안을 제안했다.
>
> (1) 병사는 마땅히 구(口)에서 취해야 하고, 병사 부양은 마땅히 호(戶)에서 취해야 한다. 구에서 취한다는 말은 50인마다 훈련병 1인과 복무병 1인을 차출한다는 것이다. 호에서 취한다는 말은 10호마다 1인의 복무병을 부양토록 한다는 것이다. 지금 천하 호구(戶口)의 숫자를 보면 구가 약 6,000만 인, 호가 약 1,000만 호이니, 충분한 병력을 확보하면서도 백성의 부담은 무겁지 않게 할 수 있다. 병역을 지는 남자는 만 20세에 의무를 시작하여 만 30년 동안 의무를 지고, 훈련병의 훈련은 생업에 지장이 없게 실시하여 따로 부양할 필요가 없도록 한다.
>
> (2) 궁성 수비는 수도가 위치한 강남 지방의 군현에 거주하는 병역 의무자 중에서 차출하여 충당한다. 먼저 강남 지방의 병역 의무자 전원을 복무병 2개 조, 훈련병 2개 조로 나누고, 각 조의 병력 수를 같도록 한다. 이 중 복무병의 첫 번째 조 10만 명은 각자 소속된 군현을 지키게 하고, 두 번째 조 10만 명은 궁성을 수비하게 한다. 이듬해에는 군현을 지키던 자로 궁성을 지키게 하고, 궁성을 수비하던 자는 돌아가서 군현을 지키게 한다. 그 다음 해에는 훈련병을 동원하여 복무하게 하고, 복무병은 귀가하여 훈련만 받게 한다.

〈보기〉

ㄱ. 17세기 중국의 인구 중 약 6분의 1이 강남 지방에 거주하고 있었다.
ㄴ. 국가 재정의 부담 없이 유지할 수 있는 복무병은 최대 100만 명이다.
ㄷ. 강남 지방의 병역 의무자가 일생 동안 궁성 수비를 맡는 기간은 최대 5년이다.

① ㄴ   ② ㄱ, ㄴ   ③ ㄱ, ㄷ
④ ㄴ, ㄷ   ⑤ ㄱ, ㄴ, ㄷ

08

2015학년도 LEET 문14

다음 글로부터 추론한 것으로 옳은 것만을 〈보기〉에서 있는 대로 고른 것은?

> 옛날 주나라는 정전제를 실시하여 토지를 분배하였다. 요즘 학자들은 그렇게 분배할 만큼 토지가 풍족하지 않다거나 전국 사유지의 소유권을 모두 바꿀 수는 없다는 이유로 정전제의 부활이 불가능하다고 말한다. 그러나 지금 군호(軍戶)를 상대로 실시하고 있는 둔전제의 원리를 전국에 확대하면 정전제의 부활도 불가능하지 않다.
>
> 둔전제에서는 군호마다 토지 50무(畝)를 경작하는데, 전국의 둔전은 약 70만 경(頃)으로 전국 토지 면적 약 700만 경의 10분의 1이나 된다. 이를 나머지 10분의 9의 토지에 확대하는 개혁은 결코 불가능한 일이 아니다. 또한 전국적으로 둔전이 아닌 일반 토지 가운데 3분의 1은 국유지이므로, 사유지의 소유권을 건드리지 않고도 많은 민호(民戶)에게 토지를 분배할 수 있다. 물론 지금 전국의 민호는 약 1,000만 호를 헤아리니, 1호마다 50무씩 지급하려면 국유지만으로는 토지가 부족하다. 그렇다고 하더라도 모든 사유지의 소유권을 죄다 바꿀 필요는 없다. 1호마다 50무씩 분배한 뒤에도 1억 3천만 무에 달하는 사유지가 남기 때문이다.

〈보기〉

ㄱ. 군호는 약 140만 호일 것이다.
ㄴ. 둔전이 아닌 전국의 국유지는 약 420만 경일 것이다.
ㄷ. 개혁의 실시로 소유권 변동이 일어날 수 있는 사유지는 전국 사유지 면적의 절반을 넘지 않을 것이다.

① ㄱ   ② ㄷ   ③ ㄱ, ㄴ
④ ㄱ, ㄷ   ⑤ ㄴ, ㄷ

09

다음 글로부터 추론한 것으로 옳은 것만을 〈보기〉에서 있는 대로 고른 것은?

고대 아테네의 클레이스테네스는 지연과 혈연에 따른 참주의 출현을 방지하기 위해 다음과 같이 행정을 개편하였다. 모든 아테네인들을 총 139개의 데모스에 등록하게 한 다음, 아테네를 세 지역(도시, 해안, 내륙)으로 나누어 각 지역에 데모스를 할당하였다. 그 방식은 우선 각 지역에 균등하게 데모스를 할당하되, 남는 데모스는 도시 지역에 포함시키는 것이었다.

다음으로 각 지역마다 10개씩의 트리튀스를 만들고, 그 안에 데모스를 할당하였다. 그 방식은 우선 각 트리튀스에 균등하게 데모스를 할당하되, 남는 데모스는 1개의 트리튀스에 포함시키는 것이었다.

그런 다음 추첨으로 각 지역마다 트리튀스 1개씩을 뽑아 3개의 트리튀스로 1개의 필레를 구성하였다. 그리고 각 필레에서 추첨으로 50명씩 뽑아 평의회를 구성하였다. 역사가 A는 필레에 포함된 데모스 1개의 정원을 100명으로 가정할 경우, 각 지역에 거주하는 아테네인이 평의회에 뽑힐 확률을 분석하였다.

〈보기〉

ㄱ. 트리튀스는 최소 4개의 데모스를 포함한다.
ㄴ. 필레는 최대 31개의 데모스를 포함한다.
ㄷ. A의 가정에 따르면, 평의회에 뽑힐 확률이 가장 낮은 사람은 도시 지역 거주자이다.

① ㄱ　　　　② ㄷ　　　　③ ㄱ, ㄴ
④ ㄴ, ㄷ　　　⑤ ㄱ, ㄴ, ㄷ

10

다음 글로부터 추론한 것으로 옳은 것만을 〈보기〉에서 있는 대로 고른 것은?

고대 로마 공화정에서는 전투 단위인 켄투리아가 민회를 구성하는 역할도 하였다. 민회에서 1켄투리아는 1표를 행사하였다. 켄투리아의 수는 최고 등급인 기병이 18개였고, 보병은 재산 등급에 따라 1등급 80개, 2등급 20개, 3등급 20개, 4등급 20개, 5등급 30개였으며, 재산이 기준에 미달하는 최하 등급이 5개로 편제되어, 총 투표수는 193표였다. 투표는 높은 등급인 기병부터 등급 순서대로 찬반 투표를 시행하였다. 각 등급의 투표는 한꺼번에 이루어졌는데, 그 결과 찬성표나 반대표가 과반을 넘는 순간 투표는 중지되었다. 그러다가 기원전 241년 경, 켄투리아의 개편이 단행되었다. 개편 이후, 기병 켄투리아와 최하 등급 켄투리아의 수는 이전과 동일하였으나, 1등급부터 5등급까지는 70개씩의 켄투리아를 두게 되었다.

역사가 A와 B는 켄투리아의 개편 이후 민회의 투표 방식을 추론하는 데에 이견을 보였다. A는 개편 이후에도 이전처럼 1켄투리아가 1표를 행사하는 방식으로 투표하였다고 가정하였다. 반면 B는 개편에도 불구하고 총 투표수는 개편 이전과 마찬가지로 193표였고, 개편 이후 2등급에서 4등급의 투표수는 과거와 같았지만 1등급 중 10표가 줄고 이 10표가 5등급에 가산되었다고 보았다.

〈보기〉

ㄱ. 개편 이전에 2등급 켄투리아는 투표하지 못할 수도 있었다.
ㄴ. A의 가정에 따를 경우, 3등급 켄투리아는 투표하지 못할 수도 있었다.
ㄷ. B의 가정에 따를 경우, 3등급 켄투리아는 투표하지 못할 수도 있었다.

① ㄱ　　　　② ㄷ　　　　③ ㄱ, ㄴ
④ ㄱ, ㄷ　　　⑤ ㄴ, ㄷ

11

2015학년도 LEET 문34

다음으로부터 추론한 것으로 옳은 것만을 〈보기〉에서 있는 대로 고른 것은?

> 심사단 100명이 가수 A, B, C, D의 경연을 보고 이중 제일 잘 했다고 생각하는 한 명에게 투표한다. 각 심사자는 1표를 행사하며 기권은 없다. 이런 경연을 2번 실시한 뒤 2번의 투표 결과를 합산하여 최종 순위가 결정되고, 최하위자는 탈락한다. 1차와 2차 경연에 대해 다음 사실이 알려져 있다.
>
> ○ 1차 경연 결과 순위는 A, B, C, D 순이고, A는 30표, C는 25표를 얻었다.
> ○ 2차 경연 결과 1등은 C이고 2등은 B이며, B는 30표, 4등은 15표를 얻었다.
> ○ 각 경연에서 동점자는 없었다.

〈보기〉

ㄱ. 탈락자는 D이다.
ㄴ. A의 최종 순위는 3등이다.
ㄷ. 2차 경연에서 C가 얻은 표는 35표를 넘을 수 없다.

① ㄱ
② ㄷ
③ ㄱ, ㄴ
④ ㄴ, ㄷ
⑤ ㄱ, ㄴ, ㄷ

12

2022학년도 LEET 문33

다음으로부터 추론한 것으로 옳지 않은 것은?

> 이웃한 네 국가 A, B, C, D는 지구 온난화로 발생하는 환경 문제를 개선하고자 2,000억 달러의 기금을 조성하기로 하였다. 1차와 2차로 나누어 각각 1,000억 달러의 기금을 만들기로 하였으며 경제 규모와 환경 개선 기여도를 고려하여 국가별 분담금을 정하였다. 합의된 내용 중 알려진 사실은 다음과 같다.
>
> ○ 국가별 1차 분담금은 A, B, C, D의 순서대로 많고, B는 260억 달러, D는 200억 달러를 부담한다.
> ○ 국가별 2차 분담금은 B가 가장 적고, 250억 달러를 부담하는 C가 그 다음으로 적고, 가장 많은 금액을 부담하는 국가의 분담금은 300억 달러이다.

① 가장 많은 분담금을 부담하는 국가는 A이다.
② B의 분담금은 460억 달러 이하이다.
③ A의 분담금이 570억 달러이면, D의 분담금은 500억 달러이다.
④ C의 분담금과 D의 분담금의 차이는 50억 달러 이하이다.
⑤ 어떤 국가의 1차 분담금과 2차 분담금이 같으면, A의 분담금은 600억 달러 이하이다.

13

다음으로부터 추론한 것으로 옳은 것만을 〈보기〉에서 있는 대로 고른 것은?

P회사는 연말에 각 직원의 실적을 A, B, C, D 중의 하나의 등급으로 평가한 후, 다음과 같이 성과급을 지급한다.

A등급	B등급	C등급	D등급
2,000만 원	1,500만 원	1,000만 원	500만 원

연말에 재무팀의 직원 갑, 을, 병, 정과 홍보팀의 직원 무, 기, 경, 신의 실적을 평가하였더니 다음과 같았다. (단, 재무팀과 홍보팀의 직원은 갑, 을, 병, 정, 무, 기, 경, 신 8명뿐이다.)

○ 재무팀에서 A등급을 받은 사람은 많아야 1명이고 정은 D등급을 받았다.
○ 홍보팀에서 D등급을 받은 사람은 없고 A등급을 받은 사람은 무뿐이다.
○ 재무팀에 지급한 성과급의 총액과 홍보팀에 지급한 성과급의 총액은 같다.

〈보기〉
ㄱ. 홍보팀에 지급한 성과급의 총액은 5,000만 원이다.
ㄴ. 재무팀에서 갑이 C등급을 받았다면 홍보팀의 기, 경, 신이 받은 등급은 모두 같다.
ㄷ. 재무팀과 홍보팀의 직원 8명 중에서 B등급을 받은 사람의 수와 C등급을 받은 사람의 수는 다르다.

① ㄱ ② ㄴ ③ ㄱ, ㄷ
④ ㄴ, ㄷ ⑤ ㄱ, ㄴ, ㄷ

14

다음으로부터 추론한 것으로 옳지 않은 것은?

연구자가 2021년과 2022년에 어느 고등학교 학생들의 혈액형을 조사하였더니 다음과 같았다. (단, 모든 학생은 A형, B형, AB형, O형 중 하나의 혈액형을 가진다.)

○ 여학생 수와 남학생 수의 비는 2:3에서 1:2로 변했다.
○ 여학생 수는 변화가 없었다.
○ AB형 학생 수는 변화가 없었다.
○ B형 여학생 수는 감소하였고 O형 남학생 수는 변화가 없었다.
○ 남학생 수에 대한 AB형 남학생 수의 비율은 변화가 없었다.
○ B형 학생 수에 대한 B형 남학생 수의 비율은 변화가 없었다.

① 남학생 수가 증가하고 여학생 수도 증가한 혈액형은 1개이다.
② A형 여학생 수가 감소하였다면 O형 여학생 수는 증가하였다.
③ 남학생 수가 감소한 혈액형의 여학생 수는 감소하였다.
④ 여학생 수가 증가한 혈액형은 AB형이 아니다.
⑤ B형 남학생 수는 감소하였다.

유형 02 - 도형 및 기하

01
LEET 2차 예시 문8

한 변의 길이가 3인 정삼각형과 한 변의 길이가 1인 정사각형 ABCD가 있다. 그림과 같이 고정된 정삼각형 둘레를 따라 시계방향으로 정사각형 ABCD를 미끄러지지 않게 회전시키면서 이동시킨다.

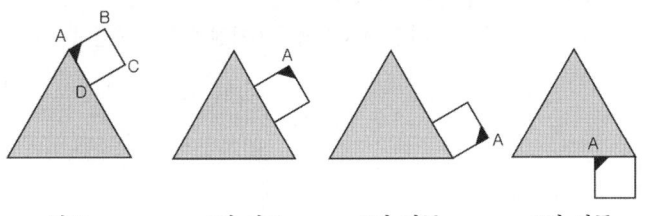

최초   1번 이동   2번 이동   3번 이동

다음 중 정사각형을 817번 이동하였을 때 나타나는 모양으로 옳은 것은?

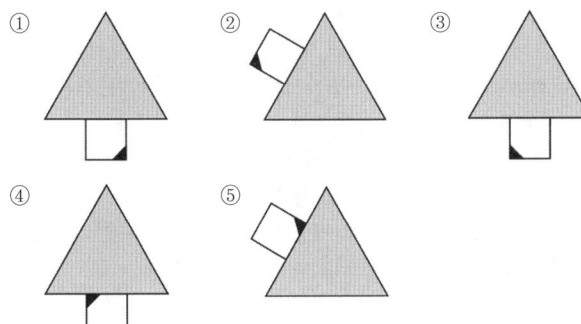

02
2012학년도 LEET 문35

〈자료〉와 〈사실〉로부터 추론한 것으로 옳은 것만을 〈보기〉에서 있는 대로 고른 것은?

〈자료〉

산수(汕水)는 금강산 절경인 만폭동 서북쪽에 있는 말휘령에서 발원하여 서쪽으로 110리를 흘러 보리진에 이른다. 말휘령에서 만폭동까지는 육로로 50리 떨어져 있다.

산수는 보리진에서 다시 남쪽으로 60리를 흘러 다경진에 이르며, 다경진 앞에서 북동쪽에서 흘러온 통구수(通溝水)와 합류한다. 통구수의 발원지는 금강산 가는 길목에 있는 단발령이다. 통구수의 길이는 70리이며, 단발령에서 만폭동까지는 육로로 40리이다.

산수는 다경진에서 다시 동남쪽으로 50리를 흘러 합관진에 이르러, 만폭동에서 발원하여 120리를 흘러온 만폭수(萬瀑水)를 받아들인다. 만폭수는 경사가 급하고 여울이 많아 배가 다니지 못하며, 대신 물길을 따라 육로가 나 있다.

〈사실〉

경신년 가을, 선비 갑과 을은 각기 다른 길로 금강산 만폭동을 유람하였다. 보리진에 사는 갑은 배를 타고 말휘령까지 간 뒤, 육로로 만폭동에 갔으며 같은 길로 되돌아왔다. 합관진에 사는 을은 배를 타고 다경진과 통구수를 거쳐 단발령까지 간 뒤 육로로 만폭동에 갔으며, 가장 시간이 적게 걸리는 길로 합관진으로 귀가하였다.

이동 시간은 상류에서 내려올 때는 수로가 육로의 절반, 상류로 거슬러 올라갈 때는 수로가 육로의 두 배이다.

─〈보기〉─

ㄱ. 갑의 이동 거리가 을보다 길었을 것이다.
ㄴ. 을의 이동 시간이 갑보다 더 걸렸을 것이다.
ㄷ. 을은 귀가할 때 육로만 이용하였을 것이다.

① ㄴ   ② ㄷ   ③ ㄱ, ㄴ
④ ㄱ, ㄷ   ⑤ ㄱ, ㄴ, ㄷ

03

다음 글로부터 추론한 것으로 옳은 것만을 〈보기〉에서 있는 대로 고른 것은?

당(唐)의 수도 장안은 사각형의 성벽으로 둘러싸인, 마치 바둑판과 같은 형태의 도성이었다. 그 내부 구조를 자세히 묘사하면 다음과 같다.

(1) 도성은 황궁, 시장, 일반인 거주지인 방(坊)으로 이루어져 있었고, 남북으로 뻗은 주작대로를 중심으로 좌우 대칭이었다. 황궁, 시장, 방은 사면이 모두 도로에 둘러싸인 구역이었다. 황궁은 1곳, 시장은 동시와 서시 2곳, 방은 110개로 그 크기가 일률적이지 않았다.

(2) 동서로는 14개의 도로가, 남북으로는 11개의 도로가 있었는데, 성벽의 바로 안쪽부터 도로가 나 있었다. 도로가 황궁과 시장을 관통할 수 없어서 도로가 이어지지 않는 경우도 있었다.

(3) 황궁의 위치는 가장 북쪽에 있는 1번째 동서 도로부터 5번째 도로인 동서대가까지, 그리고 남북 도로 중 서쪽에서 4번째에서 8번째 도로까지의 구역을 차지하고 있었다. 황궁의 정남향에는 오로지 방만 존재하였다.

(4) 시장인 동시와 서시는 주작대로를 중심으로 대칭적 위치에 있었다. 서시는 북쪽으로는 동서대가에, 남쪽으로는 7번째 동서 도로에 접해 있었으며, 남북 도로 중 서쪽부터 2번째 도로에 접해 있었다.

〈보기〉

ㄱ. 황궁의 정서쪽에 있는 방은 모두 12개이다.
ㄴ. 동시의 정동쪽에 있는 방은 모두 4개이다.
ㄷ. 동시와 서시 사이의 남북 도로는 모두 4개이다.

① ㄱ ② ㄷ ③ ㄱ, ㄴ
④ ㄴ, ㄷ ⑤ ㄱ, ㄴ, ㄷ

04

다음에서 추론한 것으로 옳은 것만을 〈보기〉에서 있는 대로 고른 것은?

도시의 두 지점 사이를 건물을 가로지르지 않고 도로만으로 이동하였을 때의 최단 거리를 '도로거리'라 하고, 두 지점 간에 장애물이 없는 최단 거리를 '직선거리'라고 한다. 직선거리가 적용되는 공간을 유클리드 공간이라고 하고, 도로거리가 적용되는 공간을 도로 공간이라고 한다. 모든 도로는 같은 크기의 정사각형으로 이루어진 바둑판 모양이고 도로 공간에서의 모든 지점은 도로의 교차점에서만 정의된다고 가정한다.

아래 그림에서 실선은 A지점에서 B지점까지의 직선거리를, 점선은 도로거리를 표시한다.

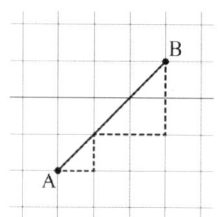

〈보기〉

ㄱ. A지점까지의 도로거리와 B지점까지의 도로거리가 같은 모든 지점들은 유클리드 공간에서 한 직선 위에 있다.
ㄴ. 서로 같은 도로거리에 있는 세 지점을 유클리드 공간에서 선분으로 서로 연결하면 정삼각형 모양이 된다.
ㄷ. 한 지점에서 같은 도로거리에 있는 모든 지점을 유클리드 공간에서 정사각형 모양이 되도록 연결할 수 있다.

① ㄱ ② ㄴ ③ ㄷ
④ ㄱ, ㄴ ⑤ ㄱ, ㄷ

유형 03 – 게임이론 및 이산수학

01
LEET 2차 예시 문9

어느 제약 회사에서 R이라는 시작 물질로부터 다음 과정에 따라 P라는 신약을 만들고자 한다. 생성 과정에 필요한 시간은 다음과 같다.

생성과정			필요한 시간
R	→	A	5
R	→	B	8
R	→	C	10
A + B	→	D	6
C	→	E + F	7
F	→	G	3
D + E	→	H	5
G + H	→	P	2

이 회사에서는 여러 팀이 동시에 서로 다른 과정을 수행할 수 있다. 시작 물질인 R은 정제된 상태로 있으나 A~H까지의 모든 중간물질은 생성과정이 끝난 후 1시간의 정제 과정을 거쳐야만 다음 단계에 사용할 수 있다. 정제된 R이라는 시작 물질로부터 신약 P를 얻기까지 최소 몇 시간이 걸리는가?

① 24시간 ② 27시간 ③ 34시간
④ 45시간 ⑤ 53시간

02
LEET 2차 예시 문12

어떤 주식 시장에서 개인, 기관, 외국인의 세 주체만이 서로 주식을 거래한다고 가정하자. A회사 주식의 전 거래일 종가 대비 금일의 종가는 다음과 같이 세 주체의 주식 순매수 여부에 달려 있다고 한다.

개인	기관	외국인	전 거래일 종가 대비 금일의 종가
+	+	−	2천 원 상승
+	−	+	천 원 상승
+	−	−	3천 원 하락
−	+	+	3천 원 상승
−	+	−	천 원 하락
−	−	+	2천 원 하락

주: +는 순매수(매수량 > 매도량), −는 순매도(매수량 < 매도량)를 의미하며, 순매수 = 0인 경우는 없다고 가정한다.

세 명의 개인 투자자 중에서 갑은 개인이 순매수(순매도)하는 날에 이 주식을 매수(매도)하고, 을은 기관이 순매수(순매도)하는 날에 이 주식을 매수(매도)하고, 병은 외국인이 순매수(순매도)하는 날에 이 주식을 매수(매도)한다고 한다. 갑, 을, 병 모두 11월 30일(일) 현재 A 회사 주식을 10주(주당 10만 원)씩 가지고 있다고 한다. 그리고 당일 중에는 한 번에 한해서 종가에 1주씩 매수 혹은 매도만을 할 수 있다고 한다.
세 주체의 거래 내역이 아래와 같다고 할 때, 다음 진술 중 옳지 않은 것은?

거래일	개인	기관	외국인
12월 1일(월)	+	+	−
12월 2일(화)	(가)	−	+
12월 3일(수)	−	−	+
12월 4일(목)	+	−	−
12월 5일(금)	−	+	+

① (가)가 −였다면, 12월 3일 거래 종료 시점에서, 병이 보유하고 있는 주식 수가 가장 많다.
② 12월 4일 거래 종료 시점에서, 갑이 보유하고 있는 주식 수가 을 또는 병의 주식 수보다 크거나 같다.
③ (가)가 −였다면, 12월 4일 거래 종료 시점에서, 병이 보유하고 있는 주식의 평가액은 95만 원이다.
④ 12월 5일 거래 종료 시점에서, 을이 보유하고 있는 주식 수가 갑 또는 병의 주식 수보다 같거나 작다.
⑤ (가)가 +였다면, 12월 5일 거래 종료 시점에서, 갑이 보유하고 있는 주식의 평가액은 115만 원이다.

03

어느 통신 회사가 A, B, C, D, E의 5개 아파트를 전화선으로 연결하려고 한다. 여기서 A와 B가 연결되고, B와 C가 연결되면 A와 C도 연결된 것으로 간주한다. 표는 두 아파트를 전화선으로 직접 연결하는 데 드는 비용을 나타낸 것이다.

(단위: 억 원)

	A	B	C	D	E
A		10	8	7	9
B	10		5	7	8
C	8	5		4	6
D	7	7	4		4
E	9	8	6	4	

A, B, C, D, E를 모두 연결하는 데 드는 최소 비용은?

① 19억 원   ② 20억 원   ③ 21억 원
④ 22억 원   ⑤ 23억 원

04

칠판에 1부터 10까지의 자연수 10개가 적혀 있다. 다음의 조작을 두 수가 남을 때까지 반복하여 시행하였다.

> 조작: 칠판에 적혀 있는 세 수 a, b, c를 택하여 지우고, 지운 세 수의 합에서 1을 뺀 수 $(a+b+c-1)$를 칠판에 쓴다.

이에 대한 설명으로 옳은 것을 〈보기〉에서 모두 고른 것은?

〈보기〉
ㄱ. 조작을 4번 시행하였다.
ㄴ. 남아 있는 두 수의 합은 51이다.
ㄷ. 36은 남아 있는 수가 될 수 없다.

① ㄱ   ② ㄷ   ③ ㄱ, ㄴ
④ ㄴ, ㄷ   ⑤ ㄱ, ㄴ, ㄷ

05

다음은 오염을 발생시키는 기업과 이를 규제하는 정부의 의사 결정에 관한 설명이다.

기업은 규제를 위반할 경우 g의 이득을 얻고, 이로 인해 오염 피해액이 d만큼 발생한다고 하자. 그러나 기업이 위반을 할 때는 정부가 규제를 하는 경우 반드시 적발되어 벌금으로 p를 납부해야 하며, p는 정부의 수입으로 간주된다. 정부는 기업의 행위를 규제할 경우 비용 c를 지불한다. 기업이 규제를 위반할 때 당국이 감시 행위를 하지 않으면 오염 피해만큼 사회적 비용이 발생하고, 정부는 이를 자신의 비용으로 인식한다. 아래의 표에서 각 칸의 첫째 값은 기업의 이익, 둘째 값은 정부의 이익을 뜻하며, $g, d, p, c > 0$이다.

기업 \ 정부	규제함	규제 안 함
위반함	$-p+g, p-d-c$	$g, -d$
위반 안 함	$0, -c$	$0, 0$

기업과 정부는 상대방의 행동에 따라 자신에게 유리한 의사 결정을 한다. 기업이 위반을 하면 정부는 규제를 하고, 정부가 규제를 하면 기업은 위반을 하지 않고, 기업이 위반하지 않으면 정부가 규제를 하지 않고, 정부가 규제를 하지 않으면 기업은 위반을 하게 되고, 기업이 위반을 하면 정부가 다시 규제를 하게 된다. 이와 같이 기업과 정부의 의사 결정이 어느 한 상태에서 고정되지 않고 지속적으로 변화하게 되는 조건을 〈보기〉에서 모두 고른 것은?

─〈보기〉─
ㄱ. $p > g$ ㄴ. $p > c$ ㄷ. $d > c$ ㄹ. $g > d$

① ㄱ, ㄴ ② ㄱ, ㄷ ③ ㄴ, ㄹ
④ ㄱ, ㄷ, ㄹ ⑤ ㄴ, ㄷ, ㄹ

06

마을 A, B, C가 부담할 비용에 대한 진술로 옳은 것은?

세 마을 A, B, C가 함께 사용할 수리 시설을 건설하려면 15억 원이 든다. 두 마을 또는 한 마을만 사용할 수 있는 수리 시설을 건설할 수도 있다. A와 B만 사용할 수 있는 수리 시설에는 12억 원이 들고, B와 C만 사용할 수 있는 수리 시설에는 10억 원이 들고, A와 C만 사용할 수 있는 수리 시설에는 11억 원이 든다. 그리고 어느 마을이든 한 마을만 사용할 수 있는 수리 시설에는 8억 원이 든다.

이런 사정을 고려하여 세 마을이 함께 사용할 수리 시설을 건설하기로 하고, 그 비용 15억 원을 세 마을이 나누어 부담하는 원칙에 관해 논의하여 왔다. 이제 다음 두 원칙 중 하나를 채택하여 적용하려 한다.

원칙 1: 세 마을이 함께 사용할 수리 시설을 건설하면서 한 마을이 부담하는 비용(X)은 그 마을만을 위한 수리 시설을 건설하는 비용(Y)보다 적어야 하며, 그 차이(Y − X)는 어느 마을에 대해서나 같아야 한다.

원칙 2: 세 마을이 함께 사용할 수리 시설을 건설하면서 두 마을이 부담하는 비용의 합(Z)은 그 두 마을만을 위한 수리 시설을 건설하는 비용(W)보다 적어야 하며, 그 차이(W − Z)는 어느 두 마을에 대해서나 같아야 한다.

① 원칙 1이 적용되면 A가 B나 C보다 적은 비용을 부담한다.
② 원칙 2가 적용되면 C가 A나 B보다 적은 비용을 부담한다.
③ 원칙 1 대신 2가 적용되면 A가 부담할 비용이 줄어든다.
④ 원칙 1 대신 2가 적용되면 B가 부담할 비용이 늘어난다.
⑤ 원칙 1 대신 2가 적용되어도 C가 부담할 비용은 달라지지 않는다.

07

다음 글로부터 바르게 추론한 것만을 〈보기〉에서 있는 대로 고른 것은?

> 국내산 유제품만을 소비하는 P국의 모든 청소년들은 우유만 $1l$씩 매일 마시는 부류와 요구르트만 $1l$씩 매일 먹는 부류 중 한쪽에 속한다.
> P국의 유제품 가공공장들은 자국의 젖소 사육 농가들이 공급하는 원유(原乳)만을 이용하는데, 원유 $1l$로 우유를 만든다면 $1l$가 생산되고 요구르트를 만든다면 $0.5l$가 생산된다. 원유의 공장 구매 가격은 정부가 규제하는데, 현재는 우유용 원유와 요구르트용 원유의 가격이 동일하다.
>
> 다음 두 경우를 가정해 보자.
> (가) 우유를 마시면 키가 커진다는 연구 결과가 발표되자, 요구르트만 먹던 청소년 중 50%가 우유만 마시게 되었다.
> (나) 요구르트를 먹으면 예뻐진다는 연구 결과가 발표되자, 우유만 마시던 청소년 중 50%가 요구르트만 먹게 되었다.

― 〈보기〉 ―

ㄱ. (가)의 경우, 우유용 원유의 가격을 2배로 올리면 농가의 원유 매출액이 소비 변화 이전보다 줄지 않는다.
ㄴ. (가)의 경우, 요구르트용 원유의 가격을 2배로 올리면 농가의 원유 매출액이 소비 변화 이전보다 줄지 않는다.
ㄷ. 우유용 원유의 가격을 2배로 올리는 것이 (가)의 경우보다 (나)의 경우에 농가의 원유 매출액을 더 늘린다.

① ㄴ ② ㄷ ③ ㄱ, ㄴ
④ ㄱ, ㄷ ⑤ ㄱ, ㄴ, ㄷ

08

세 상품 A, B, C에 대한 선호도 조사를 실시했다. 조사에 응한 사람은 가장 좋아하는 상품부터 1~3순위를 부여했다. 두 상품에 같은 순위를 표시할 수는 없다. 조사의 결과가 다음과 같을 때 C에 3순위를 부여한 사람의 수는?

> ○ 조사에 응한 사람은 20명이다.
> ○ A를 B보다 선호한 사람은 11명이다.
> ○ B를 C보다 선호한 사람은 14명이다.
> ○ C를 A보다 선호한 사람은 6명이다.
> ○ C에 1순위를 부여한 사람은 없다.

① 8 ② 7 ③ 6
④ 5 ⑤ 4

09

상자 A, B, C에 금화 13개가 나뉘어 들어 있다. 금화는 상자 A에 가장 적게 있고, 상자 C에 가장 많이 있다. 각 상자에는 금화가 하나 이상 있으며, 개수는 서로 다르다. 이 사실을 알고 있는 갑, 을, 병이 아래와 같은 순서로 각 상자를 열어 본 후 말하였다. 이들의 말이 모두 참일 때 상자 A와 C에 있는 금화의 총 개수는?

> 갑이 상자 A를 열어 본 후 말하였다.
> "B와 C에 금화가 각각 몇 개 있는지 알 수 없어."
>
> 을은 갑의 말을 듣고 상자 C를 열어 본 후 말하였다.
> "A와 B에 금화가 각각 몇 개 있는지 알 수 없어."
>
> 병은 갑과 을의 말을 듣고 상자 B를 열어 본 후 말하였다.
> "A와 C에 금화가 각각 몇 개 있는지 알 수 없어."

① 10 ② 9 ③ 8
④ 7   ⑤ 6

10

다음으로부터 추론한 것으로 옳은 것만을 〈보기〉에서 있는 대로 고른 것은?

> A, B, C가 추리논증 영역 35문항을 풀었다. 세 명이 모두 25문항씩 정답을 맞혔으며 아무도 정답을 맞히지 못한 문항은 없었다. 한 명만 정답을 맞힌 문항을 '어려운 문항', 세 명 모두 정답을 맞힌 문항을 '쉬운 문항'이라 한다.

〈보기〉
ㄱ. 쉬운 문항이 어려운 문항보다 5개 더 많다.
ㄴ. 어려운 문항의 개수는 최대 10개이다.
ㄷ. 두 명만 정답을 맞힌 문항의 개수는 최소 2개이다.

① ㄱ ② ㄴ ③ ㄱ, ㄷ
④ ㄴ, ㄷ ⑤ ㄱ, ㄴ, ㄷ

11

2016학년도 LEET 문24

다음에서 추론한 것으로 옳은 것만을 〈보기〉에서 있는 대로 고른 것은?

유권자들이 오로지 후보자의 정치성향만을 고려하여 투표한다고 가정할 때, 다음과 같은 한 지역구의 선거 상황을 생각해 보자.

이 지역구에는 매우 많은 유권자가 존재하는데, 정치성향에 따른 이들의 분포는 위의 그림과 같다. 즉 이 지역구의 유권자들은 극좌에서 극우까지 연속적으로 동일한 비율로 균등하게 분포되어 있다. 후보자들은 위에 제시된 5가지의 정치성향 중 하나만을 선택하여 공표할 수 있고, 유권자는 자신의 정치성향과 가장 가까운 정치성향을 공표한 후보자에게 투표한다. 극좌, 중도좌, 중도, 중도우, 극우 간의 간격은 동일하고, 동일한 정치성향을 선택한 후보자가 둘 이상이면 해당 득표를 균등하게 나누어 갖는다. 가령 두 후보자 A, B가 출마하고 A는 '중도좌', B는 '극우'를 선택한다면, A는 5/8를 득표하고 B는 3/8을 득표하게 된다. 당선 결과는 가장 많은 표를 얻는 후보자가 당선되는 다수결 원칙으로 결정되며, 최다 득표자가 둘 이상이면 임의로 승자를 결정한다.

그런데 각 후보자는 하나의 정치성향을 반드시 공표해야 하며, 다른 후보자의 선택에 대응하여 자신의 당선 가능성을 극대화하는 방향으로 자신의 정치성향을 바꾼다고 하자. 가령 앞의 예에서 B는 자신의 성향을 '중도'로 바꿈으로써 자신의 득표를 3/8에서 5/8로 바꾸어 당선 가능성을 극대화할 수 있다. 만약 정치성향의 변경이 당선 가능성에 변화를 가져오지 않는다면 더 이상 정치성향을 바꾸지 않는다. 모든 후보자가 더 이상 자신의 정치성향을 변경할 유인이 없어지면 균형에 이르렀다고 한다.

〈보기〉
ㄱ. 후보자가 2명인 경우, 두 후보자 모두 '중도'를 선택하는 것이 균형이다.
ㄴ. 후보자가 3명인 경우, 균형에서 각 후보자의 당선 가능성은 모두 같다.
ㄷ. 후보자가 4명인 경우, 균형에서 모든 후보자가 같은 정치성향을 선택한다.

① ㄱ ② ㄷ ③ ㄱ, ㄴ
④ ㄱ, ㄷ ⑤ ㄴ, ㄷ

12

2026학년도 LEET 문31

㉠에 들어갈 내용으로 옳은 것은?

튜링기계는 수학적으로 정의된 계산 기계로서 세 부분으로 이루어진다. 첫째, 칸으로 나뉜, 양방향으로 끝이 없는 테이프가 있다. 그 칸 각각에는 특정 기호가 기재될 수 있다. 둘째, 주어진 시점에 칸들 중 한 곳에 위치해 있는 헤드가 있다. 셋째, 헤드가 수행해야 하는 작업을 지시하는 기계표가 있다.

양의 정수 2와 3을 더한다고 해 보자. 테이프와 헤드는 다음과 같은 그림으로 표현할 수 있다.

여기서 −는 해당 칸이 비어 있다는 것을 의미한다. 연속하여 배열된 두 개의 ×는 정수 2를 나타내고, 연속하여 배열된 세 개의 ×는 정수 3을 나타낸다. 해당 칸에 있는 기호를 읽은 헤드는 그것을 다른 기호로 대체하거나, 왼쪽이나 오른쪽으로 한 칸 이동하거나, 정지하는 등의 작업을 수행한다.

현재 위 그림의 헤드는 상태1이고 다음 기계표에 따라 작업을 수행한다.

	입력값: ×	입력값: −
상태1	변경없음/오른쪽/2	변경없음/오른쪽/1
상태2	변경없음/오른쪽/2	×/왼쪽/3
상태3	변경없음/왼쪽/3	㉠
상태4	−/정지	

이 기계표에는 헤드가 특정 상태에서 ×나 −를 읽을 때 수행할 작업 명령이 담겨 있다. 예를 들어, 헤드가 상태1에서 −를 읽을 때, '변경없음/오른쪽/1'은 '기호를 변경하지 말고, 오른쪽으로 한 칸 이동하고, 상태1을 유지하라'라는 명령이다. 헤드가 상태2에서 −를 읽을 때, '×/왼쪽/3'은 '기호를 ×로 변경하고, 왼쪽으로 한 칸 이동하고, 상태3으로 전환하라'라는 명령이다. 헤드가 상태4에서 ×를 읽을 때, '−/정지'는 '기호를 −로 변경하고, 정지하라'라는 명령이다. 이러한 기계표에 따라 헤드의 작업이 이루어지면 연속하여 배열된 다섯 개의 ×만 최종적으로 남게 된다. 결국, 이 튜링기계는 2와 3의 합이 5라는 것을 계산한 셈이다.

① 변경없음/오른쪽/4
② 변경없음/왼쪽/4
③ ×/오른쪽/4
④ ×/왼쪽/4
⑤ −/왼쪽/4

유형 04 – 표·그래프

01
LEET 2차 예시 문7

어떤 상품을 최근 2개월 동안 구매한 사람과 앞으로 2개월 이내에 구매할 예정인 사람을 대상으로 상품 선택에 영향을 미치는 요인에 대하여 설문조사를 하였다. 조사에 응한 사람들은 가격, 브랜드, 색상, 내구성, 디자인의 5개 항목에서 중요시하는 항목을 1개 또는 2개 선택하였는데, 그 결과는 다음과 같다.

(단위: 명)

		조사에 응한 사람 수	가격을 선택한 사람 수	브랜드를 선택한 사람 수	색상을 선택한 사람 수	내구성을 선택한 사람 수	디자인을 선택한 사람 수	합계
20대	구매한 사람	100	41	33	35	11	46	166
	구매할 사람	100	45	29	38	15	39	166
30대	구매한 사람	200	64	74	66	36	84	324
	구매할 사람	200	68	70	60	42	70	310
40대	구매한 사람	300	81	96	84	66	117	444
	구매할 사람	300	90	87	87	75	99	438
50대	구매한 사람	200	48	42	46	62	50	248
	구매할 사람	200	56	36	54	72	42	260
60대 이상	구매한 사람	100	38	18	16	42	14	128
	구매할 사람	100	43	16	12	48	11	130

위의 설문조사 결과에 대한 해석으로 옳지 않은 것은?

① 40대는 디자인을 가장 중요시하는 경향이 있다.
② 나이가 들면서 내구성을 중요시하는 경향이 있다.
③ 30대 구매한 사람 중에서 두 항목을 선택한 사람은 62%이다.
④ 구매한 사람이 구매할 사람보다 가격을 중요시하는 경향이 있다.
⑤ 20대에서 가격을 선택한 사람의 비율이 50대에서 가격을 선택한 사람의 비율보다 높다.

02
2009학년도 LEET 예비 문14

철수, 영희, 찬호가 다음과 같은 대화를 나누었다.

> 철수: 영희야, 반갑다. 어제 너 어디 갔었니? 네가 탄 버스가 지나가는 것을 길에서 보았어.
> 영희: 단군로에서 보았구나. 나 어제 버스 타고 할머니 댁에 갔었는데.
> 찬호: 나도 단군도서관에서 공부하고 집에 가는데, 버스를 타다가 버스에서 내리는 영희를 만났어.
> 철수: 응, 그랬구나. 단군로는 직선 도로이며, 가로등이 일정한 간격으로 설치되어 있지.
> 영희: 내가 내리기 직전까지 가로등 사이의 구간을 지날 때마다 경과된 시간을 측정해 보았더니 각각 3초, 4초, 5초, 6초, 8초, 16초였어.
> 찬호: 내가 그 버스를 타고 나서부터 버스가 가로등 사이의 구간을 지날 때마다 경과된 시간을 측정해 보았을 때는 16초, 6초, 4초, 3초였는데.

세 사람의 대화를 근거로 하여 시간에 따른 버스의 속력을 개략적으로 나타낸 것으로 가장 적절한 것은?

①
②
③
④
⑤

03

2009학년도 LEET 예비 문28

빨간색, 노란색, 파란색의 물감을 다양한 비율로 혼합하여 여러 가지 색의 물감을 만든다. 혼합된 물감에서 빨간색, 노란색, 파란색 물감이 차지하는 비율을 각각 $x\%$, $y\%$, $z\%$라고 하자. 그림에서 점 P, Q, R, S는 빨간색, 노란색, 파란색 물감을 혼합하여 만든 4가지 물감의 x값과 y값을 각각 나타낸 것이다.

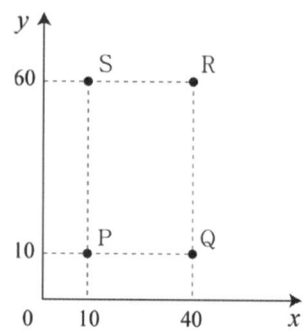

이에 대한 설명으로 옳은 것을 〈보기〉에서 모두 고른 것은?

〈보기〉
ㄱ. S가 나타내는 색의 물감에 포함된 파란색 물감의 비율은 20%이다.
ㄴ. R이 나타내는 색은 P, Q, S가 나타내는 색의 물감을 어떠한 비율로 혼합하여도 만들 수 없다.
ㄷ. Q가 나타내는 색의 물감 10g과 S가 나타내는 색의 물감 10g을 혼합한 물감에 포함된 파란색 물감의 비율은 40%이다.

① ㄱ
② ㄴ
③ ㄷ
④ ㄱ, ㄴ
⑤ ㄴ, ㄷ

04

2009학년도 LEET 예비 문36

다음은 서로 다른 5개 기업의 시장 점유율과 판매액 증가율을 나타낸 그림과, A~E라는 기업명으로 제시된 이들 기업의 시장 점유율과 판매액 증가율에 대한 부분적인 정보이다.

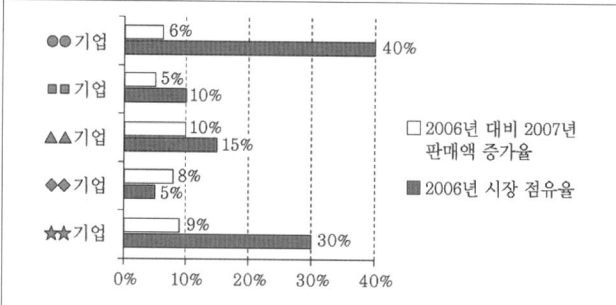

○ A 기업의 2007년 판매액 증가율은 8% 이상이다.
○ B 기업과 C 기업 시장 점유율의 합계는 2006년에 45% 이상이다.
○ B 기업과 D 기업의 2007년 판매액 증가율 차이는 1%p이다.
○ 2006년에 시장 점유율이 가장 작은 기업은 D 기업이다.

위 자료와 관련된 판단으로 옳지 않은 것은?

① A 기업의 2006년 시장 점유율은 10% 이상이다.
② B 기업의 2007년 판매액 증가율은 7% 이상이다.
③ C 기업의 2006년 시장 점유율이 가장 큰 것은 아니다.
④ E 기업의 2007년 판매액 증가율이 가장 작다.
⑤ A와 C 기업의 2006년 시장 점유율 합계는 45% 이상이다.

05

2009학년도 LEET 문37

다음 글로부터 추론한 것으로 옳은 것만을 〈보기〉에서 있는 대로 고른 것은? (단, 정화 기술 개선에 따르는 초기 투자 비용은 고려하지 않는다.)

다음 그림은 어느 기업의 오염 정화 시설 가동과 관련한 비용 구조를 나타낸다. 이 기업은 생산 과정에서 발생하는 오염 물질의 발생량에서 일부를 정화하고 나머지를 배출한다. 다음 그림은 오염 물질의 발생량이 일정한 경우를 가정하며, e_1과 e_2는 각각 배출량을 나타내는 동시에 정화량을 나타낸다. 정화비용곡선은 오염 물질을 추가적으로 정화할 때마다 추가된 비용을 연결한 선이므로, 총정화비용은 정화량까지의 곡선 아래 면적이 된다. 예를 들어, 그림에서 e_1만큼 오염 물질을 배출했을 때, 총정화비용은 정화비용곡선$_1$의 경우 D + E이다. 이 기업은 비용을 절감할 수 있다면 정화 기술을 개선하는데, 이 경우 비용곡선은 정화비용곡선$_1$(기술 개선 이전)로부터 절감된 비용만큼 아래쪽에 위치한 정화비용곡선$_2$(기술 개선 이후)로 이동한다.

정부는 기업에 대해 배출부과금제를 시행하고 있다. 이 제도 하에서 정부는 오염단위당 배출부과금인 t원을 배출량의 규모에 곱하여 총부과액을 결정한다. 이때 기업은 특정 시점에서 발생하는 추가적인 오염단위당 정화비용과 t원을 비교하여 배출량의 규모를 결정한다. 즉, 오염 물질을 추가적으로 정화할 때마다 추가될 오염단위당 정화비용이 t원보다 크다면 정화량을 줄이고 배출량을 늘릴 것이며, 반대로 t원보다 작다면 정화량을 늘릴 것이다. 그러므로 정부가 기술 개선 이전의 정화비용곡선$_1$에 해당하는 기업에 t원의 단위당 배출부과금을 적용하면, 이 기업은 e_1의 배출량 및 정화량을 선택함으로써 A + B + C만큼의 총부과액과 D + E만큼의 총정화비용을 부담해야 한다.

〈보기〉

ㄱ. 이 기업이 정화 기술을 개선한 후, 총정화비용이 절감되려면 D가 B보다 커야 한다.

ㄴ. 이 기업이 정화 기술을 개선하여 배출량을 e_1에서 e_2로 줄일 때 얻게 되는 순이익은 C이다.

ㄷ. 이 기업이 정화 기술을 개선한 후, 기술 개선 이전에 납부하던 총부과액 중 B가 총정화비용의 일부로 전환된다.

① ㄱ ② ㄴ ③ ㄷ
④ ㄱ, ㄴ ⑤ ㄱ, ㄷ

06

2010학년도 LEET 문30

〈가설〉과 〈조건〉으로부터 예상되는 범죄 발생 건수와 범죄 두려움 지수 모두가 아래 〈그래프〉의 수치보다 낮은 달은?

〈가설〉

강력사건 보도와 방범활동 강화가 범죄 발생 건수와 범죄 두려움 지수에 미치는 영향은 다음과 같이 요약된다.

	강력사건 보도	방범활동 강화
효과 발생 시기	보도 즉시	활동 종료 시점에서 1개월 후
효과 내용	보도 전월에 비해 범죄 발생 건수는 반으로 감소하고, 범죄 두려움 지수는 2배로 증가	효과 발생 전월에 비해 범죄 발생 건수와 범죄 두려움 지수가 각각 반으로 감소
효과 지속 기간	1개월	1개월
효과 종료 후	범죄 발생 건수와 두려움 지수는 보도 이전 수준으로 회복 후 지속	범죄 발생 건수와 두려움 지수는 효과 발생 전월 수준으로 회복 후 지속

〈조건〉

○ 8월 이후의 예상수치는 아래 〈그래프〉가 보여주는 7월의 실제 범죄 발생 건수와 실제 범죄 두려움 지수를 기준으로 작성한다.
○ 7월 이전에는 강력사건 보도나 방범활동 강화가 없었다.
○ 8월 1일에 강력사건 발생이 언론에 보도되었다.
○ 9월 한 달 동안 방범활동이 강화되었다.

〈그래프〉

① 8월 ② 9월 ③ 10월
④ 11월 ⑤ 12월

07

다음 설명과 표로부터 바르게 추론한 것만을 〈보기〉에서 있는 대로 고른 것은?

A지역 노인들의 건강 상태 차이를 만드는 요인들의 관계와 효과를 분석하였다. 배경 요인인 '배우자 유무'와 '소득 수준'이 '건강 위험 행동(과음, 흡연 등)'과 '자녀관계 만족도'에 영향을 미치며, 이 네 요인은 다시 '신체 건강'과 '정신 건강'에 영향을 미치는 것으로 나타났다. 이를 표로 나타내면 다음과 같다.

설명하는 요인	설명되는 요인	건강 위험 행동	자녀 관계 만족도	신체 건강	정신 건강
남자	배우자 유무	ⓐ −	+		
	소득 수준	−	ⓑ +	+	+
	건강 위험 행동			−	−
	자녀관계 만족도				+
여자	배우자 유무		−		−
	소득 수준				
	건강 위험 행동			−	
	자녀관계 만족도				+

+는 정(正)의 관계, −는 부(否)의 관계이며, 빈칸은 유의미한 관계가 아님을 의미한다. 예를 들어, ⓐ는 "배우자가 있을 때 건강 위험 행동을 덜 하고 배우자가 없을 때 건강 위험 행동을 많이 한다."라고 해석하며, ⓑ는 "소득이 많을수록 자녀관계 만족도가 높고 소득이 적을수록 자녀관계 만족도가 낮다."라고 해석한다.

〈보기〉

ㄱ. 남자는 소득이 많을수록 신체 건강이 좋은 반면 여자는 소득이 많을수록 신체 건강이 나쁘고, 남자와 여자 모두 자녀관계 만족도가 신체 건강에 영향을 주지 않는다.

ㄴ. 남자는 배우자가 있을 때 자녀관계 만족도가 높고 이를 매개로 정신 건강이 향상되지만, 여자는 배우자가 없을 때 자녀관계 만족도가 높고 이를 매개로 정신 건강이 향상된다.

ㄷ. 남자는 배우자가 있을 때 건강 위험 행동을 덜 하고 이를 매개로 신체 건강이 좋아지는 데 반해, 여자는 배우자 유무가 신체 건강에 영향을 주지 않는다.

① ㄱ　　② ㄴ　　③ ㄱ, ㄷ
④ ㄴ, ㄷ　　⑤ ㄱ, ㄴ, ㄷ

08

다음 글로부터 추론한 것으로 옳은 것만을 〈보기〉에서 있는 대로 고른 것은?

컴퓨터 운영체제는 메모리를 여러 개의 영역으로 나누어서 관리한다. 메모리가 4개의 영역으로 구성된 컴퓨터가 있다고 하자. 운영체제는 표를 이용하여 각 영역이 사용되는 순서를 다음의 방법으로 기록한다.

○ 표를 하나 만들어 초기 상태를 〈표 1〉과 같이 설정한다.
○ 영역 k가 사용되면 표의 k번째 행의 모든 값을 1로 바꾼 후, k번째 열의 모든 값을 0으로 바꾼다(k는 1, 2, 3, 4 중 하나이다). 예를 들어 〈표 1〉 이후 영역 1, 2, 3이 순서대로 사용되었다면, 표는 〈표 2〉, 〈표 3〉, 〈표 4〉와 같이 순서대로 변한다.

〈표 1〉
0	0	0	0
1	0	0	0
1	1	0	0
1	1	1	0

〈표 2〉
0	1	1	1
0	0	0	0
0	1	0	0
0	1	1	0

〈표 3〉
0	0	1	1
1	0	1	1
0	0	0	0
0	0	1	0

〈표 4〉
0	0	1	1
1	0	0	1
1	1	0	1
0	0	0	0

〈보기〉

ㄱ. 〈표 4〉 이후에 영역 4, 1, 3이 순서대로 사용되었다면 결과는 〈표 5〉와 같다.

ㄴ. 모든 영역이 한 번 이상 사용된 이후의 결과가 〈표 6〉과 같다면 가장 최근에 사용된 것은 영역 3이다.

ㄷ. 모든 영역이 한 번 이상 사용된 이후의 결과가 〈표 7〉과 같다면 X의 값은 0이다.

〈표 5〉
0	1	0	1
0	0	0	0
1	1	0	1
0	1	0	0

〈표 6〉
0	0	0	1
1	0	1	1
1	0	0	1
0	0	0	0

〈표 7〉
0	1	0	X
0	0	0	0
1	1	0	1
1	1	0	0

① ㄱ　　② ㄴ　　③ ㄷ
④ ㄱ, ㄷ　　⑤ ㄴ, ㄷ

09

2012학년도 LEET 문33

다음 글로부터 추론한 것으로 옳은 것만을 〈보기〉에서 있는 대로 고른 것은?

소비자가 자신의 구매 행위를 통해 만족을 극대화하는 과정을 분석하기 위해서는 우선 그의 선호체계를 파악해야 한다. 다양한 조건에서 관찰되는 구매 행위를 통해 상품의 어떤 조합을 다른 조합보다 선호하는지 비교할 수 있다면, 소비자의 선호체계에 대한 정보를 얻을 수 있다.

다음은 준희라는 합리적 소비자의 선호체계에 대한 정보를 얻기 위해 관찰한 사례이다. 준희는 다음과 같은 구매 원칙을 지키며, 그에 따라 상품 조합들 간의 선호가 결정된다.

원칙 1 쌀이든 쇠고기든 각각 더 많은 것을 좋아한다.
원칙 2 가진 돈으로 구매할 수 있는 조합 중에서 언제나 더 좋아하는 쪽을 구매한다.
원칙 3 X보다 Y를 더 좋아하고 Y보다 Z를 더 좋아하면, X보다 Z를 더 좋아한다.
원칙 4 X보다 Y를 더 좋아했다면 결코 Y보다 X를 더 좋아하지 않는다.

kg당 쌀은 2만원, 쇠고기는 4만원인 시점 1에서 준희는 48만원으로 아래 그림의 조합 A(쌀 4kg, 쇠고기 10kg) 또는 조합 B(쌀 16kg, 쇠고기 4kg)를 구매할 수 있다. 이때 준희는 A를 구매했다. 그렇다면 준희는 B보다 A를 더 좋아함을 알 수 있다. 왜냐하면 준희는 원칙 2에 따라 언제나 더 좋아하는 쪽을 구매하기 때문이다.

kg당 가격이 쌀은 3만원, 쇠고기는 3만원으로 바뀐 시점 2에서는 준희가 48만원으로 조합 C(쌀 2kg, 쇠고기 14kg) 또는 조합 D(쌀 6kg, 쇠고기 10kg)를 구매할 수 있다. 이때 준희는 C를 구매했다. 그렇다면 준희는 원칙 2에 의해 D보다 C를 더 좋아함을 알 수 있다.

한편 조합 A(쌀 4kg, 쇠고기 10kg)와 조합 D(쌀 6kg, 쇠고기 10kg)는 쇠고기의 양은 같지만 쌀의 양은 D가 더 많으므로, 원칙 1에 따라 준희가 A보다 D를 더 좋아함을 알 수 있다.

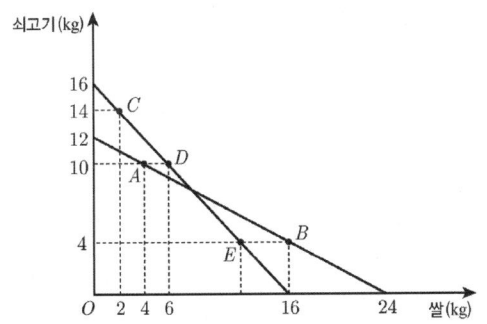

〈시점 1과 시점 2에서 준희가 고려하는 쌀과 쇠고기의 조합〉

─〈보기〉─

ㄱ. 준희는 E보다 B를 더 좋아함을 알 수 있다.
ㄴ. 준희는 A보다 C를 더 좋아하고, E보다 A를 더 좋아함을 알 수 있다.
ㄷ. 준희가 시점 1에서 A 대신에 B를 구매하고 시점 2에서 C를 구매하였다면, 준희가 B와 C 중 어떤 것을 더 좋아하는지 알 수 없다.

① ㄱ　　② ㄷ　　③ ㄱ, ㄴ
④ ㄴ, ㄷ　　⑤ ㄱ, ㄴ, ㄷ

10

2012학년도 LEET 문34

다음 글로부터 추론한 것으로 옳은 것만을 〈보기〉에서 있는 대로 고른 것은?

다음은 오염 물질을 방류하는 기업과 어로 행위를 하는 어부와 관련된 그림이다. 가로축은 기업의 생산량을 나타내며, 생산량이 증가함에 따라 오염 배출량도 증가한다. 기업의 편익곡선은 기업이 생산량을 증가시킴에 따라 추가로 얻는 편익을, 어부의 피해곡선은 오염 배출량이 증가할 때마다 어부가 추가로 입는 피해를 나타낸다. 기업에게 배출권이 있으면 어부의 규제권은 인정되지 않으며, 기업의 생산량은 Q가 된다. 반대로 어부에게 규제권이 있으면 기업의 배출권은 인정되지 않으며, 기업의 생산량은 0이 된다.

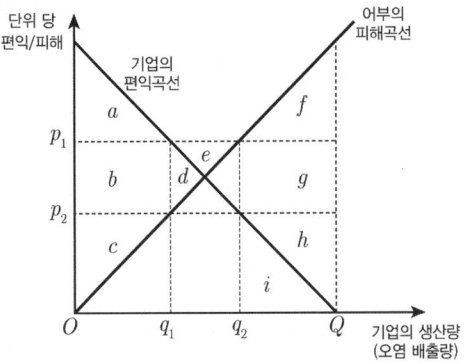

그런데 권리가 있는 쪽이 없는 쪽으로부터 보상을 받는 대가로 권리 행사를 제한하기로 한다면, 서로에게 이득이 되기도 한다. 보상 가격은 권리가 없는 쪽에서 제안하며 생산량은 권리가 있는 쪽에서 결정한다.

예컨대, 기업에게 배출권이 있는 경우 어부가 먼저 생산량 감축에 대한 보상 가격 p_2를 제시하면, 기업은 그 가격에서 최선인 q_2까지의 생산량 감축을 제안한다. 이때 양자가 합의하면 어부는 기업에게 $h+i$를 지불하지만 $f+g+h+i$만큼 피해가 감소하므로 $f+g$만큼 이득을 얻게 되며, 기업은 어부로부터 $h+i$만큼 받으므로 생산량 감축에 따른 편익 감소분 i를 빼고도 h만큼 이득을 얻는다. 어부에게 규제권이 있는 경우는 기업이 먼저 보상 가격을 제시하고 어부는 그 가격에서 최선인 허용 생산량을 제안하며, 기업은 제시한 보상 가격과 허용 생산량을 곱한 금액을 어부에게 지급한다.

협상 시 기업과 어부는 각기 자신의 편익 또는 피해 정보만 알고 있으며, 상대방의 피해나 편익 및 기타 비용은 고려하지 않는다.

─〈보기〉─

ㄱ. 어부에게 규제권이 있고 기업이 제안한 p_1을 어부가 받아들여 합의한 경우, 어부는 $b+c+d+e$만큼 이득이다.
ㄴ. 기업에게 배출권이 있고 어부가 제안한 p_1을 기업이 받아들여 합의한 경우, 어부는 $f-d-e$만큼 이득이다.
ㄷ. 어부에게 규제권이 있고 기업이 제안한 p_2를 어부가 받아들여 합의한 경우, 기업은 $a+b$만큼, 어부는 c만큼 이득이다.

① ㄱ　　② ㄴ　　③ ㄱ, ㄷ
④ ㄴ, ㄷ　　⑤ ㄱ, ㄴ, ㄷ

11

다음 글에 비추어 바르게 판단한 것만을 〈보기〉에서 있는 대로 고른 것은?

우리가 의사결정을 할 때 선택의 결과가 미래에 나타나는 경우에는 선택에 따른 이익을 미리 정확히 아는 것이 불가능하다. 이때 실제로 실현된 이익이 기대했던 이익보다 작을수록 선택의 위험은 커진다. 이처럼 미래의 결과를 미리 알 수 없을 때는 기대이익과 위험을 동시에 고려해 의사결정을 해야 한다.

〈그림 1〉은 어떤 사람이 이러한 상황에서 여러 대안들을 놓고 어떤 선호관계를 갖는지를 보여준다. 〈그림 1〉에서 곡선 OE는 위험과 기대이익의 수준이 다르더라도 이 사람이 선호의 차이가 없다고 판단하는 대안들을 연결한 선이다. 따라서 이 사람에게 B와 C는 차이가 없는 대안들이 된다. 그리고 A와 B의 관계에서는 두 대안의 기대이익은 같지만 B의 경우 위험이 더 작으므로 B가 A보다 선호되며, A와 C의 관계에서는 두 대안의 위험은 같지만 C의 경우 기대이익이 더 크므로 C가 A보다 선호된다. 따라서 어느 대안이 다른 대안에 비해 더 큰 기대이익과 더 작은 위험을 동시에 갖는다면 이 대안은 그 다른 대안보다 선호된다. 한편 곡선 OE는 위험에 대한 이 사람의 태도도 알려준다. 이 사람은 기대이익을 $X_a - X_1$만큼 늘리려 할 때는 $Y_a - Y_1$의 추가적인 위험을 감수할 의사가 있다. 그리고 이 상태에서 동일한 크기의 기대이익($X_3 - X_a$)을 추가로 늘리기 위해 감수할 의사가 있는 추가적인 위험의 크기($Y_3 - Y_a$)는 이전에 비해 작다. 이처럼 기대이익의 크기가 커질수록 감수하려는 추가적인 위험의 크기가 줄어든다는 것은 이 사람이 위험을 기피하는 정도가 커짐을 의미한다.

〈그림 2〉는 위험에 대한 태도가 상이한 갑과 을 두 사람이 갖고 있는 기대이익과 위험 사이의 선호관계를 동시에 나타낸 것이다. 곡선 OP(실선)와 QR(점선)은 각각 갑과 을 두 사람이 차이가 없다고 판단하는 대안들을 연결한 선이다.

〈그림 1〉 〈그림 2〉

―〈보기〉―

ㄱ. 갑은 G보다 I를 선호한다.
ㄴ. 을은 F보다 H를 선호한다.
ㄷ. 기대이익이 X_0보다 큰 영역에서 갑보다 을이 더 위험기피적 태도를 보인다.

① ㄱ ② ㄴ ③ ㄱ, ㄷ
④ ㄴ, ㄷ ⑤ ㄱ, ㄴ, ㄷ

12

다음 글에 비추어 〈표〉를 바르게 해석한 것만을 〈보기〉에서 있는 대로 고른 것은?

K국에는 농산물 안전 관리를 위해 우수인증, 저농약인증, 유기농인증 제도가 있다. 우수인증은 농약, 중금속 등 위해 요소들이 기준치를 넘지 않게 관리한 농산물에, 저농약인증은 농약과 화학비료를 기준치의 절반 이하로 사용한 농산물에, 유기농인증은 농약과 화학비료를 전혀 쓰지 않은 농산물에 부여하는 인증이다.

아래의 〈표〉는 농산물 유통에 참여하는 각 주체들을 대상으로 그들이 각 유통 단계별로 거래 현장에서 실제 접하는 현재 가격과 그들이 적절하다고 생각하는 적정가격을 조사한 것인데, 숫자들은 각 유통 단계별로 일반 농산물 가격을 100으로 했을 때의 환산가격이다. 예를 들어 생산농의 경우 일반 농산물의 현재 판매가격이 2만원이고 우수인증 농산물의 현재 판매가격이 2만 2천원이라면, 일반 농산물의 환산가격은 100, 우수인증 농산물의 환산가격은 110이 된다. 〈표〉를 통해 생산농은 인증 농산물들이 적정한 가격을 받지 못하고 있다고 보며, 우수인증 농산물의 현재 판매가격에 불만이 가장 크다는 것을 알 수 있다.

〈표〉

유통 참여 주체	가격	일반 농산물	우수인증 농산물	저농약 인증 농산물	유기농 인증 농산물
생산농	현재 판매가격	100	110	115	125
	적정 판매가격	100	122	124	130
도매상	현재 판매가격	100	105	105	131
	적정 판매가격	100	(가)	120	138
소매상	현재 판매가격	100	110	113	135
	적정 판매가격	100	112	126	140
소비자	현재 구매가격	100	110	113	135
	적정 구매가격	100	110	112	130

─〈보기〉─
ㄱ. 소매상은 인증 농산물 중 우수인증 농산물의 현재 판매가격에 불만이 가장 크다.
ㄴ. 저농약인증 농산물과 유기농인증 농산물의 현재 가격 수준이 낮다는 데에 모든 유통 참여 주체들이 인식을 공유하고 있다.
ㄷ. 모든 유통 참여 주체들이 인증 농산물간 적정가격 서열에 대해 동일하게 판단하고 있다면 (가)에 들어갈 수 있는 숫자에 105가 포함된다.

① ㄱ
② ㄷ
③ ㄱ, ㄴ
④ ㄴ, ㄷ
⑤ ㄱ, ㄴ, ㄷ

해커스 LEET 김우진 추리논증 유형별 기출문제집

한 번에 합격, 해커스로스쿨 **lawschool.Hackers.com**

영역 소개

최근에 논증 영역의 비중이 증가하여 출제되고 있으며, 특히 인문학에서는 대부분의 문제가 논증으로 출제되고 있다. 논증은 세 가지 유형으로 출제되며, 특히 논쟁 및 반론과 평가 및 문제해결이 많은 출제 비중을 지니고 있다. 논증 영역의 출제 유형 및 의도는 다음과 같다.

논증 분석	· 주장과 근거 파악 등 명시적 요소 분석 · 암묵적 전제 및 가정, 대전제 파악 · 다중 견해 및 이론에 대한 분석 · 논증의 구조 분석
논쟁 및 반론	· 반박 및 반론 · 논쟁 분석
평가 및 문제해결	· 귀납논증의 평가 · 강화와 약화 · 갈등 및 역설 상황에서의 문제해결

PART 02

논증 영역

01 논증 분석 기출유형공략

02 논쟁 및 반론 기출유형공략

03 평가 및 문제해결 기출유형공략

01 논증 분석 기출유형공략

핵심 이론

01 명시적 분석

논증은 근거와 주장으로 구성되며 주장을 뒷받침하는 근거로부터 주장의 설득력을 보인다. 우선적으로 필자가 글을 쓰는 의도 및 취지인 논지를 파악하고 이에 기반하여 주장하는 바를 파악해야 한다. 논지 파악에 있어서 중요한 부분은 논증이 기반하고 있는 맥락을 파악하는 데에 있다. 문제 유형으로는 하나의 주제에 대한 다양한 논증을 제시하고 각각의 논증을 분석하는 비교 유형도 최근에 자주 출제되는데, 각 논증이 주장하는 바에 기대어 추가 정보를 분석하는 선택지와 두 가지 이상의 논증을 분석하여 공통점과 차이점을 파악하는 선택지가 주로 출제된다.

02 암묵적 분석

논증에 명시적으로 드러나지 않는 가정이나 전제를 파악하는 유형이다. 대부분 연역논증의 틀 안에서 파악해야 하며 근거와 주장과의 타당성을 고려하여 확인해야 한다.

03 구조 분석

논증 다이어그램	· 연쇄논증을 시각적으로 적절하게 표하는 것을 찾는 문제이다. 각각의 문장에 번호나 표시를 하고 근거에서 주장으로 위에서 아래로 향하는 화살표로 표시한다. · 논증 다이어그램 표시 기준 - 근거로부터 주장으로 '↓' - 지시어 파악: 결론 지시어(그러므로, 따라서, 결국 등)와 전제 지시어(왜냐하면 ~이기 때문이다 등) - 연언적 관계: 동일선상에 위치 - 사례: 근거로 활용
복합 논증의 분석	· 다중 논증에 대해 문장 간의 관계를 분석하는 문항으로 구성된다.

출제 경향

01 논증 분석은 논증 영역에서 가장 적은 비중으로 출제가 되고 있다.

02 현재 암묵적 요소 분석은 거의 출제되지 않고 있으며 논증의 구조 분석 부분인 논증 다이어그램 작성 문제가 1문제씩 매년 출제되는 경향이 있다. 또한 명시적 요소 분석은 비교 분석이 주로 출제되고 있는데, 하나의 논증에 대한 분석은 지양되고 다양한 견해들을 비교 분석하는 문제들이 주를 이루고 있다.

유형 01 - 명시적 분석

01
2009학년도 LEET 예비 문26

다음의 논의를 통하여 글쓴이가 내릴 수 있는 결론으로 가장 적절한 것은?

> 금성의 크기 변화는 육안으로는 감지할 수 없지만 망원경을 사용하면 관측이 가능하다. 코페르니쿠스가 살았던 시대에는 망원경이 없었지만 금성의 크기를 측정하기 위한 많은 관찰이 이루어졌다. 코페르니쿠스를 추종하는 천문학자나 그렇지 않은 천문학자들 모두가 관찰을 근거로 하여 "지구에서 관측되는 금성의 겉보기 크기는 일 년 내내 조금도 변하지 않는다."라는 명제를 받아들였다. 당대에 코페르니쿠스의 주석자인 오지안더는 코페르니쿠스의 우주 구조가 옳다면 연중 금성의 겉보기 크기는 변화해야 한다고 말했다. 못마땅했음에도 불구하고 그가 금성의 겉보기 크기가 연중 변하지 않는다는 관찰 명제를 받아들인 것은 다른 이들과 마찬가지로 발광체의 크기는 육안으로 정확하게 측정될 수 있다는 이론을 전제로 삼고 있었기 때문이었다. 오늘날 이것은 틀린 이론임이 밝혀졌고 현대 이론들은 왜 육안에 의한 발광체의 측정이 잘못된 것인가를 포함해서 왜 육안보다는 망원경에 의한 천체 관찰이 더 정확한가를 설명하고 있다.

① 관찰이 객관적으로 이루어져도 오류를 포함할 수 있으며 관찰 명제의 구축과 진위 판정에는 이론이 개입한다.
② 도구의 개선과 관측 장비의 발전은 경험적 증거의 누적을 통해 새로운 이론의 수용과 지지를 촉진한다.
③ 과학 지식은 합리적 판단 기준에 의해서 수용되기보다는 과학자 집단 내부의 타협과 협상의 산물이다.
④ 일체의 선입견을 배제한 관찰은 이론을 판단할 때 합리적인 기준의 역할을 한다.
⑤ 널리 받아들여진 과학 이론은 반대 사례가 많아도 쉽게 배격되지 않는다.

02
2009학년도 LEET 예비 문38

다음 글의 중심 논지를 바르게 진술한 것은?

> '정신의 과학'에서 '행동의 과학'으로 심리학의 정의를 바꾸어 놓았던 행동주의자들은 관찰 불가능한 심리 상태를 나타내는 언어들을 순수하게 행동을 기술하는 언어로 대치함으로써 심리학에서 심리 언어를 제거하려 하였다. 어떤 행동주의자들은 심리 상태들이 행동 또는 행동 성향을 기술하는 말로 정의될 수 있다고 생각하였다. 'x는 수용성 물질이다'는 '만일 x를 물에 넣으면 x는 녹을 것이다'로 정의할 수 있는 것처럼 무엇을 '바란다'는 심리 상태는 행동의 성향을 나타내는 말로 정의되리라는 것이다. 예컨대 '철수는 제주도에서 휴가 보내기를 바란다'는 다음과 같이 정의된다.
>
> (1) 만일 그것이 바라는 바냐고 질문 받으면 그렇다고 대답할 것이다. 그리고 (2) 제주도 관광 안내서와 설악산 관광 안내서를 받으면 제주도 관광 안내서를 읽을 것이다. 그리고 (3) 제주도 항공권과 숙박권을 얻으면 제주도로 갈 것이다.
> 그리고 ……
>
> 이러한 정의는 구성 항목을 무한정 늘려도 완전한 정의에 도달할 수 없다는 어려움이 있다. 제주도에서 휴가 보내기를 바라는 철수의 심리 상태는 지금까지 아무도 생각하지 못한 행동으로 표현될 수도 있다. 주말이면 북한산에 올라 남쪽 하늘을 바라보는 행동이 그 한 예이다. 우리가 이렇게 열린 정의에 만족한다고 해도, 여전히 문제는 남는다. 이와 같은 정의가 성립하려면 철수의 다른 여러 심리 상태들에 대한 가정이 필요하다. 예를 들어, 철수가 자신의 이 바람을 감추려 한다면 (1)은 거짓일 수 있으며, 제주도 관광 안내서에 싫증이 나서 더 이상 보고 싶지 않을 경우에는 (2)가 거짓일 수 있고, 제주도행 비행기가 추락하리라고 믿는다면 (3)이 거짓일 수 있는 것이다.

① 행동주의자들은 행동의 성향을 자연물의 성향과 동일하게 취급하는 유물론적 사고에서 벗어나지 못하고 있다.
② 심리 언어는 다시 심리 언어를 끌어들이지 않고서는 행동의 성향으로 정의될 수 없다.
③ 심리 언어에 대한 행동주의적 정의는 인간의 합리성을 전제할 때에만 성립한다.
④ 행동주의적 정의가 성립한다면 심리학에서 심리 언어가 완전히 제거될 것이다.
⑤ 각각의 심리 언어는 정의에 의해 무한히 다양한 행동들과 연결될 수 있다.

03

다음 글의 주장들에 대한 진술로 옳지 <u>않은</u> 것은?

> A: 자연의 질서 내에서 동물과 같은 비이성적 존재는 이성적 존재인 인간을 위해 존재한다. 이성을 가진 인간을 죽이는 것은 부도덕한 행동이지만 동물을 죽이는 것은 그렇지 않다. 동물은 인간의 자비를 받아들일 능력이 없다. 그러나 모든 이성적 존재는 도덕적 대우를 받을 능력과 자격을 가진다.
> B: 동물의 권리도 인정되어야 한다. 다리 숫자상의 차이, 물속에 사는가 아니면 육지에 사는가에 따라 생기는 차이가 있다고 하더라도 그런 차이가 감각을 느낄 수 있는 존재의 고통을 방관해도 좋을 이유가 될 수는 없다. 권리의 기준은 이성이 있고 없음에 있는 것이 아니라 고통을 느낄 수 있는 능력이 있고 없음에 있다.
> C: 이성을 가진 모든 존재는, 그리고 오직 그러한 존재만이 권리의 주체이다. 따라서 인간은 다른 이성적 존재 또는 자기 자신에 대해서 의무를 갖는다. 그런데 동물에 대한 가혹한 취급은 '인간의 자기 자신에 대한 의무'에 위배된다. 왜냐하면 인간 내부에 있는 '고통에 대한 공감(共感)'이 이러한 가혹한 취급을 통해 둔화되고 그리하여 다른 인간과의 관계에 있어 도덕성에 유용한 자연적 소질이 약화되거나 점차로 없어지기 때문이다.

① A의 논지에 따르면, 동물에게는 없는 인간의 능력이 동물과 인간 간의 차별을 정당화하지만, B의 논지에 따르면, 인간에게도 있는 동물의 능력이 동물의 권리 인정의 근거이다.
② B의 논지에 따르면, 이성은 있지만 고통을 느낄 수 없는 어떤 존재가 있을 경우 이 존재가 동물을 죽이는 것은 잘못이 아니다.
③ C의 논지에 따르면, 이성은 있지만 고통을 느낄 수 없는 어떤 존재가 있을 경우 인간이 이 존재를 죽이는 것은 잘못이다.
④ C의 논지에 따르면, 동물에 대한 가혹한 취급은 '동물의 권리에 대한 침해'가 아니라 '동물과 관련된 인간의 자신에 대한 의무 위반'이다.
⑤ A와 C의 논지에 따르면, 인간보다 탁월한 이성과 감성을 가진 어떤 존재가 있을 경우 이 존재가 이성을 가진 인간을 죽이는 것은 잘못이다.

04

다음 견해를 분석한 것으로 옳은 것을 〈보기〉에서 고른 것은?

> 갑: 인간은 야수로부터 자신을 보호하기 위하여 사회를 구성하게 되었다. 그리고 분별력과 정의감이 결핍된 인간을 사회의 질병으로 간주하여 처단하도록 노모스(nomos)를 제정하였다. 이러한 인간질서로서의 노모스는 자연법칙으로서의 피시스(physis)로부터 생겨났으므로 정당한 것이다.
> 을: 우리 모두는 노모스가 아니라 피시스에 의하여 혈족이며 가족이고 동포이다. 그러나 인간을 억압하는 노모스는 반자연적인 것을 강제한다. 모든 인간은 피시스에 있어서 이방인이건 그리스인이건 아무런 차이가 없다. 우리 모두 코로 숨을 쉬고, 손으로 식사를 하기 때문이다.
> 병: 강자가 약자에게 방해받는 것이 아니라 약자를 지배하는 것이 피시스이다. 이에 대항하여 다수의 약자는 노모스를 제정하여 어릴 때부터 누구나 똑같이 가지는 것이 정당한 것이라고 주문을 외다시피 하여 강자를 노예처럼 만든다. 그러나 강자는 끝내 모든 사슬을 끊고 반자연적인 노모스를 짓밟고 약자의 주인으로 등장한다.

〈보기〉

ㄱ. 갑, 을, 병 모두 피시스가 자연적인 것인 데 비하여 노모스는 인위적인 것이라고 본다.
ㄴ. 갑은 피시스에 반한다는 이유로 노모스를 비판하는 반면에, 을과 병은 피시스로부터 유래한다고 보아 노모스를 정당화한다.
ㄷ. 갑과 병은 노모스의 필요성을 정당화하기 위한 근거로 인간 공동체의 평화와 존속을 드는 데 비하여, 을은 개인의 생존을 들고 있다.
ㄹ. 을은 불평등을 조장하는 노모스가 피시스에 반한다고 보아 노모스를 비판하는 반면에, 병은 피시스 자체가 불평등하므로 평등을 내세우는 노모스야말로 피시스에 반한다고 본다.

① ㄱ, ㄷ ② ㄱ, ㄹ ③ ㄴ, ㄷ
④ ㄴ, ㄹ ⑤ ㄷ, ㄹ

05

다음 〈기록〉과 〈가설〉의 관계를 분석한 것으로 옳지 않은 것은?

조선 건국 초기 외교와 군사를 담당했던 갑은 외교문서로 인하여 명과의 사이에 문제가 발생하자 요동 지역을 선제공격하자고 주장하였다. 사대론자로 평가 받는 갑이 요동을 공격하자고 주장한 이유를 설명하기 위해 A, B, C 세 사람이 이용한 〈기록〉과 제시한 〈가설〉은 아래와 같다.

〈기록〉
(가) 갑은 명과 외교 문제가 발생하자 자신이 명의 황제로부터 문책당하는 것을 두려워하였다.
(나) 갑은 건국 초기부터 군제 개혁을 추진하였으며 자신이 지은 병서에 따라 군사들을 훈련시켰다.
(다) 갑은 "병사들은 이미 훈련되었고 군량도 충분히 갖추어졌으니 옛 고구려의 영토를 회복할 만한 때입니다."라고 왕에게 여러 차례 간언하였다.

〈가설〉
A: 갑의 선제공격론은 외교 문제 때문에 발생한 개인적 책임을 회피하기 위한 것이다.
B: 갑의 선제공격론은 그가 평소에 품고 있던 고토수복이라는 원대한 이상으로부터 나온 것이다.
C: 갑의 선제공격론은 장수들이 보유하던 사병(私兵)을 혁파할 명분으로 사용된 것이다.

① A는 갑이 실제로 선제공격할 의사가 없었을 가능성을 지적하고 (가)를 증거로 제시할 것이다.
② B는 갑이 실제로 선제공격할 의사가 있었을 가능성을 지적하고 (나)와 (다)를 증거로 제시할 것이다.
③ C는 갑이 실제로 선제공격할 의사가 없었을 가능성을 지적하고 (나)의 '군제 개혁'의 목적은 B와 다르게 해석할 것이다.
④ A와 C는 갑이 사대론자임을 부인할 필요가 없다고 보는 점에서 일치하지만, 선제공격을 주장하는 동기의 해석에서는 일치하지 않을 것이다.
⑤ B와 C는 (가)에 대한 해석에서 A와 다르고, (다)의 '간언'의 동기에 대한 해석에서 B와 C는 일치할 것이다.

06

"자녀는 부(父)의 성(姓)을 따른다."는 법률조항에 대하여 갑은 합헌, 을은 위헌이라는 견해인데, 그 논거는 다음과 같다. 이에 관한 진술로 옳은 것을 〈보기〉에서 고른 것은?

〈갑의 논거〉
(가) 부모 양계 혈통을 모두 성으로 반영하기는 곤란하므로 어차피 부성 또는 모성 중에서 선택하여야 한다.
(나) 자녀가 부의 성을 따르는 것은 오랜 역사를 거쳐 형성, 유지되어 왔고, 그 결과 대부분 사람들의 의식 속에서 성은 곧 부의 성을 의미하는 것으로 인식되고 있다.
(다) 성의 사용이 개인의 구체적인 권리, 의무에 실제 영향을 미치지 않는다.

〈을의 논거〉
(라) 부성주의(父姓主義)는 부와 남성을 가족의 중심에 놓고 가족 내 여성의 지위를 남성에 비해 부차적이고 열등한 것으로 놓아 여성을 차별하고 있다.
(마) 부성주의는 역사적으로 오랜 기간 유지되어 온 가족제도라는 사실만으로 곧바로 헌법적으로 정당화될 수 없고 오늘날의 헌법이념에 반하지 않아야 한다.
(바) 자녀 성의 결정은 부와 모 공동의 관심사이므로 부모 간의 합의를 통해 결정하는 방식이 합리적이다.

〈보기〉
ㄱ. 갑과 을의 견해 차이는 성이 생물학적 혈통을 얼마나 충실히 반영해야 하는가에 대한 견해의 차이에 기인한다.
ㄴ. 통계자료에 의하여 사회 일반이 성을 부성으로 인식하고 있음이 밝혀졌다 해도 을의 논거가 유지될 수 있다.
ㄷ. (바)를 통해, 성인이 된 자녀에게 부모 외의 제3의 성을 포함한 성 선택권을 부여하는 제도를 을이 지지할 것임을 알 수 있다.
ㄹ. 법률조항을 "자녀는 부의 성을 따른다. 다만, 부모가 혼인신고 시 모의 성을 따르기로 합의한 경우에는 모의 성을 따른다."고 개정하더라도 을은 여전히 위 논거에 기초하여 위헌 주장을 할 수 있다.

① ㄱ, ㄴ ② ㄱ, ㄷ ③ ㄴ, ㄷ
④ ㄴ, ㄹ ⑤ ㄷ, ㄹ

07

2011학년도 LEET 문2

A조항은 자동차 운전자에게 좌석안전띠를 매도록 하고 위반 시 범칙금을 부과하도록 규정하고 있다. 다음은 A조항의 위헌 여부에 관한 갑의 판단 내용이다. 관련 헌법조항은 〈규정〉과 같다. 갑의 판단에 관한 진술로 옳지 <u>않은</u> 것은?

1. 국민의 자유와 권리는 헌법 제37조 제2항에 따라 제한할 수 있다.
2. (a) 헌법 제10조의 행복추구권에서 나오는 일반적 행동자유 권은 모든 행위를 할 자유와 행위를 하지 않을 자유로서 가치 있는 행동만 보호하는 것은 아닌 것으로, 그 보호영역에는 개인의 생활방식과 취미에 관한 사항도 포함된다.
  (b) 좌석안전띠를 매지 않을 자유는 일반적 행동자유권의 보호영역에 속한다.
3. 좌석안전띠를 매지 않을 자유는 공공복리를 위하여 필요한 경우에 제한할 수 있다.
4. 운전자는 약간의 답답함이라는 경미한 부담을 지는 데 비해, 좌석안전띠 착용으로 인하여 달성되는 공익은 운전자뿐 아니라 동승자의 생명과 신체의 보호, 교통사고로 인한 사회적 비용 감소 등 사회공동체 전체의 이익이므로 국가의 개입이 정당화된다.
5. 좌석안전띠 착용 의무 위반에 대한 제재방법으로 형벌인 벌금보다는 정도가 약한 범칙금을 선택한 입법자의 판단이 잘못된 것이라고 보기 어렵다.
6. A조항은 헌법에 위반되지 않는다.

〈규정〉
○ 헌법 제10조 "모든 국민은 인간으로서의 존엄과 가치를 가지며, 행복을 추구할 권리를 가진다. (후략)"
○ 헌법 제37조 제2항 "국민의 모든 자유와 권리는 국가안전보장, 질서유지 또는 공공복리를 위하여 필요한 경우에 한하여 법률로써 제한할 수 있다. (후략)"

① 2(a)가 규범의 적용범위에 관한 일반적 명제의 설정이라면, 2(b)는 여기에 구체적 행동유형을 포섭시키고 있다.
② 결론에 이르는 판단의 순서상 2는 1에 앞설 수 없으나, 5는 4에 앞설 수 있다.
③ 좌석안전띠를 매지 않을 자유는 일반적 행동자유권의 보호영역에 속하지 않는다고 판단하였다면, 갑은 3과 4의 판단을 생략할 수 있다.
④ 갑은 A조항에 의한 규제가 헌법 제37조 제2항에서 말하는 '법률로써' 하는 제한에 해당한다는 판단을 하였을 것이다.
⑤ 갑이 5와 달리, 범칙금이 과중한 처벌이어서 입법의 한계를 벗어난 것이라고 판단한다면 6이 달라진다.

08

2012학년도 LEET 문2

갑과 을의 주장에 대한 분석으로 옳은 것만을 〈보기〉에서 있는 대로 고른 것은?

갑: 단어들이 맥락에 따라 변하지 않는 의미의 '중심'을 갖지 않는다면 효과적 의사소통이 불가능하다. 법에서도 마찬가지다. 식당에 '애완동물'을 데려오는 것을 금지하는 규정에서 '애완견'처럼 단어의 중심사례가 문제가 될 때, 법관은 어떠한 창조적 역할도 맡지 않으며 어려움 없이 법을 있는 그대로 적용할 뿐이다.
단어는 맥락에 따라 의미가 달라지는 '주변' 영역도 갖기 마련이다. 시각장애인의 '안내견'처럼 '애완동물'의 주변 사례가 문제되는 경우, 법관은 규정의 목적을 고려하기 시작한다. 이때 법관은 규정을 어떻게 적용해야 할지에 대해 자신의 판단에 의존하기 때문에 창조적 역할을 감당할 수밖에 없다.

을: (가) 애완동물 금지 규정이 어떤 사례에 쉽게 적용되는 것처럼 보이는 까닭은 규정의 목적을 쉽게 알 수 있기 때문이다. 목적이 안전이든 정숙이든 간에 사납게 짖는 개가 금지되는 것은 분명하다. 하지만 위생을 염려한 어떤 손님이 위 규정을 근거로 다른 손님이 온순하고 조용한 개를 데리고 오는 것도 반대한다고 해 보자. 이 개는 중심에 속하는가, 주변에 속하는가?
(나) 위 애완동물 금지 규정을 들은 사람은 곧장 사나운 투견이 금지된다고 생각할 것이다. '투견'은 법적용이 쉬운 사례이겠지만, 의미의 중심사례와는 거리가 멀다. '투견'과 호주머니 안의 '애완 생쥐' 중에 무엇이 갑이 말하는 중심사례인가? 법관이 이 질문을 생략한 채 투견을 금지하고 생쥐를 허용한다고 해서, 법에 따라 판결하지 않은 것이라고 할 수 없다.

〈보기〉
ㄱ. 갑과 을은 법적용이 쉽거나 어려울 수 있다는 점에 대해서는 견해를 같이한다.
ㄴ. 을의 (가)는 법을 적용할 때 쉬운 사례에서도 법의 목적이 고려된다고 주장함으로써 갑을 비판한다.
ㄷ. 을의 (나)는 목적을 고려하는 법적용도 창조적인 것이 아니라 법에 따른 것이라고 주장함으로써 갑을 비판한다.

① ㄱ ② ㄴ ③ ㄱ, ㄷ
④ ㄴ, ㄷ ⑤ ㄱ, ㄴ, ㄷ

09

A국의 생명윤리법 규정 및 관련 논의에 대한 설명으로 옳지 않은 것은?

> 인간 배아의 법적 지위와 관련하여, 제1견해는 인간의 생명은 수정된 때부터 시작되므로 배아를 완전한 인간으로 인정해야 한다고 본다. 제2견해는 배아는 단순한 세포덩어리로서 인간성을 인정할 수 없으며, 물질로서 소유자의 이용과 처분에 따르게 된다고 본다. 제3견해는 배아는 성장하면서 점차 도덕적 지위를 얻게 되며, 배아를 인간과 완전히 동등한 존재 내지 생명권의 주체로서 인격을 지니는 존재라고 볼 수 없다고 본다. 이처럼 배아의 법적 지위에 대해 다양한 견해가 존재하고 있는 상황에서, A국의 생명윤리법 규정은 "임신 목적으로 생성된 배아의 보존기간은 5년으로 하고, 보존기간이 경과한 잔여 배아는 폐기하여야 한다. 다만 잔여 배아는 발생학적으로 원시선이 나타나기 전까지에 한하여 체외에서 동의권자의 동의를 전제로 연구 목적으로 이용할 수 있다."라고 규정하고 있다.
>
> 위 규정이 정자 및 난자 제공자인 배아생성자의 권리를 침해하여 헌법을 위반하는지의 여부에 대해, A국의 헌법재판소는 다음과 같은 취지로 결정하였다.
>
> > 배아에 대한 배아생성자의 결정권은 명문으로 규정되어 있지는 않지만 헌법으로부터 도출되는 권리이다. 다만 출생 전 형성 중에 있는 생명인 배아의 법적 보호를 위하여, 공공복리 및 사회윤리라는 측면에서 배아생성자의 권리는 그 본질적 내용을 침해하지 않는 범위에서 법률로 제한하는 것이 가능하다. 배아에 대한 부적절한 이용가능성을 방지하여야 할 공익적 필요성의 정도가 배아생성자의 자기결정권이 제한됨으로 인한 불이익의 정도에 비해 작다고 볼 수 없으므로, 생명윤리법 규정이 헌법에 위반된다고 볼 수 없다.

① A국의 헌법재판소는 배아에 대한 배아생성자의 권리와 배아가 부적절한 연구 목적으로 부당하게 사용되는 것을 방지해야 할 공익을 서로 비교하고 있다.
② A국의 생명윤리법에 따르면, 발생학적으로 원시선이 나타나기 전까지의 잔여 배아는 연구자가 임의로 처분할 수 있는 연구의 대상이 아니다.
③ A국의 헌법재판소는 배아생성자의 권리보다 배아의 권리가 보호할 만한 가치가 크다는 것을 전제로 판단하고 있다.
④ 착상 전 배아에 손상을 주는 연구는 제1견해에 따르면 원칙적으로 금지된다.
⑤ A국의 헌법재판소 결정은 제3견해와 부합한다.

10

다음 논증에 대한 분석으로 옳지 않은 것은?

> 정의가 없는 왕국이란 거대한 강도떼가 아니고 무엇인가? 강도떼도 나름대로는 작은 왕국이 아닌가? 강도떼도 사람들로 구성되어 있다. 그 집단도 두목 한 사람의 지배를 받고, 공동체의 규약에 의해 조직되며, 약탈물을 일정한 원칙에 따라 분배한다. 만약 어느 악당이 무뢰한들을 거두어 모아 거대한 무리를 이루어서 일정한 지역을 확보하고 거주지를 정하거나, 도성을 장악하고 국민을 굴복시킬 지경이 된다면 아주 간편하게 왕국이라는 이름을 얻게 된다. 그런 집단은 야욕을 억제해서가 아니라 야욕을 부리고서도 아무런 처벌을 받지 않는다는 사실만으로도 당당하게 왕국이라는 명칭과 실체를 얻는 것이다. 사실 알렉산드로스 대왕의 손에 사로잡힌 어느 해적이 대왕에게 한 답변에서 이런 현실이 적나라하게 드러났다. 해적에게 무슨 생각으로 바다에서 남을 괴롭히는 짓을 저지르고 다니느냐고 문초하자, 해적은 알렉산드로스 대왕에게 거침없이 이렇게 대꾸했다고 한다. "그것은 폐하께서 전 세계를 괴롭히시는 생각과 똑같습니다. 단지 저는 작은 배 한 척으로 그 일을 하는 까닭에 해적이라 불리고, 폐하께서는 대함대를 거느리고 다니면서 그 일을 하시는 까닭에 대왕이라고 불리시는 점이 다를 뿐입니다!"
>
> — 아우구스티누스, 『신국론』 —

① 정의가 없는 왕국과 강도떼의 차이를 명칭과 규모의 관점에서 설명하고 있다.
② 정의가 없는 왕국과 강도떼가 야욕과 처벌의 측면에서 동일하다고 설명하고 있다.
③ 정의가 없는 왕국과 강도떼의 공통점을 지배 체제와 공동체의 조직 원리에서 찾고 있다.
④ 강도떼가 발전하여 정의가 없는 왕국이 될 가능성을 제시하여 둘의 차이를 좁히는 전략을 쓰고 있다.
⑤ 알렉산드로스 대왕과 해적의 대화를 통해 정의가 없는 왕국과 강도떼의 유비(類比)의 설득력을 높이는 전략을 쓰고 있다.

11

2013학년도 LEET 문18

〈판단〉과 〈원칙〉에 대한 진술로 옳은 것만을 〈보기〉에서 있는 대로 고른 것은?

〈판단〉

A: 암환자의 극심한 고통을 감소시킨다는 좋은 결과를 위해 모르핀을 투여하는 행위는 기대수명을 단축하는 나쁜 결과를 낳을 수 있다. 다른 진통제의 효과가 없는 상황에서 암환자가 죽음이 임박한 상태라면 모르핀 투여 행위가 도덕적으로 허용될 수 있지만, 완치 확률이 높은 상태라면 도덕적으로 허용될 수 없다.

B: 생명을 구한다는 좋은 결과를 위해 신체 일부를 절단하는 행위는 불구가 된다는 나쁜 결과를 낳는다. 신체 일부를 절단하지 않으면 죽음에 이르게 될 확률이 대단히 높은 상황에서 신체 일부를 절단하는 행위는 도덕적으로 허용될 수 있지만, 약물치료를 통해 죽음을 피할 확률이 신체 일부를 절단해서 죽음을 피할 확률과 비슷하다면 도덕적으로 허용될 수 없다.

C: 어린이를 구하기 위해 달리는 자동차 앞으로 뛰어드는 행위는 어린이의 생명을 구한다는 좋은 결과를 의도한 행위이지만, 자신이 부상을 입거나 목숨을 잃는다는 나쁜 결과의 가능성도 있다. 급박한 상황에서 어린이를 구하기 위해 달리는 자동차 앞으로 뛰어드는 행위는 도덕적으로 허용될 수 있지만, 동일한 상황에서 어린이가 아니라 유기견을 구하기 위해 뛰어드는 행위는 도덕적으로 허용될 수 없다.

〈원칙〉

p: 의도된 좋은 결과가 일어날 확률이 예상되는 나쁜 결과가 일어날 확률보다 높아야 도덕적으로 허용될 수 있다.

q: 의도된 좋은 결과를 달성하면서 예상되는 나쁜 결과를 피할 수 있는 대안이 없어야 도덕적으로 허용될 수 있다.

r: 의도된 좋은 결과가 예상되는 나쁜 결과를 감수할 정도로 더 높은 가치를 가져야 도덕적으로 허용될 수 있다.

―〈보기〉―

ㄱ. A에서 도덕적 허용 가능성의 차이를 낳는 원칙은 r이다.
ㄴ. B에서 원칙 p는 적용되지 않았다.
ㄷ. C에서 도덕적 허용 가능성의 차이를 낳는 원칙은 q이다.

① ㄱ   ② ㄷ   ③ ㄱ, ㄴ
④ ㄴ, ㄷ   ⑤ ㄱ, ㄴ, ㄷ

12

2013학년도 LEET 문22

(가)~(바)의 분석으로 옳지 않은 것은?

(가) ┌ 그대가 다음 실수를 피하기를 나는 진심으로 바라노라.
     │ 즉 우리 눈은 보기 위해 창조된 것이며
     │ 또 우리 다리는 직립보행을 하도록
     └ 그렇게 생긴 것이라고 그대가 생각하지 말기를.

(나) ┌ 사람들이 내세우는 이런 주장들은
     │ 모두가 뒤집힌 추론으로 인해 앞뒤가 뒤바뀌어 있다.
     │ 왜냐하면 우리 몸에서 사용을 목적으로 생겨난 것은
     └ 아무것도 없고, 생겨난 그것이 용도를 창출하기 때문이다.

     ┌ 눈이 생겨나기 전에는 본다는 것은 없었고,
     │ 혀가 생기기 전에는 단어로써 말한다는 것은 없었다.
     │ 오히려 혀의 시초가 말보다 훨씬 앞서 있으며,
(다) │ 소리가 들리기 오래 전에 귀가 생겨났고,
     │ 내 생각으로는 우리의 모든 신체적 지체가
     │ 그 사용보다 먼저 있었도다.
     └ 따라서 이것들은 사용되기 위해 생겨난 것일 수 없다.

     ┌ 빛나는 창들이 날아가기 오래 전에 이미 전투에서 맨손으로
     │ 싸웠으며,
(라) │ 또 잔이 생기기 훨씬 전부터 갈증을 해소해 오지 않았던가.
     │ 따라서 삶과 사용의 필요로부터 나온 것들은 모두
     └ 사용을 위해 발명된 것으로 믿을 수 있다.

     ┌ 그러나 자신이 홀로 먼저 생겨나고
(마) │ 나중에 사용에 관한 개념을 낳은 것들은
     └ 이것들과는 완전히 다른 부류에 속한다.

     ┌ 따라서 반복하노니, 우리의 감각기관들과 지체들이
(바) │ 그 사용을 위해서 창조되었다고
     └ 그대가 믿을 만한 이유가 전혀 없도다.

― 루크레티우스, 『사물의 본성에 관하여』 ―

① (가)는 논증이 비판하고자 하는 견해를 제시하고 있다.
② (나)는 논증이 비판하고자 하는 견해가 인과 관계를 잘못 파악하고 있음을 지적하고 자신이 논증할 견해를 제시하고 있다.
③ (다)는 발생과 사용의 시간적 선후 관계를 이용해서 논증하고 있다.
④ (라)는 논증이 비판하고자 하는 견해가 설득력을 갖는 대상 영역을 제시하고 있다.
⑤ (마)는 (다)와 (라)가 양립할 수 없음을 지적함으로써 (바)가 옳음을 논증하고 있다.

13

A~D에 대한 진술로 옳지 않은 것은?

> A: 강한 네트워크란 서로 간에 자주 만나며 많은 정보를 교환하고 정서적으로 친밀한 소수의 집단을 지칭한다. 대표적으로 가족, 친한 친구 등을 예로 들 수 있다. 강한 네트워크는 사람들의 삶에 많은 영향을 미치며, 취업 등과 같은 경우에도 실질적인 도움이 된다.
> B: 취업동아리에 소속된 대학생들은 자주 만나 외국어 시험, 학점 취득, 취업 시험 등을 위해 함께 공부하고 많은 양의 취업 관련 정보를 공유함으로써 취업 준비의 효율성을 높여 취업 가능성을 높인다. 이들은 취업 준비라는 공식적인 목표를 위해 만났지만 신뢰관계가 형성되어 서로 정서적으로도 의존하는 가까운 사이가 되는 경향이 있다.
> C: 취업동아리 회원들이 많은 정보를 공유하고 회원들 간에 친밀한 관계가 형성된다는 것은 인정한다. 하지만 학생 신분으로는 취업 기회를 얻는 데 실질적으로 도움이 될 만한 구인 정보를 특정 업계나 회사로부터 얻기 어렵다. 취업동아리가 공유하는 정보는 일반에게 공개된 정보를 재정리한 정도의 것이므로 취업 기회를 찾는 것과 거리가 있다. 또한 같은 분야를 희망하는 학생들이 모인 취업동아리의 경우, 그들이 공통으로 희망하는 기업체의 구인 정보를 접하는 순간 그들의 관계는 경쟁적으로 돌변하기도 한다. 오히려 어쩌다 한 번 방문할 뿐이지만 다양한 회사의 구인 정보를 가지고 있는 대학의 취업지원센터에서 자신의 희망과 상황에 맞는 회사들의 취업 정보 등을 얻는 경우가 많다.
> D: 친한 친구는 이미 서로 잘 알고 있기 때문에 취업의 상황에서는 더 이상 실질적인 도움을 주고받지 못한다. 오히려 취업 기회를 찾는 데는 강한 네트워크보다 약한 네트워크가 더 큰 도움이 된다. 약한 네트워크는 접촉의 빈도가 낮고 정보의 교환도 많지 않지만, 느슨한 관계를 통해서 여러 집단을 연결하거나 확산시키는 위치에 있기 때문에 정보의 취득에 강점을 지닌다.

① A와 C는 강한 네트워크가 취업에 도움이 되는 정도에 대해서 다른 주장을 하고 있다.
② "병(病) 자랑은 하여라."라는 속담의 취지는 A보다 D에 더 적합하다.
③ B와 C는 취업동아리에서 얻는 취업 정보의 내용과 질에 대해 다르게 판단한다.
④ 객관적이고 투명한 공채 시험만으로 취업할 수 있는 분야를 준비하는 취업동아리의 사례는 C보다 B에 더 적합하다.
⑤ 가끔 만나는 먼 지인을 통해 취직이 성사되는 사례가 많다는 사실은 D를 강화하고 C를 약화한다.

14

'도덕적으로 훌륭하지만 미적으로는 열등한 예술 작품이 있을 수 있다'는 주장에 동의할 사람만을 있는 대로 고른 것은?

> 갑: 예술 작품은 모두 도덕적 성질을 갖고 있을 뿐 아니라, 예술 작품의 미적 성질과 도덕적 성질 사이에는 내재적인 관계가 있다. 도덕적으로 나쁜 작품은 바로 그 이유 때문에 미적으로도 열등하며, 도덕적으로 훌륭한 작품은 바로 그 이유 때문에 미적으로 뛰어나다. 나아가 두 작품 중에서 도덕적으로 더 나쁜 작품은 바로 그 이유 때문에 다른 작품보다 미적으로 더 열등하다.
> 을: 예술 작품에 대해서 도덕적 평가를 할 수는 있지만 그 작품의 미적 성질은 도덕적 성질과 내재적인 관계를 갖지 않는다. 예를 들어, 수치심을 불러일으키기 때문에 어떤 작품을 도덕적으로 나쁘다고 평가하는 것이 정당하더라도, 그런 도덕적 평가가 그 작품에 대한 미적 평가는 아니다.
> 병: 도덕적 평가를 내리는 것이 적절한 예술 작품들이 있고, 도덕적 평가를 내리는 것이 부적절한 예술 작품들이 있다. 순수한 형식미를 추구하는 음악을 듣고 도덕적 평가를 내리는 것은 적절치 않다. 도덕적 평가를 내리는 것이 적절한 예술 작품의 경우에도 도덕적 성질이 그 작품의 미적인 성질에 영향을 주는 경우는 부정적인 사례에만 국한된다. 즉 도덕적으로 나쁜 작품은 바로 그 이유 때문에 미적으로도 열등하다. 긍정적인 사례에는 이와 같은 영향 관계가 없다.
> 정: 도덕적으로 나쁜 작품이 있을 수 있을 뿐 아니라 도덕적으로 나쁘다는 점이 바로 미적 장점이 되는 예술 작품이 있다. 다시 말해서 어떤 작품의 경우, 그 작품이 도덕적으로 부정적인 성질을 갖는다는 것이 그 작품을 미적으로 뛰어나게 만들 수 있다. 반대로 도덕적으로 훌륭한 가치를 드러낸다는 점은 인정할 수 있지만 바로 그 도덕적 메시지 때문에 미적으로는 형편없게 되는 예술 작품도 있다.

① 갑, 을
② 갑, 병
③ 을, 정
④ 갑, 병, 정
⑤ 을, 병, 정

15

(가)와 (나)에 대한 분석으로 적절한 것은?

(가) 분류학자들은 생물 종을 분류하기 위해, 종을 규정하는 형태가 종을 구성하는 개체들 사이에서 충분히 일정하게 유지되고 다른 종의 형태와 분명히 확인될 수 있을 만한 차이를 보이는지 여부와, 만약 그런 차이가 있다면 새로운 종으로 이름을 부여할 만큼 그 차이가 충분히 중요한 것인지 여부만을 결정하면 된다. 후자의 결정은 현재 받아들여지고 있는 것보다 종 지위 결정에 있어서 훨씬 더 본질적인 사안이 될 것이다. 왜냐하면 그 둘을 연결해 주는 중간 형태가 없다면, 두 형태 사이의 차이가 아무리 사소하더라도 대부분의 분류학자들은 두 형태 각각에 종의 지위를 부여하는 것이 마땅하다고 생각할 것이기 때문이다. 그러므로 우리는 한 종과 그 종과는 뚜렷이 구별되는 변종을 식별하는 유일한 기준은, 변종은 현 상태에서 중간 형태를 통해 특정 종과 연결된다고 알려져 있거나 믿어지는 데 반해, 서로 다른 종들 사이에는 그러한 방식의 연결이 오직 과거에만 있었다는 점임을 인정해야만 한다.

(나) 종이라는 용어가 서로 닮은 개체들의 집합에 대해 편의상 임의적으로 붙인 것이라는 점, 그리고 종이라는 용어가 변종이라는 용어와 본질적으로 다른 것이 아니라는 점은 이제 분명하다. 단지 변종에 속하는 개체는 같은 종에 속한다고 보기에는 다른 개체와의 차이가 큰 형태이면서도, 종으로 분류하기에는 그 차이의 정도가 좀 덜 분명한 것일 뿐이다. 그런 점에서 종과 변종을 구별하는 차이는 같은 종에 속하는 개체들 사이의 차이와 비교할 때 편의상 임의적으로 구별한 것에 불과하다. 이런 생각은 분류학자들에게 기분 좋은 소식이 아닐 것이다. 하지만 우리는 이 견해를 따름으로써, 적어도 아직 발견되지 않은 그리고 발견될 수 없을 종의 본질을 헛되이 찾는 일로부터는 자유롭게 될 것이다.

– 찰스 다윈, 『종의 기원』 –

① (가)는 종이란 분류의 편리함을 위해 임의적으로 이름 붙인 것에 불과하다고 주장하고 있다.
② (나)는 종과 변종의 차이는 그 둘 사이의 연결 고리가 현재 존재하는지의 여부라고 주장하고 있다.
③ (가)와 (나)는 종의 본질을 찾는 노력이 헛된 일이라는 견해를 받아들이지 않을 것이다.
④ (가)와 (나)는 종이 다른 종들과 구별될 수 있는 불변하는 속성을 가지고 있다는 견해를 받아들이지 않을 것이다.
⑤ (가)와 (나)는 종과 변종 사이의 차이가 개체들 사이의 차이보다 그 정도가 큰 것일 뿐이라는 견해를 받아들이지 않을 것이다.

16

갑~병에 대한 판단으로 옳지 않은 것은?

갑: 금욕이 인간을 자유롭게 만든다. 고통을 견디는 것을 습관화하고 쾌락의 추구를 삼가도록 습관화하라. 우리 삶의 궁극 목표는 일체의 필요와 외적 가치로부터의 자유, 즉 자족성이다. 온갖 욕망들로부터 내적으로 자유로워지고 어떠한 정념에도 휘둘리지 않는 부동심이 자족적 삶의 특징이다. 금욕의 훈련에 의해 슬픔이나 기쁨에도 전혀 무관심한 부동심의 경지에 이를 수 있다.

을: 금욕주의는 숨겨진 쾌락주의다. 자유를 지향하는 금욕도 결국은 고도의 정신적 기쁨을 지향한다는 점에서 소극적 쾌락주의와 다름없다. 금욕주의자들이 버린 것은 순수하지 않은 것, 즉 육체의 쾌락이나 그로부터 파생되는 쾌락일 뿐, 그들조차도 순수한 것은 함양하였다. 그 이름이야 어떠하든 이 순수한 것 또한 쾌락과 다름없으며, 쾌락이야말로 쾌락 이외의 그 무엇인가를 위한 것이 아닌 유일무이의 본래적 가치이다. 그런 점에서 금욕을 위한 금욕은 어리석다.

병: 금욕을 위한 금욕은 어리석다기보다는 도덕의 명령에 대한 은밀한 혐오를 감추고 있다. 자신에게 잘못이 없는데도 스스로를 고통으로 몰아넣기 때문이다. 고통의 추구가 아니라 오히려 쾌락의 추구가 의무이다. 욕구가 충족되지 않은 자신의 처지에 대한 불만족의 누적은 더 중요한 의무들을 위반하게 하는 커다란 유혹이 될 수 있기 때문이다. 그런 점에서 쾌락의 추구는 간접 의무이다. 즉, 의무 수행에 장애가 되지 않을 만큼은 쾌락을 추구해야 한다는 것이다.

① 쾌락은 추구할 만하다는 것에 을은 동의하고, 갑은 동의하지 않을 것이다.
② 욕망을 절제하여 도달한 상태도 쾌락의 상태라는 것에 갑과 을은 동의할 것이다.
③ 일체의 욕망 추구를 금지하는 것에 갑은 동의하고, 을과 병은 동의하지 않을 것이다.
④ 쾌락보다 상위의 가치가 있다는 것에 갑과 병은 동의하고, 을은 동의하지 않을 것이다.
⑤ 쾌락 추구의 허용 근거가 쾌락 자체에 있다는 것에 을은 동의하고, 병은 동의하지 않을 것이다.

17

(가)와 (나)를 모두 설명할 수 있는 가설로 가장 적절한 것은?

(가) 정가가 1,900만 원인 자동차가 인기가 높아져 물량이 달리자 자동차 회사에서 가격을 2,000만 원으로 인상했다. 이에 대해 소비자의 29%는 납득할 수 있다고 답한 반면 71%는 불공정하다고 답했다. 반면, 정가가 2,000만 원이지만 100만 원을 할인해 1,900만 원에 팔다가 인기가 높아져 물량이 달리자 자동차 회사에서 가격을 2,000만 원으로 환원한 경우에 대해서는 소비자의 58%가 납득한다고 답하고 42%가 불공정하다고 답했다.

(나) 어느 수업에서 학생들 중 반을 무작위로 골라 학교 로고를 새긴 머그잔을 나눠준 후 머그잔을 받은 학생과 받지 못한 학생을 한 명씩 무작위로 짝지어 머그잔을 거래하도록 했다. 그런데 머그잔을 가진 학생이 최소한 받아야겠다고 생각하는 금액이 머그잔을 사려 하는 학생이 제시하는 금액보다 훨씬 높은 경우가 많아서 거래가 잘 이루어지지 않았다.

① 사람들은 이득이나 손실의 크기가 작을 때는 변화에 매우 민감하지만 이득이나 손실의 크기가 커지면 변화에 덜 민감해진다.
② 사람들이 물건에 부여하는 가치는 자신이 현재 그 물건을 소유하고 있는지 여부에 따라 달라진다.
③ 사람들은 이득에 관해서는 모험적인 선택을 하지만 손실에 관해서는 안정적인 선택을 한다.
④ 사람들은 명시적으로 지불하지 않는 암묵적 비용에 대해 훨씬 덜 민감하게 반응한다.
⑤ 사람들의 태도는 어떤 것을 초기 상황으로 인식하는지에 따라 달라진다.

18

A, B 주장에 대한 분석으로 옳은 것만을 〈보기〉에서 있는 대로 고른 것은?

P국의 민사소송에서 당사자란 자기의 이름으로 국가의 권리 보호를 요구하는 자와 그 상대방을 말한다. 당사자가 적법하게 소송을 수행할 수 있으려면 당사자능력, 당사자적격, 소송능력 등의 당사자자격을 갖추어야 한다. 당사자능력은 소송의 주체가 될 수 있는 일반적인 능력을 말한다. 대표적으로 살아있는 사람이라면 누구나 민사소송의 주체가 될 수 있다. 당사자적격이란 특정한 소송사건에서 정당한 당사자로서 소송을 수행하고 판결을 받기에 적합한 자격이다. 이는 무의미한 소송을 막고 남의 권리에 대하여 아무나 나서서 소송하는 것을 막는 장치이기도 하다. 소송능력이란 당사자로서 유효하게 소송상의 행위를 하거나 받기 위해 갖추어야 할 능력을 말한다.

A: 인간이 아닌 자연물인 올빼미는 적법하게 소송을 수행할 수 없다. 왜냐하면 소송의 주체가 될 수 있는 당사자능력을 현행법은 사람이나 일정한 단체에만 인정하고 있기 때문이다. 그리고 어떤 존재에게 당사자능력을 인정할지는 소송사건의 성질이나 내용과는 관계없이 일반적으로 정해져야 법과 재판의 안정성을 확보할 수 있다. 따라서 법에서 명시적으로 인정하는 자 이외에는 당사자능력을 추가로 인정할 수 없다.

B: 적법하게 소송을 수행할 수 있는 자격을 누군가에게 인정할지 여부는 그에게 법으로 보호할 이익이 있는지에 따라서 판단해야 한다. 만약 어떤 사람이 살고 있는 곳의 환경이 대규모 공사로 심각하게 훼손될 위험에 처하였다면, 우리는 그 사람에게 이익침해가 있다고 보아 법으로 보호받을 수 있는 자격과 기회를 인정하여야 한다. 민사소송의 당사자가 갖추어야 할 여러 가지 자격이란 이를 구체화한 것일 뿐이다. 그렇다면 자기가 살고 있는 숲이 파괴될 위험에 처한 올빼미에게 법으로 보호받을 자격과 기회를 부정할 이유는 없다. 다만 원활한 소송 진행을 위하여 시민단체가 올빼미를 대리하여 소송을 수행할 수 있을 것이다.

〈보기〉

ㄱ. A, B는 모두, 소송에서 당사자능력을 인정받기 위해서는 침해되는 이익이 있어야 한다는 점을 전제하고 있다.
ㄴ. A에 따르면, 올빼미가 현실적으로 이익을 침해당하더라도 법 개정이 없이는 소송을 수행할 수 없다.
ㄷ. 법규정의 명문에 반하는 해석이 허용된다면 B는 강화된다.

① ㄱ   ② ㄴ   ③ ㄱ, ㄷ
④ ㄴ, ㄷ   ⑤ ㄱ, ㄴ, ㄷ

19
2016학년도 LEET 문19

다음을 분석한 것으로 옳지 않은 것은?

> ⓐ A국 식약청은 특정 질환에 대한 신약을 출시하려는 제약회사에게 위약시험을 통해 신약의 효능을 입증하도록 요구한다. 즉, 치료약인 것처럼 제시되지만 실제 약효가 전혀 없는 가짜 약품(위약)으로 치료받은 환자들과 비교하여 신약으로 치료받은 환자들의 치료 효과가 우월해야 신약의 출시가 허용된다. 이미 해당 질환에 대한 치료 효능이 입증되어 신약과 비교 가능한 약품이 존재하더라도, 신약 제조사는 신약에 대한 위약시험을 거쳐야 한다.
> 반면 ⓑ H선언은 기존 약품 중 효능이 가장 좋은 것과 신약의 효능을 비교하는 동등성시험으로 신약의 효능 입증 시험을 해야 한다고 요구한다. H선언의 윤리적 기준에 따르면, 효과적인 치료법이 있는 경우 의사는 환자에게 그것을 제공할 윤리적·법적 의무를 갖는다. 동등성시험으로 신약의 효능을 검증하는 것은 환자에게는 치료를 제공하고 의사에게는 안전성과 효능에 대한 비교 가능한 정보를 제공한다.
> 이러한 윤리적 원칙들에도 불구하고 ⓒ 몇몇 의사들은 향정신성 의약품에 대한 임상 시험에는 다른 기준이 적용되어야만 한다고 주장한다. 이들에 따르면, 향정신성 의약품의 효능을 검증하는 것은 어려운데, 특히 우울증의 경우, 치료의 성패는 대개 환자 개인의 주관에 따라 결정된다. 때문에 동등성시험으로 신약 효과를 평가하는 방법은 부적절하다는 것이다. 이런 주장은 만약 위약이 약리 효과를 검증하는 항상적 기준을 제공하는 것으로 가정할 수 있다면 타당할 수도 있다. 하지만 ⓓ 시험 참가자들이 평가하는 위약의 효과는 일정치 않고 상당히 가변적인 것으로 알려지고 있다. 정신과 치료의 경우에 위약 효과는 특히 가변적이고 예측 불가능할 수 있는데, 신약의 약리적 평가에 상대적으로 큰 영향력을 미치는 개인의 주관이 위약에 대한 효과의 평가에도 동일하게 개입하기 때문이다. 이러한 결과는 약품의 실질적 효능을 측정할 수 있다고 가정되는 확고한 준거점으로서의 위약 개념에 의문을 제기한다.

① 기존 시판 약품과 비교해서 신약의 효능이 더 우월하다고 입증되었을 경우에도, ⓐ는 이 신약의 출시를 불허할 수 있다.
② 동등성시험 대신 위약시험에 참여하는 환자들이 그 기간 동안 효과적인 약품으로 치료받을 수 있는 기회를 박탈당한다는 점은 ⓑ가 위약시험으로 신약의 효능을 검증하는 방식을 비판하는 논거가 된다.
③ 알레르기 치료제로 속인 위약을 먹은 환자 집단의 알레르기 증상이 실제 완화되었다면, 이는 ⓑ가 주장하는 동등성시험의 필요성을 약화하는 근거가 된다.
④ ⓒ는 향정신성 의약품의 경우 위약시험이 동등성시험보다 환자의 주관적 판단이 초래하는 오류로부터 상대적으로 자유롭다고 전제하고 있다.
⑤ 무작위로 선정된 대상자가 치료 효과를 주관적으로 평가하는 50차례 위약시험 결과, 50개 신약 치료 집단 간 응답의 분포 및 평균값에는 유의미한 차이가 없었고 50개 위약 치료 집단 간 응답의 분포 및 평균값에는 유의미한 차이가 있었다면, 이는 ⓓ를 지지하는 근거가 된다.

20
2017학년도 LEET 문11

A~C에 대한 분석으로 옳은 것만을 〈보기〉에서 있는 대로 고른 것은?

> A: 유용성의 원리가 의미하는 바는, 한 행위가 그것과 관련되는 사람들의 행복을 증가시키느냐 아니면 감소시키느냐에 따라서 그 행위를 용인하거나 부인한다는 점이다. 오직 유용성의 원리만이 구체적이고, 관찰 가능하며, 검증 가능한 옳은 행위의 개념을 산출할 수 있다. 어떤 범위와 기간까지 고려하여 유용성을 평가할 것인지도 각 행위가 행해지는 상황을 통해 충분히 결정 가능하다. 따라서 행위자의 개별 행위에 직접 적용되는 유용성의 원리만이 도덕적 고려의 대상이 되어야 한다.
> B: 유용성의 원리는 개별 행위보다는 행위 규칙과 연관되어야 한다. 한 행위가 아니라, "거짓말을 하지 말라."와 같은 행위 규칙이 유용한지 아닌지를 물어야 한다. 거짓말을 허용하는 것보다 허용하지 않는 규칙이 장기적인 관점에서 더 많은 유용성을 산출한다면, 당장 거짓말하는 행위가 유용하다 할지라도 이를 금하고 그 규칙을 따르도록 해야 한다. 유용성이 입증된 행위 규칙들이 마련되면, 행위자는 매 행위의 유용성을 일일이 계산할 필요 없이 그 규칙에 부합하는 행위를 하는 것만으로 옳은 행위를 수행할 수 있다.
> C: 유용성의 원리는 하나의 통일적 삶, 즉 하나의 전체로서 파악하고 평가할 수 있는 삶 속에서만 판단되고 적용되어야 한다. 인간은 그가 만들어내는 허구 속에서 뿐만 아니라 자신의 행위와 실천에 있어서도 '이야기하는 존재'이다. "나는 무엇을 해야만 하는가?"라는 물음은 이에 선행하는 물음, 즉 "나는 어떤 이야기의 부분인가?"라는 물음에 답할 수 있을 때에만 제대로 답변될 수 있다. 나는 나의 가족, 나의 도시, 나의 부족, 나의 민족으로부터 다양한 부채와 유산, 기대와 책무들을 물려받는다. 이런 것들은 나의 삶에 주어진 사실일 뿐만 아니라, 나의 행위가 도덕적이기 위해 부응해야 할 요소이기도 하다.

〈보기〉

ㄱ. A와 B에 따르면, 한 명의 전우를 적진에서 구하기 위해 두 명의 전우가 죽음을 무릅쓰는 행위가 도덕적일 수 있다.
ㄴ. A와 C에 따르면, 거짓말을 하는 것이 상황에 따라 옳을 수 있다.
ㄷ. A, B, C 모두 유용성의 원리를 도덕적 판단의 기준으로 고려한다.

① ㄱ   ② ㄷ   ③ ㄱ, ㄴ
④ ㄴ, ㄷ   ⑤ ㄱ, ㄴ, ㄷ

21

A~C를 분석한 것으로 적절하지 않은 것은?

> A: 개인의 어떤 행동이 자신에게만 영향을 주고 다른 사람에게는 아무런 손해도 입히지 않는다면, 그런 행동에 대한 국가의 간섭은 정당화되지 않는다. 다만 다른 사람의 이익을 침해하는 행동에 대해서는 침해 당사자가 당연히 책임을 져야 하며, 사회 전체의 이익을 보호하기 위해 국가는 다른 사람의 이익 침해 행동에 대해 처벌을 가할 수 있다.
>
> B: 다른 사람에게 손해를 입힐 때만 국가의 간섭이 정당화되기는 하지만, 그렇다고 그런 간섭이 언제나 정당화될 수 있다고 생각해서는 안 된다. 사람이 살다 보면 합법적인 목표를 추구하는 과정에서 불가피하게 다른 사람에게 아픔이나 상실감을 줄 수도 있다. 원하는 대상을 놓고 서로 경쟁한 결과 실패한 사람은 어떤 의미에서 손해를 입었다고 할 수 있지만 그렇다고 해서 그런 경쟁을 국가가 나서서 꼭 막아야 하는 것은 아니다.
>
> C: 다른 사람에게 손해를 입히거나 또는 손해를 입힐 가능성이 있을 때는 국가의 간섭이 정당화된다. 그래서 때로는 국가가 사후에 범죄 행위를 적발하고 그 범죄자를 처벌하는 것뿐만 아니라 사전에 확실한 예방 조치를 취해야 할 경우도 있다. 어떤 사람이 분명히 범죄를 저지를 것이라는 판단이 서면, 국가가 실제 그런 일이 일어날 때까지 아무런 조치도 취하지 않은 채 그냥 방관만 해서는 안 되고 그것을 막기 위해 어떤 식으로든 개입해야 한다.

① A는 B보다 국가가 간섭할 수 있는 행동의 범위를 넓게 잡고 있다.
② C는 A보다 국가가 간섭할 수 있는 행동의 범위를 넓게 잡고 있다.
③ 오직 자신에게만 영향을 주는 행동은 있을 수 없다면 A와 B는 사실상 같은 견해이다.
④ A와 B에 따르면, 국가가 어떤 행동을 간섭했다면 그 행동은 다른 사람에게 손해를 입힌 행위이다.
⑤ A와 C에 따르면, 다른 사람에게 손해를 입힌 행동 가운데는 국가의 간섭 대상이 아닌 것은 없다.

22

A~C에 대한 분석으로 적절한 것만을 〈보기〉에서 있는 대로 고른 것은?

> 대개 우리는 사실 판단과 당위 판단을 엄격히 구분한다. 예컨대 '약속한다'거나 '선언한다'고 할 때 '~한다'는 행위는 누군가 어떤 시점에 어떤 것을 말한다는 사실의 문제인 반면, 그 말을 한 사람이 이후에 무언가를 '해야 한다'는 것은 사실의 문제와는 다른 당위의 문제라고 생각한다. 그런데 다음 논증을 보자.
>
> (1) 존은 다음과 같이 말한다. "나는 스미스에게 5달러를 지불하기로 약속한다."
> (2) 따라서 존은 스미스에게 5달러를 지불하기로 약속한 것이다.
> (3) 따라서 존은 스미스에게 5달러를 지불해야 한다.
>
> 사실로부터 시작해 당위를 최종 결론으로 이끌어내는 이 논증에 대해 세 사람 A, B, C는 각각 아래와 같이 평가하였다.
>
> A: 이 논증은 (2)에서 (3)으로 나아가는 과정은 문제가 없지만, (1)에서 (2)로 나아가는 과정에 논리적 결함이 있다. 단순히 연극의 대사나 문법책의 예문을 읊은 경우라면 (1)로부터 (2)가 도출되지 않는다. 이런 예외적인 경우가 아니라면 (1)로부터 (2)가 도출되며, 이때는 존이 (3)과 같은 의무를 지닌다고 할 수 있다.
>
> B: 이 논증은 존이 보통의 상황에서 약속을 했다고 할 때 (1)에서 (2)로 나아가는 과정은 문제가 없지만, (2)에서 (3)으로 나아가는 과정에 논리적 결함이 있다. (2)로부터 (3)이 바로 도출되는 것은 아니다. 그것이 도출되려면 사실과 당위를 연결해주는 암묵적 전제를 새로 추가해야 한다.
>
> C: 이 논증은 (2)에서 (3)으로 나아가는 과정에 논리적 결함이 있다. '약속한다'는 말은 때로 당위를 의미하기도 하지만 때로 누구와 어떤 약속을 한다는 객관적 사실을 표현하기도 한다. 이처럼 '약속한다'는 말은 다의적이며, (2)에서 그것이 당위를 의미한다는 보장이 없는 한 (3)으로 나아가는 과정은 문제가 된다.

〈보기〉

ㄱ. A가 (2)를 당위 판단으로 여기는지 여부는 알 수 없다.
ㄴ. B는 (2)를 사실 판단으로 여기는 반면 C는 (2)를 당위 판단으로 여긴다.
ㄷ. A는 사실 판단에서 당위 판단이 도출될 수 있다고 보지만 C는 그렇지 않다.

① ㄴ　　② ㄷ　　③ ㄱ, ㄴ
④ ㄱ, ㄷ　　⑤ ㄱ, ㄴ, ㄷ

23

다음 글에 대한 분석으로 옳은 것만을 〈보기〉에서 있는 대로 고른 것은?

A는 B가 뒤따라오고 있다는 것을 알면서도 출입문을 세게 닫아 B의 손가락이 절단되는 사건이 발생하였다. A가 B의 손가락을 절단하려 했는지가 밝혀지지 않은 상황에서, 갑, 을, 병은 A를 상해죄로 처벌할 수 있는지에 대해서 대화를 나누고 있다.

갑: B의 손가락이 절단된 결과에 대해서 A를 처벌할 수는 없어. A는 자신의 행위로 인해 B의 손가락이 잘리는 것까지 의도한 것은 아니니까. A가 자신의 행위로 인해 B의 손가락이 잘리는 것까지 의도했을 때만 처벌해야.

을: A에게 B의 손가락을 절단하려는 의도는 없었어. 하지만 A는 어쨌든 자신의 행위가 B의 손가락을 절단할 수도 있다는 것을 몰랐을 리 없어. A는 B의 손가락이 절단된 결과에 대해서 처벌을 받아야 해.

병: A가 자신의 행동으로 인해 B의 손가락이 절단될 수도 있다는 것을 알고 있었다고 인정하지는 못하겠어. 그래도 A는 B의 손가락이 절단된 결과에 대해서 처벌을 받아야 해. 어쨌든 A는 B의 신체에 조금이라도 해를 입힐 의도는 있었으니까.

〈보기〉

ㄱ. 갑과 을은 A의 처벌 여부에 대해서는 다른 의견이나, A의 의도에 대해서는 같은 의견이다.
ㄴ. 을과 병은 A의 처벌 여부에 대해서는 같은 의견이나, A의 인식에 대해서는 다른 의견이다.
ㄷ. 갑의 견해에서 상해죄의 처벌 대상이 되는 행위는 병의 견해에서도 모두 처벌의 대상이 된다.
ㄹ. 을의 견해에서 상해죄의 처벌 대상이 되는 행위는 병의 견해에서도 모두 처벌의 대상이 된다.

① ㄱ, ㄴ ② ㄱ, ㄹ ③ ㄷ, ㄹ
④ ㄱ, ㄴ, ㄷ ⑤ ㄴ, ㄷ, ㄹ

24

다음 글에 대한 분석으로 옳은 것만을 〈보기〉에서 있는 대로 고른 것은?

F국의 박물관에서 보석으로 장식된 여신상을 도난당하였다. 조사 결과 G국의 절도단이 이 여신상을 훔쳐 본국으로 밀반출한 것으로 밝혀졌다. G국 경찰은 절도단을 체포하고 해당 여신상을 압수하였다. G국 정부는 F국 정부의 요청에 따라 여신상을 F국에 반환하려고 하였다. 그런데 G국의 A시가 여신상에 대한 소유권을 주장하며 F국으로 반환하지 말 것을 요청하였다. A시가 제출한 기록에 의하면 해당 여신상은 원래 약 2000년 전에 시민들이 모금하여 제작한 것으로, A시 중앙에 위치한 신전 내에 봉헌되었다. 여신상이 신전에서 언제, 어떻게 없어졌는지 그 경위는 불확실하다. A시는 과거 긴 전쟁, 전후 혼란기 등의 시기에 F국 군인들이 G국의 문화재를 약탈한 사례가 많이 있었기 때문에, 해당 여신상도 같은 경위로 F국으로 반출되었을 것이라고 주장하였다. 이에 관하여 아래와 같은 두 가지 의견이 있다.

갑: A시가 여신상을 소유하고 있었다는 확실한 기록이 있어. 그리고 역사적으로 F국은 G국의 문화재를 탈취해 왔지. 여신상의 적법한 반출 경위를 확인할 수 없다면, 마찬가지로 약탈당한 것으로 봐야 하지 않을까. 비록 해당 여신상이 불법적인 방법에 의해 G국에 반입되었지만, 원래의 정당한 소유자라는 증거가 있는 A시에 돌려주는 것이 옳은 것 같아.

을: 기록을 보면 A시의 신전에 여신상이 안치되어 있던 것은 사실인 것 같아. 하지만 그 사실이 인정된다고 하더라도 해당 여신상의 약탈 여부는 알 수 없잖아. A시가 친선의 목적으로 여신상을 F국 유력자에게 선물하였거나, 매도했을 수도 있지. 그런 합법적 경로를 통하여 F국으로 반출되었을 가능성도 분명히 있기 때문에, 불법적인 방법으로 여신상을 G국으로 가져오는 것은 문제가 있어. 여신상은 F국에 돌려주는 것이 맞아.

〈보기〉

ㄱ. '여신상이 G국에서 F국으로 불법적으로 반출되었을 가능성이 매우 높더라도 G국은 밀반입된 여신상을 F국에 돌려주어야 한다'는 견해에 갑은 동의하지 않지만, 을은 동의한다.
ㄴ. 'A시가 여신상을 반환받기 위하여, 해당 여신상이 F국으로 불법적으로 반출되었다는 것이 먼저 증명되어야 한다'는 견해에 갑은 동의하지 않지만, 을은 동의한다.
ㄷ. '여신상을 A시로 반환할지의 여부를 결정하기 위한 전제로서 A시의 신전이 그 여신상을 소유하였다는 사실이 인정되어야 한다'는 견해에는 갑, 을 모두 동의한다.

① ㄱ ② ㄴ ③ ㄱ, ㄷ
④ ㄴ, ㄷ ⑤ ㄱ, ㄴ, ㄷ

25

2019학년도 LEET 문10

다음 글에 대한 분석으로 옳은 것만을 〈보기〉에서 있는 대로 고른 것은?

> A국 형법에는 높은 것부터 사형, 국적박탈형, 채찍형, 회초리형으로 4등급의 주된 형벌이 있다. 그리고 범죄에 따라 주된 형벌에 문신형을 부가할 수 있다. A국에서 장애인 갑이 쌀을 훔치다 현장에서 체포되어 법정에 섰다.
>
> 검사: 형법에는 타인의 물건을 훔친 자를 채찍형에 처하고 문신형을 부가하도록 하고 있습니다. 이에 따라 갑을 채찍형과 문신형으로 처벌함이 마땅하나, '장애인이 국적박탈형 이하를 받게 되는 경우에는 사회봉사로 대체한다'는 규정이 있습니다. 따라서 장애인 갑은 사회봉사를 하게 하고 문신형을 부가해야 합니다.
>
> 변호인: 이의 있습니다! 왜 문신형은 사회봉사로 대체하지 않습니까? 문신형이 국적박탈형 이하인지 아닌지를 정한 규정이 없으니, ⊙'의심스러울 때에는 가볍게 처벌한다'는 원칙을 이 경우에 적용해야 합니다.
>
> 검사: 갑은 타인의 물건을 훔친 것이 명백합니다. 의심스러울 때에 가볍게 처벌한다는 원칙을 이 경우에까지 적용할 수 있나요? 변호인의 주장은 억지입니다.
>
> 판사: 선고하겠습니다. "법률에 관련 규정이 없으면, 국민의 고통을 줄이는 방향으로 형벌을 부과하는 것이 헌법의 원칙에 합치한다. 따라서 문신형도 사회봉사로 대체한다."

〈보기〉

ㄱ. 만약 증거물이나 알리바이 등 범죄 성립 여부와 관련된 사항에만 ⊙을 적용하여야 한다는 주장이 옳다면 이는 검사의 견해를 강화한다.

ㄴ. A국 형법에 '범죄행위시점과 형벌부과시점 사이에 장애의 유무로 형벌의 변경이 있는 경우에는 그 중 범죄자에게 가장 유리한 것을 부과한다'고 규정하고 있는 경우, 갑이 선고 전 수술을 통해 그 장애가 없어졌더라도, 판사의 결론은 같을 것이다.

ㄷ. 만약 A국 형법에 '손아랫사람이 손위 어른을 대상으로 행한 친족 간의 범죄는 친족관계가 없는 자를 대상으로 행한 범죄에 비해 주된 형벌에 1등급을 높인다'고 규정하고 있고 갑이 훔친 쌀이 큰아버지의 것이라면, 문신형에 관한 검사의 주장과 판사의 결론 중 적어도 하나는 달라질 것이다.

① ㄱ ② ㄷ ③ ㄱ, ㄴ
④ ㄴ, ㄷ ⑤ ㄱ, ㄴ, ㄷ

26

2019학년도 LEET 문24

이론 A~C에 대한 분석으로 옳은 것은?

> A: 범죄를 저지르는 사람은 주류 사회가 받아들이지 않는 일련의 기준을 따르는 사람이다. 인간의 다른 모든 행동과 마찬가지로 범죄도 학습된다. 그래서 범죄에 친화적인 생각, 태도, 행동을 학습하여 그러한 행동을 하게 된다고 봐야 한다. 물론 범죄에 부정적인 생각, 태도, 행동도 학습되며, 이는 주류 사회의 일반적 규범을 내면화하는 것이다. 하지만 이보다 범죄에 친화적인 생각, 태도, 행동을 더 많이 접촉하고 학습하면 범죄를 저지르게 된다. 따라서 어떤 규범을 얼마나 내면화했는가가 행동을 결정한다. 결국 인간은 자신이 사회화한 문화의 가치와 규범에 따라 행동하기 마련이다.
>
> B: 모든 인간은 사회의 구성원으로서 사회화 과정을 통해 그 사회의 공통 규범을 공유한다. 하지만 개인에 따라 규범을 사회화하는 정도는 차이가 있기 때문에 도덕성의 정도가 사람에 따라 다를 수 있다. 그리고 규범의 사회화 정도는 사회에 대한 개인의 유대 정도와 깊은 관계가 있다. 사회에 대한 유대가 약한 사람들은 규범을 어기는 행위를 비교적 자유롭게 하게 된다. 따라서 범죄의 원인은 사회 유대의 결여 내지는 약화이다.
>
> C: 인간은 사회의 공통 규범을 따르며 사회가 규정하는 가치를 추구하려고 한다. 하지만 규범에 순응해서는 이러한 가치 추구의 정당한 욕망이 충족될 수 없을 때, 범죄를 저지르게 된다. 누구나 성공을 욕망하지만 모든 사람이 성공하는 것은 아니다. 사회에는 엄연히 불평등 구조가 존재하기 때문이다. 어떤 사람들은 규범에 순응하면서도 성공을 하지만, 많은 사람들은 합법적인 방법으로는 목표를 달성하지 못한다. 이는 내적 긴장 상황을 야기하고 이로 인한 좌절과 절박함은 사람들로 하여금 규범을 어겨서라도 목표를 달성하려고 하게 만든다.

① A는 인간 본성이 어떤지에 대한 가정을 하지만, C는 그러한 가정을 하지 않는다.
② B는 사회 구성원들이 사회의 공통 규범을 내면화한다고 가정하지만, C는 그렇지 않다.
③ B는 범죄를 저지르게 하는 외부적 동기나 압력을 중시하지만, A와 C는 그렇지 않다.
④ B는 개인에 따라 규범을 내면화하는 정도에 차이가 있다고 가정하지만, A는 그렇지 않다.
⑤ A는 한 사회에서 서로 다른 문화가 갈등한다고 가정하지만, B는 서로 갈등하는 다른 문화의 존재를 고려하지 않는다.

27

2020학년도 LEET 문1

〈견해〉에 대한 분석으로 옳은 것만을 〈보기〉에서 있는 대로 고른 것은?

〈사례〉
X국에서 다음의 사건이 발생하였다. 甲은 자신을 놀린 乙에게 복수하기로 하였다. 甲의 부탁을 받은 丙은 乙을 때려 상해를 입혔다. X국 법률에는 "사람의 신체를 상해한 자는 5년 이하의 징역에 처한다"고 상해죄가 규정되어 있다. 丙이 상해죄로 처벌되는 것 이외에 甲도 상해죄로 처벌할 수 있는지에 대해서 다음과 같은 견해가 있다.

〈견해〉
A: 甲이 乙에 대한 상해를 유발했다고 甲을 상해죄로 처벌해서는 안 돼. 甲이 직접 乙을 상해한 것은 아니잖아. 丙이 甲의 부탁을 거절할 수 없는 상황이었어야만 甲을 상해죄로 처벌할 수 있어.
B: 甲이 乙에 대한 상해를 유발했다는 사실만으로는 甲을 상해죄로 처벌할 수는 없어. 하지만 丙을 상해죄의 범죄자로 만들었으니까 甲을 처벌해야지. 甲의 부탁이 없었다면 丙은 상해죄의 범죄자가 되지 않았을 거야. 상해를 유발한 것보다 타인을 범죄자로 만든 것이 더 중한 범죄잖아.
C: 丙을 상해죄의 범죄자로 만들었다는 이유로는 甲을 처벌할 수 없어. 타인을 범죄자로 만든 것을 처벌하는 법이 없기 때문이야. 그렇지만 甲을 상해죄로는 처벌해야 해. 왜냐하면 상해죄의 법규정이 상해 행위를 직접 하는 경우로 한정하고 있지 않기 때문이야.

〈보기〉
ㄱ. A와 C는 타인을 이용하여 상해를 유발한 자가 처벌을 받는 경우에 직접 폭력을 행사하여 상해를 입힌 자와 같은 죄목의 범죄로 처벌받을 수 있다고 본다.
ㄴ. 甲이 丙에게 부탁을 하였고 丙이 甲의 부탁을 거절할 수 있는 상황임에도 불구하고 丙이 乙에게 상해를 입힌 경우, A와 C는 甲을 상해죄로 처벌할 수 있는지 여부에 대해 견해가 일치하지 않는다.
ㄷ. A, B, C는 모두 甲이 처벌받지 않을 수 있음을 인정한다.

① ㄱ ② ㄷ ③ ㄱ, ㄴ
④ ㄴ, ㄷ ⑤ ㄱ, ㄴ, ㄷ

28

2020학년도 LEET 문24

다음 글에 대한 분석으로 옳은 것만을 〈보기〉에서 있는 대로 고른 것은?

A: 자기기만이란 문자 그대로 자기 자신을 속이는 행위이다. 그것은 타인을 속이는 행위와 동일한 방식으로 이해된다. 甲이 乙로 하여금 무언가를 사실로 믿도록 속인다는 것은 甲이 의도를 갖고서 자신은 그 무언가가 사실이 아니라고 믿으면서 乙이 그것을 사실로 믿도록 하는 것이다. 이 결과 甲이 자신의 믿음을 유지하면서 乙이 그 무언가가 사실이라고 믿으면 甲이 乙을 속이는 데 성공한 것이다. 자기기만을 이와 같은 방식으로 이해한다는 것은 '乙'의 자리에 단순히 '甲'을 대입하여 甲이 甲을 속이는 것과 같은 것으로 이해한다는 것이다. 자기기만에 의해 자기 자신을 속이는 것은 실제로 성공 가능하며 따라서 적어도 일부의 사람들은 자기기만에 의해 형성된 믿음들을 가지고 있다.
B: 자기기만이란 선택적이고 편향적인 정보 수집에 의한 믿음 형성이다. 가령 다음과 같은 사례가 자기기만의 전형적인 사례이다. 대부분의 엄마들은 자신의 아이가 머리가 좋다고 생각하는데, 이는 엄마들은 대부분 아이가 머리가 좋기를 희망하기 때문이다. 이 희망에 이끌려 자신도 모르게 아이가 머리가 좋다는 것을 보여 주는 일부 정보들에만 편향적으로 주의를 집중하게 된다. 즉 아이의 지적 우수성을 보여 주는 정보들만 아이 엄마에게 주어지는 것과 같은 일이 의도치 않게 벌어진다. 그리고 그 결과 자연스럽게 아이의 지적 능력에 관해 편향적인 믿음, 즉 자신의 아이가 머리가 좋다는 믿음을 형성하게 된다.
C: 사람은 때로 거짓된 믿음을 가질 수 있다. 예를 들어 대부분의 사람들은 지구가 둥글다고 믿겠지만, 어떤 사람들은 지구가 둥글지 않다고 믿는다. 하지만 그 누구도 지구가 둥글다고 믿으면서 동시에 둥글지 않다고 믿을 수는 없다. 모순된 믿음을 가지는 것은 불가능한 일이기 때문이다.

〈보기〉
ㄱ. C는 A와 양립 불가능하지만 B와는 양립 가능하다.
ㄴ. 자기 자신의 지적 능력이 남들보다 뛰어나다고 자기기만하는 사람의 사례는 B로는 설명 가능하지만 A로는 그렇지 않다.
ㄷ. 진술 "甲이 乙을 속이려고 할 때, 乙을 속이려는 甲의 의도가 만일 乙에게 알려진다면 乙은 甲에게 속지 않을 것이다"와 "자신의 의도를 자신이 모를 수 없다"가 참이라면, A는 약화된다.

① ㄱ ② ㄴ ③ ㄱ, ㄷ
④ ㄴ, ㄷ ⑤ ㄱ, ㄴ, ㄷ

29

> X국과 Y국은 채권자나 채무자의 신청으로 법원의 선고를 받아 파산할 수 있는 제도를 운영하고 있다.
>
> X국: 개인이 빌린 돈을 갚지 못하는 경우, 파산하여 파산 당시에 가진 재산 모두를 채권자들에게 분배하면 남은 빚은 전부 탕감받는다. 법원은 파산한 자가 지급능력이 있음에도 일부러 돈을 갚지 않는 악의적인 경우를 제외하고 빚 탕감을 허가해준다. 파산하여 빚을 탕감받은 자는 국민으로서 일상생활에서 누릴 수 있는 자유와 권리를 전혀 제한받지 않는다.
>
> Y국: 개인이 빌린 돈을 갚지 못하는 경우, 파산하여 파산 당시에 가진 재산 모두를 채권자들에게 분배하지만, 채권자의 허락이 없으면 그 채권자에 대해서는 남은 빚을 탕감받지 못한다. 채권자는 자신이 빌려준 돈을 전부 받을 때까지 파산 후 취득한 재산에 대해 제한 없이 권리를 행사할 수 있다. 파산한 자는 일정 기간 구금되고 빚을 다 갚을 때까지 선거권이 박탈되며 파산 사실이 외부에 공개된다.

① 채권자들이 파산한 채무자에 대하여 빚을 갚도록 독촉하고 관련 소송이 끊임없이 이어질 것을 우려하는 사람은 X국 제도를 지지할 것이다.

② 개인은 스스로 결정하고 책임지는 이성적 존재이므로 무절제한 소비행위를 한 자를 국가가 나서서 도와줄 필요가 없다고 생각하는 사람은 X국 제도를 반대할 것이다.

③ 채권자가 자기 채권을 우선적으로 회수하기 위하여 파산 신청을 협박의 수단으로 사용할 수 있다고 우려하는 사람은 Y국 제도를 지지할 것이다.

④ 파산위기에 처한 자가 기존의 빚을 갚기 위하여 또 다른 빚을 지는 등 계속 채권·채무관계를 형성할 것을 우려하는 사람은 Y국 제도를 반대할 것이다.

⑤ 파산 후의 채권·채무관계를 채권자의 의사에 좌우될 수 있게 한 결과, 가공의 채권자가 등장하는 등 사회적 혼란이 일어날 것을 우려하는 사람은 Y국 제도를 반대할 것이다.

30

> 갑은 오늘 고속도로에서 과속 운전을 할 계획이다. 이런 계획을 좌절시킬 어떠한 환경적 요인도 없고 갑의 결심도 확고하다. 또한 갑은 한 번 마음을 먹으면 절대로 마음을 되돌리지 않는다. ㉠이 모든 것을 알고 있는 경찰은 갑이 오늘 고속도로에서 과속할 것이라는 것을 알고 있다. 갑은 실제로 고속도로에서 과속 운전을 하였다. 이런 경우에 갑이 고속도로에 진입하기 전에 경찰이 미리 과속 벌금을 부과하는 것이 정당한가? 즉, 아직 벌어지지 않은 일에 대해서 그것이 벌어질 것을 안다고 해서 사전 처벌하는 것이 정당한가?
>
> A: 처벌의 의의는 어떤 사람에 의해서 잘못이 행해진다면 그에 상응하는 해를 그 사람에게 입혀 그 균형을 맞추는 데에 있다. 잘못이 행해진다는 것이 알려진 한, 처벌의 시점은 전혀 중요하지 않다. TV를 구입할 때 그 비용을 TV를 인수하기 전에 지불하든 후에 지불하든 상관이 없는 것과 같은 이치이다. 경찰이 사전에 벌금을 부과하든 부과하지 않든 갑은 과속을 할 것이 틀림없고 경찰은 그것을 알고 있다. 그렇기 때문에 그에 대한 균형을 맞추기 위한 경찰의 사전 처벌은 정당화될 수 있다.
>
> B: 무고한 사람을 처벌하는 것은 어떤 경우에도 정당화될 수 없다. 갑의 결심이 확고하다고 해도 마지막 순간에 마음을 고쳐먹어 과속을 하지 않을 능력이 그에게 있다는 것을 부정할 수 없다. 갑이 그런 능력을 가지고 있는 한, 과속을 하기 전의 갑은 엄연히 무고한 사람이다. 따라서 갑에 대한 사전 처벌은 정당화될 수 없다.

〈보기〉

ㄱ. ㉠이 거짓이라면, A의 결론은 따라 나오지 않는다.

ㄴ. 행위자가 어떤 행위를 하느냐 마느냐를 결정할 능력이 있다면, 그가 그 행위를 할지에 대해서 타인이 미리 아는 것이 불가능하다는 견해가 있다. 이런 견해가 옳다면, B는 ㉠과 양립 불가능하다.

ㄷ. 테러리스트가 시민들을 죽음으로 몰아넣을 공격을 준비하고 있고, 경찰은 이 테러리스트를 그대로 두면 이 공격이 성공할 것이라는 사실을 알고 있다. 이에 경찰은 그 테러리스트를 가두고 그 공격으로 발생할 수 있는 피해에 상응하는 처벌을 미리 내려 테러 공격을 막는 데 성공한다. A에 따르면, 이 경우에도 사전 처벌은 정당화될 수 있다.

① ㄱ ② ㄷ ③ ㄱ, ㄴ
④ ㄴ, ㄷ ⑤ ㄱ, ㄴ, ㄷ

31
2021학년도 LEET 문14

다음 글에 대한 분석으로 옳은 것만을 〈보기〉에서 있는 대로 고른 것은?

〈이론〉
행위가 어떤 사람에게 '손해를 준다'는 것은, 만약 그 행위가 일어나지 않는다면 그 사람이 더 나은 상태에 있게 된다는 것이다. 행위가 어떤 사람에게 '이익을 준다'는 것은, 만약 그 행위가 일어나지 않는다면 그 사람이 더 못한 상태에 있게 된다는 것이다.

〈이론〉을 두고 다음과 같이 갑과 을이 논쟁하였다.

갑1: 친구에게 아무 이유 없이 5만 원을 줄 수 있었지만, 나는 그렇게 하지 않았어. 그렇게 했다면 친구는 더 나은 상태에 있었겠지. 〈이론〉에 따르면 나는 친구에게 손해를 주는 행위를 한 거야. 하지만 이는 불합리해.

을1: 〈이론〉은 그런 함축을 갖지 않아. '친구에게 5만 원을 주지 않는 것'과 같이 아무것도 하지 않고 가만히 있는 것은 행위라고 볼 수 없기 때문이야.

갑2: 〈이론〉의 '행위'를 그런 식으로 제한하는 것은 또 다른 불합리한 귀결을 낳게 돼. 어떤 사람이 아이가 물에 빠져 허우적대는 걸 보게 됐고 그 사람은 아이를 구조할 능력이 있었다고 해봐. 그 사람은 아이를 구조하지 않았고 아이는 물에 빠져 죽게 되었어. 아이를 구조하지 않은 것은 명백하게 아이에게 손해를 준 것이지.

을2: 하지만 이 경우는 달라. 그 사람이 아이를 구조하지 않은 것은 의도적으로 구조를 회피하고자 한 결심의 결과로 일어난 하나의 사건이야. 그렇다면 아이를 구조하지 않은 것은 하나의 행위로 보아야 해.

갑3: 그렇다면 이런 경우는? A가 B에게 줄 선물을 샀다고 해봐. 그런데 A는 그 선물에 대한 욕심이 생겨서 자신이 그것을 갖기로 결심하고 B에게 선물을 주지 않았어. 이 경우에 선물을 주지 않은 것은 의도적인 결심의 결과이지만, A가 B에게 손해를 준 것은 아니잖아.

〈보기〉
ㄱ. 〈이론〉에 대한 갑1의 해석에 따를 때, 내가 친구를 때려서 코를 부러뜨릴 수 있었지만 그렇게 하지 않았다면, 내가 친구를 때리지 않은 것은 친구에게 이익을 준 것이다.
ㄴ. 갑2와 을2는 아이를 구하지 않은 것이 아이에게 손해를 준 것인지 여부에 대해 판단을 달리 한다.
ㄷ. 을이 갑3에 대한 대답으로 'A가 B에게 선물을 주지 않은 것은 B에게 손해를 준 것이 맞다'고 주장한다면, 이는 을의 입장을 비일관적으로 만들 것이다.

① ㄱ   ② ㄴ   ③ ㄱ, ㄷ
④ ㄴ, ㄷ   ⑤ ㄱ, ㄴ, ㄷ

32
2021학년도 LEET 문17

다음 글에 대한 분석으로 옳은 것만을 〈보기〉에서 있는 대로 고른 것은?

A: 내가 불충분한 증거에 근거해서 믿음을 갖게 된다면, 그 믿음 자체로는 큰 해가 되지 않을지도 모른다. 그 믿음이 궁극적으로 사실일 수도 있고, 결코 외부적인 행동으로 나타나지 않을지도 모른다. 그러나 나 자신을 쉽게 믿는 자로 만드는, 인류를 향한 범죄를 저지르는 것은 피할 수 없다. 한 사회가 잘못된 믿음을 가졌다는 것 자체도 큰 문제이나, 더 큰 문제는 사회가 속기 쉬운 상태가 되고, 증거들을 검토하고 자세히 조사하는 습관을 잃어서 야만의 상태로 돌아간다는 것이다. ㉠불충분한 증거에서 어떤 것을 믿는 것은 언제나 어디서나 누구에게나 옳지 않다.
— 윌리엄 클리포드, 『믿음의 윤리학』 —

B: "진리를 믿어라!", "오류를 피하라!" 이는 인식자에게 가장 중요한 명령입니다. 그러나 이 둘은 별개의 법칙입니다. 그리고 이들 사이에서 어떤 선택을 하느냐에 따라서 우리의 지적인 삶 전체가 달라질 수 있습니다. 진리의 추구를 가장 중요한 것으로 여기고 오류를 피하는 것을 부차적인 것으로 여길 수도 있고, 반대로 오류를 피하는 것을 가장 중대한 것으로 보고 진리를 얻는 것을 부차적인 것으로 여길 수도 있습니다. 클리포드는 우리에게 후자를 선택하도록 권고하고 있습니다. 그는 불충분한 증거에 기초해서 거짓을 믿게 되는 끔찍한 위험을 초래하기보다는, 아무것도 믿지 말고 마음을 보류 상태에 두라고 말하고 있는 것입니다. 나 자신은 클리포드 편을 들지 못할 것 같습니다. 어떤 경우든 우리가 잊지 말아야 할 것은, 진리 또는 오류에 관련된 의무에 대해서 우리가 갖고 있는 이런 태도는 증거에 기초한 것이 아니라 정념에 기초한 것이라는 점입니다. "거짓을 믿기보다는 영원히 믿지 않는 편이 낫다!"라고 말하는 클리포드 같은 사람은 순진하게 속는 것에 대한 두려움을 표현하고 있을 뿐입니다.
— 윌리엄 제임스, 『믿음에의 의지』 —

〈보기〉
ㄱ. A는 A의 결론대로 행하지 않을 경우에 발생하게 될 바람직하지 않은 결과를 지적함으로써 그 결론을 뒷받침하고 있다.
ㄴ. B에 따르면, ㉠에 대한 클리포드의 믿음은 충분한 증거에 기초하고 있지 않다.
ㄷ. B의 논증은 '충분한 증거에 기초한 믿음이라도 오류일 수 있다'는 전제를 필요로 한다.

① ㄱ   ② ㄷ   ③ ㄱ, ㄴ
④ ㄴ, ㄷ   ⑤ ㄱ, ㄴ, ㄷ

33. 정답: ② ㄴ

34. 정답: ② ㄴ

35

2022학년도 LEET 문2

다음으로부터 〈견해〉를 분석한 것으로 옳은 것만을 〈보기〉에서 있는 대로 고른 것은?

> 특정한 사안에 적용할 법을 획득하는 방법에는 '법의 발견'과 '법의 형성'이 있다. 전자는 '법률 문언(文言)의 가능한 의미' 안에서 법률로부터 해당 사안에 적용할 법을 발견하는 작업인 반면에, 후자는 해당 사안에 적용할 법적 기준이 존재하지 않는 법률의 흠결을 '법률 문언의 가능한 의미'의 제한을 받지 않는 법적 판단을 통하여 보충하는 작업이다. 후자는 법률 문언에 반하지만 법률의 목적을 실현하기 위한 법 획득 방법이다. 양자의 차이는 적극적 후보, 중립적 후보, 소극적 후보라는 개념으로 설명할 수 있다. 적극적 후보란 어느 단어가 명백히 적용될 수 있는 대상을 말하고, 소극적 후보란 어느 단어가 명백히 적용될 수 없는 대상을 말하며, 중립적 후보란 앞의 둘에 속하지 않는 대상을 말한다. '법의 발견' 중 하나인 '축소해석'은 법률 문언의 적용범위를 중립적 후보에서 적극적 후보로 좁히는 것인 반면에, '법의 형성' 중 하나인 '목적론적 축소'는 그 경계가 확실한 '법률 문언의 가능한 의미'에 포함되는 어느 적극적 후보를 해당 법률의 목적에 따라 소극적 후보로 만들어 그 적용범위에서 제외하는 것이다.
>
> 〈견해〉
> X국에서 '차'는 동력장치가 있는 이동수단을 의미하고, 승용차, 버스 등이 그에 해당하는데, 동력장치가 있는 자전거가 그에 해당하는지는 명확하지 않다. '차'라는 법률 문언의 적용범위에 대해 다음과 같이 견해가 나뉜다.
> 갑: '차'라는 법률 문언의 적용범위에는 동력장치가 없는 자전거도 포함된다.
> 을: '차'라는 법률 문언의 적용범위에는 승용차만 포함되고 버스는 포함되지 않는다.
> 병: '차'라는 법률 문언의 적용범위에는 동력장치가 있는 자전거가 포함되지 않는다.

〈보기〉
ㄱ. 갑의 견해는 법률 문언에 반하여 법률의 목적을 실현할 필요가 있어야 정당화되고, 을의 견해는 그렇지 않더라도 정당화된다.
ㄴ. 병의 견해는 동력장치가 있는 자전거를 중립적 후보에서 소극적 후보로 만들어 법을 형성하고자 한 것이다.
ㄷ. 주차공간을 확보하기 위하여 집 앞에 설치하는 '주차금지' 팻말의 '차'의 적용범위에서 자기 소유의 승용차를 제외하는 것은, 을이 법을 획득하기 위하여 사용한 방법과 같다.

① ㄴ
② ㄷ
③ ㄱ, ㄴ
④ ㄱ, ㄷ
⑤ ㄱ, ㄴ, ㄷ

36

2022학년도 LEET 문21

다음 글에 대한 분석으로 옳은 것만을 〈보기〉에서 있는 대로 고른 것은?

> 일상에서 역사적 인물의 이름인 '나폴레옹'을 사용할 때, 이 이름은 실존 인물 나폴레옹을 지칭한다. 그런데 나폴레옹이 등장인물로 나오는 소설『전쟁과 평화』와 같은 허구 작품에서 사용된 이름 '나폴레옹' 역시 실존 인물 나폴레옹을 지칭하는가? 우리는 그렇다는 자연스러운 직관을 갖는다.
>
> 하지만 나폴레옹이 아메리카노로 등장하여, 커피 친구들과 모험을 하는 극단적인 허구 작품을 상상해 보자. 여기에 등장하는 나폴레옹은 실존 인물 나폴레옹과 전혀 유사하지 않으므로 이 작품에서 사용되는 '나폴레옹'은 단지 허구 속에 나타나는 등장인물을 지칭하는 것이지, 실존 인물을 지칭하는 것은 아니라고 결론 내릴 수 있다.
>
> 이처럼 적어도 어떤 허구 작품들에서 사용되는 '나폴레옹'은 실존 인물을 지칭하지 않는다는 주장을 받아들인다면, 우리는 다음 둘 중 하나를 받아들여야 한다.
>
> (1) 어떤 허구 작품들에서 사용되는 '나폴레옹'은 실존 인물을 지칭하지 않지만, 어떤 다른 허구 작품들에서 사용되는 '나폴레옹'은 실존 인물을 지칭한다.
> (2) 모든 허구 작품들에서 사용되는 '나폴레옹'은 실존 인물을 지칭하지 않는다.
>
> 여기에서 이론의 단순성과 통일성을 고려한다면 (2)의 견해에 어떤 심각한 문제점이 나타나지 않는 이상 우리는 (1) 대신 (2)를 취해야만 할 것이다.『전쟁과 평화』에서 사용되는 '나폴레옹'이 실존 인물 나폴레옹을 지칭한다는 직관이 (2)와 상충하여 문제된다고 생각할 수 있겠지만, 이는 다음과 같이 설명할 수 있다.『전쟁과 평화』에서 사용되는 '나폴레옹' 역시 허구 속의 등장인물 나폴레옹을 지칭하며, 이 허구 속의 등장인물 나폴레옹이 실존 인물 나폴레옹과 유사한 특징을 가졌기에, 우리는 그 이름이 실존 인물을 지칭하는 것이라는 잘못된 직관을 갖는 것이다.

〈보기〉
ㄱ. 이 글에 따르면, 만일 누군가의 글 속에서 사용된 어떤 이름 'N'이 실존 인물을 지칭하는 경우, 그 글은 허구 작품이 아니다.
ㄴ. 만일 모든 허구 작품들에서 사용되는 '나폴레옹'이 실존 인물을 지칭한다는 견해에 어떤 문제점도 없다면, 이 글의 논증은 약화된다.
ㄷ. 이 글의 논증은, "허구 작품에서 사용되는 등장인물의 이름이 실존 인물을 지칭하지 않는다면, 그 등장인물과 실존 인물은 어떤 유사성도 갖지 않는다."가 참이라 가정하고 있다.

① ㄱ
② ㄷ
③ ㄱ, ㄴ
④ ㄴ, ㄷ
⑤ ㄱ, ㄴ, ㄷ

37

〈상황〉에 대한 분석으로 옳은 것만을 〈보기〉에서 있는 대로 고른 것은?

정부는 소위 '부드러운 간섭'을 사용함으로써 사람들이 최선의 이익이 되는 선택을 할 가능성을 높일 수 있다. 부드러운 간섭이란 정책 설계자가 선택지를 줄이거나 행위를 직접 금지 또는 허용하지 않고, 선택지가 제시되는 순서나 배치만을 변경함으로써 사람들의 결정에 영향을 끼치는 것을 말한다. 그런데 부드러운 간섭 정책은 사람들의 비합리성을 이용하는 것이므로 개인의 합리성을 존중하지 못한다는 비판이 존재한다. 이 비판은 주로 ㉠ 합리성을 '이상적 합리성'으로 이해하는 견해에 토대를 두고 있다. 이 관점에서 개인이 합리성을 발현한다는 것은 최선의 이익을 가져다주는 항목이나 우선순위를 찾아 주는 최선의 절차를 발견하고 이에 따르는 것이다. 그런데 사람들은 가능한 선택지 중에서 부주의한 습관에 따르거나 눈에 잘 띄는 것을 고르는 등, 비합리적 성향에 따라 자신의 이익과 관련된 결정을 수행하기도 한다. 이때 공동체 구성원의 이익을 위해 부드러운 간섭을 수행하는 정부는 이와 같은 인간의 비합리적 성향에 맞추어 선택지의 설계를 조정함으로써 구성원이 최선의 이익이 되는 선택을 하도록 유인한다. 최선의 이익을 성취하는 이런 과정에서 정부는 구성원을 비합리적인 존재로 취급하게 된다.

그러나 ㉡ 합리성을 '환경적 합리성'으로 바라보는 견해는 부드러운 간섭을 보다 관용적으로 평가한다. 이 견해는 어떤 결정이 합리적 결정이 되는지 여부를 저마다의 상이한 여건에 따라 상대적으로 고려한다. 사람들은 정보의 제약, 긴급한 사정과 같은 이상적 결정을 내릴 수 없는 저마다의 환경에 처해 있지만, 이와 같은 환경적 제약에 의한 이상적이지 않은 결정도 충분히 합리적이라고 평가할 수 있다. 정부의 부드러운 간섭이 선택 과정에서의 불리한 환경적 제약을 극복하려는 범위에서 이루어지는 한, 이는 구성원의 합리적 선택을 방해하는 것이 아니다.

〈상황〉

선택지 x, y, z가 있고 최선의 이익에 가까운 순서는 x-y-z이다.

〈보기〉

ㄱ. ㉡에 따르면, z를 선택하는 행위도 합리적일 수 있다.
ㄴ. ㉠에 따르면, 어떤 사람이 부드러운 간섭 때문에 y를 선택한다면 그 사람은 자신의 비합리적 성향에 따라 결정한 것이다.
ㄷ. ㉠에 따르면, 어떤 사람이 최선의 이익에 가까운 순서를 y-z-x라고 판단하는 경우, x-y-z의 순서로 선택하도록 조장하는 부드러운 간섭은 그 사람의 합리성을 존중하고 있는 것이다.

① ㄱ ② ㄷ ③ ㄱ, ㄴ
④ ㄴ, ㄷ ⑤ ㄱ, ㄴ, ㄷ

38

다음 글에 대한 분석으로 가장 적절한 것은?

즐거움에 대한 이론 A에 따르면, 즐거움이란 우리가 좋아하는 어떤 느낌, 즉 쾌감 자체이고, 고통이란 우리가 싫어하는 불쾌한 느낌이다. 한편, 이론 B에 따르면, 즐거움은 우리가 느끼는 쾌감과 상관이 없으며, 주체의 능력과 제반 조건이 그 능력이 발휘되는 대상과 서로 잘 맞을 때 생겨난다. 즉, 즐겁게 행위한다는 것은 주체가 좋은 조건에서 자기 능력에 걸맞은 일을 탁월하게 하는 것을 말한다. 반면, 고통은 주체의 능력과 조건이 능력 발휘의 대상과 서로 잘 맞지 않을 때 생겨난다. A는 즐거움과 고통에 동반되는 느낌에 호소한다는 점에서 직관적인 설득력을 지닌다. 하지만 B는 즐거움이나 고통은 느낌이 아니라 즐겁거나 고통스러운 활동을 특징짓는 적합성에 의해 설명되어야 한다고 주장한다. 최근 한 인터뷰에서 수학계의 오랜 난제를 해결한 탁월한 수학자 갑, 을, 병은 수학의 즐거움에 관해 다음과 같이 말했다.

갑: 저는 이 해묵은 난제를 풀기 위해 오랫동안 준비해 왔습니다. 계획적으로 집중력을 기울여 매진했지요. 물론 숱한 어려움이 있었고 좌절도 있었죠. 때로는 고통스러웠어요. 하지만 자신을 믿고서 그 문제를 해결하는 과정은 정말 즐거운 경험이었습니다.

을: 다년간의 집중적인 노력으로 결국 이 난제를 풀었습니다. 그 순간 짜릿하긴 했지요. 정말 고생했으니까요. 그러나 순간의 쾌감보다 갈피를 잡지 못하는 동안의 고통이 더 크게 느껴졌습니다. 차라리 저는 집중력이 필요 없는 쉬운 문제를 여럿 해결할 때 더 큰 쾌감을 느낍니다.

병: 수학이 즐겁냐고요? 공부가 좋아서 하는 학생이 없듯이, 저에게 수학은 그저 업일 따름입니다. 특히 어려운 문제로 고민할 때는 고통스러웠죠. 의무감으로 열심히 하다 보니 수학을 잘하게 되었고 결국 집중적인 노력으로 그 난제를 해결할 수 있었습니다.

① A에 따르면, 어려운 문제를 집중하여 풀어낸 경험에서 을과 병은 모두 즐거움을 느끼지 못했다.
② B에 따르면, 을이 쉬운 문제를 풀 때의 즐거움은 갑의 즐거움에 못지않다.
③ A와 B에 따르면, 을이 경험했다고 말하는 고통은 즐거움이다.
④ A와 B에 따르면, 을이 쉬운 문제를 풀어낸 경험은 즐거운 것이다.
⑤ A에 따르면, 병에게 수학은 즐겁지 않지만, B에 따르면, 병에게 수학은 즐거운 작업이다.

39
2023학년도 LEET 문25

다음 글에 대한 분석으로 옳은 것만을 〈보기〉에서 있는 대로 고른 것은?

> 기능주의자에 따르면, 우리는 상식 심리학을 통해 타인에게 심적 상태를 귀속시킴으로써 인간의 마음을 성공적으로 이해해 왔다. 상식 심리학은 '믿음', '욕구' 등의 심적 용어로 이루어지는 이론 체계를 말한다. 우리는 대다수의 운전자가 빨간불에서 차를 세울 것이라고 예측한다. 대다수의 합리적 운전자는 빨간불에서 정지해야 한다고 믿기 때문이다. 따라서 기능주의자에게 심적 상태의 존재는 당연하다.
>
> 그런데 제거주의자는 상식 심리학을 추방해야 한다고 주장한다. 과학적인 설명력과 예측력이 없는 이론은 사라져 왔다. 이때, 이론이 가정하는 존재와 이 존재에 관한 용어는 아예 제거되었다. 일반적으로, 어떤 이론이 옳은지 그른지는 그 이론이 주어진 현상을 성공적으로 예측하느냐에 달려 있다. 그런데 우리는 타인을 얼마나 자주 오해하는가! 화학에서는 연금술이 완전히 실패함으로써 금의 씨앗으로 여겨졌던 현자의 돌의 존재가 부정되었으며 '현자의 돌'이라는 용어도 사라졌다. 마찬가지로 실패한 이론이 전제하는 마음의 존재뿐만 아니라 '믿음'과 '욕구' 같은 심적 용어조차 제거되어야 한다는 것이다.
>
> 도구주의자는 심적 상태의 존재를 가정함으로써 우리의 행동을 예측할 수 있다고 주장한다. 체스 컴퓨터의 비유를 살펴보자. 확실히 컴퓨터는 믿음과 욕구 같은 심적 상태가 없다. 그러나 체스를 두는 컴퓨터에게 "컴퓨터가 퀸을 잡아야 한다고 믿는군"이나 "컴퓨터가 킹을 살리길 원하는군"과 같이 믿음이나 욕구를 귀속시키면 우리는 컴퓨터의 다음 수를 효율적으로 예측할 수 있다. 이와 마찬가지로, 인간에게 심적 상태를 귀속시켜 말한다면 이는 인간의 행동을 예측하는 데 큰 도움이 된다. 그럼에도 도구주의자는 우리가 도구로서 가정하는 심적 상태에 대응하는 마음속 대상은 존재하지 않는다고 생각한다.

〈보기〉

ㄱ. 심적 상태의 존재에 관해 기능주의자와 도구주의자는 서로 다른 견해를 가지지만, 심적 용어의 유용성에 관해서는 견해가 같다.
ㄴ. 제거주의자와 도구주의자 모두 심적 용어의 필요성을 인정한다.
ㄷ. 심적 상태가 존재하지 않는다는 주장을 뒷받침하기 위해 제거주의자와 도구주의자는 같은 이유를 제시한다.

① ㄱ ② ㄴ ③ ㄱ, ㄷ
④ ㄴ, ㄷ ⑤ ㄱ, ㄴ, ㄷ

40
2023학년도 LEET 문26

다음 글에 대한 분석으로 옳은 것만을 〈보기〉에서 있는 대로 고른 것은?

> 투표소 출구조사는 유권자가 아니라 실제 투표자를 조사함으로써 투표 결과 예측의 정확도를 높이는 방법이다. 선거구 안에서 조사 대상 투표구를 어떻게 선정하느냐가 출구조사에서 중요하다. 투표구가 선정되면 해당 투표구에 속한 투표소에서 조사가 이루어진다. 출구조사 방법으로 A, B, C가 있다.
>
> A: 직전 선거에서 해당 선거구의 전체 개표 결과와 각 투표구별 개표 결과를 비교하여, 그 차이가 가장 작은 투표구의 투표소를 대상으로 조사한다.
> B: 직전 선거에서 정당별 투표 결과가 유사한 투표구들을 층위가 있는 몇 개의 집단으로 묶어 구분하고, 각 층의 유권자 비율에 따라 일정 수의 투표구를 무작위로 선정하여, 해당 투표구의 투표소를 대상으로 조사한다.
> C: 투표구를 미리 정하여 그곳에서 투표 시간 내에 조사하는 것이 아니라, 선거구 내 투표구를 모두 순회하면서 조사한다. 한 투표구에서 일정 시간 조사한 후 다음 투표구로 이동하여 일정 시간 조사하는 방식으로 투표구들을 순회하는 것이다. 투표구별 표본 크기는 유권자의 수에 비례하여 결정된다.

〈보기〉

ㄱ. 직전 선거 이후 투표구의 인구 사회적 특성에 심한 변화가 있을 경우, A는 활용하기 어렵다.
ㄴ. B는 유권자의 정치적 성향 측면에서 동일 선거구 내 투표구들은 대체로 동질적일 것이라고 가정하고 있다.
ㄷ. C에는 해당 선거구의 투표구별 직전 선거 득표 자료가 필수적이다.

① ㄱ ② ㄷ ③ ㄱ, ㄴ
④ ㄴ, ㄷ ⑤ ㄱ, ㄴ, ㄷ

41

〈견해〉에 대한 분석으로 옳은 것만을 〈보기〉에서 있는 대로 고른 것은?

우리의 직관에 따르면 살인은 도덕적으로 정당화되지 못하며 살인자에게 도덕적 책임이 있다. 아래 두 상황을 살펴보자.

(상황 1) 은행강도를 계획한 마피아 조직의 책임자 갑이 조직원 을에게 은행 보안담당자를 죽이라고 지시하였다. 을은 갑의 지시에 따라 보안담당자를 저격하여 살해하였다.

(상황 2) 적과 치열한 교전 중 지휘관 병이 부하 정에게 적의 저격수를 사살하라고 지시하였다. 정은 병의 지시에 따라 적의 저격수를 사살하였다.

위 두 상황에서 을과 정의 행위에 대해 도덕적 책임을 평가하는 원리와 관련하여 아래와 같은 두 견해가 있다.

〈견해〉
A: (상황 1)과 (상황 2)는 살인 행위가 발생하였다는 점에서 차이가 없다. 따라서 (상황 1)과 (상황 2)에서 살인에 대한 도덕적 책임을 평가하는 원리가 달라야 할 이유는 없다. 도덕적 책임을 평가하는 원리 P를 "자기방어가 아닌 어떠한 살인도, 살인 명령도, 살인 명령의 수행도 해서는 안 되며 이를 위반한 행위에 대해 도덕적 책임이 있다."라고 하자. (상황 1)의 을과 (상황 2)의 정의 살인에 대해 도덕적 책임을 평가할 때 P를 똑같이 적용할 수 있어야 한다.

B: 전쟁에서의 폭력과 일상생활에서의 폭력은 분명히 다르므로, 일상생활에서 살인에 대한 도덕적 책임을 평가하는 원리와는 다른 특수한 도덕적 원리가 전쟁에서 요구된다. 따라서 (상황 1)의 을과 (상황 2)의 정의 행위에 대한 도덕적 책임을 평가하기 위해서는 적어도 두 가지 원리가 필요하다. 전쟁에서의 살인에 대한 도덕적 책임을 적절히 평가하기 위해서는 일상생활에서 적용되는 도덕적 원리가 아닌 다른 도덕적 원리를 적용할 수 있어야 한다.

〈보기〉
ㄱ. P에 의해 을에게 도덕적 책임이 있지만 정에게 도덕적 책임이 없다는 결론이 도출된다면, A는 약화된다.
ㄴ. A에 따라 (상황 2)에서 P에 의해 정에게 살인에 대한 도덕적 책임이 있다고 주장하기 위해서는 정의 행위가 자기방어에 해당하지 않는 것임을 입증해야 한다.
ㄷ. B에 따르면 을과 정 모두에게 도덕적 책임이 있다는 결론은 도출될 수 없다.

① ㄴ　　② ㄷ　　③ ㄱ, ㄴ
④ ㄱ, ㄷ　　⑤ ㄱ, ㄴ, ㄷ

42

다음 글에 대한 분석으로 적절한 것만을 〈보기〉에서 있는 대로 고른 것은?

선(善), 즉 좋음에는 두 가지 차원이 있다. ㉠일차적 선은 한 존재가 지니는 본질적 완전성을 의미한다. 모든 존재자는 이것을 결여하면 더 이상 그 존재가 아니라는 점에서 이는 본질적인 선이다. 이러한 선은 적극적 의미에서 결여의 부정을 뜻한다. 인간에게 인간성이 없으면 더 이상 인간이 아니다. 인간이 인간으로 존재하는 한, 설사 개인 간의 신체 능력이나 덕성의 차이가 아무리 크다고 한들 그것 때문에 누가 더 인간이라는 진술은 성립하지 않는다.

이차적 선은 인간이라는 존재에 '직립 보행'이라는 우연적인 성질이 속하는 것처럼 어떤 주체와 이에 속하는 부수적 성질 사이의 관계를 의미한다. 이러한 선은 '존재성을 형성하는 선'이 아니라 '존재성에 수반되는 선'이다. 이차적 선은 다시 둘로 나뉜다. ㉡첫 번째 이차적 선은, 어떤 성질이 그 자체로 그것이 속하는 존재의 완전성에 기여하는 적합성을 가리킨다. 건강은 인간에게 일차적 선이 아니라 이차적 선이다. 아픈 인간도 여전히 인간이기 때문이다. 그리고 건강이 인간에게 좋다면, 건강은 그 자체로 인간에게 좋은 성질이다. ㉢두 번째 이차적 선은, 어떤 성질이 어떤 존재에 속했을 때 그 존재에게서 발견되는 선함을 가리킨다. 이러한 의미의 선은 세부 성질 자체가 아닌, 한 존재가 가지는 좋음이다. 어떤 음식이 맛있다고 한다면, 염도, 산도, 식감 등이 잘 어울릴 때 그 음식이 맛있는 것이다. 여러 요소 중 하나만 떼어 맛있다고 하기는 어렵다.

〈보기〉
ㄱ. 악이 선의 결여라면, 악은 ㉠이다.
ㄴ. "어떤 대상이 아름답다면, 아름다움은 그 대상이 가지는 크기, 형태, 색채 등의 조화로운 총체이다."라는 말에서 아름다움은 ㉢이다.
ㄷ. 어떤 것이 누구에게 언제나 좋으면 ㉠이고, 그렇지 않으면 ㉡ 또는 ㉢이다.

① ㄱ　　② ㄴ　　③ ㄱ, ㄷ
④ ㄴ, ㄷ　　⑤ ㄱ, ㄴ, ㄷ

43

2024학년도 LEET 문21

다음 글에 대한 분석으로 옳은 것만을 〈보기〉에서 있는 대로 고른 것은?

예술비평은 예술작품을 평가하는 언어적 활동이다. 비평가는 작품의 구조적 특징이나 재현적·표현적 성질에 주목하고, 이를 바탕으로 작품의 의미를 발굴하는 등의 활동을 통해 작품에 대한 예술적 가치평가의 근거가 되는 이유들을 제시한다. 다음 〈비평〉을 놓고 갑과 을이 견해를 개진한다.

〈비평〉
- 평가: 미켈란젤로의 〈피에타〉는 훌륭하다.
- 이유: 미켈란젤로의 〈피에타〉는 실물 같다.

갑: 〈비평〉의 평가가 타당하다고 여기는 누군가는 "만약 예술작품 W가 실물 같다면, W는 훌륭하다."라는 기준이 〈비평〉에 적용됐다고 주장할 수 있을 것이다. 그러나 이 기준은 워홀의 〈브릴로 상자〉에는 적용될 수 없다. 〈브릴로 상자〉가 실제 세제 상자와 동일한 외관을 지녔지만, 그 때문에 훌륭한 것은 아니기 때문이다. "예술작품 W에 대해서 속성 F가 W에 귀속된다면, W는 훌륭하다."라는 비평의 기준은 확립될 수 없다.

을: 모든 예술작품에 예외 없이 적용될 수 있는 일반화된 비평 기준은 없다. 그러나 예술작품은 최소한 하나 이상의 범주에 속하는 것으로 분류될 수 있다. 그렇다면 우리는 각각의 범주에서 그것의 목적을 실현한다는 의미에서 작품의 훌륭함을 보장하는 일반화된 비평 기준, 즉 "범주 C에 속하는 예술작품 W에 대해서 속성 F가 C의 목적에 기여한다면, F는 W를 훌륭하게 만든다."를 찾아낼 수 있다. 〈비평〉의 평가는 "르네상스 조각에 속하는 예술작품 W에 대해, '실물 같음'이라는 속성이 르네상스 조각의 목적에 기여하는 한, '실물 같음'은 W를 훌륭하게 만든다."라는 기준이 적용된 것으로 볼 수 있다.

〈보기〉
ㄱ. 갑에 따르면, 비평의 기준은 어떤 방식으로도 일반화될 수 없으므로 평가는 언제나 개별 작품의 관점에서만 이루어져야 한다.
ㄴ. 회화 작품을 평가할 때, "통일성 있는 예술작품은 모두 훌륭하므로 이 작품은 훌륭하다."라는 평가는 을이 주장하는 '일반화된 비평 기준'이 적용된 것이다.
ㄷ. "극의 훌륭함을 저해하는 전형적인 속성인 '개연성 없는 플롯'이 부조리극의 목적에는 기여하더라도, 부조리극 비평의 일반화된 기준은 있을 수 없다."라는 주장은 갑의 견해와는 모순되지 않지만, 을의 견해와는 모순된다.

① ㄱ ② ㄷ ③ ㄱ, ㄴ
④ ㄴ, ㄷ ⑤ ㄱ, ㄴ, ㄷ

44

2025학년도 LEET 문13

〈견해〉에 대한 분석으로 옳은 것만을 〈보기〉에서 있는 대로 고른 것은?

갑과 을은 각자 누군가를 살해할 악한 의도로 치밀한 계획을 세워 살해를 시도했으나, 갑은 살인에 성공했고 을은 살인에 실패했다. 이 경우 갑이 훨씬 더 무겁게 처벌된다. 이는 정당화될 수 있을까? 이에 대해 다음과 같은 〈견해〉가 있다.

〈견해〉
A: 갑과 을 모두 살해 의도를 가지고 있었음에도 갑의 시도가 성공하고 을의 시도가 실패한 것은 '운'이 작용한 탓이다. 자신이 어찌할 수 없는 운에 의한 결과에 따라 둘에 대한 처벌의 경중이 달라지는 것은 정당화될 수 없다. 왜냐하면 그렇게 처벌의 경중이 달라지는 것은 둘을 동등하게 대우하는 것이 아니기 때문이다. 따라서 갑과 을을 다르게 처벌해서는 안 된다.

B: 처벌의 경중은 범죄자에게 얼마나 악한 의도가 있었느냐에 따라 결정되어야 하지만 그것을 정확히 파악하기는 어렵다. 이런 상황에서 살해의 성공 여부는 그 의도의 악랄함의 정도를 보여주는 좋은 지표가 된다. 의도가 악랄할수록 더 용의주도하게 살인을 계획할 것이고 성공할 확률이 높을 것이기 때문이다. 그러므로 성공한 살인을 실패한 살인보다 더 무겁게 처벌해야 한다.

C: 갑을 을보다 더 무겁게 처벌하는 것은 '운에 의한 처벌'이라고 할 수 있으며 이런 처벌은 동등한 대우를 실현하는 길일 수 있다. 예를 들어, 고대에는 반역자들을 처벌할 때 제비뽑기를 통해 '운이 없는' 몇 사람만을 처벌하였다. 모든 반역자에 대해서 같은 승률의 제비뽑기를 통해 처벌 여부를 결정했기 때문에 이는 반역자들을 동등하게 대우했다고 할 수 있다. 이와 마찬가지로 살해 성공이라는 '제비뽑기'에 따라 갑과 을을 다르게 처벌하는 것은 동등한 대우를 실현하는 길이다.

〈보기〉
ㄱ. A에 따르면, 누군가를 죽일 의도는 없었으나 난폭운전을 해서 행인을 죽인 사람과 누군가를 죽일 의도로 난폭운전을 해서 행인을 다치게 한 사람을 동일하게 처벌해야 한다.
ㄴ. 의도가 악랄할수록 감정에 휩쓸려 판단력이 떨어진다는 것과 판단력이 떨어질수록 계획의 성공 가능성이 낮아진다는 것이 모두 사실이라면, B의 입장은 약화된다.
ㄷ. A와 C는 갑과 을을 동등하게 대우하여 처벌해야 한다는 것에는 동의하지만 어떤 처벌을 해야 하는지에 대해서는 의견을 달리한다.

① ㄱ ② ㄴ ③ ㄱ, ㄷ
④ ㄴ, ㄷ ⑤ ㄱ, ㄴ, ㄷ

45

다음 글에 대한 분석으로 옳은 것만을 <보기>에서 있는 대로 고른 것은?

내기 참가자에게 1불과 10불 중 하나를 선택하여 가지되 후회할 선택을 해보라고 하자. 후회할 선택을 하는 경우에만 100불이 추가로 지급된다는 것을 참가자에게 미리 알려준다. 더 많은 돈을 얻는 선택이 합리적인 선택이며, 이런 선택에 대해서는 후회하지 않고, 그렇지 않은 선택에 대해서는 후회한다고 하자. 얼핏 보면 ㉠이 내기에서 합리적인 선택은 1불을 선택하는 것이다. 10불을 마다하고 1불을 갖는 것은 후회할 선택이므로 100불이 지급될 것이기 때문이다. 하지만 그렇게 되면 1불을 선택한 행위는 후회할 선택이 아니게 되고, 그러므로 100불은 지급되지 않을 것이다. 선택은 한 번 이루어졌지만 그것이 후회할 선택인지 여부는 계속 변하며, 100불은 지급과 미지급 사이를 끝없이 오가게 된다. 10불을 선택해도 결과는 마찬가지이다. 1불 대신 10불을 선택한 것은 후회할 선택이 아니므로 100불이 지급되지 않는다. 그러면 그 선택은 후회할 선택이 되므로 100불은 지급될 것이다. 하지만 그러면 다시 10불의 선택이 후회할 선택이 아니게 된다. 이번에도 100불은 지급과 미지급 사이를 끝없이 오가게 된다. 이 내기에서 무엇이 합리적 선택인지 말할 수 없는 것이다.

이 내기의 구조를, 어떤 선택을 할지 고민하는 시점0부터 자신의 선택을 돌아보는 시점2까지의 흐름에서 살펴보자. 1불 또는 10불의 선택이 이루어지는 시점은 시점0과 2 사이인 시점 1이다. 그 선택의 의도는 시점2에서 후회를 하는 것이다. 의도의 대상은 아직 일어나지 않은 미래이다. 반면에 후회의 대상은 이미 일어난 과거이다. 내기의 참가자는 자신이 시점1에서 한 선택을 시점2에서 후회할 것을 시점0에서 의도했다. 하지만 그 의도가 실현되었다는 바로 그 이유로 시점1에서 자신이 했던 후회할 선택은 후회하지 않을 선택이 된다. 그리고 이 과정은 끝없이 반복된다. ㉡시점0에서 시점2를 바라볼 때의 의도와 ㉢시점2에서 시점1을 바라볼 때의 후회가 역설적인 결과를 도출한 것이다.

─〈보기〉─

ㄱ. 참가자가 1불과 10불 중 어느 쪽을 선택하더라도 100불을 추가로 지급하는 것으로 내기의 규칙을 바꾼다면, 후회할 선택을 하는 것은 불가능하다.

ㄴ. 자신의 선택을 후회하지 않는 경우에만 100불을 추가로 지급하는 것으로 내기의 규칙을 바꾼다면, ㉠은 10불을 선택하는 것이다.

ㄷ. 내기에서 1불을 선택하는 경우의 ㉡과 10불을 선택하는 경우의 ㉡은, 둘 다 ㉢을 발생시키려는 것이라는 점에서 차이가 없다.

① ㄱ   ② ㄴ   ③ ㄱ, ㄷ
④ ㄴ, ㄷ   ⑤ ㄱ, ㄴ, ㄷ

46

다음 글에 대한 분석으로 옳은 것만을 <보기>에서 있는 대로 고른 것은?

A 마을의 대표들 중 한 명이 B 마을 사람들에게 무차별적으로 오물을 투척하였다. 이에 대한 보복으로 B 마을의 대표들 중 한 명인 갑은 A 마을 사람들에게 무차별적으로 오물을 투척하였고, B 마을의 대표들 중 또 다른 한 명인 을은 A 마을의 대표들에게만 오물을 투척하였다.

아래는 한 집단이 다른 집단에 의해 피해를 받았을 때 피해를 받은 집단이 피해를 가한 집단에게 어떻게 대응해야 하는가라는 질문에 대한 답으로 가능한 원칙들이다.

P1: 만약 집단 X의 누군가가 집단 Y를 먼저 무차별적으로 공격하거나 피해를 입혔다면, 집단 Y에 속한 사람 누구나 집단 X에 속한 누구에게라도 그에 상응하는 보복을 할 도덕적 권리를 가진다.

P2: 만약 집단 X의 대표 중 누군가가 집단 Y를 먼저 무차별적으로 공격하거나 피해를 입혔다면, 집단 Y의 대표 누구나 집단 X에 속한 누구에게라도 그에 상응하는 보복을 할 도덕적 권리를 가진다.

P3: 만약 집단 X의 대표 중 누군가가 집단 Y를 먼저 무차별적으로 공격하거나 피해를 입혔다면, 집단 Y의 대표 누구나 집단 X의 대표들에게 그리고 오직 그들에게만 그에 상응하는 보복을 할 도덕적 권리를 가진다.

─〈보기〉─

ㄱ. 세 원칙 모두 갑과 을의 행동에 대해 같은 도덕적 판정을 내린다.

ㄴ. 갑의 행동을 정당화하기 위해서는 세 원칙 가운데 P1이나 P2에 의존해야 한다.

ㄷ. 을의 행동을 정당화하기 위해 세 원칙 가운데 반드시 P3에 의존할 필요는 없다.

① ㄱ   ② ㄴ   ③ ㄱ, ㄷ
④ ㄴ, ㄷ   ⑤ ㄱ, ㄴ, ㄷ

47
2025학년도 LEET 문19

다음 글에 대한 분석으로 옳은 것만을 〈보기〉에서 있는 대로 고른 것은?

어떤 행위를 하지 않을 도덕적 의무가 있는지에 관해 다음 원리가 제안되었다.

A: 특정 행위로 타인이 해를 입거나 세상이 더 나빠진다면, 그 행위를 하지 않을 도덕적 의무가 있다.
B: 모든 사람이 특정 행위를 할 경우 타인이 해를 입거나 세상이 더 나빠진다면, 그 행위를 하지 않을 도덕적 의무가 있다.
C: 특정 행위가 모든 사람에게 허용될 경우 타인이 해를 입거나 세상이 더 나빠진다면, 그 행위를 하지 않을 도덕적 의무가 있다.

다음 사례를 보자.

〈사례1〉
많은 사람이 운전을 즐기고 있다. 이는 지구 온난화를 가속시키며 결국 개발도상국의 취약 계층에게 큰 피해를 준다. 그러나 한 사람의 운전만으로는 지구 온난화에 영향을 미치지 않는다. 갑은 ㉠ 스포츠카 운전을 즐기기로 했다.

〈사례2〉
지정된 흡연 구간에서 담배를 피는 행위는 타인에게 별 해를 입히지 않는다. 그러나 아파트에서의 실내 흡연은 이웃에게 피해를 준다. 아파트 20층에 사는 을은 평소 실내에서는 흡연을 하지 않지만 엘리베이터가 고장이 나자 ㉡ 실내 흡연을 하기로 했다.

〈사례3〉
병은 아이가 없지만 영구 불임수술을 받을 계획이다. 그런데 모든 사람이 아이를 낳기 전 영구 불임수술을 받으면, 사회적 재앙이 될 것이다. 하지만 영구 불임수술이 허용되고 있음에도 불구하고 실제로 수술을 받는 사람은 많지 않아 세상은 나빠지지 않았다. 병은 ㉢ 영구 불임수술을 받기로 했다.

〈보기〉
ㄱ. A를 적용하면 갑은 ㉠을 하지 않을 도덕적 의무가 있다고 할 수 없지만, B를 적용하면 ㉠을 하지 않을 도덕적 의무가 있다.
ㄴ. A를 적용하든 B를 적용하든 을은 ㉡을 하지 않을 도덕적 의무가 있다.
ㄷ. B를 적용하면 병은 ㉢을 받지 않을 도덕적 의무가 있지만, C를 적용하면 그렇지 않다.

① ㄱ   ② ㄴ   ③ ㄱ, ㄷ
④ ㄴ, ㄷ   ⑤ ㄱ, ㄴ, ㄷ

48
2025학년도 LEET 문31

다음 글에 대한 분석으로 옳은 것만을 〈보기〉에서 있는 대로 고른 것은?

중앙정부가 지방정부에 제공하는 재정 지원인 교부금은 무조건부교부금과 조건부교부금으로 나눌 수 있다. 무조건부교부금은 중앙정부가 지방정부와 세입을 공유한다는 입장에서 아무런 조건 없이 제공하고, 지방정부는 이를 주민들의 조세 경감을 포함해 원하는 어떤 방식으로든 사용할 수 있다.

이와 달리 조건부교부금은 특정한 조건을 달아 제공하는 교부금이다. 조건부교부금은 중앙정부가 지방정부의 특정 활동을 장려하기 위해 제공하는 경우가 많고, 구체적인 지급 형식에 따라 대응교부금과 비대응교부금으로 나눌 수 있다. 지방정부가 어떤 사업을 수행할 때, 대응교부금은 중앙정부가 비용의 일정 비율을 부담하는 방식으로 지급되며 사업 수행 시 직면하는 가격을 낮추는 효과가 있다. 비대응교부금은 특정 공공서비스 공급에 써야 한다는 조건을 붙이는 경우이다. 대응교부금이 가격보조라면 비대응교부금은 소득보조로, 상대가격은 유지되지만 지방정부의 소득을 인상시키는 효과가 있다. 비대응교부금은 소득보조 형태를 띤다는 점에서 무조건부교부금과 유사하지만 용도가 지정되어 있고 주민들의 조세 경감에 쓰일 수 없다는 점에서 차이가 있다.

교부금이 소득보조 형식으로 지급되면 주민들의 소득이 증가되는 것과 마찬가지이다. 따라서 주민들의 의사가 제대로 반영된다면, 이론적으로 이러한 형태의 교부금 지급이 해당 지역의 공공서비스 공급량에 미치는 영향은 주민 전체 소득이 교부금만큼 증가한 경우의 영향과 같아야 한다. 그런데 연구 결과에 따르면 이러한 이론적 예측은 잘 맞지 않는 것으로 나타난다. 일반적으로 ㉠ 공공서비스의 생산에 사용되는 부분의 비중은 주민 전체 소득이 증가한 경우보다 소득보조 형태로 교부금을 얻은 경우에 더 높게 나타난다.

〈보기〉
ㄱ. 무조건부교부금과 대응교부금은 모두 사업 수행 시 지방정부가 직면하는 가격을 인하하는 효과를 갖는다.
ㄴ. 지방정부 관료가 주민들의 선호를 반영하기보다는 그가 담당하는 정책의 예산 규모를 늘리는 데 관심이 있다면, ㉠현상이 심화될 것이다.
ㄷ. 올해 받을 무조건부교부금 규모가 전년도 무조건부교부금 중 공공서비스 생산에 사용된 비중에 비례한다면, ㉠현상이 심화될 것이다.

① ㄱ   ② ㄴ   ③ ㄱ, ㄷ
④ ㄴ, ㄷ   ⑤ ㄱ, ㄴ, ㄷ

49

다음 글에 대한 분석으로 옳은 것은?

> A: X국은 빠른 속도로 고령화가 진행되고 있으나, 노인돌봄을 위한 인력과 시설이 턱없이 부족합니다. 이미 초고령사회에 진입한 만큼 노인돌봄현장은 점점 심각한 상황에 빠지게 될 것입니다. 노인돌봄을 위한 인력을 확보하는 것이 가장 급선무이고, 이를 위해서는 비자제도 개선을 통해 외국인 인력의 유입을 적극 검토해야 합니다. 그들은 매우 의욕적으로 일할 겁니다.
>
> B: 불경기로 취업이 어려워 노인돌봄현장으로 인력이 유입되면서 그나마 노인돌봄현장의 고용상황이 개선되었지만, 노동 강도에 비해 보수 수준이 낮아 인력 이탈이 많이 일어나 필요한 인력을 확보하기는 여전히 어렵습니다. 공적자금 투입을 통한 처우 개선 없이 이 상황은 변하지 않을 것입니다. 청년층이 기피하는 노인돌봄현장에 외국인 인력을 받아들이는 것도 방법이지만, X국은 이민정책에 매우 소극적이어서 전국 각지의 돌봄현장에서 외국인 인력을 충분히 확보하기까지는 상당한 시간이 걸릴 것입니다.
>
> C: 노인돌봄시설로의 노동인구 유입이 증가한 것은 사실이지만 이 정도의 증가로는 고령화의 추세에 대응하기에 부족합니다. 따라서 외국인 인력의 유입을 적극 추진해야 합니다. 이들은 적은 임금에도 의욕적으로 일하므로 X국의 경제수준으로 볼 때 조금만 임금이 향상되면 더욱 우수한 외국인 인력이 유입될 것입니다. 더 나아가 외국인 인력이 유입된다고 하더라도 인력은 여전히 부족할 것이므로 돌봄노동을 분담할 공공로봇을 개발하여 노인돌봄시설에 보급해야 할 것입니다.

① 돌봄노동 종사자에 대한 처우가 개선되어야 한다는 점에 대해 A와 B의 견해는 같다.
② 외국인 돌봄노동인력이 우수하고 의욕적으로 일한다는 점에 대해 A와 C의 견해는 같다.
③ 외국인 돌봄노동인력의 수가 증가하고 있다는 점에 대해 B와 C의 견해는 다르다.
④ 노인돌봄현장의 인력 부족 상황은 시장에만 맡겨서는 해결되지 않는다는 점에 대해 A, B, C의 견해는 같다.
⑤ 불황이 계속되면 노인돌봄시설로 노동인구가 유입되어 노인돌봄현장의 노동 인력 공급이 안정된다는 점에 대해 A, B, C의 견해는 같다.

50

다음 글에 대한 분석으로 옳은 것만을 〈보기〉에서 있는 대로 고른 것은?

> A: 동일한 선택지임에도 불구하고 그것이 어떻게 기술되느냐에 따라 선택자의 선호가 달라지는 현상이 있다. 예를 들어, 두 사람이 2개의 사과와 1개의 망고 중 하나만 선택할 수 있는 상황에서, "망고를 먹을래?"에 그러겠다고 답하는 사람이 "다른 사람이 망고를 고르지 못하게 할래?"에는 그러지 않겠다고 답할 수 있다. 이 현상은 사람들의 선호에 비합리성이 있다는 것을 보여준다. 그 이유는 이 현상이, "'a'와 'b'가 같은 것을 지칭하는 다른 기술일 때, 'a'가 들어간 어떤 문장에 'a' 대신 'b'를 대입하여도 그 문장의 참, 거짓이 바뀌지 않는다."라는 원리 P를 위반하기 때문이다. 이 원리에 따르면, 'a'와 'b'가 같은 것을 지칭할 때 "S가 a를 다른 것보다 선호한다."가 참이면 "S가 b를 다른 것보다 선호한다."도 참이어야 한다.
>
> B: 원리 P가 항상 성립하는 것은 아니다. 예를 들어, ㉠'잭'과 '런던의 연쇄 살인마'가 같은 사람을 지칭한다고 하더라도, "제인은 잭과 밤을 함께 보내길 원한다."가 참이면서 "제인은 런던의 연쇄 살인마와 밤을 함께 보내길 원한다."는 거짓일 수 있다. 원리 P는 '~를 원한다'와 같은 표현이 사용된 문장에서는 성립하지 않는다. 이런 문장에서 'a'와 'b'를 바꾸어 써도 진리치가 바뀌지 않으려면, 'a'와 'b'가 같은 것을 지칭할 뿐만 아니라 그 내포적 의미도 동일해야 한다. '~를 선호한다'도 이런 점에서 다르지 않다. 따라서 기술에 따른 선호 변화가 선호의 비합리성을 보여주는지 여부는 이런 엄격한 조건에 따라 판단되어야 한다.

〈보기〉

ㄱ. 원리 P가 사람들이 위반할 수 있는 규범적인 원칙이 아니라 절대로 거짓이 될 수 없는 논리적 원칙이라면, 한 사람이 두 선택지에 대해서 다른 선호를 갖고 있는 경우 그 두 선택지는 기술에서뿐만 아니라 실제로도 서로 다른 선택지이다.

ㄴ. ㉠이 참일 때, 제인이 런던의 연쇄 살인마가 체포되는 것을 선호하지만 잭이 체포되는 것은 선호하지 않는다면, A는 제인의 선호가 비합리적이라고 볼 것이다.

ㄷ. '2/3가 비어있는 물병'과 '1/3이 채워져 있는 물병'이 내포적 의미가 동일함을 아는 사람들도 둘에 대해 다른 선호를 보인다면, A와 B 모두 이를 선호의 비합리성을 보여주는 사례로 볼 것이다.

① ㄱ
② ㄷ
③ ㄱ, ㄴ
④ ㄴ, ㄷ
⑤ ㄱ, ㄴ, ㄷ

51

2026학년도 LEET 문15

다음 글에 대한 분석으로 옳은 것만을 〈보기〉에서 있는 대로 고른 것은?

A: 과거의 행동에 대해서 후회하는 사람은 자신이 잘못된 행동을 했다고, 그래서 그것을 하지 말았어야 했다고 판단한다. 이런 판단은 후회의 본질적인 요소이긴 하지만, 그것 자체로 과거 행동에 대한 후회가 되는 것은 아니다. 과거의 행동에 대한 후회는 그것에 대한 괴로움의 감정 역시 포함한다. 이렇게 보았을 때, 후회가 합리적일 수 있을까? 내가 잘못된 행동을 했고 그것을 하지 말았어야 했다고 판단하는 것은 나에게 이로울 수 있다. 행동의 수정으로 이끌어 궁극적으로 미래의 나에게 좋은 영향을 미칠 수 있기 때문이다. 그러나 괴로움의 감정은 어떤가? 안 그래도 안 좋은 일을 했는데 안 좋은 감정까지 느낀다면, 이는 비참함에 비참함을 더하는 것과 다르지 않을 것이다. 미래의 행동을 고치기 위해서는 과거에 잘못된 행동을 했다고 판단하는 것으로 충분하므로 그것에 대해 괴로워하는 것은 쓸모없는 일이다. 결국 후회는 합리적이지 않다는 결론에 이른다.

B: 후회에 들어 있는 괴로움의 감정에 비합리적인 것은 아무것도 없다. 사람들은 어떤 물건, 사람, 원칙에 가치를 두고, 그것에서 삶의 의미를 얻는다. 어떤 것에 가치를 둔다는 것은 무엇을 의미할까? 어떤 것에 가치를 두는 사람은 그것을 획득하고자 하고, 지속해서 그것을 마음속에 떠올리는 성향이 있다. 그러나 그것이 전부일 리 없다. 어떤 것에 가치를 둔다는 것은 감정적인 요소도 포함한다. 가치를 둔 것을 잃거나 저버리면 슬퍼하고, 그것을 잃거나 저버리는 행동을 하면 괴로움의 감정을 느낀다. 후회할 때 느끼는 괴로움의 감정은 어떤 것에 가치를 둔다는 것으로부터 필연적으로 파생하는 것이다.

〈보기〉

ㄱ. '자신의 행동에 대한 괴로움의 감정'이 사실은 자신이 잘못된 행동을 했다는 판단을 일컫는 다른 말에 불과하다면, A의 입장은 약화된다.
ㄴ. B는 과거 행동에 대한 괴로움의 감정이 미래 행동에 이로움을 줄 수 있음을 지적하여 A를 반박하고 있다.
ㄷ. A와 B는 후회가 감정의 요소를 가지는지에 대해서는 의견이 같지만, 판단의 요소를 가지는지에 대해서는 의견이 다르다.

① ㄱ ② ㄴ ③ ㄱ, ㄷ
④ ㄴ, ㄷ ⑤ ㄱ, ㄴ, ㄷ

52

2026학년도 LEET 문24

다음 글에 대한 분석으로 적절한 것만을 〈보기〉에서 있는 대로 고른 것은?

정부 정책에 따른 편익을 누리는 집단과 비용을 부담하는 집단이 상이한 것을 편익과 비용 간 절연이라고 한다. 이로 인해 정치적 논리가 경제적 비효율성을 발생시키는 문제가 나타난다. 절연에는 미시절연과 거시절연이 있다. 미시절연은 정부 사업으로부터 나오는 편익은 특정 집단에 집중되지만 비용 부담은 납세자나 일반 대중에게 널리 퍼져 있는 경우를 가리킨다. 이때 소수의 수혜자는 정부 사업을 유지 또는 확장하기 위해 로비 활동과 같은 조직된 노력을 기울일 유인이 있는 반면, 비용 부담자들은 각자의 비용이 크지 않고 조직화가 쉽지 않은 경우가 대부분이므로 효과적으로 대처하지 못한다. 한편, 거시절연은 정부 사업으로부터 나오는 편익은 다수에게 돌아가지만 비용은 소수의 납세자가 부담하는 경우를 가리킨다. 정부와 정치인은 권력의 획득과 유지를 위해 소수의 과도한 비용 부담에도 불구하고 투표권을 갖는 다수의 정치적 영향력에 따라 인기에 영합하는 정책을 펼 유인이 있다.

편익과 비용 간 절연은 정부의 적극적 사업 수행뿐 아니라 비개입도 설명할 수 있다. 미국의 경우 총기를 규제하면 다수가 혜택을 볼 것으로 알려져 있으나, 총기 규제에 반대하는 소수의 집단은 정치·경제적으로 잘 조직되어 있다. 이러한 소수의 저항을 극복할 만큼 다수 국민의 유인이 충분히 잘 조직되지 않았기 때문에, 총기 규제에 따른 사회적 편익이 그에 따른 소수의 비용보다 크더라도 정부의 개입이 일어나지 않는 것이다.

〈보기〉

ㄱ. 미국에서 총기 규제 정책이 실행되지 않는 것은 거시절연의 사례에 해당한다.
ㄴ. 로비 활동에 대한 규제를 강화하면 미시절연으로 야기되는 비효율은 완화될 것이다.
ㄷ. 정보 통신 기술의 발달로 정부 정책의 편익과 비용에 대한 정보 유통이 활발해지면 거시절연으로 야기되는 비효율은 완화될 것이다.

① ㄱ ② ㄴ ③ ㄱ, ㄷ
④ ㄴ, ㄷ ⑤ ㄱ, ㄴ, ㄷ

유형 02 - 암묵적 분석

01
LEET 1차 예시 문7

다음 글의 '나'가 결론에 도달하기 위하여 암묵적으로 전제하고 있다고 보아야 할 것은?

> 나는 티코의 관측 자료를 가지고 작업을 시작했다. 나는 다섯 행성의 위치를 나타내는 수만 개의 숫자로 표현된 그의 자료를 빠짐없이 반영하는 모형을 만들기 위해 나의 모든 수학적 능력을 동원했다. 하지만 이 작업은 결코 단순치 않았다. 거의 6년에 걸친 작업 끝에 마침내 화성의 위치를 설명하고 예측할 수 있도록 해 주는 화성 궤도의 수학적 모형을 완성하였다. 나는 이 모형의 정확성을 확신했다. 나는 이 모형을 토대로 하짓날 자정쯤 화성이 정확히 백조자리의 베타별과 중첩되어 보일 것으로 예측했다. 그러나 지난 하짓날 밤의 관측 결과는 실망스러웠다. 화성과 백조자리 베타별의 위치 사이엔 6분 정도의 차이가 나타났다. 더욱 중요한 것은 티코의 자료와 이 모형의 예측값 사이에 종종 8분까지 오차가 벌어진다는 사실이었다. 나는 이 정도의 오차가 어디에서 비롯되었는가를 밝히는 데 몰두했다. 문제는 내 모형이 화성의 궤도를 완전한 원으로 가정하고 있다는 사실이었다. 실제로 화성의 궤도를 원이 아닌 타원이라 가정하고 원래 모형에 약간의 간단한 수정을 가하자마자 오차들은 마법처럼 사라져 버렸다. 이렇게 해서 나는 화성의 궤도가 타원이라는 확신을 가질 수 있었다.

① 행성의 공전 궤도는 타원형이어야 한다.
② 천체의 위치는 도, 분, 초 같은 각도로 표현된다.
③ 화성의 위치에 관한 티코의 자료는 신뢰할 만하다.
④ 화성은 태양이 아닌 지구 주위를 회전하는 천체다.
⑤ 백조자리 베타별은 행성의 위치를 가늠하는 주요 기준이다.

02
LEET 2차 예시 문13

다음을 읽고 물음에 답하시오.

> 오늘날 세계의 많은 나라들은 사형제도 자체를 폐지하거나 사형제도를 유지하면서도 사형의 집행을 유예하고 있다. 우리나라도 2007년 12월이면 10년 동안 사형수들에 대한 사형을 집행하지 않음으로써 사실상의 사형 폐지국이 된다. 그 동안 사형제도의 존폐에 대해서는 상반된 입장이 팽팽히 맞서왔다. 사형 폐지론자들은 사형제도가 인간생명의 불가침성에 반하고 오판가능성이 있다는 이유로 폐지하자고 주장해왔다. 반면, 사형 존치론자들은 사형을 대체하는 그 어떤 형벌도 사형과 대등한 범죄예방의 효과를 갖지 못하기 때문에 여전히 사형제도는 범죄를 억제하고 있다는 이유로 사형제도의 존속을 주장해왔다. 그럼에도 불구하고 그 과정에서 국민들의 법의식과 법감정은 사형제도의 폐지를 지지하는 쪽으로 서서히 변화한 것은 분명하다. 그렇다면 이제 사형제도는 폐지되어야 한다. 남은 일은 우리나라의 법질서에서 사형관련 법규정을 완전히 제거함으로써 사형제 폐지를 입법적으로 제도화하는 것이다.

위 논증이 암묵적으로 전제하고 있는 것은?

① 법제도는 세계적인 추세를 따라서 변화되어야 한다.
② 사형제도는 형벌의 목적에 반하고 범죄억제효과가 없다.
③ 법제도는 국민의 법감정과 법의식에 기초해야 한다.
④ 오판에 의하여 사형이 선고되고 집행될 경우 그 인명을 되살릴 수 없다.
⑤ 가석방 없는 무기징역형은 사형과 동일한 효과를 거둘 수 있다.

03

2009학년도 LEET 예비 문5

다음의 논증이 암묵적으로 전제하는 것을 〈보기〉에서 고른 것은?

우리나라의 『모자보건법』은 태아의 이상이 예상되더라도 태아의 부모에게 우생학적, 유전적인 장애나 질환, 전염성 질환이 있는 경우에만 낙태(인공 임신 중절)를 제한적으로 허용하고 있다. 그럼에도 불구하고 태아의 심한 기형이나 질병이 발견되는 경우에 대부분 낙태 수술이 행해진다. 특히 무뇌아, 척추분리증과 같이 출산 후 아이의 생존이 아예 불가능하거나 심각한 중증의 장애가 예상되는 경우 산모들은 예외 없이 낙태시킨다. 나아가 다운증후군처럼 일상적인 생활이 가능한 장애가 예상되는 경우에도 산모들은 대개 낙태를 선택한다. 그러나 모든 인간은 인간으로서의 존엄과 가치를 가진다. 태아의 장애가 예상된다는 이유로 낙태하는 것은 장애아를 사전에 선별적으로 제거하는 것이다. 즉, 미래의 장애자에 대한 낙태를 허용하는 것은 현재 장애를 안고 사는 사람들의 삶의 가치를 부정하는 것이다. 따라서 산전 검사에 기초하여 장애가 예상되는 태아를 낙태하는 것은 허용해서는 안 된다.

〈보기〉

ㄱ. 출생하지 않은 태아도 인간이다.
ㄴ. 장애자라는 이유로 차별받아서는 안 된다.
ㄷ. 산모에 대한 산전 검사는 금지되어야 한다.
ㄹ. 산전 검사는 우생학적 관점에서 정당화된다.
ㅁ. 출산에 대한 산모의 결정권은 존중되어야 한다.

① ㄱ, ㄴ   ② ㄱ, ㄷ   ③ ㄴ, ㄷ
④ ㄷ, ㄹ   ⑤ ㄹ, ㅁ

04

2009학년도 LEET 예비 문19

[A]의 전제로 적절한 것을 〈보기〉에서 고른 것은?

장차 정전법(井田法)을 시행하여야 하는가? 안 된다. 정전법은 시행할 수 없다. 정전법은 넓은 평원의 토지와 한전(旱田)을 토대로 시행된 것인데, 수리 시설이 갖춰지고 메벼와 찰벼가 맛이 좋으니 수전(水田)을 버리겠는가? 정전이란 평평한 농지인데, 나무를 베어내느라 힘을 들였고 산과 골짜기를 이미 개간하였으니 이러한 밭을 버리겠는가?

장차 균전법(均田法)을 시행하여야 하는가? 안 된다. 균전법은 시행할 수 없다. 균전은 농지와 인구를 계산하여 분배해 주는 것인데, 호구의 증감은 달마다 다르고 해마다 다르다. 금년에는 갑의 비율로 분배하였다가 명년에는 을의 비율로 분배해야 하므로 조그마한 차이는 산수(算數)에 능한 자라도 살필 수 없고, 토지의 비옥도가 경(頃)마다 무(畝)마다 달라 한정이 없으니 어떻게 균등하게 하겠는가?

[A] 장차 한전법(限田法)을 시행하여야 하는가? 안 된다. 한전법은 시행할 수 없다. 농지 소유를 한정한다는 것은 농지를 사되 몇 무 이상은 더 사지 못하고, 농지를 팔되 몇 무 이하는 더 팔지 못하게 하는 것이다. 그런데 가령 내가 남의 명의로 더 산다면 누가 알 것이며, 남에게 내 명의를 빌려주고 판다면 누가 알 것인가? 그러므로 농지 소유를 한정하는 것은 시행할 수 없는 것이다.

그런데 사람들은 모두 정전법을 다시 시행할 수 없다는 것만 알고, 유독 균전법과 한전법에 대해서는 사리에 밝고 시무(時務)를 안다는 자도 또한 즐겨 말하니, 나는 그윽이 의혹하는 바이다.

〈보기〉

ㄱ. 이상적인 토지 제도라 하더라도 자연 환경이 다른 경우에는 받아들일 수 없다.
ㄴ. 이상적인 토지 제도라 하더라도 인간의 욕구나 사회적 필요와 어긋나는 경우에는 실효성이 없다.
ㄷ. 이상적인 토지 제도라 하더라도 편법적인 수단에 의해 제도의 근간이 흔들리면 토지 개혁의 목적을 달성할 수 없다.
ㄹ. 이상적인 토지 제도라 하더라도 시행 후 일정한 시간이 지나 농지나 인구가 증감하면 형평에 반하는 결과가 발생할 수 있다.

① ㄱ, ㄴ   ② ㄱ, ㄷ   ③ ㄱ, ㄹ
④ ㄴ, ㄷ   ⑤ ㄷ, ㄹ

05

다음 글에서 A의 추리가 전제하고 있는 것을 〈보기〉에서 모두 고른 것은?

낭포성 섬유증은 치명적 유전 질병으로 현대 의학이 발달하기 전에는 이 질병을 가진 사람은 어린 나이에 죽었다. 지금도 낭포성 섬유증을 가진 사람은 대개 청년기에 이르기 전에 사망한다. 낭포성 섬유증은 백인에게서 3000명에 1명 정도의 비율로 나타나며 인구의 약 5% 정도가 이 유전자를 가지고 있다. 진화생물학 이론에 의하면 유전자는 자신이 속하는 종에 어떤 이점을 줄 때에만 남아 있다. 만일 어떤 유전자가 치명적 질병과 같이 생물에 약점으로 작용한다면 이 유전자를 가지고 있는 생물은 그렇지 않은 생물보다 생식할 수 있는 기회가 줄어들기 때문에, 이 유전자는 궁극적으로 유전자 풀(pool)에서 사라질 것이다. 낭포성 섬유증 유전자는 이 이론으로 설명할 수 없는 것으로 보인다.

1994년 미국의 과학자 A는 흥미로운 실험 결과를 발표하였다. 정상 유전자를 가진 쥐에게 콜레라 독소를 주입하자 쥐는 심한 설사로 죽었다. 그러나 낭포성 섬유증 유전자를 1개 가지고 있는 쥐는 독소를 주입한 다음 설사 증상을 보였지만 그 정도는 낭포성 섬유증 유전자가 없는 쥐에 비해 반 정도였다. 낭포성 섬유증 유전자를 2개 가진 쥐는 독소를 주입한 후에도 전혀 증상을 보이지 않았다. 낭포성 섬유증 증세를 보이는 사람은 장과 폐로부터 염소이온을 밖으로 퍼내는 작용을 정상적으로 하지 못한다. 반면 콜레라 독소는 장으로부터 염소이온을 비롯한 염분을 과다하게 분비하게 하고 이로 인해 물을 과다하게 배출시켜 설사를 일으킨다. 이 결과로부터 A는 낭포성 섬유증 유전자의 작용이 콜레라 독소가 과도한 설사를 일으키는 메커니즘을 막기 때문에, 낭포성 섬유증 유전자를 가진 사람이 콜레라로부터 보호될 수 있을 것이라고 추측하였다. 그러므로 1800년대에 유럽을 강타했던 콜레라 대유행에서 낭포성 섬유증 유전자를 가진 사람이 살아남기에 유리했다고 주장하였다.

〈보기〉

ㄱ. 쥐에서 나타나는 질병 양상은 사람에게도 유사하게 적용된다.
ㄴ. 낭포성 섬유증은 백인 외의 인종에서는 드문 유전 질병이다.
ㄷ. 콜레라 독소는 콜레라균에 감염되었을 때와 같은 증상을 유발한다.
ㄹ. 낭포성 섬유증 유전자를 가진 모든 사람이 낭포성 섬유증으로 인하여 청년기 전에 사망하는 것은 아니다.

① ㄱ, ㄴ ② ㄱ, ㄷ ③ ㄴ, ㄹ
④ ㄱ, ㄷ, ㄹ ⑤ ㄴ, ㄷ, ㄹ

06

다음은 이른바 '담배 소송'에서 인과관계에 대한 원고의 입증책임을 완화할 것인지에 관한 글이다. (가)에는 이른바 '공해 소송'에서 인과관계에 대한 원고의 입증책임을 완화하는 이유라고 '법원'이 인정한 것들이 제시되어 있다. (가)에 포함되기에 적절한 것을 〈보기〉에서 고른 것은?

손해배상 사건에서는 원칙적으로 원고가 가해행위와 손해 발생 사이의 인과관계를 전부 입증해야 한다. 하지만 환경오염과 관련한 이른바 공해 소송에서는, 다음과 같은 몇 가지 이유로 원고의 입증책임을 완화하는 것이 일반적이다.

(가)

최근 흡연과 폐암 발병 사이의 인과관계를 전제로 하여, 폐암에 걸린 사람들이 담배 제조·판매 회사를 상대로 손해배상을 청구하였다. 이 사건에서 원고들은 흡연으로 인한 폐암 발병은 원인 물질이 오랜 기간 인체에 축적됨에 따라 질병이 점진적으로 발현된다는 점에서 공해와 유사하다고 주장하며, 공해 소송에서처럼 입증책임을 완화해 줄 것을 요청하였다. 그러나 법원은 다음과 같이 말하며, 이를 받아들이지 아니하였다.

"원고들이 흡연자의 흡연과 폐암 발병 사이의 인과관계의 고리를 자연과학적으로 모두 증명하는 것이 곤란하거나 불가능하기는 하지만, 담배 제조·판매 회사가 흡연자의 폐암 발병에 대한 원인 조사를 더 쉽게 할 수 있는 것도 아니고, 담배 제조·판매 회사에게 흡연과 폐암 발병 사이에 인과관계가 없음을 입증할 사회적 의무가 있음을 인정할 증거도 없으므로, 공해 소송에서의 인과관계 입증책임 완화를 이 사건에 직접 적용할 수는 없다."

〈보기〉

ㄱ. 오염 물질의 배출은 가해자인 기업의 배타적 지배 아래 있는 시설에서 발생한 것이다.
ㄴ. 기업은 자신이 배출하는 물질이 유해하지 않다는 것을 입증할 사회적 의무를 부담한다.
ㄷ. 오염 물질은 고도의 기술집약적 대량생산 과정에서 배출되므로 기업만이 그 생산 과정을 알 수 있다.
ㄹ. 오염 물질의 배출과 손해 발생 사이의 인과관계의 모든 고리를 자연과학적으로 증명하는 것이 곤란하거나 불가능한 경우가 대부분이다.

① ㄱ, ㄴ ② ㄱ, ㄷ ③ ㄴ, ㄷ
④ ㄴ, ㄹ ⑤ ㄷ, ㄹ

07

다음 글이 공통적으로 전제하고 있는 것은?

○ A법에서는 여권 발급 신청을 위하여 제출한 서류를 거짓으로 기재하였거나 기타 부정한 행위로 여권의 발급 또는 재발급이나 기재 사항의 변경을 받은 자를 처벌한다고 하였다. 같은 법 시행령 부칙에 따르면 이 시행령 시행 전에 상용 또는 문화 목적으로 발급된 일반 여권은 이 법 시행과 동시에 그 효력을 상실하지만, ○○장관이 정한 바에 따라 유효확인을 받은 것은 효력을 상실하지 않는다. 따라서 여권의 발급과 유효 확인은 다른 개념이다. 그럼에도 불구하고 원심이 여권 발급과 유효 확인을 동일한 것으로 보아, 피고인들에 의한 유효 확인 신청 과정에서의 부정행위를 A법의 여권 발급 신청 과정에서의 부정행위로 보는 것은 잘못이다.

○ B법에서는 저작권자가 저작물을 배포하는 것을 보호하며, 저작권 침해로부터 구제받기 위하여 그 권리를 침해하는 자에 대하여 침해 정지를 청구할 수 있다고 규정할 뿐 권리 침해가 일어나는 구체적인 모습을 구분하지 않는다. 하지만 B법 다른 조문에서는 B법에 의하여 보호되는 저작권을 복제·공연·방송·전시 등의 방법으로 침해한 자를 처벌한다고 규정하고 있기 때문에 저작권을 복제 행위 외에 배포 행위에 의해 침해하는 경우까지 B법에 의해 처벌되는 것은 아니다.

① 법률의 자구를 가능한 의미 내에서 그 의미를 축소하여 해석하는 것은 허용되지 않는다.
② 법의 의미 내용은 그 자구만이 아니라 입법 목적이나 취지, 연혁 등을 고려하여 해석되어야 한다.
③ 법조문은 자구의 가능한 의미를 넘어서 명확하게 규정되지 않은 유사한 사실에까지 적용되어서는 안 된다.
④ 법조문에 불확정 개념이나 막연하고 지나치게 다의적인 용어를 사용하여 그 의미를 추정하게 해서는 안 된다.
⑤ 자구의 문자적 의미보다 좁게 법을 해석하여 법률의 자구의 가능한 의미 내에서 입법자의 의사를 발견해야 한다.

08

다음 자료와 그에 근거한 추론에서, ⓐ~ⓔ 각각을 도출하는 데 필요한 전제가 아닌 것은?

〈자료〉
A: 연(燕)은 북쪽으로 오환, 부여와 가까이 있었고, 동쪽에 있는 예맥, 조선, 진번과 교역함으로써 이익을 얻었다.
　　　　　　　　　　　　　　　　　－『사기』, 화식열전 －
B: 부여는 현도에서 북쪽으로 천 리 떨어져 있다. 남쪽으로는 고구려, 동쪽으로는 읍루, 서쪽으로는 선비와 인접해 있고 북쪽에는 약수(弱水)라는 하천이 있다. …… 부여는 동이의 지역에서 가장 평평한 곳으로 오곡이 자라기에 알맞다.
　　　　　　　　　　　　　　　　－『후한서』, 동이전 부여 －

〈추론〉
부여 건국의 연대에 관해서는 사서(史書)에 분명하게 기록된 것이 없으나 A에서 부여는 연, 오환과 함께 존재한 나라로 언급되어 있다. 여기에 나오는 연은 전국 시대의 연국(燕國)이거나 전한(前漢)의 연 지역이다. 그런데 동호족(東胡族)의 한 지파인 오환은 전한보다 조금 늦게 등장한 나라이므로, ⓐ 이 연은 전한의 연 지역을 가리킬 수밖에 없다. ⓑ 따라서 부여는 전한대 초에 이미 존재하고 있었다는 것을 알 수 있다.

부여의 위치에 관한 구체적 서술은 『후한서』에서 나타난다. ⓒ 『후한서』에 B와 같은 내용이 들어 있는 것으로 보아 부여는 후한(後漢)대에도 존재하였음을 알 수 있다. B를 보면 부여가 후한의 현도에서 북쪽으로 천 리 정도 떨어진 곳에 위치하였다고 했는데 여기에 나오는 현도는 현도군을 말한다. 현도군은 원래 전한대에 압록강 유역에 설치되었지만 기원전 1세기 말에 고구려의 공격을 받아 서북방으로 이동하였다가 1세기 말에서 2세기 초 사이에 혼하 유역으로 이동해 갔다.

후한은 1세기 초에 세워졌으므로 B의 현도는 고구려 밖의 서북지역에 있던 현도군이거나 혼하 유역에 있던 현도군 중 하나일 것이다. 그런데 B에서 부여가 현도에서 북쪽으로 천 리 떨어져 있고 동이 지역에서 가장 평평한 곳에 있다고 했으므로 ⓓ B의 현도는 혼하 유역의 현도군을 가리킨다고 할 수 있다. 따라서 ⓔ 부여는 송화강 유역에 있었다고 추정할 수 있다.

① ⓐ － 전국 시대의 연국은 전한이 등장했을 때 존재하지 않았다.
② ⓑ － 부여는 전국 시대에 존재하지 않았다.
③ ⓒ － 『후한서』는 후한대의 사실을 기록한 사서이다.
④ ⓓ － 고구려 밖 서북 지역에서 북쪽으로 천 리쯤 떨어진 곳에는 넓은 평야 지대가 없다.
⑤ ⓔ － 혼하 유역에서 북쪽으로 천 리쯤 떨어진 곳에는 송화강이 있다.

09

다음은 거리 지각에 관한 18세기 철학자의 논증이다. 이 논증의 암묵적 전제로 가장 적절한 것은?

> 나는 다른 사람의 감정을 직접 볼 수는 없지만 사람의 얼굴이 붉어지거나 창백해지는 것을 지각함으로써 그가 부끄러워하는지 아니면 공포를 느끼는지를 지각할 수 있다. 만약 내가 어떤 사람의 얼굴이 붉어지거나 창백해지는 것을 지각할 수 없다면 그의 감정을 지각할 수도 없다. 따라서 지각될 수 없는 관념이 그것과는 다른 관념을 지각하는 수단이 될 수 없음은 명백하다.
>
> 동일한 시선 상에 있는 대상들은 멀고 가까움에 관계없이 우리 망막에 같은 점으로 맺히기 때문에 거리 그 자체가 지각되는 것은 아니다. 그러나 어쨌든 우리가 거리를 시각에 의해 지각한다는 것은 명백하다. 그러므로 거리는 시각에 의해 직접 지각되는 관념을 통하여 지각된다고 추론할 수 있다. 이에 대해 광학자들은 우리가 물체를 볼 때 안구를 움직여서 두 안구 사이를 지나는 선과 각 안구가 물체를 바라보는 선들이 이루는 각들이 더 작아지거나 커지는 것을 지각하며, 그 결과 자연 기하학의 방법에 의해 그 교점들이 더 가깝거나 멀다고 판단한다고 설명한다. 그러나 광학자들이 설명하려고 하는 선과 각은 결코 우리가 지각할 수 있는 것이 아니며, 광학에 익숙하지 않은 사람들은 그런 것들을 생각조차 하지 않는다. 그러므로 거리는 선과 각에 의해 지각되는 것이 아니다.

① 거리는 지각되는 대상을 통하여 간접적으로 지각된다.
② 거리 지각은 기하학의 증명이 갖는 확실성을 갖지 못한다.
③ 어떤 것도 지각되는 것을 통하지 않고서는 인식될 수 없다.
④ 선과 각 같은 기하학적 대상들은 지각을 설명하는 데 적절하지 않다.
⑤ 광학자들의 이론이 받아들여지려면 기하학의 방법에 의해 증명되어야 한다.

10

다음 글로부터 바르게 추론한 것만을 〈보기〉에서 있는 대로 고른 것은?

> 술을 마시지 않는 것이 자신에게 최선이라고 생각하면서도 술을 마시는 사람을 우리는 의지박약자라고 말한다. 의지박약은 생각보다 복잡한 현상으로서 '합리적 인간'의 개념을 위협한다. 인간이 합리적 존재인 이유는 자신의 욕구와 믿음에 부합하는 행동을 선택할 줄 안다는 뜻이다. 술을 마시는 행동이 즐거운 시간을 보내고 싶은 욕구와 술이 즐거운 시간을 보내게 해 주리라는 믿음에서 나온 것이라면 술을 마시는 행동은 합리적 행동이다. 그러나 건강한 삶을 원하고 음주가 건강을 해친다고 믿는 합리적 존재는 음주를 하지 않아야 한다. 건강한 삶에 대한 욕구를 완전히 잊고 있었다면 그 순간 나는 건강한 삶의 욕구를 갖지 않았으므로 내가 술을 마시는 것은 의지박약 행동이 아니다. 또 술이 건강에 해롭지 않으리라 판단하고 술을 마셨다면 그 순간 나는 술을 마시는 것이 건강에 해롭지 않다고 믿었던 것이므로 그것 역시 의지박약이 아니다. 술을 마시는 것이 건강에 해롭다는 믿음과 건강한 삶에 대한 욕구를 가지면서도 음주를 자발적으로 선택한다면 그것이 바로 의지박약인데, 이러한 행동도 흔히 발견되는 것 같다. 의지박약 행동을 하는 순간 나는 합리적 존재가 아닌 셈이다.

〈보기〉

어떤 사람의 행동 A가 의지박약 행동이려면 A를 하는 시점에서 그 사람은,

ㄱ. A를 하지 않기로 선택할 수 있어야 한다.
ㄴ. A가 자신에게 최선의 행동이 아니라고 생각해야 한다.
ㄷ. A를 통해서는 그 어떤 욕구도 만족시킬 수 없음을 알고 있어야 한다.

① ㄱ ② ㄷ ③ ㄱ, ㄴ
④ ㄴ, ㄷ ⑤ ㄱ, ㄴ, ㄷ

11
2013학년도 LEET 문24

A, B에 공통으로 필요한 전제만을 〈보기〉에서 있는 대로 고른 것은?

A: 많은 범죄예방 프로그램은 구체적인 목적을 가지고 특정한 대상(지역, 범죄유형, 시간대 등)에 한정하여 시행되며, 그 대상의 범죄감소를 목표로 한다. 하지만 범죄예방 프로그램들은 의도한 효과와 더불어 의도하지 않은 결과를 초래하기도 한다. 예를 들어, 어떤 지역에 적용된 범죄예방 프로그램으로 인해 그 지역의 범죄는 줄어들지만 동시에 그로 인해 다른 지역의 범죄가 증가하기도 한다. 야간 주거침입절도를 줄이기 위한 프로그램이 시행됨에 따라 낮 시간의 주거침입절도가 증가하기도 하며, 침입경보기를 설치하는 주택이 늘어나면 이를 설치하지 않은 주택의 범죄피해가 증가하기도 한다. 이처럼 특정 범죄예방 프로그램의 시행은 다른 지역이나 다른 표적, 혹은 다른 시간에 의도하지 않게 범죄의 증가를 가져오기도 한다. 범죄 발생이 범죄예방 활동에 반응하여 단순히 이동할 뿐이라면 전체적인 수준에서의 범죄율의 변화는 나타나지 않을 것이다.

B: 범죄자를 교도소에 구금하는 정책이 범죄자의 출소 후 재범을 막기는 어려울 수도 있지만, 적어도 교도소에 구금되어 있는 동안 그가 사회를 대상으로 범죄를 저지르는 것을 제한할 수는 있다. 나이가 많아지면 범죄를 더 이상 저지르지 않는 경우가 많기 때문에 대부분의 사람들의 범죄경력 기간은 제한된다. 따라서 한창 때의 범죄자를 교도소에 가둬 둘 경우 범죄기회를 줄일 수 있다. 범죄기회가 주어지는 기간이 짧을수록 그 기간만큼 범죄를 덜 저지르게 되고, 따라서 전체적인 범죄는 그들이 구금되지 않았다면 발생했을 만큼 감소할 것이다. 예를 들어 마약 남용자 200명이 1년 동안 교도소에 구금된다면 그들이 상당수의 범죄를 저지를 수 없어 1천 건의 노상강도, 4천 건의 주거침입절도, 1만 건의 상점절도, 3천 건 이상의 다른 범죄가 감소할 것이다.

〈보기〉
ㄱ. 범죄자는 필요한 정보를 사용하여 자유의지에 의해 범죄행동을 선택할 수 있는 합리적 행위자이다.
ㄴ. 어떤 범죄자의 범행이 좌절되거나 억제되었을 때 다른 범죄자가 그 자리를 채워 범행을 하지 않는다.
ㄷ. 범죄자의 범행욕구는 비탄력적이어서 범죄자는 일정 기간 동안 일정한 정도의 범죄를 저지르도록 동기부여되어 있다.

① ㄱ   ② ㄷ   ③ ㄱ, ㄴ
④ ㄴ, ㄷ   ⑤ ㄱ, ㄴ, ㄷ

12
2013학년도 LEET 문29

다음 논증에 대한 분석으로 가장 적절한 것은?

"'과학의 힘'이란 사실상 '주술의 효력'과 비슷한 수준에서 평가될 수 있는 표현"이라고 주장하는 이들이 있다. 주술도 과학도 모두 특정 사회와 문화의 산물이라는 이유에서다. 그들은 아리스토텔레스의 운동이론보다 뉴턴의 운동이론을, 또는 창조론보다 다윈의 이론을 선호해야 할 이유를 자연 자체에서는 찾을 수 없다고 본다. 중세 유럽인이나 오스트레일리아 원주민의 자연관과 마찬가지로 과학이 제공하는 이론들도 특정 사회의 정치적, 경제적 목적과 결부된 문화적 산물일 뿐만 아니라 과학이론에 대한 평가 역시 특정한 사회적 배경의 제약을 벗어날 수 없다는 것이다. 그러나 과학과 사회의 관계에 관한 이런 주장은 두 가지 점에서 타당하지 않다. 먼저, 문학이나 예술과 마찬가지로 과학 역시 특정한 사회적 환경 속에 존재하는 개인이나 집단에 의해 산출되지만, 과학은 그런 개인의 특성이나 사회 환경에 의해 속박되지 않는다. 『햄릿』이나 「B단조 미사」는 셰익스피어와 바흐가 없었더라면 영원히 존재하지 않았겠지만 과학은 이와 다르다. 뉴턴이 어려서 죽는 바람에 1687년에 『프린키피아』가 저술되지 않았다고 해도 필시 다른 누군가가 몇 년 혹은 늦어도 몇십 년 뒤에 그 책에 담긴 역학의 핵심 내용, 즉 보편중력의 법칙과 운동 3법칙에 해당하는 것을 발표했을 것이다. 여러 명의 과학자가 같은 시기에 서로 독립적으로 동일한 과학적 발견에 도달하는 동시발견의 사례들이 이를 간접적으로 입증한다. 또 과학적 발견을 성취해 낸 과학자가 지닌 고유한 품성은 설령 그것이 그 발견에 중요한 역할을 한 경우라 해도 그 성과물이 일단 그의 손을 떠나고 난 뒤에는 과학자들의 연구 활동에 아무런 영향도 미치지 않는다. 둘째로, 근대 이후 과학이 확산된 모습을 보라. 16세기 이후 최근에 이르기까지 실질적으로 모든 과학적 발견은 유럽 문명의 울타리 안에서 이루어졌지만 그 열매인 과학 이론은 전 세계에 확산되어 활용되고 있다. 모든 문화권이 이렇게 과학을 수용한 것과 대조적으로 유럽의 정치체제나 종교나 예술이 그처럼 보편적으로 수용된 것은 아니다. 과학은 특정한 개인들이 특정한 문화 속에서 만든 것이지만 이처럼 개인과 문화를 초월하는 보편적인 것이다. 과학 이외에 이런 특성을 지니는 것은 없는 듯하다.

① 뉴턴의 과학적 성과가 역학의 몇몇 핵심 법칙에 국한되지 않고 『프린키피아』에 나타난 문체와 탐구정신 같은 요소들까지 포함한다고 보면 논증의 설득력은 커진다.
② 글쓴이는 과학과 사회적 배경의 관계를 평가할 때 과학 이론이 탄생하는 과정보다 그 이론이 수용되고 사용되는 맥락이 더 중요하다고 전제하고 있다.
③ 유럽의 정치체제나 사회사상이 유럽의 과학보다 먼저 세계의 다른 지역에 전파된 경우가 확인된다면 논증의 설득력은 약화된다.
④ 글쓴이는 과학적 업적의 탄생 과정에 과학자의 개인적 특성이나 문화적 환경은 영향을 미치지 않는다고 전제하고 있다.
⑤ 과학에서 동시발견이 이루어진 사례들이 특정 문화권에 국한되어 있음이 입증되는 경우 논증의 설득력은 커진다.

13

〈사안〉, 〈주장〉, 〈사실〉과 관련하여 진술한 것으로 옳지 않은 것은?

〈사안〉
A는 교제 중이던 B가 임신하자 낙태를 강요한 뒤 헤어졌다. B는 괴로움을 이기지 못하고 유서를 남기고 자살했다. B의 어머니는 딸의 미니홈피에 유서 전문과 장문의 글을 올렸다. 이후 네티즌 사이에 A의 개인 정보가 노출되고 인신공격적 댓글이 이어졌다. 또 포털 사이트에 관련 뉴스가 게재되고 블로그, 커뮤니티 등에 기사가 스크랩되자, A(원고)는 포털 사업자(피고)를 상대로 명예훼손을 이유로 손해배상 청구소송을 제기했다.
위 포털 사업자에게 명예훼손으로 인한 손해배상책임을 물을 수 있는지를 두고 다음과 같은 쟁점이 특히 문제되었다.
쟁점(1): 포털이 사이트에 올린 기사에 편집권을 행사한 것으로 볼 수 있는지 여부
쟁점(2): 명예훼손적 게시물에 대해 피해자의 명시적 삭제 요구가 없더라도 포털의 삭제 의무가 발생하는지 여부

〈주장〉
(가) 포털이 내용 수정 없이 원문을 그대로 전재하는 경우라 하더라도 자신의 제공 서비스 화면에 오르게 하는 것은 실제적 의미에서 지적인 전파 내지 재공표를 행한 것에 해당할 수 있다.
(나) 뉴스 서비스 초기 화면에 기사를 예시적으로 게재하기 위해 일부 기사들을 적절히 배치하거나 긴 기사 제목의 일부를 말줄임표로 간결하게 요약해 보여 주는 것은 링크 제목의 수정일 뿐 원문의 수정이 아니다.
(다) 하루에 수만 건씩 쏟아지는 게시물의 내용을 포털이 다 알고 통제할 수 있는 지위에 있다고 보기 어렵다.
(라) 포털에 게시물 감시 및 삭제 의무를 부과한다면 명예훼손이라는 개인의 이익보다 더 큰 공익이 침해될 것이다.

〈사실〉
(마) 명예훼손적 게시물을 피해자의 명시적 요구 없이도 삭제할 의무를 포털에게 지우는 법률 조항이 없다.

① 원고 측이 (가)를 쟁점(1)과 관련하여 자신의 입장을 옹호하는 논거로 사용하려면, 원문을 포털에 그대로 전재하는 경우도 편집권의 행사에 해당한다는 전제가 필요하다.
② 피고 측이 (나)를 쟁점(1)과 관련하여 자신의 입장을 옹호하는 논거로 사용하려면, 포털이 행한 원문 기사의 배치나 제목의 간결한 요약은 편집권의 행사가 아니라는 전제가 필요하다.
③ 피고 측이 (다)를 쟁점(2)과 관련하여 자신의 입장을 옹호하는 논거로 사용하려면, 게시물의 존재와 내용에 대한 인식이 피고의 책임을 구성하는 요건이라는 전제가 필요하다.
④ 피고 측이 (라)를 쟁점(2)과 관련하여 자신의 입장을 옹호하는 논거로 사용하려면, 개인의 이익이 공익보다 우선한다는 전제가 필요하다.
⑤ (마)가 쟁점(2)와 관련하여 피고의 입장을 옹호하는 논거로 사용될 수 없다고 원고 측이 주장한다면, 원고는 명문의 법률규정이 없는 의무가 있을 수 있음을 전제하고 있다.

14

ⓐ~ⓒ에 관한 진술로 옳은 것만을 〈보기〉에서 있는 대로 고른 것은?

필로누스: 우리가 감각을 통해 뜨거움이나 차가움을 지각할 때, 그 뜨거움이나 차가움은 우리 마음 바깥의 사물에 있는 것일까, 아니면 그것들은 우리의 마음에 의해 지각되는 것으로만 존재하는 것일까? 자네는 뜨거움이나 차가움에 관해서 어떻게 생각하는가?

하일라스: 강렬한 뜨거움이나 차가움은 통증으로 지각되네. 통증이란 지독한 불쾌감의 일종이므로, 강렬한 뜨거움과 강렬한 차가움은 지독한 불쾌감에 불과하네. ⓐ 그러므로 강렬한 뜨거움과 강렬한 차가움은 사물에 있는 것이 아니네. 그러나 그보다 덜한 정도의 뜨거움이나 차가움은 통증과는 무관한 것이네. 우리는 그것들을 뜨거움이나 차가움으로 지각할 뿐 아니라 '더 뜨거운 것'과 '덜 뜨거운 것' 등을 구별하여 지각하네. ⓑ 그러므로 이런 정도의 뜨거움은 사물에 있다고 여겨지네.

필로누스: 우리 모두가 인정하듯이, 어떤 것이 동시에 차기도 하고 뜨겁기도 할 수는 없네. 그러면 이제 자네의 한 손은 뜨겁고 다른 한 손은 차다고 가정해 보세. 그리고 두 손을 모두 한꺼번에 미지근한 물에 넣었다고 해보세. 그러면 뜨겁던 손에는 그 물이 차갑게 느껴지고 차갑던 다른 한쪽 손에는 뜨겁게 느껴질 것이야. 그 물에서 자네의 한 손은 뜨거움을 느끼고 다른 한 손은 차가움을 느끼는 것이네. ⓒ 그러므로 자네의 손이 느끼는 뜨거움과 차가움이 그 물에 있다고 말할 수는 없네.

〈보기〉
ㄱ. ⓐ의 추리는 "쾌감이나 불쾌감은 그것들을 지각하는 주체에만 존재하는 것이다."라는 것을 전제하고 있다.
ㄴ. ⓑ의 추리는 "사물의 성질 중에 인간이 지각할 수 없는 것이 있다."라는 것을 전제하고 있다.
ㄷ. ⓒ의 추리는 "어떤 주장이 불합리한 귀결을 갖는다면 그 주장은 참일 수 없다."는 원리를 이용하고 있다.

① ㄴ   ② ㄷ   ③ ㄱ, ㄴ
④ ㄱ, ㄷ   ⑤ ㄱ, ㄴ, ㄷ

15

2014학년도 LEET 문28

갑의 추론이 설득력을 갖기 위해 전제되어야 하는 것만을 〈보기〉에서 있는 대로 고른 것은?

A국 범죄학자 갑은 형사 사법 기관이 작성한 공식 범죄 통계를 이용하여 전체 범죄 및 범죄 유형별 발생 건수의 추이를 분석하였다. 그는 범죄 유형별 범죄 신고율을 과학적으로 밝혀내기가 매우 어렵다고 판단하여, 그 비율을 이용하여 공식 범죄 통계로부터 실제 범죄 발생 건수를 계산하지는 않았다. 대신 공식 범죄 통계의 추이로부터 직접적으로 전체 범죄 건수와 범죄 유형별 범죄 건수의 추이를 추정하였다. 공식 범죄 통계를 분석한 결과, 2009년 대비 2010년의 성폭력 범죄 발생 건수는 2% 증가했으나 2010년 대비 2011년의 성폭력 발생 건수는 30% 증가한 것으로 나타났다. 갑은 이런 분석 결과를 기초로 2010년과 2011년 사이에 A국의 성폭력 범죄가 폭발적으로 증가했다고 주장하였다.

하지만 이런 갑의 주장에는 문제가 있다. 일반적으로 공식 범죄 통계는 경찰 혹은 검찰이 직접 인지하거나 범죄 피해자 혹은 목격자가 신고한 사건을 기초로 하여 작성된다. 그렇지만 공식 범죄 통계는 암수(暗數) 범죄, 즉 실제 발생하기는 했지만 통계의 집계에서 누락된 범죄를 포착하지 못한다. 사람들이 사건을 신고하지 않거나, 신고하더라도 이를 경찰이 통계에 포함하지 않는다면 암수 범죄의 문제가 발생한다. 이 문제를 고려하지 않은 갑의 주장을 신뢰하기는 어렵다.

―〈보기〉―

ㄱ. 암수 범죄의 전년 대비 증가율은 매년 일정하다.
ㄴ. 발생한 범죄 사건 중 신고된 사건의 비율은 범죄 유형별로 매년 일정하다.
ㄷ. 형사 사법 기관이 신고를 받거나 인지한 사건들을 범죄 통계에 반영하는 기준과 방식에 일관성이 있다.

① ㄴ ② ㄷ ③ ㄱ, ㄴ
④ ㄱ, ㄷ ⑤ ㄴ, ㄷ

16

2015학년도 LEET 문10

(A)에 들어갈 두 진술로 적절한 것을 〈보기〉에서 고른 것은?

인간 다수의 이익을 위해서 영장류를 포함한 동물 소수에게 고통을 가하는 동물 실험은 도덕적으로 정당화될 수 있는가? 인간이 아닌 동물은 도덕적 고려의 대상이 될 수 없다는 주장은 논외로 하겠다. 도덕적 고려의 대상이 되어야 하는지는 고통을 느끼는 감각 능력이 있는지에 달려 있기 때문이다. 어떤 종에 속하는지에 상관없이 고통을 느낄 수 있는 개체들의 이익은 서로 동등하게 고려되어야 한다.

동물 실험을 크게 두 가지 경우로 나눠 생각할 수 있다. 하나는 인간의 사소한 이익을 위해서 동물이 상당한 고통을 겪는 경우이고, 다른 하나는 인간의 상당한 이익을 위해서 동물이 상당한 고통을 겪는 경우이다. 화장품이나 식용 색소와 같은 제품을 개발하기 위해서 하는 동물 실험이 전자에 속한다. 이를 통해서 생기는 이익은 동물에게서 박탈되는 이익에 비해 사소하기에 이런 동물 실험은 도덕적으로 정당화될 수 없다. 그렇다면 후자의 경우는 어떤가? 나는 후자의 동물 실험도 도덕적으로 정당화될 수 없다고 생각한다. 동물은 대개의 인간과는 달리 자신의 먼 미래를 계획할 수 없다는 이유에서 인간의 이익이 동물의 이익보다 더 크지만, 그렇다고 해도 동물 실험을 통해서 동물에게 고통을 줌으로써 그 이익을 박탈할 수는 없다. 다음 두 진술을 함께 받아들임으로써 나의 주장은 정당화된다.

(A)

―〈보기〉―

(가) 갓난아기는 자신의 먼 미래를 계획할 수 없다.
(나) 갓난아기는 누린 이익이 없으므로 박탈될 이익도 없다.
(다) 다른 인간의 이익을 위해서 갓난아기의 이익을 박탈할 수 없다.
(라) 동물 실험을 통해서 얻게 될 인간의 상당한 이익과 그 실험에서 박탈될 동물의 이익은 상쇄된다.
(마) 이익을 포기하는 것이 도덕적으로 정당한 행위라고 해서 다른 사람에게 이를 하라고 명령할 수는 없다.

① (가)와 (다) ② (가)와 (라)
③ (나)와 (다) ④ (나)와 (마)
⑤ (라)와 (마)

17

아래 글의 저자가 암묵적으로 전제하는 것으로 옳지 않은 것은?

> 육식을 정당화하는 사람들은 동물들이 서로 잡아먹는 것을 근거로 들 때가 있다. '그래, 너희들이 서로 먹는다면, 내가 너희들을 먹어서는 안 될 이유가 없지'라고 생각하는 것이다. 그러나 이런 주장에 대해 제기될 수 있는 반박은 명백하다. 먹기 위해 다른 동물을 죽이지 않으면 살아남을 수 없는 많은 동물들과 달리, 사람은 생존을 위해 반드시 고기를 먹을 필요가 없다. 나아가 동물은 여러 대안을 고려할 능력이나 식사의 윤리성을 반성할 능력이 없다. 그러므로 동물에게 그들이 하는 일에 대한 책임을 지우거나, 그들이 다른 동물을 죽인다고 해서 죽임을 당해도 괜찮다고 판정하는 것은 타당하지 않다. 반면에 인간은 자신들의 식사습관을 정당화하는 일이 가능한지를 고려하지 않으면 안 된다.
>
> 한편 어떤 사람들은 동물들이 서로 잡아먹는다는 사실은 일종의 자연법칙이 있다는 것을 의미하는 것으로 간주하곤 한다. 그것은 더 강한 동물이 더 약한 동물을 먹고 산다는 일종의 '적자생존'의 법칙을 말한다. 그들에 따르면, 우리가 동물을 먹는 것은 이러한 법칙 내에서 우리의 역할을 하는 것일 뿐이다. 그러나 이런 견해는 두 가지 기본적인 잘못을 범하고 있다. 첫째로, 인간이 동물을 먹는 것이 자연적인 진화 과정의 한 부분이라는 주장은 더 이상 설득력이 없다. 이는 음식을 구하기 위해 사냥을 하던 원시문화에 대해서는 참일 수 있지만, 오늘날처럼 공장식 농장에서 가축을 대규모로 길러내는 것에 대해서는 참일 수 없다. 둘째로, 가임 여성들이 매년 혹은 2년마다 아기를 낳는 것은 의심할 여지없이 '자연스러운' 것이지만, 그렇다고 해서 그 과정에 간섭하는 것이 그릇된 것임을 의미하지는 않는다. 우리가 하는 일의 결과를 평가하기 위해서 우리에게 영향을 미치는 자연법칙을 알 필요가 있음을 부정할 필요는 없다. 그러나 이로부터 어떤 일을 하는 자연적인 방식이 개선될 수 없음이 따라 나오지는 않는다.

① 반성 능력이 없는 존재에게는 책임을 물을 수 없다.
② 자신의 생존에 위협이 되는 행위는 의무로 부과할 수 없다.
③ 어떤 행위의 대안을 고려할 수 있는 존재는 윤리적 대안이 있는데도 그 행위를 하는 경우라면 그것을 정당화해야 한다.
④ 공장식 농장의 대규모 사육은 자연스러운 진화의 과정이 아니다.
⑤ 자연적인 방식이 개선되면 기존의 자연법칙은 더 이상 유효하지 않다.

18

다음 글에 대한 분석으로 옳은 것만을 〈보기〉에서 있는 대로 고른 것은?

> 우리 행위가 우리 자신의 자유로운 선택의 결과일 때에만 우리는 그 행위에 도덕적 책임을 진다. 그러나 만약 인간 행위가 결정론적 인과 법칙에 의해 전적으로 지배된다면, 어떻게 내 행위가 자유로운 행위였다 할 수 있는지의 질문이 제기될 수 있다. 이에 대해 "우리가 자유 의지를 가지고 있고 자유롭게 행위한다는 것을 우리는 누구보다 잘 알고 있습니다. 여기에는 아무 문제가 없습니다."라고 주장하는 것은 문제의 해결이 아니다. 만약 우리가 우리의 의지가 자유롭다는 것을 정말로 안다면, 우리의 의지가 자유롭다는 것은 참일 수밖에 없다. 사실이 아닌 어떤 것을 알 수는 없기 때문이다. 그러나 "우리의 의지는 자유롭지 않으므로 어느 누구도 우리 의지가 자유롭다는 것을 알지 못한다."는 주장 역시 가능하다. 사람들이 자신들이 자유롭게 행위한다고 믿는다는 것은 분명한 사실이다. 그러나 자유롭게 행위한다고 느낀다는 것이 우리가 실제로 자유롭다는 점을 입증하지는 못한다. 그것은 단지 우리가 행위의 원인에 대해 인식하고 있지 못함을 보여줄 뿐이다.

〈보기〉

ㄱ. 이 글에 따르면, 자유로운 선택에 의한 것이지만 도덕적 책임을 지지 않는 행위는 있을 수 없다.
ㄴ. 이 글에 따르면, 우리가 무언가를 안다는 것은 그것이 참임을 함축한다.
ㄷ. 우리가 자유롭게 행했다고 여기는 많은 행위들을 인과 법칙적으로 설명할 수 있다면, 이 글의 논지는 약화된다.

① ㄴ ② ㄷ ③ ㄱ, ㄴ
④ ㄱ, ㄷ ⑤ ㄱ, ㄴ, ㄷ

19

2018학년도 LEET 문12

다음 글에 대한 분석으로 적절한 것만을 〈보기〉에서 있는 대로 고른 것은?

'선의의 거짓말'이라는 말이 있다. 도망자의 행방을 당신이 알고 있는 상황에서 그를 죽이려고 찾아온 사람에게 그의 행방을 알려주지 않고 거짓말을 하는 경우가 전형적 사례이다. 선의의 거짓말을 두고 서로 다른 견해가 있다.

A: 선의의 거짓말의 결과가 오히려 예상 외로 나쁠 수 있다. 도망자의 행방을 사실대로 말했더라면 죽지 않았을 텐데, 선의의 거짓말을 한 결과 도리어 도망자가 그를 죽이려고 찾아온 사람과 마주쳐 죽임을 당했다고 해 보자. 이때 당신은 아마 그 죽음의 원인 제공자로 비난받아 마땅할 것이다. 누구든 거짓말을 하는 자는 그 결과에 대해 책임을 져야 하기 때문이다. 따라서 가장 합리적인 방침은 이미 알려진 죄악인 거짓말을 하지 않고, 결과는 순리에 맡기는 것이다. 비록 그 결과가 나쁘더라도 우리는 의무를 다했으므로 우리의 잘못으로 여겨지지는 않을 것이다.

B: 사실대로 말할 경우 피해자가 죽임을 당할 것이 분명한데도 사실을 말했다면 이는 비난받아 마땅할 것이다. 대부분의 일상적 경우에 우리는 우리 행위의 결과에 대해 상당 정도 확신할 수 있고, 그러한 상황에서는 불확실성 때문에 망설이지 않아도 된다. 주어진 정황상 혹은 우리에게 주어진 정보 하에서 내가 거짓말을 함으로써 피해자를 보호할 수 있으리라고 생각할 만한 충분한 이유가 있다면, 그러한 상황에서는 거짓말을 하는 것이 옳다. 물론 그러한 행위가 어떤 결과를 낳을지 우리는 절대 확신할 수 없다. 그러나 우리는 그저 최선의 결과를 낳을 것으로 생각되는 행위를 하면 될 뿐이다.

〈보기〉
ㄱ. A는 거짓말로 인한 나쁜 결과에 대해서는 책임을 져야 하지만 사실을 말해서 얻게 되는 나쁜 결과에 대해서는 책임이 없다고 전제하고 있다.
ㄴ. B는 어떤 행위의 실제 결과가 나쁜 것으로 드러나더라도 그 행위를 하는 것이 올바른 선택일 수 있다는 점을 인정한다.
ㄷ. A와 B 모두 행위의 옳고 그름이 그 행위의 실제 결과에 전적으로 달려 있다는 데 동의하지 않는다.

① ㄴ　　② ㄷ　　③ ㄱ, ㄴ
④ ㄱ, ㄷ　　⑤ ㄱ, ㄴ, ㄷ

20

2018학년도 LEET 문24

㉠에 대한 근거로 적절한 것만을 〈보기〉에서 있는 대로 고른 것은?

화재가 발생하여 화재의 기전에 의해 사망하는 것을 화재사라고 한다. 화재 현장에서 불완전연소의 결과로 발생한 매연(煤煙)을 들이키면 폐 기관지 등 호흡기 점막에 새까맣게 매(煤)가 부착된다. 화재 현장에서 생성되는 다양한 유독가스 중 일산화탄소는 피해자의 호흡에 의해 혈류로 들어가 헤모글로빈에 산소보다 더 강하게 결합하여 산소와 헤모글로빈의 결합을 방해한다. 생체의 피부에 고열이 작용하면 화상이 일어나는데 그중 가장 경미한 정도인 1도 화상에서는 손상에 대한 생체의 반응으로 피부로의 혈액공급이 많아져 발적과 종창이 나타난다. 더 깊이 침범된 2, 3도 화상에서는 피부의 물집, 피하조직의 괴사 등이 나타난다. 불길에 의해 고열이 가해지면 근육은 근육 단백질의 형태와 성질이 변하여 위축되는 모양을 띤다. 근육의 위축은 그 근육에 의해 가동되는 관절 부위의 변화를 가져오게 되는데 관절을 펴는 근육보다는 굽히는 근육의 양이 더 많으므로 불길에 휩싸여 열변성이 일어난 시신은 대부분의 관절이 약간씩 굽은 모습으로 탄화된다.

한편, 화재 현장에서 변사체가 발견되어 부검이 시행되었다. 부검을 마친 법의학자는 ㉠희생자가 생존해 있을 때에 화재가 발생하여 화재의 기전에 의해 사망하였다고 판단하였다.

〈보기〉
ㄱ. 불에 탄 시체의 관절이 약간씩 굽어 있다.
ㄴ. 얼굴에 빨간 발적이나 종창이 일어난 화상이 있다.
ㄷ. 혈액 내에 일산화탄소와 결합한 헤모글로빈 농도가 높다.

① ㄱ　　② ㄴ　　③ ㄱ, ㄷ
④ ㄴ, ㄷ　　⑤ ㄱ, ㄴ, ㄷ

21

다음 글에 대한 분석으로 옳은 것만을 〈보기〉에서 있는 대로 고른 것은?

한 명제가 다른 명제를 필연적으로 함축한다면 전자가 참일 가능성은 후자가 참일 가능성을 필연적으로 함축한다. 예를 들어 지구에 행성이 충돌하는 것이 인간이 멸종하는 것을 필연적으로 함축한다면, 지구에 행성이 충돌할 가능성은 인간이 멸종할 가능성을 필연적으로 함축한다. 왜 그럴까?

㉠ 지구에 행성이 충돌한다는 것이 인간 멸종을 필연적으로 함축하지만, 그런 충돌 가능성이 있는데도 인간 멸종의 가능성은 없다고 가정해 보자. 사람들은 지구에 행성이 충돌하는 일이 실제로 일어나겠느냐고 의심할지 모르지만, 그런 충돌이 가능하다고 가정했기 때문에, 그런 일이 실제로 일어나는 상황이 있다고 해도 아무런 모순이 없다. 그리고 그런 일이 실제로 일어난다는 것은 인간 멸종을 필연적으로 함축하므로, 그 상황에서는 인간이 멸종한다. 그런데 인간이 멸종하는 상황은 없다고 가정했으므로 모순이 발생한다. 그러므로 ㉡ 지구에 행성이 충돌한다는 것이 인간 멸종을 필연적으로 함축한다면, 행성 충돌의 가능성은 인간 멸종의 가능성을 필연적으로 함축한다.

〈보기〉

ㄱ. ㉡을 도출하는 과정에서 인간 멸종이 가능하지 않다는 것과 인간이 멸종하는 상황이 없다는 것을 동일한 의미로 간주하고 있다.

ㄴ. 지구에 행성이 충돌할 가능성이 실제로는 없다고 밝혀지더라도, ㉠으로부터 ㉡을 추론하는 과정에 아무런 문제가 없다.

ㄷ. ㉠으로부터 ㉡으로의 추론은, 어떤 가정으로부터 모순이 도출된다면 그 가정의 부정은 참이라는 원리를 이용한다.

① ㄱ ② ㄴ ③ ㄱ, ㄷ
④ ㄴ, ㄷ ⑤ ㄱ, ㄴ, ㄷ

유형 03 – 구조 분석

01
2009학년도 LEET 문18

다음 논증의 구조를 가장 잘 표현한 것은? (단, 기호 '↓'는 글쓴이가 위 진술을 바로 아래 진술을 주장하는 근거로 사용하고 있다는 것을 의미하며, 기호 '+'는 앞뒤의 진술들이 합쳐짐으로써 그 진술들이 지지하는 진술에 대한 근거를 구성한다는 것을 의미한다.)

> ⓐ 인구는, 제한되지 않으면, 기하급수적으로 증가한다. ⓑ 식량은 기껏해야 산술급수적으로 증가한다. ⓒ 인구의 증가율과 식량의 증산율의 차이를 피할 수 없다. ⓓ 사람이 사는 데 식량이 필요하다는 것은 자연의 법칙이다. ⓔ 따라서 우리는 어떻게 해서든지 인구의 증가율과 식량의 증산율을 같게 해야 한다. ⓕ 결과적으로 인구는 식량 부족 때문에 지속적으로 강력하게 제한될 수밖에 없다. ⓖ 인구가 제한될 수밖에 없다면 이것은 대부분의 사람들에게 심각한 위협이 될 수밖에 없다. ⓗ 많은 사람들에게 심각한 위협이 있는 사회는 모든 구성원이 편안하고 행복하게 사는 완전한 사회가 아니다. ⓘ 그러므로 모든 구성원이 편안하고 행복하게 사는 완전한 사회란 있을 수 없다.

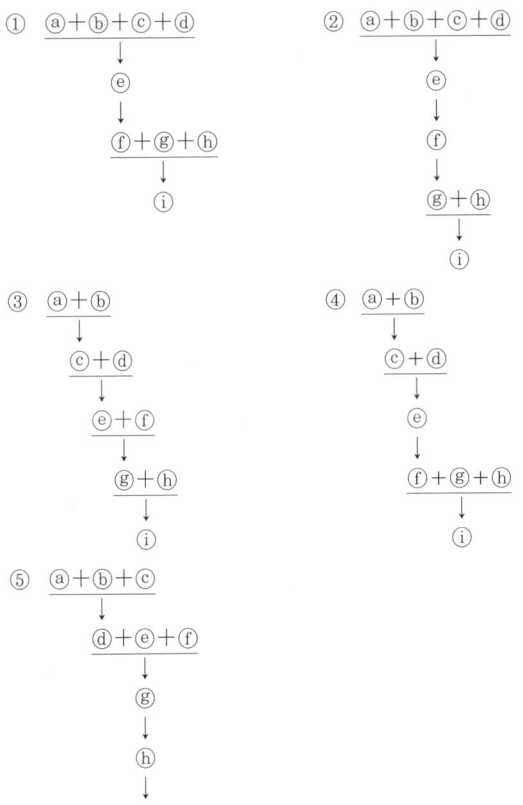

02
2010학년도 LEET 문16

다음 논증의 구조를 분석한 것으로 가장 적절한 것은? (단, '↓'는 글쓴이가 위 진술을 아래 진술의 근거로 사용하고 있음을 의미하며, '+'는 앞뒤의 진술들이 합쳐짐으로써 아래 진술에 대한 근거를 구성함을 의미한다.)

> ⓐ 영혼의 동일성을 확인할 길은 없다. 예를 들어 나의 영혼과 소크라테스의 영혼이 같은지 다른지 확인할 길이 없다. ⓑ 영혼은 물질적인 것이 아닌 신비로운 것이기 때문이다. ⓒ 이것이 행위의 책임 소재를 영혼의 동일성에서 찾을 수 없는 이유이다. 그런데 ⓓ 행위주체와 책임주체가 동일한 육체를 가지고 있는지 여부는 경험적으로 확인할 수 있다. 그렇다면 ⓔ 주체의 동일성을 육체의 동일성에서 찾을 수 있는 것처럼 보인다. ⓕ 육체의 동일성이 유지된다 하더라도 기억상실증 환자처럼 의식이 동일하지 않을 수 있는데, 의식이 전혀 다른 주체의 행위에 대해 책임을 지는 것은 부당하다. 따라서 ⓖ 단지 행위주체와 육체가 동일하다는 이유만으로 과거 행위에 대해 책임을 져야 한다고 말할 수 없다. ⓗ 의식의 동일성이 유지되지 않으면 주체의 동일성이 유지된다고 말할 수 없기 때문이다. ⓘ 의식의 동일성은 경험적으로 확인할 수 있다. 그러므로 ⓙ 영혼의 동일성이나 육체의 동일성이 아니라 의식의 동일성이 유지되어야 행위에 대한 책임을 물을 수 있다.

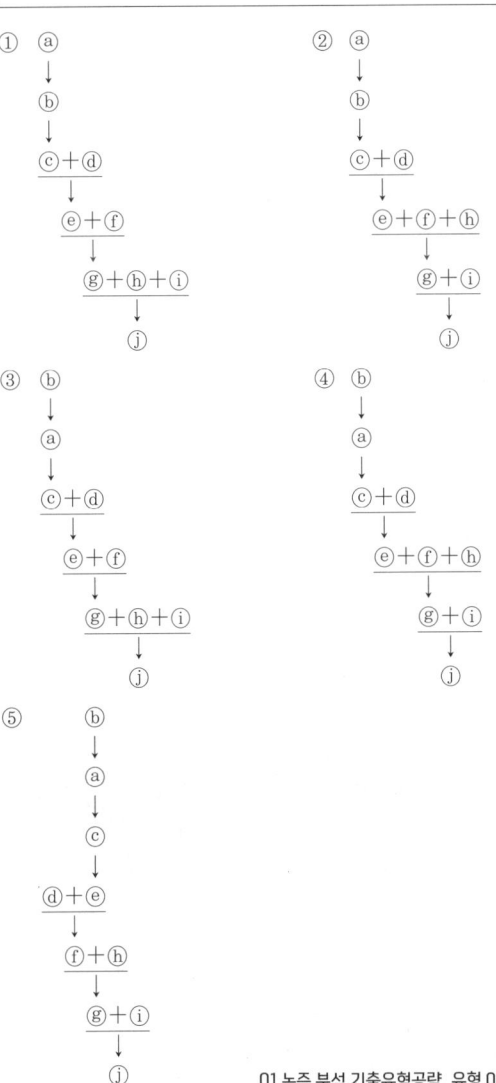

03

다음 논증에 대한 분석으로 옳지 않은 것은?

ⓐ 행복한 사람에게는 친구가 필요하지 않다는 주장이 있다. ⓑ 그는 이미 좋은 것들을 가지고 있으며 자족적인 만큼 그 어떤 것도 추가적으로 필요하지 않다. ⓒ 친구는 본인 스스로 할 수 없는 것을 제공해 주는 사람이니 말이다. 그런데 ⓓ 신이 행복한 사람에게 모든 좋은 것을 다 나눠주면서 친구를 주지 않는다는 것은 이상한 일이다. ⓔ 친구가 하는 일이 서로 잘해주는 것이면서 서로의 선행을 받아주는 것이라면, 또 선행을 베푸는 것이 좋은 사람, 탁월한 사람이 하는 일이라면, 그런 사람은 자신의 선행을 잘 받아줄 사람을 필요로 하게 될 것이다. 그렇다면 ⓕ 행복한 사람에게 친구가 필요하지 않다는 것이 주장하는 바는 무엇인가? ⓖ 대중은 자신에게 이로운 사람을 친구로 간주한다. ⓗ 행복한 사람은 좋은 것들을 가지고 있기 때문에 자신에게 이로운 친구를 필요로 하지 않는다. ⓘ 그러한 친구를 필요로 하지 않기에 친구를 필요로 하지 않는 것처럼 보이는 것이다.

① 이 논증은 ⓐ의 '주장'을 반박하는 부분과 ⓐ의 '주장'을 사람들이 받아들이는 이유를 설명하는 부분으로 되어 있다.
② 행복한 사람에게 이로운 친구는 없어도 되지만 자신의 선행을 받아줄 친구는 필요하다는 점에서 ⓐ의 '주장'이 부정된다.
③ ⓑ와 ⓒ가 결합하여 ⓐ의 '주장'을 뒷받침한다.
④ ⓔ는 ⓓ를 뒷받침한다.
⑤ ⓖ와 ⓗ가 결합하여 ⓐ의 '주장'을 반박하는 근거가 된다.

04

다음 논증의 구조를 분석한 것으로 적절하지 않은 것은?

ⓐ 공간에 대한 인간의 요구와 반응이 각 환경에서 어떤 형태로 나타나는지를 알기 위해서는 동물과의 비교 연구가 도움이 된다. ⓑ 이용 가능한 공간의 크기에 따른 행동의 변화를 동물을 대상으로 관찰할 경우 인간 행동의 관찰에서는 기대하기 어려운 것까지도 발견할 수 있기 때문이다. ⓒ 동물의 세대 간격은 비교적 짧기 때문에 동물을 이용하면 시간을 가속화할 수 있다. ⓓ 예컨대 한 과학자가 40년 동안 관찰할 수 있는 생쥐는 440세대에 이르지만 인간은 고작 2세대에 그친다. ⓔ 그리고 동물의 생명에 대해서는 비교적 냉정한 태도를 취할 수 있다. ⓕ 게다가 동물 관찰에서는 변덕과 자기합리화로 뒤범벅인 행동을 해석하느라 골치를 썩일 필요도 없다. ⓖ 동물은 자연스러운 상태에서 놀라우리만큼 일관적인 태도로 반응하고, 따라서 동물에게서는 반복적인 행위, 사실상 동일한 행위가 관찰된다.

ⓗ 특히 동물이 공간을 다루는 방식을 관찰한 결과를 인간의 상황에 적용함으로써 얻을 수 있는 지식은 자못 크다. ⓘ 동물의 행동을 연구하는 데 기본 개념이 되는 것 중의 하나가 영토권이다. ⓙ 영토권이란 동물 개체가 특징적으로 설정하고 있는 영역을 일컫는 것으로, 개체는 동일 종의 다른 구성원이 그 영역을 침범하면 방어 행동을 보인다. ⓚ 동물의 영토권에 대한 연구는 인간의 생활에 대한 기존 관념들을 많이 바꾸어 놓고 있다. ⓛ 흔히 자신은 사회에 감금되어 있지만 동물은 그렇지 않다고 생각해서 "새처럼 자유롭다."는 표현을 우리는 쓴다. ⓜ 그러나 우리는 영토권 연구를 통하여 오히려 그 역이 진실에 가깝다는 것을 알게 된다. 다시 말해 동물은 자신의 영토에 갇혀 있는 경우가 많으며 그에 비한다면 인간은 매우 자유로운 존재인 셈이다.

① 최종 결론인 ⓐ가 ⓑ와 ⓗ로부터 도출되는 것이 이 논증의 큰 줄기이다.
② ⓑ를 지지하는 근거로 ⓒ, ⓔ, ⓕ가 사용되고 있다.
③ ⓓ는 ⓒ를, ⓖ는 ⓕ를 지지하는 근거로 사용되고 있다.
④ ⓚ는 ⓘ를, ⓙ는 ⓘ를, ⓘ는 ⓗ를 지지하는 근거로 사용되고 있다.
⑤ ⓛ과 ⓜ은 ⓚ를 지지하는 근거로 사용되고 있다.

05

2013학년도 LEET 문10

다음 논증에 대한 분석으로 옳지 않은 것은?

> ⓐ 다른 지식에서 추론됨으로써 정당화되는 지식이 있다.
> ⓑ 이러한 지식을 '추론적 지식'이라고 하고, 추론적 지식이 아닌 지식을 '비추론적 지식'이라고 하자.
> ⓒ 모든 지식이 추론적 지식이라고 가정해 보자.
> ⓓ 어떤 추론적 지식을 G_1이라고 하면, G_1을 추론적으로 정당화하는 다른 지식이 있다.
> ⓔ 그중 어떤 것을 G_2라고 하면, G_2는 추론적 지식이다.
> ⓕ G_2를 추론적으로 정당화하는 다른 지식이 있고, 그중 하나를 G_3이라고 하면 G_3도 추론적 지식이다.
> ⓖ 이런 과정은 무한히 계속될 것이다.
> ⓗ 정당화의 과정이 무한히 이어질 수는 없다.
> ⓘ 정당화의 과정이 끝나려면 다른 지식을 정당화하는 어떤 지식은 비추론적 지식이어야 한다.
> ⓙ 그러므로 비추론적 지식이 존재한다.

① ⓔ는 ⓒ와 ⓓ로부터 도출된다.
② ⓒ~ⓖ는, ⓒ의 '가정'이 주어지는 한, 지식을 정당화하는 과정이 끝나지 않는다는 것을 보여준다.
③ ⓖ의 '과정'이 순환적일 가능성을 배제할 수 없으므로, ⓖ가 참이기 위해 무한히 많은 추론적 지식이 존재할 필요는 없다.
④ ⓖ와 ⓗ가 충돌하므로 ⓐ도 부정되고 ⓒ의 '가정'도 부정된다.
⑤ 이 논증이 타당하다면 '비추론적 지식이 없으면 추론적 지식도 있을 수 없다'는 것이 증명된다.

06

2014학년도 LEET 문11

다음 논증의 구조를 분석한 것으로 옳지 않은 것은?

> 아담 스미스는 자본이 증가하면 자본의 경쟁도 심화되기 때문에 이윤은 낮아진다고 주장하였다. 『국부론』의 「자본의 이윤」에서 그는 이렇게 말한다. "ⓐ 많은 부유한 상인들이 한 업종에 투자하게 되면 그들 간의 상호 경쟁 때문에 이윤은 자연스럽게 낮아지는 경향이 있다. ⓑ 한 사회 안에서 모든 업종에 걸쳐 투자액이 증가한다면, 그 모든 업종에서 같은 경쟁 때문에 동일한 효과가 발생할 수밖에 없다." 이 대목에서 아담 스미스는 ⓒ 자본의 경쟁이 이윤을 낮추는 것은 가격을 낮추기 때문이라고 생각하는 것 같다. 어떤 특정 업종에서 자본 투자가 증가하기 때문에 그 업종에서 이윤율이 낮아지는 것은 보통 가격의 하락에 기인하기 때문이다. 그러나 이것이 그가 뜻한 바라면, ⓓ 가격 하락이 한 상품에만 국한되는 경우에는 실제로 생산자의 이윤을 축소시키지만 모든 상품에 함께 일어나는 경우에는 그런 효과가 없어진다는 점을 그는 놓친 것이다. ⓔ 모든 물건의 가격이 내린다면 실질적으로는 어떤 물건도 가격이 내리지 않는 것과 마찬가지이기 때문이다. 화폐로 계산해 보아도 모든 생산자에게 매출이 줄어든 만큼 생산비도 줄어든다. ⓕ 모든 다른 물건들은 가격이 하락하는데 노동만이 가격이 하락하지 않는 유일한 상품이라면 실질 이윤은 감소할 것이지만, 그런 경우에 실제로 일어난 일은 임금 상승이다. 이 경우에 자본의 이윤을 낮춘 것은 가격 하락이 아니라 임금 상승이라고 해야 맞다.
>
> — 존 스튜어트 밀, 『정치경제학 원리』 —

① 글쓴이는 ⓐ의 타당성을 인정하고 있다.
② ⓓ는 ⓑ를 비판하고 있다.
③ ⓔ는 ⓓ의 근거이다.
④ ⓕ는 ⓒ를 비판하고 있다.
⑤ ⓕ는 ⓔ의 근거이다.

07

다음 글을 분석한 것으로 옳지 <u>않은</u> 것은?

> 가장 강한 자라고 하더라도 자기의 힘을 권리로, 복종을 의무로 바꾸지 않고서는 언제나 지배자 노릇을 할 수 있을 만큼 강하지는 않다. 따라서 '강자의 권리'라는 구절이 언뜻 반어적인 의미를 가진 것으로 보이면서도 실제로 하나의 근본 원리인 것처럼 여겨지는 것에 대하여 뭔가 설명이 필요하다. ⓐ 힘이란 물리력인데, 물리력이 어떻게 도덕적 결과를 가져올 수 있는지 나는 이해할 수 없다. ⓑ 힘에 굴복하는 것은 어쩔 수 없어서 하는 행동이요 기껏해야 분별심에서 나온 행동이지 의무에서 나온 행동은 아니다.
> ⓒ 만일 강자의 권리라는 것이 있어서, 힘이 권리를 만들어낸다고 해보자. 그렇다면, 원인이 바뀜에 따라 결과도 달라지므로, 최초의 힘보다 더 강한 힘은 최초의 힘에서 생긴 권리까지도 차지해 버릴 것이다. 힘이 있어서 불복한다면 그 불복종은 정당한 것이 되며 강자는 언제나 정당할 터이므로 오직 중요한 점은 강자가 되는 것뿐이다. ⓓ 힘이 없어질 때 더불어 없어지고 마는 권리란 도대체 무엇인가? ⓔ 강도가 덮쳤을 때 내가 강제로 지갑을 내주어야 할 뿐만 아니라 지갑을 잘 감출 수 있을 때에도 강도의 권총이 권력이랍시고 양심에 따라 지갑을 내줄 의무가 있는 것은 아니다. ⓕ 어쩔 수 없어서 복종해야 한다면 의무 때문에 복종할 필요는 없으며 복종을 강요받지 않을 경우에는 복종할 의무도 없다. 권리에 복종하라는 말이 만약 힘에 복종하라는 말이라면, 이는 좋은 교훈일지는 몰라도 하나마나한 말로서, ⓖ 나는 그러한 교훈이 지켜지지 않는 일은 결코 없으리라고 장담할 수 있다. ⓗ '강자의 권리'라는 말에서 '권리'는 '힘'에 덧붙이는 것이 없으며, 따라서 공허한 말이다.
>
> — 루소, 「사회계약론」 —

① ⓑ가 ⓐ를 뒷받침하려면 '물리적인 것'과 '도덕적인 것'의 구별이 전제되어야 한다.
② ⓒ~ⓗ에서 글쓴이는 '강자의 권리'라는 구절로부터 불합리한 귀결이 나옴을 보임으로써 '강자의 권리'를 부정하는 논증을 펴고 있다.
③ ⓔ는 ⓑ의 예시이다.
④ ⓖ에서 글쓴이가 '장담'하는 근거는 ⓕ이다.
⑤ ⓓ와 ⓗ는 둘 다 힘에서 나오는 '권리'라는 것은 무의미한 말임을 지적하고 있다.

08

다음 논증의 지지 관계를 분석한 것으로 적절하지 <u>않은</u> 것은?

> ㉠ 자연권이란 개개인이 자신의 생명을 보존하기 위해 원할 때는 언제나 자신의 힘을 사용할 수 있는 자유를 의미하는 것으로, 모든 사람에게 동등하게 보장된 것이다. 반면 ㉡ 자연법이란 이성에 의해 발견된 계율 또는 일반규칙으로서, 그러한 규칙의 하나에 따르면 인간은 자신의 생명을 보존하는 수단을 박탈하거나, 자신의 생명 보존에 가장 적합하다고 생각되는 행위를 포기하는 것이 금지된다. 권리는 자유를 주는 반면, 법은 자유를 구속한다.
> ㉢ 인간의 자연 상태는 만인에 대한 만인의 전쟁 상태이며, ㉣ 이 상태에서 모든 이성적 인간은 적에 맞서 자신의 생명을 보존하는 데 도움이 되는 것은 어떤 것이든 사용할 수 있다. 따라서 ㉤ 그런 상태에서는 모든 사람은 모든 것에 대해, 심지어는 상대의 신체에 대해서도 권리를 갖게 된다. ㉥ 상대의 신체에 대한 권리는 그 신체를 훼손할 권리까지 포함하므로, ㉦ 모든 것에 대한 이러한 자연적 권리가 유지되는 한 인간은 누구도 안전할 수 없다. 그런데 자연법은 생명의 안전한 보존에 가장 적합하다고 생각되는 행위를 결코 포기해서는 안 된다고 명하고 있으므로, ㉧ 모든 사람은 평화를 이룰 희망이 있는 한 그것을 얻기 위해 노력하지 않으면 안 된다. 그렇다면 이성이 우리에게 명하는 또 하나의 계율은 이렇게 요약될 수 있다. ㉨ 평화와 자기 방어에 필요하다고 생각하는 한 우리는 모든 사물에 대한 자연적 권리를 기꺼이 포기하고, 우리가 다른 사람에게 허용한 만큼의 자유에 스스로도 만족해야 한다.

① ㉠이 ㉣의 근거로 제시되고 있다.
② ㉢과 ㉣이 ㉤의 근거로 제시되고 있다.
③ ㉤이 ㉥의 근거로, 그리고 이 ㉥이 다시 ㉦의 근거로 제시되고 있다.
④ ㉡이 ㉧의 근거로 제시되고 있다.
⑤ ㉦과 ㉧이 ㉨의 근거로 제시되고 있다.

09

2019학년도 LEET 문20

다음 논증의 구조를 가장 적절하게 분석한 것은?

ⓐ 행복을 추구하는 인간의 성향도, 자비심과 같은 도덕적 감정도 보편적 윤리의 토대가 될 수 없다. ⓑ 행복 추구의 동기가 올바른 삶을 살아야 하는 당위의 근거가 될 수는 없다. ⓒ 우선 윤리적으로 살면 언제나 행복해진다는 것은 참이 아니다. ⓓ 더욱이 행복한 삶을 산다는 것과 올바른 삶, 선한 삶을 산다는 것은 완전히 다른 것이기에, ⓔ 옳고 그름의 근거를 구할 때 자기 행복의 원칙이 기여할 부분은 없다. ⓕ 가장 중요한 점은 행복 추구의 동기가 오히려 도덕성을 훼손하고 윤리의 숭고함을 파괴해 버린다는 것이다. ⓖ 자기 행복의 원칙에 따라 행하라는 명법은 이해타산에 밝아지는 법을 가르칠 뿐 옳고 그름의 기준과 그것의 보편성을 완전히 없애버리니 말이다. ⓗ 인간 특유의 도덕적 감정은 자기 행복의 원칙보다는 윤리의 존엄성에 더 가까이 있긴 하지만 여전히 도덕의 기초로서 미흡하다. ⓘ 개인에 따라 무한한 차이가 있는 인간의 감정을 옳고 그름의 보편적 잣대로 삼을 수는 없다.

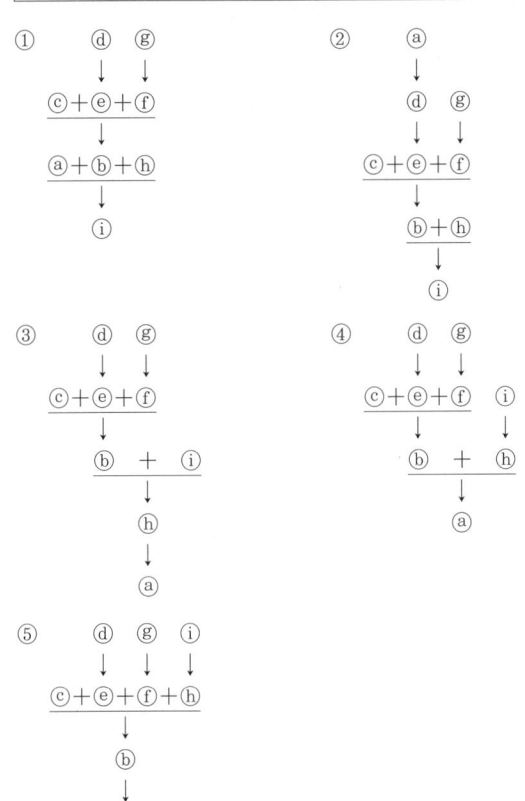

10

2020학년도 LEET 문20

다음 논증의 구조를 가장 적절하게 파악한 것은?

㉠ 선(善)을 정의하려는 시도는 성공할 수 없다. ㉡ 선을 정의할 수 있으려면 그것을 자연적 속성과 동일시하거나, 아니면 형이상학적 속성과 동일시해야 한다. ㉢ 선을 쾌락이라는 자연적 속성과 동일시하여 "선은 쾌락이다"라고 정의를 내릴 수 있다고 한다면, "선은 쾌락인가?"라는 물음은 "선은 선인가?"라는 물음과 마찬가지로 동어반복으로서 무의미한 것이 되어야 한다. ㉣ 그러나 "선은 쾌락인가?"라는 물음은 무의미하지 않다. ㉤ 쾌락 대신에 어떠한 자연적 속성을 대입하더라도 결과는 마찬가지이므로, ㉥ 선을 자연적 속성과 동일시하는 모든 정의는 오류이다. ㉦ 선을 형이상학적 속성과 동일시하는 정의들은 사실 명제로부터 당위 명제를 추론한다. ㉧ 즉 어떠한 형이상학적 질서가 존재한다는 사실로부터 "선은 무엇이다"라는 정의를 이끌어 낸다. ㉨ 그런데 당위는 당위로부터만 도출되기 때문에 사실로부터 당위를 끌어내는 것은 가능하지 않다. ㉩ 따라서 선을 형이상학적 속성과 동일시하는 정의들은 모두 오류이다.

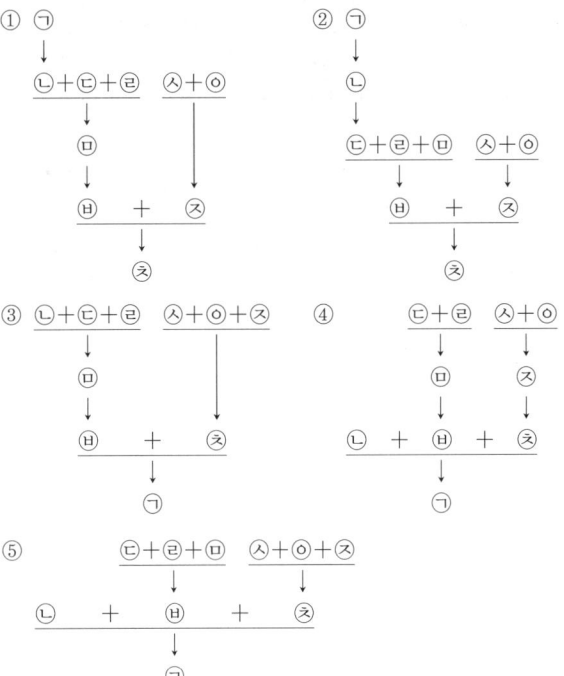

11

2022학년도 LEET 문36

다음 논증의 구조를 가장 적절하게 분석한 것은?

㉠ 사람들은 종종 마치 로봇이 사람인 것처럼 대하는데, 이와 같은 현상에는 동서양의 차이가 존재하며 그러한 차이는 문화 또는 문화적 요인을 통해 이루어지는 진화, 즉 문화선택에 의한 것으로 보인다. ㉡ 한 연구 결과에 따르면, 사람의 행동에 반응하여 로봇 개 아이보가 꼬리를 살랑거리며 빙글빙글 도는 모습을 피실험자에게 보여 주었을 때, 서양인 피실험자보다 한국인 피실험자가 더 강한 정도로 사람과 로봇이 친구가 될 수 있다고 답하였다. ㉢ 어린이가 아이보의 꼬리를 부러뜨리려는 장면을 피실험자에게 보여 주고 그 어린이에게 아이보를 괴롭히지 말라는 도덕 명령을 내릴 것이냐고 물었을 때에도, 서양인 피실험자보다 한국인 피실험자가 더 강한 긍정적인 답을 내놓았다. ㉣ 이는 로봇을 마치 사람처럼 대하는 현상이 서양인보다 한국인에게서 더 강하게 나타난다는 것을 보여 준다. ㉤ 묵가에 의하면, 우정 같은 감정은 대상이 나에게 실질적인 이득을 가져다 줄 것이라는 판단을 내렸을 때에만 발생할 수 있다. ㉥ 유가에 의하면, 도덕 판단의 근거는 판단 주체에게 내재한 모종의 원칙이 아닌 대상과의 감정적 관계에 있다. ㉦ 묵가와 유가 이론을 사람과 로봇 관계에 적용한다면, 사람들은 아이보가 자신에게 즐거움을 준다고 판단할 때 아이보를 친구로 여길 수 있게 되고 아이보를 불쌍하다고 느낄 때 아이보를 도덕 판단의 대상으로 여길 수 있게 된다. ㉧ 한국 사회 전반에서 묵가와 유가 전통을 통한 문화선택이 발생했으며, 그에 따라 한국인 일반의 감정과 도덕성에 관한 사회적 측면이 부분적으로 결정되었다는 연구 결과가 있다.

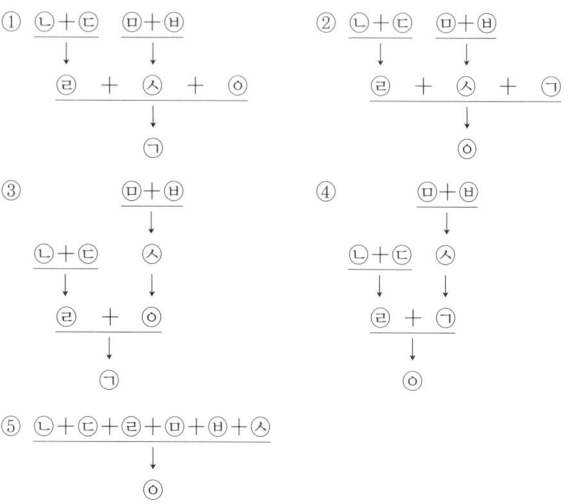

12

2023학년도 LEET 문19

다음 논증의 구조를 가장 적절하게 분석한 것은?

㉠ 철학에서 중요한 문제로 다루어져 온 자의식이 유용하다면, 그것은 그 자체로 유용한 것이거나 유용한 다른 뭔가를 낳는 것이다. ㉡ 알고 보면 자의식은 그 자체로는 전혀 유용하지 않다. ㉢ 자의식은 그 자체로는 번민만 일으키기 때문이다. ㉣ 자의식이 자신과 다른 유용한 것을 낳는다면, 자의식이 낳는 유용한 것은 마음 안에 있거나 마음 밖에 있다. ㉤ 자의식은 마음 밖에 있는 어떤 유용한 것도 낳지 못한다. ㉥ 자의식이 마음 밖에 뭔가를 낳을 수 있다면, 자의식이 인과적 영향을 미칠 수 있는 것이 마음 밖에 있어야 한다. 하지만 ㉦ 자의식이 인과적 영향을 미칠 수 있는 것은 모두 마음 안에 있다. 게다가 ㉧ 자의식이 마음 안에 낳는 유용한 것이란 존재하지 않는다. ㉨ 마음 안에 있는 유용한 것이란 결국 마음 안의 좋은 상태와 다르지 않다. ㉩ 이런 상태들이 생겨나기 위해서는 자의식이 필요치 않다. ㉪ 어떤 것이 생겨나기 위해서 자의식이 필요치 않다면 그것은 자의식이 낳는 것이 아니다. 결국 ㉫ 자의식은 유용한 다른 어떤 것도 낳지 않는다. 그러니까 ㉬ 자의식은 전혀 유용하지 않은 것이다.

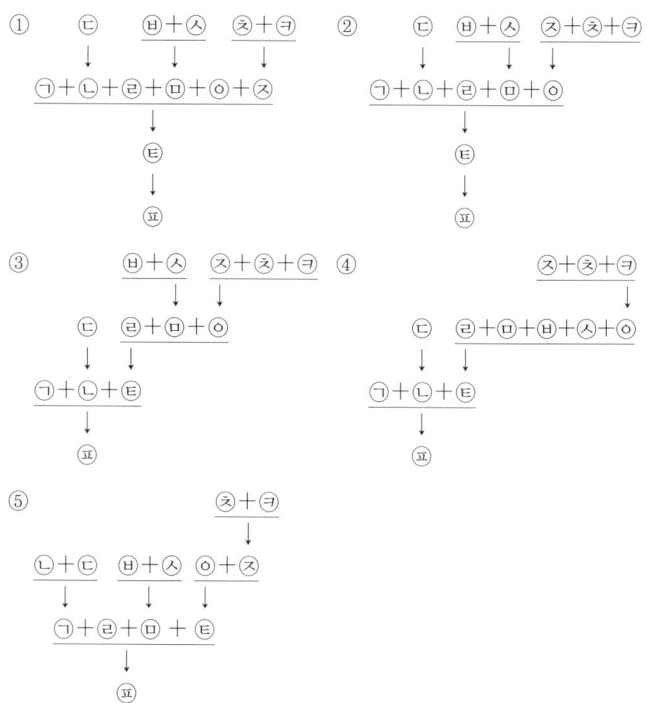

13

2024학년도 LEET 문25

다음 논증의 구조를 분석한 것으로 가장 적절한 것은?

㉠ 인간 이성의 본성으로부터 윤리 규범이나 가치의 필연성을 도출해 낼 수는 없다. ㉡ 규범이나 가치는 사회적, 역사적 우연성을 반영한다. ㉢ 우리가 지금과 다른 사회·문화적 조건에 처해 있었더라면, 우리는 지금과 다른 실천적 문제에 직면했을 것이고 다른 규범 및 가치 체계를 지녔을 것이기 때문이다. ㉣ 어떠한 윤리 규범도 우리가 이성적 존재라는 사실에서만 비롯된 것일 수 없으며, 모든 가치는 우리의 평가적 관점에 의존한다. ㉤ 윤리 규범은 인간 이성의 본성으로부터 도출해 낼 수 있는 '이성의 사실'이 아니다. ㉥ 우리가 이성의 법칙으로부터 순수 논리학과 수학의 법칙을 이끌어 낼 수 있을지 모르지만, 우리가 참으로 여기는 도덕 법칙을 마찬가지로 연역해 낼 수 있는 것은 아니다. ㉦ 가치의 원천은 특정 행위자의 평가적 태도에서 찾아야 한다. ㉧ 어떤 것을 가치 있게 만드는 것은 결국 우리가 그것을 가치 있는 것으로 여긴다는 데에 있기 때문이다.

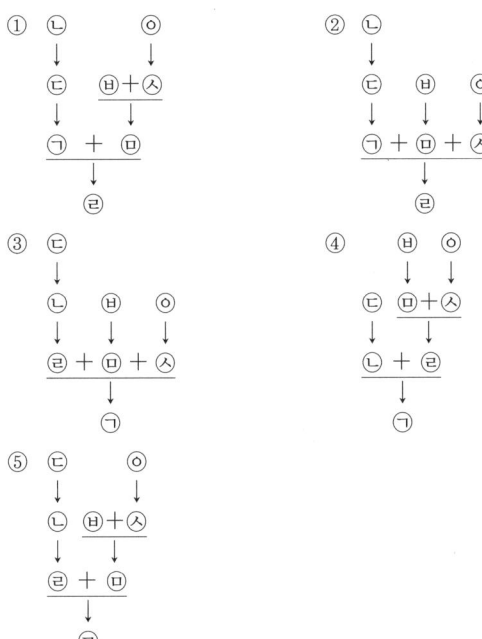

14

2025학년도 LEET 문21

다음 논증의 구조를 분석한 것으로 가장 적절한 것은?

㉠ 인간과 사회 현상을 탐구하는 사회과학은 자연현상을 다루는 자연과학과 같다고 할 수 없다. ㉡ 둘의 설명 논리에서 차이가 없거나 방법론에서 차이가 없다면, 사회과학도 과학이므로 자연과학과 별 차이가 없을 것이다. ㉢ 의도와 목적을 가진 능동적 주체의 행동에 대한 설명 논리는 자연현상의 설명 논리와 분명히 다르다. ㉣ 우리는 이유를 들어 사람의 행위를 설명한다. ㉤ 이유에 의한 행위 설명의 중요한 특징은 정당화 차원을 가진다는 것이다. 가령 ㉥ 철수가 왜 창문을 열었는지를 신선한 공기를 원했다는 이유를 들어 설명할 때, 이는 그 상황에서 해야 마땅한 행위였음을 드러낸다. ㉦ 행위 설명의 규범적 차원은 기체 팽창을 온도 상승을 통해 설명하는 것과 같은 인과적 설명에서는 찾을 수 없다. ㉧ 만약 모든 인간 행동과 사회 현상이 일종의 물리 현상일 뿐이라면, 사회과학과 자연과학은 방법론에서 유사하다고 볼 수 있다. ㉨ 이 세계의 다양한 현상이 모두 물리 현상으로 환원된다는 주장은 설득력이 없다. 따라서 ㉩ 사회과학과 자연과학의 방법론 사이에 차이가 없다고 볼 이유는 없다.

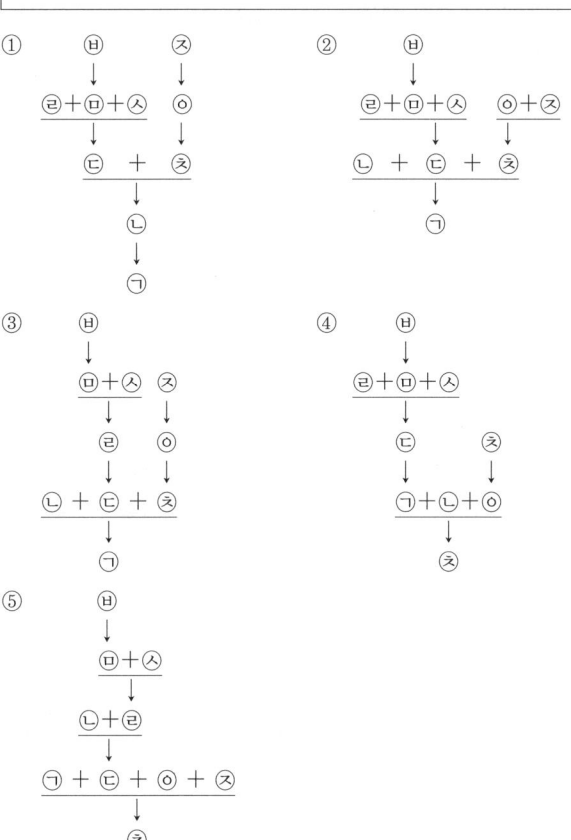

15

다음 논증의 구조를 분석한 것으로 가장 적절한 것은?

㉠ 인공지능 로봇은 자유의지를 가진 존재이거나 단순한 결정론적 시스템이다. ㉡ 인공지능 로봇은 외부 환경을 인식하고 독립적으로 사고할 수 있을 뿐만 아니라 주어진 상황에서 여러 선택지 중 하나를 결정할 수 있다. ㉢ 외부 환경을 인식하고 스스로 사고하며 선택할 수 있는 존재는 자유의지를 가진 존재라고 보아야 한다. 또한 ㉣ 인공지능 로봇이 어떠한 선택을 할지 정확히 예측하는 것은 불가능하지만 단순한 결정론적 시스템에 대해서는 그러한 예측이 가능하다. 따라서 ㉤ 인공지능 로봇은 단순한 결정론적 시스템이라고 할 수 없다. 더욱이 ㉥ 인공지능 로봇이 물리적 시스템이라는 점에 근거하여 인공지능 로봇에게 자유의지가 없다고 한다면, 인간 역시 자유의지를 가진 존재라고 할 수 없다. ㉦ 외부 환경을 인식하고, 사고하고, 선택하는 데 중요한 역할을 하는 인간의 두뇌도 물리적 시스템이기 때문이다. 그러나 ㉧ 인간이 자유의지를 가진다는 것을 부정할 수는 없다. 따라서 ㉨ 인공지능 로봇이 물리적 시스템이라는 점을 받아들여도 인공지능 로봇의 자유의지를 부정할 수 없다. 이러한 점들을 고려하면, ㉩ 인공지능 로봇은 자유의지를 가진 존재로 간주해야 한다.

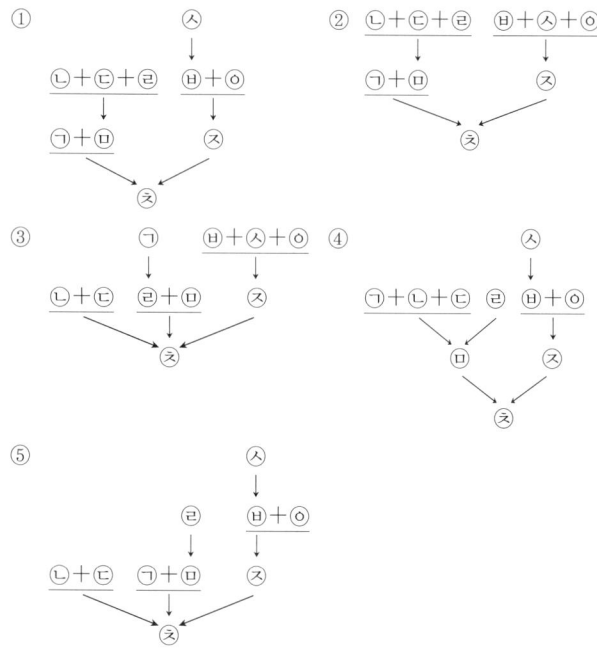

한 번에 합격, 해커스로스쿨

lawschool.Hackers.com

02 논쟁 및 반론 기출유형공략

핵심 이론

논쟁에서는 하나의 주제 및 쟁점에 대한 대립적인 논의가 주어지며 이로부터 각각의 견해를 분석하고 견해 간의 비교 및 대조를 파악하는 문제로 구성된다. 논쟁의 상황에서는 상대방에 대한 반론이 진행되며 직접적인 반론 가능성을 묻는 문제도 포함된다.

01 반론 및 반박

반론 및 반박의 목적은 상대방의 주장을 반대하기 위한 것이다. 하나의 주제에 대해 다른 시점이나 견해가 있을 수 있는데, 이때 상대방 주장을 부정하면서 자신의 주장을 내세울 수도 있으며 상대적인 우위를 주장할 수도 있다. 반론 및 반박의 방식은 다음과 같다.

쟁점 파악	논의가 이루어지는 구체적인 대립 관점 파악
전제 공략	상대방의 근거의 실제 참이나 성립 여부를 공략하여 논증의 설득력을 낮추는 방식
반례 설정	상대방의 근거가 참이라 해도 주장이 참이 되지 않음을 보이는 방식

02 오류론

오류론은 크게 비형식적 오류와 형식적 오류로 구분된다. 이 중 형식적 오류는 연역논증에서부터 나타나는 오류를 의미하며, 비형식적 오류는 내용상의 오류를 의미한다. 여기서는 비형식적 오류에 대해 다룰 것이다.

무지로부터의 논증	어떤 명제가 참 혹은 거짓으로 증명되지 않음에도 불구하고, 이를 확정적으로 주장하는 오류
거짓 딜레마	실제로 그 논증에서 제시되는 것 이외에는 당면한 문제를 해결하는 방법이 아무것도 없는 것처럼 보이게 하는 논증적 오류
거짓 원인의 오류	다른 어떤 사건에 직접적으로 선행해서 일어나는 사건은 다른 어떤 사건의 원인이라고 잘못 생각하는 오류
성급한 일반화의 오류	표본의 수가 충분하지 못한 귀납 논증의 오류
결합의 오류	어떤 집단에 속하는 소수의 구성원들로부터 그 집단의 구성원 전체를 특징짓는 일반화가 아니라, 어떤 집단의 구성원 모두에 대하여 이미 참인 것으로 알려져 있는 바의 것으로부터 그 집단 자체에 관한 결론으로 나아가는 오류
분해의 오류	어떤 집단에 대하여 참인 바의 것으로부터 그 집단의 구성원 혹은 구성요소에 관한 결론으로 나아가는 오류 (결합의 오류와 정반대)
힘으로의 논증	합당한 추리나 증거를 제시해 상대방에게 동의를 얻는 대신에 상대방을 위협하여 그 논증을 받아들일 것을 요구함으로써 발생하는 오류
권위에의 논증	자신의 견해를 강화하기 위하여 부당한 권위를 지닌 이의 견해를 인용함으로써 발생하는 오류
군중 심리	군중 심리를 이용해 청중의 감정이나 선입견 및 자존심 등을 조작함으로써 발생하는 오류
선결문제 요구의 오류 (순환논증의 오류)	논증의 결론이 전제들 속에서 이미 진술되어 있는 바의 것을 단순히 다시 진술한 것에 불과할 때에 나타나는 오류
애매어의 오류	한 논증 안에 애매한 개념이 적어도 두 가지의 상이한 의미를 가지고 있음에도 불구하고 그 논증 전체에서 동일한 의미로 사용되고 있는 오류
애매한 문장의 오류	애매한 진술을 잘못 해석하여 결론을 이끌어 낼 때 범하는 오류
사람에의 논증	다른 사람의 논증이나 결론에서 그 논증력의 약함을 발견하지 못할 때 흔히 범하게 되는 오류 • 인신공격의 오류: 상대방의 감정을 자극함으로써 다른 사람들로 하여금 상대방의 진술을 불신하게 할 때 나타나는 오류 • 정황적 논증: 상대방의 진술을 불신하게 하는 충분한 근거로서 상대방의 인격적 환경을 인용하는 논증 • 피장파장의 오류: 자기에게 제기된 문제에 관하여 직접 대답하는 대신에 상대방이 잘못을 저지르고 있음을 입증함으로써 자기에게 제기된 문제를 해소시켜 버리고자 하는 방식의 오류
허수아비 논증의 오류	상대의 실제적 논증을 왜곡하고 가장 비판하기 쉬운 방식으로 해석함으로써 발생하는 오류
논점 일탈의 오류	결론이 전적으로 논증의 논점을 간과하고 있기에 나타나는 오류

03 논쟁 분석

논쟁 상황은 세 가지로 제시된다. 두 견해가 대립적으로 나타나는 경우와 세 가지 이상의 견해가 다중적으로 제시되는 경우, 그리고 대화 형식으로 논쟁이 진행되는 것이 그것이다. 논쟁에 있어서 논의되는 바가 무엇이고, 쟁점은 어떤 것인지 파악해야 하며, 각각의 견해가 쟁점에 대해 주장하는 바를 중심으로 분석한다. 그리고 반론이 이루어질 경우에 어떤 방식으로 상대방의 견해에 대해 논쟁하는지 파악해야 한다. 논쟁 분석의 출제 방식은 다음과 같다.

견해 분석	각각의 견해를 분석하고 판단하는 유형
비교 분석	견해 간의 공통점과 차이점을 묻는 유형
제3의 정보	새로운 정보를 주고 그러한 정보를 각각의 견해에 비추어 분석하고 판단하는 유형

출제 경향

01 직접적인 반론 및 반박 유형은 거의 출제가 이루어지지 않고 대부분 논쟁 분석 유형으로 출제되고 있다. 논쟁 분석은 하나의 중심 주제를 토대로 하여 대립되는 견해 및 다양한 관점의 견해가 제시되고 이들을 비교 분석하는 문제로 구성된다.

02 시간의 압박이 있는 추리논증 시험이기에 논점 파악을 통해 여러 가지 견해들이 주장하는 바를 정확하고 빠르게 포착하고 이러한 주장이 확장되어 적용될 수 있는 가능성을 확인해야 하며, 보기나 선택지의 주어진 사례를 적용하여 분석 및 판단해야 한다.

유형 01 - 반론 및 반박

반론 및 반박

01 LEET 1차 예시 문9

다음 중 (가)에서 제시된 견해에 입각하여 (나)에 제시된 입장을 가장 적절하게 반박한 것은?

> (가) 예방 원리(Precautionary Principle)란, 현재 우리가 개발 중인 기술이 미래에 초래할 수 있는 상황에 대해 만약 그 상황이 충분히 파국적이라면, 그러한 파국적 결과가 반드시 발생하리라는 확실한 과학·기술적 증거가 없다는 사실이 그러한 상황에 대해 미리 비용편익분석(cost-benefit analysis) 상 적절한 예방 조치를 취하지 않아도 될 근거를 제공하지는 않는다는 점을 천명한 것이다. 그러므로 이렇게 이해된 예방 원리는 미래의 불확실한 파국적 상황에 대해 조치를 취할 것인지의 여부 자체는 정치적 판단의 영역에 남겨두게 된다.
>
> (나) 최근 각광을 받고 있는 나노 기술은 우리 몸이 통상적으로 처리할 수 있는 미세 입자 수준을 뛰어넘는 아주 작은 미립자들을 대량으로 생산해 낼 수 있다. 이러한 아주 작은 미립자가 인체에 미칠 수도 있는 악영향에 대한 연구는 아직 불충분하며 아직 전문가들 사이에서 결정적인 합의는 도출되지 않고 있다. 그러나 이러한 위험의 가능성이 존재한다는 점은 분명하고 이 위험이 실현될 경우 우리의 삶에 미칠 부작용은 너무도 심각하기 때문에 우리는 예방 원리에 따라 나노 입자의 생산을 즉각 중단하고 나노 기술이 인체에 무해하다는 확실한 증거가 나올 때까지 나노 기술 개발을 일시 중지(moratorium)해야 한다.

① 나노 기술의 잠재적 위험성은 나노 기술 개발 중단을 요구하기에는 너무 낮은 가능성을 가진다.
② 나노 기술이 가져올 수 있는 이익과 초래할 수 있는 위험에 따른 비용을 정확하게 계산해서 이익이 더 클 경우에는 기술 개발을 계속해야 한다.
③ 나노 입자가 인체에 미치는 영향은 아직 과학적으로 충분히 검증되지 않았으므로 불확실한 증거에 입각하여 나노 기술 개발을 막는 것은 부당하다.
④ 나노 기술 연구를 일시 중지하는 조치를 취하기 전에 우선 그 조치에 따른 예상 이익과 예상 손실을 따져본 후 일시 중지 여부를 결정해야 한다.
⑤ 나노 기술의 위험성에 대한 예방책은 기술 개발을 일시 중지하는 것만이 아니라 기술 개발의 위험 요인을 최대한 줄이려는 것이 되어야 한다.

02 LEET 2차 예시 문4

다음을 읽고 물음에 답하시오.

> 영국의 화학자 프리스틀리는 플로지스톤 이론에 의해 연소 현상을 설명했다. 플로지스톤 이론에 따르면 모든 탈 수 있는 물질은 플로지스톤이라는 성분을 가지고 있다. 물질이 탄다는 것은 플로지스톤이 빠져나오는 과정이다. 그러므로 밀폐된 용기에서 가연성 물질을 태우면 플로지스톤이 빠져나와 밀폐된 용기를 가득 채워 포화상태에 이르면 플로지스톤은 더 이상 빠져나올 수 없어 연소가 중단된다. 이러한 설명 방식은 밀폐된 용기 안에 들어 있는 공기 속에 산소가 들어 있어서 탈 수 있는 물질과 결합하면서 연소 반응을 일으키다가 산소가 소모되어 더 이상 결합할 산소가 없어지면 연소 반응이 끝난다는 라부아지에의 설명 방식과 대립했다.

프리스틀리의 연소 현상에 대한 설명을 반박하기 위한 실험으로 적당한 것은?

① 같은 질량의 황을 좀 더 큰 밀폐된 용기에서 태우면 연소 시간이 길어지는 것을 보인다.
② 연소 반응 전후에 내용물을 포함하는 밀폐된 용기 전체의 질량이 변하지 않는 것을 보인다.
③ 강철솜을 밀폐된 용기 속에서 연소시켰을 때 강철솜의 질량은 증가하고 공기의 전체 질량은 감소하는 것을 보인다.
④ 연소 반응 전 양초의 질량이 연소 반응이 끝난 후에 남아 있는 양초의 질량보다 크다는 것을 보인다.
⑤ 밀폐된 용기에 집어넣은 공기의 질량이 연소 반응이 중단된 후에 증가하는 것을 보인다.

03

다음은 믿음의 정당화에 관한 갑과 을의 논쟁이다.

> 갑: 많은 믿음의 정당화는 지각적 믿음에 의존한다. 예컨대 '지구는 태양 주위를 공전한다.'는 믿음은 궁극적으로 관찰을 통해 형성한 많은 지각적 믿음들을 토대로 정당화된 믿음이다. 반면에 지각적 믿음은 기초적인 믿음이기 때문에 이를 정당화해 줄 수 있는 더 기초적인 믿음이 없다. 따라서 지각적 믿음은 다른 믿음이 아니라 직접적인 감각경험에 의해 정당화된다. 감각경험은 외부의 인과적 자극에 의해 우리의 감각기관이 갖게 되는 상태이고, 따라서 이 자체는 아직 어떤 명제적 판단을 하기 이전의 상태이다.
>
> 을: A가 B를 정당화한다는 것은 A가 참이라는 것으로부터 B가 참일 개연성이 높다는 것을 추론할 수 있다는 말이다. 참이 될 수 있는 것은 '지구는 둥글다', '장미는 꽃이다' 등과 같이 오직 명제적인 것뿐이다. 따라서 감각경험은 명제적인 것이 아니기 때문에 믿음을 정당화할 수 없다. 즉 믿음은 감각경험이 아니라, 믿음들 사이의 정합관계에 의해서만 정당화될 수 있다.
>
> 갑: [　　　　　㉮　　　　　]

㉮에서 갑이 할 수 있는 적절한 반론은?

① 지각적 믿음은 감각경험을 통해 세계와 인과적으로 연결되어 있다. 따라서 감각경험은 믿음의 증거가 될 수는 없지만, 믿음의 원인이 될 수는 있다.
② 우리는 우리의 믿음체계에서 벗어날 수는 없으므로, 다른 믿음 체계의 존재를 인정할 필요가 없다. 어떤 믿음이든 우리 믿음체계에서 정합적인 것이면 그것으로 족하다.
③ 믿음의 정당화와 믿음의 진위를 혼동해서는 안 된다. 진리는 정당화보다 더 실질적 개념이다. 어떤 믿음이 다른 믿음에 의해서 정당화된다는 주장은 그 믿음이 참이란 주장과 다르다.
④ 서로 양립하지는 않지만, 각기 정합적인 믿음체계들이 있을 수 있다. 이것들이 동시에 참일 수 없으므로, 단지 어떤 믿음이 정합적이라고 해서 참인 것으로 정당화될 수 있는 것은 아니다.
⑤ 물리적 세계와 믿음체계를 직접적으로 비교할 수는 없다. 그러나 여러 사람들의 경험적 판단을 비교함으로써 사실을 확인할 수 있다.

04

다음 갑의 결론이 지닌 문제점을 반박할 수 있는 근거로 가장 적절한 것은?

> 갑이 인종 갈등이 있는 지역을 방문하고 있었다. 갑이 방문하고 있는 동안 A 인종의 남자가 B 인종의 여성을 성폭행하였고 이 범죄가 원인이 되어 인종 폭동이 일어나게 되었다. 이 범죄가 저질러졌을 때 갑이 현장에 있었기 때문에 갑의 증언이 어떤 특정한 A 인종의 남자로 하여금 유죄 판결을 받게 할 수도 있다. 갑은 평소 어떤 행위의 옳고 그름을 판단할 때 유일하게 중요한 것은 그 행위의 결과로 얻게 되는 행복이나 불행의 양이라는 점을 일관되게 견지해 오고 있었다. 갑은 성폭행범을 신속하게 체포하는 것이 폭동과 린치를 중단시키게 될 것이라고 판단했다. 그래서 분명히 허위 증언이지만 어떤 한 A 인종의 남자를 지목하여 처벌받게 하는 것이 이 순간에 자신이 해야 할 의무라고 결론을 내렸다.

① 기쁨과 고통을 느낄 수 있는 존재에게 해를 입히는 것은 옳지 못하다.
② 행위의 옳고 그름에 대한 판단에서 의도와 동기를 고려하는 것도 중요하다.
③ 좋은 결과가 예상된다고 하여도 희생될 수 없는 개인의 권리가 있는 것이다.
④ 언제 어디서나 보편적으로 적용될 수 있는 규칙에 부합되는 행위를 해야 한다.
⑤ 사회적 이익을 위해서 개인 간의 특별한 관계를 포기하고 똑같이 대우해야 한다.

05

A가 자신이 정한 도덕적 행위 원칙을 유지하면서 자신의 결정을 바꿀 만한 이유를 〈보기〉에서 모두 고른 것은?

교통사고로 중상을 입은 한 피해자가 사고의 책임이 있는 운전자를 상대로 소송을 제기하였다. 그 운전자의 변호사 A는 사고 때문에 그 피해자에게 대동맥 이상비대증이 생겼다는 것을 알게 되었다. 하지만 그 피해자를 진찰한 의사는 이것을 발견하지 못했다. 이 병은 수술하지 않으면 생명이 위험하다. A는 피해자의 변호사가 이러한 정보를 얻게 되면 상대는 더 많은 손해배상금을 요구할 것이고, 자신은 변호를 더 잘 하기가 어렵게 될 것이며, 결국에는 변호사로서의 자신의 명성도 손상을 입게 될 것이라고 판단하였다. A는 피해자에게 그 정보를 제공하지 않을 경우, 그 행동이 알려진다고 해도 업무상 얻은 소송 의뢰인에 관련된 정보에 대해 비밀을 지켜야 한다는 '변호사 윤리 강령'에 의해 자신을 변호할 수 있다고 판단하였다. A는 피해자에게 정보를 제공하지 않는 것이 다른 어떤 대안보다 자신의 이익을 위해 더 낫다는 결론에 도달하였다. 따라서 A는 피해자에게 사고로 인하여 대동맥 이상비대증이 생겼다는 사실을 말하지 않기로 하였다.

─〈보기〉─

ㄱ. A가 사실을 감추어 피해자가 살 수 있는 기회를 놓쳤다는 것이 추후에 알려지게 되면, 그가 직업적인 성공을 위해 인명을 가볍게 여기는 변호사라는 나쁜 평판을 얻을 개연성이 높다.

ㄴ. 피해자에게 정보를 제공하지 않는 것이 제공하는 것보다 낫다는 결론에 도달할 때 A는 그 행동으로부터 얻게 될 이익과 손해를 고려하였을 뿐 자기 자신의 동기가 사회의 도덕 규범에 부합하는지는 고려하지 않았다.

ㄷ. 내가 선택한 어떤 행동이 도덕적으로 정당한 것이라면 그 행동은 동일한 상황에서 타인이 하였을 때에도 정당하다고 인정해야 하므로, 다른 사람이 유사한 정보를 감추어 A가 피해를 입게 되었을 때 상대를 비난한다면 A는 일관성을 유지하지 못할 것이다.

① ㄱ　　② ㄴ　　③ ㄷ
④ ㄱ, ㄷ　　⑤ ㄴ, ㄷ

06

다음 [A]에 들어갈 '을'의 진술로 가장 적절한 것은?

갑: 자신에게 별다른 위험이 없음에도 불구하고 위급한 상황에 처한 사람을 구해 주지 않는 행위는 형사 처벌의 대상이 되어야 한다. 왜냐하면 그러한 행위는 부도덕하기 때문이다.

을: 법은 도덕을 반영한다. 다만 다른 사람에게 피해를 주지 않았음에도 불구하고 단지 부도덕한 행위를 했다거나 도덕적인 행위를 하지 않았다는 이유로 처벌하는 것은 국가가 형벌권을 남용하여 개인의 자유를 침해하는 것이다.

갑: 국가가 부도덕한 행위를 금지하고 도덕적인 행위를 권장하는 것은 너무나도 당연하다. 국가는 위해에 처한 다른 사람을 돕다가 죽거나 다친 의사상자(義死傷者)에 대해서도 보상하고 있다.

을: 의사상자에 대한 보상은 국가가 법률로써 도덕적인 행위를 적극적으로 지원하고 보상하는 것이다. 하지만 처벌과 보상은 별개의 문제이다. 따라서 도덕적인 행위를 하지 않았다는 이유로 처벌하는 것은 잘못이다.

갑: 그렇지 않다. 부도덕한 행위를 처벌하는 것과 도덕적인 행위에 대하여 보상하는 것은 도덕의식을 고양시킨다는 점에서 동일한 결과를 가져온다.

을: [A]

① 지배적인 도덕에 반하는 법률도 일단 제정되면 구속력을 갖는다.
② 국가는 도덕적인 행위를 하지 않은 것에 대해서도 처벌하여야 한다.
③ 법의 영역과 도덕의 영역은 엄격히 분리되어 있고 또한 분리되어야 한다.
④ 지배적인 도덕에 반하는 법률은 정당하지 않으므로 준수하지 않아도 된다.
⑤ 도덕적인 행위에 대하여 보상하는 것은 개인의 자유를 침해하지 않는다.

07

'갑'의 주장에 대한 정부의 반론으로 적절한 것만을 〈보기〉에서 있는 대로 고른 것은?

> 정부는 전국에 난립해 있는 중소 소주 제조 업체를 1도 1사 원칙에 따라 통·폐합하였고, 소주 도매업자는 영업장 소재지가 속한 도에서 생산되는 소주를 의무적으로 총 구입액의 100분의 50 이상을 구입하도록 하는 자도(自道) 소주 의무 구입 제도를 법제화하였다. 갑은 이 제도가 부당하다고 생각하고 다음과 같이 주장하고 있다.
> ○ 소주 판매업자가 구입·판매할 소주의 종류와 양을 스스로 선택할 권리를 침해당했다.
> ○ 이 제도 때문에 이런 제도가 없는 다른 주종의 판매업자나 다른 업계의 판매업자에 비해 차별을 받고 있다.
> ○ 이 제도는 주류 판매업자의 계약 상대방·구입 여부 등을 자율적으로 결정할 권리를 제한하여 경제 활동의 자유를 침해했다.
> ○ 이 제도는 특정 지역의 특정 업체에 그 지역의 독과점을 보장해 주고 있다.

〈보기〉
ㄱ. 자유 시장 경제 체제에서 소비자가 자신의 기호를 시장의 자율적 기능을 통해 충족시킬 권리를 제한받아서는 안 된다.
ㄴ. 전통주가 아닌 일반 소주는 국가적으로 포기할 수 없는 전통 문화 유산이 아니므로 공익을 위하여 보호가 불가피한 대상으로 격상될 수 없다.
ㄷ. 경쟁을 다소 완화하여 시장 지배자로부터 약자를 보호하는 정책도 훌륭한 독과점 규제책일 수 있다. 경쟁 제한 요소 철폐라는 원론적 방법에 집착한다면 시장 지배와 독과점화를 더욱 부채질할 수 있다.

① ㄱ   ② ㄷ   ③ ㄱ, ㄴ
④ ㄱ, ㄷ   ⑤ ㄴ, ㄷ

08

다음 논증에 대한 비판으로 적절한 것을 〈보기〉에서 고른 것은?

> 도박죄의 도박이란 재물을 걸고 우연에 의하여 재물의 득실을 결정하는 것이므로 도박죄가 성립하기 위해서는 반드시 우연에 의하여 승부가 결정되어야 한다. 여기에서의 우연이란 당사자 사이에 확실히 예견되거나 자유로이 지배될 수 없는 사실을 말한다. 다만, 이러한 우연성이 인정되는 한 승패를 가름할 우연성 정도의 차이는 도박죄의 성립에 영향이 없다. 그러나 테니스, 바둑과 같이 당사자의 육체적·정신적 조건, 역량, 재능 등에 의하여 승패가 결정되는 경기의 경우에 참가자들은 기능과 기술을 다 발휘하려 하고 그에 따라 승패가 결정된다. 이를 우연이라고 할 수는 없다. 도박죄는 종래에 그 도박성이 인정되어 온 화투, 카지노와 같이 승패의 지배적이고 결정적인 부분이 우연에 좌우되는 경우에 한정되어야 한다. 이렇게 보면 내기 골프는 선수의 기량과 재능에 의하여 승패가 좌우되는 운동 경기의 일종이어서 그 승패와 관련하여 재물을 걸었다 해도 도박죄를 구성하지 않는다.

〈보기〉
ㄱ. 애당초부터 승패가 결정되어 있는 이른바 사기도박은 도박죄가 처벌하는 도박에 해당되지 않는다.
ㄴ. 우수한 골프 선수라고 하더라도 자신이 치는 공의 방향이나 거리를 완전히 통제할 수 있는 것은 아니다.
ㄷ. 골프는 승패의 전반적인 부분이 경기자의 기량과 실력에 의하여 결정되고 사소한 부분에서만 우연성이 개입한다.
ㄹ. 대부분의 운동 경기에서는 경기자의 기량과 실력이 우연적인 요소와 상호 작용하여 승패가 결정되므로 누구도 확실하게 결과를 예견할 수 없다.

① ㄱ, ㄷ   ② ㄱ, ㄹ   ③ ㄴ, ㄷ
④ ㄴ, ㄹ   ⑤ ㄷ, ㄹ

09

A는 〈B의 보고〉가 자신의 견해를 입증한다고 주장한다. 이 주장에 대한 비판으로 적절한 것만을 〈보기〉에서 있는 대로 고른 것은?

〈A의 견해〉
재료가 같고 크기도 거의 같은 정육면체와 구를 손으로 만져서 구별해내던 선천적 시각장애인이 시력을 얻게 되었다고 하자. 이 순간 그는 만져보기 전에 바라만 보고도 어느 것이 정육면체이고 구인지 구별할 수 있을까? 아닐 것이다. 만약 모난 면에 대한 촉각 관념과 시각 관념이 질적으로 같은 부류라면, 그는 모난 면을 보자마자 정육면체임을 확실히 알아볼 것이다. 그것은 그가 이미 잘 알고 있던 한 관념을 새로운 통로로 받아들인 것에 불과하기 때문이다. 그러나 매끈함이나 거칠거칠함 같은 촉각 관념과 곡선이나 기다란 변 같은 시각 관념은 전혀 다른 부류의 것이다. 따라서 정육면체와 구의 생김새에 관한 촉각 관념과 시각 관념의 관계는 곧바로 드러나는 것이 아니라 경험을 통해 배워야 하는 것이다. 그런데 13세가량의 선천적 시각장애인이 백내장 수술 후 새로운 시각 경험에 어떻게 반응했는지에 대한 외과의사 B의 보고에 따른다면 나의 견해는 실제로도 입증된 셈이다.

〈B의 보고〉
수술 후 환자가 최초로 보게 되었을 때 그는 거리 판단을 전혀 하지 못해서 눈에 와 닿는 모든 대상이 피부에 닿는 느낌이었으며, 어떤 대상도 매끄러운 대상만큼 느낌이 좋지는 않다고 생각했다. 그렇지만 그는 대상의 생김새를 전혀 판단할 수 없었고, 좋은 느낌을 주는 대상의 내부에 무엇이 있는지 추측할 수 없었다. 그는 어떤 사물에 대해서도 그 생김새를 알지 못했고, 아무리 형태나 크기가 서로 달라도 한 사물이 또 하나의 사물과 다르다는 것을 눈으로는 알지 못했다.

〈보기〉
ㄱ. 〈B의 보고〉는 환자의 시각 장애 정도나 지적 수준 등이 환자의 첫 시각 경험에 영향을 줄 가능성을 충분히 고려하고 있지 않다.
ㄴ. 〈B의 보고〉는 환자가 첫 시각 경험에서 주어진 것들을 촉각 관념으로 해석하고 있으며, 시각 관념은 경험을 통하여 새로 배워야 한다는 것을 보여준다.
ㄷ. 〈B의 보고〉는 환자가 구별하는 것과 환자가 말하는 것을 구분하지 않는데, 환자는 시각 경험을 언어로 표현해내는 데 시간이 필요할 뿐 시각에 주어진 대상들을 구별하지 못한 것은 아닐 수 있다.

① ㄱ ② ㄴ ③ ㄱ, ㄷ
④ ㄴ, ㄷ ⑤ ㄱ, ㄴ, ㄷ

10

A국은 〈규정〉에 따라 오락 프로그램 편성 비율을 규제하는 정책을 취하고 있다. 이 규제 정책을 둘러싼 〈찬반 논거〉에 관한 판단으로 옳지 않은 것은?

〈규정〉
종합편성을 행하는 방송사업자는 보도, 교양, 오락에 관한 방송 프로그램이 상호 간에 조화를 이루도록 편성하되, 오락에 관한 방송 프로그램을 당해 채널의 매월 전체 텔레비전 방송 프로그램 및 라디오 방송 프로그램 각 방송 시간의 100분의 50 이하로 편성하여야 한다.

〈찬반 논거〉
(가) 종합편성 방송사가 광고 수익의 증대를 위해 시청률을 의식하여 프로그램을 편중되게 편성함으로써 방송의 오락화·상업화가 심화될 수 있다.
(나) 방송에서 교양과 오락의 경계가 모호한 프로그램이 많아져서 오늘날 오락의 개념을 구체적으로 정의하는 것이 현실적으로 불가능하다.
(다) 여가생활의 다양화, 오락 형식을 이용한 정보 전달의 효율성 등 오락 프로그램의 긍정적 측면을 무시할 수 없다.
(라) 방송 프로그램의 장르 간 균형성과 다양성의 확보가 필요하다.
(마) 종합편성 방송사의 영향력을 고려할 때, 청소년 보호를 위해 프로그램의 장르별 비율 규제가 필요하다.

① (가), (라)는 위 규제 정책에 찬성하는 논거로 사용될 수 있다.
② (나)는 위 규제 정책에 반대하는 논거로 사용될 수 있다.
③ (나)를 근거로 비교적 장르 구분이 분명한 보도 부문에 대한 편성 비율의 하한만을 규정하면 된다고 주장하면, 위 규제 정책에 대한 반대 논거를 강화한다.
④ 교양과 오락이 결합된 프로그램이 증가하고 있다는 사실은 (다)와 결합하여 위 규제 정책에 대한 반대 논거를 강화한다.
⑤ 프로그램의 내용에 대한 질적 규제로 청소년 보호 문제에 대처할 수 있다는 주장은 (마)와 결합하여 위 규제 정책에 대한 반대 논거를 강화한다.

11

다음 글에 나타난 입장을 비판하는 논거로 적절하지 않은 것은?

> 가설 A는 D_1을 증거로 확보한 후 D_2를 성공적으로 예측했다. 반면 가설 B는 D_1과 D_2 모두를 증거로 확보한 후에 구성됐다. B는 D_1과 D_2에 대한 사후 설명을 제시한 것이다. 이제 두 가설 모두 증거 D_1과 D_2를 근거로 하고 있어, 확보된 증거는 동등하다. 이 경우 사람들은 가설 A가 더 좋다는 입장을 취한다. 즉 같은 증거라도 그 증거가 사전에 성공적으로 예측된 경우가 사후에 설명되는 경우보다 가설을 지지하는 힘이 더 크다는 것이다. 다음 과학사의 사례는 이 입장을 뒷받침한다.
>
> 멘델레예프는 60개의 화학원소들을 원자의 무게에 따라 배열할 때 원자가 등의 성질이 주기적으로 반복된다는 점을 알아내 주기율표를 창안하고, 그 표의 빈 칸을 채우는 세 원소의 존재를 예측했다. 당시 학계는 주기율표가 단지 사후 설명을 제시하는 것으로 보고 평가를 보류하고 있다가 그의 예측대로 두 원소가 발견되자 놀라움을 표하며 세 번째 원소가 발견되기도 전에 데비 메달을 수여하였다.

① 예측에 성공한 주체는 과학자이지 가설이 아니며, 예측의 성공이 과학자들에게 끼치는 심리적 효과는 가설을 지지하는 증거의 힘과는 무관한 문제이다.
② 멘델레예프의 예측은 우연의 결과일 수도 있고, 과학사에서 보면 그러한 예측의 우연적 성공마저도 더 좋은 다른 이론에 의해 적절히 설명되는 경우가 많다.
③ 예측에 성공했다는 것 자체가 그 가설의 구성 과정이 과학적으로 신뢰할 만하다는 좋은 증거인 반면, 사후 설명은 가설 구성 과정의 신뢰성에 대한 적절한 증거가 아니다.
④ 증거가 가설을 지지하는 힘은 오직 가설과 증거 사이에 성립하는 논리적 관계에 따라 평가되어야 하며, 가설을 창안한 과학자가 그 증거를 알게 된 시점과는 무관한 문제이다.
⑤ 과학의 실제 현장에서는 방대하고 다양한 증거들을 적절히 설명하는 가설을 찾는 일 자체가 어렵고, 예측에 성공했다는 사실이 가설이 옳다는 결정적 증거가 되지 못하는 경우가 많다.

12

글쓴이의 시각에서 〈갑의 주장〉을 비판한 진술로 가장 적절한 것은?

> 전족이란 여성의 발을 옥죄어 기형적으로 작게 만드는 관습으로 10세기 후반 중국에서 시작되어 20세기 초까지 존속했다. 일부 지배층에서 시작된 전족은 시간이 흐를수록 서민층에도 파급되었다. 이러한 현상을 이해하기 위해서는 전족을 당시 여성문화의 문제로 위치시키고 전족을 경험했던 사람들의 시선, 즉 내부자의 시선에서 바라볼 필요도 있다. 이때 여성이라 함은 남녀의 생리적 차이를 말하는 성(sex)이 아니라 특정한 역사적 국면에서 사회문화적으로 구성되는 역할인 젠더(gender)로서의 여성을 말한다. 전족 관습이 남아 있던 시절 남성은 전족의 아름다움을 찬미하고 여성의 성적인 매력을 높여 준다는 점에서 전족을 찬양했다. 이는 여성을 생활의 동반자가 아닌 쾌락의 제공자 내지 관상물로 인식했음을 의미한다. 19세기 후반 서양 선교사나 서구 문물의 영향을 받은 남성 지식인들이 전족을 미개의 상징이자 가부장적 사회의 봉건적 악습으로 비판했지만, 이 역시 외부자의 시선에서 전족을 보았다는 점에서는 동일하다. 당시 여성의 입장에서 전족은 생산 노동으로부터의 자유를 의미하였고, 도시의 세련됨과 부유한 생활의 상징이었다. 본인의 인내력과 정숙도, 그리고 가정교육의 정도를 반영해주는 것으로 여겨졌으며, 전족 경연대회가 말해주듯 전족은 당시 여성이 동경하던 이상이었다. 상류층의 여성들은 전족을 완성한 후에 전족을 하지 않는 여성들 위에 군림했다. 전족이 쇠퇴의 운명에 처하게 되었을 때 전족의 여성들은 주어진 '해방'을 기쁘게 받아들이지만은 않았고 자신의 '낙오된 발'에 절망하기도 했다. 전족에 관한 한 그 당시 여성은 피해자이면서 적극적인 행위자이기도 했던 셈이다.

〈갑의 주장〉
> 최근의 드라마나 쇼에는 작고 갸름한 얼굴, 잘록한 허리, 가는 팔과 긴 다리를 가진 젊은 여성이 짧은 치마와 하이힐 차림으로 등장한다. 많은 여성들이 이러한 모습을 닮기 위하여 고통스러운 다이어트를 감내하고 성형수술도 받는다. 그러나 여성들이 추구하는 이러한 아름다움에는 여성을 성적 대상으로 치부하는 남성의 시선이 투영되어 있으며, 그 이면에는 성을 상품화하는 문화산업의 자본 논리가 작동하고 있다. 이는 자연스러운 아름다움에 대한 건강한 인식을 왜곡한다.

① 자연스러운 아름다움을 여성이 추구해야 할 또 다른 이상으로 제시하는 것에 불과하므로 적절하지 않다.
② 왜곡된 남성의 시선이 아니라 오히려 그 피해자인 여성을 문제 삼고 있으므로 적절하지 않다.
③ 가냘픈 외모가 여성이 자신을 실현하는 하나의 방식임을 간과하고 있으므로 적절하지 않다.
④ 여성을 바라보는 남성의 시선이 왜곡되었음을 전제하고 있으므로 적절하지 않다.
⑤ 젠더가 아닌 성의 구분으로서의 여성에 관한 것이므로 적절하지 않다.

13

2014학년도 LEET 문5

을의 입장에 대한 분석으로 옳은 것만을 〈보기〉에서 있는 대로 고른 것은?

> 갑: 민사소송에서의 확인소송은 원고의 법적 지위가 불안하거나 위험할 때 확인판결을 받는 것이 그러한 불안이나 위험을 제거하기 위하여 실효적인 경우에만 인정되고, 다른 소송방법에 의하여 효과적인 권리구제가 가능한 경우에는 인정되지 않는다는 보충성의 원칙이 요구된다. 예컨대, 특정한 의무의 이행을 직접적으로 청구하는 소송을 할 수 있는데도 불구하고 그러한 방법에 의하지 않고, 단지 확인만을 구하는 소송을 하는 것은 분쟁의 종국적인 해결방법이 아니어서 소송을 할 이익이 없다. 행정소송에서의 무효확인소송도 확인소송의 성질을 가지므로, 민사소송에서처럼 보충성의 원칙이 요구된다.
>
> 을: 행정소송은 행정청의 위법한 처분 등을 취소하거나 그 효력 유무 등을 확인함으로써 국민의 권리 또는 이익의 침해를 구제하는 것을 목적으로 하므로, 대등한 주체 사이의 사법상(私法上) 생활관계에 관한 분쟁을 심판대상으로 하는 민사소송과는 목적, 취지 및 기능 등을 달리한다. 또한 행정소송법은 무효확인소송의 판결의 효력에 있어서 그 자체만으로도 권리구제의 실효성을 담보할 수 있는 여러 특수한 효력을 추가적으로 인정하고 있기 때문에 권리구제방법으로서 효과적인 다른 소송수단이 있다 하더라도 무효확인소송을 제기할 수 있다.

〈보기〉

ㄱ. 을은 민사소송에서의 확인소송은 보충성의 원칙이 요구되지 않는다는 것을 전제하고 있다.
ㄴ. 을은 행정소송에서의 무효확인소송의 성질이 확인소송임을 부인하고 있다.
ㄷ. 을은 확인소송의 보충성의 원칙을 민사소송에만 한정하고자 한다.

① ㄱ　　② ㄴ　　③ ㄷ
④ ㄴ, ㄷ　　⑤ ㄱ, ㄴ, ㄷ

14

2014학년도 LEET 문26

사형 찬성론자들이 〈표〉의 결과를 자신들의 입장에 불리하지 않게 해석한 것으로 옳은 것만을 〈보기〉에서 있는 대로 고른 것은?

> 사형을 지지하는 사람들은 사형 집행의 위협이 잠재적 살인자의 살인 행위를 억제할 수 있다고 주장한다. 사형을 반대하는 사람들은 이러한 효과가 없다고 주장한다. 사형 제도가 실제로 살인을 억제하는 효과가 있다면, 사형 제도가 있는 지역이 그렇지 않은 지역보다 낮은 살인 범죄율을 보일 것이라고 기대된다. 〈표〉는 연방 국가인 A국의 사형 제도가 있는 지역과 사형 제도가 없는 지역 간 1급 및 2급 살인 범죄율을 제시한 것이다. 이 〈표〉에 근거하여 사형 제도가 살인과 같은 중범죄를 억제할 수 있는가에 대한 논쟁이 제기되고 있다.

〈표〉 사형 제도가 없는 주(州)와 사형 제도가 있는 주의 살인 범죄율

구분	사형 제도가 없는 주		사형 제도가 있는 주	
	1967년	1968년	1967년	1968년
1급 살인	0.18	0.21	0.47	0.59
2급 살인	0.30	0.43	0.92	0.99
계	0.48	0.64	1.39	1.58

※ 살인 범죄율 = (살인 범죄 발생 건수/인구수) × 100,000

〈보기〉

ㄱ. 〈표〉는 제도적으로는 사형 제도를 도입했지만 실제로는 사형을 집행하지 않았기 때문에 나타난 결과일 수 있다.
ㄴ. 〈표〉는 사형 제도 이외의 다른 사회적 요소가 각 지역별 살인 범죄율의 차이를 만들었으며 사형 제도의 억제 효과를 압도했기 때문에 나타난 결과일 수 있다.
ㄷ. 사형 제도가 폐지되었다고 하더라도 그 효과는 당분간 지속될 수 있으므로, 〈표〉의 사형 제도가 없는 주의 경우 1967년 이전까지 사형 제도가 있었는지 살펴보아야 한다.

① ㄱ　　② ㄴ　　③ ㄱ, ㄷ
④ ㄴ, ㄷ　　⑤ ㄱ, ㄴ, ㄷ

15

〈이론〉을 반박하는 관찰 결과만을 〈보기〉에서 있는 대로 고른 것은?

증후군 A는 손가락이 굳는 증상에서 시작하여 피부가 딱딱해져서 끝내는 몸 전체가 굳는 증상을 보이는 희귀 질환이다. 이 질환은 대개 45세에서 55세 사이에 발병하는데, 심한 경우 혈관과 폐까지 경화가 진행되어 사망한다. 이 질환의 정확한 발병 원인이 알려져 있지 않다. 최근 한 연구팀은 증후군 A에 걸린 여성의 혈액을 조사하였다. 이 여성은 27년 전 출산한 적이 있는데, 임신 당시 태아에서 유래한 세포('태아 유래 세포')가 27년이 지난 시점에도 이 여성의 혈액에 잔존하고 있었다. 이를 발견한 연구 팀은 다음 〈이론〉을 제시하였다.

〈이론〉
여성이 임신을 하게 되면 면역 체계가 태아 유래 세포를 외부 침입자로 인식하여 제거하지만, 산모의 세포와 태아 유래 세포가 유사할 경우 태아 유래 세포 중 일부가 면역 체계에 의하여 제거되지 않고 남아 있을 수 있다. 이 경우 이 세포들은 산모의 혈액 속을 떠돌다가 다양한 세포로 분화하는데 이 과정에서 면역 체계는 더 이상 이 태아 유래 세포를 외부 침입자로 여기지 않는다. 시간이 흘러 원인 불명의 계기로 산모의 면역 체계에 특정한 변화가 생기는 경우가 있을 수 있는데, 이 경우 면역 체계가 이 세포들을 외부 침입자로 인식하여 공격하게 되면 증후군 A가 발병한다. 현재까지 알려진 증거로 볼 때 증후군 A는 이와 같은 경로 이외로는 발병할 수 없다.

〈보기〉
ㄱ. 임신 경험이 있는 증후군 A 환자의 혈액에서 태아 유래 세포가 발견되지 않았다.
ㄴ. 임신 경험은 있지만 증후군 A의 증상은 없는 여성의 혈액에서 태아 유래 세포가 발견되었다.
ㄷ. 임신 경험이 있고 면역 체계에 문제가 있는 여성에게서 증후군 A의 증상이 나타나지 않았다.

① ㄱ   ② ㄴ   ③ ㄱ, ㄷ
④ ㄴ, ㄷ   ⑤ ㄱ, ㄴ, ㄷ

16

다음 논증에 대한 반론이 될 수 있는 것만을 〈보기〉에서 있는 대로 고른 것은?

신경학적 불균형이나 외상 때문에 뇌 기능이 잘못될 수 있고, 이것이 폭력 행위나 범죄 행위의 원인이라고 설명할 수도 있다. 이 경우 사람들은 그러한 원인 때문에 특정 행동을 한 사람에게 책임을 지울 수 없게 될까 우려한다. 그런데 이러한 우려는 보통 사람들의 경우에도 마찬가지로 적용된다. 신경 과학은 우리가 어떤 결정을 내리는 것을 의식적으로 자각할 때, 그때는 이미 뇌가 그것이 발생하도록 만든 후라는 사실을 알려준다. 이는 다음의 질문을 제기하도록 만든다. 내 스스로의 의도적인 선택에 의해 자유롭게 행동한다는 것은 환상이며, 우리는 개인적 책임이라는 개념을 포기해야 하는가? 나는 그렇지 않다고 생각한다. 사람과 뇌는 구분될 수 있다. 뇌는 결정되어 있지만, 책임 개념은 뇌에 적용될 수 있는 것이 아니다. 뇌와 달리 사람들은 자유롭고, 따라서 그들의 행위에 책임이 있다.

신경 과학을 통해서 어떤 행동의 원인을 궁극적으로 뇌 기능의 차원에서 설명할 수 있게 될 것이다. 그렇다고 하더라도, 어떤 행동을 한 사람의 책임이 면제되는 것은 아니다. 나는 최신의 신경 과학적 지식과 법적 개념이 갖고 있는 가정들에 기반을 두고서 다음의 원칙을 믿는다. 뇌는 자동적이고 법칙 종속적이며 결정론적 도구인 반면, 사람들은 자유롭게 행동하는 행위자들이다. 교통 상황이 물리적으로 결정된 자동차들이 상호작용을 할 때에 발생하는 것처럼, 책임은 사람들이 상호작용을 할 때에 비로소 발생한다. 책임이란 사회적 차원에서 존재하는 것이지 개인 안에 존재하는 것이 아니다. 만약 당신이 지구에 존재하는 유일한 사람이라면 책임이라는 개념은 존재하지 않을 것이다. 책임이란 당신이 타인의 행동에 대해 그리고 타인이 당신의 행동에 대해 부과하는 개념이다. 사람들이 함께 생활할 때 규칙을 따르도록 만드는 상호작용으로부터 행동의 자유라는 개념이 발생한다.

〈보기〉
ㄱ. 우리의 선택이나 그에 따른 행위는 미시적인 차원에 속하는 뇌의 작용에서 비롯된다. 미시적 요소들을 완전히 이해하더라도, 그것으로부터 거시적인 차원에서 어떤 행동이 발생할지 아는 것은 원리적으로 불가능하다.
ㄴ. 나는 나의 육체와 구별되지 않는다. 뇌가 결정론적으로 작동한다면 나의 행동 역시 결정되어 있다고 보아야 한다. 만약 모든 이의 행동이 각기 결정되어 있다면, 물리적 세계 속에서 일어나는 그것들의 상호작용 또한 결정되어 있을 것이므로, 우리 모두는 달리 행동할 여지를 갖지 않는다.
ㄷ. 사람들의 행동에 책임을 부과하는 것은 관행에 불과하며, 그런 사회적 관행은 인간이 자유롭다는 것을 전제하고 있을 뿐, 인간이 실제로 자유롭다는 것을 보여주지는 않는다.

① ㄱ   ② ㄷ   ③ ㄱ, ㄴ
④ ㄴ, ㄷ   ⑤ ㄱ, ㄴ, ㄷ

17

2015학년도 LEET 문31

을이 갑을 비판하는 근거로 적절한 것만을 〈보기〉에서 있는 대로 고른 것은?

> X시는 A, B 두 인종으로 이루어져 있으며, A인종의 비율이 더 높다. 갑과 을은 X시 성인들을 대상으로 시민권에 대한 태도를 묻는 설문조사를 실시한 후 그 자료를 분석하여 다음과 같이 주장하였다. (분석에 사용된 X시 설문조사 자료는 대표성이 있으며, 자료의 인종 및 계급 분포는 X시 성인 전체의 인종 및 계급 분포와 동일하다.)
>
> 갑: 설문조사 자료를 분석하면 〈표 1〉을 얻을 수 있는데, 〈표 1〉은 X시의 경우 하층계급이 중간계급보다 시민권에 대해 더 긍정적인 태도를 가진다는 것을 보여준다.
>
> 을: 동일한 자료를 분석하면 〈표 2〉를 얻을 수 있으므로 〈표 1〉만 놓고 갑과 같은 결론을 내려서는 안 된다. 〈표 2〉는 중간계급이 하층계급보다 시민권에 대해 더 긍정적인 태도를 가진다는 것을 보여준다.

〈표 1〉 사회계급에 따른 시민권에 대한 태도

시민권에 대한 태도	긍정적	부정적	계
중간계급	37%	63%	100%
하층계급	45%	55%	100%

〈표 2〉 사회계급과 인종에 따른 시민권에 대한 태도

시민권에 대한 태도		긍정적	부정적	계
중간계급	A인종	70%	30%	100%
	B인종	30%	70%	100%
하층계급	A인종	50%	50%	100%
	B인종	20%	80%	100%

―〈보기〉―
ㄱ. 중간계급 중 A인종이 더 많기 때문에 〈표 1〉은 X시 성인들의 시민권에 대한 태도를 제대로 드러내지 않는다.
ㄴ. 하층계급 중 A인종이 더 많기 때문에 〈표 1〉은 X시 성인들의 시민권에 대한 태도를 제대로 드러내지 않는다.
ㄷ. B인종 중 하층계급이 더 많기 때문에 〈표 1〉은 X시 성인들의 시민권에 대한 태도를 제대로 드러내지 않는다.

① ㄱ　　② ㄴ　　③ ㄷ
④ ㄱ, ㄴ　　⑤ ㄱ, ㄷ

18

2016학년도 LEET 문21

〈주장〉을 비판하기 위한 논거로 적절한 것만을 〈보기〉에서 있는 대로 고른 것은?

> 아래 그림은 2010년경에 33개 OECD 회원국이 시장소득과 처분가능소득이라는 두 가지 기준에서 자국에 대해 조사한 지니계수를 함께 나타낸 것이다. 여기에서 '지니계수'란 소득분배의 불평등 정도를 나타내는 수치로서, 0은 완전평등, 1은 완전불평등한 상태이며 수치가 클수록 불평등이 더욱 심한 소득분배 상황을 나타낸다. '시장소득'은 정부의 개입 없이 애당초 시장에서 획득한 소득을 말하며, '처분가능소득'은 정부에 세금을 납부하거나 보조금을 받은 이후의 재분배된 소득이다.

〈주장〉
한국은 소득이 상당히 평등하게 분배되어 있는 나라이다. 시장소득 기준으로는 OECD 회원국 중에서 가장 평등한 나라이며, 처분가능소득 기준으로도 OECD 회원국 가운데 중위권에 속한다. 한국 사회에서 소득이 불평등하게 분배되고 있다는 일부의 주장은 현실과 거리가 먼 것이다. 따라서 우리나라에서 소득불평등을 개선하기 위한 추가적인 재분배 정책은 필요하지 않다.

―〈보기〉―
ㄱ. 시장소득 지니계수가 가장 높은 아일랜드의 경우, 시장소득 지니계수와 처분가능소득 지니계수의 차이가 가장 크다.
ㄴ. 소득세 자료가 아니라 가계설문조사에 기초한 우리나라 소득분포통계의 경우에는 상층 소득자에서 표본의 누락이 심각하며 금융소득의 경우도 상당히 과소 보고된다고 알려져 있다.
ㄷ. 소득분포통계 조사 방법이 나라마다 다르다는 점을 감안한다면 지니계수를 국가 간에 비교하는 것은 큰 의미가 없고 시장소득 지니계수와 처분가능소득 지니계수 사이의 차이가 중요하다.

① ㄱ　　② ㄷ　　③ ㄱ, ㄴ
④ ㄴ, ㄷ　　⑤ ㄱ, ㄴ, ㄷ

19

2017학년도 LEET 문12

㉠에 대한 반론으로 적절한 것만을 〈보기〉에서 있는 대로 고른 것은?

> 인간은 생각하고, 대화하는 등의 '인지 기능'도 하고, 음식을 소화시키고, 이리저리 움직이는 등의 '신체 기능'도 한다. 이 두 기능 모두 인간의 몸이 하는 기능이다. 인간에게 죽음이란 인간의 몸이 하는 기능이 멈추는 사건이다. 그런데 사람에 따라서는 인지 기능은 멈추었지만 신체 기능은 멈추지 않은 시점을 맞기도 한다. 이 시점의 인간은 죽은 것인가? 인간의 몸이 가진 두 기능 중 죽음의 시점을 정하는 데 결정적인 기능은 무엇인가?
>
> 죽음의 시점을 정하는 데 결정적인 요소는 인지 기능이라는 견해를 취해 보자. 이 견해에 따르면 죽음은 인지 기능의 정지이다. 하지만 예를 들어 어젯밤 당신은 아무런 인지 작용도 없는 상태에서 꿈도 꾸지 않는 깊은 잠에 빠져 있었다고 해보자. 죽음이 인지 기능의 정지라면, 당신은 어젯밤에 죽어 있었다고 해야 한다. 하지만 당신은 오늘 여전히 살아 있다. 이런 반례를 피하기 위해서 이 견해를 수정할 필요가 있다. 즉, 죽음은 인지 기능이 일시적으로 정지하는 것이 아니라 영구히 정지하는 것이다. 이 ㉠수정된 견해에 따르면 당신은 어젯밤 죽은 상태에 있지 않았다. 왜냐하면 오늘 당신은 살아 있기 때문이다.

〈보기〉

ㄱ. 철수는 어제 새벽 2시부터 3시까지 꿈 없는 잠을 자고 있다가, 3시에 심장마비로 사망했다. 3시부터 철수는 인지 기능과 함께 신체 기능도 멈추게 될 것이다. ㉠에 따르면 철수는 어제 새벽 2시부터 이미 죽어 있었다. 하지만 이때 철수는 분명 살아 있었다고 해야 한다. 그때 철수를 깨웠다면 그는 일어났을 것이기 때문이다.

ㄴ. '부활'은 모순적인 개념이 아니다. 죽었던 철수가 부활했다고 상상해 보자. 부활한 철수는 다시 인지 기능을 갖게 될 것이다. ㉠에 따르면, 철수는 부활 이전에도 죽어 있던 것이 아니라고 해야 한다. 하지만 철수는 부활 이전에 죽어 있었다. 그렇지 않았다면 철수가 '죽음에서 부활했다'고 말할 수조차 없고 '부활'은 모순적인 개념이 되고 만다.

ㄷ. 철수가 주문에 걸려서 인지 기능이 작동하지 않은 상태로 잠을 자게 되었다고 해보자. 그런데 이 주문은 영희가 철수에게 입맞춤을 하면서 풀려 버렸다. ㉠에 따르면, 철수는 주문에 걸려 있던 동안 죽은 것이다. 하지만 잠에 빠져든 후에도 철수는 분명 살아 있다고 해야 한다. 영희의 입맞춤으로 철수는 깨어났기 때문이다.

① ㄱ　　② ㄷ　　③ ㄱ, ㄴ
④ ㄴ, ㄷ　　⑤ ㄱ, ㄴ, ㄷ

20

2017학년도 LEET 문26

〈비판〉에 대한 분석으로 옳은 것만을 〈보기〉에서 있는 대로 고른 것은?

> 덕 윤리학에 의하면 올바른 행동이란 덕을 갖춘 사람이 할 법한 행동을 말한다. 여기서 덕을 갖춘 사람이란 좋은 삶을 영위하기 위해 필요한 어떤 특정한 성격 특성을 가진 사람을 말한다. 이러한 성격 특성은 단순하고 일시적인 경향성이 아니라 다른 특성 및 성향들과 지속적으로 긴밀하게 결합되어 있는 어떤 복합적인 심리적 경향성이다. 예를 들어, 정직한 사람이 된다는 것은 "가능한 한 정직한 사람들과 함께 일하고, 자식도 정직한 사람으로 기르려고 하며, 부정직함을 싫어하고 개탄한다."와 같은 복합적 경향성을 가진 특정 유형의 사람이 된다는 의미이다.
>
> 〈실험 결과〉
> 쇼핑몰 내 공중전화 박스 밖에서 서류를 떨어뜨린 후 얼마나 많은 사람들이 서류 줍는 일을 도와주는지 살펴본 결과, 공중전화의 동전 반환구에서 운 좋게 동전을 주운 사람들은 그렇지 않은 사람들보다 서류 줍는 일을 도와줄 확률이 훨씬 높았다.
>
> 〈비판〉
> 우리는 보통 사람들의 행동이 그의 성격에서 기인한다고 생각하지만, 〈실험 결과〉는 사람들이 처한 상황이 그들의 행동에 영향을 미친다는 것을 보여 준다. 특히 이는 타인을 돕는 행위가 여러 상황에서 일관적으로 발휘되지 않음을 보여 준다. 이것은 덕 윤리학이 주장하는 성격 특성이란 존재하지 않음을 보여 준다. 따라서 덕 윤리학은 올바른 윤리 이론일 수 없다.

〈보기〉

ㄱ. 〈비판〉은 '어떤 이론이 가정하고 있는 중심 요소가 실제로 존재하지 않는 것으로 판명된다면 그 이론에는 심각한 문제가 있다'는 원리에 의존하고 있다.

ㄴ. 〈비판〉은 '우리의 행동 성향이 일시적이고 상황에 크게 좌우된다면 우리는 좋은 삶을 영위할 수 없다'고 가정하고 있다.

ㄷ. 〈비판〉은 '덕 윤리학이 주장하는 친절함의 덕을 지닌 사람이라면 여러 상황 하에서 일관되게 친절한 행동을 하는 성향을 가질 것'이라 가정하고 있다.

① ㄱ　　② ㄴ　　③ ㄱ, ㄷ
④ ㄴ, ㄷ　　⑤ ㄱ, ㄴ, ㄷ

21

다음 주장에 대한 반론이 될 수 있는 것만을 〈보기〉에서 있는 대로 고른 것은?

모든 인간은 인류 진화의 결과로 고착된 일체의 생물학적 특성과 자질이 동일한 상태로 태어난다. 그래서 아기들은 어디에서 태어나든 기본적인 특성과 자질 면에서 모두 같다. 하지만 성인들은 행동적·정신적 조직화(패턴화된 행동, 지식 등) 면에서 상당히 다르다는 사실이 일관되게 관찰된다. 성인에게서 발견되는 행동적·정신적 조직화의 내용은 유아에게 결여되어 있으므로, 유아는 성장 과정에서 그것을 외부로부터 획득할 수밖에 없다. 그 외부 원천은 사회문화적 환경이다. 인간 생활의 내용을 복잡하게 조직화하고 풍부하게 형성하는 것은 바로 이 사회문화적 환경인 것이다. 복잡한 사회질서를 만드는 것은 인간 본성이나 진화된 심리처럼 선천적으로 주어진 그 무엇이 아니라 개인의 외부에 있는 사회 세계이다. 결국 인간 본성과 같이 선천적으로 주어진 생물학적 특성과 자질은 인간 생활의 조직화에 아무런 중요한 역할을 못하는 빈 그릇과 같다. 인간 정신은 사회문화적 환경에 따라 거의 무한정하게 늘어나는 신축적인 특성을 지니기 때문이다.

─〈보기〉─

ㄱ. 갓 태어났을 때는 치아가 없지만 성숙하면서 사람마다 다른 형태로 생겨나는 것처럼, 진화된 심리적 기제가 동일 사회문화적 환경에서도 각자 복잡하고 다양한 형태의 행동적·정신적 조직화로 발현된다.

ㄴ. 사회현상의 원인으로서 생물학적 요인과 사회환경적 요인은 서로 배타적이지 않다. 인간의 진화된 심리적 구조를 고려하지 않고 사회현상을 설명하려고 할 때 오류에 빠질 가능성이 늘 존재한다.

ㄷ. 태어나자마자 떨어져 서로 다른 문화권에서 자란 일란성 쌍둥이가 성인이 된 이후에도 매우 유사한 행동적·정신적 특성을 갖는 경우가 많은데, 그 이유는 태어날 때부터 동일한 생물학적 특성과 자질을 공유하기 때문이다.

① ㄱ ② ㄷ ③ ㄱ, ㄴ
④ ㄴ, ㄷ ⑤ ㄱ, ㄴ, ㄷ

22

〈주장〉에 대한 반대 논거가 될 수 있는 것만을 〈보기〉에서 있는 대로 고른 것은?

[A법]
제1조 3심제의 최종심인 상고심은 대법원이 담당한다.
제2조 대법원은 상고 신청의 이유가 적절하지 않다고 인정되는 때에는 재판을 열지 않고 판결로 상고를 기각한다.
제3조 제2조에 따라 상고를 기각하는 판결에는 이유를 기재하지 않을 수 있다.

〈주장〉

A법 제2조는 대법원에 상고가 남용되는 상황을 예방하고 사건에 대한 신속한 처리를 통하여 적절한 신청 이유를 가진 당사자의 재판 받을 권리를 충실히 보장하기 위한 규정으로서 입법 취지 및 규정 내용 등에 비추어 그 합리성이 충분히 인정된다. A법 제3조는 제2조를 실현하기 위해 요구되는 절차적 규정이다. 즉 상고기각 판결에 이유를 기재하는 것은 대법원에 불필요한 부담만 가중하고 정작 재판이 필요한 사건에 할애해야 할 시간을 낭비하는 것이기 때문에 제3조의 취지 또한 정당화된다. 일반적으로 판결에 이유 기재를 요구하는 목적은 당사자에게 법원의 판단 과정을 납득시키고 불복수단을 강구하도록 하려는 것이나, 소송금액이 적은 사건처럼 경미한 사건을 신속하게 처리하기 위하여 판결이유를 생략하는 것이 인정되는 것과 같이, 이유 기재는 판결의 필수적인 요소가 아니라 법원이 그 여부를 선택할 수 있는 사항이다. 게다가 대법원이 존재한다고 하여 모든 사건에 대해 대법원에서 재판받을 기회가 보장되어야 하는 것은 아니기 때문에, 판결이유 기재를 비롯한 대법원의 재판에 대한 구체적인 제도의 내용은 대법원의 재량범위에 속한다.

─〈보기〉─

ㄱ. 재판을 받을 권리는 재판이라는 국가적 행위를 청구하는 권리이고, 청구권에는 청구에 상응하는 상대방의 의무가 반드시 결부되며 그 의무에는 청구에 응할 의무와 성실히 답할 의무가 포함된다.

ㄴ. 재판을 받을 권리는 재판절차에의 접근성 보장과 절차의 공정성 보장 등을 주된 내용으로 하는 기회 보장적 성격을 가지며, 법원의 판결의 정당성은 그 판결에 대한 근거제시에 의해 좌우된다.

ㄷ. 대법원의 판결은 국민이 유사한 사안을 해석하고 규범적 평가를 내리는 사실상의 판단기준으로서 기능하며, 판결의 결론뿐만 아니라 그 논증 과정 역시 동일한 기능을 수행한다.

① ㄱ ② ㄴ ③ ㄱ, ㄷ
④ ㄴ, ㄷ ⑤ ㄱ, ㄴ, ㄷ

23
2023학년도 LEET 문6

〈상황〉에 대한 판단으로 옳은 것만을 〈보기〉에서 있는 대로 고른 것은?

[학칙]
제1조(학생의 징계) ① 학생이 학내에서 학생으로서의 품위를 손상하거나 학교의 명예를 실추시키는 등의 행위를 한 경우 학교장은 교육을 위하여 학생을 징계할 수 있다.
② 학교장은 학생을 징계하려면 교사를 참여시켜야 하고, 학생이나 보호자에게 의견을 진술할 기회를 주는 등 적정한 절차를 거쳐야 한다.

〈상황〉
P중학교 학생 갑은 집에서 실시간 원격수업을 받던 중 시민의 알권리를 위해 자신의 학교에서 조사 중인 체벌 사건의 내용을 SNS에 게시하여 사회적 파장을 일으켰다. P중학교는 이에 대하여 [학칙]에 따라 갑을 징계하려고 한다.

〈보기〉
ㄱ. [학칙]에 규정된 '학내'는 학교의 물리적 공간으로 보아야 한다는 주장은 징계를 반대하는 논거가 된다.
ㄴ. 공익을 위한 학생의 표현의 자유는 제한 없이 보장되어야 한다는 주장은 징계를 반대하는 논거가 된다.
ㄷ. 수업시간 동안의 학생의 모든 활동을 학내 활동으로 간주해야 한다는 주장은 징계를 찬성하는 논거가 된다.

① ㄱ   ② ㄴ   ③ ㄱ, ㄷ
④ ㄴ, ㄷ   ⑤ ㄱ, ㄴ, ㄷ

24
2024학년도 LEET 문22

B의 논증에 대한 반론이 될 수 있는 것만을 〈보기〉에서 있는 대로 고른 것은?

A: 감정은 언제나 적절한 평가적 믿음을 요구한다. 어떤 대상에 대한 두려움은 그 대상이 나에게 위험하다는 믿음에 근거하고, 어떤 일에 대한 슬픔은 그 일이 나에게 큰 손실이라는 믿음을 기초로 삼는다. 만약 내가 이러한 평가적 믿음과 모순되는 믿음을 가진다면, 이 경우 나는 감정을 느끼는 것이 아니거나 하나의 주장을 긍정하는 동시에 부정하고 있는 것이다.
B: 적절한 평가적 믿음을 갖지 않고도 감정을 경험하는 것은 충분히 가능할 뿐 아니라, 실제로 흔한 일이다. 어떤 사람은 눈앞에 있는 거미가 자신에게 위험하지 않다고 굳게 믿으면서도, 그 거미에 대해 두려움을 느낄 수 있다. 나아가, 동물이나 영유아도 명백히 두려움 같은 감정을 느낄 수 있다. 그러나 언어능력이 없는 동물이나 영유아는 '위험'과 같은 평가적 개념을 아예 갖고 있지 않으며, 그러므로 뭔가가 자신에게 위험하다는 믿음을 가질 수도 없다.

〈보기〉
ㄱ. 모순되는 믿음들을 가지는 것은 충분히 가능할 뿐만 아니라 흔한 일이다. 모순되는 믿음들을 지니는 것과, 평가적 믿음과 그에 모순되는 감정을 가지는 것 사이에는 그 가능성이나 빈도 면에서 큰 차이가 없다.
ㄴ. 감정이 언제나 적절한 평가적 믿음을 요구한다는 주장은 그러한 평가적 믿음만 있으면 그에 따른 감정을 느끼게 된다는 주장이 아니다. 즐거움이나 고통과 같은 감각들도 감정의 필수 요소이고, 동물이나 영유아도 이런 감각들은 충분히 느낄 수 있다.
ㄷ. 어떤 개념을 갖는다는 것이 그 개념을 언어적으로 표현할 능력이 있다는 것을 의미하지는 않는다. 포식자가 접근할 때 재빠르게 도망치는 성향을 지닌 동물이 있다면, 이 동물이 '위험'이라는 단어를 아는지와 무관하게 포식자의 위험성에 대한 믿음을 지닌다고 볼 수 있다.

① ㄱ   ② ㄷ   ③ ㄱ, ㄴ
④ ㄴ, ㄷ   ⑤ ㄱ, ㄴ, ㄷ

25

㉠의 논거로 가장 적절한 것은?

> 의족을 착용하고 2024년 장애인육상세계선수권대회 멀리뛰기 종목에서 8.60m라는 우수한 기록을 수립한 갑은 2025년 올림픽에 출전하고자 하였으나, 국제올림픽위원회(IOC)는 다음 논거를 들어 갑의 올림픽 출전 불허결정을 내렸다.
>
> 첫째, 올림픽 출전자격에 관한 IOC 규정에 따르면, 올림픽에 출전하는 선수는 해당 종목에서 일정 수준 이상의 기록을 가지고 있어야 하고, 그 기록은 '올림픽 수준의 세계대회'에서 달성된 것이어야 한다. 갑이 8.60m의 기록을 달성한 장애인육상세계선수권대회는 장애인대회여서 올림픽과 같은 수준의 대회라고 볼 수 없다. 둘째, 같은 규정에 따르면, 출전선수가 보조장치를 사용하는 경우에는 해당 장치를 사용하지 않는 선수에 비해 '전체적인 경쟁 우위'를 제공하지 않아야 한다. 따라서 장애선수가 사용하는 보조장치가 해당 장애가 없었을 때보다 더 나은 성과를 내게 하는 것이라면 그 보조장치는 사용할 수 없다. IOC 출전자격 심사위원회는 갑이 사용하는 의족이 장애가 없었을 때보다 더 우월한 육상능력을 제공한다고 판단하였다. 셋째, 같은 규정에 따르면, 출전자격 심사위원회의 판단에 불복하는 선수는 해당 장치가 전체적인 경쟁 우위를 제공하지 않는다는 점을 스스로 증명하여야 하는데, 갑은 자신의 의족이 전체적인 경쟁 우위를 제공하지 않는다는 점을 증명하지 못하였다.
>
> 갑은 위 결정의 논거를 ㉠ 반박하면서 스포츠중재재판소에 제소하였다.

① 갑은 의족을 착용하지 않으면 육상 자체를 할 수 없다.
② 장애인육상세계선수권대회는 장애인이 참가할 수 있는 권위 있는 육상대회 중 하나이다.
③ 갑이 수립한 8.60m의 기록은 2024년도에 개최된 모든 육상대회에서 나온 멀리뛰기 기록 중 10위에 해당한다.
④ 도핑테스트에 걸린 선수가 고의로 금지약물을 사용한 것이 아님을 스스로 증명하여 올림픽 출전이 허용되었다.
⑤ 본인 기록보다 향상된 기록을 내게 하는 최첨단 수영복이 일부 국가 선수들만 착용할 수 있음에도 올림픽에서 허용되었다.

오류론

01
2009학년도 LEET 예비 문27

다음의 논증이 범하고 있는 오류를 가장 잘 지적한 것은?

우리나라의 『장기 등 이식에 관한 법률』은 자율성 존중의 원칙에 따라 뇌사자 또는 사망한 자의 장기에 대해서 본인의 사전 동의가 있는 경우에 장기를 적출할 수 있도록 규정하고 있다. 하지만, 장기 기증에 대한 거부감이 많이 줄어든 지금도 장기 기증 희망자는 전체 국민에 비하면 소수에 불과하다. 그리하여 『장기 등 이식에 관한 법률』은 본인의 의사가 불분명한 경우에도 가족들의 동의가 있으면 뇌사자 또는 사망한 자의 장기 적출을 허용하고 있다. 그런데 실제로 가족들은 뇌사자 또는 사망한 자의 신체를 훼손하는 것을 꺼리기 때문에 선뜻 동의하지 않는다고 한다. 그 결과, 뇌사자 또는 사망한 자가 사전에 장기 기증의 의사가 있었다고 할지라도 뇌사 또는 사망한 이후에는 그 의사를 확인하기 어려우므로 장기를 적출하는 것이 쉽지 않다. 그로 인하여 우리나라는 아직도 장기 이식 대기자에 비하여 장기가 턱없이 부족한 상황이다. 이러한 상황을 타개하기 위해서는 뇌사자 또는 사망한 자의 장기 기증에 있어서 이른바 추정적 동의 원칙을 채택하여야 한다. 추정적 동의 원칙은 장기 기증에 대한 국민적 공감대가 형성되어 있다는 것을 전제로, 장기 기증자가 사전에 장기 기증을 거부하지 않는 한 장기 기증의 의사가 있는 것으로 추정하여 장기 적출을 허용하자는 것이다. 실제로 장기 기증이 널리 이루어지는 일부 선진국에서는 추정적 동의 원칙을 받아들이고 있다. 이제 우리도 추정적 동의 원칙을 받아들여 만성적인 장기 부족 사태를 해결하여야 한다.

① 장기 기증을 위해서는 충분한 설명을 받은 이후에 동의가 있어야 한다는 점을 부당하게 가정하고 있다.
② 뇌사의 판정 기준이 명확하지 아니하여 뇌사를 사망의 기준으로 받아들이기 어렵다는 점을 간과하고 있다.
③ 추정적 동의 원칙을 받아들여야 한다는 자신의 결론을 정당화하기 위하여 부당하게 여론에 호소하고 있다.
④ 우리나라의 『장기 등 이식에 관한 법률』이 장기 기증의 자유를 침해하고 있다고 단정하는 잘못을 저지르고 있다.
⑤ 추정적 동의 원칙이 성립하기 위하여 필요한 요건이 현실에 대한 자신의 기술과 상충한다는 점을 간과하고 있다.

02
2013학년도 LEET 문11

다음 논증의 결함을 가장 적절하게 지적한 것은?

우리 눈앞에 서 있는 이 피고인이 얼마 전 일어난 여성 살해 사건의 진범이라는 점은 물증과 정황을 통해서 명백히 드러났습니다. 하지만 과연 이 사람이 죽인 사람이 그 여성 한 명뿐일까요? 이 피고인이 우리가 찾던 바로 그 연쇄살인범은 아닐까요? 비록 피고인은 살인을 한 적이 단 한 번뿐이라고 말하고 있지만 말이죠. 우리 모두가 목격했듯이 피고인은 자기가 연쇄적으로 살인을 했다는 것을 아무런 감정적 동요 없이 단호하게 부인하고 있습니다. 거짓말 탐지기 앞에서도 그는 다른 피해자들을 알지 못한다고 말하면서 아무런 감정적 동요를 보이지 않았지만, ㉠ 거짓말 탐지기는 그가 거짓말을 하고 있다는 반응을 보였습니다. ㉡ 거짓말 탐지기의 결과에 전적으로 의존할 수는 없습니다. 하지만 피고인이 거짓말을 하고 있다고 거짓말 탐지기가 반응한다면 실제로 거짓말을 하고 있을 가능성이 있지요. 만약 피고인이 연쇄적으로 살인을 저지른 것이 확실한데도 자기가 연쇄 살인범이라는 것을 아무런 감정적 동요 없이 단호하게 부인한다면, ㉢ 그는 극단적 유형의 사이코패스에 속한다고 보아야 합니다. 사이코패스는 일반적인 살인자와 달리 살인을 저지르는 동안에 오히려 심리적으로 안정되고 심장 박동이 느려지기까지 한다는 점이 여러 사례에서 밝혀진 바 있습니다. 살인을 경험한 극단적 유형의 사이코패스는 전혀 죄책감을 느끼지 않죠. ㉣ 피고인처럼 당연히 감정적 동요도 느끼지 않습니다. 살인을 경험한 극단적 유형의 사이코패스는 연쇄적으로 살인을 저지르기 마련입니다. 그러므로 ㉤ 피고인은 연쇄적으로 살인을 저지른 것이 분명합니다.

① ㉠과 모순되는 전제를 포함하고 있다.
② ㉡을 불충분한 수의 사례들로부터 일반화하여 도출하고 있다.
③ ㉢에 인신공격적 내용을 포함하고 있다.
④ ㉣을 입증하지 못한 채 전제로 받아들이고 있다.
⑤ ㉤을 암묵적 전제로 요구하는 동시에 결론으로 도출하고 있다.

03

다음 논증에 대한 비판으로 가장 적절한 것은?

로크는 자연에 있는 사물들이 "적어도 다른 사람들도 좋은 상태로 사용할 만큼 충분히 남아있는 한" 그 사물을 노동을 통해 소유할 수 있다고 주장한다. 이러한 로크의 제한조건이 의미하는 바는 "다른 사람들의 상황을 더 나쁘게 하지 않는 한에서만" 소유권이 인정된다는 것이다. 그러나 로크의 이 제한조건이 현재에는 더 이상 만족될 수 없다고 한다면 어떻게 될까? 만약 그렇다면 우리는 "이전에 우리가 인정했던 소유권을 포함해서 그 어떤 소유권도 성립할 수 없다."라는 놀라운 결론을 이끌어낼 수 있다.

우선 "로크의 제한조건에 위배된다."를 곧 "다른 사람들의 상황을 더 나쁘게 한다."라는 것으로 정의하자. 그리고 ⓐ 어떤 종류의 사물 t가 여러 사람들에 의해 소유되어 이제 그것이 충분히 남아 있지 않아, Z는 그 사물을 사용할 수 없게 되었다고 가정하자. 즉, Z가 사용할 수 있는 좋은 상태의 충분한 사물 t가 세상에 존재하지 않는다고 가정해 보자. 그렇다면 Z 바로 전에 t를 소유한 Y의 행위는, Z가 t를 사용할 자유를 갖지 못하게 하여 Z의 상황을 더 나쁘게 하였으므로 로크의 제한조건에 위배된다. 그런데 더 거슬러 올라가, ⓑ Y가 t를 소유하기 바로 전에 t를 소유한 X 역시 Y를 더 나쁜 상황에 빠뜨린 셈이다. 왜냐하면 ⓒ X가 t를 소유함으로써 Y는 로크의 제한조건에 위배되지 않고서는 t를 소유하지 못하게 되었고, X의 소유는 결국 Y의 소유가 로크의 제한조건에 위배되게끔 만들었기 때문이다. 따라서 ⓓ X의 소유 역시 로크의 제한조건에 위배된다. 이와 같은 방식으로, X 전에 t를 소유한 W에 대해서도, W는 X를 더 나쁜 상황에 빠뜨렸으므로, W의 소유는 로크의 제한조건에 위배된다고 말할 수 있다. ⓔ 같은 방식으로 계속 추론하다보면, t를 최초로 소유한 A의 소유 역시 로크의 제한조건에 위배된다고 말하지 않을 수 없다.

① ⓐ의 가정은 현실에 부합하지 않는다. 자연에는 아직 모든 사람들이 사용하기에 충분할 정도로 많은 자원이 남아 있다.
② ⓑ는 ⓒ로부터 도출되지 않는다. 만약 Y 바로 전에, X가 아니라 W가 t를 소유했다면 W가 Y를 나쁜 상황에 빠뜨렸을 것이므로, X가 Y를 더 나쁜 상황에 빠뜨렸다고 볼 수 없다.
③ ⓒ의 주장은 받아들일 수 없다. X가 t를 소유해도, Y가 로크의 제한조건에 위배되지 않고 t를 소유할 여지가 여전히 남아 있다.
④ ⓓ는 ⓑ로부터 도출되지 않는다. X가 Y를 더 나쁘게 한 방식은 Y가 Z를 그렇게 한 방식과 차이가 있음을 간과하고 있다.
⑤ ⓔ의 진술은 의심스럽다. 어떤 사물을 최초로 소유한 자를 확정하기란 거의 불가능하므로 우리는 한 사물의 소유에 대해 누가 최초로 로크의 제한조건을 위반하는지를 판단할 수 없다.

04

다음 글에 대한 분석으로 옳은 것만을 〈보기〉에서 있는 대로 고른 것은?

㉠ 내가 이전에 먹었던 빵은 나에게 영양분을 제공하였다. 과거에 경험한 이런 한결같은 사실을 근거로, ㉡ 미래에 먹을 빵도 반드시 나에게 영양분을 제공할 것이라고 결론 내릴 수 있을까?

어떤 사람들은 미래에 관한 이런 명제가 과거에 관한 명제로부터 올바르게 추리된다고 주장한다. 즉 전제가 참이면 결론도 반드시 참이라는 의미에서, 미래에 관한 명제가 과거에 관한 명제로부터 추리된다고 말한다. 하지만 그들이 말하는 그 추리가 연역적으로 타당하게 이끌어진 추리가 아니라는 점은 명백하다. 왜냐하면 그 경우 전제가 참이더라도 결론이 거짓일 수 있기 때문이다. 그렇다면 그 추리는 어떤 성질을 지닌 추리인가?

만약 어떤 사람이 그 추리가 경험에 근거해서 결론이 필연적으로 따라나오는 추리라고 주장한다면, 그 사람은 논점 선취의 오류를 범하는 것이다. 왜냐하면 경험에 근거해서 결론이 필연적으로 따라나오는 추리가 되려면, ㉢ 미래가 과거와 똑같다는 것을 기본 전제로 가정해야 하기 때문이다. 만일 자연의 진행 과정이 변할 수도 있다고 생각할 수 있다면, 모든 경험은 소용이 없게 될 것이며 아무런 추리도 할 수 없게 되거나 아무런 결론도 내릴 수 없게 될 것이다. 따라서 경험을 근거로 하는 어떠한 논증도 미래가 과거와 똑같을 것이라는 점을 증명할 수는 없다. 왜냐하면 그런 논증은 모두 미래가 과거와 똑같을 것이라는 그 가정에 근거해 있기 때문이다.

〈보기〉

ㄱ. ㉢을 참이라고 가정하면 ㉠으로부터 ㉡을 추리할 수 있다.
ㄴ. ㉢이 거짓이라면 ㉡의 참을 확신할 수 없다.
ㄷ. ㉢을 정당화할 수 있는, 경험에 근거한 추리란 없다.

① ㄱ ② ㄷ ③ ㄱ, ㄴ
④ ㄴ, ㄷ ⑤ ㄱ, ㄴ, ㄷ

05

다음 글에 대한 분석으로 옳은 것만을 〈보기〉에서 있는 대로 고른 것은?

일반적으로 과학적 탐구는 관찰과 관찰한 것(자료)의 해석으로 압축된다. 특히 자료의 해석은 객관적이고 올바르며 엄밀해야 한다. 그런데 간혹 훈련받은 연구자들조차 사회 현상을 해석할 때 분석 단위를 혼동하거나 고정관념, 속단 등으로 인해 오류를 범하기도 한다. 예를 들어 집단, 무리, 체제 등 개인보다 큰 생태학적 단위의 속성에 대한 판단으로부터 그 단위를 구성하는 개인들의 속성에 대한 판단을 도출하는 경우(A 오류), 편견이나 선입견에 사로잡혀 특정 집단에 특정 성향을 섣불리 연결하는 경우(B 오류), 집단의 규모를 고려하지 않고, 어떤 집단이 다른 집단보다 특정 행위의 발생 건수가 많다는 점으로부터 그 집단은 다른 집단보다 그 행위 성향이 강할 것이라고 속단하는 경우(C 오류) 등이 이에 해당한다. 이와 같은 오류들로 인해 과학적 탐구 결과가 왜곡될 수 있으므로 주의가 필요하다.

〈보기〉

ㄱ. 상대적으로 젊은 유권자가 많은 선거구가 나이 든 유권자가 많은 선거구보다 여성 후보에게 더 많은 비율로 투표했다는 사실로부터 젊은 사람이 나이 든 사람보다 여성 후보를 더 지지한다고 결론을 내린다면, A 오류를 범하게 된다.

ㄴ. 외국인과 내국인 사이에 발생한 범죄가 증가하고 있다는 자료로부터 가해자가 외국인이고 피해자가 내국인인 범죄가 증가한다고 결론을 내린다면, B 오류를 범하게 된다.

ㄷ. 자살자 수가 가장 많은 연령대는 1,490명을 기록한 50~54세라는 통계로부터 50~54세의 중년층은 다른 연령대보다 자살 위험성이 가장 크다고 결론을 내린다면, C 오류를 범하게 된다.

① ㄴ ② ㄷ ③ ㄱ, ㄴ
④ ㄱ, ㄷ ⑤ ㄱ, ㄴ, ㄷ

유형 02 - 논쟁 분석

01
LEET 2차 예시 문14

다음을 읽고 물음에 답하시오.

> 갑: 대리모는 허용되어서는 안 된다. 최근의 자료에 의하면 대리모는 대부분 금전적인 대가가 지불되는 상업적인 대리모의 형태로 이루어지고 있다고 한다. 아이를 출산해 주는 대가로 대리모에게 금전을 지불하는 것은 아이를 상품화하는 것이다. 칸트가 말했듯이, 인간은 수단이 아니라 목적으로 대하여야 한다. 대리모는 결국 아이를 목적이 아닌 수단으로 취급하고 있다는 점에서 인간의 존엄과 가치를 침해한다.
> 을: 대리모는 인간의 존엄과 가치를 침해하지 않는다. 왜냐하면 대리모는 아이 그 자체를 매매의 대상으로 삼는 것이 아니라 임신출산 서비스를 대상으로 하고 있는 것에 불과하므로 아이의 존엄과 가치를 떨어뜨리지 않기 때문이다.

갑의 논증에 대한 을의 대응을 잘 설명한 것은?

① 갑이 자신의 논증을 지지하기 위하여 제시한 경험적 증거를 부정하고 있다.
② 갑의 논증이 기초하고 있는 핵심어에 대한 갑의 이해에 대해 이의를 달고 있다.
③ 갑 자신의 전제가 갑의 결론과 다른 결론을 이끌어낸다는 것을 증명하고 있다.
④ 갑의 논증이 부당한 권위에 호소하는 오류를 저지른다는 점을 지적하고 있다.
⑤ 갑이 논증하고자 하는 결론이 윤리원칙에 반한다는 것을 증명하고 있다.

02
2009학년도 LEET 예비 문30

다음의 논쟁에 대한 진술로 옳지 않은 것은?

> 케팔로스: 나이 든 사람들은 보통 노년에 나타나는 자신들의 온갖 불행이 나이 때문이라고 합니다. 하지만 진짜 원인은 나이가 아니라 오직 사람들의 생활 방식입니다. 훌륭한 생활 방식을 가지고 살아온 경우에는, 노인일지라도 나이 때문에 불행해지지 않기 때문입니다.
> 소크라테스: 사람들은 어르신께서 노년을 수월하게 지내시는 것은 훌륭한 생활 방식 때문이 아니라 많은 재산 때문이라고 생각할 것입니다. 부자들에게는 위안거리가 많다고들 하니까요.
> 케팔로스: 그들의 주장에도 일리가 있기는 하지만, 그렇더라도 그들이 생각하는 만큼은 아닙니다. 비슷한 예를 하나 들어 보겠습니다. 작은 섬나라인 세리포스 출신의 어떤 사람이 테미스토클레스에게 "당신이 유명한 것은 당신이 훌륭해서가 아니라 아테네 사람이기 때문"이라고 비난했습니다. 테미스토클레스는 "내가 세리포스 사람이었더라도 유명해질 수 없었겠지만, 당신이 아테네 사람이어도 유명해질 수는 없었을 것"이라고 대꾸했지요. 그 사람이 어느 나라 사람인지도 무시할 수는 없지만 개인의 훌륭함 없이 유명해질 수는 없다는 것입니다. 그러니 훌륭한 생활 방식을 가진 사람이더라도 가난하다면 수월하게 노년을 보낼 수 없겠지만, 훌륭하지 못한 생활 방식을 가진 사람이 부유하다고 해서 수월하게 노년을 보내는 일도 없을 것입니다.

① 케팔로스의 처음 주장은 그가 전달하는 일반적인 의견에 대한 반론의 성격을 가지고 있다.
② 소크라테스가 언급하는 '사람들'의 생각은 케팔로스의 처음 주장에 대한 반론의 성격을 가지고 있다.
③ 테미스토클레스의 예는 하나의 현상에 대한 원인 분석과 관련해서 케팔로스의 재반론과 동일한 논리적 구조를 갖는다.
④ 케팔로스의 결론은 소크라테스의 지적에도 불구하고 노년을 수월하게 보내는 데는 훌륭한 생활 방식이 반드시 필요하다는 것이다.
⑤ 소크라테스의 지적에도 불구하고 케팔로스는 재반론을 통해 노년의 불행 원인에 관한 그의 처음 주장을 변함없이 견지하고 있다.

03

네트워크 중립성 지지자들과 계층적 인터넷 지지자들 간의 논쟁에 대한 다음 글에 의거할 때, 양편의 주장이 충돌하는 쟁점을 〈보기〉에서 고른 것은?

> 네트워크 중립성이란 네트워크상의 모든 트래픽이 평등하게 처리되어야 한다는 개념으로, 전화나 케이블 사업자와 같은 인터넷 사업자는 트래픽의 제공자가 누구인지 혹은 어떠한 콘텐츠를 담고 있는지에 상관없이 차별 없는 인터넷을 제공해야 한다는 것을 의미한다. 네트워크 중립성의 지지자들은 인터넷을 고속 회선과 저속 회선으로 계층화한다면, 인터넷 사업자들이 자신의 수익 향상을 위해 고속 회선의 운용에 집중할 것이고 일반 사용자들의 사용 환경은 악화될 것을 우려한다. 또한 중립성이 보장되지 않을 경우 자금이 부족하여 충분한 대역폭을 확보할 수 없는 신생 기업들의 성장이 억제되고 기술 혁신이 저해될 것이라고 주장한다. 반면 네트워크 중립성을 반대하는 계층적 인터넷의 지지자들은 고품질의 동영상과 같은 대용량 트래픽의 서비스를 안정적으로 제공하기 위해서 네트워크 서비스를 차등화하여 요금을 부과할 필요가 있다고 주장한다. 일부 소비자들은 더 나은 품질의 서비스를 받기 위해 요금을 더 지불할 의사가 있고, 인터넷 사업자들은 그 수익금으로 인프라 개선 및 대역폭 향상에 다시 투자하여 선순환을 유도할 수 있다는 것이다.
>
> 또한 계층적 인터넷을 지지하는 인터넷 사업자들은 추후 네트워크 혼잡의 문제가 심각하게 제기되어 기존 방식으로는 새로운 서비스들에 대한 품질 보장이 어렵게 될 것이기 때문에 품질 관리가 중요한 서비스 전송에 우선권을 부여할 필요성이 있다고 주장하는 데 반하여, 네트워크 중립성을 지지하는 콘텐츠 사업자와 인터넷 전화 사업자들은 네트워크 혼잡의 위험성이 높지 않다고 주장한다. 계층적 인터넷의 지지자들은 네트워크 고도화에 따른 투자의 필요성이 증가하고 있으나 네트워크 중립성으로 콘텐츠 사업자들이 충분한 대가를 지불하지 않고 통신 사업자 및 케이블 사업자에 의해 구축된 네트워크에 무임승차하고 있다고 주장하고 있으며, 네트워크 중립성의 옹호자들은 인터넷 사업자들의 네트워크 고도화 투자 결정은 네트워크 중립성 문제와 큰 관련이 없다고 주장한다. 네트워크 중립성의 지지자들은 계층적 인터넷하에서의 지불 능력에 따른 차별이 인터넷상의 온갖 혁신을 가능케 하였던 인터넷의 개방성을 감소시킬 것을 우려한다. 이에 대하여 계층적 인터넷의 지지자들은 계층적 인터넷하에서도 기존 인터넷의 개방적 성격이 유지될 수 있다고 주장한다.

〈보기〉
ㄱ. 네트워크 혼잡이 심각한 문제로 제기될 것인가?
ㄴ. 계층적 인터넷 환경에서 인터넷 개방성이 감소할 것인가?
ㄷ. 계층적 인터넷은 신생 기업에게 진입 장벽으로 작용할 것인가?
ㄹ. 향상된 서비스에 요금을 더 지불할 의사를 가진 소비자들이 존재하는가?

① ㄱ, ㄴ ② ㄱ, ㄷ ③ ㄴ, ㄷ
④ ㄴ, ㄹ ⑤ ㄷ, ㄹ

04

다음 논쟁에 대한 진술로 옳지 <u>않은</u> 것은?

> A: 인종은 있다. 황인종, 흑인종, 백인종의 구별은 생리학적, 집단 유전학적 근거에 입각한 구별이며 따라서 인종은 문화적·사회적 현상과 관계없는 생물학적 실재이다. 그러나 인종이 있다는 것이 인종들 간의 차별을 정당화하는 것은 아니다. 인종 개념을 사용하는 것과 인종을 차별해서는 안 된다는 것은 양립 가능하다.
> B: 인종은 없다. 생물학적으로 사람들을 분류하는 여러 방식들이 있을 수 있지만, 대다수의 인간 개체군들을, 특히 피부색에 의해 분류할 방법은 없다. 집단 유전학은 인종 구별에 적용되지 않으며 생물학적 인종이란 존재하지 않는다. 그럼에도 불구하고 실재하지 않는 인종 간의 '차이'를 언급하는 것은 인종 차별적 사회 제도와 관행에 영향을 미칠 수 있다. '차이'가 '차별'인 것은 아니지만 차이의 언급은 차별의 원인을 제공한다. 그러므로 인종 개념이 사용되어서는 안 된다.
> C: 인종은 사회적 구성물이다. 인종은 아무런 생물학적 근거가 없으며 문화적·정치적·경제적 차원의 사회적 관계에 의해 구성된다. 인종 개념은 생물학적 실재를 지시하기 때문에 의미를 갖는 것이 아니라 그것이 어떤 특수한 사회적 역할을 담당하기 때문에 의미를 가진다. 그러므로 인종 개념의 사용은 오로지 사회적 맥락에서만 정당화된다. 인종이 사회적 구성물이라고 보는 관점은 인종 개념의 사회정치적 발생에 주목하기 때문에 반인종차별적인 전략을 수립하는 데에 유리하다.

① '피부색에 의한 인종 구별은 18세기 이전에는 없었던 새로운 구별로서 정치경제적 지배 예속 관계로부터 생겨난 것에 불과하다.'는 주장이 맞다면, A의 주장은 약화된다.
② 노예 제도가 있던 시절 미국에서 백인과 흑인 노예 사이에서 태어난 자녀가 '흑인의 피 한 방울만 섞여도 흑인으로 간주된다.'는 기준에 따라 흑인으로 분류되었다는 사실은 B의 주장을 약화한다.
③ '인종 간의 차이가 있다.'는 것과 '인종에 따른 차별은 정당하다.'는 것은 동일한 문제가 아니라고 보는 점에서 A와 B는 일치한다.
④ 인종이 생물학적 실재라는 것을 부정한다는 점에서 B와 C는 일치한다.
⑤ '인종 간의 차이는 생식에 성공한 유전자들의 자연적 선택의 결과이다.'라는 주장이 맞다면, 이것은 A의 주장을 강화하고 C의 주장을 약화한다.

05

다음 논쟁에 대한 진술로 옳은 것을 〈보기〉에서 고른 것은?

> 갑: PAI(국제 인구 행동 연구소)는 1년 동안의 강수량에서 증발되고 남은 물의 총량을 인구로 나눈 것을 '일인당 연간 물 이용 가능량'으로 규정하였다. 이에 따라 국가들은 물 풍족 국가, 물 부족 국가, 물 기근 국가로 분류되는데, 우리나라는 물 부족 국가에 해당한다. 또한 우리나라는 강수량에 비해 사용 가능한 물의 절대량도 적다. 우리나라는 국토의 상당 부분이 급경사의 산지이고, 강수가 여름에 집중되어 짧은 시간에 많은 양의 물이 바다로 흘러들어 간다. 이러한 현상에 대응하기 위한 방안은 다목적 댐을 건설하는 것이다. 연평균 강수량의 변화가 작고 인구가 계속 증가하는 상황에서 사용 가능한 물의 양을 증가시키는 유일한 방법은 강수 직후 바다로 흘러들어 가는 빗물의 양을 줄이는 것이기 때문이다.
>
> 을: PAI의 지표는 단순히 산술적 수치에 근거해 있다. 그래서 인구 밀도가 높은 나라는 물 부족 국가로 분류되는 반면 아프리카 사막의 일부 나라는 인구 밀도가 낮아 물 풍족 국가로 분류되기도 한다. 또한 사용 가능한 물의 양이 적다고 하더라도 수원을 개발하여 물의 공급만을 늘리는 것이 능사는 아니다. 어차피 국토에서 이용할 수 있는 수자원의 양은 한계가 있고 물 공급을 늘리면 하수의 양도 늘어나므로 효율적인 방법이 되지 못한다. 실제 한 국가의 국민이 사용할 수 있는 물의 양은 강수량과 인구에 의해 결정되는 것이 아니라 물을 관리하는 시스템에 의해 결정된다. 따라서 적절한 수준의 물값을 통해 물 이용 습관을 변화시켜야 한다.

〈보기〉
ㄱ. 여러 국가를 거쳐 흐르는 하천의 존재는 PAI가 설정한 지표의 타당성을 높여 준다.
ㄴ. 갑의 주장을 따르더라도 우리나라는 PAI의 분류에 의한 물 풍족 국가가 될 수 없다.
ㄷ. 물 문제 해결을 위한 방안을 갑은 공급의 측면에서, 을은 수요 관리의 측면에서 제시하고 있다.
ㄹ. 을은 PAI가 정한 지표의 타당성은 인정하고 있지만 갑의 주장에는 반대하고 있다.

① ㄱ, ㄴ ② ㄱ, ㄷ ③ ㄴ, ㄷ
④ ㄴ, ㄹ ⑤ ㄷ, ㄹ

06

다음 논쟁의 $A_1 \sim B_2$를 분석한 것으로 옳지 <u>않은</u> 것은?

> A_1: 황금률은 도덕적 옳고 그름을 판정하는 원칙이 될 수 없다. "네게 사람들이 해주기를 네가 원하는 것을 사람들에게 행하라."라는 황금률은 마조히스트(피학성 성도착자)로 하여금 사디스트(가학성 성도착자)적 행위를 하라고 명령하기 때문이다. 마조히스트는 자기에게 사람들이 해주기를 원하는 것, 즉 가학적 행위를 사람들에게 해야 하는 것이다.
>
> B_1: 황금률의 본뜻은 처지를 바꾸어 파악되는 상대방의 욕구를 존중하라는 것이다. 그래서 본뜻을 반영한 교정된 황금률은 "네가 상대방의 입장에 처한다면 네게 행해지기를 원하는 것을 그 상대방에게 행하라."이다.
>
> A_2: 교정된 황금률도 부도덕한 욕구를 배제하지 못한다. 만일 상대방이 부도덕한 욕구를 가지고 있다면 입장을 바꾸어 파악된 상대방의 욕구에 따라 행위해야 하기 때문이다.
>
> B_2: 교정된 황금률에서 '네가 상대방의 입장에 처한다면'의 의미는 실제로 상대방이 된다는 것이 아니라 '상대방과 같은 상황에 있다고 상상해 본다면'을 의미한다. 이러한 상상적 상황은 상대방뿐만 아니라 상대방의 행위와 관련된 사람들까지 포함하는 상황이며, 교정된 황금률은 이러한 상황에 내가 처했을 때 관련된 모든 사람을 고려하여 내가 원하는 것을 행하라는 것이다.

① A_1의 황금률 비판에 따르자면 "네가 당하기를 원하지 않는 것을 사람들에게 행하지 말라."라는 원칙도 남을 도울 의무를 정당화하지 못한다. 내가 남의 도움을 받기 싫어한다면 나도 남을 도와서는 안 될 것이기 때문이다.

② A_1의 황금률 비판에 따르자면 "네가 당하기를 원하지 않는 것을 사람들에게 행하지 말라."라는 원칙도 '옳지 못한 행위를 벌하는 것'을 불가능하게 한다. 부정행위를 한 벌로 F 학점을 주려는 교수에게 "선생님께서 F 학점 받기를 원하지 않으신다면 제게 F 학점을 주시면 안 됩니다."라고 학생이 주장할 수 있기 때문이다.

③ B_1의 교정된 황금률에 따르자면 내가 마조히스트라 하더라도 나의 욕구가 아니라 입장을 바꾸어 파악된 상대방의 욕구에 따라 행위해야 하기 때문에 내게 행해지기 원하는 것이 반드시 사디스트적 행위여야 하는 것은 아니다.

④ A_2에 따르면 교정된 황금률을 따를 경우, 내가 입장을 바꾸어 생각해 보아야 할 상대방이 마조히스트라고 할 때, '내가 그의 입장이라면, 내게 행해지기를 원하는 것'을 내가 행해야 하므로 나도 마조히스트가 되어야 한다.

⑤ 교정된 황금률에 대한 B_2의 해석에 따르자면 내가 마조히스트의 입장에 처한다는 것은 마조히스트적 욕구뿐만 아니라 관련된 모든 당사자들의 욕구를 고려한다는 것을 의미하므로 내가 원하는 것이 반드시 사디스트적 행위여야 하는 것은 아니다.

07
2010학년도 LEET 문10

다음 논쟁의 A₁~B₃을 분석한 것으로 옳지 않은 것은?

> A₁: 어떤 행위가 옳은지 그른지를 판정하는 원칙은, 그 행위가 관련된 개인들의 선호를 최대로 충족시키는 행위인가 아닌가이다. 어떤 행위가 그 행위와 관련된 당사자들의 선호를 최대로 충족시키면 그 행위는 옳다.
>
> B₁: 선호 최대 충족의 원칙은 종종 도덕적 직관에 배치되는 행위를 정당화한다. 이 원칙에 따를 경우, 만일 낙태하려는 부모의 선호가 있다면 낙태는 정당화될 것이다. 자기의식을 가지고 있지 않은 태아는 선호가 없기 때문이다. 그렇지만 "태아는 선호가 없기 때문에 낙태되어도 좋다."라는 것은 일상의 도덕적 직관에 배치된다.
>
> A₂: 낙태 문제의 경우, 부모의 선호뿐만 아니라 '낙태 반대 시위를 벌이는 사람들의 선호'도 선호 계산에 포함시키면 된다. 그 결과 낙태 반대의 선호가 다수의 선호라면 낙태 금지는 선호 최대 충족의 원칙에 의해서도 정당화된다.
>
> B₂: 다수의 선호라고 해서 도덕과 일치한다는 보장은 없다. 소수 노예 검투사들의 희생을 통해 다수 로마 시민들이 오락적 선호를 충족했던 경우가 그렇다.
>
> A₃: 우리는 우리가 갖는 선호들이 일시적 분노, 착오 등에 기인한 것은 아닌지 스스로 검증해 볼 수 있다. 그 결과 '계몽된 선호'를 가지게 된다면 도덕에 배치되는 선호는 사라질 것이다. 요컨대 '계몽된 선호의 최대 충족'이 행위의 옳음을 판정하는 원칙이다.
>
> B₃: 계몽된 선호라 하더라도 도덕과 일치한다는 보장은 없다. '일시적 기분, 착오에 기인하지 않으면서도 도덕에 배치되는 선호'가 있을 수 있다. 예를 들어 "내가 노예 검투사라 할지라도 나의 희생으로 인해 로마시민들이 얻을 선호 충족이 더 크므로 죽음을 감수하겠다."라고 확신에 차서 결단하는 사람이 있을 수 있는 것이다.

① B₁은 일상의 도덕적 직관에 호소하면서 A₁의 원칙을 반박하고, A₂는 원칙 적용에 있어 관련 당사자들의 범위를 넓힘으로써 이에 대처한다.

② A₂처럼 관련 당사자들의 범위를 넓혀도 도덕적 직관에 어긋나는 행위가 A₁의 원칙에 의해 정당화될 수 있다고 B₂는 반박한다.

③ B₂는 A₂를 반박하기 위해 "하나의 반례만으로도 원칙은 반증된다."라는 전략을 구사한다.

④ A₂와 A₃은 선호를 최대로 충족시키는 행위가 일상의 도덕에 배치될 가능성을 배제하려 한다.

⑤ A₃은 A₁의 선호 개념의 외연을 확대함으로써 B₂의 반박에 대처하고, B₃은 이에 대해 반례를 제시한다.

08
2011학년도 LEET 문18

A와 B 두 사람의 토론을 분석한 것으로 적절하지 않은 것은?

> A₁: 최근 과학 연구 결과에 따르면, 자유의지가 있다면 그에 해당하는 신경생물학적 실체가 반드시 있어야 한다. 하지만 현재까지의 과학적 증거에 비추어 볼 때 특정 시점의 뇌 상태는 바로 이전의 뇌 상태에 의해 완전히 결정되는 것 같다. 그렇다면 우리가 일상 경험에서 아무리 생생하게 느끼더라도 자유의지는 착각에 불과하다.
>
> B₁: 그것은 좀 성급하다. 왜냐하면 뇌 상태가 결정론적이지 않은 방식으로 작동할 수도 있기 때문이다. 양자역학에 따르면, 특정 시점의 물리계 상태는 이전 시점의 상태에 의해 완전히 결정되지 않는다. 이러한 양자적 특징은 자유의지를 해명하는 데 도움을 줄 수 있다.
>
> A₂: 그 주장은 양자역학의 비결정성과 자유의지의 비결정성 사이의 중대한 차이를 간과하고 있다. 우리에게 진정한 자유의지가 있다면, 여러 선택지 중 주체의 의지로 하나를 택할 수 있어야 하고 행동의 마지막 순간까지도 그 선택을 번복할 수 있어야 한다. 하지만 미시세계에서 주로 발견되는 양자역학의 비결정성은 이런 특징을 보이지 않는다.
>
> B₂: 미시적 요소가 모여 복합체를 이룰 때 구성 요소의 특징과 복합체의 특징이 반드시 일치하지는 않는다. 탁자는 원자로 구성되어 있지만 표면의 매끄러움에 대응되는 원자적 속성은 없다. 그럼에도 불구하고 매끄러움은 엄연히 존재하는 탁자의 속성이다. 그러므로 복합체인 인간에게 자유의지가 나타날 가능성은 양자역학을 따르더라도 여전히 남아 있다.
>
> A₃: 양자역학이 자유의지가 정말로 존재한다는 것을 보여 준 것은 아니지 않는가? 그러므로 자유의지 논의에 양자역학을 끌어들이는 것은 문제 해결에 도움이 되지 않는다.
>
> B₃: 양자역학은 적어도 비결정론적 특징이 우리 세계에 존재할 수도 있음을 확인해 준다. 만약 어떤 비결정성도 없다면 자유의지는 논리적으로 불가능할 것이다. 양자역학은 미시적 비결정성으로부터 자유의지의 비결정성을 얻어 내는 일이 우리가 해결해야 할 문제의 핵심임을 시사한다.

① B₁은 A₁의 자유의지의 신경생물학적 실체에 대한 주장은 문제 삼지 않고 뇌 상태가 결정되는 방식에 대한 주장을 문제 삼으며 A₁의 결론에 이의를 제기하고 있다.

② A₂는 B₁이 A₁을 논박하기 위해 사용한 과학 이론이 거짓이라고 주장하고 있다.

③ A₂는 B₁이 제시한 과학 이론의 비결정성과 일상 경험에서 발견되는 비결정성 사이의 불일치를 지적하며 A₁이 지적한 문제가 B₁에 의해 해결되지 않는다고 주장하고 있다.

④ B₂는 A₂의 주장과 모순되지 않으면서도 자유의지가 진정으로 존재할 수 있는 가능성을 제시함으로써 A₁의 결론이 틀릴 수 있는 가능성을 보여 주고 있다.

⑤ A₃에 대해 B₃은 앞으로 탐구할 과제를 제시함으로써 자신의 입장을 좀 더 분명하게 해명하고 있다.

09

다음 논쟁에 대한 진술로 옳지 않은 것은?

> 갑: 법적 추론의 목적은 결론을 정당화하는 것이다. 어떤 판단은 그러한 결론을 내리게 된 근거가 법에 있을 때 법적으로 정당화된다.
> 을: 법적 추론의 더 중요한 목적은 결과에 대한 예측이다. 사람들이 추론을 통해 알고 싶은 것은, 자기와 다투는 사람이 소송을 할지, 소송에서 어떤 주장을 펼칠지, 특히 법관이 어떤 판결을 내릴지와 같은 문제이기 때문이다.
> 갑: 사람들이 원하는 것은 예측 가능한 판결이 아니라 법에 비추어 올바른 판결이다. 판단이 옳다는 점은 정당화를 통해서만 드러나므로, 법률가는 자신의 결론이 관련된 모든 법을 고려해 추론했을 때 가장 잘 정당화된 것이라고 생각할 근거를 제시해야 한다.
> 을: 그러나 사람들의 예측과 다른 판결이 내려진다면, 사람들은 판결 전까지 법이 무엇인지 알 수 없게 된다. 따라서 판결과 다양한 사회적·심리적 배경 사이의 인과 관계도 법적 추론의 대상으로 받아들임으로써, 판결을 더 과학적으로 예측할 필요가 있다.
> 갑: 법률가들은 대부분의 경우 법적 정당화 관계를 추론함으로써 결론을 쉽게 예측할 수 있다.

① 갑은 법률가들이 정당화 관계를 추론함으로써 동일한 사안에 대해서는 대체로 동일한 결론에 도달한다고 전제한다.
② 을은 판결이 사회적·심리적 요인에 의해 영향을 받는 경우가 있다고 전제한다.
③ 정당화가 어렵지만 결론을 예측하기는 쉬운 판결이 있다면, 을의 주장은 설득력을 갖는다.
④ 을은 법적 정당화 여부가 판사의 결정에 인과적 영향을 미치더라도, 예측을 위해 정당화 관계를 고려할 필요가 없다고 볼 것이다.
⑤ 갑이 전제하는 법적 추론의 주체는 문제에 대해 최선의 답을 찾으려는 판사에 가깝고, 을이 전제하는 법적 추론의 주체는 의뢰인의 이익을 우선시하는 변호사에 가깝다.

10

두 진영 A, B 간의 논쟁에 대한 분석으로 옳지 않은 것은?

> A_1: 후쿠시마 원전 폭발에서 보듯 원전의 위험은 가공할 만한 것입니다. 이제는 원자력에 의존하는 정책을 전환해야 할 시점입니다.
> B_1: 후쿠시마 사태는 강도 9의 지진에서 발생한 것입니다. 세상에 위험하지 않은 것은 없습니다. 위험하다고 자동차 안 타는 사람이 있습니까? 위험을 다소간 감수하면서 얻는 이득도 생각해야 합니다.
> A_2: 원자력 발전은 핵폐기물을 남기고, 이로 인해 미래 세대는 수만 년 동안 위험을 떠안게 됩니다. 이것을 옳다고 볼 수는 없습니다. 이런 이유에서 지금 선진국들은 원자력 발전 정책을 재고하고 있습니다.
> B_2: 선진국들이 다 그런 것은 아닙니다. 프랑스는 여전히 원전 정책을 고수하고 있는데, 이는 원자력이 무엇보다 경제적이기 때문입니다.
> A_3: 원자력 발전이 반드시 경제적이라고 볼 수는 없습니다. 먼 미래까지 지불해야 하는 핵폐기물 관리 비용을 포함하여 고려하면, 원자력이 경제성이 있다는 주장은 잘못된 것입니다.
> B_3: 하지만 우리나라가 현재 원전을 건설하고 수출하면서 경제가 더 풍요로워지고 있는 것도 사실입니다.
> A_4: 그것은 어디까지나 고용 없는 성장입니다. 엄청난 금액을 투자하여 건설한 원전이 창출하는 고용 효과는 미미합니다. 그 대신 바이오에탄올을 생산할 수 있는 옥수수를 재배하면 환경도 살리고 훨씬 더 큰 고용 효과를 창출할 수 있습니다.
> B_4: 현재로서는 바이오에탄올이 언제 경제성을 가질지 알 수 없습니다. 이런 상황에서 바이오에탄올 사업을 육성하려면 막대한 정부보조금이 필요한데, 이를 충당하기 위한 세금을 과연 감당할 수 있을까요?
> A_5: _____

① A_2는 현 세대의 위험편익분석 문제를 현 세대와 미래 세대 사이의 정의(正義) 문제로 쟁점을 전환하는 전략을 취한다.
② A_2에 대해 B_2가 핵폐기물 처리 기술의 발전으로 미래의 위험 부담을 줄일 수 있다는 점을 보인다 해도 B의 논지가 강화되지 않을 것이다.
③ A_3에 대해 B_3이 미래에 경제가 성장함에 따라 비용에 대한 미래 세대의 부담감은 줄어들 것이라는 점을 추가한다면, B의 논지는 강화될 것이다.
④ B_4는 A_4의 대안이 현실성의 측면에서 B_3에 대한 비판으로 적절하지 않음을 지적하고 있다.
⑤ A_5가 환경과 고용에 대한 국민들의 관심과 비용지불의사를 보여주는 통계 자료를 제시한다면, A의 논지가 강화될 것이다.

11

2012학년도 LEET 문10

인간(A)과 숲(B)의 가상 논쟁에 대한 분석으로 옳지 <u>않은</u> 것은?

> A_1: 민주주의가 실현되어야 해. 환경이 파괴되는 것도 다 민주주의가 실현되지 않은 탓이야.
> B_1: 민주주의가 실현된다 하더라도 생태문제는 해결이 안 돼. 지금 지방자치가 발전하면서 오히려 생태문제가 더 악화되고 있어. 골프장 짓는다고 우리를 훼손하고 있잖아.
> A_2: 지방자치가 되면서 생태문제가 악화된 것은 사실이지만, 그것은 지방자치가 소수에 의해 좌우되었기 때문이야.
> B_2: 꼭 그렇지도 않아. 그린벨트에 서민 아파트를 짓는다고 하면, 지역 주민들은 다 찬성해.
> A_3: 우리가 생각하는 민주주의는 현 세대뿐 아니라 미래 세대의 이익까지 고려하는 것이야. 그렇다면 그린벨트를 훼손할 수 없어.
> B_3: 과연 너희의 미래 세대가 우리를 원할까? 요즘 사람들도 자연적인 것보다 인공적인 것을 더 좋아하는데, 미래에는 더 그럴 거야.
> A_4: 우리가 생각하는 민주주의는 사람들이 실제로 가지고 있는 선호를 추구하는 것이 아니야. 그것은 바람직한 삶과 공동체의 의미에 대한 성찰을 통해 타인과 자연까지 생각하게 해 주는 것이야. 이 과정에서 우리는 숲의 소중함을 깨닫고 숲을 배려하는 후원자의 역할을 할 수 있어.
> B_4: 그것은 어디까지나 너희 인간들이 생각하는 숲이지, 우리가 실제로 원하는 것은 아니야.

① B_1은 구체적인 반례를 들어 A_1을 비판하고, A_2는 B_1의 반례가 민주주의 이념이 제대로 실현되지 않았기 때문에 발생한 것이라고 대응한다.
② B_2는 A_2의 지적을 피하는 반례를 제시함으로써 A_1을 비판하지만, A_3은 민주적 주체의 범위를 인간을 넘어서까지 확장함으로써 대응한다.
③ B_3은 미래 세대의 선호에 대해 비판적으로 전망함으로써 A_3의 예측이 잘못될 수 있음을 지적한다.
④ A_4는 민주주의의 새로운 방향을 제시함으로써 B_3의 비판을 우회한다.
⑤ B_4의 A_4에 대한 비판은 "미성년자의 이익과 그의 부모인 법정 대리인의 이익이 다를 수 있다."라는 비판과 유사하다.

12

2013학년도 LEET 문21

(가)~(다)의 분석으로 옳지 <u>않은</u> 것은?

> 소크라테스: 라케스여! 용기는 무엇인가요?
> 라케스: ㉠ <u>용기는 영혼의 끈기입니다.</u>
> 소: 당신은 용기가 아름다운 것들 가운데 하나라고 생각하시지요?
> 라: 가장 아름다운 것들 중의 하나라고 생각합니다.
> 소: 그런데 똑똑한 끈기가 아름답고 훌륭하지 않을까요?
> 라: 그야 물론입니다.
> 소: 똑똑하지 못한 끈기는 어떨까요? 앞의 것과 반대로 나쁜 결과를 낳고 해롭지 않을까요?
> (가) 라: 네.
> 소: 그러면 당신은 나쁜 결과를 낳고 해로운 것이 아름답다고 말하시렵니까?
> 라: 아뇨, 그것은 옳은 말이 아닙니다.
> 소: 그렇다면 적어도 그런 종류의 끈기가 용기라고는 동의하시지 않겠네요? 용기는 아름다우니까요.
> 라: 맞는 말씀입니다.
> 소: 따라서 당신 말에 따르면 ㉡ <u>용기는 똑똑한 끈기가 되겠네요.</u>
> 라: 그럴 것 같네요.
> 소: 그럼 봅시다. 돈을 투자함으로써 돈을 더 많이 벌게 되리라는 것을 알기에 똑똑한 방식으로 끈기 있게 계속 투자를 하는 사람은 어떤가요? 이 자를 용감한 사람이라고 당신은 부르나요?
> (나) 라: 맙소사! 절대로 그렇게 부르지 않죠.
> 소: 환자가 먹을 것을 달라고 간청하지만, 의사는 지금 주면 건강에 해롭다는 것을 알고 있기에 굽히지 않고 끈기 있게 거절합니다.
> 라: 이것도 역시 결코 용기가 아니죠.
> 소: 이제 다른 경우를 봅시다. 두 사람의 군인이 있습니다. 한 사람은 똑똑한 계산 하에서, 즉 자신의 부대에 지원군이 올 것이라는 점 그리고 지금 자신의 군대가 더 유리한 지형을 점하고 있다는 것을 알면서 끈기 있게 버팁니다. 반면에 다른 한 사람은 반대편 군대에서 머물며 온갖 어려움 속에서 끈기 있게 버티면서 싸우고자 합니다. 누가 더 용감한가요?
> (다) 라: 소크라테스여! 후자가 더 용감합니다.
> 소: 그렇지만 후자의 끈기는 전자의 끈기에 비교할 때 어리석은 것입니다.
> 라: 맞습니다.
>
> — 플라톤, 『라케스』 —

① (가)에서 용기에 대한 라케스의 정의는 ㉠에서 ㉡으로 가면서 외연이 줄어들었다.
② (나)에서 소크라테스는 ㉡에 대한 반례를 제시하고 있다.
③ (나)에서 라케스가 동의한 내용에 따라 용기를 다시 정의한다면 그 정의는 ㉡보다 외연이 줄어들 것이다.
④ (다)에서 라케스가 대답한 내용은 ㉠과 양립할 수 없다.
⑤ (다)에서 라케스가 동의한 내용은 ㉡과 충돌한다.

13

A~C에 대한 진술로 옳은 것을 〈보기〉에서 고른 것은?

> P: 법문(法文)은 '의미의 폭'을 보유하고 있습니다. 예컨대, "음란한 문서를 반포, 판매 또는 임대한 자는 1년 이하의 징역에 처한다."라는 법률 규정에서 '음란한' 문서가 무엇을 의미하는지에 대해서는 사람마다 다른 표상(表象)을 가질 수 있습니다. 이런 경우 법문의 의미를 바르게 한정하는 것이 법률가가 행해야 하는 법해석의 과제입니다. 문제는 법해석 시 누구의 표상을 기준으로 삼을 것인가 입니다.
> A: 법문의 의미 해석은 입법자의 의도가 최우선의 기준일 수밖에 없습니다. 법의 적용은 법률의 기초자(起草者)가 법률과 결부하려고 했던 표상을 기준으로 삼는 것이 옳습니다.
> P: 시간이 흐르면서 입법자가 표상했던 것이 시대적 적실성을 잃을 수도 있지 않을까요?
> B: 법문의 해석이 문제시되는 상황과 시점에서 법 공동체 구성원의 대다수가 표상하는 바를 법문의 의미로 보는 것이 옳다고 생각합니다. 이 규정과 관련해서는 변화된 사회 상황에서 사람들 대다수가 무엇을 '음란한' 문서로 간주하고 있는가를 알아내야 합니다.
> P: 다수의 견해가 항상 옳다고 할 수 있나요?
> C: 다수의 표상보다는 당대의 시대정신을 구현하는 표상이 법문의 의미를 결정하는 기준이 되어야 합니다. 시대정신은 결코 머릿수의 문제가 아닙니다.

―〈보기〉―
> ㄱ. A는 법률가가 법문의 의미를 알아내기 위해 국회 속기록과 입법 이유서를 검토하는 것이 중요하다고 볼 것이다.
> ㄴ. B의 주장에 대해 A는 법문의 해석에서 시점과 상황 변화를 고려하는 것은 법의 불확실성을 초래한다고 반박할 수 있다.
> ㄷ. 인간은 누구나 이성을 갖고 있고 시대정신은 시대적 상황에 부합되게 이성에 의해 파악된 것이라고 한다면, B와 C 사이의 차별성이 분명해진다.
> ㄹ. B와 C는 법문의 의미가 내재적으로 고정되어 있으며 이를 발견하는 것이 법률가가 행해야 할 법해석 작업이라고 본다.

① ㄱ, ㄴ ② ㄱ, ㄷ ③ ㄱ, ㄹ
④ ㄴ, ㄷ ⑤ ㄷ, ㄹ

14

A, B 간의 논쟁에 대한 분석으로 옳은 것은?

> A_1: 경제 발전을 위해서는 대중의 지식수준을 높여야 한다. 그런 점에서 대중 교육이 중요하다. 전 국민의 교육 수준이 높기로 유명한 동아시아 국가들의 경제적 성공과 세계에서 가장 학력이 낮은 사하라 이남 아프리카 국가들의 경제 침체를 비교해 보면 이 문제는 더 이상 논란의 여지가 없어 보인다.
> B_1: 대만은 1960년 당시 문맹률이 46%나 되었지만 가히 기록적인 경제 성장률을 보였다. 반면, 같은 시기에 소득 수준이 대만과 비슷했던 필리핀의 문맹률은 28%로 대만에 비해 대중의 교육 수준이 높았음에도 불구하고 오늘날 평균 국민 소득은 대만의 1/10에 불과하다.
> A_2: 그렇지만 문맹률보다 대중 교육의 수준을 더 잘 대표하는 잣대인 고등학교 진학률을 따져본다면 대만이 필리핀보다 더 높았다는 사실을 간과해서는 안 된다.
> B_2: 경제 성장에 직접적인 도움을 주는 교육은 대중 교육이 아니다. 학교에서 행해지는 교육은 경제 성장에 직접적인 도움을 주지 못하거나, 실제 산업 생산성과 관련이 있을 것으로 기대되는 교육도 생산성 향상에 크게 도움이 되지 못한다는 지적이 많다. 특히 오늘날과 같은 지식기반 사회에서 경제 발전을 위해 필요한 것은 일반 대중이 보편적으로 가지고 있는 지식이 아니라 소수의 전문가 집단이 보유한 전문적 지식이다. 그런 점에서 대중을 위한 보편적 교육이 불필요한 것은 아니지만, 그보다는 전문 지식인을 육성하기 위한 엘리트 교육에 관심을 가져야 한다.
> A_3: 평범한 노동자라도 생산성을 높이기 위해서는 알아야 할 지식의 양이 크게 늘어났다는 점 자체를 부인할 수는 없을 것이다. 또 전문 지식인이 사회에서 필요한 정도로 공급되기 위해서는 대중 교육을 통해서 국민의 전반적인 지식수준을 향상하는 것이 선행되어야 한다. 그러므로 대중 교육이 중요하다는 점은 여전히 분명하다.

① B_1은 대중 교육을 확대해도 대중의 교육 수준이 높아지지 않는다고 전제한다.
② B는 1980년에서 2000년 사이에 사하라 이남 국가의 문맹률은 60%에서 39%로 현저하게 감소되었지만 경제 성장은 미미했다는 사실을 들어 A_2를 반박할 수 있다.
③ B_2는 경제 발전을 위한 전문적 지식이 보편적인 대중 교육의 확대를 통해서 얻어지기 어렵다고 전제한다.
④ A_3는 한 사회가 생산성 향상에 필요한 전문 지식을 갖추기 위하여 대중 교육만으로 충분하다고 주장하고 있다.
⑤ A와 B는 경제 발전을 위해서 전문 지식인이 필요한지에 대해서 이견을 보이고 있다.

15

다음 대화를 분석한 것으로 옳지 않은 것은?

> 소크라테스: 자네 생각으로는 어떤 이는 좋은 것을 원하지만 ⓐ <u>어떤 이는 나쁜 것을 원한다</u>는 건가?
> 메논: 네.
> 소크라테스: 나쁜 것을 원하는 자는 ㉠ <u>나쁜 것을 좋은 것인 줄로 여기고서 원하는 자</u>인가, 아니면 나쁜 것인 줄 알면서도 원하는 자인가?
> 메논: 양쪽 다 있습니다.
> 소크라테스: 나쁜 것인 줄 알면서도 원하는 자는 ㉡ <u>그 나쁜 것이 자신에게 이로울 줄로 여기고서 원하는 자</u>인가, 아니면 해로울 줄 알고서 원하는 자인가?
> 메논: 두 부류 다 있습니다.
> 소크라테스: 또한 그 나쁜 것이 자신에게 이로울 것으로 여기는 자들은 그 나쁜 것이 나쁜 줄을 아는 자일까?
> 메논: 적어도 그건 전혀 아닐 것입니다.
> 소크라테스: 그렇다면 그는 나쁜 것을 원하는 자는 아니네. 나쁜 줄 몰라서 그게 좋은 줄로 여긴 거니까 실상 그런 사람은 ㉢ <u>좋은 것을 원하는 자</u>임이 명백하네.
> 메논: 적어도 그들은 그런 것 같습니다.
> 소크라테스: 한편 자네 주장처럼, ㉣ <u>나쁜 것이 해로울 줄로 여기면서도 그 나쁜 것을 원하는 자</u>는, 그것으로 해서 자신이 해로움을 당할 것임을 알고 있을까?
> 메논: 그야 물론입니다.
> 소크라테스: 그러나 이들은 해로움을 당하는 자를 비참한 자로 간주하겠지?
> 메논: 그것 또한 필연적입니다.
> 소크라테스: 하지만 ㉤ <u>비참하기를 원하는 자</u>가 있을까?
> 메논: 없을 것으로 생각됩니다.
> 소크라테스: 그렇다면 ⓑ <u>아무도 나쁜 것을 원하지는 않네</u>.
> 메논: 참으로 맞는 말씀입니다.
>
> ― 플라톤, 「메논」 ―

① 메논은 ⓐ에 대한 견해를 바꾸었다.
② 메논은 나쁜 것이 나쁜 줄을 아는 자에 ㉠이 포함되지 않는다고 인정하였다.
③ 소크라테스는 ㉠과 ㉡을 모두 ㉢에 포함시켰다.
④ 메논은 ㉣이 있을 수 있다는 견해를 유지하였다.
⑤ ㉤이 있다면 메논은 ⓑ에 동의할 필요가 없다.

16

A와 B에 대한 판단으로 적절하지 않은 것은?

> A: 어떤 사람이 자기가 한 일에 따르는 기쁨 때문에 자선 행위를 한다면, 비록 그것이 나쁘다고 말할 수는 없어도 그 행위에 도덕적 가치는 없다. 왜냐하면 이 행위는 옳은 일을 해야 한다는 '의무감' 때문에 행해진 것은 아니기 때문이다. 의무란 보편타당한 도덕적 명령으로서 감정이 아니라 이성에 의해 파악된다.
> B: 하지만 어떻게 의무에 따라 행위하는 인간으로 성장시킬 것인가의 문제는 별도로 고려해야 한다. 습관을 통해 선행을 기뻐하도록 미리 준비되어 있어야만 의무도 잘 받아들일 수 있다. 선행을 기뻐하지 않는 사람은 의무를 말해 주어도 잘 실천하지 못할 것이다. 마땅히 기뻐해야 할 것에 기뻐하고 마땅히 괴로워해야 할 것에 괴로워하도록 훈련시키는 것이 올바른 도덕 교육이다.
> A: 도덕 교육에서 더 중요한 것은 기쁨이 동반되지 않더라도 자신이 옳다고 생각하는 원칙에 따라 행위하는 것에 능숙해지도록 가르치는 것이다. 이는 모든 사람에게 보편적으로 적용될 수 있는 행위 원칙이 무엇인가에 대해 생각하기를 배우는 과정이다.
> B: 하지만 도덕적으로 행위하는 것에서 고통만을 계속 느낀다면 그 누구도 감당할 수 없을 것이다. 어린이를 도덕적 인간으로 키우려면 '상이 주는 기쁨에 대한 기대'나 '벌이 주는 고통에 대한 두려움'에 의존해야 한다.
> A: 벌을 통한 교육은 악행에 대한 벌이라는 행위의 결과를 염두에 두고 행위하는 인간을 양성할 뿐이다. 이러한 인간은 상황에 따라 얼마든지 악해질 수 있다. 악행을 했을 때 도덕 교육의 수단은 존중받고 싶은 아이의 바람을 거부함으로써 수치심을 유발하는 냉담한 태도이어야 한다.

① A는 '도덕 교육의 수단으로 감정을 활용할 수 있다'는 주장에 동의할 것이다.
② A는 '타인을 돕는 데서 그 어떤 기쁨을 느끼지 못하는 사람도 도덕적 인간일 수 있다'는 주장에 동의할 것이다.
③ A는 '어떤 일을 올바른 일이라 스스로 생각하고 판단할 수 없는 인간은 도덕적 인간일 수 없다'는 주장에 동의할 것이다.
④ B는 '어떤 행위에 따르는 결과의 좋고 나쁨에 의해서 그 행위의 올바름 여부가 결정된다'는 주장에 동의할 것이다.
⑤ B는 '도덕 교육에서 옳은 행위를 잘 실천하도록 만드는 것이 왜 그 행위가 옳은지의 이유를 가르치는 것보다 더 중요하다'는 주장에 동의할 것이다.

17

A와 B의 논쟁에 대한 판단으로 옳지 않은 것은?

A_1: 유기체란 특정 유전자가 더 많은 복제본을 만들어 내는 영속적인 과업을 위해 이용하고 버리는 꼭두각시이다. 유기체는 유전자로 알려진 '이기적' 분자들을 보존하기 위해 프로그램된 생존 기계에 불과하기 때문이다.

B_1: 우리는 누구나 '이기적'이라는 말이 부정적인 의미의 용어임을 잘 알고 있다. 바이러스도 유전자와 마찬가지로 자기 복제의 경향을 강하게 지니고 있다. 그러면 바이러스도 이기적인가? 유전자가 이기적이라는 것은 바이러스가 부끄러움을 많이 탄다고 말하는 것과 같은 말장난에 지나지 않는다.

Aa: 유전자가 심성을 지닌 목적 지향적 존재라는 것은 아니다. 내가 의도한 바는, 유기체란 유전자가 자기 복제본의 수를 늘리는 과정의 한 부분으로서 기획, 구축, 조작하는 수단이자 도구라는 것이다. 만약 개코원숭이의 어떤 행동이 자신의 생존 및 번식 가능성을 낮추고 다른 존재의 생존 기회를 증진하는 결과를 낳았다면, 그 행동을 이타적이라 말할 수 있을 것이다. '이기적인'이라는 말도 마찬가지 방식으로 이해될 수 있다.

Ba: 이기적이라는 말을 그렇게 이해한다고 하자. 그런데 과학자인 내가 나 자신의 복제본을 만들어 냈다고 가정해 보자. 이때 내 복제본은 '내 이기심'이 귀속되는 대상이 아니다. 그것은 나에게 만족감은 줄지 모르지만, 자기 복제를 하는 주체인 나의 수명은 단 1초도 늘려주지 못한다.

A_3: 여기서 내가 말하는 이기적 유전자란 DNA의 한 특수한 물리적 조각이 아니라 그것의 '모든 복제'를 통칭한다. 특정의 물리적 DNA 분자는 생명이 매우 짧지만, 자신의 복사본 형태로는 1억 년을 생존하는 것도 가능하다.

B_3: 그렇다면 같은 논리로, 예컨대 마이클 잭슨과 똑같은 복제 마이클 잭슨을 만들 수 있다면, 마이클 잭슨이 지금도 생존하고 있다고 말할 수 있는가? 만약 그렇다면, 우리는 자신을 복제한 존재를 계속 만들어 냄으로써 영생을 누릴 수 있을 것인가? 이는 '생존'이라는 말의 의미 또한 바꾸자는 소리이다.

① B_1은 유전자와 바이러스의 유비를 통하여 유기체가 유전자의 꼭두각시라는 주장을 비판하고 있다.
② Aa는 '이기적'의 개념을 재정의함으로써 B_1에 대응하고 있다.
③ Ba는 A_1이 특정 유전자와 그것의 복제 유전자는 서로 구분되는 독립적인 존재라는 사실을 무시하고 있음을 비판하고 있다.
④ A_3은 '이기적임'의 성질이 적용되는 대상의 수준이 유기체의 경우와 유전자의 경우에 서로 다름을 들어서 Ba에 대응하고 있다.
⑤ B_3은 A_1의 주장과 반대로 유전자가 유기체의 꼭두각시일 수 있음을 주장하고 있다.

18

갑~병의 논쟁에 대한 분석으로 옳지 않은 것은?

갑: 민주주의에서 자발적 결사체의 역할은 중요하다. 비정치적인 자발적 결사체도 궁극적으로 민주주의를 향상시킨다. 자발적 결사체 구성원들은 서로 다른 입장과 목적을 가지고 있지만 상호작용을 통해 서로를 이해하게 되고 시민적 덕목인 관용과 타협의 정신을 익힌다. 이 과정에서 사람들은 모두를 위해 이로운 것이 무엇인가를 깨닫고 공적인 사안에의 참여, 즉 정치 참여에 적극적이게 된다. 생각과 배경이 다른 사람들이 공적인 사안에 대해 다양한 목소리를 낸다면, 정부가 어느 한 쪽만을 옹호하거나 불투명하게 정책 결정을 하는 일도 줄어들 것이다.

을: 자발적 결사체는 추구하는 바가 비슷한 사람들이 모인 집단이다. 같은 입장과 목적을 가진 사람들이 함께 활동한다고 시민적 덕목이 길러지지는 않는다. 오히려 동질적 가치관이 강화되고 다른 집단에 대한 배타적 태도가 심화된다. 자발적 결사체는 특정 집단만을 위해 존재하는 당파일 뿐이다. 사람들이 자발적 결사체를 통해 공적인 사안에 더 참여하게 되는 것도 알고 보면 자신들의 이익을 보다 조직적으로 취하기 위함이다. 그 행위가 다른 집단의 권리를 침해할 수 있다는 점은 그들에게 고려 대상이 아니다. 자발적 결사체가 활발했던 곳에서 비민주적 정치체제가 발흥했던 경우들을 역사에서 종종 접할 수 있는 것도 같은 맥락에서 이해 가능하다.

병: 구성원들의 입장과 목적이 동질적이든 이질적이든 다양한 종류의 자발적 결사체가 자꾸 생겨나는 것이 가장 중요하다. 이는 민주주의의 토양이 단단해지기 위해서는 가능하면 다양한 집단들이 공적 결정 과정에 참여해야 하기 때문이다. 이들의 정치참여는 정부로 하여금 보다 공명정대하게 결정하도록 강제한다. 사람들은 자발적 결사체에서 활동하면서 자신의 능력만으로는 얻을 수 없는 정보와 기회를 갖게 되는데, 그 과정에서 정치에 참여할 수 있는 통로가 확보된다. 민주주의에 원래부터 이롭거나 해로운 자발적 결사체는 없다. 특권층이 주도하는 결사체만 존재한다면 문제가 있지만, 사회적 약자들도 자발적 결사체를 조직해 자신의 목소리를 낼 수 있다.

① '자발적 결사체가 민주적 시민으로서의 자질을 함양한다'는 견해에 갑은 동의하나 을은 동의하지 않을 것이다.
② '자발적 결사체는 정부의 정책 결정 과정에 다양한 목소리들이 반영되도록 한다'는 견해에 갑과 병은 동의할 것이다.
③ '사람들은 자발적 결사체를 통해 정치 참여의 기회를 얻는다'는 견해에 을은 동의하지 않으나 병은 동의할 것이다.
④ '사람들이 자발적 결사체를 통해 활발하게 정치에 참여하면 정부의 정책 결정 과정에서 투명성이 높아진다'는 견해에 갑과 병은 동의할 것이다.
⑤ '동질적 배경을 가진 사람들의 자발적 결사체는 민주주의에 부정적 영향을 준다'는 견해에 을은 동의하나 병은 동의하지 않을 것이다.

19

2016학년도 LEET 문14

다음 논쟁에 대한 분석으로 옳지 않은 것은?

> 갑: 자유주의 사회의 시민 대다수는 사실적 행위인과성과 이에 기초한 법적 책임소재가 분명할 때에만 누군가에게 합당하게 의무를 부과할 수 있다고 믿는다. 이에 따르면 대한민국의 시민인 우리는 아프리카 등지에 사는 사람들의 재산을 강탈한 적이 없으므로 그들의 가난에 대해 책임질 일도 없다. 따라서 우리는 먼 나라의 빈곤을 감축하는 데 일조해야만 한다는 막연한 느낌 때문에 불편해할 이유가 없다. 자유주의 사회의 도덕은 최대의 '자선'을 장려하는 적극적 도덕이 아니라 행위를 규제하는 최소의 공리로서 '가해금지의 원칙'에 충실할 것을 요구하는 소극적 도덕을 근간으로 한다. 그렇기 때문에 나의 가해행위에 대한 사죄의 차원을 넘어선 적극적 자선은 자유주의적 개인에게 가외의 기특한 행동으로 여겨질 수는 있어도 보편적 승인과 준수를 요하는 의무일 수는 없다.
>
> 을: 분명한 행위인과성과 이에 기초한 책임소재에 입각하여 부과된 의무만이 구속력을 갖는다는 견해는 정당한 근거도 없이 유지되어 온 윤리적 통념에 불과하다. 이 통념의 영향권을 벗어나면 윤리적 책임은 힘의 기능이라고 생각할 여지가 분명히 존재한다. 다시 말해 윤리적인 책임의 본래적인 대상은 적법한 발언권과 로비력을 가진 강하고 자립적인 주체가 아니라 권리를 주장할 힘조차 없는 무력하고 의존적인 주체이며, 이 작고 무력한 주체에 대한 크고 유력한 주체의 윤리적 반응이 바로 책임이라고 생각할 수 있는 것이다. 여기서 무력한 주체를 무력하게 만든 장본인이 내가 아니라는 사실은 조금도 중요하지 않다. 중요한 것은 그보다 더 크고 유력한 나와 같은 사람들이 그를 돕지 않으면 그는 어쩔 수 없이 죽게 된다는 사실뿐이다. 우리는 이 확장된 책임의 개념으로 동등한 법적 지위를 전제로 한 기존의 협소한 의무 개념을 극복하고 지구적 양극화 시대의 인간 존엄을 바로세우기 위한 의무론의 새로운 지평을 열어 가야 한다.

① 을은 어떤 윤리적 기준에 많은 사람이 찬성한다는 것과 그것이 옳다는 것은 각기 다른 문제라고 볼 것이다.
② 을은 가난한 나라를 도와주는 부자 나라는 나중에 어려울 때 도움 받을 수 있을 것이기 때문에 도울 의무가 있다고 볼 것이다.
③ 갑은 원조의 의무에서 핵심은 행위주체가 도와줄 수 있는 힘이 있느냐이지 그 외의 것은 부차적이라고 보는 것에 반대할 것이다.
④ 을은 설령 가난한 나라가 과거 부자 나라에게 피해를 끼쳤다 하더라도 이것과 상관없이 부자 나라는 가난한 나라를 도울 의무가 있다고 볼 것이다.
⑤ 갑은 가난한 나라가 부자 나라로부터 도움 받기를 원하는지 아닌지와 상관없이 부자 나라는 가난한 나라를 도울 의무가 있다는 것에 반대할 것이다.

20

2016학년도 LEET 문15

다음 논쟁으로부터 적절하게 추론할 수 있는 것은?

> 갑: 자유지상주의자는 출생과 같은 행운에 의한 이득은 사기, 절도 등 권리침해로 취한 것이 아니므로, 각 개인이 가질 자격을 갖는다고 본다. 그러나 타고난 재능에 의한 불평등을 그냥 개인들의 문제로 치부하는 것은 도덕적으로 무책임한 태도이다. 사회·경제적 불평등은 가장 불리한 사회구성원들에게 혜택을 주는 경우에만 허용되어야 한다. 그런데 타고난 재능은 오직 우연에 의해 개인의 것이 되었으며, 그러한 우연적 자산에 혜택을 주는 것은 개인이 노력한 결과에 혜택을 주는 것과 달리 최소수혜자의 복지를 증진하는 데 아무런 기여도 하지 않는다. 따라서 이러한 자산은 본질적으로 공동의 것이며, 사회는 그것을 활용해 얻은 결과물에 대해 우선적으로 소유권을 주장할 수 있어야 한다.
>
> 을: 당신이 기반하고 있는 원칙은 사실상 ⓐ 정체불명의 '우리'를 가정하고 있다. 우연히 '여기'에 놓인 자산에 대해 한 개인이 우선적 소유권을 주장할 수 없다고 해서, 그것이 곧바로 이 세상 모든 사람들이 동등한 소유권을 주장할 수 있음을 의미하지는 않는다. 이 점에서 당신의 원칙은 공리주의와 마찬가지로 일종의 공유 원칙이다. 왜냐하면 공리주의 역시 개인들을 모두의 행복을 위한 수단으로 사용하고, 공리의 최대화에 기여한다는 계산에 바탕해서만 개인의 권리와 개인 간의 차이를 옹호하기 때문이다. 하지만 이러한 원칙은 개인들에 우선하는 도덕적 연대를 전제해야 한다. 협동적인 공동체가 우리의 이상임은 분명하다. 하지만 그 공동체는 개인의 덕을 존중하는 공동체여야 한다. 그렇다면 사회적 공유의 범위는 상당히 제한될 수밖에 없다. 또한 공동선을 이유로 개인들의 다원성과 독자성을 위반할 가능성 역시 경계하지 않을 수 없다. 이 점에서 당신은 공리주의와 똑같은 반론에 부딪힐 수밖에 없다.

① ⓐ가 한 사회 속의 특정 집단이나 계층이 아니라 그 사회 전체를 의미하는 것이라면, 갑은 을의 비판에서 벗어날 수 있다.
② 갑은 공리주의자와 마찬가지로 공동체 전체의 이익 총량을 증대할 수 있다면 소유에 관한 개인의 권리는 어느 정도 제한될 수 있다고 본다.
③ 을은 우연적 재능으로 얻은 혜택에 대해 개인이 우선적 소유권을 가질 수 있음을 부정하지 않는다.
④ 을은 개인의 다원성과 독자성이 공유 원칙과 충돌하지 않을 경우 전자를 우선하지만, 충돌할 경우 후자를 우선해야 한다고 본다.
⑤ 을이 개인의 우연적 자산을 사회의 공동 자산으로 삼는 견해에 반대하는 까닭은 그것을 공동의 자산으로 공유해도 이것이 최소수혜자의 복지 증진으로 이어지는 것은 아니라고 보기 때문이다.

21
2017학년도 LEET 문10

다음 논쟁에 대한 분석으로 옳은 것만을 〈보기〉에서 있는 대로 고른 것은?

> 남성 우월주의를 표방하는 단체에 소속된 회원 백여 명이 도심에 모여 나체로 행진하는 시위를 하겠다는 계획을 밝혔다. 이를 두고 다음과 같은 논쟁이 벌어졌다.
>
> 갑: 다른 사람에게 직접적인 물리적 위해를 줄 것이 분명히 예상되는 경우를 제외한다면, 어떤 행위도 할 수 있는 권리가 보장되어야 해. 자신의 의사를 밝히는 행위 자체가 다른 사람에게 물리적 위해를 준다고는 볼 수 없지.
>
> 을: 그렇다면 예를 들어 인종차별을 옹호하는 단체가 시위를 하겠다는 것도 허용해야 할까? 공동체 구성원의 다수가 비도덕적이라고 여기는 가치를 떠받드는 행위를 금지하는 것은 당연해.
>
> 병: 인종차별이 정당하다고 주장하면서 시위를 하면 많은 사람들로부터 공격을 받기 쉽지 않을까?
>
> 갑: 그런 경우라면 시위자를 공격하는 사람의 행위를 막아야지, 시위 자체를 막아서는 안 되지.
>
> 을: 물리적 충돌이 생기는 건 불행한 일이지만 문제의 핵심은 아니야. 왜 그런 일이 생겨나겠어? 결국 대다수 사람들이 보기에 비도덕적인 견해를 공공연하게 지지하니까 직접적인 물리적 위해를 서로 주고받게 되는 거지.
>
> 병: 직접적인 물리적 위해가 중요한 게 아니란 점에는 동의해. 하지만 내가 보기에 한 사람의 행동이 다른 사람들에게 불쾌하게 받아들여지는지가 중요하지. 그들의 주장이 옳다 해도 이 시위를 막아야 하는 것은 그 행위가 충분히 불쾌하게 받아들여지기 때문이야. 만약 사람들의 눈에 잘 띄지 않는 장소와 시간에 시위를 한다면 다른 이야기가 되겠지.

〈보기〉
ㄱ. 시위대가 시민들로부터 물리적 위해를 받을 가능성이 시위 허용 여부를 결정하는 데 중요한 요소인지에 대해서 갑과 을은 의견을 달리한다.
ㄴ. 시위대의 주장이 대다수 시민의 윤리적 판단에 부합하는지가 시위 허용 여부를 결정하는 데 중요한 요소인지에 대해서 을과 병은 의견을 달리한다.
ㄷ. 나체 시위를 불쾌하게 여길 사람이 시위를 회피할 수 있을 가능성이 시위 허용 여부를 결정하는 데 중요한 요소인지에 대해서 갑과 병은 의견을 달리한다.

① ㄱ
② ㄴ
③ ㄱ, ㄷ
④ ㄴ, ㄷ
⑤ ㄱ, ㄴ, ㄷ

22
2017학년도 LEET 문16

다음 논쟁에 대한 분석으로 옳은 것만을 〈보기〉에서 있는 대로 고른 것은?

> 설거지를 하던 철수는 수지로부터의 전화벨 소리에 깜짝 놀라고 접시를 깨뜨린다. 접시를 깬 이유가 무언지 생각해본 철수는 '수지가 자신에게 전화를 건 사건'이 '자신이 깜짝 놀란 사건'의 원인이며, '자신이 깜짝 놀란 사건'이 '자신이 접시를 깬 사건'의 원인이라고 추론한다. 왜냐하면 철수는 다음의 원리를 받아들이기 때문이다.
>
> 원리A: 임의의 사건 a, b에 대하여, a가 b의 원인이라는 것은 a가 발생하지 않았더라면 b가 발생하지 않았다는 것이다.
>
> 이어서 철수는 다음의 원리를 통해 '수지가 전화를 건 사건'이 '자신이 접시를 깬 사건'의 원인이라고 결론 내린다.
>
> 원리B: 임의의 사건 a, b, c에 대하여, a가 b의 원인이고 b가 c의 원인이라면, a는 c의 원인이다.
>
> 철수는 자신이 접시를 깬 것은 수지 때문이라며 수지를 원망한다. 이에 수지는 다음의 사례를 들어 반박한다. 사실 어젯밤 철수의 집에 누군가 몰래 침입하여 폭탄을 설치하였다. 오늘 아침 수지가 다행히 폭탄을 발견하였고 이를 제거하였다. 철수는 무사히 출근할 수 있었다. 수지는 다음과 같이 말한다.
>
> "'만약 누군가가 폭탄을 설치하지 않았더라면, 내가 폭탄을 제거할 일이 없었을 것'이라는 점은 당연하지. 그렇다면 원리A에 의해 '누군가 폭탄을 설치한 사건'이 '내가 그 폭탄을 제거한 사건'의 원인이라 해야 할 거야. 마찬가지 방식으로 '내가 폭탄을 제거한 사건'이 '네가 출근한 사건'의 원인이라고 해야 하겠지. 그런데 원리B에 의하면, '누군가 폭탄을 설치한 사건'이 '네가 출근한 사건'의 원인이라고 말해야 할 거야. 누군가 폭탄을 설치했기 때문에 네가 출근할 수 있었다는 게 말이 된다고 생각하니?"

〈보기〉
ㄱ. '철수가 접시를 구입하지 않았더라면, 철수는 접시를 깨지 않았을 것'이라는 것은 당연하다. 하지만 '철수가 접시를 구입한 것'이 '철수가 접시를 깬 사건'의 원인이라고 말하는 것은 부적절해 보인다. 그렇다면 이는 원리A를 약화한다.
ㄴ. 철수의 추론은 '수지가 자신에게 전화 걸지 않았더라면, 자신은 접시를 깨지 않았을 것'이라는 전제를 사용한다.
ㄷ. 수지의 추론은 '자신이 폭탄을 제거하지 않았더라면, 철수는 출근하지 못했을 것'이라는 전제를 사용한다.

① ㄱ
② ㄴ
③ ㄱ, ㄷ
④ ㄴ, ㄷ
⑤ ㄱ, ㄴ, ㄷ

23

2019학년도 LEET 문3

〈논쟁〉에 대한 분석으로 옳은 것만을 〈보기〉에서 있는 대로 고른 것은?

〈X법〉
제1조(형벌) 형벌은 경중(輕重)에 따라 태형, 장형, 유배형, 교형, 참형의 5등급으로 한다.
제2조(속죄금) 70세 이상이거나 15세 이하인 자가 유배형 이하에 해당하는 죄를 지으면 속죄금만을 징수한다.
제3조(감경) 형벌에 대한 감경의 횟수는 제한하지 않는다.
제4조(밀매) 외국에 금지 물품을 몰래 판매한 자는 장형에 처하고, 금지 물품이 금, 은, 기타 보석 및 무기 등인 경우에는 교형에 처한다.

〈논쟁〉
신하 A: 중국 사신과 동행하던 71세 장사신이 은 10냥을 소지하고 있다가 압록강을 건너기 직전에 적발되었습니다. 최근 중국에 은을 팔면 몇 배의 시세 차익을 얻을 수 있기 때문에 이러한 행위가 만연하고 있습니다. 몰래 소지한 것은 몰래 판매한 것과 다르지 않습니다. ㉠ 장사신을 교형으로 처벌해야 합니다.
신하 B: 은 10냥을 몰래 소지하고 강을 건너는 것은 판매를 위해 준비하는 것일 뿐입니다. 역적을 처벌하는 모반죄(謀叛罪)는 모반을 준비하는 자에 대해서 형벌을 감경하여 처벌하는 규정을 두고 있기 때문에 모반의 준비 행위를 처벌할 수 있지만, 밀매죄는 이러한 규정을 두고 있지 않습니다. 법이 이와 같다면 장사신을 교형에 처할 수는 없습니다. 다만 사안에 대한 규정이 없더라도, ㉡ 사안에 들어맞는 유사한 사례를 다룬 판결이 있다면 그 판결을 유추해서 적용해야 할 것입니다.
신하 C: 이전 판결을 유추해서 적용하는 것은 유사한지 여부를 판단해야 하는 문제가 발생하니, 차라리 '금지 물품을 몰래 소지하고 외국으로 가다가 국경을 넘기 전에 적발된 자는 밀매죄의 형에서 1단계 감경한다'는 규정을 신설하여 처벌하는 것이 옳습니다.
국　왕: 신하 C가 말한 대로 규정을 추가로 신설하여 이를 장사신에게 적용하라.

〈보기〉
ㄱ. '범죄를 준비한 자를 처벌하기 위해서는 법에 정한 바가 있어야 한다'는 논거에 의하면, ㉠은 약화된다.
ㄴ. 모반을 도운 자를 모반을 행한 자와 같이 모반죄로 처벌한 판결은 ㉡에 해당된다.
ㄷ. 국왕의 명령에 의하면, 장사신은 유배형에 처해진다.

① ㄱ ② ㄴ ③ ㄱ, ㄷ
④ ㄴ, ㄷ ⑤ ㄱ, ㄴ, ㄷ

24

2019학년도 LEET 문16

다음 논쟁에 대한 분석으로 옳은 것만을 〈보기〉에서 있는 대로 고른 것은?

수정란으로부터 태아를 거쳐 유아로의 발달은 점진적이고 연속적인 과정이다. 수정 이후 어느 시점부터 인간이라 할 수 있겠는가? 갑, 을, 병은 아래와 같이 주장한다.

갑: 출생이 기준이 된다고 해 보자. 그렇다면 7개월 만에 태어난 조산아는 인간인데, 그보다 더 발달한 9개월 된 임신 말기 태아는 인간이 아니게 된다. 이는 말이 되지 않는다. 출생만으로는 인간인지 여부의 기준이 될 수 없다.
을: 의식과 감각의 존재 여부가 중요한 기준이다. 일반적으로 태아의 두뇌는 18주부터 25주 사이에 충분히 발달하여 신경 전달이 가능하게 되는 수준에 이른다. 수정란은 의식을 갖지 않고 고통도 느끼지 않겠지만, 충분히 발달한 태아가 의식과 감각 능력을 갖게 된다면 인간으로 간주해야 한다.
병: 태아가 발달 과정의 어느 시점엔가 의식과 감각을 갖게 된다는 것은 분명하다. 그러나 언제부터 태아가 의식을 가지며 고통을 느끼기 시작하는지에 대한 직접적 증거는 원리적으로, 적어도 현재 기술로는 찾을 수 없다. 과학자들은 고통과 같은 감각의 생리학적 상관 현상으로서 두뇌 피질이나 행동을 관찰할 뿐, 고통을 직접 관찰하는 것이 아니다.

〈보기〉
ㄱ. 갑에 따르면, 태아가 인간인지의 여부는 태아가 얼마나 발달했는지와 무관하다.
ㄴ. 을에 따르면, 아무런 의식이나 감각을 갖지 않는 임신 초기의 태아는 인간으로서의 지위를 갖지 않는다.
ㄷ. 병에 따르면, 의식이나 감각의 존재 여부는 인간인지의 여부와 무관하다.

① ㄴ ② ㄷ ③ ㄱ, ㄴ
④ ㄱ, ㄷ ⑤ ㄱ, ㄴ, ㄷ

25

A와 B의 논쟁에 대한 분석으로 옳은 것만을 〈보기〉에서 있는 대로 고른 것은?

A1: 많은 사람들이 마음과 뇌를 동일시하는데, 왜 그렇게 잘못된 생각이 퍼져 있는지 모르겠어.
B1: 카페인을 섭취하면 각성 효과가 나타나고 우리가 통증을 느낄 때마다 뇌의 특정 영역의 신경세포가 활성화되듯, 마음과 뇌 작용 사이에 체계적 상관관계가 성립한다는 것은 잘 알려진 사실이야. 마음과 뇌가 동일하다는 가설을 받아들이면 이 사실이 잘 설명되잖아.
A2: 한 가설이 어떤 사실을 잘 설명한다고 해서 그 가설을 무작정 받아들일 수는 없어. 천동설은 화성의 역행 운동을 잘 설명하지만 그렇다고 천동설을 받아들이는 사람은 없잖아.
B2: 천동설과 내 가설의 경우는 전혀 달라. 천동설이 화성의 역행 운동은 잘 설명할지 몰라도 천동설로는 설명되지 않는 중요한 천문 현상들이 많아.
A3: 너의 가설도 똑같은 문제가 있어. 내가 통증을 느낀다는 것을 나는 잘 알지만, 나는 내 뇌의 신경상태에 대해서는 아무것도 몰라. 너의 가설이 맞다면 어떻게 이런 일이 가능하겠니?
B3: 그건 얼마든지 가능해. 물이 액체라는 것은 알면서 H_2O가 액체라는 것은 얼마든지 모를 수 있어. 그렇다고 물과 H_2O가 다른 것은 아니잖아.

〈보기〉

ㄱ. A2가 B1을 반박하는 근거는 '마음과 뇌가 동일하다는 가설이 마음과 뇌 작용 사이의 상관관계를 설명하지 못한다'는 것이다.
ㄴ. B2는 '설명하지 못하는 중요한 현상이 많은 가설은 거부해야 한다'는 데에 동의한다.
ㄷ. B3은 'X에 대해 잘 알면서 Y에 대해 모른다면, X와 Y는 동일한 것일 수 없다'는 가정을 반박함으로써 A3을 비판하고 있다.

① ㄱ　　② ㄷ　　③ ㄱ, ㄴ
④ ㄴ, ㄷ　　⑤ ㄱ, ㄴ, ㄷ

26

다음 논쟁에 대한 분석으로 옳은 것만을 〈보기〉에서 있는 대로 고른 것은?

(가) 저탄수화물 식단은 저지방 식단보다 체중 감량 효과가 뛰어나다. W 연구팀은 과체중이지만 건강한 지원자 51명을 대상으로 실험을 실시했다. 피실험자들은 원하는 만큼 음식을 섭취할 수 있었다. 하지만 그 음식에 포함된 탄수화물은 극도로 제한되었다. 실험 결과, 6개월 뒤 피실험자들의 체중은 약 10% 감소했다. W 연구팀은 후속 연구를 통해서 과체중 환자들을 저지방 식단 그룹과 저탄수화물 식단 그룹으로 나누고 비교했다. 이 연구에 따르면 저지방 식단 그룹의 체중은 6개월 동안 평균 6.7% 감소한 반면, 저탄수화물 식단 그룹의 체중은 평균 12.9% 감소했다.

(나) (가)의 주장은 저탄수화물 다이어트에 대한 오해를 야기한다. 그 주장은 음식 섭취량에 상관없이 탄수화물만 적게 먹으면 살을 뺄 수 있다는 것처럼 들린다. 하지만 이는 잘못이다. W 연구팀의 논문에서도 언급되었듯이 체중이 감소한 것은 근본적으로 피실험자들의 섭취 칼로리가 적었기 때문이다. 즉 저탄수화물 식단이 식욕을 억제함으로써 피실험자들의 음식 섭취량을 줄였다고 볼 수 있다.

(다) L 연구팀은 W 연구팀과 비슷한 방식으로 저탄수화물 식단과 저지방 식단이 피실험자에게 미치는 영향을 12개월 동안 추적했지만, 두 그룹 간 체중 감소량에 큰 차이를 발견하지 못했다. 하지만 첫 6개월 동안의 체중 감소량에는 큰 차이가 있었다. 저탄수화물 식단 그룹은 첫 6개월 동안 체중이 감소한 뒤 그 체중을 유지한 반면 저지방 식단 그룹은 12개월에 걸쳐 체중이 계속 감소했다. 따라서 저탄수화물 식단에 식욕 억제 효과가 있다고 하더라도 그 효과가 나타나는 기간은 제한적일 것이다.

〈보기〉

ㄱ. (가), (나), (다)는 모두 저탄수화물 식단이 체중을 감소시키는 효과가 있다는 것에 동의한다.
ㄴ. (다)가 언급한 실험 결과는 W 연구팀의 실험 데이터에 오류가 있었음을 증명한다.
ㄷ. W 연구팀의 실험에서 저탄수화물 식단 그룹과 저지방 식단 그룹에 속한 피실험자들이 섭취한 칼로리가 동일하게 감소했다면, (가)에 대한 (나)의 비판은 약화된다.

① ㄱ　　② ㄴ　　③ ㄱ, ㄷ
④ ㄴ, ㄷ　　⑤ ㄱ, ㄴ, ㄷ

27

2020학년도 LEET 문4

다음 논쟁에 대한 분석으로 옳은 것만을 〈보기〉에서 있는 대로 고른 것은?

> X국에서는 유전자 검사를 통해 건강하고 재능 있는 자녀를 출산하려는 '선택적 출산'이 우려되었다. 이에 X국은 법률을 개정하여 의료인이 태아의 유전적 우열성 판별을 목적으로 임신 여성을 진찰하거나 검사하는 것을 금지하고, 의료인이 태아의 유전적 우열성을 알게 된 경우에도 태아의 부모 또는 다른 사람에게 알릴 수 없도록 하였다. 甲, 乙, 丙은 이 법률의 존속 여부에 대해 논쟁을 벌이고 있다.
>
> 甲: 무분별한 선택적 출산을 막을 필요는 있다고 생각하지만, 의료인이 임신 여성에게 태아의 상태나 유전적 질환 등을 무조건 알려 주지 못하게 한 것은 임신 여성의 알 권리를 침해할 소지가 커.
>
> 乙: 낙태를 할 경우 임신 여성의 생명이나 건강에 중대한 위험을 초래하여 낙태가 거의 불가능하게 되는 시기가 있어. 그러한 시기에는 태아의 유전적 소질을 부모에게 알려 줘도 무방하다고 생각해.
>
> 丙: 태아의 유전적 우열성에 따른 낙태가 계속된다면 생명과 인간의 존엄성이 경시될 수 있어. 이를 방지하기 위해서는 임신 여성이 태아의 유전적 소질에 대해 궁금하더라도 출산할 때까지 참아야 해. 태아의 유전적 소질에 관한 정보를 임신 여성에게 알려 주는 경우, 어떤 시기라 하더라도 낙태의 가능성이 완전히 사라지는 것은 아니야.

〈보기〉

ㄱ. 甲은 유전적 질환의 발생이 염려되어 진료 목적상 태아 상태의 고지가 필요한 경우 이를 고지할 수 있어야 한다고 본다.

ㄴ. 임신 말기로 갈수록 낙태 건수가 현저히 줄어든다는 통계는 乙의 견해를 강화한다.

ㄷ. 장래 가족의 일원이 될 태아의 유전적 우열성에 대해 미리 알고 싶은 인간의 본능에 가까운 호기심의 충족은 태아의 생명에 비해 중시될 이익이 아니라는 주장은 丙의 견해를 지지하지 않는다.

① ㄱ ② ㄷ ③ ㄱ, ㄴ
④ ㄴ, ㄷ ⑤ ㄱ, ㄴ, ㄷ

28

2021학년도 LEET 문2

〈논쟁〉에 대한 분석으로 옳은 것만을 〈보기〉에서 있는 대로 고른 것은?

〈논쟁〉

> X국의 「형법」은 음란물의 제작·배포를 금지하는 한편, 「저작권법」은 문화 및 관련 산업의 향상과 발전을 위해 인간의 사상 또는 감정을 표현하는 창작물을 저작물로 보호하고 있다. 음란물을 「저작권법」상 저작물로 보호해야 하는지를 두고 논쟁이 있다.
>
> 갑: 「저작권법」은 저작물의 요건으로 창의성만 제시할 뿐 도덕성까지 요구하지는 않는다. 창작의 장려와 문화의 다양성을 위해서는 저작물로 인정함에 있어 가치중립적일 필요가 있다.
>
> 을: 「형법」에서는 음란물 제작·배포를 금지하면서, 그 결과물인 음란물은 저작물로 보호하는 것은 법이 '불법을 저지른 더러운 손'에 권리를 부여하고, 불법행위의 결과물에 재산적 가치를 인정하여 보호할 가치가 없는 재산권의 실현을 돕는 꼴이 된다. 이는 법의 통일성 및 형평의 원칙에 반한다.
>
> 병: 아동포르노나 실제 강간을 촬영한 동영상 등 사회적 해악성이 명백히 확인되는 음란물은 저작물로 인정하지 않고, 그 외의 음란물에 대해서는 저작물로 인정함으로써 음란물 규제로 인한 표현의 자유와 재산권의 침해를 최소화할 필요가 있다.

〈보기〉

ㄱ. 갑은 음란한 표현물에 대해서는 창의성을 인정할 수 없다는 것을 전제로 한다.

ㄴ. 을은 법적으로 금지된 장소에 그려진 벽화나 국가보안법에 위반하여 대중을 선동하는 작품을 저작권법의 보호대상으로 보지 않는다.

ㄷ. 병은 같은 시대, 같은 지역에서도 배포의 목적, 방법, 대상에 따라 음란성에 대한 법적 평가가 달라질 수 있다는 것을 전제로 한다.

① ㄱ ② ㄴ ③ ㄱ, ㄷ
④ ㄴ, ㄷ ⑤ ㄱ, ㄴ, ㄷ

29

다음 논쟁을 분석한 것으로 옳은 것만을 〈보기〉에서 있는 대로 고른 것은?

> 갑: 우아함은 쇼팽의 야상곡 자체에 속하는 성질이 아니라 네가 느끼는 주관적 인상에 불과해. 나는 야상곡을 들으면서 내내 지루하다고 느꼈거든.
> 을: 네가 야상곡을 듣고 지루함만 느꼈다면, 그건 네가 힙합에만 익숙해서 그래. 피아노 음색과 멜로디 전개가 표현하는 섬세함을 따라가려고 노력해 봐. 이 작품이 우아하다는 것은 적절한 감상 능력을 갖춘 사람이면 정상적인 조건에서 감상할 때 누구든지 알 수 있는 문제야.
> 병: 야상곡의 우아함이 그저 주관적인 느낌에 불과한 것은 아니라 해도, 누구나 알 수 있는 성질이라는 말도 맞지 않는 것 같아. 일정한 문화에 속한, 일정한 종류의 음악에 익숙한 사람들만 야상곡이 우아하다고 여기지 않을까? 이건 적어도 참외의 노란색이나 둥근 모양처럼 진짜 그 대상에 속하는 성질들과는 달라.
> 을: 일정한 집단의 사람들만 야상곡이 우아하다고 여길 수 있다 하더라도 그 우아함은 그 음악에 속하는 진짜 성질이라고 봐야 할 거야. 노란색도 결국 색맹이 아닌 사람들에게만 노랑으로 보이긴 하지만 참외의 진짜 성질이잖아? 야상곡의 경우에는 적절한 음악적 감수성을 갖춘 사람들만이 우아함을 지각하는 것이지.
> 병: 너희 둘이 야상곡을 듣고 다른 반응을 보이는 것은 각자가 속한 집단에서 공유하는 음악적 감수성이 달라서 그렇다는 것이 더 자연스러운 설명 아닐까? 어째서 우아하다고 반응하는 사람만 진짜 성질을 지각한다는 거야?

〈보기〉

ㄱ. 을은 우아함을 지각하는 사람의 집단이 시대와 문화에 따라 클 수도 있고 작을 수도 있다는 주장에 반대할 것이다.
ㄴ. 병은 쇼팽의 야상곡이 지루하다고 여기는 사람들이 서로 다른 음악적 감수성을 가질 수 있다는 주장에 반대할 것이다.
ㄷ. 을과 병은 쇼팽의 야상곡이 우아하다는 주장을 각각 다른 이유에서 받아들일 수 있다.

① ㄴ   ② ㄷ   ③ ㄱ, ㄴ
④ ㄱ, ㄷ   ⑤ ㄱ, ㄴ, ㄷ

30

다음 논쟁에 대한 분석으로 옳은 것만을 〈보기〉에서 있는 대로 고른 것은?

> 갑: 과학 이론의 변화가 '진정한 진보'인지는 분명치 않다. 물론 과학의 역사를 보면, 후속 이론이 더 많은 수의 사실을 설명하고 예측함으로써 선행 이론을 대체한 경우들도 있다. 그러나 이는 후속 이론이 '진정으로 진보적'이라는 주장의 근거는 되지 못한다. 그 사례들은 후속 이론이 단지 더 많은 사회적 지원을 받았다거나 더 많은 과학자들이 연구에 참여했다는 것만을 보여줄 뿐이다.
> 을: 이론의 과거 성취에 그러한 외재적 요소의 영향이 있었더라도, 진보에 대한 판단이 불가능한 것은 아니다. 왜냐하면 진보 여부에 대한 판단은 과거 성취와 더불어 미래에 달성할 수 있는 성취에도 달려있기 때문이다. 그리고 이론이 미래에 달성할 수 있는 성취는 그런 외재적 요소의 영향을 받지 않는다.
> 갑: 이론의 과거 실적을 비교하는 것은 가능하다. 그러나 이론이 미래에 달성할 설명과 예측의 범위, 즉 이론의 장래성을 비교하는 것은 어렵다. 우리는 한 이론이 미래에 가지게 될 모든 귀결을 알 수는 없기 때문이다.
> 을: 우리는 종종 두 이론의 장래성을 비교할 수 있다. 두 이론 T1과 T2에 대해, T2를 구성하는 진술들로부터 T1을 구성하는 진술들을 연역적으로 도출할 수 있지만 그 역은 성립하지 않는다고 하자. 그러면 T2는 T1의 모든 예측에 덧붙여 새로운 예측을 할 것이다. 이 경우, T2는 T1보다 '더 일반적'이므로 더 장래성이 있다.

〈보기〉

ㄱ. 과학 이론의 변화가 '진정한 진보'이려면 어떤 이론의 성공이 사회적 요소로만 해명되어서는 안 된다는 데 갑과 을은 동의한다.
ㄴ. 과학 이론의 변화는 과거 이론의 설명과 예측을 보존하고 그에 더하여 새로운 설명과 예측을 제공하는 방식으로 이루어져 왔다는 데 갑과 을은 동의한다.
ㄷ. 뉴턴 이론이 잘못 예측했던 부분에 대해 상대성 이론이 옳게 예측했다면, 상대성 이론이 뉴턴 이론보다 '더 일반적'인 이론이라는 데 을은 동의한다.

① ㄱ   ② ㄴ   ③ ㄱ, ㄷ
④ ㄴ, ㄷ   ⑤ ㄱ, ㄴ, ㄷ

31

다음 논쟁에 대한 분석으로 옳은 것만을 〈보기〉에서 있는 대로 고른 것은?

> 80년 전 K섬이 국가에 의해 무단으로 점유되어 원주민 A가 K섬에서 강제로 쫓겨나 타지에서 어렵게 살게 되었다. A가 살아 있다면 국가가 저지른 잘못에 대해서 A에게 배상이 이루어져야 하겠지만 A는 이미 사망하였다. A의 현재 살아 있는 자녀 B에게 배상이 이루어져야 할지에 대해서 다음과 같은 논쟁이 벌어졌다.
>
> 갑: 배상은 어떤 잘못에 의해서 영향받은 사람에게 이루어져야 하는데, ㉠ 잘못된 것 X에 대해 사람 S에게 배상을 한다는 것은, X가 일어나지 않았더라면 S가 누렸을 만한 삶의 수준이 되도록 S에게 혜택을 제공하는 것이다. 피해자의 삶의 수준을 악화시킨 경우 그리고 그런 경우에만 배상이 이루어져야 한다. 따라서 80년 전 K섬의 무단 점유가 없었더라면 B가 누렸을 삶의 수준이 되도록 B에게 혜택을 제공하는 배상이 이루어져야 한다.
>
> 을: 갑의 주장에는 심각한 문제가 있다. K섬의 무단 점유가 없었더라면 B의 아버지는 B의 어머니가 아니라 다른 여인을 만나 다른 아이가 태어났을 것이고 B는 아예 존재하지 않았을 것이다. 따라서 그 섬의 무단 점유가 없었더라면 B가 더 높은 수준의 삶을 누렸을 것이라고 말하는 것은 옳지 않으며, 그런 상황에서 B가 누렸을 삶의 수준이 어느 정도인지의 질문에 대해 애초에 어떤 답도 없다.
>
> 병: B의 배상 원인이 되는 잘못은 80년 전 발생한 K섬의 무단 점유가 아니라, B가 태어난 후 어느 시점에서 K섬의 무단 점유에 대해 A에게 배상이 이루어지지 않았다는 사실이다. 만약 그런 사실이 없었더라면, 다시 말해 B가 태어난 후 K섬의 무단 점유에 대해 A에게 배상이 이루어졌더라면, A는 B에게 더 나은 교육 기회와 자원을 제공하였을 것이고 B는 더 나은 삶을 살았을 것이다. 그러나 과거에 그런 배상이 이루어지지 않았기 때문에 B에게 배상이 이루어져야 하는 것이다.

〈보기〉

ㄱ. 갑이 "80년 전 K섬의 무단 점유가 없었더라면, A는 그가 실제로 누렸던 것보다 훨씬 더 높은 수준의 삶을 누렸겠지만 B는 오히려 더 낮은 수준의 삶을 누렸을 것이다."라는 것을 받아들이게 된다면, 갑은 B에게 배상이 이루어져야 한다는 주장에 동의하지 않을 것이다.

ㄴ. 을이 ㉠의 원리를 받아들인다면, 그는 80년 전 K섬의 무단 점유에 대해 B에게 배상이 이루어져야 한다는 주장에 동의할 것이다.

ㄷ. 병은 ㉠의 원리에 동의하지 않지만, B에게 배상이 이루어져야 한다는 것에 대해서는 갑과 의견을 같이한다.

① ㄱ ② ㄴ ③ ㄱ, ㄷ
④ ㄴ, ㄷ ⑤ ㄱ, ㄴ, ㄷ

32

다음 논쟁에 대한 분석으로 옳은 것만을 〈보기〉에서 있는 대로 고른 것은?

> X국 형법은 타인의 재물을 훔친 자를 절도죄로 처벌한다. 형법상 '재물'의 의미와 관련하여 갑, 을, 병이 아래와 같이 논쟁을 하고 있다.
>
> 갑: 재물이란 '재산적 가치가 있는 물건'을 말하고, 여기서 '재산적 가치'란 순수한 경제적 가치, 즉 금전적 가치를 의미하기 때문에, 형법상 재물은 물건의 소유 및 거래의 적법성 여부와는 상관없다고 생각합니다.
>
> 을: 재물이 반드시 적법하게 소유되거나 거래된 것일 필요가 없다는 점에 대해서는 갑의 견해에 동의합니다. 하지만 재물의 개념요소인 '재산적 가치'는 소유자가 주관적으로 부여하는 것이기 때문에, 금전적 교환가치가 있든 없든 소유자의 소유 의사가 표출되어 있는 이상 해당 물건을 형법상 재물로 보는 것이 타당합니다.
>
> 병: 재물의 개념요소인 '재산적 가치'가 인정되려면 금전적 교환가치가 있어야 합니다. 하지만 그것은 필요조건이지 충분조건은 아니라고 생각합니다. 형법상 재물이 되기 위해서는 금전적 교환가치가 있어야할 뿐만 아니라 소유 및 거래의 적법성이 인정되는 것이어야 합니다.

〈보기〉

ㄱ. 갑은 마약밀매상이 가지고 있는 법적으로 소유가 금지된 마약을 형법상 재물로 본다.

ㄴ. 을은 마약밀매상이 가지고 있는 법적으로 소유가 금지된 마약과 연예인이 소중히 보관하고 있지만 거래는 되지 않는 팬레터를 모두 형법상 재물로 본다.

ㄷ. 병은 연예인이 소중히 보관하고 있지만 거래는 되지 않는 팬레터를 형법상 재물로 보지만, 마약밀매상이 가지고 있는 법적으로 소유가 금지된 마약은 형법상 재물로 보지 않는다.

① ㄱ ② ㄷ ③ ㄱ, ㄴ
④ ㄴ, ㄷ ⑤ ㄱ, ㄴ, ㄷ

33

다음 대화에 대한 분석으로 옳은 것만을 〈보기〉에서 있는 대로 고른 것은?

> 소크라테스: 어떤 대상에 대해서 우리는 그것을 알거나 알지 못하거나 둘 중 하나 아니겠나? 그렇다면 판단을 하는 사람은 아는 것에 대해 판단하거나 아니면 알지 못하는 것에 대해 판단하는 게 필연적이겠지?
> 테아이테토스: 필연적입니다.
> 소크라테스: 그리고 어떤 대상을 알면서 동시에 알지 못한다거나, 알지 못하면서 동시에 안다는 건 불가능한 일이네.
> 테아이테토스: 그렇습니다.
> 소크라테스: 그럼 거짓된 판단을 하는 자가 판단의 대상을 알고 있는 경우라면, 그는 자기가 아는 것을 그것 자체라고 생각하지 않고 자기가 아는 다른 어떤 것이라고 생각하는 것인가? 그래서 그는 양쪽 다를 알면서도 다시금 양쪽 다를 모르는 것인가?
> 테아이테토스: 그건 불가능합니다.
> 소크라테스: 만일 거짓된 판단을 하는 자가 판단의 대상을 알지 못하는 경우라면, 그는 자기가 알지 못하는 것을 자기가 알지 못하는 다른 어떤 것이라고 여기는 것인가? 그래서 자네와 나를 알지 못하는 자가 '소크라테스는 테아이테토스다' 또는 '테아이테토스는 소크라테스다'라는 생각에 이르게 되는 일이 있을 수 있는가?
> 테아이테토스: 어찌 그럴 수 있겠습니까?
> 소크라테스: 아무렴, 자기가 아는 것을 알지 못하는 것이라고 여기는 경우는 없으며, 또한 알지 못하는 것을 아는 것이라고 여기는 경우도 확실히 없네. 그러니 어떻게 거짓된 판단을 할 수 있겠는가? 왜냐하면 우리는 대상에 대해 알든가 아니면 알지 못하든가 할 뿐인데 이들 경우에 거짓된 판단을 하는 것은 결코 가능해 보이지 않으니까.

─〈보기〉─

ㄱ. 소크라테스에 따르면, a만 알고 b를 모르더라도 'a는 b이다'라는 참된 판단을 내릴 수 있다.
ㄴ. 소크라테스에 따르면, a와 b를 둘 다 모르는 경우 'a는 b이다'라는 거짓된 판단도 할 수 없다.
ㄷ. a와 b를 둘 다 알면서 'a는 b이다'라는 거짓 판단을 내리는 것이 실제로 가능하다면, 소크라테스의 주장은 설득력을 잃는다.

① ㄱ　　② ㄷ　　③ ㄱ, ㄴ
④ ㄴ, ㄷ　　⑤ ㄱ, ㄴ, ㄷ

34

다음 논쟁에 대한 분석으로 옳은 것만을 〈보기〉에서 있는 대로 고른 것은?

> 갑: 얘야, 내일이 시험인데 왜 공부를 하지 않니?
> 을: 어머니, 좋은 질문이네요. 저는 공부를 하지 않기로 선택했어요.
> 갑: 왜 그런 놀라운 선택을 했는지 납득이 되도록 설명해 주지 않으련?
> 을: 제가 볼 시험은 1등부터 꼴등까지 응시생들의 순위를 매기도록 고안되어 있습니다. 다른 응시생들은 조금이라도 등수가 오르면 기뻐한다는 사실을 저는 발견했어요. 하지만 저는 등수가 오르는 것이 전혀 기쁘지 않습니다. 그리고 저는 더 많은 사람들이 기쁨을 누릴 수 있기를 원합니다. 그러니 제가 공부를 하지 않는 것이 다른 응시생을 기쁘게 만들지 않겠습니까? 제가 공부를 하지 않으면 더 많은 응시생들의 등수가 오르거든요. 따라서 저는 공부를 하지 않는 것이 정당합니다.
> 갑: 넌 공부를 하지 않을 뿐인데 그게 어떻게 다른 사람들의 기쁨의 원인이 될 수 있다는 말이냐? 내가 보기에 너는 아무것도 안 하면서 남들을 기쁘게 할 수 있다는 놀라운 주장을 하는구나. 다른 사람들이 자신의 등수 때문에 기뻐한다면 그건 그들이 공부를 했기 때문이 아니겠니? 네가 뭘 하지 않는 것과는 상관이 없어.
> 을: 아니죠, 어머니. 제가 만일 공부를 한다면 제가 공부를 하지 않았을 때보다 더 많은 사람들이 저보다 낮은 점수를 받게 되겠죠. 그 경우 저의 노력으로 인해 사람들이 기쁨을 느낄 기회를 잃게 되지 않겠어요?

─〈보기〉─

ㄱ. 무언가를 원한다고 해서 그것을 획득하는 모든 수단이 정당화되지는 않는다면, 을의 논증은 약화된다.
ㄴ. 을이 공부를 할 경우 공부를 하지 않을 경우에 비해서 을의 점수가 오른다는 것이 참이라면, 을이 공부를 하지 않을 경우 더 많은 응시생들의 등수가 오른다는 을의 전제도 참이다.
ㄷ. 공부를 하지 않는 것이 타인으로 하여금 기쁨을 누리게 하는 원인이 될 수 없다는 갑의 주장이 참이려면, 무언가를 하지 않는 것이 다른 것의 원인이 될 수 없다는 가정이 참이어야 한다.

① ㄱ　　② ㄴ　　③ ㄱ, ㄷ
④ ㄴ, ㄷ　　⑤ ㄱ, ㄴ, ㄷ

35
2022학년도 LEET 문22

다음 논쟁에 대한 분석으로 옳은 것만을 〈보기〉에서 있는 대로 고른 것은?

'맛있다' 혹은 '재밌다'와 같은 사람들의 취향과 관련된 술어를 취향 술어라고 한다. 취향 술어를 포함한 문장에 관하여 갑과 을이 다음과 같이 논쟁하였다.

갑: "곱창은 맛있다."라는 문장은 사실 'x에게'라는 숨겨진 표현을 언제나 문법적으로 포함한다. 이때 'x'는 변항으로서, 특정 맥락의 발화자가 그 값으로 채워진다. 예를 들어, 곱창을 맛있어 하는 지우가 "곱창은 맛있다."라고 말한다면, 지우의 진술은 〈곱창은 지우에게 맛있다〉라는 명제를 표현하는 참인 진술이 된다. 반면, 곱창을 맛없어 하는 영호가 동일한 문장을 말한다면, 영호의 진술은 〈곱창은 영호에게 맛있다〉라는 다른 명제를 표현하는 거짓인 진술이 된다.

을: 지우가 "곱창은 맛있다."라고 말하는 경우, 영호는 "아니, 곱창은 맛이 없어!"라고 반박할 수 있고, 그렇다면 둘은 이에 대해 논쟁하기 시작할 것이다. 하지만 만일 갑의 견해가 맞다면, 지우는 단지 〈곱창은 지우에게 맛있다〉라는 명제를 표현하고, 영호는 그와는 다른 명제의 부정을 표현하는 것이므로, 이 둘은 진정한 논쟁을 하는 것이 아니다. 그러나 분명히 두 사람은 이러한 상황에서 진정한 논쟁을 할 수 있으며, 이는 갑의 견해에 심각한 문제가 있음을 보여 주는 것이다. 이를 해결하기 위해서는, "곱창은 맛있다."라는 문장은, 누가 말하든지 〈곱창은 맛있다〉라는 명제를 표현한다고 간주해야 한다.

─〈보기〉─

ㄱ. 갑에 따르면, 곱창을 맛있어 하는 사람들의 진술 "곱창은 맛있다."는 모두 같은 명제를 표현하지만, 이는 곱창을 맛없어 하는 사람들의 진술 "곱창은 맛있다."가 표현하는 명제와는 다르다.

ㄴ. 영호가 곱창을 맛없어 하는 경우, 영호의 진술 "곱창은 맛있다."는, 갑에 따르면 참이 될 수 없지만 을에 따르면 참이 될 수 있다.

ㄷ. 을의 논증은, 같은 명제에 대해 두 사람의 견해가 불일치한다는 사실이 그들의 논쟁이 진정한 논쟁이 되기 위한 필요조건임을 가정하고 있다.

① ㄱ ② ㄴ ③ ㄱ, ㄷ
④ ㄴ, ㄷ ⑤ ㄱ, ㄴ, ㄷ

36
2022학년도 LEET 문26

다음 논쟁에 대한 분석으로 적절한 것만을 〈보기〉에서 있는 대로 고른 것은?

어떤 사람 P가 육식 행위 A와 동물보호단체에 기부하는 행위 B를 각각 수행하거나 수행하지 않을 능력이 있으며, 편의상 다른 행위를 할 가능성은 없다고 하자. A의 수행 여부와 B의 수행 여부 사이의 상호적 영향을 고려하지 않고 각각의 결과만을 고려하는 경우, A를 수행하면 나쁜 결과(−80)가 발생하고 B를 수행하면 좋은 결과(+100)가 발생한다. A와 B를 수행하지 않는 경우의 결과는 각각 0이다. 이때, P가 하거나 하지 않을 수 있는 행위들로 구성된 '행위조합'은 4개가 될 것이다. 각 행위조합 역시 독자적인 결과값을 가지게 되는데 이는 행위조합을 구성하고 있는 행위들의 결과값을 모두 더한 것이다. 예를 들어, P가 A를 수행하면서도 B를 수행하지 않는 경우의 행위조합의 결과값은 4개의 행위조합 중 최솟값인 −80이다. 일정한 조건을 충족하는 경우 해당 행위조합에 속하는 행위는 모두 용인되기 때문에 단독으로는 음의 결과값을 가지는 A도 용인될 수 있다. 행위조합에 속한 행위가 용인되는 이 조건에 대해 갑, 을, 병은 각각 다음과 같이 주장하고 있다.

갑: 한 사람의 행위는 자신의 능력에 따라 가능한 행위들로 구성된 행위조합들 중에서 최대의 결과값을 산출하는 조합에 속하는 경우, 그리고 오직 그 경우에만 용인된다.

을: 한 사람의 행위는 그가 현실에서 하려고 할 행위조합들 중에서 최대의 결과값을 산출하는 조합에 속하는 경우, 그리고 오직 그 경우에만 용인된다. 그런데 P에게 A의 수행 여부와 B의 수행 여부를 각각 선택할 능력이 있는 것은 사실이지만, A를 하지 않으면서 B를 수행하는 행위조합은 결코 P가 현실에서 선택하려고 할 조합은 아니다.

병: 한 사람의 행위는 자신의 능력에 따라 가능한 행위들로 구성된 행위조합들 중에서 결과값이 0이거나 양의 값을 가지는 조합에 속하는 경우, 그리고 오직 그 경우에만 용인된다.

─〈보기〉─

ㄱ. 갑과 을에 따르면 P의 A는 어떤 경우에도 용인될 수 없다.

ㄴ. 병에 따르면 P의 A는 용인될 수 있다.

ㄷ. 병에 따르면 용인될 수 있는 P의 행위조합은 2개이다.

① ㄱ ② ㄴ ③ ㄱ, ㄷ
④ ㄴ, ㄷ ⑤ ㄱ, ㄴ, ㄷ

37

다음 논쟁에 대한 분석으로 옳은 것만을 〈보기〉에서 있는 대로 고른 것은?

갑: 형사절차에서 추구해야 할 진실은 사건의 진상, 즉 '객관적 진실'이다. 그리고 객관적 진실을 발견하기 위해서 사건 당사자(피고인, 검사) 못지않게 판사의 적극적인 진실발견의 활동과 개입이 필요하다. 따라서 진실발견을 위해 필요한 경우, 중대한 절차 위반이 없다면 판사가 사건 당사자의 주장이나 청구에 제약을 받지 않고 직접 증거를 수집하거나 조사하는 것도 가능하다.

을: '사건의 진상' 또는 '객관적 진실'은 오직 신(神)만이 알 수 있다. 사건 당사자들이 주장하는 사실과 제출된 증거들을 통해 판사가 내리는 결론도 엄밀히 말하면 판사의 주관적 진실에 불과하다. 다만 판사의 주관적 진실을 '판결'이라는 이름으로 신뢰하고 규범력까지 인정하는 이유는 그것이 단순히 한 개인의 주관적인 진실이 아니라, 공정한 형사절차를 통해 도출된 결론이기 때문이다. 따라서 형사절차에서 추구해야 하는 것은 '절차를 통한 진실'이고, 이를 위해 사건 당사자들이 법정에서 진실을 다룰 수 있는 공정한 기회가 보장되어야 한다. 이때 판사의 역할도 진실을 담보해 내기 위해 절차를 공정하고 엄격하게 해석·적용·준수하는 것이어야 한다. 즉 판사는 정해진 절차 속에서 행해지는 사건 당사자들의 주장과 입증을 토대로 중립적인 제3자의 지위에서 판단자의 역할을 수행해야 한다.

병: 객관적 진실은 존재하고, 형사절차는 그러한 객관적 진실에 최대한 가까이 접근하고자 마련된 절차이다. 따라서 형사절차에서 사건의 진상을 명백히 밝힘으로써 객관적 진실을 추구해야 한다는 것에는 기본적으로 동의한다. 하지만 객관적 진실의 발견은 전적으로 사건 당사자들의 증거제출과 입증에 맡겨야 하고, 이러한 진실발견의 과정에 판사가 직접적·적극적으로 개입하는 것은 바람직하지 않다. 따라서 판사는 원칙적으로 제3자의 입장에서 중립적인 판단자의 역할을 수행하되, 인권침해를 통해서 얻어낸 객관적 진실은 정당성을 획득할 수 없으므로 판사는 형사절차의 진행 과정에서 인권침해가 발생하지 않도록 감시하고, 인권침해가 발생했을 경우에는 이를 바로잡는 역할과 의무도 함께 부담한다.

〈보기〉

ㄱ. 범죄를 조사하기 위해 구속기간 연장의 횟수 제한을 없애자는 법률개정안에 대해 갑과 병은 찬성할 것이다.
ㄴ. '법이 정한 적법한 절차를 위반하여 수집된 증거는 설사 그것이 유죄를 입증할 유일하고 명백한 증거라 하더라도 예외 없이 유죄의 증거로 사용할 수 없다'는 법원칙에 대해 을은 찬성하지만, 갑은 반대할 것이다.
ㄷ. '피고인이 재판에 출석하지 아니한 때에는 특별한 규정이 없으면 재판을 진행하지 못한다'는 법원칙에 대해 을과 병은 찬성할 것이다.

① ㄱ ② ㄴ ③ ㄱ, ㄷ
④ ㄴ, ㄷ ⑤ ㄱ, ㄴ, ㄷ

38

다음 논쟁에 대한 분석으로 옳은 것만을 〈보기〉에서 있는 대로 고른 것은?

위험은 현실화될 때도 있고 안 그럴 때도 있다. 주식 투자에는 원금 손실의 위험이 따르며 실제로 위험이 현실화되어 원금 손실이 발생할 때도 있고 안 그럴 때도 있는 것이다. 후자처럼 현실화되지 않은 위험을 '순(純)위험'이라고 하는데, 타인에게 순위험만 안긴 행위도 도덕적으로 그른지를 놓고 갑~정이 논쟁을 벌였다.

갑: 타인에게 위험을 안긴 행위는 위험의 현실화 여부와 상관없이 당연히 그 자체로 도덕적으로 그른 거야. 누구든 위험을 떠안으면 그로 인해 그 사람은 일단 해악을 입게 되는 거야. 정비 부실로 추락 사고의 위험이 있는 비행기에 탑승한 승객을 생각해 봐. 비록 추락 위험이 현실화되지 않았고 그런 위험을 당사자가 몰랐다고 하더라도, 생명의 위협에 장시간 노출되었다는 사실 그 자체로 그 승객은 해악을 입었다고 말할 수 있지.

을: 하지만 순위험을 안긴 행위를 무작정 도덕적으로 비난하는 것은 잘못이야. 순위험을 안긴 행위가 도덕적으로 그르다 할 수 있는 경우는 그런 위험이 있다는 것을 알았다면 당사자의 자율적 행위 선택이 바뀔 수도 있는 경우로 한정하는 것이 옳아.

병: 그건 아니지. 만약 그런 식으로 범위를 한정하면, 직관에 어긋나는 사례가 많이 생겨날 거야. 혼수상태에 빠진 사람이나 갓난아기에게 순위험을 안긴 행위도 도덕적으로 잘못일 때가 있잖아. 하지만 그런 사람들은 애초에 자율적 선택 능력이 없으니 선택이 바뀔 일도 없지 않겠어?

정: 내 생각은 달라. 어떤 자동차가 신호 위반을 했는데 길을 건너던 행인이 간신히 피했다고 해 봐. 비록 교통사고의 위험이 현실화되지는 않았지만, 그 행인이 상당한 정신적 충격을 입었을 수 있어. 순위험의 경우에는 이처럼 어떤 부수적인 해악이 실제로 발생했을 때만 도덕적으로 그르다고 해야 한다고 생각해.

〈보기〉

ㄱ. 갑과 병은 혼수상태에 빠진 사람에게 순위험을 안긴 행위가 도덕적으로 그를 수 있다는 것을 인정한다.
ㄴ. 순위험을 안긴 어떤 행위에 대해 을이나 정이 도덕적으로 그르다고 판단했다면, 갑도 그렇게 판단할 것이다.
ㄷ. 순위험을 안긴 행위가 타인의 자율적 선택을 침해했을 때 그 행위가 도덕적으로 그른지에 대해 을과 병의 의견이 다르다.

① ㄱ ② ㄷ ③ ㄱ, ㄴ
④ ㄴ, ㄷ ⑤ ㄱ, ㄴ, ㄷ

39

2023학년도 LEET 문14

다음 대화에 대한 분석으로 옳은 것만을 〈보기〉에서 있는 대로 고른 것은?

> 갑: 죽은 사람이 물리적으로 해를 입을 수는 없지만, 여전히 그에게 무언가 이롭거나 해로운 일을 할 수 있다고 잘못 생각하는 경우가 있어. 죽은 사람에 관해 거짓 소문을 비열하게 퍼뜨리는 것이 그에게 실제로 해를 끼치지는 않아. 다만 그와 관련된 살아 있는 사람들, 즉 그의 자손이나 그를 존경하는 다른 사람들의 마음에는 상처가 될 수 있지.
>
> 을: 하지만 살아 있는 사람들이 왜 마음에 상처를 입겠니? 비열한 소문이 고인에게도 해를 끼쳤다고 그들은 생각할 거야. 가령, 어떤 어머니가 생전에 자신이 살던 집을 절대 팔지 않겠다고 단언했고, 자신이 죽고 난 후에도 그럴 일이 없기를 희망했다고 해 보자. 어머니가 돌아가신 후 집을 상속받은 딸이 어머니의 뜻에 따라 집을 매각할 생각이 전혀 없다면, 그 이유는 그렇게 하면 어머니가 좋아하지 않는다고 생각하기 때문일 거야. 이 경우, 딸의 행동은 어머니가 생전에 갖고 있었지만 현존하지 않는 욕구를 실현한 거야. 어떤 사람의 욕구 충족을 돕는 일은 그 사람의 생사와 무관하게 그에게 이로운 일이 아닐까?
>
> 갑: 그렇지 않을 거야. 과거에 있었던 것이든 미래에 있을 것이든, 현존하지 않는 욕구는 언제 충족되더라도 그 사람에게 이로울 리 없어. 딸의 행동은 돌아가신 어머니에게 이롭지도 해롭지도 않다고 보아야 하는 게 맞지.
>
> 을: 그럼 이런 사례는 어떨까? 부모가 스무 살 아들에게 앞날을 대비하여 전문직 자격증을 따라고 권하지만, 아들은 지금 돈에 대한 욕구는 전혀 없고 봉사활동을 하고 싶어 해. 부모는 몇 년 안에 아들의 마음이 분명히 바뀌어 돈을 원하게 될 것이라고 예측하면서, 그때 가면 자격증을 따지 않은 것을 후회하게 될 것이라고 말하지. 고민 끝에 아들은, 여전히 돈에 대한 욕구는 없지만, ㉠ 부모의 예측에 동의하면서 지금 자신이 해야 할 일은 자격증을 따는 것이라고 판단하지.

〈보기〉

ㄱ. ㉠이 합리적이라고 인정된다면, 갑의 주장은 약화된다.
ㄴ. 시신을 훼손하는 행위가 죽은 당사자에게 해를 입히는 행위인지에 대해 갑과 을의 견해는 같다.
ㄷ. 을은 어떤 사람에게 이롭거나 해로운 일이 그 사람의 욕구 충족과 관련이 있다고 주장하지만, 갑은 이 주장에 동의하지 않는다.

① ㄱ   ② ㄴ   ③ ㄱ, ㄷ
④ ㄴ, ㄷ   ⑤ ㄱ, ㄴ, ㄷ

40

2023학년도 LEET 문15

다음 논쟁에 대한 분석으로 옳은 것만을 〈보기〉에서 있는 대로 고른 것은?

> 인간의 행동을 예측하는 인공지능 로봇을 설계하기 위해 어떤 방법을 택해야 하는지에 대해서 논쟁이 있다.
>
> 갑: 사람들은 인간의 내면적 상태에 대한 이해를 통해 인간의 행동을 성공적으로 예측할 수 있다고 믿는다. 하지만 직접 관찰되지 않는 내면적 상태를 이해하는 데 어떠한 방식이 필요한지 정확히 알 수 없다. 따라서 인간의 내면적 상태에 대한 이해를 배제하고 행동을 예측하는 방식이 필요하다. 이때 우리가 취할 수 있는 방식은 인공지능 로봇이 빅데이터를 활용하여 인간이 주어진 상황에서 어떠한 행동을 하는지에 대한 정교한 패턴을 스스로 찾아내도록 설계하는 것이다.
>
> 을: 갑의 방식은 인간의 행동을 성공적으로 예측할 수 있다고 보기 어렵다. '만일 ~라면'이라는 수많은 가정에 입각해 이루어지는 인간의 행동을 정확하게 예측하기 위해서는 다른 접근이 필요하다. 예측의 성공률을 높이기 위해서는 주어진 상황에서 가능한 행동을 사전에 입력해 주어야 한다. 모든 인간은 불이익을 피하기 위해 사회에서 정해진 규범에 따라 행동하는 경향이 있다. 따라서 인공지능 로봇을 설계할 때 인간의 가능한 행동을 제한하는 규범에 대한 정보를 입력하면 인간의 행동에 대한 예측의 성공률을 더 높일 수 있다.
>
> 병: 갑과 을의 방식을 따르더라도 인간의 행동을 성공적으로 예측하기 어렵다. 인간의 행동은 여러 내면적 상태가 원인이 되어 나타난다. 따라서 갑과 을의 방식을 모두 적용하더라도 예측이 틀릴 수 있다. 인간은 자신에게 불이익이 일어날 행동이 무엇인지 알면서도 더 큰 욕구에 의해 규범을 지키지 않는 경우가 있다. 따라서 설계의 과정이 복잡하고 비효율적이더라도 규범에 대한 정보뿐만 아니라 의도나 욕구와 같은 내면적 상태까지 고려하여 인간의 행동을 예측하도록 설계해야 한다.

〈보기〉

ㄱ. 인공지능 로봇이 인간의 내면적 상태를 이해하지 못한다면 인간의 행동을 예측할 수 없다는 것에 대해 갑은 동의하지만 병은 동의하지 않는다.
ㄴ. 특정 상황에서 인간의 행동에 패턴이 존재한다는 것에 대해 갑과 을은 동의한다.
ㄷ. 인간의 행동을 예측하는 데에는 규범에 대한 정보를 고려하는 것이 필요하다는 것에 대해 을과 병은 동의한다.

① ㄱ   ② ㄴ   ③ ㄱ, ㄷ
④ ㄴ, ㄷ   ⑤ ㄱ, ㄴ, ㄷ

41

다음 논쟁에 대한 분석으로 옳은 것만을 〈보기〉에서 있는 대로 고른 것은?

> 갑: 소설 『주홍색 연구』에서 "홈즈는 탐정이다."라는 진술이 명시적으로 나타나며, 따라서 〈홈즈는 탐정이다〉는 이 소설에서 명시적으로 참인 명제이다. 그런데 『주홍색 연구』의 어디에도 홈즈의 콧구멍 개수에 대한 명시적인 진술은 나타나지 않는다. 하지만 작품 내에서 홈즈는 사람이며, 사람은 보통 두 개의 콧구멍을 가지고 있다는 것은 상식이므로, 〈홈즈의 콧구멍은 두 개다〉와 같은 명제 역시 『주홍색 연구』에서 참이 된다. 사실, 명시적인 진술로 표현되지 않았지만, 〈지구는 둥글다〉, 〈모든 사람은 죽는다〉와 같은, 『주홍색 연구』에서 암묵적으로 참인 명제들은 많이 있다.
>
> 을: 허구에서 암묵적으로 참이 되는 명제가 있다는 것을 받아들이는 것은 불합리한 귀결을 낳는다. 우선 허구 작품들의 속편이 나타날 수 있다는 것에 주목해 보자. 속편은 전작에 명시되지 않은 것들의 참을 결정하는 힘을 갖는다. 예를 들어, 소설 『호빗』에서는 빌보가 소유한 반지가 무엇인지 명시되지 않지만, 그 속편들인 반지의 제왕 시리즈에서 그 반지가 절대반지라는 것이 명시된다. 이 경우 빌보가 소유한 반지가 절대반지라는 것은 『호빗』에서도 참이라고 보는 것이 합당하다. 이제 다음을 가정해 보자. 코난 도일은 『주홍색 연구』의 속편 『빨간색 연구』를 썼으며, 그 소설에서는 "사실 태어날 때부터 세 개의 콧구멍을 가졌던 홈즈는 냄새를 잘 맡을 수 있었다."라는 명시적 진술이 나타난다. 이때, 〈홈즈의 콧구멍은 세 개다〉라는 명제가 『빨간색 연구』뿐만 아니라 『주홍색 연구』에서도 명시적 참이라고 보는 것이 합당할 것이다. 하지만 만일 〈홈즈의 콧구멍은 두 개다〉가 『주홍색 연구』에서 암묵적으로 참이라면, 『주홍색 연구』에서 홈즈의 콧구멍 개수는 두 개인 동시에 세 개가 되어야만 할 것이다. 이는 명백히 불합리한 귀결이다. 따라서 허구에서 명시적 참 이외에 암묵적 참과 같은 것은 없다고 결론 내릴 수 있다.

〈보기〉

ㄱ. 갑은, 어떤 명제도 특정 허구에서 참이거나 거짓 둘 중 하나여야 한다는 것을 전제하고 있다.
ㄴ. 을에 따르면, 명제 〈홈즈의 콧구멍은 두 개다〉는 『주홍색 연구』에서 참이었다가 나중에 거짓으로 바뀔 수도 있다.
ㄷ. 을에 따르면, "지구는 둥글다."라는 진술이 『주홍색 연구』에 명시되지 않은 경우에도, 명제 〈지구는 둥글다〉가 『주홍색 연구』에서 참이 되는 상황이 있을 수 있다.

① ㄱ ② ㄷ ③ ㄱ, ㄴ
④ ㄴ, ㄷ ⑤ ㄱ, ㄴ, ㄷ

42

다음 대화에 대한 분석으로 옳은 것만을 〈보기〉에서 있는 대로 고른 것은?

> 갑: 거짓말이란 거짓을 상대방이 참이라고 믿게 하려는 의도를 가진 말이지. 이에 비해, 참이지만 듣는 사람이 오해하기 쉬운 말을 '오도적인 말'이라고 하지. 이 오도적인 말이 거짓이 아니라 참이라고 해서 거짓말보다 도덕적으로 덜 비난받아야 할까?
>
> 을: 그렇지 않아. 왜냐하면 거짓말은 상대방을 속이려는 의도가 없는 경우도 있기 때문이지. 예를 들어, 모든 사람이 A가 살인범이라는 것을 알고 있고 A 역시 모든 사람이 그렇게 생각한다는 걸 알고 있지만, A는 '나는 살인범이 아니다'라고 뻔뻔하게 잡아떼는 경우도 있지.
>
> 갑: 실제로 B를 살해한 A가 '나는 B를 죽이지 않았습니다'라고 거짓말을 한 경우와 '나는 내 목숨을 걸고 B를 두 번이나 구한 적이 있습니다'라고 오도적인 말을 한 경우를 비교해 보자. A가 두 경우 모두에서 듣는 사람이 A를 살인자가 아니라고 믿기를 의도했으므로, 거짓을 믿게 하려 했다는 점에서는 똑같잖아. 그래서 나는 오도적인 말과 거짓말이 동일한 정도로 나쁘다고 생각해.
>
> 을: 진실을 말하면서 상대방을 기만하려고 한다는 점에서 오도적인 말은 항상 나쁘지만, 거짓말은 그렇지 않을 수 있어. 어떤 사람이 한 말이 거짓으로 드러난 사실 자체가 도덕적으로 비난받아야 한다면, 과학자는 나쁜 일을 하고 있다고 말해야 할지도 몰라. 과학자의 예측 중에는 나중에 틀렸다고 밝혀지는 것이 있기 때문이지. 하지만 과학자가 애초에 진심으로 어떤 것을 말했다면, 그것이 나중에 거짓으로 드러난다고 해서 도덕적으로 비난받을 수는 없을 거야.

〈보기〉

ㄱ. 거짓말에는 상대방을 속이려는 의도가 있어야 한다는 점에 대해 갑은 동의하지만, 을은 동의하지 않는다.
ㄴ. 참으로 드러난 말 중에 도덕적으로 비난할 수 있는 것이 있다는 점에 대해 갑과 을은 동의한다.
ㄷ. 오도적인 말과 거짓말은 도덕적으로 나쁜 정도가 다르다는 점에 대해 갑과 을은 동의한다.

① ㄱ ② ㄷ ③ ㄱ, ㄴ
④ ㄴ, ㄷ ⑤ ㄱ, ㄴ, ㄷ

43
2024학년도 LEET 문20

다음 논쟁에 대한 분석으로 적절한 것만을 〈보기〉에서 있는 대로 고른 것은?

갑: 인간은 지각을 바탕으로 세상과 상호작용해. 그런데 인간은 때로 대상을 잘못 보기도 하지. 외부 세계에 정확히 대응하도록 지각하는 능력은 인간의 진화 과정에서 중요해. 실제 행동에서 차이가 날 테니까. 그래서 정확한 표상과 오표상을 구분하는 것이 중요한 거야.

을: 우리는 주어진 지각만으로는 정확한 표상과 오표상을 가려낼 수 없어. 시지각은 오직 망막에 전달된 정보에 의해 결정돼. 이때 동일한 지각에 대응하는 외부 대상은 복수일 수 있는데, 우리는 그중 무엇이 진짜인지 알 수 없어. 갈색이 섞인 노란 표면도 주위가 붉을 때 중립적인 노란색으로 지각되고, 연두색이 섞인 노란 표면도 주위가 녹색일 때 중립적인 노란색으로 지각돼. 이 경우 우리는 중립적인 노란색만을 지각할 뿐, 표면이 원래 무슨 색인지 알 방법은 없지.

갑: 네 말은 결국 설익은 바나나와 잘 익은 바나나를 구분하기 어렵다는 것이지? 내가 보는 것이 무엇인지 알 수 없으면, 잘 익은 바나나를 골라 먹을 수 없잖아. 이는 진화 과정에서 인간에게 불리하게 작용해.

을: 물론 잘 익은 것만 알아내어 먹을 수 있으면 좋겠지. 그런데 우리는 설익었는지 잘 익었는지를 매번 정확하게 알 필요는 없어. 우리 행동반경 안에는 노란 바나나가 더 많아. 마트 진열대는 노란 바나나로 가득하잖아. 노란색 지각에 따라 먹는다면, 잘 익은 바나나를 먹게 될 거야.

〈보기〉

ㄱ. 같은 지각을 산출하는 복수의 대상 중 어떤 것이 그 지각에 정확하게 대응할 확률이 가장 높은지를 지각자가 알 수 있다고 하더라도 갑의 주장은 약화되지 않는다.

ㄴ. 서로 다른 크기의 두 동그라미가 각각을 둘러싼 다른 동그라미의 크기에 따라서 같은 크기의 동그라미로 지각될 수 있다면, 을의 주장은 약화된다.

ㄷ. "어떤 지각은 외부 대상에 정확하게 대응한다."라는 명제에 대해 갑은 동의하지 않지만 을은 동의한다.

① ㄱ ② ㄴ ③ ㄱ, ㄷ
④ ㄴ, ㄷ ⑤ ㄱ, ㄴ, ㄷ

44
2024학년도 LEET 문29

다음 논쟁에 대한 분석으로 옳은 것만을 〈보기〉에서 있는 대로 고른 것은?

갑: 경제 행동은 독립적이고 합리적인 개인이 자기이익을 추구하는 행동이야. 완벽한 경쟁과 자기규제가 이루어지는 이상적인 시장의 토대는 바로 이러한 원자화되고 합리적인 사람들의 행동이지. 사람들의 사회 관계는 경쟁 시장에 방해가 될 뿐이야.

을: 하지만 현실적으로 시장은 그렇게 완벽하게 작동하지 않아. 시장에서 강압과 기만이 일어나기도 하니까. 물론 강압과 기만도 자기이익을 추구하는 과정에서 생겨나는 것이지. 사람들의 강압과 기만을 억누를 정도로 시장이 충분히 자기규제력을 발휘할 수 있을까? 최소한 사람들 사이에 어느 정도의 신뢰가 작동해야 해.

병: 그러한 신뢰의 원천은 일반화된 도덕이야. 타인을 존중해야 한다는 암묵적 합의가 존재하고, 사람들은 대부분 그러한 합의에 자동적으로 따르지. 인간은 우리가 합의하는 규범과 가치 체계의 명령에 자연스럽게 복종하거든. 이를 사회화를 통해 철저하게 내면화하기 때문이지. 도덕을 강하게 공유하기 때문에 질서 있는 거래가 보장되는 거야.

을: 하지만 일반화된 도덕이 작동해서 신뢰에 입각한 경제 행동을 하는 것인지 확인할 수 있는 거래 상황은 현실에서 거의 발견할 수 없어. 시장의 질서 있는 거래를 일반적으로 설명하기 위해서는 행위자의 의도적 행동이 현재 이루어지고 있는 구체적인 사회 관계에 뿌리 박고 있다는 사실에 주목해야 해. 시장에서 신뢰를 낳고 부정행위를 억제하는 것은 구체적인 사적 관계와 그 연결망이야. 우리는 평판이 좋은 사람과 거래하려고 하지, 일반화된 도덕에만 의존하지는 않아. 그리고 일반적 평판에만 의존하기보다는 거래 상대를 잘 아는 지인을 찾아서 정보를 얻으려고 하지. 물론 자신도 좋은 평판을 유지하려고 노력하면서 말야. 원자화된 개인을 가정해서는 현실을 설명할 수 없어.

〈보기〉

ㄱ. 갑과 을은 자기이익을 추구하는 개인을 가정한다.

ㄴ. 경제 관계가 지속되면서 자연스럽게 형성되는 관계의 사회적 성격이 경제생활에 긍정적이라는 주장에 갑은 동의하지 않지만 을은 동의한다.

ㄷ. 의사결정이 이루어지는 시점에 개인이 맺고 있는 구체적인 사회 관계는 병보다 을에게 중요하다.

① ㄱ ② ㄴ ③ ㄱ, ㄷ
④ ㄴ, ㄷ ⑤ ㄱ, ㄴ, ㄷ

45

다음 논쟁에 대한 분석으로 옳은 것만을 〈보기〉에서 있는 대로 고른 것은?

한 예술가가 한 변이 약 1미터 길이인 투명한 정육면체 아크릴 상자에 정교하게 제작한 조화 한 송이를 넣고 한 면에 형광등을 설치한 미술작품을 만들었다. 그는 ⓐ'두 종류의 영속(永續)'이라고 명명한 그 작품을 한 미술관에 판매했다. 그는 미술관 측에 이 작품은 항상 전원을 연결해 두되, 언젠가 형광등이 그 수명을 다하면 교체하지 말고 그대로 둘 것을 지시했다. 수년이 지나 형광등이 마침내 수명을 다하였는데, 미술관 측은 처음 모습을 그대로 보여 주는 것이 중요하다고 판단해 그 예술가에게 형광등이 고장 날 때마다 새것으로 교체하여 전시할 것을 제안했다. 예술가는 강하게 반대했지만, 미술관 측의 요청을 거절할 경우 향후 작품의 전시와 판매가 어려워질 것을 우려해 결국 형광등 교체를 승인했다. 이러한 예술가의 승인 행위가 작품의 정체성과 의미에 어떠한 효력을 미치는지에 관하여 비평가들 사이에서 다음과 같은 논쟁이 벌어졌다.

갑: 형광등의 교체가 예술가의 승인에 따른 것이므로, 이러한 변화는 이 작품의 정체성을 변화시키지 않는다. 다만 이 변화는 작품의 중요한 속성의 변화이기 때문에 이 작품은 이전과는 달리 피상적인 의미를 가진다고 보아야 한다.

을: 작가는 미술관 측의 강요에 의해 어쩔 수 없이 작품의 물리적 속성의 변경을 승인한 것이다. 이 승인 행위에는 작가의 실제 의도가 반영되어 있다고 볼 수 없다. 작품의 정체성은 작가의 실제 의도에 달려 있으므로, 이 작품의 물리적 속성이 변화하였다고 하더라도, 이 작품의 정체성은 이전과 다를 바 없으며, 따라서 그 의미 역시 변하지 않았다.

병: 이 작품은 공적으로 발표되는 순간 완성되었으며, 그 이후에 일어난 승인 행위는 이 작품의 정체성을 바꾸지 못한다. 설령 예술가의 승인이 그의 실제 의도에 따른 것이라고 할지라도 말이다.

〈보기〉

ㄱ. 갑에 따르면, 작품의 어떤 물리적 속성의 변화는 작품의 의미를 변화시킬 수 있다.
ㄴ. 병에 따르면, 창작자의 사후 승인 행위는 작품이 창작되던 당시 작가의 물리적 제작 행위와 동등한 효력을 지니고 있다.
ㄷ. 미술관이 창작자 몰래 ⓐ의 형광등을 새것으로 교체할 경우, ⓐ의 의미가 변화할 수 있다는 것에 을과 병은 모두 동의한다.

① ㄱ ② ㄷ ③ ㄱ, ㄴ
④ ㄴ, ㄷ ⑤ ㄱ, ㄴ, ㄷ

46

다음 논쟁에 대한 분석으로 옳은 것만을 〈보기〉에서 있는 대로 고른 것은?

X국에서는 살인을 저지른 흉악범 중 판사가 양심에 따라 특별히 극악무도한 범죄를 저질렀다고 판단하는 사람에게만 사형선고를 내린다. 그러나 1991년부터 2010년까지의 통계자료를 검토한 결과, 사형선고를 받은 사람 중 A인종의 비율이, 살인을 저지른 흉악범 중 A인종의 비율에 비해 월등히 높은 것으로 드러났다.

갑: 통계자료에서 드러난 바는 판사가 가진 사회적 편견이 사형선고에 암암리에 영향을 미치고 있음을 의미한다. 범죄와 무관한 요소가 처벌에 영향을 미친다면, 이는 정의로운 처벌이 될 수 없다. 따라서 현행 제도에서 사형선고를 받는 사람은 정의롭지 않은 처벌을 받고 있는 것이다.

을: 정의란 범죄자들을, 설령 일부만 처벌할 수 있더라도, 가능한 한 많이 처벌할 것을 요구한다. 모두를 똑같이 정의롭지 못하게 처우하는 것이, 적어도 일부에게라도 정의를 실현하는 것보다 나은 선택일 수는 없다. 사형이 흉악범 중 일부에게만 차별적으로 적용된다고 해도, 그것이 그들의 죄에 마땅한 처벌인 한, 적용된 각 경우에서 여전히 정의로운 형벌이다. 음주운전자 중 단속에 적발된 극히 일부만 처벌하는 것이 정의의 관점에서 문제가 되지 않는 것과 같은 이치이다.

갑: 만약 음주운전자 중 소득이 일정 수준 이하인 사람만 골라서 처벌한다면 어떨까? 아무리 음주운전자가 마땅히 받아야 할 처벌이라고 하더라도, 범죄와 무관한 요소가 처벌에 영향을 주고 있다면 정의로운 처벌이 될 수 없다.

을: 음주운전자 중 어떤 부류의 사람들을 의도적으로 골라서 처벌한다면, 그런 처벌은 분명 정의롭지 않을 것이다. 그러나 그런 의도가 없는 한, 결과적으로 처벌받은 사람 중 특정 부류 사람들의 비율이 높다고 해서, 범죄와 무관한 요소가 처벌에 영향을 미쳤다고 볼 수는 없다.

〈보기〉

ㄱ. 갑의 관점에 따르면, 판사의 재량을 최소화하고 공통의 기준을 마련하여 그에 따라 사형선고를 하도록 하는 것은, 처벌의 정의라는 관점에서 현행 제도를 개선하는 방안이 될 수 있다.
ㄴ. 을의 관점에 따르면, 처벌의 정의가 온전히 실현될 경우 살인을 저지른 흉악범 중 사형선고를 받는 사람의 비율은 줄어들 것이다.
ㄷ. 2010년 이후 10년간의 사형선고 기록을 추가 조사한 결과 A인종에의 편향이 증가했다면, 갑의 입장은 강화되고 을의 입장은 약화될 것이다.

① ㄱ ② ㄴ ③ ㄱ, ㄷ
④ ㄴ, ㄷ ⑤ ㄱ, ㄴ, ㄷ

47

A: 거짓을 말한다고 해서 곧 거짓말이 되는 것은 아니다. 다른 사람을 속일 의도로 거짓을 말하는 것이 거짓말이다. 즉, 명제 P가 거짓이고 그것을 아는데도 불구하고 상대로 하여금 P가 참이라고 믿게 하려고 P를 말하는 것이 거짓말이다.

B: 실제로 거짓을 말해야 거짓말이 되는 것은 아니다. 자신이 거짓이라고 믿는 명제를 다른 사람이 참이라고 믿게끔 하기 위해 진술한다면 거짓말이 된다. 즉, P가 거짓이라 믿음에도 불구하고 상대로 하여금 P가 참이라고 믿게 하려고 P를 말하는 것이 거짓말이다.

C: 거짓이라 믿는 명제를 속일 의도로 말한다고 해서 다 거짓말이 되는 것은 아니다. 내가 어떤 명제를 믿지 않음에도 그것을 믿는 척 속이려 한다면 거짓말이 된다. 즉, P를 참이라 믿지 않음에도 상대로 하여금 내가 P를 참이라 믿는다고 믿게 하려고 P를 말하는 것이 거짓말이다.

〈사례〉

○ 범죄 혐의자인 아버지를 숨겨 주고 있는 갑은 아버지의 행방을 묻는 경찰에게 "아버지는 뒷산에 숨어 있어요."라고 대답한다. 갑이 모르는 사이 아버지는 실제로 뒷산에 숨어 있었다.

○ 범죄 조직의 두목인 을은 그의 부하 돌쇠가 경찰 정보원이라고 확신하고 있다. 돌쇠와 대화를 하던 중 을은 그를 안심시키기 위해 "내 조직에 경찰 정보원은 없다."라고 말한다.

○ 폭력 범죄를 목격한 병은 폭력 가해자로부터 거짓 증언을 해 달라는 살해 협박에 시달리고 있다. 자신이 범죄를 목격했다는 것을 모든 국민이 알고 있다고 생각함에도 불구하고, 살해당할 것을 두려워한 병은 "폭력을 목격한 적이 없다."라고 법정에서 진술한다.

〈보기〉

ㄱ. 갑의 진술이 거짓말이라는 것에 A도 B도 동의하지 않는다.
ㄴ. 을의 진술이 거짓말이라는 것에 C는 동의하지만 A는 동의하지 않는다.
ㄷ. 병의 진술이 거짓말이라는 것에 B와 C 모두 동의한다.

① ㄴ ② ㄷ ③ ㄱ, ㄴ
④ ㄱ, ㄷ ⑤ ㄱ, ㄴ, ㄷ

48

갑은 의사이다. 그는 여러 증거를 바탕으로 '신약 X가 췌장암 치료에 효과가 있다'라는 가설 P를 0.92의 정도로 믿고 있다. 그러던 중 갑은 신뢰할 만한 동료 을에게 자신이 가진 증거를 보여주며 자문을 구했다. 그 결과, 을은 'P를 0.90의 정도로 믿는다'라고 말해 주었다. 이 경우 갑이 P를 믿는 정도를 어떻게 수정해야 할지에 대해 다음과 같은 논쟁이 있다.

A: 갑은 을을 신뢰할 만한 동료로 생각하기 때문에 자신이 P를 믿는 정도와 을이 P를 믿는 정도 모두 합리적이라고 생각할 것이다. 따라서 갑은 그 둘을 결합할 필요가 있고, 그 방법은 둘의 평균을 취하는 것이다.

B: 증거가 가설을 뒷받침하는지에 대한 신뢰할 만한 동료의 생각은 나의 판단에 영향을 준다. '증거가 가설을 뒷받침하지 못한다'라는 동료의 생각은 내가 가설을 믿는 정도를 낮추지만, '증거가 가설을 뒷받침한다'라는 동료의 생각은 내가 가설을 믿는 정도를 높인다. 누군가 P를 믿는 정도가 0.50보다 크다는 것은 그가 '증거가 P를 뒷받침한다'라고 생각한다는 것을, 그보다 작다는 것은 '증거가 P를 뒷받침하지 못한다'라고 생각한다는 것을 보여준다. 따라서 을이 P를 믿는 정도가 0.90이라는 것을 알게 된 갑은 P를 믿는 정도를 수정해야 한다.

C: 갑이 P를 믿는 정도는 '그가 가진 증거'와 '그 증거가 P를 뒷받침하는 정도에 대한 갑 자신의 판단'에 의해서 오롯이 결정된다. 이 둘에 특별한 문제가 발견되지 않는 한, 갑은 자신이 P를 믿는 정도를 수정할 필요는 없다. 을이 P를 믿는 정도가 자신과 다르다는 사실은 그 둘에 특별한 문제가 있다는 것을 보여주지 못한다. 증거가 가설을 뒷받침하는 정도에 대한 합리적인 판단은 여럿일 수 있기 때문이다.

〈보기〉

ㄱ. 만일 을이 P를 믿는 정도가 0.15이고 이를 갑이 알게 되었다면, 갑이 P를 믿는 정도를 낮춰야 한다는 것에 A와 B 모두 동의한다.
ㄴ. 갑과 을이 P를 서로 다른 정도로 믿고 있음을 각자 알게 된 후에는 그 둘이 P를 동일한 정도로 믿어야 한다는 것에 B와 C 모두 동의한다.
ㄷ. 갑이 P를 어느 정도로 믿어야 하는지에 대해서 A가 주장하는 값은 B의 것보다 작지만 C의 것보다는 크다.

① ㄱ ② ㄴ ③ ㄱ, ㄷ
④ ㄴ, ㄷ ⑤ ㄱ, ㄴ, ㄷ

03 평가 및 문제해결 기출유형공략

핵심 이론

이 유형에서 측정되는 문제는 대부분 귀납논증에 대한 평가이다. 귀납은 근거로부터 주장이 참일 개연성을 주장하는 것으로, 그러한 개연성이 높아질 경우 논증은 '강화', 개연성이 낮아질 경우 논증은 '약화'된다. 귀납논증의 틀에 맞추어 지문이 주어질 경우, 정확한 기준을 토대로 판단할 수 있으나, 대부분 많은 문제들은 다양한 귀납논증의 유형과 형식들이 합쳐져서 나타나기에 종합적인 판단이 요구된다.

01 귀납논증의 평가

귀납논증의 고유한 틀 안에서 진행되는 논의일 경우, 각각의 기준에 따라 설득력을 평가할 수 있다. 귀납논증의 유형별 평가 기준은 다음과 같다.

보편 일반화	표본의 수, 표본의 다양성, 전제로부터 결론의 구체적 관련성
통계적 일반화	표본의 대표성, 확률적 원리 적용
유비 논증	유사성의 수 및 다양성, 반유비의 적용
인과적 가설	필요충분조건으로서의 원인 파악, 상관관계 적용
가설 연역	과학적 가설의 실험 및 관찰 근거의 정합성, 밀의 귀납법 활용
최선의 설명으로의 추론	경쟁 가설과의 관계 파악

02 강화와 약화

귀납논증의 다양한 형식이 혼재되어 있으며 동시에 내용학적 특징을 고려하여 평가해야 한다. 강화는 논증의 설득력을 높이는 입증인지 여부를, 약화는 반론 및 반박에 해당하는지를 찾아야 한다. 강화 약화 문제에서는 많은 경우 선택지에 새로운 제3의 정보를 주고 그러한 정보로 인해 기존 논증의 설득력 및 개연성이 어떻게 변화하는지를 묻는다. 제재별 접근 방식은 다음과 같다.

법·규범학	· 법·규범학 제재에서는 주로 논쟁 형식의 문제가 출제되고 있으며, 대립 견해가 자주 등장하고 있다. 법학적 특성이 고려되고 있어서 어떤 것이 쟁점이 되고 논의가 되는지를 구체적으로 포착하는 것이 중요하다. · 쟁점을 우선적으로 파악하고, 그러한 쟁점에 대해 각각의 견해가 주장하는 바를 명확하게 포착하고, 각 견해에 따를 때에 판단할 수 있는 내용이 어떤 것이 있는지 확인하고, 제3의 정보에 대해 각 견해에 기대어 평가할 수 있는 바가 무엇인지를 판단해야 한다.

인문학	• 인문학 제재는 최근 매우 높은 비중으로 출제되고 있는 영역이다. 철학과 윤리학을 중심으로 하여 심리학, 미학, 역사학에 더해 인지과학 및 기술공학 등 인문과 과학기술의 통섭 영역까지 출제가 이루어지고 있으며 매년 그 비중을 다르게 하여 출제되고 있다. • 지문에서 다루는 개념이나 정보를 통해 필자의 논지 및 이론을 우선적으로 파악해야 하며, 핵심 개념을 통해 이루어지는 논의로부터 요구되는 선택지의 묻는 바에 적합성을 판단한다. 이때 반드시 자신이 이해한 바가 아닌 필자의 취지 및 의도로부터 판단해야 한다.
사회과학	• 사회과학 제재에서는 경제나 정치, 사회적 상황에서의 논쟁 등이 출제되고 있으며 최근 3개년 문제에서는 지속적으로 논증 평가 문항이 출제되고 있다. 사회과학의 내용학적 특징상 수적 개념이 포함된 정보도 함께 나타나기에 자료 정보도 논지와 결합하여 판단해야 한다.
과학기술	• 필자의 주장은 대부분 가설에 해당되며 이에 실험 및 관찰 자료를 통한 근거 설정이 이루어진다. 따라서 가설 실험 결과와의 정합성에 기준하여 평가할 필요가 있다. 이때 상관관계나 인과관계에 기반한 내용도 포함되어 출제되고 있다.

03 문제해결

갈등이나 역설적 상황을 설정하고 이에 대한 해결방법을 묻는 문제 유형이다. 문제가 되는 상황에 대한 파악을 통해 그러한 문제가 발생하는 원인이나 이유를 찾고 그러한 문제를 막을 수 있는 방식을 고려해야 한다.

출제 경향

01 주어진 논증에 대한 평가 문제는 대부분 귀납논증에 대한 평가가 출제되고 있다. 법·규범학, 인문학, 사회과학, 과학기술 고루 출제되고 있으며 특히 인문학에서 가장 큰 비중을 두고 있다.

02 보기나 선택지에서는 주어진 논증에 추가되는 제3의 정보를 제시하여 그러한 정보로부터 기존 논증의 강화 또는 약화 여부를 평가하는 문항으로 구성된다. 그래서 주어진 논증에서 필자가 의도하는 주장을 단순히 명시된 부분만이 아니라 취지 및 의도까지도 고려하여 파악해야 한다.

유형 01 – 법·규범학

01
2009학년도 LEET 예비 문20

갑과 을의 논쟁에 관한 설명으로 옳지 <u>않은</u> 것은?

> 안마사 자격을 시각장애인에 한정하고 있는 의료 관련법이 과연 옳은지에 대하여 갑과 을이 이야기하고 있다.
>
> 갑: 이미 헌법이 장애인에 대한 국가의 보호 의무를 규정하고 있고, 안마사 자격 제한은 그에 따른 것이니까 그 목적이 정당해.
>
> 을: 나도 시각장애인을 보호하고 이들의 생계를 보장하려는 법의 목적은 옳다고 생각해. 그래도 다른 사람들이 안마사를 직업으로 선택할 기회 자체를 원천적으로 막는 것은 너무하다고 생각하지 않니?
>
> 갑: 일반인은 다른 직업으로 생계를 유지할 수 있을 뿐 아니라 만약 안마 관련 직업을 원한다면 일정한 수련 과정과 시험을 거친 다음 물리치료사로 일할 수도 있잖아? 그리고 시각장애인의 신체적 조건 등을 생각해 보면 이들에게만 안마사 자격을 허용하는 것이 얼마나 적합한지 알 수 있지.
>
> 을: 하지만, 실제 안마사로 일하는 사람은 시각장애인의 4%도 안 된다며? 또한, 그렇게 해서 얻게 되는 시각장애인의 이익에 비해서 비(非)시각장애인들이 받게 되는 불이익의 정도가 지나치게 커서 균형도 잃고 말이야.
>
> 갑: 시각장애인의 생계를 보장하는 일은 일반인의 직업 선택의 자유를 보호하는 것과는 비교할 수 없을 만큼 중요하기 때문에, 시각장애인의 생계 보장을 위하여 비(非)시각장애인의 직업 선택의 자유를 제한하는 것에 불균형의 문제는 없다고 생각해.

① 갑과 을 모두 법이 정당하기 위해서는 그 목적이 정당할 뿐 아니라, 그를 위한 수단이 적합하며, 추구하는 이익과 침해되는 이익 사이의 균형이 맞아야 한다고 생각한다.

② 안마사 자격 제한이 시각장애인이 아닌 장애인의 직업 선택의 자유까지 침해할 수 있다는 점은 법의 목적이 정당하다는 갑의 주장을 약화할 수 있다.

③ 다른 일에 비해 공간 이동이나 기동성이 많이 요구되지 않고, 시각을 통해 외부 정보를 분석하는 과정이 거의 필요하지 않다는 안마 행위의 특성은 안마사 자격 제한의 적합성에 대한 갑의 주장을 강화한다.

④ 을이 이야기한 시각장애인의 일부만이 안마사로 일한다는 사실은 안마사 자격 제한이 시각장애인 일반의 생계 보장을 위한 적합한 수단이라는 갑의 주장을 약화할 수 있다.

⑤ 시각장애인 안마사의 일자리 보장, 안마사 자격 시험에서의 시각장애인 우대 등 자격 제한이 아닌 다른 수단의 가능성은 을의 반론을 약화하는 요소이다.

02
2009학년도 LEET 예비 문29

갑과 을의 논쟁에 대하여 적절하게 평가한 것을 〈보기〉에서 고른 것은?

> 갑: 사이버 공간에서 익명을 사용하는 것에 다소의 장점이 있기는 하지만, 그보다 훨씬 더 큰 단점이 존재한다. 이용자들이 예의를 지키지 않거나, 책임감 없이 또는 사법 처리에 대한 우려 없이 누군가를 비방하고 모욕하는 데 이용될 수도 있으며, 거래상의 비밀을 폭로하거나 지적 재산권을 침해하는 데 이용될 수도 있다. 또한 익명성은 테러리스트와 같은 범죄자에 의해 악용될 수 있다. 이처럼 익명성은 남용되거나 악용될 경우 사회적으로 도움이 되지 않는다. 따라서 정부는 인터넷 사용자들이 익명이라는 장벽 뒤로 숨어 들어가지 못하도록 강력한 조치를 실시하여야 한다.
>
> 을: 물론 익명성의 보장에는 대가가 따른다는 것을 인정하지만, 그렇다고 해서 공개가 최선의 정책은 아니다. 공개로 인하여 불가피하게 인터넷에서의 자유로운 의사 표현이 위축되는 결과가 초래될 것이기 때문이다. 따라서 남용이나 악용의 가능성에도 불구하고 익명성을 규제하는 조치를 취하기보다는 익명을 이용하여 자유롭게 의사를 표현할 수 있도록 보장해야 한다. 개방되고 민주화된 사회에서 익명을 사용한 표현을 금지하기 위해서는 엄청난 대가를 지불해야 하기 때문이다.

〈보기〉
ㄱ. 갑은 사이버 공간에서 익명성 규제 외의 다른 대안에 대하여 고려하고 있지 않다.
ㄴ. 을은 익명성이 많은 장점을 가지므로, 그로 인하여 많은 문제점이 제기되는 경우에 한해서만 익명성을 제한하여야 한다고 생각하고 있다.
ㄷ. 갑과 을은 자신들의 주장을 펼치는 데 있어서 추상적인 논거를 제시하기보다는 실제적인 사례를 거론하고 있다.
ㄹ. 갑과 을은 사이버 공간에서 익명을 사용하는 데 장점과 단점이 동시에 존재한다는 것에 대하여 공감하고 있지만 장·단점 중 어디에 초점을 두는지가 상이하다.

① ㄱ, ㄴ ② ㄱ, ㄷ ③ ㄱ, ㄹ
④ ㄴ, ㄷ ⑤ ㄷ, ㄹ

03

'갑'과 '을'의 대화 중 자신의 기본 입장과 일관되지 않은 진술은?

> 갑: 가족 제도에 대한 인식이 조금씩 변하고 있기는 하지만 아직도 법 제도의 틀 안에서 생각하는 경향이 강한 것 같아. 사실혼 배우자에게 상속권이 인정되지 않는 것이 대표적인 예라고 할 수 있어.
> 을: 상속권은 혼인 신고를 전제로 하는 것인데 왜 문제가 되지? 전통적인 가족관에 따라 혼인 신고를 전제로 하는 가족 제도를 보호하려는 것인데 말이야. 상속권은 법률혼 배우자를 포함한 일정 범위의 친족 관계에 있는 자에게 인정되는 것이야.
> (가) 갑: 넌 지금 전통적인 가족 제도라는 측면을 강조한다고 하지만 그런 생각은 국가가 일괄적으로 가족 제도를 관리하는 것이 옳다고 보는 것에 불과해.
> (나) 을: 법률혼과 사실혼 사이에 혼인 신고를 하고 안 하고의 차이가 존재하는 것이 사실이고 이런 차이점을 법에 이미 반영하고 있잖아. 이런 관점에서 법률혼 부부의 일방이 다른 사람과 혼인하면 중혼(重婚)이 되지만 사실혼 부부의 경우에는 그렇지 않아.
> (다) 갑: 혼인 신고를 했는지 여부에 너무 집착하는 것은 문제가 있다고 생각해. 부부 공동생활을 하고 있다는 점에서 법률혼과 사실혼은 차별 없이 보호되어야 공평한 것이야. 실제로 어떤 사람이 혼인 관계를 파탄시킨 경우 사실혼이나 법률혼이나 배우자에게 손해 배상 청구를 할 수 있도록 해 주고 있잖아.
> (라) 을: 그렇게 해서 사실혼 배우자를 보호할 수도 있겠지만 상속권을 판단할 때 사실혼으로 인해 배우자라는 친족 관계가 발생하는 것을 인정하여 사실혼 배우자를 더 보호할 필요가 있어. 상속인이 없는 경우 사실혼 배우자를 피상속인의 특별한 연고자로 봐서 상속 재산의 전부 또는 일부를 받을 수 있도록 해 주어야 해.
> (마) 갑: 사실혼 배우자를 우회적으로 보호하자고 하는 것은 문제야. 사실혼 배우자를 상속인으로 인정해서 재산을 직접 상속받을 수 있도록 해 주는 것이 필요해.

① (가) ② (나) ③ (다)
④ (라) ⑤ (마)

04

다음 견해에 대한 평가로 가장 적절한 것은?

> 갑: 법은 실제로 사람들에 의해 잘 지켜지고 또 법을 지키지 않는 사람이 제재될 경우에만 효력이 있다. 부동산의 명의신탁을 금지하는 법규정이 있지만, 명의신탁이 흔할 뿐 아니라 제재도 제대로 이루어지지 않는다면 그러한 법규정은 있으나마나 한 것이다.
> 을: 법이란 일단 정해진 절차에 따라 제정되고 공포되면, 실제로 지켜지고 있는지, 또 지켜지지 않는 데에 대하여 처벌이 이루어지는지 여부와는 무관하게 효력이 있다. 예컨대 낙태를 처벌하는 법규정은, 실제로 지켜지지 않고 처벌사례도 거의 없다 할지라도 효력을 갖는다.
> 병: 법이 정해진 절차에 따라 제정되고 공포되었다고 하여 무조건 효력이 있는 것은 아니다. 법은 법이 추구해야 할 이념 내지 가치를 구현할 경우에만 효력이 있다. 진정한 법은 올바른 법이다. 가령 합리적인 이유 없이 장애인을 차별하게 되는 법률은 효력이 없다.

① 법규정이 없더라도 일정한 관습이 성립되고 그에 대한 국민들의 법적 확신이 생기게 되면 법으로서 효력을 가질 수 있다는 것은 갑의 논지를 약화하고 을의 논지를 강화한다.
② 위반사례가 있음에도 불구하고 수십 년 동안 한 번도 적용된 적이 없는 법규정이더라도 관련 사건이 기소되면 법관이 이를 적용하여 재판한다는 것은 갑의 논지를 약화하고 을의 논지를 강화한다.
③ 도덕적으로 정당한 제정법이라도 사람들이 제대로 지키지 않는 한 법으로서 효력이 없다고 한다면 갑의 논지가 약화되고 병의 논지는 강화된다.
④ 법률가가 어떤 법이 효력이 있는지 여부를 확인할 때 법전에서 법의 제정 및 시행 여부만을 확인할 뿐 그 내용을 따지지 않는다는 것은 을의 논지를 약화하고 병의 논지를 강화한다.
⑤ 애당초 정의(正義)를 의식적으로 부정할 목적으로 제정된 법은 법으로서의 효력을 갖지 않는다는 것은 을의 논지를 강화하고 병의 논지를 약화한다.

05

다음 글에 비추어 판단한 것으로 옳지 않은 것은?

〈상황〉

민주주의를 채택하고 있는 A국은 다수결 원칙에 따른 직접선거로 입법부, 행정부(대통령), 사법부를 구성한다. 문서화된 헌법을 보유하고 있으며 입법부에 대한 견제의 일환으로 사법부 외에 별도의 헌법재판기관을 두어 법률이 헌법에 합치하는지를 심사하도록 하고 있다. 헌법재판기관의 구성원은 국민에 의하여 직접 선출되지 않으며 대통령의 결정에 따라 임명되는데 종신직 위를 보장받는다. 최근 A국에서는 선거를 통하여 입법부와 행정부에 있어 정권교체가 이루어졌고 이후 새로운 입법부가 다수의 개혁 법안을 통과시켰다. 하지만 구(舊)정권에 의하여 임명된 헌법재판기관의 구성원들은 이러한 법률들이 위헌이라는 결정들을 내렸다. 이에 다음과 같은 비판이 헌법재판기관에 제기되었다.

〈비판〉

(가) A국의 헌법재판기관의 구성은 민주주의 체제에 부합하지 않는다. 헌법재판기관이 민주적 정당성을 갖추려면 그 구성에 있어 국민의 의사가 반영되어야 한다. 정기적인 선거를 통하여 국민이 직접 헌법재판기관을 구성하고 그 구성원에 정치적 책임을 추궁할 수 있어야 헌법재판기관은 민주적 정당성을 갖출 수 있다.

(나) A국의 헌법재판기관은 구성뿐만 아니라 활동도 민주주의 체제에 부합하지 않는다. 헌법재판기관의 심사대상은 국민이 직접 선출한 입법부의 결정인 법률이다. 국민들이 선출한 대표들의 결정이기 때문에 법률은 당연히 국민 의사의 반영이다. 이에 대하여 위헌결정을 내리는 경우 헌법재판기관은 입법부에 반영된 국민의 의사에 반대하게 되어 민주적 정당성을 갖추지 못한다.

① 헌법재판기관 구성원의 선출 방식을 직선제로 변경하는 것으로 (가)는 해소된다.
② 헌법재판기관이 법률들에 대하여 합헌 결정을 내렸더라도 (가)는 해소되지 않는다.
③ (나)에 따라 헌법재판 제도 자체가 입법부에 대한 견제 수단으로 적절하지 않다고 주장할 수 있다.
④ (나)에서는 헌법재판기관 구성과 관련된 대통령의 결정이 국민 의사의 반영이라고 이해하지 않는다.
⑤ (가), (나) 모두 '국민의 의사'라는 용어를 다수결로 정해진 국민의 의사라는 의미로 사용하고 있다.

06

다음 글에 비추어 바르게 판단한 것만을 〈보기〉에서 있는 대로 고른 것은?

P국에서는 권력형 비리에 대한 검찰수사의 정치적 중립성에 관한 국민들의 불신이 팽배해짐에 따라, 검찰과는 별도로 정치적으로 민감한 사건, 권력형 범죄·비리사건에 대해 위법 혐의가 드러났을 때, 기소하기까지 독자적인 수사를 할 수 있는 독립 수사기구를 두는 제도로서 특별검사제도(특검)를 도입하여 대처하기 위한 논의가 진행되고 있다. P국에서 고려되고 있는 특검에는 특별검사의 임명방식과 특검의 대상 등을 미리 법정해 놓고 이에 해당하면 자동적으로 특검이 작동하는 상설특검과 사안별로 법률을 제정해야 하는 사안별 개별특검이 있다.

A: 특검을 도입해야 한다. 상설특검을 도입하면 정치적 의혹이 있는 사건이 있을 때 사안별로 특검법을 제정하지 않고 간편한 절차에 의해 신속하게 특검이 작동될 수 있다. 이에 반해 개별특검은 매번 특별한 법안을 만들어 실시해야 하므로 더 많은 비용과 시간이 소요된다. 상설특검이 도입되면 사안의 규모가 작아도 특검이 작동될 수 있다.

B: 특검의 필요성은 인정하지만, 특검은 검찰에 대해 정치적 중립성을 기대하기 어려운 경우에 한정하여 사안별로 실시하여야 한다. 따라서 특검의 본질상 이를 상설화하는 것은 제도의 취지에 어긋난다. 구성절차나 운영에서 상설특검이 개별특검에 비해 상대적으로 비용이 적게 들고 신속하게 이루어질 수 있음은 인정한다. 하지만 정치인이 연루된 작은 사건에 대하여 검찰이 수사를 개시하는 경우 특정 정파가 수사의 불공정성을 주장하며 검찰을 압박하기 위하여 수시로 상설특검을 사용하게 되면 중립적이어야 할 특검이 정치적으로 변질될 우려가 있다.

〈보기〉

ㄱ. 특별검사의 권한남용에 대한 적절한 통제수단이 없다면 A와 B는 모두 약화된다.
ㄴ. 특검이 쉽게 작동되는 경우 오히려 정치적 투쟁의 도구로 남용될 가능성이 있다면 A는 강화되고 B는 약화된다.
ㄷ. 기존의 검찰이 권력형 범죄·비리를 제대로 수사하지 못하여 발생하는 사회적 비용이 개별특검에 소요되는 비용보다 크다면 A는 약화되고 B는 강화된다.

① ㄱ ② ㄴ ③ ㄱ, ㄷ
④ ㄴ, ㄷ ⑤ ㄱ, ㄴ, ㄷ

07
2013학년도 LEET 문19

다음 논쟁에 대한 평가로 적절하지 않은 것은?

> 갑: 법은 사회계약의 산물이다. 그런데 누가 자신의 생명을 빼앗을 수 있는 법에 동의하겠는가? 그 누구도 사형 받기를 의도하지 않는다. 사회계약은 각자가 자유의 최소한을 양도하여 법적 강제력을 형성하는 것인데, 사형은 자유의 최대한을 내놓으라고 강제하는 것이다. 그런 이유로 사회계약에 사형을 포함하는 것은 모순이다. 따라서 사형은 법에 의해 정당화될 수 없다.
>
> 을: 사형 받기를 의도했기 때문이 아니라 의도적으로 사형 당할 만한 행위를 실행했기 때문에 사형을 당하는 것이다. 법을 규정하는 공동입법자로서의 나는 그 법에 따라 처벌받는 나와 구별되어야 한다. 그래서 범죄자로서의 개별적 나는 비록 처벌받기를 원치 않는다 하더라도 공동입법자로서의 나, 즉 보편적 인간성으로서의 나는 처벌을 명해야 한다. 처벌은 범죄자가 갖고 있는 보편적 인간성에 대한 존중이기 때문이다.
>
> 병: 사형을 통해 죽는 것은 범죄자 개인뿐만 아니라 범죄자 안에서 처벌을 명하는 범죄자의 보편적 인간성이기도 하다. 보편적 인간성을 존중하는 일이 동시에 그것을 죽이는 것이라면 이는 모순이다. 범죄자의 보편적 인간성은 희생되어서는 안 되고 오히려 도덕적 자기반성을 위해 유지되어야 한다.

① "사회계약에 참여하는 사람들은 자신이 사형당할 만한 죄를 저지를 가능성을 염두에 두지 않는다."라는 주장은 갑의 논지를 강화한다.
② "살인범이 살인을 통해 자신의 인격도 침해되었다는 것을 깨닫는다면 그는 명예롭게 사형을 택할 것이다."라는 주장은 갑의 논지를 약화한다.
③ "살인을 함으로써 보편적 인간성을 희생시킨 범죄자는 자신의 보편적 인간성도 이미 죽인 것이다."라는 주장은 병의 논지를 약화한다.
④ "신체의 소멸을 통해서 보편적 인간성을 회복할 수 있다."라는 주장은 을의 논지를 강화하고 병의 논지를 약화한다.
⑤ "개별적 인간들에 공통적으로 귀속되는 것으로 여겨지는 보편적 인간성이란 허구일 뿐이다."라는 주장은 을과 병의 논지를 모두 약화한다.

08
2013학년도 LEET 문30

(가), (나)에 대한 평가로 적절하지 않은 것은?

> (가) 법원이 허용할 수 있는 과학적 증거는 관련 과학자 집단 내에서 일반적으로 승인된 것이어야 한다. 특정 과학적 주장이 승인될 만한 것인지의 여부는 관련 과학자 집단의 논의를 거쳐서만 올바르게 평가될 수 있다. 과학자들은 특정 주장을 사실로 인정할 것인지 여부를 오랜 시간 비판적으로 검토하면서 자연스럽게 가능한 모든 반론을 따져 보게 된다. 이 과정에서 나중에 법정에서 원고와 피고 양측이 제기할 수 있는 쟁점이 효과적으로 미리 검토될 수 있다. 그러므로 법원은 과학적 증거의 채택 기준에 있어 관련 과학자 집단의 판단을 따름으로써 기준의 일관성과 증거의 신뢰성을 확보할 수 있다.
>
> (나) 특정 사실 주장이 과학적 타당성을 갖는지 여부는 그것이 관련 과학자 집단에서 합의된 과학적 방법을 올바르게 적용하여 얻어졌는지에 의해 결정된다. 그러므로 법관은 법정에 제출된 사실 주장의 과학적 타당성을 과학적 방법의 기준을 적용하여 스스로 결정할 수 있다. 그런 다음 법원은 과학적 타당성을 갖는 것으로 판단한 사실 중에서 당해 사건의 실체적 진실 규명과 법적 판단에 도움을 줄 수 있는 것만을 과학적 증거로 채택하면 된다. 이는 과학적 증거의 승인 여부에 대한 법원의 판단이 관련 과학자 집단의 의견에 의해 좌우되지 않도록 보장함으로써 법적 판단의 독립성을 확보하는 데 도움을 준다.

① 법원이 관련 과학자 집단과 독립적으로 사실 주장의 과학적 타당성을 평가하여 확정하는 일은 법관에게 과중한 책임을 부과한다고 보는 견해는 (가)에 유리하다.
② 특정 약물이 기형아 출산을 일으킬 수 있는지 여부에 대한 관련 과학자 집단의 의견이 어떤 과학자 집단을 기준으로 판단하는지에 따라 달라질 수 있다는 견해는 (가)에 불리하다.
③ 특정 사실 주장이 법정에서 증거로 수용될지 여부에 대한 판단에서 제출된 사실의 과학적 타당성에 대한 판단과 그것의 사건 관련성에 대한 판단 모두 법원이 수행하는 것이 효율적이라는 견해는 (나)에 유리하다.
④ STR(Short-Tandem Repeats)을 활용한 유전자 감식 기법의 과학적 타당성이 관련 과학자 집단에서 수용되고 있더라도 법원은 기법이 올바로 적용되었는지 여부와 미숙련자에 의해 분석이 수행되었는지 여부도 판단해야 한다는 견해는 (나)에 불리하다.
⑤ 연탄 공장 인근에 사는 주민이 공장에서 날아온 분진 때문에 진폐증에 걸렸다는 점을 관련 과학자 집단이 모두 만족스럽게 여길 정도로 입증할 수 없더라도 제출된 과학적 증거가 주민의 진폐증을 다른 대안에 비해 더 잘 설명한다고 법원이 판단하면 연탄 공장의 손해배상책임을 인정할 수 있다는 견해는 (나)에 유리하다.

09

〈법안〉

만 16세 미만인 사람에게 성폭력 범죄를 저지른 소아 성기호증 환자로 재범의 위험성이 있다고 인정되는 19세 이상의 사람에게 성충동 억제 약물요법을 시행한다. 약물 투여 명령을 받은 자는 출소 후 3개월에 1회씩 최장 15년 동안 약물 투여를 받도록 한다.

갑과 을은 〈법안〉을 도입할지를 두고 논쟁을 벌였다.

갑$_1$: 이미 처벌을 받은 자에게 신체 훼손을 가져오는 약물 투여를 최장 15년 동안 강제하는 것은 이중 처벌로서 위헌적이다.

을$_1$: 약물요법은 일종의 치료이다. 약물요법을 중지하면 신체 기능이 정상 상태로 복귀하므로 신체 기능의 훼손은 없다. 약물요법은 재범의 위험성이 높은 자의 재범률을 낮추므로 오히려 당사자의 이익을 위한 것이고, 따라서 처벌이 아니다.

갑$_2$: '재범의 위험성'에 대한 판단은 인간의 미래 행위에 대한 판단이다. 인간의 미래 행위가 위험성이 높다고 예측된다고 해서 화학적 거세를 실시하는 것은 부당한 일이다.

을$_2$: 당신은 우리 사회가 얼마나 많은 위험성 예측을 근거로 작동하고 있는지 모르는가? 우리는 기상 예보에 근거하여 하루 일과를 결정하고 한 해의 농사 계획을 짠다.

갑$_3$: 약물요법의 시행은 비용 대비 효율성의 관점에서도 온당치 않다. 약물요법을 포함한 각종 성폭력 방지책에 투입할 수 있는 예산은 한정되어 있다. 성충동 억제 약물은 현재 매우 고가이고, 약물요법 시행에는 막대한 예산 투입이 요구된다.

을$_3$: 약물요법은 재범률 감소에 효과적이다. 성폭력범을 대상으로 한 실험 통계 A에 따르면, 약물투여자의 재범률은 5%로 비투여자의 재범률 20~40%보다 낮다. 성폭력은 피해자에게 장기적으로 심각한 트라우마를 남기며 미성년자인 경우에는 더욱 그렇다. 약물요법이 비록 고비용이라고 해도 실효성 있는 방지책이라면, 이를 시행하는 것이 국가의 책무이다.

① 신체 기능을 잠정적으로 제한하는 것도 '신체 기능의 훼손'에 해당된다면, 을$_1$은 약화된다.

② 갑은 을$_1$에 대해 '약물요법이 당사자의 이익을 위한 것이므로 처벌이 아니라고 한다면 징역형도 당사자의 교화를 돕는다는 점에서 처벌이 아니게 된다'고 반박할 수 있다.

③ 인간의 미래 행위에 대한 예측이 더욱 정확해진다면, 을$_2$는 강화된다.

④ 갑은 을$_3$의 실험 통계 A를 받아들여 약물요법의 효과를 인정하면서도 여전히 갑$_3$을 고수할 수 있다.

⑤ 실험 통계 A에서 약물 투여자는 대부분 초범이었고 비투여자는 대부분 재범이었다면, 을$_3$은 강화된다.

10

〈이론〉

모든 사람은 행위로부터 얻어지는 잠재적 쾌락과 고통을 합리적으로 계산하여 법을 준수하거나 위반한다. 만일 그들이 범죄로부터 얻는 이득보다 처벌로부터 받는 고통이 더 크다고 생각한다면 범죄를 저지르지 않을 것이다. 다음에 설명하는 형벌의 확실성, 엄격성, 신속성이 범죄를 억제하는 세 가지 요소로 알려져 있다.

'확실성'은 범죄자가 체포되거나 처벌 받을 가능성을 말한다. 검거될 확률이 매우 낮을 때는 억제 효과가 발생하지 않는다. 처벌의 확실성은 엄격성과 신속성보다 범죄를 억제하는 데 더 효과적이다.

'엄격성'은 강력하게 처벌함으로써 범죄를 억제하려는 것이다. 엄격성은 범죄의 성격상 합리적인 판단이 많이 개입하는 유형에 더 효과적이다.

'신속성'은 범행 후에 얼마나 빨리 처벌되는가를 의미한다. 범행과 처벌 사이의 시간적 간격이 짧을수록 범죄 억제에 효과적이다. 신속성은 재산 범죄로 재물을 취득한 범죄자가 그것으로부터 이득을 취할 기회를 감소시킴으로써 범죄를 억제하는 효과가 있다.

① 사람들이 공식적인 제재를 알지 못하거나 범죄를 저지르더라도 처벌의 가능성이 희박하다고 믿을 경우 처벌의 억제 효과가 거의 없다고 한다면, 〈이론〉은 약화된다.

② 집중적인 수사와 형사절차의 간소화를 통해 형사 제재까지 소요되는 시간을 단축하는 것이 사기 범죄의 발생률을 낮춘다면, 〈이론〉은 강화된다.

③ 형량이 높아질수록 은행 강도 발생률은 크게 낮아지나 우발적인 살인 사건 발생률은 미세한 감소만을 보인다면, 〈이론〉은 강화된다.

④ 폭력 범죄를 방지하는 데 공소 제기 기간을 단축하는 것이 검거율을 높이는 것보다 더 효과적이라면, 〈이론〉은 약화된다.

⑤ 음주 단속을 강화하는 것이 형량을 높이는 것보다 음주 운전의 예방에 더 효과적이라면, 〈이론〉은 강화된다.

11

2015학년도 LEET 문9

갑~병의 견해에 대한 판단으로 옳은 것만을 〈보기〉에서 있는 대로 고른 것은?

갑: 오늘 흥미로운 사건의 재판이 있었어. 피고인은 피해자를 칼로 찔렀다는 점을 인정했지만 자신이 피해자를 살해하지는 않았다고 주장했지. 이 사건이 흥미로운 점은 피해자가 나타나지 않는다는 거야. 사건 발생 이후로 피해자를 목격했다는 사람도 없고 피해자의 시체도 발견되지 않았어. 하지만 피고인이 인정했듯이 피해자는 많은 피를 흘렸다. 일반적으로 사람은 혈액량의 30%를 잃으면 사망할 확률이 높은데, 경찰 수사에 따르면 피해자는 혈액량의 40%에 해당하는 피를 현장에서 쏟은 것으로 추정된다고 해. 피고인의 진술과 주변 사람들의 증언을 고려할 때, 피해자가 사망했을 것은 확실해. 나는 피고인이 피해자를 살해한 범인이라고 판결을 내리는 것이 옳다고 생각해.

을: 여러 증거를 종합할 때, 누군가 피해자를 살해했다면, 피고인이 그런 일을 저질렀다는 점은 분명하지. 하지만 시체의 발견 여부는 다른 증거와는 차원이 다른 중대한 문제라는 걸 염두에 두어야 해. 피해자의 혈흔을 지우기 위해서 근처 해안가에서 바닷물을 떠다가 자동차 좌석을 씻었다는 피고인의 주장이 참일 수 있지 않을까? 만약 그렇다면 피고인이 주장하고 있듯이 피해자가 혈액량의 40%를 잃었다는 추정은 잘못일 가능성이 있어. 피고인이 피해자를 살해했을 가능성을 부정하지는 않지만, 피고인이 피해자를 살해하지 않았다고 합리적으로 의심할 여지는 여전히 있다고 보여.

병: 물론 여러 가지를 의심해 볼 수 있지. 심지어 피해자가 자신의 혈액을 평소 조금씩 모으고 있었고 이를 자동차 좌석에 부어서 자신이 죽은 것처럼 위장한 후 잠적했을 가능성도 있지. 하지만 여러 정황을 고려할 때, 그런 의심을 '합리적'이라고 여길 수는 없어. 모든 증거는 피고인이 살인을 저지른 자 분명함을 말하고 있어. 하지만 문제는 살인 사건이 성립하기 위한 조건이야. 이 사건은 시체를 발견하지 못한 사건이야. 시체를 발견하지 못했다면, 살인 사건은 성립할 수 없어.

〈보기〉

ㄱ. '피해자가 사망했다는 것은 확실하다'는 견해에 갑과 병은 동의할 것이다.
ㄴ. '피고인이 살인 사건의 범인이라고 판결을 내리는 것이 옳다'는 견해에 을은 동의하지 않지만 병은 동의할 것이다.
ㄷ. '피해자가 살해된 시체로 발견된다면 피고인이 살인범이라는 점은 확실하다'는 견해에 갑, 을, 병 모두 동의할 것이다.

① ㄱ　　② ㄴ　　③ ㄱ, ㄷ
④ ㄴ, ㄷ　　⑤ ㄱ, ㄴ, ㄷ

12

2016학년도 LEET 문1

다음 견해들에 대한 평가로 옳은 것만을 〈보기〉에서 있는 대로 고른 것은?

A: 보편적 도덕으로서의 인권이념은 강대국이 약소국을 침략하기 위한 이데올로기였다. 16세기 스페인의 아메리카 대륙 침략은 비도덕적인 관습으로 핍박받는 원주민 보호 등, 보편적 도덕 가치의 전파라는 명분으로 이루어졌다. 그러나 스페인의 인도적 개입은 자국의 이익을 도모하였던 것에 불과하였다. 인도적 군사개입은 주권국가의 자율성을 짓밟는 것으로서 정당화될 수 없다.

B: 인권은 개별국가 각각의 정치적 맥락 속에서 이룩한 구체적인 산물이다. 주권국가는 고유의 문화적·도덕적 가치에 따라 인권의 구체적 모습을 발전시킬 권한을 갖는다. 그러나 이를 인정하더라도 모든 주권국가들이 보호해야 하는 최소한의 도덕적 인권조차 부정한다면 인종청소와 대량학살과 같은 사태를 막을 수 없을 것이다. 국제사회는 개별국가의 고유한 인권을 존중해야 할 의무가 있지만, 최소한의 도덕적 인권을 지키기 위해 인도적 군사개입을 할 권한을 갖는다.

C: 특정 가치가 특정 국가의 자의에 따라 보편적 권리로 간주되었던 역사를 부정할 수는 없다. 그러나 역사적으로 보편적 인권이 확장되어 왔으며 법을 통해 규범성을 갖게 되었음도 인정해야 한다. 오늘날 대부분의 나라들은 '세계인권선언'에 동참하고 인권 규약을 비준하는 등 인권 이념을 국제법적으로 승인하고 있다. 인권은 보편적인 법적 권리인 것이다. 따라서 인도적 군사개입은 국제법으로 정한 요건과 한계를 준수하였을 때에만 인정될 수 있다.

〈보기〉

ㄱ. A와 B는 보편적 인권을 부정하지만 C는 인정한다.
ㄴ. 만약 "어떠한 국가도 다른 규정에 정한 바가 없을 경우 무력을 사용하여 다른 주권국가를 침략할 수 없다."라는 국제법 규정이 있다면, 이러한 규정은 C를 약화한다.
ㄷ. B와 C는 어떤 국가가 종교적 가치에 따라 사상·표현의 자유를 억압하고 있다는 근거만으로는 인도적 군사개입을 인정할 수 없다고 본다.

① ㄱ　　② ㄷ　　③ ㄱ, ㄴ
④ ㄱ, ㄷ　　⑤ ㄴ, ㄷ

13

다음 견해들에 대한 평가로 옳지 <u>않은</u> 것은?

> X국 헌법 제34조는 "모든 국민은 인간다운 생활을 할 권리를 가진다."라고 정하고 있는데, 이 조항의 해석으로 여러 견해가 제시되고 있다.
>
> A: 법적 권리는 그 내용이 구체적이고 의미가 명확해야 한다. 그런데 '인간다운 생활'이라는 말은 매우 추상적이고, 사람마다 그 의미를 다르게 해석할 수 있는 여지를 광범위하게 제공한다. 따라서 위 조항은 국민에게 법적 권리를 부여하는 것이 아니라 모든 국민이 인간다운 생활을 할 수 있도록 노력하라고 하는 법률 제정의 방침을 제시하고 있을 뿐이며, 그것을 재판의 기준으로 삼을 수는 없다.
> B: 위 조항은 국민에게 법적 권리를 부여하고 있다. 하지만 그 자체로는 아직 추상적인 권리에 불과하기 때문에 그에 근거하여 국가기관을 상대로 구체적인 요구를 할 수는 없고, 입법부가 그 권리의 내용을 법률로 구체화한 다음에라야 비로소 국민은 국가기관에 주장하여 실현할 수 있는 구체적인 법적 권리를 가지게 된다.
> C: 위 조항은 국민에게 법적 권리를 부여하지만, 그 권리의 구체적인 내용은 잠정적이다. 그 권리의 확정적인 내용은 국민이나 국가기관이 구체적인 사태에서 다른 권리나 의무와 충돌하지는 않는지, 충돌할 경우 어느 것이 우선하는지, 그 권리를 실현하는 데 재정상황 등 사실적인 장애는 없는지 등 여러 요소를 고려하여 판단한다. 국민은 이렇게 확정된 권리를 국가기관에 주장하여 실현할 수 있다.
> D: 위 조항에 규정된 '인간다운 생활'의 수준은 최소한의 물질적인 생존 조건에서부터 문화생활에 이르기까지 여러 층위로 나누어 생각할 수 있다. 위 조항은 그중에서 적어도 최소한의 물질적인 생존 조건이 충족되는 상태에 대하여는 어떤 경우에도 구체적인 법적 권리를 인정하는 것이며, 사회의 여건에 따라서는 이를 넘어서는 상태에 대한 구체적인 법적 권리도 바로 인정할 수 있다.

① A에 대하여는, 헌법 제34조의 문언에 반하는 해석을 하고 있다는 비판을 할 수 있다.
② B에 의하면, 국가가 그 권리의 구체적인 내용을 법률로 정하지 않을 경우 국민은 자신의 권리를 실현할 수 없다.
③ C에 대하여는, 헌법 제34조의 구체적인 내용을 사람마다 달리 이해할 수 있어서 권리의 내용이 불안정하게 된다고 비판할 수 있다.
④ D가 인정하는 구체적인 법적 권리가 실현될 수 있을지는 사회 여건에 따라 다를 수 있다.
⑤ A, B, C는 국가의 다른 조치가 없다면 헌법 제34조를 근거로 법원에 구체적인 권리 주장을 할 수 없다는 점에 견해를 같이한다.

14

다음에 대한 평가로 옳은 것만을 〈보기〉에서 있는 대로 고른 것은?

> 자유를 박탈하는 징역형의 경우, 기간이 동일하다면 신분, 경제력 등의 차이와 무관하게 범죄자들이 느끼는 고통은 동일하다고 간주되고 있다. 때문에 형벌 기간이 범죄자의 책임에 비례하도록 한다면, 동일한 범죄에 대해서는 동일한 고통을 부과해야 한다는 '고통평등의 원칙'뿐만 아니라, 형벌은 범죄자의 책임의 양과 일치해야 하며 이를 초과해서 안 된다는 '책임주의 형벌원칙'을 모두 충족할 수 있다.
>
> 그러나 벌금형에 있어서 총액벌금형제를 채택하고 있는 A국 형법은 '고통평등의 원칙'이 적용되기 어렵다. 총액벌금형제란 벌금을 부과할 때 단순히 법률에 규정된 형량의 범위 내에서 벌금액을 결정하여 선고하는 것을 말한다. 이 경우 불법과 책임이 동일한 행위에 대하여 동일한 벌금을 부과할 수 있을 것이다. 하지만 범죄자마다 경제적 능력이 다르기 때문에 실제로는 경제적 능력이 작은 사람이 더 큰 고통을 받게 되어 '고통평등의 원칙'에 반하게 된다. 물론 법원이 선고할 때에는 범행의 동기, 범죄자의 연령과 지능 등 범죄자의 행위와 관련된 책임의 정도를 추론할 수 있는 것들을 참작하여 형량을 조정할 수 있다. 하지만 범죄자의 경제적 능력은 이러한 사유에 해당하지 않기 때문에 총액벌금형제의 문제점을 극복할 수 없다.
>
> 이러한 이유로 일수벌금형제의 도입이 요구된다. 일수벌금형제란 행위의 불법 및 행위자의 책임의 크기에 따라 벌금 일수(日數)를 정하고, 고통평등의 원칙을 충족시키기 위해 행위자의 경제적 능력에 따라 일일 벌금액을 차별적으로 정한 뒤 이를 곱하여 최종벌금액을 산정하는 벌금부과 방식이다.

〈보기〉

ㄱ. 범죄예방 효과는 형벌이 주는 고통에 비례한다고 전제한다면, 경제적 능력이 높은 사람에 대한 범죄예방 효과는 총액벌금형제보다 일수벌금형제가 클 것이다.
ㄴ. 경제적 능력이 같더라도 동일한 벌금을 통해 느끼는 고통의 정도는 다를 수 있다는 점은 일수벌금형제 도입론을 약화한다.
ㄷ. 일수벌금형제 도입론은 징역형에서 기간을 정할 때 충족되는 원칙들이 벌금형에서 일수를 정하는 것만으로도 충족된다고 본다.

① ㄱ
② ㄷ
③ ㄱ, ㄴ
④ ㄱ, ㄷ
⑤ ㄱ, ㄴ, ㄷ

15

다음에 대한 평가로 옳은 것만을 〈보기〉에서 있는 대로 고른 것은?

> P국 근로기준법은 "추가근로수당은 통상임금의 150% 이상으로 한다."라고 정하고 있지만, 통상임금이 무엇인지는 따로 정하고 있지 않다. 정기상여금이 통상임금에 해당하는지에 대하여 명확한 판결도 없었다.
> X회사 노사는 정기상여금을 통상임금에서 제외하기로 단체협약을 체결하였다. 이후 X회사의 노동자가 그것도 통상임금에 포함되는 것으로 보아야 한다고 주장하면서, 그에 따른 추가근로수당 미지급분을 달라고 하는 소를 제기하였다.
> 이 재판에서 법관들은 정기상여금이 통상임금에 포함된다고 근로기준법을 해석해야 하며, 이와 어긋난 기존의 노사협약이 있는 경우에는 추가근로수당 미지급분을 청구할 수 있다고 판단하였다. 그런데 추가근로수당 미지급분 청구를 허용할 수 없는 예외를 인정할지에 대하여 다음과 같이 상반된 견해가 제시되었다.
> A: 근로기준법의 효력은 당사자의 의사에 좌우될 수 없는 것이 원칙이다. 하지만 이 재판의 결과를 계기로 추가근로수당 미지급분을 청구하는 것이 임금협상 당시 서로가 전혀 생각하지 못한 사유를 들어서 노동자 측이 그때 합의한 임금수준을 훨씬 초과하는 예상 외의 이익을 추구하는 것이고, 그 결과 사용자에게 예측하지 못한 큰 재무부담을 지워서 중대한 경영상의 어려움이 발생하거나 기업의 존립이 위태로워진다면 이는 노사관계의 기반을 무너뜨릴 정도로 서로의 신의를 심각하게 저버리는 처사가 된다. 따라서 그런 특별한 사정이 있는 경우 추가근로수당 미지급분 청구는 신의에 반하는 것으로서 허용될 수 없다.
> B: 근로기준법에서 정하고 있는 근로조건은 당사자의 합의로도 바꿀 수 없다. 그런 법의 내용을 오해한 데서 비롯한 신뢰보다는, 법에 따른 정당한 권리행사를 보호할 필요가 훨씬 크다. 또, 기업 경영의 중대한 어려움이나 기업 존립의 위태로움은 그 내용이 막연하고 불확정적이어서, 개별 사안에서 그 판단이 어렵다. 따라서 그런 예외를 인정할 수 없다.

〈보기〉

ㄱ. 임금협상을 할 때 법원이 정기상여금을 통상임금으로 인정하는 판결을 곧 할 것이라는 사실을 X회사의 노사가 알았다면 A가 인정하는 예외적인 경우에 해당하지 않는다.
ㄴ. 노사관계는 자율적으로 형성되고 발전하는 것이 바람직하다는 요청을 A는 B보다 더 중요하게 생각한다.
ㄷ. 다른 기업들이 추가근로수당 미지급분 지급 여부를 이 판결에 따라 결정한다면, 법적 분쟁이 생길 가능성은 A를 따를 때가 B를 따를 때보다 더 높다.

① ㄱ ② ㄷ ③ ㄱ, ㄴ
④ ㄴ, ㄷ ⑤ ㄱ, ㄴ, ㄷ

16

다음 논쟁에 대한 평가로 옳지 않은 것은?

> 갑: 법적으로 장기는 판매 대상이 되지 못합니다. 장기는 인신의 일부이고, 인신은 인간 존엄성의 기반이기 때문입니다. 성매매는 비록 단기간이라고 해도 성판매자의 인신에 대한 사용권한을 매수자에게 준다는 점에서 인간 존엄성 원칙에 위배됩니다.
> 을: 성적 서비스 제공 역시 노동의 일종이지 않을까요. 노동을 제공하고 그 대가로 금전적 보상을 받는다는 점에서는 다른 직업과 다를 바 없다고 봅니다. 직업선택의 자유를 보장하는 것은 인간 존엄성의 중요한 내용을 이룹니다.
> 갑: 모든 선택의 자유가 인정되어야 하는 것은 아닙니다. 마약복용은 그것이 자율적 선택에 기인하는 것이라고 해도 국가의 개입이 가능합니다. 어떻게 사는 것이 인간의 존엄성을 지키는 것인지를 전적으로 국민 개인의 판단에 맡길 수는 없습니다.
> 을: 마약복용을 성매매와 같은 것으로 볼 수 없습니다. 성매매가 당사자들에게 어떤 해악을 끼치는지 의심스러우며, 설령 해악을 끼친다고 해도 그것이 정상적인 인지능력을 가진 성인들 간에 이뤄지는 것이라면 당사자들 스스로 위험을 감수한 해악입니다.
> 갑: 성매매가 상호 선택에 의한 것이라 할지라도 성매매를 통해 팔리는 것은 남성이 마음대로 권력을 행사할 수 있는 여성상, 즉 종속적 여성상입니다. 성매매는 여성의 종속성을 재생산함으로써 여성 억압의 전형을 보여줍니다.
> 을: 우리 사회의 다양한 제도와 관행을 살펴볼 때 결혼, 외모성형 등도 성매매 못지않게 여성의 고정된 성정체성을 재생산하는데, 유독 성매매만 법적으로 금지하는 것은 설득력이 없습니다.

① 유모(乳母)가 자신의 인신에 대한 사용권한을 매수자에게 준다고 해서 비난 받지 않는다는 사실은 을의 입장을 강화한다.
② 성매매의 불법화로 인해 성판매자가 범죄자로 취급받는 적대적 환경 때문에 자신의 권리조차 행사할 수 없게 된다는 주장은 을의 입장을 지지한다.
③ 자발적 선택으로 노예가 되기로 계약했다고 하더라도 노예노동이 금지되고 있다는 사실은 갑의 입장을 강화한다.
④ 마약복용은 행위자가 인지능력을 제대로 발휘하지 못하는 상태에서 행해진다는 주장은 갑의 입장을 지지한다.
⑤ 미스 코리아 대회가 여성의 고정된 성정체성을 확대 재생산함에도 불구하고 시행되고 있다는 사실은 을의 입장을 강화한다.

17

다음 글에 대한 평가로 옳지 않은 것은?

> X국 헌법에 따르면 정당의 목적이나 활동이 민주적 기본질서에 위배될 때, 정부는 헌법재판소에 그 해산을 제소할 수 있고, 정당은 헌법재판소의 심판에 의하여 해산된다. 이는 정당존립의 특권을 보장하기 위해, 법령으로 해산되는 일반 결사와는 달리 헌법재판소의 판단으로 해산 여부가 결정되도록 한 것이다. 강제 해산의 대상이 되는 정당은 정당으로서의 등록을 완료한 기성(既成) 정당에 한한다. 정당이 설립한 연구소와 같은 방계조직 등은 일반 결사에 속할 뿐이다. 그런데 중앙선거관리위원회에 창당신고를 하였으나 아직 정당으로서 등록을 완료하지 않은 창당준비위원회를 기성 정당과 동일하게 볼 수 있는지에 대하여 견해가 대립한다.
>
> A: 창당준비위원회는 정치적 목적을 가진 일반 결사일 뿐이다. 그 해산 여부는 정당 해산의 헌법상 사유와 절차가 요구되지 않고 일반 결사의 해산 방식으로 결정해야 한다.
> B: 창당준비위원회는 정당에 준하는 것이다. 그 해산 여부는 기성 정당과 같이 헌법상의 사유와 절차가 요구된다.
> C: 정당설립의 실질적 요건을 기준으로, 아직 이를 갖추지 못한 창당준비위원회는 일반 결사와 동일하게 보고, 이미 이를 완비하였지만 현재 등록절차를 진행하고 있는 창당준비위원회는 정당에 준하는 것으로 보아야 한다.

① 창당준비위원회는 등록기간 안에 등록신청을 하지 아니하면 X국 '정당법'에 따라 특별한 절차 없이 자동 소멸된다는 주장이 옳다면, 이는 A의 설득력을 높인다.
② 집권 여당과 정부가 그 목적이나 활동이 민주적 기본질서에 반하지 않는 반대당의 성립을 등록 이전에 손쉽게 봉쇄할 수 있다는 주장이 옳다면, 이는 A의 설득력을 낮춘다.
③ 창당준비위원회는 앞으로 설립될 정당의 주요 당헌과 당규를 실질적으로 입안한다는 주장이 옳다면, 이는 B의 설득력을 높인다.
④ 정당설립의 실질적 요건을 갖춘 창당준비위원회에게 정당등록은 지극히 통과의례의 과정이라는 주장이 옳다면, 이는 C의 설득력을 낮춘다.
⑤ 정당설립의 실질적 요건을 강화할수록 C는 A와 비슷한 결론을 내릴 것이다.

18

갑과 을의 주장에 대한 판단으로 옳은 것만을 〈보기〉에서 있는 대로 고른 것은?

> 갑: 범죄의 불법성을 판단하는 척도가 범죄를 행하는 자의 의사에 있다고 믿는 것은 잘못이다. 범죄의 의사는 사람마다 다르고 심지어 한 사람에 있어서도 그 사상, 감정, 상황의 변화에 따라 시시각각 달라질 수 있기 때문이다. 범죄의 척도를 의사에서 찾는다면 개인 의사의 경중에 따른 별도의 법을 만들어야 할 것이다. 따라서 처벌은 의사가 아닌 손해의 경중을 기준으로 차등을 두어야 한다.
> 을: 갑은 범죄자의 '의사'를 객관화할 수 없다고 전제하고 있다. 그러나 범죄자의 '의사'를 몇 가지 기준에 의해서 유형화한다면 의사 자체의 경중도 판단할 수 있다. 우선, 의도한 범죄의 경중을 기준으로 삼는 경우, 더 중한 결과를 발생시키는 범죄를 행하려는 의사가 더 경한 결과를 발생시키는 범죄를 행하려는 의사보다 중하다. 다음으로 의욕의 정도를 기준으로 삼는 경우, 결과 발생을 의도한 범죄자의 의사가 결과 발생을 의도하지 않고 단지 부주의로 손해를 발생시킨 범죄자의 의사보다 중하다. 따라서 처벌은 손해뿐만 아니라 범죄자의 의사의 경중 또한 고려하여 차등을 두어야 한다.

〈보기〉

ㄱ. 살인의 의사를 가지고 가격하였으나 상해의 결과가 발생한 경우와 폭행의 의사를 가지고 가격하였으나 사망의 결과가 발생한 경우를 동일하게 처벌한 법원의 태도는 갑의 주장에 부합한다.
ㄴ. 강도의 의사로 행위를 하였으나 강도는 실패하고 중(重)상해의 결과를 발생시킨 경우와 살인의 의사로 행위를 하였으나 역시 중상해의 결과를 초래한 경우에 있어서 전자를 중하게 처벌한 법원의 태도는 갑과 을의 주장 모두에 부합하지 않는다.
ㄷ. 살인의 의사가 있었으나 그 행위에 나아가지 않은 경우와 부주의로 사람을 다치게 한 경우에 있어서 전자를 처벌하지 않고 후자만 처벌한 법원의 태도는 갑과 을의 주장 모두에 부합한다.

① ㄱ   ② ㄷ   ③ ㄱ, ㄴ
④ ㄴ, ㄷ   ⑤ ㄱ, ㄴ, ㄷ

19

2017학년도 LEET 문7

19세기 X국의 저작권법 개정 논쟁에 대한 평가로 옳은 것만을 〈보기〉에서 있는 대로 고른 것은?

A: 지금까지 작가와 출판가는 작품을 적은 부수만 출간하여 일반 대중의 1개월분 급여 정도의 높은 가격으로 판매해 왔다. 이 때문에 일반 대중은 뛰어난 작품들을 접하기 어려웠다. 이러한 문제는 작가에게 수십 년 동안 독점적 출판권을 부여하는 현행 저작권법에 의해 비롯되었다. 국가는 새로운 작품의 공급이 감소되지 않도록 작가에게 창작의 유인책을 줄 필요가 있지만, 그것은 창작 비용을 회수할 수 있을 정도에 그쳐야 한다. 현재 작가는 최초 출판 후 1년 내에 창작 비용을 충분히 회수할 수 있다. 저작권법은 독점적 출판권을 1년으로 제한하고, 그 이후에는 모든 출판가들이 소매가의 5%를 로열티로 작가에게 지불하고 자유롭게 출판할 수 있도록 개정되어야 한다. 대중도 저렴한 가격으로 뛰어난 작품을 접할 수 있을 것이다. 사실 독점적 권리는 희소한 재화에 대해서만 인정되는 권리다. 일단 출간된 작품은 인쇄비용 문제를 제외하면 무한정 출판될 수 있다. 아무리 소비해도 줄지 않는 재화는 모든 사람이 자유롭게 향유해야 한다.

B: 고급작품은 고상한 학문과 예술을 다루지만, 저급작품은 선정적 내용만 다룬다. 책 가격이 떨어져도 대중이 고급작품을 구매하려 할 것인가? 그들은 교육을 받지 않았기에 선정적 작품만을 읽으려 한다. 반면 고급작품을 높게 평가하는 교양인은 아무리 책 가격이 높더라도 구매하려 한다. 작가는 자신의 책을 높은 가격에 판매함으로써 합당한 대우를 받을 자격이 있다. 즉, 그는 자신이 원하는 방식과 기간으로 출판 조건을 결정하고, 이 조건에 부합하는 출판사와 자유롭게 계약을 체결할 자연적 권리를 가진다. 국가는 작가의 이러한 자연적 권리를 보호해야 할 의무가 있다.

〈보기〉

ㄱ. 작가마다 작품을 창작하는 데 들인 비용은 천차만별이어서 국가가 작가의 창작 비용 회수기간을 일률적으로 정할 수 없다는 주장이 옳다면, 이는 A의 설득력을 낮춘다.
ㄴ. 특정한 원인에 의해 재화의 공급이 제한될 경우, 그 재화에 대한 독점적 권리를 인정할 수 있다는 주장이 옳다면, 이는 A의 설득력을 낮춘다.
ㄷ. 계약을 누구와 어떻게 체결할 것인지는 당사자가 결정해야 한다는 주장이 옳다면, 이는 B의 설득력을 낮춘다.

① ㄱ ② ㄷ ③ ㄱ, ㄴ
④ ㄴ, ㄷ ⑤ ㄱ, ㄴ, ㄷ

20

2018학년도 LEET 문1

A~C에 대한 평가로 옳은 것만을 〈보기〉에서 있는 대로 고른 것은?

X국은 "국가의 행정은 법적 근거를 갖고서 이루어져야 한다."라는 원칙을 세우고, 헌법에 "국민의 모든 자유와 권리는 필요한 경우에 한하여 법으로써 제한할 수 있다."라고 규정하였다. 그런데 모든 행정 영역에서 행정의 내용을 법에 미리 정하기는 쉽지 않다. 그렇다면 법으로 그 내용을 정하지 않은 행정 영역에 대하여도 이 원칙이 적용되는가? 이에 관해 견해의 다툼이 있다.

A: 자유권, 재산권 등 국민의 기본적인 권리를 제한하고 침해하는 행정에 대해서만큼은 행정의 자율에 맡겨둘 수 없고 법에 근거를 두어야 하지만, 기본적 권리를 제한하지 않고 국민에게 이익이 되는 행정은 법적 근거가 없어도 행정부에서 자유롭게 시행할 수 있다.
B: 법적 근거 없이 이뤄질 수 있는 행정의 자유영역은 존재하지 않는다. 행정이 법에 근거할 때 행정기관의 자의가 방지되고 행정작용의 적법성이 확보되므로 국가의 모든 행정작용은 법에 근거해야 한다.
C: 이 원칙을 모든 행정 영역에 무조건 적용하기보다 개인과 공공에게 영향을 미치는 중요한 행정의 영역에서만 적용하는 것이 타당하다. 개인과 공공에게 영향을 미치는 중요한 사항에 대해서는 입법자가 사전에 그 근거를 법으로 정해야 한다.

〈보기〉

ㄱ. A에 따르면, 법에 시위 진압에 관한 근거가 없는 경우, 교통 편의를 위해 시위를 진압할 필요가 있더라도 행정부는 집회의 자유권을 제한하는 시위진압행위를 해서는 안 된다.
ㄴ. B에 따르면, 구호품 지급에 관한 사항이 국민에게 이익이 되더라도 법에 그 내용이 규정되어 있지 않으면 행정부는 재난 시 이재민에게 구호품을 지급할 수 없다.
ㄷ. C에 따르면, 초등학교 무상급식 정책이 개인과 공공에 영향을 미치는 중요한 사항일 경우, 이 정책은 권리를 제한하지 않는 행정이어도 그 시행에 있어 사전에 법적 근거가 필요하다.

① ㄱ ② ㄴ ③ ㄱ, ㄷ
④ ㄴ, ㄷ ⑤ ㄱ, ㄴ, ㄷ

21

다음 논쟁에 대한 평가로 적절한 것만을 〈보기〉에서 있는 대로 고른 것은?

> A국은 마약류(마약·향정신성의약품 및 대마를 통칭함)로 인한 사회적 폐해를 방지하기 위하여 마약류의 제조 및 판매에 관한 '유통범죄'뿐 아니라 마약류의 단순 '사용범죄'까지도 형벌을 부과하는 정책을 시행하고 있다.
> 갑과 을은 이러한 자국의 마약류 정책에 대하여 다음과 같은 논쟁을 벌였다.
> 갑1: B국을 여행했는데 B국은 대마초 흡연이 합법이라 깜짝 놀랐어. 대마초의 성분은 중추신경에 영향을 주어 기분을 좋게 하고, 일단 이를 접한 사람은 끊을 수 없게 만드는 중독성이 있잖아. 이러한 폐해를 야기하는 대마초 흡연은 처벌하는 것이 맞아.
> 을1: 어떤 개인이 자신에게만 피해를 주는 행위를 했다는 이유로 처벌을 받아야 한다는 것이 이해가 되지 않아. 인간은 타인에게 피해를 주지 않는 한 자신의 생명과 신체, 건강에 대해서 스스로 결정할 자기 결정권을 가지고 있는데 그 권리 행사를 처벌하는 것은 최후의 수단이 되어야 할 형벌의 역할에 맞지 않아.
> 갑2: 그건 아니지. 마약을 사용하는 것은 스스로를 해치는 행위이기도 하지만, 마약을 사용한 상태에서는 살인, 강간 등의 다른 범죄를 저지를 가능성이 높아져. 타인에게 위해를 가할 위험성을 방지하기 위한 형벌은 필요해.
> 을2: 그 위험성을 인정하더라도 그런 행위는 타인을 위해할 목적으로 일어난 것이 아니라 중독 상태에서 발생하는 것이잖아. 중독은 치료와 예방의 대상이지 처벌의 대상이어서는 안 된다고 생각해.
> 갑3: 중독은 사회 전체의 건전한 근로 의식을 저해하기 때문에 공공복리를 위해서라도 형벌로 예방할 필요가 있어.

〈보기〉
ㄱ. 전쟁 중 병역 기피 목적으로 자신의 신체를 손상한 사람을 병역법 위반으로 형사처벌하는 A국 정책이 타당성을 인정받는다면 을1의 주장은 약화된다.
ㄴ. 자해행위에 대한 형사처벌은 그 행위가 타인에게 직접 위해를 가하는 경우에만 정당화될 수 있고 위해의 가능성만으로 정당화되어서는 안 된다는 견해가 타당성을 인정받는다면 갑2의 주장은 약화된다.
ㄷ. 인터넷 중독과 관련하여 예방교육과 홍보활동을 강조하며 형벌을 가하지 않는 A국 정책이 타당성을 인정받는다면 을2의 주장은 약화된다.

① ㄴ ② ㄷ ③ ㄱ, ㄴ
④ ㄱ, ㄷ ⑤ ㄱ, ㄴ, ㄷ

22

〈사실관계〉에서 국제법원의 판정 이후 A국이 〈규정〉에 합치하도록 취할 수 있는 조치로 옳은 것만을 〈보기〉에서 있는 대로 고른 것은?

〈사실관계〉
> 참치는 천적인 상어를 막아 주는 돌고래 주변에서 주로 이동한다. 참치가 많이 잡히는 열대성 동태평양 수역에서 작업을 하는 여러 국가의 어부들은 초대형 선예망(超大型旋曳網)으로 어업을 한다. 이때 참치뿐 아니라 주변의 돌고래까지 함께 어획되어 매년 만 마리 이상의 돌고래가 죽는 문제가 발생하였다. 지속적으로 돌고래 보호 운동을 펼쳐 온 A국의 한 환경 단체는 정부를 압박하여, 논의 끝에 A국 내에서 유통되는 참치 제품 중 초대형 선예망으로 잡지 않은 제품에 '돌고래 세이프 라벨'을 부착하는 규정이 상표법에 추가되었다. B국 어민들은 주로 열대성 동태평양 수역에서 어업을 하여 A국에 수출하고 있었고, A국의 상표법 개정으로 인하여 B국 어민 제품의 수출량은 급격히 감소하였다. B국 정부는 초대형 선예망을 사용하지 않는 어선도 돌고래를 위협하고 있다고 주장하며, A국에서 '돌고래 세이프 라벨'을 초대형 선예망으로 작업하는 자국 어선의 제품에 부착하지 못하도록 하는 것은 차별이라는 이유로 A국을 국제법원에 제소하였다. 이에 대하여 국제법원은 다음과 같이 판정하였다.
> "A국이 B국의 제품에 행하고 있는 라벨 규제는 차별적인 조치에 해당하므로 아래의 〈규정〉에 합치하지 않는다."

〈규정〉
> 국가는 다른 국가로부터 수입되는 물품이 국내에서 생산된 동종 물품 또는 그 외의 다른 국가에서 생산된 동종 물품보다 불리한 취급을 받지 아니할 것을 보장하여야 한다.

〈보기〉
ㄱ. A국은 상표법에 있는 '돌고래 세이프 라벨' 조항을 철폐하였다.
ㄴ. A국은 열대성 동태평양 수역 내 B국 어선의 제품에 대해서만 라벨 규정을 완화하였다.
ㄷ. A국은 모든 어업 방식에 적용될 수 있도록 상표법의 라벨 규정을 강화하였다.

① ㄱ ② ㄴ ③ ㄱ, ㄷ
④ ㄴ, ㄷ ⑤ ㄱ, ㄴ, ㄷ

23

2020학년도 LEET 문3

다음 논쟁에 대한 평가로 옳은 것만을 〈보기〉에서 있는 대로 고른 것은?

X국에서 甲은 불법 도박장을 운영하면서 乙, 丙, 丁을 종업원으로 고용하였다. 甲은 乙이 열심히 일하자 乙을 지배인으로 승진시켜 丙, 丁을 관리하게 하였다. 그러던 중 甲은 경찰의 단속을 피해 해외로 도주하였고 乙, 丙, 丁은 체포되었다. 검사는 乙, 丙, 丁 중 乙만 기소하고 丙, 丁은 기소하지 않았다. 검사의 기소와 관련하여 다음과 같은 논쟁이 전개되었다.

A: 乙만 기소하고 丙과 丁을 기소하지 않았다면, 이것은 차별적 기소로 검사가 권한을 남용한 것이야.
B: 범죄의 혐의가 있더라도 검사는 재량으로 기소하지 않을 수 있어. 경미한 범죄를 저지른 사람은 기소하지 않을 수 있게 해 주면, 법관이 중요한 사건의 재판에 전념할 수 있게 되어 사회 전체적으로 더 이득이 될 수 있어.
C: 기소에 있어서 검사의 재량을 인정하면, 검사는 권한을 독선적으로 사용하게 되고, 누군가가 검사에 대해서 압력을 행사하는 것을 배제할 수 없어.
D: 인권을 생각해 봐. 기소의 필요성이 적은 사람이 기소되지 않으면, 재판 절차를 거치지 않고서 빨리 자유롭게 생활할 수 있어. 그런 점에서 검사의 기소에 대한 재량을 인정하는 것이 인권 보호에 유리해.
E: 지금 인권이 보호된다고 말하는데, 내가 말하고 싶은 것은 기소된 乙의 입장이야. 乙도 인권이 있는데, 검사의 권한 남용으로 乙만 혼자 기소되면 乙의 인권은 충분히 보호받지 못하잖아.
F: 검사가 범죄 혐의자들을 차별적으로 기소했다고 바로 권한 남용이라고 볼 수는 없지. 검사가 최소한 어떤 부당한 의도를 가지고 차별적으로 기소한 경우에만 권한 남용이라고 해야 하는데 이 사안에서는 그런 의도를 찾을 수가 없어.

〈보기〉

ㄱ. 乙은 범행에 가담한 정도가 크지만 丙과 丁은 그렇지 않다는 사실을 검사가 기소 여부의 근거로 삼았다면, A를 강화하고 F를 약화한다.
ㄴ. 외부 압력에 의해 중한 범죄 혐의자도 기소하지 않은 경우가 많았고 그로 인해 검찰에 대한 국민들의 신뢰도가 낮아졌다는 조사 결과는 B를 약화하고 C를 강화한다.
ㄷ. D와 E는 모두 범죄 혐의자의 인권 보호에 대해 언급하고 있지만, 각 주장이 보호하고자 하는 구체적 대상이 다르다.

① ㄱ ② ㄴ ③ ㄱ, ㄷ
④ ㄴ, ㄷ ⑤ ㄱ, ㄴ, ㄷ

24

2020학년도 LEET 문5

〈견해〉에 대한 평가로 옳은 것만을 〈보기〉에서 있는 대로 고른 것은?

X국에서는 개명을 할 때 법원의 허가를 받도록 법으로 규정하고 있다. 그러나 법원의 개명 허가 기준에 관한 세부 규정이나 지침이 없어 다음과 같이 견해가 나뉘고 있다.

〈견해〉
A: 이름을 변경할 권리는 보호되어야 해. 자신의 의사와 상관없이 부모 등에 의해 일방적으로 결정되는 이름에 불만이 있는데도 그 이름으로 살아갈 것을 강요하는 것은 정당화될 수 없어. 개명 신청이 있으면, 법원은 과거의 범죄행위를 은폐하여 새로운 범죄행위를 할 위험이 있는 경우를 제외하고는 모두 허가해 주는 것이 마땅해.
B: 이름을 바꾸는 것은 이름을 짓는 것과 달라서 사회적 질서나 신뢰에 영향을 주어 혼란을 초래할 수 있어. 개명은 개인의 자유로운 의사에 맡기면 범죄를 은폐하는 수단으로 활용될 수도 있어. 그러니 개명은 독립된 사회생활의 주체라 할 수 없는 아동에 대해서만 제한적으로 허용해야 해.
C: 글쎄... A와 B 모두 일면 타당한 점이 있어. 다만 개명 허가 여부를 법관의 재량에 맡겨 두면 법관 개인의 기준에 따라 결과가 달라질 소지가 있기 때문에 현재로서는 어떻게든 구체적인 기준을 마련하여 이에 따라 허용 여부를 결정하는 것이 시급해.

〈보기〉

ㄱ. 이름을 결정할 권리는 자기 고유의 권리이나 출생 시점에는 예외적으로 부모가 대신 행사하는 것일 뿐이라고 보는 견해는 A를 지지한다.
ㄴ. 수사 과정에서 범죄자의 동일성 식별에 이름 대신 주민등록번호가 사용된다는 사실은 B를 약화한다.
ㄷ. 개명을 원하는 초등학생이 바꾸려는 이름과 이유를 기재한 개명 신청서를 법원에 제출하기만 하면 범죄에 악용될 우려가 없는 한 개명을 허용하게 하는 '초등학생 개명허가처리지침'을 시행하는 것에는 A는 반대하고 B와 C는 찬성할 것이다.

① ㄴ ② ㄷ ③ ㄱ, ㄴ
④ ㄱ, ㄷ ⑤ ㄱ, ㄴ, ㄷ

25

〈견해〉에 대한 평가로 적절하지 않은 것은?

> X국은 대법관에 대한 국민심사제를 운영하고 있다. X국 헌법에 따르면 대법관은 내각에서 임명하되, 임명 후 최초의 국회의원 총선거 때 함께 투표를 실시하여 투표자 과반수가 대법관의 파면을 원하면 그 대법관은 파면된다. 투표자가 대법관의 성명 아래 '×'를 표시하면 파면에 찬성한 것으로 집계되고 나머지 투표자는 신임한 것으로 간주한다. 이후에도 대법관은 정년까지 10년마다 동일한 방식으로 국민심사를 받는다. Y국에서 이 제도의 도입을 둘러싸고 다음과 같은 견해가 있다.
>
> 〈견해〉
> 갑: 대법관의 인선이 대통령에게만 맡겨져 있고 주권자인 국민의 통제가 전혀 미치지 못한다면 대법관의 사고방식이 아무리 편향적이라도 억제할 방법이 없어. 이 제도를 도입해서 국민에 의한 사법 통제 장치를 마련할 필요가 있어.
> 을: 일리 있는 말이야. 그런데 X국에서 시행하는 방식은 파면의 의사표시를 적극적으로 하지 않는 이상 파면 반대로 취급된다는 점에서 투표자의 의사를 제대로 반영하지 못하는 문제가 있어. 이 제도가 그대로 도입된다면 곧 유명무실해질 수 있어.
> 병: 개선책을 마련하면 그런 우려는 불식시킬 수 있겠지. 하지만 궁극적으로는 이 제도가 도입되면 대법관이 법과 소신에 따라 재판하지 않고 대중적 인기에 연연하게 되어 법관의 독립이 저해될 거야.

① Y국 헌법에서 대통령이 임명한 대법관에 대하여 회복 불가능한 신체장애를 제외하고는 종신직으로 그 신분을 보장하고 있다면 갑의 견해는 강화된다.

② Y국에서 여론 조사 결과 법원의 판결에 대해 유전무죄 등의 비판이 난무하고 사법부에 대한 국민의 신뢰도가 매년 낮아졌다면 갑의 견해는 강화된다.

③ X국에서 지난 70년간 국민심사로 파면된 대법관이 없었고 매번 총 투표수의 10% 내외만 파면을 원하였다면 을의 견해는 약화된다.

④ Y국에서 일부 대법관이 대중적 인기만을 추구해 종전 대법원 판결들을 뒤집는 판결을 내려 여러 차례 사회적 혼란을 일으켰다는 사실은 병의 견해를 강화한다.

⑤ Y국에서 대법관별로 판결에 관련된 정보가 제대로 제공되지 않고 주로 사적 활동을 중심으로 흥미 위주의 보도가 이루어지고 있어 대법관 신임 여부에 관한 올바른 여론이 형성되기 어렵다면 병의 견해는 강화된다.

26

다음 논쟁에 대한 평가로 적절한 것만을 〈보기〉에서 있는 대로 고른 것은?

> 갑: 단순히 참인 믿음은 지식이 아니다. 참인 믿음이 지식이 되려면 정당화되어야 한다. 그런데 ㉠ 예술작품에서 얻게 되는 믿음은 그것이 설령 참일 수 있다고 해도, 결코 정당화되지 못한다. 가령 디킨스의 사실주의 소설 『황량한 집』은 19세기 영국의 유산 소송과정을 정확하게 묘사한다. 그러나 우리가 『황량한 집』을 읽는 것만으로는 그러한 묘사의 정확성에 대한 증거를 얻을 수 없다.
> 을: 갑의 말대로라면 백과사전도 『황량한 집』과 다를 바 없다. 백과사전을 읽는 것만으로는 거기서 얻은 정보가 정확하다고 믿어야 할 이유가 없기 때문이다.
> 갑: 그렇지 않다. 백과사전의 경우에는 관련 분야의 전문가들에게 그 정확성을 확인받는 절차, 이른바 '제도적 보증'이라는 것이 있다. 그러나 『황량한 집』의 경우에는 그 누구도 작품에서 드러날 수 있는 작가의 주장을 확인할 필요가 없다.
> 을: ㉡ 출판 관행으로서 제도적 보증은 저자 또는 내용 확인 절차가 이루어졌다는 것만을 보여줄 뿐 그 확인이 성공적임을 보여주는 것은 아니다. 단순히 백과사전을 읽어보기만 해서는 그런 확인 절차가 성공적으로 이루어졌는지 알 수 없다.

〈보기〉
ㄱ. 사실주의 소설은 어떤 사건이 실제로 일어난 것인지에 대해 증거적 효력이 있는 확인을 거쳐 작성된다는 점은 ㉠을 약화한다.
ㄴ. 『히틀러 일기』가 히틀러가 쓴 자서전이 아니라 다른 사람이 날조한 것으로 밝혀졌다는 사실은 ㉡을 약화한다.
ㄷ. 백과사전에서 정보를 찾는 독자와 달리, 『황량한 집』의 독자는 작품에서 드러난 내용을 믿어야 할 이유를 주로 개인적 경험에서 찾는다는 점은 갑의 견해를 강화한다.

① ㄴ   ② ㄷ   ③ ㄱ, ㄴ
④ ㄱ, ㄷ   ⑤ ㄱ, ㄴ, ㄷ

27

2022학년도 LEET 문1

다음 글에 대한 평가로 옳은 것만을 〈보기〉에서 있는 대로 고른 것은?

머지않은 미래에 신경과학이 모든 행동의 원인을 뇌 안에서 찾아내게 된다면 법적 책임을 묻고 처벌하는 관행이 근본적으로 달라질 것이라고 생각하는 사람들이 있다. 어떤 사람의 범죄 행동이 두뇌에 있는 원인에 의해 결정된 것이어서 자유의지에서 비롯된 것이 아니라면, 그 사람에게 죄를 묻고 처벌할 수 없다는 것이 이들의 생각이다. 그러나 이는 법에 대한 오해에서 비롯된 착각이다. 법은 사람들이 일반적으로 합리적 선택을 할 수 있는 능력을 가지고 있다고 가정한다. 법률상 책임이 면제되려면 '피고인에게 합리적 행위 능력이 결여되어 있다는 사실'이 입증되어야 한다는 점에 대해서는 일반적으로 동의한다. 여기서 말하는 합리적 행위 능력이란 자신의 믿음에 입각해서 자신의 욕구를 달성하는 행동을 수행할 수 있는 능력을 의미한다. 범행을 저지른 사람이 범행 당시에 합리적이었는지 아닌지를 결정하는 데 신경과학이 도움을 줄 수 있다. 그러나 사람들이 이러한 최소한의 합리성 기준을 일반적으로 충족하지 못한다는 것을 신경과학이 보여 주지 않는 한, 그것은 책임에 관한 법의 접근 방식의 근본적인 변화를 정당화하지 못한다. 법은 형이상학적 의미의 자유의지를 사람들이 갖고 있는지 그렇지 않은지에 대해서는 관심을 두지 않는다. 법이 관심을 두는 것은 오직 사람들이 최소한의 합리성 기준을 충족하는가이다.

─〈보기〉─

ㄱ. 인간의 믿음이나 욕구 같은 것이 행동을 발생시키는 데 아무런 역할을 하지 못한다는 것을 신경과학이 밝혀낸다면, 이 글의 논지는 약화된다.
ㄴ. 인간이 가진 합리적 행위 능력 자체가 특정 방식으로 진화한 두뇌의 생물학적 특성에서 기인한다는 것을 신경과학이 밝혀낸다면, 이 글의 논지는 약화된다.
ㄷ. 범죄를 저지른 사람들 중 상당수가 범죄 유발의 신경적 기제를 공통적으로 지니고 있다는 것을 신경과학이 밝혀낸다면, 이 글의 논지는 강화된다.

① ㄱ ② ㄷ ③ ㄱ, ㄴ
④ ㄴ, ㄷ ⑤ ㄱ, ㄴ, ㄷ

28

2022학년도 LEET 문3

다음으로부터 〈상황〉을 판단한 것으로 옳은 것만을 〈보기〉에서 있는 대로 고른 것은?

헌법은 국가의 기본적 가치를 규정한 최상위법으로 법률이 헌법을 위반하면 그 법률은 무효이다. 여기서 법률의 어떤 측면이 위헌판단의 근거를 제공하는지가 문제된다. 단순히 법률문장의 문자적 의미가 바로 위헌판단의 근거가 되는 법률의 핵심 측면이라고 할 수도 있겠으나, 헌법이 차별을 금지하는데 법률이 '차별하라'는 의미를 노골적으로 담고 있는 단어나 문장을 사용하는 경우는 거의 없을 것이다.

기본적으로 위헌판단이 되는 법률의 측면은 ㉠ 해당 법률을 표상하는 법률문장을 구체적 사안에 적용할 때 예상되는 직접적인 결과이다. 간통한 사람을 처벌하는 내용을 담고 있는 법률문장 A가 표상하는 법률의 위헌 여부를 결정짓는 측면은 간통한 사람에게 A의 적용에 따라 가해지는 처벌이라는 결과이다. 어떤 이들은 ㉡ 해당 법률이 시행됨으로써 사회 전체 구성원에게 미치는 영향을 살펴야 한다고 생각한다. 특정 집단에 대해 채용 시 가산점을 부여하도록 하는 법률이 차별적이어서 위헌인지 여부는 가산점 부여행위가 그 사회의 다른 이들에게 미치는 영향까지 관찰해야만 알 수 있다고 한다. 다른 한편에서는 위헌판단의 결정적인 측면을 여전히 법률문장의 의미에서 찾으면서도 그 법률문장의 의미는 ㉢ 해당 사회의 역사와의 관련 속에서 그 법률문장이 전달하는 맥락적 의미라고 주장한다. 여성 전용 교육기관을 설립한다는 내용의 법률문장으로 표상되는 법률이 차별을 금지하는 헌법에 위반되는지 여부는, 여성 전용 교육기관을 설립하는 것이 그 국가에서 여성의 낮은 권익을 향상하기 위한 맥락을 가지는가, 아니면 여성을 분리·차별하기 위한 역사적 맥락을 가지는가에 따라 다르게 평가된다는 것이다.

〈상황〉

X국에서는 수차례 전쟁을 거치면서 국기가 국가 존립의 상징이 되어 국기 소각이 국가의 권위를 해하는 행위로서 헌법질서에 반하는 범죄행위로 평가받기에 충분하다. 그런데 X국 국회가 국기의 권위와 존엄을 보호하기 위해서 국기를 소각한 자를 처벌한다는 내용을 담고 있는 법률문장 R로 표상되는 법률 L을 입법하자, 이에 반대하는 사람들이 시위를 하면서 그간 거의 존재하지 않았던 국기 소각 행위가 빈번하게 일어났고 소각행위에 동조하는 사람들도 많아졌다.

─〈보기〉─

ㄱ. ㉠을 위헌판단의 근거를 제공하는 핵심 측면으로 판단하면, X국에서 L은 위헌이다.
ㄴ. L이 가진 ㉡의 측면은 R로 표상되는 L의 입법 목적과 합치하지 않는다.
ㄷ. ㉢을 위헌판단의 근거를 제공하는 핵심 측면으로 판단하면, X국에서 L은 위헌이다.

① ㄱ ② ㄴ ③ ㄱ, ㄷ
④ ㄴ, ㄷ ⑤ ㄱ, ㄴ, ㄷ

29

2022학년도 LEET 문8

[규정]의 〈검토의견〉에 대한 평가로 옳은 것만을 〈보기〉에서 있는 대로 고른 것은?

[규정]
제1조(정의) '아동'은 미성년자를 말한다.
제2조(신체적 아동학대) 누구든지 아동을 폭행하거나 신체건강 및 발달에 해를 끼치는 신체적 학대행위를 한 때에는 5년 이하의 징역에 처한다.
제3조(성적 아동학대) 누구든지 아동을 대상으로 성적 수치심을 야기하는 성적 학대행위를 한 때에는 6년 이하의 징역에 처한다.

〈검토의견〉
A: 아동학대범죄는 일반폭력범죄와 달리 보호의무자가 보호대상자에게 해를 끼치는 데 특징이 있다. 따라서 보호대상자인 아동은 제2조, 제3조의 행위주체에서 제외하고 행위주체를 보호의무자인 '성인'으로 한정하여야 한다.
B: [규정]은 학대가해자를 철저히 처벌하여 학대피해자인 아동을 각종 학대행위로부터 두텁게 보호하고자 하는 데에 목적이 있다. 따라서 제2조, 제3조의 행위주체는 현행과 같이 '누구든지'로 유지되어야 한다.
C: 성적 행위와 관련하여 아동피해자를 성적 자기결정능력이 있는 성인피해자와 동일하게 취급할 수 없다. 따라서 제3조에서 '성적 수치심을 야기하는'이라는 표현은 삭제하는 것이 타당하다.

〈보기〉
ㄱ. "최근 미성년자가 다른 미성년자의 보호·감독자가 되는 사회적 관계 유형이 증가하고 있다."는 연구 결과는 A를 뒷받침한다.
ㄴ. "아동학대의 가해자 상당수가 어린 시절 아동학대를 경험한 피해자이므로 아동학대에서 피해자와 가해자를 이분법적으로 나눌 수 없다."는 연구 결과는 B를 뒷받침한다.
ㄷ. "최근 미성년자 간에 성적 요구를 하여 영상 등을 촬영하는 사례가 늘고 있으며 이러한 요구에 대하여 아무 부끄러움이나 불쾌감 없이 응한 경험이 이후 부정적 자기정체성이나 왜곡된 성 인식을 형성하는 데에 결정적 영향을 미치므로, 미성년자 간의 성적 요구행위 역시 학대로 보아 처벌할 필요성이 크다."는 연구 결과는 B, C 모두를 뒷받침한다.

① ㄱ ② ㄷ ③ ㄱ, ㄴ
④ ㄴ, ㄷ ⑤ ㄱ, ㄴ, ㄷ

30

2023학년도 LEET 문9

〈견해〉에 대한 평가로 옳은 것만을 〈보기〉에서 있는 대로 고른 것은?

[규정]
제1조(정의) '약사(藥事)'란 의약품·의약외품의 제조·조제·보관·수입·판매[수여(授與)를 포함]와 그 밖의 약학 기술에 관련된 사항을 말한다.
제2조(의약품 판매) 약국 개설자가 아니면 의약품을 판매하거나 판매할 목적으로 취득할 수 없다. 다만, 의약품의 제조업 허가를 받은 자가 제조한 의약품을, 의약품 제조업 또는 판매업의 허가를 받은 자에게 판매하는 경우에는 그러하지 아니하다.

〈사례〉
P회사는 의약품 제조업의 허가와 의약품 판매업의 허가를 각각 받아 의약품 제조업자와 의약품 도매상의 지위를 동시에 가지고 있다. P회사는 의약품취급방법 위반으로 제조업자의 지위에서 의약품 판매 정지 처분을 받았다. 이와 관련하여 P회사가 의약품 제조업자의 지위에서는 의약품을 출고하고, 의약품 도매상의 지위에서는 그 의약품을 입고한 경우가 이 규정에 따른 '판매'에 해당하는지에 대해 다음과 같이 견해가 대립한다.

〈견해〉
견해1: 제2조는 엄격한 관리를 통하여 의약품이 비정상적으로 거래되는 것을 막으려는 취지이다. 의약품 회사가 제조업과 도매상 허가를 모두 취득하였더라도 의약품이 제조업자로부터 도매상으로 이동한 경우는 그 지위가 구분되는 상대방과의 거래로 볼 수 있으므로, '판매'에 해당한다.
견해2: 일반적으로 판매란 값을 받고 물건 등을 남에게 넘기는 것을 의미하는 것으로 물건 등을 넘기는 자와 받는 자를 전제하는 개념이다. 의약품 회사가 제조업의 허가와 도매상의 허가를 모두 취득하였더라도 제조업자로서 제조한 의약품을 도매상의 지위에서 입고하여 관리하는 것은 동일한 회사 내에서의 이동일 뿐이고, 독립한 거래 상대방이 존재하는 것이 아니므로 '판매'에 해당하지 않는다.

〈보기〉
ㄱ. [규정]에서 의약품 도매상이 되려는 자는 시장·군수·구청장의 허가를 받아야 하고, 제조업자가 되려는 자는 식품의약청장의 허가를 받아야 한다는 별도의 규정이 있다면 견해1은 약화된다.
ㄴ. 제1조의 판매에 포함되는 '수여(授與)'의 개념에 거래 상대방과 관계없이 물건 자체의 이전(移轉)도 포함된다면 견해2는 강화된다.
ㄷ. 제2조의 입법취지에 따른 판매 개념이 일반 대중에게 의약품이 유통되는 것을 의미하는 것이라면 견해2는 강화된다.

① ㄴ ② ㄷ ③ ㄱ, ㄴ
④ ㄱ, ㄷ ⑤ ㄱ, ㄴ, ㄷ

31
2024학년도 LEET 문1

〈견해〉에 대한 평가로 옳은 것만을 〈보기〉에서 있는 대로 고른 것은?

〈견해〉
A: 불법행위는 본래 존재하던 정의로운 상태 또는 형평상태를 파괴하는 행위이다. 따라서 불법행위법은 불법행위로 인하여 파괴된 본래 상태를 회복하여 피해자를 구제하는 시스템이다. 불법행위법에서 회복을 지향하는 것은 정의 또는 윤리에 기초한 요청이고, 그것이 사회의 효용증진에 이바지하거나 기능적으로 유용하기 때문이 아니다. 나아가 가해자나 제3자(사회공동체 포함)가 아닌 피해자의 관점에서 불법행위 이전의 상태로 완전하게 회복되지 않는 한 진정한 피해자 구제는 실패한 것이다.
B: 불법행위는 사람이 고의나 과실로 저지르는 위법행위라는 점에 본질이 있다. 따라서 불법행위법은 불법행위로 말미암은 손해의 회복과 더불어 불법행위의 예방을 목표로 하여야 한다. 불법행위법은 사회 구성원들에게 행위지침을 제시하고 바람직한 행위로 나아갈 인센티브를 부여하여야 한다. 예방을 위한 메시지는 가해자에게만이 아니라, 가해자를 포함한 공동체 구성원 전원에게 발신되어야 한다. 어떠한 메시지를 전달할 것인가를 정할 때도 무엇이 공동체에 최고의 선인가를 진지하게 고려하여야 한다.

〈보기〉
ㄱ. 불법행위로 물건을 파손한 사안에서 수리비가 그 물건의 교환가치를 초과한 경우에도 수리비 전액을 피해자에게 배상하도록 X국 법원이 판결하였다면, A는 약화된다.
ㄴ. 회사의 영업비밀 자료를 경쟁사에 넘겨 이득을 취하였으나 회사에는 현실적 손해가 발생하지 않은 사안에서 그 이득을 손해로 보아 회사에 배상하도록 X국 법원이 판결하였다면, B는 강화된다.
ㄷ. 비하적 표현을 반복적으로 사용하여 명예를 훼손하였으나 피해자가 용서한 사안에서 그러한 비하적 표현을 용인하는 것이 사회의 자유로운 토론을 저해함을 이유로 제3자에게 배상하도록 X국 법원이 판결하였다면, A는 약화되고 B는 강화된다.

① ㄱ ② ㄷ ③ ㄱ, ㄴ
④ ㄴ, ㄷ ⑤ ㄱ, ㄴ, ㄷ

32
2024학년도 LEET 문6

〈견해〉에 대한 평가로 옳은 것만을 〈보기〉에서 있는 대로 고른 것은?

X국에서 드론을 이용하여 고층 아파트 거실을 무단으로 촬영한 사건이 발생하였고, ㉠타인의 주거 내부를 외부에서 무단으로 촬영한 행위를 [규정]에 따라 처벌할 수 있는지가 문제되고 있다.

[규정]
제1조(비밀탐지죄) 공개되지 아니한 타인의 주거나 건조물 내부를 녹음 또는 청취 등의 방식으로 탐지한 자는 5년 이하의 징역에 처한다.
제2조(불법수색죄) 타인의 주거나 건조물을 권한 없이 수색한 자는 3년 이하의 징역에 처한다.

〈견해〉
A: ㉠은 비밀탐지죄에 해당한다. '탐지'는 주거 내부의 정보를 알아내어 거주자가 누리는 사생활의 안전감을 침해하는 것이고, '녹음 또는 청취 등의 방식'은 반드시 음향적 또는 청각적 방식에 제한되지 않으므로 녹화 또는 조망의 방식을 포함한다.
B: ㉠은 불법수색죄에 해당한다. '수색'은 사람이나 물건을 발견하기 위하여 일정한 장소를 조사하는 것이다. 기존에 불법수색죄는 주거나 건조물에 적법하게 들어간 사람이 권한 없이 수색하는 경우를 처벌해왔지만, 불법수색죄의 문언 자체는 주거나 건조물에 들어간 경우만으로 제한하고 있지 않다. 따라서 불법수색죄는 위법하게 주거나 건조물에 들어가 권한 없이 수색한 사람도 처벌할 수 있고 주거나 건조물 밖에서 그 내부를 권한 없이 수색한 사람도 처벌할 수 있다고 보아야 한다.

〈보기〉
ㄱ. 외부에서 창문을 통해 육안으로 타인의 주거를 들여다보는 것만으로는 비밀탐지죄의 '탐지'에 해당하지 않는다고 X국 법원이 판결하였다면, A는 약화된다.
ㄴ. 타인의 주거에 위법하게 들어가 정보를 획득하는 행위가 적법하게 들어가 정보를 획득하는 행위보다 더 위법하다는 것이 [규정] 제1조와 제2조의 형량을 다르게 정한 입법 취지라면, B는 강화된다.
ㄷ. 경찰이 수배자 갑을 찾기 위해 드론으로 영장 없이 을의 주거를 외부에서 촬영한 행위가 사생활의 안전감을 침해하지는 않았으나 위법한 '수색'에는 해당한다고 X국 법원이 판결하였다면, A는 약화되고 B는 강화된다.

① ㄱ ② ㄴ ③ ㄱ, ㄷ
④ ㄴ, ㄷ ⑤ ㄱ, ㄴ, ㄷ

33

다음 논쟁에 대한 분석으로 옳은 것만을 〈보기〉에서 있는 대로 고른 것은?

의무복무제를 운영하는 X국의 『병역법』은 병역의무를 이행해야 하는 자의 의무복무기간을 사병은 3년, 부사관은 7년, 장교는 10년으로 정하고 있다. 최근 X국 국회에는 부사관과 장교의 의무복무기간을 사병과 동일한 수준으로 단축하는 내용의 『병역법』 개정안이 제출되었다. 다음은 이를 둘러싼 갑과 을의 논쟁이다.

갑: 나는 개정안에 반대해. 장교나 부사관의 의무복무기간이 사병보다 긴 이유는 이들이 그 계급에 맞는 직무역량을 갖추기 위해 국가의 비용으로 장기간 훈련을 거쳐서 임용되기 때문이야. 예컨대 공군 조종사나 기술적 전문성을 요하는 부사관은 고가의 전문장비에 대한 장기간 교육을 받아야 해. 지금의 의무복무기간은 국가가 장교와 부사관의 직무역량을 충분히 활용하기 위한 최소한의 기간이야.

을: 나는 생각이 달라. 장교와 부사관의 의무복무에는 헌법상 국방의 의무를 수행하는 성격과 헌법상 직업의 자유를 실현하는 성격이 모두 있어. 사병과 같은 3년의 기간은 국방의 의무를 수행한다는 성격이 더 강하지만, 그 기간을 초과하는 복무기간은 직업활동으로서의 성격이 더 강하다고 생각해. 3년을 넘어 복무하게 하는 것은 장교와 부사관의 직업의 자유와 행복추구권을 과도하게 침해하는 것 같아.

〈보기〉

ㄱ. 정보기술의 발달로 군의 자동화 및 첨단화가 빠르게 진행되어 직무역량 강화를 위한 시간과 비용이 예전보다 대폭 절감되었다면, 갑의 견해는 약화된다.

ㄴ. X국의 『병역법』에 따르면 의무복무의 이행방식은 본인의 의사에 따라 사병, 부사관, 장교 중에서 선택할 수 있고 장교와 부사관은 지원자 중 적격자만 선발된다는 사실은 을의 견해를 강화한다.

ㄷ. 사병의 의무복무기간을 3년으로 정한 『병역법』 규정이 헌법에 반하지 않는다고 X국의 헌법재판소가 판단하였다면, 갑의 견해는 강화되고 을의 견해는 약화된다.

① ㄱ   ② ㄴ   ③ ㄱ, ㄷ
④ ㄴ, ㄷ   ⑤ ㄱ, ㄴ, ㄷ

34

〈견해〉에 대한 분석으로 옳은 것만을 〈보기〉에서 있는 대로 고른 것은?

학교폭력 피해가 날로 심각해지는 현실에서도 현행 규정이 피해학생의 보호와 신속한 권리구제에 미흡하다는 여론이 높아지자 개정안이 국회에 제출되었다.

현행	개정안
제○조(가해학생의 재심청구) 자치위원회가 내린 가해학생에 대한 모든 조치에 대하여 이의가 있는 가해학생 또는 그 보호자는 그 조치를 받은 날부터 15일 이내에 시·도학생징계조정위원회에 재심을 청구할 수 있다.	제○조(가해학생의 재심청구) 자치위원회가 내린 가해학생에 대한 조치 중 전학 또는 퇴학 조치에 대하여 이의가 있는 가해학생 또는 그 보호자는 그 조치를 받은 날부터 15일 이내에 시·도학생징계조정위원회에 재심을 청구할 수 있다.

이에 대해 다음과 같은 〈견해〉가 제시되었다.

〈견해〉

부모는 미성년 자녀의 교육 과정에 참여할 권리가 있으므로 학교가 학생에게 불리한 조치를 할 경우 이에 대한 의견을 제시할 권리도 갖는다. 개정안은 전학 및 퇴학의 경우를 제외하고는 재심을 허용하지 않음으로써 ㉠학부모의 이러한 권리를 침해한다. 또한 전학 또는 퇴학 조치를 받은 가해학생에게만 재심을 허용하고 있어 ㉡그 밖의 조치를 받은 가해학생과 그 보호자를 부당하게 차별하는 결과를 초래한다. 그러므로 현행 규정을 유지하여야 한다.

〈보기〉

ㄱ. 재심이 허용되지 않는 조치에 대해 다른 방법을 통한 법적 구제가 가능하다면, ㉠은 강화된다.

ㄴ. 가해학생에게 내려진 전학 또는 퇴학 조치는 다른 조치와 달리 추후 별도의 소송을 통해 번복되더라도 그 조치에 따른 가해학생의 피해가 회복 불가능하다면, ㉡은 약화된다.

ㄷ. 모든 가해학생에게 재심 기회를 부여하여 모범적인 사회인으로 성장할 수 있도록 하는 것이 학교와 사회의 책임이라면, ㉠은 약화되고 ㉡은 강화된다.

① ㄴ   ② ㄷ   ③ ㄱ, ㄴ
④ ㄱ, ㄷ   ⑤ ㄱ, ㄴ, ㄷ

35

〈견해〉에 대한 분석으로 옳은 것만을 〈보기〉에서 있는 대로 고른 것은?

> 공공재는 공중이 공동으로 이용할 수 있는 재화로서 그 소유권은 국민이 가진다. 공공재는 누구나 그것에 접근하여 이용할 수 있고 누구도 그것의 이용을 금지시킬 수 없다. 그런데 공공재는 관리가 안 되면 필연적으로 그 가치가 감소하게 된다. 이러한 편익감소를 막기 위해 국가가 '행정'이라는 이름으로 공공재를 관리한다. 그러나 이러한 경우에는 효율성이 떨어지는 문제가 있어 국가가 공공재를 관리하는 방법에 관하여 다음과 같은 〈견해〉가 제기되었다.

〈견해〉

A: 국민이 공공재에 대한 관리를 전적으로 국가에 위임하였으므로 국가는 공공재를 직접 관리하거나 제3자에게 관리하게 할 수 있다. 국가는 효율적으로 공공재를 관리하여 이용가격에 합당한 서비스 품질을 보장하기 위해 공공재의 관리를 민영화할 필요가 있다. 다만 국민은 공공재를 국가가 직접 관리하는 경우에 자기가 부담하는 비용을 초과하여 부담하지 않는 것을 조건으로 국가에 관리방법의 재량을 부여한 것이다. 국가는 이 조건을 충족시켜야 한다.

B: 민영화는 영리성을 고려할 수밖에 없으므로 종전에 국가가 관리하던 공공재 서비스 이용가격이 종국적으로 인상되거나 종전 가격 대비 서비스의 질적 하락을 가져온다. 따라서 국가는 민영화의 대안으로 '협치'를 채택하여야 한다. 국가는 편익감소를 막아야 하는 경우를 제외하고는 공공재의 관리에 직접 관여해서는 안 되며, 공공재를 이용하는 사회 구성원들이 그에 의해 발생하는 문제를 자치적으로 해결할 수 있도록 해야 한다. 시민사회의 협치가 실패하면 공공재가 관리되지 않는 상태가 된다. 따라서 사회 구성원들은 협치가 실패하지 않도록 노력해야 한다.

〈보기〉

ㄱ. A에 의하면, 공공재 X의 민영화 이후 이용가격이 국가가 직접 관리하였다면 국민이 부담하였을 이용가격보다 오른 경우, 국가는 초과된 부분을 국민이 부담하게 할 수 없다.
ㄴ. B에 의하면, 사회 구성원들에 의한 협치가 실패한 경우에는 국가는 공공재의 관리에 직접 관여할 수 있다.
ㄷ. 민영화를 하는 경우에 국가가 공공재 이용가격을 통제하면서 서비스의 질적 저하를 막을 수 있다는 연구 결과는 A를 강화하고 B를 약화한다.

① ㄱ ② ㄴ ③ ㄱ, ㄷ
④ ㄴ, ㄷ ⑤ ㄱ, ㄴ, ㄷ

36

다음 글에 대한 평가로 옳은 것만을 〈보기〉에서 있는 대로 고른 것은?

> X국에서 피의자가 불구속 상태에서 피해자에게 보복하는 사건들이 많이 발생하였다. 이에 '피해자에 대한 보복 우려'를 새로운 구속사유로 추가해야 하는지 여부를 두고 다음과 같은 〈견해〉가 제시되었다.

〈견해〉

A: 보복의 우려가 있는 경우 지금까지 법원은 기존 구속사유를 억지로 적용하여 구속하거나 구속사유가 없다는 이유로 구속하지 않았다. 전자의 경우에는 위법한 인신구속이라는 비판이 제기되었고, 후자의 경우에는 보복 범죄를 막을 수 없다는 지적이 있었다. 이런 문제를 해결하기 위해서는 '피해자에 대한 보복 우려'를 명시적인 구속사유로 도입하는 것이 바람직하다.

B: 보복의 우려로 인해 피해자 보호가 필요한 경우에 현행 구속 제도는 구속과 불구속 중 양자택일해야 한다는 한계가 있다. 하지만 이를 해결하기 위해 새로운 구속사유를 추가하기보다는 제3의 방법을 도입할 필요가 있다. 기존의 구속사유에 해당하지 않지만 보복의 우려가 인정되는 경우, 법원이 피의자의 불구속 상태를 유지하면서 주거 또는 이동 제한, 피해자에 대한 접촉 제한, 특정 행위의 금지, 여권 제출, 공공기관에의 정기적 출석 등의 조건을 피의자에게 부과하는 이른바 '조건부 불구속 제도'를 도입하면 충분하다.

〈보기〉

ㄱ. 피해자에 대한 보복 우려가 구속사유로 규정되어 있는지를 불문하고 그 사유만으로 피의자를 구속하는 것 자체가 인권 침해라고 X국의 인권기구가 판단하였다면, 이는 A의 입장을 약화한다.
ㄴ. 조건부 불구속 제도가 도입되더라도 대부분의 판사가 피해자에 대한 보복 범죄가 발생할 경우 직면하게 될 사회적 비난을 피하기 위해 불구속보다는 구속으로 결정할 것이라는 연구 결과가 있다면, 이는 B의 입장을 강화한다.
ㄷ. A와 B 모두 현재의 제도로는 위법 소지에 대한 비판을 감수하고 인신을 구속하지 않는 한, 피해자에 대한 보복 우려를 해소할 수 없다는 점을 인정한다.

① ㄱ ② ㄴ ③ ㄱ, ㄷ
④ ㄴ, ㄷ ⑤ ㄱ, ㄴ, ㄷ

37

〈견해〉에 대한 평가로 옳은 것만을 〈보기〉에서 있는 대로 고른 것은?

갑은 을이 빌린 돈을 갚지 않자 을에게 갚으라고 하였다. 을은 돈이 없다며 갚지 않았고, 갑이 알아보니 을은 병에게서 받을 돈이 있음에도 받아내지 않고 있었다. 이러한 상황에서 갑이 병을 상대로 을에게 돈을 지급하라고 할 권리가 있는지에 대해 다음과 같은 〈견해〉가 있다.

〈견해〉

A: 권리자만이 권리를 행사할 수 있고, 의무자는 권리자가 주장한 경우에 한하여 의무를 이행해야 한다. 권리자가 그 권리를 행사할 것인지 여부는 전적으로 권리자의 자유인데, 이를 제3자가 행사하는 것은 권리자의 자기결정권을 침해 한다. 다만, 제3자가 권리자의 권리를 넘겨받기로 약정하거나 의무자의 의무를 떠맡기로 약정하였다면 그 스스로 권리 또는 의무의 당사자가 되었기 때문에 더는 제3자가 아니다.

B: 을은 병에게서 돈을 받더라도 어차피 갑에게 갚아야 할 것이므로 구태여 시간과 비용을 들여 병에게 권리행사를 하지 않을 것이다. 만약 이때 직접적인 권리자만이 권리를 행사할 수 있다고 본다면 결국 병은 누구에게도 돈을 지급하지 않게 되는 반사적 이익을 누리게 되고, 갑이 을에게서 돈을 받을 수 없는 상황은 계속된다. 이러한 이유에서 권리자 및 의무자의 상황, 제3자와 권리자의 관계, 제3자의 권리보장의 필요성을 고려하여 직접적인 권리가 없는 제3자도 의무자를 상대로 권리를 행사할 수 있다.

〈보기〉

ㄱ. a가 장기간 유럽 여행을 갔는데 옆집 b가 a의 집안에 쓰레기를 버리자 이를 본 c가 a의 동의를 얻지 않고 a를 대신하여 b에게 그 쓰레기를 치우라며 제기한 주장을 법원이 인정한 사례는 A를 약화한다.

ㄴ. d의 아버지인 e가 의무자 d의 채무를 대신 갚아주기로 권리자 f와 약속한 경우, 법원이 e에 대한 f의 청구를 인정한 사례는 B를 강화한다.

ㄷ. g가 일으킨 교통사고로 h가 의식불명에 빠졌는데 h의 아들 i가 g에 대한 h의 권리를 대신 행사한 것을 법원이 인정하지 않은 사례는 A를 약화하고 B를 강화한다.

① ㄱ ② ㄷ ③ ㄱ, ㄴ
④ ㄴ, ㄷ ⑤ ㄱ, ㄴ, ㄷ

유형 02 – 인문학

01
2009학년도 LEET 예비 문12

글쓴이의 견해를 지지하는 것을 〈보기〉에서 모두 고른 것은?

> 한 시대 갈등의 성격은 표면적 사건들이 아닌 근본적 원인에 의해 규정되어야 한다. 일제강점기 한국 사회 문제의 핵심이 한민족 내부의 계층적, 계급적 또는 이념적 갈등이었다는 시각이 있다. 그러한 시각에 따른 연구들은 한국이 전근대 체제로부터 근대화되면서, 도시에서는 공업이 발전하여 노사 분규가 빈번해졌으며, 농촌에서도 농업 생산성 향상에 힘입어 생겨난 기업농들에게 저항한 농민 항쟁이 꾸준히 일어났다는 등의 자료에 의존한다. 그러나 이것은 피상적인 현상 분석에 불과하다. 그러한 현상의 이면에는 더 근본적인 원인이 있다. 당시 노동자와 농민의 절대다수를 차지했던 한국인들은 조선총독부와 일본계 부르주아지에 의해 극심한 착취를 당하였고, 민중의 삶은 개선되지 않았다. 이념에 따라 분열되었던 사회 운동 단체들도 독립이라는 궁극적 목표를 위해 다양한 전술을 택하였다는 증거가 많다.

〈보기〉
ㄱ. 사회 운동 진영이 좌우로 분열될 때에는 단체의 지도자들이 만나 타협하여 독립 운동이 지속되었다.
ㄴ. 극렬한 농민 항쟁의 대부분은 대농지를 소유한 한국인 기업농에게 한국인 소작농이 저항하는 내용이었다.
ㄷ. 산업, 농업과 같은 경제 영역뿐 아니라 교육, 일상생활, 대중문화 등의 여러 영역에서 근대화가 진행되었다.

① ㄱ ② ㄴ ③ ㄷ
④ ㄱ, ㄴ ⑤ ㄱ, ㄴ, ㄷ

02
2009학년도 LEET 예비 문17

갑의 논지를 따르면 정당화되지만 을의 논지를 따르면 정당화되기 어려운 진술을 〈보기〉에서 고른 것은?

> 갑: 정상적인 이해력을 가진 어떤 성인이 자신에게 좋다고 판단해서 선택한 삶의 방식에 대해서 우둔하다거나 무절제하다는 등의 이유로 그러한 삶의 방식을 금지할 수는 없다. 자신에게 좋은 것 혹은 이익이 되는 것에 대해서 가장 큰 관심을 가질 뿐만 아니라 가장 잘 알고 있는 사람은 바로 자기 자신이기 때문이다. 그러므로 어떤 성인이 선택한 삶의 방식이 타인에게 직접적으로 아무런 해를 끼치지 않는 한 그의 판단과 선택을 존중해 주는 것이 마땅하다.
>
> 을: 어느 누구도 완전하게 고립된 존재가 아니므로 다른 사람에게 해악을 끼치지 않고 오직 자신에게만 해로운 행동을 한다는 것은 불가능하다. 인간은 선을 선택하고 악을 회피하도록 장려해야 할 의무를 상호 간에 지니고 있다. 그러므로 어떤 행위가 그 행위를 하지 않은 사람이나 그 행위에 동조하지 않은 사람들에게 해를 끼칠 경우에만 그 행위를 금지하는 것은 옳지 않다.

〈보기〉
ㄱ. 사람들이 자동차를 탈 때 안전벨트를 착용하도록 규제하는 것은 정당하다.
ㄴ. 대마 흡연과 같이 피해자 없는 행위에 대해 그것이 가져올 추정적 해악을 이유로 규제하는 것은 옳지 않다.
ㄷ. 성인의 포르노 영화 관람이 타인의 권리를 침해하지 않는다면 그것을 규제할 어떤 법률도 제정해서는 안 된다.
ㄹ. 자신의 게으름 때문에 구걸하는 사람을 규제하는 것은 그가 가진 불가침의 권리와 자유를 침해하는 것이 아니다.

① ㄱ, ㄴ ② ㄱ, ㄹ ③ ㄴ, ㄷ
④ ㄴ, ㄹ ⑤ ㄷ, ㄹ

03

다음의 논증에 대한 판단으로 옳지 않은 것은?

㉠ 로마는 수없이 많은 전쟁을 치렀고 이로 인해 사람들은 엄청난 고난을 겪어야 했지만, 적대적 외부 국가들이 없어지지는 않았다. ㉡ 이 숱하게 엎치고 덮치는 전쟁은 재앙이며 통탄할 만한 악이다. ㉢ 어떤 사람들은 의로운 전쟁은 필요하며 통탄할 이유도 없다고 말한다. ㉣ 의로운 전쟁을 불가피하게 만든 것은 물론 상대편의 불의일 것이다. ㉤ 하지만 상대편의 불의라 하더라도 전쟁을 일으킬 만한 커다란 불의, 인간들이 저지른 불의라는 점을 생각한다면, 인간 누구나 모든 전쟁을 통탄해야 마땅하다. ㉥ 또 사람이라면 누구나 전쟁이라는 이토록 거창하고 잔혹한 악에 대해 숙고할수록 고통스러워진다. ㉦ 따라서 사람이라면 누구나 전쟁은 비참하다고 실토해야 마땅할 것이다. ㉧ 인간치고 전쟁에 대해 숙고하면서 아무런 고통을 느끼지 않는 사람이 있다면 그의 정신 상태는 더욱 비참하다고 해야 할 것이다. ㉨ 그 사람은 인간적 감각을 상실한 대가로 자기가 행복하다고 생각하는 것이기 때문이다.

① ㉢에서 소개되는 '어떤 사람들'의 주장이 참이라면 ㉡은 약화된다.
② ㉣과 ㉤이 결합하여 ㉢에서 소개되는 '어떤 사람들'의 주장을 반박한다.
③ ㉥은 ㉦을 지지하는 근거이다.
④ ㉧에서 언급된 사람이 실제로 존재한다면 ㉥은 약화된다.
⑤ ㉨에서 드러나는 글쓴이의 판단이 맞는다면 ㉦은 약화된다.

04

다음 논증에 대한 평가로 옳은 것만을 〈보기〉에서 있는 대로 고른 것은?

전쟁의 원인에 관한 세 가지 다른 수준에서의 분석이 있다. 먼저 전쟁의 원인은 인간의 본성 때문이라는 분석이 있다. 이는 인간이 근본적으로 사악하다고 가정하고, 전쟁은 사악한 인간의 권력에 대한 욕구로부터 발생한다고 주장한다. 그러나 우리는 역사를 통해서 특정한 지역이나 시대에만 전쟁이 빈번하게 발생했음을 알 수 있다. 만약 인간의 사악한 권력욕이 전쟁의 원인이라면, 전쟁의 편중된 발생을 설명할 도리가 없다.

다른 한편으로 전쟁의 원인을 국가의 속성, 즉 한 국가의 정치체제에서 찾으려는 분석이 있다. 민주 정치체제가 그 민주성으로 인해 비민주 정치체제에 비하여 전쟁이라는 극단적인 결정을 하기가 상대적으로 어렵다는 것이다. 하지만 민주국가인 미국이 20세기 후반 크고 작은 전쟁에 지속적으로 연루되었다는 사실은 어떻게 설명하겠는가? 정치체제의 성격과 국제 분쟁의 발발 사이에는 제한적인 관계만 있을 뿐이며, 이러한 관계는 대부분의 전쟁 사례에서 그 원인을 밝혀 주지 못한다.

그렇다면 국제 분쟁의 궁극적 원인은 국제적 무정부 상태라고 규정되는 국제체제의 상황에 있다고 보아야 한다. 전쟁은 국제적으로 인정된 어떤 권위나 공동체 의식의 부재로 인해 평화적인 분쟁 해결의 효과적인 방법들이 결여된 국제체제에 기인하는 것이다. 이러한 국제체제에서 국가 간의 전쟁가능성은 국제 제도를 통해 완화될 수 있다.

〈보기〉

ㄱ. "유엔 안전보장이사회의 무기금수 조치를 통해 국가 간의 전쟁을 억지할 수 있다."는 주장이 참이라면, 이 논증의 설득력은 높아진다.
ㄴ. "인간의 덕스러움은 교육과 훈련을 통해서 문명에 따라 차별적으로 신장될 수 있다."는 주장이 참이라면, 이 논증의 설득력은 낮아진다.
ㄷ. "공산주의에서 자본주의로의 경제체제의 전환 혹은 독재국가로부터 민주국가로의 전환이 전쟁 방지에 도움이 된다."는 주장이 참이라면, 이 논증의 설득력은 낮아진다.

① ㄴ ② ㄷ ③ ㄱ, ㄴ
④ ㄱ, ㄷ ⑤ ㄱ, ㄴ, ㄷ

05

2011학년도 LEET 문31

스승과 제자의 대화에 대한 평가로 타당하지 않은 것은?

> 제자₁: 왜 도덕적으로 살아야 합니까? 들키지 않고도 잘할 수 있을 것 같으면 이기적이고 비도덕적인 일을 서슴지 않고 하는 것이 더 이득이지 않습니까?
>
> 스승₁: 그런 식으로 성공하려면 대부분의 사람들은 갖출 수 없는 엄청난 능력이 필요해. 신이 아니고선 성인이나 지킬 수 있는 원칙들을 따르기 어려운 것처럼, 악마가 아니고선 극단적 범죄성을 요구하는 원칙들을 따르기는 어려워. '항상 양심의 가책 없이 나쁜 일을 잘 해내는' 이런 극단적 범죄성이 알다시피 사람들에겐 부족하잖아.
>
> 제자₂: 그럼 대개는 규범을 따르다가 감시와 벌을 피할 수 있을 때만 어기는 쪽으로 원칙을 세우면 되지 않을까요?
>
> 스승₂: 사람들의 능력을 생각해 볼 때, 똑바로 사는 척하는 최선의 방법은 그냥 똑바로 사는 거야. 그리고 하나 더 말하면, 인류는 이미 가식과 범죄가 남는 장사가 못 되게끔 사회를 발전시켜 놓았어.
>
> 제자₃: 양심과는 거리가 먼 사업에서 큰돈을 번 사람들은요?
>
> 스승₃: 그런 식으로 번 돈은 행복을 가져다주지 못해. 또 그만한 능력으로 돈벌이는 덜 되지만 건전한 직업을 택했으면 더 행복했을 거야.
>
> 제자₄: 부정하게 돈을 벌면서도 행복한 사람들이 있습니다.
>
> 스승₄: 그런 경우는 드물 수밖에 없어. '그냥 똑바로 산다'는 건 습관을 넘어 그런 성향을 갖는다는 것, 즉 규범에 맞을 때 기분이 좋아지고 어긋날 때 기분이 나빠지는 감정까지도 갖는다는 것을 뜻하거든. 이런 성향에 기반을 둔 상호 협조와 애정이 우리에게 없다면 우리가 삶에서 기대하는 따뜻함과 행복은 물거품이 되고 말 거야.
>
> 제자₅: 성향까지 갖추라는 것은 지나치지 않나요? 그런 성향은 결국 자신의 자잘한 잘못도 혐오하게 하고 자기 증오로 발전할 수도 있을 것입니다. 그렇다고 자기 증오까지 안 가도록 잘못에 대한 반감을 완화하다 보면 성향 자체가 사라질 수도 있습니다.
>
> 스승₅: 균형이 중요하지. 모든 일상적인 사태들에서 지키기에는 충분하면서 신경쇠약에 걸릴 정도는 아닐 만큼만 나쁜 행위에 반감을 동반하도록 해야 해.

① 테레사 수녀처럼 자기희생과 헌신에서 오히려 행복을 느끼는 사람이 있다는 사실은 스승₁의 주장을 약화시키지 않는다.

② 가끔씩 양심의 가책 없이 나쁜 일을 잘 해내는 것도 보통 사람들은 수행하기 어렵다는 점을 인정하면 스승₂의 설득력은 높아진다.

③ 돈만 많으면 행복이 보장된다거나, 행복에는 상당한 돈이 필요하고 상당한 돈을 위해서는 그만큼의 비도덕적 행위가 불가피하다는 것을 보이면 스승₃이 반박된다.

④ 비도덕적으로 많은 돈을 번 사람이 이후 자기 재산을 좋은 일에 흔쾌히 쓰면서 비로소 행복을 찾은 경우가 있다면 스승₄는 약화된다.

⑤ 스승₅가 제자₅에 대한 충분한 답이 되려면 자기 증오에 빠지지 않으면서도 도덕적 성향을 유지할 수 있는 중도의 길이 가능하다는 것을 보여야 한다.

06

2013학년도 LEET 문31

다음 논증의 설득력을 약화하는 논거로 가장 효과적인 것은?

> 인간 복제 연구는 적극적으로 장려되어야 할 과제다. 그런데도 이 과제를 통해 인류에게 큰 혜택을 제공하게 될 이들이 자신들의 목적은 단지 연구용 줄기세포를 생산하는 것일 뿐 인간 복제의 의도가 없다고 둘러대고 있어 아쉽다. 그러다 보면 연구의 방향성과 추동력을 상실하고 고귀한 성취의 희망을 스스로 무산시키게 될 가능성이 있기 때문이다. 복제 연구를 훼방하는 최대 요소는 복제에 대한 그릇된 혐오와 그 효용에 대한 인식의 부족이다. 따지고 보면 인간 복제는 누군가의 쌍둥이 형제나 자매를 낳는 것과 다를 바 없는 일이다. 형제나 자매가 태어나도록 하는 일을 부자연스럽다거나 악하다고 할 이유가 없다. 다음 경우를 보면 판단은 분명해진다. 남편의 불임증 때문에 아이를 가질 수 없는 부부의 경우, 모르는 남성의 정자를 아내에게 인공수정하여 아이를 가지는 것과 부부 스스로의 힘으로, 즉 아내나 남편을 복제하여 아이를 가지는 것, 둘 중 어느 편이 나은가? 전자의 방식으로 태어난 아이는 훗날 자신의 '생물학적 부친'이 누군지 궁금해 할 것이고, 이 방식의 해결이 함축하는 가족 내부의 유전적 이질성은 결국 가정의 내적 결속을 와해할 가능성이 크다. 그러나 복제를 통해 태어난 아이는 모든 유전적 특성을 아내 혹은 남편으로부터 고스란히 물려받았기 때문에 이런 위험이 존재하지 않는다. 자녀 갖기를 포기하거나 다른 부모가 낳은 아이를 입양할 수도 있지만, 부부 스스로의 힘으로 자녀를 낳은 경우와 견줄 수는 없을 것이다. 불임 가정의 고통을 해소할 최선의 길을 열어준다는 점에서 인간 복제 연구는 우리 사회의 미래를 밝히는 중요한 희망이다.

① 가정의 결속을 위협할 것은 유전적 이질성이 아니라 복제로 태어난 아이가 부부 중 한 사람의 쌍둥이 형제이기도 한 까닭에 겪게 될 정체성 갈등이다.

② 연구개발 과정에서 희생되는 숱한 실험동물의 생명을 고려할 때 복제 연구를 비롯한 모든 의학 연구는 인간만을 위한 종(種) 이기주의적 행위에 불과하다.

③ 고유하고 독립적인 인격을 지닌 개체라는 점을 고려하면 복제 인간도 사회적, 법적 차원에서 보통 인간과 동등하게 존엄성을 지닌 존재로 취급되어야 할 것이다.

④ 사회 전체의 이익이라는 관점에서는 가정을 이룬 부부가 자녀 갖기를 거부하거나 포기하는 편보다 어떤 방식으로든 자녀를 갖는 편을 선택하도록 유도하는 것이 옳다.

⑤ 연구 과정에서 최초에 의도하지 않았던 과학적 업적이 이루어지는 일이 다반사라고 해도 연구목적을 명료하게 설정하는 것이 연구 효율성의 전제조건이라는 사실은 부정되지 않는다.

07

㉠에 대한 대답으로 적절한 것만을 〈보기〉에서 있는 대로 고른 것은?

타인에 대한 신뢰의 형태는 크게 두 가지로 구분된다. 좁은 범위의 친숙하고 가까운 타인들에 대한 특수한 신뢰와 넓은 범위의 잘 알지 못하는 타인들에 대한 일반적 신뢰가 그것이다. 통상적으로 신뢰는 후자인 일반적 신뢰를 지칭한다. 사회학자들은 일반적 신뢰를 조사를 통해 측정해 왔다. 일반적 신뢰를 묻는 질문의 의도는 가깝고 익숙한 사람들이 아닌 멀고 낯선 사람들에 대한 신뢰를 측정하는 것이다. 기존 설문조사는 일반적 신뢰를 측정하기 위해 "귀하는 일반적으로 대부분의 사람들을 신뢰할 수 있다고 생각하십니까, 아니면 조심해야 한다고 생각하십니까?"라는 질문을 사용한다.

한편, 사회학자 A는 한 사회의 지배적 문화에서 나타나는 신뢰의 범위가 저신뢰 사회와 고신뢰 사회를 구분하는 기준이라고 주장한다. 그에 따르면, 신뢰의 범위가 가족이나 잘 아는 친구에 머무는지 아니면 잘 모르는 사람에게까지 확장되는지가 중요하다. 그는 아시아에 위치한 Z국처럼 연줄을 중시하고 특수한 관계에 기초한 좁은 범위의 신뢰만을 허용하는 문화는 저신뢰 사회로 흐를 가능성이 높고, 서구 선진국들처럼 보편주의의 원칙에 입각한 넓은 범위의 신뢰가 지배적인 문화는 고신뢰 사회가 될 가능성이 높다고 주장한다. 그럼에도 불구하고, 다수의 국제 비교 조사는 Z국의 일반적 신뢰 수준이 최상위권에 위치하고 있음을 보여준다. ㉠Z국의 일반적 신뢰 수준이 최상위권이라는 조사 결과와 Z국이 저신뢰 사회라는 주장을 어떻게 동시에 받아들일 수 있을까?

〈보기〉

ㄱ. Z국 사람들은 이동이 어려웠던 국토의 특성상 지역 단위 경제권을 발달시켜 살았던 역사가 있기 때문에 같은 지역 출신 지인들만을 신뢰하는 경향이 강하기 때문이다.
ㄴ. Z국 사람들은 타인에 대한 불신을 다른 사람에게 밝히는 것을 꺼려 하는 경향이 강하기 때문이다.
ㄷ. Z국 사람들은 '대부분의 사람들'에 해당하는 사람을 떠올릴 때 자신의 신뢰 범위 내에 있는 사람들 중에서 찾는 경향이 강하기 때문이다.

① ㄱ   ② ㄷ   ③ ㄱ, ㄴ
④ ㄱ, ㄷ   ⑤ ㄴ, ㄷ

08

다음 주장들에 대한 평가로 옳은 것만을 〈보기〉에서 있는 대로 고른 것은?

A: 인간은 일해야만 하는 유일한 동물이다. 일에 몰두하는 것은 그 자체로는 즐겁지 않고 사람들은 일을 다른 목적 때문에 떠맡는다. 반대로 놀이에 몰두하는 것은 그 자체로 즐거우며 놀이 이상의 목적을 의도하지 않는다. 인간은 무위도식하려는 강력한 경향성을 가지고 있어 일 안하고 놀수록 일하려고 결심하는 것은 힘들다. 그러므로 어린 시절부터 일을 위한 숙련성이 양성되어야 한다. 교과를 배우는 것도 목적의 도달에 숙련되기 위해서이다. 숙련성의 양성을 위해서는 강제가 동원되어야 하는데 학교 밖에서 이것이 가능하겠는가? 학교에서 놀이를 통해 교과를 배우도록 하는 것은 일종의 공상이다.

B: 인간은 일을 통해 자신을 창조한다. 성인은 외적으로 요구되는 것에 대해 자신의 노력을 기울임으로써 일하지만, 어린이가 일하는 과정은 내적 자아를 구성하는 과정이다. 그래서 성인은 일을 위해 최소한의 노력으로 최대한의 효과를 얻으려는 법칙을 사용하지만, 어린이는 일하면서 최대한의 에너지를 소비하며 사소한 일을 행하는 데에도 모든 잠재력을 사용한다. 어린이는 일을 하면서 놀이를 하는 것이다. 그러므로 교육기관은 어린이가 일을 통해 자신을 창조할 수 있는 환경 및 교구를 제공해야 한다.

C: 인간은 놀이할 때 비로소 완전한 인간이 된다. 일은 세계를 이용해야 할 대상으로 보는 활동인 반면, 놀이는 세계를 설명하고 이해하고자 하는 마음이 담긴 활동이다. 놀이는 그 어떤 것의 수단이 아니며 그 자체로 의미와 가치를 지닌다. 철학, 과학, 역사는 세계에 대한 이해와 설명으로 들어가는 각기 다른 모험들이다. 이런 교과를 배워서 철학자, 역사가, 과학자의 사유 방식을 탐구하는 동안 우리는 일하는 것이 아니라 이들과 대화를 통해 놀이하는 것이다. 학교는 직업적 숙련성을 양성하는 장소가 아니다.

〈보기〉

ㄱ. '수학 교과를 놀이하면서 배우는 것은 불가능하다'라는 주장에 A는 동의하고 B와 C는 동의하지 않는다.
ㄴ. '학교는 일을 위한 공간이다'라는 주장에 A는 동의하고 B와 C는 동의하지 않는다.
ㄷ. '과학을 배우는 이유는 일을 위한 쓸모 때문이다'라는 주장에 A는 동의하고 C는 동의하지 않는다.

① ㄱ   ② ㄴ   ③ ㄱ, ㄷ
④ ㄴ, ㄷ   ⑤ ㄱ, ㄴ, ㄷ

09 2016학년도 LEET 문16

[A]에 들어갈 진술 중 을의 반박을 약화할 수 있는 갑의 주장으로 가장 적절한 것은?

> 등산을 좋아하는 X는 가을에 에베레스트 등반을 계획하고 있었다. 그런데 그 해 봄에 임신 2개월째라는 것을 알게 되었다. X는 분명히 그 해에 아이를 가질 예정이었다. 그러나 그 시기는 등반을 마친 이후였는데 실수로 먼저 임신을 하게 되었다. 그는 등반 이후에 다시 아이를 갖기로 하고 낙태 수술을 받았다.
>
> Y도 임신을 계획하고 있었다. 다만 치료차 복용 중이던 약 때문에 바로 아이를 가지면 아이에게 장애가 생기게 되지만, 3개월 후 완치된 다음에 임신하면 건강한 아이를 갖게 된다는 것을 알았다. 그러나 Y는 기다리지 않고 곧 아이를 가졌다.
>
> Y에게서 장애가 있는 아이가 태어났다. 아이가 자라서 "엄마는 왜 그때 나를 낳았어요? 3개월 후에 임신했다면 나는 장애를 안 가지고 태어났을 텐데요."라고 말한다. 이에 Y는 "그때 3개월을 기다려 임신했다면 너는 안 태어났을 거야. 다른 아이가 태어났겠지. 장애가 있긴 해도 너는 그렇게라도 태어났기에 이런 말도 할 수 있는 거야. 나는 네게 잘못한 것이 없어."라고 말한다.
>
> 갑: X의 행동은 옳지 못하다. 인간의 생명은 마음에 들지 않는다고 대체할 수 있는 성격의 것이 아니다.
>
> 을: 그럼 Y의 사례는 어떻게 생각하는가?
>
> 갑: Y가 뭔가 잘못하지 않았나? Y는 장애가 없는 아이를 가질 수도 있었는데 장애가 있는 아이를 가졌으니까.
>
> 을: 당신의 입장은 일관되지 않다. 당신의 말대로 아이가 대체 가능하지 않다면 아이의 항의보다 Y의 대답이 더 정당해야 한다. Y는 아이가 대체 가능하지 않다고 생각하고 있으니까.
>
> 갑: 내가 X에 적용한 기준은 Y에 적용할 수 없다.
>
> [A]

① X는 산모의 생명이나 건강 이외의 다른 이유로 낙태를 할 수 있다고 생각했고, Y는 어떤 것도 낙태의 이유가 될 수 없다고 생각했기 때문이다.
② X는 만족스러운 삶의 질을 가질 아이를 낳지 않은 것에 잘못이 있고, Y는 덜 만족스러운 삶의 질을 가진 아이를 낳은 것에 잘못이 있기 때문이다.
③ X는 7개월을 기다렸다면 태어났을 아이를 존재하지 않게 하였고, Y는 3개월을 기다렸다면 가졌을 아이를 존재하지 않게 했기 때문이다.
④ X는 이미 존재한 생명에 대해 결정을 했고, Y는 아직 생명이 존재하기 전에 결정을 내렸기 때문이다.
⑤ X는 누구인지 모르는 아이에게 해를 끼쳤고, Y는 누구인지 아는 아이에게 해를 끼쳤기 때문이다.

10 2016학년도 LEET 문20

〈가설〉과 〈실험〉의 관계에 대한 진술로 옳은 것만을 〈보기〉에서 있는 대로 고른 것은?

〈가설〉

인적 자본 가설은 기업에 채용될 남녀의 확률이 다르게 나타나는 현상을 생산성을 나타내는 인적 자본의 성별 차이로써 설명한다. 인적 자본은 교육 수준, 직무 경험, 직무에 대한 능력 및 헌신 등 업무 수행에 필요한 인적 특성을 뜻하는데, 이 가설은 여성이 남성에 비해 이러한 인적 자본이 부족하다는 점을 강조한다. 기업의 입장에서 낮은 인적 자본은 낮은 생산성으로 이어지기 때문에 여성 대신 남성을 선호한다는 것이다.

이에 반해 차별 가설은 교육 수준이 동일하고 직무 경험도 비슷하며 유사한 능력을 갖췄다고 하더라도 같은 직무에 지원할 경우 여성이 남성보다 채용될 확률이 낮은 현상에 주목한다. 차별 가설은 여성이 특정 업무에 적합하지 않으며 업무 수행 능력 등이 남성보다 뒤떨어진다는 고용주의 편견과 고정 관념으로 인해 채용상의 불이익을 받는다고 설명한다.

〈실험〉

갑은 오케스트라 단원 채용에 관한 자료를 가지고 두 가설을 검증해 보았다. 채용 시험은 서류 심사와 연주 심사라는 두 단계로 이루어진다. 우선 서류 심사로 일정 배수의 지원자를 뽑는다. 서류 심사를 통과한 지원자들은 연주 능력 등 오케스트라 단원으로서 요구되는 최소한의 인적 자본을 갖추고 있는 것으로 간주된다. 최종 합격 여부는 서류 심사를 통과한 지원자를 대상으로 한 연주 심사 점수에 의해 결정된다.

갑이 모은 자료를 보면 연주 심사는 두 가지 형태가 있었는데, 하나는 평가자들이 지원자의 성별을 파악할 수 있는 공개 평가 방식이었고, 다른 하나는 연주자를 커튼으로 가려 성별을 알 수 없게 하는 방식이었다. 자료 검토 결과, 지원자들은 두 방식에 무작위로 배정되었다고 간주할 수 있었다. 갑은 각 방식에 따라 연주 심사에 응한 남성과 여성의 수를 파악한 후 채용된 남성과 여성의 수를 분석하였다.

* 서류 심사에서는 지원자의 성별이 노출되지 않으며, 연주 심사의 평가는 지원자의 인적 자본 변인들이나 성별에 의해서만 이루어진다고 가정한다.
** 남성 합격률 = (남성 합격자 수/연주 심사에 응한 남성 지원자 수) × 100
여성 합격률 = (여성 합격자 수/연주 심사에 응한 여성 지원자 수) × 100

〈보기〉

ㄱ. 공개 연주 심사의 여성 합격률이 커튼으로 가린 연주 심사의 여성 합격률보다 유의미하게 높다는 결과는 인적 자본 가설을 지지한다.
ㄴ. 공개 연주 심사에서 여성 합격률이 남성 합격률보다 유의미하게 낮다는 결과는 차별 가설을 지지한다.
ㄷ. 커튼으로 가린 연주 심사에서 여성의 합격률이 남성의 합격률보다 유의미하게 낮다는 결과는 인적 자본 가설을 지지한다.

① ㄱ ② ㄴ ③ ㄷ
④ ㄴ, ㄷ ⑤ ㄱ, ㄴ, ㄷ

11

다음 주장에 대한 평가로 옳은 것만을 〈보기〉에서 있는 대로 고른 것은?

인간의 심리는 자연선택에 의한 진화의 산물이다. 즉, 우리의 마음이나 감정은 번식 가능성의 증대라는 기준으로 진행되는 자연선택의 산물이라는 것이다. 예를 들어 토사물, 배설물, 상한 음식, 시체 등의 자극이 일으키는 혐오감은 강한 불쾌감과 함께 때로는 구역질까지 동반하는 정서로 인간이 지니는 보편적인 감정 중의 하나이다. 번식이나 생존과 같은 고도의 생물학적 충동에서는 혐오 체계가 억제되기도 하지만, 대체로 혐오를 느낀 사람들은 혐오를 유발한 자극을 회피하는 행동을 한다. 왜 우리는 이처럼 역겨워하는 정서를 경험할까?

구체적인 대상들에 대한 혐오감은 전염성 병원체를 옮길 수 있는 매개체를 회피하게끔 자연선택에 의해 설계된 적응이다. 혐오를 주로 일으키는 자극은 유해한 미생물의 온상이므로 몸속에 들어서는 안 되는 것들이다. 혐오를 유발하는 토사물, 배설물, 상한 음식 등은 상당수의 전염성 세균이나 바이러스를 포함한다. 기침할 때 나오는 침이나 콧물은 체내에 들어오면 폐결핵이나 인플루엔자 등을 옮길 수 있다. 특히 낯선 사람의 분비물은 우리 면역 체계가 방어하기 어려운 낯선 병원체를 전파하기 쉽기 때문에 혐오 정도가 더 심하다.

〈보기〉

ㄱ. 건강한 사람이 병에 걸리고 난 후, 같은 자극에 대해서 혐오감을 더 강하게 느낀다면, 위 주장은 약화된다.
ㄴ. 대변에서 풍기는 냄새에 혐오감을 느끼는 정도는 그 냄새가 자신의 것에서 나든지 다른 사람의 것에서 나든지 차이가 없다면, 위 주장은 약화된다.
ㄷ. 목이 말라 곧 죽을 것 같은 상황에서는 깨끗해 보이지 않는 물에 혐오감을 덜 느끼면서 마신다면, 위 주장은 약화된다.

① ㄱ
② ㄴ
③ ㄷ
④ ㄱ, ㄷ
⑤ ㄴ, ㄷ

12

다음 논쟁에 대한 평가로 적절한 것만을 〈보기〉에서 있는 대로 고른 것은?

갑: 당신 진열장이 마음에 들어 내가 어제 당신이 요구한 대로 100만원을 주고 구입했는데, 왜 물품을 인도하지 않습니까?
을: 그 100만원 외에 그 진열장을 이루고 있는 부품 가격으로 100만원을 더 지불해야합니다. 진열장을 사려면 부품들도 함께 구입해야 하는데, 그 금액을 아직 받지 못했습니다.
갑: 진열장과 그 부품들이 따로따로라고요? 도대체 무슨 근거로 그 둘이 다르다는 겁니까?
을: 진열장과 그 부품들은 성질이 다릅니다. 진열장은 세련된 조형미를 갖추고 있지만 그 부품들엔 그런 것이 없습니다. 또 진열장을 분해하면 진열장은 더 이상 존재하지 않지만 그 부품들은 여전히 존재합니다. 따라서 둘은 별개의 사물입니다.
갑: 당신은 마치 가구 판매자로서의 당신과 가구 제작자로서의 당신이 별개의 사람인 듯이 이야기하는군요. 그건 관념적인 구별이고 실제 당신은 하나가 아닙니까? 진열장은 특정한 형태로 조합된 부품들일 뿐입니다. 둘은 다르지 않습니다. 나는 특정한 형태로 조합되어 진열장을 만드는 부품들을 구매했고, 따라서 그 부품들은 자동으로 따라오는 것입니다. 당신은 분해된 부품들이 아니라 특정한 형태로 조합된 부품들을 저에게 건네주기만 하면 됩니다.

〈보기〉

ㄱ. 을은 '서로 다른 성질을 지녔다면 서로 다른 사물'이라고 가정하고 있다.
ㄴ. 부품이 진열장으로 조립·가공되면서 창출되는 가치의 대가가 처음 지불한 100만원에 이미 포함되어 있다면 을의 주장은 강화된다.
ㄷ. 을의 논리에 따르면 부품 역시 부분들로, 또 그것들을 더 작은 부분들로 나눌 수 있으므로, 부분들에도 값이 있다면 진열장을 받기 위해 거의 무한대의 비용을 지불해야 할 수도 있다.

① ㄴ
② ㄷ
③ ㄱ, ㄴ
④ ㄱ, ㄷ
⑤ ㄱ, ㄴ, ㄷ

13

다음 논쟁에 대한 평가로 옳은 것만을 〈보기〉에서 있는 대로 고른 것은?

A: 인간은 이기적인 존재다. 인간은 주어진 상황에서 자신의 이익을 극대화하려고 노력한다. 다음과 같은 가상적 상황을 생각해 보자. 1천 원을 갑과 을이 나눠 가져야 한다. 먼저 갑이 각자의 몫을 정해 을에게 제안한다. 을이 이 제안을 받아들이면 그 제안대로 상황은 종료된다. 하지만 만약 을이 이 제안을 받아들이지 않으면 갑과 을 모두 한 푼도 받지 못하고 상황은 종료된다. 인간이 이기적이라면, 을은 제안을 거절해서 한 푼도 받지 못하는 것보다 돈을 조금이라도 받는 것을 선호할 것이므로 갑이 아무리 적은 돈을 제안해도 받아들일 것이다. 이를 예상한 갑은 당연히 을에게 최소한의 돈만 제안할 것이다. 따라서 갑은 허용되는 최소한의 액수, 예를 들어 10원만을 을에게 주고 나머지 990원을 자신이 가질 것이다.

B: 인간은 이기적인 존재만은 아니다. 위와 같은 이기적인 결과를 실제 실험에서는 거의 찾아보기 힘들다. 갑의 역할을 하는 사람이 돈을 거의 전부 차지하겠다고 제안하는 사례는 극히 드물었다. 많은 경우 상대방에게 40% 이상의 몫을 제안하는 관대함을 보였다.

C: 이제 조금 ⊙변형된 실험을 고려해 보자. 위와 같이 갑이 먼저 제안하지만 을은 이 제안을 거부할 수 없으며 이를 갑이 알고 있다. 이때 갑의 제안 금액이 달라지는지를 관찰하였다.

〈보기〉

ㄱ. 만약 ⊙에서 갑이 10원만을 제안한다면 B의 주장이 약화된다.
ㄴ. 만약 갑이 을을 이기적인 사람이라고 확신한다면 ⊙에서 10원만을 제안할 것이다.
ㄷ. ⊙의 결과를 통해 B에서 갑의 관대한 행동의 원인이 을의 거부 가능성에 영향을 받는지 알아볼 수 있다.

① ㄱ ② ㄴ ③ ㄱ, ㄷ
④ ㄴ, ㄷ ⑤ ㄱ, ㄴ, ㄷ

14

⊙과 ⓒ에 대한 평가로 옳은 것만을 〈보기〉에서 고른 것은?

많은 사람들은 ⊙동물에게도 도덕적 지위를 인정해야 한다고 주장한다. 어떤 대상에게 도덕적 지위를 부여하려면 적어도 그것이 쾌락과 고통의 감각 능력뿐만 아니라 주체적으로 지각하고 판단할 수 있는 능력까지 갖고 있어야 할 것이다. 사람들은 많은 고등 동물들이 이 두 가지 능력을 갖추었다고 판단한다. 물론 개나 고양이의 지각·판단 능력은 인간에 비해 열등하지만, 그렇다고 동물들이 주체적이지 않다고 하기는 어렵다. 단지 인간 수준에 못 미치는 것이 이유라면, 혹시라도 인간보다 훨씬 우월한 외계 종족 앞에서 우리가 주체적이지 않은 존재로 무시될 가능성이 있다. 그런 가능성이 우려된다면, 우리도 개나 고양이의 주체적 지각·판단 능력을 인정하는 편이 낫다.

로봇의 경우는 어떤가? 일반적으로 로봇의 핵심 특성으로 간주되는 지각, 정보처리, 행동출력의 세 요소는 동물의 주요 특징이기도 하다. 게다가 외부 자극을 수용하고 그 정보를 처리하여 적절한 반응을 출력하는 능력을 인정한다면, 쾌락과 고통의 감각 능력도 함께 인정하는 것이 자연스럽다. 이를테면, 로봇의 팔을 송곳으로 찔렀을 때 팔을 움츠리며 "아야!" 한다면 지금 고통을 느끼고 있다고 판단할 수 있다는 것이다. 또한 로봇을 금속이나 플라스틱이 아니라 동물의 신체와 동질적인 유기물 재료로 구성하는 일도 얼마든지 가능하다. 그렇게 보면 아마도 로봇과 동물의 차이가 분명해지는 측면은 양자의 발생적 맥락뿐일 것이다. 이렇듯 동물과 로봇의 유사성이 충분히 인정되는 상황에서, 적어도 동물에게 도덕적 지위를 부여할 수 있다고 생각하는 사람이라면, 심지어 지각 및 정보처리 능력에서 인간 수준에 필적해 있는 ⓒ로봇에게 도덕적 지위를 부여하지 못할 이유는 없을 것 같다.

〈보기〉

ㄱ. 동물과 로봇의 발생적 이력 차이가 쾌락 및 고통의 감각 능력을 평가하는 데 매우 중요한 요소로 밝혀진다면, ⊙에는 영향이 없고 ⓒ은 약화된다.
ㄴ. 동물과 로봇의 구성 소재 차이가 극복할 수 없는 것으로 밝혀진다면, ⊙은 강화되지만 ⓒ은 약화된다.
ㄷ. 인간보다 우월한 지각 및 판단 능력을 가진 대상이 존재하지 않는다면, ⊙은 약화되지만 ⓒ은 강화된다.

① ㄱ ② ㄴ ③ ㄱ, ㄷ
④ ㄴ, ㄷ ⑤ ㄱ, ㄴ, ㄷ

15

A~C에 대한 평가로 옳은 것만을 〈보기〉에서 있는 대로 고른 것은?

우리는 나무나 별과 같은 물리적 대상이 존재한다는 점은 모두 인정한다. 수나 집합과 같은 수학적 대상도 마찬가지로 존재한다고 할 수 있을까? 물리적 대상은 특정 시점과 특정 장소에 존재한다고 말할 수 있지만, 수학적 대상은 그렇지 않다는 점에서 비시간적이고 비공간적인 대상으로 생각된다. 또한 나무나 별은 우리의 감각에 직간접으로 어떤 영향을 미친다는 점에서 인과적 대상인 반면, 수나 집합과 같은 수학적 대상은 인과적 영향을 전혀 미치지 않는다는 점에서 비인과적 대상으로 생각된다. 이처럼 비시간적이고 비공간적이고 비인과적인 대상을 '추상적' 대상이라 부르기도 한다.

A: "2는 소수이다."를 참으로 받아들이면서 2의 존재를 부정할 수는 없다. 이는 우리가 "저 나무는 파랗다."를 참으로 받아들이면서 저 나무의 존재를 부정할 수는 없는 이치와 같다. 따라서 수학적 대상은 추상적 대상일 뿐 존재한다는 점에서는 물리적 대상과 다르지 않다.

B: 수학적 대상은 추상적 대상이므로 그것은 비인과적 대상이다. 그러므로 그러한 대상이 있건 없건 우리의 구체적이고 물리적인 세계는 아무런 차이 없이 그대로 유지될 것이다. 따라서 수학적 대상이 존재한다고 볼 이유는 전혀 없는 것이고, 수학적 대상은 존재하지 않는다고 결론 내려야 한다.

C: 추상적 대상이 우리와 어떤 인과적 관계도 맺을 수 없다면, 우리는 그 대상이 어떤 성질을 가졌는지도 알 수 없다. 우리가 나무나 별에 대한 지식을 가질 수 있는 이유는 감각을 통해 그러한 대상과 인과적 관련을 맺을 수 있다는 사실에 근거하고 있기 때문이다. 그런데 우리가 많은 수학적 지식을 가지고 있다는 것은 틀림없는 사실이다. 그렇다면 도리어 수학적 대상은 추상적 대상이 아니라고 결론 내려야 한다.

〈보기〉

ㄱ. A는 물리적 대상만 존재한다는 것을 부정하지만 B는 그것을 받아들인다.
ㄴ. B는 수학적 대상이 추상적 대상이라고 보는 반면 C는 이를 부정한다.
ㄷ. C는 우리가 인과적 대상에 대해서만 지식을 가질 수 있다고 전제하고 있다.

① ㄴ ② ㄷ ③ ㄱ, ㄴ
④ ㄱ, ㄷ ⑤ ㄱ, ㄴ, ㄷ

16

다음 가설과 실험에 대한 평가로 옳은 것만을 〈보기〉에서 있는 대로 고른 것은?

우리는 어떤 도덕적 판단이 다른 도덕적 판단보다 더 객관적이라고 생각한다. 예를 들어 '살인은 나쁘다'는 판단은 '노약자에게 자리를 양보하는 것은 옳다'는 판단보다 더 객관적인 것으로 보인다. 그렇다면 왜 이런 차이가 생기는 것일까? 이를 알아보기 위해 다음 가설과 실험이 제시되었다.

가설 1: 사람들은 다른 사람의 신체에 직접 물리적인 해를 끼치는 행위에 대한 도덕적 판단이 그렇지 않은 행위에 대한 도덕적 판단보다 더 객관적이라고 생각한다.

가설 2: 사람들은 어떤 행위가 나쁘다는 도덕적 판단이 어떤 행위가 옳다는 도덕적 판단보다 더 객관적이라고 생각한다.

〈실험〉

실험 참가자들에게 갑, 을, 병의 다음 행위에 대한 이야기를 들려주었다.

갑의 행위: 술집에서 자신에게 모욕을 준 사람에게 직접 물리적 폭력을 가함.
을의 행위: 친구들에게 과시하고자 무명용사의 추모비를 발로 차서 깨뜨림.
병의 행위: 자신의 월급의 10%를 매달 복지 단체에 익명으로 기부함.

그리고 참가자들에게 '갑의 행위가 나쁘다는 판단이 전혀 객관적이지 않다면 0, 매우 객관적이라면 5를 부여하고, 그 정도를 0과 5 사이의 점수로 표현하라'고 요청하였다. 을의 행위가 나쁘다는 판단과 병의 행위가 옳다는 판단의 객관성에 대해서도 동일한 요청을 하였다.

〈보기〉

ㄱ. 참가자들 모두가 갑의 행위와 을의 행위에 비슷하게 높은 점수를 부여하였다면, 이 사실은 가설 1을 약화한다.
ㄴ. 참가자들 모두가 병의 행위보다 갑의 행위에 더 높은 점수를 부여하였다면, 이 사실은 가설 2를 약화한다.
ㄷ. 참가자들 모두가 을의 행위보다 병의 행위에 더 높은 점수를 부여하였다면, 이 사실은 가설 1을 강화하고 가설 2를 약화한다.

① ㄱ ② ㄴ ③ ㄱ, ㄷ
④ ㄴ, ㄷ ⑤ ㄱ, ㄴ, ㄷ

17

가설 A, B에 대한 평가로 옳은 것만을 〈보기〉에서 있는 대로 고른 것은?

> 사람들은 고난에 빠진 사람을 볼 때 종종 그 사람을 돕는 행동을 한다. 왜 사람들은 그런 행동을 하게 되는가?
> 가설 A에 따르면, 사람들은 불쌍한 사람을 보면 공감하게 되고, 공감을 느끼는 것이 이타적인 욕구를 일으켜 돕는 행동을 하게 된다. 이 가설에 따르면 불쌍한 사람에게 더 많이 공감할수록 이타적인 욕구가 강해지고, 따라서 그 사람을 돕는 행동을 할 가능성이 높아진다.
> 한편 이 가설과 달리, 불쌍한 사람을 보고도 돕지 않는다는 것이 알려진다면 나쁜 사람으로 평가되어 사회적 제재나 벌을 받을 것이라고 두려워하기 때문에 돕는다는 견해가 있다. 그러나 이 견해는 가설 A와 달리 공감의 역할을 적절히 반영하지 못한다. 이를 보완하기 위해 제시된 가설 B에 따르면, 불쌍한 사람에게 더 많이 공감할수록, 그를 돕지 않는 것이 알려질 경우 사회적 비난이 더 커질 것이라고 두려워하고, 따라서 사회적 비난을 피하기 위해 돕는 행동을 할 가능성이 더 높아진다.

〈보기〉

ㄱ. 불쌍한 X를 돕지 않는 것이 알려지지 않을 것이라고 믿더라도 X에 대해 공감하는 정도가 높아질수록 X를 도울 가능성이 높아지는 것으로 밝혀지면, 가설 A는 약화되지 않는다.
ㄴ. 불쌍한 X를 돕지 않는 것이 알려진다고 믿는지 여부와 상관없이 X를 돕는 행동을 할 가능성에 큰 차이가 없는 것으로 밝혀지면, 가설 B는 강화된다.
ㄷ. 불쌍한 X를 돕지 않는 것이 알려지지 않을 것이라고 믿을 때 X에 대해 공감하는 정도가 높아짐에도 불구하고 X를 도울 가능성이 높아지지 않는 것으로 밝혀지면, 가설 B는 약화된다.

① ㄱ ② ㄴ ③ ㄱ, ㄷ
④ ㄴ, ㄷ ⑤ ㄱ, ㄴ, ㄷ

18

A, B에 대한 평가로 옳은 것만을 〈보기〉에서 있는 대로 고른 것은?

> 사람들의 미적 감각이 결코 우열을 가릴 대상이 아님을 당연시하는 오늘날의 상식은 흔히 ⊙ 미적 취향의 보편적 기준을 부정하고 모든 이의 미적 취향을 동등하게 인정하는 태도로 이어지곤 한다. 하지만 때로는 상식이 정반대의 견해를 옹호하는 것처럼 보이기도 한다. 우리는 흔히 예술가의 우열 구분에 쉽게 동의하곤 하는데, 미켈란젤로가 위대한 예술가라는 믿음은 실제로 상식이 아닌가. 이럴 때는 마치 상식이 미적 취향의 보편적 기준을 인정하는 것처럼 보인다. 그렇다면 상식은 한편으로는 미적 취향의 보편적 기준은 없다고 판단하면서 다른 한편으로는 그런 보편적 기준이 있다고 판단하는 셈이다.
>
> A: 인간의 자연 본성에는 미적 취향과 관련하여 고정된 공통 감정이란 것이 있다. 편견이나 선입견 때문에 나쁜 작품이 일정 기간 명성을 얻을 수 있으나 그런 현상이 결코 지속될 수 없는 것도 바로 이 공통 감정 때문이다. 편견이나 선입견은 결국 인간의 올바른 감정의 힘에 굴복하게 되어 있다.
> B: 사회 지배층이 자신들의 탁월성을 드러내고 피지배자들과의 차별성을 부각하는 과정에서 미적 취향의 기준이 생성된다. 미적 취향은 이런 사회적 관계가 체화된 것일 뿐 인간의 자연 본성에 근거한 것이 아니다. 사회적 관계가 늘 변할 수 있듯이 그런 미적 취향의 기준도 항상 변화할 수 있다.

〈보기〉

ㄱ. A는 ⊙을 거부한다.
ㄴ. B는 '사회를 구성하는 모든 이의 미적 취향을 동등하게 인정해야 한다'는 주장에 동의한다.
ㄷ. A도 B도 '피카소가 위대한 예술가라는 현재의 평가가 미래에는 달라질 수 있다'는 주장과 모순되지 않는다.

① ㄱ ② ㄴ ③ ㄱ, ㄷ
④ ㄴ, ㄷ ⑤ ㄱ, ㄴ, ㄷ

19

2020학년도 LEET 문17

다음으로부터 평가한 것으로 옳은 것만을 〈보기〉에서 있는 대로 고른 것은?

사람들의 행위 동기를 연구하기 위해 다음 실험이 수행되었다.

〈실험〉
보상이 기대되는 긍정적인 업무와 아무런 보상도 기대할 수 없는 중립적 업무가 참가자에게 각각 하나씩 제시된다. 참가자에게 참가자가 아닌 익명의 타인이 한 명씩 배정되고, 참가자는 두 개의 업무를 그 타인과 본인에게 하나씩 할당해야 한다. 할당 방식에는 두 가지가 있다. A방식은 참가자 본인의 임의적 결정으로 업무를 할당하는 것이며, B방식은 참가자가 동전 던지기를 통해 업무를 할당하는 것이다. 참가자는 둘 중 하나의 방식을 공개적으로 선택하지만, 선택이 끝난 후 업무를 할당하기까지의 전 과정은 공개되지 않는다.

〈결과〉
40명의 참가자를 대상으로 실험한 결과, 20명의 참가자가 A방식을 선택하였고 이들 중 17명이 긍정적 업무를 자신에게 할당하였다. 긍정적 업무를 타인에게 할당한 참가자는 3명이었다. 한편 나머지 20명의 참가자는 B방식을 선택했는데, 이들 중 18명이 자신에게 긍정적 업무를 할당하였고 타인에게 긍정적 업무를 할당한 참가자는 2명이었다.

동전 던지기에서 통상적으로 기대되는 결과와 비교할 때 B방식에 따른 이런 할당 결과는 매우 이례적인 것이어서 이를 설명하기 위해 다음 가설들이 제시되었다.

가설 1: B방식을 택한 대부분의 사람들은 원래는 공정하게 업무를 할당할 의도가 있었지만, 실제로 동전을 던져서 자신에게 불리한 결과가 나왔을 때 이기적인 동기가 원래의 공정한 의도를 압도하면서 결과를 조작한 것이다.

가설 2: B방식을 택한 대부분의 사람들은 원래부터 공정하게 업무를 할당할 의도가 없었으며, 단지 결과 조작을 통해 업무 할당의 이득을 안전하게 확보할 수 있고 사람들에게 공정한 사람처럼 보일 수 있는 추가 이득까지 얻을 수 있기 때문에 이 방식을 택한 것뿐이다.

〈보기〉

ㄱ. B방식을 택한 참가자들 대부분이 A방식도 B방식만큼 공정하다고 사람들이 생각하리라 믿었다면, 가설 2는 약화된다.

ㄴ. B방식을 택한 참가자들 중 결과를 조작한 사람들 대부분이 자신의 업무 할당이 공정하지 않았음을 인정한다면, 가설 1은 약화되고 가설 2는 강화된다.

ㄷ. B방식에서 동전 던지기를 통한 업무 할당 과정이 공개되도록 실험 내용을 수정하여 동일한 수의 새로운 참가자들을 대상으로 실험한 후에도 B방식을 선택하는 참가자의 수에 큰 변화가 없다면, 가설 1은 강화되고 가설 2는 약화된다.

① ㄱ ② ㄴ ③ ㄱ, ㄷ
④ ㄴ, ㄷ ⑤ ㄱ, ㄴ, ㄷ

20

2020학년도 LEET 문19

다음 논쟁에 대한 평가로 옳은 것만을 〈보기〉에서 있는 대로 고른 것은?

공포 영화의 중요한 특징은 영화 속의 공포의 존재가 우리에게 두려움과 역겨움의 반응을 유발하고 그로 인해 우리가 고통이나 불쾌감을 느끼게 된다는 것이다. 쾌락의 추구와 고통의 회피가 인간의 보편적인 성향임을 고려할 때, 어떻게 많은 사람들이 그런 공포 영화를 즐길 수 있는 것인지 의아해진다. 이를 설명하기 위해 다음과 같은 두 개의 주장이 제시되었다.

A: 우리가 공포 영화를 즐길 수 있는 이유는 결국은 고통이나 불쾌감을 상쇄하고도 남을 충분한 보상을 얻을 수 있기 때문이다. 그런 영화에 전형적으로 등장하는 미지의 대상은 두려움과 역겨움을 유발하기도 하지만 그만큼 그 대상의 정체를 알아내고 싶은 우리의 호기심을 자극하기도 한다. 우리는 영화를 보면서 그 대상의 정체를 파악하기 위해 가설을 세우고, 증거를 찾고, 추리를 하고, 검증을 하려 애쓴다. 그러다가 영화가 끝날 때쯤 그 대상의 정체가 밝혀지고 얽히고설킨 모든 문제가 해소되는 순간 우리는 ⊙ 엄청난 쾌감을 느끼게 되는 것이다.

B: 영화는 영화일 뿐이다. 정말로 눈앞에 괴물이 나타난다면 누구나 허겁지겁 도망치겠지만, 영화 속 괴물을 보고 그렇게 반응하는 사람은 거의 없다. 공포 영화에 아무리 두렵고 역겨운 대상이 등장하더라도 그로 인해 발생하는 고통이나 불쾌감은 충분히 통제할 만한 것이다. 그 정도의 고통이나 불쾌감을 상쇄하기 위해 ⊙까지 필요치는 않으며, 대부분 판에 박힌 플롯의 공포 영화가 그런 쾌감을 제공할 수도 없다. 우리가 공포 영화를 즐기는 이유는 통제 가능한 수준의 고통이나 불쾌감은 오히려 적절한 자극제가 되어 정신 건강에 유익하기 때문일 뿐이다.

〈보기〉

ㄱ. 소설을 원작으로 한 공포 영화 관객 대부분이 소설을 먼저 읽어 본 사람들이었던 것으로 밝혀진다면 A는 약화된다.

ㄴ. 고통이나 불쾌감의 강도는 사람마다 다른 것이라면 A는 약화되고 B는 강화된다.

ㄷ. 호기심을 일으킬 만한 미지의 대상이 전혀 등장하지 않으면서 ⊙과 같은 수준의 엄청난 쾌감을 보상하는 공포 영화가 다수 존재한다면, A는 약화되고 B는 강화된다.

① ㄱ ② ㄴ ③ ㄱ, ㄷ
④ ㄴ, ㄷ ⑤ ㄱ, ㄴ, ㄷ

21

다음 논증에 대한 평가로 옳은 것만을 〈보기〉에서 있는 대로 고른 것은?

인간의 마음을 연구하는 많은 학자들은 정신적인 현상이 물리적인 현상에 다름 아니라는 물리주의의 입장을 받아들인다. 물리주의는 다음과 같은 원리들을 받아들일 때 자연스럽게 따라 나온다고 생각된다. 첫 번째 원리는 모든 정신적인 현상은 물리적 결과를 야기한다는 원리이다. 이는 지극히 상식적이며 우리 자신에 대한 이해의 근간을 이루는 생각이다. 가령 내가 고통을 느끼는 정신적인 현상은 내가 "아야!"라고 외치는 물리적 사건을 야기한다. 두 번째 원리는 만약 어떤 물리적 사건이 원인을 갖는다면 그것은 반드시 물리적인 원인을 갖는다는 원리이다. 다시 말해 물리적인 현상을 설명하기 위해서 물리 세계 밖으로 나갈 필요가 없다는 것이다. 세 번째 원리는 한 가지 현상에 대한 두 가지 다른 원인이 있을 수 없다는 원리이다.

이제 이 세 가지 원리가 어떻게 물리주의를 지지하는지 다음과 같은 예를 통해서 살펴보자. 내가 TV 뉴스를 봐야겠다고 생각한다고 하자. 첫 번째 원리에 의해 이는 물리적인 결과를 갖는다. 가령 나는 TV 리모컨을 들고 전원 버튼을 누를 것이다. 이 물리적 결과는 원인을 가지고 있으므로, 두 번째 원리에 의해 이에 대한 물리적 원인 또한 있다는 것이 따라 나온다. 결국 내가 리모컨 버튼을 누른 데에는 정신적 원인과 물리적 원인이 모두 있게 되는 것이다. 정신적 원인과 물리적 원인이 서로 다른 것이라면, 세 번째 원리에 의해 이는 불가능한 상황이 된다. 따라서 정신적인 원인은 물리적인 원인에 다름 아니라는 결론이 따라 나온다.

〈보기〉

ㄱ. 어떤 물리적 결과도 야기하지 않는 정신적인 현상이 존재한다면, 이 논증은 이런 정신적 현상이 물리적 현상에 다름 아니라는 것을 보여 주지 못한다.
ㄴ. 아무 원인 없이 일어나는 물리적 사건이 있다면, 위의 세 원리 중 하나는 부정된다.
ㄷ. 행동과 같은 물리적인 결과와 결심이나 의도와 같은 정신적인 현상을 동시에 야기하는 정신적 현상이 존재한다면, 이 논증이 의도한 결론은 따라 나오지 않는다.

① ㄱ ② ㄷ ③ ㄱ, ㄴ
④ ㄴ, ㄷ ⑤ ㄱ, ㄴ, ㄷ

22

〈견해〉에 대한 평가로 적절한 것만을 〈보기〉에서 있는 대로 고른 것은?

인간의 형성에 있어 본성과 문화의 역할은 논쟁의 대상이며 다음과 같이 견해가 나뉘고 있다.

〈견해〉
A: 인간의 형성을 이해하려면 인간 본성으로부터 출발해야 한다고 생각해. 집단 간 차이는 엄연히 존재하고 특히 생물학적 특성은 집단 간 차이를 설명하는 데 결정적 역할을 하기 때문이야. 또한 많은 연구자들은 개인 간 지능지수 차이가 유전적 요인에 기인한다는 사실을 입증하고 있어.
B: 인종이나 성별 등을 기준으로 나눈 집단들의 지능지수가 거의 차이를 보이지 않는다는 점은 과학계에서 받아들여지는 엄연한 사실이야. 이처럼 인간이라는 종은 매우 동질적이기 때문에 생물학적 기준에 따른 집단 간 차이를 주장하는 것은 불평등한 사회적 위계를 옹호하려는 잘못된 동기에서 비롯된 것이라 생각해. 사회적 위계가 인간의 가변성을 제한하는 것일 뿐, 인간은 문화나 사회 환경에 따라 다르게 형성될 수 있는 존재야.

〈보기〉

ㄱ. 역사상 모든 사회에서 범죄율이 15세에서 25세 사이의 남자라는 특정 집단에서 압도적으로 높다는 조사 결과는 A를 약화한다.
ㄴ. 모든 사회 구성원의 능력을 공평하게 발전시키려는 다양한 사회 개혁이 실패했다는 조사 결과는 B를 강화하지 않는다.
ㄷ. 영어교육프로그램을 개선한 결과 대다수 초등학생의 영어 시험 점수가 개선 이전보다 크게 향상되었다는 연구 결과는 A를 강화하고 B를 약화한다.

① ㄱ ② ㄴ ③ ㄱ, ㄷ
④ ㄴ, ㄷ ⑤ ㄱ, ㄴ, ㄷ

23

A, B에 대한 평가로 옳은 것만을 〈보기〉에서 있는 대로 고른 것은?

> A: 악(惡)이 존재가 아니라 결여에 불과하다고 주장하는 사람들이 있다. 그런데 결여에 대해서는 더함과 덜함을 말할 수 없다. '이것이 빠져 있다'라는 진술과 '이것이 빠져 있지 않다'라는 진술은 모순 관계에 있기 때문이다. 모순 관계에서는 중간의 어떤 것이 허용되지 않는다. 반면, 존재에 대해서는 더함과 덜함을 말할 수 있다. 존재에는 완전함의 정도 차이가 있을 수 있기 때문이다. 그렇다면 악은 어떤가? 악한 것들 중에서 어떤 것은 다른 것보다 더 악하다.
>
> B: 우리가 어떤 것이 다른 것보다 더 악하거나 덜 악하다고 말할 때, 우리는 그것들이 선(善)으로부터 얼마나 떨어져 있는가를 말하는 것이다. 이런 의미에서, 예컨대 '비동등성'과 '비유사성'처럼 결여를 내포하는 개념에 대해서도 더함과 덜함을 말할 수 있다. 즉, 동등성에서 더 멀리 떨어져 있는 것에 대해서 우리는 '더 비동등하다'라고 말하고, 유사성에서 더 떨어져 나온 것은 '더 비유사하다'라고 말한다. 따라서 선을 더 많이 결여한 것은, 마치 선에서 더 멀리 떨어져 있는 것처럼 '더 악하다'라고 말할 수 있다. 결여는 결여를 일으키는 원인의 증가 또는 감소에 의해서 더해지거나 덜해질 뿐 그 자체로 존재하는 어떤 성질이 아니다. 어둠은 그 자체로 존재하거나 그 자체로 강화되는 것이 아니다. 다만, 빛이 더 많이 차단될수록 더 어두워지고 밝음에서 더 멀어지게 되는 것이다.

─〈보기〉─
ㄱ. B는 A와 달리 악이 결여라고 주장한다.
ㄴ. A는 악에 정도의 차이가 있다는 것을 인정하고 B도 그것에 동의한다.
ㄷ. 악 없이 존재하는 선은 가능해도 선 없이 존재하는 악은 불가능하다는 관점은 A보다 B에 의해 더 잘 지지된다.

① ㄱ   ② ㄷ   ③ ㄱ, ㄴ
④ ㄴ, ㄷ   ⑤ ㄱ, ㄴ, ㄷ

24

다음 글에 대한 평가로 옳은 것만을 〈보기〉에서 있는 대로 고른 것은?

> 연구팀은 철학자 집단과 일반인 집단을 대상으로 다음 세 문장에 대한 동의 여부를 조사하였다.
>
> (가) 어떤 주장이 누군가에게 참이라면, 그것은 모든 사람에게 참이다.
> (나) 모든 사람이 어떤 주장에 동의한다면, 그 주장은 참이다.
> (다) 어떤 주장이 참이라면, 그것은 사실을 나타낸다.
>
> 두 집단 모두에서 (다)에 대해 '동의함'의 비율이 80%를 웃돌았다. (나)에 대해서는 두 집단 모두에서 '동의하지 않음'의 비율이 훨씬 우세했고 '동의함'의 비율은 철학자에서 더 높았다. 흥미로운 것은 (가)이다. 철학자는 83%가 (가)에 동의한 반면, 일반인은 그 비율이 40%를 약간 넘었고 동의하지 않는다는 응답의 비율이 오히려 더 높았다. (가)를 둘러싼 이 차이는 어디서 비롯되었을까? 연구팀에 따르면, (가)는 다음 둘 중 하나로 읽힌다.
>
> [독해 1] 어떤 주장이 참임이 결정되었다면, 그것의 참임은 객관적이다.
> [독해 2] 만약 누군가가 어떤 주장이 참이라고 생각한다면, 모두가 그에게 동의할 것이다.
>
> 주장의 참임이 객관적이라는 것은, 그것의 참이 각자의 관점에 상대적이지 않다는 뜻이다. 연구팀은 "㉠ 일반인에게서 (가)에 동의하는 의견의 비율이 철학자에 비해 현격히 낮았던 이유는, 철학자는 (가)를 [독해 1]로, 일반인은 [독해 2]로 읽는 경향이 있기 때문이다."라고 말한다. 연구팀은 이 차이에도 불구하고 ㉡ 참임의 객관성에 대해서는 일반인과 철학자의 의견이 일치한다고 생각한다. 왜냐하면 (가)와 (다)는 참임의 객관성을 긍정, (나)는 부정하는 문장인데, (다)에 대해 일반인과 철학자의 '동의함' 의견의 비율이 비슷하게 높았고, (나)에 동의하지 않는 비율도 철학자와 일반인이 비슷하게 높았기 때문이다.

─〈보기〉─
ㄱ. 추가 조사 결과 철학자 대다수가 [독해 2]에 대해 '동의하지 않음'으로 응답했다면, ㉠은 강화된다.
ㄴ. 추가 조사 결과 일반인 대다수가 [독해 1]에 대해 '동의함'으로 응답했다면, ㉡은 강화된다.
ㄷ. (나)에 대해 동의하는 응답의 비율에서 일반인과 철학자 사이에 차이가 있는 것으로 나타난 이유가, '동의하지 않음' 의견을 지닌 일부 철학자가 '동의함'으로 잘못 응답한 실수 때문이었음이 밝혀진다면, ㉡은 강화된다.

① ㄱ   ② ㄴ   ③ ㄱ, ㄷ
④ ㄴ, ㄷ   ⑤ ㄱ, ㄴ, ㄷ

25

다음 글에 대한 평가로 옳은 것만을 〈보기〉에서 있는 대로 고른 것은?

결정론은 인간의 마음 상태와 행위를 포함해 모든 사건이 이전 사건들에 의해 완전히 결정된다는 견해이다. 결정론하에서도 행위자가 한 일에 대해 도덕적 책임을 부과할 수 있을까? 그럴 수 없다고 주장하는 견해가 양립 불가론이다. 결정론을 받아들이면 자유의지가 존재할 여지가 없기 때문이다. 반면, 결정론을 받아들여도 누군가에게 도덕적 책임을 부과할 수 있다고 주장하는 견해가 양립론이다. 행위자의 마음 상태가 행위 발생의 원인이기만 하면, 어쨌거나 행위의 발생에 영향을 미쳤다고 말할 수 있고, 그러면 도덕적 책임을 부과하기에 충분하다는 것이다.

양립론자 갑은 사람들이 바로 그 점을 이해하지 못해 양립 불가론을 주장하는 것으로 판단하였다. 이에 갑은 다음 가설을 제시했다.

〈가설〉
결정론적 세계에서도 행위자의 마음 상태가 행위 발생에 영향을 미칠 수 있다는 사실을 인정하면, 양립론을 받아들일 가능성이 크다.

갑은 이 가설을 검증하기 위해 100명의 실험 대상자에게 아래 시나리오에 등장하는 우주가 실제로 존재한다고 가정할 때 [진술1]과 [진술2]에 대해 각각 동의하는지 동의하지 않는지 둘 중 하나로만 답하게 했다.

〈시나리오〉
생성소멸의 전 과정이 되풀이되는 우주가 있다. 이 우주에서는 과정이 되풀이될 때마다 모든 사건이 똑같이 발생하게끔 결정돼 있다. 이 우주에서 톰이라는 사람이 특정 시각에 특정 반지를 훔치기로 결심하고 실제로 훔친다. 과정이 되풀이될 때마다 톰은 똑같이 결심하고 똑같이 행동한다.

[진술1] 반지를 훔치겠다는 톰의 결심은 반지를 훔친 그의 행위에 영향을 미친다.
[진술2] 반지를 훔친 톰에게 도덕적 책임이 있다.

〈보기〉
ㄱ. [진술1]에 동의하지 않는 사람은 모두 양립 불가론자이며, [진술2]에 동의하는 사람은 모두 양립론자이다.
ㄴ. [진술1]과 [진술2]에 모두 동의하는 실험 대상자가 두 진술 중 어느 것에도 동의하지 않는 실험 대상자보다 훨씬 더 많다면, 〈가설〉은 강화된다.
ㄷ. [진술2]에 동의하지 않은 실험 대상자 50명 중 거의 전부가 [진술1]에 동의하고, [진술2]에 동의한 실험 대상자 50명 중 거의 전부가 [진술1]에 동의하지 않는다면, 〈가설〉은 약화된다.

① ㄱ ② ㄷ ③ ㄱ, ㄴ
④ ㄴ, ㄷ ⑤ ㄱ, ㄴ, ㄷ

26

다음 글에 대한 평가로 옳지 않은 것은?

㉠ 개념 역할 의미론에 따르면, 단어의 의미 이해는 그 단어의 사용 규칙을 따를 줄 아는 능력에 의존한다. 단어의 사용 규칙을 따른다는 것은 단지 그 규칙대로 단어를 사용한다기보다 그 규칙에 대한 이해를 기반으로 사용한다는 것을 의미한다. 그렇다면, 단어의 사용 규칙을 이해하지 못하고 있다는 것은 곧 그 단어의 의미를 이해하지 못한다는 말이 된다.

하지만 이 이론을 반박하기 위해 ㉡ 다음 논증이 제기되었다. 가령 '뾰족하다'라는 단어의 의미를 이해하려 한다고 해 보자. 이 이론에 근거할 때, 그 단어의 의미를 이해하려면 그 단어의 사용 규칙을 이해해야 한다. 그런데 그런 이해가 성립하려면, 우선 그 규칙이, 이를테면, ㉢ "'뾰족하다'는 무언가를 뚫을 수 있는 끝이 매우 가느다란 사물에 적용하라"와 같이 언어적으로 명료하게 표현되어야 할 것이다. 하지만 문제는 이 규칙을 표현하는 데에도 여러 개의 단어가 사용되었다는 것이다. 이 규칙을 이해하려면 그런 여러 단어의 의미를 모두 이해해야 할 것이며, 예를 들어, 이 규칙에 들어 있는 '뚫다'의 의미를 이해하지 못한다면 이 규칙을 이해할 수 없을 것이다. 그렇다면 '뚫다'의 의미를 이해하기 위해 무엇이 필요한가? 바로 그 단어의 사용 규칙에 대한 이해이다. 그런데 '뚫다'라는 단어의 사용 규칙도 여러 단어로 구성되어 있을 것이고, 그 규칙을 이해하기 위해서는 그 규칙을 표현하는 데 사용된 단어들의 의미를 또 이해해야 할 것이며, 이런 식의 퇴행은 무한히 거듭될 것이다. 이런 퇴행이 일어난다는 것은 궁극적으로 우리가 '뾰족하다'라는 단어의 의미를 이해하지 못한다는 뜻이며, 그런 문제는 다른 모든 단어에 똑같이 발생할 것이다. 따라서 개념 역할 의미론을 받아들이면, 우리가 사용하는 그 어떤 단어에 대해서도 그 의미를 이해하는 사람은 아무도 없다는 매우 불합리한 결론을 얻게 된다.

① 한국인 못지않게 한국어를 완벽히 구사하는 인공지능이 등장하더라도, ㉠은 약화되지 않는다.
② 단어의 사용 규칙이 반드시 언어적으로 표현되어야 하는 것이 아니라면, ㉡은 약화된다.
③ ㉢에 들어 있는 모든 단어의 의미를 이해하고 있는 사람이 실제로 있다면, ㉠은 강화된다.
④ 어떤 진술 안에 의미를 이해하지 못하는 단어가 포함되어 있어도 그 진술의 의미를 이해하는 것이 가능하다면, ㉡은 약화된다.
⑤ 어떤 단어의 의미를 이해하지 못하는 행위자가 그 단어를 사용 규칙대로 쓰고 있는 모습이 관찰되더라도, ㉠은 약화되지 않는다.

27

⊙에 대한 평가로 옳은 것은?

여론 형성 과정에서 진실보다 개인적인 신념이나 감정이 더 큰 영향력을 발휘하는 현상이 만연하고 있다. 개인적인 감정에 기초하여 작성된 누리소통망 글이 사실과 다름에도 사회적으로 큰 영향력을 끼치는 현상이 한 가지 예이다. 이러한 현상은 여러 유형으로 나타나는데, 그중 하나는 정보의 진위를 확인할 수 있음에도 확인하지 않고 진실인 것처럼 주장하는 경우이다. 우리는 그러한 경우 화자에게 책임이 귀속된다고 단순하게 생각하기 쉽다. 하지만 A에 따르면 ⊙ 그러한 경우라 하더라도 언제나 화자에게 책임이 귀속되는 것은 아니다.

가령 정상적인 관찰 조건에서 갑이 높은 빌딩 옥상에서 내려다보니 빌딩 옆 광장에 사람들이 많이 모여 있는 듯 보였다고 하자. 그래서 갑은 "광장에 사람들이 많이 모여 있다."라고 주장한다. 그런데 실은 광장에 있는 것은 사람이 아니라 행사를 위해 설치한 사람 모양의 인형들이었다. 갑에게 자신의 관찰은 분명한 것으로 느껴졌기에, 갑은 1층으로 내려가 정확한 정보를 확인하는 간단한 조치도 하지 않았다. 갑 스스로 증거가 미심쩍다고 여겼거나 타인으로부터 확인을 요구받았더라면 갑은 확인했을 것이지만, 굳이 그럴 필요를 느끼지 않았을 만큼 자신의 경험을 확신했던 것이다.

A에 따르면 이 경우 갑의 주장이 진실이 아니더라도 갑에게 책임을 귀속시키기 어렵다. A는 어떤 행위가 그 자체로 비난의 대상이 되는 오직 그 경우에만 그 행위자에게 책임이 귀속된다는 전제를 받아들인다. A에 따르면 위 예에서 "광장에 사람들이 많이 모여 있다."라는 갑의 주장 행위는 그 자체로는 비난의 대상이 아니다. 갑의 주장 행위는 인지적 착각에 불과하기 때문이다. 따라서 갑에게는 책임이 귀속되지 않는다. A는 진실이 아닌 것을 진실이라고 믿거나 주장하는 행위에서 중요한 부분은 위의 예와 같은 허용 가능한 수준의 태만이나 인지적 실수가 아니라, 의도적으로 정보의 습득을 회피하거나 거부하는 적극적인 회피 태도라고 말한다. 그러한 태도를 지닌 주체에게 책임이 귀속됨은 물론이다. 아주 간단한 확인 절차만으로 무엇이 진실인지를 알 수 있음에도 확인을 의도적으로 거부하면서 가짜 뉴스를 신봉하여 전파하는 사람에게 책임이 귀속되는 것은 자명하다.

① 그 자체로 비난의 대상이 아닌 행위는 어떤 것도 인지적 착각이 아니라면, ⊙은 약화된다.
② 가짜 뉴스를 신봉하여 전파하는 사람에게 언제나 책임이 귀속되는 것은 아니라면, ⊙은 약화된다.
③ 그 자체로 비난의 대상이 아닌 행위의 행위자에게 책임이 귀속되지 않는 경우가 있다면, ⊙은 약화된다.
④ 정상적인 관찰 조건에서의 거짓 주장은 언제나 적극적인 회피 태도에서 비롯한 것이라면, ⊙은 강화된다.
⑤ 진실 여부를 확인하는 것이 불가능한 상황에서는 인지적 착각에 불과한 행위가 일어날 수 없다면, ⊙은 강화된다.

28

〈견해〉에 대한 평가로 옳은 것만을 〈보기〉에서 있는 대로 고른 것은?

A, B, C 세계가 있다고 하자.

A: 1억 명이 산다. 이들 모두는 각자 100단위의 높은 복지를 누린다.
B: 100억 명이 낮은 수준이지만 살 만한 가치가 있는 각자 5단위의 복지를 누리며 살고 있었는데, A에 살고 있던 1억 명이 이주해 왔다. A에서 이주한 1억 명은 각자 105단위의 복지를 누린다. B에 본래 살고 있던 100억 명은 각자 5단위의 복지를 그대로 누린다.
C: 아무도 살지 않던 C로 B에 살고 있던 101억 명이 모두 이주하였다. C에 사는 101억 명 모두 각자 10단위의 복지를 누린다.

〈견해〉
갑: A에 살다가 B로 이주한 사람들은 A에 살았을 때보다 복지 수준이 높아졌다. 또한 B에 사는 나머지 사람들은 살 만한 가치가 있는 각자 5단위의 복지 수준을 그대로 누리고 있다. 따라서 B가 A보다 좋다.
을: C에는 완전한 평등이 있고, C가 B보다 복지 평균도 높다. 따라서 C가 B보다 좋다.
병: 복지 총합은 C가 A보다 크지만, 복지 평균은 A가 C보다 높다. 따라서 A가 C보다 좋다.

〈보기〉
ㄱ. 불평등이 더 적은 세계가 더 좋은 세계라면, 갑의 결론은 부정되고 을의 결론은 부정되지 않는다.
ㄴ. 을이 C가 B보다 좋다고 주장하는 이유를 적용한다면, 을은 병의 결론에는 동의하고 갑의 결론에는 동의하지 않을 것이다.
ㄷ. 복지 평균이 더 높은 세계가 더 좋은 세계라면 갑의 결론은 부정되며, 복지 총합이 더 큰 세계가 더 좋은 세계라면 을의 결론은 부정되지 않고 병의 결론은 부정된다.

① ㄱ
② ㄷ
③ ㄱ, ㄴ
④ ㄴ, ㄷ
⑤ ㄱ, ㄴ, ㄷ

29

〈사례 1〉, 〈사례 2〉에 대한 판단으로 옳은 것만을 〈보기〉에서 있는 대로 고른 것은?

선택이 제한적인 상황에서 취해야 하는 행위를 어떻게 평가해야 할까? 주어진 상황에서 사회 공리를 극대화하는 행위는 '허용가능하다'고 하고, 그렇지 않은 행위는 '허용불가능하다'고 하자. 어떤 행위가 '칭찬할 만하다'는 것은 그 행위를 해야 할 충분히 좋은 이유가 존재하고 그것을 함으로써 자기희생도 따른다는 것을 의미한다. 자신이 피해를 겪음에도 불구하고 사회 공리를 높이는 행위를 했다면, 이는 칭찬할 만하다. 반대로 어떤 행위가 '비난할 만하다'는 것은 그 행위를 할 충분히 좋은 이유가 없거나 그 행위가 나쁜 이유에 기초한 행위라는 것을 의미한다.

우리는 어떤 행위를 '부분적으로', 즉 대안과 상관없이 그 행위 자체가 칭찬할 만한지 혹은 비난할 만한지 평가할 수 있다. 또한 행위에 대해 '전체적으로' 평가하는 것도 가능하다. 칭찬할 만한 어떤 행위가 다른 모든 대안보다 사회 공리를 더 높인다면, 이 행위는 전체적으로 칭찬할 만하다. 반면에 어떤 비난할 만한 행위가 다른 모든 대안과 비교할 때 사회 공리를 최소화한다면, 이 행위는 전체적으로 비난할 만하다.

〈사례 1〉

어린이 2명의 생명이 위험한 상황이며, 당신에겐 오직 3개의 선택지가 있다. 첫째, 당신은 어떠한 손해도 보지 않고 1명을 구한다. 둘째, 당신은 어떠한 손해도 보지 않고 2명을 구한다. 셋째, 당신은 그냥 지나치고 2명은 죽게 된다.

〈사례 2〉

빨강 버튼과 녹색 버튼이 있다. 어떤 버튼이든 누르고 나면 당신은 손가락을 잃고, 누르지 않으면 당신에게 아무 일도 일어나지 않는다. 오직 3개의 선택지가 있다. 첫째, 당신은 아무것도 하지 않고, 결국 10명이 죽는다. 둘째, 빨강 버튼을 눌러 10명의 목숨을 구하지만 그중 1명은 손가락을 잃는다. 셋째, 녹색 버튼을 눌러 10명의 목숨을 구하고 그중 1명이 손가락을 잃는 것도 막는다.

〈보기〉

ㄱ. 〈사례 1〉에서 그냥 지나치는 행위는 허용불가능하면서 전체적으로 비난할 만하다.
ㄴ. 〈사례 2〉에서 빨강 버튼을 누르는 행위는 허용불가능하지만 부분적으로 칭찬할 만하다.
ㄷ. 〈사례 1〉과 〈사례 2〉 각각에서, 허용가능하며 전체적으로 칭찬할 만한 행위의 선택지가 있다.

① ㄱ ② ㄷ ③ ㄱ, ㄴ
④ ㄴ, ㄷ ⑤ ㄱ, ㄴ, ㄷ

30

다음 글에 대한 평가로 옳은 것만을 〈보기〉에서 있는 대로 고른 것은?

〈가설〉

상황의 압박을 받아 행해진 행동 X와 그 행위자의 도덕성에 대해 사람들은 다음과 같이 판단한다.

○ X가 나쁘면 자발적이라고 판단하고, X가 좋으면 강제되었다고 판단한다.
○ X가 자발적이라고 판단하면 X를 근거로 행위자의 도덕성을 판단하지만, X가 강제되었다고 판단하면 X로부터 도덕성을 판단하지 않는다.

〈실험〉

100명의 참여자를 집단 1과 집단 2로 나누고, 집단 1은 글 1을, 집단 2는 글 2를 각각 읽도록 한다.

글 1: 갑과 을이 노숙자와 마주친다. 갑이 을에게 가진 돈을 모두 노숙자에게 주라고 시킨다. 을은 가지고 있던 모든 돈을 노숙자에게 준다.

글 2: 갑과 을이 노숙자와 마주친다. 갑이 을에게 노숙자의 돈을 빼앗으라고 시킨다. 을은 노숙자의 돈을 빼앗는다.

글을 읽은 각 집단에게 을의 행동이 자발적인지 강제되었는지, 그리고 을이 도덕적인지 아닌지 묻는다.

〈보기〉

ㄱ. 집단 1에서 을의 행동이 강제되었다고 답한 사람의 대부분이 을이 도덕적이라고 답하였다면, 〈가설〉은 약화된다.
ㄴ. 집단 1의 대부분이 을의 행동이 강제되었다고 답하였지만 집단 2의 대부분은 을의 행동이 자발적이라고 답하였다면, 〈가설〉은 약화된다.
ㄷ. 집단 1의 대부분이 을이 도덕적인지 아닌지 모르겠다고 답하였지만 집단 2의 대부분은 을이 부도덕하다고 답하였다면, 〈가설〉은 약화된다.

① ㄱ ② ㄷ ③ ㄱ, ㄴ
④ ㄴ, ㄷ ⑤ ㄱ, ㄴ, ㄷ

31

다음 글에 대한 평가로 옳은 것만을 〈보기〉에서 있는 대로 고른 것은?

〈이론〉
사람들은 익숙한 순서대로 정보가 주어질 때 정보 처리가 수월하다고 느낀다. 정보 처리가 수월하다는 느낌은 대상에 대한 친숙함으로 이어지고, 이에 따라 대상의 호감도가 높아진다. 주재료와 최종 제품은 정보 자체에 시간적 흐름의 개념을 내포하고 있으므로, 소비자에게 제품의 주재료를 먼저 제시하고 그 이후에 그 재료로 만들어지는 최종 제품을 제시하면, 역순으로 정보를 제공하는 경우보다 제품에 대한 소비자의 호감도를 높일 수 있을 것이다. 하지만 이러한 효과는 누구에게나 같은 강도로 나타나는 것은 아니다. 제품에 대한 친숙도가 낮을수록 효과가 커지고, 높을수록 작아질 것이다.

〈실험〉
무작위로 선정된 남녀 각 60명을 대상으로 먼저 올리브 비누에 대한 친숙도를 조사하였다. 조사 결과 대체로 남성은 친숙도가 낮았고 여성은 친숙도가 높았다. 남녀를 각각 두 집단으로 나눈 뒤, 한 집단에는 올리브 비누의 재료인 올리브 오일이 올리브 비누보다 먼저 나오는 광고를, 다른 집단에는 올리브 비누가 올리브 오일보다 먼저 나오는 광고를 보여 주었다. 이후 네 집단 각각에 대해 올리브 비누에 대한 정보 처리의 수월성 정도와 제품 호감도를 측정하였다.

〈보기〉
ㄱ. '올리브 비누-올리브 오일' 순으로 정보가 제시될 때보다 역순으로 제시될 때, 남성은 올리브 비누에 대한 호감도가 유의미하게 높았다면 〈이론〉은 강화된다.
ㄴ. '올리브 비누-올리브 오일' 순으로 정보가 제시될 때보다 역순으로 제시될 때, 여성은 정보 처리가 더 수월하다고 느꼈지만 남성은 그렇지 않았다면 〈이론〉은 강화된다.
ㄷ. 모든 집단에서 올리브 비누에 대한 친숙도가 유사한 사람들을 대상으로 제품 호감도를 비교했을 때, 남녀 사이에 유의미한 차이가 없었다면 이 결과는 〈이론〉과 양립 가능하다.

① ㄱ ② ㄴ ③ ㄱ, ㄷ
④ ㄴ, ㄷ ⑤ ㄱ, ㄴ, ㄷ

32

다음 글의 ㉠과 ㉡에 대한 평가로 옳은 것만을 〈보기〉에서 있는 대로 고른 것은?

누군가가 길거리에서 어려움에 빠져 도움이 필요한 상황에서 어떤 행인은 그 사람을 돕는 친사회적인 행동을 하고 어떤 행인은 그냥 지나친다. 도움에 관한 행인의 행동을 예측하려면 무엇을 파악해야 할까? 그 행인의 성격이 너그러운지 아니면 쌀쌀맞은지를 알아야 할까? 아니면 성격 이외의 외부적인 다른 요소를 파악해야 할까?

심리학자 갑이 이를 알아보기 위해 다음과 같은 실험을 수행하였다. 갑은 피실험자 중 50%의 사람들이 길을 걸어가는 중 빵 냄새를 맡아 기분이 좋아지게 했고, 나머지 50%의 사람들에게는 빵 냄새를 맡게 하지 않았다. 그런 직후 행인 역할을 맡은 조수에게 피실험자 앞에서 서류철을 떨어뜨리게 하였다. 그 결과 빵 냄새를 맡은 사람들의 87.5%가 그 행인을 도와주었고, 그렇지 않은 사람들의 4%가 그 행인을 도와주었다. 이로써 갑은 다음과 같이 결론짓게 되었다. 사람의 성격과 상관없이, 빵 냄새를 맡았는지 여부가 그 사람의 행동을 결정하게 된다. 즉, 사람들의 행동을 예측하는 근거는 성격이 아닌 상황적 요소에 있다. 갑은 이 메커니즘을 설명하기 위해서 ㉠사람의 행동을 좌우하는 결정적 요인은 성격보다는 상황적 요소라는 가설을 세웠다. 이 가설에 따르면, 빵 냄새를 맡았다는 상황적 요소가 피실험자의 기분을 좋게 만들었고 이에 따라 피실험자는 타인을 돕고자 하는 동기를 가지게 되었다. 예기치 않은 작은 행운이 그 사람을 너그럽게 만들었다는 것이다. 갑은 위 실험을 근거로 '친사회적 행동'과 '상황적 요소' 사이에 상관성이 있다고 주장하였다. 성격이 아닌 상황적 요소가 행동을 결정하는 요인이라는 것도 놀랍지만 더 놀라운 것은 ㉡친사회적 행동을 유발한 요인이 아주 사소하거나 하찮은 것일 수도 있다는 것이다.

〈보기〉
ㄱ. 갑의 실험에서 행인을 도와주지 않은 사람 중 대부분이 평소에도 이기적으로 행동한다고 알려진 사람들이었다는 것이 밝혀지면, ㉠은 강화된다.
ㄴ. 갑의 실험에 참여한 사람 가운데 평소 이타적인 성격을 지녔다고 알려진 사람이 그렇지 않은 사람보다 압도적으로 많은 것으로 밝혀지면, ㉠은 약화된다.
ㄷ. 빵 냄새를 맡게 하는 대신에 피실험자 중 50%는 고가의 경품에 당첨되도록 하고 나머지 50%는 아무것도 당첨되지 않도록 실험의 설정을 변경하였음에도 도움을 주는 사람들의 비율이 갑의 빵 냄새 실험에서 나타난 비율과 유사하다면, ㉠은 강화되나 ㉡은 약화되지 않는다.

① ㄱ ② ㄷ ③ ㄱ, ㄴ
④ ㄴ, ㄷ ⑤ ㄱ, ㄴ, ㄷ

33

다음 논쟁에 대한 분석으로 옳은 것만을 〈보기〉에서 있는 대로 고른 것은?

갑: 예술에 있어서 허구와 비허구는 그 내용이 꾸며낸 것인지, 아니면 사실인지를 통해 구분될 수 있다. 가령 『홍길동전』이 허구인 이유는 그 내용이 실제 일어났던 일이 아닌 저자에 의해 꾸며낸 것이기 때문이다. 반면 『조선왕조실록』의 내용은 실제 일어났던 일이며, 따라서 『조선왕조실록』은 비허구이다.

을: 허구라는 용어가 일반적으로 '꾸며낸 것'을 가리킨다는 것은 옳다. 그러나 이것은 적어도 예술적 허구에 대한 만족스러운 정의는 아니다. 왜냐하면 허구적 예술작품은 일반적으로 꾸며낸 것과 사실인 것의 혼합체이기 때문이다. 예술작품을 감상하는 우리의 관행을 고려할 때, 예술에서의 허구와 비허구는 그 내용이 얼마나 사실과 같거나 다른지가 아니라 그 내용에 대해 어떠한 심적 태도를 갖는 것이 그것에 대한 적절한 감상인지를 고려함으로써 구분될 수 있다. 허구를 적절하게 감상하기 위해서는 그것이 제시하는 내용에 대한 상상에 참여해야만 하고, 비허구를 적절하게 감상하기 위해서는 그것이 제시하는 내용에 대한 믿음을 가져야만 한다. 『홍길동전』을 적절하게 감상하기 위해서는 가령, "홍길동은 율도국을 건설했다"라는 내용의 상상에 참여해야만 한다. 만일 『홍길동전』이 비허구작품이었다면, 우리는 그러한 내용을 상상하는 대신, 그에 상응하는 내용의 믿음을 가지는 것이 그것에 대한 적절한 감상이라고 여겼을 것이다.

병: 비허구작품을 감상하면서 그 작품의 내용에 대한 믿음을 가지는 것은 물론 적절하다. 그렇다고 해서 비허구작품을 감상하면서 그 내용에 대한 상상에 참여하는 것이 부적절하다는 결론이 따라오는 것은 아니다. 우리는 전쟁의 실상을 다룬 다큐멘터리와 같은 비허구작품을 감상하면서도 그 안에서 일어난 참혹한 일들을 머릿속에서 생생하게 상상할 수 있으며, 그렇게 하는 것이 그 작품을 적절하게 감상하는 것이다.

〈보기〉

ㄱ. 『조선왕조실록』을 읽으면서 우리가 상상에 참여하는 것이 적절하다면 갑의 주장은 강화되는 반면 을의 주장은 약화된다.
ㄴ. 비허구작품의 내용에 대한 믿음을 갖는 것이 그 작품을 적절하게 감상하는 것이라는 주장에 대하여 을과 병 모두 동의한다.
ㄷ. 병에 따르면, 허구작품 중 상상에 참여하는 것이 부적절한 감상인 작품이 있다.

① ㄱ ② ㄴ ③ ㄱ, ㄷ
④ ㄴ, ㄷ ⑤ ㄱ, ㄴ, ㄷ

34

다음 글에 대한 분석으로 옳은 것만을 〈보기〉에서 있는 대로 고른 것은?

코마에서 회복한 뇌 손상 환자가 정상 기능을 회복하기 위해 필요한 최소한의 기능상태를 최소의식이라 한다. 최소의식은 하향 인지조작 능력 유무를 통해 진단할 수 있다. 하향 인지조작 능력이란 특정 목적을 가지고 정보를 처리하여 행동할 때 사용하는 인지능력이다. 뇌 손상 환자가 "왼쪽 검지를 움직이세요"라는 지시를 이해해서 지시된 바를 수행한다면 그 환자는 최소의식상태에 있다고 할 수 있다. 그러나 최소의식상태에 있음에도 불구하고 마비로 인해 행동 반응을 보이지 못할 수 있다.

자기 신체를 실제로 움직일 때와 마찬가지로 심적 행동, 즉 자신의 움직임을 상상하는 것만으로도 보조운동피질이 반응한다는 ⊙가설을 적용해, 갑은 행동 반응이 없는 뇌 손상 환자 A와 B를 대상으로 최소의식상태를 확인하려고 했다. 갑은 A에게 "양발 발가락을 오므렸다 펴는 상상을 하세요"라고 지시했다. 그러자 A의 보조운동피질이 반응했다. 갑은 A가 최소의식상태에 있다고 결론을 내렸다. 갑은 B에게 같은 실험을 진행했지만 보조운동피질은 반응하지 않았다. 갑은 B가 최소의식상태에 있지 않다는 결론을 내렸다.

〈실험〉

뇌 손상을 입지 않은 실험 참가자에게 다음과 같은 과제를 수행하게 하였다. 먼저 "양발 발가락을 오므렸다가 펴세요"라고 지시하고, 발가락이 움직이는 것을 확인했다. 다음으로 "양발 발가락을 오므렸다가 펴는 행동을 상상만 하세요"라고 지시했다. 이어 "탁구를 하는 상상을 하세요"라고 지시했다.

〈보기〉

ㄱ. 〈실험〉에서 세 경우 모두 보조운동피질이 반응했다면, A에 대한 갑의 결론은 강화된다.
ㄴ. 〈실험〉에서 실제로 움직이라고 한 경우와는 달리 움직이는 상상만 하라고 했을 때 보조운동피질의 반응이 없었다면, B에 대한 갑의 결론은 강화된다.
ㄷ. 〈실험〉에서 탁구를 하는 상상을 하라는 지시를 받았을 때 보조운동피질 반응이 없었지만 실험 참가자가 다른 사람이 탁구 하는 모습을 상상한 것이었음이 밝혀졌다면, ⊙은 강화된다.

① ㄱ ② ㄴ ③ ㄱ, ㄷ
④ ㄴ, ㄷ ⑤ ㄱ, ㄴ, ㄷ

35

ⓛ에 대한 평가로 옳은 것만을 <보기>에서 있는 대로 고른 것은?

'마음 이론 능력'이란 자신과 타인의 마음을 의식하고 이해하는 능력을 가리키는데, 유아가 이 능력을 갖추려면 ㉠세 가지 능력이 발달해야 한다. 첫째, 사물에 대한 표상과 자신의 심성 상태에 대한 표상을 형성할 수 있어야 한다. 둘째, 표상에 대한 표상인 메타 표상을 형성할 수 있어야 하며, 특히 자신처럼 타인도 무언가를 표상할 수 있음을 인식하고 그 타인의 표상을 표상할 수 있어야 한다. 셋째, 메타 표상 능력을 이용하여 가상과 실재를 구분하는 '가상 놀이'를 할 수 있어야 한다.

유아가 '마음 이론 능력'을 획득했는지 평가하는 실험에서 활용하는 방법인 '틀린 믿음 과제'는 다음과 같다. 유아에게 어떤 상황을 말없이 보여준 후, 등장인물이 어떤 행동을 할지에 대해 추측해 보라는 질문을 한다. 예컨대, 갑이 방에 들어와 초콜릿을 둥근 바구니에 숨기고 퇴장한 후 곧이어 을이 그 방에 나타나 둥근 바구니에서 초콜릿을 꺼내 네모상자에 넣는 장면을 유아에게 보여준다. 그런 다음 "갑이 방으로 돌아오면 초콜릿을 어디에서 찾을까?"라고 질문한다. 이 과제에 참여한 유아 가운데 4세 이상은 대부분 갑이 초콜릿을 둥근 바구니에서 찾을 것이라고 답변한 반면, 4세 미만은 대부분 갑이 초콜릿을 네모상자에서 찾을 것이라고 답변했다. 이와 유사한 반복실험 결과를 근거로 일부 심리학자들은 ⓛ4세경에 '마음 이론 능력'을 갖춘다고 주장한다.

―〈보기〉―

ㄱ. '틀린 믿음 과제'에서 적절한 답변을 하기 위해, ㉠ 외에 옳은 믿음으로 받아들일 수 있는 것과 그렇지 않은 것을 구분하는 별도의 사고 능력이 필요하다는 점이 인정된다면, ⓛ은 약화된다.

ㄴ. 사탕 봉지 안에서 연필을 발견하고 깜짝 놀란 유아에게 "이 봉지 안을 아직 보지 못한 아이는 봉지 안에 무엇이 있다고 생각할까?"라고 물었을 때, 4세 미만은 연필이라고 답변하지만 4세 이상은 사탕이라고 답변하는 경우가 많다면, ⓛ은 강화된다.

ㄷ. 유아가 매우 좋아할 장난감을 선반 꼭대기에 올려놓고 4세 미만에게 보여준 후 장난감이 어디에 있는지 잊었다고 말하면서 실험자가 장난감의 소재를 물었을 때, 양육자가 유아를 곁에서 가만히 지켜볼 때보다 양육자가 현장에 없을 때 장난감을 가리키는 경우가 더 많다는 실험 결과는 ⓛ을 강화하지도 약화하지도 않는다.

① ㄱ   ② ㄷ   ③ ㄱ, ㄴ
④ ㄴ, ㄷ   ⑤ ㄱ, ㄴ, ㄷ

36

다음 글에 대한 평가로 적절한 것만을 <보기>에서 있는 대로 고른 것은?

도덕 실재론자 갑은 옳고 그름을 평가하는 우리의 의견이나 태도와는 독립적인 도덕적 참이 있으며 우리에게는 이러한 도덕적 참을 알 수 있는 심적 능력이 있다고 주장한다. 예컨대, 특정한 인종이나 성이라는 것 때문에 사람을 차별해서는 안 된다는 것은 도덕적 참이며 우리는 이것을 알 수 있는 심적 능력이 있다는 것이다.

하지만 진화론자 을에 따르면, 인간의 심적 능력은 자연선택의 산물이다. 이 능력은 환경에의 적응과 유전자의 증식 극대화를 위해 생긴 것이다. 우리의 평가적 태도와 독립적인 도덕적 참이 존재한다고 해도, 자연선택은 인간에게 그러한 도덕적 참을 알 수 있는 심적 능력을 부여하지 않았다. 어떤 행위가 생물학적 적응에 도움이 된다면 그 행위가 갑이 말하는 도덕적 참과 상충한다 해도, 자연선택은 그러한 행위나 이를 유발하는 심적 능력을 선호한다.

그렇다면 갑이 말하는 도덕적 참을 알 수 있는 심적 능력이 없는 인간이 어떻게 공평함, 속임, 관대함 등과 같은 도덕에 관계된 개념과 성향을 갖게 되었는가? 을은 이것 역시도 자연선택의 산물이며 인간의 생물학적 적응을 강화하기 때문에 발생했다고 주장한다. 도덕에 관계된 개념과 성향을 갖고 사는 것이 생존에 유리했다는 것이다. 갑이 말하는 도덕적 참은 우리의 도덕에 관계된 개념과 성향을 설명하는 데 어떤 역할도 하지 못한다고 을은 주장한다.

―〈보기〉―

ㄱ. 사람들이 도덕적 참을 발견하기 위해 노력한 결과 도덕적 참에 대한 다양한 이론을 갖게 되었다면, 갑의 견해는 강화된다.

ㄴ. 생존과 번식에 도움이 되기 때문에 성 차별주의, 외국인 혐오증과 같은 성향을 갖게 되었다면, 을의 견해는 약화된다.

ㄷ. 인간이 자신의 견해나 태도에 의존하지 않는 도덕적 참을 심적 능력으로 발견했다면, 갑의 견해는 강화되고 을의 견해는 약화된다.

① ㄱ   ② ㄷ   ③ ㄱ, ㄴ
④ ㄴ, ㄷ   ⑤ ㄱ, ㄴ, ㄷ

37

다음 논쟁에 대한 평가로 적절한 것만을 〈보기〉에서 있는 대로 고른 것은?

> 갑: 타인을 이해하는 것은 도덕적 삶을 살기 위한 필수적 요소다. 타인을 이해하려면 타인의 관점을 가질 수 있어야 한다. 나의 입장에서 타인의 관점을 상상하는 것만으로는 타인을 제대로 이해할 수 없다. 인간은 자기중심적인 편견에 기반을 두고 타인의 관점을 상상하기 때문에 그러한 상상은 왜곡될 수밖에 없다. 타인을 제대로 이해하려면 '타인 지향적 관점 전환'을 해야 한다. 이러한 관점 전환은 이해의 대상인 타인이 되어 보는 것이다. 이해의 대상인 타인이 된다는 것은 그 사람의 생각과 느낌을 갖는 것이다.
>
> 을: 타인을 이해하지 못하면 도덕적 삶을 살 수 없기 때문에 타인을 이해할 수 있는 현실적인 길을 추구해야 한다. 이해의 대상인 타인이 되는 것은 현실적으로 불가능하다. 인간이 타인을 이해할 때 자신의 믿음이나 성향에서 완전히 벗어날 수는 없기 때문이다. 타인을 이해하려면 스스로를 타인이 처한 상황에 있다고 상상하는 것이 최선이다. 이것이 우리가 희망할 수 있는 '현실적 관점 전환'이다. 이런 관점 전환은 완벽한 타인 이해를 보장하지는 않지만 타인에 대한 왜곡된 이해를 초래하진 않는다.
>
> 병: 그런 관점 전환을 통해 타인을 이해하는 것은 도덕적인 삶을 사는 데 방해가 될 수 있다. 도덕적인 삶을 위해선 도덕적 칭찬과 비난이 적절하게 주어져야 한다. 도덕적으로 잘못된 행위를 한 사람을 관점 전환을 통해 이해할 경우, 그 사람의 자기 정당화를 무비판적으로 받아들일 수 있다. 이런 경우 적절한 도덕적 비난을 하지 못한다. 도덕적인 삶을 위해 필요한 것은 무엇이 적절한 도덕적인 원칙이 될 수 있는가를 이해하고 그것에 맞는 삶을 사는지를 점검하는 것이다.

〈보기〉

ㄱ. 이해의 대상인 타인이 되는 것은 선한 행위를 할 가능성을 높이지만, 타인이 처한 상황에 있다고 상상하는 것은 악한 행위를 할 가능성을 높인다면, 갑의 주장은 강화되고 을의 주장은 약화된다.

ㄴ. 관점의 전환 없이 타인을 이해할 수 있고 이를 바탕으로 도덕적 삶을 살 수 있다면, 갑의 주장은 약화되고 을의 주장은 강화된다.

ㄷ. 타인이 처한 상황에 있다고 상상함으로써 그 타인에게 적절한 도덕적 비난을 가할 수 있다면, 병의 주장은 약화된다.

① ㄱ ② ㄴ ③ ㄱ, ㄷ
④ ㄴ, ㄷ ⑤ ㄱ, ㄴ, ㄷ

유형 03 - 사회과학

01
2009학년도 LEET 예비 문7

공직 임용 기준에 관한 A, B, C의 주장에 대한 평가로 옳지 않은 것은?

> A: 정당에 대한 충성도와 공헌도를 공직 임용 기준으로 삼아야 한다. 이는 전쟁에서 전리품은 승자에게 속한다는 전시 국제법의 규정에 비유되는 것으로, 주기적으로 실시되는 대통령 선거에서 승리한 정당이 공직을 차지하는 권한을 가져야 한다는 것을 의미한다. 이러한 임용 방식은 공무원에 대한 정치 지도자의 지배력을 강화시켜 국민의 지지를 받는 정책 실현을 용이하게 할 수 있다. 그리고 국민의 요구에 대한 공무원의 대응성을 향상시키고, 민주정치의 기초가 되는 정당 제도를 유지하는 데에도 도움이 된다.
>
> B: 공직 임용 기준은 개인의 능력·자격·적성에 두어야 하며 공개경쟁 시험을 치르게 하는 것이 좋다. 그러면 신규 채용 과정에서 공개와 경쟁의 원칙이 준수되기 때문에 정실 개입의 여지가 희박해진다. 공개경쟁 시험은 무엇보다 공직 취임의 기회균등을 보장하여 우수한 인재를 임용함으로써 행정의 능률성을 높일 수 있고 공무원의 정치적 중립을 통하여 행정의 공정성이 확보될 수 있다는 장점을 가지고 있다. 공무원의 신분보장으로 행정의 계속성과 직업적 안정성을 유지할 수 있다.
>
> C: 사회를 구성하는 모든 집단으로부터 인구 비례에 따라 공무원을 선발하고, 그들을 정부관료제 내의 모든 직급에 비례적으로 배치함으로써 정부관료제 구성이 그 사회의 모든 계층과 집단에 공평하게 대응하도록 해야 한다. 공무원들은 가치중립적인 존재가 아니다. 그들은 가치관과 신념을 가지고 정책 결정과 정책 집행에 깊숙이 개입하고 있으며, 이 과정에서 자신의 견해나 가치를 반영하고자 노력한다. 따라서 정부관료제가 모든 집단에 공평하게 대응하기 위해서는 공무원이 모든 집단에서 공평하게 선발되어야 한다.

① 공직에 대한 시민들의 신뢰를 높이고 행정의 전문성을 촉진할 필요성이 부각된다면, A의 주장은 약화된다.
② 사회 구성원을 집단별로 구별하기가 어렵다면 C의 주장은 약화된다.
③ 공무원 임용 시험에서 요구하는 지식과 기술을 배울 수 있는 기회가 사회집단 간에 불평등하게 배분되어 있다면, C의 주장은 강화된다.
④ A는 집권자에 대한 충성과 공무원의 신분보장을 B보다 중요시한다.
⑤ B는 A와 C에 비해 정치적으로 중립적인 공무원이 더 바람직하다고 생각한다.

02
2009학년도 LEET 예비 문15

갑, 을, 병, 정의 견해에 대한 진술로서 가장 적절한 것은?

> 어느 회사의 임직원을 대상으로 조사한 결과에 대해 상이한 견해가 있다. 갑은 직무 몰입도가 높으면 직장 만족도가 높고 직무 몰입도가 낮으면 직장 만족도도 낮다고 해석하여, 직무 몰입도가 직장 만족도를 결정한다고 결론지었다. 을은 일찍 출근하는 사람의 직무 몰입도와 직장 만족도가 높고, 그렇지 않은 경우 직무 몰입도와 직장 만족도가 낮다고 결론지었다. 병은 을의 견해에 동의하면서, 근속 기간이 길수록 빨리 출근한다고 보고, 전자가 후자에 영향을 준다고 해석하였다. 정은 직장 만족도가 높으면 직무 몰입도가 높고 직장 만족도가 낮으면 직무 몰입도도 낮다고 해석하여, 직장 만족도가 직무 몰입도를 결정한다고 결론지었다.

① 일찍 출근하며 직무 몰입도가 높고 직장에도 만족하는 임직원이 많을수록 갑의 결론이 을의 결론보다 강화된다.
② 직장에는 만족하지만 직무에 몰입하지 않는 임직원이 많을수록 갑의 결론은 강화되고 정의 결론은 약화된다.
③ 직무에 몰입하지만 직장에는 만족하지 않는 임직원이 많을수록 갑의 결론은 약화되고 정의 결론은 강화된다.
④ 일찍 출근하지만 직무에 몰입하지 않는 임직원이 많을수록 을과 병의 결론이 약화된다.
⑤ 근속 기간이 길지만 직장 만족도가 낮은 임직원이 많을수록 을과 병의 결론이 약화된다.

03

2009학년도 LEET 문38

다음 '갑'의 주장을 지지하는 근거로 가장 적절한 것은?

> 사회주의 국가인 K국은 개혁 개방을 통해 체제를 전환하고자 한다. K국이 개혁을 한다면, 개혁의 진행 정도와 개혁의 이익 사이의 상관관계는 다음 그림의 사회 총후생 곡선 J처럼 나타날 것이다. 경제 개혁은 장기적으로 사회 총후생의 측면에서는 이익이 되겠지만, 단기적으로는 개혁 과정에서 손실을 보는 세력들의 큰 저항에 직면하게 될 것이다.
>
> 관료 갑은 J곡선을 전제로 R_2 단계까지는 c 계급보다는 b 계급을 더 주의 깊게 관리해야 개혁을 성공시킬 수 있다고 주장한다.
>
>
>
> a : 신규 시장 부문 행위자
> b : 자본가로 전환한 구관료 및 내부자 집단
> c : 구체제 부문 (국영)노동자들
>
> ○ a, b, c의 후생 곡선은 개혁 이후 나타날 3가지 주요 계급의 후생 변화를 나타낸 것이다.
> ○ 사회 총후생은 그 사회를 구성하는 각 계급의 후생에 대해 가중치를 적용한 총합이라고 가정한다.

① a, b 두 세력은 R_1 이전에는 시장 경제로의 개혁에 협력할 개연성이 낮다.
② 체제 전환으로 인해 이익의 정점에 선 세력은 이득을 향유하면서도 추가 개혁에 저항할 개연성이 높다.
③ R_1 이후에는 a, b 모두 개혁 수혜자라는 동질성이 높아져, b 세력이 a 세력을 반개혁 전선으로 회유하기가 더 쉬워진다.
④ 급진적 개혁은 R_2까지의 시간을 단축시켜 고통은 심하지만 보다 빠른 회복을 가능하게 하기 때문에, 점진적 개혁보다 저비용이다.
⑤ 미래의 혜택은 불확실하며 다수에게 분산된다. 따라서 R_2까지 이득을 얻은 자가 조직적으로 집단행동에 나서는 것을 기대하기는 어렵다.

04

2011학년도 LEET 문24

'지능지수(IQ)가 높을수록 범죄를 저지를 가능성이 낮고 지능지수가 낮을수록 범죄를 저지를 가능성이 높다'는 연구 결과에 대한 반론 A와 B에 대한 판단으로 옳은 것만을 〈보기〉에서 있는 대로 고른 것은?

> A: 기존 연구는 지능과 범죄 행위 자체의 관계가 아니라 지능과 범죄에 관한 공식 통계라는 기록의 관계를 보여 줄 뿐이다. 지능이 낮은 청소년이 반드시 더 많은 범죄를 저지르는 것은 아니다.
> B: 지능과 범죄의 관계를 입증하기 위해 지능지수라는 척도를 사용하는 것 자체가 문제가 있다. 지능 검사는 선천적인 지능을 검사하는 것이 아니며, 그 점수는 피검사자의 문화적, 교육적 배경 등의 영향을 받는다. 예를 들어, 미국에서 백인보다 흑인의 지능지수가 낮게 나오는 것은 백인이 다수인 중산층에게 보다 익숙한 용어와 내용으로 검사지가 작성되어 있기 때문이다.

〈보기〉
ㄱ. 지능이 낮은 청소년이 체포되어 유죄 판결을 받기 쉬우며, 지능이 높은 청소년은 설령 체포되더라도 자신에게 불리한 증거를 경찰이나 검찰 등 형사사법기관에 노출시키지 않는다는 연구 결과는 A의 설득력을 높여 준다.
ㄴ. 전국 소년교도소에서 무작위로 16~18세 소년범죄자 500명을 뽑아 지능 검사를 실시한 결과 '저지능자'의 비율이 70%이고, 같은 연령대의 범죄 경력이 없는 청소년 500명을 무작위로 뽑아 동일한 지능 검사를 실시한 결과에서는 '저지능자'의 비율이 10%였다는 연구 결과는 A의 설득력을 낮추지 않는다.
ㄷ. 사회 계층과 인종을 제외한 다른 조건들이 유사한 중산층 흑인 범죄 청소년과 하류층 백인 범죄 청소년에 대해 동일한 검사지로 지능지수를 측정한 결과, 흑인의 평균 지능지수가 백인보다 더 높았다면, B의 설득력은 낮아진다.

① ㄴ   ② ㄷ   ③ ㄱ, ㄴ
④ ㄱ, ㄷ   ⑤ ㄱ, ㄴ, ㄷ

05

갑과 을 두 사람의 견해에 대한 판단으로 옳은 것만을 〈보기〉에서 있는 대로 고른 것은?

갑: 피해자를 살해하거나 무력화하고자 하는 명확한 의도를 가진 범죄자는 드물게 발견된다. 예를 들어 살인의 대부분은 어떤 경우라도 반드시 죽이겠다는 일관된 목표의 결과로 발생하는 것이 아니다. 칼이나 총기가 사용된 강도사건 가운데 피해자의 사망이라는 치명적 결과가 발생한 공격과 그렇지 않은 공격 사이에는 사건의 동기나 목표의 측면에서 명백한 차이를 발견하기 어렵고, 오히려 유사점이 더 많이 발견된다. 다른 요인과는 독립적으로 흉기의 치명성이 공격으로 인한 사망의 확률에 결정적인 영향을 미친다. 만약 사건 현장에서 사용되는 흉기가 총기가 아니라 칼이나 몽둥이라면 피해자가 사망에 이르는 극단적인 결과는 상당히 줄어들 것이다.

을: 흉기를 선택하는 행위는 행위자의 주관적 의도와 관련된 몇 가지 선택의 결과로 간주되어야 한다. 흉기 그 자체가 피해를 유발하거나 피해의 크기를 결정하는 것은 아니다. 흉기는 상황에 따라 피해자의 순응을 쉽게 이끌어 낼 수 있어서 흉기의 사용이 불필요하게 되는 경우도 있다. 몽둥이나 칼 대신 총기를 사용하거나, 총기 가운데 구경이 큰 총기를 사용하는 범죄자는 그렇지 않은 범죄자와는 의도가 다르다.

〈보기〉

ㄱ. 상대적으로, 갑은 충동적인 범죄를 설명하는 데 적합하고 을은 계획적인 범죄를 설명하는 데 적합하다.
ㄴ. 총기를 소지하는 것 자체가 범죄자의 목표 달성을 용이하게 해 준다는 연구 결과가 있다면, 을의 설득력은 높아진다.
ㄷ. 치명적인 흉기가 사용된 범죄 사건이 덜 치명적인 흉기가 사용된 범죄 사건에 비해 피해자가 상해를 입는 빈도나 상해의 심각성 정도가 낮다는 연구 결과가 있다면, 갑의 설득력은 낮아지고 을의 설득력은 높아진다.

① ㄱ ② ㄷ ③ ㄱ, ㄴ
④ ㄴ, ㄷ ⑤ ㄱ, ㄴ, ㄷ

06

다음 글로부터 바르게 추론한 것만을 〈보기〉에서 있는 대로 고른 것은?

범죄를 목격하거나 피해를 당하는 상황은 긴박하거나 위험하다. 목격자나 피해자는 이러한 정서적 동요 속에서 경험한 내용을 나중에 기억해서 진술해야 한다. 범인의 신원을 파악하는 데 필요한 기억의 정확성에 대하여 두 가지 견해가 대립한다. 하나는 일상적인 상황에서의 경험보다 비일상적이고 주의력이 고양되어 있는 상태에서의 경험이 더 명확하고 정확하게 기억된다는 견해이다. 다른 하나는 불안이나 스트레스 혹은 공포 상황 속에서는 지각 및 판단력이 왜곡되므로 그 상황에 대한 기억도 부정확할 것이라는 견해이다.

다음은 목격자나 피해자의 증언에서 각성 수준과 기억 정확성 사이의 관계에 관한 두 가지 이론이다.

A: 정서적인 각성 수준과 기억의 정확성 사이에는 포물선형(⌒)의 관계가 존재한다. 즉 정서적인 각성 수준이 낮거나 높을 때는 기억의 정확성이 낮고, 중간 정도일 때 기억의 정확성이 높다.
B: 주의력이 집중되는 범위를 단서 활용 범위라고 한다. 정서적인 각성 수준이 높을수록 단서 활용 범위는 좁아진다. 또한 단서 활용 범위가 좁아질수록 단서 활용 범위에 포함되어 있는 것들에 대한 기억의 정확성은 증가한다. 긴박하거나 위험한 상황에서 피해자나 목격자의 각성 수준을 높여 주는 직접적인 원인이 되는 요소를 '핵심 요소'라고 한다. 예를 들어 치명적인 무기는 핵심 요소가 된다. 단서 활용 범위가 좁아진다는 것은 주의력이 핵심 요소에 집중된다는 것을 의미한다.

〈보기〉

ㄱ. 기억해야 할 대상이 B의 핵심 요소에 해당하고 각성 수준이 높은 경우, A와 B는 기억의 정확성에 대해 다른 결론에 이를 것이다.
ㄴ. 높은 각성 수준에서 습득한 정보가 명확하게 기억된다는 실험 결과는 A와 B 모두 약화시킬 것이다.
ㄷ. 강도가 빈손으로 협박할 때보다 총을 들고 협박할 때 A와 B 모두 피해자가 범인의 얼굴을 더 잘 기억하지 못할 것이라고 예측할 것이다.

① ㄱ ② ㄴ ③ ㄱ, ㄷ
④ ㄴ, ㄷ ⑤ ㄱ, ㄴ, ㄷ

07

2012학년도 LEET 문15

〈관찰〉을 토대로 〈이론〉을 평가한 것으로 옳은 것은?

〈이론〉
미국의 '경찰 하위문화(subculture)'는 '업무 수행 및 구성원들과의 인간관계와 관련하여 경찰관 사이에 공유되는 비공식적 규범'으로, 경찰관들의 고립적이고 위험한 생활방식에 대한 반응으로서 발전한 것이다. 남성중심주의와 남자다움의 숭배, 범죄에 대한 강경 대응을 강조하는 통제 지향적 태도, '우리'와 '그들'을 구분하는 배타주의, 변화에 대한 저항 등이 경찰 하위문화의 대표적 속성들이다. 경찰 하위문화의 속성들은 서로 밀접한 관련이 있어, 한 속성을 받아들이면 나머지 속성들도 모두 받아들이는 특징이 있다. 경찰 하위문화를 많이 받아들일수록 업무로부터 야기되는 직무 스트레스나 심리적 소진(과업 수행과 관련된 동기와 헌신의 상실)은 더 많이 감소한다.

〈관찰〉
○ 경찰 하위문화의 수용 정도는 남자는 중간계급이 가장 높고, 여자는 계급이 높을수록 높다.
○ 경찰 하위문화 수용 정도가 상위계급에서는 여자가 남자보다 높지만, 하위계급에서는 성별에 따른 차이가 없다.
○ 성별과 계급이 동일할 경우, 수사부서 경찰관이 대민부서 경찰관보다 범죄에 대한 통제 지향적인 태도를 더 많이 보인다.

※ 경찰 하위문화를 고려하지 않을 때의 직무 스트레스나 심리적 소진의 정도는 모든 경찰관이 동일하다고 가정한다.

① 대민부서에 근무하는 상위계급 여자 경찰관이 수사부서에 근무하는 중간계급 남자 경찰관보다 심리적 소진의 정도가 높다면 〈이론〉은 약화될 것이다.
② 수사부서에 근무하는 중간계급 여자 경찰관이 대민부서에 근무하는 하위계급 남자 경찰관보다 직무 스트레스가 낮다면 〈이론〉은 약화될 것이다.
③ 수사부서에 근무하는 중간계급 남자 경찰관이 대민부서에 근무하는 상위계급 남자 경찰관보다 직무 스트레스가 낮다면 〈이론〉은 약화될 것이다.
④ 중간계급 남자 경찰관이 같은 부서의 하위계급 여자 경찰관보다 심리적 소진의 정도가 높다면 〈이론〉은 약화될 것이다.
⑤ 하위계급 남자 경찰관이 같은 부서의 상위계급 여자 경찰관보다 직무 스트레스가 높다면 〈이론〉은 약화될 것이다.

08

2012학년도 LEET 문20

(가)~(라)에 대한 평가로 옳은 것만을 〈보기〉에서 있는 대로 고른 것은?

(가) 중퇴는 미래의 성공 기회를 제약하는 요인이다. 중퇴로 인해 발생하는 좌절 경험이 청소년의 비행을 유발한다.
(나) 부모와의 유대는 비행의 발생을 통제하는 사회적 끈이다. 유대가 약해질 때 청소년은 비행을 저지르게 되며, 유대가 약할수록 비행을 많이 저지른다. 중퇴는 부모와의 유대를 점점 더 약화시키는 원인으로 작용한다.
(다) 청소년이 학교에서 경험하는 학교 부적응, 낮은 학업 성적 등의 요인이 청소년으로 하여금 비행을 저지르게 하는데, 중퇴는 이러한 요인의 영향에서 벗어나게 한다.
(라) 중퇴와 비행 사이에는 높은 상관관계가 있는데, 이는 어떤 공통 원인이 비행도 저지르게 하고 중퇴도 하게 하기 때문이다. 이것이 중퇴가 비행의 원인인 것처럼 보이는 이유이다.

〈보기〉
ㄱ. 중퇴 이후의 비행률이 중퇴 이유에 따라서 상반된 방향으로 변화했다면, 이는 (가), (다) 중 어느 한 주장만으로는 설명할 수 없을 것이다.
ㄴ. 중퇴 전에 비행을 하지 않던 청소년이 중퇴 이후에도 비행을 하지 않았다면, 이는 (가)를 약화하고 (라)를 강화할 것이다.
ㄷ. 중퇴생의 비행이 중퇴 이후 시간이 지남에 따라 점차 증가하였다면, 이는 (나)를 강화하고 (다)를 약화할 것이다.

① ㄱ ② ㄴ ③ ㄱ, ㄷ
④ ㄴ, ㄷ ⑤ ㄱ, ㄴ, ㄷ

09

다음 글에 비추어 판단한 것으로 적절하지 않은 것은?

> 과거 영국은 파운드화의 가치를 금에 고정시키는 금본위제를 운영했다. 원하는 사람에게 은행권을 금화로 교환해주어야 할 의무가 있었던 잉글랜드은행은 파운드화 가치의 안정을 위해 은행권의 발행량을 금보유량에 원칙적으로 연계시켰다. 그런데 1797년 가뜩이나 어려운 경제상황에 프랑스 군대의 본토 침공이 임박했다는 소문까지 겹치면서 은행권을 금화로 바꿔줄 것을 요구하는 사람들이 늘어났고, 중앙은행인 잉글랜드은행은 결국 ㉠ 금태환의 한시적 정지를 선언하였다.
>
> 이후 금화가 아닌 순수한 금, 곧 지금(地金)의 시장가격과 물가가 상승함에 따라 영국 의회는 조사위원회를 구성해 그 원인을 규명하려 했다. 이때 물가상승의 원인을 금태환의 정지에서 찾았던 '지금파'는 '금보유량에 비례하는 은행권 발행'이라는 규율원리가 깨짐으로써 잉글랜드은행이 은행권을 초과발행하게 되었고 이로 인해 물가가 올라갔다는 주장을 펼쳤다. 그러나 '반지금파'는 은행권의 경우 상거래 과정에서 사용된 우량어음을 매입해 주거나 이들 어음을 담보로 대출해 주는 방식으로 발행되므로 모든 은행권 발행의 배후에는 상거래와 실물경제 활동이 대응된다며, 은행권의 초과발행이란 있을 수 없다고 반박했다.
>
> 그런데 논쟁 과정에서 가장 돋보였던 사람은 헨리 손턴이었다. 그는 통화정책의 우선순위를 어디에 둘 것이며, 정책목표를 어떻게 달성할 것인가에 대한 체계적인 인식을 제공함으로써 물가상승의 원인을 놓고 벌어졌던 이 논쟁을 한 차원 높게 발전시켰다. 그는 파운드화 가치 안정에만 초점을 맞춘 정책에 비판적이었고 물가상승의 원인이 통화량 증가가 아닌 다른 것일 수 있음을 인정했던 점에서는 반지금파와 입장을 같이 했다. 하지만 그는 은행에 제시된 어음의 경우 과거 생산활동의 결과는 물론 미래의 수익성에 대한 사업가들의 기대에도 좌우되므로, 호황으로 기대가 낙관적인 상황에서 모든 우량어음에 대해 은행권을 제공하는 것은 미래의 추가적인 물가상승과 경기의 팽창으로 이어질 수 있다며 규율원리의 필요성을 인정했는데, 이 점에서는 지금파로 분류될 수도 있다. 하지만 그는 불황일 때는 중앙은행이 재량권을 가지고 경기 악화에 능동적으로 대응할 수 있어야 한다는 점도 함께 강조함으로써 지금파의 일면적 인식을 뛰어넘을 수 있었다.

① ㉠에 대한 손턴의 입장은 '지금파'보다 '반지금파'에 가까웠을 것이다.
② 당시에 극심한 흉년으로 곡물가가 상승했다면, '지금파'의 논지는 약화되고 '반지금파'와 손턴의 논지는 강화될 것이다.
③ 재산을 금융자산으로 보유한 사람들은 '지금파'를, 농산물을 판매해야 할 사람들은 '반지금파'의 주장을 지지했을 것이다.
④ 은행권 발행에 관한 중앙은행의 결정을 엄격한 원리에 의해 제약할 필요성은 '지금파'가 가장 강하게 인정하고, 다음으로 손턴, '반지금파'의 순서일 것이다.
⑤ 실물경제 활동이 부진한 상황에서 불황의 심화를 우려해 은행권을 사용하지 않고 보관하는 사업가들이 늘어났다면, 손턴의 논지는 약화되고 '지금파'의 논지는 강화될 것이다.

10

(가)와 (나)에 대한 평가로 옳지 않은 것은?

> (가) 저출산은 장기적으로 경제 활동 인구를 감소시켜 국가의 경제력을 낮추고 국민 전체의 삶의 질을 떨어뜨리게 된다. 또한 고령화와 함께 발생하면 젊은 세대의 부양 부담이 지나치게 커져서 세대 간 갈등도 증가할 수 있다. 그러므로 국가 경제력의 유지를 위해 출산율을 높이는 것이 급선무이다. 출산율이 낮아진 데에는 무엇보다 사회적 환경이 가장 큰 요인으로 작용한다. 젊은 세대는 결혼을 하더라도 아이를 낳아 기르는 데 경제적 부담을 느끼는 경우가 많다. 설사 아이를 낳더라도 직업 활동과 육아를 함께 할 수 있는 적당한 사회적 환경이 마련되어 있지도 않다. 이러한 문제들이 개선되어야 출산율이 높아질 수 있다. 출산율이 높아져야 장기적으로 경제 활동 인구가 늘어나고 고령화 문제와 삶의 질의 문제 해결도 쉬워진다. 장기적으로 경제 활동 인구를 늘려야 노인을 포함한 전체 인구에 대한 사회적 부양 비용을 충당할 수 있기 때문이다.
>
> (나) 현대는 더 이상 인간의 육체 노동이 경제 활동을 주도하는 시대가 아니다. 기술적 진보에 기반을 둔 높은 제조업 생산력, 그리고 서비스 노동과 정신 노동이 중요해진 지식 정보 사회가 도래했다. 그래서 더 이상 인구수가 국가 경제력을 결정하지 않기에, 저출산을 국가 경제력을 위협하는 가장 큰 문제로 생각하는 주장은 근거가 약하다. 저출산이 고령화와 함께 발생하면서 젊은 세대의 경제적 부양 부담이 커져 세대 간 갈등을 낳을 수는 있다. 기술 발전과 기계·사무 자동화로 인해 직업이 줄어들고 청년 실업이 늘어날 여지도 없지 않다. 하지만 이런 문제들은 과학 기술에 의해 얼마든지 극복 가능하다. 정보 혁명과 기술적 진보는 사회적 생산력의 증대를 낳아 일자리로부터 배제된 잉여 인구를 충분히 먹여 살릴 수 있게 될 것이다.

① 양육 수당과 무상 교육의 확대로 국가 경제력이 높아진다는 사실이 밝혀진다면, (가)의 설득력은 높아진다.
② 저출산이 장기화되더라도 사회적 생산력은 감소되지 않는다는 사실이 밝혀진다면, (나)의 설득력은 높아진다.
③ 고령화 문제의 효과적인 해결책이 노인에게 적합한 일자리를 많이 만드는 것이라고 밝혀진다면, (가)의 설득력은 낮아진다.
④ 인구가 감소해도 과학 기술 혁신을 통해 인구 전체의 삶의 질이 향상된다는 사실이 밝혀진다면, (나)의 설득력은 낮아진다.
⑤ 국가 경제력 향상이 부양 부담에 따른 세대 간 갈등을 완화한다는 사실이 밝혀지더라도, (가)와 (나)의 설득력은 낮아지지 않는다.

11

2016학년도 LEET 문13

다음 견해들에 대한 분석으로 옳은 것만을 〈보기〉에서 있는 대로 고른 것은?

온실가스의 배출이 국제적으로 기후변화와 자연재해를 일으킨다고 알려져 있다. 다음은 기후변화에 대응하기 위해 온실가스의 배출을 제한하는 경우 그 부담을 각국에 공정하게 분배하기 위한 견해들이다.

A: 지구상의 모든 사람들은 평등한 대기 이용 권리를 가지므로 각 개인이 배출할 권리를 갖는 온실가스의 양은 동등해야 한다. 따라서 각 국가가 가지는 온실가스 배출권은 그 국가의 인구에 비례해서 주어져야 한다.
B: 과거에 온실가스를 많이 배출한 국가들은 온실가스를 저장할 수 있는 대기의 능력 중 자신의 몫의 일부를 이미 사용한 것이므로 그만큼 장래 온실가스를 배출할 권리를 적게 가져야 한다.
C: 국제적으로 온실가스 배출량을 제한함으로써 얻을 이익이 더 큰 국가들, 즉 온실가스로 인한 자연재해의 피해가 배출 제한 이후 더 많이 경감되는 국가들이 그 이익의 양에 비례해서 국제적 비용을 더 많이 지불하도록 해야 한다.

※ 각 국가는 자기 이익을 극대화하려는 성향을 가진다고 가정한다.

〈보기〉

ㄱ. 사치성 소비를 위한 온실가스 배출 권리와 필수 수요 충족을 위한 온실가스 배출 권리에 차별을 두는 것이 합당하다면 A는 약화된다.
ㄴ. 과거 세대의 행위에 대해 현재 세대에게 책임을 지울 수 없다는 이유로 B를 비판한다면, B는 과거 화석 연료를 이용한 산업화 과정을 거친 국가들이 현재 1인당 국민총생산도 일반적으로 높다는 사실을 들어 이 비판을 약화할 수 있다.
ㄷ. 온실가스로 인해 자연재해의 피해를 크게 입은 국가와 온실가스를 많이 배출한 국가가 일치하지 않고, 현재 인구가 많은 국가일수록 과거에 온실가스를 더 많이 배출했다면, 현재 인구가 많은 국가는 A보다는 C에 더 동의할 것이다.

① ㄴ ② ㄷ ③ ㄱ, ㄴ
④ ㄱ, ㄷ ⑤ ㄱ, ㄴ, ㄷ

12

2016학년도 LEET 문18

〈자료〉를 토대로 다음 주장들을 옳게 평가한 것은?

갑: 자살의 원인은 존재의 어려움으로 인한 절망이다. 삶의 짐이 버거울 때 사람들은 자살을 생각하게 되는 것이다. 통계에 따르면 1873~1878년 동안 16,264명의 기혼자들이 자살한 데 비해, 미혼자의 자살자 수는 11,709명에 불과하다. 따라서 결혼과 가족은 자살의 가능성을 높인다. 미혼자는 기혼자보다 쉬운 삶을 산다고 할 수 있다. 결혼은 여러 종류의 부담과 책임을 부과하기 때문이다.
을: 그 통계 자료를 자세히 보면 미혼자의 상당수는 16세 미만이고, 기혼자는 모두 16세 이상이다. 그리고 16세까지는 자살 경향이 매우 낮다. 미혼자들이 낮은 자살 경향을 보이는 것은 미혼이기 때문이 아니라 대다수가 미성년자이기 때문이다. 결혼이 자살에 미치는 영향을 알기 위해서는 기혼자와 16세 이상 미혼만 비교해야 한다. 16세 이상인 기혼자와 미혼자의 인구 백만 명당 자살 건수를 비교하면, 미혼자는 173이나 기혼자는 154.5이다. 따라서 결혼은 자살을 막는 효과가 있다.
병: 결혼이 최소한 자살 가능성을 높이지 않는다는 점에 동의한다. 하지만 미혼자의 자살률은 기혼자의 자살률의 고작 1.12배로, 둘 사이의 차이는 미미하다. 결혼의 자살 예방 효과를 확신하기 어렵다.

〈자료〉

ㄱ. 1848~1857년의 통계를 보면, 미혼자의 평균 연령은 27~28세, 기혼자의 평균 연령은 40~45세이다. 이 기간의 연령별 자살률은 연령대가 높아질수록 증가한다. 만약 연령이 자살에 영향을 미치는 유일한 요소라면, 기혼자의 인구 백만 명당 자살률은 140 이상이고 미혼자의 인구 백만 명당 자살률은 97.9 이하여야 한다. 하지만 실제 자살률은 기혼자보다 미혼자가 더 높다.
ㄴ. 1889~1891년 통계에 의하면, 미혼 여성의 자살률은 기혼 여성 자살률의 1.56배이고 미혼 남성의 자살률은 기혼 남성 자살률의 2.73배이다.
ㄷ. 1889~1891년 통계는 미혼 여성의 자살률이 배우자와 사별한 여성의 자살률의 0.84배이고 미혼 남성의 자살률은 배우자와 사별한 남성의 자살률의 1.32배임을 보여 준다.
ㄹ. 인구 대비 혼인 건수는 수십 년 동안 큰 변화가 없었으나, 자살률은 3배로 증가하였다.

① ㄱ은 을이 병의 주장을 반박하는 근거가 된다.
② ㄴ은 병이 을의 주장을 반박하는 근거가 된다.
③ ㄷ은 갑을 강화한다.
④ ㄹ은 을을 강화한다.
⑤ ㄹ은 병을 약화한다.

13

가설 A~C에 대한 평가로 옳은 것만을 〈보기〉에서 있는 대로 고른 것은?

A: 기온과 공격성 사이에는 정(+)의 상관관계가 있다. 기온이 높아지면 공격적인 행동이 증가한다.
B: 기온과 공격성의 관계는 역 U자 형태를 나타낸다. 집단과 개인의 공격성은 매우 덥거나 매우 추울 때보다도 중간 정도의 기온에서 두드러진다.
C: 기온과 공격 행동 간에 유의미한 관계가 나타난다고 하더라도 기온이 공격 행동을 유발한다고 볼 수는 없다. 기온과 공격성 간의 관계는 단지 공격 행동의 기회가 기온에 따라 달라지기 때문에 나타나는 효과일 뿐이다.

〈보기〉

ㄱ. 섭씨 30도가 넘는 무더운 여름 날 신호등이 주행 신호로 바뀌어도 계속 정지해 있는 차량이 있을 때, 운전자들이 신경질적으로 경적을 누르는 횟수와 경적을 계속 누르고 있는 시간이 증가했고 이런 행동은 에어컨이 없는 차량의 운전자들에게서 특히 강하게 나타났다는 실험 연구 결과는 A를 강화한다.
ㄴ. 한여름 낮 시간에 실내 온도가 섭씨 30도 이상으로 올라갈 때 냉방 장치가 없는 장소보다 냉방 장치가 가동되는 장소에서 폭력 범죄가 더 많이 발생한다는 연구 결과는 B를 약화한다.
ㄷ. 한여름에 같은 심야 시간대일지라도 유흥가가 한적해지는 주중보다 유흥가가 북적거리는 주말에 폭력 범죄가 훨씬 더 많이 발생한다는 사실은 C를 약화한다.

① ㄱ   ② ㄴ   ③ ㄱ, ㄷ
④ ㄴ, ㄷ   ⑤ ㄱ, ㄴ, ㄷ

14

다음 글에 대한 평가로 옳은 것만을 〈보기〉에서 있는 대로 고른 것은?

특정 학생이 공부를 잘 할 것이라거나 못할 것이라는 교사의 기대와 그 학생의 실제 성적 간에는 유의미한 관계가 나타난다. A와 B는 그 관계를 설명하는 견해이다.

A: 교사가 공부를 잘 할 것이라 믿는 학생의 성적은 향상되지만 공부를 못할 것이라 믿는 학생의 성적은 떨어진다. 교사의 기대 효과는 교사와 학생 간 상호작용을 통해 실현된다. 예를 들어 성적이 좋아질 것이라고 생각되는 학생에게 질문 기회를 더 많이 주고 칭찬과 격려를 아끼지 않는 등 긍정적으로 반응하는 것은 그 기대에 부응하고자 하는 학생의 노력을 유도함으로써 성적 향상으로 이어진다. 반대로 성적이 좋지 않을 것이라고 생각되는 학생에게는 긍정적인 반응을 적게 하고 부정적인 반응을 많이 함으로써 해당 학생의 학업에 대한 관심은 낮아지고 이는 성적 하락으로 귀결된다.
B: 교사의 기대가 높은 학생의 성적이 높게 나타나는 것은 교사의 예측 능력이 뛰어나기 때문이다. 교사는 특정 학생에 대한 정보나 상징적 상호작용을 통해 학업에 대한 기대를 형성하는데, 과거의 교육 경험에 기반을 둔 이러한 기대는 매우 예측력이 높다. 따라서 교사의 기대 효과는 존재하지 않으며, 교사의 기대가 높은 학생의 성적이 높고 기대가 낮은 학생의 성적이 낮은 것은 학생의 지적 능력에 대한 교사의 정확한 예측을 반영하는 것일 뿐이다.

〈보기〉

ㄱ. 질병으로 휴직한 담임교사 후임으로 새로운 교사가 부임해 옴에 따라 이전만큼 담임교사로부터 높은 기대와 관심을 받지 못하게 된 학생들의 성적이 크게 하락했다면, A는 강화된다.
ㄴ. 학생에 대한 교사의 기대 수준과 학생의 실제 성적을 비교하였을 때 그 값의 편차가 교육 경험이 없는 새내기 교사보다 경험이 매우 많은 교사에게서 더 크게 나타났다면, B는 강화된다.
ㄷ. 교사가 학생들에 대해 가지고 있는 기대치와 학생들의 실제 성적을 동일 시점에서 측정하여 비교하였을 때 기대치가 높은 학생들의 성적은 높았고 기대치가 낮은 학생들의 성적은 낮았다면, A는 강화되고 B는 약화된다.

① ㄱ   ② ㄴ   ③ ㄱ, ㄷ
④ ㄴ, ㄷ   ⑤ ㄱ, ㄴ, ㄷ

15

2019학년도 LEET 문23

㉠에 대한 평가로 옳은 것만을 〈보기〉에서 있는 대로 고른 것은?

의회 의원 선거제도는 선거구 크기와 당선 결정 방식이라는 두 가지 요소에 의해 A제도와 B제도로 구분된다. 선거구 크기(M)는 한 선거구에서 선출하는 대표의 수를 의미하며, 한 선거구에서 1명의 의원을 선출하면 M=1로 표시한다. 당선 결정 방식은 다른 후보보다 한 표라도 더 얻은 후보가 당선되는 방식과 정당 득표율에 비례해서 정당별로 의석을 배분하는 방식, 이렇게 두 가지가 있다. A제도는 한 선거구에서 1명의 대표를 선출하되, 다른 후보보다 한 표라도 더 얻은 후보를 당선자로 결정하는 방식이다. B제도는 한 선거구에서 2명 이상의 대표를 선출하되, 정당 득표율에 따라 정당별로 의석을 배분하는 방식이다.

A제도에서는 선거구 크기와 당선 결정 방식의 특징상 군소 정당이 의석을 획득하는 것이 어렵다. 이 제도에서 유권자는 군소 정당에 투표하면 자신의 표가 사표가 될 가능성이 크다는 것을 잘 알고 있으며, 따라서 당선 가능성이 높은 차선호 후보에게 전략적으로 투표한다. 그 결과 군소 정당 후보는 더 불리해진다. 반면 B제도에서 유권자는 자신의 표가 사표가 될 가능성이 낮기 때문에 전략적 투표를 할 필요가 없으며, 자신의 선호에 따라 투표한다. 이러한 이유로 특정 국가에서 의회 의석을 점유한 정당의 수를 의미하는 ㉠ 정당 체제는 그 국가의 선거제도에 의해 결정된다. 즉 A제도는 양당 체제를, B제도는 다당 체제를 형성할 것이다.

〈사례〉

X국과 Y국은 A, B제도 중 하나를 택하고 있다. X국의 경우 10개의 정당이 선거에서 경쟁하나 의회 의석은 2개 정당이 점유하고 있다. 반면 Y국의 경우 10개의 정당이 선거에서 경쟁하며, 의회 의석은 8개의 정당이 비슷한 비율로 점유하고 있다.

〈보기〉

ㄱ. X국 선거제도에서 M=1이라면, X국 사례는 ㉠을 강화한다.
ㄴ. Y국 선거제도에서 M>1이라면, Y국 사례는 ㉠을 약화한다.
ㄷ. Y국 선거제도가 다른 후보보다 많은 표를 얻은 후보를 당선자로 결정하는 방식이라면, Y국 사례는 ㉠을 약화한다.
ㄹ. 전략적 투표 현상이 Y국보다 X국에서 많이 일어난다면, 이 현상은 ㉠을 강화한다.

① ㄱ, ㄴ   ② ㄱ, ㄹ   ③ ㄴ, ㄷ
④ ㄱ, ㄷ, ㄹ   ⑤ ㄴ, ㄷ, ㄹ

16

2019학년도 LEET 문27

〈논쟁〉에 대한 평가로 옳은 것만을 〈보기〉에서 있는 대로 고른 것은?

정부는 대부업자 및 여신금융회사의 법정 최고 금리를 35%에서 28%로 인하하기로 발표하였다. 이 정책에 대해 A와 B가 다음과 같은 논쟁을 벌였다.

〈논쟁〉

A1: 이번 조치의 결과 최대 3백만 명에게 7천억 원 규모의 이자 부담이 경감될 것으로 예상된다. 이는 신용도가 높지 않은 서민의 부담을 덜어 주는 효과가 있을 것이다.
B1: 지나치게 낙관적인 예상이다. 이는 현재 28%를 초과하는 금리를 적용받는 모든 사람들이 28% 이하의 금리로 대출을 받을 수 있다는 가정에 기반하고 있다. 하지만 금리는 대출받는 사람의 상환 불이행 위험을 반영하기 때문에, 금리가 강제로 인하되면 기존에는 대부업자나 여신금융회사에서 대출을 받았지만 이후에는 받을 수 없게 되는 사람이 늘어날 것이다.
A2: 그렇지 않을 수 있다. 금리가 인하되면 이전에 비해 대부업자 등이 거두는 이자 수입이 감소할 것이고 이를 보전하기 위해 대출 규모를 확대하려 할 것이기 때문이다.
B2: 대출 규모가 확대되더라도 법정 최고 금리가 35%일 때 대출을 받을 수 없던 사람들까지 대출을 받게 되지는 않을 것이다. 그들은 이번 조치에 전혀 혜택을 받지 못하고 있다.
A3: 그렇다 하더라도 많은 사람들이 이자 부담을 덜게 되는 것은 사실이다. 계산해 보면 최대 3백만 명이 1년에 1인당 21만 원 정도 이자를 덜 내도 된다.
B3: 대출을 받을 수 있는 사람들이 이자 부담을 덜게 되는 장점이 신용도가 낮은 사람들이 대출을 받을 수 없게 되는 단점보다 클지 불분명하다.

〈보기〉

ㄱ. 정책 시행 후, 대출 규모가 증가함과 동시에 기존에는 대출을 받았는데 대출을 받을 수 없게 된 사람 수가 증가한 데이터는 A2를 약화한다.
ㄴ. 법정 최고 금리가 35%를 초과하던 시기에 35% 초과 금리가 적용되는 대상자가 거의 없었다는 데이터는 B2를 강화한다.
ㄷ. 정책에 대해 A3이 주장한 장점을 B3은 인정하지 않고 있다.

① ㄱ   ② ㄴ   ③ ㄱ, ㄷ
④ ㄴ, ㄷ   ⑤ ㄱ, ㄴ, ㄷ

17

A~D에 대한 평가로 옳은 것만을 〈보기〉에서 있는 대로 고른 것은?

〈연구 목적〉

X국에서 차량 과속 단속에 걸린 운전자 중 특정 인종의 비율이 높은 것으로 나타났다. 甲은 그러한 현상이 특정 인종이 실제 과속을 많이 하기 때문인지 아니면 경찰이 과속한 차량을 모두 단속하지 않고 인종적 편견에 따라 차별적으로 일부 차량만 단속했기 때문인지 궁금해졌다. 이에 甲은 "경찰이 과속하는 차량들 중 어떤 차는 세워 단속하고 어떤 차는 무시할지를 결정하는 데 운전자의 인종이 중요한 요인으로 작용한다"라는 ⊙ 가설을 세우고 이를 검증하고자 한다.

〈연구 설계〉

甲은 경찰의 과속 단속에서 어떤 인종 차별도 개입하지 않을 때 기대되는 특정 인종 집단에 대한 단속률과 경찰에 의해 실제 단속이 행해진 특정 인종 집단에 대한 단속률을 비교한다. 구체적인 연구 설계는 다음과 같다.

A: 고속도로 요금소를 통과하는 운전자 모집단 중 특정 인종 비율과 고속도로에서 과속으로 경찰에 의해 단속된 운전자들 중 특정 인종의 비율을 비교한다.

B: 주간과 야간의 과속 단속 결과에서 단속된 운전자의 인종별 비율을 비교한다.

C: 경찰의 6개월간 과속 운전자 단속 자료의 인종 분포를 같은 기간 동일한 조건(시간대, 장소 등)에서 甲이 객관적으로 직접 관찰한 과속 운전자의 인종 분포와 비교한다.

D: 관할 구역 거주민 모집단에서 특정 인종이 차지하는 비율과 경찰에 의해 단속된 운전자들 중에서 특정 인종이 차지하는 비율을 비교한다.

〈보기〉

ㄱ. A는 ⊙의 타당성을 검증하지 못한다.
ㄴ. B를 통해 ⊙의 타당성을 검증하려면, 운전자의 인종을 구별할 수 있는 외양적 특징이 주·야간에 다르게 드러난다는 조건이 충족되어야 한다.
ㄷ. C에서 경찰 단속 결과에 나타난 과속 운전자의 인종 비율과 甲의 관찰 결과에 나타난 과속 운전자의 인종 비율이 유사하다면, 이는 ⊙을 약화한다.
ㄹ. D에서 만약 관할 구역 거주민 모집단 중 특정 인종 비율이 15%이고 단속된 운전자들 가운데 특정 인종 비율이 25%였다면, 이는 ⊙의 타당성을 뒷받침하는 논거가 된다.

① ㄱ, ㄹ
② ㄴ, ㄷ
③ ㄴ, ㄹ
④ ㄱ, ㄴ, ㄷ
⑤ ㄱ, ㄷ, ㄹ

18

〈주장〉에 대한 평가로 옳은 것은?

〈주장〉

A: 지역 간 경제적 격차는 시장 논리에 따라 자연히 완화될 수 있다. 노동이나 자본은 수익률이 높은 곳으로 움직이는데 그 결과 노동이나 자본의 경쟁이 심화되어 수익률이 하락하게 된다. 이러한 경쟁을 방해하는 국가의 개입은 오히려 지역 간 균등화를 방해한다.

B: 지역 간 경제적 격차는 심화되는 경향이 있다. 경제 발전의 핵심은 혁신이다. 혁신은 다양한 인재가 모여 일어난다. 인재는 물리적, 문화적 인프라가 있는 곳에 몰린다. 따라서 자본과 노동은 발전된 곳을 쉽게 떠나려고 하지 않는다. 지역의 인프라를 무시하고 자본과 노동을 이동시키려는 국가 정책은 대부분 실패한다.

C: 지역 간 경제적 격차는 국가의 경제 발전 전략으로 생겨난다. 국가가 정치적 이해관계, 산업 정책 등을 이유로 특정한 발전 전략을 수행하면, 어떤 지역은 특권화되어 발전하나 다른 지역은 소외될 수 있다. 이렇게 해서 생긴 지역 간 격차는 국가가 개입함으로써 해소된다.

〈자료〉

ㄱ. 세계적으로 자본과 노동은 주로 북미, 서유럽, 동북아시아에서 움직인다. 남미와 아프리카는 배제되어 있다. 국내적으로도 자본과 노동은 산업화된 지역에 집중된다. 개별 국가나 지방자치단체의 노력으로 이러한 불균등이 시정된 경우는 거의 없다.
ㄴ. 예술 대학이 근처에 있고 임대료가 저렴하여 창의적인 인재와 산업이 모인 결과 X지역은 소비문화가 번성하고 사람과 돈이 몰려들었다. 그러나 X지역의 성장을 이끌었던 인재와 산업은 높아진 부동산 가격을 견디지 못하고 다른 곳으로 밀려났다. 국가는 그 지역의 쇠퇴를 지연할 수 있었지만 막을 수는 없었다.
ㄷ. 1980년대 Y국 정부는 금융과 서비스 산업 성장을 추진하는 동시에 노동조합의 약화를 꾀했다. 그 결과로 노동조합 근거지의 경제는 상대적으로 침체되고 실업이 크게 증가하였다. 1990년대 후반부터 Y국 정부는 지역 정책을 통해 외국 자본을 유치하여 쇠퇴된 지역의 경제를 회복하려 노력했지만 성공하지 못했다.

① ㄱ은 A를 강화한다.
② ㄱ은 B를 약화하고 C를 강화한다.
③ ㄴ은 B를 강화한다.
④ ㄴ은 A와 C를 강화한다.
⑤ ㄷ은 C를 약화한다.

19

2020학년도 LEET 문30

다음 글에 대한 분석으로 옳은 것만을 〈보기〉에서 있는 대로 고른 것은?

이동통신 사업자들이 서로 경쟁하는 수단에는 단말기 보조금(이하 보조금이라 한다)과 통신 서비스 요금(이하 요금이라 한다)이 있다. 현재 정부는 이동통신 사업자들이 설정된 상한을 넘겨 보조금을 지급하지 못하도록 보조금상한제를 실시하고 있다. 보조금상한제가 요금 인하에 미치는 영향에 대해 다음과 같은 논쟁이 있다.

甲: 사업자들은 통신 서비스 가입자를 유치하는 경쟁에서 높은 보조금을 이용한다. 보조금이 높으면 소비자가 더 쉽게 사업자를 전환할 수 있기 때문이다. 그런데 높은 보조금에 끌려 소비자가 통신 사업자를 전환할지 고려하다 보면 요금에 대한 소비자의 반응도 더 민감해질 수 있다. 그 결과 사업자 간 요금 경쟁이 더욱 활발해질 것이다.

乙: 경쟁이 보조금과 요금 중 어느 하나에 집중되면 다른 하나의 경쟁은 약화된다. 또한 한 영역의 경쟁을 제한하면 경쟁은 다른 쪽으로 옮겨 간다. 보조금 경쟁이 과열될수록 요금 경쟁이 약화될 것이므로, 정부가 법으로써 보조금 수준을 제한하면 요금 경쟁이 활성화되어 요금이 낮아질 것이다.

丙: 더 많은 가입자를 유치하기 위해 높은 보조금을 지급하는 것이 사업자에게는 전반적인 비용 상승 요인이 된다. 이를 보전하기 위해 요금은 높아질 것이다.

〈보기〉

ㄱ. 보조금상한제 시행 후 소비자가 통신 사업자를 전환하는 비율이 증가했다는 사실은 甲의 주장을 강화한다.
ㄴ. 乙의 주장은 정부가 요금 인하를 위해 보조금상한을 낮추는 정책의 근거가 될 수 있다.
ㄷ. 요금 인하 효과의 측면에서 甲은 보조금상한제를 반대하고 丙은 찬성할 것이다.

① ㄱ
② ㄴ
③ ㄱ, ㄷ
④ ㄴ, ㄷ
⑤ ㄱ, ㄴ, ㄷ

20

2021학년도 LEET 문25

㉠을 입증하는 실험결과에 포함될 수 없는 것은?

사회과학에서 고전적 실험연구는 실험결과를 현실 세계로 일반화시킬 수 없을 가능성이 있다. 예를 들어 '흑인이 영웅으로 등장하는 영화 관람'(실험자극)이 '흑인에 대한 부정적 편견 정도'를 줄이는지를 알아보고자 실험연구를 수행한 결과 다음과 같은 사실이 관찰되었다고 하자. 첫째, 실험자극을 준 실험집단의 경우 사전조사보다 사후조사에서 편견 정도가 낮았다. 둘째, 실험자극을 주지 않은 통제집단에서는 사전과 사후조사에서 편견 정도의 변화가 없었다. 이 경우 영화 관람이 실험집단 피험자들의 편견 정도를 줄였다고 볼 수 있다. 그러나 그 영화를 일상생활 중 관람했다면 동일한 효과가 나타날 것이라고 확신할 수는 없다. 실험에서는 사전조사를 통해 피험자들이 이미 흑인 편견에 대한 쟁점에 민감해져 있을 수 있기 때문이다. 이 문제를 해결하기 위해서는 사전조사를 하지 않는 실험을 추가한 〈실험설계〉를 해야 한다. 이를 통해 ㉠ 영화 관람이 편견 정도를 줄였다는 것을 입증하는 실험결과를 발견한다면 일반화 가능성을 높일 수 있다.

〈실험설계〉
○ 집단 1: 사전조사 ──→ 실험자극 ──→ 사후조사
○ 집단 2: 사전조사 ──────────────→ 사후조사
○ 집단 3: 사전조사 없음 ──→ 실험자극 ──→ 사후조사
○ 집단 4: 사전조사 없음 ──────────→ 사후조사
단, 집단 1~4의 모든 피험자는 모집단에서 무작위로 선정되었다.

① 집단 1에서 사후조사 편견 정도가 사전조사 편견 정도보다 낮게 나타났다.
② 집단 1의 사후조사 편견 정도가 집단 2의 사후조사 편견 정도보다 낮게 나타났다.
③ 집단 3의 사후조사 편견 정도가 집단 2의 사전조사 편견 정도보다 낮게 나타났다.
④ 집단 3의 사후조사 편견 정도가 집단 4의 사후조사 편견 정도보다 낮게 나타났다.
⑤ 집단 4의 사후조사 편견 정도가 집단 1의 사후조사 편견 정도보다 낮게 나타났다.

21

다음 글에 대한 평가로 적절한 것만을 〈보기〉에서 있는 대로 고른 것은?

다음 가설을 검증하기 위해 [실험 1]과 [실험 2]가 이루어졌다.
(가설 1) 사람은 자신의 기대 수익*을 최대화하는 행위를 선택한다.
(가설 2) 사람은 자신에게 유리하지만 불공정한 행위가 상대방에게 발각되지 않을 가능성이 높다고 믿을수록, 그 행위를 할 가능성이 높아진다.

[실험 1]
참가자를 무작위로 제안자와 반응자로 나눈다. 제안자는 실험자로부터 받을 1만 원의 돈을 반응자와 어떻게 나눌 것인지에 대해 다음 중 하나를 제안한다.
○ 5-5안: 제안자와 반응자가 5천 원씩 가진다.
○ 8-2안: 제안자는 8천 원, 반응자는 2천 원을 가진다.
○ 동전안: 공평한 동전을 던져 앞면이 나오면 5-5안, 뒷면이 나오면 8-2안에 따른다.

반응자는 제안자의 제안을 수용 또는 거부한다. 제안된 5-5안이나 8-2안을 반응자가 수용하면 제안한 안대로 금액을 나눈다. 동전안이 제안되고 반응자가 수용하면 실험자는 반응자가 보는 앞에서 동전을 던져 동전안대로 금액을 나누어 준다. 어떤 제안에 대해서든 반응자가 거부하면 제안자와 반응자 모두 0원을 받는다. 실험 규칙은 참가자들에게 미리 알려준다.

[실험 2]
다음을 제외하면 나머지는 [실험 1]과 동일하다. 제안자가 동전안을 선택하면, 실험자는 반응자가 모르게 동전을 던져 앞면이 나오면 5-5안이, 뒷면이 나오면 8-2안이 제안되었다고 반응자에게 알려준다. 예컨대 반응자는 8-2안을 제안받았을 때, 제안자가 직접 이 안을 제안한 것인지, 아니면 동전을 던져 뒷면이 나와 8-2안이 제안된 것인지 알 수 없다.

* 기대 수익: '행위로 인해 각 상황에서 얻게 될 수익'에 '해당 상황이 발생할 확률이라고 믿는 값'을 곱한 값을 모두 더한 값

〈보기〉

ㄱ. [실험 1]에서 8-2안을 제안 받은 반응자의 60%가 제안을 거부했다면, (가설 1)은 약화된다.
ㄴ. [실험 1]에서 반응자가 5-5안, 8-2안, 동전안을 수용할 확률이 각각 100%, 20%, 80%라고 믿는 제안자가 동전안을 제안했다면, (가설 1)은 강화된다.
ㄷ. 참가자들이 5-5안과 동전안은 공정하지만 8-2안은 불공정하다고 믿을 경우, [실험 1]에서보다 [실험 2]에서 8-2안을 선택하는 제안자의 비율이 더 높다면, (가설 2)는 강화된다.

① ㄱ ② ㄷ ③ ㄱ, ㄴ
④ ㄴ, ㄷ ⑤ ㄱ, ㄴ, ㄷ

22

다음 글에 대한 평가로 옳은 것만을 〈보기〉에서 있는 대로 고른 것은?

피해자 영향 진술(VIS) 제도는 재판의 양형 단계에서 피해자에게 범죄로부터 받은 영향을 표현할 수 있도록 기회를 제공한다. 그런데 VIS가 없는 경우보다 있는 경우에 형량이 더 무거운 경향이 있는데, 그 이유와 관련하여 두 가지 견해가 제시된다. A 견해에서는 VIS의 유무가 아니라 피해의 심각성이 무거운 형량을 유도한다고 본다. 이에 따르면, 피해가 심각할수록 형량이 무거워지는데, 주로 심각한 피해를 입은 피해자들이 공소장에 적시된 피해 내용을 부각하기 위해 VIS를 제시하고 피해가 심각하지 않은 피해자들은 VIS를 제시하지 않으므로, VIS와 양형 간에 유의미한 관계가 있는 것처럼 보인다는 것이다. B 견해에서는 판사나 배심원들이 피해자가 VIS를 통해 부각하고자 하는 피해 내용에 의해 영향을 받을 뿐만 아니라 피해자가 VIS를 통해 표출하는 강한 감정으로부터도 영향을 받기 때문에, VIS가 무거운 형량을 유도한다고 주장한다. 각 견해의 타당성을 검증하기 위해 연구 방법 P, Q를 구상하였다.

P: 무작위로 추출된 모의 배심원을 세 집단으로 구분한 뒤 사건에 대한 객관적 정보를 제공한다. [집단 1]에는 일반적인 기대를 뛰어넘는 심각한 내용의 정서적 상해가 기술된 VIS를 제공하고, [집단 2]에는 일반적인 기대에 미치지 않는 정서적 상해가 기술된 VIS를 제공하며, [집단 3]에는 VIS를 제공하지 않는다. 이후 각 집단이 제시한 평균 형량을 비교한다.

Q: 무작위로 추출된 모의 배심원을 세 집단으로 구분한 뒤 사건에 대한 객관적 정보를 제공한다. [집단 1]에는 피해자가 감정적으로 매우 고조된 상태로 심각한 내용의 VIS를 낭독하는 재판 영상을 제공하고, [집단 2]에는 동일한 내용의 VIS를 피해자가 차분하게 낭독하는 재판 영상을 제공하며, [집단 3]에는 앞의 경우보다 덜 심각한 내용의 VIS를 피해자가 차분하게 낭독하는 재판 영상을 제공한다. 이후 각 집단이 제시한 평균 형량을 비교한다.

〈보기〉

ㄱ. P에서 [집단 1]의 평균 형량이 [집단 2]의 평균 형량보다 유의미하게 높고 [집단 2]의 평균 형량이 [집단 3]의 평균 형량보다 유의미하게 높으면, A 견해는 강화된다.
ㄴ. Q에서 [집단 1]의 평균 형량이 [집단 2]의 평균 형량보다 유의미하게 높고 [집단 2]의 평균 형량이 [집단 3]의 평균 형량보다 유의미하게 높으면, B 견해는 강화된다.
ㄷ. Q에서 연구 방법을 수정하여 [집단 1]과 [집단 2]만을 비교할 경우, 두 집단의 평균 형량에 유의미한 차이가 없다면, A 견해는 약화된다.

① ㄱ ② ㄴ ③ ㄱ, ㄷ
④ ㄴ, ㄷ ⑤ ㄱ, ㄴ, ㄷ

23

다음 글에 대한 평가로 옳은 것만을 〈보기〉에서 있는 대로 고른 것은?

미국에서 1960년대 이래 폭발적으로 증가해 왔던 폭력 범죄와 재산 범죄는 1990년대 초반 이후로 급격한 감소 추세에 들어섰다. 1991년부터 2012년 사이에 폭력 범죄는 49%, 재산 범죄는 44% 감소하였다. 더욱이 이런 감소 현상은 모든 지역과 모든 인구 집단에서 나타났으며, 그 추이는 2020년 현재까지 지속되고 있다. 이와 관련하여 ㉠미국의 범죄 감소가 납과 밀접한 관련이 있다는 주장이 있다. 이에 따르면, 제2차 세계대전 후부터 1970년대 초반까지 자동차의 납 배출이 증가하면서 폭력 범죄가 뒤따랐다. 하지만 1970년대에 휘발유에서 납이 제거되기 시작하면서 이후 폭력 범죄는 감소하였다. 사에틸납(tetraethyl lead)은 가솔린 기관의 노킹 방지를 위해 1920년대에 개발되었는데, 전후 시기부터 자동차 열풍과 함께 그 사용이 폭발적으로 증가하였다. 폭력과 재산 범죄율은 10대 후반에서 20대 초반에 가장 높은데, 청소년이나 성인과 달리 아동의 경우에는 납에 노출되는 것이 뇌 발달과 미래의 범죄 가능성에 영향을 미친다. 특히 납은 공격성과 충동성 등의 증가를 유발하는 것으로 알려져 있다.

〈보기〉

ㄱ. 미국의 1~5세 아동의 2000년 평균 혈중 납 농도가 1990년의 절반 수준으로 낮아졌다는 사실은 ㉠을 강화한다.
ㄴ. 미국의 폭력 범죄가 급격하게 감소하기 시작하는 시기가 1970년대가 아닌 1990년대라는 사실은 ㉠을 약화한다.
ㄷ. 미국에서 범죄를 저지른 청소년이 그렇지 않은 청소년보다 뼈 안의 납 농도가 4배 높다는 연구 결과는 ㉠을 강화한다.

① ㄱ ② ㄴ ③ ㄱ, ㄷ
④ ㄴ, ㄷ ⑤ ㄱ, ㄴ, ㄷ

24

다음 논쟁에 대한 평가로 옳은 것만을 〈보기〉에서 있는 대로 고른 것은?

A: 디지털 전환 등 미래 기술 변화로 인해 일자리를 통한 소득 기회가 감소할 수 있으므로 이에 대비하기 위해서는 국민 누구에게나 개별적으로 조건 없이 동일한 금액을 지급하는 기본소득제도의 도입이 필요하다. 사회적 위험에 빠진 사람을 선별해 복지 혜택을 집중하더라도 사각지대가 남을 수 있고 또한 선별에 따른 마찰도 적지 않다. 보편 지급은 이러한 문제점들을 완화하여 사각지대 없이 모든 사람들에게 실질적 도움이 될 수 있다.
B: 기본소득은 모든 사람에게 일정 금액을 제공하기 때문에 빈곤층을 해소하는 것처럼 보이지만, 재정 여건이 허락하는 범위에서 지급하는 기본소득은 그 급여 수준이 너무 낮아 사각지대 해소에 실효성이 없다.
C: 기존의 복지제도를 정리하고 공공 부문을 개혁하면 기본소득의 재원 확보가 가능하다. 모든 사람이 일정 급여를 받게 되면 양극화가 완화될 것이다. 이에 따라 조세 저항은 낮아지고 재분배 정책의 지지도가 상승함으로써 복지 재원의 총량도 늘리는 선순환이 기대된다.
D: 빈곤층의 생계를 지원하는 기초생활보장제도나 실직에 따른 소득 상실을 보전하는 고용보험 등 기존의 사회안전망을 더 강화하는 것이 기본소득보다 양극화 문제에 더 효과적인 대안이다.

〈보기〉

ㄱ. 4차 산업 발달에 따른 인공지능의 보급으로 신규로 창출될 일자리보다 사라질 일자리가 많다는 연구 결과는 A를 약화한다.
ㄴ. 국가적 재난으로 인해 고통을 겪은 국민을 지원하기 위해 일시적으로 지급된 전국민재난지원금이 자영업자 폐업률에 영향을 미치지 않았다는 조사 결과가 나온다면, B는 약화된다.
ㄷ. 기존 복지제도를 통합하여 확보한 재원으로 기본소득을 지급할 때 소득 최하위 분위의 소득 점유율 대비 소득 최상위 분위의 소득 점유율이 유의미하게 감소한다면, C는 강화되고 D는 약화된다.

① ㄱ ② ㄷ ③ ㄱ, ㄴ
④ ㄴ, ㄷ ⑤ ㄱ, ㄴ, ㄷ

25

다음 글에 대한 평가로 옳은 것만을 〈보기〉에서 있는 대로 고른 것은?

이기적 인간은 자신의 소비를 통한 효용만을 고려한다. 그렇다면 기부 행위는 왜 존재하는가? 자신의 기부를 받을 수혜자의 효용까지도 함께 고려하는 이타심 때문이다. 인간은 자신의 소비를 통한 효용뿐 아니라 수혜자의 효용까지 고려한다는 주장을 ㉠ 순수이타주의 가설이라 한다. 이 가설하에서 기부자는 수혜자가 필요한 총 기부액을 우선 결정한다. 만약 수혜자가 다른 기부자로부터 일정 금액의 기부를 받는 것을 알게 되면, 기부자는 정확히 그 금액만큼 기부액을 줄이게 된다. 한편, 기부 행위 자체를 통해 얻는 감정적 효용도 기부 행위에서 중요한 역할을 한다는 주장이 있다. 이를 ㉡ 비순수이타주의 가설이라 한다. 비순수이타주의 가설에서는 순수이타주의 가설에서 고려하는 기부자의 효용과 수혜자의 효용에 더하여 기부자 자신의 감정적 효용까지도 모두 고려한다.

위 두 가설을 검증하기 위해 다음과 같은 실험을 다수의 참가자에게 독립적으로 실시한다.

〈실험〉
각 참가자는 아래 표를 제공받아 a~f를 모두 결정한다. 이후, 각 참가자는 A~F 중 임의로 선택된 한 상황에서 해당하는 소득을 실제로 제공받고 결정했던 만큼의 기부를 한다.

상황	참가자의 소득	참가자의 기부액	자선 단체의 기부액
A	40	a	4
B	40	b	10
C	40	c	28
D	40	d	34
E	46	e	4
F	46	f	28

〈보기〉
ㄱ. 참가자 대부분에서 b = e − 6이면, ㉡을 강화한다.
ㄴ. 참가자 대부분에서 e − a < f − c이면, ㉠을 강화한다.
ㄷ. 참가자 대부분에서 0 < a − 30 < b − 24 < c − 6 < d이면, ㉡을 강화한다.

① ㄱ ② ㄷ ③ ㄱ, ㄴ
④ ㄴ, ㄷ ⑤ ㄱ, ㄴ, ㄷ

26

다음 논증에 대한 평가로 옳은 것만을 〈보기〉에서 있는 대로 고른 것은?

2020년 1월부터 유행하기 시작한 COVID-19로 인해 출생률이 감소할 것이라는 주장이 있다. 그 근거는 다음과 같다.

첫째, 강력한 사회적 거리두기로 인해 자유로운 만남과 연애가 상대적으로 어려워졌다. 다중시설 이용과 출입국에 큰 제약이 생김으로써 결혼을 미루거나 포기하는 경우가 많아졌다.

둘째, 특히 상대적으로 출생률이 높은 저소득 계층과 청년층에서 취업률이 하락하고 소득이 줄어들면서 경제적 어려움이 커졌다. 출산과 양육의 경제적 부담이 큰 만큼 소득의 감소는 출산의 감소로 이어질 것이다.

셋째, 비대면 노동과 재택근무의 확산으로 일과 가정의 구분이 애매해져 많은 노동자가 스트레스를 호소하고 있다. 게다가 학교나 유치원, 어린이집 같은 보육 시설이 폐쇄되거나 제한적으로 운영되면서 자녀 양육이 더 어려워졌다. 어린 자녀를 키우고 있는 가정뿐만 아니라 아직 자녀가 없는 가정에서도 이러한 보육과 양육의 문제로 인해 출산 계획을 미루거나 포기할 것이다.

〈보기〉
ㄱ. 전체 영유아 인구는 2019년 7월보다 2022년 7월에 감소했지만 1세 이하 인구에는 차이가 없었다면, 이 논증은 강화된다.
ㄴ. 2019년의 1인당 국내총생산은 31,929천 원이었으며 2020년의 1인당 국내총생산은 31,637천 원으로 별 차이가 없었다면, 이 논증은 약화된다.
ㄷ. 2019년 8월 현재 임신 중이라고 답한 비율이 경제활동 여성과 비경제활동 여성에서 10%로 동일했으며, 2021년 8월에 이루어진 같은 조사에서도 그 비율 수치에 거의 변화가 없었다면, 이 논증은 약화된다.

① ㄴ ② ㄷ ③ ㄱ, ㄴ
④ ㄱ, ㄷ ⑤ ㄱ, ㄴ, ㄷ

27. ① ㄱ

28. ① ㄱ

29

다음 글에 대한 평가로 옳은 것만을 〈보기〉에서 있는 대로 고른 것은?

얼굴에 나타난 정서 표정의 차이가 기억에 주는 효과를 검증하는 경험적 연구들은, 연구 대상자들에게 화내거나 우는 등의 부정적 표정이나 무표정한 중성적 표정의 사진을 학습시키고 일정한 시간이 지난 후에 여러 사람들의 사진들 중 이전에 본 사람의 얼굴을 찾는 방식으로 이루어진다. 이때 학습 시의 사진 속 표정과 기억 검사 시의 사진 속 표정 사이의 차이로 인해 기억률의 차이가 발생할 수 있다. 따라서 정서 표정이 얼굴 기억에 미치는 효과를 검토하기 위해서는 학습 단계와 검사 단계에서의 정서 표정의 차이에 따른 기억률의 변화를 고려해야 한다. 이에 다음과 같은 〈가설〉을 검증하기 위한 〈실험〉을 구성하였다.

〈가설〉
A: 부정적 표정을 지닌 얼굴에 대한 기억률이 중성적 표정에 대한 기억률보다 높다.
B: 부정적, 중성적 표정의 차이보다, 학습 시와 검사 시 표정의 일치 여부가 기억률에 미치는 영향이 더 크다.

〈실험〉
실험1: 참가자들은 무작위로 두 집단으로 나뉘어 한 집단은 부정적 표정의 얼굴을, 다른 집단은 중성적 표정의 얼굴을 학습한 후 검사 단계에서 학습 단계와 동일한 표정으로 기억 검사를 받았다.
실험2: 참가자들은 모두 부정적 표정의 얼굴을 학습한 후 검사 단계에서 무작위로 두 집단으로 나뉘어 각각 부정적 표정과 중성적 표정으로 기억 검사를 받았다.

〈보기〉
ㄱ. 실험1의 결과, 두 집단의 기억률이 유사하다면 A는 약화된다.
ㄴ. 실험2의 결과, 두 집단의 기억률이 유사하다면 A는 약화된다.
ㄷ. 실험1의 결과, 두 집단의 기억률이 유사하고, 실험2의 결과, 검사 시 부정적 표정을 본 집단의 기억률이 검사 시 중성적 표정을 본 집단의 기억률보다 높다면 B는 강화된다.

① ㄱ ② ㄴ ③ ㄱ, ㄷ
④ ㄴ, ㄷ ⑤ ㄱ, ㄴ, ㄷ

30

〈실험〉에 대한 평가로 옳은 것만을 〈보기〉에서 있는 대로 고른 것은?

남성 비율이 큰 작업장 내 성별 불평등에 관한 다양한 연구들은 여성이 실제 능력과 성과에 비해 남성보다 상대적으로 적은 기회를 얻고 낮은 평가를 받는다는 것을 보여 준다. 여성이 처한 이러한 구조적 상황은 창조성이 요구되는 프로젝트를 공동으로 수행하는 팀에서 능력 발휘를 어렵게 한다. 창조적 프로젝트는 팀원들이 함께 모여 활발한 상호작용을 함으로써 시너지를 발휘한다. 하지만 팀 활동 중에 여성이 창조성을 발휘할 기회가 제한되거나 창조성의 표현 자체가 평가절하된다면, 여성들은 팀 활동에서 역량을 충분히 발휘하지 못할 것이다. 이러한 맥락에서 ㉠ 여성은 남성들과 함께 모여서 작업하는 환경에서보다, 남성들과는 따로 작업하는 환경에서 창조성을 더 잘 발휘할 것이다. 이를 검증하기 위해 다음과 같은 〈실험〉을 하였다.

〈실험〉
남성 가수와 여성 가수 각각 40명을 섭외해서, 남성 가수 한 명과 여성 가수 한 명을 무작위로 짝을 지어 40쌍의 듀엣을 결성하였다. 40쌍의 듀엣 중 20쌍은 무작위로 통제집단으로 배정되어 각 쌍은 연주자들과 같이 녹음실에서 합주하여 동일한 노래를 녹음하였다. 나머지 20쌍은 실험집단으로 배정되어 각 쌍의 남성 가수는 녹음실에서 연주자들과 합주하여 통제집단과 같은 노래를 녹음하였고, 여성 가수는 혼자 녹음실에서 남성 가수와 연주자들의 녹음본을 들으며 자신이 맡은 부분을 녹음하여 곡을 완성하였다. 연주자는 5명으로 모두 남성이었으며, 40쌍의 듀엣에서 연주자는 같았다. 녹음이 끝난 곡을 남녀 동수의 전문가들에게 들려준 후, 남녀 가수들의 창조적 표현을 점수로 평가하게 하였다.

〈보기〉
ㄱ. 여성 가수의 점수가 통제집단보다 실험집단에서 높았다면 ㉠은 강화된다.
ㄴ. 여성 가수 전체 점수의 합이 남성 가수 전체 점수의 합보다 높았다면 ㉠은 강화된다.
ㄷ. 통제집단에서 여성 가수의 점수가 남성 가수에 비해 약간 낮았으나 실험집단에서 여성 가수의 점수가 남성 가수에 비해 높았다면 ㉠은 약화된다.

① ㄱ ② ㄷ ③ ㄱ, ㄴ
④ ㄴ, ㄷ ⑤ ㄱ, ㄴ, ㄷ

31

다음으로부터 추론한 것으로 옳은 것만을 〈보기〉에서 있는 대로 고른 것은?

선거에서 투표자의 선택에 영향을 미치는 여러 요인을 크게 '정책 요인'과 '후보 특성 요인'으로 나눌 수 있다. 정책 요인은 투표자의 정책 선호도 또는 이념 성향과 관련된 요인이다. 진보적 투표자는 진보 정당에, 보수적 투표자는 보수 정당에 투표하는 경향이 있는데 이는 정책 요인에 따른 것이다. 후보 특성 요인은 정책 요인과 무관한 학력, 경력, 외모 등의 개인적 특성과 관련된다. 자신이 선호하는 정당의 후보가 후보 특성 요인에서도 우월하다면 투표자의 선택은 자명하다. 하지만 두 요인이 상반되게 작용할 경우, 진보적 투표자가 보수 정당 후보에 표를 던지거나 반대로 보수적 투표자가 진보 정당 후보에 표를 던지는 일이 발생할 수도 있다. 정책 요인과 후보 특성 요인의 상대적 영향력과 관련해 다음과 같은 가설이 있다.

〈가설〉
정책에 미치는 영향이 더 큰 선거일수록 후보 특성 요인보다 정책 요인의 상대적 영향력이 더 크다.

이 가설을 검증하기 위해, 개별 정당 지지자들을 대상으로 ㉠자신이 지지하지 않는 당의 후보가 지지하는 당의 후보보다 개인적 특성이 우월하다고 답한 사람 중 실제로 그 우월한 후보에게 투표한 사람의 비율을 조사했다. 일반적으로 대통령의 정책 영향력이 개별 국회의원보다 크다.

〈보기〉
ㄱ. 대통령 선거와 국회의원 선거가 동시에 실시되었을 때, 대통령 선거보다 국회의원 선거에서 ㉠이 더 높았다면 〈가설〉은 강화된다.
ㄴ. 국회의원 선거에서 대통령이 진보 정당 소속일 때보다 보수 정당 소속일 때 진보 정당 지지자의 ㉠이 더 낮았다면 〈가설〉은 약화된다.
ㄷ. 국회의원 선거에서 국회 다수당이 달라지는 경우보다 그렇지 않은 경우에 ㉠이 더 낮았다면 〈가설〉은 강화된다.

① ㄱ   ② ㄴ   ③ ㄱ, ㄷ
④ ㄴ, ㄷ   ⑤ ㄱ, ㄴ, ㄷ

32

다음 글에 대한 평가로 적절한 것만을 〈보기〉에서 있는 대로 고른 것은?

많은 연구에서 배우자가 있는 사람들이 미혼, 이혼, 사별로 배우자가 없는 사람들에 비해 오래 산다는 결과가 보고되었다. 이러한 혼인상태별 사망력의 차이와 관련된 다음 두 이론이 있다.

A: 결혼은 다양한 측면에서 보호 효과를 가지고 있다. 결혼은 배우자와의 연대감 형성을 통해 스트레스를 감소시킨다. 결혼한 사람들은 질병에 걸렸을 때도 배우자가 보살펴주기 때문에 회복과 치료가 빠르며 자원통합을 통해 서로에게 경제적 복지를 제공할 수 있다. 또한, 결혼은 가족에 대한 부양 책임 등으로 건강을 해치는 습관이나 위험한 행동을 자제하게 만들 가능성이 높다.

B: 결혼한 사람들이 오래 사는 것은 원래 오래 살만한 사람들이 결혼하기 때문이다. 이를 선택 효과라고 한다. 건강 상태가 좋고 건전한 삶의 양식을 영위하는 사람들은 배우자를 구할 확률이 높다. 이에 반해, 건강이 좋지 못하거나 위험한 생활 양식을 가진 사람들은 결혼할 확률이 낮다.

〈보기〉
ㄱ. 혼인상태별 금연율을 조사해보니 배우자가 있는 사람들의 금연율이 가장 높았다면, A는 강화되고 B는 약화된다.
ㄴ. 결혼한 사람들 중 부부 관계가 좋은 사람들과 좋지 못한 사람들 간 사망률의 차이가 없었다면, A는 약화되고 B는 강화된다.
ㄷ. 나이가 동일한 20대 집단을 장기간 관찰한 결과, 일부만 30세에 결혼을 했고 나머지는 계속 미혼으로 남았다. 20대 때의 건강 수준을 비교해 보니 결혼 그룹의 건강상태가 미혼 그룹에 비해 나빴고, 40대에서는 결혼 그룹의 건강상태가 향상되어 두 그룹 간 차이가 없어졌다면, A는 강화되고 B는 약화된다.

① ㄱ   ② ㄷ   ③ ㄱ, ㄴ
④ ㄴ, ㄷ   ⑤ ㄱ, ㄴ, ㄷ

33

다음 글에 대한 평가로 적절한 것만을 〈보기〉에서 있는 대로 고른 것은?

> 이주민에 대한 태도를 설명하는 두 이론이 있다.
>
> A: 사람들은 이주민 집단이 자신들과 가까운 집단일수록 긍정적 태도를 보인다. 예를 들어, 언어나 문화적 배경이 유사한 이주민 집단은 긍정적 평가를 받는다.
> B: 이주민의 유입이 경제적 위협으로 인식될 경우 사람들은 이주민에 대해 적대적 태도를 갖는다. 내국인들과의 일자리 경쟁이 심해지거나 이주민의 규모가 커지면 적대적 태도는 강해진다.
>
> 두 이론의 타당성을 검증하기 위해 K국 2,000여 명의 시민들을 대상으로 이주민 유입에 대한 찬성 정도를 묻는 조사를 하였다. K국 시민들은 X, Y, Z, W국 이주민에 관한 다음 사실을 알고 있다.
>
> ○ X국 이주민은 K국의 동포이며, 규모가 크고 K국 시민들과 일자리를 두고 경쟁한다.
> ○ Y국 이주민은 K국과 다른 민족이며, K국 시민들이 선호하지 않는 일들을 주로 한다.
> ○ Z국 이주민은 K국의 동포이며, 규모가 매우 작은 편이다.
> ○ W국 이주민은 K국과 다른 민족이며, K국의 주요 일자리에 대규모로 유입되었다.

〈보기〉

ㄱ. X국과 Y국 이주민 유입에 대한 찬성 정도에 차이가 없다면, A와 B 모두 강화된다.
ㄴ. Z국 이주민 유입에 대한 찬성 정도가 X국보다 크다면, A는 강화되고 B는 약화된다.
ㄷ. 이주민 유입에 대한 찬성 정도가 W, Y, Z국 순으로 커진다면, A와 B 모두 강화된다.

① ㄴ
② ㄷ
③ ㄱ, ㄴ
④ ㄱ, ㄷ
⑤ ㄱ, ㄴ, ㄷ

유형 04 – 과학기술

01
LEET 1차 예시 문10

다음 글에서 제시된 주장의 설득력을 가장 효과적으로 약화시키는 것은?

　이종 이식(xenotransplantation)은 일반적으로 사람이 아닌 동물로부터 얻어진 세포, 조직, 장기 등을 사람에게 이식하는 것을 의미한다. 1997년의 실험 결과에 따르면 유망한 이종 장기 공급원으로 기대되고 있는 돼지의 내인성 레트로 바이러스가 실험실 상황(in vitro)에서 인간의 세포를 감염시킬 수 있다. 이종 이식 상황에서 장기 수여자는 다량의 면역 억제제를 투여 받게 되므로 이런 상황에서는 돼지의 레트로 바이러스가 인체를 감염시킬 수 있는 가능성이 더 높을 것이다. 게다가 돼지의 내인성 레트로 바이러스는 인간의 내인성 레트로 바이러스와 결합하거나 다른 방식으로 변형되어 더 큰 감염력을 가지게 될 수도 있다. 이런 가능성은 이종 이식 과정에서 흔히 발생하는 초급성 면역 반응을 없애기 위해 돼지의 유전자에서 특정 유전자를 제거하는 과정에서 증폭될 수도 있다는 연구 결과도 있다. 만약 돼지의 레트로 바이러스나 기타 감염력을 가진 변형 레트로 바이러스가 인간의 유전체에 포함될 수 있다면 이는 단순히 장기 수여자뿐 아니라 그와 접촉하는 모든 사람들(병원 근무자 및 환자 가족 등)에게로 병원체가 확산될 수 있는 가능성이 생기게 된다.
　이종 이식에는 이처럼 우리가 알지 못하는 요인이 너무 많기 때문에 이종 이식 임상 시험은 매우 엄격한 안전 조건을 통과한 후에만 실시되어야 하고 임상 시험 후에도 피험자들을 매우 장기간(어떤 경우에는 사후까지) 정기적 검진과 감독이 필요하다. 이런 조치는 이종 이식의 안전성을 확보하기 위해서는 필수적이지만 임상 시험에서 피험자가 언제든지 빠져 나올 권리를 보장한 헬싱키 선언에 위배될 가능성이 높고 그밖에 피험자가 치명적인 감염 가능성이 있다는 사실을 피험자와 접촉하는 사람들에게 알려 주어야 할 필요성과 피험자의 건강에 대한 비밀 보장의 원칙이 충돌할 가능성 등이 생겨나서 복잡한 윤리적 고려가 요구된다. 이런 점을 고려할 때 이종 이식의 임상 시험과 치료의 과정을 실제로 수행할 수 있을 가능성이 희박하므로 이종 이식 연구에 소요되는 자원을 장기 부족 해소를 위한 다른 연구로 돌려야 마땅하다.

① 헬싱키 선언은 과학 연구 과정에서 무엇보다 우선적으로 지켜야 할 윤리 원칙이다.
② 이종 장기 수여자에 대한 사회적 관리에 소요되는 비용이 그로부터 얻을 수 있는 이익에 비해 크다.
③ 돼지의 내인성 레트로 바이러스에 감염된 환자라도 적절한 조치를 취하면 다른 사람에게 그 병을 옮기지 않는다.
④ 돼지 유전자 재조합 기술을 사용하면 이종 이식 과정에서 발생하는 초급성 면역 거부 반응을 완전히 억제할 수 있다.
⑤ 이종 장기 수여자에게 면역 억제제를 투여하지 않을 수 있는 수술 방법이 개발되더라도 여전히 돼지의 내인성 레트로 바이러스에 감염될 수 있다.

02
2009학년도 LEET 예비 문10

다음 글에서 언급된 가설과 〈보기〉의 (가)~(마)의 관계에 대한 판단으로 옳지 않은 것은?

　1970년대 후반 해양생물학자들은 당시까지 생명이 존재할 수 없다고 간주되던 조건에서 생명이 존재함을 발견했다. 섭씨 320도가 넘는 심해저의 열수 분출공에서 발견한 박테리아를 섭씨 250도, 265기압의 조건에서 배양하는 데 성공했던 것이다. 이 상황을 이해하는 열쇠는 수압이다. 심해저의 어마어마한 수압 때문에 그토록 높은 온도에서도 물이 끓지 않았으며 박테리아는 그 온도에서 살고 있었던 것이다. 그들은 이와 같은 발견으로부터 다음과 같은 가설을 세웠다. 즉, 생명에 필요한 다른 모든 조건이 충족된다면 박테리아의 증식은 온도가 아니라 액체 상태의 물의 존재에 의해 좌우된다는 것이다. 이 가설이 맞다면 지구와 우주에서 생명이 존재할 수 있는 환경과 조건의 범위는 엄청나게 넓어질 것이다. 1990년대 초반 여러 과학자들이 이 가설을 지지하는 사례들을 발견했다. 약 2~7km 깊이의 석유 시추공과 해양 및 대륙의 하부 암석층과 같은 지하 환경에서도 박테리아가 서식하고 있음을 발견했던 것이다. 이 발견은 박테리아가 열수가 분출되는 지각의 한정된 지역에서만 사는 것이 아니라 지구의 지각 내부에도 살고 있다는 추측을 가능하게 만들었다.

〈보기〉

(가) 물은 주로 지표면의 틈과 절리를 통해 지표 밑 암반 속으로 스며들 뿐만 아니라 암반을 구성하는 입자들 사이에 있는 빈틈을 통해서도 스며든다.
(나) 깊은 지하에서 채취된 박테리아는 유전을 팔 때 사용한 기계에 의해, 또는 샘플을 채집했던 배수공을 통해 지하수로 유입되었을 수도 있다.
(다) 박테리아만이 다양한 종류의 화학 물질로부터 에너지를 가장 쉽게 뽑아내 이용할 수 있다.
(라) 지하 환경에서 채집된 박테리아의 대부분은 지하 조건, 즉 산소가 없는 고온 환경에서만 생존할 수 있기 때문에 일반적인 실험실 조건에서는 배양할 수 없다.
(마) 박테리아 중 일부는 태양 에너지로부터 독립된 지구 내부의 에너지에 의존하여 살아가고 있다.

① (가)는 1990년대의 발견들이 1970년대 후반에 세워진 가설을 지지하는 증거로 해석할 수 있게 해준다.
② (나)는 1990년대의 발견들이 1970년대 후반에 세워진 가설을 지지하는 증거로 해석하는 데 걸림돌이 되는 의심이다.
③ (다)는 주어진 글이 전해주는 정보와 가설들이 옳다면 추가적인 정보 없이도 주어진 글 내에서 추론될 수 있는 주장이다.
④ (라)는 (나)가 성립할 수 없음을 지적함으로써 1990년대의 발견들이 1970년대 후반에 세워진 가설을 지지하는 증거로 해석되도록 도와준다.
⑤ (마)는 1970년대 후반에 세워진 가설을 지지하는 증거라기보다는 추가적 정보와 분석의 도움을 받을 때 추론될 수 있는 주장이다.

03

정답: ④ 불리한 사례: ㅁ / 중립 사례: ㄷ / 유리한 사례: ㄱ, ㄴ, ㄹ

04

정답: ⑤

05

2010학년도 LEET 문25

갑과 을의 견해에 대한 진술로 옳은 것만을 〈보기〉에서 있는 대로 고른 것은?

> 갑: 열매의 성숙도에 따라 나타나는 색깔의 변화는 동식물 상호 진화의 산물이다. 덜 익은 열매는 주로 식물의 잎 색깔과 비슷한 푸른색이어서 동물의 눈에 잘 띄지 않다가 열매가 익어감에 따라 눈에 잘 띄는 색으로 변한다. 이러한 변화는 식물이 열매 속의 씨를 산포할 준비를 하고 있다는 의미이다. 익은 열매 중 빨간색이 가장 많은 것은 우연이 아니라 씨를 잘 산포하기 위한 선택이라 할 수 있다. 주로 씨를 손상시키기만 하는 곤충은 푸른색 잎과 섞여 있는 빨간색 열매를 잘 구분하지 못한다. 반면 척추동물은 빨간색 열매를 쉽게 찾아 먹을 수 있다. 척추동물도 좋은 먹이를 제공한 식물에게 보상을 해준다. 척추동물은 씨를 손상시키지 않고 소화관을 통해 배설물과 함께 몸 밖으로 배출하며, 척추동물이 이동함에 따라 씨는 넓은 지역으로 산포되었다가 발아한다.
> 을: 식물은 자신의 씨를 발아 가능한 상태로 산포해 줄 동물에게만 먹히고 그렇지 않은 동물에게는 먹히지 않기 위한 수단으로 화학물질을 합성한다. 고추의 매운 맛을 내는 성분인 캡사이신이 그 예다. 고추의 씨를 발아 가능한 상태로 산포할 수 없는 동물 A는 캡사이신의 매운 맛 때문에 고추를 먹지 못한다.

〈보기〉

ㄱ. 씨가 성공적으로 산포되는 것을 효과로 볼 때, 열매의 색깔 변화와 캡사이신의 합성이 나타내는 효과는 유사하다.
ㄴ. 식물이 자신의 씨를 발아 가능한 상태로 산포하기에 적합한 대상을 선택하는 방향으로 진화했다고 보는 점에서 갑과 을의 견해는 일치한다.
ㄷ. 캡사이신을 합성하지 못하는 돌연변이 고추를 동물 A가 먹고 그 씨를 산포하기는 했으나 발아하지 않았다는 실험결과는 을의 견해를 강화한다.

① ㄴ   ② ㄱ, ㄴ   ③ ㄱ, ㄷ
④ ㄴ, ㄷ   ⑤ ㄱ, ㄴ, ㄷ

06

2011학년도 LEET 문17

〈사실〉에 대한 A와 B의 주장을 분석한 것으로 옳은 것은?

〈사실〉

> 찰스 다윈은 1872년 『인간과 동물의 감정 표현』을 출간했다. 이 책에서 다윈은 기쁨, 슬픔, 놀람, 분노 같은 기본적인 감정의 표현이 다양한 문화권의 사람들과 영장류에서 유사하게 나타난다고 주장했다. 이 책은 또한 사진을 과학적 논의에 사용한 최초의 사례 중 하나였다. 그런데 1998년, 이 책에 사용된 사진 일부가 인위적인 방식으로 크게 수정되었다는 사실이 명백하게 밝혀졌다.
>
> A: 다윈은 인간과 영장류가 문화와 종의 차이에도 불구하고 기본적 감정 표현 방식을 공유한다는 자신의 주장을 지지하기 위해, 감정을 표현하는 사진들의 유사성을 결정적인 증거로 제시했다. 그런데 이후 이 사진들이 의도적으로 조작되었음이 분명히 밝혀졌으므로, 다윈은 '변조'에 해당되는 연구 부정행위를 저지른 셈이 된다.
> B: 다윈이 사진 일부를 의도적으로 변형한 것은 사실이지만 그의 행위를 연구 부정행위로 보기는 어렵다. 관련 정황을 고려할 때, 다윈이 사진을 증거가 아니라 자신의 주장을 생생하게 설명하는 '예시'로 사용했다고 보는 것이 옳기 때문이다. 지금도 책 내용의 이해를 돕기 위해 예시로 사용하는 사진을 변형하는 경우가 있지만 아무도 이것을 '변조'라 보지 않는다. 마찬가지로 다윈의 사진 변형도 문제되지 않는다.

① 찰나적 감정을 제대로 담지 못하는 당시 사진 기술의 한계를 극복하기 위해 일부 사진을 보정했다고 다윈이 책에서 밝혔다면, A의 설득력은 낮아지고 B의 설득력은 높아진다.
② 다윈의 책에 사진이 전혀 등장하지 않았더라도 책에 제시된 다른 증거가 다윈의 주장을 충분히 입증한다고 판단된다면, A의 설득력은 영향을 받지 않고 B의 설득력은 낮아진다.
③ 다윈의 책 출간 이후 이루어진 관련 과학 연구 결과에 의해 감정 표현의 보편성에 대한 다윈의 주장이 충분히 옹호될 수 있다면, A의 설득력은 높아지고 B의 설득력은 낮아진다.
④ 피부에 전기 자극을 주어 원하는 얼굴 표정을 인공적으로 만드는 당시 최신 기술을 다윈이 책에 실린 사진 일부를 얻는 데 사용했다면, A의 설득력은 높아지고 B의 설득력은 낮아진다.
⑤ 다윈의 책 출간 당시 과학 연구에서 사진을 증거로 사용하는 것과 '예시'로 사용하는 것의 구별 기준이 미처 확립되지 않았다면, A의 설득력은 높아지고 B의 설득력은 영향을 받지 않는다.

07

〈사실 및 추정〉에 비추어 두 가설을 평가한 것으로 옳은 것은?

〈사실 및 추정〉

얼굴이나 음성의 인식 및 감정과 관련한 신경 체계는 다음처럼 작동한다. 대뇌 측두엽에는 얼굴과 사물의 인식에 특화된 영역이 존재한다. 이 영역에 손상을 입은 환자는 친밀한 사람의 얼굴을 알아보지 못한다. 측두엽에서 인식된 얼굴 정보는 감정 반응을 만드는 변연계로 보내진다. 변연계 입구인 편도가 인식된 정보의 감정적 의미를 먼저 분별하고, 이를 감정 반응을 일으키는 변연계의 감정중추로 중계한다. 음성 인식 영역에서 인식된 정보는 시각 정보와는 다른 경로로 편도에 도달하지만 편도 이후의 경로는 동일하다. 변연계 감정중추의 작용에 의해서 우리는 비로소 분별된 감정 정보에 어울리는 친숙함, 사랑, 두려움 등의 감정을 느끼게 된다. 손바닥에 나는 땀을 이용하여 변연계에서 일어나는 감정적 반응을 측정하는 GSR(피부전도반응) 시험에서, 정상인은 가족사진을 보면 높은 GSR을 보이지만 낯선 얼굴을 보면 아무 반응도 보이지 않는다.

자동차 사고를 당한 A가 사고 전과 달리 자신과 가까운 인물들을 가짜라고 여기는 망상증을 보였다. 그는 아버지를 보고, "저 남자는 내 아버지와 똑같이 생겼지만, 진짜가 아닌 가짜입니다."라고 말한다. 이러한 현상은 A가 부모 얼굴은 알아보지만 부모와 연관된 정서적 감정을 느끼지 못하기 때문에 일어나는 것으로 추정된다. 이런 추정과 관련하여 두 가지 가설을 세우고 몇 가지 사례를 통하여 이들을 각각 평가해 보았다.

〈가설1〉 A의 증상은 시각 인식 영역과 편도 사이의 연결 경로가 손상되었기 때문이다.
〈가설2〉 A의 증상은 변연계 감정중추가 손상되어 감정 능력에 혼란이 생겼기 때문이다.

① A가 오바마나 아인슈타인 같은 유명인의 얼굴을 알아본다는 사실은 〈가설1〉은 강화하고 〈가설2〉는 약화한다.
② A가 부모 얼굴에 대한 GSR 시험에 아무 반응을 보이지 않는다는 사실은 〈가설1〉은 약화하고 〈가설2〉는 강화한다.
③ A가 농담에 웃고 자신의 처지에 대한 좌절이나 두려움 등의 정상적 감정을 보인다는 사실은 〈가설1〉과 〈가설2〉 모두를 약화한다.
④ A가 낯은 익지만 별다른 감정을 느낄 이유가 없는 사람에 대해서는 가짜라고 말하지 않는다는 사실은 〈가설1〉은 약화하고 〈가설2〉는 강화한다.
⑤ A가 부모와 전화로 이야기하는 동안에는 부모를 가짜라고 주장하지 않고 정상적인 친근감을 보인다는 사실은 〈가설1〉은 강화하고 〈가설2〉는 약화한다.

08

다음 논증에 대한 평가로 옳지 않은 것은?

사람들은 기후의 불순한 변화를 경험할 때마다 지구온난화 때문이라고 쉽게 말하지만, 지구온난화가 실제로 발생하고 있는지 여부조차 판단하기 어렵다. 지구온난화의 발생 여부를 판단하려면 우선 지구의 평균 기온과 그것의 장기적 추세를 판단해야 하는데, 이는 대단히 어려운 문제이다.

(가) 기상관측소의 대부분이 북반구의 선진국에 집중되어 있고, 해상, 사막 등 관측소가 없는 지역이 많다. 이렇게 제한된 관측 자료로는 지구의 평균 기온을 제대로 파악할 수 없다.
(나) 기온 관측이 이루어진 것은 150년에 불과하다. 이 자료를 근거로 해서 불규칙한 주기로 일어나는 기후의 변화를 판단하는 것은 불가능하다. 그것은 마치 항해 중인 배의 사진 한 장을 보고 긴 항로를 예측하는 것만큼 무리한 일이다.
(다) 지구 역사상 대기 중 온실가스 농도는 증감을 되풀이하였고, 그에 상응하여 기온의 상승과 하강(1천 년에 약 0.1℃ 정도)이 있었다. 지구온난화론 지지자들은 이러한 자료에 근거하여, 온실가스 농도 증가가 기온 상승을 초래한다고 주장한다. 하지만 어떤 원인으로 기온과 해수온도가 먼저 상승하고 그 결과로 해수의 온실가스 용해도가 낮아져서 해수에서 대기로 온실가스가 유출되어 온실가스 농도가 높아진 것인지, 아니면 대기 중 온실가스 농도가 상승하고 그 결과로 온도 상승이 유발된 것인지 불명확하다.
(라) 지구온난화는 온실가스가 장파복사에너지를 흡수한 결과로 나타난 온도 상승만을 의미하기 때문에, 지상 기온의 상승을 근거로 지구온난화를 주장할 수는 없다. 왜냐하면 지상 기온은 지표면 변화의 영향을 크게 받기 때문이다.

① 위성 관측 기술의 발달로 전 지구의 온도 분포를 파악할 수 있게 되었다는 사실은 (가)의 주장을 약화한다.
② 기상 관측 기술의 발달로 오늘날 기상 자료의 신뢰도가 매우 높아졌다는 사실은 (나)의 주장을 약화한다.
③ 오늘날의 기온 상승 속도가 지구 역사에서 전례 없이 매우 빠르다는 사실은 (다)의 주장을 약화한다.
④ 산업혁명 이래 대기로 배출된 온실가스 중 절반 가까이가 해수로 녹아들고 있다는 사실은 (다)의 주장을 약화한다.
⑤ 장파복사에너지 흡수 효과가 지상 기온 상승에 크게 기여한다는 것이 컴퓨터 수치 실험의 발달로 입증되었다는 사실은 (라)의 주장을 약화한다.

09

2012학년도 LEET 문28

다음 글로부터 추론한 것으로 옳은 것만을 <보기>에서 있는 대로 고른 것은?

겨울철 지상의 기압 변화는 지상온도에 의해 결정되는데, 지상온도가 낮으면 고기압이, 높으면 저기압이 잘 생성된다. 그래서 겨울철 북반구 지상에는 지상온도가 낮은 북극권에 고기압이, 상대적으로 온도가 높은 중위도 지역에는 저기압이 나타나며, 이 두 지역 간의 기압 차이는 두 지역 간 지상기온의 차이가 클수록 커진다. 두 지역 간 기압 차이가 크면 북극권의 찬 공기는 중위도 지역으로 내려오지 못하고 기압 차이가 작으면 중위도 일부 지역으로 내려오는데, 찬 공기가 남하한 중위도 지역에는 한파가 발생한다. 지난해 겨울 우리나라에 발생한 한파도 이런 사례에 해당한다.

중위도의 겨울 기후는 북극권 찬 공기의 흐름 변화에 의존하는데, 이것은 북극진동, 태평양진동, 엘니뇨와 같은 자연적 주기현상들의 작용에 의한 기압계 변화에 원인이 있다.

북극진동은 북극권과 중위도 지역의 기압차가 증감을 반복하는 현상이다. ⓐ 북극권이 중위도 지역보다 지상기온이 더욱 낮아지고 지상기압은 더욱 높아지는 모드와 ⓑ 그 반대의 모드가 대략 수십 년의 주기로 바뀐다.

태평양진동은 태평양의 중위도 서쪽에 있는 큰 규모의 해역과 동부 열대 태평양의 작은 규모의 해역이 수십 년의 주기로 상반된 온도 변화를 보이는 현상이다. ⓒ 동아시아가 포함된 중위도 서부 해역의 수온이 더욱 높아지고 동부 열대 태평양의 수온이 더욱 낮아지는 모드와 ⓓ 그 반대의 모드가 불규칙한 주기로 바뀐다.

태평양 적도 부근에는 북동풍이 불어 통상적으로 해수가 동쪽에서 서쪽으로 흐르고 있다. 그런데 수년에 한 번씩 북동풍이 약화되어 서쪽의 해수가 동쪽으로 역류하여 서쪽의 해수온도가 낮아지고 반대로 동쪽의 해수온도가 높아지는데, 이를 엘니뇨라고 한다. 엘니뇨가 발생하면 대체로 중위도 동아시아 지역에는 이상고온의 겨울이 된다.

─〈보기〉─

ㄱ. 북극진동, 태평양진동, 엘니뇨의 영향으로 중위도 동아시아 지역의 겨울 지상기압이 가장 높은 경우는 엘니뇨가 발생하고 ⓐ와 ⓒ가 공존할 때이다.

ㄴ. 북극진동과 태평양진동의 작용으로 중위도 동아시아 지역에 겨울 한파가 발생할 가능성이 가장 높은 경우는 ⓑ와 ⓓ가 공존할 때이다.

ㄷ. 엘니뇨의 해에 ⓓ가 발생하면 엘니뇨의 해에 나타나는 적도 태평양 동부 해역의 기온 변화 특성은 약화된다.

① ㄱ
② ㄴ
③ ㄷ
④ ㄱ, ㄴ
⑤ ㄴ, ㄷ

10

2013학년도 LEET 문33

다음 글의 논지를 약화하는 것으로 가장 적절한 것은?

큰 눈은 긴 초점거리를 가지고 있기 때문에 망막에 상이 크게 맺힌다. 큰 상이 작은 상보다 더 많은 시각세포에 의해 처리되므로 눈이 클수록 예민한 시력을 가진다. 예민한 시력을 가지면 보다 짧은 시간에 장애물을 발견하고 회피할 수 있다. 장애물을 회피하지 못하면 치명적인 충돌사고로 이어진다. 따라서 최대 속도가 빠른 동물일수록 각종 장애물을 보다 짧은 시간에 효과적으로 회피하기 위해 큰 눈을 가진다.

① 먹이를 찾을 때는 다른 새들에 비해 느리게 날지만 먹이를 사냥하는 순간에는 장애물이 많은 곳이라도 순간적으로 아주 빠르게 나는 매의 경우, 비슷한 몸 크기를 가진 다른 새들에 비해 눈이 크다.

② 일반적으로 새를 포함하는 척추동물의 경우 몸이 클수록 더 큰 눈을 가지고 또한 이동속도도 빠르지만, 성장의 법칙에 따라 몸이 큰 척추동물일수록 눈의 크기는 몸 크기에 비해 상대적으로 작다.

③ 눈이 작으면 몸의 크기도 작아서 먼 거리를 이동할 때 에너지가 적게 들고, 이 때문에 눈의 크기가 작은 철새들이 눈의 크기가 큰 철새들보다 더 빠른 평균 이동속도로 먼 거리를 이동한다.

④ 날지 못하는 쪽으로 진화한 새들은 비슷한 몸 크기의 다른 새들에 비해 눈 크기가 작지만, 장애물이 많은 곳에서 빨리 달릴 수 있는 타조 같이 큰 눈을 가진 새들도 있다.

⑤ 매보다 최대 속도가 느린 새들 중에 눈이 매보다 더 큰 새들이 있지만, 상이 맺히는 망막 부분에 존재하는 시각세포는 이 새들보다 매가 더 많다.

11

〈가설〉을 강화하는 것은?

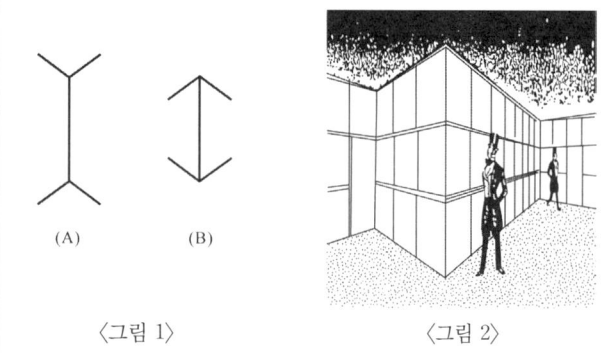

〈그림 1〉　　　　〈그림 2〉

〈그림 1〉에서 수직으로 그어진 두 선분의 길이는 서로 같다. 그러나 (A)의 선분이 (B)의 선분보다 길어 보이는데, 이러한 현상을 '뮐러-라이어(Müller-Lyer) 착시'라고 부른다.

〈가설〉
뮐러-라이어 착시는 입체적 시각 경험이 배경 지식으로 작용하여 평면적 형태의 지각에 영향을 끼치기 때문에 발생한다. 〈그림 1〉의 (A)는 〈그림 2〉의 벽면에서 안으로 오목하게 들어간 모서리에 해당하고, (B)는 벽면에서 앞으로 볼록하게 나온 모서리에 해당한다. 우리는 일상에서 입체적 모서리를 자주 경험하게 되고 이러한 경험이 누적되면, 우리의 인지체계는 〈그림 1〉의 두 선분을 볼 때에 볼록한 모서리를 닮은 (B)가 오목한 모서리를 닮은 (A)보다 우리에게 더 가까이 있다고 가정하게 된다. 그런데 우리의 망막에 맺힌 두 선분의 상의 길이는 같다. 그래서 우리의 인지체계는 더 멀리 있는 (A)의 선분 길이가 실제로는 더 길다고 판단하게 되며, 그 영향 때문에 우리는 같은 길이의 두 선분을 다른 길이의 선분으로 경험한다.

① 3차원 형태를 지각하는 방식이 우리와 다른 꿀벌에게도 뮐러-라이어 착시가 발생한다는 것이 알려졌다.
② 선분의 양 끝에 있는 화살표 모양을 둥근 곡선 모양으로 대체하여도 뮐러-라이어 착시는 똑같이 나타난다.
③ 자로 두 선분의 길이를 재서 서로 같음을 확인하고 난 뒤에도 뮐러-라이어 착시는 여전히 사라지지 않는다.
④ 모서리를 가진 직선형 건물이나 사물에 대한 경험이 없는 원주민 부족은 뮐러-라이어 착시를 거의 경험하지 않는다.
⑤ 비슷한 크기의 두 정육면체가 서로 다른 거리에 놓여 있는 경우 우리는 두 입체의 실제 크기를 쉽게 판단하지 못한다.

12

가설 A, B를 평가한 것으로 옳은 것은?

조류가 군집을 이루어 생활하는 경우가 많다는 사실은 큰 집단을 이루어 살기 위해 치러야 하는 비용이 많다는 점을 고려할 때 설명하기 쉽지 않다. 집단 내의 개체수가 많을수록 둥지를 마련하고 짝을 쟁취하기 위한 경쟁이 치열해진다. 게다가 모여 사는 새떼에는 전염성 질병과 기생충이 퍼질 가능성도 높다. 이러한 잠재적 비용에도 불구하고 새들이 군집 생활을 하는 현상을 설명하기 위해 다음 두 가설이 제안되었다.

A: 새들이 군집을 형성하는 이유는 집단에 합류함으로써 개체가 얻는 이익이 홀로 생활할 때에 비해 크기 때문이다. 예를 들어, 포식자에 공동으로 대응해서 잡아먹힐 위험을 줄일 수 있고, 먹이를 찾거나 환경에 효율적으로 대응하기 위한 정보를 보다 쉽게 얻을 수 있다.
B: 새들의 군집 생활은 단지 모든 개체가 서식지와 배우자를 선택할 때 본능적으로 동일한 '규칙'을 적용하기 때문에 나타나는 부산물에 불과하다. 예를 들어, 각 개체는 먹이가 풍부하고 포식자가 적은 서식지를 선호하며, 일반적으로 암컷은 강하거나 새끼에게 헌신적인 수컷을 선호한다.

① 네브래스카의 벼랑제비 둥지에서 제비벌레 등을 제거하기 위해 순한 살충제로 훈증하면 그러지 않았을 경우에 비해 새끼들의 생존율이 증가한다는 사실은 A의 설득력을 높인다.
② 아이오와의 둑방제비는 먹이를 얻기 위해 군집을 떠날 때 많은 먹이를 물고 온 다른 제비를 따라가지 않고 사방으로 흩어져 날아간다는 사실은 A의 설득력을 높인다.
③ 뉴질랜드의 동박새 수컷들은 새벽에 경쟁적으로 노래를 부르는데, 영양 상태가 좋을수록 더 오랫동안 복잡한 노래를 부르고 대다수의 암컷들이 복잡한 노래를 길게 부른 수컷을 선호한다는 사실은 B의 설득력을 높인다.
④ 혹독한 추위를 견뎌야 하는 남극의 수컷 펭귄은 암컷이 먹이를 구하러 간 사이에 서로 몸을 붙여 체온을 유지하며 바깥쪽과 안쪽 자리를 서로 번갈아 바꾼다는 사실은 B의 설득력을 높인다.
⑤ 1950년대 영국의 군집 생활을 하는 푸른박새들 사이에서 문간에 놓아둔 우유병 뚜껑에 구멍을 내고 크림을 마시는 새로운 행동이 순식간에 퍼졌다는 사실은 B의 설득력을 높인다.

13

2015학년도 LEET 문23

㉠에 대한 분석으로 옳은 것은?

> 고생대 오르도비스기가 시작될 때 지구는 해수 온도가 45°C에 이를 정도로 뜨거웠을 것으로 추정된다. 하지만 오르도비스기 후반기로 갈수록 지구는 차츰 냉각되어 실루리아기로 넘어설 즈음에는 빙하기가 시작되었다. 과학자들은 오르도비스기 초기의 지구 대기에 현재 수준의 14~22배에 이를 것으로 추정되는 풍부한 양의 이산화탄소가 있었음에도 불구하고 빙하기가 시작되었다는 사실을 설명하는 데 어려움을 겪어 왔다. 오르도비스기의 기후 조건에서는 이산화탄소 농도가 최소한 현재 수준의 8배 이하로 떨어져야만 빙하기가 시작될 수 있다고 여겨지는데, 이런 극적인 이산화탄소 감소를 설명해 줄 수 있는 인과 작용을 찾기 어려웠던 것이다.
>
> 이산화탄소 감소의 원인에 대한 가장 유력한 이론은 당시 활발해진 화산 활동을 통해 만들어진 많은 양의 광물이 풍화 과정에서 대기 중의 이산화탄소를 흡수했다는 것이다. 하지만 최근의 추산에 따르면 이 지구화학적 과정만으로는 오르도비스기 말기에 빙하기가 시작되기 위해 필요한 이산화탄소 농도 감소를 완전히 설명하기 어렵다. 그래서 일부 과학자들이 추가적으로 고려하는 원인이 최초의 육상 식물인 이끼다. 오르도비스기 중반에 등장한 이끼는 유기산을 분비하여 암석으로부터 막대한 양의 칼슘과 마그네슘을 분리했다. 이것들이 대기 중의 이산화탄소와 결합하여 엄청난 양의 석회암이 만들어졌다. 또한 이끼에 의한 풍화로 바다에 유입된 무기물 중에는 인과 철도 있었는데, 이것들은 바다에서 해조류가 번성하는 데 필수적인 요소였다. 덕분에 급속하게 늘어난 해조류는 많은 양의 이산화탄소를 대기로부터 흡수했다. ㉠지구 최초의 육상 식물은 지구를 차츰 냉각시켜 결국 빙하기가 시작되는 데 중요한 역할을 담당했던 것이다.

① 오르도비스기에는 이산화탄소가 온실 기체로 기능하지 않았다고 ㉠은 전제하고 있다.
② 오르도비스기에 대기 중 이산화탄소 양이 급격히 감소한 것은 지구가 급격히 냉각되었기 때문이라고 ㉠은 전제하고 있다.
③ 오르도비스기 해조류의 생장 과정에서 방출되는 물질에 이끼의 번성을 억제하는 성분이 포함되어 있었다면 ㉠의 설득력은 강화된다.
④ 오르도비스기의 이끼가 호흡과 대사 과정에서 방출하는 이산화탄소의 양이 석회암의 형성 과정에서 흡수되는 이산화탄소의 양보다 많다면 ㉠의 설득력은 약화된다.
⑤ ㉠에 대해 이 글에서 제시된 논거를 활용하면, 오늘날 대기 중 이산화탄소의 양이 오르도비스기 말 빙하기가 시작되기 직전보다 훨씬 적은데도 현재가 빙하기가 아닌 이유를 설명할 수 있다.

14

2016학년도 LEET 문26

다음에서 제시된 논증의 설득력을 약화하는 것만을 〈보기〉에서 있는 대로 고른 것은?

> 지금껏 지구에 존재했던 다양한 생물종들이 모두 하나의 원시 조상으로부터 유래했다는 다윈의 주장은 합리적인 근거를 가지고 있다. 그것은 바로 지구의 모든 생물들이 DNA라는 공통 유전물질을 가지고 있다는 것이다. 이 DNA는 네 가지 뉴클레오티드로 구성되어 있으며, 이들에 담긴 생명체의 유전 정보가 세대 간 전달된다. 수천만 개를 훨씬 상회하는 분자들 중, DNA만이 유전 정보의 보존과 복제를 가능하게 하는 구조를 가지고 있다는 점은 무척 놀라운 일이다. 왜냐하면 생명체가 유전 정보를 후대에 전달하기 위하여 DNA를 사용해야 할 어떤 필연적인 이유도 없기 때문이다. 그럼에도 불구하고 지구에 현존하는 모든 생물종은 DNA를 통해 그 정체성을 유지하고 있다. 이것이 바로 다윈의 주장이 설득력을 갖는 이유다.

〈보기〉

ㄱ. 남극에서 화석의 형태로 발견된 어느 고생물을 조사한 결과 그것의 유전물질은 DNA와 다른 구조를 지녔던 것임이 밝혀졌다.
ㄴ. 생물학적으로 가능한 모든 형태의 생명체들은 유전물질로 DNA를 사용할 수밖에 없다는 사실이 밝혀졌다.
ㄷ. 지구에 존재하는 생명체들은 DNA가 유전물질의 역할을 하는 여러 외계 생명체들로부터 기원했다는 사실이 밝혀졌는데, 그중 하나는 다른 모든 것들의 조상이었다.

① ㄴ
② ㄷ
③ ㄱ, ㄴ
④ ㄱ, ㄷ
⑤ ㄱ, ㄴ, ㄷ

15

A, B에 대한 평가로 옳은 것만을 〈보기〉에서 있는 대로 고른 것은?

> 다음은 모기가 인간의 혈액을 섭취하는 과정에서 섭취한 혈액 속의 액체성분을 꽁무니로 분비하는 이유에 대한 가설들이다.
>
> A: 인간의 혈액은 적혈구 등의 세포성분과 혈장으로 불리는 액체성분으로 구성되어 있다. 모기가 인간의 혈액을 섭취할 때 단백질 성분이 풍부한 세포성분을 더 많이 몸속에 저장할수록 알을 더 많이 생산한다. 따라서 모기가 인간의 혈액을 섭취하는 과정에서 액체성분을 분비하는 것은 더 많은 세포성분을 몸속에 저장하기 위한 행동이다.
> B: 급격한 온도 변화는 곤충의 생리에 좋지 않은 영향을 미친다. 평소 인간보다 낮은 체온을 가진 모기는 인간의 혈액을 섭취할 때 고온 스트레스의 위험에 직면하게 된다. 따라서 모기가 인간의 혈액을 섭취하는 과정에서 액체성분을 분비하는 것은 증발 현상을 이용하여 체온 상승을 조절하기 위한 행동이다.

〈보기〉

ㄱ. 세포성분이 정상이고 모기의 체온과 같은 온도의 혈액을 섭취한 모기로부터 분비되는 액체성분의 양보다, 세포성분이 정상보다 적고 모기의 체온과 같은 온도의 혈액을 섭취한 모기로부터 분비되는 액체성분의 양이 많다면, A는 강화된다.

ㄴ. 세포성분이 없고 인간의 체온과 같은 온도의 혈액을 섭취한 모기로부터는 액체성분이 분비되지만, 세포성분이 없고 모기의 체온과 같은 온도의 혈액을 섭취한 모기로부터는 액체성분이 분비되지 않는다면, B는 강화된다.

ㄷ. 세포성분이 정상이고 모기의 체온과 같은 온도의 혈액을 섭취한 모기로부터 분비되는 액체성분의 양보다, 세포성분이 정상보다 적고 인간의 체온과 같은 온도의 혈액을 섭취한 모기로부터 분비되는 액체성분의 양이 많다면, A와 B 모두 강화된다.

① ㄱ ② ㄷ ③ ㄱ, ㄴ
④ ㄴ, ㄷ ⑤ ㄱ, ㄴ, ㄷ

16

(A)와 (B)에 대한 평가로 옳은 것만을 〈보기〉에서 있는 대로 고른 것은?

> 대부분의 포유동물은 다섯 가지 기본적인 맛인 단맛, 쓴맛, 신맛, 짠맛 그리고 감칠맛을 느낄 수 있으며, 이 맛들은 미각세포에 존재하는 맛 수용체에 의해 감지된다. 많은 포유동물들은 단맛과 감칠맛을 선호하는데, 일반적으로 단맛은 과일을 포함한 식물성 먹이에 대한 정보를 제공하고, 감칠맛은 단백질 성분의 먹이에 대한 정보를 제공한다. 단맛과 감칠맛과는 달리, 쓴맛은 몸에 좋지 않은 먹이에 대한 정보를 제공한다.
>
> 사람과 달리 고양이는 단맛을 가진 음식을 선호하지 않는데, 고양이의 유전자 분석 결과 단맛 수용체 유전자에 돌연변이가 일어나 기능을 할 수 없다는 사실이 밝혀졌다. 육식동물로 진화한 고양이는 단맛 수용체 유전자가 작동하지 않아도 사는 데 지장이 없기 때문이라는 진화론적 설명이 가능하다. 즉, (A) 생명체는 게놈의 경제학을 통해 유전자가 필요 없을 경우 미련 없이 버린다는 것이다.
>
> 이후 연구자들이 진화적으로 가깝지 않은 서로 다른 종에 속하는 육식 포유동물들의 단맛 수용체 유전자를 연구한 결과, 단맛 수용체 유전자에 돌연변이가 일어나 단맛 수용체가 정상적으로 기능을 할 수 없음을 확인하였다. 단맛 수용체 유전자의 돌연변이가 일어난 자리는 종마다 달랐는데, 이는 서로 다른 종의 동물들이 육식에만 전적으로 의지하는 동물로 진화해 가는 과정에서 독립적으로 유전자 변이가 일어났음을 의미한다. 즉, 단맛 수용체 유전자의 고장은 수렴진화의 예로서, (B) 진화적으로 가깝지 않은 서로 다른 종의 생물이 적응의 결과, 유사한 형질이나 형태를 보이는 모습으로 진화했다는 것이다.

〈보기〉

ㄱ. 진화적으로 서로 가깝지 않은 다른 종의 잡식동물인 집돼지와 불곰은 쓴맛 수용체 유전자의 개수가 줄어든 결과로 보다 강한 비위와 왕성한 식욕을 가지게 되었다는 사실이 밝혀졌다. 이는 (A)를 약화하고 (B)를 강화한다.

ㄴ. 진화적으로 서로 가깝지 않은 다른 종의 육식동물인 큰돌고래와 바다사자는 먹이를 씹지 않고 통째로 삼키는 형태로 진화한 결과로 단맛 수용체 유전자뿐 아니라 감칠맛 수용체 유전자에도 돌연변이가 일어나 기능을 할 수 없게 되었다는 사실이 밝혀졌다. 이는 (A)와 (B) 모두를 강화한다.

ㄷ. 사람과 오랑우탄의 공동조상은 과일 등을 통해 충분한 양의 비타민C를 섭취할 수 있도록 진화한 결과로 비타민C 합성 유전자에 돌연변이가 일어나 기능을 할 수 없게 되었으며, 이로 인해 진화적으로 서로 가까운 사람과 오랑우탄이 비타민C를 합성하지 못한다는 사실이 밝혀졌다. 이는 (A)를 강화하고 (B)를 약화한다.

① ㄱ ② ㄴ ③ ㄱ, ㄷ
④ ㄴ, ㄷ ⑤ ㄱ, ㄴ, ㄷ

17

2018학년도 LEET 문32

⊙~ⓒ에 대한 평가로 적절한 것만을 〈보기〉에서 있는 대로 고른 것은?

대뇌피질에는 운동을 전담하는 영역, 시각을 전담하는 영역 등이 있다. 그럼 대뇌피질 속 이런 전담 영역들을 결정하는 것은 무엇인가? 최근 연구 결과에 따르면, 각 영역의 겉모습이나 구조에 의해 그 전담 영역이 결정되는 것이 아니다. 그보다 대뇌피질 영역들 사이의 연결 방식과 대뇌피질 영역과 중추신경계의 다른 영역 사이의 연결 방식에 따라 각 대뇌피질의 전담 영역이 결정된다. 즉 ⊙대뇌피질의 전담 영역은 각 영역이 가진 고유한 물리적 특징에 의해 결정되는 것이 아니라 다른 영역들과의 연결 양상에 의해 결정된다.
ⓒ대뇌피질로 들어오는 입력의 유형은 근본적으로 똑같다. 물론 청각과 시각은 그 성질이 다르다. 소리는 파동의 형태로 공기를 통해 전달되고, 시각은 빛의 형태로 전달된다. 그리고 시각은 색깔·결·형태를, 청각은 음조·리듬·음색을 지닌다. 이런 점들 때문에, 각 감각기관들은 서로 근본적으로 분리된 상이한 실체로 생각되곤 한다. 그러나 그런 상이한 감각이 관련 기관에서 활동전위로 전환되고 나면, 각 기관이 뇌로 전달한 신호는 모두 똑같은 종류의 활동전위 패턴에 불과해진다. 우리 뇌가 아는 것이라곤 이들 패턴뿐이며, 우리 자신을 비롯하여 우리가 인식한 외부 세계의 모습은 모두 그런 패턴들로부터 구축된다.
결국, ⓒ뇌에 의해 파악된 외부 세계와 몸 사이의 경계는 바뀔 수 있다. 활동전위의 패턴이 전달되면, 뇌는 전달된 패턴들에 정합성을 주는 방식으로 몸의 경계를 파악한다. 이때 패턴이 흔히 몸의 일부라고 여겨지는 것에서 유래되었는지 그렇지 않은지는 중요하지 않다. 패턴이 정합적으로 전달되기만 하면, 뇌는 그 패턴만을 이용해서 그것이 유래된 것을 몸의 일부로 통합하게 된다. 외부 세계와 우리 몸에 대한 지식은 모두 패턴들로부터 구축된 하나의 모형일 뿐이다.

〈보기〉
ㄱ. 대뇌피질 전체가 겉모습이나 구조 면에서 놀라울 정도로 균일하다는 사실은 ⊙을 강화한다.
ㄴ. 뇌기능 영상촬영 기법들을 이용하여 특정 과제가 수행될 때 평소보다 더 활성화되는 부위를 검출함으로써 얼굴인식 영역, 수학 영역 등과 같은 특화된 영역들을 확인하였다는 사실은 ⓒ을 약화한다.
ㄷ. 다른 감각을 차단한 채, 작은 갈퀴를 손에 쥐고 무엇인가를 건드리도록 한다면 뇌는 작은 갈퀴를 우리 몸의 일부로 여긴다는 사실은 ⓒ을 강화한다.

① ㄱ   ② ㄴ   ③ ㄱ, ㄷ
④ ㄴ, ㄷ   ⑤ ㄱ, ㄴ, ㄷ

18

2018학년도 LEET 문33

다음의 가설과 실험에 대한 평가로 옳은 것만을 〈보기〉에서 있는 대로 고른 것은?

교통사고로 뇌 손상을 입은 어떤 환자는 사고 후 의사나 가족들, 친구들에게 자신의 아내가 가짜라고 말하지만 여전히 아내와 함께 식사를 하고 같은 집에 살면서 일상을 함께 보낸다. 이 환자는 자신의 아내가 가짜라고 믿고 있는가? 사람들이 이 질문에 답하는 데에 무엇을 고려하는지 알기 위해, 실험으로 다음 가설들을 평가하였다.

〈가설 1〉
사람들은 다른 사람이 어떤 믿음을 갖는지 판단할 때, 그 사람의 언어적 행동과 일치하는 믿음을 갖는다고 판단한다.

〈가설 2〉
사람들은 다른 사람이 어떤 믿음을 갖는지 판단할 때, 그 사람의 비언어적 행동과 일치하는 믿음을 갖는다고 판단한다.

〈실험 1〉과 〈실험 2〉에서 실험 참가자들에게 교통사고로 뇌 손상을 입은 K에 관한 이야기를 해 주고 "K는 그의 아내가 가짜라고 믿고 있는가?"라고 질문하였다.

〈실험 1〉
실험 참가자 120명을 무작위로 A 그룹과 B 그룹으로 나누었다. A 그룹에게는 K가 아내를 가짜라고 말하지만 사고 전과 동일하게 아내와 일상을 보내고 있다고 이야기해 주었다. B 그룹에게는 K가 아내를 가짜라고 말하면서 사고 전과 달리 아내와 일상을 보내기를 거부한다고 이야기해 주었다.

〈실험 2〉
실험 참가자 90명을 무작위로 A 그룹과 B 그룹으로 나누었다. A 그룹에게는 K가 사고 후 단 한 번 아내에게 "당신은 가짜다."라고 말했지만 사고 전과 동일하게 아내와 일상을 보내고 있다고 이야기해 주었다. B 그룹에게는 사고 후 아내에게 "당신은 가짜다."라는 말을 매일 한다는 점에서만 A 그룹에게 해 준 것과 다른 K의 이야기를 해 주었다.

〈보기〉
ㄱ. 〈실험 1〉의 결과 A 그룹과 B 그룹 모두에서 질문에 '예'라고 답한 사람의 비율이 95% 이상이라면, 〈가설 2〉는 약화된다.
ㄴ. 〈실험 1〉의 결과 A 그룹에서 질문에 '예'라고 답한 사람의 비율은 20% 이하지만 B 그룹에서 '예'라고 답한 사람의 비율은 90% 이상이라면, 〈가설 2〉는 강화된다.
ㄷ. 〈실험 2〉의 결과 A 그룹에서 질문에 '예'라고 답한 사람의 비율은 10% 이하지만 B 그룹에서 '예'라고 답한 사람의 비율은 90% 이상이라면, 〈가설 1〉은 약화된다.

① ㄴ   ② ㄷ   ③ ㄱ, ㄴ
④ ㄱ, ㄷ   ⑤ ㄱ, ㄴ, ㄷ

19

㉠을 평가한 것으로 적절한 것만을 〈보기〉에서 있는 대로 고른 것은?

> 종양억제유전자는 정상세포가 암세포로 전환되는 것을 억제한다. 대표적인 종양억제유전자인 p53 유전자는 평상시에는 소량 발현되지만, DNA 손상 등의 외부 자극에 반응하여 발현량이 증가한다. p53 유전자의 발현에 의해 생성되는 p53 단백질은 세포 내에서 세포자살 유도, 세포분열 정지, 물질대사 억제 등의 기능을 수행한다. ㉠<u>발현량이 증가된 p53 단백질의 물질대사 억제 기능이 암 발생을 억제한다</u>는 가설을 검증하려 한다.
>
> 〈실험〉
> A, B, C 형태의 p53 돌연변이 단백질을 각각 발현하는 생쥐 실험군 a, b, c와 함께, 대조군으로 정상 생쥐와 p53 유전자가 제거된 생쥐 x를 준비하였다. 모든 실험 대상 생쥐에 대해 DNA를 손상시키는 조작을 가하였고 실험 대상 생쥐에서 p53 단백질의 발현량을 측정하고, 발현된 p53 단백질의 세포 내 기능을 확인하였다. 이후 일정 기간 동안의 암 발생률을 확인하였다.
>
> 〈실험 결과〉
> ○ DNA를 손상시키는 자극에 반응하여 정상 생쥐의 p53 단백질과 생쥐 실험군 a, b의 A, B 돌연변이 p53 단백질의 발현량은 증가한 반면, 생쥐 실험군 c의 C 돌연변이 p53 단백질의 발현량은 변화가 없었다.
> ○ 생쥐 실험군 a는 암 발생률이 정상 생쥐와 동일하였고, 생쥐 실험군 b, c와 x는 정상 생쥐에 비해 암 발생률이 높았다.

〈보기〉
ㄱ. 실험군 a의 p53 단백질에서 세포자살 유도 기능은 사라졌지만 세포분열 정지, 물질대사 억제 기능은 여전히 남아 있다면 가설은 약화된다.
ㄴ. 실험군 b의 p53 단백질에서 물질대사 억제 기능은 사라졌지만 세포자살 유도, 세포분열 정지 기능은 여전히 남아 있다면 가설은 강화된다.
ㄷ. 실험군 c의 p53 단백질에서 세포자살 유도, 물질대사 억제 기능은 사라졌지만 세포분열 정지 기능은 여전히 남아 있다면 가설은 강화된다.

① ㄱ ② ㄴ ③ ㄱ, ㄷ
④ ㄴ, ㄷ ⑤ ㄱ, ㄴ, ㄷ

20

A, B에 대한 평가로 옳은 것만을 〈보기〉에서 있는 대로 고른 것은?

> 로버트 밀리컨은 전하의 기본단위를 측정한 업적으로 노벨상을 받은 미국 물리학자이다. 그는 원통형 실린더 내부에 작은 기름방울들을 분사하고, 여기에 전기장을 걸어 주어 기름방울이 전하를 띠게 한 후 중력과 전기력의 영향으로 나타나는 기름방울의 운동을 관찰함으로써 전하의 값을 알아냈다. 노벨상을 받는 데 결정적인 역할을 한 1913년 논문에서 밀리컨은 58개의 기름방울에 대한 자료를 제시했다. 하지만 이후 밀리컨의 실험 노트를 분석한 결과에 따르면, 그는 1911년 10월부터 1912년 4월까지 100개 이상의 기름방울에 대한 실험을 수행하였고, 기름방울 실험에 대해 '아름다움', '뭔가 잘못됨', '최고의 결과' 등의 논평을 달아 놓은 것으로 밝혀졌다.
>
> A: 밀리컨은 자신의 이론에 맞는 좋은 데이터만 남기고 이론에 잘 들어맞지 않는 나머지는 버리는 방식으로 '데이터 요리'를 저질렀기 때문에, 이는 명백히 의도적인 연구 부정행위에 해당한다.
> B: 밀리컨이 일부 데이터를 버린 것은 사실이지만, 자신의 이론에 불리해서가 아니라 실험의 여러 가지 조건들이 최적으로 맞춰지지 않은 상태에서 얻은 데이터여서 버린 것이기 때문에, 이는 통상적인 과학 활동의 일부이다.

〈보기〉
ㄱ. 논문에 포함되지 않은 대부분의 기름방울에 대해서는 단순히 관찰만 이루어졌고 전하량의 계산과 같은 추가적인 분석이 이루어지지 않았을 경우, A는 강화된다.
ㄴ. 논문에 포함된 58개 기름방울의 데이터를 이용했을 때와 실험 노트에 기록된 모든 기름방울의 데이터를 이용했을 때 단위 전하량의 계산 결과가 서로 많이 달랐다면, A는 약화된다.
ㄷ. 논문에 포함되지 않은 데이터 대부분이 기름방울의 크기가 크거나 측정 오차가 큰 경우 등 실험 조건이 완벽하지 못한 것들이었다면, B는 강화된다.

① ㄱ ② ㄷ ③ ㄱ, ㄴ
④ ㄴ, ㄷ ⑤ ㄱ, ㄴ, ㄷ

21

2019학년도 LEET 문39

㉠에 대한 평가로 옳은 것만을 〈보기〉에서 있는 대로 고른 것은?

> 초파리의 장에는 많은 종류의 세균이 존재하는데, 이들 세균은 초파리를 죽이는 병독균, 병독균의 성장을 저해하여 초파리에게 도움을 주는 유익균, 그 외의 일반균으로 구분된다. 이들 세균의 성장은 초파리의 장세포가 분비하는 활성산소에 의해 조절되며, 활성산소의 분비는 세균이 분비하는 물질에 의해 조절된다. 활성산소가 적정량 분비될 때는 초파리에게 해를 끼치지 않지만 다량 분비될 때는 초파리의 장세포에 염증을 일으킨다. 초파리 장내세균의 종류와 이를 조절하는 메커니즘을 알기 위해 장내세균이 전혀 없는 무균 초파리에 4종류의 세균 A~D 혹은 이들 세균이 분비하는 물질 X를 주입하여 다음과 같은 실험 결과를 얻었다. 단, 세균 B와 D는 물질 X를 분비한다.
>
> | 장내 주입물 | 활성산소 분비 | 초파리 생존 |
> |---|---|---|
> | 물질 X | 분비됨 | 건강하게 생존 |
> | 세균 A | 분비되지 않음 | 건강하게 생존 |
> | 세균 B | 적정량 분비됨 | 건강하게 생존 |
> | 세균 C | 분비되지 않음 | 죽음 |
> | 세균 D | 다량 분비됨 | 생존했으나 만성 염증 |
> | 세균 A + 세균 C | 분비되지 않음 | 죽음 |
> | 세균 B + 세균 C | 적정량 분비됨 | 건강하게 생존 |
>
> 이 실험 결과로부터 ㉠'초파리의 장세포가 분비하는 활성산소는 병독균의 성장을 저해한다'는 가설을 도출하고 추가 실험을 실시하였다.

〈보기〉

ㄱ. 세균 A와 세균 B를 주입했을 때 활성산소가 적정량 분비되고 초파리는 건강하게 생존했다는 추가 실험 결과는 ㉠을 강화한다.
ㄴ. 물질 X와 세균 C를 주입했을 때 활성산소가 적정량 분비되고 초파리는 건강하게 생존했다는 추가 실험 결과는 ㉠을 강화한다.
ㄷ. 세균 C와 세균 D를 주입했을 때 활성산소가 다량 분비되고 초파리는 생존했지만 만성 염증이 발생했다는 추가 실험 결과는 ㉠을 강화한다.

① ㄱ ② ㄴ ③ ㄱ, ㄷ
④ ㄴ, ㄷ ⑤ ㄱ, ㄴ, ㄷ

22

2020학년도 LEET 문34

다음으로부터 평가한 것으로 옳은 것만을 〈보기〉에서 있는 대로 고른 것은?

> A이론은 과학적 연구가 가능하기 위해서는 '중력'과 같은 과학 용어의 정확한 의미, 즉 개념이 먼저 정의되어야 한다고 주장한다. "개념부터 정의해야 한다"가 이들의 핵심 구호이다. 그러나 甲은 다음 두 가지 이유에서 A이론은 과학의 실제 모습과 충돌한다고 비판한다.
> 첫째, A이론이 참이라면 과학자들은 과학 연구에 앞서 과학 용어의 완벽한 정의를 먼저 추구할 것이다. 하지만 실제 과학자들은 세계를 연구하기 전에 어떤 용어를 어떻게 정의할 것인지 거의 논쟁하지 않는다. 예를 들어 대학의 생물학과나 생물학 연구소에서는 '생명'의 정의를 논의하지 않으며, 생물학자들은 자신들의 연구가 정확한 정의의 부재 때문에 방해받는다고 생각하지 않는다. 과학 용어의 의미는 용어의 정의에 의해 주어지는 것이 아니라 자료와 이론의 상호 작용에 의해 주어지기 때문이다.
> 둘째, 실제 과학에서 용어의 정의는 연구가 진행됨에 따라 끊임없이 변화한다. 뉴턴 역학에서 중력은 질량을 가진 두 물체 사이의 잡아당기는 힘으로 정의되었으나, 아인슈타인의 일반상대성 이론에서 중력 개념은 뒤틀려 있는 시공간의 기하학적 구조의 발현으로 사용된다. A이론은 과학의 발전에 따른 이러한 변화를 제대로 해명하지 못한다.

〈보기〉

ㄱ. 과학의 역사에서 결정적인 실험은 그 실험의 배경 이론에 포함된 용어의 정의보다 앞서 실행된 경우가 많다는 사실은 A이론을 약화한다.
ㄴ. 개념에 대한 정의를 내리는 활동과 그 개념에 관련된 과학 연구 활동은 원칙적으로 구별될 수 없다는 사실은 A이론을 강화한다.
ㄷ. 과학자들이 '중력'의 개념을 뉴턴 역학뿐만 아니라 일반상대성 이론에서의 개념과도 다르게 사용한다면 甲의 주장은 약화된다.

① ㄱ ② ㄴ ③ ㄱ, ㄷ
④ ㄴ, ㄷ ⑤ ㄱ, ㄴ, ㄷ

23

다음으로부터 평가한 것으로 옳은 것만을 〈보기〉에서 있는 대로 고른 것은?

특정 병인에 의하여 발생하고 원인과 결과가 명확히 대응하는 '특이성 질환'과 달리, '비특이성 질환'은 그 질환의 발생 원인과 기전이 복잡하고 다양하며, 유전·체질 등 선천적 요인 및 개인의 생활 습관, 직업적·환경적 요인 등 후천적 요인이 복합적으로 작용하여 발생하는 질환이다.

역학조사를 통해 어떤 사람에게서 특정 위험인자와 비특이성 질환 사이에 역학적 상관관계가 인정된다고 하자. 이러한 경우 비특이성 질환의 원인을 밝히기 위해서는 추가적으로 그 위험인자에 노출된 집단과 노출되지 않은 다른 일반 집단을 대조하여 역학조사를 해야 한다. 그뿐만 아니라, 그 집단에 속한 개인이 위험인자에 노출된 시기와 정도, 발병 시기, 그 위험인자에 노출되기 전의 건강 상태, 생활 습관 등을 면밀히 살펴 특정 위험인자에 의하여 그 비특이성 질환이 유발되었을 개연성을 확실히 증명하여야 한다.

폐암은 비특이성 질환이다. 폐암은 조직형에 따라 크게 소세포암과 비소세포암으로 나뉜다. 비소세포암은 특정한 유형의 암을 지칭하는 것이 아니라 소세포암이 아닌 모든 유형의 암을 통틀어 지칭하는 것이다. 여기에는 흡연과 관련성이 전혀 없거나 현저하게 낮은 유형의 폐암도 포함되어 있다. 의학계에서는 일반적으로 흡연과 관련성이 높은 폐암은 소세포암이고, 비소세포암 중에서는 편평세포암과 선암이 흡연과 관련성이 높다고 보고하고 있다. 세기관지 폐포세포암은 선암의 일종이지만 결핵, 폐렴, 바이러스, 대기 오염 물질 등에 의해 발생한다는 보고가 있으며 흡연과의 관련성이 현저히 낮다고 알려져 있다.

〈사례〉

甲은 30년의 흡연력을 가지고 있으며 최근 폐암 진단을 받았다. 甲은 하루에 한 갑씩 담배를 피웠고, 이 때문에 폐암이 발생하였다고 주장하며 자신이 피우던 담배의 제조사 P를 상대로 소송을 제기하였다. 하지만 P는 甲의 폐암은 흡연에 의해 유발되었을 개연성이 낮다고 주장하였다.

〈보기〉

ㄱ. 흡연에 노출되지 않은 집단에서 폐암이 발병할 확률이 甲이 포함된 흡연자 집단에서 폐암이 발병할 확률보다 낮은 것으로 확인되었다면 P의 주장이 강화된다.

ㄴ. 甲의 부친은 만성 폐렴으로 오랫동안 고생한 후 폐암으로 사망하였으며 甲 또한 청년기부터 폐렴을 앓아 왔고 조직검사 결과 甲의 폐암은 비소세포암으로 판명되었다면 P의 주장이 약화된다.

ㄷ. 조직검사 결과 甲의 폐암이 소세포암으로 판명되었다면 甲의 주장이 강화된다.

① ㄱ ② ㄷ ③ ㄱ, ㄴ
④ ㄴ, ㄷ ⑤ ㄱ, ㄴ, ㄷ

24

㉠과 ㉡에 대한 판단으로 옳은 것만을 〈보기〉에서 있는 대로 고른 것은?

의태란 한 종의 생물이 다른 종의 생물과 유사한 형태를 띠는 것이다. 의태 중에서 가장 잘 알려진 것 중 하나는 베이츠 의태로, 이는 독이 없는 의태자가 독이 있는 모델과 유사한 경고색 혹은 형태를 가짐으로써 포식자에게 잡아먹히는 것을 피하는 것이다. 서로 형태가 유사하지만 독성이 서로 다른 2종의 모델, 즉 약한 독성을 가진 모델 A와 강한 독성을 가진 모델 B가 동시에 존재하는 경우에 의태자 C가 어떻게 의태할지에 대해서는 여러 가지 가설이 제시되었다. 그중 ㉠C가 A보다 B의 형태로 진화하는 것이 생존에 유리하다는 가설이 지배적이었다.

하지만 최근에 '자극의 일반화'라는 현상을 기반으로 ㉡C가 B보다 A의 형태로 진화하는 것이 생존에 유리할 것이라는 가설이 제시되었다. 자극의 일반화란 자신에게 좋지 않은 약한 자극에 노출된 경우에는 포식자가 이후에 이와 동일한 자극만 회피하려고 하지만, 자신에게 좋지 않은 강력한 자극에 노출된 경우에는 포식자가 이후에 이 자극과 동일 종류의 자극뿐 아니라 유사한 종류의 자극도 회피하려고 한다는 것이다. 이로 인해 C가 A를 의태할 경우에는 A 또는 B에 대한 학습 경험이 있는 포식자 모두로부터 잡아먹히지 않지만, B를 의태할 경우에는 B에 대한 학습 경험만 있는 포식자로부터만 잡아먹히지 않는다는 것이다.

〈보기〉

ㄱ. 독에 대한 경험이 없던 닭들이 개구리의 형태로 독성을 판단하여 강한 독을 가진 개구리는 잡아먹으려고 시도하지 않지만 약한 독을 가진 개구리는 잡아먹으려고 시도한다는 사실은 ㉠을 강화하고, ㉡을 약화한다.

ㄴ. 독에 대한 경험이 없던 닭들 중 강한 독이 있는 나방을 잡아먹은 닭들은 모두 죽었으나, 약한 독이 있는 나방을 잡아먹은 닭들은 죽지 않고 이후에 약한 독이 있는 나방과 동일하게 생긴 독이 없는 나방을 잡아먹지 않으려고 한다는 사실은 ㉠과 ㉡ 모두를 약화한다.

ㄷ. 독에 대한 경험이 없던 닭들이 아주 강력한 독이 있는 나방을 잡아먹은 이후에 이와 유사하게 생긴 독이 없는 나방은 잡아먹으려 하지 않지만, 전혀 다르게 생긴 독이 있는 개구리는 잡아먹으려고 시도한다는 사실은 ㉡을 약화한다.

① ㄱ ② ㄷ ③ ㄱ, ㄴ
④ ㄴ, ㄷ ⑤ ㄱ, ㄴ, ㄷ

25

2020학년도 LEET 문38

〈실험〉에 대한 평가로 옳은 것만을 〈보기〉에서 있는 대로 고른 것은?

췌장은 고농도의 중탄산 이온(HCO_3^-)을 분비하여 위산을 중화시킨다. 췌장의 고농도 HCO_3^- 분비 기전을 알기 위해, 실험으로 다음 가설을 평가하였다.

〈가설〉
췌장에 존재하는 CFTR는 염소 이온(Cl^-)을 수송하는 이온 통로이나 특정 조건에서는 HCO_3^-도 수송한다. 췌장 세포에는 A단백질과 B단백질이 존재하는데, 세포 내 Cl^- 농도가 변화하면 CFTR와 직접 결합하여 CFTR의 기능을 변화시킨다.

〈실험〉
A단백질과 B단백질을 발현시키는 유전자를 제거한 췌장 세포를 이용하여 CFTR를 통해 이동하는 이온의 종류를 실시간으로 측정해 보았다. 이 세포에 A단백질, B단백질을 각각 또는 동시에 세포 내로 주입한 뒤 세포 내 Cl^- 농도 변화에 따라 CFTR를 통해 이동하는 이온 종류가 어떻게 변화하는지 시간별로 측정하고 이를 A단백질, B단백질을 주입하지 않은 경우와 비교하였다. 단, 췌장에는 A단백질, B단백질 외에 CFTR의 기능을 변화시킬 수 있는 단백질은 없다고 가정한다.

〈결과〉

세포 내 Cl^- 농도	A 단백질	B 단백질	수송되는 이온 종류		
			1분 후	5분 후	10분 후
낮음	X	X	Cl^-	Cl^-	Cl^-
높음	X	X	Cl^-	Cl^-	Cl^-
낮음	O	X	HCO_3^-	Cl^-, HCO_3^-	Cl^-
높음	O	X	Cl^-	Cl^-	Cl^-
낮음	X	O	Cl^-	Cl^-	Cl^-
높음	X	O	Cl^-	Cl^-	Cl^-
낮음	O	O	HCO_3^-	HCO_3^-	HCO_3^-
높음	O	O	Cl^-	Cl^-	Cl^-

O: 있음, X: 없음

〈보기〉
ㄱ. CFTR의 기능이 Cl^- 수송에서 HCO_3^- 수송으로 전환되는 데 A단백질이 있어야 한다.
ㄴ. 세포 내 Cl^- 농도는 A단백질이 CFTR의 기능을 변화시키는 데 중요한 변수이다.
ㄷ. 세포 내 Cl^- 농도가 낮은 상황에서 A단백질이 존재할 때, B단백질은 CFTR의 HCO_3^- 수송 기능을 유지하는 데 중요하다.

① ㄱ ② ㄷ ③ ㄱ, ㄴ
④ ㄴ, ㄷ ⑤ ㄱ, ㄴ, ㄷ

26

2021학년도 LEET 문35

〈이론〉에 대한 평가로 적절한 것만을 〈보기〉에서 있는 대로 고른 것은?

〈이론〉
A의 개념은 A를 정의하는 특성들, 즉 어떤 것이 A가 되기 위한 필요충분조건에 해당하는 특성들로 구성된다. 예를 들어, 어떤 대상이 총각이기 위한 필요충분조건이 미혼 남성이라면, 어떤 대상이 총각이기 위해서는 미혼이면서 남성이어야 하고, 미혼이면서 남성인 모든 대상은 총각이다. 이 경우 총각의 개념은 미혼이라는 특성과 남성이라는 특성으로 이루어진다. 만일 어떤 사람이 A의 개념을 가지고 있다면, 그는 어떤 대상이 A에 속하는지 아닌지 판단하는 데 A의 개념을 사용할 것이다. A의 개념을 사용해 어떤 대상이 A에 속하는지 판단하는 데 걸리는 시간은, A를 정의하는 각 특성을 그 대상이 가지는지 확인하는 데 소요되는 시간의 합이다.

〈실험〉
과학자들은 실험참여자들에게 다양한 종류의 동물들을 예로 들어 그것이 새인지 판단하는 과제를 수행하도록 했다. 그들은 실험참여자들에게 "x는 새입니까?"와 같은 질문을 던진 후 답하는 데 걸리는 시간을 측정했다. 그 결과, 참새가 새라고 답변하는 데 걸리는 시간은 평균 0.4초였던 반면, 펭귄의 경우 평균 1.4초였다.

〈보기〉
ㄱ. 실험참여자들이 새의 개념을 가지지 않아서 '참새'와 '펭귄'의 언어표현이 주는 느낌에 의거해 답변을 했다면, 〈실험〉의 결과는 〈이론〉을 약화하지 않는다.
ㄴ. 새의 개념을 구성하는 각각의 특성에 대해, 참새와 펭귄이 그 특성을 가지는지 여부를 확인하는 데 걸리는 시간이 서로 다르다면, 〈실험〉의 결과는 〈이론〉을 약화한다.
ㄷ. 인간의 개념은 이성적 동물로 정의된다고 생각하는 사람들이 어떤 대상을 동물이라고 판단하는 데 걸리는 시간보다 그 대상을 인간이라고 판단하는 데 걸리는 시간이 더 짧다면, 〈이론〉은 약화된다.

① ㄱ ② ㄴ ③ ㄱ, ㄷ
④ ㄴ, ㄷ ⑤ ㄱ, ㄴ, ㄷ

27

⊙과 ⓒ에 대한 평가로 적절한 것만을 〈보기〉에서 있는 대로 고른 것은?

서인도양의 세이셸 제도에는 '호랑이 카멜레온'이라는 토착종이 살고 있다. 그런데 세이셸 제도는 아프리카 남동쪽의 큰 섬인 마다가스카르로부터 북동쪽으로 약 1,100km, 인도로부터는 서쪽으로 약 2,800km 떨어진 외딴 곳이다. 날지도 못하고 수영도 능숙하지 않은 이 작은 동물이 어떻게 이곳에 살게 되었을까?

이에 대해 다음의 두 설명이 제시되었다. 하나는 ⊙ 호랑이 카멜레온의 조상은 원래 장소에 계속 살고 있었으나 대륙의 분리 및 이동으로 인해 외딴 섬들에 살게 되었다는 것이다. 세이셸 제도는 원래 아프리카, 인도, 마다가스카르 등과 함께 곤드와나 초대륙의 일부였으나 인도–마다가스카르와 아프리카가 분리되고, 이후 인도와 마다가스카르가 분리된 다음, 최종적으로 인도와 세이셸 제도가 분리되어 지금에 이르렀다. 위 설명에 따르면, 호랑이 카멜레온의 조상은 세이셸 제도가 다른 지역과 분리된 후 독립적으로 진화했다.

다른 하나는 ⓒ 호랑이 카멜레온의 조상이 마다가스카르 또는 아프리카의 강이나 해안가로부터 표류하는 나뭇가지 등의 '뗏목'을 타고 세이셸 제도에 도착했다는 것이다. 이에 따르면 호랑이 카멜레온의 조상은 본래 아프리카나 마다가스카르에 살고 있었는데, 서식지 근처 강의 범람과 같은 사건의 결과로 표류물을 타고 세이셸 제도로 이주한 후 독립적으로 진화했다.

〈보기〉

ㄱ. 해저 화산의 분화로 형성된 후 대륙과 연결된 적이 없는 외딴 섬인 코모로 제도에만 서식하는 카멜레온 종이 있다는 사실은 ⊙을 강화한다.

ㄴ. 세이셸 제도가 인도에서 분리된 후 최근까지 서인도양의 해류가 서쪽에서 동쪽으로 흘렀다는 연구 결과가 있다면 이는 ⓒ을 약화한다.

ㄷ. 아프리카 동부의 카멜레온과 호랑이 카멜레온의 가장 가까운 공동조상이 마다가스카르의 카멜레온과 호랑이 카멜레온의 가장 가까운 공동조상보다 더 나중에 출현했다는 연구 결과가 있다면 이는 ⊙을 약화하나 ⓒ은 약화하지 않는다.

① ㄱ ② ㄷ ③ ㄱ, ㄴ
④ ㄴ, ㄷ ⑤ ㄱ, ㄴ, ㄷ

28

⊙에 대한 평가로 적절한 것만을 〈보기〉에서 있는 대로 고른 것은?

18세기 말 프랑스의 화학자 라부아지에는 물질의 연소는 물질이 그가 '산소'라고 명명한 물질과 결합하는 과정이라 주장했다. 그러나 이 주장은 물질이 산소와 결합할 때 왜 열이 발생하는지 설명할 수 없다는 반론에 부딪혔다.

그는 이에 대응하여 다음을 가정했다. 첫째, 열은 사실 '열소'라는 질량이 없는 물질로, 열의 발생은 물질과 결합했던 열소가 방출되는 과정이다. 둘째, 기체는 고체나 액체에 비해 훨씬 많은 열소를 포함하고 있다. 액체 상태의 물에 막대한 양의 열을 공급하면 수증기가 되는 이유는 물과 다량의 열소가 서로 결합했기 때문이다. 마찬가지로 기체 산소 역시 산소와 열소가 결합한 화합물이다. 이 두 가지 가정을 바탕으로 라부아지에는 ⊙ 물질이 연소하는 과정에서 기체 산소 내의 산소는 타는 물질과 결합하여 화합물을 생성하나, 기체 산소 내 열소는 물질과 결합하지 않고 공기 중으로 빠져나가기 때문에 열이 발생한다고 주장했다.

〈보기〉

ㄱ. 많은 고체 물질이 연소할 때 열이 발생함과 동시에 기체가 생성된다는 사실은 ⊙을 강화한다.

ㄴ. 산소화합물을 포함한 화약은 기체 산소가 없어도 폭발적으로 연소하면서 엄청난 양의 열을 방출한다는 사실은 ⊙을 약화한다.

ㄷ. 물질이 연소하는 과정에서 발생한 열이 아무리 많이 공기 중으로 방출되더라도 공기의 질량은 증가하지 않는다는 사실은 ⊙을 약화한다.

① ㄱ ② ㄴ ③ ㄱ, ㄷ
④ ㄴ, ㄷ ⑤ ㄱ, ㄴ, ㄷ

29

2022학년도 LEET 문38

다음 글을 평가한 것으로 적절한 것만을 〈보기〉에서 있는 대로 고른 것은?

아이에게 생기는 자폐증의 주요한 원인 중 하나는 임신 중 엄마의 비정상적인 면역 활성화로 여겨지고 있다. 엄마의 장에 존재하는 수지상 세포(dendritic cell, DC)는 체내에 바이러스가 감염되면 활성화된다. 이 DC는 장에 존재하는 T_H17 면역 세포를 활성화시키는데, 이때 T_H17에서 분비되는 IL-17 단백질이 태아에 전달되어 뇌 발달을 저해한다는 것이다. 최근 ㉠ 엄마의 장에 공생하는 특정 장내 세균의 존재 유무가 이러한 비정상적 면역 활성화에 중요하다는 가설이 제기되었다. 장내 세균의 명확한 역할은 알 수 없지만, 엄마에게 특정 장내 세균이 없을 때에는 위와 같은 면역 활성화가 일어나지 않는다는 것이다. 이를 검증하기 위해 다음 실험을 계획하였다.

〈실험〉

○ 다음과 같이 네 종류의 임신한 생쥐 군(X1, X2, Y1, Y2)을 준비하였다.

생쥐 군	장내 특정 공생 세균	바이러스 감염 여부
X1	있음	감염됨
X2	있음	감염되지 않음
Y1	없음	감염됨
Y2	없음	감염되지 않음

○ 일정 시간 후 각 생쥐의 장에서 DC와 T_H17 세포를 분리하였다. 각 세포에는 바이러스나 세균이 섞이지 않도록 하였다. 분리된 각 DC와 T_H17을 섞어 배양한 후 IL-17의 분비량을 측정하였다.
○ 각 생쥐에서 태어난 새끼들의 자폐 성향을 분석하였다.

〈보기〉

ㄱ. X1의 DC를 X2의 T_H17과 배양했을 때 IL-17이 생산되고 X1의 DC를 Y2의 T_H17과 배양했을 때 IL-17이 생산되지 않는다면, ㉠이 강화된다.

ㄴ. X1의 DC를 Y2의 T_H17과 배양했을 때 IL-17이 생산되고 Y1의 DC를 Y2의 T_H17과 배양했을 때 IL-17이 생산되지 않는다면, ㉠이 강화된다.

ㄷ. X1에서 태어난 새끼들은 자폐 성향을 보이고 Y2에서 태어난 새끼들은 자폐 성향을 보이지 않는다면, ㉠이 강화된다.

① ㄱ ② ㄷ ③ ㄱ, ㄴ
④ ㄴ, ㄷ ⑤ ㄱ, ㄴ, ㄷ

30

2022학년도 LEET 문39

다음 글을 평가한 것으로 옳은 것만을 〈보기〉에서 있는 대로 고른 것은?

70년대 미국의 연구진은 위에서 소장으로 우회로를 만드는 수술법이 체중 감소와 더불어 혈당 조절 효과가 있음을 알게 되었다. 연구진은 608명의 고도 비만 환자에게 이러한 수술(비만 수술)을 시행하였는데, 당뇨병을 동반한 고도 비만 환자 중 83%에서 혈당이 개선되는 것을 관찰하였다. 그리고 이런 혈당 개선은 체중 감소가 일어난 후 이차적으로 나타나는 것이 아니라 수술 후 수일 만에 일어나는 것이었다.

어떻게 이런 작용이 일어나는가를 이해하기 위해서는 인크레틴의 작용을 이해해야 한다. 인크레틴은 음식을 먹으면 소장에서 분비되어 췌장에 인슐린 분비 신호를 주는 물질이다. 따라서 식후에 인크레틴이 정상적으로 분비되면 인슐린에 의해 혈당이 잘 조절된다.

루비노는 ㉠ 비만 수술 후 혈당 조절 능력이 개선되는 것은 인크레틴의 효과를 방해하는 물질이 생체 내에 존재하기 때문이라는 가설을 주장하였다. 섭취한 음식물은 소장의 세 부위인 십이지장, 공장, 회장을 순서대로 거쳐 대장으로 들어가는데, 루비노는 실험용 쥐를 이용해서 위를 공장으로 바로 연결하는 비만 수술을 시행한 결과 체중이나 식이량의 감소 없이 혈당이 개선됨을 관찰하였다. 따라서 그는 음식물이 십이지장을 우회하는 것이 당뇨병 치료에 효과가 있을 것이라고 주장하며, 인크레틴의 효과를 방해하는 '항인크레틴'이 존재할 것이라는 추정을 했다.

〈보기〉

ㄱ. 십이지장에서 분비되는 물질이 인크레틴에 의한 인슐린 분비를 감소시킨다면, ㉠이 강화된다.

ㄴ. 위를 절제하고 식도와 십이지장을 직접 연결하는 수술에서 혈당 개선이 된다면, ㉠이 강화된다.

ㄷ. 루비노의 비만 수술 이후 재수술을 통해 공장으로 넘어간 음식물을 십이지장으로 다시 가게 하였을 때 혈당 개선 효과가 사라진다면, ㉠이 약화된다.

① ㄱ ② ㄷ ③ ㄱ, ㄴ
④ ㄴ, ㄷ ⑤ ㄱ, ㄴ, ㄷ

31

다음 논증에 대한 평가로 옳은 것만을 〈보기〉에서 있는 대로 고른 것은?

단어 '잡아먹다'는 입과 소화기관이 있는 동물에 대해서만 사용해야 한다는 직관이 이 단어의 의미를 결정하는 좋은 근거인지는 의심스럽다. 이 단어를 입도 소화기관도 없는 대상에 대해서도 사용할 수 있다는 과학적 근거가 있다. 다음 수학 모형 M은 그 근거를 설명한다.

(1) $\dfrac{dP}{dt} = b(aV)P - mP$

(2) $\dfrac{dV}{dt} = rV - (aV)P$

수학 모형은 실제에 제대로 적용될 때 의미를 획득할 수 있다. M은 특정 지역에 사는 상어와 대구의 개체군 크기 변화 관계를 예측하기 위해 만들어졌으며, 실제로 이 예측은 성공적이었다. (1)은 시간에 따른 상어 개체군의 크기 변화를, (2)는 시간에 따른 대구 개체군의 크기 변화를 각각 나타낸다. (1)에서 $b(aV)P$의 의미는 '상어에게 잡아먹히는 대구의 수에 비례해서 증가하는 상어 개체군'으로 해석된다. 최근 식물학자들은 M으로 기생식물인 겨우살이와 참나무의 개체군 크기 변화 관계를 성공적으로 예측했다. 그렇다면 상어와 대구 사이의 관계에 대한 해석은 겨우살이와 참나무 사이의 관계에도 일관되게 적용되어야 한다. 겨우살이와 참나무의 관계에 M을 적용하면, $b(aV)P$는 '겨우살이에게 잡아먹히는 참나무의 수에 비례해서 증가하는 겨우살이 개체군'을 의미한다. M의 적용이 상어 사례에서 겨우살이 사례로 확장된다는 사실은 단어 '잡아먹다'의 의미를 확장할 수 있다는 과학적 근거이다.

〈보기〉

ㄱ. 입 없이 먹이를 몸 안으로 흡수하는 생물의 행동에 대한 일상적 설명에는 단어 '잡아먹다'가 잘 쓰이지 않는다는 사실은 이 논증을 약화한다.

ㄴ. 동물의 입과 소화기관과 유사한 구조를 가진 식충식물에 대해서는 '잡아먹다'라는 표현이 일상적으로 사용된다는 사실은 이 논증을 약화한다.

ㄷ. 질병을 일으키는 박테리아와 사람 사이의 관계에 M이 잘 적용되어, "크기가 작은 박테리아가 사람을 잡아먹는다"는 진술이 생물학자들 사이에 일반적으로 사용되기 시작한다면, 이 논증은 강화된다.

① ㄱ　　② ㄷ　　③ ㄱ, ㄴ
④ ㄴ, ㄷ　　⑤ ㄱ, ㄴ, ㄷ

32

다음 글에 대한 평가로 적절한 것만을 〈보기〉에서 있는 대로 고른 것은?

멘델 유전은 ㉠특정 유전자가 정자로부터 왔는지 난자로부터 왔는지는 중요하지 않다는 생각을 기초로 한다. 그러나 포유류에서 일부 유전자는 정자와 난자 중 어디에서 왔는지가 중요하다고 알려졌으며, 오직 정자 유래 또는 난자 유래 대립유전자만 배타적으로 발현된다. 이러한 현상은 DNA에 메틸기($-CH_3$)가 부착되는 현상인 DNA 메틸화에 의해 나타날 수 있다. 정자형성과정과 난자형성과정에서는 기존의 DNA 메틸화가 초기화되고 성별 특이적으로 새롭게 DNA 메틸화가 일어난다.

수라니 연구팀은 ㉡DNA의 특정 부위가 부모 중 어느 쪽으로부터 유전되었느냐에 따라 이 부위에 있는 유전자의 활성이 다를 수 있다는 생각을 실험적으로 입증하였다. 연구팀은 메틸화의 정도를 쉽게 측정할 수 있는 특정 DNA가 삽입된 유전자 변형 생쥐를 만들고 이 생쥐의 후손들에서 이 DNA의 메틸화 정도를 조사했는데, 어미로부터 물려받은 자식의 이 DNA는 메틸화가 많이 되어 있었지만, 아비로부터 물려받은 자식의 이 DNA는 메틸화가 적게 되어 있었다.

DNA의 메틸화는 유전자 발현 조절과 관련이 있는데, DNA의 메틸화에 의한 유전자 발현 조절은 ㉢조절 단백질이 DNA에 결합하는 것을 메틸기가 방해하는 기작, 또는 ㉣조절 단백질이 메틸기를 매개로 DNA에 결합하는 기작을 통해 일어날 수 있다. 이때 조절 단백질은 유전자의 발현을 활성화하는 단백질이거나 억제하는 단백질이다. 생쥐의 초기 배아발생과정 동안 유전자 x는 아비로부터 받은 것만 발현되며 어미로부터 받은 것은 발현되지 않는데, 이는 특정 조절 단백질이 어미로부터 받은 유전자 x의 DNA에만 결합하기 때문이다.

〈보기〉

ㄱ. 수라니 연구팀의 실험 결과는 ㉠을 강화한다.

ㄴ. 특정 염색체 이상이 아버지로부터 유래했을 때는 아이에게서 프래더–윌리 증후군이 나타나지만 동일한 염색체 이상이 어머니로부터 유래했을 때는 이 증후군이 나타나지 않는다면, ㉡은 강화된다.

ㄷ. 부모 중 어미로부터 받은 유전자 x의 DNA만 메틸화가 되었다면 유전자 x의 발현이 조절되는 방식은 ㉢과 ㉣ 중 ㉣에 해당한다.

① ㄱ　　② ㄴ　　③ ㄱ, ㄷ
④ ㄴ, ㄷ　　⑤ ㄱ, ㄴ, ㄷ

33

다음 글에 대한 평가로 적절한 것만을 〈보기〉에서 있는 대로 고른 것은?

식물의 개화시기 조절은 유성생식을 통해 유전적 다양성을 확보하면서 번식과 생존 전략을 극대화하기 위한 진화적 적응과 관련이 있다. 생태학적 관점에서 식물의 개화시기는 군집 내 상호작용에 영향을 많이 받는다. 다음 〈실험〉은 식물과 호박벌의 상호작용에 의한 개화시기 조절에 관한 연구의 일부이다.

〈실험〉
○ 호박벌을 꽃이 피지 않은 토마토와 함께 두었더니 토마토 잎을 물어뜯어 5~10개의 구멍을 내었다. 호박벌에 의해 잎에 구멍이 난 토마토는 그렇지 않은 토마토보다 평균 30일 일찍 꽃을 피웠다.
○ 다른 식물에서도 호박벌의 잎 구멍내기 행동이 관찰되었고 식물 종에 따라 정도의 차이는 다소 있으나 호박벌에 의해 잎에 구멍이 난 식물은 개화시기가 빨라졌다.

실험 결과를 바탕으로 연구진은 추가 연구를 위해, '꽃가루를 중요한 단백질 공급원으로 섭취하는 호박벌이 잎에 구멍을 뚫는 목적은 꽃을 빨리 피우게 해 꽃가루를 얻기 위한 것이다'라는 ㉠가설을 세웠다. 또한, 호박벌의 잎 구멍내기가 어떻게 식물의 개화를 촉진하는지 검증하기 위해, '꽃이 피지 않은 토마토 잎에 가해진 물리적 상처로 유발된 스트레스가 개화를 유도한다'라는 ㉡가설과 '호박벌 타액에 존재하는 특정 물질이 토마토 잎 안으로 주입되어 개화를 유도한다'라는 ㉢가설을 세웠다.

〈보기〉
ㄱ. 꽃가루를 먹은 호박벌보다 꽃가루를 먹지 못한 호박벌이 잎 구멍내기를 더 활발하게 했다면, ㉠은 강화된다.
ㄴ. 호박벌이 물어뜯은 상처와는 다른 모양으로 토마토 잎에 면도날로 구멍을 뚫었더니 개화시기가 빨라지지 않았다면, ㉡은 약화된다.
ㄷ. 토마토 잎에 면도날로 구멍을 뚫었더니 개화시기가 빨라지지 않았지만, 면도날로 잎에 구멍을 뚫고 호박벌의 타액 추출물을 처리하였더니 개화시기가 크게 앞당겨졌다면, ㉢은 강화된다.

① ㄱ ② ㄴ ③ ㄱ, ㄷ
④ ㄴ, ㄷ ⑤ ㄱ, ㄴ, ㄷ

34

다음 글에 대한 평가로 적절한 것만을 〈보기〉에서 있는 대로 고른 것은?

캡사이시노이드는 고추류 식물에 존재하는 알칼로이드성 방향족 화합물로서 포유류의 통증 수용체 단백질인 TRPV1과 결합하여 강한 열감에 의한 통증 신호를 발생시킨다. 캡사이시노이드에 의한 통증은 미각 수용체가 아니라 촉각 수용체에 의해 감지되므로, 엄밀한 의미에서는 맛이 아님에도 불구하고 일반적으로 이를 매운맛이라고 칭한다.

매운맛을 별미로 여기는 인간을 제외한 대부분의 포유류는 캡사이시노이드가 함유된 먹이를 피하는 것으로 알려져 있다. 반면, 포유류와 달리 조류는 캡사이시노이드가 결합하는 통증 수용체 단백질이 존재하지 않아서 매운맛을 느끼지 못한다고 알려져 있다. 이와 관련해 '고추류 식물이 캡사이시노이드를 합성하는 것은 캡사이시노이드를 활용하여 포유류를 회피하고 조류를 선택한 공진화의 결과이다'라는 ㉠가설이 있다. 먹이를 씹어 먹고 소화계가 발달한 포유류와 달리 조류는 먹이를 씹지 않고 삼키며 장의 길이가 짧다. 조류 역시 자신만의 먹이 영역을 확보하기 위해 매운맛을 느끼지 않도록 진화한 것으로 여겨진다. 한편, 캡사이시노이드가 항균 효과를 가진다는 연구 결과로부터 '습한 토양에서 번식하기 쉬운 곰팡이에 대한 저항성을 높이기 위해 캡사이시노이드를 가지는 식물이 진화했다'라는 ㉡가설도 있다. 이에 따르면, 조류와의 관계는 고추류 식물이 캡사이시노이드를 축적한 후 부수적으로 생겨난 것이다.

〈보기〉
ㄱ. 캡사이시노이드의 매운맛을 잘 느끼지만 고추를 즐겨 먹는 다수의 포유류가 새롭게 발견되었다면, ㉠은 약화된다.
ㄴ. 습한 토양에서 자란 고추가 건조한 토양에서 자란 고추보다 매운맛이 강해진다면, ㉡은 강화된다.
ㄷ. 앵무새와 TRPV1이 결핍된 선인장쥐에게 습한 토양에서 자란 고추를 먹인 후 배설물을 조사했을 때, 발아할 수 있는 온전한 고추씨의 비율이 앵무새의 배설물에서 더 높았다면, ㉠은 강화되고 ㉡은 약화된다.

① ㄴ ② ㄷ ③ ㄱ, ㄴ
④ ㄱ, ㄷ ⑤ ㄱ, ㄴ, ㄷ

35

〈실험〉에 대한 평가로 적절한 것만을 〈보기〉에서 있는 대로 고른 것은?

> $SrTiO_3$와 $LaAlO_3$의 두 고체 물질은 아보가드로수만큼 많은 원자로 구성되며, 각 물질에서 개별 원소 비율은 위 화학식처럼 표현된다. 두 물질은 모두 부도체이지만, 놀랍게도 이 둘을 접합시키면 그 계면에서 높은 전기전도도가 나타난다. 두 물질 사이 계면의 전도성을 이해하기 위해서는 $SrTiO_3$에서 Ti의 전자구조를 살펴볼 필요가 있다. 원자는 에서 이온화되어 Ti^{4+} 전자가 상태가 되지만, $SrTiO_3$의 구성 원소 비율이 변하거나 구성 원소의 일부가 다른 원소로 치환됨에 따라 이보다 낮은 전자가 상태인 Ti^{3+}가 될 수 있다. Ti^{4+} 전자가 상태에서 Ti 이온의 모든 전자는 강하게 구속되어 자유전자를 내놓기가 어렵다. 하지만 Ti 이온들 중 일부라도 Ti^{3+} 전자가 상태가 되면, Ti 이온당 전자 하나의 구속이 약해지고 자유전자가 유도되어 물질의 전도성이 발현한다.
>
> 한편 $SrTiO_3$와 $LaAlO_3$ 등의 물질들은 거시적인 상태에서 전하중성 조건을 만족한다. 즉, 물질에서 모든 이온의 전자가를 더하면 0이다. 또 위의 물질을 구성하는 원소 중에서 Ti만 전자가 상태가 변할 수 있고, Sr은 Sr^{2+}, O는 O^{2-}, La는 La^{3+}, Al은 Al^{3+}의 전자가 상태만을 갖는다고 하자. 그러면 H_2O가 $H^{+}_2O^{2-}$로 $2\times(+1)+(-2)=0$이듯이, $SrTiO_3$는 $Sr^{2+}Ti^{4+}O_3^{2-}$로 $2+4+3\times(-2)=0$이 되어 전하중성 조건을 만족한다.

〈실험〉

$SrTiO_3$와 $LaAlO_3$의 계면에서 전도성이 발현하는 이유를 확인하기 위해 계면 근처의 $SrTiO_3$ 부분을 투과전자현미경으로 조사하였다. 이를 바탕으로 계면 근처에서 Ti^{3+} 전자가 상태가 유도되었다는 ㉠가설을 수립하였다.

〈보기〉

ㄱ. 일부 Sr이 La으로 치환된 $Sr_{1-x}La_xTiO_3$가 관찰된다면 ㉠이 강화된다.

ㄴ. 일부 Ti이 Al으로 치환된 $SrTi_{1-x}Al_xO_3$가 관찰된다면 ㉠이 강화된다.

ㄷ. 일부 O가 결핍된 $SrTi_{3-x}$가 관찰된다면 ㉠이 강화된다.

※ 단, $0 < x < 0.1$이다.

① ㄴ ② ㄷ ③ ㄱ, ㄴ
④ ㄱ, ㄷ ⑤ ㄱ, ㄴ, ㄷ

해커스 LEET
김우진 추리논증
유형별 기출문제집

정답 및 해설

PART 01 추리 영역
01 연역과 귀납 정답 및 해설

유형 01 | 연역추리

문장 논리   p.20

01	02	03	04	05
④	③	②	⑤	①
06	07	08	09	10
⑤	⑤	④	②	③
11				
④				

01 ④   난이도 상

'석이가 영이를 사랑한다.'는 p, '철이가 영이를 사랑한다.'는 q, '돌이가 영이를 사랑한다.'는 r로 가정하면, 〈보기〉의 '석이가 영이를 사랑하지 않는다면, 철이가 영이를 사랑한다.'는 ~p → q로, '철이와 돌이가 동시에 영이를 사랑하는 일은 있을 수 없다.'는 ~(q & r)로 기호화할 수 있으며, 마지막에 '석이가 영이를 사랑한다.'는 p이므로, 다음과 같은 논리식이 가능하다.
1. ~p → q
2. ~(q & r) = ~q ∨ ~r
∴ p(≡ p ∨ p)
이는 양도논법과 후건부정식이 사용된 것이다. 따라서 전제 1에서 ~p → r이 있어야 한다. 이것의 단순함언은 p ∨ r이므로 정답은 ④가 된다.

02 ③   난이도 중

가. (X) 동일론을 받아들이는 이들이 인공지능에 대한 낙관적인 기대를 한다는 사실을 알 수 있을 뿐, 이명제 즉, 역명제가 반드시 참이 되지는 않는다.
나. (X) 환원주의를 받아들이는 사람들은 정신 현상을 기계론적으로 설명할 수 있다고 주장하며 동시에 정신의 자율성을 부인한다. 따라서 반드시 참이 아니다. 그렇기에 정신 현상을 기계론적으로 설명할 수 있다는 주장과 정신의 자율성 부인 입장을 연결할 수 없다. 조건문의 후건끼리의 논리적 연관성은 알 수 없기 때문이다.
다. (O) 동일론을 받아들이는 철학자는 비판을 받는다는 진술로부터 대우 명제로 반드시 참임을 알 수 있다.
라. (O) 심신 이원론을 거부하는 것은 상식적 직관을 거부하는 것으로 받아들였기에 반드시 참이다.

03 ②   난이도 중

먼저 논증을 구성하고 있는 명제들을 기호로 정리하면 다음과 같다.
Ax: x는 참을 깨달은 자이다.
Bx: x는 배움이 있는 자이다.
Cx: x는 책임의 소중함을 느끼는 자이다.
Dx: x는 겨레를 위해 희생을 각오한 자이다.
Ex: x는 진정한 지도자이다.
1. (∀x)(Ax → Bx)
2. ~(∀x)Cx → ~(∀x)Dx
3. (∀x)(Ex → Dx)
   ∴ (∀x)(Ex → Bx)
4. (∀x)Dx → (∀x)Cx   2. 대우
5. (∀x)(Ex → Cx)   3. 4. 조건삼단논법
따라서 논증이 타당하기 위해서 보충되어야 할 전제는 (∀x)(Cx → Bx)이다.

04 ⑤   난이도 상

주어진 조건을 기호화하면 다음과 같다.
(p: 슬픔을 나눌 수 있는 가족이 있다, q: 즐거움을 나눌 수 있는 친구가 있다, r: 행복한 사람이다)
(p ∨ q) → r
위 진술의 논리적 동치는 다음과 같다.
[대우] ~r → (~p & ~q)
[분배] (p → r) & (q → r)
선택지를 기호화하면 다음과 같다.
① (X) (~p & ~q) → ~r: 주어진 진술과 이명제, 즉 역명제로서 동등하지 않다.
② (X) ~r → (~p ∨ ~q): [대우]와 비교할 때에 후건이 선언이 아니라 연언이 되어야 논리적으로 동등하게 된다.
③ (X) (~p∨~q) → ~r: 주어진 진술과 논리적으로 무관하다.
④ (X) ~p → (q & ~r): 주어진 진술과 논리적으로 무관하다.
⑤ (O) (p → r) & (q → r): 조건에서 p와 q는 선언의 관계이다. 즉 둘 중 어느 하나가 전제가 되며, 어느 쪽이 되든 조건명제의 결론은 같다. 또한 두 경우 중 어느 하나는 반드시 있어야 한다. 그러므로 이 둘은 연언으로 연결되므로 답이 된다.

05 ①   난이도 상

1. (~B ∨ C) → ~A
2. (C ∨ D) → (~B & F)
3. (C ∨ ~E) → (~B ∨ F)
위 진술을 대우 규칙과 드 모르간 법칙에 의해 변환한 논리적 관계 진술은 다음과 같다.
1'. A → (B & ~C)

2′. (B ∨ ~F) → (~C & ~D)
3′. (B & ~F) → (~C & E)
이를 토대로 진릿값을 대입하여 파악할 수 있다.
4. ~F   주어진 사실
5. B ∨ ~F   4. 부가논법
6. ~C & ~D   2′. 5. 긍정논법
① (O) A가 참일 경우, 1′에 의해서 B가 참임을 알 수 있으며, B가 참일 경우 3′의 전건이 참이 되어 E가 참임도 추리할 수 있다.
② (X) B가 참일 경우, 3′의 전건이 참이어서 E가 참임을 추리할 수 있다. 그러나 A에 대해서는 진위를 알 수 없다.
⑤ (X) E가 참일 경우, 나머지 A와 B의 진위에 대해서는 알 수 없다.

06 ⑤   난이도 중

주어진 명제를 논리식으로 전환하면 다음과 같다.
1. 정당화된 도덕이론 → (선험적 주장 ∨ 도덕적 직관)
2. 선험적 원리 → ~경험적 주장
3. 도덕적 직관 → ~정의감 반함
4. 정의감 반함
∴ ~정당화된 도덕이론
5. ~도덕적 직관   3. 4. 부정논법
결론은 1의 조건문 전건이 부정된 것이다. 따라서 후건이 먼저 부정되어야 한다.
6. ~(선험적 원리 ∨ 도덕적 직관)
7. ~선험적 원리 & ~도덕적 직관   5. 드 모르간 법칙
선험적 원리 → ~경험적 주장
[생략된 전제] 경험적 주장
∴ ~선험적 원리
따라서 추가해야 할 것은 '공리주의는 경험적 주장이다.'이다.

07 ⑤   난이도 하

1. 1번 도로 → (A ∨ B)
2. A → (흙탕물 & 카메라)
3. B → (정체 & 검문소)
4. 정체 → 카메라
5. 검문소 → 흙탕물
6. ∴ ~1번 도로
7. (B → 정체) & (B → 검문소)   3. 번역
8. (B → 카메라) & (B → 흙탕물)   7. 4. 5. 삼단논법
9. B → (카메라 & 흙탕물)   8. 동치
10. B → (흙탕물 & 카메라)   9. 교환법칙
결국 A마을에서 온 경우나 B마을에서 온 경우 모두 자동차 밑바닥에 흙탕물이 튀었을 것이고 자동차 모습을 담은 폐쇄회로 카메라가 적어도 하나 있을 것이다. 주어진 결론이 성립되기 위해서는 1에서 후건인 (A ∨ B)가 부정되어야 한다. 따라서 드 모르간 법칙에 따라 (~A & ~B)가 된다. A와 B가 모두 부정되기 위해서는 2와 9에서 ~(카메라 & 흙탕물)이 되어야 성립된다. 결국 드 모르간 법칙에 의해서 (~카메라 ∨ ~흙탕물)이 필요하다. 이는 폐쇄회로 카메라가 없어야 하며 자동차 밑바닥에 흙탕물이 튀지 않았다는 것이다.

08 ④   난이도 하

1. A ∨ B ∨ C
2. D ∨ E
3. A → (C & D)
4. B → ~E
① (X) A 증언이 참일 경우, 3에 의해 C와 D는 참이다. 하지만 나머지 B와 E에 대한 참 거짓 여부를 결정할 수 없다.
② (X) B 증언이 참일 경우, 4에 의해 E는 거짓이며, E가 거짓이기에 2에서 선언논법에 의해 D가 참이다. 하지만 나머지 A와 C에 대한 진위는 알 수 없다.
③ (X) C가 참이라는 사실만으로 그 이외의 진위에 대해서 알 수 없다.
④ (O) D의 증언이 참이 아닐 경우, 2에서 선언논법에 의해 E는 참이다. E가 참이므로 4에서 후건이 부정되어 B도 거짓이다. 그리고 3에서 D가 참이 아니므로 후건이 거짓되어 전건인 A도 거짓이 된다. 결국 A와 B가 거짓이므로 1의 선언문이 성립되기 위해서는 C가 참임을 알 수 있다. 결국 모든 진위를 알 수 있으므로 D의 증언이 참이 아니라는 사실은 결정적 정보가 된다.
⑤ (X) E가 참이 아닐 경우, 2의 선언논법에 의해 D가 참이다. 하지만 그 이외의 진위에 대해서는 알 수 없다.

09 ②   난이도 하

1. (A → B) & (A → D) & (A → E)
2. ~(C & D)
3. ~E → ~(B ∨ D)
이로부터 연역적으로 추리할 수 있는 정보를 자연 연역적 증명으로 정리하면 다음과 같다.
4. ~C ∨ ~D   2. 드 모르간 법칙
5. C → ~D   4. 단순함언
6. D → ~C   5. 대우
7. (A → D)   1. 분리법칙
8. A → ~C   6. 7. 조건삼단논법
ㄱ. (X) E → C: 알 수 없다.
ㄴ. (O) ~(C & A): 타당하게 추론된다.
    9. ~C ∨ ~A   ㄴ. 드 모르간 법칙
    10. C → ~A   9. 단순함언
    11. A → ~C   10. 대우
ㄷ. (X) (~D & B) → C ≡ (~D → C) ∨ (B → C)
앞의 선언지는 5의 역명제이기에 참 거짓 여부를 확인할 수 없으며, 뒤의 선언지는 알 수 없는 내용이다.

10 ③   난이도 중

1. A ∨ B ∨ C
2. (A & ~B) → C
3. C → (A ∨ B)
4. ~A ∨ ~C
ㄱ. (O) A → B
5. A → ~C   4. 단순함언
6. C → ~A   5. 대우
7. (A & ~B) → ~A   2. 6. 조건삼단논법
8. (~A ∨ B) ∨ ~A   7. 단순함언
9. ~A ∨ B   8. 항진법칙(동어반복)
10. A → B   9. 단순함언
ㄴ. (X) B → (A ∨ C)
11. (B → A) ∨ (B → C)   ㄴ. 복합명제 번역

앞의 조건문은 10의 역이며, 후건의 조건문은 도출될 수 없다. 따라서 타당하게 추론되지 않는다.

ㄷ. (O) C → B: 세 번째 조건에서 C가 들어 있다면 상품이 들어 있는 상자는 2개 이상이므로 A나 B 적어도 하나는 상품이 들어 있어야 한다. 그런데 C가 들어 있다면 6에 의해 A가 들어 있지 않다. 따라서 B가 반드시 들어 있어야 한다.

11 ④
난이도 중

1. 천문학자 → ~철학자
2. 통계학자 → ~경제학자
3. (~철학자 ∨ ~심리학자) → (수학자 & 법학자)
4. ~통계학자 → [(수학자 ∨ 법학자) & ~(수학자 & 법학자)]

① (X) 수학자 ∨ ~천문학자 = ~수학자 → ~천문학자(단순함언) = 천문학자 → 수학자(대우)
  5. [~철학자 → (수학자 & 법학자)] & [~심리학) → (수학자&법학자)]   3. 동치
  6. ~철학자 → (수학자 & 법학자)   5. 분리논법
  7. (~철학자 → 수학자) & (~철학자 → 법학자)   6. 분배
  8. ~철학자 → 수학자   7. 분리논법
  9. 천문학자 → 수학자   1. 8. 조건삼단논법

② (철학자 & 심리학) ∨ 법학자
  = ~(철학자 & 심리학) → 법학자 (단순함언)
  = (~철학자 ∨ ~심리학자) → 법학자 (드 모르간 법칙)
  10. [(~철학자 ∨ ~심리학자) → 수학자] & [(~철학자 ∨ ~심리학자) → 법학자]   3. 분배
  11. (~철학자 ∨ ~심리학자) → 법학자   10. 분리논법

③ ~심리학자 → ~경제학자
  12. [~통계학자 → (수학자 ∨법학자)] & [~통계학자 → ~(수학자 & 법학자)]   4. 분배
  13. ~통계학자 → ~(수학자 & 법학자)   5. 분리 논법
  14. (수학자 & 법학자) → 통계학자   6. 대우
  15. (~철학자 ∨ ~심리학자) → 통계학자   3.7. 조건삼단논법
  16. (~철학자 → 통계학자) & (~심리학자 → 통계학자)   15. 동치
  17. ~심리학자 → 통계학자   16. 분리논법
  18. ~심리학자 → ~경제학자   2. 17. 조건삼단논법

④ (심리학자 & 천문학자) → 4명
  if. 심리학자 & 천문학자
  19. ~철학자   1. 긍정논법
  20. 수학자 & 법학자   3. 19. 긍정논법
  21. 통계학자   14. 20. 긍정논법
  22. ~경제학자   2. 21. 긍정논법
  결국 총 5명이 참석한다.

⑤ (경제학자 & ~수학자) → (법학자 & ~천문학자)
  if. 경제학자
  23. ~통계학자   2. 부정논법
  24. [(수학자 ∨ 법학자) & ~(수학자 & 법학자)]   4. 긍정논법
  if. ~수학자
  25. 법학자   24. 선언논법
  26. ~(~철학자 ∨ 심리학자)   3. 25. 부정논법
  27. 철학자 & 심리학자   26. 드 모르간 법칙
  28. 철학자   27. 분리논법
  29. ~천문학자   1. 28. 부정논법
  30. 법학자 & ~천문학자   25. 29. 연언논법

술어 논리
p.26

01	02	03	04	05
①	③	⑤	⑤	⑤
06	07	08		
⑤	③	③		

01 ①
난이도 상

[전제 1] ~변호사x → 아나운서x
[전제 2] (∀x)[아나운서x → 붉은 넥타이x]
[전제 3] 푸른 넥타이x(= ~붉은 넥타이x)
[전제 4] 변호사x → (미국인x ∨ 영국x)
[전제 5] (영국인x & ~한국 경험x) → ~김치x
[전제 6] (∀x)[(한국 경험x & 변호사x) → 붉은 넥타이x]
[결론] 미국인x & 변호사x

전제 1, 2, 3에서 x는 변호사임을 알 수 있다. 왜냐하면 모든 아나운서가 붉은 넥타이를 착용한다고 하였는데, x는 푸른 넥타이를 했기 때문이다. 즉 후건 부정의 형식으로 x가 변호사라는 것이다. 이를 도식화하면 다음과 같다.

[전제 2] (∀x)[아나운서x → 붉은 넥타이x]
[전제 3] 푸른 넥타이x(= ~붉은 넥타이x)
∴ ~아나운서x
[전제 1] ~변호사x → 아나운서x
∴ 변호사x

전제 6에서는 전제 3의 후건 부정식에 의해 x가 한국 경험이 없다는 사실을 알 수 있다. 변호사임은 이미 도출된 사실이기 때문이다. 이를 도식화하면 다음과 같다.

[전제 6] (∀x)[(한국 경험x & 변호사x) → 붉은 넥타이x]
[전제 3] 푸른 넥타이x(= ~붉은 넥타이x)
∴ ~한국 경험

그런데 결론에서 x는 미국인이다. 따라서 '~영국인'이 나와야 하므로 이 논증에 필요한 생략된 전제는 '김치'가 된다. 왜냐하면 전제 5의 후건이 부정되어야 하기 때문이다. 즉 전제 5가 후건 부정식이 되고, 다시 선언삼단논법이 이루어질 때에 결론이 도출된다는 것이다. 이를 도식화하면 다음과 같다.

[전제 5] (영국인x & ~한국 경험x) → ~김치x
[생략된 전제] 김치x
∴ ~(영국인x & ~한국 경험x)≡~영국인x ∨ 한국 경험x [드 모르간 법칙]
[선언삼단논법]
~영국인x ∨ 한국 경험x
~한국 경험x
∴ ~영국인(≡ 전제 4에 의해 미국인)

따라서 정답은 'X는 김치를 먹을 줄 안다'이다.

02 ③
난이도 중

주어진 사항을 정리하여 형식적 증명을 하면 다음과 같다.

0. (∀x)(최우수x ∨ 우수x ∨ 보통x)
1. (∀x)(최우수x → 45세 이상x)
2. (∀x)(35세 이상x → (우수x ∨ ~자녀x))
3. (∀x)(우수x → ~이직x)
4. (∀x)(보통x → 대출x)

5. (∀x)(무주택x → ~대출x)
6. 자녀a & 이직a
위의 진술로부터 자연 연역적으로 추리하면 다음과 같다.

7. 이직a	6. 분리논법
8. ~우수a	3. 6. 부정논법
9. ~35세 이상a	2. 7. 8. 부정논법
10. ~최우수a	1. 9. 부정논법
11. 보통a	0. 8. 10. 선언논법
12. 대출a	4. 11. 긍정논법
13. ~무주택a	5. 12. 부정논법

따라서 정답은 ③이다.

03 ⑤ 난이도 상

이 문항은 주어진 조건이 이항 술어의 관계를 규칙화하여 해결하게끔 되어 있다. 첫 번째 규칙이 술어의 개체 변항(개체적 주어)끼리 삼단논법이 가능하다는 점을 말하기에 이들끼리의 논리식 전환이 가능하다는 점을 알 수 있다. 이를 도식화하면 다음과 같다.

1. A → B
2. B → C
3. C → D
4. D → (B & E) ≡ (D → B) & (D → E)

규칙에 의하면, 다른 이가 자신의 수호천사인 동시에 자신도 자기 자신의 수호천사일 경우, 자신은 다른 이의 수호천사가 될 수 있다.

① (O) A는 B(1), C(1 + 2), D(1 + 2 + 3), E(1 + 2 + 3 + 4)의 수호천사이다.
② (O) 4에서 D → B가 되어 3과 연결하여 C → B가 되어 2와 B → B가 되어 1과 함께 규칙 2를 부합하여 B는 A의 수호천사가 될 수 있다.
③ (O) 앞서 증명된 C → B가 2와 함께 쌍조건문이 연결되어 C는 자기 자신의 수호천사가 된다.
④ (O) D의 수호천사는 1, 2, 3에 의해 A, B, C, D가 되며, C의 수호천사는 1과 2에 의해 A, B, 그리고 ③에서 증명된 바와 같이 자기 자신인 C에게도 수호천사가 되며, 2와 4에서 D도 C의 수호천사가 된다. 따라서 D와 C는 수호천사가 동일하다.
⑤ (X) 1, 2, 3, 4에서 A → E가 될 뿐, 그 역인 E가 A의 수호천사가 될 수는 없다.

04 ⑤ 난이도 상

(Gx: x는 GDP가 2만 달러 이상인 국가이다, Ix: x는 국제노동기구에 가입한 국가이다, Px: x는 인구가 7천만 명 이상인 국가이다, Kx: x는 사형제 폐지 국가이다, Tx: x는 세계무역기구 회원국이다, Cx: x는 집단학살방지 협약에 가입한 국가이다. a: A국, b: B국, c: C국)

<갑의 추리 내용 분석(기호화)>
1. (∀x)(Gx → Ix)
2. (∀x)((~Gx ∨ Px) → ~Kx)
3. (∀x)((Ix & Gx) → Kx)
4. (∀x)((Tx & Cx) → Kx)
5. ~Ga
6. Cb
∴ ~Ka

결론이 도출되기 위해서는 2에서 전건이 긍정되어야 한다. 그런데 5에 의해서 2의 전건이 참이 된다. 따라서 후건인 결론이 타당하게 도출된다.

<을의 추리 내용 분석(기호화)>
1. (∀x)Tx ∨ Ix
2. (∀x)(~Ix → ~Gx)
3. (∀x)((Ix & Cx) → Kx)
4. Gc
5. Pd
∴ Kc

4에 의해 2의 후건이 부정되어 Ix가 긍정된다. 그런데 이 정보만 가지고 3의 전건이 반드시 참이 되는 것은 아니기에 타당하지 못한 추리이다.

ㄱ. (O) 옳은 진술이다.
ㄴ. (O) Kb
을의 추리 1에서 Tx가 될 경우, 갑의 추리 6에서 Cb와 함께 갑의 추리 4의 전건을 충족시킨다. 따라서 후건이 긍정되어 Kb가 성립한다. 또한 을의 추리 1에서 Ix가 될 경우에도 갑의 추리 6 Cb와 함께 을의 추리 3의 전건을 긍정하여 후건인 Kb가 성립된다. 따라서 어떤 경우에도 Kb가 성립되기에 옳은 진술이다.
ㄷ. (O) ~Cd

1. ~Kd	을5, 갑2. 전건 긍정
2. ~Td ∨ ~Cd	1. 갑4. 후건 부정/드 모르간 법칙
3. ~Id ∨ ~Cd	1. 을3. 후건 부정/드 모르간 법칙
4. Td → ~Cd	2. 단순함언
5. Id → ~Cd	3. 단순함언
6. ~Td → Id	을1. 단순함언
7. ~Td → ~Cd	5. 6. 조건삼단논법
8. Cd → Td	7. 대우
9. Cd → ~Cd	4. 8. 조건삼단논법
10. ~Cd ∨ ~Cd	9. 단순함언
11. ~Cd	10. 항진법칙

05 ⑤ 난이도 중

(Lx: x는 변호사이다, Ax: x는 회계사이다, Mx: x는 경영학 전공자이다, Ux: x는 남자이다, Wx: x는 여자이다)

1. (∀x)[(Lx ∨ Ax) → Mx]
2. (∀x)[(Mx & Ux) → Lx]
3. (∀x)[(Mx & Wx) → ~Ax]
4. (∃x)(Ax & Lx)
5. [생략된 전제] (∀x)(Wx ∨ Ux)

① (O) ~(∃x)(Wx & Ax)

6. Ax → Mx	1. 보편 예화, 분리논법
7. Ax	4. 분리논법
8. Mx	6. 7. 긍정논법
9. Ax & Mx	7. 8. 연언논법
10. Ax → ~(Mx & Wx)	3. 보편 예화, 대우
11. Ax → (~Mx ∨ ~Wx)	10. 드 모르간 법칙
12. (Ax → ~Mx) ∨ (Ax → ~Wx)	11. 동치
13. (Ax → ~Wx)	9. 12. 선언논법
14. Wx → ~Ax	13. 대우
15. (∀x)(Wx → ~Ax)	14. 보편 일반화
16. ~(∃x)(Wx & Ax)	15. 양화적 동치

② (O) (∃x)(Ax & Ux)
  17. Wx ∨ Ux
  18. ~Wx → Ux
  19. Ax → Ux
  20. Ux
  21. Ax & Ux
  22. (∃x)(Ax & Ux)
③ (O) (∀x)(Ax → Lx)
  23. Ax → (Mx & Ux)
  24. (Mx & Ux) → Lx
  25. Ax → Lx
④ (O) (∀x)[(Ax & Lx) → Ux]
  26. (Ax → Ux) ∨ (Lx → Ux)
  27. (Ax & Lx) → Ux
  28. (∀x)[(Ax & Lx) → Ux]
⑤ (X) (∀x)[(Mx & Ux) → (Ax & Lx)]
  = [(Mx & Ux) → (Ax & Lx)]
  = [(Mx & Ux) → Ax] & [(Mx & Ux) → Lx]
  [(Mx & Ux) → Lx]: 24에 의해 참
  [(Mx & Ux) → Ax]에 대해서는 알 수 없음

5.	보편 예화
17.	단순함언
13. 18.	조건삼단논법
7. 19.	긍정논법
7. 20.	연언논법
17.	존재 일반화
6. 19.	결합
2.	보편 예화
23. 24.	조건삼단논법
19.	부가논법
26.	동치
27.	보편 일반화
	보편 예화
	분리논법

06 ⑤   난이도 중

(Ax: x는 취업을 한 학생이다, Bx: x는 졸업평점이 3.5 이상이다, Cx: x는 외국어 인증시험에 합격했다, Dx: x는 인턴 경력이 있는 학생이다, Ex: x는 취업박람회에 참가한 학생이다. k: 갑, e: 을, b: 병, j: 정, m: 무)
1. (∀x)[Ax → (Bx ∨ Cx)]
2. (∀x)(Dx → Ex)
3. (∀x)[(Bx & Ex) → Ax]
4. (∀x)[(Cx & Dx) → Ax]
① (X) Ek & Ak ⊢ Dk: 추론할 수 없다.
② (X) Ce & ~Ae ⊢ ~Ee: 추론할 수 없다.
  5. ~Ae   분리논법
  6. ~(Ce & De)   4. 5. 부정논법
  7. ~Ce ∨ ~De   6. 드 모르간 법칙
  8. Ce   분리논법
  9. ~De   7. 8. 선언논법
③ (X) Eb & Cb ⊢ Ab: 추론할 수 없다.
④ (X) ~Ej & Aj ⊢ Cj: 추론할 수 없다.
⑤ (O) Dm & Bm ⊢ Am: 추론할 수 있다.
  10. Dm   분리논법
  11. Em   2. 10. 긍정논법
  12. Bm   분리논법
  13. Bm & Em   11. 12. 연언논법
  14. Am   3. 13. 긍정논법

07 ③   난이도 중

주어진 사실을 정리하면 다음과 같다. (Wxy = x는 y를 감시한다.)
(1) 모든 A는 어떤 B를 감시한다. (∀a)(∃b)Wab
(2) 모든 B는 C 중 한 사람을 감시한다. (∀b)Wbc
(3) 어떤 C는 모든 A를 감시한다. (∃c)(∀a)Wca

<원리> W갑을, W을병 ⊢ W갑병
ㄱ. (O) 모든 A는 어떤 B를 감시하는데, 모든 B는 C 중 어느 한 사람을 감시한다. 따라서 모든 A는 C 중 한 사람을 감시한다.
  → (∀a)(∃c)Wac: (1)과 (2)에 의해 성립한다.
ㄴ. (X) 모든 B는 C 중 한 사람을 감시하는데, 어떤 C는 모든 A를 감시한다. 하지만 모든 B가 감시하는 C 중 한 사람이 (3)의 어떤 C와 동일인인지는 알 수 없다.
  → (∃b)(∀a)Wba: (2)에서의 특정한 c가 (3)에서의 어떤 c가 아닐 수 있다.
ㄷ. (O) 어떤 C는 모든 A를 감시하고, 모든 A는 어떤 B를 감시하기 때문에 어떤 C는 어떤 B를 감시한다.
  → (∃c)(∃b)Wcb: (3)과 (1)에 의해 참이다.

08 ③   난이도 중

(Bx: x는 사업가이다, Kx: x는 친절하다, Cx: x는 성격이 원만하다, Lx: x는 논리학자이다, Axy: x는 y를 좋아한다, Px: x는 철학자이다. a: 갑, b: 을, c: 병)
1. (∀x)(Bx → Kx)
2. (∀x)(~Cx → ~Kx)
3. (∀x)(∀y)[Lx → Axy(~Ky)]
4. (∀x)(∀x)[Axy(~Ky) → ~Kx]
5. (∃x)(Px & Lx)
ㄱ. (O) [(Ba ∨ La) & ~Ca] → Aay(∀y)(~Ky)
  6. Pa & La   5. 존재 예화
  7. La   6. 분리논법
  8. La → Aay[(∀y)~Ky]   3. 보편 예화
  9. Aay[(∀y)~Ky]   7. 8. 긍정논법
  갑이 논리학자인 경우, 갑은 친절하지 않은 모든 사람을 좋아하기 때문이다.
ㄴ. (O) Lb → (∃x)(Px & Axb)
  10. Pb & Lb   6. 존재 예화
  11. Pb   10. 분리논법
  12. Lb → Aby[(∀y)~Ky] 3. 보편 예화
  13. Aby(~Ky) → ~Kb   4. 보편 예화
  14. Lb → ~Kb   12. 13. 조건삼단논법
  15. Lb → Abb   14. 12. 보편 예화
  16. Lb   ㄴ. 주어진 조건
  17. Abb   15. 16. 긍정논법
  18. Pb & Abb   11. 18. 연언결합
  19. Px & Axb   18. 존재 일반화
  논리학자는 친절하지 않은 모든 사람을 좋아하고, 친절하지 않은 모든 사람을 좋아하는 사람은 모두 그 자신도 친절하지 않다. 따라서 논리학자는 친절하지 않은 사람이다. 그렇다면 논리학자는 친절하지 않은 자신도 좋아한다. 그런데 어떤 철학자는 논리학자이므로 철학자이면서 논리학자인 사람은 자신을 좋아한다.
ㄷ. (X) Kc → (~Bc ∨ ~Pc)
  알 수 없는 내용이다.

논리 지문

p.30

01	02	03	04	05
⑤	③	③	④	⑤
06	07	08	09	10
①	③	⑤	④	⑤

01 ⑤
난이도 중

(1) 논리적 관계
1. E는 H를 입증 ↔ H가 E를 논리적 함축
2. E는 H를 반증 ↔ H가 E의 부정을 논리적으로 함축
3. E는 H에 대해 중립 ↔ H가 E를 함축하지 않고 E의 부정도 함축하지 않음

(2) 확률적 관계
4. E가 H를 입증 ↔ E가 H의 확률을 증가시킴
5. E가 H를 반증 ↔ E가 H의 확률을 감소시킴
6. E가 H에 중립 ↔ E가 H의 확률을 변화시키지 않음

위 관계들은 서로 간에 쌍조건적 관계 즉, 동치가 성립한다. 만약 E가 H를 논리적으로 입증할 경우 E는 H를 논리적으로 반증하지 않고 중립도 아니다. E가 H를 논리적으로 반증하지 않는다면, H는 E의 부정을 함축하지 않는다. 또한 중립이 아니라면, H는 E를 함축하거나 E의 부정을 함축한다. 그런데 앞의 진술에서 H는 E의 부정을 함축하지 않기 때문에 H는 E를 함축한다. 이를 기호로 표시하면 다음과 같다.

1) E가 H 논리적 입증 → (¬E가 H를 논리적 반증 & ¬E는 H에 논리적 중립)
2) H가 E의 부정 함축 → E가 H를 논리적 반증(¬E가 H 논리적 반증 → ¬H가 E의 부정 함축) 대우
3) (¬H가 E 함축 & ¬H가 E의 부정 함축) → E는 H에 논리적 중립(= ¬E는 H에 논리적 중립 → (H가 E 함축 ∨ H가 E의 부정 함축)) 대우
4) E가 H 논리적 입증 [가정]
5) (¬E가 H를 논리적 반증 & ¬E는 H에 논리적 중립)   1), 4). 긍정논법
6) ¬E가 H를 논리적 반증   5). 분리논법
7) ¬H가 E의 부정 함축   2), 6). 대우, 긍정논법
8) ¬E는 H에 논리적 중립   5). 분리논법
9) (H가 E 함축 ∨ H가 E의 부정 함축)   3), 8) 대우. 긍정논법
10) H가 E 함축   7), 9). 선언논법

이와 같은 방식으로 다른 관계도 모두 쌍조건적 관계로 동치이다.

(3) 관계: H가 E를 논리적으로 함축한다면 E는 H의 확률을 증가시킨다. (역 성립 안 됨)

① (O) E가 H를 논리적으로 반증하지 않고 중립적이지도 않다면, E는 H를 입증한다. E가 H를 논리적으로 입증할 경우 H는 E를 논리적으로 함축한다.[1] 또한 H가 E를 논리적으로 함축한다면 E가 H의 확률을 증가시킨다.[3] 이에 따라 E는 H를 확률적으로 입증한다.[4] 따라서 E는 H에 확률적으로 중립적이지 않다.

② (O) E가 H를 논리적으로 입증한다면, H는 E를 논리적으로 함축한다.[1] 이에 따라 H는 E의 부정의 부정을 함축한다.[(H → ¬¬E)] 따라서 E의 부정은 H를 반증한다.[2]

③ (O) E가 H를 논리적으로 반증한다면 E의 부정은 H를 논리적으로 입증한다.[2] E의 부정이 H를 논리적으로 입증한다면 H는 E의 부정을 논리적으로 함축한다.[1] H가 E의 부정을 논리적으로 함축한다면 E의 부정은 H의 확률을 증가시킨다.[3] E의 부정이 H의 확률을 증가시키면 E의 부정은 H를 확률적으로 입증한다.[4]

④ (O) E가 H에 확률적으로 중립적이라면, E는 H의 확률을 변화시키지 않는다.[6] E가 H를 확률적으로 입증하지 못하면 E는 H의 확률을 증가시키지 못한다.[4] E가 H의 확률을 증가시키지 못하면 H는 E를 논리적으로 함축하지 않는다.[(3)] H가 E를 논리적으로 함축하지 못하면, E는 H를 논리적으로 입증하지 못한다.[1]

⑤ (X) E가 H를 확률적으로 입증하지 않는다면, E는 H의 확률을 증가시키지 못한다.[4] E가 H의 확률을 증가시키지 않는다면, H는 E를 논리적으로 함축하지 않는다.[(3)] H가 E를 논리적으로 함축하지 않는다면, E는 H를 입증하지 못한다.[1] 그런데 논리적으로 입증하지 못하면 논리적으로 반증하거나 중립적이다. 따라서 논리적으로 반증한다는 것이 도출되지 않는다.

02 ③
난이도 하

ㄱ. (O) 영우의 진술 ㉠과 경수의 진술 ㉡이 모두 참일 때에는 전건이 거짓이 되므로 옳은 진술이다.
ㄴ. (O) (가) 방식은 전건을 참이라 가정한 것이므로 영우가 참일 경우 경수의 진술 ㉡은 거짓이 된다.
ㄷ. (X) (가) 방식은 전건을 참이라 가정한 것이므로 ㉠과 ㉡ 중 최소한 하나는 참이 아니라고 판단할 것이다.

03 ③
난이도 상

ㄱ. (O) 네 번째 농부의 대답에서 '세상에는 큰 도시들이 있는데, 그런 곳에는 꼭 낙타들이 있다. 따라서 그 도시에는 확실히 낙타가 있을 것이다.'라는 논리적 추론이 있기 때문이다.
ㄴ. (X) 교수가 찾는 것은 논리적 추론으로, 진술의 실제 참 여부와는 관련이 없다.
ㄷ. (O) 교수의 가정적 전제에 대해 농부는 고려하지 않고 자신의 주장을 밝히고 있기에 옳은 진술이다.

04 ④
난이도 중

① (O) 광주발 제주행 항공편에 대한 사실은 증명할 수 없으므로, 열린 세계에서는 '결정불가능'으로 판정된다.
② (O) 광주발 부산행 항공편이 있다는 것은 부산발 광주행 항공편이 있다는 것이며, 이것은 부산과 광주가 항공편으로 연결된다는 것을 의미하므로 참으로 판정된다.
③ (O) 제주발 서울행이 있기 때문에 닫힌 세계를 가정하면 거짓으로 판정될 것이다.
④ (X) 제주와 서울, 제주와 부산이 항공편으로 연결되므로 거짓이다.
⑤ (O)
  1) 서울 ↔ 제주: 서울과 제주 항공편 연결됨
  2) 제주 ↔ 부산: 제주와 부산 항공편 연결됨
  3) 광주 ↔ 부산: 광주와 부산 항공편 연결됨
X와 Y 모두와 연결된 Z가 있으면 X와 Y 항공편으로 연결되므로 다음의 추론이 성립한다.
  4) 1) + 2) 서울과 부산 항공편 연결됨
  5) 2) + 3) 제주와 광주 항공편 연결됨
  6) 1) + 5) 서울과 광주 항공편 연결됨
결국 모든 도시가 항공편으로 연결되기에 주어진 진술은 거짓이 된다.

05 ⑤
난이도 상

ㄱ. (O) 마지막 논의에서 C가 일어나지 않았더라면 D가 일어나지 않았을 것이고, D가 일어나지 않았더라면 E가 일어나지 않았을 것이다. 따라서 (정의 2)에 의해 C부터 E까지 이르는 인과적 의존의 연쇄가 있기에 C가 E의 원인이라는 것이 따라 나온다.

ㄴ. (O) B는 실제로 일어나지 않았기에 (정의 1)의 조건을 충족하지 못한다. 따라서 어떤 사건도 B에 인과적으로 의존하지 않는다.

ㄷ. (O) ⓒ에 의해 (정의 1)의 의존한다는 조건을 성립하지 않는다. 따라서 'C가 E의 원인이라면 E는 C에 인과적으로 의존한다.'는 명제의 후건을 부정하여 전건이 부정되기에 ⓒ이 따라 나온다.

06 ①
난이도 중

ㄱ. (O) 지문에서 불가능세계는 세계가 개념적으로 불가능하게 될 수 있는 방식을 말하기에, 스포츠카를 판매하는 사람이 있는 불가능세계도 있을 수 있다.

ㄴ. (X) 철수가 둥근 사각형을 그리는 수많은 불가능세계 중 현실 세계와 가장 유사한 불가능세계에서 기하학자들이 놀란다면 (2)는 참이다. 하지만 (2)가 참이라고 해서 철수가 둥근 사각형을 그리는 모든 불가능세계에서 기하학자들이 놀라는지는 추론할 수 없다.

ㄷ. (X) 조건문에서 전건이 사실이 아닌 거짓인 경우 반사실문이라고 한다. 그런데 '만일 대한민국의 수도가 서울이라면 나는 억만장자일 것이다.'에서 전건인 '대한민국의 수도가 서울'이라는 문장은 참이기 때문에 반사실에 속하지 않는다. 또한 반가능문은 개념적으로 불가능한 상황을 의미하는데, 주어진 조건문의 전건은 개념적으로 가능하기 때문에 반가능문에 속하지 않는다.

07 ③
난이도 중

ㄱ. (O) ㉠은 '또는'이 포괄적 의미와 배타적 의미 두 가지 다른 종류의 의미를 표현한다는 입장이다. 그런데 사례에서 전자는 포괄적 선언으로 후자는 배타적 선언으로 사용된 것이므로 ㉠과 상충하지 않는다.

ㄴ. (O) ㉡에 따르면, 문자적 의미는 함의된 내용의 부정을 표현하는 문장을 원래 문장 뒤에 나열해도 두 문장 사이에 어떤 논리적 모순도 발생하지 않는다. '철수는 밥과 빵을 먹었다.'는 둘 모두를 먹었다는 것을 전달한다. 그렇기에 ㉡에 의하면, '철수는 밥과 빵을 먹었다. 그리고 철수는 빵을 먹지 않았다'에서 서로 간에 모순이 발생하지 않아야 한다. 그러나 이 경우에는 모순이 발생하기에 이러한 문자적 의미는 함의로서 전달할 수 없다.

ㄷ. (X) ㉢에 의하면 '또는'의 문자적 의미는 포괄적 의미일 뿐, 배타적 의미는 함의로서 전달되는 것이다. 따라서 <후식으로 커피와 녹차 모두를 드릴 수 있다>라는 내용은 문자적 의미에 포함되는 것이다.

08 ⑤
난이도 중

ㄱ. (O) 갑은 주제에 따라 상대적으로 참이거나 거짓이라고 주장한다. 따라서 주제 s에 대해서 p가 s-참이 아니라면 p가 s-거짓일 수 있으므로 부정하는 것은 아니다.

ㄴ. (O) 같은 논의 주제가 아닐 경우 논의 주제에 따라 서로 다른 진위 판단이 있을 수 있으므로 'p는 참이 아니라는 것은 참이 아니다.'가 을이 주장하듯 p는 참이라고 말할 수 없게 된다. 따라서 을의 주장은 약화된다.

ㄷ. (O) 을은 비록 같은 논의 주제가 아니라도 이가 원리에 의해 하나의 명제 p에 대한 판단을 할 수 있다는 것이므로, 사례로 든 논의 주제가 윤리가 아니라 예술에 관한 것이라 해도 동일한 결론이 도출된다.

09 ④
난이도 중

ㄱ. (X) 좁은 범위 해석에 의하면, 목적을 욕구하지 않을 경우 만족 여부를 논할 수 없다.

ㄴ. (O) 넓은 범위 해석에 의하면, 목적을 욕구하지 않는 것은 요구를 만족시키는 것이므로 옳은 추론이다.

ㄷ. (O) 좁은 범위 해석에 의하면, 목적을 욕구하면서 수단을 욕구하지 않거나 목적을 욕구하지 않는 두 가지 경우에 칸트의 격률을 위반하게 된다. 넓은 범위 해석은 목적을 욕구하면서 수단을 욕구하지 않는 경우에만 격률을 위반한다. 따라서 옳은 추론이다.

10 ⑤
난이도 상

ㄱ. (O) 갑은 '수철이가 희영이를 사랑한다'는 수철이가 희영이를 사랑하는 가능세계들의 집합을, '희영이가 수철이를 사랑한다'는 희영이가 수철이를 사랑하는 가능세계들의 집합을 표현하기에 서로 다른 명제를 표현한다고 판단할 것이다. 또한 을은 순서쌍으로 명제를 구분하므로 '수철이가 희영이를 사랑한다'는 <a, b, R>이 되며, '희영이가 수철이를 사랑한다'는 <b, a, R>가 되어 서로 다른 명제를 표현한다고 판단할 것이다.

ㄴ. (O) 갑에 의하면, 어떤 문장이 모든 가능세계에서 참이라면 그 문장이 표현하는 명제는 모든 가능세계들의 집합이다. 그런데 사례의 문장들은 모두 모순되는 내용으로 참인 가능세계들의 집합은 존재하지 않는다. 따라서 갑은 두 문장이 서로 다른 의미를 가지고 있다고 보지 않을 것이다. 결국 두 문장이 서로 다른 의미를 가지고 있다고 믿는 사람은 갑의 견해에 반대할 것이다.

ㄷ. (O) '샛별'과 '개밥바라기'가 같은 대상을 가리킨다고 할 때, 을은 주어는 동일한 대상이며 '아름답다'는 술어는 속성이 되어 같은 순서쌍으로 이해되는 동일한 명제가 된다. 그런데 이들이 다른 의미를 가지고 있다고 믿는다면 을의 견해에 반대하는 견해가 된다.

유형 02 | 귀납추론

p.35

01	02	03	04	05
②	②	③	④	③
06	07	08	09	10
④	①	③	①	④
11	12	13	14	15
②	②	④	①	②
16	17	18	19	20
②	③	②	⑤	⑤
21				
②				

01 ②
난이도 하

주어진 논증은 가설추론에 해당한다.
ㄱ, ㄹ. (X) 연역논증으로 긍정논법에 해당된다.
ㄴ, ㄷ. (O) 가설추론으로 지문의 추론과 동일한 방식이다.

02 ②
난이도 하

소수자에 대한 차별을 반대하기 위해, 소수와 다수의 공통된 속성들을 열거하고 있다. 그런 공통된 속성들에 의해, 다수가 존중받아야 하듯 소수도 존중받아야 한다는 결론을 이끌어낸다. 즉, 다른 속성들이 모두 공통되므로, 존중받아야 한다는 속성 역시 공통으로 갖고 있을 것이라고 주장하는 것이다. 이것은 전형적인 유비 추리의 형식이다.
① (X) 대부분의 경우로부터 특정한 경우를 추론해내는 가장 일반적인 귀납의 형태 중 하나이다. 그러나 유비 추리의 형식으로 볼 수는 없으므로 정답이 될 수 없다.
② (O) 남태평양의 원주민과 우리나라 사람들의 공통된 액땜 문화를 근거로, 우리나라에 있는 복을 부르는 상징물이 남태평양의 원주민 문화에도 있을 것이라고 생각하고 있다. 두 대상이 공통된 속성을 갖고 있음을 근거로, 한 대상이 가진 속성을 다른 대상도 갖고 있을 것이라고 추론하는 유비 추리의 형식이다.
③ (X) 후건 긍정의 형식을 가진 타당하지 않은 논증이다.
④ (X) 결론을 부정한 후 모순을 이끌어내는 귀류법의 형식이다.
⑤ (X) 원하는 결론을 전제로부터 논리적으로 이끌어내는 연역의 형식이다.

03 ③
난이도 중

밀(Mill)의 귀납법을 활용하여 추리하는 문항으로서 특히 일치법과 차이법을 중심으로 나타난 결과의 원인을 파악해야 한다. 이를 위해 나타난 사실을 도표로 정리하면 다음과 같다.

구분	버섯	술	악취 현상	미각 상실	백혈구 수치 저하
갑	생버섯 5g	O	O	O	O
을	삶은 버섯 5g	O	O	O	O
병	생버섯 5g	X	X	O	O

ㄱ. (O) 악취 현상은 갑과 을에게만 나타났다. 이는 갑과 을이 병과 다르게 술을 섭취하였기에 나타난 현상이다. 그러므로 악취 현상의 원인 물질 A가 알코올과 반응하여 나타난 증상임을 알 수 있다.
ㄴ. (O) 갑과 을, 병이 모두 버섯을 섭취하였다. 따라서 세 명의 공통 증상인 미각 상실과 백혈구 감소가 버섯에 의한 것임을 알 수 있다. 이때 버섯이 어떤 형태로 조리되었는가는 관계가 없다.
ㄷ. (X) 갑과 을, 병이 모두 버섯을 섭취하여 나타난 증상이 있으므로 물에 끓여서 먹은 을도 동일한 증상이 나타났다. 따라서 물에 끓인다고 해서 효과가 약화되지 않는다.

04 ④
난이도 중

이 문항은 밀의 귀납법을 활용하여 해결해야 한다. 우선 결과는 성능이므로 결과와 일치된 원인이 있어야 한다. 이는 원인 X가 있을 때에 결과 Y도 항상 나타난다는 일치법이 활용이 된다. 그리고 그 이외의 경우에는 그러한 결과가 발생해서는 안 된다. 이때 원인 X가 있고 없음에 따라 결과 Y의 유무도 달라진다는 차이법이 활용된다. 이를 기준으로 답지의 진술들을 적용하여 판단해야 한다.
① (X) 손잡이의 길이가 길 때 성능이 좋은 경우와 나쁜 경우가 모두 있으므로 단독으로 영향을 주지 않는다.
② (X) 프레임의 넓이가 넓을 때 성능이 좋은 경우와 나쁜 경우가 있으므로 단독으로 성능에 영향을 주지 않는다.
③ (X) 손잡이의 길이와 프레임의 재질이 동일하더라도 성능에 미치는 영향이 다를 수 있다. 예를 들어 길고 보론인 경우, 성능이 좋을 때도 있고 나쁠 때도 있다.
④ (O) 프레임의 넓이가 넓고 프레임의 재질이 보론일 때에만 성능이 좋게 나타나기에 일치된 결과가 나타난다. 또한 이와 다른 경우에는 성능이 나쁘게 나타난다. 이는 넓고 보론일 경우와 그렇지 않은 경우에 따라 성능이 다르게 나타나는 것으로 차이법에 의해 원인임을 또한 확인할 수 있다. 결국 일치차이 병용법으로 원인임을 알 수 있다.
⑤ (X) 네 가지의 변인은 모두 두 가지 속성을 지니고 있기에 이들의 조합으로 알 수 있는 모든 경우는 16가지이다. 지문에서는 이 모든 경우가 제시되어 있으며, ④를 통해 영향의 원인을 알 수 있으므로 틀린 진술이다.

05 ③
난이도 상

ㄱ은 일치법, ㄴ은 차이법, ㄷ은 공변법에 대한 설명이다.
(가) 일란성 쌍생아의 경우 유전적으로 동일하지만, 이란성 쌍생아의 경우 유전적으로 상이하다. 하지만 쌍생아들의 환경적 측면은 동일하다. 따라서 이들의 범죄성 일치율은 유전적 요인의 차이에서 기인한 것이라고 할 수 있다. 이를 정리하면 다음과 같다.

구분	유전적 요인	환경적 요인	범죄성 일치율
일란성	O	O	40%
이란성	X	O	10%

결국 (가)는 밀의 차이법에 해당한다.

(나) 유전적 요인의 차이는 생부의 범죄 기록 유무이며, 환경적 요인의 차이는 양부의 범죄 기록 유무이다. 그래서 유전적 요인의 차이를 확인하기 위해 양부의 범죄 유무를 동일하게 설정하고 생부의 범죄 유무 차이만 확인하는 것이다. 결국 (나)는 차이법을 사용하여 추리한 것이다.

구분	유전적 요인 (생부 범죄 유무)	환경적 요인 (양부 범죄 유무)	범죄성 일치율
입양아 범죄율	O	O	40%
입양아 범죄율	X	O	15%

구분	유전적 요인 (생부 범죄 유무)	환경적 요인 (양부 범죄 유무)	범죄성 일치율
입양아 범죄율	O	X	35%
입양아 범죄율	X	X	10%

06 ④
난이도 중

지문의 정보에서 철수와 영희의 가설은 소낙비가 내리는 현상을 두고, 영희는 비가 거세게 내리면서 지붕을 때린다고 했으므로 이는 가설 B에서 종이 한 장을 보고 종이 한 장이 놓여 있다고 말한 것과 맥락이 같다. 한편 철수는 도깨비가 옥수수를 볶고 있다고 말하고 있는데, 이는 가설 C에서 종이 한 장을 보고 악마가 그렇게 보이도록 했다는 맥락과 같다. 이를 정리하면 다음과 같다.

구분	설명도	개연성
가설 A	A < B	A < B
가설 B(영희)	B ÷ C	C < B
가설 C(철수)		

① (X) 철수의 가설은 가설 C와 동일한 유형이며, 영희는 가설 B와 동일하다. 그런데 가설 B가 C보다 개연성이 높으므로, 영희의 가설이 철수의 가설보다 개연성이 높다.
② (X) 가설 B와 C는 설명력의 우위를 판단할 수 없으므로, 철수와 영희의 설명도 차이 또한 판단하기 어렵다.
③ (X) 가설 A는 B보다 설명도가 낮다고 밝히고 있다. 한편 가설 B와 C는 설명도 차이를 판단할 수 없다고 했으므로, 가설 C는 A보다 설명도가 높게 된다.
④ (O) 마지막 단락에서 언급하듯, B가 A보다 긍정명제에서 높았기 때문에 부정명제에서는 A가 B보다 높게 된다.
⑤ (X) 가설 C가 A보다 설명도가 높으므로, 이들의 부정명제에서는 A가 C보다 설명도가 더 높다.

07 ①
난이도 중

우선 지문으로부터 사실 정보를 정리하고 추리할 필요가 있다. 그리고 이를 그림을 통해 확인하여 매칭시켜야 한다. 주어진 정보와 추리된 내용은 다음과 같다.
1) 십자가 묘표 사용 묘의 비율: 가톨릭교 > 개신교
2) 동향으로 묘 쓰는 비율: 개신교 > 가톨릭교
3) M강 연안: 가톨릭교 → 흑인 가톨릭교 군 전체로 퍼져나감
4) 동부로 이주한 백인 개신교 → 흑인 개신교 증가
5) M강 연안 흑인 개신교: 가톨릭 관습 따름
6) M강 연안 흑인 개신교 → 십자가 묘표 사용: 2), 5)에 의해 추리
결국 가톨릭교도들은 십자가 묘표를 많이 사용하며, 백인 개신교도들은 동향 묘의 비중이 높은 반면, M강 연안의 흑인 개신교도들은 동향 묘 비중도 높고, 십자가 묘표도 많이 사용한다는 사실을 알 수 있다.

<그림> 분석을 해보면 다음과 같다.
1) 십자가 묘표를 사용한 묘의 비율

구분	50% 초과	10~50%	0~10%	총합
A(○)	6(중부)	4(북중부)	없음	10
B(☆)	없음	4(북부)	6(북동부)	10
C(△)	6(M강 연안)	6(M강 연안, 중부, 북부)	1(북동부)	13
혼재(◇)	없음	1(중서부)	2(중남부)	3

십자가 묘표는 가톨릭교가 많이 사용하며, 6)의 진술에 의해 M강 연안 흑인 개신교도 사용함을 알 수 있다. 그러므로 가톨릭교가 될 수 있는 것은 A와 C이며, 흑인 개신교도 C가 될 수 있다. 반면 B는 가톨릭교가 아니다.

2) 동향으로 매장한 묘의 비율

구분	50% 초과	10~50%	0~10%	총합
A(○)	1	2(중부, 북동부)	7(M강 연안, 중서부, 동부)	10
B(☆)	6(북동부)	3(북중부)	1(북서부)	10
C(△)	6(북동, 북서, 중서, M강 연안)	3(M강 연안)	4(M강 연안)	13
혼재(◇)	없음	3(M강 연안, 중서부)	없음	3

동향 매장은 개신교가 가톨릭교보다 많다. 따라서 B와 C가 개신교이며, A는 가톨릭교이다.
따라서 1)과 2)의 분석 결과 A는 가톨릭교이며, C는 흑인 개신교, B는 백인 개신교임을 알 수 있다.

08 ③
난이도 중

지문에서는 인과관계에 대한 두 가지의 해석이 나타난다. 직관적 판단에 의한 ⓐ 진술과 <인과 이론>에 의한 ⓑ 진술이 그것이다. 두 진술은 원인과 결과를 서로 상반되게 설정하고 있다. 그 이유는 서로 기준이 다르기 때문이다. ⓐ는 A가 B의 원인일 때에, 'A가 나타나면 B도 나타난다'는 충분조건으로서 원인 분석을 하고 있다. 한편 ⓑ는 'A가 나타나지 않으면 B도 나타나지 않는다'는 필요조건으로서 원인 분석을 하고 있다. 이러한 기준을 찾아서 <보기>의 진술들을 분석해야 한다. 주의할 점은 <보기>의 ㄷ에서 힘을 가하는 사건과 낙하하는 사건을 구분하여 그에 따른 분석을 요구하고 있다는 것이다. 이는 낙하에 대한 진술에 힘을 가하는 사건을 고려하지 말고 추론하라는 의미이다.

ㄱ. (O) ⓐ 진술은 'S_1의 낙하가 S_2 낙하의 원인이다'라는 것이다. <인과 이론>은 조건문에서 전건을 부정하는 형식을 취할 경우 후건도 부정된다는 것이므로 'S_1이 낙하하지 않았다면 S_2 역시 낙하하지 않았을 것이다'로 적용된다.
ㄴ. (O) 시간적 선후 관계 안에서 옳은 진술이다. 낙하의 결과를 고려할 때에 S_2가 먼저 낙하하기 때문이다.
ㄷ. (X) 힘을 가하는 사건을 낙하 사건과 구분할 경우, ⓐ와 ⓑ 진술은 모두 낙하에 관한 것이므로 'S_2가 낙하하고, 그래서 S_1이 낙하한다'만을 고려해야 한다. 이 경우 S_2의 낙하가 S_1의 낙하의 원인이 되므로 ⓐ는 옳지 않으며 ⓑ는 옳은 판단이다.

09 ①   난이도 상

1) A는 B와 긍정적 상관관계
   : A 중에 B일 확률이 A가 아닌 것 중에 B일 확률보다 높음
   = B 중에 A일 확률이 B가 아닌 것 중에 A일 확률보다 높음
2) A는 B와 부정적 상관관계
   : A 중에 B일 확률이 A가 아닌 것 중에 B일 확률보다 낮음
   = B 중에 A일 확률이 B가 아닌 것 중에 A일 확률보다 낮음
3) 직접적인 인과 관계가 없을 때에도 상관관계를 가질 수 있으며, 인과 관계가 있어도 긍정적 상관관계가 없을 수 있다.

ㄱ. (O) 상관관계는 대칭적이다. 따라서 역방향의 상관관계도 성립하므로, 흡연이 비만과 부정적으로 상관되어 있다면 비만도 흡연과 부정적 상관관계를 가진다. 그러므로 비만인 사람 중 흡연자의 비율이 비만이 아닌 사람 중 흡연자의 비율보다 작다.

ㄴ. (X) 흡연과 비만 사이에 긍정적 상관관계가 있다면 그 역방향의 상관관계도 성립한다. 따라서 비만인 사람 중 흡연자의 비율이 비만이 아닌 사람 중 흡연자의 비율보다 크다. 하지만 비만인 사람 중 흡연자의 수가 비흡연자의 수보다 많은지 여부에 대해서는 알 수 없다. 예를 들어 비만인 사람 중 흡연자의 비율이 10%이고 비만이 아닌 사람 중 흡연자의 비율이 5%라면 비만은 흡연과 긍정적 상관관계를 가진다. 그런데 이 경우 비만인 사람 중 비흡연자의 비율이 90%가 되어 비흡연자의 수가 흡연자의 수보다 많다. 그러나 긍정적 상관관계는 나타나기 때문에 옳지 않은 진술이다.

ㄷ. (X) 지문에서는 직접적인 인과 관계가 없을 때에도 상관관계를 가질 수 있다고 서술하고 있다. 또한 인과 관계가 있어도 긍정적 상관관계가 없을 수 있다. 그러므로 흡연이 고혈압의 원인이라 해도 이들의 긍정적 상관관계를 알 수 없기에 흡연과 심장 발작 사이에 긍정적 상관관계가 있는지 여부를 판단할 수 없다. 이들 간의 관계를 도식적으로 나타내면 다음과 같다.

```
        흡연(원인)
[인과 관계] ╱
        고혈압(결과) ─── 심장 발작
                [긍정적 상관관계]
```

10 ④   난이도 하

① (X) 예측 자체를 할 수 있다고 해도 제시문의 견해를 비판하지는 못한다. 정확한 예측을 할 수 있다는 진술이 있어야 비판이 되기 때문이다.
② (X) 필자의 견해는 음모론이 결국 정당한 근거를 가지지 못하는 가설이라는 것이므로, 다른 아름다운 가설들의 개연적 설명력은 이에 대한 비판이 될 수 없다.
③ (X) 어떤 과학적 추론이 이론적 아름다움을 이유로 일부 과학자들에게 채택되었다는 사실은 지문에서의 필자의 논점에서 벗어나 있다. 이는 무관한 진술로 필자의 견해를 비판하는 논거가 될 수 없다.
④ (O) 필자는 음모론이 높은 설명력에도 불구하고 복잡하고 비정합적이기에 과학적 근거를 가질 수 없다고 지적한다. 그런데 음모론처럼 높은 설명력과 복잡성에도 불구하고 후속 연구의 결과를 통해 아름다운 가설이 될 수 있음을 보여줄 경우, 미래 증거에 대해 설명을 제공할 수 있기에 제시문의 견해에 대한 반박의 근거가 된다.
⑤ (X) 쟁점을 벗어나 있다. 음모론 속 가설에 대한 믿음에 대한 논의는 지문과 무관하다. 논의 대상은 음모론 속 가설에 대한 정당성에 있다.

11 ②   난이도 상

갑과 을은 어떤 것에 대한 아무 정보가 없는 경우, 확률 결정에 있어서 서로 다른 견해를 지니고 있다.
• 갑: 동일한 확률을 부가하여 판단
• 을: 최댓값과 최솟값으로 확률 판단

<사례>를 정리하면 다음과 같다.
1) 총 구슬 개수: 100개
2) 붉은색 50개 + (흰색 + 검은색 = 50개) = 100개
3) 나무 또는 금속
4) 흰색 = 나무(1/2) + 금속(1/2)

우선 갑에 의하면, 모든 값은 동일한 확률로 나타나므로 다음과 같이 추정하게 된다.

구분	붉은색	흰색	검은색
나무(50)	25	12.5	12.5
금속(50)	25	12.5	12.5
합	50	25	25

한편 을은 확률을 최솟값과 최댓값으로 파악하므로 다음과 같다. (단, 괄호 안의 앞의 숫자는 최솟값, 뒤의 숫자는 최댓값임)

구분	붉은색	흰색	검은색
나무	(0, 50)	(0, 25)	(0, 50)
금속	(0, 50)	(0, 25)	(0, 50)
합	50	(0, 50)	(0, 50)

ㄱ. (X) 갑은 12.5, 을은 0보다 크고 25보다 작다고 말할 것이므로 동일한 값을 부여한다고 말할 수 없다.

ㄴ. (O) 붉은색 구슬이 뽑힐 확률은 주어진 정보로부터 50이다. 그런데 흰색이 아닌 구슬은 붉은색과 검은색이 뽑힐 확률이므로, 갑은 75라고 추리할 것이다. 갑은 흰색이 25라고 추리하기 때문이다. 한편 을은 흰색이 아닌 구슬 중 검은색이 뽑힐 확률을 최대 50에서 최소 0으로 보기 때문에 붉은색이 뽑힐 확률과 더하면, 최소 50에서 최대 100이 된다. 따라서 옳은 진술이다.

ㄷ. (X) 나무로 된 구슬이 모두 흰색일 경우, 붉은색과 검은색 구슬은 모두 금속이 된다. 하지만 이 정보로는 흰색과 검은색의 비율을 알 수 없다. 이를 정리하면 다음과 같다.

갑	붉은색	흰색	검은색
나무	0	12.5	0
금속	50	12.5	25
합	50	25	25

을	붉은색	흰색	검은색
나무	0	(0, 25)	0
금속	50	(0, 25)	(0, 50)
합	50	(0, 50)	(0, 50)

따라서 갑은 확률이 동일하다는 기존 입장을 유지할 것이다. 하지만 을은 흰색과 검은색이 뽑힐 확률은 최솟값 0, 최댓값 50일 뿐이므로 흰색 구슬이 뽑힐 확률이 검은색 구슬이 뽑힐 확률보다 작지 않다는 것에 동의하지 않을 것이다.

12 ② 난이도 상

① (O) 정보의 양은 놀라움의 정도에 비례할 뿐, 사건의 내용과는 무관하다. 따라서 정보의 양이 서로 같다 하더라도 관찰한 사건은 다를 수 있다.
② (X) 확률은 예측에 비례하며 예측의 정도는 놀라움의 정도에 반비례한다. 따라서 놀라움의 정도는 확률에 반비례한다. 하지만 놀라움의 정도 차이도 확률의 차이에 반비례하는지는 알 수 없다. 예를 들어 A사건의 놀라움의 정도가 90, B사건의 놀라움의 정도가 20이라고 하면 A와 B의 놀라움의 정도의 차이는 70이다. 이때 A사건에 부여했던 확률은 놀라움의 정도와 반비례하므로 10, B사건의 확률은 마찬가지로 반비례하므로 80이 될 수 있다. 이 경우에도 확률의 차이는 70으로 놀라움의 정도의 차이와 동일할 수 있다. 따라서 반비례라고 말할 수 없다.
③ (O) 사건이 발생하거나 발생하지 않았을 때의 확률의 합은 1(100%)이다. 그런데 정보의 양과 놀라움의 정도는 비례하고 놀라움의 정도와 예측의 정도는 반비례하며, 예측의 정도는 확률과 비례하므로 정보의 양과 확률은 반비례한다. 그런데 사건이 발생하거나 발생하지 않으므로 각각의 사건에서 획득되는 정보의 양은 반비례한다.
④ (O) 필연적으로 사건이 발생할 것으로 예측하였고, 그 예측대로 사건이 발생하였기에 놀라움의 정도는 예측의 정도와 반비례한다는 것을 고려하면 놀라움의 정도는 최소가 된다. 또한 놀라움의 정도와 정보의 양은 비례하므로 정보의 양도 최소가 된다.
⑤ (O) 확률의 정도와 예측의 정도는 비례하며, 예측의 정도와 놀라움의 정도는 반비례한다. 따라서 서로 다른 확률을 부여할 경우 놀라움의 정도는 서로 다르다.

13 ④ 난이도 중

ㄱ. (X) 대조 사례가 되기 위해서는 유전자를 가지고 조현병에 걸린 사례와 유전자를 가지지 않고 조현병에 걸리지 않은 사례가 있어야 한다. 그러나 일란성 쌍둥이의 경우 이러한 사례에 해당되지 않는다.
ㄴ. (O) 조건 1)을 충족시키기 위해 옳은 진술이다.
ㄷ. (O) 조건 2)와 3)에 의해 "저탄수화물 식단이 체중 감소를 야기한다."는 것에 있어서 저탄수화물 식단보다 체중 감소를 더 잘 설명하는 가설은 없어야 한다. 따라서 체중 감소가 저탄수화물 식단이 아닌 총 식사량의 감소에 의해 더 잘 설명되어서는 않아야 한다.

14 ① 난이도 하

세 가지 견해를 정리하면 다음과 같다.
- 갑: 원인이 되기 위해서는 존재하는 것이어야 한다.
- 을: 원인이 일어나지 않았다면 결과도 일어나지 않았을 것이다.
- 병: 어떤 사건이 일어난 시점 이후에 다른 사건이 일어나는 경우에만 원인이 되며, 경험할 수 있는 것을 토대로 해야 한다.

ㄱ. (O) 존재하지 않는 것이 원인일 수 없다는 갑의 견해에 해당한다.
ㄴ. (X) B의 행위가 없었다 해도 C의 행위로 인해 물통이 없게 되므로 A의 죽음은 일어났을 것이며, C의 행위가 없었다 해도 B의 행위로 인해 A의 죽음은 일어났을 것이다. 따라서 각각의 행위는 을에 의할 때에 원인이라 볼 수 없다.
ㄷ. (X) 병의 견해는 어떤 사건이 일어난 시점 이후에 다른 사건이 일어나야 하는데, 그렇다 해도 단순한 선후관계만으로 원인이라고 단정할 수 없다는 견해이다. 따라서 B의 행위가 A 사망의 원인이라 할 수 없다.

15 ② 난이도 하

ㄱ. (X) 초대형교회부터 소형교회까지 포함된 명단을 표본으로 하고, 초대형교회든 소형교회든 뽑힐 확률이 동일하기에 대표성이 높다고 할 수 없다. 대형교회의 교인이 소형교회의 교인보다 추출확률이 작기에 전국의 모든 기독교인들이 뽑힐 확률이 동일하지 않기 때문이다.
ㄴ. (X) 지문에서 밝히듯 교회의 구성원들은 동질성이 높기 때문에 적은 수로도 대표성이 높을 수 있다. 따라서 교회의 수를 늘리고 신도의 수를 줄이는 것이 교회의 수를 줄이고 신도의 수를 늘리는 것보다 대표성을 높일 수 있는 방안이 된다.
ㄷ. (O) 초대형교회에는 신도의 수가 많고 소형교회에는 신도의 수가 적기 때문에 이를 고려하기 위해서는 교인 수에 비례하여 교회가 뽑힐 확률을 정하는 것이 적절하다.

16 ② 난이도 하

① (O) 경쟁가설 집합에서 어떤 가설에 대해 부정적 증거라면 어떤 다른 가설에는 긍정적 증거가 되어야 한다. 세 개 가설이 모두에게 부정적 증거가 되어 가설들 모두의 확률을 낮추게 되면, 경쟁가설들의 합이 1이 될 수 없기 때문이다.
② (X) 한 가설의 확률을 1로 높일 경우, 그 가설에 대해서 긍정적 증거가 되며 다른 가설들의 확률은 0이 된다. 따라서 다른 가설에는 중립적 증거가 될 수 없다.
③ (O) 경쟁가설 집합에서 하나의 가설에 긍정적인 자료는 그 가설의 확률을 높인다. 그런데 경쟁가설 집합 내의 가설들의 합은 1이 되어야 해 다른 가설의 확률을 반드시 낮출 수밖에 없으므로 적어도 하나의 가설에 대해 부정적 증거가 된다.
④ (O) 경쟁가설의 집합의 크기는 다양할 수 있다.
⑤ (O) 세 개의 경쟁가설로 이루어진 집합에서 두 개의 가설에는 중립적이며 나머지 하나의 확률만 변화시키는 자료는 있을 수 없다. 하나의 가설 확률이 변화하는 경우 전체의 합이 1이어야 하기에 적어도 다른 하나의 가설 확률은 반드시 변해야 하기 때문이다.

17 ③   난이도 상

1) 겸손한 빈도가설: '자신 이외에 다른 가설들도 참일 수 있다.'라고 판단하는 가설
2) 겸손하지 않은 빈도가설: '자신 이외에 어떤 다른 빈도가설도 참일 수 없다.'라고 판단하는 가설
3) 포용력 있는 빈도가설: '겸손하지 않은 가설들 각각에 대해서 그 가설들이 참일 수 있다.'라고 판단하는 가설

① (X) 포용력 있는 빈도가설은 가설들 각각이 참일 수 있다고 판단한다. 따라서 이러한 빈도가설은 자신 이외의 가설에 참을 부여하지 않는 겸손하지 않은 빈도가설이 될 수 없다.
② (X) 빈도가설-0과 빈도가설-4는 자신만이 옳다는 겸손하지 않은 빈도가설이다. 따라서 이들은 각기 자신의 참일 확률을 1로 하고 서로의 참일 확률을 0으로 인정하지 않기에 모든 빈도가설들에 의해 참일 수 있다고 판단되는 빈도가설은 있을 수 없다.
③ (O) 자신을 포함하기 때문에 겸손하지 않은 빈도가설은 자신 이외의 가설에는 0의 확률을 부여할 것이며 자신에 대해서는 1의 확률을 부여할 것이다. 하지만 다른 빈도가설들은 다른 가설에 대해서도 0보다 큰 확률을 부여하기에, 모든 빈도가설에 의해 동일한 확률을 부여 받는 빈도가설은 있을 수 없다.
④ (X) 겸손하지 않은 빈도가설은 포용력 있는 빈도가설이 될 수 없기에 옳지 않다.
⑤ (X) 겸손한 빈도가설들은 자신에게 가장 큰 확률을 부여할 것이다.

18 ②   난이도 중

ㄱ. (X) D → (α & β), (α & β) → D: D를 앓는 모든 환자는 조건 1에 의해 α와 β의 보균자가 된다. 그러나 α의 보균자라고 해서 반드시 D가 발생하는 것은 아니며, β의 보균자라고 해서 반드시 D가 발생한다고 할 수도 없다.
  1) 내용적으로는 D를 앓는 모든 환자에서 α나 β 중 적어도 하나는 검출된다는 것으로 이는 D를 앓는 환자 중 일부는 α, 일부는 β를 보균하고 있다는 것도 의미하기에, D를 앓는 모든 환자가 α를 보균하거나 D를 앓는 모든 환자가 β를 보균한다고 추론할 수 없기 때문에 타당하지 않은 진술이다.
  2) 기호화를 통해 파악하면 다음과 같다.
- 전건: (∀x)(Dx → (αx ∨ βx))
- 후건: (∀x)(Dx → αx) ∨ (∀y)(Dy → βy)

그러나 전건으로부터 후건을 도출할 수 없기에 ㄱ은 적절하지 않다.

ㄴ. (O) D → ~(α & β) = D → (~α ∨ ~β): D를 앓는 환자에게서는 최대 둘 중 하나의 조건만 만족할 수 있다.

ㄷ. (X) D → (α ∨ β): D를 앓는 환자들은 둘 중 적어도 하나가 검출될 뿐이다. 이에 따라 D를 앓는 환자 중에 어느 하나의 보균자만 가지는 사람이 있을 수 있다. 따라서 D를 앓는다고 해서 α 보균자라고 확정할 수 없으며, D를 앓는다고 해서 β 보균자라고 확실하게 말할 수도 없다.

19 ⑤   난이도 상

① (X) [2문단] 사건 A가 원인이 되는 사건 X가 있을 때에 X가 원인이 되어 B가 발생할 수 있다. 예를 들어 비가 와서(사건 A) 땅이 젖었으며(X), 땅이 젖게 되어 그 땅을 딛고 있는 나의 발이 젖었다(B)고 할 때에, 땅이 젖는다는 사건 X의 조건 아래에서는 두 사건 A와 B는 서로 독립적인 사건이다. 따라서 인과적으로 매개하는 사건 X는 A와 B의 상관관계를 지울 수 있다.
② (X) [3문단] 역명제로 옳지 않다. X와 Y의 공통 원인 A가 있을 때에 A는 두 사건 X와 Y 사이의 상관관계를 지운다. 그러나 상관관계를 지우는 사건이 있다고 해서 공통 원인이 존재하는 것은 아니다. 지문의 첫 번째 사례의 경우처럼 연쇄적인 인과에서도 나타나기 때문이다.
③ (X) [2문단] 사건 X가 사건 Y의 원인이고 사건 Y는 사건 Z의 원인이라면, X라는 조건이 아니라, Y라는 조건 아래에서 X와 Z는 서로 독립적인 사건이 된다.
④ (X) [3문단] 역명제로 옳지 않다. 지문에서는 공통 원인 X가 그 결과인 Y와 Z가 있을 때에 Y와 Z는 독립적인 사건임을 밝히고 있다. 그런데 2개의 원인이 되는 사건들의 관계에 대해서는 추론할 수 없다.
⑤ (O) [4문단] X가 원인이며 이로부터 사건 Z가 결과가 된다. 그리고 W는 사건 Z의 결과가 아니다. 따라서 사건 Z의 원인인 X는 사건 Z와 이 Z의 결과가 아닌 사건 W 간의 상관관계를 지운다.

20 ⑤   난이도 중

ㄱ. (O) 갑2가 말하는 ㉠은 개의 털에 반사되어 망막으로 들어와 형성된 것으로 개 전체가 아니라 일부라 가정하더라도 동일한 결론이 도출된다.
ㄴ. (O) 을2는 개를 보고 d-양식이 나타나고 그로 인해 개-생각이 야기된다는 것으로부터 개-생각은 개로부터 야기된다는 주장이다. 따라서 인과적 연쇄를 통한 인과를 의미하므로 옳은 분석이다.
ㄷ. (O) 갑2와 갑3은 을1의 견해를 수용할 때에 나타나는 귀결이 을이 말하는 것처럼 개-생각이 아닌, 각각 d-양식, 개-또는-양이 된다는 주장으로 옳은 판단이다.

21 ②   난이도 중

ㄱ. (X) <가설>에서 말하는 증거에 근거할 때 책임이 있다는 것은 증언 Y에 해당한다. 따라서 X만 제시된 집단 1의 원고 승소 평결율이 X와 Y 모두를 제시한 집단 2보다 낮더라도 <가설>이 약화되지 않는다.
ㄴ. (O) 주관적 확률이 동일하더라도 증거에 근거한 원고 승소 평결률이 더 높다는 것이 <가설>이므로 옳은 판단이다.
ㄷ. (X) 회색 버스는 G회사이므로 X의 B회사의 책임에 대한 주관적 확률이 그대로 적용되기 어려운 증언이다. 그런데 집단 2는 이러한 X 증언을 근거로 원고 책임을 주장하므로 원고 승소 평결률은 집단 1보다 더 낮아질 수 있다. 따라서 <가설>이 약화되는 것은 아니다.

PART 01 추리 영역
02 언어 추리 정답 및 해설

유형 01 | 법·규범학

법·규범 적용

p.50

01	02	03	04	05
①	④	③	⑤	②
06	07	08	09	10
②	③	③	③	①
11	12	13	14	15
④	①	④	②	⑤
16	17	18	19	20
③	⑤	④	⑤	③
21	22	23	24	25
⑤	③	②	④	⑤
26	27	28	29	30
②	①	②	②	②
31	32	33	34	35
③	④	②	③	①
36	37	38	39	40
⑤	③	③	⑤	⑤
41	42	43	44	45
①	②	②	③	④
46	47	48	49	50
④	④	⑤	①	①
51	52	53	54	55
④	④	②	②	③
56	57	58	59	60
③	①	⑤	②	⑤
61	62	63	64	65
②	④	①	③	⑤
66	67	68	69	70
④	②	①	④	①
71	72	73	74	75
①	⑤	③	①	②
76	77	78	79	80
④	⑤	④	③	②
81	82	83	84	85
⑤	②	①	⑤	②
86	87	88	89	90
③	④	②	③	②
91	91	93		
②	⑤	②		

01 ①
난이도 중

답지에 나타난 사항들이 세 사람에게 모두 해당하는지 여부를 판단해야 하며, 어느 한 사람이라도 선지의 내용을 확인할 수 없을 경우 공통된 A 조항이라고 할 수 없다. 갑의 진술에서 우리는 A 조항이 적어도 살해에 관련된 내용임을 파악할 수 있다. 또한 을의 진술에서 A 조항에 사형이 포함됨을 알 수 있고, 병의 진술에서 A 조항이 지휘 명령권을 가진 자를 살해한 범행에 대한 조항임을 알 수 있다. 단, 적전인지 여부에 대해서는 갑이 적전이 아닌 경우의 개정을 주장하며, 병은 적전에서 상관 살해에 대한 적용을 주장하나, 을은 이에 대한 언급이 없기에 적전 여부를 공통 화제라고 파악할 수는 없다.

① (O) 갑, 을, 병 모두에게 해당되는 공통적인 사항으로 정답이다.
② (X) 무기나 5년 이상의 징역에 대해서는 알 수 없다.
③ (X) 적전이 아닌 경우를 구별하기에 옳지 않다.
④ (X) 적전을 구별하고 있으며, 상관의 신체를 상해하여 사망에 이르게 한 경우가 아닌 살해의 경우이기에 해당되지 않는다.
⑤ (X) 적전이 아닌 경우나 적전의 경우를 구별하는 것이 옳지 않으며, 무기 징역에 대한 내용도 알 수 없다.

02 ④
난이도 하

ㄱ. (X) 지문의 조건을 볼 때에 국가 비상시와 같은 예외적인 규정은 설정할 수 없다. 그에 따른 근거가 될 만한 합의 사실이 없기 때문이다.
ㄴ. (O) 두 번째 합의 조항에서 의약품의 명칭 및 예정 수량에 대한 설명을 제공할 의무에는 필요로 하는 의약품의 범위 및 기간이 포함될 수 있으며, 세 번째 합의 조항에서 표시 명시 조건에 의약품 외관상 구분 가능한 포장, 명시가 포함될 수 있다.
ㄷ. (O) 첫 번째 합의 조항에서 수입국은 의약품 생산 능력이 결여되어 있는 개발도상국이어야 한다. 따라서 이 내용이 반영된 규정이다.

03 ③   난이도 하

지문의 원칙은 진정한 의사가 없는 거래는 원칙적으로 무효이지만, 만약 이 사실을 모르는 제3자가 개입되었을 경우 제3자에 피해가 가지 않게 한다는 것이다. 따라서 병이 거짓 거래에 관계됐더라도 병과의 관계는 이와 상관없는 새로운 관계가 된다. 여기서 나타난 <보기>의 사례들은 모두 대법원 판결에 기초한 것이다.

ㄱ. (O) A와 B는 허위로 인한 거래였으며, C는 이 사실을 모르는 제3자로 새로운 이해관계를 맺었으므로 병에 해당한다.
ㄴ. (O) A와 B의 허위 관계를 모르는 C가 보증인으로서 새로운 거래를 하였기에 병에 해당한다.
ㄷ. (X) C는 A와 B의 허위 관계 그 자체로부터 이루어진 손해 배상 청구권을 양도받았을 뿐 새로운 금전적 이해관계가 생긴 것은 아니기에 병에 해당하지 않는다. 또한 B가 A와 B 거래의 허위성을 토대로 D에게 토지를 양도했기에 병에 해당하는 사람은 D이다.

04 ⑤   난이도 하

주의할 점은 규정에서 '권리'의 주체 및 대상이 무엇인지 확인해야 한다는 것이다. (가) 규정에서 '권리'의 주체는 현재 배우자 관계에 있다. 한편 (나)에서 대상은 '배우자로부터 들은 내용'이다.

ㄱ. (O) A와 B가 결혼관계에 있기에 (가)에서 말하는 현재 배우자에 해당한다. 따라서 (가) 규정의 권리를 행사할 수 있다.
ㄴ. (O) (가) 규정에서 권리의 주체는 현재 배우자이므로 이혼할 때에는 이 자격이 상실되기에 그 권리를 주장할 수 없다.
ㄷ, ㄹ. (O) '고백 당시'에는 결혼 상태가 아니었으므로 권리를 행사할 수 없다. (나) 규정은 대화 당시 결혼관계에 있는 경우에만 주장할 수 있기 때문이다.

05 ②   난이도 중

제12조 규정에서 관할권 행사의 전제조건이 나타나는데, 이에 해당하는 대상은 제13조의 (가)와 (나)에 해당한다는 것을 주의해야 한다. 사실관계가 제12조에 해당하는지를 확인해야 하는데, 집단살해죄 혐의 행위가 발생한 국가는 A 국이며, 범죄혐의자는 A 국 대통령이므로 국적국도 A 국이다. 그런데 A 국은 이 규정의 회원국이 아니다. 이를 토대로 관할권 행사 가능성을 파악해야 한다. 제13조는 국제형사재판소가 관할권을 행사할 수 있는 세 가지 유형을 기술하고 있고, 제12조는 관할권 행사가 가능한 세 가지 유형 중 (가), (나)의 두 가지 유형에 대하여 전제조건이 필요하다고 규정하고 있다.

ㄱ. (O) 범죄 혐의 행위 발생 영역국이자 범죄혐의자의 국적국인 A 국이 국제형사재판소의 관할권을 수락하였으므로 제12조의 관할권 행사의 전제조건이 충족되었고, 회원국인 C 국이 이 사건을 국제형사재판소의 검사에게 회부하였으므로 제13조 (가)에 의해 국제형사재판소의 관할권 행사가 가능하다.
ㄴ. (X) B 국은 회원국이기에 제13조의 (가)에 해당하는 경우이다. 이 경우 제12조에 의해 A 국이 국제형사재판소의 관할권을 수락해야 관할권 행사가 가능하다.
ㄷ. (X) 국제형사재판소의 검사가 이 사건에 대하여 독자적으로 수사를 개시했기에 제13조 (나)의 유형에 해당한다. 그러나 제12조의 전제조건을 충족시키지 못해 국제형사재판소가 관할권을 행사할 수 없다.
ㄹ. (O) (다)에 해당되어 전제조건 없이 바로 관할권 행사가 가능하다.

06 ③   난이도 중

ㄱ. (O) B가 실제로 공포를 느끼지 않았으므로 갑은 성립하지만 을은 성립하지 않는다.
ㄴ. (O) 고지를 했으나 상대방의 인식이 없으므로 갑과 을 모두의 조건을 충족시키지 못한다.
ㄷ. (X) 피해자가 고지된 해악의 내용을 인식하지 못했으므로 갑과 을 어느 견해를 따르더라도 협박죄가 성립되지 않는다.

07 ③   난이도 중

ㄱ. (O) 지문의 논증에 의하면, 기존의 조망의 이익이 제약되더라도 손해배상 청구가 인정되지 않을 수 있다.
ㄴ. (O) 지문에 의하면, 조망에 관해 특별한 가치가 있더라도 사회통념상 이웃 사이에 참고 받아들일 수 있을 경우 손해배상청구권이 인정되지 않을 수 있으므로 옳은 진술이다.
ㄷ. (X) 지문에 의하면, 조망의 이익이 법적 권리로 인정되기 위해서는 조망에 관해 특별한 가치가 있다고 인정되는데 그것이 침해되었으며, 사회통념상으로도 그 한도를 넘는 경우라는 것을 추론할 수 있다. 그러나 다른 건축물이 없다는 우연한 사정으로 인해 생긴 이익인 조망의 이익이 법적 권리로 인정되는지 안 되는지는 알 수 없다.

08 ⑤   난이도 중

사례와 각국의 판단 내용을 정리하면 다음과 같다.

대상	A국	B국
즉석 연주	보호됨	보호되지 않음
강의노트로 강의	보호됨	보호됨
즉석 강연	보호됨	보호되지 않음

① (X) 세 사례 모두 노동력이 투여된 것이며 전문성도 인정되기에 차이의 기준이 될 수 없다.
② (X) 세 사례 모두 녹음이나 녹화를 금지하고 있기에 허 여부에 대해서는 알 수 없다.
③ (X) 예술성이나 학술성을 즉석에서 이루어진 것 여부에 따라 판단할 수 없다.
④ (X) 지문의 진술만으로는 창작성과 독창성을 판단할 수 없다.
⑤ (O) A와 B국 모두 이미 작성되어 있는 곡이나 강의노트 등 표현매체에 고정되어 있는 것은 저작권으로 보호가 된다. 그러나 A국은 표현매체로 고정되지 않은 즉석으로 이루어진 것에도 저작권 보호가 되나, B국에서는 보호되지 않는다.

09 ③   난이도 하

ㄱ. (X) 갑이 A와 B 국 모두의 상표권자로 동일인이므로 제3자인 병이 A 국에서 구매하고 B 국으로 수입하더라도 상표권 침해가 되지 않는다.
ㄴ. (O) A 국에서는 갑이, B 국에서는 을이 상표권자이며 이들은 동일인 관계가 아니다. 그러므로 제3자인 병이 A 국 상품을 B 국의 상표권자 을에게 허락 없이 유통할 수 없다. 따라서 상표권 침해가 된다.
ㄷ. (X) 갑과 을이 계열회사이므로 동일인 관계이다. 따라서 상표권 침해가 되지 않는다.

10 ①   난이도 하

ㄱ. (O) A와 B가 동종 승용차라면, 부과되는 내국세가 자국 제품인 A는 5%이지만, 타국 제품인 B는 6%이므로 동종 상품에 부과되는 내국세가 5%를 초과하므로 규정 제1조에 위반한다.

ㄴ. (O) 규정에서는 동종 상품 또는 경쟁이나 대체 가능한 상품이 그 대상이다. 만약 경쟁이나 대체 가능한 상품으로 C를 볼 경우 제2조가 적용되어 내국세와 유사한 정도를 넘는 내국세를 부과했다고 주장하여야 한다. 그런데 X국에서 자국 제품인 A에 5% 내국세가 부과되었고 C에 8% 내국세를 부과한 것이 유사한 정도라고 주장할 수 있다. 반면에 제1조를 적용하여 C를 동종 상품이라고 할 경우 내국세를 초과해서는 안 되기에 규정 위반이 된다. 따라서 제1조를 적용하여 동종 상품으로 보는 것이 Y국에서 규정 위반을 주장하기에 유리하다.

ㄷ. (X) 냉장고와 휴대전화는 동종 상품도 아니고 경쟁하거나 대체 가능한 상품도 아니므로 규정에 적용되지 않는다.

ㄹ. (X) 규정에서 대상은 X국 자국에서 생산된 A와 다른 수입 상품이다. 그런데 C는 Y국에서 수입된 상품이고 D는 Z국에서 수입된 상품에 해당하기에 규정이 적용되지 않는다.

11 ④   난이도 하

주의할 점은 지문의 규정이 P국의 '모든' 사람에게 해당되는 것으로서 단순한 적용이 되어야 한다는 것이다. 비록 지문에서 제시된 규정은 매우 추상적이나 이러한 이념을 구체화하는 과정을 통해 현실에 적용해야 하는 문항이다. 따라서 일상적 상황에 대한 배경지식으로 판단해서는 안 된다.

ㄱ. (X) 규칙 2에서 모든 인간은 거래를 함에 있어 오류를 저지르지 않는 존재이어야 하므로 정당하지 않다.

ㄴ. (O) 규칙 1에서 모든 인간은 태어나는 순간부터 독립되고 대등한 존재이므로 미성년자라 하더라도 규칙 2에 의해 거래를 함에 있어 오류를 저질러서는 안 된다. 또한 규칙 3에 의해 부모도 개입할 수 없다. 따라서 선지자의 뜻에 부합된 판단이다.

ㄷ. (X) 모든 인간은 타인의 상황에 관심이 없어야 하므로 규칙 3을 위배하여 정당한 요구가 아니다.

ㄹ. (O) F는 규칙 4에서 요구하는 진정한 의사를 말하지 않았기에 상대방에게 이를 요구할 수 있다.

12 ①   난이도 하

지문의 내용을 정리하면 다음과 같다.
- [규정]: 국가기관은 하자 있는 행위를 취소할 수 있다.
- [규정]에 대한 [예외]: 상대방에게 이익을 주는 처분 취소 시 비례 원칙에 따라 비교 형량하여 결정해야 한다.
- [예외]의 [예외]: 당사자의 사실 은폐나 사기에 의한 신청은 개인의 불이익이 법의 보호 범위를 벗어난 것이므로 취소되어야 한다.

ㄱ. (O) 국가기관의 하자 있는 처분이므로 [규정]에 의거하여 취소할 수 있다.

ㄴ. (X) 처분에 대한 판단은 공익과 개인의 불이익을 비교하여 결정해야 한다. 따라서 단순히 개인에게 이익이 된다는 것을 근거로 하여 결정해서는 안 된다. 이는 [규정]에 대한 [예외]를 통해 확인된다. 징지 처분이 취소 처분보다 이익이 될 경우 이익 형량을 통한 취소가 가능하기 때문이다.

ㄷ. (X) 나이를 속인 경우는 사실 은폐에 해당되어 [예외]의 [예외]에 의거해 그러한 처분은 취소되어야 한다.

13 ④   난이도 중

주의할 점은 자국민에 대한 대우 수준이 선진국이 개발도상국보다 높다는 점이다. 이는 만약 선진국 사람이 개발도상국에 거주할 경우 대우 수준은 자신의 국적국보다 떨어진다는 의미이다. 또한 지문에서는 외국인에 대한 대우와 국가 간의 관계가 연결되고 있다. 이는 자국민에 대한 대우를 곧 국가에 대한 대우로 판단한다는 것을 의미한다.

ㄱ. (O) 선진국의 과도한 요구는 현재보다 더 높은 수준을 요구하는 것이기에, 이러한 요구에 대한 방어로 (가)를 활용하는 것이므로 이는 개발도상국의 논리적 근거가 된다.

ㄴ. (X) (나)의 견해는 그 자체로 외국인에 대한 대우를 의미하지는 않는다. 그러나 외국인에 대한 대우 수준에 문제가 발생할 때에 더 나은 대우를 요구한다는 점에서 외국인에 대한 대우 요구로 볼 수 있다. 결과적으로 (나)는 선진국이 개발도상국 내의 자국민의 대우를 개발도상국에게 요구하는 것이 된다. 이는 개발도상국의 국민이 선진국에 있을 경우 세 번째 전제에 의해 선진국에서의 자국민 대우가 자국보다 대우 수준이 낮지 않을 것이기에 (나)를 특별대우를 선진국에 요구하는 것으로 볼 수 없다.

ㄷ. (O) (가)에서 외국인에 대한 부당한 차별이 있는 경우에만 외국인의 국적 국가가 개입할 수 있다고 진술한다. 이는 외국인을 부당하게 대우할 경우 외국인의 국적 국가가 개입할 수 있다는 것을 의미한다. 또한 (나)에서도 외국인 대우의 최소 기준이 국제사회가 합의한 최소한의 수준에 합치되어야 한다고 말하고 있으므로, 외국인에 대한 부당한 대우가 그 국적 국가를 침해하는 것이라는 배경 진술이 될 수 있다.

ㄹ. (O) (나)가 (가)보다 외국인 대우가 낮지 않으므로 상대적으로 (가)의 자국민의 대우 수준이 (나)보다 높다는 것을 알 수 있다. 따라서 (가)에서 (나)로 정책을 변경할 경우 자국민에 대한 역차별 문제가 발생할 수 있다.

14 ②   난이도 하

ㄱ. (X) 제3조에 해당되는 예외적 상황이므로 알릴 수 있다.

ㄴ. (O) 비밀유지의 주체는 변호사와 의뢰인에 한하므로, 제3자는 해당되지 않고, 이때 정보가 제4조에도 해당되지 않아 경찰에 이 사실을 알려줄 수 있다.

ㄷ. (X) 공개적으로 발언하였으므로 비밀이라 할 수 없으며, 또한 제3조에 의해서도 생명이나 신체에 대한 위해 방지를 위해 경찰에 알려줄 수 있다.

ㄹ. (O) 제5조의 비밀유지 기간에 대한 규정에 해당되기 때문에 경찰에 알려주어서는 안 된다. 또한 이미 살해하였다는 진술로부터 제3조의 예외 규정의 위해 방지라는 목적에 해당되지 않기에 적용될 수 없다.

15 ⑤   난이도 하

주어진 지문의 내용을 정리하면 다음과 같다.
1) 직장은 생계유지의 수단인 동시에 자신의 인격을 실현하는 장이다.
2) 근로계약은 고유한 질서를 가진 인적 공동체를 형성하므로 업무 능력보다 상호 인간적 신뢰가 더 중요하다.
3) 노동법상 해고의 정당한 사유는 다음과 같다.
    ㉠ 근로자가 근로계약상의 의무를 심대하게 위반하는 경우
    ㉡ 근로자가 업무 수행 적격성을 상실하여 상당 기간 수행할 수 없는 경우
    ㉢ 회사의 경영 사정이 좋지 않을 경우(정리해고): 사용자에게 해고사유 존재

① (O) 정리해고의 경우 사용자에게 문제가 있기 때문에 일정한 기준에 따른 해고자 선정 과정이 필요하게 된다. 3)의 ㉢이 근거가 될 수 있다.

② (O) 직장은 생계유지뿐 아니라 인격을 실현하는 장이라는 1)이 근거가 된다.

③ (O) 직장은 2)에서 말하는 고유한 질서를 가진 작은 사회이다. 따라서 사회의 질서 유지를 위해 규범을 행사할 수 있기에 사내 흡연 행위는 징계사유가 될 수 있다.
④ (O) 3)의 ⓒ에서 상당 기간 업무 수행 능력이 없어야 해고가 가능하다는 근거가 될 수 있다.
⑤ (X) 2)에서 직장은 상호 인간적 신뢰 형성이 업무 능력보다 중요하다는 것을 알 수 있다. 따라서 면접에서 업무 능력 이외의 취미에 대해 물을 수 있다. 하지만 그럴 수 없다는 근거는 지문에서 찾을 수 없다.

16 ③   난이도 하

① (O) ㉠에서 김 소사가 백 소사가 꾸어 준 돈을 본전만 갚고 이자는 아직 갚지 않은 사실이 나타나 있다. 그런데 (A)는 백 소사가 이에 분함을 가질 수도 있지만 그런 정도의 분함은 ㉡에 의해 해소되었다는 진술이다. 따라서 평소의 김 소사와 백 소사의 인간관계나 금전 관계에 따라 타당성이 결정될 수 있다. 만약 이들 간의 인간관계나 금전 관계에 문제가 없고 좋았다면 (A)의 추리에서 백 소사가 분함을 갖지 않을 수도 있지만, 반대로 그들의 인간관계나 금전 관계에 문제가 있었다면 ㉡에 의해 분함이 해소되지 않을 수도 있기 때문이다.
② (O) (B)의 추리를 형식적으로 구성하면 다음과 같다.
[암묵적 전제] 누구든 가져갈 것이 없음을 알고 있는 집에 도둑질하러 들어가지는 않을 것이다.
[결론] 백 소사가 ㉢과 같은 행동을 한 일이 있으므로 백 소사가 김 소사 집에 재차 침입하여 호미 등을 가져가지는 않았을 것이다. ㉢은 백 소사가 김 소사의 집을 뒤져 쌀을 가져간 일을 말한다. 이미 백 소사가 뒤져서 쌀을 가져간 사실이 있기에 굳이 호미 등 물건을 가져갈 이유는 없다는 것으로 옳은 진술이다.
③ (X) (C)의 추리를 형식적으로 구성하면 다음과 같다.
[숨은 전제] 비웃음을 당하였다고 살인까지 하지는 않을 것이다.
[제3의 사실] 백 소사가 관대한 사람이었다는 평판이 있다.
[결론] 백 소사 딸의 병을 보고 아이가 비웃은 일이 있다 해도 아이를 죽일 원인은 되지 못할 것이다.
㉢은 김 소사의 아들이 백 소사의 딸을 비웃은 일을 백 소사가 살인을 저질렀던 원인으로 생각한다. 그런데 비웃음을 당한다고 해서 살인까지 하지는 않는다는 전제가 있을 경우, 이를 반박하기 위해서 비웃음을 당하면 살인을 할 수 있다고 말해야 할 것이다. 그런데 백 소사가 관대한 사람이라고 말하면 오히려 반박이 아니라 숨은 전제를 지지하는 근거가 된다. 따라서 틀린 진술이다.
④ (O) (D)의 내용은 범인이 처음부터 죽일 의도가 없었다는 내용이므로 범인이 김 소사가 몰래 숨겨둔 귀중품을 감추어 놓은 사실을 몰랐다는 것과 무관한 진술이다. 따라서 (D)가 약화되지는 않는다.
⑤ (O) (E)에서 범인이 아이가 살아날 경우 자신을 지목하지 않게 할 대응책도 가진 자라고 말하고 있다. 이는 죽은 아이가 모르는 사람일 가능성을 내포하고 있다. 따라서 옳은 진술이다.

17 ⑤   난이도 하

이 문제의 독특한 점은 질문에서 검사나 피고인 측 주장에 유리한 사실이 무엇인가를 묻는 동시에 검사와 피고인 주장 자체에 대한 명제적 판단을 요구한다는 것이다. 따라서 연역추리의 양립 가능성 및 모순 관계에 대한 진술에 대한 판단이 필요하다.
이 사건에서 검사의 주장과 피고인의 주장을 정리하면 다음과 같다.

- A: "피고인은 이 사건 당시에 가해 트럭을 운전하였다."
- B: "나(= 피고인)는 2010년 9월경 사고차량인 트럭을 도난당하였고, 사고 당시에 가해 트럭을 운전한 사실이 없다."

각자 자신의 명제가 각각 명제의 내용과 일치하는 사실관계가 존재한다는 의미에서 참이라 주장하고 있다. 따라서 이 명제들은 제시된 사실관계와의 대조를 통해 참, 거짓의 진릿값을 확인해 볼 수 있다.
그런데 여기서 주목할 것은, 피고인의 주장 B는 연언문이라는 점이다.

- B1: "피고인은 2010년 9월경 사고차량인 트럭을 도난당하였다."
- B2: "피고인은 사고 당시에 가해 트럭을 운전한 사실이 없다."

따라서 B는 B1과 B2가 모두 참인 경우에 참이며, 둘 중 하나라도 거짓이면 거짓이 된다.
① (O) 신원불명의 트럭 운전자가 도주하였기에 피고인인지 아닌지 확인할 수 없으므로 피고인 주장을 판단할 수 없다.
② (O) (다)에서 피고인은 다른 범죄혐의로 경찰의 추적을 받고 있으므로 (가)에서 도주하였다는 인과적 관계를 찾을 수 있기에 옳은 진술이다.
③ (O) (라)의 범칙금납부고지서가 2010년 8월 10일에 발급된 것이면, 피고인이 9월경 사고차량을 도난당했음에 대해 아무런 사실도 확인할 수 없으므로 옳은 진술이다.
④ (O) (마)에서 K의 휴대전화로 발신이 되었는데, 이는 사건 경위 약 4시간 30분 전이다. 따라서 (바)에서 K의 진술이 맞다면 L의 주장과 함께 피고인의 진술이 거짓일 개연성을 높여주므로 검사의 주장을 강화하는 데에 사용할 수 있다.
⑤ (X) A와 B2는 서로 모순되기 때문에 A와 B가 동시에 참일 수는 없으므로, 검사와 피고인의 주장이 동시에 참인 경우는 있을 수 없다. 따라서 선택지 ⑤번의 전반부 문장은 옳은 문장이다. 후반부 문장은 (가)~(마)가 모두 사실인 것을 전제로 검사와 피고인의 주장이 동시에 거짓일 수 없다는 것인데, (가)~(마)가 모두 사실이라 해도 '피고인 아닌 다른 사람이 운전하고 피고인은 동승하였을 가능성' 등을 배제할 수 없고, 이런 경우에 검사의 주장 A는 거짓이며, 또 B1은 거짓이지만 B2는 참일 수 있으므로 B는 거짓이다. 따라서 검사와 피고인의 주장은 동시에 거짓일 수 있다.

18 ④   난이도 하

지문으로부터 연결되는 것을 찾아 표로 정리하면 다음과 같다.

사용 목적	A	B	C
동물 치료 목적 동물 혈액 사용	O	O	X
인간 치료, 예방 목적 유전자 치료 방법	O	X	X

우선 (가)국은 모든 대상에 있어 의료행위에 특허 부여가 안 되므로 바로 C임을 알 수 있다. (나)국은 모든 의료행위에 특허가 부여되므로 A이며, (다)국은 의료행위에 대한 사항이 인간은 안 되며 동물은 되기에 B이다.

19 ⑤   난이도 하

지문에 나타난 법 해석 방법을 정리하면 다음과 같다.
(가) A법률: 미성년자의 혼인은 부모의 동의를 필요로 한다. 따라서 성년자의 혼인에는 부모의 동의를 요하지 않는다.
    → 반대해석의 사례
(나) B법률: 개발제한구역에는 '경찰기동대'와 '전투경찰대'의 훈련 시설만 규정하므로 '경찰기마대'의 훈련 시설을 포함하지 않는다.
    → 유추해석의 반대 또는 확대해석의 반대 사례

(다) C법률: '경품제공행위'에는 경품을 실제 교부·지급하는 경우 이외에도, 그러한 의사를 표시한 후 '진열·전시'하는 경우도 포함된다.
→ 확대해석의 사례
(라) D법률: 현행 조문의 '제5항'을 '제6항'으로 바로 잡아 적용해야 한다.
→ 변경해석의 사례
(마) E법률: 노래연습장업자가 '접대부'를 고용·알선하는 행위를 금지하는 규정에 있어서 '접대부'는 당시 입법자의 의도에 의하면 여성을 의미하는 것이었으나 시대 상황에 맞게 여성과 남성 모두 포함하는 것으로 적용할 수 있다.
→ 확대해석 또는 물론(勿論)해석의 사례

① (X) (가)는 반대의 효과가 생기는 취지의 규정을 포함하는 것이며, (라)는 법령의 문구 본래의 의미로 변경해석 해야 한다는 것으로 두 사례 모두 좁게 해석하는 것과는 무관하다.
② (X) (가)는 반대해석의 취지로 이에 해당되지만, (마)는 확대해석의 사례로 반대의 효과를 포함하는 것은 아니다.
③ (X) (나)는 유추해석 또는 확대해석 금지 사례에 해당한다. 따라서 변경해석의 방법과는 다르다.
④ (X) (다)는 유추해석에 해당하므로 본래 의미를 대체하여 해석한다는 확대해석에 해당될 수 있지만, (라)는 비슷한 사안이 아닌 항목의 법규정 서술의 변경해석 사례이기에 관련이 없다.
⑤ (O) 제정 당시에는 여성을 의미하는 것이었지만, 시대 상황에 맞게 다르게 해석되는 확대해석 또는 물론해석의 경우로 옳은 진술이다.

20 ③ 난이도 상

ㄱ. (O) 갑은 정책을 특정 인종에 유리하도록 선발해 온 교육기관에 적용해야 한다고 주장한다. 그런데 P는 A인종이 다른 인종보다 언어능력시험성적이 높기에 이를 학생선발에 적극적으로 활용하였다. 그러므로 갑에 따르면 A인종 비율이 78%의 높은 비율로 이루어져 왔던 P에 정책이 적용된다.
ㄴ. (X) 을은 재학하는 각각의 인종 학생들의 학업성취도를 기준으로 한다. 그런데 이 진술은 전체 학생들의 평균적 학업성취도 향상을 말하는 것이 아니다. A, B, C 모두의 학업성취도 향상에 대한 것이어야 하는데 B와 C만 해당되기 때문이다. 따라서 Q에 적용될 수 없다.
ㄷ. (O) 정책은 'A인종이 60%를 초과하는 교육기관'을 대상으로 한다. 그런데 교육기관 R은 B와 C인종만 선발하여 온 학교이기에 이러한 대상에 해당되지 않는다. 따라서 정책이 적용되지 않는다.

21 ⑤ 난이도 하

① (O) 갑은 일조권이 침해당하게 되어 법적으로 권리 행사가 가능한 상황인데도 불구하고 아무런 권리 주장을 하지 않는 사람이라면 오랜 시간이 흐른 후에는 권리 행사를 허용하지 않을 것이다.
② (O) 을은 어쩔 수 없이 권리를 행사하지 못한 경우라면 오랜 시간이 흐른 뒤에도 권리 행사가 가능하다는 견해이므로 인정할 수 있을 것이다.
③ (O) 사실상의 권리 행사가 불가능한 경우이므로 을에 의하면 권리 행사를 할 수 있도록 해야 할 것이다.
④ (O) 갑에 의하면, 법률상 권리 주장이 불가능한 경우는 권리 행사의 제한에 해당하지 않으므로 옳은 진술이다.
⑤ (X) 을에 의하면, 주어진 상황은 권리가 존재한다는 것을 알았더라도 그것을 행사하는 것이 사실상 불가능한 상태에 놓여 있던 사람에 해당하므로 손해배상청구권을 행사할 수 있을 것이다.

22 ③ 난이도 중

사안에서 X는 A국 국민이며 B국에서 사망하였고, 상속재산은 C국 소재 부동산이다. 이에 Z가 C국 법원에 소를 제기한 상태이다. 이러한 상황에서 각 국가들은 <당해 재판에 적용할 법률>을 상속법에 우선하여 적용한다.
각국의 <당해 재판에 적용할 법률>에 의하면 A국은 B국의 법률을, B국은 C국의 법률을, C국은 A국의 법률을 따라야 한다. 그런데 C국 법원의 판단이 이미 나온 상황이기에 기준이 되는 해석이 필요한 상황이다. 이를 정리하면 다음과 같으며 [생략된 전제 및 기준]에 들어갈 내용을 찾아야 한다.
[전제] C국에서 고려할 법률은 <당해 재판에 적용할 법률>과 상속법이다.
[전제] C국의 <당해 재판에 적용할 법률>에 따르면 A국의 법률을 따라야 한다.
[생략된 전제 및 기준] [   ]
[결론] C국 법원의 판단에 의하면, A국의 상속법이 적용되어야 한다.
주의할 점은 <당해 재판에 적용할 법률>을 적용하는 데 순환적인 상황이 나타난다는 점이다. C의 <당해 재판에 적용할 법률>에 의하면 A국 법률을 따라야 한다. 그런데 A국도 <당해 재판에 적용할 법률>을 우선하여 적용하면 B국의 법률을 따라야 한다. 그리고 B국이 <당해 재판에 적용할 법률>을 따르면 다시 C국의 법률을 따라야 한다. 결국 이러한 순환적 상황을 벗어나기 위해서는 <당해 재판에 적용할 법률>이 상속법에 우선하여 적용된다는 조건이 수정되어야 한다.

① (X) C국의 <당해 재판에 적용할 법률>이 다른 나라의 <당해 재판에 적용할 법률>에 따르도록 하는 경우 그 다른 나라가 자국의 법률을 따라야 한다면, 그 다른 나라는 A국이 된다. 그런데 A국이 <당해 재판에 적용할 법률>을 우선 적용할 경우 순환의 상황이 발생한다. 아니면 A국이 상속법을 따라 재판해야 한다. 그러나 이는 A국이 주체가 되어 판단하는 것으로, C국 법원이 A국 상속법을 따른다는 판단에 부합하지 않는다.
② (X) A국과 B국 모두 적용될 경우 C, A, B, C국 순으로 계속 순환하게 되어 C국 법원의 판단을 지지하는 근거가 될 수 없다.
③ (O) C국의 <당해 재판에 적용할 법률>에서 언급되고 있는 법률에 다른 나라의 <당해 재판에 적용할 법률> 자체는 포함되지 않는다면, C국의 <당해 재판에 적용할 법률>에서 언급하는 A국 법률은 A국 상속법이 된다.
④ (X) 이 경우 C, A, B, C 순으로 계속 순환적이게 되어 근거가 되지 못한다.
⑤ (X) 이 경우 C국의 상속법이 적용되어야 하기에 C국 법원의 판단의 근거가 되지 못한다.

23 ② 난이도 하

제시된 <사실관계>를 정리하면 다음과 같다.
• A국과 B국 지역안보조약 체결
• a조항: C국이 요청하는 경우 무상 지원
• b조항: D국이 C국 비용의 일부 부담
• C국: 명시적 동의하지 않았으나 해당 조약 내용 인지
• D국: b조항에 서면 동의함

제35조는 의무 및 권리 발생 규정으로, 2항에 의해 D국에 의무가 발생하고, 3항에 의해 C국에 권리가 발생한다.
제37조 1항에 의해 D국은 조약 당사국 A, B국과 동의를 얻는 경우에만 의무의 취소 또는 변경이 되나, 2항에 의해 C국의 동의 없이도 조약 당사국 A와 B국에 의하여 권리가 취소 또는 변경될 수 있다.

ㄱ. (O) <사실관계>에서 D국은 서면으로 동의를 하였으므로 제35조 2항에 의해 의무를 창설한다.
ㄴ. (X) C국이 반대의 의사표시를 하는 경우 제35조 3항에 의해 a조항은 유효하지 않다.
ㄷ. (O) 제37조 2항에 의해 변경될 수 있다.

ㄹ. (X) 제37조 1항에 의해 조약 당사국과 함께 제3국의 동의를 얻는 경우에만 의무는 취소될 수 있기에 바르게 추론한 것이 아니다.

24 ④
난이도 하

문제는 형사소송절차에서 검사가 의도한 피고인, 공소장 기재자, 소송상 행위자가 달라지는 경우의 법률관계를 파악하는 것이다. 주어진 조건에서는 우선순위가 가장 높은 경우와 차순위의 경우를 설정하고 있으며, 각국이 고려하지 않는 조건은 모두 다르다. A, B, C국을 대상으로 피고인 인정 절차 원칙을 정리하면 다음과 같다.

(가) 세 가지 요소(검사의 의사, 공소장의 기록, 실제 출석한 자) 중 두 가지 요소만 고려, 우선순위가 높은 한 가지만 사용
(나) 우선순위 높은 요소 해당자가 복수이거나 없을 경우, 차순위 요소 해당자 인정
(다) 고려하지 않는 요소 세 나라 다름

처리 결과를 정리하면 다음과 같다.
(1)

인정 요소	검사의 의사	공소장 기재자	실제 출석한 자
사람	갑	을	병

→ A국: 병을 피고인으로 인정

(2)

인정 요소	검사의 의사	공소장 기재자	실제 출석한 자
사람	갑	을	출석 안 함

→ A국과 B국: 을을 피고인으로 인정

(3)

인정 요소	검사의 의사	공소장 기재자	실제 출석한 자
사람	갑	갑	을

→ C국: 갑을 피고인으로 인정

1) (1)과 (2)에서 A국에서 고려하지 않는 요소는 검사의 의사임을 알 수 있다. 그러므로 B국은 (2)에서 실제 출석한 자를 고려하지 않으며, 결국 C국은 공소장에 기재된 자를 인정하지 않는다.
2) 또한 A국은 (1)과 (2)에서 우선순위가 실제 출석한 사람이며, 차순위는 (2)에서 실제 출석한 사람이 없어서 공소장에 기재된 자를 인정하였다는 사실도 알 수 있게 된다.
3) C국은 1)에 의해 공소장에 기재된 자를 인정하지 않는다. 그런데 (3)에서 검사의 의사인 갑을 피고인으로 인정하기에 우선순위는 검사의 의사임을 알 수 있다.
4) B국은 1)에서 실제 출석한 자를 고려하지 않는다. 그런데 (2)에서 우선순위가 공소장에 기록된 자임을 알 수 있다.

이를 정리하면 다음과 같다.

국가	검사의 의사	공소장 기재자	실제 출석한 자
A	X	차순위	우선순위
B	차순위	우선순위	X
C	우선순위	X	차순위

① (O) 1)에 의해 참이다.
② (O) 1)에 의해 참이다.
③ (O) 3)에 의해 참이다.
④ (X) 1)에 의해 참이 아니다.
⑤ (O) 2)에 의해 A국의 우선순위가 실제 출석한 사람이므로 을을 인정한다.

25 ⑤
난이도 중

규정을 적용한 추리 문제로『조선왕조실록』을 기반으로 구성된 것이다. 우선 지문에서 나타난 가계도를 이해해야 한다.

[규정 1] 본처 소생 장남이 가계를 승계하여 제사를 받든다.
[규정 2] 본처 소생 장남이 없으면 장남 이외의 아들이 받든다.
[규정 3] 장남 이외의 아들도 없으면 첩 소생 아들이 제사를 받든다.

ㄱ. (O) 장남 이외의 아들을 조부림으로 파악한다 해도 조부림은 조전남의 제사를 지낼 수 있을 뿐이다. 따라서 조방림의 제사를 받들 근거가 되지 못한다.
ㄴ. (O) 본처 소생 장남이 조적자를 가리킨다면, 장남 이외의 아들은 [규정 3]에 의해 조복해가 권한을 가지므로 옳은 진술이다.
ㄷ. (O) 조부림이 주장하기 위해서는 본처 소생 장남이 조방림이고 이에 따라 장남 이외의 아들은 [규정 2]에 근거하여 조부림이 되어야 하기에 옳은 진술이다.

26 ③
난이도 하

① (O) 부부가 같은 주소지이므로 <규정> 1에 의해 옳다.
② (O) A와 B 부부가 서로 다른 주소지이므로 <규정> 1이 적용될 수 없다. 그런데 최후의 공통의 주소지가 서울이며 B가 아직 서울에 거주하고 있다. 결국 부부 중 일방의 주소지가 서울에 있기에 <규정> 2에 의해 옳다.
③ (X) 부부의 주소지가 다르므로 <규정> 1이 적용될 수 없다. 그런데 부부의 최후의 공통의 주소지가 서울이었고, B는 여전히 주소지가 서울이므로 <규정> 2에 의해 서울가정법원에 제기해야 한다.
④ (O) 부부의 최후의 공통의 주소지에서 둘 모두 다른 곳으로 옮겼으므로 <규정> 1과 2 모두 적용될 수 없다. 이때 제3자인 A의 모가 부부 쌍방을 상대로 소를 제기하고 있으므로 <규정> 3에 의해 옳다.
⑤ (O) 부부 일방이 사망한 경우이므로 생존한 타방 B의 주소지인 서울가정법원에 소를 제기해야 한다. <규정> 4에 의해 옳다.

27 ①
난이도 하

ㄱ. (O) 을이 돈을 빌린 사실에 대해 인정하므로 다툼이 없기에 증명할 책임이 없다.
ㄴ. (O) 갑과 을은 다툼이 있는 상태이고 을은 권리 발생 사후 소멸을 주장하므로 을에게는 이를 증명할 책임이 있다.
ㄷ. (X) 을이 돈을 빌리지 않았다고 주장하기에 갑은 을이 돈을 빌린 사실에 대한 증명을 해야 한다. 따라서 이를 주장하는 갑에게 100만 원을 빌려 준 사실에 대한 입증 책임이 있다.
ㄹ. (X) 권리가 있다고 주장하는 사람은 갑이므로 갑에게 증명할 책임이 있다.

28 ② 난이도 하

ㄱ. (O) D의 직무상 불법행위가 인정될 경우 A는 규정에 의거하여 손해배상을 청구할 수 있다.

ㄴ. (X) D의 불법행위가 인정될 경우 B는 국가에 손해배상을 청구할 수 있다. 전투·훈련과 관련된 손해 규정은 군인인 D가 받은 손해에 대한 것으로 B의 손해배상 청구와는 관련이 없다.

ㄷ. (X) D의 직무상 불법행위로 인한 손해가 C의 자동차 파손이므로 손해배상을 청구할 수 있다.

ㄹ. (O) D의 직무상 불법행위가 인정된 것이며, E의 직무행위가 전투·훈련과 무관한 것이라면 규정의 예외적 사항에 해당하지 않는다. 따라서 E는 손해배상을 청구할 수 있다.

29 ② 난이도 하

지문에서는 법·규정의 적용에 있어서 일반적 개념과 특별 개념에 대한 비교를 설명하고 있다. B조는 A조의 모든 요소를 포함하고 그 이외의 다른 요소도 구비한다. 규정의 적용은, A조의 요소만 나타날 경우 A조를, B조의 요소가 모두 드러날 경우 B조를 적용한다. A조와 B조의 차이를 논리적 형식으로 나타내면 다음과 같다.
- A조: P
- B조: Q & P

결국 A조의 사항에 B조는 더 첨가된 조건을 지니고 있으므로 이러한 논리적 관계를 파악해야 한다.

ㄱ. (O) 첫 항의 규정에 둘째 항에서 야간 침입이라는 점이 첨가된 특수한 경우이므로 지문의 특별관계가 성립한다.

ㄴ. (X) 두 규정은 서로 다른 대상을 지니고 있다. 하나는 '미성년자'에 대한 약취 또는 유인에 대한 규정인데, 다른 하나는 미성년자가 아닌 사람도 포함되기에 설명을 적용할 사례가 아니다.

ㄷ. (O) 첫 규정이 A조에, 둘째 규정이 B조의 형식에 해당한다. '의사, 한의사, 약제사, 약종상 부녀'와 같이 특수한 경우이기 때문이다.

ㄹ. (X) 두 규정은 서로 다른 대상을 취지로 한다. 하나는 궁박한 상태 이용하여 부당한 이익을 취하는 자를, 다른 하나는 사람을 공갈하여 이익을 취하는 자를 대상으로 하기에 지문의 논리적 관계에 해당하지 않는다.

30 ② 난이도 하

ㄱ. (X) 갑의 행위가 없었더라면 결과가 나타나지 않는 과정이 연쇄적으로 있다면 책임이 있다고 볼 수 있다. 하지만 직접적인 원인이 갑의 행위는 아니다. 만약 의사 갑이 독약 관리를 제대로 했다면 간호사 을의 행위가 나타나지 않았을 것이기 때문이다. 따라서 B는 책임이 없다고 할 것이지만, A는 책임이 있다고 할 것이다.

ㄴ. (O) B는 직접적 원인이 구급차의 교통사고에 있기에 책임이 없다고 볼 것이며, C도 일반 사람들이 평가할 때에 결과를 일으키는 전형적인 원인으로서 교통사고가 원인이라고 할 것이므로 책임이 없다고 할 것이다.

ㄷ. (X) C는 결과를 일으키는 전형적인 원인으로 일반 사람들은 을의 죽음 원인을 번개를 맞았기 때문이라고 볼 것이므로 갑에게 책임은 없다고 할 것이다. 한편 D의 경우 번개를 맞은 것이 피해자가 스스로 회피할 수 있었던 경우는 아니므로 책임을 물을 수 있다.

ㄹ. (X) A는 연쇄적인 과정에 의해 발생하는 결과라 해도 그 처음 원인을 제공한 이가 책임이 있다고 볼 것이므로 갑에게 책임이 있다고 할 것이다. 그러나 D는 피해자 스스로 회피할 수 있는 경우에는 가해자에게 책임이 없다고 주장하므로, 술을 많이 마신 을에게 책임이 있고 갑에게 책임이 없다고 할 것이다.

31 ③ 난이도 하

ㄱ. (O) 주거권이라는 기본권의 침해가 인정된 상태이기에 헌법재판소에서 제시한 과소보호금지원칙에 기반한 최소한의 보호조치를 취해야 한다. 따라서 아무 규제 조치도 취하지 않는다면 주거권 보호의무 위반에 해당된다.

ㄴ. (O) 건강권 보호를 위한 최소한의 조치보다 10배 이상 넓은 면적 단위마다 약국을 설치하도록 했다. 따라서 건강권 보호의무 위반에 해당된다.

ㄷ. (X) 환경권이라는 기본권이 침해된다고 인정된 상황에서, 효율적인 조치라 평가받는 '사용 대수 제한' 조치를 국가가 취하고 있다. 따라서 환경권 보호의무 위반이라 볼 수 없다.

32 ④ 난이도 하

ㄱ. (O) 제시문에서 소급효금지원칙은 행위자에게 불리한 경우에 한하여 허용된다. 그런데 헌법재판소의 위헌결정으로 인하여 소급하여 효력을 상실하였으므로 국민에게 불이익을 주는 경우가 아니며, 국가 형벌권이 남용되었다는 반성에 근거하여 면제되는 경우에 해당된다. 따라서 무죄판결이 선고되어야 한다.

ㄴ. (O) A견해는 형사소송법의 경우 형법상 원칙이 적용될 필요는 없다는 입장이므로 개정된 법률이라도 당해 행위자에게 적용될 수 있다. 형벌의 원칙은 '범죄와 형벌은 행위자가 행위할 당시의 법규정에 의해서만 결정되어야 한다.'는 것이다. 그런데 A견해는 이러한 원칙이 적용될 필요가 없다는 것이다. 따라서 범죄와 형벌이 행위자가 행위할 당시의 법규정이 아니더라도, 즉 새로 개정된 법규정이라도 적용될 수 있다.

ㄷ. (X) B견해는 형사소송법의 경우 국민에게 불이익을 주는 경우를 제외하고는 형법의 경우와 마찬가지로 당시의 규정이 적용되어야 한다는 입장이다. 즉, 규범이 제정되거나 개정되더라도 소급효금지원칙이 적용되어야 한다. 그런데 주어진 사례는 개정된 형사소송법이 당해 행위자에게 적용되어 처벌되고 있기에 국민에게 불이익을 주는 사례로서 옳지 않다. B에 의하면, 공소시효 기간을 계산함에 있어 행위자가 외국에 있었던 기간을 제외하면 국민에게 불이익을 주는 경우에 해당하기에 소급효금지원칙에 어긋나기 때문이다.

33 ② 난이도 중

ㄱ. (X) 사회적 규칙은 어떤 집단에서 구성원 대부분이 주체가 되어야 하기에 소수의 채식주의자의 주장은 규칙이 될 수 없다. 또한 채식에 대한 비판적 태도를 취할 수 있는 것도 아니다. 따라서 사회적 규칙이라 할 수 없다.

ㄴ. (X) 내적 관점은 자기가 속한 집단의 사회 구성원 다수가 행동의 기준이나 이유로 받아들이고 사람들의 행위에 대한 비판적 태도를 정당화하는 근거를 의미한다. 그런데 진술에서는 자신이 속한 사회가 아니라 다른 사회의 규범이 대상이며, 이에 대해 반성적이고 비판적 태도는 없이 단지 기술할 뿐이다. 따라서 옳지 않다.

ㄷ. (O) 승인규칙은 법관들과 공직자들 및 시민들이 일정한 기준에 비추어서 법을 확인하는 관행 또는 실행으로 존재하는데, 군주가 법을 제정하는 나라에서의 승인규칙은 군주의 명령에 있다. 그러나 의회에서 법을 제정하는 나라의 승인규칙은 의회에 그 기준이 있기에 승인규칙은 서로 다르다. 법을 제정하는 권한이 누구에게 있는지에 따라 승인규칙의 내용이 결정되기 때문이다.

34 ③ 난이도 하

ㄱ. (X) A는 특허법이 발명을 장려하여 기술 발전을 촉진한다는 견해이다. B 역시 특허법이 기술 발전을 촉진하여 사회적 이익을 증대하기에 반드시 요구된다고 주장한다. 그러므로 둘 모두 특허법의 목적을 기술 발전을 통한 사회적 효율성의 증대라고 보고 있다.
ㄴ. (O) B는 발명에 대한 독점적 특허권의 권한을 더 부여하고 보호 기간도 연장하자는 주장을 하고 있다. 그래야 중복 투자와 같은 사회적 손실을 막을 수 있기 때문이라는 근거를 든다. 그런데 이로 인해 경쟁이 더 치열해져 사회적 비용이 줄지 않는다면 사회적 손실을 막고자 하는 B의 목적에 반하게 된다.
ㄷ. (O) 발명을 위한 최초의 아이디어가 상업화 단계까지 이르는 데 오랜 시간과 비용이 든다면 중복 투자로 인한 사회적 손실이 나타날 수 있다. 따라서 이를 막기 위한 목적으로 발명의 독점적 특허권을 주장한다면 B의 설득력은 더 높아질 수 있다.
ㄹ. (X) 발명가의 조정 권한을 광범위하게 인정하여 혁신적 신제품이 시장에 등장하는 속도가 늦어질 경우, 그만큼의 사회적 손실이 발생할 수 있다. 따라서 B의 설득력이 높아지지는 않는다.

35 ⑤ 난이도 하

지문의 견해를 정리하면 다음과 같다.
- 갑: 대립하는 적과 포용하는 대승적 차원에서만 정당화됨
- 을: 적이나 측근 특별 사면은 정당화 안 됨
- 병: 헌정 질서 파괴 및 교란한 자, 뇌물 수수한 범죄자는 특별 사면을 허용해서는 안 됨
- 정: 절차적 견제 장치가 필요하기에 관련 심의 기관의 심의 과정과 국회의 동의를 받아야 정당화됨

각 사례의 정당성을 확인하면 다음과 같다.

구분	갑	을	병	정
(가)	O	X	X	O
(나)	X	X	O	X
(다)	X	O	O	O

36 ⑤ 난이도 하

① (O) 법원의 판단인 500만 원은 갑의 청구 금액 1,000만 원 내에서 판단한 결과이며, 주어진 원칙에 의해 민사소송에서는 당사자가 신청한 것보다 적게 판결하는 것이 허용되므로 ①처럼 판결할 수 있다.
② (O) 갑의 청구 범위 내에서만 법원은 판결을 해야 하며, 신청의 범위를 넘어서 판결하여서는 안 된다. 갑이 500만 원을 지급하라고 청구할 경우 법원은 비록 을의 빚이 1,000만 원이라고 판단되더라도 500만 원을 한도로 하여 판결해야 한다.
③ (O) 병의 청구 치료비는 2,000만 원이므로 그 한도 내에서 판결해야 한다. 따라서 법원이 비록 치료비를 3,000만 원으로 평가했더라도 그 범위 내에서 판결해야 한다.
④ (O) B견해는 전체를 하나의 심판대상이라고 보기에 총금액 1억 원 한도 내에서 판결할 수 있다.
⑤ (X) 원고가 신청한 금액의 범위 내에서 판결해야 하므로 신청의 한도를 넘어서 판결해서는 안 될 뿐이다. 한편 그 액수보다 적은 금액으로 판결할 수는 있다.

37 ③ 난이도 하

① (O) A는 Y는 X의 일부이므로 2년이 지나기 전인 경우 을의 소유라고 볼 것이다. B도 X 매수 전에 Y가 수태된 것이므로 을의 소유라 할 것이다.
② (O) X가 Y를 수태한 것이 도난되기 전이었고, 매수 2년이 지나고 나서 도품임을 병이 알게 된 것이므로 A와 B 모두 Y를 병의 소유로 볼 것이다.
③ (X) A는 아직 일정한 기간이 지나지 않았기에 Y를 X의 일부라 보고 둘 모두 반환해야 한다고 주장할 것이다. 따라서 A는 Y가 을의 소유라고 판단할 것이다. 그러나 B는 X를 매수한 후 Y를 수태하였고 Y 출산까지 도품 사실을 몰랐으므로 2년이 지나지 않았을 경우, Y는 X의 일부가 아니라고 볼 것이다. 따라서 B는 병이 X만 반환하고 Y는 반환할 필요가 없다고 판단할 것이다. 따라서 A와 B의 판단이 일치하지 않는다.
④ (O) 일정 기간이 지난 경우이므로 모두 병의 소유가 된다고 판단할 것이다.
⑤ (O) A는 2년이 지나기 전이므로 Y도 을의 소유라고 볼 것이다. B는 2년이 지나기 전이기에 Y가 태어날 때까지 X가 도품인 줄 몰랐을 경우 Y는 병의 소유가 되지만, Y 출산 이전에 X가 도품임을 알았기 때문에 해당되지 않는다. 따라서 B도 Y를 을의 소유로 볼 것이다.

38 ③ 난이도 하

구분	분할 대상	지급 시기
A	이혼 전 퇴직하여 이미 받은 연금	이혼일
B	이혼일에 퇴직 후 받게 될 연금총액의 현재가치	이혼일
C	실제 퇴직하였을 때 받게 될 연금총액	퇴직일
D	이혼일에 사퇴한다면 받게 될 연금액	퇴직일

ㄱ. (O) A에 의하면 이혼 상대방이 연금형성에 기여했더라도 퇴직 후에 이혼할 경우 연금분할을 받을 수 없다. 이 결정이 불합리하다면, A는 약화된다.
ㄴ. (O) B는 이혼일에 퇴직 후 받게 될 연금총액을 기준으로 하여 이혼 상대방에게 재산을 기여율만큼 미리 지급한다. 그렇기 때문에 연금 전액을 수령하지 못하는 경우가 되면 연금 수령자는 불리하게 된다. 한편 D는 이혼일에 그날 사퇴한다면 받게 될 연금 금액을 설정하는데, 이는 이혼일에 퇴직할 경우 받는 금액이 그 대상이 되므로 퇴직할 때에 받게 되는 금액에 비해 적을 수밖에 없다. 그런데 예상 퇴직 금액보다 적은 금액을 실제 퇴직할 때에 받게 된다면, 이혼일을 기준으로 설정한 금액을 주었기 때문에 B와 같거나 B보다 적은 금액이 될 수밖에 없다. 따라서 이 경우 B보다 D가 더 유리하다.
ㄷ. (X) B에 의하면 이혼일에 이미 연금총액을 기준으로 연금형성 기여율만큼 지급한 상태이다. 한편 C는 이혼일에 기여율만 정하고 퇴직일에 그 기여율만큼 이혼 상대방이 받을 수 있기에 이혼 후 연금 증가분도 기여율만큼 더 받을 수 있게 된다. 실제 연금총액을 대상으로 하기 때문이다. 따라서 이혼 상대방에게는 B보다 C가 더 유리하다.

39 ⑤
난이도 하

동산의 선의취득에 대한 유효한 거래 성립에 대한 규정은 다음과 같다.
[규정 1] 물건의 일종인 동산: 물건이 매도인의 것이라고 믿은 매수인이 물건을 유효한 거래에 의해 넘겨 받은 경우, 무권리자로부터 물건의 권리를 취득할 수 있다.
[규정 2] 동산이 도품인 경우: 매수인의 권리가 인정되지 않는다.
[규정 3] 돈을 물건으로 보면 동산과 동일하게 취급되지만 가치로 보면 그 돈의 물건적 성질이 부정되어 돈을 가지고 있는 사람에게 속한다.

ㄱ. (O) 을이 도품이 아닌 시계를 갑으로부터 취득했으나 을은 시계가 갑의 것이 아님을 알고 있었기 때문에 소유권을 취득할 수 없다. 갑이 무권리자이기 때문이다. 그런데 정은 을이 시계의 소유자라고 믿었기 때문에 [규정 1]에 의거하여 유효하게 권리를 취득할 수 있다.
ㄴ. (O) 돈을 물건으로 볼 경우, 그 돈은 동산과 동일하게 취급하므로 도품은 [규정 2]에 의해 을의 것이 되지 못한다.
ㄷ. (O) 돈을 가치로 볼 때에는 그 돈을 가지고 있는 사람에게 속하는 것으로 보아야 한다는 [규정 3]에 의해 그 돈은 을의 소유가 된다.

40 ⑤
난이도 하

ㄱ. (O) 지문에서 철거명령과 대집행 절차는 서로 별개의 법적 효과를 발생시키는 독립적 행위로 인정하고 있다. 그러므로 철거명령에 하자가 있었고 이에 대한 제소기간이 지났다 하더라도 철거명령의 하자를 대집행 계고 처분의 위법사유로 주장할 수 없다.
ㄴ. (O) 지문에서 앞선 행위의 하자가 제소기간의 적용을 받지 않는 무효에 해당한다면, 앞선 행위와 후속 행위의 결합을 묻지 않고 앞선 행위의 하자를 후속 행위의 위법사유로 주장할 수 있다고 한다. ㄴ은 이에 해당하는 사례로서 철거명령의 하자를 대집행 계고 행위의 위법사유로 주장할 수 있다.
ㄷ. (O) 지문에서 대집행 절차를 구성하는 일련의 단계적 행위들 즉, 대집행의 계고, 실행의 통지, 실행, 비용징수들은 서로 결합하여 하나의 법적 효과를 발생시키는 행위로 인정하고 있다. 따라서 철거명령과 대집행 절차상의 행위가 결합하여 하나의 법적 효과를 발생시키는지 여부와 관계없이, 비용징수 처분 취소소송에서 대집행 계고 행위의 하자를 비용징수 행위의 위법사유로 주장할 수 있다.

41 ①
난이도 하

지문의 논증을 정리하면 다음과 같다.
[문제 제기] 국가에서 사형은 유용하고 정당한가?
[전제] 법은 각자의 개인적 자유 중 최소한의 몫을 모은 것이다.
[전제] 사형은 모든 가치 중 최대한의 것인 생명 자체를 포함하는 것이다.
[전제] 사형은 권리의 문제가 아니라 사회가 자신의 존재를 파괴당하지 않기 위해서 시민에 대하여 벌이는 전쟁행위이다.
[소결론] 국가가 자유를 상실할 기로에 서거나, 무질서가 법을 대체할 때가 아니라면 시민의 죽음은 불필요하며, 한 사람의 죽음이 타인들의 범죄를 억제하는 유일한 방법이어서 사형이 필요하고 정당한 것인지만이 문제가 된다.
[전제] 인간의 정신에 가장 큰 효과를 미치는 것은 형벌의 강도가 아니라 지속성이다.
[결론] 범죄자가 짐승처럼 자유를 박탈당한 채 노동해서 사회에 끼친 피해를 갚아나가는 인간의 모습을 오래도록 보는 것이 범죄를 가장 강력하게 억제한다.

ㄱ. (O) [소결론]에서 국가가 자유를 상실할 기로에 서거나, 무정부상태가 도래하여 무질서가 법을 대체할 때가 아니라면 시민의 죽음은 불필요하다는 입장이므로, 법에 따른 지배가 구현되고 있는 평화로운 나라에서 사형은 허용되지 않는다.
ㄴ. (X) 형벌의 주된 목적은 [소결론]과 [결론]에서 밝히듯 범죄 억제에 있으므로 옳지 않다.
ㄷ. (X) [결론]에서 강조한 것은 일시적 장면을 보여주는 사형보다 자유를 박탈당한 채 지속적으로 고통을 당하는 장면을 보여주는 것이 범죄 억제 효과가 더 뛰어나다는 것이다. 하지만 이 견해로 필자가 형벌의 공개집행을 반대하고 있는지에 대해서는 추론할 수 없다.

42 ②
난이도 하

① (X) 당시 해고가 무효는 아니라는 법원의 판단이 있으므로 소급적으로 해고 결정이 소멸된다는 것을 추론할 수 없다.
② (O) 해고가 무효가 아니라는 판단은 '당시'라는 해고 통고 시점을 기준으로 하는 것으로 옳은 추론이다.
③ (X) 해고의 정당성은 인간적 신뢰를 잃었기 때문에 근로 관계를 지속할 것을 기대할 수 없었다는 데에 있으므로 갑의 해고에는 정당한 사유가 존재한다고 볼 수 있다.
④ (X) 해고에 정당한 사유가 없으면 소급하여 무효가 되어야 한다. 그런데 당시 법원은 해고가 정당하다고 판단한 반면 신규고용청구권을 인정하였다. 해고의 정당한 이유는 당시 나치 체제에 동조한 혐의가 있어 신뢰 관계를 잃었기 때문이라는 것이다. 그런데 무죄판결을 받음으로써 해고를 정당화했던 신뢰 관계의 상실이라는 이유가 이제는 더 이상 근거가 없게 되었다. 이것으로부터 고용에서 신뢰 관계가 중요한 요건임을 추론할 수 있다. 신규고용청구권을 통해 신규고용을 인정한 것은 신뢰 관계를 고려하였기 때문이다. 설사 이러한 추론이 어렵다고 하더라도 신뢰 관계를 고려하지 않았다고 단정할 수는 없다. 그런데 ④는 '신뢰 관계가 고려되지 않는다'라고 하기 때문에 틀린 진술이다. 혐의가 있었는지 여부는 해고의 사유에 불과하고, 해고가 정당한지 여부의 판단은 해고한 사실에 대한 판단이므로, 해고 통고 시를 기준으로 한다. (출제처 이의제기 답변)
⑤ (X) 1951년 해고를 정당하게 본 이유에서 범죄 혐의가 있다는 사실만으로도 근로 관계 지속을 위한 신뢰를 잃을 수 있다고 진술하고 있다.

43 ②
난이도 중

① (X) 여성이 동의할 경우 부의 법적 지위가 인정되지만, 출산한 여성과 부부로 인정되는지는 추론할 수 없다.
② (O) 첫 문장에서 친자 관계는 출산 또는 입양으로 가능하다는 것을 알 수 있다. 그런데 A국에서는 대리모가 가능하기 때문에 출산한 대리모가 '모'가 된다. 따라서 의뢰인이 모가 되기 위해서는 출생한 자를 입양해야 된다.
③ (X) B국에서는 남녀 모두 자연적으로 생식 가능하다고 간주되는 연령의 부부만이 가능하기에 옳지 않다.
④ (X) B국에서의 '부'는 출산한 모와 혼인 관계에 있어야 하기에 정자를 제공한 남자는 부가 아니다.
⑤ (X) A국의 경우 대리모 계약을 금지하고 있지 않기에 옳지 않은 추론이다.

44 ③
난이도 하

ㄱ. (O) 폭행 및 협박을 행사하여 평온한 보호·양육을 깨뜨린 경우이므로, 두 견해 모두 이러한 행위는 미성년자약취죄에 해당한다고 판단할 것이다.

ㄴ. (O) 자녀의 평온이 유지되면서 거소만 옮기는 행위이므로, <견해 1>에 의하면 약취죄에 해당하지 않는다.

ㄷ. (X) 정신적·심리적 충격은 평온을 깨뜨리는 행위이므로, <견해 1>에 의하면 약취죄에 해당한다. 또한 다른 일방의 동의 없이 이루어진 행위이기에 <견해 2>에 의할 경우에도 약취죄에 해당한다.

45 ④   난이도 중

ㄱ. (O) 원칙에 의할 경우, 법이 정한 대로 직계비속이 균분해야 하므로 아들과 딸이 1/2씩 상속을 받고 배우자는 받을 수 없다.

ㄴ. (X) 상황에서는 임신된 상태에서 태아에게 상속인이 지정되고 있고, 상속인의 지위를 상실하는 조건을 부가하지 않기에 무효 조건에 해당되지 않는다.

ㄷ. (O) 유언은 두 가지의 상황만을 설정했을 뿐, 아들과 딸이 동시에 출생하는 경우에 대해서는 언급하지 않았다. 따라서 유언대로 상속이 이루어질 수 없는 상황이다.

46 ④   난이도 하

B방법은 금전이나 물건 등을 주어야 하는 채무에 해당하는데, 지문에서는 그러한 상황이 아니므로 A 또는 C방법 위주로 풀이한다.

(가) 사실 관계에서는 두 가지의 시점이 나타난다. 우선 시장 개방 전에는 통신회사가 X회사 하나밖에 없으므로 A방법으로는 문제 해결이 어렵다. A방법은 채무자의 비용으로 채권자 또는 제3자에게 행위를 하도록 하는 것(대체 강제)이다. 그런데 통신서비스는 채권자 스스로 할 수 없는 일이며, 이를 행할 수 있는 제3자도 없기 때문에 A방법은 아니다. 따라서 C방법으로만 강제 이행으로 실행시킬 수 있다.

(나) 시장 개방 후에는 다수의 다른 통신회사가 설립되었으므로 Y에게 X회사의 비용으로 통신서비스를 할 수 있다. 따라서 시장 개방 후에는 A방법으로 문제 해결을 할 수 있다. 물론 시장 개방 후에도 C방법을 사용할 수 있지만, 이는 최후의 수단이므로 A방법을 사용해야 한다.

47 ④   난이도 하

ㄱ. (X) 보통교부금은 재정부족분만큼 지급하는 것이다. 그렇기에 불교부단체를 제외한 지방자치단체는 자체수입금이 부족하더라도 총지출규모만큼 보충해주기 때문에 최대의 재정적 노력을 기울일 필요를 느끼지 않을 것이다.

ㄴ. (O) 보통교부금은 부족한 재정을 지급해 주는 것으로 재정부족분이 많이 발생하는 갑이 을에 비해 더 많이 받는다. 이때 총지출규모가 동일하기에 을이 갑보다 자체수입금이 높다. 그런데 동률교부금은 자체수입금에 비례하여 지급받기에 을이 갑에 비해 언제나 더 많이 받는다.

ㄷ. (O) 총지출규모와 자체수입금액이 같을 경우, 동액교부금은 획일적으로 동일한 금액이 지급되며 동률교부금은 자체수입금에 비례하는데 이 금액도 같기 때문에 동일 금액이 지급된다. 또한 보통교부금도 총지출규모에서 자체수입금액을 뺀 금액이 지급되는 것이기에 역시 동일한 금액을 지급받을 것이다.

48 ⑤   난이도 하

구분	물건 효용 해함 의미	B 규정 적용 대상
갑	파손+은닉	문서 숨기는 행위
을	파손+은닉	문서 효용 행하는 행위
병	파손	문서 숨기는 행위

ㄱ. (O) 갑에 의하면, A 규정의 효용을 해하는 것은 물건의 파손, 숨김 모두 해당한다. B는 이를 가볍게 벌하는 규정으로 타인의 문서를 숨긴 경우 B가 적용된다. 따라서 타인의 문서를 파손하는 경우는 A가 적용된다.

ㄴ. (O) 을에 의하면, B는 물건 중에서 문서의 효용을 해하는 행위를 가볍게 처벌하는 것이며, 이때 효용을 해하는 행위에는 파손과 숨김 모두 해당된다. 따라서 문서를 파손한 경우에도 B가 적용된다.

ㄷ. (O) 병은 효용을 해하는 것에 파손만을 포함한다고 말하고 있다. 따라서 병에 따르면 문서를 파손한 경우 A가 적용된다.

49 ①   난이도 중

ㄱ. (O) 병이 본인의 해임 안건에 특별한 이해관계가 있다면, (1)에 의해 병은 의결권을 행사할 수 없다. 한편 갑, 을, 병 모두 출석하였으므로 1/3 출석 요건은 갖추었다. 그리고 (3)에 의해 병의 해임 안건이 의결되기 위해서는 의결권을 행사할 수 있는 갑과 을의 주식 중 2/3 이상 찬성이 되어야 한다. 갑과 을의 주식의 합은 60%이며, 이 중 2/3 이상은 40%이다. 그런데 갑은 34%, 을은 26%이므로 어느 한 명만 찬성해서는 의결될 수 없기에 둘 모두 찬성해야만 병의 해임 안건이 가결된다.

ㄴ. (X) 병이 해임 안건에 특별한 이해관계가 없다면, 병도 의결권을 행사할 수 있다. 이때 (3)에 의해 출석 주주의 소유 주식 수가 1/3 이상이어야 하는데, 병만 출석한 경우 소유 주식이 40%이므로 이 조건을 충족한다. 그리고 이 중 2/3 이상의 찬성이 의결 기준이므로 병의 찬반에 따라 가부 결의를 할 수 있다.

ㄷ. (X) 갑과 병이 참석하였으므로 1/3 이상 참석 조건은 갖추었다. 병이 해임 안건에 특별한 이해관계가 있다면, 병은 의결권이 없다. 갑과 병만 참석한 경우 의결권을 갖는 주주는 갑만 해당하는데, 갑은 34%를 가지고 있다. 참석자 중 의결권이 있는 주주의 2/3 이상이면 결의를 할 수 있으므로 갑이 찬성할 경우 병의 해임을 가결할 수 있다.

50 ①   난이도 하

ㄱ. (O) 사례는 행위 당시 행위자가 인식한 사실에 기초한 것이므로 갑은 인과관계를 인정한다. 을 또한 객관적 사실 모두에 기초하여 특이체질이 반응한 것이므로 이례적이지 않은 사건이기에 인과관계를 인정한다.

ㄴ. (X) 갑에 의하면, 행위 당시 행위자 이외의 일반인이 인식한 사실에 기초할 경우 인과관계를 인정할 수 있다. 또한 을도 객관적으로 존재한 사건은 트럭에 치인 사망이기에 인과관계를 인정할 것이다.

ㄷ. (X) 갑에 의하면, 행위 당시에는 행위자 및 일반인 모두 인식하거나 예견할 수 있는 사건이 아니다. 따라서 갑은 인과를 인정하지 않을 것이다.

51 ④ 난이도 하

ㄱ. (X) 계약 당사자이므로 A를 충족하지 못하기에 옳지 않은 진술이다. 한편 갑을 특정하여 반환을 요구하는 것으로 B를 갖추었고, 행정청의 반환 청구로 인하여 갑에게 반환 의무가 발생하였기에 C를 갖추었다고 할 수 있다.

ㄴ. (O) 상황은 기존의 규정위반에 대해 의무 이행을 독촉하는 행위이므로 직접적인 영향을 미친 행위가 아니다. 따라서 C에 해당되지 않는다.

ㄷ. (O) 임대차계약은 계약 당사자로서 대등한 관계에서 행한 행위이므로 A를 갖추지 못하였다. 또한 토지 사용료 납부는 기존의 관계에 의해 이미 발생한 의무이며 새로운 권리·의무의 변동을 일으킨 행위가 아니기 때문에 C도 갖추지 못하였다.

52 ④ 난이도 하

① (O) 허가를 받은 자에게 의무 위반에 의한 책임이 있는 경우로 A에 해당한다.
② (O) 허위에 해당하므로 B 유형이다.
③ (O) 공익을 위한 새로운 사정이 발생한 것이므로 A 유형이며, 이때에는 신뢰 보호를 주장할 수 있다.
④ (X) 허가 요건이 구비되지 않았음에도 부당하게 허가가 된 B 유형으로, 법에 규정되어 있지 않아도 허가 취소가 가능하다.
⑤ (O) 의무 위반에 따른 책임 문제의 A 유형이며, 법에 규정되어 있어야 허가 취소가 가능하다.

53 ② 난이도 중

ㄱ. (X) 을은 첫 단락에서 계약을 위반하지 않았다고 주장한다. 그런데 그렇게 주장하는 이유가 두 가지 계약 조건에서 어떤 것이 문제인지는 알 수 없다. 을은 본인의 행위가 금지된 행위가 아니라고 주장할 수도 있기 때문이다.

ㄴ. (O) 판사3이 행위 X에 대해서 부정적일 경우, 다수결에 의해 을은 행위를 하지 않은 것이 되므로 계약 위반이 아니라고 판단할 것이며, 이 경우 ㉠의 상황이 발생하지 않는다. 이를 정리하면 다음과 같다.

구분	금지 여부	행위 여부	위반 여부
판사1	O	O	O
판사2	O	X	X
판사3	X	X	X

ㄷ. (X) 네 명의 판사가 있더라도 동일 수의 쟁점 여부가 발생할 수 있다. 이때에는 판사1의 결정을 따라야 하므로 여전히 ㉠ 상황이 발생할 수 있다. 예를 들어 판사4가 금지된 행위가 맞지만 을이 행위를 하지 않았다고 주장할 경우, 여전히 곤란한 상황이 발생할 수 있다.

구분	금지 여부	행위 여부	위반 여부
판사1	O	O	O
판사2	O	X	X
판사3	X	O	X
판사4	O	X	X

세 명이 금지했다고 하였으므로 을의 행위는 금지된 행위였고, 을이 행위를 했다는 판단은 2:2이지만, 이런 경우 가장 경력이 오래된 판사1의 견해를 따라야 하므로 역시 금지된 행위를 한 것이다. 따라서 각각의 쟁점을 합하면 을은 계약 위반을 한 것이다. 하지만 판사 각각의 판단은 세 명이 위반하지 않았다고 할 것이므로 곤란한 상황이 여전히 발생한다.

54 ② 난이도 하

ㄱ. (X) 점용료 납부 명령에 대해서는 기본권(재산권) 제한 부분에 해당되어 사전에 알려야 한다. 그러나 도로 점용 허가 처분은 기본권 제한이 아닌 기본권을 갖게 하는 것이기 때문에 이에 대해서는 사전에 알릴 필요가 없다.

ㄴ. (O) 병의 경우 기본권 침해가 예상되므로 알려야 하지만, 을 법인은 권리가 실현되는 경우로 사전승인을 알릴 필요가 없다.

ㄷ. (X) 정 본인에게는 권리 제한에 해당하기에 알려야 하지만, 그 가족은 직접 제한받지 않으므로 사전에 알릴 필요가 없다.

55 ③ 난이도 하

㉠ (X) 갑돌이의 평소 행실에 관한 진술이므로 채택하지 않는다.
㉡ (X) 과거에 특정한 행위를 한 적이 있다는 진술(첫째)로 채택하지 않는다.
㉢ (O) 과거 증인이 재판에서 허위 진술로 처벌받은 사실로 둘째 요건에 해당한다.
㉣ (O) 셋째 조건에 의해, '증인 을돌이가 예전에 재판에서 허위 진술을 하여 처벌을 받은 적이 있다.'고 진술한 때에 '증인 을돌이가 진실하다.'고 진술하였으므로 채택된다.

56 ③ 난이도 하

ㄱ. (O) 갑에 의하면 택시 안은 공개된 장소가 아니기 때문에 규정 (2)가 적용되지 않는다. 따라서 (3)을 지키면 되기에 옳은 진술이다.

ㄴ. (O) 을은 휴대전화 카메라는 CCTV라는 견해이다. 따라서 비공개된 장소이므로 (2)가 적용되지 않고 (3)만 준수하면 가능하다.

ㄷ. (X) 병은 블랙박스도 CCTV라는 견해이다. 하지만 비공개된 자동차 내부에 설치되었기에 (2)가 적용되지 않는다.

57 ① 난이도 하

ㄱ. (O) 무인비행장치에 해당하나 군사목적이기 때문에 2와 4의 신고와 승인은 없어도 된다. 비행시간도 3을 위배하지 않는다.
ㄴ. (X) 무인비행장치를 소유하였기에 2에 의해 신고해야 한다.
ㄷ. (O) 육군 항공대가 빌려서 사용하는 것으로 군사목적이기에 신고와 승인이 없어도 가능하다. 비행시간도 3을 위배하지 않는다.
ㄹ. (X) 3에 의해 야간에 비행하기 때문에 비행승인을 받아야 한다.

58 ⑤ 난이도 중

ㄱ. (O) 유효가 될 수 있는 경우에만 적용되는 것이 축소 해석이며 경미한 과실은 손해배상책임 면제에 해당될 것이다.

ㄴ. (O) 보험계약자의 지배와 관리가 불가능한데도 보험사의 책임이 면제될 경우 보험약관법 (2)를 위반하게 될 것이다.

ㄷ. (O) 약관의 효력을 유지하면서 축소 해석을 하는 것으로 규정 (1), (2)에 부합하는 약관조항을 만들지 않아도 되기에 옳은 추론이다.

59 ② 난이도 하

ㄱ. (X) 甲은 공교육이 실시되기 전에 측정한 잠재능력에 비례하여 공교육이 제공되어야 하기에, 청각장애 이전 상황을 기준으로 하여 판단해야 한다. 따라서 甲은 무상으로 수화 통역사를 제공해야 함에 찬성할 것이다. 하지만 乙은 상급 학년으로 진급하는 학업 성취 결과가 나오면 평등한 교육이 실현된 것으로 보기에 수화 통역사의 무상 제공에 반대할 것이다.

ㄴ. (O) 乙은 상급 학년으로 진급하는 학업 성취 결과가 나왔다면 평등이 실현된 것으로 본다. 따라서 요구를 받아들이지 않을 것이다.

ㄷ. (X) 甲은 자신의 잠재능력에 비례하는 성과를 내는 데 차이가 나지 않도록 해야 한다는 견해이므로 받아들이지 않을 것이다. 또한 乙도 학업 성취 결과로 평등 실현을 평가하기에 받아들이지 않을 것이다.

60 ③ 난이도 중

ㄱ. (O) 병은 검사의 구속기소가 무죄추정원칙에 위배된다고 주장한다. 하지만, P회사의 해고에 대해서는 을과 마찬가지로 무죄추정원칙과 관련 없다는 견해이다.

ㄴ. (O) 정은 무죄추정원칙이 재판 과정에서만 적용되는 것이라고 주장한다. 따라서 재판 전에 공개한 것에 대해서는 위배되지 않는다고 주장할 것이다.

ㄷ. (X) 을은 무죄추정원칙을 수사 절차에서 재판 절차에 이르기까지 형사 절차의 전 과정에서 구속 등 어떠한 형사 절차상 불이익도 입지 않아야 한다고 주장한다. 따라서 재판에서 스스로 무죄를 증명하지 못하면 처벌받도록 하는 특별법은 무죄추정원칙에 위배된다고 주장할 것이다. 한편 정은 무죄추정의 원칙은 재판 과정에서 검사가 피고인의 유죄를 증명하지 못하는 한, 피고인을 처벌할 수 없다고 주장한다. 즉, 검사가 피고인의 유죄를 증명할 때에만 처벌할 수 있다는 입장이다. 그런데 피고인 스스로가 무죄를 증명하지 못할 경우 처벌받게 되면, 검사의 유죄 증명이 안 되어도 처벌을 받게 되므로 특별법은 정의 주장에 위배된다. 따라서 을과 정 모두 특별법에 반대하는 입장이다.

61 ② 난이도 하

ㄱ. (X) 규정에서는 제3조 및 제4조에서 성년에 이른 자녀에 대해서만 언급하고 있다. 따라서 을의 해당 여부는 판단할 수 없다.

ㄴ. (X) 제4조에서 신청자가 사망한 경우 성년이 된 자녀는 청구에 따라 제1조 ②의 신상정보서의 사항을 언제든지 열람할 수 있다. 그러나 ㄴ의 정보는 제4조에서 예외로 두고 있는 사항이기에 국가심의회에서 허용하는 대상이 아니다.

ㄷ. (O) 출생 일시, 출생 장소에 관한 정보는 제1조 ② (1)에 해당하는 것으로서 제4조가 적용되지 않고, 제3조에 의해 직계 후손의 청구이므로 열람하게 된다.

62 ④ 난이도 하

① (O) 상속인으로 지정되지 않는 직계비속인 자녀는 유언의 반윤리성이 인정되어 유언이 효력을 잃으면 상속 대상이 되지만, 승소하지 못하여 반윤리성이 인정되지 않으면 상속에서 배제된다.

② (O) 갑은 유언을 통하여 상속인과 상속분도 지정할 수 있다.

③ (O) 반윤리성 여부를 심사할 때에는 상속 순위에 있는 친족들에게 존재하는 사정만을 판단의 근거로 삼을 수 있기에, 정이 부양한 사실은 근거로 삼을 수 없다.

④ (X) 반윤리의 소를 제기할 수 있는 사람은 상속인으로 지정되지 않은 자이다. 그런데 을은 상속인으로 지정되었으므로 자격이 없다.

⑤ (O) 반윤리의 소에 대해 승소 판결이 내려지면 유언은 없는 것과 같은 상태가 된다. 따라서 직계비속인 을이 법에 의해 1순위 상속인이 되어 단독으로 상속재산을 취득한다.

63 ① 난이도 상

ㄱ. (O) (2)에서 말하는 사이버몰판매중개 행위에 해당하지 않는다.

ㄴ. (X) (1)에서 사이버몰판매란 직접 대면하지 않고 사이버몰을 이용하고 계좌이체 등을 이용하는 방법으로 소비자의 청약을 받아 '재화'를 판매하는 방식이다. 그런데 모바일 어플리케이션을 이용하여 원룸과 오피스텔의 '임대차'를 전문적으로 중개하는 사업자는 이에 해당하지 않는다.

ㄷ. (X) R는 사이버몰판매중개자가 아닐 뿐만 아니라, (3)에서 상품의 대금을 중개자가 지급받는 경우 사이버몰판매자가 거래상 의무를 이행하지 않을 때에는 대신 이행해야 하는 경우가 있을 수 있다. 따라서 당사자가 아니라고 고지한 경우에도 손해배상책임에서 면제되지 않을 수 있다.

64 ③ 난이도 하

ㄱ. (O) 방식 2에서는 A와 B 모두 개별적으로 구매할 수 있으나, 방식 3은 B만 개별적으로 구매할 수 있고 A는 개별적으로 구매할 수 없다. 따라서 A, B를 개별적으로 모두 구매하려는 소비자는 방식 3보다 방식 2를 선호한다.

ㄴ. (X) 방식 1은 1가지(A+B)의 선택지밖에 없으며, 방식 2는 (A, B, (A+B)) 3가지, 방식 3은 ((A+B), B) 2가지이다. 따라서 소비자의 선택권을 가장 크게 제한하는 것은 방식 1이다.

ㄷ. (O) 개별 상품 가격의 총합이 묶음상품의 가격에 비해 현저히 높아서 소비자들의 개별 구매가능성이 낮을 수 있으므로, 규제 대상이 될 수 있다.

65 ⑤ 난이도 하

ㄱ. (O) 과다포함은 목적의 관점에서 어떤 사례를 포함하지 않아도 되는데도 포함하는 경우를 말한다. ㉠의 목적을 위한 규칙 1의 경우, 경찰차가 사전 허가 없이 진입하는 경우를 과다포함한 것이다.

ㄴ. (O) 과소포함은 어떤 사례를 포함해야 하는데도 포함하지 않는 경우에 해당한다. ㉡의 목적을 위한 규칙 2는 핫도그 판매 차량의 소음 발생의 경우 과소포함에 해당한다.

ㄷ. (O) 규칙 3의 경우 긴급사태로 인한 소방차, 구급차 진입을 허용하고 있다. 이때 규칙 3은 불필요한 소음을 발생시키지 않는 구급차의 경우 ㉡의 목적을 고려할 때 과소포함에 해당되지 않으며, 이용자를 구조하기 위해 진입하는 경우이기에 ㉠의 목적을 고려할 때 과다포함에도 해당되지 않는다.

66 ④ 난이도 하

① (O) 제1조. 유실물의 습득자는 경찰서에 신고하고 경찰서장이 보관해야 한다.
② (O) 제1조. 경찰서에 제출된 날짜가 1. 23.이므로 이로부터 3개월이 경과하기 전인 4. 14.에 반환 청구가 가능하다.
③ (O) 제2조 제2항. 갑이 소유권을 포기하면 습득자는 유실물을 습득한 때에 그 소유권을 취득하므로 1. 14.에 을이 소유권을 취득한다.
④ (X) 제2조. 경찰서장에 제출된 날은 1. 23.이며, 3개월 이내라 함은 4. 23.까지이다. 따라서 4. 30.에 반환을 청구해도 소용이 없고 습득자가 염소 A에 대한 소유권을 취득한다. 이때 제3조에 의하면, 제2조가 적용되는 경우 습득자는 상처 치료 비용을 청구할 수 없다. 따라서 을은 갑에게 비용을 청구할 수 없다.
⑤ (O) 제2조에 의한 기간이 지나지 않았으므로 제3조에 의해 청구할 수 있다.

67 ② 난이도 하

ㄱ. (X) 제2조에 의해 외국에서 증권을 발행하는 외국회사 Y국 회사가 X국 주식시장에 상장된 경우이므로 제1조를 준용한다. 그런데 X국 거주자가 2년 이내에 증권을 취득할 수 없다는 조건이 있으므로 제1조에 의해 신고의무가 없다.
ㄴ. (X) Y국(외국) 주식시장에 상장되어 있고 X국 거주자의 주식보유비율도 20% 미만이기에 제2조에 해당되지 않는다. 따라서 제1조가 준용되지 않기에 신고의무가 없다.
ㄷ. (O) 제2조의 X국 거주자의 주식보유비율이 20% 이상인 경우이므로 제1조가 준용된다. 또한 1년 이내에 증권 취득을 허용하기에 제3조에 따라 신고의무가 면제되지 않는다. 따라서 신고의무가 있다.

68 ① 난이도 하

ㄱ. (O) 제1조 ①항에 의해 X국 내 등록이용자 수가 120만 명이므로 100만 명을 넘는 국외 사업자이기에 적용 대상이 된다. 또한 제1조 ③항에 의해 200만 명 이하이므로 제2조 ③항 의무는 면한다. 따라서 제3조 위반에만 해당하므로 제4조에 의해 5억 원 이하로 과태료가 부과된다.
ㄴ. (X) 제1조 ③항에 의해 200만 명 이하이므로 제2조 ③항 의무를 면한다.
ㄷ. (X) 제1조 ③항에 의해 200만 명 이하인 플랫폼을 운영하는 국외 사업자는 제2조 ③항의 의무를 면하므로 신고 의무가 없다.

69 ④ 난이도 하

ㄱ. (X) 제3조 제1항. 우선권 있는 채권자인 병에게 7천만 원을 갚고, 제2항에 의해 나머지는 자신의 의사에 따라 자유롭게 갚을 수 있다.
ㄴ. (O) 집에 대해 우선권이 있는 병에게 관련 채권 5천만 원을 갚을 경우, 제3조 제3항에 의해 나머지 2천만 원은 우선권 없는 채권이 된다. 이는 제2항에 의해 자신의 의사에 따라 자유롭게 갚을 수 있는 채권이기에 을은 나머지 2천만 원을 병에게 갚아도 된다.
ㄷ. (O) 병에게 우선권 있는 채권을 갚고, 나머지는 자유롭게 갚을 수 있다.

70 ① 난이도 하

ㄱ. (O) 제2조 제2항. 숙박예약 및 이벤트 행사를 위한 목적에 해당되며, 1주일 이내에 정보주체에게 알려주었으므로 [규정]을 준수하였다.
ㄴ. (X) 제2조 제3항. 수집 목적 이외의 용도로 사용할 경우 별도의 동의를 받아야 한다.
ㄷ. (O) 제2조 제4항. 위탁의 경우 위탁 후 정보주체에게 알리고 공개하였으므로 [규정]을 준수하였다.
ㄹ. (X) 제2조 제3항. 수집 목적 이외의 용도로 별도의 동의를 받아 제3자에게 제공할 수 있는 것은 정보주체의 이익을 부당하게 침해할 우려가 없는 경우이다. 그러나 불법도박사이트 운영업체는 이에 해당되지 않기에 옳지 않은 판단이다.

71 ① 난이도 하

ㄱ. (O) 제3조. 타인의 동의 없이 그의 물건을 원재료로 사용하여 새로운 물건을 제작하였고 손쉽게 원재료로 환원할 수 있는 경우 원상대로 반환해야 한다. 따라서 제작자 을은 ㉠을 원상대로 반환해야 한다.
ㄴ. (X) 제2조 제2호. 새로운 물건 가격이 원재료 가액에 미달하는 경우 새로운 물건을 제작한 을에게 원재료 가액의 지급을 청구해야 하며, 제작자 을이 이를 지급하지 않는 경우에 한하여 새로운 물건 ㉡을 소유한다. 따라서 ㉡이 바로 갑의 소유가 되지는 않는다.
ㄷ. (X) 제1조 제2항. 갑의 동의를 얻어 새로운 물건을 제작한 경우에도 가격이 원재료 가액을 초과한 경우이므로 ㉢은 이를 제작한 병의 소유가 된다. 한편 갑의 동의 없이 제작한 경우 제2조 제1호에 의해 새로운 물건이 원재료 가액을 초과하므로 원재료 소유자인 갑의 소유가 된다.

72 ⑤ 난이도 하

① (O) 1안은 촬영한 자 4년 이하 징역, 유포한 자 6년 이하 징역으로 유포한 행위가 더 중한 범죄가 되며, 3안도 촬영한 자 5년 이하 징역, 유포한 자 7년 이하 징역으로 후자가 더 중한 범죄가 된다.
② (O) 3안에만 소지·구입·저장 또는 시청한 자에 대한 처벌을 명시하고 있으므로 옳은 진술이다.
③ (O) 1, 2, 3안 모두 촬영대상자의 의사에 반하여 유포한 자를 처벌해야 한다고 주장하고 있다.
④ (O) 3안 제2항. 제1항의 촬영 당시에는 대상자의 의사에 반하지 아니한 경우에도 그 촬영물을 대상자의 의사에 반하여 유포한 자는 처벌받는다.
⑤ (X) 1안 제3항. 영리를 목적으로 촬영물 또는 복제물을 정보통신망을 이용하여 유포하지는 않았다. 따라서 1안 제2항에 의하면 징역 6년형이다. 한편 3안은 제2항에 의해 최대 7년까지 처할 수 있다.

73 ③ 난이도 하

ㄱ. (O) 갑(X국)과 을(Y국)의 국적국에서 중혼을 허용하기에 가능하다. 또한 갑과 을은 동성이 아니기에 가능하다.
ㄴ. (O) 갑(X국)과 병(Z국)의 국적국에서 동성혼을 허용하며 둘은 중혼이 아니기에 가능하다.
ㄷ. (X) 을과 병의 혼인에 있어서 병의 국적국인 Z국에서 중혼을 허용하지 않는다. 따라서 혼인할 수 없다.

74 ①
난이도 하

ㄱ. (X) A법 제2조 제4항은 근로자일 경우에만 노동조합에 가입할 수 있다. 그런데 갑은 사용자로부터 근로의 대가로 계속적·정기적인 금품을 받는 자를 근로자로 보고 있다. 따라서 갑에 의하면 요청이 있을 때에만 수수료를 받는 자는 근로자로 볼 수 없다. 한편 병에 의하면 일시적으로 실업이나 구직 중인 자도 노동3권을 보장할 필요성이 있는 한 근로자로 인정하기 때문에 노동자가 될 수 있으므로 노동조합에 가입할 수 없다고 단정할 수 없다.

ㄴ. (O) 계속적·정기적인 금품을 받지 않기 때문에 갑에 의하면 노동조합에 가입할 수 있는 근로자가 아니다. 그러나 을에 의하면 근로의 대가로 계속적·정기적인 금품을 받지 않더라도 성과에 따른 수수료를 받는 자는 근로자에 해당하므로 노동조합에 가입할 수 있다.

ㄷ. (X) 병에 의하면 일시적으로 실업 상태에 있는 자라도 노동3권을 보장할 필요성이 있는 경우 근로자가 되어 노동조합에 가입할 수 있다.

75 ②
난이도 상

ㄱ. (X) 감사청구를 한 시민은 을이 아니라 갑이다. 따라서 을이 시민소송을 제기할 수 있는 것은 아니다.

ㄴ. (X) 시민소송은, 해당 지방정부의 장이 행정부장관의 조치 요구를 성실히 이행하지 아니한 경우, 그 감사를 청구한 사항과 관련이 있는 위법한 행위나 업무를 게을리한 사실에 대하여 제기할 수 있다. 사례에서 병이 감사청구를 한 것은 공금 지출에 관한 사무처리가 공익을 해쳤다는 데에 있다. 따라서 공금 지출 자체가 공익을 해쳤다는 이유로 시민소송을 제기할 수는 없다. 공금 지출에 관한 사무처리와 관련이 있는 위법한 행위가 그 대상이기 때문이다.

ㄷ. (O) 감사청구한 사항과 관련이 있는 위법한 행위를 대상으로 하기에 시민소송을 제기할 수 있다.

76 ④
난이도 중

① (X) 병의 견해에 취득된 재산을 보유하지 못하는 규정이 충족되는지 알 수 없다.
② (X) 실제 알선행위를 한 사람에 대한 것이므로 을을 충족하지는 못한다.
③ (X) 공무원의 신분을 가지지 않는 사람에 대한 갑의 견해 충족에 해당되지 않으며, 병의 재산을 보유하지 못하게 하는 사항도 충족하는지 확인할 수 없다.
④ (O) 공무원 신분을 요구하지 않는다는 점에서 갑을 충족하며, 실제 알선행위를 할 것을 요구하지 않으며 공무원 직무에 관하여 자신의 이익을 추구한 사람을 처벌한다는 을을 충족한다. 또한 자신의 이익을 추구한 사람을 처벌하고 재산을 보유하지 못한다는 병의 견해도 충족한다.
⑤ (X) 자신이 이익을 취하는 것에 대한 내용이 없으므로 을과 병을 충족할 수 없다.

77 ③
난이도 중

ㄱ. (O) ㉠은 법률 규정의 통상적 의미를 따른 것이며, ⓐ가 금전적 이익을 실제로 향유한 경우만 의미한다면, 갑은 이전에 받은 명예퇴직수당을 실제 향유하지 않았으므로 명예퇴직수당이 지급된다.

ㄴ. (X) ⓐ의 의미에 대한 논란이 있어서 결정되지 않은 경우이므로 ㉡의 해석을 고려한다고 해도 지급 여부를 결정할 수 없다.

ㄷ. (O) 갑의 사례는 실질적 중복 수혜에 해당되지 않으므로 ㉢에 따라 갑에게 명예퇴직수당이 지급된다.

78 ④
난이도 중

ㄱ. (X) A는 상표가 등록되어 있는 나라에서 상표권 침해가 발생한 것으로 보기 때문에 X국 법원은 재판권을 행사할 수 없다.

ㄴ. (O) B는 상표가 등록되지 않은 나라에서도 침해된다는 주장이므로 옳은 판단이다.

ㄷ. (O) X국에는 상표가 등록되어 있지 않고 판매가 된 것도 아니므로 A와 B에 의하면 X국 법원은 재판권을 행사할 수 없다.

79 ③
난이도 중

ㄱ. (O) 제2조. 갑과 을이 합의한 Y주 법원이 아니기에 개시할 수 없다.

ㄴ. (O) 제4조에서 23. 1. 1.부터 제3조를 적용할 수 있지만, 단서 조항에 의해 이미 22. 12. 1. P분쟁이 개시되었기에 제3조를 적용할 수 없다. 따라서 제2조에 의해 X주 법원은 개시할 수 없다.

ㄷ. (X) 제4조. 23. 1. 1.부터 제3조가 시행되는데, Y주 법원에 영업소 소재지가 없기에 법률관계와 아무런 관련이 없는 경우이다. 따라서 Y주 법원에 처음부터 소송이 제기되지 않은 것으로 보기에 X주 법원은 소송절차를 개시할 수 있다.

80 ②
난이도 상

ㄱ. (X) [규칙] 3에 의하면 이름이 한 글자일 때에는 돌림변을 사용한다. 돌림변은 같은 부수가 왼쪽에 붙은 한자일 때의 부수를 말하며 같은 형제간 사용한다. 을과 병은 갑의 아들로 둘은 형제이기에 돌림변을 사용할 수 있다.

ㄴ. (O) (상황 1)에서 정과 무는 을의 아들이다. 이름을 두 글자로 지었으므로 [규칙] 2가 적용된다. 돌림자로는 부수가 금(金)인 한자가 올 수 있다. 을과 병이 이름이 한 글자일 수 있기 때문이다. 그런데 정과 무는 형제간이므로 돌림자 아닌 글자에는 돌림변을 사용한다. 그런데 돌림자 아닌 글자인 인과 근은 서로 다른 부수이므로 사용할 수 없다.

ㄷ. (X) (상황 2)에 의하면 둘은 사촌인데 한 글자 이름이므로 돌림변을 사용한다. 같은 돌림변 목(木)이 있으므로 가능하다.

81 ⑤
난이도 하

ㄱ. (O) 서비스의 질적 저하를 막기 위해 가격을 담합하는 경우에 ㉠이 해당되어 위법성의 정도가 낮다고 평가할 것이다.

ㄴ. (O) 담합을 규제한 결과로 이용자가 부담하는 가격이 상승하여 이용자에게 더 불리하게 작용하는 경우 위법성의 정도가 낮은 것으로 평가하므로 ㉡은 이에 해당한다.

ㄷ. (O) 변리사도 관련 업무에 대한 국내 소송사건을 수임할 수 있게 한 것은 시장 환경의 변화에 따라 서비스업에서 종전에 비하여 경쟁이 심해진 경우에 해당하므로 위법성의 정도가 낮다고 볼 것이다.

82 ③ 난이도 중

① (X) 갑은 내란죄에 해당하며 (3)에 의해 자원하지 않더라도 죄인과 함께 유배한다.
② (X) 을은 살인죄로 사형에 처한 죄인이며 사면이 선포되어 유배형에 해당한다. 이때 그 배우자는 (3)에 의해 자원하면 함께 유배된다. 따라서 자원하지 않으면 유배되지 않는다.
③ (O) 병은 사형에서 사면되어 유배형이 되었는데, 다시 병은 추가로 사면되었다. 따라서 (6)에 의해 석방하며 그 배우자도 함께 석방한다.
④ (X) 정은 유배지로 이송되던 중 도망한 죄인이므로 (6)의 단서 조항에 의해 죄인과 그 배우자에게 석방의 효력이 없다.
⑤ (X) 무는 도망간 죄인인데 사면이 선포된 후 사망한 것으로 확인되었으므로 (7)에 의해 자원하여 유배된 배우자는 석방한다.

83 ① 난이도 하

ㄱ. (O) A는 정보비대칭이 아닌 경우 통제는 정당하지 않다고 판단할 것이고 B는 미성년자의 경우 역학적 불균형에 해당되어 이에 대한 통제는 정당하다고 주장할 것이다.
ㄴ. (X) A가 주장하는 정보비대칭의 문제는 불평등하게 분배되는 상황으로 인한 시장실패를 가져온다. 그런데 상황에서는 시장가격보다 훨씬 낮은 가격으로 매도한 것이므로 정보비대칭에 의한 불평등 분배에 해당하지 않는다. 따라서 계약에 대한 통제가 정당화되지 않는다. 한편 병은 미성년자이고 정은 성년자이므로 B에 의해서는 통제가 정당화된다.
ㄷ. (X) B는 국가가 일방인 계약은 역학적 불균형이므로 통제가 정당화된다고 주장할 것이다.

84 ⑤ 난이도 하

ㄱ. (O) 의료인이 주의의무를 다한 경우이므로 <1안>에 의하면 국가가 보상하며, <2안>은 주의의무 여부를 묻지 않고 국가가 보상한다.
ㄴ. (O) <2안>은 주의의무 여부를 묻지 않고 국가가 보상하며, <3안>은 주의를 다하지 못하면 보상한다.
ㄷ. (O) 주의의무를 다한 경우이므로 어떤 안에 따르더라도 의료인에게 국가가 보상액을 청구할 수 없다.

85 ② 난이도 하

① (O) 제1조 제2항. 부(夫)인 갑의 귀책사유로 이혼하는 경우이므로 을에게 소의 소유권이 회복된다.
② (X) 제1조 제2항. 을의 귀책사유가 아니라 갑의 귀책사유일 경우에 해당한다.
③ (O) 재산에 대한 유언은 없으므로 제2조 제2항 제2호에 의해 집을 상속받는다.
④ (O) 제2조 제1항. 유언이 있으므로 유언을 따라 정은 말을 상속받는다.
⑤ (O) 제2조 제2항 제2호에 의해 자녀 정은 갑으로부터만 재산을 상속받을 수 있는데, 제3항에서 상속인이 상속을 포기하면 상속받을 수 없다. 따라서 제1조 제3항에 의해 소의 소유권은 을에게 회복된다.

86 ③ 난이도 중상

ㄱ. (O) ㉡에 의하면, 가해자인 갑은 X국에서 X국과 Z국 공용어인 B언어로 작성하였기에 을의 명예가 훼손되기를 의도한 곳이 Y국이라고 보기 어렵다. 따라서 Y국 법원에서는 재판권을 행사할 수 없기에 을은 갑으로부터 손해배상을 받을 수 없다.
ㄴ. (O) ㉥이 포함될 경우, 가해자인 갑이 거주하는 X국의 법을 따라야 한다. X국법은 허위의 사실을 적시한 행위에 대해서만 적용하므로 해당되지 않아서 을은 갑으로부터 손해배상을 받을 수 없다.
ㄷ. (X) ㉠과 ㉣에 의하면 피해자인 을이 거주하는 Y국 법원에서 재판권을 행사할 수 있고, ㉢ 피해자가 여러 나라에서 입은 모든 손해가 대상이 된다. 따라서 X, Y, Z국에서 발생한 모든 손해에 대해서 손해배상을 받을 수 있다. 그러나 ㉤에 의하면, 손해 발생 국가별로 각국에서 발생한 손해에 대하여 각국의 법을 적용해야 하므로, X국에서는 허위의 사실을 적시한 행위에 대해서만 적용되므로 해당되지 않게 된다.

87 ④ 난이도 상

ㄱ. (X) 제1조 제3항. 개발구역 전부에 대하여 제2조 제3호에서 제2조 제1호로 변경하는 경우는 지방자치단체인 경우에 한한다. Q개발조합은 지방자치단체가 아니기 때문에 해당되지 않아 변경 시행할 수 없다.
ㄴ. (O) A토지 시행자가 Q개발조합이 될 경우, Q개발조합은 기존에 B토지를 제2조 제3호 방식으로 시행하면서 동시에 A토지를 제2조 제1호로 시행하는 경우가 되어 제2조 제3호의 혼용방식을 사용하는 것이 된다. 따라서 제3조 제2호에 의해서 기존 제2조 제3호에서 제2조 제2호로 변경하여 시행할 수 있다.
ㄷ. (O) B토지는 기존에 제2조 제2호로 시행되었기에 P지방자치단체의 입장에서는 A토지를 제2조 제1호로 시행하고 있으므로 제2조 제3호의 혼용 방식으로 시행하는 경우에 해당한다. 따라서 제3조 제1호에 의해서 제2조 제3호를 제2조 제1호로 변경 시행할 수 있다.

88 ② 난이도 중

ㄱ. (X) 낙태행위를 하려는 주체는 임산부이므로, 임산부가 통제대상자에 해당한다. 그런데 의사는 통제대상자가 아니므로 간접통제에 해당한다.
ㄴ. (X) 갑이 간접통제를 더 선호하며 그 중 사회적 의미를 활용한 방식을 더 중시한다. 그런데 이를 통해 간접통제를 더 선호하는 이유가 행동선택권 자체를 덜 제한하기 때문은 아니며, 결과적으로 동일하지만 더 효과적인 수단이기 때문에 선호할 뿐이다.
ㄷ. (O) 표준계약서를 기준으로 하여 계약을 체결하도록 하는 간접통제에 해당한다.

89 ③ 난이도 상

ㄱ. (O) <법안 1>과 <법안 2>는 의무복무군인 중 복무 중 사망한 군인이거나 전역 후 군복무와 밀접한 관련성이 있는 사유로 인한 사망자를 순직자로 인정한다. 따라서 일반사망자로 판정되었다면 의무복무군인이 아닌 직업군인일 것이다. 군복무와 밀접한 관련성이 있음에도 일반사망자로 판정받았다는 것은 의무복무자가 아니어야 하기 때문이다. 반면 <법안 3>에 의하면 의무복무자라 해도 군복무와 관련이 없다고 인정될 경우 일반사망자로 판정할 수 있으므로 직업군인이 아닐 수 있다.

ㄴ. (X) <법안 1>과 <법안 3>에서 순직자는 모두 의무복무자로서 복무기간 중 사망한 군인이어야 한다. 따라서 전역 후 사망한 자는 순직자가 될 수 없다. 또한 <법안 2>에 의해서도 군복무와 밀접한 관련성이 있는 사유라 해도 직업군인일 경우 순직자가 될 수 없기에 옳지 않은 진술이다.

ㄷ. (O) 의무복무자로서 복무기간 중 사망한 군인이므로 <법안 1>과 <법안 2>에 의하면 순직자가 된다. 그런데 <법안 3>에 의할 때에 군복무와 관련성이 없다고 인정될 경우 순직자가 되지 않을 수 있다.

90 ② 난이도 중

ㄱ. (X) ⓐ의 효율성 기준은 이득 최대화 비용 최소화에 있으므로 허가증의 판매도 가능한 ⓒ이 ⓙ보다 더 효율적이다.

ㄴ. (X) ⓑ의 형평성 기준에 의하면 경제적 조건에 구애됨 없이 자신의 선택을 실현할 수단을 동등하게 획득할 수 있어야 한다. 그런데 ⓒ의 경우 높은 금액에도 허가증이 판매될 수 있으므로 경제적인 능력에 따라 달라질 수 있다. 따라서 ⓒ이 ⓙ보다 형평성이 크다고 할 수 없다.

ㄷ. (O) ⓙ에 의하면 출산을 포기했다가 이를 번복하고 출산할 수 있다. 그런데 ⓒ에 의하면 출산허가증을 판매한 후 다시 구매할 수 없기에 출산을 할 수 없게 된다. 따라서 ⓙ이 ⓒ보다 자율성이 높다.

91 ② 난이도 중

ㄱ. (X) <A조치>는 처음 구금형을 선고할 때 재범 가능성을 고려하지 않고 구금형의 집행을 받은 사람이 형기의 1/2 시점에 구금 기간 중의 교정의 정도를 고려할 때에 재범 가능성을 고려한다. 따라서 옳지 않은 진술이다.

ㄴ. (O) <A조치>가 선고된 사람이 1년 구금 중 형기 집행이 중단되고 석방되어 11개월을 지내던 중 감독규정을 위반하여 다시 구금되고 잔여 형기가 집행되면 총 2년 11개월이 된다. 그런데 <B조치>가 선고된 사람이 연장되지 않고 형이 집행된 경우 2년이 되어 전자가 후자보다 더 집행 종료일이 늦어지는 경우가 될 수 있다.

ㄷ. (X) <A조치>에 따르면 구금된 기간이 줄어들 수 있으므로 이미 저지른 범죄행위에 상응하지 않을 수 있으므로 그러한 원칙에 부합하지 않을 수 있다.

92 ⑤ 난이도 중

① (X) 피해자의 입장에서 정보다 더 큰 금액을 병이 제시했기에 병의 주도하에 이루어질 가능성이 높다.
② (X) 사건브로커는 합의금에서 고정 비율의 돈을 수수료 명목으로 챙기기 때문에 병의 주도하에 이루어질 가능성이 높다.
③ (X) 피해자의 입장에서 비용이 더 적은 쪽을 선택하기 때문에 옳은 진술이다.
④ (X) 병은 사고상무로 입원해 있는 병원에서 바로 일을 진행하기에 옳은 진술이다.
⑤ (O) 병과 정이 상정하는 합의금의 액수에 따라 전체 금액이 달라질 수 있기에 옳지 않다.

93 ② 난이도 하

ㄱ. (X) A에 따르면, 계약당사자는 계약의 내용을 실질적으로 결정한 자이므로 을이 된다.

ㄴ. (X) C는 계약당사자를 계약에 관하여 책임을 지도록 법에서 규정한 자이다. 이때 규정에 따르면 플랫폼이 지도록 하고 있으므로 갑이 계약당사자가 된다.

ㄷ. (O) 실질적으로 결정한 자는 갑이므로 A에 의하면 갑에게만 사용금지를 명령할 수 있다.

수리 계산

01	02	03	04	05
④	②	④	②	②
06	07	08	09	10
④	①	②	④	③
11	12	13	14	15
⑤	⑤	①	③	⑤
16	17	18	19	20
④	⑤	⑤	④	④
21	22	23	24	25
②	⑤	②	②	④
26	27	28	29	30
③	②	②	③	⑤
31	32	33	34	35
③	④	②	②	①
36				
③				

01 ④ 난이도 상

1) 우선 사건에서 손가락 3개를 부러뜨렸으므로 치아나 손가락을 2개 이상 부러뜨린 경우에 해당하므로 양민끼리는 도형 1년 반이다. 여기에 여럿이 함께 구타했으므로 1등급 감하고, 자수했으므로 2등급 감하며, 다른 범인 1명을 붙잡았으므로 1등급 감한다. 그러므로 총 4등급을 감한다.
2) 노비와 양민의 사건이므로 첫 번째 처벌 사례에 의하면, 노비, 부곡, 양민에 따라 1등급씩 가감되므로 2등급을 가한다. 그리고 두 번째 처벌 사례에서 노비와 숙부인 경우 도형 1년으로 1등급 가한 것을 알 수 있다. 따라서 총 3등급을 가한다.
결국 양민과 양민의 기준인 도형 1년 반에서 총 4등급을 감하며 3등급을 가한다. 따라서 1등급을 감한 도형 1년이 된다.

02 ② 난이도 상

1) 최소 인원을 찾는 것이기에 10년 이상 거주하지 않은 1명과 금고형 이상을 받은 2명을 다른 사람이라고 가정할 경우 7명이 남는다.
2) 여성 6명과 경로 우대자 2명은 (나)와 (다)에 의해 거부할 수 없는 조건이므로 이들을 최소화한다. 이 경우 여성과 경로 우대자가 1)에서 제외된 (가) 조건을 위배한 사람들이라 가정할 경우, 1)에 의해 남은 7명 중 경로 우대자는 없으며 여성은 3명이 된다.
3) (나)와 (다)에 의해서 한 명씩 거부하여 출석하지 않을 경우 최소 출석해야 되는 인원은 5명이 된다.

03 ④ 난이도 중

지문과 규정으로부터 추리한 바로 갑과 을에 따라 A, B, C에 대한 형벌을 정리하면 다음과 같다.

구분	A	B 실제	B 자백	C
갑	㉠(40) + (50 + 20) = 110	㉡(50)	㉠(40)	60
을	60 + (50 + 20) = 130	㉡(50)	60	60

① (X) 갑에 의하면 A는 110대이며, C는 60대이므로 옳지 않은 진술이다.
② (X) 갑에 의하면 C는 제10조 적용으로 60대이며, B는 금주법 적용으로 ㉠ 40대로 서로 다르다.
③ (X) 을의 판단에서는 관리와 평민 모두 제10조가 동일하게 적용되기에 B와 C의 처벌은 60대로 동일하다.
④ (O) A는 을에 의하면 130대이며, 갑에 의하면 금주법 적용으로 110대이다. 따라서 A는 갑의 판단을 따르는 것이 더 유리하다.
⑤ (X) 갑과 을 모두 관리인 C는 제10조가 적용되어 60대로 동일하다.

04 ② 난이도 중

ㄱ. (X) (나)에 의하면, 사유 발생 전 1개월 동안 근로자 연인원은 (10일 × 6명) + (10일 × 4명) = 100명이다. 따라서 이를 20일로 나누면 5명이 되므로 (가)의 기준에 충족된다. 그런데 (다)에서 가동일수 일별 근로자 수를 파악했을 때에 (가)의 5명 이상의 기준에 미달한 일수가 가동일수의 1/2 이상일 경우, A법은 적용되지 않는다. 그렇다면 20일 중 10일에 4명이 근무하였기에 미달일수가 가동일수의 1/2이 되므로 A법은 적용할 수 없다.
ㄴ. (O) (라)에 의해 사용자에게 고용된 단시간 근로자도 연인원에 포함되므로 하루에 총 8명의 인원으로 계산된다. 따라서 (가)의 5명 이상에 해당되어 A법이 적용된다.
ㄷ. (X) (가)에서 A법을 적용하지 않는 경우는 사용자가 그와 동거하는 친족만을 사용하는 사업장이다. 그런데 여기서는 동거하는 친족 3명 이외에 단시간 근로자 2명도 포함되어 총 근로자는 5명이 된다. 따라서 A법이 적용될 수 있다.

05 ② 난이도 중

ㄱ. (X) 제1조 3항에서 정당의 합당이 성립한 경우 소속 시·도당도 합당한 것으로 보고 있다. 따라서 합당이 성립하기 위해서 합당등록신청 이외의 소속 시·도 합당이 전제되어야 하는 것은 아니다.
ㄴ. (X) 제2조 1항에 의해 합동회의의 결의가 있는 날로부터 14일 이내에 합당등록신청을 해야 하며, 제1조 3항에 의해 합당등록신청일로부터 3개월 이내에 변경등록신청을 해야 한다. 그런데 〈사례〉에서는 합당등록신청일이 확정되지 않아서 정확한 기간만료일을 알 수 없다.
ㄷ. (O) 제2조 2항에 의해, 합당등록신청일로부터 120일 이내에 보완해야 한다. 그런데 합당등록신청일이 5월 10일인데, 9월 7일은 이날 이후 120일이 되는 날이므로 이때까지 보완하지 않으면 등록이 취소될 수 있다.

06 ④ 난이도 하

1) 1년간 매출액이 1,000억 이하면 중소기업, 1,000억 초과면 대기업
2) 중소기업이 대기업이 될 경우: 그 해, 그 다음 해부터 3년간 중소기업(중소기업보호기간)

3) 2)의 예외
- 중소기업이 아닌 기업과 합병한 경우
- 매출감소로 중소기업이 되었다가 다시 대기업이 될 경우

① (O) 갑은 2015년 기준 중소기업이므로 중소기업보호기간에 해당되어 A는 중소기업으로 인정된다.
② (O) 을은 대기업이므로 예외에 해당되어 B는 중소기업보호기간에서 예외가 된다. 따라서 B는 대기업이다.
③ (O) 병은 2012년에 대기업의 매출액을 달성하게 되었다. 그러나 규정 2)에 의해 중소기업보호기간인 바로 그 해(2012년)와 그 다음 해(2013년)부터 3년간(2015년)까지 중소기업에 해당한다. 즉 2015년에 C가 병을 합병할 당시 병은 중소기업이다. 따라서 중소기업 C는 중소기업 B와 합병한 경우이므로 합병 다음 해 역시 중소기업이다.
④ (X) D는 2011년에 대기업의 매출액을 달성하게 되었기에 2014년까지 중소기업보호기간에 해당된다. 그리고 2015년 다시 중소기업이 되었다. 그리고 2015년 어떤 중소기업을 합병하였다. 2016년 D의 매출액은 대기업의 매출액이 된 상태이다. 이때에는 규정 3)에 의한 두 번째 예외에 해당(매출감소로 중소기업이 되었다가 다시 대기업이 될 경우)되기에 중소기업보호기간이 적용되지 않는다.
⑤ (O) E는 2013년 대기업의 매출액을 달성하게 되었기에 중소기업보호기간에 의해 2016년까지 중소기업에 해당된다. 따라서 2015년 중소기업인 E가 어떤 중소기업을 합병한 경우에도 E는 중소기업이다.

07 ①   난이도 하

1) 재해 보상금
- 사망 보상금: 고용노동부 공표 월평균임금총액 240만 원의 36배 = 8,640만 원
- 장애등급 6급: 사망 보상금의 1/2 = 4,320만 원
2) 휴업 보상금
- 통계청 공표 도시 및 농가가계비 평균: 월 100만 원의 60/100 = 60만 원
- 1일 단위: 60만 원/30 = 2만 원
- 60일: 120만 원
1) + 2) = 4,440만 원
3) 이미 받은 400만 원 제외: 4,440 - 400 = 4,040만 원

08 ②   난이도 상

임대수익은 총 120억 원(45 + 23 + 24 + 28)이며 비용은 90억 원(개발비용 48 + 영업비용 42)이므로 특허임대수익은 30억 원이다. 이 중 X의 기여도가 1/3이므로 (2)에 의해 X가 청구 가능한 특허임대수익은 10억 원의 5~10%에 해당하는 금액인 5천만 원~1억 원이 된다.
① (X) 5천만 원에서 1억 원에 해당되므로 옳지 못하다.
② (O) 최대 1억 원이 가능하다.
③ (X) 120억 원에서 비용 90억 원을 빼고 이 중 1/3이 X의 기여도이므로 최대 1억 원이다.
④ (X) X의 기여도를 고려할 때 특허임대수익인 30억 원 중 X가 기여한 정도의 수익은 10억 원이다.
⑤ (X) 규정에서는 예상되는 수익도 포함하여 계산해야 한다.

09 ④   난이도 하

① (X) 셋째 규정에 의해 합병한 단체의 재직하고 있는 의원수가 의원정수이기에 A 10명, B 8명으로 총 18명이다.
② (X) 첫째 규정에 의해 새로운 지방의회의원의 자격을 취득하기에 B구 의회 소속이 된다.
③ (X) 둘째 규정에 의해 기존 의원은 자신이 속할 지방의회를 선택할 수 있다.
④ (O) 넷째 규정에 의해 b1구 2명과 선택 가능한 비례대표 2명 포함 최대 4명이 된다.
⑤ (X) 구역변경의 경우, 편입된 선거구 선출 의원의 해당 의회의 의원정수는 재직하고 있는 의원수로 한다. 그런데 합병과 분할에서 지방의회의원의 경우 그 잔임기간의 합병 또는 분할된 의회의 의원정수는 재직하고 있는 의원수로 한다. 따라서 합병과 분할의 경우 의원정수는 잔임기간 동안에만 적용되며, 잔임기간이 경과된 후 해당 지방의회 의원정수가 조정될 가능성이 있다.

10 ③   난이도 하

ㄱ. (O) (3)에 의해 주식 발행 금액이 10억 원 미만인 경우 신고서의 제출 의무가 면제된다.
ㄴ. (X) (2)에 의해 6개월 이후이기에 인원을 합산하지 않는다. 따라서 40인이므로 50인 이상이 아니기에 제출 의무가 발생하지 않는다.
ㄷ. (O) (2)에 의해 6개월 이내이기에 합산하여 50인 이상이 성립되며, 금액도 (4)에 의해 1년 이내 신고서를 제출하지 않은 금액을 합산하기 때문에 17억 원이 되어 제출 의무가 발생한다.

11 ⑤   난이도 하

ㄱ. (X) 회비 책정과 같은 주요 사항은 전문위원회의 심사를 거친 후 전원위원회로 상정되게 된다. 그러나 소관 전문위원회의 심사를 거친 때에 대한 경우는 본문에 소개된 바가 없기에 대의원회의 의장이 필요하다고 인정하는지 여부와 무관하게 전원위원회가 개최되는지에 대해서는 추론할 수 없다.
ㄴ. (X) 대의원회의 의장이 필요하다고 인정할 경우 전문위원회는 개최될 수 있다.
ㄷ. (O) 전문위원회 비중도 동일하므로 A와 B의 비율의 합은 75%이다. 전문위원회는 재적위원 과반수 출석에 출석위원 과반수 찬성으로 의결한다. 따라서 A만 찬성해도 재적위원의 40%의 비율이기에 출석위원(A와 B)의 과반(37.5%)을 넘기 때문에 가결된다. 동일한 방식으로 대의원회, 회원총회에서도 가결된다.
ㄹ. (O) 회원총회에서는 재적회원 과반수의 출석에 출석회원 과반수의 찬성이 있어야 한다. 그런데 A와 D의 합은 50%이므로 과반이 되지 않아 부결된다.

12 ⑤   난이도 상

ㄱ. (X) 규정 (2)에 의해 1인당 구매한도액이 1,000만 원을 초과할 수 없는데, 2개의 코인 계정에서 각각 600만 원의 코인을 구매할 경우 총 구매액이 1,200만 원이 되어 초과하게 된다. 따라서 허용되지 않는다.
ㄴ. (X) 규정 (4)에 의해 1일 동안(0시부터 24시 사이) 총보유량과 0시의 총보유량을 비교하여 구매한도액으로 취득할 수 있는 최대 코인 개수(C코인 4,000개)의 1/5인 800개를 초과해서 감소한 경우 그 시점부터 거래가 24시간 동안 정지된다. 그런데 사례에서는 700개가 감소된 경우이므로 거래 정지가 되지는 않는다.

ㄷ. (O) 규정 (3)에서 구매한도액 1,000만 원으로 취득할 수 있는 최대 코인 개수의 1/10을 초과할 수 없다. 그리고 최대 코인 개수를 종류별로 비교하여 그중 최저치로 하기 때문에 C코인이 대상이 된다. C코인은 2,500원이므로 1,000만 원으로 4,000개 살 수 있고 이 중 1/10은 400개가 된다. 따라서 구매에 사용할 수 있는 코인은 400개를 초과할 수 없다.

ㄹ. (O) 26일 0시부터 24시까지의 거래를 대상으로 판단하기 때문에, 24시 이전까지 -600개가 된 상태이다. 따라서 거래 정지 대상(800개 초과 감소)이 아니다.

13 ① 난이도 중

ㄱ. (O) A는 범죄자가 아닌데도 처벌받은 피고인의 수가 5이므로 나쁨의 값은 그 세 배에 해당하는 15이다. 이에 범죄자인데도 처벌받지 않은 피고인의 수가 145이므로 나쁨의 값의 합은 160이 된다. 한편 B는 범죄자가 아닌데도 처벌받은 피고인의 수가 25이므로 나쁨의 값은 그 세 배에 해당하는 75이다. 이에 범죄자인데도 처벌받지 않은 피고인의 수가 65이므로 나쁨의 값의 합은 140이다. 결국 A상황이 B상황보다 더 나쁘다.

ㄴ. (X) B상황에서 확률이 변하면 무고하게 처벌받은 사람의 수는 첫 번째 경우 85%만 해당되어 15가 된다. 그리고 두 번째 경우도 유죄 입증 수준 65%보다 높은 70%이므로 유죄가 100명 선고되어 무고하게 처벌받는 사람이 30명이 생긴다. 따라서 무고하게 처벌받은 사람은 총 45명이 되어 기존 상황 25명보다 많아진다.

ㄷ. (X) A상황의 유죄 입증 수준이 95%가 될 경우 첫 번째 경우 확률이 95%이므로 무고하게 처벌받는 사람의 수는 동일하게 5가 된다.

14 ③ 난이도 하

ㄱ. (O) 제1조, 제3조 제1항. 양육휴직 기간은 자녀 1명당 1년이며, 나누어 사용할 수 있다. 딸의 경우 4개월이 남아 있으며, 아들은 12개월을 사용할 수 있으므로 최대 16개월간 양육휴직을 할 수 있다.

ㄴ. (X) 제2조 제3항. 근로시간 단축은 자녀 1명당 1년이므로 2년 가능하며, 휴직 기간 중 사용하지 않은 기간을 가산할 수 있다. 휴직 기간은 자녀 1명당 1년이므로 추가로 2년이 가능하다. 따라서 총 4년이 된다.

ㄷ. (O) 제2조 제3항에 의하여 근로시간 단축 1년에, 양육휴직 남은 기간 6개월을 더하면 총 18개월이 가능하다. 제3조 제2항에 의해 1회의 단축 기간은 3개월로 나눌 수 있으므로 총 6개 기간으로 나누어 사용할 수 있다.

15 ⑤ 난이도 하

ㄱ. (O) 행동지는 W국이며, 재산이라는 법률상 이익이 피해자가 거주하고 있는 곳에서 직접 침해된다고 본다면 결과발생지는 X국이 된다. ㉠에 따르면 결과발생지 X국 법이 적용되어 11억 원이 인정된다. 한편 ㉡에 의하면 원칙적으로 결과발생지 X국 법이 적용되거나 가해자가 결과발생지를 예견할 수 없었던 경우 행동지인 W국 법이 적용된다. 따라서 ㉡에 따르면 X국 법이 적용되어 11억 원이 인정되거나 W국 법이 적용되어 12억 원이 된다. 따라서 옳은 진술이다.

ㄴ. (O) 갑이 주된 경제활동을 영위하고 있는 곳은 Y국이므로 결과발생지는 Y국이 된다. 따라서 ㉠에 의할 때에 Y국 법이 적용된다. 그리고 가해자인 을이 결과발생지를 예견하고 있었으므로 ㉡에 의해서도 Y국이 된다. 또한 ㉢에 의할 때에 행동지 W국(12억 원)보다 결과발생지 Y국이 13억 원의 손해배상액을 인정하기에 피해자에게 Y국이 유리하다. 따라서 세 견해 모두 손해배상액은 Y국 법에 의한 13억 원으로 같다.

ㄷ. (O) 갑의 모든 소득은 Z국 은행에 예치되어 있기에 결과발생지는 Z국이 된다. 따라서 손해배상액은 ㉠에 따르면 Z국 14억 원이 되며 ㉡에 따르면 을이 예견할 수 없었던 경우이므로 행동지인 W국 12억 원이 된다.

16 ④ 난이도 중

1) 갑의 범죄가 (2)에 해당하기에 3등급이지만, (3)에 의해 한 등급 감경되어 4등급이다.
2) 포졸을 때려 상해 입힘: (4)에 의해 네 등급 가중이지만 (8)에 의해 2등급이 상한이므로 2등급에 해당된다.
3) 탈옥: (5)에 의해 세 등급 가중이지만 여기서 가중 가능한 경우가 1등급이 상한이다.
4) 자수: (6)에 의해 세 등급 감경이지만 (7)에 의해 1등급에서 세 등급 감경될 때 3등급, 4등급은 하나의 등급으로 취급하므로 최종적으로는 5등급에 해당된다.

17 ⑤ 난이도 상

1) 용도 변경하는 부분은 3,000㎡이며, 이를 표의 기준으로 적용하면 최소 30대가 기준이 된다.
2) 나머지 3,000㎡는 기존의 6,000㎡의 절반이므로 10대가 최소 주차대수가 된다.
3) 결국 총 40대가 되어야 하기에 기존 20대에서 추가적으로 20대가 더 필요하다.

18 ⑤ 난이도 중

① (O) 병이 미술상 정에게 2억 원, 정이 무에게 3억 원에 판매하였다. 따라서 각각 2%, 3%의 금액을 갑이 청구할 수 있으므로, 400 + 900 = 1,300만 원이 된다.
② (O) 제2조. 최초로 매도된 후에 거래된 후속거래의 금액을 대상으로 하기에 옳은 진술이다.
③ (O) 병은 미술상 을의 중개로 미술상 정에게 판매하였으므로 ㉠ 지급 의무가 있다.
④ (O) 제5조. 저작자는 제2조의 권리 행사를 위해 관여한 미술상 을에게 매도인의 이름과 주소, 거래가액에 관한 정보를 요구할 수 있다.
⑤ (X) 제5조. 관여한 미술상에게 요구할 수 있으나, 미술상 정이 무에게 판매하였고, 이후 무가 기에게 선물한 것으로 미술상의 관여로 기가 소유한 것이 아니므로 해당되지 않는다.

19 ④ 난이도 하

1) 2017. 5. 1. 신호위반(15점) 벌점: [제2조 3항]에 의해 2020. 5. 1.에 소멸된다.
2) 2020. 7. 1. 정지선위반(18점) + 2021. 3. 1. 갓길통행(25점) = 43점으로 배점된다.
   → [제3조]에 따라 2021. 3. 2.부터 집행
3) 2021. 4. 1. 규정속도 초과(40점): [제3조 2항]에 의해 2배인 80점으로 배점된다.
4) 2021. 3. 2.부터 123일간 운전면허가 정지되므로 2021. 7. 2.까지 정지된다.

20 ④
난이도 상

ㄱ. (X) A공식은 혈중알코올농도가 최고치에 오른 후 감소한 값을 더하는 방식으로 구한다. 따라서 A공식을 적용하기 위해서는 최고치에 도달한 후 사고가 나야 한다. 사례에서는 20:00에 술을 마셨으므로 최고치는 21:30에 이르게 된다. 그런데 21:00에 사고를 냈고 21:30에 측정하였기 때문에 최고치에 도달하기 전에 사고가 난 경우이다. 그러므로 A공식을 적용할 수 없으므로 면허가 취소된다고 추론할 수 없다.

ㄴ. (O) 사고시간을 알 수 없으므로 사고시간에 가장 높은 수치가 0.03%를 넘을 수 있는지 확인한다. 이때 시간당 알코올 분해율 b는 측정대상자에게 가장 유리한 0.008%를 대입한다. 20:00에 술을 마신 후 최고 혈중알코올농도에 이르는 시간은 21:30이다. 따라서 23:30은 농도 최고 이후 2시간이 지났으므로 경과시간을 2로 할 때의 혈중알코올농도를 측정한다.
C = 실측(23:30) 0.012 + (0.008 × 2시간 = 0.016) = 0.028%
따라서 0.03% 미만이므로 면허가 취소되지 않는다.

ㄷ. (O) 20:00에 술을 마셨으므로 21:30에 최고가 되며 22:30에 사고를 냈고 23:30에 0.021%가 되었다. 사고시간 시점의 혈중알올농도 C는 다음과 같다.
C = 0.021 + (0.008 × 1) = 0.029%
따라서 0.03% 미만이므로 면허가 취소되지 않는다.

21 ②
난이도 중

1) 갑: Y국 규정이 적용되어, X국 국적의 갑은 외국인에 해당한다. 강간죄는 Y국 영역 외이기에 적용되지 않고, 해상강도죄는 2번 모두 적용된다. [Y국 규정] 제4조에 의해 9년에 1/2인 4.5년이 더해져 13년 6개월이 된다.
2) 을: Y국 자국에서 재판이 진행되기에 강간죄는 3회가 적용된다. 강간죄 6년에 2/3인 4년이 더해져 총 10년이 된다.
3) 병: X국에서 재판을 받는데 [X국 규정] 제3조에 의해 병은 X국 국적만 가진 사람이 아니므로 외국인에 해당한다. 따라서 해상강도는 X국 영역 외이며 병이 외국인이므로 처벌 대상이 아니다. 결국 강간죄 2회이므로 14년이 된다.

따라서 최저 형량은 을의 10년, 최고 형량은 병의 14년이 된다.

22 ⑤
난이도 중

① (O) 병은 을의 배우자이므로 제2조 제1호에 의해 을과 사실상 동일인 관계이다. 이때 제2조 제3호에 의해 병은 을과 합하여 Q회사 지분을 50% 이상 보유하고 있기에 병은 Q회사와도 사실상 동일인이다. 그리고 Q회사는 P회사의 지분을 20% 소유하고 있고 제1조에 의해 P회사의 지분을 50%까지만 보유할 수 있다. 따라서 병은 추가로 30%의 P회사 지분을 취득할 수 있다.

② (O) 을은 갑의 자녀로 사실상 동일인이다. 그런데 을의 배우자가 병이라고 해도 갑과 병은 제2조 제1호의 사실상 동일인 관계에 해당되지 않기 때문에 Q회사의 지분은 고려 대상이 아니다. 따라서 갑은 제1조에 의해 추가적으로 35%의 P회사 지분을 취득할 수 있다.

③ (O) 정은 Q회사의 지분 50%를 보유하고 있기에 갑과 정이 사실상 동일인이 될 경우 Q회사가 가지고 있는 P회사의 지분 20%를 보유하고 있는 것이 된다. 그리고 갑이 P회사의 지분 15%를 가지고 있기에 현재 P회사의 지분 35%를 가지고 있는 것과 같다. 따라서 제1조에 의해 추가로 15%를 취득할 수 있다.

④ (O) 병은 을과 사실상 동일인이며 합하여 Q회사 지분 50%를 가지고 있다. 그런데 이때 정이 병에게 Q회사 지분 10%를 취득하게 되면 병은 을과 함께 Q회사 지분을 40%만 소유하고 있으므로 Q회사의 P회사의 지분에 대한 소유는 고려 대상이 아니게 된다. 따라서 병은 P회사의 지분을 50% 취득할 수 있게 된다.

⑤ (X) 갑이 정으로부터 Q회사의 지분 50%를 취득하게 될 경우 갑은 Q회사와 사실상 동일인이 되어 P회사 지분 20%를 추가로 취득하게 된다. 따라서 현재 갑은 총 35%의 P회사 지분을 보유하고 있다. 이때 추가로 P회사의 지분 35%를 취득하게 될 경우 총 70%의 지분을 보유하게 되어 규정에 위배된다. 따라서 취득할 수 없다.

23 ②
난이도 중

ㄱ. (X) 제2조에 의해, 갑이 주류판매로 영업정지 1개월(2019. 6. 20.)의 제재처분의 효과는 1년간 양수인에게 미치는데(2020. 6. 20.까지), 을이 양수한 시점은 6. 30.이므로 그 효과가 미치지 않는다. 따라서 을은 접대부 고용 1차, 주류판매 1차위반이 된다. 이때 가.에 의해 두 처분 중 가장 무거운 것 하나를 택하기 때문에 영업정지 2개월에 해당된다.

ㄴ. (O) 나.에 의해 2차위반에 의한 제재처분을 하기 위한 절차가 진행되는 기간 중에 추가로 위반행위를 한 것이므로 두 위반행위에 의한 제재처분마다 처분기준의 2분의 1씩을 더한 다음 이를 모두 합산하여 처분한다. 따라서 2차위반 10일 + 5일, 3차위반 20일 + 10일의 합인 45일이 된다.

ㄷ. (X) 2019. 5. 10.의 영업정지에 관한 제재처분의 효과는 제2조에 의해 2020. 5. 10까지 양수인인 무에게 미친다. 그리고 2020. 5. 5. 접대부 고용 적발은 재재처분을 하기 위한 절차가 진행되는 과정에 양수하였고 이러한 사실을 모르고 있었기에 그 절차를 계속 진행할 수 없다. 무가 2020. 5. 15. 주류판매로 적발된 사항은 앞선 제재처분의 효과일이 5. 10.이 지났으므로 효과가 미치지 않으므로 1차위반이 되어 영업정지 1개월의 처분을 한다.

24 ②
난이도 중

1) 견해1: 「범죄처벌법」 제2조에서 '2년 이내'에 있어서 기간 2년을 계산하는 시작점은 형의 집행 종료일 다음날이 된다. 따라서 2017. 9. 17.에 형집행이 종료되었고 2년 기간의 시작은 2017. 9. 18.이 된다. 그런데 갑은 9. 17.에 절도를 저지른 것이므로 2년 이내에 해당되므로 가중처벌이 되어 2년 이상 30년 이하에 해당한다.
2) 견해2: '2년'의 시작점은 종료 당일도 포함되므로 갑은 2년 이내에 해당되지 않아 2년 이상 20년 이하가 된다.
3) 견해A: 「절도범죄처벌특별법」에서 규정한 형벌의 범위 내에서만 형이 부과되어야 한다. 따라서 견해A에 따르면 절도죄로 두 번 이상의 징역형을 받은 자가 다시 절도죄를 범한 경우에는 2년 이상 20년 이하의 징역에 처한다.
4) 견해B: 반복범의 경우 가중처벌해야 하므로 갑은 2년 이상 30년 이하의 징역에 해당한다.

① (X) 견해A는 2년 이상 20년 이하에 해당한다.
② (O) 견해1과 견해B 모두 2년 이상 30년 이하에 해당한다.
③ (X) 견해2는 2년 이상 20년 이하이다.
④ (X) 견해2와 견해A 모두 2년 이상 20년 이하에 해당되므로 9년 이하로 단정할 수 없다.
⑤ (X) 견해2는 2년 이상 20년 이하이다.

25 ④
난이도 상

ㄱ. (X) ㉠이 17,000이고, 갑이 10,500원에 4,000주 추가 매수주문을 내면 다음과 같이 된다.

구분	매도주문	매수주문
10,550원 이상	0	0
10,500원	20,000	8,400+4,000=12,400
10,450원	14,000	17,000
10,400원 이하	0	0

1) 호가가 10,550원 이상일 때에, ①과 ② 중 적은 것이므로 0주가 된다.
   ① 해당 호가 이상의 매수주문 총합: 0
   ② 해당 호가 이하의 매도주문 총합: 34,000
2) 호가가 10,500원일 때에, ①과 ② 중 적은 것이므로 12,400주가 체결가능수량이 된다.
   ① 해당 호가 이상의 매수주문 총합: 12,400
   ② 해당 호가 이하의 매도주문 총합: 34,000
3) 호가가 10,450원일 때에, ①과 ② 중 적은 것이므로 14,000주가 체결가능수량이 된다.
   ① 해당 호가 이상의 매수주문 총합: 29,400(12,400+17,000)
   ② 해당 호가 이하의 매도주문 총합: 14,000
4) 호가가 10,400원 이하일 때에, ①과 ② 중 적은 것이므로 0주가 된다.
   ① 해당 호가 이상의 매수주문 총합: 29,400
   ② 해당 호가 이하의 매도주문 총합: 0

1)~4) 중 체결가능수량이 가장 많은 것은 3) 14,000주이므로 가격은 10,450원으로 결정되어 14,000주가 전량 체결된다. 따라서 옳지 않다.

ㄴ. (O) 갑이 10,500원에 8,000주 추가 매수주문을 내면 다음과 같은 상황이 된다.

구분	매도주문	매수주문
10,550원 이상	0	0
10,500원	20,000	16,400
10,450원	14,000	(㉠)
10,400원 이하	0	0

1) 호가가 10,550원 이상일 때와 10,400원 이하일 때에 체결가능수량은 0이다.
2) 호가가 10,500원일 때에 체결가능수량은 16,400주이다.
   ① 해당 호가 이상의 매수주문 주식 수의 총합: 16,400주
   ② 해당 호가 이하의 매도주문 주식 수의 총합: 34,000주
3) 호가가 10,450원일 때에 체결가능수량은 14,000주이다.
   ① 해당 호가 이상의 매수주문 주식 수의 총합: 16,400+㉠주
   ② 해당 호가 이하의 매도주문 주식 수의 총합: 14,000주

따라서 가격은 체결가능수량 중 가장 많은 10,500원이 되며 16,400주가 전량 체결된다.

ㄷ. (O) 갑이 10,450원에 10,000주를 추가 매도주문하고 ㉠이 15,700이 되는 상황을 가정하면 다음과 같다.

구분	매도주문	매수주문
10,550원 이상	0	0
10,500원	20,000	8,400
10,450원	24,000	15,700
10,400원 이하	0	0

1) 호가가 10,550원 이상일 때와 10,400원 이하일 때의 체결가능수량은 0이다.
2) 호가가 10,500원일 때에 체결가능수량은 8,400주이다.
   ① 해당 호가 이상의 매수주문 주식 수의 총합: 8,400주
   ② 해당 호가 이하의 매도주문 주식 수의 총합: 44,000주
3) 호가가 10,450원 일 때에 체결가능수량은 24,000주이다.
   ① 해당 호가 이상의 매수주문 주식 수의 총합: 24,100주
   ② 해당 호가 이하의 매도주문 주식 수의 총합: 24,000주

따라서 가격은 10,450원으로 결정되며 24,000주 전량이 체결된다.

26 ③
난이도 중

ㄱ. (O) P에 속한 갑회사와 을회사의 부동산 합산 가격이 5억 원 이하인 경우, 합산이 되지 않더라도 0.5%가 되므로 과세 총액이 달라지지 않는다.

ㄴ. (X) 갑회사와 을회사가 소유한 부동산이 각각 20억 원을 초과할 경우, 합산을 하든 하지 않든 세율은 3.5%로 동일하기에 과세 총액은 같다.

ㄷ. (O) 견해2는 Q에 속한 회사 병과 회사 정은 실질적으로 경제공동체의 속성을 가지고 있지만, P만 합산하여 세금을 내게 되어 불공평한 결과를 가져오기에 각 회사별로 개별과세하자는 주장이다. 그런데 세법 개정으로 실질적으로 경제공동체에 속하는 Q도 합산하여 세금을 내게 되면 불공평한 결과가 나타나지 않는다. 따라서 P에 대한 부동산보유세 합산과세에 반대하지 않을 것이다.

27 ②
난이도 하

ㄱ. (X) 우연히 정보를 취득한 경우로 거래 상대방이 거래 가격을 상승시킬 유인이 될 수 있다. 그러므로 그 정보를 고지할 필요가 없다.

ㄴ. (X) 시장 가격보다 낮은 금액으로 거래한 경우로 고지할 필요는 없다.

ㄷ. (O) 비용을 들여 조사한 결과로 시장 가격 하락 요인을 확인하였기에 이미 비용 지출 목적을 달성한 상황이다. 그러므로 그 정보를 고지해야 하는데 그러지 않았으므로 고지의무를 위반한 것이다.

28 ③
난이도 상

ㄱ. (O) 제2조 제1호
1) 용적률=[(600×상업지역 1,500)+(400×주거지역 500)]/1,000
   =1,100%
2) 건폐율=[(600×상업지역 90)+(400×주거지역 70)]/1,000
   =82%

ㄴ. (O) 제2조 제2호
1) 용적률=[(500×고도지구 200)+(500×경관지구 100)]/1,000
   =150%
2) 건폐율=[(500×고도지구 60)+(500×경관지구 50)]/1,000
   =55%

ㄷ. (X) 제2조 제1호. 용도변경에 의해 주거지역 400m²가 되는 경우이며 종전보다 상업지역이 넓어져 용적률과 건폐율이 증가하였다. 따라서 계산식에 따른 용적률과 건폐율을 적용하므로 ㄱ에서와 같이 용적률 1,100%, 건폐율 82%가 된다.

29 ③
난이도 상

① (O) A는 당사자 일방이 원래 의도한 의사를 존중해야 한다고 주장한다. 따라서 ㉮로 볼 것이다.

② (O) B는 당사자에게 가져다주는 효용에 주목하여 판단하며 비용이 효용보다 작아야 하므로 비용과 효용의 합은 항상 양(+)이 된다.

③ (X) C에 의하면 당사자의 자율을 제한하는 경우 비용과 효용의 합이 음인 경우가 발생할 수 없다. 왜냐하면 비용이 효용보다 큰 경우에는 국가가 보상해주어야 하기 때문이다.
④ (O) A에 의하면 당사자의 원래 의사를 존중해야 하므로 그러한 경우가 있을 수 있으며, C도 사회 전체의 효용에 주목할 때에 그러한 경우가 있을 수 있다.
⑤ (O) C는 사회 전체의 효용에 주목하며 B는 당사자의 효용에 기준을 두기 때문에 옳은 판단이다.

30 ⑤ 난이도 상

ㄱ. (O) 제3조 제2항. 초과점용에 대한 변상금은 100분의 120이므로 토지점용료는 5,000만 원에 해당한다.
ㄴ. (O) 제2조 제1항. 도로점용허가 없는 농지조성이 변상금 부과처분 대상이 아니라면, 이는 이전의 도로구역으로 지정되었던 토지에 도로구역 폐지가 고시되어야만 가능하다.
ㄷ. (O) 제3조 제1항. 도로점용허가 없이 점용한 경우 1,200만 원×(150/100) = 1,800만 원이다. 그리고 초과점용인 경우 1,500만 원×(120/100) = 1,800만 원으로 동일하다.

31 ③ 난이도 상

ㄱ. (O)
1) [선발 규칙] 1안: 공대 출신 1,200명, 비공대 출신 400명
2) [조정 규칙] 1안: 비공대 출신 100명 추가 선발(경력자 50명, 비경력자 50명)
→ 경력자 최대: 1)에 의해 선발된 1,600명 + 2)에 의해 선발된 50명 = 1,650명
ㄴ. (X)
1) [선발 규칙] 2안: 공대 출신 960명, 비공대 출신 640명(경력자 320명, 비경력자 320명)
→ 경력자 960명, 비경력자 640명
2) [조정 규칙] 2안: 경력자 480명 추가 선발(공대 240명, 비공대 240명)
→ 공대 출신 1,200명, 비공대 출신 880명(1.5배 = 1,320)
ㄷ. (O)
1) [선발 규칙] 3안: 공대 경력, 공대 비경력, 비공대 경력, 비공대 비경력 각각 400명
2) [조정 규칙]은 각각 비공대와 경력자를 추가하는 것으로 공대 출신 비경력자의 수에 영향 미치지 않음
→ 공대 출신 비경력자 400명

32 ④ 난이도 상

ㄱ. (X) A 플랜은 기준거리 1,000km를 초과한 경우에만 포인트가 적립된다. 만약 기존에 1,200km를 주행하여 1,800포인트를 적립한 경우에 25% 더 적은 거리를 주행하면 900km를 주행한 것이므로 이때에는 포인트 적립이 되지 않게 된다. 결국 1,000/0.75 = 1,333.333… 이상 주행거리가 되어야 기존보다 25% 더 적은 거리를 주행해도 동일한 포인트가 적립될 수 있다.
ㄴ. (O) 개정 약관의 즉시 시행으로 인한 불공정성을 완화할 수 있으므로 옳은 판단이다.
ㄷ. (O) B 플랜 개정 전 2,000km 주행 시 2,000포인트 적립, 개정 후 1,000km까지 500포인트 + 초과 1,000km 1,500포인트 = 2,000포인트로 옳은 판단이다.

33 ③ 난이도 중상

ㄱ. (O) 1+1 행사가 증정판매라면 50%할인 판매가 아니기에 ㉠을 약화한다.
ㄴ. (X) 규정 제1항. 30일간의 가격의 평균(13,000원)과 30일간의 가격 중 최저(11,000원)와 최고(14,500원)의 평균(12,750원) 중 낮은 가격이므로 12,750원이 된다.
ㄷ. (O) 제2항. 최초의 할인판매는 2023.9.1.(14,500원)이므로 직전 30일 (23.8.2-31.)간의 종전거래가격은 15,000원이므로 옳은 판단이다.

34 ② 난이도 최상

ㄱ. (O) 6.30.까지는 9명이 찬성하여 제2조의 의결정족수 3/4 이상의 동의에 해당한다. 이는 7.1.부터는 8명이 찬성하여도 통과될 수 있도록 2/3로 개정된 규정 <의안2>가 적용되었음을 알 수 있다. 따라서 의결정족수 개정안인 <의안2>가 6.30. 이전에 제안되었다는 것을 추론할 수 있다.
ㄴ. (O) <의안2>가 7.1. 이후에 제안될 경우 통과될 수 없다. 그렇기 때문에 연임이 되려면, 나머지 의안들이 그 이전에 통과되어야 한다. 그리고 제3조 제3항에서, 제3조 제2항이 삭제(<의안3>)되기 전에 제1조 제1항이 개정되더라도(<의안1>) 개정 당시 대표이사인 갑에게는 적용되지 않게 되는데, 결과적으로 갑이 연임이 된 상황이다. 따라서 삭제 이후에 즉 <의안3>이 제안된 후에 <의안1>이 제안되었음을 알 수 있다.
ㄷ. (X) 갑은 결과적으로 연임이 되었다. 그런데 7.1. 이후에는 8명이 찬성하여 통과되어야 하므로 의결정족수에 관한 개정안인 <의안2>는 6. 30. 이전에 제안되어야 한다.

35 ① 난이도 상

ㄱ. (X) 모든 사건에서 B보다 A를 따르는 것이 이득액이 더 크다고 할 수 없다. 예를 들어 그 자체 가액이 1억 원인데, 0원으로 속여서 구입한 경우 두 견해에 따른 이득액은 동일할 수 있기 때문이다.
ㄴ. (O) B에 따르면, 가액에서 지불한 대가가 공제된 것이 이득액이므로, 사례 1에서는 6억 2,000만 원, 사례2에서는 5억 1,000만 원이므로 그 차이는 1억 1,000만 원이다.
ㄷ. (X) A에 따르면, 하락하지 않았을 때에 15억 3,000만 원이지만 하락했을 때에 10억 2,000만 원이 되었으므로 이득액은 줄어들게 된다. 따라서 A도 이득액이 달라진다.

36 ③ 난이도 상

ㄱ. (O) A는 1헥타아르의 논 10,000m2(약 3,030평)이며 P지방은 100평이 1계이므로, 30계이다. B는 밭이랑 200개로(1무 30평×200) 6,000평이다. Q지방은 300평이 1계이므로 20계에 해당한다. 또한 논이 밭보다 등기비용이 2배이므로 A의 등기비용이 더 지출된다.
ㄴ. (O) 2정: 3,000평 × 2 = 6,000평
3단: 300평 × 3 = 900평
1무: 30평
합: 6,930평 = × 3.3058 = 22,909.194 m²
ㄷ. (X) P지방은 100평당 1계이고 Q지방은 1계 300평이므로 쌀 수확량이 같다면 Q지방의 논 D의 면적이 P지방의 논 C의 면적의 3배이다.

유형 02 | 인문학

p.116

01	02	03	04	05
①	③	②	①	①
06	07	08	09	10
⑤	④	②	⑤	⑤
11	12	13	14	15
④	③	②	③	③
16	17	18	19	20
③	③	④	②	②
21	22	23	24	25
②	⑤	④	②	④
26	27	28	29	30
①	①	④	①	②
31	32	33	34	35
③	④	②	④	③
36				
①				

01 ①
난이도 중

① (O) '모범적 소수 인종'은 아시안 아메리칸을 의미하며, 고유한 정체성이란 결론에서 말하는 백인에 가까운 또는 아시아인에서 먼 아메리칸을 의미하기에 추론할 수 있는 진술이다.
② (X) 그들의 성공에 대한 평가는 나타나 있지 않다. 단순히 뉘앙스만으로 판단해서는 안 되며 구체적인 진술이 있어야 추론할 수 있다. 일시적인 것이 아니라 지속되고 있으며, 허구적인 것이 아니라 사실이다. 즉, 틀린 진술이다.
③ (X) 부정성에 대한 구체적인 진술은 나타나 있지 않다. 즉, 틀린 진술이다.
④ (X) 한정된 자원 배분에 따른 갈등에 대해서는 알 수 없다. 즉, 논점 일탈이다.
⑤ (X) 백인들의 인종 차별에 대한 문제는 알 수 없다. 즉, 논점 일탈이다.

02 ③
난이도 하

이러한 조건 파악 유형에서는 그러한 조건이 없을 때에 <보기>의 시도가 성공할 수 있는지를 확인해야 한다. 귀납적 일반화에서는 표본의 사례 수가 설득할 만한 수준이 되어야 한다. 그래야 대응의 규칙이 개연성을 높일 수 있기 때문이다.
ㄱ. (O) 지문의 논증에서 말하는 결론의 개연성을 위해서는 충분한 표본의 수가 요구되므로 필요한 조건이다.
ㄴ. (O) 지문에 나타난 대응의 방식이 성립하기 위한 기본 전제로, 이들의 일관성이 없을 경우 대응 자체의 의미를 상실하기에 필요한 조건이다.
ㄷ. (X) 표본의 수가 부족한 경우 부정확한 대응성이 나타날 수도 있기 때문에, 이러한 조건은 성급한 일반화의 오류가 될 가능성이 있어 필요한 조건이 아니다.

03 ②
난이도 하

① (X) 수재민을 돕는 행위는 첫 번째 기준으로 자연적이나, 세 번째 기준으로는 인위적 행위이므로 비자연적이다. 따라서 틀린 진술이다.
② (O) 논개의 살신성인 행위는 두 번째 기준으로 비자연적이며, 세 번째 기준으로는 인위적 행위이므로 비자연적이다. 따라서 옳은 진술이다.
③ (X) 로또 당첨은 첫 번째 기준인 자연법칙을 위배하지 않으므로 자연적이다. 따라서 틀린 진술이다.
④ (X) 벼락을 맞고 두 번이나 살아난 경우는 두 번째 기준으로 볼 때 비자연적이다. 따라서 틀린 진술이다.
⑤ (X) 개가 낯선 사람에게 짖는 행위는 두 번째 기준으로 흔한 현상이기에 자연적이다. 따라서 틀린 진술이다.

04 ①
난이도 상

영희의 주장은 '앞면에 '음'이 쓰인 카드 뒷면에는 반드시 '달'이 씌어 있다'는 것이다. 그런데 사람들은 일반적으로 외적인 표현을 중시하여 '음'과 '달'만을 확인하여 영희의 주장을 판단하려 할 것이다. 이러한 판단이 바로 '확증 편향'과 같은 오류에 해당된다.
이런 오류에 빠지지 않으려면 영희의 주장이 조건문의 형식을 띠고 있다는 것을 파악해야 하며, 이에 맞는 논리적 조건 판단이 이루어져야 한다.
ㄱ. (O) '음'이 쓰인 카드의 뒷면을 확인하여 '달'이 아님이 1장만 확인되어도 영희의 말이 사실이 아니라는 것을 알 수 있다. 따라서 1만 원을 내고 진위를 파악할 가능성이 있다.
ㄴ. (X) 영희의 진술인 '앞면에 음이 쓰인 카드의 뒷면에는 반드시 달이 씌어 있다.'는 '뒷면에 달이 씌어 있지 않은 카드의 앞면에는 반드시 음이 씌어 있지 않다.'는 진술과 논리적으로 대우 관계로 동등하다. 따라서 앞면에서 음인 카드 10장과, 뒷면에서 해가 쓰인 카드 3장을 확인해야 하므로 총 13장이 되어야 반드시 확인이 가능하다.
ㄷ. (X) ㄴ에서처럼 13장을 확인하면 진위를 확인할 수 있다.

05 ①
난이도 하

ㄱ. (O) 병의 내용으로부터 추리되는 것으로 적절하다.
ㄴ. (X) 양녕의 맏아들에 대한 유훈은 없었다. 다만 갑과 을은 아비와 아들이 동일하다는 논리로 반대하고 있다.
ㄷ. (X) 양녕이 도성 안에 있어서는 안 된다는 결정의 변경 여부를 조정에 맡긴 것이지 그의 맏아들이 조정의 대상이 되는 것은 아니다.

06 ⑤
난이도 중

지문에서는 세 가지의 가설을 보여주고 있다. 이를 정리하면 다음과 같다.
(1) 문명의 발상지는 북위 30도 전후에서 발생한다.
(2) 8~9세기, 대도시가 북위 30~40도 사이로 유라시아 대륙 동부, 중앙부, 서부에 발달한다.
(3) 대도시는 원형 또는 정방형 등 세계관에 따른 계획도시의 형태로 견고한 성벽이 있다.
이제 주어진 사실을 정리하면 다음과 같다.
1) 위도: C가 가장 높고, B가 가장 낮음(C-A-B 순서)
2) 문명이 발생한 강 중 하나만 북위 35~40도 사이에 위치해 있으며 대도시 중 하나가 비슷한 위도에 있음

3) 두 도시만 북위 40도 이하에 위치, 다른 한 도시는 문명 발상지와 떨어진 해안 지형에 자연적으로 형성됨
4) 원형과 정방형 하나씩 존재, 원형이 정방형보다 위도 낮음
5) 가설 (1), (2), (3) 모두 부합: B
6) [3)으로부터] C는 40도보다 높은 위도에 위치하며 계획도시가 아님
7) [4), 6)으로부터] B가 원형, A는 정방형의 계획도시임
8) [2), 5)로부터] 모든 가설을 충족하는 것은 B밖에 없어야 하기에, A가 북위 35~40도 사이에서 발생한 대도시이어야 한다.
① (X) A는 북위 35~40도 사이에 위치한 대도시이므로 옳지 않다.
② (X) C는 위도가 가장 높기에 40도 이하에 있지 않으며 해안 지형에 자연적으로 형성된 도시이다. 계획도시는 A와 B인데, 원형의 대도시가 위도가 낮았기에 B가 원형, A가 정방형 도시이다.
③ (X) C는 북위 40도 이상에 위치하므로 옳지 않다.
④ (X) C는 북위 40도 이상에 위치한 대도시로 문명이 탄생한 강과 떨어져 있으므로 옳지 않다. 문명이 탄생한 큰 강 상류의 대도시는 A에 해당한다.
⑤ (O) A는 정방형, B는 원형의 계획도시이므로 옳은 진술이다.

07 ④   난이도 하

1) 정사와 정위의 첫 번째 쟁점에 대한 대화를 통해 간음죄는 갑의 죄목에 해당하지 않는다는 점을 알 수 있다.
2) 살아 있는 가장에 대한 죄로 불효와 오한이 있다. 그런데 갑이 처벌을 받았으니, 이로부터 갑의 행위는 살아 있는 가장인 모친 소에 대한 죄임을 추리할 수 있다.
3) 갑의 행위는 가장을 잘 모셨기에 불효죄는 아니라는 점에서 정위는 애초에 갑의 행위를 '오한죄'로 보았음을 알 수 있다. 이는 정사의 다섯 번째 진술에서 불효와 오한죄 중 어디에 해당하는지에 대한 질문에 정위가 불효는 아니라는 진술로부터 추리된다.
4) 가장인 소가 갑에게 통정을 하지 말라는 가르침을 내린 적이 없으므로 죄가 아니라는 것이 정사의 견해이고, 정위는 이를 수용한다.
① (O) 남편이 살아 있는 경우에 현장에서 체포될 경우에만 간음죄가 성립하므로 갑은 간음의 형벌 구성 요건에 해당하지 않는다.
② (O) 모친 소가 가장이 되어야 오한 또는 불효의 죄가 성립될 수 있으므로 당초 정위는 갑의 행위를 소에 대한 죄로 판단했을 것이다.
③ (O) 정위는 불효가 아닌 오한죄로 보고 있는데, 마지막 정위의 이 또한 잘못 판단한 것으로 다시 판결한다는 진술로부터 무죄임을 확인할 수 있다.
④ (X) 불효는 살아 있는 가장을 잘 모시지 않은 것을 말하는데, 뒤에서 소를 모시는 데에 부족함이 없다는 것이 이미 확인되어 있기에 애초에 정위는 갑의 행위가 '오한죄'에 해당한다고 판단했을 것이다.
⑤ (O) 정위가 말하는 '소'는 바로 위에서 정사가 말한 살아 있는 가장에 해당되며, 그 가장의 가르침을 따르지 않았기에 죄라고 판단하였으므로 옳은 진술이다.

08 ②   난이도 하

ㄱ. (X) (가)는 각각의 차별 대우를 정당화하는 개별적인 차이를 말하나, (나)는 각각의 차별 대우를 정당화하는 보편적인 차이가 존재한다는 입장이다. 그래서 (가)가 성립한다고 해서 (나)가 성립하는 것은 아니다. 왜냐하면 각각의 차별 대우를 정당화하는 차이가 적어도 하나 있다고 해서 그것이 똑같은 것이라고 말할 수는 없기 때문이다.
ㄴ. (O) (나)가 성립하면 (가)도 성립한다. 차별 대우를 정당화하는 차이가 모든 차별 대우를 정당화한다는 진술은 어떤 차별 대우이든 그것을 정당화하는 차이는 적어도 하나 있다는 것을 전제로 하기 때문이다.
ㄷ. (X) (다)에서 정당한 처우마다 그것을 정당화하는 차이는 달라야 한다고 진술한다. 이에 따르면 (나)에서 말하는 모든 처우를 정당화하는 차이란 있을 수 없게 된다. 따라서 (다)와 (나)는 동시에 성립할 수 없다.

09 ⑤   난이도 중

ㄱ. (O) 지문에서 증언하는 바의 거짓 가능성이 참일 가능성보다 확률적으로 더 낮아야, 즉 '더 기적적'이어야 부활을 믿게 된다고 주장하므로 옳은 진술이다.
ㄴ. (O) 기적은 자연법칙의 위반인데, 속을 확률, 즉 기적이 일어나지 않을 가능성이 '더 기적적'이어야 믿게 된다. 결국 거짓일 가능성이 더 낮아야 한다. 따라서 옳은 진술이다.
ㄷ. (O) 증언자가 거짓말을 할 가능성은 1/10,000인데, 동전 던지기 1만 번에 모두 앞면이 나올 확률은 1/2의 10,000 제곱수로 증언이 거짓일 가능성보다 사실 자체가 더 기적적이므로 그런 사건이 일어났다고 믿지 않을 것이다. 따라서 옳은 진술이다.

10 ⑤   난이도 하

말하는 문장의 기능을 의미적으로 구분할 때에 사실 자체만을 표현하는 것은 문장 의미만을 지니지만, 정보 전달이나 행위 유발 기능은 화자 의미도 포함된다. 이를 정리하면 다음과 같다.

구분	사실 기술	정보 전달	행위 유발	의미
(1)	O	X	X	문장 의미
(2)	O	O	X	문장·화자 의미
(3)	O	O	O	문장·화자 의미

화자 의미는 직접적인 표현과 간접적인 표현으로 인해 문장 의미와 거리 차이가 발생하기도 한다.
① (O) (2)는 사실의 기술을 넘어 정보 전달의 기능까지도 하고 있다. 따라서 음악의 작곡자와 제목을 대화 상황에서 말했다면, 지식 정보의 전달에 해당된다. 즉, 옳은 진술이다.
② (O) (3)은 어떤 행위를 하도록 유발하는 기능을 말한다. ⓒ에서 신랑 신부에게 인사를 하라는 것은 행위를 유발하는 것으로 옳은 진술이다.
③ (O) 다른 하객들도 모여 있다는 정보를 전달하는 기능이므로 옳은 진술이다.
④ (O) 문장 의미는 문자 그대로의 의미이며, 화자 의미는 화자의 의도를 의미한다. 답지에서 두 가지의 의미의 거리가 가깝다는 것은 하나의 진술이 각각의 의미를 모두 함축하고 있다는 것을 의미한다. 따라서 거리가 멀다는 것은 어느 하나의 의미가 더 강하다는 뜻이기도 한다. ⓒ의 문자 의미로 정보 전달 및 사실 기술의 의미와 동시에 답지 ②에서도 파악한 바와 같이 화자의 의도도 숨어 있다. 한편 ⓒ은 답지 ③에서 살펴보았듯 (2)의 의도적 측면이 강하다. 따라서 옳은 진술이다.
⑤ (X) ⓔ을 말한 예나의 의도는 그 자리를 떠나고 싶지 않았던 것이고, 석하가 이해한 화자 의미는 더 이상 귀찮게 하지 말라는 것이다. 따라서 석하는 화자 의미와 문장 의미와의 거리가 예나보다 멀다.

11 ④   난이도 상

1) 감정 A: 거짓말을 하거나 남을 속일 때 가장 자주 나타나는 감정은 발각 두려움에 해당한다. 또한 발각 두려움이 있을 때 적당한 긴장을 유발해 거짓말이 발각될 가능성을 줄여주는 역할을 한다.
2) 감정 B: 이 감정은 부정적인 측면이 나타나므로 죄책감과 수치심을 생각할 수 있다. 그런데 죄책감은 다른 사람과 관계없이 스스로 느끼는 감정인 반면 수치심은 다른 사람과의 관계에서 느낄 수 있는 감정이다. 따라서 다른 사람의 인지 여부와 관계없이 느끼는 감정으로 적절한 것은 죄책감이다.
3) 감정 C: 이 감정은 쾌감 또는 안도감이 가능하다. 그런데 다른 사람들이 속이는 사람을 주시할 때, 다른 사람을 속이는 능력이 인정받을 때는 안도감이 아니라 쾌감이 된다. 따라서 감정 C는 쾌감을 의미한다.

<설명>은 감정 A, B, C를 찾을 수 있는 근거를 제시한다. 유의할 점은 제시된 조건을 종합적으로 고려하여 가장 적합한 것을 찾아야 한다는 점이다. 따라서 감정 A는 발각의 두려움, 감정 B는 죄책감, 감정 C는 쾌감이라고 보는 것이 최적의 대응임을 알 수 있다.

이렇게 찾은 세 가지 감정을 <상황>에 적용시키는데, 이때 '각 상황에서는 두 가지의 감정만 느끼는 사람이 가장 많았다'는 조건이 주어졌으므로, 상황 (가), (나), (다)에서 사람들이 일반적으로 가장 많이 느낄 것으로 여겨지는 두 가지의 감정을 찾아내는 것이 필요하다. 상황 (가)에서는 발각의 두려움과 쾌감을 가장 많이 느낀다고 보는 것이 적합하다. 포커 게임은 상대방에 대한 속임수가 게임의 규칙 안에 이미 용인된 상황이므로 대개의 경우 죄책감을 느끼지 않을 것이라고 보아야 한다. 따라서 감정 A와 감정 C를 가장 많이 느낀다. 마찬가지 방식으로 상황 (나)에서는 쾌감을 가장 덜 느낄 것이라고 보아야 하므로 발각의 두려움과 죄책감, 즉 감정 A와 감정 B를 가장 많이 느낀다고 보는 것이 가장 적절하며, 상황 (다)에서는 발각의 두려움과 쾌감, 즉 감정 A와 감정 C를 가장 많이 느낀다고 보는 것이 가장 적절하다.

따라서 ㄱ, ㄴ은 적절한 진술이며, ㄷ은 적절하지 않은 진술이다.

12 ③   난이도 상

상황(1)은 신체적인 결함을 가지고 태어난 갑의 사례로, 즉시 수술해야 하는 상황이다. 수술을 받으면 자각적 인지 능력은 기대할 수 없지만 기초적인 쾌·불쾌를 기대할 수 있다.
[A] 최소한의 체험적 이익이 가능하므로 생명은 보존되어야 한다.
[B] 자기결정권을 추정할 수 없으므로 생명은 보존되어야 한다.
[C] 자각적 인지 능력을 기대할 수 없으므로 결정적 이익의 생성은 불가한 상황이므로 수술을 하지 않아야 한다.

상황(2)는 을이 사전의료지시서를 남기고 병이 악화되었는데 현재 혼수상태에 있지만 수술을 할 경우 기초적인 만족감을 기대할 수 있는 생명 유지와 의식 회복이 가능하다.
[A] 을은 수술을 받을 경우 의식 회복이 가능하여 체험적 이익을 기대할 수 있으므로 수술을 해야 한다.
[B] 사전의료지시서는 평소 본인의 가치관이나 신념을 통하여 형성되기에 자기결정권에 대한 증거가 된다. 즉 이에 따라야 하므로 수술을 하지 않아야 한다.
[C] 을은 평소의 소망에 따른 사전의료지시서를 작성하였다. 이는 결정적 이익을 잘 보여주는 것이다. 따라서 결정적 이익을 따라야 하므로 수술을 하지 않아야 한다.

이를 정리하면 다음과 같다.

구분	A	B	C
(1)	O	O	X
(2)	O	X	X

(O: 수술 동의, X: 수술 동의하지 않음)

ㄱ. (O) A는 즐거움이나 만족을 느끼면 생명 연장이 존중되어야 하므로 수술에 동의할 것이다. 그러나 B는 자기결정권을 중시하므로 을이 사전에 말한 자기결정권에 의해 수술에 동의하지 않을 것이다.
ㄴ. (X) B는 환자의 의사를 추정할 수 없다면 타인이 죽음을 앞당기는 결정을 해서는 안 되므로 수술에 찬성할 것이다. 그러나 C는 환자의 결정적 이익이 나타나거나 이를 기대할 수 없는 상황이므로 수술에 반대할 것이다.
ㄷ. (O) C는 자기결정권인 인격을 기준으로 하며, 이는 새롭게 만들어 낼 수 없는 것이므로 두 경우 모두 수술에 반대할 것이다.

13 ②   난이도 하

주어진 A, B, C의 견해를 쟁점별로 정리하면 다음과 같다.

구분	양심의 형성	잘못된 양심의 존재
A	취득적	O
B	선천적	X
C	취득적	?

ㄱ. (X) A는 양심을 사회적 감정으로 인류가 공유하는 습관화된 동정심으로 파악하며 양심의 잘못된 경우를 제시하고 있다. 그러나 B는 양심은 선천적으로 보편타당한 도덕 판단을 하는 실천이성이므로 양심 없는 인간은 있을 수 없다고 본다. 한편 C는 양심인 초자아가 지나치게 강한 결과 신경증적 증후들이 나타날 수 있다는 것만 밝힐 뿐 이것이 잘못된 것인지 여부에 대해서는 언급하지 않았다.
ㄴ. (X) A는 양심을 취득된 것으로 보며 잘못된 양심의 존재를 인정한다. 그러나 B는 양심에 따를 경우 모두 보편타당한 도덕적 행위에 해당되므로 양심의 명령에 따르는 것이 비도덕적일 수 없다. 한편 C는 양심의 비도덕적 여부에 대해서 언급하지 않았다.
ㄷ. (O) A는 양심이 사회적 감정이므로 그와 다른 행위를 할 수 있다고 본다. B도 양심은 개인적 욕구와 독립된 내면적인 보편적 도덕이므로 이와 다르게 개인의 욕구를 통해 행위를 할 수 있다고 본다. C도 양심은 부모의 권위가 내면화된 것으로 이에 반하는 행위를 할 수 있다고 본다. 따라서 이 진술은 A, B, C 모두와 양립할 수 있다.

14 ③
난이도 상

ㄱ. (O) 중기 간의 시간 간격이 약 30.4일이므로 절기 간은 15.2일이 된다. 그런데 한 달은 길어야 30일이므로 같은 달에 3개의 절기가 함께 들어갈 수 없다.

ㄴ. (O) 경인년 11월은 29일이며 윤달인 윤11월도 29일이다. 윤달은 중기가 한 달을 건너뛰어 다다음 달의 처음에 오는 경우, 중기가 없는 달에 해당한다. 11월에는 중기인 동지가 들어가야 하고 대한은 12월에 있어야 한다. 윤달은 중기가 없는 달이므로 윤11월에는 소한만 들어 있게 된다.

ㄷ. (X) 윤달이 경인년 11월과 12월 사이에 있으므로 윤11월에는 소한만 있다. 대한은 12월 초에 있게 된다. 그리고 입춘은 그로부터 15일 후에 오게 된다. 12월은 한 달이 대 30일이므로 그다음 중기인 우수는 정월에 오게 된다. 신묘년 정월은 소 29일이므로 그다음 중기인 춘분은 2월 중순에 있게 된다. 그리고 우수와 춘분 사이의 경칩은 우수로부터 15.2일 후에 위치하므로 정월 중순에 오게 된다. 그렇다면 춘분과 곡우 사이에 있는 청명이 춘분으로부터 15.2일 후인 2월 중순에 오게 된다. 따라서 2월에는 24절기 중 춘분과 청명이 있게 될 것이다.

15 ③
난이도 상

조건과 사실관계를 정리하면 다음과 같다.

1) 약화된 3차 방정식 해법

과학자	F-조건	I-조건	P-조건
델 페로	O	O	X
타르탈리아	X	O	X

2) 3차 방정식 일반 해법

과학자	F-조건	I-조건	P-조건
타르탈리아	O	O	X
카르다노	X	X	O

3) 미적분법

과학자	F-조건	I-조건	P-조건
뉴턴	O	O	O
라이프니츠	X	O	O

① (X) 델 페로는 '약화된' 3차 방정식의 해법을 최초로 발견한 사람일 뿐, 3차 방정식의 일반 해법을 발견하지는 못했다.

② (X) 카르다노는 I-조건을 충족시키지 못한다. 오히려 타르탈리아가 I-조건을 충족하기에 우선권을 갖는다.

③ (O) 타르탈리아와 뉴턴은 모두 F-조건과 I-조건을 충족하기에 이 조건들을 적용하면 두 사람 모두 우선권을 갖는다.

④ (X) 뉴턴은 세 조건을 모두 적용할 경우에도 우선권을 가진다.

⑤ (X) 약화된 3차 방정식의 해법에 대해 델 페로와 타르탈리아는 비록 시대가 다르지만, 각자 독자적으로 발견한 사람들이기에 I-조건을 충족한다. I-조건을 적용할 경우, 라이프니츠와 뉴턴도 모두 독자적으로 연구하여 그 결과를 얻었기에, 두 사람 모두 미적분법에 대해 우선권을 가질 것이다.

16 ③
난이도 하

① (O) 질병은 좋은 것도 나쁜 것도 아닌 것으로 분류하고 있기에 옳은 추론이다.

② (O) 좋은 것도 나쁜 것도 아닌 부류인 재물은 그것을 얻는 과정에서 행복하거나 불행할 수 있다고 진술되어 있기에 옳은 추론이다.

③ (X) 나쁜 것도 좋은 것도 아닌 것이 있기에 나쁜 것이 아니라고 해서 반드시 좋은 것이라고 할 수 없다.

④ (O) 건강과 재물은 좋게 사용될 수도 또한 나쁘게 사용될 수도 있는 것으로 좋은 것이 아니라고 서술되어 있다.

⑤ (O) 분별력은 좋은 것으로 나쁘게 사용될 수 없는 부류이다.

17 ③
난이도 하

ㄱ. (O) 본질적 속성은 그 대상이 대상이게끔 하는 성질을 의미한다. 그렇다면 초롱이는 젖을 짜낼 수 있는 속성을 갖지 않기 때문에 얼룩이는 초롱이를 암소로 여기지 않을 것이다.

ㄴ. (O) 대화에서 머리에 뿔이 있는 것은 사슴이 되기 위한 세 가지 본질적 속성 중 하나이다. 이를 토대로 초롱이는 깡총이를 사슴이라고 말하고 있다. 따라서 뿔이 없다면 사슴으로 여기지 않을 것이다.

ㄷ. (X) 초롱이에 의하면, 소의 울음소리는 우연적 속성에 해당한다. 따라서 초롱이가 날쌘이를 사슴으로 여긴다고 해도 날쌘이가 '음매'하고 울 수 있는 것은 아니다.

18 ④
난이도 하

'죽이는 것'과 '죽게 내버려 두는 것'에 대한 견해를 정리하면 다음과 같다.

구분	죽이는 것	죽게 내버려 두는 것
갑	사건 연쇄 시작	진행 막지 않음/장애물 제거
을	연쇄 시작/장애물 제거	진행 막지 않음
병	사건 연쇄 시작/ 장애물(타인) 제거	진행 막지 않음/ 장애물(자신) 제거

ㄱ. (X) 갑, 을, 병 모두 사건 연쇄의 진행을 막지 않은 것이므로 '죽게 내버려 두는 것'에 해당한다.

ㄴ. (O) 장애물 제거에 해당되므로 갑은 '죽게 내버려 두는 것'이며 을은 '죽이는 것'에 해당한다. 병은 다른 사람이 제공한 장애물을 제거하는 것으로 '죽이는 것'에 해당한다.

ㄷ. (O) 자신이 제공한 장애물을 제거하는 것이므로 갑과 병은 '죽게 내버려 두는 것'이며 을은 '죽이는 것'에 해당한다.

19 ②
난이도 상

ㄱ. (X) A에서는 갑, 을, 병이 모두 5이기에 원리 1과 원리 2에 의해 나쁘게 대우받는 경우는 없다. 정은 원리 3에 의해 나쁘게 대우받는 것이 아니다.

ㄴ. (X) B에서 한 사람만 나쁘게 대우받고 있다면, 병이 5를 받게 되면 을만 3이므로, 원리 1에 의해 나쁘게 대우받는다고 할 수 있다.

ㄷ. (O)
1) A와 B 모두 도덕적으로 허용 가능하다면 원리 4에 의해 원리 1~3에 따라 누구도 나쁘게 대우받지 않아야 한다.
2) A 상황은 원리에 의해 도덕적으로 허용될 수 있다.
3) B 상황은 원리 2에 해당하는 사례로, 병이 5보다 큰 점수일 경우가 되어야 도덕적으로 허용 가능하다. 병이 5보다 크다면 병은 A보다 B에서 더 많은 행복을 누리게 된다. 이때 B에서 존재하는 사람 중에 B보다 A에서 더 많은 행복을 누리게 되는 을이 존재하지만, 원리 2에 의해 B에서 더 좋은 대우를 받는 병이 존재하므로 을이 더 나쁜 대우를 받는 것이 아니게 된다. 따라서 α가 5보다 큰 조건에서 B도 도덕적으로 허용될 수 있다.

20 ②   난이도 하

ㄱ. (X) 연민은 이성에 앞서는 자연적 충동으로 이성적 반성 없이도 작동할 수 있다.

ㄴ. (X) 혐오감은 연민의 감정 속에서 근원을 찾을 수 있으나, 자기애는 연민의 감정과 또 다른 감정에 해당한다.

ㄷ. (O) 연민과 다른 감정인 자기애가 작동하는 것으로부터 두 감정은 양립 가능하다는 것을 추론할 수 있다.

21 ②   난이도 중

1) ㉠과 ㉡ 모두 물리적 수행을 할 수 없는 범위에 있다면 능력이 없는 것으로 도덕적으로 비난할 수 없다는 견해이다.
2) ㉠은 행위 능력이 있더라도 그 능력을 행위자가 인지하지 못한다면 도덕적으로 비난받지 않는다고 주장하나, ㉡은 그렇지 않다.

이를 바탕으로 상황을 분석하면 다음과 같다.

- 상황 (1): 물리적 수행의 범위를 벗어나 있으므로 둘 다 도덕적으로 비난받지 않을 것으로 판단한다.
- 상황 (2): 물리적 수행이 가능한 범위에 있지만 이를 인지하지 못한 상황으로, ㉠은 도덕적 비난을 받지 않는다고 판단하지만 ㉡은 비난받는다고 판단한다.
- 상황 (3): 물리적 수행을 할 수 없는 상황으로 둘 모두 비난받지 않는다고 판단한다.

ㄱ. (X) ㉠과 ㉡ 모두 (1)과 (3)에서 비난받지 않는다고 동일한 도덕적 판단을 한다.

ㄴ. (X) ㉡은 (2)에서 물리적 수행이 가능한 범위이기에 도덕적으로 비난받는다고 판단할 것이다.

ㄷ. (O) 물리적 수행의 범위가 아니기에 둘 모두 비난받지 않는다고 판단한다. 따라서 도덕적 비난의 대상이 될 수 있다는 것을 설명할 수 없다.

22 ⑤   난이도 중

ㄱ. (O) 甲은 신이 기적을 일으킬 수 있는 존재라고 언급하고 있다. 또한 乙은 우리가 기도를 통해 신의 계획에 영향을 줄 수 있다고 믿기에 신의 계획은 변경될 수 있다고 주장한다. 이를 통해 기적을 믿는다고 추론할 수 있다.

ㄴ. (O) 甲은 신은 과거를 바꿀 수도 있으며 자신이 계획한 그대로 역사를 진행시킨다고 주장한다. 반면 乙은 甲과 달리 신은 과거를 바꾸지 않으며 우리의 믿음의 영향을 받아 계획을 바꿀 수도 있다고 주장한다.

ㄷ. (O) 乙은 둘째 논의를 통해 신의 계획은 가변적인데, 이는 그 계획이 완전하지 않음을 의미한다고 볼 것이다.

23 ④   난이도 하

ㄱ. (X) A는 무지가 도덕적 비난가능성을 줄일 수 있다는 견해일 뿐, 도덕적 믿음에 근거하지 않는 행위가 도덕적인 결과를 가져오는 행위라도 비난해야 한다는 것은 아니다. 한편 B도 잘못된 도덕적 믿음에 의한 비도덕적 행위는 비난받아야 한다는 견해이므로 갑의 행위를 비난하지 않을 것이다.

ㄴ. (O) 을은 도덕적으로 잘못된 믿음을 따르는 도덕적 무지에 해당되므로 A는 비난가능성이 낮다고 볼 것이다. B는 그렇다 해도 비난받아야 한다고 주장할 것이다.

ㄷ. (O) A는 사실에 대한 무지도 도덕적 비난가능성을 줄일 수 있다고 주장하므로 옳은 진술이다.

24 ②   난이도 하

① (X) 수요일에 '오늘'이라는 표현과 목요일에 수요일을 가리켜 '어제'라는 말은 다른 말이지만 두 문장에서 사용된 표현은 같은 대상을 가리킬 수 있다.

② (O) 날짜와 관련한 지표사의 경우, '오늘'과 언어적 의미가 다른 '어제'를 사용하여 같은 말을 할 수 있다.

③ (X) 수요일을 가리켜 '어제'라고 할 경우와 수요일에 '오늘'이라고 한 문장은 발화자의 맥락에 따라 다른 단어로 바꿔 써가며 같은 말을 한 경우이다. 그런데 '오늘'과 '어제'는 언어적 의미가 다른 단어이다.

④ (X) '오늘 비가 온다.'와 '어제 비가 왔다.'라는 두 문장이 있을 때에 뒷문장을 '오늘 비가 왔다.'로 바꾸었을 때에, 대상은 다르지만 언어적으로 의미가 같은 다른 단어로 바꿔 쓴 경우이다. 그런데 이 경우 두 문장은 다른 말이다.

⑤ (X) 한 문장에 사용하고 있는 어떤 단어를, 대상도 같고 언어적 의미도 같은 단어로 바꿔 쓸 경우 같은 말을 하는 것이다.

25 ④   난이도 하

ㄱ. (O) 올바른 번역은 인용 부호 안의 표현 자체를 그대로 남겨 두는 것이 되어야 하기에 올바른 번역이 아니다.

ㄴ. (X) 인용 부호 안의 표현 자체를 그대로 남겨 두었기에 올바른 번역이다.

ㄷ. (O) (2)는 참인 문장이지만 (5)는 거짓인 문장이므로 올바른 번역에서 제외된다. 따라서 서로 다른 언어에 속한 두 문장의 진리값이 다르다면 올바른 번역이 아니다. 또한 (2)와 (4)는 모두 참으로 진리값이 다르지 않지만 (4)가 (2)의 올바른 번역이 되는 것은 아니다. 따라서 '서로 다른 언어에 속한 두 문장의 진리값이 다름'은 '올바른 번역이 아님'을 위한 충분조건이지만 필요조건은 아니다.

26 ①   난이도 상

1) 행위의 인식 측면
   ① 주관적: 개인적으로 믿는 정보 기준
   ② 객관적: 실제 참인 정보 기준
2) 행위의 목적 측면
   ① 내재적: 자신에 대한 직접적 해악과 무관함 기준
   ② 외재적: 도덕이론의 관점에서 부당함 기준

- A: 수분 섭취 목적, 벤젠을 이온음료로 믿음
- B: 이웃돕기 성금 마련 목적, 중고 거래 사이트 거래 수단 구매자 보호 취약 정보 알고 있음
- C: 금품 편취 목적, 이메일 잘못 알고 있음

구분	A	B	C
주관적 내재주의	합리적	합리적	합리적
주관적 외재주의	합리적	합리적	비합리적
객관적 내재주의	비합리적	합리적	비합리적
객관적 외재주의	비합리적	합리적	비합리적

① (X) A와 C의 행위를 모두 비합리적이라고 평가하는 입장은 객관적 내재주의와 객관적 외재주의 2개이다. 객관적인 인식에 있어서 A가 벤젠을 이온음료로 믿는 것에 기준을 두는 것은 비합리적이기 때문이며 도덕이론의 관점에서 금품 편취 목적의 C는 비합리적이기 때문이다.

② (O) 주관적 내재주의 입장에서 A는 자신의 믿음에 근거한 인식을 기준으로 하고 있으며 자신에 대한 직접적 해악과 무관한 수분 섭취 목적이므로 합리적이다. 또한 B에서 거래 수단의 취약성은 개인적으로 알고 있는 바이며 이웃돕기 성금 마련의 목적도 자신에 대한 직접적 해악과 무관하기 때문에 합리적이라 평가할 것이다.

③ (O) 주관적 내재주의는 A를 합리적이라 평가하고 주관적 외재주의 역시 도덕이론의 관점에서 수분 섭취 목적이 부당하지는 않기 때문에 합리적이라고 평가할 것이다.
④ (O) 일부러 거짓 이메일 주소를 동료가 알려주었더라도 그것을 믿는 것은 자기 자신이기 때문에 합리성 평가가 달라지는 것은 아니다.
⑤ (O) 수단의 도덕성도 함께 고려할 경우, 외재주의는 B가 거래 수단이 구매자의 보호에 취약한 점을 이용해 구매자의 대금을 편취한 것이므로 도덕적으로 부당하다고 볼 것이다. 따라서 주관적 외재주의와 객관적 외재주의 모두 B의 행위는 비합리적이라고 평가할 것이다.

27 ①   난이도 하

ㄱ. (O) A가 B에 한 약속은 도덕적으로 옳지 않은 행위에 대한 것이므로 갑은 그 약속이 도덕적으로 옳지 않다고 볼 것이다. 그러나 을은 선한 결과를 가져오는 것이므로 도덕적으로 옳다고 판단할 것이다.
ㄴ. (X) 갑은 살인 자체가 나쁘기 때문에 의무가 없다고 볼 것이며 을도 도덕적으로 옳지 않은 사항에 대해서는 하지 않을 의무가 더 강하기에 의무가 사라진다고 볼 것이다. 결국 갑과 을 모두 A가 B에 한 약속에 대해 의무가 생겨나지 않는다고 의견을 함께할 것이다.
ㄷ. (X) 갑은 도덕적으로 옳지 않은 약속일 경우에 그리고 그런 경우에만 그 약속을 지킬 의무가 생겨나지 않는다고 주장한다. 따라서 갑에 의하면 도덕적으로 옳지 않은 약속이 아닌 경우 그 약속은 지킬 의무가 있다. 을도 약속한 행위가 도덕적으로 옳지 않고 그 행위를 하지 않을 의무가 약속을 지키는 의무보다 더 강할 때 그 약속을 지켜야 할 의무는 사라진다고 주장한다. 따라서 을도 그렇지 않은 경우 그 약속을 지킬 의무가 있다고 주장할 것이다.

28 ④   난이도 하

① (X) 브레이크의 작동 원리는 페달을 밟으면 차가 멈춰야 한다. 그렇지 못하기에 C는 이를 지식에 근거한 것이 아니므로 행위가 아니라고 판단할 것이다.
② (X) B에 의하면 믿음이 있는지 여부에 따라 행위 여부가 결정되며, C는 지식에 근거한 것인지에 따라 행위 여부가 결정된다. 따라서 을이 브레이크 페달을 밟은 것이 행위인지에 관해서 B와 C가 같은 견해인지는 알 수 없다.
③ (X) A는 참인 믿음으로부터 차를 세운 것만이 행위이므로 병의 행동은 행위라 볼 수 없다. 그런데 B는 믿음이 있는지에 따라 결정되므로 행위 여부를 알 수 없다.
④ (O) C는 지식에 근거하여 차를 세운 것만이 행위이다. 그런데 A는 참인 믿음으로부터 차를 세운 것만이 행위라는 견해이다. 둘 모두 지식이 참이어야 하며 행동의 결과가 나타날 때에 행위가 된다. 그러므로 C가 행위라고 여기는 것은 A도 참이라고 여길 것이다.
⑤ (X) B는 행동의 결과는 기준이 아니며 믿음 여부만 기준이 된다. 그러나 C는 지식에 근거하여 그에 따른 결과가 발생해야 행위가 된다. 그래서 C는 지식에 근거하지 않거나 결과가 발생하지 않으면 행위라 볼 수 없다. 이 경우 B는 믿음만 있다면 지식에 근거하지 않거나 결과가 발생하지 않았더라도 행위라 볼 것이다.

29 ①   난이도 하

ㄱ. (X) 인종차별이 X에서는 도덕적 금기가 아닐 수 있으며, 이는 배심원에 의해 결정될 수도 있으므로 옳지 않은 추론이다.
ㄴ. (O) 도덕적 금기에 대한 판단을 하는 배심원들은 사회적 역겨움을 느끼는 사람들로 선정되므로 옳은 추론이다.
ㄷ. (X) 사회 구성원 사이의 도덕적 판단이 일치하지 않아도 사회의 도덕적 판단은 결정될 수 있으므로 옳지 않은 진술이다.

30 ②   난이도 중

ㄱ. (X) A는 조건 2개가 모두 성립하면 격률이 성립하지 않는다고 주장한다. 그런데 조건1이 만족하지 않았기에 격률인 ㉠이 성립하지 않게 된다고 주장할 수 없다.
ㄴ. (X) 조건 2는 부재가설이 거짓이라는 증거를 획득할 확률이 0이므로 성립되지 않는다. 그러나 조건 1은 발자국이 없다는 것만으로 부재가설의 성립 여부를 판단할 수 없기에 조건 1은 충족될 수 있다. 따라서 옳지 않은 진술이다.
ㄷ. (O) 부재 가설이 거짓일 때 부재 가설이 거짓이라는 증거를 획득할 확률이 (멧돼지가 있을 때 멧돼지 발자국이 발견될 확률), 부재 가설이 참일 때 부재 가설이 거짓이라는 증거를 획득할 확률(멧돼지가 없을 때 멧돼지 발자국이 발견될 확률)보다 더 크므로 조건2를 만족한다.

31 ②   난이도 하

ㄱ. (X) A에 따르면, 갑이 거짓말을 했고 거짓말을 한 을을 비난하였으므로 위선자에 해당된다. 따라서 갑은 을을 비난할 자격이 없다. 또한 C에 따르면, 갑은 거짓말을 했지만 자신과 을 모두를 비난하는 성향에 따라 비난하고 있으므로 위선자는 아니다. 따라서 갑은 을을 비난할 자격이 있다.
ㄴ. (X) B에 따르면, 병은 부정행위를 했고 자신과 정을 비난하기에 위선자가 아니다. 따라서 병은 정을 비난할 자격이 있다. 또한 C에 따르면, 자신과 다른 사람 모두를 비난하여 위선자가 아니기에 병은 정을 비난할 자격이 있다.
ㄷ. (O) 정은 자신을 비난하지 않으면서 병을 비난하므로 A와 B에 따르면 위선자에 해당하기에 병을 비난할 자격이 없다.

32 ④   난이도 하

ㄱ. (O) 가해자의 행위가 도덕적으로 나쁘다는 판단을 수정하는 방식이므로 첫 번째 조건을 위반하였으므로 용서로 볼 수 없다.
ㄴ. (X) 가해자의 행위가 나쁘다는 판단을 수정하지 않았고, 가해자가 자신의 행위에 대해 합리적 판단을 내릴 수 있는 행위자임도 부정하지 않았으며 피해자의 자기 존중이 훼손되지 않은 상황이다. 따라서 이는 용서가 될 수 있다.
ㄷ. (O) 도덕적 분별력을 갖추지 않았다는 이유로 분노를 버리는 것이므로 두 번째 조건을 위반하여 용서라 볼 수 없다.

33 ②   난이도 하

ㄱ. (X) A는 동의하지만 B는 그룹을 인정하므로 동의하지 않는다.
ㄴ. (O) B는 그룹의 존재는 갑, 을, 병의 모음이라는 주장이므로 동의하지만, C는 '삼신기'와는 다른 추상적 존재자가 되므로 동의하지 않는다.
ㄷ. (X) A는 그룹 존재를 부정하므로 동의하지 않는다.

34 ④ 난이도 하

ㄱ. (X) 조교 일을 하는 대학원생과 교수의 관계이므로 대인관계의 원만한 지속에 가치를 부여하는 상호의존적 문화 성향을 가진 교수보다 개인 내적 기준에 따라 판단하는 독립적 문화 성향을 가진 교수가 거절할 가능성이 더 크다.
ㄴ. (O) 상호의존적 문화 성향을 가진 사람은 상대방에게 끼칠 부정적인 영향을 실제보다 과대 추정할 가능성이 있으므로 옳은 진술이다.
ㄷ. (O) 조망 수용은 다른 사람의 관점에 서서 이해하고 친사회적 도덕 추론과 동정심을 촉진하기 때문에 조망 수용을 하면 상대방에 대한 미안한 마음이 그렇지 않을 때보다 더 클 것이다.

35 ③ 난이도 중

① (X) [3문단] 지위의 차이와 상관없이 친근한 사이가 아닌 사이에서는 서로 V를 사용하므로 을이 갑보다 하위자일 수 있다.
② (X) [2문단] 지위가 동등할 경우 친근도에 따라 T나 V를 주고 받기에 옳지 않다.
③ (O) [3문단] 친근한 사이에는 이전과 달리 지위와 상관없이 T를 사용하므로 옳은 진술이다.
④ (X) [3문단] 하위자일 수 없으므로 상위자이거나 동급자이므로 상위자라고 단정할 수 없다.
⑤ (X) 지문의 내용만으로 추론할 수 없다.

36 ① 난이도 하

ㄱ. (O) 확률이 동일한 경우 기울기는 같지만, 더 많은 정보를 가질 경우 무게는 증가하므로 서로 다를 수 있다.
ㄴ. (X) 더 많은 정보를 가질 경우 무게는 증가하지만, 기울기는 동일할 수 있다.
ㄷ. (X) 기존에 5번 중 3번의 확률인 경우, 4/5가 되기 위해서 즉 8/10이 되는 경우 증거의 양은 5가 증가한다. 그리고 10번 중 6번의 확률인 경우, 4/5가 되기 위해서 16/20이 되어야 하므로 10만큼 정보가 증가한다. 결국 추가 정보의 양은 그 명제에 대한 기존 증거의 무게 즉, 기존 정보량에 비례하는 경우이므로 옳지 않다.

유형 03 | 사회과학

p.134

01	02	03	04	05
④	⑤	①	②	⑤
06	07	08	09	10
②	③	없음	⑤	①
11	12	13	14	15
①	④	③	②	③
16	17	18	19	20
④	①	③	⑤	③
21	22	23	24	25
①	④	①	⑤	④
26	27	28	29	30
②	④	④	③	④
31	32	33	34	35
②	①	③	④	④
36	37	38	39	40
③	⑤	④	⑤	⑤
41	42	43	44	45
⑤	①	①	⑤	⑤
46	47	48	49	
④	④	③	③	

01 ④ 난이도 하

가설을 정리하면 다음과 같다.
- 안전판 가설: 일종의 산업예비군적 노동력으로 경기 상승에서 충원되고 하강 측면에서 축출된다.
- 대체 가설: 불황기에 남성 노동력 대신 여성 노동력을 사용, 경기 불황기에 여성 고용이 완만하게 증가한다.
- 분절 가설: 여성 노동은 성별 직무 분리 때문에 남성과 무관하게 영향 받는다.

[사실 1] 경기 침체기의 여성 노동 고용은 전반적으로 증가한다. 불황 초기의 여성 고용은 감소하지만 불황이 심화되어감에 따라 여성 고용이 증가하는 경향을 보인다.
[사실 2] 경제 위기 자체보다도 구조적 변동이 여성 노동에 더 큰 영향을 미친다.
[필자의 평가] 세 가지 가설은 경기의 국면과 산업 부문에 따라 차별적으로 설명력을 갖는다.

① (O) 안전판 가설과 대체 가설로부터 여성 노동이 남성 노동과 상호작용하면서 존재한다는 것을 추론할 수 있다.
② (O) 사실 자료로부터 가설이 옳은지를 판단하고 있으므로 추론할 수 있다.
③ (O) 필자의 가설에 대한 평가로부터 추론할 수 있다.
④ (X) 사실로부터 경기 불황기에 영향을 받는다는 것을 알 수 있기에 옳지 않은 진술이다.

⑤ (O) 각각의 가설로부터 여성 노동에 대한 특징을 추출할 수 있으므로 옳은 추론이다.

02 ⑤
난이도 중

제시된 정보를 정리하면 다음과 같다.
1) 2월 조사에 의하면 모든 소득 계층과 모든 연령대에서 1월보다 소비자 기대 지수가 하락했다.
2) 평균 소득 300만 원대인 계층의 소비자 기대 지수는 100보다 크다.
3) 평균 소득 300만 원대인 계층을 제외한 다른 모든 계층의 소비자 기대 지수는 100보다 작다.
4) 30대 연령의 소비자 기대 지수는 100보다 크다.
5) 30대 이외의 연령층의 소비자 기대 지수는 100보다 작다.
6) ○○지역에는 월평균 소득이 300만 원대인 가구가 훨씬 높은 비율로 거주하고 있다.

① (X) 2)와 3)에 따르면 300만 원대 계층만 100보다 크고, 나머지 모든 계층은 100보다 작다. 그러나 나머지 모든 계층의 평균이 99이고, 300만 원대 계층의 기대 지수가 매우 크다면 평균은 100을 넘을 수도 있다. 따라서 반드시 참은 아니다.
② (X) 4)와 5)에 따르면 40대 이상 연령의 소비자가 30대 이상 연령의 소비자보다 경기를 부정적으로 보는 것은 사실이지만, 나머지 다른 연령층보다 경기를 부정적으로 본다는 증거는 찾을 수 없다.
③ (X) 300만 원대 소비자의 평균 기대 지수가 100을 넘지만, 그 계층의 모든 연령대의 기대 지수가 100을 넘는다고 볼 이유는 없다.
④ (X) 지문의 마지막 진술은 가능성이 있다는 진술이다. 따라서 선택지에서처럼 단정 지을 수는 없다.
⑤ (O) 4)와 5)에 따르면 현재 30대의 기대 지수는 100보다 크고, 40대의 기대 지수는 100보다 작다. 그런데 전월에 40대의 기대 지수가 30대의 지수보다 높았다면 당연히 40대의 하락폭이 30대의 하락폭보다 크다는 것을 알 수 있다.

03 ①
난이도 하

ㄱ. (O) 저품질 A의 생산이 중단된다면 고품질 A만 남아 있다. 그런데 C가 저품질 A보다 가격이 크게 높을 경우 고품질 A와 가격대가 비슷하게 되므로 소비자들의 선택권의 다양성이 감소한다. 따라서 사회적 후생이 감소할 가능성이 높게 된다.
ㄴ. (X) C가 저품질 A와 경쟁 상태인데, 고품질 A의 가격이 하락한다고 해서 기존 저품질 A만큼 저가일 것이라고 말할 수 없다. 따라서 사회적 후생 감소 가능성이 높다고 할 수 없다.
ㄷ. (X) 소비자가 B의 가격에 대해 민감하게 반응하지 않는다면, 소비자의 효용 감소가 크지 않다는 것을 의미한다. 따라서 이 사실은 사회적 후생의 감소로 이어진다고 보기 어렵다.

04 ②
난이도 상

주의할 점은 단순 다수제의 경우 과반수 여부와 관계없이 다수만 확인하면 되지만, 결선제의 경우 1차 투표에서 과반수가 되지 않을 경우 2차 투표를 진행한다는 사실이다.
① (X) 결선제를 선택할 경우 만약 C-A가 연합한다면, 32만 표가 되어 1차 투표에서 과반수가 넘어 승리하게 된다. 따라서 C-A 연합 정부가 가능하므로 틀린 진술이다.

② (O) 단순 다수제에서 D와 F가 연합하면, 28만 표가 되어 다득표자로 승리하며, 결선제의 경우에도 2차 투표에서 1차의 탈락자인 4계층이 2순위인 D를 선택하게 되어 D-F 연합이 34만 표로 승리하게 된다. 따라서 어떤 경우에도 D-F 연합 정부가 나타날 수 있다. 따라서 옳은 진술이다.
③ (X) 결선제 1차 투표의 결과 C와 D가 후보에 오르며 2차에서 1계층과 4계층의 2순위 지지가 D이므로 D-F-A 연합이 없어도 D가 당선 가능하다. 따라서 틀린 진술이다.
④ (X) 단순 다수제에서 D-A-B가 연합할 경우 24만 표를 얻게 된다. 즉, 이들이 연합하더라도 C의 26만 표보다 적기 때문에 연합 정부가 나타날 수 없다. 따라서 틀린 진술이다.
⑤ (X) 2차 투표까지 실시될 경우 비용이 증가할 수 있지만, 후보 간 연합이 이루어지면(예를 들어 C와 D) 결선제를 채택하더라도 1차에서 연합 정부를 구성할 수 있기에 2차 투표를 실시하지 않아도 되는 경우가 나타날 수 있다. 따라서 틀린 진술이다.

05 ⑤
난이도 중

ㄱ. (O) (가) 전략은 수요량의 변화에 따른 생산량 변화에 비용이 발생하기 때문에 필요한 전략이다. 만약 이러한 생산 비용이 상승한다면 (나) 전략을 선택할 수 없게 된다. 따라서 이런 영향을 받지 않는다는 진술은 (나) 전략을 택하기 위한 조건이 된다.
ㄴ. (O) (가) 전략은 수요가 상승하는 상황에서도 생산량은 일정하기에 재고량을 모두 소진해도 수요량을 충족시키지 못하는 경우가 나타날 수 있다. 그러나 (나) 전략은 수요량이 증가하는 상황에서 그래프에서 확인할 수 있듯이, 생산량의 증가율이 수요량보다 높기에 수요량을 충족시킬 수 있다. 더불어 수요량의 증가율보다 생산량 증가율이 더 높으므로 상대적으로 점유율이 하락할 가능성도 낮다. 따라서 (가)보다 (나) 전략을 택하기 위한 조건이 된다.
ㄷ. (O) (가)에서는 수요가 줄어드는 추세에서 재고량은 누적되지만, (나)는 수요가 줄어들 때에 생산량도 감소하므로 추가적인 재고 관리 비용이 (가)에 비해 적게 된다. 따라서 (나)를 택하기 위한 조건이 된다.

06 ②
난이도 중

<보기>에서 나타난 기준으로 각각의 유형을 정리하면 다음과 같다.

구분	(가)	(나)	(다)	(라)
지속성	일시적	일시적	장기간	반복적
내향성	내향적	?	?	?
공격성	성매매	성폭행	환심	공격적
성별 선호	미성년 여자	없음	?	미성년 남자

결국 A의 기준은 (가)와 (나)의 공통점, (다)와 (라)의 공통점을 기준으로 하기에 지속성의 차이로 분류된다. 그리고 B의 기준은 (가)와 (다), (나)와 (라)이므로 성매매나 환심 등의 방식과 성추행 등 공격성으로 분류된다.

07 ③
난이도 상

1) 실질 화폐 공급량 = 명목 통화량/물가
2) 소득과 화폐 수요량은 비례 관계
3) 이자율과 화폐 수요량은 반비례 관계
4) 물가 = 명목 통화량/실질 화폐 수요량
5) 물가의 비율 = 환율

ㄱ. (O) 이자율과 화폐 수요량은 반비례이므로, 이자율이 상승하면 화폐 수요량은 감소한다. 이때 물가의 분모인 화폐 수요량이 작아지므로 물가는 상승하게 되고, 동일 비율인 환율은 상승한다.

ㄴ. (X) 명목 통화량이 감소하면 분자가 감소하게 되므로 전체 값인 물가가 하락하고, 환율도 떨어지게 된다.

ㄷ. (O) 소득과 화폐 수요량은 비례한다. 따라서 상대국가의 경우, 소득이 증가하면 화폐 수요량도 증가한다. 이때 상대국가의 물가는 하락하며, 환율도 떨어진다. 상대국가의 환율이 떨어지므로 자국의 환율은 상대적으로 높아지게 된다.

08 없음 난이도 없음

이 문항은 정답이 없는 문항으로 오류가 되었던 문항으로, 주의할 점은 비공개 경매의 경우 비록 1위 가격 비공개 경매와 2위 가격 비공개 경매로 나뉘지만 낙찰자는 최고 입찰가를 써낸 사람으로 동일하다는 사실이다.

ㄱ. (X) 1위 가격 비공개 경매는 최고 입찰가를 지불하는 방식이다. 그런데 영국식 경매에서는 호가 단위가 작을수록 낙찰가는 적어질 것이다. 그러므로 1위 가격이 아닌 2위 가격 비공개 경매의 낙찰가에 가까워질 것이다.

ㄴ. (X) 네덜란드 방식에서 최초 호가가 경매 참여자들이 수락하려는 가격 중 최고 가격보다 낮다면 판매자는 손해일 수밖에 없다. 따라서 판매자의 입장에서는 최초 호가가 경매 참여자가 수락하려는 가격보다 높은 가격 이상이라면 판매자에게 유리하게 된다. 그런데 이 판매자의 입장에서 최초 호가가 참여자들이 수락하려는 가격 중 최고 가격과 동일할 경우에도 유리하다. 왜냐하면 최초 호가가 수락하려는 가격보다 높은 경우나 동일한 경우 낙찰 가격은 동일하기 때문이다.

ㄷ. (X) 네덜란드식 경매에서 최초 호가가 참여자들의 수락 가격 중 두 번째로 높은 가격보다 낮다면, 낙찰은 바로 결정되나 낙찰자는 가장 높은 수락 가격을 지닌 사람이나 두 번째로 높은 가격을 수락 가격으로 생각한 사람 모두 가능하다. 네덜란드식 경매에서는 먼저 수락하는 사람이 낙찰자가 되기 때문이다. 그런데 2위 가격 비공개 경매는 가장 최고 입찰가를 써낸 사람에게 낙찰되기에 동일하지 않을 수도 있다.

09 ⑤ 난이도 하

ㄱ. (X) 독점으로 인한 사회적 손실을 막기 위한 국가의 정책 목적은 법에 의한 공정한 경쟁 질서의 확보에 있기에 사회적 손실을 막기 위한 비용 부과는 가능하나, 이 진술은 독점이 아닌 환경문제에 대한 관점이기에 논점과 무관하여 해당되지 않는다.

ㄴ. (X) 구조적으로 독점의 폐해가 발생할 수 있는 산업에 대하여 국가는 자유 경쟁 시장 질서를 형성하고 확보하는 것이 필요하다. 그리고 국가는 이 질서를 유지하는 역할을 해야 한다. 그러나 국가가 해당 산업을 직접 경영하는 국유화 방식에 대해서는 지문에 언급되지도 않았을뿐더러, 국가가 해당 산업을 독점하여 직접 경영하는 방식은 '독점'의 폐해를 강조하고 있는 맥락에도 어긋난다.

ㄷ. (O) 불공정한 독점의 피해를 방지하기 위해 법으로 규제하여 처벌하는 것은 공정한 질서 형성을 위한 정책에 해당되므로 옳은 추론이다.

ㄹ. (O) 두 기업이 합병할 경우 단일시장에서의 독점으로 인한 사회적 손실이 발생하므로 정부는 공정 질서를 위해 법률에 의해 합병을 금지하는 명령을 내릴 수 있다.

10 ① 난이도 상

1) 밭떼기: 재배 초기 대금 지급, 수확기에 수집 상인이 가져감
2) 수의계약: 수확기에 도매상으로 농가가 운송
3) 경매: 도매시장의 경매에 위임, 최소 하루 걸림

그리고 가격변동 폭은 경매가 수의계약보다 크다. 이를 토대로 A~D의 특징을 적용하여 파악해야 한다. A와 B는 청과물의 신선도가 유지되는 시간에 의해 둘 다 경매를 기피하게 된다. 경매에는 최소 하루 이상이 소모되기 때문이다. 그런데 A는 안정적인 거래를 원하기에 밭떼기를 선호할 것이며 B는 가격변동이 있는 수의계약을 선호할 것이다. C와 D는 신선도 유지 시간이 일주일이기에 경매를 하는 데 문제가 없고 투기적 성향을 지니므로 둘 다 경매를 선호하게 된다. 그리고 수의계약, 밭떼기 순으로 선호도가 나타난다.
선호 순위가 높은 것을 1로 설정하여 정리하면 다음과 같다.

구분	밭떼기	수의계약	경매
A	1	2	3
B	2	1	3
C	3	2	1
D	3	2	1

ㄱ. (O) A는 밭떼기를, B는 수의계약을 선호하지만, 가장 기피하는 방식은 경매로 동일하다.

ㄴ. (X) C와 D는 가장 선호하는 방식이 경매로 동일하며 가장 기피하는 방식도 밭떼기로 동일하다.

ㄷ. (X) 가장 선호하는 방식으로 거래할 경우, A는 밭떼기이므로 품질 하락으로 인한 손실 가능성이 전혀 없다.

11 ③ 난이도 하

ㄱ. (O) 두려움의 많고 적음에 따라 범행지역의 적발가능성을 최소화하거나 무관심의 정도 차이가 나타난다. 그러나 침입할 집의 선택에서는 두려움이 영향을 미치지 않으므로 옳은 추론이다.

ㄴ. (O) 재범인 경우 적발가능성에는 무관심하지만, 침입용이성은 고려하고 있다. 따라서 옳은 추론이다.

ㄷ. (X) 재범 이상이면서 범행계획수준이 낮은 절도범은 침입용이성을 고려한다. 그러나 적발가능성에 대해서는 재범 이상일 경우 무관심한 반면 계획수준이 낮은 절도범은 적발가능성을 최소화하는 경향을 보인다. 따라서 범행 지역의 사람 왕래나 경비자의 존재를 고려하지 않는 즉, 적발가능성에 무관심하다는 것은 추론할 수 없다.

12 ④ 난이도 중

ㄱ. (X) 정량적 평가가 끝난 후 면접시험을 통한 주관적 부분의 적용이 있기에 (가)가 적합하다고 할 수 있다. 그러나 평가 요소에 있어서 한 요소에 대한 평가가 다른 요소들의 평가에 영향을 끼칠 수 있으므로 (가)에서의 평가 요소 간 독립성이라는 선행 조건에 맞지 않는다. 한편 평가자가 중간대의 점수만을 부여할 위험이 있는데 (나)의 방법은 평가가 어느 한 쪽으로 집중되는 경향을 배제할 수 있으므로 사례의 경우 (나)가 (가)보다 적절하다.

ㄴ. (O) (가)는 평가자의 주관적 선호가 개입될 위험이 있기 때문에 평가자와 평가 대상자들 사이의 친소 관계를 배제할 수 없는 사례에 적합하지 않다. 뿐만 아니라 판단 기준이 평가자마다 상이하기에 평가 요소 선정의 합리성이라는 (가)의 선행 조건에도 부합하지 않는다. 따라서 상대적으로 객관성이 확보될 수 있는 (다)의 방법이 적절하다.

ㄷ. (O) (나)는 우수한 직원들이 한 쪽으로 편중되지 않게 하는 데 쓰이는 평가 방법이다. 그런데 ㄷ의 사례는 전체 직원을 대상으로 업무 성과 그 자체만을 고려해 부서별로 평가하여 우수사원이 많은 곳에 상여금이 집중되게 하는 것이 목적이기에 (나)는 적절하지 않다. 한편 업무 난이도가 유사하고 업무 내용이 표준화된 회사에서는 계량화를 통한 업무 평가가 가능하기에 (다)의 산출평가법이 (나)보다 더 적절하다.

13 ③ 난이도 하

우선 (가), (나), (다)에서는 알코올과 공격 행동의 관계를 서로 다른 요인으로 분석하고 있다. 공격 행동이 나타나기 위해 필요한 요인을 비교 정리하면 다음과 같다.

구분	알코올	공격적 성향	자극적 상황
(가)	O	-	-
(나)	O	O	-
(다)	O	O	O

한편 (라)는 알코올 자체의 영향보다는 사회 문화적인 영향이 공격 행동에 영향을 미친다고 보고 있다.

ㄱ. (O) (가)에서는 알코올이 체내에 들어가면 뇌에 생리적 영향을 미치기에 누구나 행동 제어를 할 수 없다는 입장이다. 그러나 (다)는 여기에 공격적인 평소 성향과 추가적으로 자극적 상황이 있어야 취중 공격 행동이 나타날 것이라는 가설이다.
ㄴ. (X) (나)는 알코올과 함께 평소의 공격적 성향이 있어야 공격 행동이 나타난다는 가설이므로, 공격 성향을 가진 사람이 술에 취하면 공격 행동을 예측할 수 있다. 또한 (다)에서는 알코올과 공격 성향 이외에도 취중 모욕이라는 상황적 요인이 추가되었기에 공격 행동을 예측할 수 있다.
ㄷ. (O) (가)는 알코올의 힘에 의해 자신의 의지와 상관없이 발생하는 생리적 요인을 공격 행동의 원인이라 주장한다. 따라서 (가)는 '취하면 행동을 제어할 수 없다.'는 사실에 대한 설명이 가능하다. 또한 (라)는 사회적 음주 문화라는 근거로 설명할 수 있다. 취중의 공격 행동에 대해서 사회적으로 용인되거나 비난의 정도가 줄어든다는 사회적 통념이 학습되어 '취하면 그렇게 된다.'는 점이 설명될 수 있기 때문이다.

14 ② 난이도 하

우선 A와 B의 기준이 될 요소는 분석 가능성과 다양성이다. 이를 매칭하기 위해서 주어진 도표를 활용하여 P1~P3의 특성을 적으면 다음과 같다.

구분		B	
		(다)	(라)
A	(가)	P1: 많은 분석 기술, 일정 절차와 기법에 따른 예외 상황 해결 가능 직업군 (회계사, 토목기사)	P2: 예외 상황 발생 가능성이 낮음, 단순 정보 분석 기술로 업무 처리(은행 창구 직원, 생산직 근로자)
	(나)	P3: 새로운 상황 발생하며 업무 복잡, 경험과 넓은 시각 및 통찰력과 직관력이 필요한 직업군	P4

1) 우선 A의 기준으로 나뉘는 (가)에 속하는 P1과 P2, 그리고 (나)에 속하는 P3을 비교할 때에 (가)는 분석 기술이 사용된다는 점이 (나) P3의 경험과 넓은 시각 및 통찰력에 의존한다는 점과 차이가 나타난다. 따라서 A의 기준은 분석 가능성으로 (가)는 높고 (나)는 낮다.
2) B 기준으로 (다)에 속하는 P1과 P3의 공통된 요소는 예외적 상황이 발생해도 해결 가능하다는 점이다. 반면 (라)에 속하는 P2는 예외 상황 발생 가능성이 낮다는 점에서 상반된다. 따라서 B 기준은 다양성으로 (다)가 높고 (라)가 낮다.

ㄱ. (X) 1)의 추리에 의해 옳지 않다. (가)는 분석 가능성이 높은 유형이다.
ㄴ. (X) 2)의 추리에 의해 옳지 않다. (다)는 다양성이 높은 유형이다.
ㄷ. (O) P4는 분석 가능성과 다양성이 모두 낮아야 한다. 따라서 표준화된 절차에 의한 것이 아니며, P3처럼 경험과 직관력을 필요로 한다. 그리고 P2처럼 예외 상황 발생 가능성이 낮은 직업군이다. 따라서 작곡가나 피아니스트는 분석력이 낮으며 다양성이 낮은 P4에 속할 것이다.

15 ③ 난이도 상

ㄱ. (O) 젊은 사람의 경우 나이 든 경우보다 검거위험성보다 표적의 매력성을 더 중시하는 경향이 있기 때문에 범행을 위해서 더 먼 거리를 이동할 것이다. 또한 절도범은 재산범죄에 해당하며 성폭행범은 폭력범죄에 해당하므로 조건에 의해 계획성은 젊은 절도범이 더 높다. 이 경우 A의 견해에 의해 계획성이 높을수록 표적의 매력성을 중시하며 이에 따라 범행거리가 더 길어질 것으로 추론 가능하다.
ㄴ. (O) 현재 주거지에 오래 거주한 강도범은 주변 사람들에 의한 발각가능성을 고려한다. 그러나 갓 이사 온 강도범은 이러한 발각가능성이 약하므로 거리에 영향을 미칠 것이다. 따라서 오래 거주한 강도범이 갓 이사 온 강도범에 비해 범행거리가 길 것이다.
ㄷ. (X) B에서 검거위험성을 매우 중시할 경우 발각가능성을 고려하여 표적의 매력성이 높더라도 범행을 하지 않는다고 말하고 있다. 보안시스템이 잘 된 은행은 검거위험성이 높은 경우이기에 이러한 조건에 부합한다. 그러므로 전과의 차이가 있어도 둘 모두 범행을 저지르지 않을 것이다.

16 ④ 난이도 하

1) 제도적 거부권 행사자의 수
 • 대통령중심제(1) + 양원제(2) = 3
 • 의원내각제(행정부 = 입법부): 입법부만 해당
2) 당파적 거부권 행사자의 수(의원내각제만 해당)
 • 정부를 구성하는 각각의 정당들
 • 연립정부는 단일정당정부에 비해 더 많음

주어진 정보를 토대로 A~D의 거부권 행사자의 수를 파악할 수 있다.

구분	제도적 거부권	당파적 거부권	총합
A	대통령(1) + 단원제(1) = 2	0	2
B	대통령(1) + 양원제(2) = 3	0	3
C	의원내각제: 단원제(1) = 1	양당제: 1	2
D	의원내각제: 양원제(2) = 2	다당제: 2 이상	(연립정부) 4 이상

ㄱ. (X) 거부권 행사자의 수가 많을수록 정책안정성은 높아진다. 따라서 거부권 행사자가 A국은 2이고 B국은 3이므로 B국이 정책안정성이 더 높다.
ㄴ. (O) A국은 거부권 행사자가 2이다. 반면 D국은 의원내각제이며 비례대표제이므로 〈가정〉에 의해 다당제이다. 다당제는 연립정부가 출범하며 연립정부는 단일정당정부에 비해 더 많은 수의 당파적 거부권 행사자를 갖기에 D국은 4 이상이다. 따라서 D국은 A국보다 거부권 행사자가 더 많고 〈가정〉에 의해 정책안정성은 더 높게 된다.
ㄷ. (O) D국은 다당제인데, C국은 소선거구제이므로 〈가정〉에 의해 양당제가 출범한다. 따라서 거부권 행사자는 D국이 4 이상으로 2인 C국보다 많으므로 〈가정〉에 의해 정책안정성은 D가 더 높다.

17 ① 난이도 상

ㄱ. (O) A는 단위 시간당 보수의 비율을 환산율로, B는 단위 시간당 생산물의 시장 가치 비율을 환산율로 삼는다. 따라서 보수 비율과 시장 가치 비율이 동일하다면 환산율이 동일할 수 있다.

ㄴ. (X) B에 의하면, 환산율은 단위 시간당 생산물의 시장 가치 비율이다. 이때 시장 가치는 생산량과 가격의 곱이므로 생산물 가격의 변동에 의해 시장 가치도 함께 동일 비율로 변하게 된다. 따라서 생산물 가격이 변동한다고 해서 B에 의한 환산율이 변하지 않는다.

ㄷ. (X) 노동의 단위 시간당 생산량이 같은 비율로 증가해도 보수에는 영향을 미치지 않는다. 그리고 잉여 증가분을 설비 소유자가 모두 가져간다고 해도 보수에 영향을 미치는지는 알 수 없다. 따라서 A는 보수가 변하지 않을 경우, 두 노동 간의 숙련도 차이를 반영할 수 있기에 옳은 추론이 아니다.

18 ② 난이도 중

- A: 출생률이 상승하는 상황과 떨어지는 사망률이 만나는 포인트이다. 따라서 이 지점으로부터 인구수가 증가한다는 것을 추리할 수 있다.
- B: 지문에서 나타나듯 출생률에서 사망률을 뺀 값이 가장 큰 지점이다. 이 지점에 인구가 가장 많이 증가했다는 것을 알 수 있다.
- C: 출생률이 떨어지고 있으나 사망률도 떨어지는 지점과 일치한다. 이는 인구가 최대가 되는 지점임을 알 수 있다. 이후에는 출생률이 사망률보다 떨어지므로 인구수가 감소함을 알 수 있다.

ㄱ. (X) B는 인구 증가율이 최대가 되는 지점이다. 그러나 인구가 최대인 지점은 C이다. A에서 C까지 인구 증가율이 양의 값을 가지므로 인구는 계속 증가되었기 때문이다.

ㄴ. (O) A에서 C 구간에서의 출생률은 사망률보다 높았다. 따라서 이 기간 동안 전체 인구는 증가했음을 알 수 있다.

ㄷ. (X) Z국 전체의 실질 소득은 1인당 실질 소득과 인구수를 곱한 값이다. 지문에서 1인당 실질 소득은 꾸준히 증가했다고 하므로 인구수의 증가를 확인해야 한다. 그런데 A에서 C 지점 이외에서는 출생률이 사망률보다 떨어지므로 인구수가 감소함을 알 수 있다. 따라서 Z국 전체의 실질 소득이 꾸준히 증가했다고 볼 수 없다.

19 ⑤ 난이도 하

ㄱ. (O) 부동산 거품이 꺼지게 되자 실업률이 치솟는 등 경제가 침체하여 정부 재정은 큰 적자를 기록하게 되었으므로, 재정적자는 경제 침체의 결과이다.

ㄴ. (O) 지문에 의하면, 유로화를 사용하지 않고 구화폐를 사용했더라면 정부는 위기 상황에서 팽창적인 통화정책을 통해 문제 해결을 신속하게 할 수 있었을 것이다. 그렇지 않았기에 느리고도 고통스러운 디플레이션 과정을 통해서만 경쟁력을 다시 회복할 수 있을 것이라고 전망하고 있으므로 옳은 추론이다.

ㄷ. (O) 지문에서 필자는 만약 스페인이 미국의 한 주(州)였더라면 상황이 악화되지 않았을 것이라고 지적한다. 따라서 미국과 이러한 정치통합 없이 달러화로 화폐통합을 했더라도 비슷한 어려움에 처했을 것이라고 추론할 수 있다.

20 ③ 난이도 상

1) 상품의 양이 유효수요를 초과
   - 지대: 토지 소유자는 토지의 일부를 사업으로부터 거둬들임
   - 임금(이윤): 노동 또는 자본의 일부를 줄임
   - 상품의 양 유효수요 만족
   - ∴ 상품가격 자연율로 상승

2) 상품의 양이 유효수요보다 적음
   - 지대: 더 많은 토지를 제공
   - 임금(이윤): 더 많은 노동과 자본 사용
   - ∴ 상품가격 자연율 수준으로 하락

ㄱ. (O) 지대는 유효수요를 초과하는 경우 자연율 이하의 대가를 받을 수 없게 된다. 이때 소유자는 토지의 일부를 그 사업으로부터 거둬들여 유효수요를 만족시켜 자연율로 상승할 것이다. 또 반대의 경우 더 많은 토지를 제공하여 역시 자연율 수준으로 하락할 것이다. 결국 어떤 경우든 토지의 소유주들이 얻는 지대는 자연율로 상승 또는 하락하기에 옳은 추론이다.

ㄴ. (O) 임금 또한 자연율을 기준으로 조정될 것이다. 즉 상품의 양을 줄이거나 늘리기 위해, 그 사업을 줄이거나 늘리기 위해 투입을 결정할 것이다. 따라서 자연율 수준을 안다는 것이 노동 투입에 있어서 하나의 기준이 될 수 있으므로 옳은 추론이다.

ㄷ. (X) 자동차 가격과 중간재인 철강 가격이 동시에 자연가격 이하로 떨어질 경우, 철강은 자동차의 생산 요소이므로 철강 가격의 하락으로 자동차의 생산 비용도 하락한다. 이때 철강 가격의 하락이 자동차 가격보다 더 하락할 경우 자본 소유주에게는 이전보다 이윤이 증가하게 될 것이다. 그렇다면 자동차 산업의 소유주는 자본을 자동차 산업에서 회수하지 않을 것이다. 따라서 소유주가 자본을 자동차 산업에서 회수할 것이라고 추론한 것은 옳지 않다.

21 ① 난이도 중

ㄱ. (O) 갑, 을, 병은 각각 a1, a2, b를 선호하므로 최종 승자가 없게 된다. 이때 갑이 최종 결정을 할 경우 a1이 당선된다. 을은 b를 가장 싫어하므로 자신이 더 선호하는 a1에 전략적 투표를 할 것이다. 그런데 을의 2순위가 a1이기 때문에 전략적 투표를 할 유인은 없다. 한편 병은 a2를 가장 싫어하므로 a2에 투표하지 않고 1순위인 a1에 투표할 것이다. 따라서 어차피 a1이 당선되게 되므로 전략적 투표를 할 유인이 없다.

ㄴ. (X) A당의 두 후보를 대상으로 1차 선발할 경우 을이 a2가 아닌 a1을 선택해도 최종적으로 a1이 되기에 전략적 투표를 할 유인이 없다.

ㄷ. (X) A당이 선택되고 정직한 투표를 할 경우 a1이 당선될 것이다. 이때 b가 선발되기 위해서는 1차 투표에서 B당이 선택되어야 한다. 그런데 이때 갑은 자신이 1순위로 선호하는 a1이 당선된 것이기에 전략적 투표를 할 이유가 없다. 한편 을도 a2를 선호하기에 전략적 투표의 유인이 없으며, 병도 b를 선호하기에 전략적 투표를 할 유인이 없다. 결국 전략적 투표를 허용하더라도 1차 투표에서 A당이 선택될 것이며 여전히 a1이 선발될 것이다.

22 ④ 난이도 하

ㄱ. (X) 시간해석이론은 시간에 따라 선호가 역전되거나 선호의 차이가 좁혀지는 현상을 설명하는 것이다. 그러나 사례는 시간에 따른 선호의 변화가 아니기에 해당되는 사례가 아니다.
ㄴ. (O) 시간이 멀리 떨어져 있을수록 여행의 본질적인 면에 주목하지만, 시간이 가까워질수록 세부적이고 부수적인 점에 신경을 쓰는 상황이다. 그러므로 시간해석이론에 부합하는 사례이다.
ㄷ. (O) 동일한 상황에 대해 시간이 많이 남아있으면 문제가 되지 않지만, 시간이 가까울수록 시점 차이로 인해 거부하는 현상이 나타나므로 이는 시간해석이론에 부합한다.

23 ① 난이도 하

ㄱ. (O) 효율적 시장 가설에 의하면, 주가는 현재 이용 가능한 모든 정보를 반영하고 있다. 따라서 이미 알려진 정보로는 평균 수익을 초과하는 수익은 달성할 수 없다. 오로지 새로운 정보만이 미래의 주가 변화를 설명할 수 있기에 옳은 진술이다.
ㄴ. (X) B 전략은 주가가 본질적인 가치를 반영하는 수준으로 수렴한다고 생각한다. 따라서 현재 주가가 높은 주식은 조만간 떨어질 것으로 예측하므로 선호하지 않을 것이다.
ㄷ. (X) A 전략은 시장상황에 편승하여 당시 인기 있는 주식이 당분간 상승세를 유지할 것으로 본다. 그러나 B 전략은 주가가 급변하는 경우 조만간 주가가 본질적인 가치를 반영하는 수준으로 수렴될 것으로 보고 있다. 따라서 A 전략이 B 전략보다 주가가 평균 추세 수준으로 수렴하기 위해 상대적으로 긴 시간이 소요될 것으로 전망할 것이다.

24 ⑤ 난이도 상

ㄱ. (X) 일자리가 증가해서 취업자가 증가한다 해도 구직단념자가 구직을 원할 경우, 비경제활동인구가 줄어들고 실업자가 늘어날 수 있다. 이 경우 실업률이 일자리가 증가함과 동시에 상승할 수 있다.
ㄴ. (X) 실업률은 불완전취업자의 파악을 할 수 없다는 한계가 있으며, 고용률은 생산가능인구 중 취업자 비율을 나타낸 것이다. 불완전취업자의 경우 경제활동인구에 포함되어 취업자에 포함될 뿐이다. 따라서 취업자의 구성을 알 수 없다.
ㄷ. (O) 구직단념자는 적극적인 노동 의사가 없는 사람들로 이들이 많아진다는 것은 구직활동을 하던 실업자가 줄어든다는 것을 의미한다. 따라서 구직단념자가 많아질수록 실업률은 하락하는 반면, 이들은 생산가능인구와 취업자에는 포함되지 않기 때문에 고용률에는 변화가 없다.
ㄹ. (O)
- 실업률 = 실업자/경제활동인구
- 경제활동인구 중 취업자 비율 = 취업자/경제활동인구 = (1 − 실업률)
- 경제활동참가율 = 경제활동인구/생산가능인구
- 고용률 = 취업자/생산가능인구
  = 경제활동참가율 × 경제활동인구 중 취업자 비율
  = (경제활동인구/생산가능인구) × (취업자/경제활동인구)
  = (경제활동인구/생산가능인구) × (1 − 실업률)
  = 경제활동참가율 × (1 − 실업률)

이때 실업률이 하락하고 고용률이 동시에 하락하는 경우 경제활동참가율도 하락하게 된다.

25 ④ 난이도 중

ㄱ. (X) ㉠과 ㉡의 공통점은 진짜 약을 처방받았다고 생각하여 나타난다는 점이다. 따라서 처방을 진짜 약인지 가짜 약인지 모르게 할 경우 둘 모두를 차단할 수 있다.
ㄴ. (O) ㉢은 피험자에게 실험자의 낙관적 느낌이 전달되는 것이기에 이러한 전달을 차단하는 예방조치를 취할 수 있다. 한편 ㉣은 실험자가 갖는 실험의 결과에 대한 희망과 기대이므로, 어떤 피험자가 진짜 약을 처방하는 집단에 속하는지 실험자가 모르게 예방조치를 취할 수 있다.
ㄷ. (O) 피험자가 진짜 약과 가짜 약 중 어떤 약을 주었는지 실험자가 몰라야 실험자가 실험의 결과에 대한 희망과 기대를 가질 수 없기 때문에 옳은 진술이다.

26 ② 난이도 하

ㄱ. (X) 인구가 감소하면 행복의 총량은 감소한다. 하지만 그렇다고 해서 행복 평균이 증대하는 것은 아니다. 생활수준이 높은 지역 인구가 감소할 경우 평균은 감소할 수 있기 때문이다.
ㄴ. (O) 고통을 뺀 순행복 총량 극대화를 목표로 할 경우, 행복보다 고통이 더 큰 사람들이 무수히 많아지는 상황은 배제될 것이다. 그런 경우는 순행복 총량 극대화가 이루어지지 않기 때문이다.
ㄷ. (X) 행복 총량 견해를 선택할 경우 ㉠이 나타날 수 있다. 이에 해당하는 사람들로 이루어진 낙후 지역이 많아진 다음 행복 평균 견해를 선택한다면, 그 사람들의 출산율을 인위적으로 통제하는 상황인 ㉡이 더 심각하게 나타날 수도 있다.

27 ④ 난이도 상

A의 경우 단위 감축 비용은 2에서 시작하여 2씩 증가한다. 그래서 3단위를 감축할 경우, 2, 4, 6이 들게 된다(총합 12). 반면 B는 4로부터 시작하여 4씩 증가하기에 4, 8, 12가 들게 된다(총합 24).
A의 입장에서 한 단위 더 감축을 할 경우 감축 비용은 8이므로 8보다 높은 가격으로 배출권을 팔 수 있다. 한편 B는 자신이 3단위를 감축하는 비용이 12이므로 이보다 적은 금액이면 배출권 한 단위를 팔 수 있다. 따라서 배출권 한 단위는 8보다 크고 12보다 작은 금액인 경우 거래할 수 있다.

① (O) 최종 단위 감축 비용은 A는 2씩 늘어나므로 6이며, B는 4씩 증가하므로 12가 된다.
② (O) 배출권 거래 가격이 10이면, A는 최종 단위 8보다 높기에 팔 수 있고, B는 12보다 가격이 낮기 때문에 사는 것이 이득이다. 따라서 거래가 성립할 수 있다.
③ (O) 최종 1단위 거래 후 A가 배출권을 팔기 위해서는 그다음 단위인 5단위 감축 비용이 10이므로 10보다 큰 금액이 제안되어야 한다. 그런데 B는 거래 후 남아있는 2단위 중 최종 단위의 비용이 8이므로 8보다 작은 금액일 경우 배출권 한 단위를 살 수 있다. 따라서 배출권은 1단위만 거래될 것이다.
④ (X) 거래 종료 후 A는 4단위 비용 20, B는 2단위 비용 12가 감축 비용이 된다. 따라서 A와 B의 총 감축 비용의 합은 32가 된다.
⑤ (O) 결과적으로 A는 거래를 통해 한 단위의 배출권을 B에게 팔았기 때문에 총 4단위를 감축해야 하며 총 20의 비용이 든다. 한편 B는 배출권을 한 단위 샀기 때문에 감축량은 2단위이며 12의 비용이 든다. 온실가스 배출량 한 단위를 감축하는 비용은 감축량에 정비례하기 때문에 A가 20, B가 12이므로 단위당 감축 비용이 더 낮은 기업인 A가 더 많이 감축하게 된다.

28 ④   난이도 하

ㄱ. (X) M의 덫은 생존선과 소득곡선의 교차 지점을 중심으로 인구가 주기적으로 늘거나 주는 움직임을 의미한다. 그런데 소득을 인구로 나눈 1인당 소득은 인구가 증가할수록 감소하고 인구가 감소할수록 증가하는 음(-)의 상관관계가 나타날 것이므로 옳지 않다.

ㄴ. (O) 한계소득체감 법칙에 의하면, 다른 요소가 일정할 때 해당 요소가 증가할수록 소득이 증가하지만 소득의 증가 정도는 점점 줄어든다. 이는 자본 1단위가 추가될수록 나타나는 소득 증가분이 점점 줄어든다는 것을 의미한다. 따라서 다른 요소가 일정할 때 자본이 축적될수록 추가되는 자본 단위당 소득곡선은 위로 이동하는 정도가 점점 줄어들 것이다.

ㄷ. (O) 근대적 경제성장은 인구와 소득이 함께 늘어날 수 있는 것인데, 자본이 축적되면 소득곡선이 위로 이동하는 것으로 설명할 수 있다. 따라서 인구의 증가만으로는 근대적 경제성장을 이룰 수 없을 것이다.

29 ③   난이도 하

① (O) 3문단에 따르면 방해 자극의 선명도가 높을 경우 방해 자극에 주의가 가게 되어 방해 자극의 정보 처리가 효과적으로 억제됨으로써 과제 수행이 저하되지 않는다. 결국 방해 자극의 지각 정도와 방해 자극이 과제 수행을 방해하는 정도는 역의 상관관계를 보인다.

② (O) 3문단 마지막 문장에서 과제의 난이도를 높일수록 선명한 방해 자극의 정보가 처리될 가능성이 높다고 말하고 있다. 방해 자극의 정보가 처리될 가능성이 높을 때에는 과제 수행에 방해가 되기에 옳은 진술이다.

③ (X) 3문단에 따르면 방해 자극의 선명도가 매우 높아 쉽게 지각될 경우, 주의가 가게 되어 방해 자극의 정보 처리가 효과적으로 억제될 것이다.

④ (O) 방해 자극으로 보이지 않을 경우 그 방해 자극은 방해 자극 정보가 과제와 관련된 정보가 되어 처리된다는 것을 의미한다. 따라서 그 방해 자극의 정보는 처리될 것이다.

⑤ (O) 3문단에 방해 자극의 선명도가 높을 경우 방해 자극에 주의가 가게 되어 방해 자극의 정보 처리가 억제된다고 진술되어 있다. 따라서 역치하 수준으로 선명도를 낮게 해도 방해 자극에 주의가 갈 경우 억제될 것이다.

30 ④   난이도 하

ㄱ. (O)
1) 갑이 가장 선호하는 것은 C이다. 우선 갑은 을이 A를 가장 선호하기에 을과 A를 매개로 B와 교환한다. 그리고 병이 소유한 C를 B와 교환할 것이다. 이때 B는 화폐에 해당한다.
2) 을은 A를 가장 선호하기에 병과 B를 매개로 C와 교환한다. 그리고 C를 갑과 교환하여 A를 얻을 수 있다. 이때 C는 화폐에 해당한다.
3) 병은 갑과 C를 매개로 A와 교환하고, 다시 병은 을과 A를 매개로 B와 교환한다. 이때 A는 화폐에 해당한다.
따라서 모든 상품이 화폐가 될 수 있다.

ㄴ. (O) 1)에 의해 옳다.

ㄷ. (O) 각각의 경우 두 번의 교환으로 갑, 을, 병 모두는 가장 선호하는 상품을 얻을 수 있기에 세 번의 교환이 발생할 수 없다.

ㄹ. (X) 3)의 경우로, 갑과 병이 가장 먼저 교환해야 한다.

31 ②   난이도 중

ㄱ. (X) 반려묘의 순보험료가 반려견의 순보험료의 80%(20/25)라고 해서 보험금 수령건수도 80%가 되는 것은 아니다. 순보험료의 계산에는 다양한 변수들이 있기 때문이다.

ㄴ. (O) 과거 자료가 부족한 경우 손해율의 변동성은 커지게 되는데, 발표된 통계자료를 통해 자료 부족을 해소할 수 있으므로 손해율 변동성이 작아질 것으로 기대할 수 있다.

ㄷ. (X) ㉠의 경우 일정 비율을 보장받는 것으로, 진료비가 비싸질수록 주인 부담 금액도 커지게 된다. 그런데 ㉡은 일정 금액까지 주인이 부담하고 나머지를 전액 충당하는 것으로 진료비가 비싸지더라도 주인이 부담하는 금액은 동일하다. 따라서 ㉡에 가입하면 ㉠에 비해 진료비가 비싸질수록 보험 가입자의 부담이 작아질 수 있다.

32 ①   난이도 하

ㄱ. (X) 연도 말일에 합산하여 일괄 발행·교부할 수 있는 후원금은 1회 1만 원 이하의 후원금이다. 따라서 1회 1만 원 3회의 후원금만 가능하므로 3만 원을 연도 말일에 일괄 발행하여 교부할 수 있다.

ㄴ. (O) 정액영수증 50만 원 1장, 10만 원 2장과 무정액영수증 2만 원 1장 총 4장이 된다.

ㄷ. (X) 2문단에 따르면 교부하지 않을 수 있지만, 정치자금영수증을 발행하여 원부와 함께 보관해야 한다.

33 ③   난이도 중

ㄱ. (O) 기생은 자신의 행위로 인해 자신은 이익, 타인은 손실을 입는 것이다. 따라서 X의 이전세대에 속하는 A산업의 행위는 기생에 해당한다. 한편 무임승차는 제3자의 행위로 나타나는 결과로 Y의 이전세대의 이익은 X의 이전세대 A산업에 의한 것이므로 이에 해당한다.

ㄴ. (X) 보상은 Y의 현세대가 얻은 순이익 3과 Z의 현세대가 입은 순손실 4 중 적은 쪽에 해당하는 양만큼 이뤄져야 하므로 3을 보상해야 한다.

ㄷ. (O) X와 Y의 현세대가 얻은 순이익의 총합은 10이며, 순손실 4를 빼면 6이 된다. 이를 세 나라가 분배하여 똑같은 순이익이 되려면 각각 2의 순이익이 되어야 한다. 현재 Z국은 순손실이 4이므로 순이익이 2가 되기 위해서는 6의 순이익이 있어야 한다. 따라서 X와 Y의 현세대가 Z의 현세대에 제공해야 할 순이익의 총합은 6이 된다.

34 ④   난이도 중

ㄱ. (X) 시간당 전력 소비가 여름철에 가장 크게 나타날 경우, 쿨섬머 제도에 대한 A의 견해는 강화된다.

ㄴ. (O) 쿨섬머 제도에 의하면 400~450kWh의 전력을 소비하는 가정은 기본요금 포함하여 1,600 + 300 × 90 + 100 × 180 = 46,600원에서 1,600 + 300 × 90 + 150 × 180 = 55,600원 사이를 내게 된다. 그런데 B의 견해에 따를 경우 같은 전력을 소모하는 가정은 1,600 + 400 × 180 = 73,600원에서 1,600 + 450 × 180 = 82,600원 사이를 내게 되어 더 큰 부담을 가지게 된다. 따라서 B의 견해는 약화된다.

ㄷ. (O) 기존제도에 따른 금액과 쿨섬머 제도에 따른 금액이 동일하기에 취약계층에만 쿨섬머 제도를 적용하는 것이 그들에게 더 유리한 것은 아니다. 따라서 C의 견해는 약화된다.

35 ④ 　　　　　　　　　　　　　　　　　　　　난이도 상

ㄱ. (X) 변동성의 군집성은 주가에 영향을 미치는 정보가 일정 기간 지속적으로 시장에 유입되어 나타난다. 그런데 주가가 상승한 시기보다 하락한 시기에 군집성이 더 오래 지속되는지는 추론할 수 없다.

ㄴ. (O) 레버리지 효과 가설은 부채 비율의 변화에 따라 주가 변동성이 음(-)으로 상관된다는 주장이다. 그런데 부채 비율이 동일하게 유지된다면 그러한 상관관계는 나타나지 않을 것이다. 따라서 옳은 추론이다.

ㄷ. (O) 변동성 피드백 가설은 수익률 변동성의 증가로 위험 프리미엄이 높아져 주가가 하락한다는 것이다. 이때 첫 단락에서 언급하듯, 주가가 낮으면 기대 수익률이 높아지므로 옳은 추론이다.

36 ③ 　　　　　　　　　　　　　　　　　　　　난이도 중

ㄱ. (O) 리카도가 말하는 물가와 이자율의 관계는 '화폐 이자율'에 해당하는 개념이다. 3문단에 "생산 요소들이 자본재 생산으로 이동하면서 소비재 공급이 감소하고 물가는 상승한다. 한편 시간이 경과하면서… 이 과정에서 기업들의 은행 신용에 대한 수요가 확대되고 화폐 이자율이 상승하여…"라고 나와 있는 것을 보아 자본재와 소비재 간 생산 요소의 이동과 그 영향이 나타나는 데 어느 정도 시간이 소요됨을 알 수 있고, 이 시간이 감소할수록 화폐 이자율이 보다 빨리 상승할 것으로 추론하는 것은 적절하다. 따라서 리카도가 주장하는 물가와 이자율의 관계가 더 빨리 나타날 것이다.

ㄴ. (X) 화폐량 증가로 화폐 이자율이 자연 이자율을 하회할 경우 점차적으로 화폐 이자율을 상승시켜 자연 이자율과 장기적으로 일치하는 균형이 회복된다. 따라서 화폐 이자율이 자연 이자율을 상회할 경우는 화폐량이 축소한 경우에 해당한다. 그리고 이때 점차적으로 화폐 이자율을 하락시켜 자연 이자율과 장기적으로 일치하는 균형이 회복됨을 추론할 수 있다. 하지만 자연 이자율을 상승시켜 균형에 이른다는 것은 추론할 수 없다.

ㄷ. (O) ㉠에서 말하는 초기에는, 리카도의 주장처럼 화폐량 증가로 인해 화폐 이자율 하락과 물가 상승이 나타난다. 그런데 점차적으로 화폐 이자율이 상승한다는 점에서 투크의 주장에 부합한다.

37 ⑤ 　　　　　　　　　　　　　　　　　　　　난이도 상

ㄱ. (O) 해당 부분 견해는 네 기간으로 생애를 구분하여 각 해당 기간마다 얻는 복지의 양을 비교한다. 이를 비교하면 다음과 같고 (상황 1)과 (상황 2)의 차이는 2가 된다.

(상황 1)	유년기	청년기	중년기	노년기
갑	3	7	6	5
을	7	6	4	5
갑과 을의 차이(7)	4	1	2	0

(상황 2)	유년기	청년기	중년기	노년기
갑	2	8	6	5
을	7	6	4	5
갑과 을의 차이(9)	5	2	2	0

ㄴ. (O) 생애 전체 견해는 생애 전체의 복지 총량을 비교하는 것으로 다음과 같다.

상황	(1)	(2)
갑	3+7+6+5=21	2+8+6+5=21
을	7+6+4+5=22	7+6+4+5=22
갑과 을의 차이	1	1

동시대 부분 견해는 갑과 을이 모두 생존해 있는 기간의 비교로 다음과 같다.

상황	(1)	(2)
갑	7+6+5=18	8+6+5=19
을	7+6+4=17	7+6+4=17
갑과 을의 차이	1	2

따라서 ㄱ에서 해당 부분 견해와 동시대 부분 견해가 2의 차이가 있는 반면 생애 전체 견해만 불평등 정도가 1로 같다고 판단할 것이다.

ㄷ. (O) 바뀐 상황에서 생애 전체 견해와 동시대 부분 견해의 차이는 다음과 같다.

(상황 2)	생애 전체 견해	동시대 부분 견해
갑	2+7+6+5=20	7+6+5=18
을	8+6+4+5=23	8+6+4=18
갑과 을의 차이(9)	3	0

결국 생애 전체 견해에 따르면 불평등 정도가 바뀌기 전 상황인 1에서 3으로 커지지만, 동시대 부분 견해는 차이가 없게 된다.

38 ③ 　　　　　　　　　　　　　　　　　　　　난이도 상

ㄱ. (O) A에서의 범죄 감소 효과와 B로의 혜택확산 효과가 동일할 경우 WDQ는 1이 된다. 그런데 WDQ가 1보다 크면, B로의 혜택확산 효과가 더 크다는 것을 알 수 있다.

ㄴ. (O) WDQ가 0보다 작으므로 B로의 전이효과가 나타나는 경우이다. 그리고 WDQ가 -1보다 큰 경우이므로 A의 범죄 감소 효과보다는 B의 전이효과가 작은 경우이다.

ㄷ. (X) WDQ가 -1에 가까운 경우는 A의 범죄 감소 효과와 B로의 혜택확산이 아니라, 전이 효과가 거의 동일할 경우에 해당된다.

39 ⑤ 　　　　　　　　　　　　　　　　　　　　난이도 상

ㄱ. (O) 버튼을 누르지 않았을 때의 기댓값이 더 크기에 버튼을 누르지 않을 것이다.

구분	신호(0.1)	잡음(0.9)	합
버튼 누름	3 × 0.1 = 0.3	-3 × 0.9 = -2.7	-2.4
버튼 누르지 않음	-3 × 0.1 = -0.3	2 × 0.9 = 1.8	1.5

ㄴ. (O) 버튼을 눌렀을 때의 기댓값이 더 크기에 버튼을 누를 것이다.

구분	신호(0.8)	잡음(0.2)	합
버튼 누름	3 × 0.8 = 2.4	-3 × 0.2 = -0.6	1.8
버튼 누르지 않음	0	2 × 0.2 = 0.4	0.4

ㄷ. (O) 버튼을 눌렀을 때의 기댓값이 더 크기에 버튼을 누를 것이다.

구분	신호(0.8)	잡음(0.2)	합
버튼 누름	3 × 0.8 = 2.4	-2 × 0.2 = -0.4	2.0
버튼 누르지 않음	-3 × 0.8 = -2.4	2 × 0.2 = 0.4	-2.0

40 ⑤ 난이도 중

ㄱ. (O) 기존 예산이 x_1이면 ㉠ 주민 효용 극대화를 추구할 경우, 신규 예산안으로 x^*를 제안할 것이고 이 안은 주민 투표를 통과할 것이다.

ㄴ. (O) 갑이 ㉡ 예산 극대화를 추구할 경우 기존 예산이 x^*보다 크다면, 신규 예산안은 그보다 효용이 적을 수밖에 없다. 따라서 신규 예산안은 항상 부결될 것이다.

ㄷ. (O) 기존 예산에서 ㉠을 추구할 경우 x^*까지 제안할 것이다. 그런데 ㉡을 추구할 경우, 만약 기존 예산이 x_0와 x^* 사이에 있을 때에는 동일한 효용이 되는 x^*와 x_1 사이의 지점에서 예산을 제시할 것이며, 이때 예산은 x^*보다 크게 된다. 또한 기존 예산이 x^*와 x_1 사이에 있으면 동일 예산을 제시하여 확정되기에 x^*보다 크게 된다. 따라서 어떤 경우에도 ㉡이 ㉠보다 예산이 크게 된다.

41 ⑤ 난이도 상

① (X) y가 2일 경우 다음과 같이 효용이 나타난다.

구분	X	Y	Z
집단 1	1	2	3
집단 2	5	4	2

이때 C에 따른 바람직한 정책은 효용이 가장 낮은 사람의 효용이 가장 큰 정책인 Y와 Z가 된다.

② (X) A에 의하면, 적어도 한 사람의 효용을 높일 수 있는 개선을 더 이상 이룰 수 없는 정책만 수용가능하다. 따라서 A에 따른 정책의 수용가능 여부는 집단 1의 비율인 α에 의해서가 아니다.

③ (X) y가 2일 경우 효용과 각 정책의 평균값은 다음과 같다.

구분	X	Y	Z
집단 1(α)	1	2	3
집단 2(1−α)	5	4	2
평균	5−4α	4−2α	α+2

1) X가 Y보다 작지 않음: 5−4α ≥ 4−2α, α ≤ 0.5
2) X가 Z보다 작지 않음: 5−4α ≥ α+2, α ≤ 0.6

④ (X) 인구가 집단 1과 2가 같을 경우, 각각 0.5가 되어 다음과 같이 된다.

구분	X	Y	Z
집단 1(0.5)	1	y	3
집단 2(0.5)	5	$2y$	2
평균	3	$1.5y$	2.5
최소효용	1	y	2

그런데 B와 C에 따른 바람직한 정책은 Y정책의 효용이 y에 따라 달라지기에 확정할 수 없다. 예를 들어, 만약 y = 1일 경우, B의 산술평균이 가장 높은 정책은 X이지만 C의 최소효용이 가장 높은 경우는 Z가 된다.

⑤ (O) 구성원 중 어떤 사람의 효용도 현재보다 낮추지 않으면서 적어도 한 사람의 효용을 높이면 산술평균도 높아지게 된다. 따라서 B에게 바람직한 정책 즉, 산술평균이 가장 큰 정책이 되면, A가 수용하는 더 이상 '개선'을 이룰 수 없는 수용가능한 정책이 됨을 알 수 있다.

42 ① 난이도 중

ㄱ. (O) 소득 총량이 100인데 임계점이 100이라면, 갑은 소득이 증가할수록 효용이 증가한다.

ㄴ. (X) 다른 배분 (20, 80)이 가능하며 이는 배분 (10, 90)의 효용인 (10, 70)보다 높은 (20, 80)이 되므로 (10, 90)은 비효율적이다.

ㄷ. (X) 효율적인 배분은 주어진 배분보다 갑과 을 각각의 효용이 모두 더 높은 배분이 존재하지 않는 것으로, 임계점이 커지더라도 효율적인 배분의 개수가 줄어드는 것은 아니다.

43 ① 난이도 상

결과적으로 초기암 치료제보다 말기암 치료제를 개발하여 출시하는 것이 더 높은 이윤을 가져다준다는 귀결이 있어야 한다. 따라서 초기암 치료제의 임상시험에 소요되는 시간이 말기암 치료제의 그것보다 길어야 하며, 암 치료제에 대한 배타적 권리가 개시되는 시점은 특허를 얻은 시점이 된다.

44 ⑤ 난이도 중

① (X) 기존 집합은 갑과 을로만 구성되었으나 이후 병이 추가된 집합이 되었기에 축소된 집합이 된 것이 아니므로 P를 위배한 것으로 볼 수 없다.

② (X) 1차 투표에서 C를 선택한 사람이 결선투표에서 B를 선택했다고 해서 P를 위배한 것으로 볼 수 없다. 1순위가 C이고 2순위가 B가 될 수 있고, 결선에서는 C를 제외하고 투표를 했기에 나타난 결과가 될 수 있기 때문이다. 일관된 순위를 따라 투표한 것은 P를 위배한 것이 아니다.

③ (X) A를 1차 투표에서 선택한 사람은 결선투표에서 동일한 선택을 하였을 것이며 C를 선택한 사람이 B를 선택했을 경우가 있을 수 있기에 옳지 않은 판단이다.

④ (X) 처음에 Z를 선택한 사람이 83명이었는데 2차 조사에서 32명으로 줄었으므로 51명이 P를 위배한 것으로 볼 수 있기에 옳지 않다.

⑤ (O) 1차 조사에서 X를 선택한 사람 17명은 2차 조사에서도 동일한 선택을 한 것으로 볼 수 있으므로 옳은 분석이다.

45 ⑤ 난이도 상

1) 병국의 2023년 GDP 100억: 수출액 30(갑) + 5(을) = 35억, 수입액 10(갑) + 20(을) = 30억, 무역수지 +5억, 무역의존도 65/100

2) 병국 2024년 GDP: 수출액 40(갑 20%) + 30(을 15%) = 70억, 수출의존도가 35%이므로 GDP는 200억, 수입액 40(갑 20%) + 20(을 10%) = 60억(30%), 무역수지 +10억, 무역의존도 130/200 = 65/100

이를 정리하면 다음과 같다.

	갑국		을국		병국	
	2023	2024	2023	2024	2023	2024
GDP	100	200	100	200	100	200
수출	10	40	20	20	35	70
수입	30	40	5	30	30	60
무역수지	−20	0	+15	−10	+5	+10
무역의존도	40/100	80/200	25/100	50/200	65/100	130/200

ㄱ. (O) 병국의 2024년 무역수지는 +10억으로 흑자이다.

ㄴ. (O) 병국의 2024년 GDP: 200억 달러이다.

ㄷ. (O) 무역의존도는 갑, 을, 병국이 모두 2023년과 2024년이 동일하다. 따라서 전년 대비 경제 안정성의 훼손 가능성은 변화가 없다.

46 ④ 난이도 하

ㄱ. (X) 2명 이상의 신고를 받으면 경찰이 출동하여 문제가 해결되므로 이때의 편익은 15-4=11이다. 그런데 3명이 신고를 할 경우 편익은 15-6=9가 되어 균형이 아니다.

ㄴ. (O) 편익이 최대인 균형이 되려면 최소의 비용으로 최대의 효과가 발생해야 하므로 2명만 신고하는 상황이 균형이 된다.

ㄷ. (O) 편익이 최대인 균형 조건이 1명의 신고로도 이루어지기 때문에 옳은 판단이다.

47 ④ 난이도 상

㉠ 선호 파악은 기존에 Y도 구매할 수 있었으나 X를 구매한 것처럼 X가 더 큰 금액인데도 구매한 경우에 해당된다. 그런데 이러한 선호가 역전되었음을 보이기 위해서는 반대로 X를 구매할 수도 있었으나 Y를 구매한 경우가 되어야 하며 이때 Y가 X보다 더 큰 금액일 때이다. 따라서 선지에서 이러한 경우는 (20원, 20원, 50원)의 경우에 해당한다.

㉡ A를 B보다 선호하면 당연히 간접선호가 되어야 한다. 따라서 선호 역전이 되면 당연히 간접선호도 역전이 되므로, 선호 역전은 간접 선호의 충분조건이 된다.

48 ③ 난이도 중

1) 미취학 시기 인터넷 게임 노출이 중학교 1학년 학생들의 학업 성적에 미친 영향을 알아보기 위해서는 우선 중학교 1학년 학생들이 A시는 노출이 되었고 B시는 노출되지 않았기 때문에 이들 간의 차이가 있어야 한다. 그래서 $(x-z)$가 기준이 된다.

2) 그런데 이 수치에는 도시 간 교육 환경 차이가 영향을 줄 수 있기 때문에 이 수치를 빼야 한다. 이때 초등학교 3학년은 A와 B시 모두 미취학 시기 인터넷 게임에 노출되었으므로 이들 간의 차이는 도시 간 차이가 된다. 따라서 $(y-w)$를 1)의 수치에서 빼면 된다.

49 ③ 난이도 중

ㄱ. (O) 관계선의 기울기는 부모의 소득 수준이 자녀의 소득 수준에 미치는 영향을 나타낸다. 기울기가 클 경우 영향력도 크게 되며 이때 기회의 평등 수준이 낮게 평가된다. 그런데 예측선의 기울기가 실제선보다 크다면, 실제에 비해 기회의 평등 수준을 낮게 인식한다는 것을 의미한다.

ㄴ. (O) 예측선의 기울기가 실제선보다 작고 x축 중간에서 교차할 경우, 교차 전(저소득층)에는 예측보다 실제가 낮은 경우이므로 실제보다 높게 소득을 예측하는 것이며 교차 후(고소득층)에는 실제보다 낮게 예측하는 것이다.

ㄷ. (X) 예측선이 실제선보다 모두 위에 있고 기울기가 동일한 경우, 연관성을 실제보다 높게 인식하고 있음을 보여준다.

유형 04 | 과학기술

01	02	03	04	05
④	⑤	③	④	④
06	07	08	09	10
③	①	④	③	④
11	12	13	14	15
④	④	①	④	③
16	17	18	19	20
②	③	④	①	①
21	22	23	24	25
③	④	②	①	④
26	27	28	29	30
②	①	②	①	③
31	32	33	34	35
⑤	③	②	①	②
36	37	38	39	40
③	⑤	④	③	⑤
41	42	43	44	45
⑤	①	②	①	①
46	47	48	49	50
②	③	④	④	④
51	52	53	54	55
①	③	②	④	⑤
56	57	58	59	60
③	②	③	③	⑤
61	62	63	64	
①	②	⑤	⑤	

01 ④ 난이도 중

실험 결과로부터 각각의 입자 특성을 정리하면 다음과 같다. 주의할 점은 스핀 입자는 모두 전기를 띠고 있기 때문에 스핀 입자가 포함되어 있을 경우 전기도 띠어야 한다. 그런데 '나'의 경우 최소한 두 가지가 포함되어야 결과가 나타날 수 있다. 즉, '나'는 A/B 또는 A/C 또는 B/C 또는 A/B/C의 특성을 지니고 있다는 것을 알 수 있다. 그런데 이러한 경우에서 공통적인 것은 전기를 띤다는 것이다. 왜냐하면 스핀 입자는 모두 전기를 띠고 있기 때문이다. 모든 경우에 B와 C가 적어도 하나는 포함되므로 전기를 띤다는 것을 파악할 수 있다.

입자	A(탄소보다 무거움)	R(전기 띰)	C(스핀 입자 포함)
가	X	O	X
나	O/X	O	X/O
다	O	X	X
라	X	X	X

① (O) 가는 전기를 띠고 있으므로 옳은 추론이다.
② (O) 다는 탄소보다 무겁지만 가와 라는 탄소보다 무겁지 않다. 따라서 다는 가와 라보다 무거우므로 옳은 추론이다.
③ (O) 나는 전기를 띠고 있지만 다는 전기를 띠고 있지 않기에 옳은 추론이다.
④ (X) 나가 탄소보다 무거운지는 확정할 수 없으므로 옳지 않은 추론이다.
⑤ (O) 둘 모두 탄소보다 무겁지 않을 수 있으므로 옳은 추론이다.

02 ⑤
난이도 중

지문의 내용을 정리하면 다음과 같다.
- 매파와 비둘기: 비둘기 도망, 다침 없음
- 매파 개체 간: 한편 중상입을 때까지 싸움
- 비둘기 개체 간: 장기전, 다침 없음
- 승자: +50, 패자: 0, 중상: -100, 장기전: -10

① (O) 매파와 비둘기: 비둘기 도망, 매파 승리 +50
② (O) 비둘기 개체 간: 승자는 +50, 패자는 0, 각각 -10으로 감점 총 -20. 평균 +15
③ (O) 다수의 유전자에 대한 판단은 두 개체 간, 개체 상호 간 싸움으로 다양한 변수가 존재한다.
④ (O) 매파 승자는 +50인데, 패자는 중상을 입으므로 -100이 된다. 따라서 두 개체 간의 평균은 -25가 된다.
⑤ (X) 비둘기는 도망치므로 개체가 줄어들 위험은 없다. 따라서 적절하지 않은 추론이다.

03 ③
난이도 하

ㄱ. (O) 주어진 실험에서 원통이 일정한 속도로 회전하지 않는다면, 철필의 흔적과 흔적 사이의 시간을 정확히 측정할 수 없을 것이다. 따라서 원통을 일정한 속도로 회전시키기 위한 장치는 반드시 필요하다.
ㄴ. (X) W와 R 사이의 거리는 소리가 전달되는 거리이다. 소리는 매우 빠른 속도로 전달되기 때문에 그 거리가 너무 짧아서는 오히려 정확한 음속 측정이 어려워질 것이다.
ㄷ. (O) 만일 권총이 발사된 시점과 회로가 끊어지는 시점 사이에 고려할 만한 차이가 있다면, 다른 시스템이 아무리 정확하게 작동한다고 해도 소리의 속도가 정확하게 측정되었다고 볼 수 없다. 소리는 이미 출발했지만 회로가 끊어져 철필의 출발을 기록한 시점까지 시간이 소요된다면 측정된 소리의 이동 시간에서 회로가 끊어지기까지 소요된 시간을 더한 후 속도를 계산해야 할 것이다.

04 ④
난이도 상

화학에서의 '기체반응의 법칙'을 사고력 문제로 출제했다. 기체반응의 법칙은 화학 반응이 기체 사이에서 일어날 때 같은 온도와 같은 압력에서 반응하는 기체와 생성되는 기체의 부피 사이에는 간단한 정수비가 성립한다는 법칙이다. 우선 문제에서 제시된 염화수소 분자식을 정리하면 다음과 같다.

반응 전 부피			반응 후 전체 부피
H_2	Cl_2	HCl	반응하지 않고 남는 것
1	1	2	0
3	1	2	2(H_2)

결국 염화수소 분자식의 정수비는 1:1:2임을 알 수 있다.
이제 문제에서 기체 분자 AB가 B_2와 반응해 P라는 한 가지 생성물을 만들 때 이들 사이에 어떤 정수비가 존재하는지 찾아야 한다. 이 정수비를 찾아 P의 성분 구성을 추리할 수 있다. 우선 첫 번째로 AB 4L와 B_2 1L가 반응한 후 4L의 기체가 남아 있는 경우, 첫 번째 실험을 충족시키는 정수비는 1:1:1, 2:1:2, 3:1:3, 4:1:4 등이다. 이 정수비들 중에서 나머지 3번의 실험결과를 모두 충족시키는 것은 2:1:2뿐이다. 따라서 2AB + B_2 → 2P가 된다. 그리고 이를 토대로 P의 화학식을 처음 염화수소의 경우와 비교하여 구해보면 다음과 같다.

P = (2AB + B_2) / 2
 = AB + B
 = AB_2

따라서 정답은 ④이다.

05 ④
난이도 하

ㄱ. (X) 지문에서 입자의 크기가 클수록 운동 효과는 상쇄된다고 했기에 입자의 크기가 작을수록 운동이 활발할 것임을 추론할 수 있다.
ㄴ. (O) 물 분자는 끊임없이 운동하므로, 빛이 차단되어 온도가 떨어질 경우 운동이 감소되더라도 운동 자체는 지속된다. 따라서 옳은 진술이다.
ㄷ. (O) 온도와 입자의 운동은 비례 관계이므로 옳은 진술이다.

06 ③
난이도 하

주어진 정보를 정리하면 다음과 같다.

날짜	온도(°C)	시간	ADH
10월 13일	21		252
10월 14일	21	24	504
10월 15일	20	9	180

결국 10월 13일 ADH의 값이 252가 되기 위한 시간을 구해야 한다.
ㄱ. (O) 나머지 ADH 252는 21(온도) × a(시간)이며 여기서 a의 값은 12가 되므로, 유충이 성숙되기 위해서는 10월 13일의 12시간이 더 필요하다는 사실을 알 수 있다. 따라서 사망 시각은 10월 13일 정오 이전이 되기에 옳은 진술이다.
ㄴ. (O) 유충의 성숙을 나타내는 ADH는 기온과 시간을 곱한 값이다. 따라서 기온이 높을수록 빨리 성숙한다는 진술은 옳다.
ㄷ. (X) 사망 시각을 알기 위해서는 시신이 발생한 후 가장 먼저 도달한 검정금파리가 낳은 유충을 살펴보아야 한다. 따라서 유충의 성숙도가 높은 것을 기준으로 해야 되며 표본의 수가 많은 것은 의미가 없다.

07 ①
난이도 상

지문에서는 제품 X와 Y의 원료 네 가지가 어떤 경우에 1:1로 반응하는지의 조건을 제시한다. 이는 이 경우 이외에는 반응이 일어나지 않는다는 의미이다. 또한 제품이 반응할 경우 반응 후 부피는 반응 전 부피의 절반이 된다는 원리를 적용시켜야 한다. 제품 X의 경우 이익이 d보다 적기에 a와 b만 반응이 가능하므로 경우의 수가 발생하지 않는다. 그러나 제품 Y의 경우 이익이 많이 발생하였기에 반응이 될 수 있는 경우의 수가 다음과 같이 발생한다. 이를 a, b, c, d의 이익을 중심으로 가능한 경우를 살펴보아야 한다.

1) a와 b만 반응한 경우
2) a, b, c, d가 각각 1g씩 반응한 경우
3) c와 d만 반응한 경우

이때 주의할 점은 제품 Y의 경우 반응 후 2mL가 감소하였으므로, 반응 전 4g이 사용된 것과 같으며, 나머지 6g에 해당하는 원료들은 반응하지 않은 조합으로 사용되어야 한다는 점이다.

ㄱ. (O) X의 부피가 5mL 감소되었으므로 10g으로 사용된 원료 전체가 모두 반응한 경우이다. X의 이익이 150원이므로 c와 d는 나타날 수 없다. 결국 a와 b가 각각 5g씩 사용되어 반응이 되었다는 것을 알 수 있다. 또한 이익은 (10 × 5) + (20 × 5) = 150원이 되어 조건을 만족한다.

ㄴ. (X) X에는 a와 b 두 가지 원료만 사용되었기에 옳지 않은 진술이다.

ㄷ. (X) Y는 반응 후 2mL 부피가 감소하므로 반응량은 4g이다. 이때에는 세 가지 경우가 나타난다.

[경우 1] a와 b가 각각 2g씩 사용되었을 경우: 이익금은 60원이므로 630원이 나머지 반응하지 않은 6g으로 충족되어야 한다. 따라서 a가 3g, d가 3g이 사용될 수 있으며, 이 경우 조건을 충족한다. 결국 a는 5g, b는 2g, d는 3g이 사용될 수 있다.

[경우 2] a와 b가 각각 1g씩 반응하고 c와 d가 각각 1g씩 반응한 경우: 반응 결과 330원 이익이 발생한다. 그리고 나머지 경우에 6g으로 360원이 될 수 있게 맞추면, c가 3g 사용될 경우 이익이 300원이다. 그리고 b를 단독으로 3g 사용하면 이익도 60원을 맞추면서 전체 사용량을 맞추게 되어 조건을 충족한다. 결국 a가 1g, b가 4g, c가 4g, d가 1g이 사용될 수 있다.

[경우 3] c와 d가 각각 2g씩 사용되었을 경우: 나머지 이익금이 90원이 되고 6g으로 맞출 수 있는 경우는 a와 b가 각각 3g씩 사용될 경우뿐이다. 하지만 그럴 경우 a와 b가 동일한 양이 사용되어야 하는데, 이들의 조합은 반응이 일어나므로 반응한 총 질량은 10g이 되어야 한다. 이 경우 조건을 위배한다. 따라서 있을 수 없는 경우가 된다.

따라서 조건을 위배하지 않는 [경우 1]에서는 a가 5g 사용되었으며, [경우 2]에서는 1g이 사용되었다. 한편 3g만이 사용된 [경우 3]은 조건을 위배하므로 틀린 진술이다.

08 ④ 난이도 하

지문의 내용을 정리하면 다음의 도식이 가능하다.

차가움, 밀도 높음	밀도 낮음
저온(지표)	고온(지표)

밀도가 높은 차가운 공기가 상대적으로 밀도가 낮은 공기 아래로 이동하므로, 저온의 지표나 해상에서 고온의 지표나 해상으로 바람이 불게 된다.

ㄱ, ㄹ. (X) 고온에서 저온으로 바람이 분다고 하므로 옳지 않은 진술이다.
ㄴ, ㄷ. (O) 저온에서 고온으로 불기에 옳은 진술이다.

09 ③ 난이도 중

① (O) 스콜라 학자들의 가설은 자연이 진공을 즉각적으로 없애려는 힘을 갖고 있다는 가설이다. 갈릴레오 역시 자연이 진공을 없애려는 힘을 갖는다는 점을 인정하고 있으며, 이에 덧붙여 힘과 공간의 비례적 관계를 주장했다.

② (O) 갈릴레오의 주장은 진공 공간이 발생할 때에 자연이 이를 없애려고 하는 것에 있어서는 스콜라 학자들과 동일한 입장이지만, 이 진공을 없애려는 힘이 공간의 크기에 비례한다는 가설을 덧붙여 스콜라 학자들의 가설로 설명되지 않는 10m 이상의 깊이에 있는 지하수의 경우에는 펌프를 통해 진공을 만들어도 올라오지 않는다는 현상을 설명했다.

③ (X) 스콜라 학자들은 자연은 진공이 발생하면 그 진공을 즉각 없애 버리는 방향으로 움직인다는 가설을 주장한다. 그러나 ㉠ 실험에서 진공 공간이 여전히 존재한다는 것은 수은이 그 진공 공간을 메우지 않는다는 것을 의미하기에 스콜라 학자의 가설이 적합하지 않다는 사실을 알 수 있다.

④ (O) 유리관 상부에 진공이 생겼는데도 진공을 즉각 없애 버리는 방향으로 움직이지 않았으므로 스콜라 학자들의 견해가 적합하지 않다는 사실을 보여 준다.

⑤ (O) 자연이 진공을 없애려는 힘의 크기는 진공 공간의 크기에 비례한다고 하였다. 그러나 ㉠에서 ㉡으로 변화되는 과정에서 진공 공간이 줄어드는 것이 힘의 크기와 비례하지 않는다는 사실을 알 수 있다. 이는 진공 공간이 달라져도 수은이 이 공간을 메우려는 힘에는 차이가 없다는 것을 의미한다. 따라서 갈릴레오의 가설은 자연현상을 설명하는 데에 부적합하다는 것을 알 수 있다.

10 ④ 난이도 중

바람의 방향에 있어서 '남풍'은 남쪽으로부터 불어오는 바람을 의미한다. 이러한 사실을 기반으로 둥지의 입구와 빛이 비치는 방향의 매칭이 요구된다. 예를 들어, 해는 동쪽에서 떠오르기 때문에 오전에 빛이 비치는 곳은 둥지의 입구가 동쪽인 곳이다. 또한 빛을 많이 받는 곳일수록 빛의 양이 많아진다는 사실은 생략된 전제이다.

지문으로부터 비가 올 때 남풍이 부는 것은 기본 전제이며, 첫째 가설에 의해 비가 들이칠 수 있는 방향은 피하므로, 둥지의 입구는 남쪽을 피하게 된다. 둘째, 셋째 가설에 의해 규정된 잠자는 둥지와 번식 둥지의 조건을 도표로 나타내면 다음과 같다.

구분	빛의 양	걸림
잠자는 둥지	무관	많음
번식 둥지	많이 들어옴	적음

ㄱ. (X) A구역에서 산책로 서쪽 가장자리에 둥지가 있을 경우, 동쪽에 산이 있어 오전에 그늘이 진다. 따라서 둥지의 입구가 동쪽일 경우 번식 둥지에 빛이 많이 들어와야 한다는 조건이 충족되지 않는다. 산책로에 인접해 있고, 둥지가 동쪽이기에 오전에 빛이 들어오지 않기 때문이다.

ㄴ. (O) 울창한 숲이기에 잠자는 둥지가 걸림이 많은 곳에 있어야 한다는 조건이 충족된다. 그리고 빛의 양과는 상관이 없으나 비가 들이치는 남쪽은 입구가 없어야 하므로 동, 서, 북쪽 골고루 분포되었다는 사실은 가설을 지지한다.

ㄷ. (O) B구역은 번식 둥지인 경우 걸림이 적어야 한다는 조건을 충족한다. B구역은 나무가 띄엄띄엄 서 있기 때문이다. 또한 빛이 많이 들어오는 쪽에 위치해야 하는데, 동쪽은 아침에, 서쪽은 저녁에 빛이 많이 들어오기에 적합한 진술이다. 한편 남쪽은 비가 들이칠 수 있기에 입구 방향이 될 수 없으며, 북쪽도 빛의 양이 너무 적기에 입구 방향이 될 수 없다.

11 ④ 난이도 중

지표의 진화 내용을 정리하면 다음과 같다.

지표 진화	진화 내용
유년기	원지형 침식 → 산등성이 형성, 하천 발달, 하방 침식 → V자형 골짜기
장년기	산등성이 뾰족, 하천 바닥과 높낮이 차 최대, 원지형 → 산정 부분만 남음
장년기 후기	높낮이 차 작아짐, 범람원 넓어짐, 산등성이 둥글, 산지 경사 완만
노년기	산지 완만 → 경사 구릉지, 측방 침식 → 골짜기 넓어짐, 하천 곡류 → 각종 지형
노년기 말	침식 기준면 → 해수면 가까워짐, 평탄면 넓어짐, 암석의 언덕 남음

ㄱ. (O) 해발 고도가 해수면보다 훨씬 높고 평탄한 원지형이 있어야 지표의 진화가 시작된다. 진화가 되면서 그 원지형이 침식되어 지표의 진화가 나타나기에 필요한 조건이 된다.
ㄴ. (X) 지표가 진화하는 동안 하천 상류의 사면 경사는 원지형의 변화와 지표면의 변화에 의해 계속 변화할 수밖에 없다. 따라서 일정하게 유지된다는 것은 조건이 될 수 없다.
ㄷ. (O) 지표의 진화가 이루어지는 동안에 해수면이 변화하게 되면, 지표의 진화 과정의 역행이 이루어질 수도 있기에 급격한 변동이 이루어져서는 안 된다.

12 ④ 난이도 하

ㄱ. (O) 6만 년 전에는 대륙 빙하가 확장되었기 때문에 대륙 내의 얼음의 양은 늘고 해수는 줄어들었을 것이다. 따라서 해수면이 낮아지므로 해안선은 바다 쪽으로 더 나아갔을 것이다.
ㄴ. (O) 2.5만 년 전에는 북아메리카에서는 북위 39도, 유럽에서는 북위 52도까지에서만 빙하의 확장이 일어나 하천의 결빙이 일어났을 것이다. 하지만 저위도 지역은 해수면의 하강과 이에 따른 육지 면적의 확대로 인해 하천의 평균 길이가 늘어났다고 할 수 있다.
ㄷ. (X) 6천 년 전에는 현재보다 따뜻했으므로 고산 지대의 곡빙하 중 낮은 고도에 존재했던 부분은 녹았을 것이기에, 곡빙하는 기온이 낮은 높은 고도에서 형성되었을 것이다.

13 ① 난이도 하

개체군 크기 추정 방법은 통계적 일반화 방식이라는 점에 주의해야 한다. 이는 표본의 수가 충분해야 유의성을 가질 수 있다는 의미이다. 표본의 수가 적을 경우 의도 개입 등으로 신뢰도를 의심받기 때문이며, 표본의 수가 너무 적을 경우 추정 방식 자체가 문제가 될 수도 있다.
ㄱ. (O) 개체군 크기 추정 방법은 1차 채집 후 표지를 한 다음 놓아주고 다시 2차 채집으로 진행된다. 그리고 2차 채집에서 1차 채집 시 표지를 한 개체의 비율로 파악하는 방식이다. 따라서 이 방법에서는 표지가 2차 채집까지 남아있어야 유의성을 가질 수 있다. 그렇지 않을 경우 표지한 개체와 표지되지 않은 개체를 2차 채집에서 확인할 수가 없기 때문에 유의성을 가질 수 없다.
ㄴ. (X) 표지된 개체가 상대적으로 더 잘 잡힐 경우 오히려 추정 방법의 신뢰도가 의심되게 된다. 따라서 유의성의 조건이 아니다.
ㄷ. (X) 이 방식은 통계적 일반화의 방식이기 때문에 표본의 수가 많아야 더 높은 유의성을 지니게 된다. 따라서 1차 채집 후 표지한 개체 수보다 오히려 2차 채집에서 잡힌 총 개체 수가 많아야 개체군 추정 방법이 유의성을 지니게 된다. 만약 2차 총 개체 수가 1차 채집 표지보다 적을 경우 2차 채집 전체가 표지한 개체가 될 수 있다. 이때 1차에서 2차의 기간 동안 기존 개체가 얼마나 살아남았는지, 전체 개체군은 얼마나 더 많아지고 있는지 등의 변화 양상을 관찰하는 개체군 크기의 유의성은 떨어질 수밖에 없게 된다.

14 ④ 난이도 중

ㄱ. (X) 지구의 자전이 빨라질 경우 낮과 밤이 지금보다 더 빠르게 바뀌게 되므로 기온 차이는 오히려 줄어들 것이다.
ㄴ. (O) 자전축의 기울어짐이 작다면, 적도 지역은 더욱 수직에 가깝게 태양빛이 비추게 되어 태양빛을 더 많이 받게 된다. 따라서 그 결과 적도 지역의 기온은 상승하게 될 것이다.

ㄷ. (O) 구형이 긴 타원체가 될 경우, 고·저위도 간 태양빛과 지표면이 이루는 각도 차이가 줄어들어 태양빛을 받는 양의 차이가 줄어든다. 이는 지구의 곡률이 작아질수록 그 차이가 적어지기 때문이다. 따라서 고·저위도의 기온 차가 줄어들 것이다.

15 ③ 난이도 중

두 지문의 동일한 대상에 따른 변화를 정리하면 다음과 같다.

구분	연강수량과 시기	태풍의 경로와 시기	겨울철 기후와 눈
(가)	장마철에 집중	북태평양고기압 가장자리의 경로이기에 가을에는 일본 이남으로 이동, 7~8월	바람의 강도와 강설량 비례
(나)	장마철 이후에도 비	7~8월 이외에도 오거나 하나도 없고 일본이나 중국 쪽으로만 이동	강설일과 강설량 모두 감소, 동해안 심함

ㄱ. (X) 온난기가 빨라진다는 사실은 (나) 변화 내용에서 알 수 없다.
ㄴ. (O) 바람의 강도와 강설량은 비례한다. 따라서 강설량이 감소하는 것의 원인은 바람의 세기가 약해졌기 때문일 것이다.
ㄷ. (O) 겨울철 강설일과 강설량의 감소는 서해안보다 동해안이 더욱 현저하다고 지적한다. 이는 시베리아고기압이 동쪽으로 치우쳐 있을 때에 나타나는 북동풍의 영향이 적게 나타나기 때문일 것이다. 따라서 북서풍의 발생 빈도 감소보다 북동풍의 발생 빈도 감소가 더 심하다는 것을 알 수 있다.
ㄹ. (X) 북태평양고기압의 영향 범위가 지속적 확대할 경우 태풍은 중국 연안 쪽으로 치우치고 일본 열도 이남으로 지나가는 태풍은 줄어들 것이다. 그러나 (나)의 결과는 태풍의 경로가 불규칙하다는 사실이 나타날 뿐이다.

16 ② 난이도 중

우선 빛을 인간이 감지하는 과정을 확인한다. 빛이 물체에 부딪히면 물체에 빛의 일부가 흡수되고 나머지 빛이 반사된다. 이것이 우리가 감지하는 물체의 색이다. 이제 이 빛이 우리 눈에 들어오게 되는데, 이 빛은 망막에 상이 맺히고 간상세포와 원추세포에 의해 '빛의 3원색'으로 구분된다. 빛의 3원색 a, b, c가 합쳐져 백색광이 된다. 즉, 백색광으로 이루어진 빛이 물체에 부딪히게 된다. 조건에서 색의 3원색은 a, b, c 중 하나가 흡수된 것이라고 밝히고 있는데, a, b, c의 합이 백색광이므로 백색광 중 하나가 흡수된 것이 색의 3원색 X, Y, Z가 된다. 그럴 경우 X, Y, Z는 a, b, c 중 한 가지를 흡수하고 두 가지를 반사한 것이다. 따라서 X, Y, Z는 각각 나머지 두 가지를 반사한 것으로 이루어진 것이기에 그 조합은 ab, bc, ca 중 하나가 된다. 그런데 조건에서 X와 Y가 합쳐지면 a로 감지되고 Y와 Z가 합쳐지면 b로 감지된다고 한다. 그렇다면 Z와 X의 합은 c임을 추리할 수 있다.
조건을 통해 필요한 조합의 경우를 파악하면 다음과 같다.
1) X와 Y의 합이 a로 감지된다는 사실로부터 가능한 X와 Y의 조합은 X 또는 Y가 ab, ac일 때이다.
2) Y와 Z의 합이 b로 감지된다는 사실로부터 가능한 Y와 Z의 조합은 Y 또는 Z가 ab, bc일 때이다.
3) Z와 X의 합이 c로 감지된다는 사실로부터 가능한 Z와 X의 조합은 Z 또는 X가 ac, bc일 때이다.
결국 이들의 조합을 동시에 만족할 수 있는 경우는 X가 ac, Y는 ab, Z는 bc뿐임을 알 수 있다.

17 ③
난이도 하

먼저 첫 번째 표를 보면 탄소 개수가 많을수록 녹는점이 올라간다. 그리고 두 번째 표에서 이중결합수가 많을수록 녹는점은 떨어지는 것을 알 수 있다. 녹는점이 낮으면 상온에서 액체일 가능성이 높다.

그런데 철수와 영희의 진술에서 삼겹살과 같은 동물성 지방보다 참기름과 같은 식물성 지방의 녹는점이 더 낮다는 것을 알 수 있다. 따라서 참기름의 녹는점이 삼겹살보다 낮은 이유는, <표1>에 의하면 포화지방산의 탄소 개수가 적기 때문이며, <표2>에 의하면 이중결합수가 많기 때문이다.

주의할 점은 답지에서 여러 조합의 녹는점 비교를 요구한다는 것이다. 이때 이중결합수에 따른 관계는 탄소 개수가 18개인 지방산의 정보만을 주기 때문에 이로부터 비율적인 추리를 해야 한다.

① (X) 탄소 개수 12개인 포화지방산은 녹는점이 45도이다. 반면 탄소 개수 14개인 포화지방산은 54도로 9도 차이가 난다. 그런데 탄소 개수 18개인 포화지방산은 녹는점이 70도이다. 이중결합이 하나 있을 경우 16도가 떨어진다. 따라서 9도 차이밖에 없는 탄소 개수 12개와 14개의 녹는점이 이에 해당하기에 12개의 탄소 개수를 가진 포화지방산의 녹는점이 14개인 것보다 낮을 가능성은 거의 없다. 이는 비율적인 관계를 통해 계산할 수도 있다.
탄소 개수 14(54):탄소 개수 18(70) = x:16
$70x = 864$
$x = 12.3\cdots$

② (X) 이중결합이 많을수록 녹는점이 떨어지므로 상온에서 액체로 존재할 가능성이 높다.

③ (O) 다음의 두 가지가 가능하다.
1) 탄소 개수 16개인 포화지방산의 녹는점은 63도이다. 그런데 탄소 개수 18개인 포화지방산의 녹는점이 70도이고 이중결합수 1개일 때에 16도이다. 그렇기에 탄소 개수 16개이고 이중결합 1개의 불포화지방산의 녹는점의 차이는 70:63 = 16:x가 되고, x의 값은 14.4가 된다. 따라서 탄소 개수 16개인 포화지방산과 이중결합이 하나 있는 불포화지방산의 녹는점 차이는 약 48.6도가 된다.
2) 한편 탄소 개수가 14개인 포화지방산의 녹는점은 54도이다. 그리고 이중결합 1개의 불포화지방산은 탄소 개수 18개일 때를 기준으로 하면 70:54 = 16:x가 되어 x는 약 12.3도가 된다. 그리고 탄소 개수 14개이고 이중결합 2개의 불포화지방산의 녹는점은 70:54 = 5:x가 되어 x는 약 3.85도가 되고 이 둘의 차이는 8.45도가 된다.
따라서 1)의 차이가 2)보다 클 가능성이 높다.

④ (X) 상온에서 액체인 식물성 지방을 고체로 만들기 위해서는 녹는점이 높은 포화지방산으로 바꾸어야 하며, 이는 불포화지방산의 이중결합을 줄여야 할 것이다.

⑤ (X) <표2>에서 불포화지방산인 이중결합수가 증가함에 따라 녹는점은 포화지방산에 비해 현저히 낮아진다. 따라서 식물성인 참기름이 액체이고 동물성인 삼겹살의 기름이 고체인 것은 식물성 기름이 동물성 기름보다 불포화지방산의 함량이 높기 때문에 녹는점이 낮아지는 것에 원인이 있다.

18 ④
난이도 상

㉠은 응축 가능한 한 가지의 X염색체가 초기에 응축되지 않고 남은 세포로부터 분열된 표피 각각에 흰색과 검은색의 털이 나기 때문에 가능한 현상이다.

① (X) 지문에 의하면, X염색체의 응축은 난자가 아니라 체세포에서 이루어진다. 이 진술로는 ㉠을 설명할 수 없다.

② (X) 이 경우 ㉠을 설명할 수 없게 된다. 만약 둘 중 한 색의 유전자가 우성으로 작용한다면 어느 하나의 색이 되고, 두 개의 형질이 섞이면 중간색으로 나타나며, 흰색과 검은색이 무작위로 섞이는 형태 등으로 나타날 수 있기 때문이다.

③ (X) 털이 나기 직전이라는 사실은 지문에서 밝힌 초기 발생 과정에서 X염색체의 응축이 일어난다는 진술에 위배된다.

④ (O) 두 개의 X염색체 중 발생 초기에 각각의 세포에서 무작위로 정해져서 응축이 일어날 경우, 이동한 세포는 어느 하나의 색으로만 털색을 만들게 된다. 이 경우 이웃 세포를 만들게 되어 서로 다른 세포들의 응축에 의해 얼룩무늬의 털색이 나타날 수 있다.

⑤ (X) 지문에 의하면, 응축이 일어나는 이유는 X염색체 위의 유전자들이 암컷에서 두 배로 존재할 필요가 없기 때문이다. 따라서 옳지 않다.

19 ①
난이도 하

주어진 실험 결과 중 날개무늬와 소리의 존재 여부에 따른 결과는 다음과 같다.

구분	날개	소리	결과(생존율)
1)	O	O	100%
2)	O	X	100%
3)	X	O	50%
4)	X	X	20%

그리고 날개를 접고 펴는 빈도는 날개무늬가 없는 공작나비가 날개무늬가 있는 공작나비보다 높았다.

ㄱ. (O) 먼저 소리를 변화 요인으로 가정할 경우 첫 번째와 두 번째 실험 결과가 변화하지 않았다는 것을 통해 변화 요인이 아님을 알 수 있다. 그런데 날개무늬가 변화 요인일 경우, 첫 번째와 세 번째 실험 결과로부터 생존율 차이가 100%:50%로 달라진다. 따라서 옳은 진술이다.

ㄴ. (X) 지문에서는 단순히 날개무늬가 있는 공작나비보다 날개무늬가 없는 공작나비가 날개를 접고 펴는 빈도가 증가했다는 사실만 전해준다. 날개를 접고 펴는 빈도가 증가할 때 소리가 커지거나 작아지는 데 대한 정보가 주어져 있지 않기 때문에 이 진술의 진위에 대해서는 알 수 없다.

ㄷ. (X) 날개무늬가 있고 소리를 내는 공작나비의 실험 결과 1)과 날개무늬가 있고 소리를 내지 않는 공작나비의 실험 결과 2)를 볼 때, 날개무늬가 있을 때 소리가 변인이 되지 않는다는 것을 알 수 있다.

20 ①
난이도 중

실험의 네 가지 변수에 따른 결과를 정리하면 다음과 같다.

구분	X	Y
A	있음	있음
B	없음	있음
C	있음	없음
D	없음	없음

각각의 세균들의 메커니즘에 따른 결과를 <보기>에서 확인해야 한다. 주의할 점은 <보기>에서 모두 과산화수소의 독성을 더 잘 제거할 것인가를 묻고 있는데, 이는 곧 Y가 더 잘 발현되는가를 의미하는 것이다.

ㄱ. (X) 과산화수소의 독성을 제거하기 위해서는 X가 과산화수소를 감지하여 Y를 발현해야 된다. 따라서 (가)의 메커니즘을 이용한다면 X가 과산화수소를 감지하여 DNA에 결합하여야 한다. 그런데 B는 X를 만들 수 없기 때문에 과산화수소를 감지할 수 없으므로 DNA에 결합할 수 없다. A는 과산화수소의 존재 유무에 따라 Y를 발현시킬 수 있으므로 B보다 A가 더 가능성이 높다.

ㄴ. (O) (나)의 메커니즘을 이용한다면 과산화수소를 감지하지 않은 X가 DNA에 결합하여 Y를 발현하지 않게 된다. 그런데 B는 X를 만드는 유전자가 없으므로 DNA에 결합한 X가 없다. 따라서 B는 Y를 발현할 수 있게 된다. 한편 C는 Y를 만드는 유전자가 없기에 Y를 발현할 수 없어 과산화수소의 독성을 제거할 수 없게 된다. 따라서 B는 C보다 과산화수소의 독성을 더 잘 제거할 것이다.

ㄷ. (X) C는 Y를 만드는 유전자가 없다는 점에서 D와 동일한 조건이 된다. 따라서 C와 D 모두 과산화수소의 독성을 제거할 수 없다.

21 ③ 　　　　　　　　　　　　　　　　　　　　　　　　난이도 상

1) 갑은 t_1과 t_4가 동일하며 t_5는 다르다고 판단한다. t_1과 t_4는 부품과 외형, 소프트웨어에서 모두 다르지만 하드웨어의 연속성을 지니고 있다. 반면 t_5는 기존의 로봇과는 완전히 다른 존재이다. 결국 갑의 동일성 기준은 신체적 연속성에 있다.

2) 을은 t_2와 t_3은 동일하며 t_1은 다르다고 판단한다. t_2와 t_3은 소프트웨어의 차이만 있을 뿐이다. 반면 t_1과의 차이점은 부품의 변화에 있기에 을의 기준은 물질적 토대의 동일성이라고 할 수 있다. 따라서 외형이 변화된 t_4와 복제된 t_5도 모두 다른 존재라고 인식할 것이다. 결국 을의 기준은 신체의 동일성에 있다.

3) 병은 t_3과 t_5가 동일하며 t_2는 다르다고 판단한다. t_3과 t_5의 일관된 점은 소프트웨어가 동일하다는 점이다. 그리고 t_2는 소프트웨어가 다르다. 따라서 병의 기준은 소프트웨어 즉, 정신의 동일성에 있다. 결국 병에 있어서 t_1과 t_2가 서로 동일하며, 나머지 t_3, t_4, t_5가 서로 동일하다.

ㄱ. (O) 대상: 왕자의 정신과 거지의 육체
  - 을: 기존의 신체는 동일한 거지가 정신만 왕자가 된 것으로 을의 관점에서는 소프트웨어인 정신의 변화에 해당되므로 동일한 거지로 판단할 것이다.
  - 병: 기존 거지의 육체에서 정신(소프트웨어)만 바꾼 것으로 동일하지 않으므로 거지가 아닌 왕자로 판단된다.

ㄴ. (X) 대상: 사이보그가 된 철수
  - 갑: 기존의 몸이 복제된 것이 아니라, 유지 및 보완된 상태이기에 동일 인물이라 볼 것이므로 틀린 진술이다.
  - 을: 부품 교체는 신체가 동일하지 않다는 것을 의미하기에 다른 인물이라 볼 것이므로 옳은 진술이다.

ㄷ. (O) 신체 조합(복제)
  - 갑: 복제는 다른 사람으로 취급하므로 옳은 진술이다.
  - 병: 복제된 것도 동일하게 취급하므로 옳은 진술이다.

22 ④ 　　　　　　　　　　　　　　　　　　　　　　　　난이도 상

① (X) 운동에너지가 위치에너지로 변환될 경우 높이는 속도 제곱의 절반을 중력가속도로 나눈 값이므로 중력가속도가 크면 전체값인 높이값은 줄어든다. 따라서 중력가속도가 작을수록 높이 뛸 수 있다.

② (X) 뛰어오르기 직전의 달리기 속도가 10m/s 이하이면 운동에너지로는 뛰어오를 수 있는 높이가 5m이지만, 근육에 저장되어 있는 에너지가 클 경우 더 높이 될 수 있으므로 세계기록이 갱신될 수 있다.

③ (X) 오로지 도움닫기에 의한 운동에너지만 고려할 경우, 높이는 이 운동에너지가 위치에너지로 변환되는 것만으로 결정된다. 그런데 높이는 속도 제곱의 절반을 중력가속도로 나눈 값으로 결정되기에 질량과 무관하다.

④ (O) 위치에너지는 (질량 × 중력가속도 × 높이)이다. 도움닫기 속도 및 근육으로부터 나오는 에너지 총량이 각각 서로 같을 때, 두 선수 A와 B를 가정하여 식으로 표현하면 다음과 같다. (단, 중력가속도를 10m/s²로, 위치에너지 총량을 100으로 가정한다.)
  - A: 질량 × 중력가속도(10m/s^2) × 높이 = 위치에너지 총량(100)
  - B: 질량 × 중력가속도(10m/s^2) × 높이 = 위치에너지 총량(100)

A의 질량이 2, B의 질량이 5라고 할 경우 높이는 A가 5m, B가 2m가 된다. 결국 질량이 작은 선수가 뛸 수 있는 높이는 질량이 큰 선수가 뛸 수 있는 높이 이상이라는 것을 추리할 수 있다.

⑤ (X) 제자리높이뛰기는 근육으로부터 나오는 에너지가 위치에너지로 전환되는 것이기에 근육저장에너지도 고려해야 한다. 따라서 곤충이 높이 뛸 수 있는 원인이 질량 때문이라고 단정할 수 없다.

23 ② 　　　　　　　　　　　　　　　　　　　　　　　　난이도 상

① (X) 왼쪽 다리에서 온 통증은 왼쪽 허리척수에서 입력된 후 좌우교차가 이루어진다. 그래서 왼쪽의 통증은 오른쪽 척수로 이동하게 되는데, 오른쪽 가슴척수가 절단되어 신호를 뇌에 전달하지 못한다. 따라서 느낌이 없게 된다.

② (O) 얼음에 의한 차가운 온도 감각은 왼쪽 허리척수에서 오른쪽 척수로 바뀌게 된다. 그런데 오른쪽 가슴척수가 절단되어 신호를 뇌에 전달하지 못하기에 느낌을 갖지 못한다. 그러나 만지고 있다는 촉각은 왼쪽 허리척수를 타고 그대로 뇌까지 전달되어 뇌에서 좌우교차가 일어난다. 왼쪽 척수는 손상되지 않았기에 정보가 전달되어 만지고 있다는 느낌이 있게 된다.

③ (X) 오른쪽 다리의 통증은 바로 왼쪽 척수로 전달되어 느낌을 갖게 된다.

④ (X) 차가운 감각은 척수에서 바로 교차되어 왼쪽으로 전달되기에 느낌을 갖게 된다.

⑤ (X) 오른쪽 다리를 만지고 있다는 촉각은 오른쪽 척수를 타고 이동해야 하는데, 오른쪽 척수가 절단되어 이동하지 못하기에 느낌이 없게 된다.

24 ① 　　　　　　　　　　　　　　　　　　　　　　　　난이도 중

ㄱ. (X) 크기가 클수록 충돌 횟수가 늘어날 것이며 이에 따라 평균 자유이동거리는 줄어들 것임을 추론할 수 있다. 그러나 입자들의 순간 속도의 평균에 대해서는 알 수 없다.

ㄴ. (O) 크기가 클수록 다른 입자와 충돌하기까지의 거리가 감소할 것이고, 그에 따라 평균 자유이동거리는 짧을 것이다.

ㄷ. (X) 기체 입자들이 많을수록 서로 충돌할 가능성이 높으므로 평균 자유이동거리는 짧을 것이다.

25 ④ 　　　　　　　　　　　　　　　　　　　　　　　　난이도 하

지문의 내용을 유비적으로 정리하면 다음과 같다.

수면	물속
아폴로 우주선	소유즈 우주선
낮은 기압	높은 기압
물속에서 수면으로 급속 이동 시 위험	

① (X) 압력 조절실을 통과하면서 우주인 혈액 내의 기체 용해도는 천천히 변화할 것이다.

② (X) 압력 조절실이 필요한 이유는 두 우주선의 기압 차이 때문이었다. 따라서 대기압이 동일하다면 압력 조절실은 더 이상 필요 없게 된다.

③ (X) 아폴로에서 소유즈로의 이동은 기압이 낮은 곳에서 높은 곳으로 이동하는 것으로 수면에서 물속으로 이동하는 것과 같다.
④ (O) 소유즈에서 아폴로로 이동하는 것은 물속에서 수면으로 이동하는 것과 같기 때문에 혈액 속의 질소가 기체 상태로 바뀌게 될 것이다.
⑤ (X) 압력 조절실을 이용할 경우 어느 쪽으로 가든 위험성은 줄어들기에 옳지 않은 진술이다. 또한 위험이 있다 하더라도 아폴로 우주선에서 소유즈 우주선으로 이동할 때보다 소유즈 우주선에서 아폴로 우주선으로 이동할 때가 더 위험한 상황일 것이다.

26 ② 난이도 상

ㄱ. (X) 케토코나졸은 에르고스테롤의 생체 내 합성을 방해하여 진균의 세포막 유동성을 변화시켜 진균의 성장을 억제한다.
ㄴ. (X) 암포테리신-B는 진균의 세포막 유동성에는 거의 영향을 미치지 않는다. 일반적으로 세포막 유동성은 온도가 올라갈수록 증가하기에 고온이 저온보다 더 크다.
ㄷ. (O) 암포테리신-B는 진균 세포막에 구멍이 나게 한다. 그런데 케토코나졸은 에르고스테롤의 생체 내 합성을 방해하여 진균의 성장을 억제한다. 따라서 이 둘을 동시에 처리하면, 케토코나졸의 영향으로 합성이 적게 된 에르고스테롤과 암포테리신-B가 결합이 되므로 진균 세포막에 구멍이 나는 정도는 줄어들게 될 것이다.

27 ① 난이도 중

ㄱ. (O) 그레이브스병 환자는 TSH 농도와 무관하게 티록신 합성이 촉진되어 정상보다 티록신 농도가 높은 수준으로 유지된다. 그러므로 티록신이 부족하여 촉진되는 TRH와 이로 인해 분비가 촉진되는 TSH의 분비량이 정상인보다 적을 것이다.
ㄴ. (X) TSH를 대신하여 TSH-수용체에 결합하는 항체가 티록신 합성을 촉진하므로 TSH 감소가 되더라도 티록신의 분비가 감소되지 않을 것이다.
ㄷ. (X) TSH-수용체가 부족해지거나 파괴될 경우 TSH-수용체와 항체가 결합되지 않거나 부족하게 된다. 이 경우 티록신 분비 촉진이 이루어지지 않기에 그러한 증세는 약화될 것이다.

28 ④ 난이도 중

ㄱ. (X) 단계(2)에서 유진은 단기열쇠 S를 보냈을 뿐이다. S의 공유를 확인하는 것은 단계(3)에서 유진이 채은에게 보낸 S를 이용한 M과의 동일성을 확인해야 가능하다.
ㄴ. (O) 채은은 자신이 가지고 있는 장기열쇠를 사용하여 유진이 암호화한 것을 해독하는데, 해독한 메시지에 M이 없을 경우 유진과 장기열쇠를 공유하는지를 확신할 수 없다.
ㄷ. (O) 단계(2)에서 장기열쇠를 이용하여 단기열쇠 S를 암호화하였다. 그러므로 장기열쇠를 알고 있는 제3자는 유진이 채은에게 보낸 단기열쇠 S를 해독할 수 있으므로 S를 알 수 있다.

29 ① 난이도 상

ㄱ. (O) <그림 3>의 2행과 3행의 1의 개수는 부가 비트를 포함하여 각각 3개로 홀수이다. 따라서 오류가 발생하였음을 알 수 있다.

ㄴ. (X) 2열에는 부가 비트를 포함하여 1의 개수가 2개, 4열에는 4개로 짝수이다. 그런데 짝수 개의 데이터 비트들이 변경될 경우가 있을 수 있으므로 2열과 4열에서 오류가 발생하지 않았다고 단정할 수 없다.
ㄷ. (X) 오류가 발생한 행은 2행과 3행으로 부가 비트를 포함하여 1의 개수가 홀수이다. 또한 1열과 3열도 1의 개수가 홀수이므로 오류임을 알 수 있다. 그런데 1열과 3열, 그리고 2행과 3행의 겹치는 부분인 2행 1열과 3행 3열의 데이터 비트만 변경되었을 수 있으며, 또는 3행 1열과 2행 3열의 데이터 비트만 변경되었을 수 있다. 이는 데이터 비트가 2개 오류인 경우이다. 즉 짝수 개의 오류일 경우, 오류가 총 2개가 될 수도 있다는 것이다. 따라서 4개 이상이 아닐 수도 있기에 옳지 않다.

30 ③ 난이도 상

지문으로부터 주어진 원리를 정리하면 다음과 같다.
1) 상염색체와 성염색체: 남자(XY)-상염색체는 재조합 가능하지만, 성염색체는 서로 섞이지 않음
2) X염색체와 Y염색체의 유전

구분	X염색체	Y염색체
유래	어머니	아버지
유전	아들, 딸	아들

3) 미토콘드리아 DNA의 유전: 어머니의 것만 아들, 딸에 유전

ㄱ. (O) 미토콘드리아 DNA는 어머니를 통해서만 유전된다. 따라서 필립 공의 어머니와 외할머니 그리고 알렉산드라 황후는 동일한 미토콘드리아 DNA를 지니고 있을 것이다. 따라서 그 딸인 아나스타샤 역시 동일한 미토콘드리아 DNA를 지니고 있어야 한다. 그런데 서로 관계가 없다면 아나스타샤가 아니게 된다.
ㄴ. (X) 필립 공의 Y염색체는 그 아버지를 통해서만 유전된다. 그런데 알렉세이의 아버지는 니콜라이 2세이므로 서로 다른 아버지로부터 Y염색체를 물려받은 것이 된다. 따라서 서로 관계가 없다는 결과가 나오더라도 알렉세이인 것과는 상관이 없다.
ㄷ. (O) 미토콘드리아 유전자는 어머니를 통해서만 유전된다. 따라서 니콜라이 2세의 누이와 니콜라이 2세의 미토콘드리아 DNA는 동일하다. 또한 그 누이의 아들이나 딸도 동일하며 그 외손자와 외손녀도 동일하게 된다. 따라서 이들 간에 혈연관계가 있다는 결과가 나올 것이다.

31 ⑤ 난이도 상

(나)와 (다)의 실험 결과를 정리하면 다음과 같다.

구분	(나) 이식	(다) 이식	(다) 결과
X1	A1	A2	암 발생 없음
X2	A1	B2	암 발생
Y1	B1	A2	암 발생
Y2	B1	B2	암 발생

위 결과로부터 추리할 수 있는 것은 다음과 같다.
1) X1의 사례에서 A1에 의한 면역체계가 형성될 경우 A2도 함께 제거한다는 것을 알 수 있다. 이는 A1과 A2가 동일하거나 유사한 항원임을 보여준다.
2) 그러나 Y2의 경우에서 B1에 대한 면역체계가 있다고 해서 B2도 함께 제거되지는 않는다는 사실을 알 수 있다. 따라서 B1과 B2는 동일하거나 유사한 항원이 아니다.

(나)와 (다)의 실험으로부터 생긴 면역체계를 정리하면 다음과 같다. 주의할 점은, A1이나 A2 어느 하나에 대해 면역체계가 생길 경우, 둘 모두에 기억 메커니즘이 작동하나, B1과 B2의 면역체계는 구별되기에 각각의 경우에 대해 면역체계가 있어야 암세포가 발생하지 않는다는 것이다.

구분	A1	A2	B1	B2
X1	O	O	X	X
X2	O	O	X	O
Y1	O	O	O	X
Y2	X	X	O	O

(면역체계가 성립된 경우: O, 성립되지 않은 경우: X)

위 표를 토대로 (라)에서 다시 암세포를 이식하였을 때의 결과를 정리하면 다음과 같다.

구분	면역	A1이식	A2이식	B1이식	B2이식
X1	A1, A2	X	X	O	O
X2	A1, A2, B2	X	X	O	X
Y1	A1, A2, B1	X	X	X	O
Y2	B1, B2	O	O	X	X

(암이 발생한 경우: O, 발생하지 않은 경우: X)

ㄱ. (X) A1을 이식했어도 Y1에는 면역체계가 작동하므로 암이 발생하지 않는다.
ㄴ. (X) A2를 이식했어도 X2에는 면역체계가 작동하므로 암이 발생하지 않는다.
ㄷ. (O) B1을 이식했을 경우, X1과 X2에는 이에 대한 면역체계가 작동하지 않으므로 암이 발생한다.
ㄹ. (O) B2를 이식했을 경우, X1과 Y1에는 이에 대한 면역체계가 작동하지 않으므로 암이 발생한다.

32 ③ 난이도 상

X, Y, Z 중 하나만 무작위로 선택되어야 하며, 이를 기준으로 제거하는 방식을 설정해야 한다. 처음에 X와 Z를 제거하고 그다음을 고려할 때에 X, Y, Z를 한꺼번에 제거할 수 있는 조합을 찾아야 한다. 이때 주어진 패킷의 수는 X가 5개, Y가 6개, Z가 5개이다. 그런데 처음 시작할 때에 주어진 패킷은 X와 Z밖에 없다. 따라서 2번째부터 Y를 전달할 수 있으므로 최소 7번 이상의 전달이 필요하게 된다.

1) 첫 번째는 X와 Z만 출력포트로 전달될 수밖에 없다. 이때 그다음을 고려하여 Z는 넷째 줄을 제거한다. 이를 정리하면 다음과 같다.

Z	X	Y	
Y	X	Y	Z
Y	Z	X	Z
Y	Y	X	

2) 위의 표에서 X, Y, Z를 제거할 수 있다.

Z	X		
Y	X	Y	Z
Y	Z	X	
Y	Y		

3) 다시 위의 표에서 X, Y, Z를 제거할 수 있다.

Z	X		
Y	X	Y	
Y	Z		
Y			

4) 또 위의 표에서 X, Y, Z를 제거할 수 있다.

Z			
Y	X		
Y			
Y			

5) 이제 다시 X, Y, Z를 제거할 수 있다.

Y			
Y			

6) 남은 Y를 하나씩 제거할 수 있으므로 총 7번이 걸리게 된다.
따라서 하나의 패킷이 출력포트로 전달되는 데 걸리는 시간은 1ms이므로 최소 7ms가 소요된다.

33 ② 난이도 중

지문의 기준에 따라 분류표를 작성하면 다음과 같다.

구분	탄소 얻는 방식	에너지 얻는 방식
광독립영양생물	이산화탄소	빛에너지
광종속영양생물	유기물	빛에너지
화학독립영양생물	이산화탄소	화학에너지
화학종속영양생물	유기물	화학에너지

ㄱ. (X) 서로 다른 방식으로 탄소와 에너지를 얻기에 옳지 못한 추론이다.
ㄴ. (X) 광독립영양생물이 모두 사라진다 해도 화학독립영양생물이 존재할 수 있다. 따라서 화학종속영양생물도 존재할 수 있기에 옳지 못한 추론이다.
ㄷ. (O) 빛이 닿지 않는 곳이기에 광영양생물은 아니며, 황화수소로부터 얻은 화학적 에너지를 통해 이산화탄소로부터 에너지를 얻기에 화학독립영양생물이다.

34 ① 난이도 상

ㄱ. (O) A, C, D가 자성을 가지고 있었다면, 대조군 실험에서 검출되었을 것이다. 그러나 대조군 실험에서 검출되지 않았으므로 자성을 갖지 않음을 추론할 수 있다.
ㄴ. (X) 대조군 실험에서 검출된 이유가 자성을 가진 것이기 때문인지는 알 수 없다. 대조군 실험에서 항체 Y와 직접 결합하기 때문에 검출된 것일 수도 있기 때문이다. 따라서 B가 자성을 가졌기 때문에 검출된 것인지 알 수 없다.
ㄷ. (X) 첫 단락에서 3개 이상의 서로 다른 단백질이 결합하여 상호작용하는 경우에는 이 중 두 단백질 사이에 직접적인 결합이 존재하지 않을 수 있다고 진술되어 있다. 예를 들어 A와 C가 직접 결합하고 C와 D가 직접 결합할 경우, D가 A와 직접적인 결합이 없더라도 항체 X를 통해 검출될 수 있다.

35 ② 난이도 상

ㄱ. (X) 완전한 위폐 검사법에서는 위폐를 모두 '위폐이다'라고 판정하기 때문에 완전하고 건전한 검사법에서는 위폐 A를 '위폐이다'라고 판정한다.
ㄴ. (O) 건전한 검사법에 의해 위폐가 아닌 B는 '위폐이다'라고 판정되지 않는다. 즉 아무런 결과를 내놓지 않거나 '위폐가 아니다'라고 판정한다. 그런데 결정가능성에 의해 아무런 결과를 내놓지 않는 경우는 없으므로 '위폐가 아니다'라고 판정한다.

ㄷ. (X) 결정가능한 검사법이 '위폐가 아니다'로 판정을 내리지 않는다면, '위폐이다'로 판정을 내린다. 그런데 건전한 검사법은 위폐가 아닌 것을 '위폐이다'고 판정하지 않지만, 완전한 검사법은 위폐인 것을 모두 '위폐이다'로 판정할 뿐이지 위폐가 아닌 것을 판정하는 것은 아니다. 따라서 완전하고 결정가능한 검사법에 의해 C가 위폐라는 것을 추론할 수 없다.

36 ③ 난이도 중

ㄱ. (O) 갑과 검체 A는 Y염색체 DNA 감식 결과가 동일하다. 또한 상염색체 STR이 각각 12, 11, 9 한쪽이 동일하다. 따라서 갑의 친부일 가능성이 있다.
ㄴ. (O) 검체 B의 미토콘드리아 DNA는 갑과 동일하게 α형이다. 따라서 모계인 이종사촌일 가능성이 있다.
ㄷ. (X) 검체 C는 갑과 Y염색체 STR3가 다르다. 따라서 이복형제는 아버지가 동일해야 하므로 적절하지 않다.

37 ⑤ 난이도 하

ㄱ. (O) 갑, 을, 병 세 사람 중 한 사람만 범인이므로 '갑이 범인이다'라는 증거는 '을이 범인이 아니다'라는 가설을 논리적으로 함축하기 때문에 최대로 강화한다. 하지만 '갑이 범인이 아니다'라는 증거는 '을이 범인이 아니다'라는 가설을 최대로 강화하지 않는다. '갑이 범인이 아니다'라는 증거는 '을이 범인이 아니다'라는 진술을 논리적으로 함축하지 않기 때문이다.
ㄴ. (O) 병이 범인이 아닐 때, '갑이 범인이다'라는 증거는 '을이 범인이다'라는 진술을 최대로 약화한다. 왜냐하면 '갑이 범인이다'라는 증거는 '을이 범인이다'라는 진술의 부정을 논리적으로 함축하기 때문이다. 그리고 '갑이 범인이 아니다'라는 증거는 '을이 범인이다'라는 진술을 논리적으로 함축하기 때문에 즉, '을이 범인이 아니다'라는 진술의 부정을 논리적으로 함축하기 때문에 최대로 약화한다.
ㄷ. (O) 병이 범인이 아니라는 진술이 추가될 경우, 범인은 갑과 을 둘 중 한 명이다. 이때 '갑이 범인이다'라는 증거는 '을이 범인이 아니다'라는 것을 최대로 강화하고, '갑이 범인이다'를 부정하는 진술 즉, '갑이 범인이 아니다'라는 진술은 '을이 범인이 아니다'라는 진술을 최대로 약화한다. 따라서 이들 간에는 증거-대칭성이 성립한다.

38 ④ 난이도 중

ㄱ. (X) X는 전자전달을 억제하므로 전위차가 형성되지 않아 ATP 합성도 일어날 수 없다.
ㄴ. (O) Y는 ATP 합성을 억제하여 전자전달을 중지한다. 따라서 산소 소모량도 감소한다.
ㄷ. (O) Y를 처리한 경우 ATP 합성을 억제한다. 그러나 Z는 전위차를 해소할 수 있기 때문에 지속적인 전자전달과 산소 소모가 이루어지게 한다. 이에 따라 산소 소모량은 증가하게 된다.

39 ③ 난이도 중

ㄱ. (O) B형 간염 백신은 HBs 항원만 분리하여 항체를 생성한 것으로 HBc 항체가 음성이며 HBs 항체는 양성이 된다.
ㄴ. (O) G형 항체는 평생 지속하는 것으로 HBs 항체와 함께 나타나는 것은 과거 간염 바이러스에 감염됐었던 사람이기 때문이다.
ㄷ. (X) 만성 B형 간염 환자와 B형 간염 보유자의 차이는 간의 염증 등 다른 증상이 나타나지 않는 점이 다를 뿐, 바이러스 DNA가 있고 없음의 차이가 나지는 않는다.

40 ⑤ 난이도 상

ㄱ. (O) 단백질 A는 철이 부족할 경우 생산된다. 철이 부족할 경우 전사인자 T는 DNA와 결합하지 않는다. (가)의 ⓐ를 거칠 경우 T는 DNA와 결합하지 않는다. (나)에서 RNA C는 생산되지 않으며, (다)에서 RNA C가 없으면 생산되기에 ⓐ를 거칠 것이다.
ㄴ. (O) 단백질 B는 철이 많을 경우 생산된다. 철이 많을 경우 전사인자 T는 DNA와 결합한다. (가)의 ⓐ를 거칠 경우 T는 DNA와 결합한다. (나)에서 RNA C는 생산되며, (다)에서 RNA C가 있으면 생산되기에 ⓒ를 거칠 것이다.
ㄷ. (O) T를 만드는 유전자를 제거할 경우 철이 많아도 철과 결합할 T가 존재하지 않는다. 이 경우 (나)에 의해 RNA C가 생산되지 않는다. B는 철이 많으면 생산되는데, (다)의 ⓒ에 의하면 RNA C가 없기에 B는 생산되지 않는다.

41 ⑤ 난이도 하

① (X) 동일한 C증거를 가지고도 갑과 을이 서로 다른 가설로 예측하고 있다.
② (X) 예측이 성공하면 시험을 통과할 것이며 입증 정도도 높아질 것이기에 영향을 줄 것이다.
③ (X) B가설의 예측이 성공한 것으로 입증 정도는 올라갈 것이다.
④ (X) B가설은 100일째 일어날 일에 대한 예측이기에 99일째 시점에서 입증된 것은 아니다.
⑤ (O) A가설은 99일간 예측에 성공하였기에 옳은 진술이다.

42 ① 난이도 상

ㄱ. (O) pH 값(8)이 pI(7)보다 크기 때문에 음전하를 많이 가지게 된다. 그리고 이는 상반되는 전하를 가진 이온교환수지와 결합하기 때문에 양이온을 가진 음이온교환수지와 더 잘 결합한다.
ㄴ. (X) pH가 단백질의 pI보다 낮아질수록 양전하를 많이 가지게 된다. 그러나 양전하를 이용해 단백질을 분리하는 방법은 양이온교환수지가 아닌 음이온교환수지를 이용하는 것이다.
ㄷ. (X) pH 값(8)이 pI(6)보다 크기 때문에 음전하가 더 많아지게 된다. 따라서 음이온교환 크로마토그래피를 사용하는 것이 두 단백질을 더 잘 분리할 수 있다.

43 ② 난이도 상

1. A + B + C + D = +1.20
2. A = +0.92
3. C > A
4. A~B = 1.05
5. C~D = 1.95
6. B + C + D = +0.28   1. 2. A값 대입
7. A > B   3. 6.
8. B = −0.13   2. 4.

9. C + D = +0.41
10. C > D
C와 D의 전위차가 1.95인데 둘의 표준환원전위의 합은 0.41이다. C는 A보다 표준환원전위가 크기 때문에 양의 값을 가져야 한다. 따라서 D는 음의 값을 가진다.
11. (+C) - (-D) = 1.95
12. (+C) + (-D) = +0.41
13. (+C) = 0.41 - (-D)
14. (0.41 + D) - (-D) = 1.95
15. D = 0.77
16. C = +1.18
17. D = -0.77

6. 8. B값 대입
5. 9.

5. 10. C는 양수, D는 음수 대입
9. 10. C 양수와 D 음수 대입
12.
11. 13.
14. D의 C에 대한 차이값

ㄱ. (X) D의 표준환원전위가 가장 적기 때문에 있을 수 없다.
ㄴ. (O) C의 표준환원전위가 가장 크고 D가 가장 적기 때문에 이들로 만든 전지의 표준전지전위가 가장 크다.
ㄷ. (X) A와 C의 전위차는 0.26이며 B와 D의 전위차는 0.64로 후자가 더 크다.

44 ①
난이도 상

ㄱ. (O) 지문에 의하면 영양분의 흡수는 소의 경우 소장과 대장에서, 토끼의 경우 자기분식을 하기에 소장 및 대장에서 일어난다. 한편 말은 맹장에서 미생물에 의해 일어나며, 그 결과물은 대장을 지나게 된다고 하였으므로 영양분 흡수가 주로 대장에서 일어나는 동물은 말일 것이다.
ㄴ. (X) 토끼의 경우 자기분식을 통해 음식물에 포함된 영양분을 섭취하기에 소장에서 주로 이루어짐을 추론할 수 있을 뿐이다.
ㄷ. (X) 반추동물도 아니고 자기분식을 하지 않는 말의 경우 셀룰로오스 성분의 분해와 발효는 주로 맹장에서 이루어진다는 사실을 알 수 있다. 따라서 동일한 조건에서 고양이의 경우는 소장에서 이루어진다고 말할 수는 없다.

45 ①
난이도 상

ㄱ. (X) A와 B 바이러스는 돌연변이가 일어나는 정도의 차이가 있는데 A가 B보다 더 잘 일어난다. 따라서 항원연속변이에서도 돌연변이가 축적이 A의 경우 더 클 수 있다.
ㄴ. (O) 인플루엔자 바이러스 B보다 A에서 돌연변이가 더 잘 일어나기에, A에 감염될 확률이 더 높다.
ㄷ. (X) 전 세계적인 유행에 해당되므로 항원불연속변이의 가능성이 더 높다.

46 ②
난이도 상

ㄱ. (X) '백그라운드 신호'는 항체가 여과막의 비어 있는 부분에 비특이적으로 결합하여 표적단백질과 상관없는 신호를 보내는 것을 말한다. 따라서 2차 항체가 표적단백질과 결합한다고 해서 백그라운드 신호가 증가하는 것은 아니다. 표적단백질과 결합하므로 표적단백질과 상관없는 신호가 나타나지는 않기 때문이다.
ㄴ. (X) 2차 항체와 결합하는 능력을 가진 단백질이 존재할 경우, 표적단백질과 상관없는 백그라운드 신호가 증가할 수 있다.
ㄷ. (O) 2차 항체에는 효소가 결합되어 있고 이 효소에 의한 신호를 확인하여 표적단백질을 검출할 수 있다. 그런데 1차 항체에 그러한 효소가 결합이 되어 있다면 2차 항체를 사용할 필요 없이 표적단백질 검출이 가능할 것이다.

47 ③
난이도 중

ㄱ. (O) 고지방 식이 후 내장 지방 세포의 100개당 파란 세포의 수가 100에서 20으로 줄어들었다. 이는 파란 세포 비율이 줄든 것으로 세포가 새로 만들어진 것이지만, 피하 지방 세포의 파란 세포 비율은 동일하므로 새로 만들어진 세포가 없는 것이다.
ㄴ. (X) 세포의 크기는 모두 증가하였으므로 내장 지방과 피하 지방의 부피는 모두 증가한 것으로 볼 수 있다.
ㄷ. (O) A효소가 작동하면 세포는 파란색이 되는데, 파란 세포가 내장 지방 세포와 피하 지방 세포에서 나타나지만, 근육 세포에서는 파란 세포가 0이므로 발현되지 않았다고 볼 수 있다.

48 ④
난이도 중

ㄱ. (X) 갑에 의하면, 로이는 한국어 대화를 듣고 암기를 했을 뿐이다. 한편 로봇 R는 감각 센서를 통해 세계를 지각하고 행동할 수 있으며 한국어 대화를 할 수 있는 프로그램 X도 설치되어 있다. 따라서 감자를 보았을 때에 R는 '감자'라는 기호를 떠올릴 수 있지만, 로이는 지각하지 못할 것이다.
ㄴ. (O) 을은 프로그램 X와 한국어 원어민의 능력이 근본적으로 동일하다고 주장하고 있다. 따라서 X를 설치한 R와 한국어 원어민이 한국어 능력에서 근본적인 차이가 없다는 데 동의할 것이다.
ㄷ. (O) 갑은 프로그램 X로부터 들은 로이가 한국어의 의미를 이해하지 못한다고 판단하며 로이와 X의 한국어 능력은 유사하다고 보았다. 따라서 X도 한국어의 의미를 이해하지 못할 것으로 볼 것이다. 또한 을은 수학 방정식을 푸는 신경 프로그램은 숫자의 의미를 이해하지 못한다고 진술하며 X가 한국어를 구사하는 방식이 신경 프로그램이 수학 방정식을 푸는 방식과 원리상 다를 바 없다고 보고 있다. 따라서 을도 X가 한국어의 의미를 이해하지 못할 것으로 볼 것이다. 따라서 갑과 을 모두 프로그램 X는 한국어의 의미를 이해하지 못하는 데에 동의할 것이다.

49 ④
난이도 상

ㄱ. (X) 사례에서 '범죄현장의 DNA가 용의자의 것일 확률'은 용의자가 범인일 확률이며, '용의자의 것이 아닐 확률'은 용의자가 범인이 아닐 확률을 말한다. 그런데 지문에 의하면, 이것처럼 단정할 수 없으며 이를 보정하기 위해서 사전가능정도를 알아야 한다. 그런데 이에 대한 정보가 없으므로 옳지 않은 추론이다.
ㄴ. (O) 사례처럼 사전가능정도가 0이 될 경우, 사후가능정도는 사전가능정도 × 1/Q이므로 0이 될 수 있다.
ㄷ. (O) 사후가능정도 = 1/(Q = 1/1,000) × 사전가능정도 1/100 = 10이므로 옳은 진술이다.

50 ④
난이도 중

ㄱ. (X) '비열'은 어떤 물질 1g의 온도를 1도 높이는 데 필요한 열량이다. 따라서 비열이 더 작은 물질일 경우, 온도 1도를 올리는 데에 적은 열량만 있으면 되므로 적은 양으로도 더 쉽게 온도를 높일 수 있다. 체온을 낮추는 것은 열량을 물질에 빼앗긴다는 것이다. 물질의 비열이 작을수록 사람에게서 열량을 빼앗을 때에 온도가 더 높아지므로 물질의 온도가 더 빠르게 올라간다. 따라서 비열이 높은 경우에 비해서 열량을 적게 빼앗게 되며 체온을 덜 낮추게 될 것이므로 옳지 않은 진술이다.

ㄴ. (O) 시간당 물질이 흡수하는 열량이 같다는 가정 하에 같은 온도를 올리는 데에 물이 16분, 철이 2분, 은이 1분이 걸렸다. 1분에 x만큼 열량이 흡수된다고 할 때에, 물은 $16x$, 철은 $2x$, 은은 $1x$의 열량을 흡수한 것이다. 따라서 30도에 이르렀을 때 공급된 열량이 가장 적은 것은 온도가 올라갈 때에 가장 적은 시간이 걸린 순서이므로 은, 철, 물의 순서가 된다.

ㄷ. (O) 비열은 물질 1g의 온도를 1도 높이는 데 필요한 열량인데, 물은 은보다 16배 더 많은 열량 공급이 필요하다. 따라서 비열은 물이 은보다 16배 크다. 또한 열용량은 물체의 온도를 1도 높이는 데 필요한 열량으로, 열용량은 비열과 질량의 곱에 해당한다. 질량에 있어서 은 1.5kg은 물 100g보다 15배 크기 때문에, 열용량은 은 1.5kg = 1 × 15 = 15, 물 100g = 16 × 1 = 16이므로 물이 더 크다.

51 ①   난이도 중

ㄱ. (X) 지문에서의 거리와 시간값을 계산하면, 거리(1m) = 가속도 × 1/2 × [$(0.4)^2$ = 0.16]이 된다. 따라서 화자가 있는 방의 가속도는 12.5가 된다. 그런데 거리가 2m가 될 경우 전체 값의 2배가 되므로 시간도 2배가 되는데, 수식에서는 시간의 제곱값이 2배이므로 0.16 × 2 = 0.32가 된다. 따라서 $\sqrt{0.32}$가 약 0.567이 되어 0.8초가 되지 않는다.

ㄴ. (O) 현재 화자가 있는 방의 가속도는 12.5이므로, 지구의 중력가속도 9.8보다 크다. 따라서 지구에서 떨어뜨렸을 때에 시간은 화자가 있는 방 0.4초보다 더 오래 걸리게 될 것이다.
거리(1) = 지구중력가속도 9.8 × 1/2 × 시간^2,
시간^2 = 1/4.9 ≒ 0.204, 시간 ≒ 0.452

ㄷ. (X) 화자가 있는 방은 중력가속도가 더 크기 때문에 지구에서보다 몸무게가 더 나갈 수 있다. 무게 = 질량 × 중력가속도(w = mg)이기 때문이다. 따라서 같은 값으로 읽히지 않는다.

52 ③   난이도 중

ㄱ. (O) φ가 0이 아닐 때, 투명전극의 두께가 얇아지면 T는 지속적으로 높아진다. 그리고 T는 R_s와 양의 상관관계를 갖기 때문에 R_s도 커진다.

ㄴ. (X) φ = T^{10}/R_s이다. 두께가 9nm로 동일한 M1의 φ은 110이며, M2의 φ값은 30이다. M1과 M2의 T값이 같은 값이기에 R_s의 값은 M1이 M2보다 더 작다. R_s는 면저항을 의미하며 R_s가 적을 때에 전기가 잘 흐른다. 그러므로 M1이 M2보다 전기가 잘 통한다.

ㄷ. (O) 주어진 자료에서 성능지수 φ가 가장 높은 것은 두께 30nm 미만에서는 M3 두께 9일 때이며 30nm 이상에서는 M4 두께 58일 때이다.

53 ②   난이도 하

ㄱ. (X) 지문에 의하면 세포 1이 파란색으로 변하지 않은 이유는 R의 합성이 활성화되지 않았기 때문일 뿐, 다른 것을 알 수 없다.

ㄴ. (O) 다른 단백질 간의 연결(X와 Z)을 통해 R의 합성이 활성화된 것이므로 옳은 추론이다.

ㄷ. (X) X와 Y의 연결이 될 경우 세포 1이 파란색으로 변해야 하는데 그렇지 않았으므로 옳지 않은 추론이다.

54 ③   난이도 중

ㄱ. (O) 전략 D에서 속력이 빠를수록 사냥감의 개체수가 더 많이 줄어들기에 옳은 추론이다.

ㄴ. (O) 모두 살아남은 개체수가 92로 동일하므로 사냥률은 같다.

ㄷ. (X) 전략 D에서 속력이 0.9이고 시간이 100일 때에 살아남은 개체수는 90이었다. 따라서 속력이 1이 되었다고 해도 10마리 모두가 포획될 것으로 추론할 수는 없다.

55 ⑤   난이도 상

ㄱ. (O) 구별불가능한 두 전자의 전체 상태함수를 파악하기 위해서는 두 전자의 값을 맞바꾸어 표현해야 하지만, 구별가능한 두 전자의 경우 그럴 필요가 없다. 그 자체로 상태함수가 다르기 때문이다. 스핀값이 다른 두 전자는 구별가능하다. 따라서 스핀값이 다른 두 전자를 맞바꾸면 두 전자의 상태함수는 달라지게 된다.

ㄴ. (O) 모두 스핀 '업'인 두 전자의 상황이 모두 스핀 '다운'인 두 전자 실험에서도 마찬가지로 적용되어, 스핀 '다운' 전자를 각도 θ에서 발견할 확률은 |f(θ) – f(180° – θ)|^{2}이 된다.

ㄷ. (O) 두 전자를 맞바꾸는 연산을 하였을 때 전자에서 후자의 상태함수를 뺀 값이 전체에 대한 상태함수이다. 따라서 스핀값이 동일한 함숫값을 하나에서 다른 하나를 뺀 것이기에 상태함수는 0이 된다.

56 ③   난이도 중

ㄱ. (O) A의 첫 실험은 알파 입자의 입자성을 이용하여 핵에 대한 산란 실험을 했던 것과 같은 방식이었으므로 전자의 입자성을 이용한 실험을 설계하였음을 추론할 수 있다.

ㄴ. (X) 단결정 구조로 변하기 전에도 니켈 시료에 전자 빔을 쬐어 산란되는 실험을 하고 있었으므로 옳지 않은 추론이다.

ㄷ. (O) 전자가 회절한다는 결과는 입자의 파동성을 증명하는 실험 증거이므로 옳은 추론이다.

57 ②   난이도 상

ㄱ. (X) 대기 중의 농도는 메테인이 이산화탄소의 0.5%에 불과하나 온실 효과에 대한 기여도는 이산화탄소의 1/3이 된다. 온실 효과는 적외선을 흡수하여 방출하여 나타나는 것이므로 메테인이 이산화탄소보다 더 크다는 것을 추론할 수 있다. 농도가 적음에도 온실 효과 기여도가 높기 때문이다.

ㄴ. (X) 지구의 현재 대기 양과 구성 성분 비율이 고정된다는 것은 더 이상 온실 기체가 증가하지 않는다는 것이므로 열적 평형 상태가 지속될 것이다. 따라서 지구의 온도가 점차 높아진다고 추론할 수 없다.

ㄷ. (O) 메테인이 완전히 사라진다면 온실 효과를 유발하는 온실 기체가 줄어들기에 온실 효과도 줄어들 것이다.

58 ③   난이도 중

ㄱ. (O) E_0가 작은 물질로부터 큰 물질로 전자가 이동하므로 E_0가 작은 물질일수록 전자를 잃을 경향성이 크다.

ㄴ. (O) 산소의 E_0는 +0.82로 되어 있는데, NAD+의 E_0는 –0.32로 산소와 1.14V의 차이의 에너지가 나와서 3분자의 ATP가 형성된다. 그런데 결과적으로 FAD에 전자가 저장된 형태인 FADH$_2$는 2분자만의 ATP를 생성하므로 E_0의 차이가 NAD+보다 적다는 것을 추론할 수 있다. 따라서 FAD의 E_0는 –0.32보다 더 클 것이다.

ㄷ. (X) 산소가 없으면 대장균은 NADH나 FADH₂의 전자를 E₀의 차이가 큰 것을 전자수용체로 이용할 것이다. 그런데 FAD의 E₀는 NAD+의 E₀인 -0.32보다 더 클 것이다. 따라서 차이값이 더 큰 질산염(+0.42)을 이용할 것이다.

59 ③ 난이도 상

ㄱ. (O) 두 물체에 동일하게 퍼텐셜에너지가 적용되므로 압축된 정도와 높이 비율은 무관하다. 운동량은 질량과 속도의 곱이며, 탄성력에 의한 퍼텐셜에너지는 역학적 에너지 보존에 의해 운동에너지와 동일하다. 운동에너지는 속도 비율에 의해 결정되기에, 용수철의 처음 압축된 정도가 바뀌면 탄성력에 의한 퍼텐셜에너지의 크기가 달라지므로 높이 비율과 무관하다.

ㄴ. (X) 1) 운동량=질량×속도, 모든 물체의 운동량 합은 항상 보존된다. 물체 A와 B의 운동량의 합은 $m_A V_A + m_B V_B$이며, 분리 전과 분리 후의 합은 동일하다.
2) 그런데 분리 전 속도는 0이므로 분리 전 $m_A V_A + m_B V_B = 0$이다. 그러므로 $m_A V_A = -m_B V_B$이다.
3) 분리된 순간 서로 반대 방향으로 움직이므로 두 물체의 운동에너지의 크기는 다음과 같이 동일하다. $m_A V_A = m_B V_B$이다. 결국 질량비가 1:2라면 속도비는 2:1이 된다.
결국 운동량비는 동일하며 질량비에 따라 속도비만 변할 뿐이다.

ㄷ. (O) 1) 분리되기 직전의 탄성력에 의한 퍼텐셜에너지는 두 물체의 운동에너지로 전환된 것이기에 두 물체의 운동에너지의 합($m_A V_A^2/2 + m_B V_B^2/2$)은 곧 탄성력에 의한 퍼텐셜에너지이다.
2) 중력에 의한 물체의 퍼텐셜에너지는 물체의 질량과 지표면에서의 높이 변화, 그리고 중력가속도를 곱한 값이므로, 물체 A와 B의 중력에 의한 퍼텐셜에너지는 각각 $m_A g h_A$, $m_B g h_B$이다.
3) 그런데 역학적 에너지 보존으로부터 $m_A g h_A = m_A V_A^2/2$와 $m_B g h_B = m_B V_B^2/2$가 성립된다.
4) 따라서 중력에 의한 퍼텐셜에너지의 합($m_A g h_A + m_B g h_B$)은 두 물체의 탄성력에 의한 퍼텐셜에너지($m_A V_A^2/2 + m_B V_B^2/2$)와 같다.
: $m_A V_A^2/2 + m_B V_B^2/2 = m_A g h_A + m_B g h_B$

60 ③ 난이도 중

ㄱ. (O) 에티오피아 겨자는 흑겨자(n=8)와 양배추(n=9)가 교배되어 만들어지므로 에티오피아 겨자의 염색체 수는 17이 되어 옳은 진술이다.

ㄴ. (O) ㉠은 배추와 양배추를 종분화로 설명하기에 다른 종으로 볼 수 없으나, ㉡은 새로운 종으로 진화한 것으로 볼 것이다.

ㄷ. (X) ㉡은 사례에서 새로운 종으로 교배를 통해 진화한 것으로 보는 근거를 염색체 수의 차이를 들고 있다. 하지만 말티즈와 푸들 사이에서 태어난 말티푸의 염색체 수는 동일하므로 ㉡이 다른 종으로 분류할 것으로 추론할 수 없다.

61 ① 난이도 상

ㄱ. (O) 펩타이드계 호르몬은 극성도가 높아 세포막을 투과하지 못하는데, BR 역시 세포막을 쉽게 투과하지 못한다. 그런데 극성에 의해서만 투과도 차이가 결정된다면, BR은 극성도가 스테로이드계 호르몬보다 높아서 세포막을 투과하지 못할 것으로 추론할 수 있다.

ㄴ. (X) 돌연변이 A는 BR을 처리할 경우 생합성 유전자가 공급되었지만 저해된 생장이 회복되지 않았다. 이는 수용체에 손상이 있기 때문임을 추론할 수 있다. 반면 돌연변이 B는 회복되었으므로 유전자에 손상이 있어서 BR을 합성하지 못했음을 추론할 수 있다.

ㄷ. (X) 돌연변이 C는 수용체에 문제가 있는 경우이므로 BR 처리가 되어도 저해된 표현형을 회복하지 못할 것이다. 한편 B는 회복된 경우이므로 B와 C의 표현형은 유사하지 못할 것이다.

62 ② 난이도 중

ㄱ. (X) ㉠에 의하면 배아 발생 초기 하나의 X 염색체 불활성화가 일어나므로 모두 발현되는 것은 아니다.

ㄴ. (X) 바소체는 불활성화되는 여성의 X 염색체를 의미한다. 불활성화는 정상 남성이 X 염색체를 1개 갖기 때문에 이와 균형을 이루기 위해 2개의 X 염색체를 가진 여성의 한 개의 X 염색체에 일어나는 현상이다. 따라서 XXY 염색체를 가진 남성의 경우 정상적으로 나타나기 위해서는 X 염색체 1개가 불활성화되어 바소체가 될 것이며, XXX 염색체를 가진 여성은 2개가 바소체가 될 것이므로 바소체의 개수가 동일하지 않을 것이다.

ㄷ. (O) 터너증후군 여성은 X 염색체가 한 개이며 불활성화되지 않는다. 그런데 정상 여성의 불활성화된 X염색체에서 일부 유전자의 발현이 일어난다면, 한 개의 X 염색체만 가진 터너증후군 여성과 표현형이 다르게 나타날 수밖에 없을 것이다.

63 ⑤ 난이도 중

ㄱ. (O) A모형은 업과 다운 등 하나의 상태를 갖는 스핀들이 상호작용하는 방식을 기술한 것이다. 홉필드는 A모형에서 업과 다운 중 하나의 상태를 갖는 스핀들의 상호작용을 기술하는 행렬 요소를 재정의하고 수학적으로 같은 형태로 인공신경망의 에너지를 구현한다. 예를 들어 평면에 있는 개별 화소를 인공신경세포로 간주하여 1과 0의 상태로 표현한다. 이는 A모형의 스핀 상태에 해당한다.

ㄴ. (O) 사례에서 홉필드 인공신경망은 학습시키고자 하는 다양한 패턴을 연결망 가중치로 표현하는데, 결국 학습 과정에서 연결망 가중치를 변화시킨다.

ㄷ. (O) [4문단] 오류가 있는 이미지를 입력해도 전체 에너지가 줄어드는 방향으로 연결망의 상태를 변화시켜 교정한다. 따라서 오류를 교정하여 정보를 생성하는 것은 인공신경망의 에너지를 낮추는 과정이다.

64 ⑤ 난이도 중

ㄱ. (O) 중력가속도 크기 a는 $R(반지름) w^2(각속력)$이며, 각속력이 동일할 경우, 반지름이 커지면 중력가속도의 크기 a는 커진다. a는 $v(선속력)^2/R$이므로, a는 v와 정비례하므로 선속력도 정비례하여 커진다.

ㄴ. (O) 주어진 사례에서 지름 20,000m인 원통형 구조체에서 지구와 같은 중력가속도를 구현할 때에 각속력은 10=10,000(반지름)×w^2에서 w^2=10/10,000=약 0.03rad/s가 된다. 그런데 지름이 10,000m인 경우 반지름은 5,000이므로 10=5,000×w^2이 된다. w^2=10/5,000이 되어 약 0.045가 되어 0.03보다 커야 한다.

ㄷ. (O) 원통에서 원심력을 중력으로 생각할 수 있고 안쪽 벽의 표면은 지표면과 같은 역할을 한다. 따라서 안쪽 벽 표면에서 원통의 회전축을 향해 움직인다면 지표면에서 위쪽으로 움직이는 것과 동일하게 이 사람에게 작용하는 인공중력은 점차 감소하게 된다.

PART 01 추리 영역

03 논리 게임 정답 및 해설

유형 01 | 배열

p.196

01-1	01-2	02	03	04
②	④	⑤	③	①

05	06	07	08	09
③	③	⑤	⑤	④

10	11	12
⑤	②	④

01-1 ②   난이도 상

다음과 같은 도표를 만들어 채워야 한다.

구분	월	화	수	목
남자				
여자				

남성 배치에 대한 조건에서 치호는 철호와 영호보다 앞서며, 철호와 길호는 연이어서 배치된다. 따라서 다음과 같이 두 가지의 경우가 가능하다.

(1)	월	화	수	목
남자	치호	철호	길호	영호
여자				

(2)	월	화	수	목
남자	치호	영호	철호	길호
여자				

여성 조건에서 옥숙은 수요일에 보낼 수 없으며, 철호와 영숙은 같이 보낼 수 없기에 다음과 같이 정리할 수 있다.

(1)	월	화	수	목
남자	치호	철호	길호	영호
여자		not 영숙	not 옥숙	

(2)	월	화	수	목
남자	치호	영호	철호	길호
여자			not 옥숙 not 영숙	

영숙은 지숙과 미숙 이후에 보내기에 영숙은 월, 화에 배치될 수 없으며, 지숙과 미숙은 목요일에 보낼 수 없다.

(1)	월	화	수	목
남자	치호	철호	길호	영호
여자	not 영숙	not 영숙	not 옥숙	not 지숙 not 미숙

(2)	월	화	수	목
남자	치호	영호	철호	길호
여자	not 영숙	not 영숙	not 옥숙 not 영숙	not 지숙 not 미숙

(2)에서 영숙은 월, 화, 수에 보낼 수 없으므로 목요일에 보내야 한다.

(2)	월	화	수	목
남자	치호	영호	철호	길호
여자	not 영숙	not 영숙	not 옥숙 not 영숙	영숙

옥숙은 지숙 이후이므로 지숙은 수요일에도 보낼 수 없고, 옥숙은 첫 번째가 아니다.

(1)	월	화	수	목
남자	치호	철호	길호	영호
여자	not 영숙 not 옥숙	not 영숙	not 옥숙 not 지숙	not 지숙 not 미숙

(2)	월	화	수	목
남자	치호	영호	철호	길호
여자	not 영숙 not 옥숙	not 영숙 not 지숙	not 옥숙 not 영숙 not 지숙	영숙

(2)에서 옥숙은 월, 수, 목에 보낼 수 없으므로 화요일에 보내야 한다.

(2)	월	화	수	목
남자	치호	영호	철호	길호
여자	not 영숙 not 옥숙	옥숙	not 옥숙 not 영숙 not 지숙	영숙

(2)에서 지숙이 올 수 있는 요일은 월요일이며, 나머지 수요일에 미숙을 보내야 한다.

(2)	월	화	수	목
남자	치호	영호	철호	길호
여자	지숙	옥숙	미숙	영숙

조건에 따라 설정된 두 가지 템플릿을 토대로 주어진 조건을 확인하여 추리한다.

(1)	월	화	수	목
남자	치호	철호	길호	영호
여자	not 영숙 not 옥숙	not 영숙	not 옥숙 not 지숙	not 지숙 not 미숙

(2)	월	화	수	목
남자	치호	영호	철호	길호
여자	지숙	옥숙	미숙	영숙

영호와 옥숙을 보낼 수 없다면, (1)을 적용해야 한다. 이때 목요일에 영호와 옥숙을 보낼 수 없을 경우, 지숙과 미숙도 보낼 수 없으므로 영숙을 보내야 한다. 따라서 이 경우 목요일에 보내야 하는 사원은 영호와 영숙이다.

01-2 ④
난이도 상

조건에 따라 설정된 두 가지 템플릿을 토대로 주어진 조건을 확인하여 추리한다.

(1)	월	화	수	목
남자	치호	철호	길호	영호
여자	not 영숙 not 옥숙	not 영숙	not 옥숙 not 지숙	not 지숙 not 미숙

(2)	월	화	수	목
남자	치호	영호	철호	길호
여자	지숙	옥숙	미숙	영숙

영호를 철호보다 앞서 보내는 경우는 (2)이다. 이때 수요일에 보내야 하는 사람은 철호와 미숙이다.

02 ⑤
난이도 중

(라)의 조건에 의해 앨리스와 밥이 같은 면에 위치한다. (나)에 의해 앨리스의 왼쪽에 밥이 위치한다. 또한 (다)에 의해 앨리스와 밥 맞은 편에 알레프와 베스가 위치한다. (마)와 (나)와 (가)에 의해 밥의 왼쪽에는 달레쓰가 앉게 된다.

03 ③
난이도 하

1) 3번째 조건에서 한주 다음에 평주라는 사실을 알 수 있다. (한주 – 평주)
2) 4번째 조건에서 금주는 관주 다음이며, 정 이전이다. (관주 – 금주 – 정)
   이상에서 한주와 평주와 관주와 금주는 떨어질 수 없으며, 관주와 금주는 정 이전이므로 뒤에 올 수 없다. 그러므로 수도의 순서는 관주 – 금주 – 한주 – 평주가 도출된다.
3) 5번째 조건에서 병이 맨 처음은 아니고, 갑보다는 이전이므로, ○ – 병 – 갑 – ○/○ – ○ – 병 – 갑/○ – 병 – ○ – 갑의 경우가 가능하다.
4) 6번째 조건에서 병과 정은 연이어 존재하지 않으므로, 정의 위치는 3)에 대입할 때에 정 – 을 – 병 – 갑/을 – 병 – 갑 – 정이 되는데, 2)에서 정이 맨 처음이 아니므로, 후자의 순서로 나라가 결정된다. 이를 도식화하면 다음과 같다.

나라	을	병	갑	정
수도	관주	금주	한주	평주

04 ①
난이도 중

문제의 규칙을 보면 5개의 공장이 5개의 입지 요인을 하나만 선택하는 일대일 방식이 아니다. 한 공장이 5개의 입지 요인 모두를 선택할 수도 있다. 이런 유형은 '부족 게임'과 반대로 '과잉 게임'이라고 한다. 또 1개의 공장이 입지 요인을 선택하는 데 아무런 제한도 없다. 단지 A, B, C, D, E가 각각 2-3-1-1-2로 고려되었다는 것, 그리고 그 합이 9라는 것이다. 제한이 없기 때문에 가능한 경우의 수가 매우 많다.
각 보기가 가능한 경우인지 확실히 불가능한 경우인지 추리해 보면 다음과 같다.

ㄱ. (O) 5개의 공장이 모두 1개 이상의 입지 요인을 선택했기 때문에 각 공장들에 분배된 입지 조건의 수는 최소한 1-1-1-1-1이 되어야 한다. 5개의 입지를 모두 고려한 공장이 있다면 그 분배가 5-1-1-1-1이며 총합은 9이다. 위 규칙에서 공장이 고려한 입지 조건의 총합이 9이므로 규칙을 충족한다.

ㄴ. (X) 3개일 수 있다는 반증을 세운다. 3개의 공장이 동일한 수의 입지 요인을 고려했다면 그 배분은 1-1-1이나 2-2-2뿐이다. 3-3-3이면 나머지 2개의 공장은 1개의 입지 요인도 고려하지 않은 것이므로 전제 조건에 위배된다. 1-1-1인 경우 남은 두 공장이 6개의 입지 요인을 고려하면 된다. 1-1-1-2-4, 1-1-1-4-2, 1-1-1-3-3이 있으므로 가능하다. 2-2-2인 경우 남은 두 공장이 2-1이나 1-2를 고려하게 되는데 이 경우 1개를 고려한 공장이 4개가 되어서 ㄴ을 반증할 수 없다.

ㄷ. (O) 4개일 수 있다는 반증을 세울 수 있는지 묻고 있다. 그러나 0-x-x-x-x에서 자연수인 x를 4번 더해 9가 될 수 있는 경우의 수는 없다.

ㄹ. (X) 2개 이상의 입지를 고려한 공장이 2개라는 말은 남은 3공장이 1-1-1이라는 의미이다. 이때 3개의 입지 요인을 고려한 공장이 가장 많은 입지 요인을 고려한 것이라면 1-1-1-3-3의 분배만 있다는 주장이다. 그러나 1-1-1-2-4도 있으므로 옳지 않다.

05 ③
난이도 중

1) 상극설
   - 화덕 다음에 수덕
   - 한왕조는 토덕, 현 왕조는 한왕조 후 여섯 번째 왕조로 목덕임
   - 한왕조 다다음 왕조는 금덕
2) 상생설
   - 금덕 다음에 수덕
   - 한왕조는 화덕, 한왕조 다다음 왕조는 금덕
   - 현 왕조는 토덕

위 정보를 토대로 도표를 만들면 다음과 같다.

구분	한왕조	1	2	3	4	5	현 왕조
상극설	토덕		금덕				목덕
상생설	화덕		금덕	수덕			토덕

이때 오행은 다섯 가지 덕이 순환되는 것이므로 한왕조 다음 다섯 번째 덕은 한왕조의 덕과 같아야 한다. 이를 적용하고 나머지 빈칸을 추론해야 한다.
지문에서는 오제가 각기 오행과 연결된다고 말하고 있다. 즉 화, 수, 목, 금, 토가 오행에 해당하며, 각각의 오행은 적제, 흑제, 청제, 백제, 황제의 오제와 연결된다.

1) 상극설에서는 화 다음에 수가 온다. 그리고 한왕조가 상극설에 따르면 토덕인데, 한왕조 이후 여섯 번째인 현 왕조가 목덕이다. 그런데 오제는 순환하므로 여섯 번째는 다섯 오제가 한 번 순환된 후에 오는 것이다. 그러므로 토 다음에 목이 온다. 그리고 한 다다음 왕조가 금이므로 토-목-금의 순서임을 알 수 있다. 따라서 오제 순환이 되어야 하므로 화-수-토-목-금 순서를 알 수 있다.

2) 상생설에 의하면 우선 금 다음에 수가 온다. 그리고 한왕조가 화이며, 현 왕조는 토를 따라야 하는데, 현 왕조는 여섯 번째이므로 오제 순환에 의해 화 다음에 토가 온다. 그리고 한왕조 다다음이 금이므로 화-토-금이 되며, 앞선 순서에 의해 화-토-금-수의 순서임을 알 수 있다. 따라서 오제 순환에 의해 목-화-토-금-수의 순서가 된다.

구분	한왕조	1	2	3	4	5	현 왕조
상극설	토덕	목덕	금덕	화덕	수덕	토덕	목덕
상생설	화덕	토덕	금덕	수덕	목덕	화덕	토덕

ㄱ. (O) 한왕조는 현재 상생설을 따르고 있다. 현 왕조 직전은, 현 왕조가 여섯 번째 토덕이므로 오제 순환에 의해 한왕조와 동일한 화덕임을 알 수 있다.

ㄴ. (X) 현 왕조는 상극설에 의하면 목덕이다. 전전 왕조는 수덕이 되므로 황제가 아니라 흑제가 되어야 한다.

ㄷ. (O) 상극설에 의하면 현 왕조는 목덕이므로 현 왕조 다음은 금덕임을 알 수 있다. 또한 상생설에 의하면 현 왕조가 토덕이므로 다음 왕조는 역시 금덕임을 알 수 있다. 따라서 금덕인 백제에 제사를 지낼 것이다.

06 ③ 난이도 중

조건으로부터 주(州)와 색을 배치하면 다음과 같다.

C (보라)	D(빨강/주황)		
	B (주황/빨강)	A(초록)	E(파랑)
	F(보라)		

ㄱ. (O) E는 조건4에서 파란색과 보라색은 접경을 이룬 주끼리 사용할 수 없으므로, 조건5를 충족시키려면 파란색이 될 수밖에 없다.
ㄴ. (O) E가 파란색이며 5색이 모두 사용되어야 하므로 나머지 B와 D가 빨강 또는 주황이 된다.
ㄷ. (X) 조건5가 없어지더라도 조건3에서 접경을 이룬 주끼리 같은 색을 사용해서는 안 된다. 따라서 최소 4개의 색으로 칠해야 한다. B와 D가 겹치기 때문에 다른 색으로 칠해야 하기 때문이다.

07 ⑤ 난이도 하

주어진 조건에서 고정된 정보는 마지막의 G가 6호이고 그 옆방인 7호가 비어있다는 것이다. 또한 세 번째 진술과 다섯 번째 진술로부터 A, B, C에 대한 위치를 다음의 두 가지 경우로 생각할 수 있다.

(1)	(2)
B	빈방
A	C
C	A
빈방	B

1) (1)의 경우는 불가능하다. (1)이 왼쪽에 위치할 경우 B와 마주 보는 방이 빈방이어야 하는데 6호에 G가 위치하게 되어 불가능하고, (1)이 오른쪽에 위치할 경우에도 C의 옆방이 빈 방이어야 하는데 10호는 빈 방이 아니기 때문이다.
2) (2)의 경우 오른쪽에 올 수는 없다. 왜냐하면 D와 E가 마주 보는 방이 있을 수 없기 때문이다. 따라서 (2)가 왼쪽에 오는 경우만 가능하며 이를 정리하면 다음과 같다.

1호 X	6호 G
2호 C	7호 X
3호 A	8호 F
4호 B	9호 X
5호 D/E	10호 E/D

따라서 D의 방은 10호가 될 수도 있고 5호가 될 수도 있으므로 옳지 않다.

08 ⑤ 난이도 하

정보를 정리하면 다음과 같다.
1) 4와 인접한 숫자 중 두 개 사용: 1, 5, 7 중 2개
2) 6이 사용되었다면 9도 사용됨
   = 9가 사용되지 않았다면 6도 사용되지 않았음(대우)
3) 8과 인접한 숫자 중 한 개 사용: 0, 5, 7, 9 중 1개

3)에서 5와 7 중 하나만 사용할 수 있다. 따라서 1)에서 사용된 2개는 (1, 5) 또는 (1, 7)임을 알 수 있다. 이를 토대로 템플릿을 구성할 수 있다.
[경우 1] (1, 5) 사용: 1)에서 7이 사용되지 않았고, 3)에서 5가 사용되므로 0, 9도 사용되지 않았다. 2)에서 9가 사용되지 않으면 6도 사용되지 않았다. 결국 사용되지 않은 수는 (0, 6, 7, 9)이며, 사용된 숫자는 (1, 2, 3, 4, 5, 8)이다.
[경우 2] (1, 7) 사용: 1)에서 5가 사용되지 않았고, 3)에서 0, 9도 사용되지 않았다. 2)에서 9가 사용되지 않으면 6도 사용되지 않았다. 결국 사용되지 않은 수는 (0, 5, 6, 9)이며, 사용된 숫자는 (1, 2, 3, 4, 7, 8)이다.
ㄱ. (O) 모든 경우에 8이 사용되었다.
ㄴ. (O) 모든 경우에 2와 3이 사용되었다.
ㄷ. (O) 모든 경우에 5, 6, 7 중 한 개만 사용되었다.

09 ④ 난이도 중

1. 丙 > 戊
2. 丁 > 甲/乙
3. | 戊 | 甲 | or | 甲 | 戊 |
4. | 己 | 乙 |
5. 丙 >   1. 3. 연결
6. 丁 >
   > | 己 | 乙 | 2. 3. 4. 연결

① (X) 丁 뒤에 戊, 甲, 己, 乙이 결정되나 丙이 戊보다 앞서기에 丙과 丁이 결정되지는 않는다.
② (X) 丁 뒤에 己, 乙, 丙이 차례로 결정되고 丙 뒤에 甲 또는 戊가 결정될 뿐, 甲과 戊의 순서가 결정되지는 않는다.
③ (X) 丙, 戊, 甲의 순서만 결정될 뿐 甲과 乙의 순서가 결정되지는 않는다.
④ (O) 丙, 丁, 甲, 戊, 己, 乙의 순서가 결정된다.
⑤ (X) 丁 뒤에 甲, 戊, 己, 乙이 결정되나 丙과 丁의 순서는 결정되지 않는다.

10 ⑤ 난이도 중

① (X) 다음의 경우가 가능하므로 옳지 않다.

6	빨
5	빨
4	빨
3	파
2	하
1	파

②, ③ (X) 다음의 경우가 가능하므로 옳지 않다.

6	파
5	파
4	빨
3	빨
2	파
1	하

④ (X) 다음의 경우가 가능하므로 옳지 않다.

6	빨
5	빨
4	빨
3	빨
2	파
1	하

⑤ (O) 다음의 경우가 가능하므로 옳다.

6	빨
5	빨
4	빨
3	파
2	하
1	파

6	빨
5	빨
4	빨
3	하
2	파
1	하

11 ② 난이도 상

1) 을과 정이 모순되는 진술이므로 둘 중 하나가 거짓이다. 우선 을이 참, 정이 거짓인 경우 다음과 같이 배치된다.

| 무 | 갑 | 을/정 | 정/을 | 병 |

2) 을이 거짓, 정이 참일 때에 다음과 같이 배치된다.

| 을 | 갑 | 정 | 무 | 병 |

ㄱ. (X) 정의 진술이 거짓인 1)의 경우에도 갑의 차 바로 옆 칸에 정의 차가 주차될 수 있다.

ㄴ. (O) 을의 진술이 거짓인 2)의 경우 을의 차는 가장 왼쪽 칸에 주차되어 있다.

ㄷ. (X) 정의 진술이 거짓인 1)의 경우, 정은 오른쪽에서 3번째에 올 수 있다. 이 경우 정의 차와 무의 차 사이에는 1대의 차가 주차되어 있기에 옳지 않다.

12 ④ 난이도 상

1) 각 팀에 최소 3개 법무법인의 변호사 배정
2) S와 R 함께 배정되지 않음
3) S 배정되는 팀에는 P 2명 이상 배정

	A	B	C
P(5)			3
Q(4)			
R(4)			
S(2)			

4) A나 B에 P가 2명이 배치될 수 없다. 그럴 경우 3)에 의해 S의 2명이 각각 A(또는 B)와 C에 배치되어야 1명씩 배치되는데, 이때 P가 배치되지 않은 팀(B 또는 A)에는 Q와 R밖에 배치되지 않아서 1)을 위배하기 때문이다. 결국 P는 A와 B에 1명씩 배치된다.

5) P가 2명 이상 배치된 곳은 C밖에 없으므로 3)에 의해 S는 C에 배치된다. 그리고 S가 배정되는 팀에는 R이 배정되지 않는다. 따라서 Q는 최소 1명 C팀에 배정되어야 한다.

	A	B	C
P(5)	1	1	3
Q(4)			
R(4)			0
S(2)	0	0	2

ㄱ. (X) S의 변호사 2명이 모두 C팀에 배치되므로 옳지 않다.

ㄴ. (O) P, Q, R로 구성이 가능한 팀은 A 또는 B인데, 만약 A를 7명으로 구성할 경우 B나 C팀에는 3개 법무법인이 올 수 없다. 따라서 조건을 위배하므로 옳지 않다.

	A(7)	B	C
P(5)	1	1	3
Q(4)	3	1/	/1
R(4)	3	1	0
S(2)	0	0	2

ㄷ. (O) 다음과 같이 배치되므로 옳은 진술이다.

	A(6)	B(3)	C(6)
P(5)	1	1	3
Q(4)	2	1	1
R(4)	3	1	0
S(2)	0	0	2

유형 02 | 속성매칭

p.202

01	02	03	04	05
①	①	④	③	③
06	07	08	09	10
①	②	②	③	②
11				
④				

01 ①
난이도 상

A, B, C, D 네 사람의 진술로부터 이들이 갑과 을에 대해 어떠한 판결을 주장했는지를 매칭한다. 우선 도표를 그릴 수 있으며, 다음의 빈칸에 어떤 판결이 채워질 수 있는가를 고려해야 한다.

구분	갑	을
A		
B		
C		
D		

그런데 이에 대한 정보를 선무제의 판결 내용으로부터 추리해야 한다. 선무제는 네 사람의 의견 중 두 가지 의견을 참조한다. 갑에 대해 사면 또는 사형을 주장한 사람은 을에 대해 1년 또는 5년을 주장했다는 것이다. 이를 표로 나타내면 다음과 같다.

갑	을
사면 or 사형	1년 or 5년

선무제의 판결은 갑은 사면, 을은 5년이다. 그런데 A의 진술에서 이러한 황제 선무제의 판결과 동일한 견해를 낸 사람은 없다는 것을 알 수 있다. 결국 이로부터 네 사람 중 두 사람에 어떤 매칭이 포함되어야 하는지가 다음과 같이 결정된다.

갑	을
사면	1년
사형	5년

이제 네 명의 대화 내용을 통한 추리가 필요하다.

1) A가 갑과 을 모두에게 사형을 주장하지 않았으므로, 을을 5년으로 주장하지도 않았음을 알 수 있다.

구분	갑	을
A	사형	사형, 5년
B		
C		
D		

2) B도 양쪽 모두에 사형을 주장하지 않았고, 갑에 대해 사면도 주장하지 않았다. 따라서 을에 대해 1년 형도 주장하지 않았음을 추리할 수 있다. 결국 B는 을에 대해 사면을 주장한 것이다. 이 경우 A는 을에 대해 사면을 주장하지 않았기에 A는 을에 대해 1년을 주장했음을 추리할 수 있다. 그렇다면 갑에 대해 사면을 주장한 것도 알 수 있다.

구분	갑	을
A	사형/ 사면	사형, 5년/ 1년
B	사형, 사면	사형, 5년, 1년/ 사면
C		
D		

3) C의 견해에 의해 D가 을에 대해 사형을 주장했음을 알 수 있다. 이 경우 C는 5년을 주장한 것이며, 이에 따라 갑에 대해 사형을 주장했음을 알 수 있다.

구분	갑	을
A	사면	1년
B	사형, 사면	사면
C	사형	5년
D		사형

4) D가 자신이 갑에 대해 주장한 처분이 A가 을에 대해 주장한 처분과 같다고 진술한다. 따라서 갑에 대해 D는 1년을 주장한 것이며, B는 갑에 대해 5년을 주장했음을 알 수 있다.

구분	갑	을
A	사면	1년
B	5년	사면
C	사형	5년
D	1년	사형

02 ①
난이도 상

정보를 토대로 추리한 것을 도식화시키면 다음과 같다.

구분	A			
	20	30	40	50
정당일체감			X	X
균열	X		O	O
정책			X	X

구분	B			
	20	30	40	50
정당일체감		X	X	X
균열	X	X	O	O
정책	X	O	X	X

구분	C			
	20	30	40	50
정당일체감	X	X	X	X
균열	X	X		
정책		O		X

① (X) A국 20대에서 정책 요인 투표가 나타나지 않을 경우 A국 20대는 균열 요인 투표에도 해당되지 않으므로 정당일체감 요인 투표가 되어야 한다. 그러나 30대에서 정당일체감 요인 투표가 나타난다고 단정할 수는 없다.
② (O) 정당일체감 요인 투표가 조건에 의해 A국에서는 반드시 나타나야 된다. 따라서 20대에 나타나지 않을 경우 30대에서 반드시 나타나야 한다.
③ (O) 조건에 의해 B국에서 정당일체감 요인 투표가 나타나야 한다. 따라서 가능한 것은 20대밖에 없으므로 옳은 추론이다.
④ (O) B국에서는 50대가 이미 균열 요인 투표임을 알 수 있다. 한편 C국의 50대는 정당일체감도 안 되며 정책 요인도 될 수 없다. 따라서 균열 요인 투표밖에 할 수 없으므로 동일한 투표 성향이 나타난다.
⑤ (O) C국 20대가 선택할 수 있는 요인은 정책 요인밖에 없다. 따라서 C국의 20대와 30대는 같은 투표 성향을 보인다.

03 ④ 난이도 상

1) 시나리오 파악
   - 문제의 출제 의도: 주어진 조건을 정리하여 답지에서 가능한 경우와 그렇지 않은 경우를 파악하는 문제로, 참일 수 없는 것 즉, 반드시 거짓이 되는 진술을 찾아야 한다.
   - 계절별로 상을 배열해야 하며, 이 중 한 계절에 유기화학과 무기화학을 수여해야 한다.

2) 모형화
   - 기준 설정: 계절에 따른 배열을 요구하기 때문에 base는 4개의 계절이 된다.
   - 모형화

계절	과목
봄	
여름	
가을	
겨울	

3) 반드시 참 거짓 파악과 표시
   - 마지막 정보: 여름에 유기화학을 수여한다.
   - 발문에서 확인할 수 있듯이, 한 계절에 유기화학과 무기화학을 수여해야 하기에 다음과 같이 표시한다.

유기화학, 무기화학

4) 조건 및 제한 확인
   - 최대 여섯 개까지 상을 수여한다.
   - 두 계절 연속으로 같은 분야에 상을 수여하지 않는다.
   - 물리화학은 매년 두 계절에 수여해야 한다.
   위 조건을 충족하면서 가능한 경우를 파악해야 한다.

5) 경우의 수 확인: 선택지 적용

   ①, ③ (O)

계절	과목
봄	분석화학
여름	유기화학, 무기화학, 물리화학
가을	분석화학
겨울	물리화학

   ②, ⑤ (O)

계절	과목
봄	물리화학
여름	유기화학, 분석화학
가을	물리화학
겨울	유기화학, 무기화학

   ④ (X) 가을에 무기화학을 수여한 경우, 주어진 조건에 따르면 유기화학과 무기화학을 같은 계절에 수여해야 하는데, 이미 마지막 조건에서 유기화학이 여름에 수여되기에 어떤 경우가 되든지 두 계절 연속으로 유기화학 분야에 상이 수여되게 된다. 따라서 조건을 위배하게 된다.

계절	과목
봄	
여름	유기화학
가을	무기화학
겨울	

04 ③ 난이도 상

조건에서 각 팀은 최대 4개의 과제를 맡을 수 있다. 그런데 기존에 수행하던 과제를 포함해서 새로운 과제를 반드시 포함시켜야 한다. 이때 8개의 과제는 조건에 의해 (a, b), (c, d, e), (f, g, h)로 구분된다. 결국 기존 수행의 과제는 제외되고 추가 과제가 포함되어야 하기에 각 팀의 가능한 경우의 수를 찾아야 하며 다음의 빈칸에 과제가 추가되어야 한다.

(가)				
(나)				
(다)				
(라)				
(마)				

ㄱ. (O) a를 (나)팀이 맡는다고 가정해 보자. 이때 (c, d, e) 조합은 (가)밖에 맡을 수 없다. 그리고 나머지 팀들이 하나씩 맡는다. 그런데 이때에 조건에서 4개를 맡는 팀이 둘이어야 하는데 조건을 충족하지 못한다. 따라서 a를 (나)팀이 맡아서는 안 된다. 이를 그림으로 나타내면 다음과 같다.

(가)	c	d	e	
(나)		a	b	
(다)			f	
(라)			g	
(마)				h

ㄴ. (X) f를 (가)팀이 맡을 경우 (c, d, e) 조합은 (나)팀이 맡아야 한다. 이때 (a, b) 조합은 (다) 또는 (라)가 맡아야 하면 나머지 팀들이 e, g를 하나씩 맡게 되는데 4개를 맡는 팀은 3팀이 되어 조건을 위배한다. 따라서 f를 (가)팀이 맡아서는 안 된다.

(가)	f			
(나)		c	d	e
(다)			a	b
(라)			e	
(마)				g

ㄷ. (O) ㄱ의 추리로부터 (a, b) 조합은 (가), (다), (라)가 맡을 수 있다. 그리고 (가)팀은 새로운 과제 한 개를 맡아서는 안 된다. 이를 토대로 다음의 세 가지 경우가 가능하다. (단, *는 한 개의 새로운 과제를 맡는다는 뜻이다.) 세 경우 모두 기존 과제를 포함하여 2개를 맡는 팀이 반드시 있다.

(가)	a	b			2
(나)		c	d	e	4
(다)			*		3
(라)			*		3
(마)				*	4

(가)	c	d	e		3
(나)		*			2
(다)			a	b	4
(라)			*		3
(마)				*	4

(가)	c	d	e		3
(나)		*			2
(다)			*		3
(라)			a	b	4
(마)				*	4

05 ③   난이도 하

1) 시나리오 확인 및 모형화

   주어진 정보를 매칭하는 표를 만들면 다음과 같다.

구분	개	고양이	토끼	닭
A				
B				
C				
D				

2) 반드시 참인 정보 확인

   첫 번째 진술과 두 번째 진술을 통해 도표를 만들어 정리하면 다음과 같다.

구분	개	고양이	토끼	닭
A	O			
B			X	
C		O		
D				O

3) 조건에 의한 속성매칭 추리
   - 세 번째 진술에 의해 A가 키우는 개는 B도 키운다는 것을 알 수 있으며, 이는 B가 키우지 않는 동물은 A도 키우지 않는다는 것을 의미하므로 A는 토끼를 키우지 않는다.
   - 네 번째 진술에 의해 A가 키우는 개는 C가 키우지 않으며 C가 키우는 고양이를 A가 키우지 않음을 알 수 있다. 이를 정리하면 다음과 같다.

구분	개	고양이	토끼	닭
A	O	X	X	
B	O		X	
C	X	O		
D				O

   - 다섯 번째 진술에서 A, B, C, D는 각각 2종류 이상의 동물을 키운다고 했으므로 A는 닭을 키우며, A가 키우는 동물은 B도 키우며 C는 키우지 않으므로, B는 닭을 키우며 C는 닭을 키우지 않는다. 이 경우 C는 두 종류를 키워야 하므로 토끼를 키운다.

구분	개	고양이	토끼	닭
A	O	X	X	O
B	O		X	O
C	X	O	O	X
D				O

4) 선택지 판단
   ① (X) 세 번째 진술에서 A가 키우는 동물은 B도 키우므로 B는 개를 키운다.
   ② (X) 위 진술만으로는 알 수 없다.
   ③ (O) 닭은 C는 키우지 않지만 D가 키우는 동물이다.
   ④ (X) 닭은 A, B, D 세 사람이 키우는 동물이다.
   ⑤ (X) B나 D가 가능하기에 추론할 수 없는 진술이다.

06 ①   난이도 상

1) 첫 번째 정보에서 생수가 가운데 위치하며, 두 번째 정보에서 C회사가 가장 왼쪽에, 그 오른쪽 옆에 보라색을 위치시킨다.

회사	C				
로고 색		보라색			
음료			생수		
과자					
수출대상					

2) 세 번째 정보는 다음의 그림으로 표시할 수 있다.

연두색	회색
커피	

   이 경우 위치할 수 있는 곳은 오른쪽에서 두 번째 자리와 가장 오른쪽 자리이다. 이를 표시하면 다음과 같다.

회사	C				
로고 색		보라색		연두색	회색
음료			생수	커피	
과자					
수출대상					

3) 네 번째 정보에서 A회사가 하늘색임을 알 수 있다. 그런데 이 조합이 들어갈 수 있는 곳은 정 가운데뿐이다. 따라서 나머지 C가 검정색임을 알 수 있다.

회사	C		A		
로고 색	검정색	보라색	하늘색	연두색	회색
음료			생수	커피	
과자					
수출대상					

4) 다섯 번째 정보에서 C의 수출대상이 싱가포르이며, 그 오른쪽이 와플이 된다.

회사	C		A		
로고 색	검정색	보라색	하늘색	연두색	회색
음료			생수	커피	
과자		와플			
수출대상	싱가포르				

5) 마지막 정보로부터 다음의 그림이 되어야 함을 알 수 있다.

주스	
	태국

   이 조합은 두 군데가 가능하다. C에 주스를 배치시킬 수도 있으며, 왼쪽에서 두 번째에 배치할 수도 있다.

   ㄱ. (O) 옳은 진술이다.
   ㄴ. (X) 5)에서 두 군데에 배치할 수 있으므로 싱가포르에 수출하는 회사가 주스를 생산할 수도 있으며, 그 옆의 와플을 생산하는 회사가 주스를 생산할 수도 있기에 반드시 참이 아니다. 거짓이 가능하기에 옳게 추론한 것이 아니니다.
   ㄷ. (X) 추론할 수 없다.

07 ②   난이도 중

지문에서는 설치의 순서에 대한 정보가 나타난다. 월요일부터 금요일까지 하나씩 설치하므로 우선적으로 시간적 배열은 다음과 같은 그림을 토대로 삼아야 한다.

월	화	수	목	금

첫 두 정보로부터 금요일에는 동양화가 설치되지 않고, 수요일과 금요일에는 대형 전시실에 작품을 설치한다는 것을 알 수 있다. 이를 표시하면 다음과 같다.

월	화	수(대형)	목	금(대형)
				동양화

세 번째 정보는 다음의 조합으로 표시할 수 있다.

조각		(소형) 사진

위와 같은 조합은, 수요일과 금요일에는 대형 전시실에 설치해야 하므로 화요일과 목요일에 배치되어야 한다. 이를 정리하면 다음과 같다.

월	화	수(대형)	목(소형)	금(대형)
	조각		사진	동양화

네 번째 정보 역시 다음과 같은 그림이 되어야 함을 보여준다.

기획		(대형)

이때 금요일에는 이미 설치가 확정된 조각, 사진, 기획이 배제되며, 조건에 의해 동양화도 배제된다. 따라서 설치될 수 있는 것은 서양화밖에 없게 된다. 이 경우 기획이 올 수 있는 곳은 월요일이나 수요일이 되며, 나머지 동양화는 월요일 또는 수요일이 된다.

월	화	수(대형)	목(소형)	금(대형)
기획/동양화	조각	동양화/기획	사진	서양화

그런데 기획이 수요일에 올 경우 다음다음날인 금요일에 서양화가 설치되어야 하는데, 마지막 정보에서 기획의 다음다음날에 대형 전시실 옆에 서양화가 전시되므로 조건에 어긋난다. 따라서 수요일에 기획이 올 수 없다. 결국 월요일에는 기획, 수요일에는 동양화가 설치되어야 한다. 이를 정리하면 다음과 같다.

월	화	수(대형)	목(소형)	금(대형)
기획	조각	동양화	사진	서양화

ㄱ. (X) 서양화는 금요일이므로 옳지 않다.
ㄴ. (X) 마지막 정보에 의하면, 기획전시 작품을 설치한 다음다음날 대형 전시실에 동양화가 설치되고 그 옆 전시실에 서양화가 전시된다고 했다. 따라서 동양화 전시실과 서양화 전시실은 옆에 있게 되므로 옳지 않다.
ㄷ. (O) 대형이 3개, 소형이 2개인데, 월요일과 화요일의 전시실이 대형인지 소형인지는 확정되지 않았다. 이때 월요일 기획전시가 소형 전시실이라면, 나머지 화요일에 설치한 조각은 대형 전시실이 되어야 한다.

08 ②   난이도 중

주어진 정보를 토대로 도표를 만들고 속성을 채우면 다음과 같다.

구분	갑	을	병	정
아이디		cherry	not banana	
패스워드				durian

이 경우 갑이나 정이 banana 아이디를 가질 수 있다. 우선 갑이 banana인 경우를 가정할 경우 다음과 같다.

구분	갑	을	병	정
아이디	banana	cherry	durian	apple
패스워드	durian			durian

이때에 조건에서 병의 아이디는 아이디가 banana인 갑의 패스워드와 같다고 하였으므로 갑의 아이디는 durian이 된다. 이 경우 중복되지 않는다는 조건에 위배되어 있을 수 없는 경우가 된다. 따라서 정의 아이디가 banana다. 다시 정리하면 다음과 같다.

구분	갑	을	병	정
아이디	apple	cherry	durian	banana
패스워드				durian

ㄱ. (X) 정의 아이디는 banana이며 apple이 될 수 없다.
ㄴ. (X) 갑의 패스워드가 cherry가 되어도 을과 병의 패스워드는 확정되지 않는다. 모두 apple 또는 banana가 사용 가능하기 때문이다.
ㄷ. (O) 가능한 경우이다.

09 ③   난이도 중

주어진 조건 중 최댓값을 고려하여 다음의 표를 참고해서 <보기>의 상황이 참인지 여부를 결정해야 한다.

M1	M2	M3	M4	합
	P2			6

ㄱ. (O) P1이 2개, P2가 2개를 사용하면 P3과 P4는 각각 1개의 메모리 영역만을 사용해야 한다. 전체 프로그램이 사용하는 메모리 영역의 개수의 합은 최대 6이기 때문이다.
ㄴ. (O) M1과 M3을 P1이 사용하고, M2와 M4를 P2가 사용할 경우 P3과 P4가 M2를 사용할 수 있으며, 이때 M2는 3개의 프로그램이 사용할 수 있다.

M1	M2	M3	M4	합
P1	P2 P3 P4	P1	P2	6

ㄷ. (X) P4가 M4를 사용할 경우, P2가 M4를 사용해도 둘이 메모리 영역을 1개 이상 공유해야 하는 조건을 충족하기 때문에 P4가 M2를 사용하지 않을 수 있다.

M1	M2	M3	M4	합
	P2		P2 P4	6

10 ②
난이도 중

- 규칙
  1) C와 E 같은 나라
  2) A와 C 다른 나라
  3) 신라 > 백제
  4) B: 고구려, F: 백제
- 추리: C, E 백제 아님 – C, E가 백제일 경우 백제 유물이 3개가 되어 신라가 백제보다 유물이 많을 수 없음

ㄱ. (X) 다음과 같이 가능하다.

나라	고구려	백제	신라
유물	B	A, F	C, D, E

ㄴ. (O) 고구려가 3개 유물일 때 신라가 백제보다 많아야 하므로 A와 D는 신라 유물이 된다.

나라	고구려	백제	신라
유물	B, C, E	F	A, D

ㄷ. (X) 다음과 같이 E를 만든 나라의 유물이 가장 많지 않을 수 있다.

나라	고구려	백제	신라
유물	A, B, D	F	C, E

11 ④
난이도 중

1) 을: (법학적성시험, 면접) = (85, 90), (80, 90), (80, 85)
2) 병: 평균 85 아님(합 170 아님)
3) 정: 평균 80(합 160)
4) (95, 75): 을 아님, 병 아님, 정 아님 – 갑 또는 무
5) (90, 85): 을 아님, 정 아님
6) 정: (80, 80), 을 (85, 90)
7) 나머지 조합 (100, 70): 병 아님, 갑 또는 무
8) 병 (90, 85)

	법학적성시험	면접
갑		
을	85	90
병	90	85
정	80	80
무		

① (X) 갑은 (75, 95) 또는 (70, 100)이 되며 두 경우 모두 법학적성시험점수가 면접점수보다 20점 이상 높다.
② (X) 총점 175점으로 동일하므로 평균도 같다.
③ (X) 정의 법학적성시험점수는 80점이다.
④ (O) 갑과 무는 95점 또는 100점이며 확정할 수 없다.
⑤ (X) 어떤 점수가 되든 총점 170점으로 평균 85점이 되어 최종 합격한다.

유형 03 | 연결·그룹핑

p.208

01	02	03	04	05
②	④	④	⑤	①
06	07	08	09	10
④	④	③	④	①
11	12	13	14	
⑤	⑤	③	⑤	

01 ②
난이도 중

우선 그룹 만들기의 규칙을 찾는다.
[규칙 1] 찬반 토론이기 때문에 한 논제에 대해 찬성하는 두 팀이나 반대하는 팀끼리 토론할 수 없으므로 반드시 찬성 팀과 반대 팀이 짝을 이루어야 한다.
[규칙 2] 어느 팀이든 2번 토론한다.
[규칙 3] A팀은 E팀과 토론할 수 없다.
[규칙 4] C팀은 안락사를 논제로 D팀과 토론할 수 없다.
제시문의 내용을 다음과 같이 도식화할 수 있다. (O는 찬성을, X는 반대를 의미한다.)

구분	낙태	사형 제도	안락사
A	O	X	
B		O	O
C	X		O
D		X	X
E		O	X

B와 토론할 팀과 논제를 찾아보면, [규칙 1]에 따라 B는 사형 제도를 논제로 A나 D와 토론해야 한다. B가 D와 토론할 경우 A와 E가 토론해야 하는데 이는 [규칙 3]에 위배된다. 따라서 B는 사형 제도를 논제로 A와 토론해야 한다.
안락사를 논제로 할 경우 B는 D나 E와 토론해야 한다. B가 E와 토론하게 되면 C와 D가 토론해야 하는데 이는 [규칙 4]에 위배된다. 따라서 B는 D와 안락사를 논제로 토론해야 한다.

02 ④
난이도 중

[규칙 1] 적어도 1개의 입자는 시계방향으로 회전한다.
→ A, B, C, D 중 최소 1개는 포함, E, F, G, H는 최대 3개까지 포함
[규칙 2] 질량이 m인 입자의 개수는 2이다.
→ A, E, G, H 중 2개 포함, B, C, D, F 중 2개 포함
[규칙 3] D와 G 중 적어도 하나는 포함되어 있다.

ㄱ. (O) [규칙 1, 2, 3] 모두를 충족한다. 따라서 가능한 조합이다.
ㄴ. (X) 반시계방향으로 회전하는 질량 2m인 입자는 F이다. [규칙 2]에 적용하면 B, C, D 중 1개의 입자가 포함되어야 한다. C와 D 중 어느 것이 반드시 포함되어야 한다면 B는 제외되어야 한다. 이는 F, B 조합이 규칙에 어긋난다는 의미이다. F, B가 조합되면 C, D는 제외되고 [규칙 3]에 따라 G가 포함되어야 한다. [규칙 1]에 적용하면 F, B, G에 E나 A가 조합될 수 있으며 이는 모든 규칙을 충족한다. 따라서 B도 포함될 수 있으므로 반드시 C나 D 중 1개의 입자가 포함되어야 하는 것은 아니다.

ㄷ. (O) 질량 2m인 양(+)으로 대전된 입자는 B, C, D로 적어도 하나 이상 포함되어야 한다는 것이다. 우선 G가 포함되기 때문에 어떠한 경우에도 [규칙 3]을 위반하지 않는다. [규칙 2]에 적용하면 A와 G가 포함되기 때문에 E, H는 제외된다. 다시 [규칙 1]에 적용하면, E와 H를 제외하고 B, C, D, F 중 어느 2개와 조합되어도 [규칙 1]을 충족한다. B, C, D 중 적어도 1개 이상은 반드시 포함된다. 따라서 옳은 진술이다.

03 ④

난이도 하

네 번째 이수 규정에 따라 전공 기초 과목을 빨리 수강하면서도 세 번째 규정을 충족해야 한다. 또 (1), (2), (3)으로 나눠진 과목을 한 학기에 같이 듣지 못하기 때문에 이를 최대한 효율적으로 배치하는 알고리즘을 짜야 한다. 따라서 전공 기초 중에서도 헌법 과목을 우선 배치하고, 다음 학기에 전공 일반으로 넘어가기 위해 전공 기초를 교양 과목보다 우선적으로 배치한다. 따라서 법철학과 법제사를 2학기 안에 우선 배치한 다음 3학기에 교양 과목을 2과목 배치하면 된다. 교양과 전공 기초가 총 8과목이므로 1시간이 남으며 이때부터 전공 일반을 신청한다. 당연히 3개의 강의로 된 민법이 먼저다. 나머지 두 강의는 교양을 채워 세 번째 이수 규정을 충족한다.

이어 번호가 붙은 강의를 우선 배치해야 최소한의 학기로 졸업한다. 형법(1), (2)를 먼저 배치한 후 나머지를 전공 일반 강의로 채운다. 이어 6학기부터 전공 심화 과정을 넣는다. 따라서 7학기 안에 모든 과목을 수강할 수 있다.

학기	1	2	3	4	5	6	7
과목 1	헌법(1)	헌법(2)	국사	상법	행정법	민사소송(1)	민사소송(2)
과목 2	법철학	법제사	윤리학	형법(1)	형법(2)	형사	국제
과목 3	국어	영어	민법(1)	민법(2)	민법(3)	노동	

따라서 <보기>에서 옳은 것을 고르면 ㄱ, ㄴ, ㄹ이다.

04 ⑤

난이도 상

조건의 마지막이 핵심이다. 즉 1차, 2차, 3차 시험이 연속적으로 올 수 있는 경우가 되어야 한다는 점이다. 그리고 한 해에 한 과목만 공부할 수 있으므로 모두를 공부하면서 가능한 경우를 찾으면 된다. 우선 가능한 경우는 1차를 중심으로 파악하면, 다음과 같이 네 가지 경우가 가능하다.

1) 자, 축, 인: 조건에서 축년에 시작한다고 했으니 이 경우 필요한 공부 과목 수는 10과목이다. 그리고 한 번 이상 떨어져야 하므로 오년에 떨어질 경우 자년과 오년에는 같은 과목을 공부하므로 바로 축년에 지원할 수 있게 된다. 따라서 이 경우 3차 시험까지 13년에 끝날 수 있다.
2) 오, 미, 신: 공부를 시작한 해로부터 5년 뒤인데, 공부해야 할 과목은 11과목으로, 그다음 순환까지 반복해야 한다. 이 경우 19년이 걸린다.
3) 묘, 진, 사: 공부를 시작한 해로부터 2년 후에 시작하기에 아무리 빨라도 16년이 걸린다.
4) 유, 술, 해: 준비를 시작한 축년부터 8과목을 공부할 수 있으나, 조건에 의해 한 번 이상 시험에서 떨어져야 하므로 다음 순환으로 넘어가기에 22년이 걸린다.

따라서 최단 기간은 1)의 경우인 자, 축, 인임을 알 수 있다.

① (O) 자년에 시경을 공부한다.
② (O) 축년에 순자를 공부한다.
③ (O) 오년에 한 번만 떨어진다.
④ (O) 축년에 10세이며, 이로부터 13년이 걸리기에 23세이다.
⑤ (X) 자, 축, 인 각각 3, 4, 3과목으로 두 과목을 공부하면 합격하는 시험은 치르지 않았다.

05 ①

난이도 상

우선 주어진 징후를 A에서 E 사건에 대입할 수 있는 도표를 만들어야 한다. 도표와 관계의 논리식은 다음과 같다.
(p: 위압적 언동 약화/ q: 범인·인질 간 대화 증가/ r: 교섭 빈도 증가/ s: 요구 수준 저하/ t: 합의 사항 이행)

구분	p	q	r	s	t
A	O		O	X	
B		O			
C	O	X	O		
D	O		O		X
E		O		O	

<관계>
1. p ↔ r
2. s → q
3. t → (q & r)

각각의 <상황>을 기호로 나타내면 다음과 같다.
A: p, ~s/ B: q/ C: ~q, r/ D: r, ~t/ E: s
주어진 관계에 의거해 각 상황을 정리하면,
A: 1에서 p, r, ~s/ B: q/ C: 1에 의해 p이고, r, ~q/ D: 1에 의해 r, p, ~t/ E: 2에 의해 s, q이다.
여기서 각 징후(p-t)는 1개 이상 3개 이하의 사건에서 나타났다는 조건을 적용해야 한다. 따라서 p와 r은 더 이상 나타날 수 없다. 이를 표시하면 다음과 같다.

구분	p	q	r	s	t
A	O		O	X	
B	X	O	X		
C	O	X	O		
D	O		O		X
E	X	O	X	O	

B에서 p와 r이 거짓이므로 관계3에서 t도 부정이 된다. C에서 q가 부정이므로 t도 부정이 된다. E에서 역시 r이 부정이므로 t도 부정이 된다. 결국 t가 긍정이 될 수 있는 것은 A밖에 없다. 그리고 C에서 q가 부정이므로 s도 부정이 된다. 이를 정리하면 다음과 같다.

구분	p	q	r	s	t
A	O		O	X	O
B	X	O	X		X
C	O	X	O	X	X
D	O		O		X
E	X	O	X	O	X

q는 3개의 징후 조건으로 A나 D 둘 중 하나에서만 나타나야 한다. D가 만약 q를 긍정하면, q는 전체 3개 징후가 나타나므로 A는 ~q가 되어야 한다. 그런데, 이 경우 t가 참임을 위배하게 되어 A가 q를 긍정, D가 부정하게 된다. 이를 정리하면 다음과 같다.

구분	p	q	r	s	t
A	O	O	O	X	O
B	X	O	X		X
C	O	X	O	X	X
D	O	X	O		X
E	X	O	X	O	X

주어진 조건에서 4개 이상의 징후가 나타나야 하므로 A가 투항할 가능성이 높다.

06 ④   난이도 상

정해진 면제 조건은 다음과 같다.
1) 동거하는 직계가족 및 배우자 면제: 1인당 '작' 1급씩 반납
2) 동거하지 않는 직계가족 및 배우자 면제: 1인당 '작' 2급씩 반납
3) 부모 중 1인 면제되면 미성년 자녀 중 1인 같이 면제

그리고 갑, 을, 병이 원하는 면제 대상을 토대로 표에 적용하면 다음과 같다.

구분	동거가족	원하는 면제 대상	적용
갑	부인 자녀1 자녀2 부모	부모 자녀1, 자녀2 (갑, 을, 병)	4급: 모시는 부모에 2급, 부인 → 3)에 의해 자녀 1명, 다른 자녀 1명
을	부인 자녀1 자녀2	을 가족 모두 갑과 병의 부인	3급: 을과 을부인 → 3)에 의해 자녀 1명, 다른 자녀 1명
병	부인 자녀1 자녀2	가능한 많은 인원	2급: 부인 → 3)에 의해 자녀 1명, 다른 자녀 1명

결과를 충족하기 위해서 갑은 4급으로 장교 1명을 포로 잡았을 것이며(①), 을은 3급(②), 병은 2급(③)이었고, 갑, 을, 병 각자에게 미성년 자녀가 1명씩 있어야 한다(⑤). 하지만 갑과 병은 면제를 받을 수 없다. 따라서 ④가 틀린 진술이다.

한편 답지에서 '..했을 것이다.'라는 추론을 한 이유는 갑, 을, 병 모두가 더 많은 작을 가지고 있었으나 이전에 이를 사용하였을 가능성이 있기 때문이다.

07 ⑤   난이도 중

위나라 시대와 진나라 시대의 차이점에 주의해야 한다. 위나라 시대에는 향품을 다시 매길 수 있었지만 진나라 시대에는 향품에서 정해진 기준을 벗어난 승진이나 좌천은 나타나지 않았다. 이러한 기준을 통해 위나라 시대 사람인지 진나라 시대 사람인지 파악할 수 있다.

위나라에서는 향품에 의해 최종 관직이 결정되며, 초임관품은 향품보다 4품 낮게 임명된다. 그런데 진나라 때에 향품 2품 이상의 '청직'만을 받는 가문을 '문지2품'이라 하며 이들이 청직을 독점하게 되었다.

① (X) 병의 초임관품이 6품이므로 4품 낮게 임명된 것으로, 병은 청직인 2품이 해당하였다.
② (X) 정의 초임직이 8품이므로 향품은 4품이다. 그런데 최종직이 3품으로 향품에 의한 관직 기준을 넘어선다. 이는 승진하여 향품이 다시 매겨진 것으로 위나라 때에는 가능하나 진나라 때에는 불가한 것이므로 정은 위나라 때에 향품을 받았다.
③ (X) 을과 무 모두 향품 4와 3품에 해당되며 최종직도 6품이므로 청직인 향품 2품 이상이 될 수 없다.
④ (X) 초임직과 최종직을 볼 때에 문지2품인 향품 2품 이상은 병 하나밖에 없다.
⑤ (O) 향품을 다시 받았다는 것은 초임의 4품의 범위를 넘어섰다는 것이다. 정은 이미 위에서 확인한 바이다. 그런데 갑은 초임이 5품인데 최종직이 6품으로 낮아진 것을 알 수 있다. 이는 좌천되어 향품이 다시 매겨졌다는 것을 의미한다. 따라서 향품을 다시 받은 사람은 갑과 정 두 사람이다.

08 ③   난이도 상

1) A가 만난 사람은 오직 E
2) 3번에 C와 D 포함

주의할 점은 3번과 4번 서류철에는 복사된 서류가 배치되므로 중복이 가능하다는 것이다.

① (O) 이 경우 1)과 더불어 E는 A와 B를 만났으므로 2번 서류철에 있는 사람이 1번 서류철에 있는 사람 2명을 만난 것이다. 따라서 4번 서류철에 이 세 명의 서류가 복사되므로 E는 4번 서류철에 포함된다.
② (O) 2)에서 C는 2번에서 2명을 만났어야 하는데, D가 제외되므로 C는 E와 F를 만났다. 이 경우 E는 1)에서 A를 만났고, 여기서 C와 만났으므로, 이들 A, C, E는 4번에 포함된다.
③ (X) 2)에서 C는 2번에서 2명을 만났어야 하는데, D가 제외되므로 C는 E와 F를 만났다. 따라서 C, E, F는 3번에 포함된다.
④ (O) 1)에서 E는 A를 만났으므로 여기서 C도 만날 경우 4번에 포함된다.
⑤ (O) C는 2)에 의해 2번의 2명과 만났으므로, E가 빠질 경우 나머지 D와 F를 만나야 한다.

09 ⑤   난이도 중

우선 주어진 조건을 인지해야 한다. 세 가지의 연락 원칙이 제시되어 있는데, 이를 정리하면 다음과 같다.

경우	연락을 준 사람	연락을 할 사람
1	바로 아래 하급 직원	바로 위 상급 직원 한 명
2	바로 위 상급 직원	같은 직급 모든 직원
3	같은 직급 직원	같은 직급 직원 한 명

이제 주어진 사실로부터 위 원칙을 적용하여 정보를 추리해야 한다. 우선 첫 번째 사실은 B가 D보다 직급이 한 등급 높고, 두 번째 사실에서 D가 B에게 연락한 것은 하급이 상급에게 한 경우이므로 B는 경우 1에 해당하여 바로 위 상급에게 연락해야 한다. 따라서 A는 B보다 한 등급 높다. 이를 도식적으로 구성하면 다음과 같다.

A
B
D

이를 토대로 세 번째, 네 번째 사실을 연결해야 한다. 주의할 점은, 세 번째 사실에서 경우 1, 2, 3의 세 가지 경우를 각각 확인해야 한다는 것이다. 왜냐하면 G가 C에게 연락하자 C가 B에게만 연락했다고 해서 경우 2가 배제되는 것은 아니며, 같은 등급에 B와 C 둘만 있을 경우 가능하기 때문이다.

네 번째 사실에서 D가 있기에 이들 간의 관계를 추리할 수 있는데, C가 F에게 연락하자 F는 D와 E 두 명에게 연락한다. 그런데 경우 2만이 두 명 이상에게 연락할 수 있기에 D, E, F는 모두 같은 등급이며 C는 이들보다 한 등급 높다. 이를 정리하면 다음과 같다.

A
B, C
D, E, F

세 번째 사실은 경우 1, 2, 3을 모두 확인해야 한다. 먼저 경우 1일 때에 G는 C보다 등급이 낮고 B는 C보다 등급이 높아야 한다. 그러나 이는 위에서 추리한 경우에 맞지 않기에 경우 1은 있을 수 없다.

1) 경우 2를 적용하면 B와 C는 같은 직급이며 G는 이들보다 한 직급 높다. 이를 도식으로 표현하면 다음과 같다.

A, G
B, C
D, E, F

2) 경우 3을 적용하면 B, C, G가 같은 직급이 되며 도식은 다음과 같다.

A
B, C, G
D, E, F

① (O) 2)에 해당되며, 같은 직급끼리인 경우로 참이다.
② (O) 2)에 해당되며, 하급으로부터 연락을 받은 경우로 참이다.
③ (O) 2)에 해당되며, 하급으로부터 연락을 받은 경우로 참이다.
④ (O) 1)에 해당되며, 상급으로부터 연락을 받은 경우로 참이다.
⑤ (X) 1)에 해당되며, 상급자인 A나 G 어느 한 명에게 연락할 수 있기에 G에게만 연락할 수 있는 것은 아니다.

10 ① 난이도 상

주어진 평가 결과를 점수로 환산하여 정리하면 다음과 같다.

구분	어학능력	적성시험	학점	전공적합성	총점
A	2	3	2	3	10
C	3	2	3	3	11
D	1	1	3	3	8

1) 첫 번째 조건에서 B가 선발되지 않고 C가 선발될 경우 A가 선발된다. 이는 A가 B보다 높은 점수이며, B는 A보다 낮은 점수임을 의미한다.
2) 두 번째 조건에서 D가 선발되지 않을 경우 세 명의 지원자는 선발되기에 B가 D보다 높은 점수임을 알 수 있다.
3) 따라서 B는 A보다 낮고 D보다 높은 9점의 총점임을 추리할 수 있다.

ㄱ. (O) 두 번째 조건에서 D가 선발되지 않으면 세 명이며, D가 선발될 경우 네 명이 된다. 따라서 어떤 경우에도 A와 C는 반드시 선발된다.
ㄴ. (X) A, B, C 세 명 또는 A, B, C, D 네 명의 두 경우만 가능하므로 두 명 선발되는 경우는 있을 수 없다.
ㄷ. (X) B의 총점이 9점이므로, (3 + 3 + 2 + 1)과 (3 + 2 + 2 + 2)의 경우가 가능하다. 따라서 반드시 상, 중, 하로 평가 받은 영역이 최소한 하나씩 있다는 진술은 옳지 않다.

11 ⑤ 난이도 중

주어진 사실은 A가 D와 E에게 우세하다는 점이다. 그런데 A는 D, E, F 중 2명에게만 우세하므로 나머지 F에게는 우세하지 않다는 것을 추리할 수 있다. 이때 주의할 점은 F의 경우에는 A에게 열세가 아니라는 점을 파악해야 한다. 조건에 따라 우세한 관계에 있을 때에 상대방이 열세로 규정되기 때문이다. F는 결과적으로 A, B, C 중 2명에게만 열세이므로 나머지 B와 C에게 열세이다. 그렇다면 B와 C는 F에게는 우세가 된다. 이렇게 상대방의 입장을 확인하며 서로 간의 관계를 추리해야 한다.
주어진 조건은 다음과 같다.
1) A, B, C 각각은 D, E, F 중 정확히 2명에게만 우세하다.
2) D, E, F 각각은 A, B, C 중 정확히 2명에게만 열세이다.
3) A는 D와 E에게 우세하다.

ㄱ. (X) F가 C에 열세이므로, C는 F에 우세하다. 그러나 C가 E에 우세한지 여부는 알 수 없다.
ㄴ. (O) 조건 3)에서 A는 D와 E에 우세하므로, 조건 1)에 의해 A는 F에 열세이다. 즉 F는 A에 우세하다. 따라서 F는 조건 2)에 의해 B와 C에 열세이다.
ㄷ. (O) B가 E에 우세하면, ㄴ에서 B가 F에 우세하므로, 조건 1)에 의해 B는 D에 열세이다. 즉 D가 B에 우세하므로 조건 2)에 의해 D는 A와 C에 열세이다. 결국 C는 D에 우세함을 알 수 있다.

12 ⑤ 난이도 상

ㄱ. (O) 총 12명이므로 4명씩 세 팀에 배열할 수 있다. 예를 들어 다음과 같이 배열할 수 있다.

1팀	2팀	3팀
A(2)	A(1)	A(1)
B(1)	B(2)	C(2)
D(1)	C(1)	D(1)

ㄴ. (O) 가능하다.

1팀	2팀	3팀
A(2)	A(1)	A(1)
B(2)	B(1)	C(1)
C(2)	D(1)	D(1)

ㄷ. (O) 불가하다. B반과 C반 각각 2명, D반 1명으로 이루어져야 하는데, 이때 남는 사람은 A반 4명, B반과 C반 각각 1명, D반 1명이 된다. 그런데 이 경우 최소 3개 반 학생을 포함한다는 조건을 충족할 수 없다. B, C, D가 각각 1명밖에 없기 때문이다.

13 ③ 난이도 상

주어진 정보를 표를 통해 정리하면 다음과 같다.

구분	A	B	C	D	E	F	G
A(3)		X	X	O	O	X	O
B(4)	X		O	X	O	O	O
C(3)	X	O		X	X	O	O
D(1)	O	X	X		X	X	X
E(2)	O	O	X	X		X	X
F(3)	X	O	O	X	X		O
G(4)	O	O	O	X	X	O	

ㄱ. (O) A와 F는 직접 연결되어 있지 않다.
ㄴ. (X) C와 연결된 사람은 B, F, G이며, D와 연결된 사람은 A뿐이다.
ㄷ. (O) 팀 구성원 각자가 나머지 모두와 직접 연결되어야 하므로, 가능한 최대 인원은 B, C, F, G 네 명이다.

14 ⑤

난이도 중

1) 을을 선발하면 갑은 선발하지 않기에, 갑이 선발되면 을은 선발되지 않는다. 따라서 갑과 을 둘 중 하나는 선발되지 않으므로 나머지 세 명은 모두 선발된다.
2) 갑이 첫 번째 경주에 참가하지 않는다면, 을은 세 번째 경주에 참가한다. 즉 갑이 첫 번째 경주에 참가하거나 을이 세 번째 경주에 참가하게 된다.
3) 그런데 갑이 참가하면 을은 선발될 수 없고, 을이 참가하면 갑이 선발되지 않는다. 결국 갑이 참가하면 첫 번째 경주이고, 을이 참가할 경우 세 번째 경주가 된다.
4) 무는 2번이 아니며, 병과 정은 연이어서 참가하기에 병은 4번이 될 수 없고 정은 1번이 될 수 없다.
5) 두 가지 경우가 가능하며 다음과 같다.

[1]	갑	을	병	정	무
1	O	X	X	X	X
2	X	X	O	X	X
3	X	X	X	O	X
4	X	X	X	X	O

[2]	갑	을	병	정	무
1	X	X	O	X	X
2	X	X	X	O	X
3	X	O	X	X	X
4	X	X	X	X	O

① (X) 갑이 첫 번째일 수도 있지만, 갑이 선발되지 않고 을이 세 번째 경주에 참가할 수도 있다.
② (X) 을은 선발되지 않거나 세 번째 경주에 참가한다.
③ (X) 병은 두 번째 또는 첫 번째 경주에 참가한다.
④ (X) 정은 두 번째 또는 세 번째 경주에 참가한다.
⑤ (O) 무는 어떤 경우에도 네 번째 경주에 참가한다.

유형 04 | 진실 혹은 거짓 게임

p.215

01	02-1	02-2	03	04
②	②	③	③	⑤
05	**06**	**07**	**08**	**09**
③	③	④	③	③
10	**11**			
④	③			

01 ②

난이도 중

A의 세 번째 진술과 B의 두 번째 진술이 모순으로 둘 중 하나는 참이며, 나머지는 거짓이다. B의 두 번째 진술이 거짓이므로 D가 훔쳤다. 따라서 D의 첫 진술도 거짓이며 D의 나머지 진술은 참이다. 그리고 B의 첫 진술이 참이므로 E의 두 번째 진술은 거짓이며 나머지 진술은 참이다. 그런데 이 경우 D의 두 번째 진술과 E의 첫 진술에서 모순이 발생한다. 따라서 있을 수 없는 경우가 된다. 이를 표로 나타내면 다음과 같다.

A			T
B	T	F	T
C			
D	F	T	T
E	T	F	T

결국 A의 세 번째 진술이 거짓, B의 두 번째 진술이 참이다. 이를 토대로 진릿값의 표를 만들면 다음과 같다.

A	T	T	F
B	F	T	T
C	T	T	F
D	T	F	T
E	T	T	F

따라서 지갑을 훔친 사람은 B이다.

02-1 ②

난이도 중

정보를 정리하면 다음과 같다.

구분	남성	여성
태양인	참	거짓
소음인	거짓	참

A의 대답에서, A가 참을 말했을 경우 소음인 여성이 되며, 거짓을 말했을 경우 태양인 여성이 된다. B의 경우, 참일 경우 태양인 남성이 되며, 거짓일 경우 태양인 여성이 된다. C는 태양인 여성이며, D는 소음인 여성이다. E는 네 경우 모두 가능하다. 따라서 답은 ②가 된다.

02-2 ③

난이도 중

이 문제는 많은 경우의 수가 나오므로 선택지를 직접 대입하여 문제를 해결해야 한다. 선택지의 내용을 적용하여 모순이 나타나지 않는 것이 정답이다.

① (X) F가 소음인 여성일 경우 참을 말하므로, G는 태양인 남성이어야 한다.
② (X) F가 소음인 남성일 경우 거짓을 말하므로, G는 소음인 여성이어야 한다.
③ (O) F가 태양인 여성일 경우 거짓을 말하므로, G는 소음인 남성이어야 한다. 그리고 G는 소음인 남성으로 거짓을 말해야 한다.
④ (X) F가 태양인 남성일 경우 참을 말하므로, G는 태양인 여성이어야 한다. 그런데 태양인 여성은 거짓을 말해야 한다.
⑤ (X) F가 태양인 남성일 경우 참을 말하므로, G는 태양인 여성이어야 한다.

03 ③

난이도 중

진실, 거짓 게임에서는 먼저 동시에 참이 될 수도 없고 동시에 거짓이 될 수도 없는 진술들의 쌍, 즉 서로 모순되는 두 개의 진술을 찾는 것이 가장 효율적이다. 두 번째 진술과 네 번째 진술이 동시에 참이 될 수 없는 모순 관계에 있으므로 둘 중 한 진술은 참이고 다른 진술은 거짓인 두 경우로 나누어 생각해 보면 쉽게 해결할 수 있다.

1) 두 번째 진술이 참이고, 네 번째 진술이 거짓인 경우

두 번째 진술이 참이므로 E, F, G는 모두 탈락하였다. 그리고 네 번째 진술이 거짓이므로 A, B, C, D 중 두 명이 선발되었다.

1-1) 첫 진술이 거짓인 경우: 첫 진술이 거짓이므로 위 조건에서 G는 선발될 수 없으며, A 또는 B가 반드시 선발되어야 한다. 그런데 이때 세 번째 진술이 참이어야 하므로 C가 선발되어야 한다. 그리고 다섯 번째 진술이 참이어야 하므로 C와 D가 선발되어야 하는데, 이 경우 첫 진술이 거짓이기 위한 조건에 의해 A 또는 B가 선발될 수 없어 모순이 발생한다. 따라서 있을 수 없는 진술이다.

1-2) 세 번째 진술이 거짓인 경우: C와 G 모두 선발이 되어서는 안 되거나 둘 다 선발되어야 한다. 모두 선발이 되지 않을 경우 A, B, D 중 두 명이 되어야 한다. 그런데 첫 진술이 참이 되어야 하므로 D밖에 선발될 수 없게 된다. 그리고 둘 다 선발되지 않을 경우 첫 진술이 참이어야 하므로 C와 D가 되어야 한다. 그러나 이 경우 C가 선발되지 않아야 하는 조건을 위배하기에 틀린 경우이다.

1-3) 다섯 번째 진술이 거짓인 경우: 다섯 번째 진술이 거짓이므로 첫 번째와 세 번째가 참이어야 한다. 따라서 첫 번째 진술이 참이기 위해서는 C와 D가 선발되어야 한다. 이 경우 세 번째 진술이 참이며, 다섯 번째 진술은 거짓이 되기에 조건에 충족한다. 따라서 가능한 경우이다.

2) 두 번째 진술이 거짓이고, 네 번째 진술이 참인 경우

네 번째 진술이 참이므로 A, B, C, D 중 한 명만 선발되었다. 그리고 두 번째 진술이 거짓이므로 E, F, G 중 한 명이 선발되었다.

2-1) 첫 진술이 거짓이고 세 번째, 다섯 번째 진술이 참인 경우: 첫 진술이 거짓이므로 A, B, G 중 최소 한 명은 선발되어야 한다. 또한 세 번째 진술이 참이어야 하므로 C나 G가 선발되어야 한다. 그리고 다섯 번째 진술이 참이어야 하는데, 이때 D와 G가 선발될 경우 모든 조건을 충족할 수 있게 된다.

2-2) 세 번째 진술이 거짓인 경우: C, G 모두 선발되지 않거나 모두 선발되어야 한다. 모두 선발될 경우 첫 진술은 참이 될 수 없게 된다. 그리고 모두 선발되지 않을 경우 A, B, D 중 한 명, E, F 중 한 명이 선발되어야 한다. 그런데 첫 진술이 참이 되어야 하므로 D와 E 또는 F가 선발되어야 한다. 이는 다섯 번째 진술의 뒷부분을 위배하게 된다. 따라서 있을 수 없는 경우가 된다.

2-3) 다섯 번째 진술이 거짓인 경우: B, C, D 중에서 2명이 선발되거나 모두 선발되지 않는다. 모두 선발되지 않을 경우 A와 E, F, G 중 한 명이 선발된다. 그런데 첫 조건을 적용하면 A가 될 수 없으므로 조건에 위배된다.

결국 C와 D, D와 G가 선발되는 두 가지 경우가 가능하고, 두 경우 모두 D가 반드시 선발된다는 것을 알 수 있다.

04 ⑤

난이도 중

우선 갑, 을, 병, 정은 각각 소심형, 눈치형, 순종형, 반대형이다. 그리고 이들의 세 가지의 경우 즉, 첫 번째 실제 답변과 예상 답변, 그리고 두 번째 실제 답변을 확인해야 한다. 이에 따라 갑, 을, 병, 정의 대답 및 예상 답변을 표시할 도표를 만들고, 알려진 사실을 대입하여 정리하면 다음과 같다.

구분	유형	첫 번째 답변	예상 답변		두 번째 답변
갑	소심형	반대	을	반대	
			병	반대	
			정	반대	
을	눈치형	찬성	갑		
			병		
			정	찬성	
병	순종형	찬성	갑		
			을		
			정	찬성	
정	반대형	반대	갑		
			을		
			병		

이제 마지막 사실에서 첫 번째 질문에 대한 답변을 바꾼 사람은 한 명이므로 이에 맞는 조건을 파악해야 한다. 그런데 위 사실로부터 갑과 정이 두 번째 답변에서 어떤 답변을 했는지를 추리할 수 있다. 이를 토대로 나머지 조건을 추리해야 할 것이다.

1) 갑은 동료 집단 과반수가 한 실제 답변을 자신의 답변으로 하기에 첫 번째 답변에서 을과 병이 찬성이므로 두 번째 답변을 찬성으로 하게 된다. 결국 두 번째 답변에서 첫 번째 질문에 대한 답변을 바꾼 사람은 갑이 된다. 그리고 다른 이들은 모두 답변을 바꾸지 않았다.

2) 정은 반대형으로 동료 집단의 과반수가 예상하는 자신의 답변과 정반대로 답변을 한다. 따라서 두 번째 답변에서는 을과 병이 찬성을 예상하므로 반대를 하게 된다.

3) 을이 찬성을 하기 위해서는 을 자신이 예상하는 동료들의 과반수를 찬성으로 예상해야 한다. 따라서 을은 갑이나 병 중 적어도 한 명을 찬성이라고 예상해야 한다.

4) 병이 찬성이 되기 위해서는 동료들의 과반수가 병을 찬성이라고 예상해야 한다. 그런데 갑이 이미 반대를 했기 때문에 을과 정이 병을 찬성이라고 예상해야 한다.

이를 정리하면 다음과 같다.

구분	유형	첫 번째 답변	예상 답변		두 번째 답변
갑	소심형	반대	을	반대	찬성
			병	반대	
			정	반대	
을	눈치형	찬성	갑	?	찬성
			병	찬성	
			정	찬성	
병	순종형	찬성	갑		찬성
			을		
			정	찬성	
정	반대형	반대	갑		반대
			을		
			병	찬성	

① (X) 갑은 찬성이나 반대를 해도 되지만 그렇다고 반드시 반대를 예상해야 되는 것은 아니다. 과반수의 찬성이 되는 것이 조건이기 때문이다.
② (X) 을은 갑이나 병이 찬성이라고 예상해야 하기에 옳지 않다.
③, ④ (X) 위에서 필요한 조건을 충족시키기 위한 추리와 무관한 진술이다.
⑤ (O) 4)에 의해 옳은 추론이다.

05 ③   난이도 하

주어진 조건은 한 명의 진술은 거짓, 나머지는 참이라는 것이다. 그런데 A와 B의 진술에서 C가 강좌를 맡는다는 것에 대한 진술이 상충되므로 각각 참인 경우를 설정하여 진위를 찾아야 한다.
A가 참일 경우 B는 거짓이며, B가 참일 경우 A는 거짓이 된다. 각 경우에 있어서 한 명만 거짓이라는 조건을 위배할 경우, 있을 수 없는 경우가 된다.
1) A가 거짓, B가 참: C, D, E 모두 참이어야 한다. 그런데 이때 B와 E의 진술이 모순이 된다. 따라서 있을 수 없는 경우이다.
2) A가 참, B가 거짓: C, D, E 모두 참이다. 이 경우 배정 강좌를 표로 정리하면 다음과 같다.

구분	배정된 강좌			
	수학사	정수론	위상수학	조합수학
A	X			X
B	O	X	X	X
C	X	X	X	X
D	X			X
E	X	X	X	O

① (X) B가 수학사를 담당한다.
② (X) B가 수학사를 담당하며, 위상수학은 A 또는 D가 담당한다.
③ (O) A의 진술이 참이므로 옳은 진술이다.
④ (X) 조합수학은 E가 담당한다.
⑤ (X) E가 조합수학을 담당하며, 정수론은 A 또는 D가 담당한다.

06 ③   난이도 상

우선 진우의 진술이 모두 참일 경우와 모두 거짓인 경우를 가정하여 파악해야 한다. 그리고 성립하는 경우를 토대로 다른 진술들과의 관계를 추리할 수 있다.
1) 진우의 진술이 모두 참일 경우, 유석의 진술은 모두 거짓이며, 소연의 진술은 모두 참이다. 그렇다면, 유석의 진술 ⓑ가 거짓이기에 유석은 피해자를 만나본 적이 없다. 그런데 소연의 진술이 모두 참이기에 ⓒ에 의해 피해자와 같은 층을 쓰는 유석은 피해자를 만난 적이 있어야 한다. 모순이 발생하므로 진우의 진술은 모두 거짓이다.
2) 진우의 진술이 모두 거짓이므로, 유석의 두 진술 중 적어도 하나는 참이며, 소연의 진술 중 적어도 하나는 거짓이다.
ㄱ. (O) 2)에 의해 ⓑ가 거짓이면, 유석의 다른 진술인 ⓐ가 참이어야 한다. 그러므로 범행 현장에서 발견될 칼은 진우의 것이다.
ㄴ. (X) 소연의 진술인 ⓒ가 참이면, 나머지 진술 ⓓ는 거짓이어야 한다. 따라서 출근이 가장 늦은 사람이 유석이 아니라는 사실만 알 뿐 나머지에 대해서는 확정적으로 말할 수 없다.
ㄷ. (O) 유석의 진술 ⓐ가 거짓이면, 나머지 ⓑ는 참이다. 따라서 유석은 피해자를 만나본 적이 있다. 그리고 소연의 진술 중 ⓓ가 참이면, 나머지 ⓒ는 거짓이다. 그러므로 피해자와 같은 층에 사는 사람이 모두 피해자를 만난 적이 있지는 않다. 따라서 소연과 진우 중 적어도 한 사람은 피해자를 만난 적이 없어야 한다.

07 ④   난이도 하

우선 진술들 간의 관계를 파악하여 경우의 수를 상정하고 진위를 파악해야 한다.
1) 다섯 지원자의 진술 중 1명만 거짓이다. 그런데 진술 내용 중 지원자 4의 진술은 지원자 5의 진술의 연언지 중 하나이다. 만일 지원자 4의 진술이 거짓이면 지원자 5의 진술도 거짓이 되어야 한다. 이 경우 1명만 거짓이라는 조건을 위배하므로 지원자 4의 진술은 참이어야 한다.
2) 지원자 4의 진술이 참이므로 지원자 2가 참이 되기 위해서는 지원자 3이 D 부서에 선발될 수 없기에 A 부서에 선발되어야 한다. 이 경우 지원자 1의 진술은 거짓이 된다. 반면 지원자 1의 진술이 참일 경우 지원자 2의 진술은 거짓이 된다. 결국 이 두 가지 경우를 확인해야 한다.

[경우 1] 지원자 1의 진술이 거짓인 경우

구분	A	B	C	D
1	X	X	X	X
2	X	X	O	X
3	O	X	X	X
4	X	O	X	X
5	X	X	X	O

[경우 2] 지원자 2의 진술이 거짓인 경우

구분	A	B	C	D
1	X	X	X	X
2	O	X	X	X
3	X	X	O	X
4	X	O	X	X
5	X	X	X	O

두 경우에 모두 해당하는 것이 정답이므로 답은 ④가 된다.

08 ③   난이도 중

1) 모순관계 확인
병의 진술이 참이면 정은 범인이다. 그런데 정의 진술에 의하면 병은 거짓을 말하기에 정은 범인이 아니다. 따라서 병과 정은 모순 관계에 있다. 그러므로 병의 진술이 참이면 정의 진술은 거짓이며, 정의 진술이 참이면 병의 진술은 거짓이다.
2) 경우의 수를 고려한 선택지 파악
① (O)
• 모든 경우는 정이 범인이거나 범인이 아니므로, 어떤 경우에도 적어도 한 명의 진술은 거짓이다.
   - 정이 범인: 병 참, 정 거짓
   - 정이 범인 아님: 병 거짓
• 범인이 두 명인 경우는 모두 6가지인데, 모두 적어도 한 명은 거짓이다.
   - [갑, 을]: 을 거짓
   - [갑, 병]: 병 거짓
   - [갑, 정]: 갑 거짓
   - [을, 병]: 을, 병 거짓
   - [을, 정]: 을 거짓
   - [병, 정]: 정 거짓
② (O) 병 또는 정 둘 중 한 명은 거짓, 한 명은 참이다. 그런데 거짓 진술을 한 사람이 셋이면, 나머지 갑과 을도 거짓이다. 따라서 을의 말은 거짓이므로 을은 범인이다.

③ (X) 정이 거짓이면 병은 참이다. 그리고 이때 갑과 을이 참이면, 갑, 병, 정이 범인이다. 따라서 범인이 세 명일 때에 두 명 이상의 진술이 거짓이 되는 것은 아니다. 그리고 피의자들 진술의 참과 거짓 여부에 따라 범인이 결정되는 것은 아니다. 범인이라도 참인 진술을 할 수 있다.
④ (O) 병과 정의 진술은 동시에 참이 불가하기에 둘 중 적어도 한 명은 거짓이다.
⑤ (O) 을이 범인이 아니면 을의 진술은 참이며, 병과 정 둘 중 한 명은 참이기 때문에 두 명 이상의 진술이 참이 된다.

09 ③ 난이도 하

ㄱ. (O)
1) 갑의 대답 중 "범인은 두 명이다."가 참일 경우, 갑의 첫 문장은 거짓이므로 "병은 범인이다."는 거짓이다. 그럴 경우 병의 첫 진술이 거짓이 되므로 두 번째 진술은 참이기에 "범인은 나를 포함하여 세 명이다."가 참이어야 한다. 그러나 이는 "범인은 두 명이다."가 참이라는 진술을 거짓으로 만들기에 옳지 않다. 따라서 갑의 두 번째 진술인 "범인은 두 명이다."는 거짓이다.
2) 갑의 두 번째 진술이 거짓이므로 첫 번째 진술은 참이다. 따라서 병은 범인이다. 이를 통해 병의 첫 진술이 참이며 두 번째 진술이 거짓임을 알 수 있다. 그러므로 범인은 3명이 아니다.
3) 결국 범인은 1명이거나 4명이다.
4) 범인이 1명인 경우 병이 범인이므로 나머지는 모두 범인이 아니다. 따라서 을의 첫 진술이 거짓이며 두 번째 진술은 참이 돼야 한다. 정은 범인이 아니므로 성립되며 정의 첫 진술이 참이므로 두 번째 진술은 거짓이 되어 갑이 범인이 아니기에 가능한 경우이다.
5) 범인이 4명인 경우 을의 첫 진술은 참이며 두 번째 진술은 거짓이 되어 정은 범인이다. 따라서 정의 첫 진술은 거짓이며 두 번째 진술은 참이 되어 성립한다.
6) 그러므로 범인은 1명이거나 4명이 모두 성립 가능하다.
ㄴ. (X) 4)에 의해 을은 범인이 아닐 수 있으므로 옳지 않다.
ㄷ. (O) 4)에 해당되며 이때에 병이 범인이고 나머지는 범인이 아니기에 옳은 진술이다.

10 ④ 난이도 상

ㄱ. (X)
1) 갑이 참이면 정도 참이다.
2) 병의 경우, 참이면 정이 사과 2개로 거짓이며 거짓일 경우에도 병은 2개를 먹었고 정도 2개를 먹어야 한다. 결국 정은 어떤 경우에도 2개를 먹었으며 거짓이다.
3) 정이 거짓이므로 갑의 진술은 거짓으로 갑은 사과 2개를 먹었다.
4) 정의 진술이 거짓이므로 을은 사과 1개를 먹었으며 참이다. 을의 진술이 참이므로 갑은 4개가 남아 있으므로 총 6개를 먹었다.
ㄴ. (O)
1) 을은 갑과 나머지가 다르기 때문에 총합이 5개는 될 수 없다.
2) 을의 총합이 4개인 경우, 을의 남은 사과는 3개가 된다. 이 경우 정은 총합 5개 또는 7개가 된다. 정이 5개일 경우, 남은 사과는 3개가 되어 을과 동일하므로 될 수 없다. 또한 정이 7개가 되면 병은 5개가 총합이 되는데 이때 병은 남은 사과가 3개 또는 4개가 되어 갑 또는 을과 동일하여 조건을 위배한다. 결국 을은 4개가 총합이 될 수 없다. 따라서 을은 총합이 7개가 된다.

ㄷ. (O) 갑이 총합 7개, 을이 6개이므로 병과 정은 4개 또는 5개이다.
1) 병이 총합이 4개이며 정이 5개인 경우, 정은 거짓이어서 나머지가 3개이다. 그러므로 병이 참이면 나머지가 동일하기 때문에 병도 거짓이 되어야 한다.
2) 병이 5개, 정이 4개인 경우 정은 거짓이므로 나머지가 2개가 된다. 이때 병이 참이면 나머지가 4개가 되어 갑과 동일하므로 병은 거짓이 되어야 하며 나머지는 3개가 된다.
결국 병은 어떤 경우에도 거짓이 되어야 한다.

	총합	나머지
갑(거짓 2개)	6	4
을(참 1개)	7	6
병(거짓 2개)	4/5	2/3
정(거짓 2개)	5/4	3/2

11 ③ 난이도 상

갑+을+병+정 = 10
2개: 거짓, not 2개: 참
갑: 을+병=5
을: 병+정=5
병: 갑+정=5
정: 갑+을=4

ㄱ. (O)
1) 만약 을이 참일 경우, 병+정=5이므로, 갑+을=5가 된다. 따라서 정은 거짓(2)이 된다.
2) 갑+을=5인데, 을이 참이기 위해서는 갑이 3이 아니어야 하므로 갑은 1 또는 4가 되어야 한다.
3) 갑이 1이면 을이 4가 되고, 정이 2이므로 병은 3이 되어 참이다. 그럴 경우 갑+정=5가 되어야 하는데, 3이므로 갑은 1이 될 수 없다.
4) 갑이 4이면 을이 1이 되고, 정이 2이므로 병은 3이 되어 참이다. 그럴 경우 갑+정=5가 되어야 하는데, 6이므로 갑은 4가 될 수 없다. 결국 을이 참인 경우는 있을 수 없으므로 을은 거짓이다.
5) 을이 거짓(2)인 경우 갑이 참이라면, 을+병=5이므로 병은 3이 되어 참이다. 이때 갑+정=5가 되어야 하는데, 갑은 참이므로 3이 될 수 없다. 따라서 이 경우 갑은 1 또는 4가 된다. 이때 어떤 경우에도 갑+을=5가 되지 않기에 정은 거짓(2)이 된다. 그러나 정이 거짓(2)이면 병의 진술처럼 갑+정=5가 불가하므로 갑은 참이 될 수 없다.

갑	을(거짓)	병	정
1(참)	2	5(거짓, 2되어야 함) : 모순	거짓: 2
4(참)	2	2(거짓) : 갑 거짓(모순)	거짓: 2

6) 결국 갑과 을은 거짓이고 갑+을=4이므로 정은 참이다. 그리고 병+정=6이 되어야 한다. 그런데 만약 병이 참이면 정은 3이 되고 병+정=6이므로 병도 3이 되어 참이어야 한다. 그러나 갑+정=5가 되어 모순이 발생한다. 따라서 병은 참이 아니라 거짓(2)이 되며 정은 4가 된다.

갑	을(거짓)	병	정
2(거짓)	2	if.참: 정 3, 병 3(갑 참, 모순) ∴ 거짓(병 2, 정4)	참

결국 성립되는 경우는 갑(2), 을(2), 병(2), 정(4)이 된다.
ㄴ. (X) 병이 정보다 적다.
ㄷ. (O) 거짓 3명, 참 1명으로 옳은 진술이다.

유형 05 | 수적배열

p.221

01-1	01-2	02	03	04
④	⑤	③	②	①

05	06	07	08	09
①	③	④	①	⑤

10	11
④	①

01-1 ④
난이도 중

26개의 문자 중 모음이 5개, 자음이 21개이다. 2와 3의 규칙을 적용할 경우, 모음은 10개까지 사용할 수 있으며, 자음은 모음의 좌우로 두 개씩 위치시켜 총 22개를 사용할 수 있다. 따라서 만들 수 있는 단어의 최대 문자 수는 32개이나, 규칙 1에서 문자 개수가 홀수이어야 하므로 31개가 가장 긴 단어가 된다.

01-2 ⑤
난이도 중

가. (O) 규칙 2와 3에서 자음, 모음 모두 2개까지만 사용할 수 있으므로 참이다.
나. (X) 앞의 문제에서 찾았던 가장 긴 단어에서 추론할 수 있다. 가장 긴 단어는 자음이 모음 사이에 각각 2개씩 배열되는 형태이다. 그런데 주어진 단어 'KOREA'는 이러한 형태에서 자음이 3개가 빠져있는 형태이다. 또한 규칙 4와 5에 의해서 중간에만 위치할 수 있다. 맨 마지막에 위치할 경우 가장 긴 단어의 구성 형식에 맞지 않기 때문이다. 그러므로 자음 3개가 빠진 단어가 가장 긴 단어가 된다. 답은 29이므로 거짓이다.
다. (O) 규칙 4, 5, 6의 조건에서 한 개의 문자를 이루는 단어는 오직 모음 하나가 단어가 되는 경우이다. 모음이 5개이므로 참이다.
라. (X) 자음이 2개인 가장 긴 단어의 조합은 '모음 2개 + 자음 + 모음 2개 + 자음 + 모음 2개'이다. 중간에 쓰이는 자음과 관련된 규칙은 없으므로 거짓이다.
마. (X) 가장 긴 단어의 경우 21개의 모든 자음과 모든 모음 5개(2번씩)를 쓸 수 있으며, 4와 5의 규칙을 만족할 경우 모든 알파벳을 사용한 단어가 한 개 이상도 가능하므로 거짓이다.

02 ③
난이도 하

이는 그림이나 도표를 그려서 정리할 경우 더 쉽게 이해할 수 있다.
① (O) 병은 1을 C에서만 뽑을 수 있으므로 참이다.

구분	갑	을	병
A	1		
B		1	
C			1

② (O) 갑은 2를 C에서 뽑아야 하며, 을은 1을 C에서만 뽑을 수 있다. 따라서 병이 뽑을 때에 C에는 3밖에 없기에 병은 3을 뽑아야만 하므로 참이다.

구분	갑	을	병
A	1		
B		2	
C			3

③ (X) 위와 같이 갑이 C에서 1이 아닌 것을 뽑을 수 있는 반례가 존재하므로 옳지 않다.

구분	갑	을	병
A	2	3	1
B	1	2	3
C	3	1	2

④ (O) 갑은 1을 C에서만 뽑을 수 있으므로 참이다.

구분	갑	을	병
A	2		
B		1	
C	1		

⑤ (O) 을이 3을 뽑을 수 있는 곳은 C밖에 없으므로 참이다.

구분	갑	을	병
A	3		
B		2	
C		3	

03 ②
난이도 상

모자, 상의, 하의라는 3개의 항목과 빨간색, 파란색이라는 2개의 변수를 사용하여 가능한 모든 조합을 열거하면 다음과 같이 총 8가지의 경우의 수가 나타난다.

모자	상의	하의
빨	빨	빨
빨	빨	파
빨	파	빨
빨	파	파
파	빨	빨
파	빨	파
파	파	빨
파	파	파

여기서 첫 조건인 모자와 하의가 다른 색임을 적용하면 1, 3, 6, 8번째 줄이 제외된다. 나머지 4가지의 경우를 정리하면 다음과 같다.

모자	상의	하의	경우의 수
빨	빨	파	a
빨	파	파	b
파	빨	빨	c
파	파	빨	d

조건 2를 적용하면, b + c = 6
조건 3을 적용하면, a + b = 5
조건 4를 적용하면, b + d = 7
총인원은 12명이므로, a + b + c + d = 12이다.
a, c, d를 모두 b로 바꾸어 적용하면, (5 − b) + b + (6 − b) + (7 − b) = 12이다.
18 − 2b = 12 → 2b = 6 → b = 3
여기서 문제는 하의만 빨간색인 d를 구하는 것이다. 따라서 b를 대입하면, d = 4이다.

04 ①
난이도 중

인화력 점수의 차이가 A, B, C는 -1, 0, 1이라는 사실이 확정된다. 이에 기반하여 나머지 영역의 점수를 설정할 수 있다. 인화력을 조건에 따라 배치하면 다음과 같다.

사원＼영역	업무 능력	리더십	인화력
A			1
B			0
C			-1

1) A의 총합이 0이어야 하므로 두 가지의 경우가 가능하다. 즉 A의 업무 능력이 0, 리더십이 -1인 경우와 A의 업무 능력이 -1, 리더십이 0인 경우이다.

사원＼영역	업무 능력	리더십	인화력
A	0	-1	1
B			0
C			-1

이때에 B와 C를 조건을 충족시키면서 적용하면 다음과 같이 두 경우가 가능하다.

사원＼영역	업무 능력	리더십	인화력
A	0	-1	1
B	-1	1	0
C	1	0	-1

사원＼영역	업무 능력	리더십	인화력
A	0	-1	1
B	0	0	0
C	0	1	-1

2) A가 업무 능력이 -1, 리더십이 0일 때에도 다음과 같이 두 경우가 가능하다.

사원＼영역	업무 능력	리더십	인화력
A	-1	0	1
B	1	-1	0
C	0	1	-1

사원＼영역	업무 능력	리더십	인화력
A	-1	0	1
B	0	0	0
C	1	0	-1

따라서 모두 4가지가 가능한 경우가 된다.

05 ①
난이도 상

주의할 점은 처음 A, B, C의 번역을 시작하는 날짜가 동일하며, 모든 번역 의뢰는 매일 아침 업무 시작 전에 접수되기 때문에 우선순위가 높은 문서가 중간에 의뢰된다고 해서 번역하는 날 중간에 의뢰된 번역 문서를 바꾸지는 않는다. A, B, C의 주기와 의뢰된 쪽과 기한을 표로 정리하면 다음과 같다.

구분	1	2	3	4	5	6	7	8	9	10
A	10쪽			10쪽			10쪽			
B	20쪽				20쪽					
C	10쪽					10쪽				

ㄱ. (O) 하루에 10쪽씩 번역하므로 A, B, C로부터 의뢰받은 문서 총 40쪽은 4일까지 끝낼 수 있다. 따라서 5일째 되는 날에는 남은 기한이 가장 짧은 문서를 우선 번역하므로 A의 두 번째 문서를 번역하게 된다.

ㄴ. (X) 5일에는 A를, 6일과 7일에는 B를 번역한다. 그런데 8일에는 남은 기간이 C보다 A의 세 번째 의뢰된 문서가 더 짧기에 A를 먼저 번역하게 된다.

ㄷ. (X) 60일 되는 날에 대한 판단을 위해 각각의 기한을 통해 추리하면 다음과 같다.
- A: 60/3 = 20, 20번 의뢰된 페이지의 수는 20 × 10 = 200쪽
- B: 60/4 = 15, 15번 의뢰된 페이지의 수는 15 × 20 = 300쪽
- C: 60/5 = 12, 12번 의뢰된 페이지의 수는 12 × 10 = 120쪽

이들의 합은 200 + 300 + 120 = 620쪽이다. 그런데 60일간 P가 최대로 번역할 수 있는 양은 600쪽이므로 아직 20쪽을 번역하지 못했다.

06 ③
난이도 중

첫 번째 점검에서는 1의 배수로 점검을 하며, 두 번째는 2의 배수로, 세 번째는 3의 배수로 점검하는 규칙을 활용하여 추론해야 한다.

ㄱ. (O) 20의 약수 개수로 확인할 수 있다. 20은 1, 2, 4, 5, 10, 20으로 나눌 수 있으므로 6번 방문하게 된다.

ㄴ. (O) 2회 방문을 한다는 것은 1과 자신의 수로만 나눌 수 있는 수인 소수를 구하라는 것을 의미한다. 따라서 1부터 20 중에서 1을 제외한 소수를 찾으면 2, 3, 5, 7, 11, 13, 17, 19로 총 8개가 된다.

ㄷ. (X) 약수를 최대한 가지고 있는 수는 12, 18, 20으로 12는 1, 2, 3, 4, 6, 12로 6회, 18도 1, 2, 3, 6, 9, 18로 6회, 20도 1, 2, 4, 5, 10, 20으로 6회 방문할 수 있다.

07 ④
난이도 상

1) A: 모두 정답인 경우에 부여한다. (기준 1)
2) D: 문제 1과 문제 2 모두 정답이 아닌 경우이다. 또한 둘 중 적어도 하나가 무답이 아니면 C가 될 수 있으므로, D는 둘 모두 무답임을 알 수 있다.
3) C: 기준 2에서 모두 정답이 아니더라도 풀이 내용에 따라 C를 부여할 수도 있다고 했으므로, 문제 둘 중 최소 하나는 오답이 있어야 한다. 따라서 (정답, 오답) 또는 (오답, 오답)이거나 (오답, 무답)이 가능하다.
4) B: 두 번째 기준에서 둘 모두 정답이 아니면 D가 되기에, 둘 중 적어도 하나는 정답이 되어야 한다.

구분	1	2
A	정답	정답
B	적어도 하나는 정답	
C	적어도 하나는 무답 아님, 오답 최소 하나	
D	무답	무답

① (O) 기준 2에 의해서 적어도 하나가 무답이 아니면, (풀이 내용에 따라) C를 부여할 수 있다. 이는 C가 부여될 수 없다면, 모두 무답임을 추리할 수 있다(대우; transposition). 따라서 B가 아니라 D를 받게 된다.

② (O) 모두 무답인 경우는 D에 해당한다.

③ (O) C보다 높기 위해서 B는 최소한 어느 하나가 정답이어야 한다. 만약 둘 모두 정답이 아니면 D나 C가 부여되기 때문이다.

④ (X) C는 적어도 하나가 무답이 아니어야 하는 조건밖에 없다. 그래서 C가 문제 중 하나가 정답, 다른 하나가 오답인 경우 모두 가능하다. 이때 B도 (정답, 오답)이지만 풀이 내용에서 C보다 높은 점수를 받을 경우 가능한 경우가 나타날 수 있다.

⑤ (O) 문제 2가 무답이며 문제 1이 정답이 아닐 경우, 문제 1은 오답 또는 무답이 된다. 무답인 경우 둘 모두 무답이므로 D가 되며, 오답인 경우 C가 된다. 따라서 B를 받을 수 없다.

08 ①   난이도 상

경우를 종합하면 다음과 같이 두 가지만 가능하다.

구분	1	2	3	4	5	6	7	8	9	10	11	12
[1]	C				E	A				B		D
[2]	D		B						A	E		C

ㄱ. (O) A와 B 사이에는 구슬이 없다.
ㄴ. (X) [1]의 경우가 가능하기에 옳지 않다.
ㄷ. (X) [2]의 경우가 가능하기에 옳지 않다.

09 ⑤   난이도 상

ㄱ. (O) 만약 갑이 반대하여 0점이 되면, P가 통과되기 위해 17점을 획득해야 하므로 나머지 위원들은 최댓값이 되어야 한다. 을과 병은 짝수 점수이므로 4점씩, 그런데 정은 을보다 작아야 하므로 3점을, 나머지 무는 최대 5점이 가능하다. 이 경우 점수 합은 16점이 되어 17점을 넘지 못한다. 따라서 갑은 반대를 해서는 안 되며 찬성을 해야 한다.

ㄴ. (O)
1) 4점 부여한 위원이 없다면, 갑, 을, 병이 모두 2점씩 총 6점을, 그리고 정과 무가 합하여 7점을 부여해야 하는데, 정과 무는 1, 3, 5 중 하나가 되어야 하므로 불가하다. 따라서 4점 부여한 위원이 있다.
2) 반대한 위원이 없고 4점 부여한 위원이 있다면, 갑, 을, 병 중 한 명이 4점, 나머지가 2점씩 부여하게 되어 이들 총합이 8점이 된다. 13점이 되려면 나머지 5점을 정과 무가 1, 3, 5점으로 구성해야 하는데, 그럴 수 없으므로 반대한 위원이 있어야 한다.

ㄷ. (O) 병이 반대하였고 P가 17점 이상으로 통과되려면, 갑과 을이 각각 4점씩 8점, 나머지 정과 무가 합하여 9점 이상이 되어야 하므로 정과 무는 각각 5점씩 부여해야 한다. 따라서 총 18점이 된다.

10 ④   난이도 상

ㄱ. (X) C, D, E가 켜져 있고 A가 켜지지 않아도 전광판에 켜진 전구의 개수는 모두 2개씩이 될 수 있다.

ㄴ. (O) D가 켜져 있지 않을 경우 3가지 종류의 전구가 켜져 있으려면, 두 번째 전광판 A, C, F 중 2개/세 번째 전광판 B, E, G 중 2가가 켜져야 하며 그 경우 총 4가지 종류의 전구가 켜져야 한다. 따라서 3가지 종류의 전구가 켜지려면 D가 켜져야 한다.

ㄷ. (O) 만약 F가 켜져 있고 G가 켜져 있지 않을 경우, 두 번째 전광판과 네 번째 전광판에 최소 1개가 더 켜져야 한다. 그리고 동시에 세 번째 전광판은 G가 켜지지 않기 때문에 0 또는 2개가 켜져야 한다.

1) 세 번째 전광판 B, D, E 모두 켜지지 않음: 네 번째 전광판에 C가 반드시 켜져야 하며 이 경우 첫 번째 전광판에 A도 켜져야 한다. 그런데 이 경우 두 번째 전광판은 3개가 켜지게 되어 조건을 위배한다.
2) 세 번째 전광판 B, D 켜짐, E 켜지지 않음: 네 번째 전광판에 C가 반드시 켜져야 하며 이 경우 두 번째 전광판에 A도 켜져야 한다. 그런데 이 경우 첫 번째 전광판은 3개가 켜지게 되어 조건을 위배한다.
3) 세 번째 전광판 D, E 켜짐, B 켜지지 않음: 네 번째 전광판에 C가 켜지면 안 되며 이 경우 첫 번째 전광판에 A가 켜져야 한다. 그런데 이 경우 두 번째 전광판은 3개가 켜지게 되어 조건을 위배한다.
4) 세 번째 전광판 B, E 켜짐, D 켜지지 않음: 네 번째 전광판에 C가 켜지면 안 되며 이 경우 첫 번째 전광판에 A도 켜지면 안 된다. 그런데 이 경우 두 번째 전광판은 1개가 켜지게 되어 조건을 위배한다.

따라서 F가 켜져 있으면 G도 켜져 있다.

11 ①   난이도 상

구금일과 석방일이 네 사람 모두 달라야 하는데 정이 구금 일수가 가장 많아야 하며 7. 13.은 정의 석방일이 아니다. 또한 병은 정보다 먼저 구금되었기에 정의 구금일은 7. 6.이 아니며 병의 구금일은 9일이 될 수 없다.

구금날짜	사람	석방날짜	사람
6	~~정~~	10	
7		11	
8		12	
9	~~병~~	13	~~정~~

ㄱ. (O)
1) 7.6.에 구금된 사람은 최소 5일간 구금되며, 7.6.에는 정이 구금될 수 없으므로, 정이 구금 일수가 가장 많기 위해서는 최소 6일이 되어야 한다. 정은 최대 7.7~7.12까지 6일이 가능하기에 정은 확정된다.
2) 을과 병은 결국 5일이 구금기간이 된다. 갑이 가장 작아야 하기 때문에 7.6에 올 수 있는 사람은 최소 5일이 되어야 하기에 갑이 될 수 없다.
3) 병은 7.9.에 올 수 없으므로 병이 7.6에 구금되며 7.9.에는 을이 구금된다. 따라서 석방일은 병이 7.10. 을이 7.13.이 된다.
4) 갑은 나머지 일자인 7.8.에 구금되며 7.11.에 석방된다.

구금날짜	사람	석방날짜	사람
6	병	10	병
7	정	11	갑
8	갑	12	정
9	을	13	을

ㄴ. (X) 을과 병이 5일이므로 정은 6일 이상이 되어야 하는데, 정은 최대 7일부터 12일까지 구금 일수가 6일이어서 이 경우 이외에는 가능한 경우가 없다. 따라서 정은 7. 7.에 구금되었다.

ㄷ. (X) 병은 정보다 앞서야 하므로 구금일은 7. 6.이며 석방일은 10일이 된다. 을도 병과 구금 일수가 동일하게 5일이고 갑이 구금 일수가 가장 적어야 하므로 을은 9일이 구금일이 되고 13일이 석방일이 된다. 나머지 갑은 구금일 8일, 석방일 11일이 된다. 결국 갑은 병보다 늦게 석방되었다.

유형 06 | 승패게임

p.227

01	02	03	04	05
⑤	②	③	④	⑤

01 ⑤
난이도 상

주어진 조건 중 첫째 구간에서 갑과 을, 병의 속도비가 1:2:4임을 보여준다. 속도 = 거리/시간이다. 거리는 구간이 모두 동일하므로 속도가 빠른 사람이 시간이 적게 걸리게 된다. 따라서 병, 을, 갑의 순서로 빨리 도착할 것이다. 그런데 주의할 점은 을과 병이 쉬는 데에 사용한 시간이 나타난다는 점이다. 이는 경주하는 데에 사용한 시간이 그만큼 줄어든다는 것을 의미한다. 따라서 쉬는 데에 사용한 시간의 비율을 뺀 나머지 비율로 시간을 설정하여 그 시간만큼 경주한 거리를 구해야 한다.

ㄱ. (O) 갑(구두)과 을(등산화), 병(운동화)의 속도가 1:2:4이며, 각각은 100%:60%:20%만큼 경주하는 데에 시간을 사용하였다. 이를 토대로 동일 시간 안에 각 사람들이 갈 수 있는 거리를 식으로 구하면 다음과 같다.
- 갑: 속도(1) × 시간(100%) = 거리(100)
- 을: 속도(2) × 시간(60%) = 거리(120)
- 병: 속도(4) × 시간(20%) = 거리(80)

따라서 을이 B에 가장 먼저 도착한다. 뒤이어 갑과 병이 B까지 도착한다는 사실을 알 수 있다.

ㄴ. (O) 을(운동화), 갑(등산화), 병(구두)이 B에서 출발하며, 이들의 속도비는 각각 4:2:1이다. 쉬는 시간을 고려하지 않을 때에는 을이 가장 먼저 도착해야 한다. 그러나 조건에서 을이 가장 먼저 들어오지 않았고 쉰 사람은 한 사람만 있으므로, 을이 쉬었다는 것을 알 수 있다.

ㄷ. (O) B에서 C구간에서 을은 중간에 쉬었고, 쉬었던 사람은 한 사람이라는 조건으로 인해 나머지 두 사람은 쉬지 않고 달려왔다. 따라서 B에 먼저 도착한 갑이 B-C구간을 병(구두)에 비해 2배 빠른 등산화를 신고 갔으므로 C에 가장 먼저 도착하게 된다.

02 ②
난이도 상

이 문항에서는 두 사람이 게임을 하고 한 사람은 대기한다. 그리고 그 대기한 사람이 그다음 게임에서 이긴 사람과 게임을 하고 앞선 게임에서 진 사람이 대기자가 된다. 이러한 게임의 상황을 고려하여 주어진 정보를 활용해야 한다. 게임은 다음과 같이 진행된다.

시합	승리	패배	대기
1	갑	병	을
2	을	갑	병
3	병	을	갑
4 ...	갑 ...	병 ...	을 ...

ㄱ. (X) 게임의 진행과정에서 최종 승리자가 결정되기까지 계속적으로 게임이 이루어졌기에 매 게임 승자와 패자가 나타나게 된다. 결국 갑, 을, 병의 승수의 총합이 전체 게임 수가 된다. 따라서 15게임이 된다. 이를 기반으로 전체 15게임의 과정 및 결과를 정리하면 다음과 같다.

시합	승리	패배	대기
1	갑	병	을
2	을	갑	병
3	병	을	갑
4	갑	병	을
5	을	갑	병
6	을	병	갑
7	갑	을	병
8	갑	병	을
9	을	갑	병
10	병	을	갑
11	갑	병	을
12	을	갑	병
13	을	병	갑
14	갑	을	병
15	갑	병	을

ㄴ. (X) 첫 시합을 갑과 병이 했으므로 을이 참여할 수 있는 시합의 총 수는 14이다. 을이 승리한 6게임 이외의 나머지 게임은 총 8게임이다. 여기서 을이 패할 경우 대기하여야 하므로 패한 게임이 4번이며 4게임은 대기하였다. 을이 대기할 때에 갑과 병이 게임을 하였으므로 첫 시합을 포함하여 갑과 병은 모두 5게임을 한 것이다. 이를 정리하면 다음과 같다.

> 을: 승리 6게임 + 패 4게임 + 대기 4게임(갑과 병 게임)

ㄷ. (O) 갑은 총 15게임에서 7게임을 승리하였다. 그렇다면 갑은 첫 게임부터 시작하였기에 나머지 8게임을 패하거나 대기자였던 경기였다. 그런데 갑은 패할 때에만 대기자가 되기에 나머지 8게임의 절반인 4게임이 패한 경기이며, 나머지 4게임이 대기하였던 경기였다. 갑이 대기하였을 때에 을과 병이 게임을 한 것이므로 을과 병은 4게임을 한 것이 된다. 그런데 조건에서 을과 병이 이긴 횟수가 같다고 하였으므로 각각 2승 2패가 된다. 이를 정리하면 다음과 같다.

> 갑: 승리 7게임 + 패 4게임 + 대기 4게임(을과 병 게임)

03 ③
난이도 중

제시된 점수를 통해 각각의 승패를 추론할 수 있다. A와 B는 7점이므로 1승 1무임을 알 수 있다. 한편 C는 4점으로 2무 1패이다. 그리고 D는 10점으로 2승 1패이다. 이 경우 C가 2번 무승부를 한 상대는 A와 B가 된다. 이를 표로 나타내면 다음과 같다. (승: O, 패: X, 무승부: △)

구분	A	B	C	D
A			△	
B			△	
C	△	△		X
D			O	

ㄱ. (O) 결과에서 A와 B 모두 총점이 7점이기에 이들은 각각 우월한 경우 1번, 동등한 경우 1번이 있었음을 알 수 있다. 한편 C는 4점이기에 동등한 경우가 2번이었다. D는 승리한 경우만 두 번이다. 따라서 A와 B는 각각 C와의 비교에서 동등한 결과였다는 사실을 알 수 있다.

ㄴ. (X) A와 B의 동등한 경우가 각각 C와의 비교였으므로, 한 번씩 우월한 결과는 A는 B나 D와의 비교에서, B는 A나 D와의 비교에서 우월하였다. 하지만 B가 D와의 비교에서 더 나은 평가인지는 알 수 없다. D도 A, B, C와의 비교에서 두 번만 우월하면 되므로 경우의 수가 나타나기 때문이다.

ㄷ. (O) A와 B의 비교에서 A가 더 나은 평가를 받았다면, B는 D와의 비교에서 우월하였다. C는 A와 B와 동등, D와의 비교에서는 D가 우월한 평가가 된다. 그리고 D도 A와 C와의 비교에서 우월한 결과가 나타나게 된다. 따라서 나머지 모든 결과를 알 수 있게 된다. 이를 표로 나타내면 다음과 같다.

구분	A	B	C	D
A		O	△	X
B	X		△	O
C	△	△		X
D	O	X	O	

04 ④   난이도 상

1) 각 팀은 2번씩 경기를 치렀다. 우선 4번의 시합 결과로부터 A와 B가 승점 4점임을 알 수 있다. 이기면 승점 3, 비기면 1, 지면 0점이기에 둘 모두 1승 1무였음을 알 수 있다. 마찬가지로 C는 승점 3이므로 1승 1패가 된다. 또한 D는 승점이 0이므로 2패이다. 이 경우 A와 B가 무승부가 될 수밖에 없다. 다른 팀은 무승부의 점수가 될 수 없기 때문이다.
2) 이제 A와 B가 무승부했을 때의 득점과 실점을 확인하면서 추리해야 한다. 0:0, 1:1, 2:2가 가능한 점수이기에 각각의 경우를 대입하여 다른 팀과의 경우를 함께 확인해야 할 것이다.

ㄱ. (X) A와 B가 0:0으로 비겼을 경우 A는 다른 팀에게 3득점을 하여 이겨야 한다. 3실점이 가능한 팀은 D인데, A와의 경기에서 D가 3실점으로 졌다고 가정할 경우 D는 1번만 패해야 한다. 그러나 D는 2패를 기록하였기에 이 경우는 불가능하다. 결국 A와 B는 1:1로 무승부를 한 것이 된다. 만약 2:2로 무승부가 될 경우 B의 실점이 1점만 나타나야 하므로 불가능하기 때문이다.

ㄴ, ㄷ. (O) A와 B가 1:1로 비겼기 때문에 A는 다른 팀에게 2:1로 이겼으며 B는 다른 팀에게 1:0으로 이겼다. C는 1승 1패를 했기에 D에게 이겼다는 것을 알 수 있다.
  1) 만약 B가 C에게 이겼다면, C는 B에게 0:1로 졌으므로 D에게 2:1로 이겨야 한다. 그러나 D의 득점은 0점이므로 이는 불가능한 경우가 된다. 따라서 A가 C와 경기를 해서 이겼다는 것을 알 수 있다.
  2) A가 C에게 이겼기 때문에 B와 C가 D에게 이겼다는 것을 확인할 수 있다. A가 C에게 이겼을 경우, C는 A에게 1:2로 졌으므로 D에게는 2:0으로 이기게 된다. 그러므로 아직 A와 D, B와 C는 경기를 하지 않았음도 알 수 있다. 이 관계를 정리하면 다음과 같다.

경기	점수
A:B	1:1
A:C	2:1
B:D	1:0
C:D	2:0

05 ⑤   난이도 상

각각의 진술이 참임을 가정하여 승패를 파악하면 다음과 같다.
- 갑: A(2승 1패)는 결승전에 진출하여 패하였고 준우승하였다.
- 을: E(1승 1패)는 준결승에서 패하였다.
- 병: C는 B와 준결승에서 대결했고 B가 이겨 결승에 진출했다. C는 1승 1패, B는 2승이다.
- 정: H 우승(3승)

위 진술들이 모두 참일 경우 결승에 오른 팀이 A, B, H가 되어 갑, 병, 정 중 한 사람은 거짓말을 한 것이 된다. 따라서 을은 참이다.

[경우 1] 갑 거짓: 준결승에서 E와 H, B와 C가 대결을 하였고, 나머지 A, D, F, G가 첫 게임에서 패하였다. 준결승에서 B가 C를 이기고 H가 E를 이겼다. 결승에 B와 H가 진출하여 H가 우승하였다.
[경우 2] 병 거짓: 준결승에 A, E, H가 올랐고 결승에서 A와 H가 대결하여 H가 우승하였다.
[경우 3] 정 거짓: 준결승에서 A와 E가 대결하고 B와 C가 대결하였다. 따라서 나머지 D, F, G, H는 첫 게임에서 패하였다. A와 B가 결승에 진출했고, B가 우승하였다.

ㄱ. (O) 갑, 병, 정 중 한 사람이 거짓말을 했으며 을은 참이다.
ㄴ. (O) 갑이 거짓이면, 준결승에서 E와 H가 대결을 하였고(을과 정의 진술), C와 B가 대결을 한 것이다(병의 진술). 따라서 H는 준결승에서 E에게 이겼다는 것을 알 수 있다.
ㄷ. (O) 을은 참이므로 E가 준결승에 오른 팀이다. 그런데 병이 참이면 B와 C가 준결승에 올랐을 것이고, 갑이 참이면 A도 준결승에 올랐을 것이다. 이 경우 H는 준결승에 오를 수 없다. 8개 팀에서 4개 팀이 준결승에 오르기 때문이다. 그렇다면 H는 첫 게임에서 패한 것이 되어 승리할 수 없다. 따라서 H가 1승이라도 했다면 갑이나 병이 거짓말을 한 것임을 알 수 있다.

PART 01 추리 영역
04 수리 추리 정답 및 해설

유형 01 | 대수 및 연산

p.232

01-1	01-2	02	03	04
④	③	③	⑤	③
05	**06**	**07**	**08**	**09**
③	③	②	①	⑤
10	**11**	**12**	**13**	**14**
④	③	④	②	①

01-1 ④
난이도 하

① (X) C가 포함되어 있으면 E도 포함되어야 하는데, 이를 충족시키지 못한다.
② (X) 전하량이 2/3이므로 조건에 위배된다.
③ (X) B와 D가 동시에 포함되어 있어 조건에 위배된다.
④ (O) 조건을 충족시킨다.
⑤ (X) 반쿼크만으로 구성되어 있기에 두 번째 조건에 위배된다.

01-2 ③
난이도 하

① (X) B가 포함될 경우 전하량이 맞지 않는다.
② (X) D가 포함될 경우 전하량이 맞지 않는다.
③ (O) E가 포함될 경우 참이 된다.
④ (X) F가 포함될 경우 전하량이 맞지 않는다.
⑤ (X) 네 번째 조건에 위배된다.

02 ③
난이도 하

이 문제에서 주의할 사항은 A(N)에 대한 다른 것의 진동수 비를 생각할 때에 (N + 1)이라는 것이다. 따라서 A를 제외한 다른 항들은 항상 A에서 -1을 해서 생각해야 한다. 주어진 정보는 A(4)가 440Hz이다. 그리고 A(N + 1)은 A(N)의 2배이므로 이를 토대로 다른 A의 값을 계산하여 나머지 비율에 적용해야 할 것이다.

① (X) 주어진 조건은 A(4)는 440Hz이다. 그리고 A(N + 1)은 A(N)의 2배이다. 그러므로 A(5) 진동수는 880Hz이고, A(6)는 1,760Hz이며, A(7)은 3,520Hz가 된다. 7,040Hz는 A(8)이다.
② (X) B(6)는 A(6)의 9/8이므로 1,760 × 9/8, 1,980Hz이며, F(5)는 F(N + 1)이고 A(4)의 5/3이므로 440 × 5/3이 된다. 이를 4배 하면, 2,933.33Hz가 된다.
③ (O) C(5)는 C(N + 1)이므로 A(4)의 5/4이므로 440 × 5/4로 550Hz이며, C(6)는 같은 방식으로 추리할 때에 880 × 5/4가 되어 1,100Hz가 된다. 따라서 두 개의 차이는 550Hz가 된다.
④ (X) A(3)는 A(4)가 두 배이므로 220Hz가 되며, A(2)는 110Hz이다. 그리고 A(N)에 대한 D(N + 1)의 진동수가 4/3이므로, D(5)는 440 × 4/3, D(4)는 220 × 4/3, D(3)는 110 × 4/3이다. 그러므로 D(5)와 D(4)의 차이는 220 × 4/3이며, D(4)와 D(3)의 차이는 110 × 4/3이다. 그러므로 이들 사이의 진동수 차이는 2배이다.
⑤ (X) 330Hz가 되는 경우를 생각하면 된다. 이미 위에서 A(3)의 진동수는 220Hz라는 것을 알고 있다. 그리고 A(N)에 대해 E(N + 1)의 진동수 비는 3/2이다. 그러므로 E(4)는 220 × 3/2이며, 330Hz가 된다.

03 ⑤
난이도 중

지문의 도표를 계산식으로 옮기면 다음과 같은 4개의 일차함수식이 나온다.
A + B = 40 ················①
C + D = 20 ················②
A + C = 48 ················③
B + D = 12 ················④

ㄱ. (O) 호전된 사람의 비율을 분수로 나타내면, ①번 식에서 ④번 식을 빼면 A − D = 28이 되고, D를 우변으로 넘기면 A = D + 28이 된다. 따라서 D가 커질수록 전체 값이 커지므로 옳다.
ㄴ. (O) ③번 식에서 C를 우변으로 넘기면 A = 48 − C가 된다. 이때 C는 최솟값 = 8(D = 12)과 최댓값 = 20(D = 0)을 갖는다. C가 커질수록 A와 C의 차이는 줄어든다. C가 커지면 분모가 줄어들므로 신약을 투여 받은 사람 중 호전된 사람의 비율이 작아진다. 따라서 옳다.
ㄷ. (O) A:B가 4:1이며, A = 4B이다. ①에 대입해 방정식을 풀면 B = 8, A = 32이다. 신약을 투여 받은 사람 중 호전된 사람의 비율은 32/40, 즉 80%이다. B가 8이면 D는 4이며 C는 16이다. 위약을 투여 받은 사람 중 호전된 사람의 비율은 16/20, 즉 80%이다. 따라서 옳다.

04 ③
난이도 중

도표를 보면 3개월 동안 총 5개의 기업이 산업 지구에 입주한다. 1월에 입주한 기업을 A와 B, 2월에 입주한 기업을 C, 3월에 입주한 기업을 D와 E라고 해 보자. 또 각각의 규칙들을 다음과 같이 정해보자.
[규칙 1] 같은 달에 입주한 기업의 월 생산액은 동일하다.
[규칙 2] 짝수 달에 입주한 기업의 월 생산액은 변하지 않는다.
[규칙 3] 홀수 달에 입주한 기업의 월 생산액은 매월 백만 원씩 증가한다.
[규칙 1]에 따라 A와 B의 월 생산액은 동일하며 월평균 생산액은 20(단위: 백만 원, 이하 생략)이기 때문에 A와 B의 1월 생산액은 각각 20이다. 또 [규칙 3]에 따라 2월엔 각각 21, 3월엔 22로 증가한다.

2월에 입주한 C의 생산액을 구해보자. A와 B와 C의 2월 월평균 생산액이 22이므로 A의 2월 생산액 + B의 2월 생산액 + C의 2월 생산액 = 66이다. [규칙 3]에 따라 A와 B의 2월 생산액은 21이므로 C는 24가 된다. [규칙 2]에 따라 C의 3월 생산액은 24이다.

3월에 입주한 D와 E의 3월 생산액을 계산해 보면, A와 B는 각각 22, C는 24이고, [규칙 1]에 따라 D = E이기 때문에 이를 계산해 보면 D와 E는 각각 21이다.

따라서 3월에 생산액이 제일 많은 곳은 2월에 입주한 C, 그다음은 1월에 입주한 A와 B, 가장 적은 곳은 3월에 입주한 D와 E다.

05 ③   난이도 중

주어진 조건을 정리하면 다음과 같다.
1) A+B=12
2) B+D=8
3) C+D=7
4) D+A=10

위 조건에서 각각의 흡수도를 파악할 수 있다. 즉 2)에서 B=8-D가 나오며, 4)에서 A=10-D가 나온다. 이를 1)에 대입하면 다음과 같다.
(10-D)+(8-D)=12
2D=18-12
D=3

결국 A는 7, B는 5, C는 4, D는 3임을 알 수 있다. 따라서 (가)는 9, (나)는 19이다.

ㄱ. (O) D가 3으로 가장 낮다.
ㄴ. (X) (가)는 9이므로 10보다 작다.
ㄷ. (O) (나)는 19이므로 20보다 작다.

06 ③   난이도 상

종소리 열 번 중 여덟 번 먹이 주는 경우를 Aa, 종소리 열 번 중 여섯 번 먹이 주는 경우를 Ab, 1, 2, 3, 4초 시간 간격 차이에 의해 Aa1, Aa2, Aa3, Aa4/Ab1, Ab2, Ab3, Ab4로 표시할 수 있다. 그리고 매번 먹이를 주고 1초 후 종소리를 들려주는 경우를 B, 종소리와 먹이를 동시에 주는 경우를 C라 하며, 학습률은 먹이 없이 종소리만 들려준 횟수와 침을 흘리는 횟수의 비율을 말한다.

Aa1	Aa2	Aa3	Aa4
Aa1	= Aa1 - 20%	= Aa2 - 20%	= Aa3 - 20%

학습평균율: 50%
→ (Aa1 + Aa2 + Aa3 + Aa4)/4 = 50%
따라서 위 네 조건은 다음과 같이 정리된다.
- Aa3 = Aa1 - 20% - 20%
- Aa4 = Aa1 - 20% - 20% - 20%
- Aa1 + Aa2 + Aa3 + Aa4 = 50% × 4
- Aa1 + (Aa1 - 20%) + (Aa1 - 40%) + (Aa1 - 60%) = 200%

여기서 Aa1의 값을 알 수 있다.
4Aa1 - 120% = 200%
4Aa1 = 200% + 120%
4Aa1 = 320%
Aa1 = 80%

이를 토대로 Aa와 Ab의 각각의 값을 정리하면 다음과 같다.

Aa1	Aa2	Aa3	Aa4
80%	60%	40%	20%
Ab1	Ab2	Ab3	Ab4
40%	30%	20%	10%

따라서 B조건의 학습률은 20%이고, C조건의 학습률은 60%이다.
ㄱ. (O) Aa3은 40%, Ab1도 40%로 동일하다.
ㄴ. (O) B조건의 학습률은 20%, Aa4도 20%로 동일하다.
ㄷ. (X) C조건의 학습률은 60%로, Ab2 30%와 Ab3 20%의 합이 50%이므로 같지 않다.

07 ②   난이도 상

ㄱ. (O) (1)에서 중국의 총 구는 6,000만 인이다. 이 중 50인마다 훈련병 1인과 복무병 1인을 차출한다. 그런데 (2)에서 강남 지역의 복무병은 2개 조로 각각 10만씩 총 20만 명이다. 그러므로 강남 지역의 총 인구는 20만 × 50 = 1,000만이 되므로 중국 인구의 약 1/6이 강남 지역에 거주한다는 사실을 알 수 있다.
ㄴ. (O) 복무병은 10호마다 1인을 부양하며 훈련병은 부양할 필요가 없으므로, 총 1,000만 호가 100만 명의 복무병을 국가 재정의 부담 없이 유지할 수 있다.
ㄷ. (X) (1)에서 병역의 의무는 20세부터 30년간이다. 그리고 (2)에서 복무는 2년씩 돌아가며 하는데 한 해는 군현(궁성)을, 그리고 다른 해에는 궁성(군현)을 수비한다. 그리고 그 이듬해에는 훈련병이 이를 대치한다. 이를 정리하여 도표로 만들면 다음과 같다.

구분	1년	2년	3년	4년
복무병1	군현	궁성	훈련	훈련
복무병2	궁성	군현	훈련	훈련
훈련병1	훈련	훈련	군현	궁성
훈련병2	훈련	훈련	궁성	군현

결국 한 곳을 4년마다 지키게 됨을 알 수 있다. 따라서 복무병2처럼 처음에 궁성을 지킨 사람은 의무 기간 30년 동안 궁성을 지키는 기간이 7.5년이 되므로 최대 8회까지 궁성 수비를 맡게 된다.

08 ①   난이도 상

ㄱ. (O) 둔전은 약 70만 경, 즉 7천만 무가 있으며, 둔전제에서는 군호마다 50무를 경작하므로, 70만 경을 50으로 나누면 140만 호가 될 것이다.
ㄴ. (X) 전국의 토지는 700만 경이고, 둔전은 70만 경이므로 둔전이 아닌 토지는 630만 경이다. 이 중 국유지는 1/3이므로 210만 경일 것이다.
ㄷ. (X) 전국의 민호는 1,000만 호이며, 지문에서처럼 1호마다 50무씩 분배할 경우 5억 무가 된다. 이 중 국유지 210만 경을 모두 분배하고 사유지도 420만 경 중 분배한 뒤에는 1억 3천만 무의 사유지가 남는다. 따라서 소유권 변동이 일어날 수 있는 사유지는 420 - 130 = 290만 경(2억 9천만 무)이다. 이는 전체 사유지 420만 경의 약 69%로 절반을 넘는다.

09 ⑤
난이도 상

주어진 정보를 정리하면 다음과 같다.
1) 모든 아테네인들 총 139개 데모스에 등록
2) 도시, 해안, 내륙 데모스를 균등하게 할당하고 남는 데모스는 도시 지역에 포함: 도시(47개), 해안(46개), 내륙(46개)
3) 지역마다 10개의 트리튀스 만들고 데모스를 균등하게 할당, 남는 데모스는 1개의 트리튀스에 포함

기준	10개 트리튀스
도시	9개 트리튀스(4개 데모스)/ 1개 (11개 데모스)
해안	9개 트리튀스(4개 데모스)/ 1개 (10개 데모스)
내륙	9개 트리튀스(4개 데모스)/ 1개 (10개 데모스)

4) 지역마다 트리튀스 1개씩 뽑아 3개의 트리튀스로 구성된 필레 구성
5) 각 필레에서 추첨으로 50명씩 뽑아 평의회 구성
6) 필레에 포함된 데모스 1개 정원 100명으로 가정

ㄱ. (O) 도시, 해안, 내륙에는 각각 47개, 46개, 46개의 데모스가 할당된다. 여기에 각 지역마다 10개씩의 트리튀스를 만들기 때문에 최소 4개의 데모스를 포함하게 된다.

ㄴ. (O) 각 지역에 트리튀스를 만들 때에 10개로 각각의 데모스를 할당하며 남는 데모스는 1개의 트리튀스에 포함시킨다. 그래서 도시는 9개의 트리튀스에 4개의 데모스가 할당되고 하나의 트리튀스에는 나머지 7개가 더 할당되어 최대 11개의 데모스가 할당된다. 마찬가지로 해안과 내륙에는 나머지 데모스가 6개이므로 최대 10개의 데모스가 할당된 트리튀스가 존재하게 된다. 그러므로 각 지역마다 트리튀스 1개씩을 뽑을 때에 이들이 모두 뽑히게 되면 최대 11 + 10 + 10 = 31개의 데모스가 포함된다.

ㄷ. (O) 데모스 1개의 정원을 100명으로 가정할 경우, 도시, 해안, 내륙에 할당된 데모스와 트리튀스의 인구는 A에 의하면 다음과 같다.

구분	데모스(인구수)	트리튀스 10개 구성
도시	47(4,700)	데모스 4개 9개/ 데모스 11개 1개
해안	46(4,600)	데모스 4개 9개/ 데모스 10개 1개
내륙	46(4,600)	데모스 4개 9개/ 데모스 10개 1개

평의회는 각 필레에서 추첨으로 50명씩 뽑는데, 필레는 각 지역마다 트리튀스 1개씩을 뽑아 3개의 트리튀스로 구성한다. 따라서 필레는 모두 10개가 되며, 평의회는 필레마다 50명씩 추첨되어 총 500명이다.

1) 필레 구성에 있어서 도시 지역 거주자가 평의회에 뽑힐 경우 중 다른 지역들에 비해 가장 낮을 경우는 90%로 다음과 같다.
   - 필레가 구성될 경우, 각 지역마다 데모스가 4개씩 있는 트리튀스가 구성될 비율은 9/10이다. 따라서 세 지역 모두에서 이러한 트리튀스로 구성될 필레의 확률은 (9/10 × 9/10 × 9/10) = 72.9%이다. 그리고 이 경우 평의회에 뽑힐 확률은 3개의 트리튀스 1,200명 중 50명이므로 50/1,200(약 4.15%)이 된다. 그런데 필레는 각 트리튀스에서 추첨을 통해 결정되는데, 트리튀스 중에서 각 지역에 있는 9개는 모두 데모스 4개인 400명 중에서 결정된다는 점에서 동일하다. 이 경우 이 400명에 뽑힐 확률은 도시의 경우 데모스가 47개이므로 400/4,700(8.5%)의 확률이며, 나머지 지역은 400/4,600(8.6%)이다. 따라서 이 경우 도시에 거주하는 구성원의 뽑힐 확률이 가장 낮다.
   - 도시 지역(400/4,700)과 해안 지역(400/4,600)이 4개 데모스로 구성된 트리튀스가, 내륙 지역은 10개 데모스가 포함된 트리튀스(1,000/4,700)가 포함될 경우: 9/10 × 9/10 × 1/10 = 8.1%
   - 도시 지역(400/4,700)과 내륙 지역(400/4,600)이 4개 데모스로 구성된 트리튀스가, 해안 지역은 10개 데모스가 포함된 트리튀스(1,000/4,700)가 포함될 경우: 9/10 × 9/10 × 1/10 = 8.1%
   - 도시 지역(400/4,700)은 4개 데모스로 구성된 트리튀스가, 해안과 내륙 지역은 10개 데모스가 포함된 트리튀스(1,000/4,700)가 포함될 경우: 9/10 × 1/10 × 1/10 = 0.9%

2) 도시 지역 거주자 중 평의회에 뽑힐 확률이 다른 지역보다 높은 경우는 11개의 데모스가 포함된 트리튀스가 선택된 경우뿐이다. 그 경우는 10%로 다음과 같다.
   - 가장 많은 데모스가 구성되는 트리튀스끼리 뽑힐 경우: 도시 지역의 거주자는 총 인원 4,700명 중 1,100명에 해당될 확률이므로 1,100/4,700의 확률(약 23.4%)로, 타지역의 확률 1,000/4,600(약 21.7%)에 비해 높다. 그러나 이러한 조합이 될 확률은 1/10 × 1/10 × 1/10 = 0.1%로 매우 낮다.
   - 도시 지역에서 11개의 데모스가 포함된 트리튀스가 선택되고 (1,100/4,700) 해안은 4개 데모스가 포함된 트리튀스(400/4,600)가, 내륙은 10개 데모스가 포함된 트리튀스(1,000/4,700)가 포함된 필레가 선택될 경우: 1/10 × 9/10 × 1/10 = 0.9%
   - 도시 지역에서 11개의 데모스가 포함된 트리튀스가 선택되고 (1,100/4,700) 내륙은 4개 데모스가 포함된 트리튀스(400/4,600)가, 해안은 10개 데모스가 포함된 트리튀스(1,000/4,700)가 포함된 필레가 선택될 경우: 1/10 × 9/10 × 1/10 = 0.9%
   - 도시 지역에 11개의 데모스가 포함된 트리튀스(1,100/4,700)가, 다른 지역은 모두 4개 데모스가 포함된 트리튀스(400/4,600)가 선택될 경우: 1/10 × 9/10 × 9/10 = 8.1%

결국 도시 지역 거주자는 타지역에 거주하는 사람에 비해 평의회에 뽑힐 확률이 가장 낮다.

10 ④
난이도 중

개편 이전과 개편 이후를 A와 B의 의견에 따라 구성하면 다음과 같다.

구분	개편 전	개편 후(A)	개편 후(B)
기병	18	18	18
보병 1등급	80	70	70
보병 2등급	20	70	20
보병 3등급	20	70	20
보병 4등급	20	70	20
보병 5등급	30	70	40
최하등급	5	5	5
총 투표수	193	373	193

결국 B의 기병과 최하등급의 합은 23이 되어야 한다.

ㄱ. (O) 개편 이전에는 높은 등급인 기병부터 등급 순서대로 찬반 투표를 시행했는데, 찬성표나 반대표가 과반을 넘는 순간 투표는 중지되었다. 이때 총 투표수가 193표이므로 과반은 97표부터이다. 만약 기병 18표와 1등급 80표가 모두 찬성이나 반대를 할 경우 98표가 되므로 2등급 켄투리아는 투표하지 못할 수도 있었을 것이다.

ㄴ. (X) A에 따르면, 개편 이후에도 1켄투리아가 1표를 행사하므로 총 373표가 나올 수 있다. 이중 과반은 187표부터이다. 그런데 기병 18표, 1등급 70표, 2등급 70표이므로 이들의 합은 158표가 된다. 이는 과반이 되지 못하므로 3등급 켄투리아가 투표하지 못할 경우는 발생하지 않았을 것이다.

ㄷ. (O) B에 따르면, 총 투표수는 193표로 이전과 동일하다. 따라서 과반은 97표이다. 정해진 표수는 기병 18표, 1등급 70표, 2등급 20표로 이들의 합은 108표이다. 이는 과반을 넘어서므로 3등급이 투표하지 못할 수도 있었을 것이다.

11 ③   난이도 중

지문에서 나타난 정보를 표로 정리하면 다음과 같다.

순위	1차 경연 결과		2차 경연 결과	
	가수	표수	가수	표수
1	A	30	C	
2	B		B	30
3	C	25		
4	D			15

1차 경연 결과에서 B의 표수가 1위 30표보다는 적고 3위 25표보다는 많아야 한다. 따라서 B의 1차 경연 결과는 29~26표가 된다. 이에 따라 D의 1차 경연 결과도 16~19표임을 추리할 수 있다. 2차 경연에서 C는 2위인 30표보다 많아야 한다. 그리고 3위는 4위인 15표보다 많아야 한다. 그런데 이들의 표수의 합은 100이 되어야 하기에, 3위가 16표인 경우 1위 표수를 계산하면, 2위부터 4위의 합이 30 + 16 + 15 = 61이므로 39표가 된다. 결국 C의 2차 경연 결과의 최대 표수는 39이며 최소 표수는 31임을 알 수 있다. 따라서 3위는 최대 24표에서 최소 16표임을 추리할 수 있다.

순위	1차 경연 결과		2차 경연 결과	
	가수	표수	가수	표수
1	A	30	C	39~31
2	B	26~29	B	30
3	C	25	A or D	16~24
4	D	19~16		15

이때 두 가지 경우가 가능하다. 우선 (1) A가 3등, D가 4등, 또는 (2) A가 4등, D가 3등으로 가정할 수도 있다. 각각의 경우 1차와 2차 경연의 합을 추리하면 다음과 같다.

구분	A	B	C	D
(1)	46~54	56~59	56~64	31~34
(2)	45	56~59	56~64	32~43

결국 어떤 경우가 되든 D는 4등임을 알 수 있으며 3등은 A가 된다.

ㄱ. (O) D의 점수를 최대화하여도 4등이 되어 탈락할 수밖에 없다.
ㄴ. (O) A는 어떤 경우에도 B와 C보다 적은 점수가 되므로 3등임을 알 수 있다.
ㄷ. (X) C는 2차 경연에서 최소 31표에서 최대 39표까지 얻을 수 있다.

12 ④   난이도 상

1차	
A	281~339
B	260
C	201~259
D	200

2차	
A/D	300
D/A	251~299
C	250
B	151~199

1) A: 2차 가장 많음	
A	581~639
B	401~459
C	451~509
D	451~499

2) D: 2차 가장 많음	
A	532~638
B	401~459
C	451~509
D	500

① (O) 1)과 2) 모든 경우에 A의 최솟값이 가장 크다. 따라서 가장 많은 분담금을 부담하는 국가는 A이다.
② (O) B의 분담금은 401~459이므로 460억 달러 이하이다.
③ (O) A의 분담금이 570억 달러가 될 경우는 2)의 경우로 이때 D는 500억 달러이다.
④ (X) C의 분담금은 509억 달러이고 D가 1)의 경우 451억 달러인 경우에 두 국가의 차이는 58억 달러가 될 수 있으므로 옳지 않다.
⑤ (O) 1, 2차 분담금이 동일할 수 있는 국가는 C밖에 없으며 250억 달러이다. 이때 A의 1차 분담금은 290억 달러가 된다. 이 경우 2차에서 A가 300억 달러가 되어도 합계 590억 달러가 된다.

1차	
A	290
B	260
C	250
D	200

2차	
A/D	300
D/A	251~299
C	250
B	151~199

13 ②   난이도 상

ㄱ. (X) 다음과 같이 홍보팀의 성과급 총액은 두 가지이므로 옳지 않다.

1) 홍보팀의 성과급 경우의 수는 다음과 같다.

A: 무/ B: 3명	2,000+4,500=6,500
A: 무/ B: 2명, C: 1명	2,000+3,000+1,000=6,000
A: 무/ B: 1명, C: 2명	2,000+1,500+2,000=5,500
A: 무/ C: 3명	2,000+3,000=5,000

2) 재무팀의 성과급 총액은 홍보팀과 같아야 한다. 그런데 재무팀은 A가 많아야 1명이다. 따라서 위 4개 경우 중 다음과 같이 두 가지 금액만 가능하다.

A: 1명, B: 2명, D: 정	2,000+3,000+500=5,500
B: 3명, D: 정/	4,500+500=5,000
A: 1명, B: 1명, C: 1명, D: 정	2,000+1,500+1,000+500=5,000

ㄴ. (O) 재무팀에서 갑이 C를 받는 경우, 총액은 5,000만 원인 경우이며, 이때 홍보팀의 3명의 등급은 C로 동일하다.
ㄷ. (X) 재무팀에서 B가 3명인 경우 B등급과 C등급을 받은 사람의 수는 동일할 수 있다.
  • B: 홍보팀 0명, 재무팀 3명 총 3명
  • C: 홍보팀 3명, 재무팀 0명 총 3명

14 ①

난이도 상

1) 여학생 수와 남학생 수의 비가 변하였는데 여학생 수는 변화가 없었으므로 남학생 수가 증가하였음을 알 수 있다.
2) 남학생 수가 증가하였는데 AB형 남학생 수의 비율은 변화가 없었으므로 AB형 남학생 수가 증가한 것이다. 그리고 AB형 학생 수는 동일하므로 AB형 여학생 수는 감소하였다.
3) B형 여학생 수가 감소하였는데도 B형 남학생 수의 비율은 변화가 없었으므로 B형 남학생 수가 감소한 것이다.

혈액형	A	B	AB	O
남학생(증가)		감소	증가	동일
여학생(동일)		감소	감소	

① (X) 여학생의 수는 동일한데 B형과 AB형에서 감소하였고 그 감소한 수만큼 A형과 O형이 증가할 수 있다. 그런데 여학생의 정보는 알 수 없으므로 모두 증가한 혈액형이 1개라고 단정할 수 없다. 여학생의 경우 A형이 동일하고 O형만 증가할 수도 있기 때문이다. 이 경우 남학생과 여학생 수가 모두 증가한 혈액형은 없을 수도 있다.
② (O) 여학생 수는 동일하므로 B형과 AB형에서 감소한 만큼 다른 곳에서 증가해야 한다. 그런데 A형에서 감소하였다면 나머지 O형에서 증가해야 한다.
③ (O) 둘 모두 감소한 것은 B형에 해당한다.
④ (O) 여학생 AB형은 감소한 것이므로 옳은 추론이다.
⑤ (O) 3)에 의해 옳은 추론이다.

유형 02 | 도형 및 기하

p.239

01	02	03	04	
②	①	①	③	

01 ②

난이도 중

정사각형이 삼각형의 각 변을 돌아 제자리에 오기까지는 9번을 이동한다. 그러므로 817번을 9로 나누면 나머지가 7이므로 7번째로 이동한 위치에 사각형이 놓이게 된다. 따라서 ②와 ⑤가 옳으며 나머지는 옳지 않다. 그리고 A가 제자리로 돌아오기까지는 4번을 움직여야 한다. 817을 4로 나누면 1이 남는다. 결국 A가 한 번 이동한 위치가 된다. 따라서 7번째 이동한 위치에 사각형이 놓이며 사각형 안의 하나의 각은 사각형이 한 번 이동한 위치에 있는 것이다.

02 ①

난이도 상

우선 지리적 정보로부터 지도를 그려 확인해야 한다. 특히 방향이 중요한데, 이때 산수의 흐름이 기준이 된다. 산수는 말휘령에서 서쪽으로 흘러 보리진에 이른다. 이때 말휘령은 만폭동 서북쪽에 있다. 그리고 거리를 고려하면 말휘령에서 보리진까지 110리, 말휘령에서 만폭동까지 50리이므로 대략적인 지도를 만들 수 있다. 나머지 정보도 확인하여 지도를 만들어야 한다.

주어진 지문에서 정보를 정리하고 추리하면 다음과 같다.
(1) 산수의 흐름: 말휘령-110 → 보리진-60 → 다경진-50 → 합관진
(2) 통구수의 흐름: 단발령-70 → 다경진
(3) 만폭수의 흐름: 만폭동-120 → 합관진
(4) 말휘령에서 만폭동까지의 육로 거리: 50
(5) 단발령에서 만폭동까지의 육로 거리: 40
(6) 배(수로)의 이동 시간: 1) 내려옴: 1/2 × 육로, 2) 거슬러 감: 2 × 육로
(7) 갑의 이동 경로: 보리진-배(110) 거슬러 감 → 말휘령-육로(50) → 만폭동-육로(50) → 말휘령-배(110) 내려옴 → 보리진
  ① 갑의 이동 거리: 2 × (110 + 50) = 320리
  ② 갑의 이동 시간: x를 육로로 이동했을 때의 시간이라 설정하면,
     $(2 \times 110)x + 50x + 50x + (1/2 \times 110)x = 375x$
(8) 을의 이동 경로: 합관진-배(50) 거슬러 감 → 다경진-배(70) 거슬러 감 → 단발령-육로(40) → 만폭동까지 되돌아 올 때에는 두 가지의 경우가 가능하다. 이들을 모두 고려해야 한다.
  1) 만폭동-육로(40) → 단발령-배(70) 내려옴 → 다경진-배(50) 내려옴 → 합관진
  2) 만폭동-육로(120) (만폭수는 배가 다닐 수 없으므로) → 합관진

① 을의 이동 거리
  ㉠ 2 × (50 + 70 + 40) = 320리
  ㉡ (50 + 70 + 40) + 120 = 280리
② 을의 이동 시간
  ㉠ [(2 × 50)x + (2 × 70)x + 40x] + [40 + (1/2 × 70)x + (1/2 × 50)x] = 280x + 100x = 380x
  ㉡ [(2 × 50)x + (2 × 70)x + 40x] + 120x = 280x + 120x = 400x
을이 돌아올 때에 시간이 가장 적게 걸리는 경우라 했으므로 갔던 길을 되돌아오는 1)임을 알 수 있다.
ㄱ. (X) 갑의 이동 거리는 320리이며, 을의 이동 거리도 320리로 동일하다.
ㄴ. (O) 갑의 이동 시간은 375x이며, 을의 이동 시간은 380x이므로 을의 이동 시간이 더 걸렸다.
ㄷ. (X) 을의 귀갓길은 갈 때와 동일하므로 육로와 수로 모두 이용하였다.

03 ① 난이도 상

(2)로부터 바둑판 모양의 내부 구조를 추론할 수 있다. 동서 14개, 남북 11개 도로가 있으므로 이를 다음과 같이 구성하여 도형적인 측면에서 수리적 차원으로 생각해야 한다.

이로부터 모든 칸은 총 130칸임을 알 수 있다. 이제 (3)에서 황궁의 위치를 파악할 수 있다. 북쪽 1번에서 5번의 동서 도로와 남북 도로 중 4번째에서 8번째까지이다.
주의할 점은 시장의 도형적 위치를 파악하기 위해서는 (1)에서 방이 110개이므로 총 130칸에서 이를 뺀 나머지 20칸으로 황궁과 시장 두 개가 구성되어야 한다는 점이다.
지문의 내용에 따라 장안을 표현하면 다음과 같다.

ㄱ. (O) 황궁의 정서쪽에 있는 방은 모두 12개이다.
ㄴ. (X) 동시의 정동쪽에 있는 방은 0 또는 2개이다.
ㄷ. (X) 동시와 서시 사이의 남북 도로는 7 또는 9개이다.

04 ③ 난이도 상

ㄱ. (X) 그림에서 가장 왼쪽 위 지점(5칸)과 그 아래 지점(4칸), 왼쪽에서 두 번째인 가장 높은 지점(4칸)은, A지점까지의 도로거리와 B지점까지의 도로거리가 같다. 하지만 이들은 한 직선 위에 있지 않다. 주의할 점은 도로거리 자체가 동일한 것이 아니라 어느 지점이든지 A지점까지의 거리와 B지점까지의 거리를 비교했을 때에 동일한 것을 대상으로 해야 한다는 것이다.
ㄴ. (X) 주어진 그림에서 C를 A로부터 가로로 오른쪽으로 6칸이라고 설정할 경우, A, B, C 지점 간의 도로거리는 모두 6이 된다. 그러나 이들은 정삼각형이 아니다.
ㄷ. (O) 바둑판 모양이므로 한 지점에서 도로거리 1칸인 지점들을 모두 연결하면 정사각형 모양이 될 수 있다.

유형 03 | 게임이론 및 이산수학

p.241

01	02	03	04	05
②	⑤	②	③	①
06	07	08	09	10
②	③	①	②	①
11	12			
①	①			

01 ②
난이도 중

단계별로 각기 다르게 다음 단계로 나아갈 수 있으나, 각 단계에서 결과물이 생성된 후 서로 합하여 다른 단계의 생성물을 산출하게 된다. 따라서 각 단계에서 가장 오래 걸리는 시간을 기준으로 해야 한다.
1) 첫 번째 단계에서는 R에서 A, B, C가 동시에 만들어지고, 가장 긴 시간이 소요되는 것은 C이며, 이는 10시간이다.
2) 두 번째 단계에서 가장 긴 시간이 소요되는 것은 C에서 F와 E가 만들어지는 시간이며, 이는 7시간이다.
3) 세 번째 단계에서 가장 긴 시간이 소요되는 것은 E와 D에서 H가 만들어지는 시간이며, 이는 5시간이다.
4) 마지막 단계의 생성 시간은 2시간이다.

그리고 각 단계에서 다음 단계로 이동할 때에는 1시간씩의 시간이 추가된다. 그러므로 답은 (10 + 1) + (7 + 1) + (5 + 1) + 2로 27시간이 된다.

02 ⑤
난이도 상

① (O) (가)가 -였을 때 12월 3일까지의 주식 수의 증감을 표시하면 다음과 같다.

거래일	갑(개인)	을(기관)	병(외국인)
12월 1일(월)	+	+	-
12월 2일(화)	-	-	+
12월 3일(수)	-	-	+
총합	-1	-1	+1

총합은 병이 가장 많으므로 옳은 진술이다.

② (O) 12월 4일을 기준으로 갑의 두 가지 가능성을 모두 표시하면 다음과 같다.

거래일	갑(개인)	을(기관)	병(외국인)
12월 1일(월)	+	+	-
12월 2일(화)	-	+	-	+
12월 3일(수)	-	-	-	+
12월 4일(목)	+	+	-	-
총합	0	+2	-2	0

갑이 -일 때에는 을보다 크고 병과 같으며, +일 때에는 가장 크므로 옳은 진술이다.

③ (O) 병의 주식 평가액은 기존에 10만 원 10주이므로 100만 원을 기준으로 한다. 이때 주식 수는 위에서 알 수 있듯 변화가 없다. 그러나 첫 도표에서 종가의 변화를 감안하면 다음의 도표와 같이 변화한다.

거래일	갑(개인)	을(기관)	병(외국인)	1주당 종가변화액
12월 1일(월)	+	+	-	+2,000
12월 2일(화)	-	-	+	-2,000
12월 3일(수)	-	-	+	-2,000
12월 4일(목)	+	-	-	-3,000
총합	0	-2	0	-5,000

병은 한 주당 10만 원에서 -5,000원이 되고, 9만 5천 원의 주식 10주를 가지고 있게 되어 총액은 95만 원이 되므로 옳은 진술이다.

④ (O) 12월 5일을 기준으로 주식 수를 정리하면 다음과 같다.

거래일	갑(개인)	을(기관)	병(외국인)	
12월 1일(월)	+	+	-	
12월 2일(화)	-	+	-	+
12월 3일(수)	-	-	-	+
12월 4일(목)	+	+	-	-
12월 5일(금)	-	-	+	+
총합	-1	+1	-1	+1

을의 주식 수는 갑 또는 병과 같거나 작으므로 옳은 진술이다.

⑤ (X) (가)를 +로 하여 정리하면 다음과 같다.

거래일	갑(개인)	을(기관)	병(외국인)	1주당 종가변화액
12월 1일(월)	+	+	-	+2,000
12월 2일(화)	+	-	+	+1,000
12월 3일(수)	-	-	+	-2,000
12월 4일(목)	+	-	-	-3,000
12월 5일(금)	-	+	+	+3,000
총합	+1	-1	+1	+1,000

결국 갑은 총 11주의 주식을 갖고 있다. 그리고 종가는 1천 원 상승한다. 각각의 주식은 10만 1천 원이므로 111만 1천 원이 되어 옳지 않은 진술이다.

03 ②
난이도 중

- A와 가장 적은 비용으로 연결되는 아파트: D, 7억 원
- B와 가장 적은 비용으로 연결되는 아파트: C, 5억 원
- C와 가장 적은 비용으로 연결되는 아파트: D, 4억 원
- D와 가장 적은 비용으로 연결되는 아파트: C와 E, 각각 4억 원
- E와 가장 적은 비용으로 연결되는 아파트: D, 4억 원

D를 중심으로 A, C, E를 연결하고 B를 비용이 가장 적은 C와 연결하면 문제의 규칙에 따라 모든 아파트를 연결하게 되며 비용도 최소화된다. 최소 비용은 이들을 모두 합한 금액으로 그 식은 다음과 같다.
D와 A(7) + D와 C(4) + D와 E(4) + B와 C(5) = 20억 원

04 ③
난이도 상

ㄱ. (O) 조작을 4번 시행해서 두 수가 남았다고 한다. 숫자는 총 10개이고 3개의 숫자를 선택해 지우고 그 합에 -1을 하는 것이므로 결국 한 번 조작할 때마다 3개의 숫자가 사라지고 대신 1개의 숫자가 남는다. 따라서 한 번 조작할 때마다 2개의 숫자가 사라진다. 마지막에 2개의 숫자가 남았다면 4번의 조작을 시행한 것이다.

ㄴ. (O) 1, 2, 3, 4, 5, 6, 7, 8, 9, 10에서 우선 1, 2, 3을 제외하고 이를 더한 수에 1을 뺀 수인 5를 포함시킨다. 이 경우 4, 5, 6, 7, 8, 9, 10, 5가 남는다. 다시 4, 5, 6을 제외하고 이를 더한 수에 1을 뺀 수인 14를 적는다. 이 경우 7, 8, 9, 10, 5, 14가 남는다. 세 번째로 7, 8, 9를 제외하고 이를 더한 수에 1을 뺀 수인 23을 적는다. 그러면 10, 5, 14, 23이 남는다. 여기서 10, 5, 14를 더하고 1을 빼면 28과 23이 남는다. 이를 합치면 51이 된다. 또 다른 방식은, 남아 있는 두 수를 합한다는 것은 결국 1~10까지의 모든 숫자를 더한 것에 조작이 4번 이루어지므로 –1을 4번 한 것이다. 1~10의 합인 55에 –4를 하면 51이 된다.

ㄷ. (X) ㄴ에서 남아 있는 두 수의 합이 51이므로 51에서 36을 뺀 15가 남을 수 있는지 알아본다. 15는 두 번 이상의 조작으로 남을 수 있는 숫자가 아니다. 한 번의 조작만 이루어져 원래 3개 숫자 합에 –1을 계산한 것이다. 따라서 3개의 숫자를 합해 16이 되는 조합이 있는지 찾아보면 된다. (2, 6, 8), (4, 5, 7), (2, 4, 10) 등 많은 조합이 가능하다.

05 ①
난이도 상

기업이 위반하고 정부가 규제하는 상태를 보면(위반함, 규제함), 의사결정이 고정되지 않아야 한다는 문제의 조건을 충족하려면 기업에게 전략을 바꿈으로 인해 생기는 이익이 있어야 한다. 순환적인 상황이 도출되기 위해서는 기존 상황보다 전략을 바꿀 때 더 이익이 된다는 상황을 부등식으로 표현해야 한다.
기업은 이익이 될 때만 위반함에서 위반 안 함으로 전략을 바꾸므로 $p + g$가 0보다 작아야 한다. 따라서 $p > g$이다. (위반 안 함, 규제함)에서 정부는 규제 안 함이 이익이 되므로($c > 0$), (위반 안 함, 규제 안 함)으로 옮겨간다.
이어서 $g > 0$이므로 기업에겐 (위반함, 규제 안 함)으로 옮겨가는 것이 이득이다. 연이어 정부가 규제 안 함에서 규제함으로 전략을 옮겨가야 하는데 그러기 위해서는 $p - d - c > -d$여야 한다. 정리하면 $p > c$이다.
따라서 <보기>에서 ㄱ과 ㄴ이 필요하다.

06 ②
난이도 상

지문의 조건을 정리하면 다음과 같다.
- 세 마을이 함께 사용할 수리 시설: A + B + C = 15
- 두 마을만 사용할 수리 시설: A + B = 12/ B + C = 10/ A + C = 11
- 한 마을만 사용할 수리 시설: A, B, C 각각 8

1) 원칙 1을 정리하면, A + B + C = 15/ 8 – A = 8 – B = 8 – C이다. 결국 세 마을이 부담하는 비용이 모두 동일하므로 A, B, C 각각 5억 원씩 부담하게 된다.
2) 원칙 2를 정리하면,
  A + B + C = 15
  12 – (A + B) = 10 – (B + C) = 11 – (A + C)이다.
여기서 두 경우씩 고려하여 풀어주면,
12 – (A + B) = 10 – (B + C)
C = A – 2
10 – (B + C) = 11 – (A + C)
B = A – 1
이를 A + B + C = 15에 대입하면, 3A = 18이 되어 A는 6, B는 5, C는 4가 된다. 결국 원칙 1과 원칙 2를 적용한 결과를 정리하면 다음과 같다.

구분	원칙 1	원칙 2
A	5	6
B	5	5
C	5	4

① (X) 원칙 1이 적용되면 모두 같은 비용을 부담한다.
② (O) 원칙 2가 적용되면 C가 4, A가 6, B가 5이므로 가장 적은 비용을 C가 부담한다.
③ (X) 원칙 1일 때에 A는 5억, 원칙 2일 때에 6억이므로 늘어난다.
④ (X) 원칙 1일 때와 2일 때 B는 모두 동일하게 5억이다.
⑤ (X) 원칙 1일 때에 C는 5억, 2일 때에는 4억으로 줄어든다.

07 ③
난이도 중

주어진 조건을 중심으로 P국에서 우유만 1l씩 매일 마시는 부류의 청소년이 10명, 요구르트만 1l씩 매일 먹는 부류의 청소년이 10명 있다고 가정하자. 이때 우유는 1l에 원유도 1l가 필요하기에 총 10l가 필요하며, 요구르트는 1l 생산을 위해서 원유 2l가 필요하므로 총 20l가 필요하다.
(가) 우유를 마시는 부류가 15명이 되어 15l의 원유가 필요하며, 요구르트는 5명으로 10l가 필요하다.
(나) 우유를 마시는 부류가 5명이 되어 5l의 원유가 필요하며, 요구르트는 15명으로 30l가 필요하다.
위 상황을 정리하여 표로 만들면 다음과 같다. 이때 원유 가격은 동일하기에 원유 매출은 원유 사용량에 비례한다.

원유 사용량	우유	요구르트
첫 상황	10(원유 매출)	20
(가)	15	10
(나)	5	30

ㄱ. (O) (가)의 경우 우유용 원유 가격을 2배 올리면, (15 × 2) + 10 = 40이 되어 첫 상황의 합 30보다 높다.

원유 매출량	우유	요구르트	합
첫 상황	10	20	30
(가)	15 × 2 = 30	10	40

ㄴ. (O) (가)의 경우 요구르트용 원유 가격을 2배 올리면, 15 + (10 × 2) = 35가 되어 첫 상황의 합 30보다 높다.

원유 매출량	우유	요구르트	합
첫 상황	10	20	30
(가)	15	10 × 2 = 20	35

ㄷ. (X) (가)의 경우 ㄱ에서 확인하였듯 40이 되며, (나)의 경우도 (5 × 2) + 30 = 40이 되어 동일하다.

원유 매출량	우유	요구르트	합
첫 상황	10	20	30
(가)	15 × 2 = 30	10	40
(나)	5 × 2 = 10	30	40

08 ①
난이도 상

상품 세 가지 A, B, C에 1, 2, 3순위를 배치하는 경우는 A가 1순위일 때 B와 C는 각각 2순위 또는 3순위가 될 수 있으므로 총 2가지의 경우의 수가 생긴다. 마찬가지로 B와 C가 각각 1순위일 때에도 2가지씩 경우의 수가 생기므로 결국 총 6가지의 경우의 수가 생긴다. 이를 도표로 나타내면 다음과 같다.

1순위	2순위	3순위
A	B	C
A	C	B
B	A	C
B	C	A
C	A	B
C	B	A

그런데 마지막 조건에서 C에 1순위를 부여한 사람은 없으므로 총 4가지의 경우의 수만 남게 된다. 이를 토대로 각각에 경우의 수를 대입하여 추리해야 한다. 주어진 지문을 정리하여 추리하면 다음과 같다.

1) 조사인원: 20명
2) A를 B보다 선호: 11명
3) B를 C보다 선호: 14명
4) C를 A보다 선호: 6명
5) C에 1순위 부여자 없음

5)에서 C에 1순위를 준 사람은 없으므로, 순위를 줄 수 있는 경우는 ABC, ACB, BAC, BCA 네 가지이며, 여기서 각 경우를 ⓐ, ⓑ, ⓒ, ⓓ라 할 때에 조건을 정리하면 다음과 같다.

구분	1순위	2순위	3순위
ⓐ	A	B	C
ⓑ	A	C	B
ⓒ	B	A	C
ⓓ	B	C	A

이제 조건을 토대로 식을 구하면 다음과 같다.
1) ⓐ + ⓑ + ⓒ + ⓓ = 20
2) ⓐ + ⓑ = 11
3) ⓐ + ⓒ + ⓓ = 14
4) ⓓ = 6
5) ⓑ = 6   1), 3)
6) ⓐ = 5   2), 5)
7) ⓒ = 3   3), 4), 6)

문제에서는 C에 3순위를 부여한 경우의 사람 수를 물어봤으니 ⓐ와 ⓒ의 경우에 해당하고, 이들의 합은 8이 된다.

09 ②
난이도 상

지문에 주어진 조건은 우선 두 가지이다. A, B, C의 합이 13이라는 것과 A에 금화가 가장 적고 C에 가장 많으며 각 상자에는 적어도 하나 이상의 금화가 있다는 사실이다. 이를 정리하면 다음과 같다.
1) A + B + C = 13
2) 1 ≤ A < B < C

그런데 갑, 을, 병의 진술에서 공통적으로 자신이 열어본 상자에 몇 개의 금화가 있는지 확인할 수 있음에도 다른 상자에는 몇 개가 있는지 '알 수 없다'라고 말하고 있다. 이는 자신의 상자에 있는 금화의 개수에 따라 경우의 수가 발생하기 때문이다. 따라서 이에 따른 경우의 수를 확인해야 한다. 위 조건으로부터 확인할 수 있는 경우의 수는 모두 8가지가 된다. 이를 도표로 정리하면 다음과 같다.

구분	A	B	C
(1)	1	2	10
(2)	1	3	9
(3)	1	4	8
(4)	1	5	7
(5)	2	3	8
(6)	2	4	7
(7)	2	5	6
(8)	3	4	6

주의할 점은 을과 병의 '~의 말을 듣고'라는 서술은 앞의 사람의 진술에 따른 경우의 수를 모두 고려하였다는 것을 의미한다. 즉 을의 경우, 갑의 말에 의해 경우의 수를 제한한 상태에서 자신의 경우를 판단한다는 뜻이다.

1) 갑이 A를 열어본 후 B와 C에 각각 금화가 몇 개 들어 있는지 알 수 없다고 하였으므로, 위에서 (8)은 제외된다.
2) 이 말을 듣고 을이 C를 열어 본 후 A와 B에 각각 금화가 몇 개 들어 있는지 알 수 없다고 하였으므로, (1), (2), (7)이 제외된다.
3) 두 사람의 말을 듣고 병이 B를 열어 본 후 A와 C에 각각 금화가 몇 개 들어 있는지 알 수 없다고 하였으므로, (4), (5)가 제외된다.

그러므로 성립할 수 있는 경우는 (3), (6)이다. 이 두 경우 모두 A와 C에 들어 있는 금화의 합은 9개이다.

10 ①
난이도 상

추리논증 35문항 중 A, B, C가 각각 25문항씩 맞혔으며, 이들 모두가 맞히지 못한 문항은 없었다. 이를 벤 다이어그램으로 표시하여 그 수를 적용하면 다음과 같다.

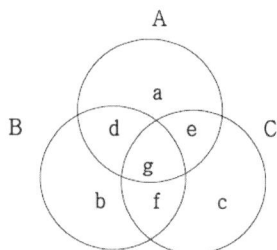

[풀이 방식 1]
(1) A: a + d + e + g = 25
(2) B: b + d + g + f = 25
(3) C: c + e + f + g = 25
(4) A + B + C: a + b + c + 2d + 2e + 2f + 3g = 75
(5) a + b + c + d + e + f + g = 35
* 쉬운 문항: g / 어려운 문항: a + b + c

ㄱ. (O)
[(4) − (5)] (6): d + e + f + 2g = 40
[(5) − (6)] (7): a + b + c − g = −5 / g = (a + b + c) + 5
따라서 쉬운 문항이 어려운 문항보다 5개 많음을 알 수 있다.

ㄴ. (X)
1) 우선 쉬운 문항(g)은 어려운 문항(a + b + c)보다 5개 많으므로 최소 5개 이상이어야 한다. 그리고 (6)으로부터 2g = 40 − (d + e + f)이므로, g = 20 − 1/2(d + e + f)가 된다. 결국 g는 20개 이하가 된다. 따라서 쉬운 문항은 최소 5개, 최대 20개가 된다.
2) 어려운 문항은 쉬운 문항보다 5개 적으므로 1)의 값을 적용하여 최소 0개, 최대 15개임을 알 수 있다.

ㄷ. (X)
1) 쉬운 문항이 최솟값인 5개인 경우: 어려운 문항은 쉬운 문항보다 5개 적으므로 어려운 문항의 합(a + b + c)은 0개임을 알 수 있다. 이때 두 명만 정답을 맞힌 문항(d + e + f)의 개수는 전체 35개가 되어야 하기에 30개가 된다.
2) 쉬운 문항이 최댓값인 20개인 경우: 어려운 문항은 5개 적으므로 15개이며, 이 경우 두 명만 정답을 맞힌 문항의 개수는 0개가 된다.

[풀이 방식 2]
(a = 어려운 문항, b = 쉬운 문항, c = 두 명만 맞힌 문항)
1) a + b + c = 35: 정답을 맞히지 못한 문항은 없으며 모두 35문항이므로 성립한다.
2) a + 3b + 2c = 75: 세 사람이 각각 25문항씩 맞혔기에 정답 표시가 된 문항은 모두 75개이다. 이 중 한 명만 맞힌 문항인 어려운 문항 'a'는 정답 표시가 한 개만 되었을 것이고, 세 명 모두 맞힌 쉬운 문항 'b'는 세 개의 정답 표시가 되었을 것이다. 또한 두 명만 맞힌 문항 'c'는 두 번 정답 표시가 되었을 것이다.
3) b = a + 5: 1)에서 c = 35 − (a + b)를 2)에 대입하여 계산
   a + 3b + 2(35 − a − b) = 75
   a + 3b + (70 − 2a − 2b) = 75
   −a + b + 70 = 75
   b = a + 5

ㄱ. (O) 3)에 의해 쉬운 문항 b가 어려운 문항 a보다 5개 더 많음을 알 수 있다.
ㄴ. (X) 1)에서 a + b + c = 35이며, b = a + 5이므로, (a, b, c)의 값에서 어려운 문항 a의 최댓값은 (15, 20, 0)이 되어 15임을 알 수 있다.
ㄷ. (X) 두 명만 정답을 맞힌 문항 c의 최솟값은 ㄴ의 해설에서 0임을 알 수 있다.

11 ① 난이도 상

지문에서는 A가 중도좌, B가 극우일 경우 A는 5/8를, B는 3/8을 득표한다고 말하고 있다. 이는 정치성향을 전체 8등분으로 균등하게 설정하여 추리해야 함을 보여주는 정보이다. 이에 따라 표를 다시 정리하면 다음과 같다.

극좌		중도좌		중도		중도우		극우

그리고 후보자는 당선 가능성을 극대화하는 선택을 하는데, 이때 주의할 조건은 당선 가능성에 변화를 가져오지 않는다면 더 이상 정치성향을 바꾸지 않는다는 점이다. 그리고 모든 후보자가 더 이상 자신의 정치성향을 변경할 유인이 없어질 경우 즉, 더 이상 당선 가능성에 변화를 가져오지 않는다면 균형에 이르렀다고 한다. 동일한 정치성향을 선택한 후보자가 둘 이상이면 해당 득표를 균등하게 나누어 갖는다는 것 또한 주의해야 한다.

ㄱ. (O) 후보자가 2명인 경우, 지문으로부터 중도를 선택하면 당선 가능성이 1/2로 가장 높으며 균형이 됨을 알 수 있다.

ㄴ. (X) 후보자가 3명인 경우, 균형에서 각 후보자의 당선 가능성이 모두 같을 수 없다. A, B, C 후보자가 모두 같은 '중도'를 택하였다고 가정해보자. 이들은 이때 모두 1/3의 당선 가능성을 지닌다. 그런데 A가 중도우를 선택할 경우 A는 3/8, 나머지 후보자 둘은 각각 2.5/8로, A의 당선 가능성은 100%가 된다. 이 경우 B도 중도좌를 선택하면 A와 B가 각각 3/8, C가 2/8로 A와 B의 당선 가능성은 50%가 된다. 이때 균형은 중도좌, 중도, 중도우가 된다. 중도좌와 중도우는 각각 3/8 득표로 당선 가능성이 50%이며, 중도는 2/8 득표로 당선 가능성이 없다. 그리고 중도를 선택한 사람은 다른 것을 선택해도 당선 가능성을 변화시킬 수 없기에 변경할 유인이 없어서 더 이상 바꾸지 않는다. 결국 균형에서는 각 후보자의 당선 가능성이 모두 같을 수 없다.

ㄷ. (X) 후보자가 4명인 경우, 균형 상태에서 모든 후보자가 같은 정치성향을 선택하면 각자는 당선 가능성이 25%가 된다. 그러나 한 후보자가 다른 선택을 할 경우 당선 가능성이 100%가 될 수 있기에 4명이 같은 정치성향을 선택한 균형이 될 수 없다.

12 ① 난이도 상

1) 입력값 −: 오른쪽으로 1칸 이동하며 상태1에 해당한다.
2) 입력값 −: 오른쪽으로 1칸 이동하며 상태1에 해당한다.
3) 입력값 ×: 오른쪽으로 1칸 이동하며 상태2로 전환한다.
4) 입력값 ×: 오른쪽으로 1칸 이동하며 상태2에 해당한다.
5) 입력값 −: 기호를 ×로 변경하고 왼쪽으로 이동하며 상태3으로 전환한다.
6) 입력값 ×: 왼쪽으로 1칸 이동하고 상태3에 해당한다.
7) 입력값 ×: 왼쪽으로 1칸 이동하고 상태3에 해당한다.

최종적으로 연속적으로 배열된 다섯 개의 ×만 남아야 한다. 현재 7)까지 ×가 연속 6개가 있는 상태이며 8)에서 ㉠은 오른쪽으로 변경 없이 이동하고 상태4가 되어야 한다. 그렇게 될 때에 입력값−로 바뀌어 ×가 5개 연속할 수 있게 된다.

유형 04 | 표·그래프

p.247

01	02	03	04	05
④	⑤	⑤	③	⑤
06	07	08	09	10
④	⑤	④	⑤	⑤
11	12			
②	②			

01 ④
난이도 하

① (O) 40대 중 디자인을 선택한 사람은 구매한 사람 117명, 구매할 사람 99명이며, 다른 항목보다 크다.
② (O) 내구성은 20대가 10% 미만이며, 30대 10% 초, 40대 10% 중반, 50대 25% 이상, 60대 30% 이상이다. 따라서 나이가 들수록 비율이 증가한다.
③ (O) 30대 구매한 사람 중 1개 항목을 선택한 사람을 x, 2개 항목을 선택한 사람을 y라고 가정할 때에 $x + y = 200$, $x + 2y = 324$이다. 두 번째 식에서 첫 번째 식을 빼면, $(x + 2y) - (x + y) = 324 - 200 \rightarrow y = 124$이다. 이를 첫 번째 식에 대입하면, $x = 76$이다. 그러므로 76명이 1개 항목을 선택했고, 124명이 2개 항목을 선택하였다. 따라서 30대 구매한 사람 중 두 항목을 선택한 사람의 비율은 124/200 × 100이며, 62%가 된다.
④ (X) 20대의 경우 구매한 사람 중 가격을 선택한 사람의 비율은 41/166이고, 구매할 사람은 45/166으로 구매한 사람보다 구매할 사람이 가격을 더 중요시하고 있으며, 다른 연령에서도 같은 결과를 나타내고 있다.
⑤ (O) 20대의 경우 41/166, 45/166이며, 50대는 48/248, 56/260이다. 따라서 두 경우 모두 20대에서 높다.

02 ⑤
난이도 중

철수의 발언처럼 단군로는 직선이고 가로등이 일정한 간격으로 설치되어 있기 때문에 가로등 사이의 경과 시간은 버스의 속력에만 의존한다. 버스의 속력이 빠르면 단위시간당 갈 수 있는 거리가 길어지므로 가로등 사이 사이를 통과하는 경과 시간이 상대적으로 짧고, 버스의 속력이 느리면 경과 시간이 상대적으로 길다. 또한 일반상식에서 속력은 거리/시간이므로 이를 고려하여 판단할 수도 있다.
제시문을 읽어보면 3구간으로 나눠진다.
1) 영희가 탄 버스가 단군로를 달린다.
2) 정류장에서 멈춘 후 영희가 내리고 찬호가 버스를 탄다.
3) 찬호가 탄 버스가 다시 단군로를 달린다.
- 1구간: 가로등 사이를 통과할 때 걸리는 경과 시간이 점점 늘어난다. 속력은 거리/시간이므로 단위시간당 달리는 거리가 짧아져 속력은 느려진다. 속력과 시간과의 함수 관계를 그래프로 옮기면 우하향 곡선이 된다.
- 2구간: 버스가 정차한다. 속력은 0이다.
- 3구간: 버스가 출발하고 속력이 증가하면서 가로등 사이를 통과할 때 걸리는 경과 시간이 점점 짧아진다. 이를 그래프로 나타내면 우상향 곡선이 된다.

03 ⑤
난이도 하

전체의 물감 비율을 표시하면, $x + y + z = 100\%$이다. x값과 y값은 그래프에 주어져 있으므로 z값(파란색)을 구하면 된다.
ㄱ. (X) 그래프에서 x가 10, y가 60이므로 z는 30이기 때문에 옳지 않다.
ㄴ. (O) R의 성분은 빨간색 물감이 40%, 노란색 물감이 60%이므로 파란색 물감이 0%이다. P, Q, S는 모두 파란색 물감이 들어가 있다. 또 각 물감은 고유한 원색이다. 따라서 P, Q, S를 어떤 비율로 섞어도 R을 만들 수 없다.
ㄷ. (O) Q의 파란색 물감 비율 z는 100 - 40 - 10, 즉 50%이다. Q 물감 10g엔 파란색 물감 5g이 들어 있다. 또한 S의 파란색 물감 비율 z는 100 - 10 - 60, 즉 30%이다. S 물감 10g엔 파란색 물감 3g이 들어 있다. 따라서 혼합하면 20g 중 8g이 들어 있으므로 40%가 들어 있다.

04 ③
난이도 중

자료에서 시장 점유율이 가장 작은 기업은 네 번째이므로 네 번째가 D 기업이다. D 기업과 판매액 증가율 차이가 1%p인 기업은 다섯 번째이므로 다섯 번째가 B 기업이다. 판매액 증가율이 8% 이상인 기업은 세 번째, 네 번째, 다섯 번째이므로 세 번째가 A 기업이다. B 기업과 시장 점유율의 합이 45% 이상일 수 있는 기업은 첫 번째뿐이므로 첫 번째가 C 기업이다. 그러므로 마지막으로 두 번째가 E 기업이 된다.
① (O) 세 번째 그래프의 시장 점유율이 15%이므로 옳은 판단이다.
② (O) 다섯 번째 그래프의 판매액 증가율이 9%이므로 옳은 판단이다.
③ (X) 첫 번째 그래프의 시장 점유율이 가장 크므로 옳지 않은 판단이다.
④ (O) 두 번째 그래프의 판매액 증가율이 가장 작으므로 옳은 판단이다.
⑤ (O) 첫 번째와 세 번째 그래프의 시장 점유율의 합계가 55%이므로 옳은 판단이다.

05 ⑤
난이도 상

지문의 내용으로부터 정화비용곡선$_1$과 정화비용곡선$_2$의 총정화비용과 총부과액, 그리고 부담액을 추리하여 도식으로 나타내면 다음과 같다.

구분	총정화비용	총부과액	부담액
e_1	D+E	A+B+C	A+B+C+D+E
e_2	B+E	A	A+B+E

ㄱ. (O) 정화 기술을 개선한 경우 정화량을 늘릴 수 있다. 그럴 경우 e_1에서 e_2로 이동되는데, 이때 정화비용도 함께 감소될 경우에만 총정화비용이 절감된다. 이는 D + E가 B + E보다 커야 하기에 B가 D보다 작아야 한다.
ㄴ. (X) e_1일 경우 부담액은 A + B + C + D + E이고, e_2일 경우 A + B + E이다. 따라서 순이익은 C + D가 된다.
ㄷ. (O) 기술 개선 이전 총부과액이었던 B가 기술 개선 이후 총정화비용으로 전환되었음을 알 수 있다.

06 ④
난이도 상

가설로부터 강력사건 보도와 방범활동 강화로 인해 나타나는 효과에 차이가 있음을 알 수 있다. 또한 조건으로부터 이 두 사건이 겹쳐서 나타나지는 않는다는 것도 추리할 수 있다. 강력사건 발생이 언론에 보도된 것이 8월 1일이고, 이는 보도 즉시 효과가 발생하므로 8월 1일부터 한 달간 효과가 나타난다. 한편 방범활동 강화는 9월 한 달 동안 있었는데, 이는 활동 종료 시점에서 1개월 후에 효과가 발생하므로 11월 한 달 동안 효과가 나타났다는 것을 추리할 수 있다.

그래프의 처음 시작은 주어진 그래프의 7월을 기준으로 작성해야 한다.
가설과 조건으로부터 예상되는 범죄 발생 건수와 범죄 두려움 지수를 그래프로 나타내면 다음과 같다.

• 예상 범죄 발생 건수

주어진 그래프보다 수치가 낮은 달은 8월과 11월이다.

• 예상 범죄 두려움 지수

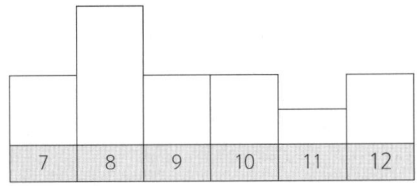

주어진 그래프보다 수치가 낮은 달은 10월과 11월이다.
따라서 주어진 그래프보다 수치가 모두 낮은 달은 11월이 된다.

07 ⑤ 난이도 상

ㄱ. (O) 남자는 소득과 신체 건강이 '+'이므로 정의 관계에 있으며, 여자는 소득과 신체 건강이 '−'이므로 부의 관계이다. 그리고 남자와 여자의 자녀관계 만족도가 신체 건강에 미치는 영향은 빈칸이므로 유의미한 관계가 아니다.

ㄴ. (O) 남자는 배우자와 자녀관계가 '+'이므로 만족도가 높으며, 정신 건강도 '+'이므로 향상되었음을 알 수 있다. 한편 여자는 배우자가 있을 때에 자녀관계 만족도가 '−'이므로 배우자가 없을 때에 '+'가 된다는 사실을 알 수 있다. 그리고 배우자가 있을 때에 정신 건강이 '−'이므로 없을 때에는 '+'가 된다.

ㄷ. (O) 남자는 배우자가 있을 때에 건강 위험 행동을 덜 하고, 건강 위험 행동을 덜 할 때에 신체 건강에도 긍정적인 영향을 미친다. 하지만 여자는 배우자 유무와 신체 건강이 빈칸으로 남아 있어 유의미한 관계가 아니다.

08 ④ 난이도 중

변화 원칙은 k값에 해당하는 행은 1로, 열은 0으로 차례대로 바꾸는 것이다. 주의할 점은, 처음 두 <보기>는 단순히 이러한 원칙을 대입하여 추리하는 것이나, ㄷ은 전체로부터의 규칙성을 발견해야 한다는 것에 있다.

ㄱ. (O) <표 4>에 먼저 4를 사용하면 다음과 같다.

0	0	0	0
1	0	0	0
1	1	0	0
1	1	1	0

그런데 이 표는 주어진 <표 1>과 동일하다. 그 다음에 1을 사용하면 역시 주어진 <표 2>와 같다. 그리고 여기서 3을 사용하면 다음과 같다.

0	1	0	1
0	0	0	0
1	1	0	1
0	1	0	0

이는 <표 5>와 동일하다.

ㄴ. (X) <표 6>에서 마지막으로 사용된 것은 열의 모든 값이 0이므로 2가 사용되었음을 알 수 있다.

ㄷ. (O)
1) 모든 표는 행이나 열에서 1이 각각 0개, 1개, 2개, 3개씩 총 6개가 나타나고 있다. 따라서 X 값은 0이 되어야 한다.
2) 또한 모든 표는 행이나 열에서 0이 각각 1개, 2개, 3개, 4개씩 나타나고 있다. 이에 따라 규칙을 파악해도 된다. 이때에도 X의 값은 0이 된다.

09 ⑤ 난이도 상

[원칙 1] 쌀 또는 쇠고기 각각 많은 것을 좋아한다.
[원칙 2] 구매 가능한 조합 중 더 좋아하는 쪽을 구매한다.
[원칙 3] (X < Y & Y < Z) → X < Z
[원칙 4] X < Y → 결코 Y보다 X를 더 좋아하지 않는다.

1) kg당 쌀 2만원, 쇠고기 4만원일 때에 48만원으로 조합 A(쌀 4kg, 쇠고기 10kg) 또는 B(쌀 16kg, 쇠고기 4kg) 가능 → 준희 A 구매
∴ B보다 A 더 좋아함(원칙 2) [A > B]

2) kg당 쌀 3만원, 쇠고기 3만원일 때에 48만원으로 조합 C(쌀 2kg, 쇠고기 14kg) 또는 D(쌀 6kg, 쇠고기 10kg) 가능 → 준희 C 구매
∴ D보다 C 더 좋아함(원칙 2) [C > D]

3) A와 D → 쇠고기 양 같지만, 쌀이 더 많은 D 선택(원칙 1) [D > A]

위 결과를 [원칙 3]에 의해 정리하면 다음과 같다.
C > D > A > B

이 결과는 또한 그래프를 통해서도 원리를 찾을 수 있다. 같은 그래프 선상에서는 우상향을 선호하며, 다른 그래프에서 쇠고기의 값이 같을 때에는 쌀이 많은 조합을 선택한다.

ㄱ. (O) 그래프 상에서 D를 A보다 더 좋아한다는 것을 그대로 적용하면, E보다 B를 더 좋아함을 알 수 있다. 이는 쇠고기 양이 같지만, 쌀의 양이 더 많기 때문에 [원칙 1]이 적용된 것이다.

ㄴ. (O) 먼저 A 보다 D를 좋아하며, D보다 C를 더 좋아하기에 [원칙 3]에 의해 A 보다 C를 더 좋아함을 알 수 있다. 또한 E보다 B를 좋아하는데, B보다 A를 더 좋아하므로 E보다 A를 더 좋아함을 알 수 있다.

ㄷ. (O) 시점 1에서 준희가 A 대신 B를 구매하였고, 시점 2에서 준희가 선택할 수 있는 것은 동일 그래프 선상의 C, D, E이다. 이때 준희는 C를 구매하였다. 따라서 두 경우 모두 [원칙 2]가 적용된 것이다. 결국 B와 C를 비교할 수 있기 위해서는 [원칙 3]과 같은 규칙성을 확인할 수 있어야 하는데, 이 정보만으로는 판단할 수 없다.

10 ⑤ 난이도 상

ㄱ. (O) 어부에게 규제권이 있을 때 기업이 p_1을 제안하면, 어부는 자신의 편익 또는 피해 정보만 알고 있기에 q_2를 제안하게 된다. 그렇다면 기업은 p_1과 q_2의 면적을 보상액으로 어부에게 지급해야 하며, 이때 어부의 피해액은 어부의 그래프 아래 q_2까지의 면적이다. 따라서 어부의 이익은 b + c + d + e가 된다.

ㄴ. (O) 기업에게 배출권이 있고 어부가 제안한 p_1에 기업이 합의한 경우 q_1만큼 생산량을 감축한다. 이에 대해 어부는 기업이 감축한 부분부터 기업이 감축을 하지 않을 경우 나타나게 될 부분까지 피해를 덜 보게 된다. 여기에 기업에게 보상금으로 (Q − q_1) × p_1만큼을 보상해주므로 전체적으로 보는 이득은 f − d − e가 된다.

ㄷ. (O) 어부에게 규제권이 있고 기업이 제안한 p_2를 받아들였으므로, 생산량은 q_1이 된다. 이때 기업이 가지는 총 편익은 a + b + c + c이다. 어부가 받는 총 피해는 c만큼이 되며, 이때 합의금으로 $p_1 \times q_1$만큼인 c + b만큼 보상해준다. 따라서 기업은 a + b만큼, 어부는 c만큼 이득이 된다.

11 ② 난이도 중

ㄱ. (X) OP 곡선은 갑이 위험과 기대이익의 수준이 다르더라도 선호의 차이가 없다고 판단하는 대안들을 연결한 선이다. 그런데 G는 OP 곡선 위의 다른 점과 비교할 때 G와 기대이익이 동일한 경우 G가 위험이 더 낮게 나타난다. 따라서 갑은 OP 곡선의 선호보다 G를 더 선호한다. 그런데 I는 OP 곡선상의 점과 기대이익이 같을 경우 위험이 더 높다. 그래서 I는 OP 곡선상의 점보다 선호가 떨어진다. 따라서 G보다 I가 선호될 수 없다.

ㄴ. (O) H는 을의 QR 곡선상에 있다. 그런데 F는 동일한 위험에 비해 기대이익이 적으므로 을은 F보다 H를 선호할 것이다.

ㄷ. (X) X_0보다 기대이익이 높은 오른쪽 영역에서 그래프는 을이 갑보다 동일한 기대이익을 기준으로 할 때에 더 높은 기울기로 올라가 있다. 이는 을이 갑보다 동일한 기대이익에 대해 위험을 선호한다는 것을 의미한다. 따라서 갑이 을보다 더 위험기피적 태도를 보임을 알 수 있다.

12 ② 난이도 중

ㄱ. (X) 우수인증 농산물은 110:112로 현재 가격과 적정가격의 차이가 2밖에 나지 않는 데 반하여, 저농약인증 농산물은 113:126으로 그 차이가 13으로 더 크게 나타난다. 따라서 현재 판매가격에 불만이 가장 큰 것은 저농약인증 농산물이다.

ㄴ. (X) 소비자의 경우 현재 가격이 적정 판매가격보다 높다고 판단하고 있으므로 옳지 않은 진술이다.

ㄷ. (O) 적정가격 서열은 생산농, 소매상, 소비자 각 유통 주체들 모두 유기농인증 농산물-저농약인증 농산물-우수인증 농산물-일반 농산물 순이다. 따라서 도매상도 이러한 서열을 따른다면, 100보다 크고 120보다 작은 가격대가 형성될 것이므로 105가 포함될 수 있다.

한 번에 합격, 해커스로스쿨

lawschool.Hackers.com

PART 02 논증 영역

01 논증 분석 정답 및 해설

유형 01 | 명시적 분석

p.258

01	02	03	04	05
①	②	②	②	⑤
06	07	08	09	10
④	②	⑤	③	②
11	12	13	14	15
③	⑤	⑤	⑤	④
16	17	18	19	20
②	⑤	④	③	⑤
21	22	23	24	25
③	④	④	⑤	③
26	27	28	29	30
⑤	③	③	③	③
31	32	33	34	35
①	③	②	②	②
36	37	38	39	40
③	③	⑤	①	①
41	42	43	44	45
①	②	②	④	④
46	47	48	49	50
④	⑤	④	④	⑤
51	52			
①	②			

01 ① 난이도 하

① (O) 지문은 관찰이 객관적으로 이루어져도 오류를 포함할 수 있고, 관찰 명제의 구축과 진위 판정에 이론이 개입한다는 진술을 이끌어내기에 적합한 논의이다.

② (X) 육안으로 정확하게 측정될 수 있다는 이론은 틀렸음이 밝혀졌다는 사실과 왜 육안에 의한 발광체의 측정이 잘못된 것인지 그리고 왜 육안보다는 망원경에 의한 천체 관찰이 더 정확한 것인지를 설명할 수 있게 되었다는 사실이 "도구의 개선과 관측 장비의 발전은 경험적 증거의 누적을 통해 새로운 이론의 수용과 지지를 촉진한다."는 결론으로 이끌지는 않는다. 주어진 논의에 코페르니쿠스의 이론이 아닌 다른 새로운 이론이 수용되고 지지되었다는 내용은 없기 때문이다.

③ (X) 객관적인 관찰도 오류를 범할 수 있다는 사실만으로, 과학 지식은 합리적 판단 기준에 의해서 수용되기보다는 과학자 집단 내부의 타협과 협상의 산물이라고 말할 수는 없다. 관찰 명제의 구축과 진위는 이론의 개입에 의해 정해지는데, 이론의 개입은 합리적 판단 기준에 따르는 것이라고 말할 수 있기 때문이다.

④ (X) 선입견 없는 관찰이 이론을 판단하는 것이 아니라, 이론이 관찰에 의문을 제기한 논의가 제시되었으므로 이런 결론을 이끌어낼 수는 없다.

⑤ (X) 단 하나의 반대 사례가 소개되었을 뿐이고, 주어진 내용만으로는 한 이론이 설명할 수 없는 사례가 아주 많아졌을 때도 배격되지 않는다고 말할 수는 없다. 또 본문에 코페르니쿠스 이론의 지지자와 반대자가 공존하고 있음을 통해 코페르니쿠스 이론이 널리 받아들여진 이론이어서 배격되지 않았다고 말하기는 어렵다는 것을 알 수 있다.

02 ② 난이도 중

① (X) 행동주의자들은 심리 상태를 행동의 성향들만으로 정의하려고 시도하는데, 지문에는 그에 따르는 어려움이 제시되어 있다. 그러나 그들의 태도에 대한 일체의 가치판단이나 평가는 배제되어 있다.

② (O) 주어진 내용들은 심리 언어를 행동의 성향들로만 정의하는 것이 어렵다는 점을 지적하면서, 심리 언어를 행동 언어로 전환하기 위해서 다른 심리 상태에 대한 가정이 필요하다고 했다. 따라서 심리 언어는 다시 심리 언어를 이용해야만 정의할 수 있다는 주장을 추론할 수 있다.

③ (X) '심리 언어에 대한 행동주의적 정의'는 인간의 합리성을 전제하기에 인간의 심리를 특정 행동주의적 언어로 정의할 수 있다는 입장이지만, 화자는 이러한 '심리 언어에 대한 행동주의적 정의'에는 심각한 환원주의적인 오류가 있다고 지적한다. 따라서 이는 '심리 언어에 대한 행동주의적 정의'의 입장에서는 맞는 문장이지만, 이 글의 핵심 논지와 어긋나기에 적절하지 않다.

④ (X) 행동주의적 정의는 성립할 수 없음을 보이고 있지만, 만일 성립할 수 있다고 하더라도 심리 언어가 제거될 것이라는 점이 글의 논지라고 볼 수는 없다.

⑤ (X) 각각의 심리 언어는 정의에 의해 무한히 다양한 행동들과 연결될 수 있다는 것은 본문으로부터 분명히 알 수 있다. 그러나 이것이 글의 핵심 논지라고 볼 수는 없다.

03 ②
난이도 하

① (O) A에서 이성을 동물엔 없는 인간의 능력으로 차별을 정당화하며, B는 인간과 동물에게 모두 있는 고통의 감지 능력을 근거로 동물의 권리를 인정한다.
② (X) B에 따르면 동물도 고통을 느낄 수 있기에 권리가 있다. 그래서 동물을 죽이는 것은 잘못이다. 한편 고통을 가하는 주체가 고통을 느낄 수 있는지 여부는 무관하다.
③ (O) C에 따르면, 권리의 기준은 이성의 유무이지 고통의 감지가 아니다.
④ (O) C에 의하면, 인간 자신의 고통에 대한 둔화된 공감이 문제가 되기에 인간 스스로에 대한 의무에 위반된다.
⑤ (O) A와 C 모두 이성을 가진 존재가 권리 주체이기에 이들에 대한 살인은 잘못이라 판단할 것이다.

04 ②
난이도 중

세 견해를 정리하면 다음과 같다.

구분	노모스	피시스
갑	인간이 제정한 인간질서로 피시스로부터 생겨남: 정당함	자연법칙
을	인간 억압, 반자연적	가족, 민족, 평등의 근거
병	인간이 제정, 평등, 반자연적	강자가 약자 지배

ㄱ. (O) 갑은 피시스가 자연법칙이라 말하고 있으며 을은 자연인으로서의 특징이 피시스로부터 근거되었다고 말하고 있다. 병도 피시스를 반자연적인 노모스에 상대적인 개념으로 규정하며 피시스를 자연적인 것으로 여기는 관점을 추론할 수 있다. 한편 노모스가 인위적이라는 사실은 갑과 병이 노모스가 인간에 의해 제정된 것이라고 진술한 점에서 알 수 있으며, 을이 노모스는 반자연적인 것을 강제한다고 진술한 점에서 추론할 수 있다.
ㄴ. (X) 갑은 피시스로부터 생겨났다고 하여 노모스를 정당화한다. 그러나 을은 인간을 억압하는 노모스를 비판하고, 병 또한 강자가 약자를 지배하는 것에 대항하는 노모스를 반자연적인 것으로 규정하며 정당화하지 않고 있다.
ㄷ. (X) 갑이 인간 공동체의 평화와 존속을 근거로 노모스를 정당화하고 있는 반면, 을은 노모스를 인간을 반자연적으로 강제하는 것으로 보아 비판적인 입장이다. 병 또한 노모스가 평등의 개념을 강제한다는 견해를 통해 비판적으로 보고 있다.
ㄹ. (O) 을의 노모스 비판 내용에 해당하며, 병이 규정하는 불평등으로서의 피시스에 반하는 노모스 비판에 부합하는 진술이다.

05 ⑤
난이도 하

우선 기록의 (가), (나), (다)가 세 가설의 근거가 될 수 있는지를 파악해야 한다. 그리고 갑이 사대론자인지에 대한 평가도 함께 이루어져야 한다. 이를 정리하면 다음과 같다.

구분	선제공격 의사	동기	기록	사대론자 여부
A	X	개인책임 회피	가	O
B	O	고토수복	나, 다	X
C	X	군제 개혁	나(가능)	가능

① (O) A는 개인적인 책임 회피에 동기가 있기에 실제 선제공격 의사는 없다고 볼 것이다. 이에 대한 근거는 (가)이다.
② (O) B는 고토수복의 동기가 있으므로 선제공격 가능성이 있으며, 그 근거는 (나)와 (다)이다.
③ (O) C는 실제 선제공격 의사는 없고 개인 사병 혁파에 동기가 있다고 보고 (나)의 근거를 방어적 차원에서 생각할 것이다. 따라서 군제 개혁의 목적을 공격용으로 생각하는 B와 다르게 해석할 것이다.
④ (O) A는 (가)에 근거하기에 사대론자임이 확실하다. 한편 C는 개인의 사병 혁파를 동기로 하기에 갑이 사대론자임에 대해서는 부인할 필요가 없다는 점에서 A와 일치한다. 한편 그 동기는 각각 개인책임 회피와 군제 개혁으로 다르다.
⑤ (X) A는 (가)를 개인의 책임 회피를 위한 근거로 해석한다. 그러나 B와 C는 그렇지 않다. 그런데 (다)의 간언의 동기에 있어서 B는 선제공격을 위함이라 해석하는 데 반해, C는 군제 개혁을 위한 명분이라 해석할 것이다.

06 ④
난이도 하

ㄱ. (X) 무관한 쟁점이다. 부와 모 중 어느 쪽이 생물학적 혈통을 충실히 반영하는가라는 점은 다루지 않고 있다.
ㄴ. (O) (마)는 부성주의가 역사적으로 오랜 기간 유지되어 온 제도라 해도 그 사실만으로 헌법적 정당화가 되는 것은 아니라고 지적한다. 이는 (마)가 갑의 논거인 (나)를 부정하는 것이 아니라, 그러한 사실이 정당화의 근거가 될 수 없음을 지적하는 것이다. 이와 동시에 오래 유지된 제도라 해도 오늘날의 헌법이념과 일치해야 한다는 주장을 덧붙이고 있다. 따라서 을의 (마) 논거뿐 아니라, 부성주의에 의한 차별을 지적하는 (라)와 당사자의 자율성을 주장하는 (바) 논거 모두 유지될 수 있다.
ㄷ. (X) 을의 논거에서는 부모 간의 합의를 통한 성 결정 방식만을 읽을 수 있다. 그런데 성인이 된 자녀의 성 선택권은 이와는 별개의 문제이다. 또한 제3의 성에는 부모의 성과는 전혀 무관한 성도 포함될 수 있다. 그러므로 틀린 진술이다.
ㄹ. (O) 이는 (바)의 입장을 부분적으로만 수용한 것이다. 합의가 성립되지 않을 경우 부성주의가 여전히 강조되기 때문이다. 이에 을은 여성 차별적이라는 (라)의 논거나 헌법이념에 반한다는 (마)의 논거로, 이 또한 진정한 합의 방식이 아니라는 점에서 자신의 입장을 유지할 수 있다. 따라서 을은 여전히 위헌을 주장할 수 있다.

07 ②
난이도 하

① (O) 2(a)는 행복추구권의 범위에 개인의 생활방식과 취미까지도 포함한다는 견해이다. 한편 2(b)는 좌석안전띠를 매지 않을 자유를 이러한 행동자유권에 포함한다. 따라서 (a)는 일반적 명제의 설정이며, (b)는 구체적인 행위인 좌석안전띠의 행동을 포섭하고 있다.
② (X) 1과 2가 전제가 되어 3을 도출하는 논증의 구조를 파악할 수 있다. 이 논증은 연역논증이므로 전제 1과 2는 서로 순서가 바뀔 수 있다. 이를 형식적으로 표현하면 다음과 같다.
Ax: x는 국민의 자유와 권리가 있다.
Bx: x는 제한될 수 있다.
c: 좌석안전띠를 매지 않을 자유
[전제] $(\forall x)(Ax \to Bx)$
[전제] Ac
[결론] Bc
그리고 4에서는 좌석안전띠를 매지 않을 자유를 제한하는 국가의 개입을 정당화하는 근거로 법익의 균형성을 제시하고 있으며, 5는 좌석안전띠 착용 의무 위반에 대한 제재방법으로의 범칙금 부과에 대한 입법자의 판단이 잘못이 아니라는 내용이 나타나 있다. 이들은 모두 6에서 A조항이 헌법에 위반되지 않는다는 사실을 도출하기 위한 독립적 근거들이다. 따라서 순서가 바뀌어도 상관없다.

③ (O) 좌석안전띠를 매지 않을 자유가 일반적 행동자유권의 보호영역에 속하지 않는다고 판단한다면, 공공복리를 위해 개인의 자유를 제한할 수 있다는 3의 주장은 도출할 수 없으며, 4와 같은 공익 간의 비교도 의미를 잃게 된다. 따라서 3과 4는 생략할 수 있다.
④ (O) 1에서 자유와 권리는 헌법 제37조 제2항에 따라 제한할 수 있다고 규정되어 있다. 따라서 좌석안전띠를 매지 않을 자유를 제한하는 A조항은 헌법에 합치한다는 주장이므로 갑은 A조항을 헌법 제37조 제2항에 따라 적용한 것으로 판단했을 것이다.
⑤ (O) 5가 잘못되었다고 가정한다면, 입법의 한계를 벗어난 것이라고 판단 가능해 헌법에 위반된다. 따라서 갑의 결론이 위헌으로 바뀌므로 6이 달라지게 된다.

08 ⑤   난이도 중

ㄱ. (O) 갑의 두 가지 주장은 법적용이 쉽거나 어려울 수 있는 각각의 경우를 말하며, 을 역시 법적용이 쉬운 사례와 어려운 사례를 구분하고 있다.
ㄴ. (O) 을은 (가)에서 애완동물 금지 규정이 쉽게 적용되는 것처럼 보이는 까닭은 규정의 목적을 쉽게 알 수 있기 때문이라고 주장한다. 이는 갑의 '중심 사례'가 문제가 될 때에만 있는 그대로 문언을 적용할 뿐이며 '주변 사례'처럼 법적용이 어려운 사례일 때에는 법관이 법의 목적을 고려한다고 한 주장에 대한 비판이 된다.
ㄷ. (O) 갑의 두 번째 주장인 '주변 사례'에 대한 비판이다. 갑은 주변 사례가 문제가 될 때, 법관은 법의 목적을 고려하며 창조적 역할을 수행한다고 말하고 있다. 그런데 을은 목적에 따른 법적용도 창조적인 역할의 수행이 아닌, 법을 그대로 적용한 것일 수 있다는 주장을 하며 갑을 비판한다.

09 ③   난이도 중

① (O) 헌법재판소 판결문에서 공익과 사적 불이익의 차원인 법익의 균형성이 논의되고 있다.
② (O) A국의 법규정에서 잔여 배아는 동의권자의 동의하에 연구를 실행할 수 있다고 밝히고 있다. 따라서 연구자가 임의로 처분할 수 있는 연구의 대상은 아니다.
③ (X) 헌법재판소의 판결에서 배아생성자의 권리는 헌법으로부터 도출되는 권리이며, 배아의 권리를 위해 본질적 내용을 침해하지 않는 범위에서 제한되므로 배아의 권리가 배아생성자의 권리보다 보호할 만한 가치가 크다는 것을 전제한 것은 아니다.
④ (O) 제1견해는 배아를 수정된 때부터 인간으로 인정하기에 옳은 진술이다. 착상이란 수정된 배아가 자궁 내벽에 붙어 태아가 모체로부터 산소 및 영양분을 받을 수 있는 상태를 말하기 때문이다.
⑤ (O) 제3견해는 배아는 성장하면서 도덕적 지위를 점차 얻게 되는 것이지 완전한 인간 존재는 아니라는 주장이다. 이는 헌법재판소의 배아를 '형성 중인 생명'이라고 규정한 진술에서 배아에 대해 제3견해와 동일한 관점임을 확인할 수 있다. 또한 배아생성자의 권리의 본질적인 부분이 인정된다는 점에서 완전한 인간 존재가 아니라는 사실에 대한 기반이 된다. 이는 배아생성자의 권리를 헌법으로부터 도출되는 권리로 인정하기 때문이다.

10 ②   난이도 중

① (O) 정의가 없는 왕국을 거대한 강도떼에 비유하면서 명칭의 차이를 언급한다. 또한 이들은 집단 혹은 공동체의 규모에 의한 구분임을 밝히고 있다.
② (X) 야욕을 부리고서도 아무런 처벌을 받지 않는다는 사실을 왕국의 정체성으로 기술하는 데에서 이것이 강도떼와의 차이임을 암묵적으로 파악할 수 있다. 결국 강도떼의 경우 야욕을 부리면 처벌받는다는 특징이 함축되어 있다.
③ (O) 둘 모두 한 사람의 지배자에 의한 지배와 공동체의 규약에 의해 조직된다는 점에서 공통점을 찾을 수 있다.
④ (O) 강도떼가 거대한 무리를 모아 왕국의 이름을 얻는 과정을 보여주면서 이 둘의 차이를 줄이는 전략이 나타난다.
⑤ (O) 알렉산드로스 대왕과 해적 사이의 대화를 통해 해적떼와 정의가 없는 왕국의 사례를 제시하여 강도떼와 정의가 없는 왕국 사이의 유비논증의 설득력을 높이고 있다.

11 ③   난이도 상

ㄱ. (O) A는 암환자의 극심한 고통 감소가 좋은 결과이며, 기대수명을 단축하는 것이 나쁜 결과이다. 그런데 암환자가 죽음이 임박한 상태에서는 도덕적으로 모르핀 투여를 허용하고 있다. 이 상황에서는 기대수명의 단축이라는 나쁜 결과가 있더라도 죽음이 임박한 상황이므로 고통을 감소시키는 좋은 결과가 더 높은 가치를 가지고 있다. 즉, 의도되는 좋은 결과의 확률이 높은 상태일 경우 예상되는 나쁜 결과도 허용된다는 주장이므로 원칙 r이 기준이 된다.
ㄴ. (O) B에서 좋은 결과는 생명을 구하는 것이며, 나쁜 결과는 신체 일부를 절단하여 불구가 되는 것이다. 신체를 절단하지 않을 경우 죽음에 이르게 되는 확률이 높은 상황에서는 신체 일부를 절단하는 것이 도덕적으로 허용되나, 약물치료를 통한 대안이 있는 상황에서는 도덕적으로 허용될 수 없기에 원칙 q가 사용되고 있다. 그러나 신체 일부를 절단할 경우 불구가 될 확률은 100%인 반면, 생명을 구할 수 있는 가능성은 100% 이하이다. 따라서 원칙 p는 적용되지 않는다.
ㄷ. (X) C는 어린이와 유기견의 가치 비교로부터 도덕적 허용 가능성의 차이를 보이고 있다. 어린이의 생명을 구하는 일은 자신의 부상 또는 죽음이라는 나쁜 결과를 감수할 정도로 높은 가치가 있다고 판단한다. 그러나 유기견은 그 정도의 높은 가치라고 판단하지 않는다. 따라서 사용된 원칙은 r이므로 대안의 유무에 따른 q원칙은 적용되지 않는다.

12 ⑤   난이도 하

① (O) (가)에서 우리 눈이 보기 위해, 다리가 직립보행을 하기 위해 창조된 것이라고 생각하면 안 된다고 하며 비판하고자 하는 견해를 설정하고 있다.
② (O) (나)는 목적과 수단이 뒤집힌 추론으로 인과 관계를 잘못 파악하고 있음을 지적하며 생겨난 그것이 용도를 창출한다는 견해를 제시하고 있다. 이러한 지적은 비판하고자 하는 견해가 본말전도의 오류임을 보이고자 한 것이다.
③ (O) 발생하기 전에는 용도가 없었다는 것을 사례를 통해 증명한다. 이는 시간적 선후 관계를 이용한 논증이다.
④ (O) 사용을 위한 목적으로 생겨난 사물들을 사례를 들어 본 논증에서 비판하고자 하는 견해가 가능할 수도 있다고 보는 예상 반론을 제시했다.
⑤ (X) (다)는 필자가 주장하는 바이며, 이에 대한 예상 반론으로 (라)가 제시된다. 그리고 재반론으로 (마)를 제시하여 (바)를 궁극적인 결론으로 이끌어내고 있다. 그리고 (마)는 (라)의 사례를 (다)의 사례와 완전히 다른 부류의 것으로 보고 있기에 (다)와 (라)는 무관하여 양립할 수 있다. 필자가 대상으로 삼는 것은 신체적 지체인데, 예상되는 반론의 대상은 인간이 사용하는 사물이다. 이들은 완전히 다른 부류이기에 공통적으로 논의할 대상이 아니라는 주장이다. 즉 사물에 대한 논의는 자신의 논의와 무관하다는 의미이다. 따라서 (다)와 (라)는 양립할 수 있다.

13 ⑤
난이도 하

지문의 내용을 정리하면 다음과 같다.

구분	강한 네트워크(A, B)	약한 네트워크(C, D)
특징	친밀성, 신뢰관계, 의존적	접촉빈도 낮음, 느슨한 관계
취업동아리	실질적 도움	실질적 도움 안 됨
취득정보	취업 관련 정보 공유, 효율적	일반에게 공개된 자료에 불과

① (O) A는 강한 네트워크가 삶에 영향을 미치며 취업 등과 같은 경우에도 실질적인 도움을 준다고 말한다. 반면 C는 취업동아리가 실질적으로 도움이 될 수 없다는 입장이므로 옳은 진술이다.
② (O) 이 속담은 자신이 가진 병을 다른 사람들에게 알림으로써 치료할 수 있는 다른 방법을 찾을 수 있다는 의미이다. D는 A와 다르게 약한 네트워크가 도움이 된다는 입장이다. 이는 느슨한 관계가 여러 집단을 연결하거나 확산시키는 위치에 있어 정보 취득이 쉽기 때문이다. 따라서 '병 자랑'을 하라는 속담의 의미는 A보다 D에 더 적합하다.
③ (O) B는 취업동아리에서 얻은 취업 정보의 내용과 질을 확신하지만, C는 그렇지 않으므로 옳은 진술이다.
④ (O) B는 취업동아리에서 관련 정보를 공유함으로써 취업 준비의 효율성을 높여 취업 가능성을 높일 수 있다는 입장이다. 만약 객관적이고 투명한 공채 시험만으로 취업할 수 있는 분야라면 일반적으로 얻을 수 있는 정보는 취업에 큰 의미를 가지는 정보라 할 수 없다. 따라서 관련 정보를 공유하면 더 효율적으로 준비를 할 수 있다는 B의 견해는 이러한 상황에서 취업에 실질적 도움이 된다는 점을 부각할 수 있다. 그러나 C는 취업동아리의 정보는 일반에게 공개된 정보의 재정리에 불과하기에 실질적 도움이 되지 못한다는 입장이다. 따라서 객관적이고 투명한 공채 시험만으로 취업할 수 있는 분야라면 C의 비판 대상이 된다. 그러므로 C보다 B에 더 적합한 사례가 된다.
⑤ (X) 가끔 만나는 먼 지인은 약한 네트워크 관계이기에 D를 강화한다. C도 친밀한 관계가 형성되는 취업동아리보다 느슨한 관계로 연결된 취업지원센터가 더 도움이 된다는 입장이므로 이 사례로 C가 약화되지는 않는다.

14 ⑤
난이도 하

1) 갑: 도덕적으로 훌륭할 경우 미적으로도 뛰어나야 하므로 '주장'에 동의하지 않을 것이다.
2) 을: 도덕적 평가와 미적 성질은 내적 관계를 갖지 않는 무관한 것이므로 '주장'에 동의할 것이다.
3) 병: 도덕적으로 나쁜 작품은 미적으로도 열등하지만, 긍정적 사례 즉, 도덕적으로 훌륭한 작품이 미적으로 뛰어나다는 관계는 형성되지 않으므로 '주장'에 동의할 것이다.
4) 정: 도덕적으로 나쁜 작품이지만 이것이 미적 장점이 되는 예술 작품이 있을 수 있으므로 '주장'에 동의할 것이다.

15 ④
난이도 중

① (X) (가)가 아니라 (나)에서 종은 편의상 임의적으로 구별한 것에 불과하다고 주장한다.
② (X) (나)가 아니라 (가)에서 현재 연결 고리가 존재하는지가 종과 변종의 기준이라고 주장한다.
③ (X) (나)는 종의 본질을 찾는 것이 헛된 것이라고 주장하기에 적절하지 않은 분석이다.
④ (O) (가)는 종과 변종의 구분에 있어서 중간 형태를 가정하고 있기에 불변하는 속성에 대해서 받아들이지 않을 것이다. 또한 (나)도 아직 발견되지 않은 그리고 발견될 수 없을 종의 본질을 주장하기에 불변하는 속성에 대해서 받아들이지 않을 것이다. 따라서 두 주장 모두 종이 다른 종들과 구별되는 불변의 속성을 가지고 있다는 주장은 받아들이지 않을 것이다.
⑤ (X) (나)는 종과 변종도 편의상 구분이라고 주장하므로 이는 정도의 문제일 뿐이라는 견해를 받아들일 것이다.

16 ②
난이도 하

지문의 견해를 정리하면 다음과 같다.

구분	삶의 목표	쾌락	금욕
갑	자족성(자유)	삼가야 할 대상	긍정
을	쾌락	추구의 대상	부정
병	의무 수행	간접 의무	의무에 대한 은밀한 혐오

갑은 금욕주의, 을은 쾌락주의, 병은 의무론의 입장을 취하고 있다.
① (O) 갑은 쾌락의 추구를 삼가도록 습관화하라고 주장하는 반면, 을은 금욕을 부정하며 금욕도 근본적으로 고도의 정신적 기쁨을 지향한다는 의미에서 소극적 쾌락주의임을 말한다. 따라서 갑은 쾌락이 추구할 만하다는 사실에 동의하지 않지만, 을은 동의할 것이다.
② (X) 갑은 욕망을 절제하는 금욕의 훈련을 통해 슬픔이나 기쁨에도 무관심한 부동심의 경지를 주장하므로 욕망을 절제하여 도달한 상태가 쾌락의 상태라는 것에 동의하지 않을 것이다. 반면 을은 욕망을 절제하여 도달하는 것도 결국은 쾌락이라는 견해이므로 동의할 것이다.
③ (O) 갑은 금욕에 의한 쾌락 추구의 삼가를 주장하기에 일체의 욕망 추구를 금지하는 것에 동의하지만, 을은 쾌락을 유일무이한 본래적 가치로 보기에 동의하지 않을 것이다. 병은 쾌락의 추구를 간접의무로 보기 때문에 욕망 추구 금지에 반대할 것이다.
④ (O) 갑은 쾌락보다 상위의 가치를 자족성으로 보고 있고 병도 의무 수행을 쾌락보다 우선적인 가치로 보고 있다. 그러나 을은 쾌락을 유일무이한 본래적 가치로 보기에 쾌락보다 상위의 가치가 있다는 것에 동의하지 않을 것이다.
⑤ (O) 을은 본래적 가치로서 쾌락을 보고 있으나, 병은 의무를 우선적으로 고려하여 이에 장애가 되지 않는 범위라면 쾌락을 추구할 수 있다는 시각이다. 따라서 쾌락 추구의 허용 근거가 쾌락 자체에 있다는 것에 을은 동의하지만, 병은 동의하지 않을 것이다.

17 ⑤
난이도 하

① (X) (가)와 (나) 모두와 무관하다. (가)에서는 손실의 크기가 동일하기에 적용할 수 없고, (나)에서는 이득이나 손실의 차이에 대한 차이를 발견할 수 없다.
② (X) (나)의 경우는 설명할 수 있지만, (가)의 경우는 단순히 물건 가격 인상과 할인을 환원한 경우의 불공정성에 대한 비교이기에 이를 설명할 수 없다.
③ (X) (가)와 (나) 모두와 무관한 진술이다. (가)는 이득이나 손실의 상황을 비교할 수 없으며, (나) 역시 소유 여부에 따른 차이이기에 무관하다.
④ (X) (가)에서 인상된 가격에 있어서 사람들은 이를 명시적 비용으로 인식하지만 원래의 가격으로 복귀하는 경우에는 암묵적 비용으로 받아들여 거부감이 적은 것으로 설명할 수 있다. 그러나 (나)에서는 암묵적 비용에 대해서 알 수 없다.

⑤ (O) (가)의 대립 상황은, 초기 상황이 1,900만 원인 상황과 2,000만 원인 상황의 차이에 따라 이후 동일 가격에 대한 평가가 달라지고 있다. (나) 또한 초기 상황에서 머그잔을 소유하고 있는 학생과 사려고 하는 학생의 소망 거래 가격 차이로 인해 금액 차이가 발생하고 있다.

18 ④
난이도 하

ㄱ. (X) 당사자능력을 인정받기 위해 침해되는 이익이 있어야 한다는 것은 B만의 주장이기에 옳지 않다. A는 단지 당사자능력만을 형식적으로 적용해야 한다고 주장할 뿐이다.

ㄴ. (O) A는 법에서 명시적으로 인정하는 자만이 당사자능력을 추가로 인정받을 수 있다는 견해이므로 명문의 규정에 대한 개정 없이는 올빼미가 소송을 수행할 수 없다.

ㄷ. (O) B는 비록 명문의 규정에서 당사자자격이 인정되지 않더라도 보호할 이익에 따라 올빼미가 소송 당사자자격이 있다고 주장한다. 따라서 법규정의 명문에 반하는 해석이 허용될 경우 B의 견해는 강화된다.

19 ③
난이도 중

① (O) 동등성시험에서 더 우월한 것으로 입증되었더라도 위약시험에서는 다른 결과가 나타날 수 있기에 옳은 진술이다.

② (O) H선언의 윤리적 기준에 의하면, 효과적인 치료법이 있는 경우 이를 제공해야 할 의무가 있다. 따라서 위약시험은 효과적인 치료법을 제공받을 기회를 박탈할 경우가 되므로 비판 논거가 된다.

③ (X) 위약시험 결과가 입증되지 못한다고 해서 동등성시험의 필요성이 약화되는 것은 아니다. 비록 그 결과가 나타났다고 해도 위약시험의 결과는 우연적일 수도 있으며, 여전히 환자에게는 적절한 치료를 받을 수 있는 기회가 박탈되기 때문이다.

④ (O) 몇몇 의사들의 비판 대상은 동등성시험에 있다. 그래서 다른 기준이 적용되어야 한다고 주장한다. 결국 이들은 위약시험이 동등성시험보다 개인의 주관에 따른 판단 오류가 상대적으로 적다고 전제하고 있다고 추론할 수 있다.

⑤ (O) ⓓ는 위약시험 역시 개인의 주관이 개입하기에 위약의 효과는 일정치 않고 가변적이라고 주장한다. 따라서 신약 치료 집단 간에는 유의미한 차이가 없었고 위약 치료 집단 간 응답 분포 및 평균값에 유의미한 차이가 있다는 것은 이러한 개인의 주관 개입에 의한 차이가 존재한다는 주장을 지지하게 된다.

20 ⑤
난이도 상

ㄱ. (O) A는 행위의 도덕성은 그것과 관련되는 사람들의 행복 증가 여부를 기준으로 한다. 따라서 한 명의 전우를 적진에서 구하기 위해 두 명의 전우가 죽음을 무릅쓰는 행위는 관련된 사람들의 행복을 증가시킬 수 있기에 도덕적일 수 있다. 또한 B의 행위 규칙이 전우의 죽음을 묵인해서는 안 된다는 것일 경우 위 행위는 도덕적일 수 있다.

ㄴ. (O) 거짓말을 하는 행위가 그것과 관련되는 사람들의 행복을 증가시킨다면 A의 견해에 의해 옳을 수 있다. 또한 선의의 거짓말과 같이 전체적인 삶의 맥락에서 옳을 수 있다. 때문에 A뿐 아니라 C의 견해에도 부합한다.

ㄷ. (O) A, B, C 각자는 유용성의 원리가 의미하는 바에 대해서는 서로 다른 견해를 지니고 있으나 이를 도덕적 판단의 기준으로 고려한다는 점은 일치한다.

21 ③
난이도 하

세 가지 견해를 정리하면 다음과 같다.
- A: not 타인 손해 → not 국가간섭 정당화, 타인 손해 → 국가간섭 정당화
  - 타인 침해 행위는 국가간섭 정당화를 위한 필요충분조건
- B: 타인 손해일 때만 국가간섭 정당화
  - 타인 침해 행위는 국가간섭 정당화를 위한 필요조건
- C: 타인 손해 or 타인 손해 가능성 → 국가간섭 정당화
  - 타인 침해 행위는 국가간섭 정당화를 위한 충분조건

① (O) A와 B 모두 타인에 손해를 입힐 경우에 국가의 간섭이 가능하다. 그런데 B는 그러한 경우에도 국가의 간섭이 정당화되지 않을 수 있다는 견해이다. 따라서 A가 B보다 국가의 간섭 정당화 범위를 넓게 잡고 있다.

② (O) A는 타인에 침해를 입히는 행동에 대한 국가의 간섭에 대해서만 인정하고 있다. 그러나 C는 그뿐만 아니라, 침해할 가능성까지도 국가의 간섭 정당화 범위로 삼아 A보다 더 넓게 잡고 있다.

③ (X) A는 타인에게 손해를 입히는 행동 모두 국가의 간섭이 정당화된다고 주장한다. 그러나 B는 타인에게 손해를 입히는 행동에 대한 국가의 간섭이 언제나 정당화되지는 않는다고 주장한다. 그런데 오직 자신에게만 영향을 주는 행동이 있을 수 없다고 해도 타인에게 손해를 입히는 행동이나 국가간섭이 정당화되지 않는 행위가 있을 수 있기 때문에 A와 B가 같은 견해가 될 수는 없다.

④ (O) A와 B 모두 타인에 손해를 입히지 않은 행위는 국가의 간섭이 정당화되지 않는다는 입장이므로 국가가 간섭하는 행위는 다른 사람에게 손해를 입히는 행위가 된다.

⑤ (O) A와 C 모두 타인에 손해를 입힌 행동에 대한 국가의 간섭이 정당하다는 입장이므로 옳은 진술이다.

22 ④
난이도 상

ㄱ. (O) A의 진술에서 연극의 대사와 같은 인용 진술이 아니면 (1)로부터 (2)가 도출되며, (3)과 같은 의무를 지닌다고 주장한다. 이때 (1)은 사실 판단이며 (3)은 당위 판단이다. 그러나 (2)가 당위 판단인지는 알 수 없다. 만약 (2)가 사실 판단이라면 (2)에서 (3)이, 또한 (2)가 당위 판단이라 해도 (1)에서 (2)가 도출됨을 인정하기 때문에 (2)가 정확하게 어떤 판단인지 알지 못해도 A의 진술은 문제되지 않는다.

ㄴ. (X) C의 경우 '약속한다'를 다의적 표현으로 보기 때문에 이것이 당위 판단인지 여부는 알 수 없다.

ㄷ. (O) A의 진술에서 연극의 대사와 같은 인용 진술이 아니면 (1)로부터 (2)가 도출되며, (3)과 같은 의무를 지닌다고 주장한다. 이때 (1)은 사실 판단이며 (3)은 당위 판단이다. 그런데 (2)가 사실 판단이라면 (2)에서 (3)이, 또한 (2)가 당위 판단이라 해도 (1)에서 (2)가 도출됨을 인정한다. 따라서 A는 사실 판단에서 당위 판단이 도출될 수 있다고 본다. 한편 C는 사실 판단에서 당위 판단으로의 이행은 논리적 결함에 해당한다고 주장하고 있으므로 옳은 진술이다.

23 ④
난이도 하

A를 상해죄로 처벌할 수 있는지에 대해 갑, 을, 병의 견해를 표로 분석 및 정리하면 다음과 같다.

구분	의도	인식	처벌 여부
갑	X		X
을	X	O	O
병	O	X	O

ㄱ. (O) 갑은 A를 처벌할 수 없다는 주장이지만, 을은 A가 처벌받아야 한다는 주장이다. 하지만 A의 의도가 없었다는 것은 둘 모두 동의한다.
ㄴ. (O) 을과 병 모두 A가 처벌받아야 한다는 견해이다. 하지만 을은 인식했다고 보고 병은 인식했다고 보지 않는다.
ㄷ. (O) 갑에 의하면, 의도가 있는 행위만 처벌 대상이다. 즉 처벌 대상이 된다면 그것은 모두 의도가 있는 행위이다. 병은 의도가 있다면 처벌 대상이기 때문에 옳은 진술이다.
ㄹ. (X) 을의 처벌 대상 중에는 행위에 의도가 없지만 이를 인식한 경우가 포함되어 있다. 이때 병은 의도가 있어야만 처벌 대상으로 여기기 때문에 의도가 없는 행위는 처벌 대상이라 할 수 없다.

24 ⑤ 난이도 하

ㄱ. (O) 갑은 F국이 여신상을 약탈하였을 가능성이 매우 높기 때문에 G국의 불법 반입이 있다 해도 F국에 다시 돌려주는 것에 반대할 것이다. 그러나 을은 약탈 가능성이 매우 높다 해도 그 불법성이 증명되지 않았기 때문에 F국에 돌려주어야 한다고 주장할 것이다.
ㄴ. (O) 불법적 반출 여부에 대해 문제를 제기한 것은 을이기에 을은 동의할 것이나, 갑은 적법한 반출 경위를 확인할 수 없다면 약탈당한 것으로 보기에 동의하지 않을 것이다.
ㄷ. (O) 기록에 의해 여신상이 A시 신전 소유라는 사실이 인정되어야 한다는 것은 갑과 을 모두 동의하는 바이다.

25 ③ 난이도 하

ㄱ. (O) 증거나 알리바이 등 범죄 성립 여부와 관련된 사항에만 ㉠을 적용할 경우, 형법에는 ㉠이 적용되지 않기 때문에 검사의 견해는 강화된다.
ㄴ. (O) 범죄자에게 가장 유리한 것을 부과하기 때문에 범죄행위시점이 적용되어도 판사의 결론은 같을 것이다.
ㄷ. (X) 친족 간의 범죄라는 이유로 형벌을 1등급 높여도 훔친 행위는 국적박탈형이 되기에 ㉠의 대상이 된다. 따라서 검사와 판사의 결론은 모두 동일하게 유지될 것이다.

26 ⑤ 난이도 하

① (X) A에서 인간 본성에 대한 가정은 나타나지 않으며, C에서는 인간이 사회의 공통 규범을 따르며 사회가 규정하는 가치를 추구하려는 본성을 지닌다고 가정한다.
② (X) B뿐 아니라, C도 공통 규범의 내면화를 가정한다.
③ (X) B는 규범의 내면화를 통해 사회화를 하는데, 개인의 정도 차이가 발생한다. 즉 개인이 갖는 내적 사회화 정도가 약할 경우 범죄가 나타날 수 있다는 입장이다. 따라서 외부적 동기나 압력을 중시한다고 보기 어렵다. 한편 A는 범죄와 관련된 것을 학습하면서 범죄가 나타나기 때문에 외부적 동기나 압력이 관여하게 된다는 입장이다. 또한 C도 사회 불평등 구조라는 외부적 동기나 압력에 의해 범죄를 저지르게 된다고 지적한다.
④ (X) B뿐 아니라, A도 개인에 따라 학습된 정도에 의해 규범의 내면화에 차이가 나타난다고 볼 수 있다.
⑤ (O) A는 주류 사회가 받아들이는 것과 받아들이지 않는 문화의 갈등을 가정하지만, B는 사회의 공통 규범을 공유한다고 주장하기에 그러한 갈등을 가정하지 않는다.

27 ③ 난이도 하

ㄱ. (O) C는 직접 상해 행위를 하는 경우뿐 아니라 사례에서 甲의 경우처럼 간접적인 경우에도 상해죄로 처벌해야 한다고 주장한다. 한편 A는 제3자가 부탁을 거부할 수 없는 상황일 때에만 상해죄로 처벌할 수 있다고 주장한다. 따라서 두 견해에 의하면 타인을 이용하여 상해를 유발한 자를 직접 폭력 행위를 한 자와 같은 죄목의 범죄로 처벌할 수 있다고 본다.
ㄴ. (O) A는 거절할 수 없는 상황이어야만 처벌할 수 있기 때문에 처벌할 수 없다고 할 것이나, C는 가능하다고 볼 것이다.
ㄷ. (X) B와 C는 甲을 처벌해야 한다는 입장이다.

28 ③ 난이도 하

ㄱ. (O) C는 모순된 믿음이 있을 수 없다고 주장한다. 그러나 A는 자신을 속이는 것이 가능하기에 모순된 믿음을 인정하고 있다. 따라서 C와 A는 양립할 수 없다. 하지만 B는 편향된 믿음이 자기기만이라고 정의하므로 모순된 믿음이 아닐 수 있다. 따라서 B는 C와 양립할 수 있다.
ㄴ. (X) B는 자기 자신의 지적 능력이 남들보다 뛰어난 정보를 선택적으로 수집하여 믿음으로 설명할 수 있고, A도 자기 자신을 속이는 행위로 인해 형성된 것으로 설명할 수 있다.
ㄷ. (O) 자기 의도를 자신이 알 수 있다면 속지 않을 것이기 때문에 자신을 속일 수 있다고 주장하는 A는 약화된다.

29 ③ 난이도 하

① (O) 빚을 탕감하지 않는 한, 빚 독촉과 소송이 이어질 것이므로 X국 제도를 지지할 것이다.
② (O) X국 제도는 국가 차원에서 빚을 탕감해주는 것이므로 스스로 책임을 져야 한다는 입장에서는 이러한 제도에 반대할 것이다.
③ (X) Y국 제도를 사용한다고 해도 채권자가 자기 채권을 우선적으로 회수하기 위한 수단으로 파산 신청을 사용할 수 있다. 따라서 이를 우려하는 사람이 Y국 제도를 지지한다는 진술은 옳지 않다.
④ (O) 채무가 탕감되지 않아 계속되는 악순환을 걱정하는 사람이라면 Y국 제도에 반대할 것이다.
⑤ (O) 빚을 갚을 때까지 채권자의 의사에 의해 관계가 진행되도록 하는 것이 Y국 제도이므로 채권자에 의한 혼란을 걱정하는 사람이라면 Y국 제도를 반대할 것이다.

30 ③ 난이도 중

ㄱ. (O) A는 ㉠이 참이라면 처벌하자고 주장하므로, ㉠이 거짓일 경우 A의 결론이 따라 나오지 않는다.
ㄴ. (O) '행위자가 결정할 능력이 있다면, 그 행위 여부를 미리 아는 것은 불가능하다.'는 전제가 추가될 경우, ㉠은 미리 아는 것이 가능하다는 견해이다. 그렇다면 행위자가 결정할 능력이 없다는 것을 추론할 수 있다. 하지만 B는 행위자가 그런 능력이 있다는 견해이므로 ㉠과 양립할 수 없다.

ㄷ. (X) A는 갑이 과속을 할 것이 틀림없고 그 사실을 경찰이 알고 있기에 반드시 발생할 피해와의 균형을 맞추기 위한 목적으로서의 처벌은 그 시기가 사전이든 사후든 상관없기에 사전 처벌도 정당하다는 견해이다. 그런데 테러리스트의 사례에서는 테러리스트가 공격을 준비하고 있었을 뿐 사전에 처벌이 이루어진다면 테러로 인한 피해가 발생하지 않는 상황이다. 따라서 이는 틀림없이 공격이 이루어져 피해가 발생한다는 것이 전제된 것은 아니기에 지문의 사례와 동일한 상황이 아니다. 따라서 A에 따를 때라도 사전 처벌이 정당화되는 것은 아니다.

31 ①
난이도 중

ㄱ. (O) 친구를 때렸을 경우 친구는 더 못한 상태에 있게 된다. 따라서 이론에 따르면 이익을 준 경우이다.

ㄴ. (X) 갑2와 을2의 쟁점은 구조 능력이 있으면서 아무 것도 하지 않는 행위도 '행위'인가 여부이다. 갑2는 '행위'가 아니라는 입장이며 을2는 회피하고자 하는 결심의 결과도 행위로 보고 있다. 따라서 아이에게 손해를 준 것인지에 대해서는 모두 인정할 수 있다.

ㄷ. (X) 을은 의도적인 회피 결심의 결과라면 손해 행위가 될 수 있다는 입장이다. 이에 대해 갑3은 의도적인 욕심에 따른 결과라 해도 손해를 주지 않을 수 있다고 반박한다. 이에 대해 만약 을이 선물을 주지 않은 것은 손해를 준 것이라고 주장한다면, 을은 자신의 입장에 따라 갑을 반박한 것이므로 일관된 판단에 해당된다.

32 ③
난이도 중

ㄱ. (O) 가정에 의한 결과의 불합리성을 지적하는 귀류법을 사용하므로 옳은 진술이다.

ㄴ. (O) B에 의하면, 클리포드는 오류를 피하고 진리를 얻는 것을 부차적인 것으로 보고 아무것도 믿지 않는 보류 상태에 두라고 말하고 있다. 이에 대해 B는 이런 태도가 증거가 아닌 정념에 기초한 것이라고 비판하고 있다.

ㄷ. (X) B는 오류를 피하는 것에 대한 논의를 하고 있기에 옳지 않다.

33 ②
난이도 상

ㄱ. (X) A는 주장을 어떤 방식으로 정당화하느냐에 인식적 객관성이 있다는 견해이다. 따라서 비록 두 사람이 동일한 판단을 해도 인식적 객관성이 없을 수 있다.

ㄴ. (O) A는 주관적 요소의 개입이 없어야 한다는 입장이다. 그런데 B는 예술 작품은 특정 상황들을 고려하여 판단하기에 인식적 객관성을 가지지 않는다고 볼 것이다.

ㄷ. (X) B는 모든 상황을 고려하여 자신을 당시 청중과 동일한 상황에 대입하여 판단해야 한다는 견해이다. 그런데 서로 다른 시대나 나라에 살았던 두 비평가가 결과적으로 동일한 판단을 했다고 해도 그러한 판단이 그 작품이 전제로 하는 관점에서 이루어진 것이 아닐 수 있다. 즉, 둘 모두 잘못된 판단을 할 수 있다.

34 ②
난이도 하

ㄱ. (X) 이론은 모순이 없는 진술이 왜 난센스로 들리는지를 설명해주고 있다. 난센스로 들리는 경우 대화 상대방을 고려한 완곡한 주장이기 때문이다. 그런데 이론이 옳다고 해서 모순 없는 진술이 모두 난센스로 들려야 하는 것은 아니다.

ㄴ. (O) 이론에 의하면, 믿는다는 표현은 완곡하게 주장하는 것이다. 따라서 여름인 동시에 여름이 아니라는 모순을 내포하기에 난센스로 들려야 한다.

ㄷ. (X) 모순된 내용을 상대방을 고려하여 표현하고 말할 때에 난센스로 들리게 되는 것이므로, 마음속으로 말없이 판단하는 것이 난센스로 여겨지는 것은 아니다.

35 ②
난이도 중

ㄱ. (X) 을의 견해 역시 '차'에 동력장치가 있는 이동수단인 버스를 포함하고 있는 법률 문언에 반하는 주장이다. 따라서 을도 법률의 목적을 실현할 필요가 있어야 정당화된다.

ㄴ. (X) 병은 명백히 적용될 수 없는 대상인 자전거를 제외하여 적용범위를 중립적 후보에서 적극적 후보로 좁히고 있다. 이는 '법의 발견' 중 하나인 축소해석에 해당되므로 법의 형성에 해당되지 않는다.

ㄷ. (O) 을은 경계가 확실한 후보를 제외하는 목적론적 축소로, '주차금지'의 사례도 동일한 방법인 '목적론적 축소'에 해당한다.

36 ③
난이도 중

ㄱ. (O) 필자는 비록 글 속에 나오는 허구 속의 인물이 실존 인물과 유사하다는 특징이 있더라도 그 인물은 실존 인물이 아니라 허구 속의 인물임을 주장한다. 따라서 어떤 이름이 실존 인물을 지칭한다면 그 글은 허구 작품이 아니게 된다.

ㄴ. (O) 필자는 (2)를 주장하며 (1)을 잘못된 직관을 갖기에 나타나는 견해라고 파악한다. 그런데 허구 작품들에 사용된 '나폴레옹'이 실존 인물을 지칭한다면 (1)이 잘못되었다는 필자의 견해에 반박하게 되어 이 글의 논증을 약화하게 된다.

ㄷ. (X) 실존 인물을 지칭하지 않아도 실존 인물과의 유사성을 가질 수 있어서 잘못된 직관에 빠진다고 필자는 지적하고 있다.

37 ③
난이도 하

ㄱ. (O) ⓒ은 환경적 합리성으로 상이한 여건에 따라 상대적으로 고려한다. 따라서 z를 선택하는 행위도 합리적일 수 있다.

ㄴ. (O) ⓐ의 합리성 기준은 최선의 이익에 가까운 순서에 따라 결정해야 한다는 입장이다. 따라서 최선의 이익이 x가 아니라 y를 선택한 행위는 비합리적 성향에 따른 결정으로 본다.

ㄷ. (X) ⓐ은 부드러운 간섭이 비합리적 성향을 이용하는 것이기에 비합리적이라는 비판을 하고 있다. 따라서 부드러운 간섭 자체가 그 사람의 합리성을 존중한다고 판단하지 않을 것이다.

38 ⑤ 난이도 중

① (X) 을이 어려운 문제를 집중하여 풀어낸 경험으로부터 '짜릿함'을 느끼기에, A에 따르면 즐거움을 느끼고 있다.
② (X) B가 주장하는 즐거움은 느낌이 아니라 주체가 좋은 조건에서 자기 능력에 걸맞은 일을 탁월하게 하는 것이다. 이러한 관점에서 볼 때, 갑의 문제를 해결하는 과정은 즐거움이라 할 수 있다. 그런데 을이 쉬운 문제를 풀 때에 '더 큰 쾌감'을 느낀다는 것은 느낌을 의미하기에 갑의 즐거움에 못지않다고 볼 수 없다. 을의 능력에 걸맞지 않은 쉬운 문제가 될 수 있기 때문이다.
③ (X) A가 말하는 고통은 불쾌한 느낌이며 을은 그러한 느낌을 진술하고 있으므로 즐거움으로 볼 수 없다.
④ (X) B에 의하면 을이 말하는 쉬운 문제를 풀어낸 경험에서의 쾌감은 느낌이므로 즐거움으로 보기 어렵다.
⑤ (O) A에 따르면, 병은 수학을 즐거운 느낌으로 보지 않는다. 그러나 B에 따르면 병의 문제 해결의 과정은 자신의 활동에 따른 적합한 해결이므로 수학은 즐거움으로 볼 수 있다.

39 ① 난이도 하

ㄱ. (O) 심적 상태의 존재에 대해서 기능주의자는 긍정적이지만 도구주의자는 존재하지 않는다고 주장한다. 그러나 도구주의자도 심적 용어의 가정을 통해 인간의 행동 예측에 도움이 된다는 입장이므로 그 유용성에 관해서는 기능주의자와 동일하게 인정하고 있다.
ㄴ. (X) 제거주의자는 심적 용어의 제거를 주장하므로 옳지 않다.
ㄷ. (X) 제거주의자는 상식 심리학의 성공적인 예측 실패로 심적 상태가 존재하지 않는다고 주장하나, 도구주의자는 도구로 가정하는 심적 상태에 대응하는 마음속 대상이 존재하지 않음을 주장하고 있을 뿐이다.

40 ① 난이도 중

ㄱ. (O) 인구 사회적 특성에 심한 변화가 있을 경우, 직전 선거와 다른 상황이므로 직전 선거 결과를 근거로 조사하는 A는 활용하기 어렵다.
ㄴ. (X) B는 투표구들별로 구분하여 이들의 유권자 비율에 따라 선정하는 방법을 취하고 있다. 따라서 동일 선거구 내 투표구들이 대체로 동질적일 것이라고 가정하는 것이 아니라, 투표구들이 이질적이라고 가정하고 있다. 그리고 이렇게 구분한 투표구들 사이의 정치적 성향이 동질적일 것이라고 가정하고 있다.
ㄷ. (X) C는 유권자의 수에 비례하여 투표구별 표본 크기를 정하여 시간별로 투표구를 순회하는 방식으로 조사한다. 따라서 직전 선거 득표 자료가 필수적인 것은 아니며 현재 투표구별 유권자 수를 아는 것이 필수적이다.

41 ① 난이도 중

ㄱ. (X) P에 의하면 도덕적 책임 여부는 자기방어 행위인지 여부에 달려 있다. 따라서 을의 행위는 자기방어가 아닌 살인에 해당하므로 도덕적 책임이 있지만 정은 적과 치열한 교전 중이기에 자기방어 행위에 해당하므로 도덕적 책임이 없다. 결국 이러한 결론은 A를 약화하지 않는다.
ㄴ. (O) P는 자기방어 행위가 아닐 때에 도덕적 책임이 있다는 원리이므로, 정에게 도덕적 책임이 있기 위해서는 그 행위가 자기방어 행위에 해당하지 않는다는 것을 입증할 필요가 있다.
ㄷ. (X) B가 주장하는 바는 전쟁에서의 폭력과 일상생활에서의 폭력을 구분하고 도덕적 책임을 평가하는 원리도 달라야 한다는 것이다. 각각의 원리에 따라 도덕적 책임 여부가 동일할 수도 있기 때문에 옳지 않다.

42 ② 난이도 하

ㄱ. (X) ㉠은 적극적 의미에서 결여의 부정을 뜻한다. 결여하면 더 이상 그 존재가 아니기 때문에 '악이 선의 결여'라는 진술은 받아들이지 않을 것이다. 그러므로 악이 ㉠이 될 수 없다.
ㄴ. (O) ㉡의 선은 좋음 전체의 성질들을 의미하기에 옳은 판단이다.
ㄷ. (X) ㉠은 일차적 선으로 본질적 완전성을 의미하며 이는 모든 존재자에게 해당되는 것이기에 누구에게 언제나 좋은 귀결이 된다. 그런데 ㉡은 어떤 성질이 그 자체로 그것이 속하는 존재의 완전성에 기여하는 적합성으로 '건강'이 이에 해당된다. 이는 누구에게 언제나 좋은 것에 해당되기에 옳지 않은 분석이다.

43 ② 난이도 중

ㄱ. (X) 갑은 비평의 기준이 되기 위해서는 어떤 대상에도 적용될 수 있는 일반화가 필요하다는 견해이므로 옳지 않다.
ㄴ. (X) 을은 예술작품은 범주에 속하는 것으로 분류하여 각각의 범주에서 그 목적을 실현한다는 의미로 일반화가 가능하다는 견해이다. 그런데 사례의 '통일성'이 '예술작품 전체의 훌륭함'에 있어서 그 목적을 실현하는 것으로 보기는 어렵다. 예술작품의 범주에 따라 통일성이 오히려 그 작품의 훌륭함에 반할 수도 있기 때문이다.
ㄷ. (O) 갑은 하나의 일반화가 가능한 기준이 있을 수 없다는 견해이므로 모순되지 않는다. 그러나 을은 범주에 의한 일반화를 인정하므로 모순된다.

44 ④ 난이도 중

ㄱ. (X) A는 살해 의도를 모두 가지고 있었다면 결과에 무관하게 동일하게 처벌되어야 한다고 주장한다. 그런데 의도와 관계없이 동일한 처벌을 주장하는 것은 아니기에 옳지 않은 분석이다.
ㄴ. (O) B에 의하면 악랄할수록 더 용의주도하게 살인을 계획하고 성공 확률도 높을 것이다. 이에 반하는 사실이므로 B는 약화된다.
ㄷ. (O) 동등하게 대우하여 처벌해야 한다는 것은 A와 C의 공통점이다. 하지만 A는 그렇기 때문에 처벌의 경중도 동일해야 한다는 입장인 반면, C는 처벌의 경중은 제비뽑기에 따라 다를 수 있다는 입장이므로 이에 차이점이 있다.

45 ④ 난이도 상

ㄱ. (X) 어느 쪽을 선택하더라도 100불을 추가로 지급할 경우 1불을 선택하는 것이 후회할 선택이 된다. 10불을 선택하는 경우보다 적은 금액을 받기 때문이다.
ㄴ. (O) 1불보다 10불을 선택할 경우 더 많은 금액을 받기에 후회하지 않는 선택이 되며 이때 자신의 선택을 후회하지 않는 선택을 하기에 100불을 추가로 지급받게 되므로, ㉠의 합리적 선택이 된다.
ㄷ. (O) 1불을 선택할 경우와 10불을 선택하는 경우는 ㉡에서 모두 후회할 것으로 예상할 수 있다. 그런데 두 경우 모두 결과적으로 후회할 선택이 아니게 되어 ㉢에서는 모두 후회하지 않을 선택이 된다. 그래서 역설적인 결과가 된다.

46 ④ 난이도 하

ㄱ. (X) 갑의 행동에 대해서 P3는 도덕적 권리를 인정하지 않을 것이다.
ㄴ. (O) 갑의 행동은 P1에 의존해야 한다.
ㄷ. (O) 을의 행동은 P1과 P2에 의해서도 정당화될 수 있다.

47 ⑤ 난이도 중

ㄱ. (O) A는 특정 행위가 타인이 해를 입거나 세상이 더 나빠지는 경우에 도덕적 의무가 있다는 주장인데 ㉠은 한 사람의 운전만으로 지구 온난화에 영향을 미치지 않는 경우이므로 해당되지 않는다. 그런데 B는 모든 사람이 그러할 경우 지구 온난화를 가속시키며 피해를 주기에 ㉠을 하지 않을 도덕적 의무가 있다고 할 것이다.
ㄴ. (O) ㉡은 아파트에서 이웃에게 피해를 주는 행위이다. 따라서 A와 B 모두 ㉡을 하지 않을 도덕적 의무가 있다고 할 것이다.
ㄷ. (O) ㉢은 B에 의하면 사회적 재앙이 되기에 하지 않을 도덕적 의무가 있다고 주장할 것이다. 그러나 C에 의하면 허용되었지만 세상은 나빠지지 않았기에 그렇지 않다.

48 ④ 난이도 하

ㄱ. (X) 대응교부금은 가격을 낮추는 효과가 있으나, 무조건부교부금은 소득보조 형태를 띨 뿐, 가격 인하 효과를 갖는 것은 아니다.
ㄴ. (O) 관료가 자신이 담당하는 정책의 예산 규모를 늘리는 데 관심이 있을 경우, 보조금을 일반적으로 주민 전체 소득이 증가할 때처럼 조세 경감 등의 소득 보조로 사용하지 않을 것이다. 그 관료는 예산을 늘리기 위해 비대응교부금처럼 특정 공공서비스에 사용해야 되는 소득보조 형식일 때에 공공서비스 생산을 명목으로 하여 더 많은 예산을 요구할 것이며, 이에 따라 늘어난 예산은 그 목적을 위한 특정 공공서비스에 사용해야 되므로 결과적으로 공공서비스는 증가할 것이다. 따라서 ㉠이 심해질 수 있다.
ㄷ. (O) 지방정부는 예산 규모를 늘리기 위해 즉, 더 많은 교부금을 받기 위해 조세경감보다 공공서비스 생산 비중을 늘릴 유인이 있다. 이 경우 ㉠이 심화될 것이다.

49 ④ 난이도 하

① (X) A는 돌봄노인 종사자에 대한 처우 개선에 대해서는 언급이 없으므로 알 수 없다.
② (X) A는 외국인 인력의 유입을 적극 검토하면서 그들이 매우 의욕적으로 일할 것으로 생각하지만 인력의 우수성에 대해서는 알 수 없다. 그리고 C는 의욕적인 인력임을 인정하면서 임금이 향상되면 더욱 우수한 외국인 인력이 유입될 것으로 볼 뿐이다. 따라서 외국인 인력이 항상 우수한지에 대해서는 알 수 없다.
③ (X) 노인돌봄 인력이 증가하고 있다는 것은 인정하지만 외국인 인력의 수가 증가한다는 것은 아니다. 오히려 외국인 인력이 유입되어야 한다고 주장하는 것으로 보아 현재 외국인 인력이 없다는 것을 추론할 수 있다.
④ (O) A는 비자제도 개선을, B는 공적 자금 투입을 통해, C는 공공로봇 개발 등을 제안하기에, 시장에만 맡겨서는 안 된다는 점에서 견해가 같다.
⑤ (X) 불황으로 인한 돌봄현장의 인력 유입에 대해서는 B만 언급하고 있으며, B도 그것만으로는 인력 확보는 어렵다는 입장이다.

50 ⑤ 난이도 중

ㄱ. (O) 원리 P가 위반할 수 없는 즉, 절대로 거짓이 될 수 없는 논리적 원칙일 경우, 반드시 따라야 하는 규범이 된다. 그러므로 이에 대한 다른 선호를 갖는 경우 두 선택지는 실제로도 다르게 된다.
ㄴ. (O) 동일한 대상을 지칭하는 것이므로 A에 의하면 동일한 선호를 가져야 하며, 그렇지 않을 경우 비합리적이 된다.
ㄷ. (O) A의 경우 동일한 대상이므로 서로 다른 선호는 비합리적이 된다. 또한 B의 경우에도 내포적 의미도 같기에 서로 다른 선호는 비합리성을 보여준다.

51 ① 난이도 중

ㄱ. (O) 판단과 괴로움의 감정이 동일한 것이라면, 이를 구분하여 판단하는 A의 입장은 약화된다.
ㄴ. (X) A는 후회의 감정에 하지 말았어야 하는 판단과 괴로움의 감정이 있으며 이때 괴로움의 감정이 비합리적이기에 결과적으로 후회는 비합리적이라고 주장한다. 그러나 B는 괴로움의 감정은 필연적으로 파생하는 것으로 비합리적이지 않다고 반박한다. 그러므로 괴로움의 감정이 이로움을 미래에 줄 수 있다고 지적하는 것은 아니다.
ㄷ. (X) A는 후회가 판단의 요소도 가진다는 입장이다. 그런데 B가 판단의 요소를 부정하는 것은 아니므로 옳지 않다.

52 ② 난이도 하

ㄱ. (X) 미국의 총기 규제 정책이 실행되지 않는 것은 거시절연이 이루어지지 않는 사례에 해당한다.
ㄴ. (O) 미시절연의 경우 로비 활동과 같은 유인이 있는 경우이므로, 이에 대한 규제를 강화하면 미시절연으로 야기되는 비효율은 완화될 것이다.
ㄷ. (X) 정보 유통이 활발해지면 다수 국민의 유인이 잘 조직되어 소수의 저항을 극복할 수 있어서 거시절연이 일어날 것이다. 그런데 이때 발생하는 소수의 과도한 비용 부담이 완화되는 것은 아니다.

유형 02 | 암묵적 분석

p.284

01	02	03	04	05
③	③	①	④	④
06	07	08	09	10
④	③	②	③	③
11	12	13	14	15
②	②	④	④	⑤
16	17	18	19	20
①	⑤	①	⑤	④
21				
⑤				

01 ③ 난이도 하

① (X) 오류를 통해 재전제를 한 사실이다.
② (X) 전제의 핵심이 아니다.
③ (O) [전제] 실제로 화성의 궤도를 원이 아닌 타원이라 가정하고 원래 모형에 약간의 간단한 수정을 가하자마자 오차들은 마법처럼 사라져 버렸다.
[생략된 전제] 티코의 자료와 모형의 예측값 사이에 오차가 발생하면 안 된다. (티코의 자료는 신뢰할 만하다.)
[결론] 이렇게 해서 나는 화성의 궤도가 타원이라는 확신을 가질 수 있었다.
④ (X) 이미 표출된 전제일 뿐이다.
⑤ (X) 단지 하나의 기준에 불과한 사실이다.

02 ③ 난이도 하

지문의 내용을 정리하면 다음과 같다.
[갈등 상황] 사형 폐지론자와 사형 존치론자의 대립
[근거] 국민들의 법의식과 법감정은 사형제도 폐지를 지지하는 것으로 변화하였다.
[생략된 전제] 국민들의 법의식과 법감정을 따라야 한다.
[주장] 사형제 폐지를 입법화하여야 한다.
암묵적으로 전제하고 있는 것은 법제도가 국민의 법감정과 법의식에 기초해야 한다는 것이다.

03 ① 난이도 하

논증의 핵심적인 구조는 다음과 같다.
[전제 1] 모든 인간은 인간으로서의 존엄과 가치를 가진다.
[전제 2] 태아의 장애가 예상된다는 이유로 낙태한다는 것은 현재 장애를 안고 사는 사람들의 삶의 가치를 부정하는 것이다.
[결론] 산전 검사에 기초하여 장애가 예상되는 태아를 낙태하는 것을 허용해서는 안 된다.

ㄱ. (O) 글쓴이는 낙태에 반대하고 있다. 출생하기 전의 태아가 아직 인간이 아니라고 생각하는 사람이라면 낙태에 반대할 이유가 없을 것이다. 이는 산전 검사에 기초한 낙태를 반대하기 위한 논거 중 하나인 [전제 1]에도 드러난다. 따라서 글쓴이는 ㄱ을 전제하고 있다고 볼 수 있다.
ㄴ. (O) [전제 2]는 낙태 반대의 이유가 태아의 장애가 예상되기 때문이라는 것은 장애아를 선별적으로 사전에 제거하는 것과도 같기에 장애를 안고 사는 사람들의 삶의 가치를 부정하는 것이라고 말하고 있다. 이는 장애인이라는 이유로 차별받는 것에 반대하는 것이므로 ㄴ도 전제하고 있다고 볼 수 있다.
ㄷ. (X) 제기된 낙태의 양상이 산모의 산전 검사에 의해 나타난 것이긴 하지만, 그렇다고 글쓴이가 산전 검사 자체에 반대한다고 볼 수는 없다. 산전 검사에 의해 태아의 건강을 돌보고 더 안전한 출산을 유도할 수 있다면 글쓴이가 산전 검사에 반대할 이유는 없다.
ㄹ. (X) 우생학이란 인류를 유전학적으로 개량할 것을 목적으로 여러 조건과 인자 등을 연구하는 학문이다. 1883년 영국의 골턴이 처음으로 창시했는데, 우수 또는 건전한 소질을 가진 인구의 증가를 꾀하고 열악한 유전소질을 가진 인구의 증가를 방지하는 것이 목적이다. 따라서 산전 검사가 우생학적 관점에서 정당화되는 것이라면 글쓴이는 위와 같은 양상의 낙태에 찬성해야 한다. 그러므로 글쓴이는 ㄹ에 동의하지 않을 것이다.
ㅁ. (X) 출산에 관한 산모의 결정권을 존중한다면 글쓴이는 낙태에 반대할 근거를 잃어버릴 것이다. 따라서 ㅁ에도 동의하지 않을 것이다.

04 ④ 난이도 하

ㄱ. (X) 자연 환경의 차이는 사람들이 편법을 동원하는 것과 관계가 없으므로 전제된 내용이라고 할 수 없다.
ㄴ. (O) 인간의 지나친 욕구로 제도가 지켜지지 않아 실효성이 없을 것이라는 점이 근거로 제시됐으므로 전제된 내용이라고 할 수 있다.
ㄷ. (O) 편법적인 수단에 의해 제도가 흔들릴 수 있음을 지적하고 있으므로 전제된 내용이라고 할 수 있다.
ㄹ. (X) 농지와 인구의 증감은 지적된 한전제의 한계와 관계가 없으므로 전제된 내용이라고 할 수 없다.

05 ④ 난이도 하

ㄱ. (O) 쥐를 이용한 실험을 통해 결론을 이끌어내기 위해서는 먼저 보기 ㄱ에 나타난 것처럼 쥐에서 나타나는 질병 양상이 사람에게도 유사하게 적용된다고 전제해야 한다.
ㄴ. (X) 낭포성 섬유증이 백인 외의 인종에서 드문 질병이라는 사실은 중요치 않다.
ㄷ. (O) 콜레라 독소를 주입했을 때 콜레라균에 감염되었을 때와 같은 증상이 나타난다고 전제하지 않으면 콜레라가 창궐했던 1800년대 유럽에서 낭포성 섬유증 유전자를 가진 사람이 살아남기에 유리했다고 주장할 수 없다.
ㄹ. (O) 만일 낭포성 섬유증 유전자를 가진 모든 사람이 청년기 전에 사망한다면 유전자가 유전자 풀(pool)에서 사라졌을 것이고, 1800년대 유럽에서 살아남기에 유리했다고 말할 수도 없을 것이다.

06 ④
난이도 상

ㄱ. (X) 지문의 근거적 상황에 해당하지 않기에 (가)의 직접적인 관련성에 적절하지 않다.
ㄴ. (O) 마지막 단락에서 사회적 의무를 인정할 수 없다는 점에서 (가)에서는 이와 상반된 견해가 있다는 사실을 알 수 있다.
ㄷ. (X) 법원의 근거에 해당되지 않기에 적절하지 않다.
ㄹ. (O) 법원의 진술에서 자연과학적으로 모두 증명하는 것이 곤란하거나 불가능하다고 말하므로 해당된다.

07 ③
난이도 중

① (X) 의미 축소가 아닌 확대 해석의 위험을 지적하고 있다.
② (X) 두 번째 사례에서는 입법의 목적이나 취지를 고려하고 있는 것처럼 보이나, 첫 번째 사례에서는 목적이나 취지 등의 해석이 쟁점이 되는 것을 찾을 수 없다.
③ (O) 두 주장은 모두 법에서 규정하는 바를 넘어서서 적용하는 것은 잘못이라는 견해를 피력하고 있다. 즉, 법에서는 여권 발급과 복제만을 규정하고 있는데, 유효 확인과 배포가 유사하다는 이유로 처벌 대상이 될 수 없다는 것이다. 따라서 법조문이 자구의 의미를 넘어서 명확하게 규정되지 않은 유사 사실에까지 적용되어서는 안 된다는 것을 공통적으로 전제하고 있다.
④ (X) 법에서 사용된 용어의 다의성을 지적하고 있으나, 지문에서 쟁점이 되는 것은 하나의 용어가 나타내는 다양한 의미의 문제가 아닌, 구체적인 적용 범위의 구분을 하고 있으므로 논의 영역을 벗어난 진술이다. 오히려 지문에서 다루는 용어들은 다의적이지 않고 명확한 의미를 기반으로 하고 있다.
⑤ (X) 지문에서는 법조문에 나타나는 용어를 자구의 의미 내에서 해석해야 함을 주장하기에 문자적 의미의 좁은 해석을 하자는 주장이 아니며, 동시에 입법자의 의사를 파악하자는 내용과도 거리가 멀다.

08 ②
난이도 상

생략된 전제를 찾을 때에는 결론이 기존에 주어진 전제로부터 도출될 때에 결론에서 부족한 점을 보완하는 것이 생략된 전제임을 유의해야 한다. 생략된 전제가 명확하게 파악되는 대부분의 경우는 연역논증이다. 따라서 추론규칙의 활용 여부 및 개념의 부과 등을 고려해야 한다. 왜냐하면 연역논증은 전제로부터 결론이 필연적으로 도출되는 논증이기에 결론에 전제에 없는 내용이 포함되어서는 안 되기 때문이다.

① (O) ⓐ에서 연이 전한의 연을 가리키려면, 앞에서 전국 시대의 연국이 아니라는 사실이 전제되어야 한다. 선언논법이 활용되기 때문이다. 추론의 내용을 논증의 형식으로 나타내면 다음과 같다.
[전제 1] 부여는 연, 오환과 함께 존재한 나라이다.
[전제 2] 연은 전국 시대의 연국이거나 전한의 연 지역이다.
[전제 3] 오환은 전한보다 조금 늦게 등장한 나라이다.
[생략된 전제] 전국 시대의 연국은 전한이 등장했을 때 존재하지 않았다.
[결론] ⓐ 연은 전한의 연 지역을 가리킨다.
② (X) ⓑ의 내용은 앞의 ⓐ에서 이미 전한의 연임이 드러났고, 자료 A에서 연, 오환, 부여는 함께 존재한 나라라고 했으므로 자연히 부여는 전한 시대의 나라임을 알 수 있다. 따라서 불필요한 전제로 정답이다.
[전제 1] 부여는 연, 오환과 함께 존재한 나라이다.
[전제 2] ⓐ 연은 전한의 연 지역을 가리킨다.
[결론] 부여는 전한대 초에 이미 존재하고 있었다.
③ (O) B가 후한서의 내용이라는 사실에서 전제가 필요하다. 이 논증을 형식적으로 나타내면 다음과 같다.
[전제] 부여의 위치는 『후한서』에 나타난다.
[생략된 전제] 『후한서』는 후한대의 사실을 기록한 사서이다.
[결론] ⓒ 『후한서』에 내용이 있는 것으로 보아 부여는 후한대에도 존재하였다.
④ (O) ⓓ의 내용이 성립하려면, 앞의 진술에서 고구려 서북지역의 현도군은 부정되어야 한다. 이때 선언삼단논법에 따라 넓은 평야 지대가 부여의 지역이기에 고구려 서북지역의 현도군에는 평야 지대가 없어야 한다는 전제가 필요하다. 이를 논증의 형식으로 나타내면 다음과 같다.
[전제 1] 현도는 고구려 밖의 서북지역에 있던 현도권이거나 혼하 유역에 있던 현도군 중 하나일 것이다.
[전제 2] 부여는 현도에서 북쪽으로 천 리 떨어져 있고 동이 지역에서 가장 평평한 곳에 있다.
[생략된 전제] 고구려 밖 서북 지역에서 북쪽으로 천 리쯤 떨어진 곳에는 넓은 평야 지대가 없다.
[결론] ⓓ 현도는 혼하 유역의 현도군을 가리킨다.
⑤ (O) ⓔ가 성립되려면, 송화강과 부여의 관계가 설정되어야 한다. 지문에 아무런 정보도 없기 때문이다. 이를 논증의 형식으로 나타내면 다음과 같다.
[전제 1] 부여는 현도에서 북쪽으로 천 리 떨어진 곳에 있다.
[전제 2] 부여는 동이 지역에서 가장 평평한 곳이다.
[생략된 전제 1] 혼하 유역에서 북쪽으로 천 리 떨어진 곳에 송화강이 있다.
[생략된 전제 2] 송화강 유역에는 넓은 평야 지대가 있다.
[결론] 부여는 송화강 유역에 있었다.

09 ③
난이도 상

① (X) 둘째 단락에 나타나는 첫 번째 논증의 결론은 거리는 시각에 의해 직접 지각되는 관념을 통하여 지각된다는 것이다. 이는 거리가 지각되는 대상 즉, 관념을 통하여 간접적으로 지각된다는 것을 의미한다. 따라서 이 진술은 첫 번째 논증의 결론에 해당한다.
② (X) 제시된 지문으로부터 알 수 없는 내용이다.
③ (O) 둘째 단락 마지막 부분에서 나타난 논증을 정리하면 다음과 같이 재구성할 수 있다.
[전제] 광학자들이 설명하려고 하는 선과 각은 결코 우리가 지각할 수 있는 것이 아니다.
[암묵적 전제] 어떤 것도 지각되는 것을 통하지 않고서는 인식될 수 없다.
[결론] 거리는 선과 각에 의해 지각(인식)되는 것이 아니다.
④ (X) 필자의 두 번째 논증의 결론에 해당된다.
⑤ (X) 지문과 관계없는 진술이다.

10 ③ 난이도 중

ㄱ. (O) 의지박약 행동은 자신이 최선이라고 선택한 행동과 다른 행동을 선택할 때 발생하므로 의지박약이 되기 위한 조건에 부합한다.

ㄴ. (O) 의지박약 행동은 자신이 최선이라고 선택한 행동이 있음에도 그것이 아닌 행동 즉, 최선이 아닌 행동이 되어야 한다. 따라서 조건에 부합한다.

ㄷ. (X) 의지박약 행동을 통해 얻고자 하는 욕구가 있어야 한다. 따라서 어떤 욕구도 만족시킬 수 없음을 알고 있을 경우 의지박약을 구성하는 조건에 부합하지 않는다. 예를 들어, 술을 마시는 행동이 건강에 해롭다는 믿음과 건강한 삶에 대한 욕구를 지니면서도 음주를 자발적으로 선택한 경우 의지박약이 된다. 따라서 술을 마시는 행동을 하는 그 시점에서 그 사람은 음주를 통한 다른 욕구의 충족을 기대해야 한다.

11 ② 난이도 상

ㄱ. (X) A의 경우 범죄자의 합리적 결정과 선택이 이뤄졌음이 전제되어야 한다. 범죄예방 프로그램이 실시되는 데에도 불구하고 범행을 시도한다면 전이현상은 일어나지 않을 것이기 때문이다. 한편 B의 경우 비록 합리적으로 선택하지 않고 충동적으로 범죄를 저지르는 경우라도 교도소에 구금된다면 무력화가 진행될 수 있기 때문에 범죄자가 합리적 행위자임을 전제하지 않아도 된다.

ㄴ. (X) 이는 B에 필요한 전제이다. 만약 다른 범죄자가 그 자리를 채워 범행한다면 B가 주장하듯 전체적인 범죄가 감소하지 않을 것이기 때문이다. 하지만 A는 전체적 수준에서 범죄율의 변화는 없다고 주장하므로 A의 주장이 성립되기 위해 반드시 필요한 전제가 아니다. 다른 범죄자라 하더라도 범죄예방 프로그램의 영향을 받을 것이기 때문이다.

ㄷ. (O) A에서 범죄자는 다른 곳으로 이동하더라도 범죄를 저지르고자 하는 동기가 있어야 한다. 따라서 A의 주장에는 범죄자는 일정 기간에 일정 정도의 범죄를 저지른다는 내용이 전제되어야 한다. 또한 B에서도 나이가 한창일 때에는 교도소에 수감되면 그 기간 동안 저지를 범행만큼 범죄가 감소한다고 하므로 일정 기간 동안 일정 정도의 범죄를 저지른다는 사실이 전제되어야 한다.

12 ② 난이도 상

① (X) 과학적 성과에 문제와 탐구정신 같은 요소들까지 포함한다면, 과학이 개인의 특성이나 사회 환경에 의해 속박되지 않는다는 논증의 설득력은 약화될 것이다.

② (O) 과학이론은 이론의 탄생 과정보다 그러한 이론을 발견하고 인정하여 사용되는 상황이 중요하다는 것을 전제로 하고 있다.

③ (X) 유럽의 정치체제 및 사회사상이 과학보다 먼저 세계로 전파되었다는 시간적 선후에 대한 사실이 있어도 이러한 사실이 주장을 약화시키지는 못한다. 필자는 얼마나 많은 사람들이 과학을 보편적으로 수용하는가에 대해 말하고 있을 뿐이다. 따라서 시간적 우위는 다른 논점일 뿐이다.

④ (X) 과학적 업적의 탄생 과정에서 개인적 특성이나 문화적 환경의 영향을 받았다는 것은 인정하고 있다.

⑤ (X) 동시발견의 사례는 과학이 특정 개인이나 사회 환경에 속박되지 않는다는 것의 근거 중 하나이다. 이를 통해 과학이 일정한 개인이나 사회에서만 발생하는 것은 아니라는 것이며, 진리는 어디서든 발견될 수 있다는 논리이다. 따라서 동시발견 사례들이 특정 문화권에 국한된다고 해도 논증의 설득력에는 영향을 미치지 못한다.

13 ④ 난이도 하

① (O) (가)에서는 포털이 원문을 그대로 전재하는 경우도 전파 내지 재공표에 해당한다고 주장한다. 따라서 쟁점(1)에서 편집권의 행사와 (가)의 조건의 연결이 전제되어야 원고 측의 옹호 논거로 사용할 수 있다.
[전제] (가) 포털이 자신의 제공 서비스 화면에 원문을 그대로 올린 것은 실제적 의미에서 지적 전파 내지 재공표를 행한 것이다.
[생략된 전제] 원문을 그대로 전재하는 경우도 편집권의 행사에 해당한다.
[주장] 포털이 사이트에 올린 기사에 편집권을 행사한 것이다.

② (O) 피고 측이 (나)를 쟁점(1)과 연결하려면 (나)에서 말하는 기사의 배치나 요약은 편집권의 행사가 아니라는 점을 주장해야 한다.
[전제] (나) 포털이 기사를 배치하거나 제목을 요약하는 것은 원문의 수정이 아니다.
[생략된 전제] 포털이 행한 기사의 배치나 제목의 요약은 편집권의 행사가 아니다.
[주장] 포털이 사이트에 올린 기사에 편집권을 행사한 것이 아니다.

③ (O) 피고가 (다)의 포털이 게시물 내용을 다 인식하고 통제할 수 있는 지위에 있는 것은 아니라는 내용을 이용하기 위해서는, 쟁점(2)에서 피해자의 명시적 삭제 요구가 있어야 피고에게 그 의무가 발생하기에, 피고는 그러한 요구가 있어야 게시물의 내용을 인식할 수 있고 그에 따라 책임이 부과된다는 전제가 있어야 한다.
[전제] (다) 게시물의 내용을 포털이 다 알고 통제할 수 있는 지위에 있다고 보기 어렵다.
[생략된 전제] 게시물의 존재와 내용에 대한 인식이 피고의 책임을 구성하는 요건이다. (내용에 대한 인식이 있다면 책임이 있으며, 인식이 없다면 책임도 없다.)
[결론] 게시물에 대한 피해자의 명시적 삭제 요구가 없다면 포털의 삭제 의무가 발생하지 않는다.

④ (X) 쟁점(2)에 대해서 피고 측은 게시물의 삭제 의무가 없다고 주장할 것이다. 그리고 (라)는 그에 대한 논거가 된다. 그런데 여기에는 개인의 이익보다 공익이 더 우선한다는 전제가 있다. 따라서 그 반대로 개인의 이익이 공익보다 더 우선된다는 진술은 옳지 않다.
[전제] (라) 포털에 게시물 감시 및 삭제 의무를 부과한다면 개인의 이익보다 더 큰 공익이 침해될 것이다.
[생략된 전제] 개인의 이익보다 공익이 우선되어야 한다.
[주장] 게시물에 대한 피해자의 명시적 삭제 요구가 없다면 포털의 삭제 의무가 발생하지 않는다.

⑤ (O) (마)에서 명시적 요구 없이 게시물을 삭제할 의무를 포털에게 묻는 법률 조항은 없기에 원고가 자신의 주장을 유지하기 위해서는 법률규정에 없는 의무도 있을 수 있다는 것이 전제되어야 한다.
[사실] 피해자의 명시적 요구 없이도 삭제할 의무를 지우는 법률 조항은 없다.
[생략된 전제] 명문의 법률규정이 없는 의무가 있을 수 있다.
[주장] 게시물에 대해 피해자의 명시적 삭제 요구가 없더라도 포털의 삭제 의무가 발생한다.

14 ④   난이도 하

ㄱ. (O) 강렬한 뜨거움이나 차가움은 사물에 있는 것이 아니기 때문에 필로누스의 처음 질문에 대한 하일라스의 대답에 의해 통증은 우리의 마음에 의해 지각된 것이므로 지각하는 주체에만 존재한다는 것을 의미함을 알 수 있다. 이를 논증의 형식으로 나타내면 다음과 같다.
[전제] 강렬한 뜨거움이나 차가움은 통증으로 지각된다.
[전제] 통증이란 지독한 불쾌감의 일종이므로, 강렬한 뜨거움과 강렬한 차가움은 지독한 불쾌감에 불과하다.
[생략된 전제] 쾌감이나 불쾌감은 그것들을 지각하는 주체에만 존재하는 것이다.
[결론] ⓐ 그러므로 강렬한 뜨거움과 강렬한 차가움은 사물에 있는 것이 아니다.

ㄴ. (X) 뜨거움이 사물에 있다고 해도 인간이 그것을 지각하지 못하는 것은 아니다. 이는 지각된 일부 성질이 사물에 존재한다는 내용이므로 지문과 무관한 진술이다.

ㄷ. (O) 필로누스는 하일라스의 ⓑ 주장에 반박하기 위해서 ⓒ를 말하고 있다. ⓒ는 하일라스의 주장이 불합리한 귀결을 갖기에 참일 수 없음을 논박하는 귀류법의 논증을 취하고 있으므로 옳은 진술이다. 논증은 다음과 같다.
[전제] 어떤 것이 동시에 차기도 하고 뜨겁기도 할 수는 없다.
[가정] 동일한 물에 손을 담갔는데, 한 손은 뜨겁고 다른 한 손은 차다고 느낀다.
[가정한 결과] 그 물에서 자네의 한 손은 뜨거움을 느끼고 다른 한 손은 차가움을 느끼게 되므로 전제에 모순된다.
[결론] ⓒ 그러므로 자네의 손이 느끼는 뜨거움과 차가움이 그 물에 있다고 말할 수는 없다.

15 ⑤   난이도 상

ㄱ. (X) 암수 범죄의 문제가 발생한다는 것은 암수 범죄가 얼마나 발생했는지에 대해 알 수 없기 때문에 공식 범죄 통계만으로는 설득력이 떨어진다는 것이다. 어떤 해에는 암수 범죄가 적게 나타나는 반면 어느 해에는 많이 발생했다면 공식 통계가 무의미하기 때문이다. 따라서 갑의 추론에서는 암수 범죄의 전년 대비 증가율도 공식 통계 범죄 건수의 증가율과 동일해야 한다는 전제가 필요하다. 따라서 단순히 암수 범죄의 전년 대비 증가율이 매년 일정하다는 것만 전제되어야 하는 것은 아니다. 만약 전년 대비 공식 범죄 통계에서 범죄 증가율이 동일하거나 증가율이 미미한데 전년 대비 암수 범죄 증가율은 일정하게 유지될 경우 암수 범죄 건수가 더 많아지기에 갑의 설득력은 떨어질 수 있기 때문이다.

ㄴ. (O) 사건 비율의 일정성이 있어야 공식 통계 결과의 신빙성이 보장되기에 필요한 전제이다. 만일 발생한 범죄 사건 중 신고된 사건의 비율이 매년 달라진다면, 공식 범죄 통계 건수의 추이로부터 발생한 실제 범죄 사건 건수의 추이를 추론하는 것은 정당하지 않게 된다. 실제 성범죄 발생 건수가 동일하지만 신고율이 2배로 높아질 경우 성범죄 통계도 2배로 증가하기 때문이다. 따라서 갑의 추론이 설득력을 갖기 위해서는 발생한 범죄 사건 중 신고된 사건의 비율이 범죄 유형별로 매년 일정해야 한다.

ㄷ. (O) 형사 사법 기관이 신고를 받거나 인지한 사건들을 범죄 통계에 반영하는 기준과 방식에 일관성이 없다면 공식 범죄 통계에서 발생한 사건의 비율이 매년 달라지게 될 것이다. 이 경우 공식 범죄 통계에서 실제 범죄 건수의 추이를 추론하는 것은 정당하지 않게 된다. 따라서 기준과 방식에 일관성이 있어야 한다.

16 ①   난이도 하

지문에서 괄호 안에 포함될 논증의 근거는 둘째 단락에서 말하는 두 번째 경우에 해당하는 논증에 대한 것이다. 이 논증의 형식적 구성은 다음과 같다.
[주장] 동물은 대개의 인간과 달리 자신의 먼 미래를 계획할 수 없다는 이유에서 인간의 이익이 동물의 이익보다 더 크다. 하지만 동물 실험을 통해 동물에게 고통을 줌으로써 그 이익을 박탈할 수는 없다.
[생략된 전제]   A

(가) (O) 동물과 마찬가지로 갓난아기는 자신의 먼 미래를 계획할 수 없지만, 그렇다고 해서 갓난아기의 이익을 박탈할 수는 없다. 이는 동물의 경우와의 유비적 사례가 되어 주장을 뒷받침하는 생략된 전제로 적절하다.

(나) (X) 갓난아기에게 박탈될 이익이 없듯, 동물에게도 이익이 없다고 할 경우 동물의 이익을 박탈할 수 없다는 논리이다. 그런데 위 논증에서는 인간보다는 적지만 동물의 이익이 전제되고 있기 때문에 생략된 전제로 적절하지 않다.

(다) (O) 다른 인간의 이익을 위해서 갓난아기의 이익을 박탈할 수 없듯이, 인간의 이익을 위해서 동물의 이익도 박탈할 수 없다면 필자의 주장을 뒷받침할 수 있다. 따라서 생략된 전제로 적절하다.

(라) (X) 인간이 얻게 될 상당한 이익과 이를 위한 동물 실험에서 박탈될 동물의 이익이 상쇄될 경우 필자의 주장처럼 동물의 이익이 박탈될 수 없다는 논지는 설득력을 잃게 된다. 오히려 이익 형량 시 동등한 결과를 가져오기에 동물의 이익이 박탈될 수 있다는 주장이 가능해져 필자의 주장의 근거가 아닌, 반박의 근거가 될 수 있다. 따라서 생략된 전제로 적절하지 않다.

(마) (X) 이익을 포기하는 행위에 대한 명령 여부는 논지와 무관한 진술이다.

17 ⑤   난이도 하

• 논증 1
[논의대상] 육식을 정당화하는 사람들은 동물들이 서로 잡아먹는 것을 근거로 한다.
[전제] 동물들은 다른 동물을 죽여 먹지 않으면 살아남을 수 없지만, 사람은 생존을 위해 반드시 고기를 먹어야 하는 것은 아니다.
② (O) [생략된 전제] 자신의 생존에 위협이 되는 행위는 의무로 부과할 수 없다.
[전제] 동물은 여러 대안을 고려할 능력이나 식사의 윤리성을 반성할 능력이 없다.
① (O) [생략된 전제] 반성 능력이 없는 존재에게는 책임을 물을 수 없다.
③ (O) [생략된 전제] 어떤 행위의 대안을 고려할 수 있는 존재는 윤리적 대안이 있는데도 그 행위를 하는 경우라면 그것을 정당화해야 한다.
[결론] 동물에게 책임을 지우거나 그들이 다른 동물을 죽인다고 해서 죽임을 당해도 괜찮다고 판정하는 것은 타당하지 않은 반면, 인간은 자신들의 식사 습관을 정당화하는 일이 가능한지 고려해야 한다.

• 논증 2
[문제제기] 적자생존의 자연법칙을 따르면 우리가 육식을 하는 것은 당연하다고 말할 수 있는가?
[결론] 그렇지 않다.
[전제] 인간이 동물을 먹는 것은 자연적인 진화 과정의 한 부분이 아니다. 왜냐하면 이는 사냥으로 음식을 구하던 원시문화에서는 참일 수 있지만, 오늘날 공장식 농장에서 가축을 대규모로 길러내는 것에 대해서는 참일 수 없다.
④ (O) [생략된 전제] 공장식 농장의 대규모 사육은 자연스러운 진화의 과정이 아니다.
[전제] 가임 여성들이 매년 혹은 2년마다 아기를 낳는 것은 자연스러운 것이지만, 그 과정에 간섭한다고 해서 그릇된 것은 아니다. 자연법칙을 알 필요를 부정할 필요는 없으나 이로부터 자연적인 방식이 개선될 수 없는 것은 아니다.

⑤ (X) 마지막 부분에서 자연적인 방식이 개선될 수 있을 가능성을 진술할 뿐, 그렇게 개선될 경우 기존 자연법칙이 더 이상 유효하지 않다는 내용이 암묵적 전제가 되는 것은 아니다.

18 ①   난이도 상

ㄱ. (X) 지문에서는 행위가 자유로운 선택의 결과일 때에만 도덕적 책임을 진다고 나타난다. 이는 '자유로운 선택의 결과가 아니라면 도덕적 책임을 지지 않는다'를 의미한다. 그러나 이는 자유로운 선택에 의한 행위는 도덕적 책임을 지기 위한 필요조건임을 의미할 뿐, 충분조건을 의미하지는 않는다. 따라서 자유로운 선택에 의한 것이지만 도덕적 책임을 지지 않는 행위를 부정하지는 않는다.
ㄴ. (O) 지문에 나오는 논증 중 다음의 내용이 있다.
 [전제] 사실이 아닌 어떤 것을 알 수는 없다.
 [생략된 전제] 우리가 무언가를 안다는 것은 그것이 참임을 함축한다.
 [결론] 만약 우리가 우리의 의지가 자유롭다는 것을 정말로 안다면, 우리의 의지가 자유롭다는 것은 참일 수밖에 없다.
ㄷ. (X) 이 글의 논지는 우리가 자유롭게 행위한다고 느낀다는 것이 우리가 실제 자유롭다는 점을 입증하지는 못한다는 것이다. 그것은 단지 우리 행위의 원인에 대한 인식이 이루어지지 못했음을 보여줄 뿐이다. 따라서 많은 행위들을 인과 법칙적으로 설명할 수 있다고 해도 논지를 약화하지는 못한다.

19 ⑤   난이도 하

ㄱ. (O) 거짓말은 책임을 져야 하지만, 그렇지 않을 경우 결과가 나쁘더라도 의무를 다했으며 잘못으로 여기지 않을 것이라는 진술로부터 확인할 수 있다.
ㄴ. (O) 선의의 거짓말이 어떤 결과를 낳을지 확신할 수 없지만 최선의 결과를 낳을 것으로 생각되는 행위를 해야 한다는 것이 B의 견해이므로 옳은 분석이다.
ㄷ. (O) 둘 모두 결과가 좋지 않더라도 A는 사실을 말할 경우, B는 선의의 거짓말을 할 경우에 대해 정당하다는 입장이므로 옳은 진술이다.

20 ④   난이도 중

ㄱ. (X) ㉠의 판단은 생존해 있을 때에 화재가 발생하여 화재의 기전에 의해 사망하였다는 것이다. 그런데 관절이 굽은 모습은 고열에 의해 시신이 변화된 것이므로 사망 후에 고열에 노출되어도 동일한 결과가 나타날 수 있다.
ㄴ. (O) 1도 화상으로 인해 나타난 현상으로, 생체의 피부에 고열이 작용한 것이다. 따라서 생존해 있을 때에 화재가 발생한 것에 대한 근거로 적절하다.
ㄷ. (O) 매연을 들이키면 나타나는 현상으로 생존해 있을 때에 화재가 발생한 것에 대한 근거로 적절하다.

21 ⑤   난이도 하

ㄱ. (O) 인간 멸종에 대한 내용을 그런 일이 실제 일어날 수 있는 가능성과 연관하여 ㉡을 추론하고 있으므로 옳은 분석이다.
ㄴ. (O) 가정에 대한 논의로 전제 상황이 실제 일어날 가능성이 없다고 해도 논증에는 전혀 문제되지 않는다.
ㄷ. (O) ㉠은 지구에 행성이 충돌할 가능성이 있더라도, 인간 멸종의 가능성을 필연적으로 함축하는 것은 아니라는 가정이다. 그러나 지문에서는 지구에 행성이 충돌할 가능성이 있다면 인간 멸종의 가능성이 있기에 ㉠의 가정으로부터 모순이 도출된다면서 ㉠의 가정의 부정인 ㉡을 참이라고 보았다. 따라서 ㉠으로부터 ㉡으로의 추론은, 어떤 가정으로부터 모순이 도출된다면 그 가정의 부정은 참이라는 원리를 이용한다고 볼 수 있다.

유형 03 | 구조 분석

p.295

01	02	03	04	05
④	④	⑤	④	④
06	07	08	09	10
⑤	④	③	④	⑤
11	12	13	14	15
①	③	④	②	⑤

01 ④   난이도 중

1) ⓐ와 ⓑ에서 인구와 식량의 증산율 차이가 나타난다. 그러므로 이 두 진술로부터 ⓒ가 도출된다. 따라서 ⓒ는 ⓐ와 ⓑ의 결론에 해당된다.
2) ⓒ에서 인구와 식량 증산율의 차이가 나타나며, 이는 인간은 식량이 필수적이라는 ⓓ와 함께 ⓔ를 결론으로 도출시킨다.
3) 그리고 ⓕ와 ⓖ, ⓗ, ⓘ는 다음과 같이 형식적으로 표현된다.
(p: 인구수는 강력히 제한된다, q: 심각한 위협이 된다, r: 사회는 편안하고 행복하게 사는 완전한 사회이다.)
ⓕ p
ⓖ p → q
ⓗ q → ~r
ⓘ ~r
1. q   ⓕ, ⓖ 긍정논법
2. ~r   1. ⓗ 긍정논법
따라서 ⓕ와 ⓖ, ⓗ가 전제가 되어 결론인 ⓘ를 도출시킨다.

02 ④   난이도 하

먼저, ⓑ의 서술어(때문이다)에서 ⓑ가 ⓐ를 뒷받침한다는 것을 알 수 있다. 또한 ⓒ에서 ⓑ는 ⓒ가 되는 이유라고 지적한다. 그리고 ⓓ가 '그런데(연언)'로 연결되며 ⓒ와 동일선상에 놓이게 된다. ⓔ를 '그렇다면'으로 연결하여 앞의 내용을 전제로 한다는 사실이 나타난다. 그리고 ⓕ의 '육체의 동일성 유지' 명제는 ⓔ에서 나타난 명제와 연결선상에 있다. ⓖ 앞에 '따라서'에서 결론임을 알 수 있다. 그런데 ⓗ의 '때문이다'에서 이것이 앞선 ⓖ의 전제임을 찾을 수 있다. ⓘ는 '의식의 동일성' 개념의 설명으로 ⓖ와 동일선상에서 생각해야 한다. 그리고 '그러므로' 결론 지시어와 함께 마지막 ⓙ가 이 글 전체의 결론으로 제시된다.

03 ⑤   난이도 하

① (O) ⓐ에서 ⓔ까지 '주장'을 반박하는 부분과, '주장'을 받아들이는 이유가 ⓕ의 문제제기로부터 시작하여 ⓙ까지 나타나고 있다.
② (O) ⓔ의 내용은 ⓐ의 '주장'의 반박 근거로 옳은 진술이다.
③ (O) 근거화되어 '주장'을 뒷받침한다.
④ (O) ⓓ에서 이상하다는 이유를 ⓔ에서 말하고 있다.

⑤ (X) ⑨와 ⓗ가 결합하면, "행복한 사람들은 대중들이 친구라고 간주하는, 즉 '자신에게 이로운' 친구를 필요로 하지 않는다."는 주장이 된다. 이는 ⓐ의 '주장'을 대중들이 받아들이는 이유이지 ⓐ의 '주장'을 반박하고 있는 것은 아니다. ⓐ의 '주장'을 반박하려면, 행복한 사람도 친구가 필요하다는 결론이 나와야 한다. 하지만 ⑨와 ⓗ로부터는 그와 같은 결론이 도출되지 않는다.

04 ④
난이도 하

논증 다이어그램을 활용하여 다음과 같이 문제를 해결할 수 있다.

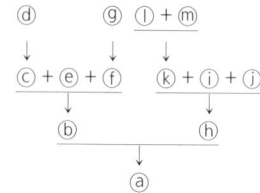

① (O) 동물과의 비교 연구가 공간에 대한 인간의 반응 연구에 도움이 된다는 최종 결론을 동물 연구에서는 인간 연구에서 관찰할 수 없는 것을 볼 수 있다는 것과 동물의 공간을 다루는 방식을 관찰한 결과를 인간에 적용함으로써 얻을 수 있는 지식이 크다는 내용을 근거로 도출하고 있다.
② (O) 동물 연구에서는 인간에게서 관찰할 수 없는 사례인 세대 시간의 차이, 냉정한 태도의 적용, 일관된 행위를 제시하며 구체적으로 지적하고 있기에 옳은 진술이다.
③ (O) 연구 시간을 가속화할 수 있는 근거로 동물의 세대 간격이 짧음을 보여주고 있으며, 동물에게서 관찰되는 일관된 행위를 근거로 변덕과 자기합리화의 문제가 나타나지 않는다는 것을 제시하고 있다.
④ (X) ⓚ는 ⓘ과 ⓜ을, ⓘ와 ⓙ는 ⓗ를 지지하는 근거로 사용되고 있기에 잘못된 진술이다.
⑤ (O) 동물의 영토권 연구가 인간의 기존 사고를 바꾸어 놓은 사례로 '새처럼 자유롭다'라는 표현의 의미를 근거로 제시하고 있다.

05 ④
난이도 하

지문은 귀류법적 논법을 활용하여 자신의 주장을 도출하고 있다. 귀류법은 전제가 참일 때 결론을 거짓이라고 가정하여, 그 가정된 진술이 전제와 충돌하므로 모순이 발생하여 불합리한 귀결을 맺는다는 것을 이용하여 결국 그 논증은 타당하다고 파악하는 방식이다. 문제에서는 ⓒ의 진술이 귀류법적 가정에 해당하며, 이로 인해 불합리한 진술인 ⑨가 발생하므로 그 가정이 거짓임을 증명하고 있다.

① (O) 두 전제로부터 결론이 도출되는 구조를 지니고 있다.
  ⓒ 모든 지식이 추론적 지식이라고 가정해 보자.
  ⓓ 어떤 추론적 지식을 G_1이라고 하면, G_1을 추론적으로 정당화하는 다른 지식이 있다.
  ⓔ 그중 어떤 것을 G_2라고 하면, G_2는 추론적 지식이다.
② (O) ⑨의 진술에서 앞의 ⓒ로부터 진행되는 과정의 반복을 말해주므로 옳은 진술이다.
③ (O) 만약 G_1을 추론적으로 정당화하는 G_2가 있고 이를 다시 정당화하는 G_3가 있는데, G_3를 정당화하는 것이 G_1일 경우 이는 순환적이 된다. 이는 순환논증의 오류 가능성을 보이는 것으로 옳은 진술이다.
④ (X) ⑨와 ⓗ의 충돌로 인해 이러한 과정의 전제인 ⓒ가 참이 아님을 알 수 있다. 하지만 그렇다고 해서 ⓐ가 부정되는 것은 아니다. ⓐ는 추론적 지식에 대한 정의에 해당될 뿐이다.
⑤ (O) '비추론적 지식이 없으면 추론적 지식도 있을 수 없다'는 진술의 대우는 '추론적 지식이 있으면 비추론적 지식도 존재한다'가 된다. 이는 ⓐ와 ⓑ에서 추론적 지식이 존재한다는 대전제 아래 ⓙ에서 비추론적 지식이 존재한다는 것을 도출하고 있으므로 옳은 진술이다.

06 ⑤
난이도 하

① (O) 글쓴이는 ⓐ와 같은 현상에는 동의하고 있다. 다만 ⓑ가 그러한 현상의 원인이 될 수 없다는 입장이다. 따라서 옳은 진술이다.
② (O) ⓓ는 ⓐ 현상에 대한 원인으로 지적된 ⓑ가 맞지 않다는 근거에 해당하므로 비판이 된다. 따라서 옳은 진술이다.
③ (O) ⓔ이기 때문에 ⓓ라는 논증으로 옳은 진술이다.
④ (O) ⓒ에서 가격을 낮추기 때문에 자본 경쟁이 이윤을 낮게 된다고 주장한다. 그런데 ⓕ에서 가격 때문이 아니라 임금 상승으로 인해 그러한 결과가 나타났다면 이는 이윤이 낮아지는 원인이 가격의 하락 때문이라는 ⓒ에 대한 비판이 된다. 따라서 옳은 진술이다.
⑤ (X) ⓕ는 ⓔ가 뒷받침하는 ⓓ와 함께 아담 스미스의 주장을 비판하기에 옳지 않은 진술이다.

07 ④
난이도 중

① (O) 논증의 형식적 구성은 다음과 같다.
  ⓑ [전제] 힘에 굴복하는 것은 어쩔 수 없어서 하는 행동이요 기껏해야 분별심에서 나온 행동이지 의무에서 나온 행동은 아니다.
  [생략된 전제 1] '물리적인 것'과 '도덕적인 것'은 구별된다.
  [생략된 전제 2] 힘은 '물리적인 것'이며 의무는 '도덕적인 것'이다.
  ⓐ [결론] 힘이란 물리력인데, 물리력이 어떻게 도덕적 결과를 가져올 수 있는지 나는 이해할 수 없다.
  만약 '물리적인 것'과 '도덕적인 것'의 구별이 이루어지지 않는다면 힘에 굴복하는 물리적인 것이 도덕적인 의무가 되어 ⓐ의 주장에 반하게 된다.
② (O) ⓒ에서 강자의 권리에 있어서 힘이 권리를 만들어 낸다는 가정을 하고 있다. 그런데 이러한 가정 아래에서는 ⓗ의 진술처럼 '강자의 권리'는 '힘'에 관계없는 공허한 말임을 보여준다. 결국 강자의 권리에 있어서 힘이 권리를 만들어 낸다는 가정은 불합리한 귀결을 갖는 것으로 ⓒ의 가정이 부정되는 귀류법적 논증을 하고 있다.
③ (O) ⓔ는 강도의 사례를 통해 힘에 어쩔 수 없이 굴복할 뿐 의무에서 나온 행동은 아님을 보여주는 ⓑ의 예시에 해당한다.
④ (X) ⑨는 조건문의 후건으로 전건의 내용인, 권리에 복종하라는 말이 힘에 복종하라는 말이라는 것이 참이라면, 하나의 교훈으로서 지켜지리라는 '장담'을 할 수 있다는 내용이다. 그런데 ⓕ는 어쩔 수 없이 복종해야 하는 이러한 권리는 의무에 의한 것이 아니라는 진술일 뿐이다. 따라서 ⑨의 근거는 아니다. ⑨의 근거는 ⓑ에 있다. '힘에 굴복하는 것은 어쩔 수 없어서 하는 행동'이기 때문이다.
⑤ (O) ⓓ는 힘에 의한 것이 권리가 될 수 없다는 진술이며 ⓗ 역시 힘과 관계없는 강자의 '권리'에 대한 진술이므로, 힘에서 나오는 '권리'라는 것은 무의미한 말임을 지적하고 있다.

08 ③
난이도 중

연쇄 논증을 논증 다이어그램으로 표현하면 다음과 같다.

```
         ㉠
         ↓
       ㉢ + ㉣
         ↓
      ㉤ + ㉥   ㉡
         ↓
       ㉦ + ㉧
         ↓
         ㉨
```

① (O) ㉠에서 자연권은 모든 개인에게 동등하게 보장된 것으로 제시된다. 이에 의거하여 ㉣에서는 자신의 생명 보존을 위해 사용할 권리가 있다는 것을 추론할 수 있다.
② (O) ㉢과 ㉣로부터 결론 지시어를 통해 ㉤이 도출됨을 알 수 있다.
③ (X) ㉤과 ㉥으로부터 ㉧이 도출된다.
④ (O) 자연법적 규정으로부터 ㉥이 도출된다.
⑤ (O) 결론 지시어를 통해 하나의 논증적 구조를 파악할 수 있다.

09 ④
난이도 하

논증의 전체적 틀에서 필자의 궁극적인 주장은 ⓐ이다. 필자의 논지는 행복을 추구하는 인간 성향이나 도덕적 감정 모두 보편적 윤리의 토대가 될 수 없다는 것이기 때문이다. 그리고 이러한 내용의 두 가지 요소를 바탕으로 논의가 이루어지고 있다.

1) [주장] 행복을 추구하는 인간 성향은 보편적 윤리의 토대가 될 수 없다.
   위 주장을 뒷받침하는 내용은 ⓑ부터 ⓖ이다. ⓑ는 행복 추구의 동기가 윤리적 당위의 근거가 될 수 없다는 내용이다. 이에 대한 근거로 세 가지 논의가 이루어지며, 이러한 논의의 근거도 나타난다. 이를 정리하면 다음과 같다.
   [소결론] ⓑ 행복 추구의 동기가 윤리적 당위의 근거가 될 수 없다.
   [전제] ⓒ 윤리적으로 살면 언제나 행복해진다는 것은 참이 아니다.
   [전제] ⓔ 옳고 그름의 근거에 자기 행복의 원칙이 기여할 부분은 없다.
   [전제] ⓕ 행복 추구의 동기가 도덕성과 윤리의 숭고함을 파괴한다.
   그리고 ⓔ를 ⓓ가 뒷받침하며(전제 지시어 사용), ⓖ가 구체적인 내용으로 ⓕ를 뒷받침한다.

2) [소결론] ⓗ 도덕적 감정은 도덕의 기초로 미흡하다.
   [전제] ⓘ 개인적 차이가 있는 감정은 보편적 잣대가 될 수 없다.

따라서 가장 적절한 논증의 구조는 ④이다.

10 ⑤
난이도 상

1) ㉠의 주장을 ㉡과 ㉥, 그리고 ㉨을 통해 도출한다.
   ㉡ 선을 정의할 수 있으려면 그것을 자연적 속성과 동일시하거나, 아니면 형이상학적 속성과 동일시해야 한다.
   ㉥ 선을 자연적 속성과 동일시하는 모든 정의는 오류이다.
   ㉨ 선을 형이상학적 속성과 동일시하는 정의들은 모두 오류이다.
   ㉠ 선을 정의하려는 시도는 성공할 수 없다.

2) 연결어 및 지시어를 통해 ㉢, ㉣, ㉤이 ㉥을 뒷받침함을 알 수 있다.
   ㉢ 선을 쾌락이라는 자연적 속성과 동일시하여 "선은 쾌락이다"라고 정의를 내릴 수 있다고 한다면, "선은 쾌락인가?"라는 물음은 "선은 선인가?"라는 물음과 마찬가지로 동어반복으로서 무의미한 것이 되어야 한다.
   ㉣ 그러나 "선은 쾌락인가?"라는 물음은 무의미하지 않다.
   ㉤ 쾌락 대신에 어떠한 자연적 속성을 대입하더라도 결과는 마찬가지이므로,
   ㉥ 선을 자연적 속성과 동일시하는 모든 정의는 오류이다.

3) 연결어 및 지시어를 통해 ㉦, ㉧, ㉨은 ㉨을 뒷받침함을 알 수 있다.
   ㉦ 선을 형이상학적 속성과 동일시하는 정의들은 사실 명제로부터 당위 명제를 추론한다.
   ㉧ 즉 어떠한 형이상학적 질서가 존재한다는 사실로부터 "선은 무엇이다"라는 정의를 이끌어 낸다.
   ㉩ 그런데 당위는 당위로부터만 도출되기 때문에 사실로부터 당위를 끌어내는 것은 가능하지 않다.
   ㉨ 따라서 선을 형이상학적 속성과 동일시하는 정의들은 모두 오류이다.

11 ①
난이도 중

1) ㉡과 ㉢의 실제 연구 결과로부터 ㉣을 도출하고 있다.
2) ㉤과 ㉥의 묵가와 유가의 이론을 종합하여 ㉧을 도출하고 있다.
3) [전제 1] 로봇을 사람처럼 대하는 현상이 서양인보다 한국인에게서 더 강하게 나타난다.
   [전제 2] ㉧ 유가와 묵가 이론을 적용한다면 로봇을 친구로 여기고 도덕 판단의 대상으로 여길 수 있다.
   [전제 3] ㉦ 한국 사회에서 유가와 묵가 전통을 통한 문화선택이 발생하였고 그에 따라 한국인의 감정과 도덕성이 결정되었다.
   ∴ [결론] ㉠ 로봇을 사람인 것처럼 대하는 현상에 동서양의 차이가 존재하며 그러한 차이는 문화선택에 의한 것으로 보인다.

12 ③
난이도 중

1) ㉢은 전제 지시어로 ㉡을 지지함을 알 수 있다.
2) ㉠, ㉡, ㉢을 전제로 하여 ㉣이 다음과 같이 부정논법으로 도출된다.
   (A: 철학에서 중요한 문제로 다루어져 온 자의식은 유용하다, B: 자의식은 그 자체로 유용한 것이다, C: 자의식은 유용한 다른 뭔가를 낳는 것이다.)
   ㉠ A → (B ∨ C)
   ㉡ ~B
   ㉢ ~C

   ㉣ ~A

3) ㉥과 ㉦으로부터 ㉨이 다음과 같이 부정논법으로 도출된다.
   (D: 자의식은 마음 밖에 있는 어떤 유용한 것을 낳는다, E: 자의식이 인과적 영향을 미칠 수 있는 있는 것이 마음 밖에 있다.)
   ㉥ D → E
   ㉦ ~E

   ㉨ ~D

4) ㉨, ㉩, ㉪이 ㉫을 다음과 같이 긍정논법으로 지지한다.
   (F: 마음 안에 있는 유용한 것이란 마음 안의 좋은 상태이다, G: 자의식이 필요하다, H: 자의식이 마음 안에 낳는 유용한 것은 존재한다.)
   ㉨ F
   ㉩ F → ~G
   ㉪ (F → ~G) → ~H

   ㉫ ~H

5) ㉣, ㉭, ㉱으로부터 ㉺이 다음과 같이 부정논법으로 도출된다.
　　㉣ C → (H ∨ D)
　　㉭ ~D
　　㉱ ~H

　　㉺ ~C
따라서 정답은 ③이 된다.

13 ④　　　　　　　　　　　　　　　　　　　　난이도 중

1) ㉢의 전제 지시어로 인해 ㉡을 뒷받침함을 알 수 있다.
2) ㉰의 전제 지시어로 인해 ㉳을 뒷받침함을 알 수 있다.
3) ㉺의 구체적인 사례는 ㉻의 일반화를 뒷받침한다.
4) ㉻과 ㉳은 윤리 규범이 이성의 사실이 아니라는 것과 가치는 평가적 태도에서 찾아야 한다는 내용으로 ㉣을 뒷받침한다.
5) ㉡에서 규범이나 가치는 우연성을 반영하며 ㉣에서 윤리 규범은 이성적 사실에서만 비롯된 것이 아니라는 내용으로 ㉠을 뒷받침한다.

14 ②　　　　　　　　　　　　　　　　　　　　난이도 하

1) 이 글의 결론은 ㉠이다. ㉳은 사회과학과 자연과학의 방법론이 동일하지 않다는 견해이며, 이를 근거로 하여 ㉠에서 사회과학과 자연과학이 같지 않다고 주장하기 때문이다.
2) ㉺은 ㉰을 뒷받침하는 사례로 근거가 된다.
3) ㉣과 ㉰은 사람의 행위는 이유를 들어 설명하는데 이러한 이유에 의한 설명은 정당화 차원을 갖는다. 그러나 ㉺에서 행위 설명 차원에서는 자연현상처럼 인과적 설명에서는 찾을 수 없다. 이로부터 ㉢의 행동 설명과 자연현상 설명 논리는 다르게 됨을 도출할 수 있다.
3) ㉱에서 인간의 모든 행동과 사회현상이 물리 현상일 뿐이라면 사회과학과 자연과학은 방법론에서 유사할 것이다. 그런데 ㉳에서 다양한 현상이 모두 물리현상으로 환원되는 것은 아니기에 ㉳사회과학과 자연과학의 방법론에는 차이가 존재한다는 것을 알 수 있다. 따라서 ㉱과 ㉳이 ㉳을 지지한다.
4) ㉡설명 논리 차이가 없거나 방법론 차이가 없다면, 사회과학과 자연과학은 별 차이가 없을 것이다. 그러나 ㉢설명 논리에 차이가 있으며 ㉳방법론에도 차이가 있다. 따라서 ㉠사회과학과 자연과학이 같다고 할 수 없다는 결론이 도출된다.

15 ⑤　　　　　　　　　　　　　　　　　　　　난이도 상

1) 선언논법으로 다음의 논증을 이룬다.
　(A: 인공지능 로봇은 자유의지를 가진 존재이다. B: 인공지능 로봇은 단순한 결정론적 시스템이다.)
　　㉠ A ∨ B
　　㉭ ~B
　　㉳ A
2) 긍정논법으로 다음의 논증을 이룬다.
　(C: 인공지능 로봇은 외부 환경을 인식하고 독립적으로 사고할 수 있다. D: 인공지능 로봇은 주어진 상황에서 여러 선택지 중 하나를 결정할 수 있다.)
　　㉡ (C&D)
　　㉢ (C&D) → A
　　㉳ A
3) 부정논법으로 다음의 논증을 이룬다.
　(E: 인공지능 로봇이 물리적 시스템이라는 점에 근거한다. F: 인간은 자유의지를 가진 존재라 할 수 있다.)
　　㉥ (E → ~A) → ~F
　　㉰ F
　　㉱ ~(E → ~A) = E&A
4) 연언논법으로 다음의 논증이 성립한다.
　　㉱ ~(E → ~A) = E&A
　　㉳ A
5) 결론 지시어와 전제 지시어로 ㉣이 ㉰을 뒷받침하고 ㉳이 ㉱을 뒷받침함을 알 수 있다.

PART 02 논증 영역

02 논쟁 및 반론 정답 및 해설

유형 01 | 반론 및 반박

반론 및 반박 p.308

01	02	03	04	05
④	③	④	③	①
06	07	08	09	10
⑤	②	④	③	⑤
11	12	13	14	15
③	③	③	⑤	①
16	17	18	19	20
④	②	④	③	③
21	22	23	24	25
⑤	⑤	⑤	②	⑤

01 ④ 난이도 상

문제는 (가)를 근거로 (나)를 비판하라고 요구한다. 따라서 (가)에서 말하는 예방 원리인 비용편익분석이 이루어져야 하지만, 최종적인 결정은 정치적 판단에 맡기는 방식이 요구된다.
①, ③, ⑤ (X) 모두 비용편익분석을 요구하는 (가)의 견해에 맞지 않으므로 적절하지 않다.
② (X) 비용편익분석을 주장하나, 최종 결정도 분석의 결과를 따라야만 하는 것은 아니다. (가)에 의하면, 결정은 정치적 판단에 맡겨야 하므로 적절하지 않다.
④ (O) 비용편익분석을 주장하며, 결정은 정치적 판단에 맡기고 있기에 (가)의 견해에 입각하여 (나)의 입장을 반박하는 것으로 가장 적절하다.

02 ③ 난이도 하

① (X) 더 큰 밀폐된 용기일 경우 플로지스톤이 빠져나올 수 있는 공간이 늘어나기에 연소 시간이 길어질 수 있다. 따라서 반박이 될 수 없다.
② (X) 전체 질량의 변화는 프리스틀리의 설명으로도 이루어진다. 물체 속의 플로지스톤이 빠져나올 뿐이기 때문이다.
③ (O) 프리스틀리에 의하면 강철솜에서 플로지스톤이 빠져나오기 때문에 질량이 줄어들어야 한다. 그리고 공기 전체 질량은 증가한다. 따라서 이에 대한 반론의 근거가 된다.
④ (X) 프리스틀리의 이론도 연소 반응 전 질량이 더 커야 한다.
⑤ (X) 공기 질량의 증가는 물질에서 플로지스톤이 빠져나와 공기에 포함되었다고 가정할 경우 반론이 아니라 강화되는 근거가 될 수도 있다.

03 ④ 난이도 상

을의 논증을 형식적으로 구성하면 다음과 같다.
[전제] 정당화란 참인 어떤 것으로부터 다른 어떤 것이 참일 개연성이 높다는 것을 추론하는 것이다.
[전제] 참이 될 수 있는 것은 오직 명제뿐이다.
[생략된 전제] 정합관계란 참인 명제로부터 다른 명제의 참을 추론하는 것을 말한다.
[결론] 믿음은 믿음들 간의 정합관계에 의해서만 정당화될 수 있다.
갑과 을의 쟁점은 결국 '믿음의 정당화가 어떤 수단을 통해 이루어지는가'에 있다. 갑은 믿음의 정당화는 감각경험에 의해 이루어진다는 입장이며, 을은 믿음의 정당화는 감각경험이 아니라 믿음들 간의 정합관계에 의해서만 이루어진다는 것이다.
① (X) 믿음의 증거와 원인의 구분은 을의 주장과 무관하다.
② (X) 정합관계에 대한 긍정으로 반론이 되지 못한다.
③ (X) 정당화와 진위 판단이 별개의 것이라는 내용이다. 이는 쟁점을 벗어난 진술이다. 쟁점은 '믿음의 정당화가 어떤 수단을 통해 이루어지는가'이다. 따라서 반론이 되지 못한다.
④ (O) 각기 정합적인 믿음체계들이 있지만 이들이 동시에 참이 되는 것은 아니기에 단순히 정합관계만으로 정당화를 확정할 수 없다는 내용이다. 즉 믿음체계들 간의 구체적인 연관성이 필요하다는 것이다. 그렇기에 정당화된다고 해도 믿음들 간의 정합관계가 아닌 다른 기준에 의해서 연결될 수도 있다는 다의적 관점이 들어온다. 결국 '서로 양립하지는 않지만, 각기 정합적인 믿음체계들이 있을 수 있다. 이것들이 동시에 참일 수 없으므로'라는 내용과 [생략된 전제]를 공략하기에 적절한 반론이 된다.
⑤ (X) 경험적 판단에 대한 내용으로 을의 논증에 대한 반론이 되지 못한다.

04 ③ 난이도 하

갑의 주장은 책임윤리를 강조하는 입장으로, 결과 중심의 공리주의적 윤리관을 지향한다. 그러므로 이를 반박하기 위해서는 심정윤리적 관점으로 접근해야 한다. 또한 갑의 사고는 공동체 중심적 사고이다. 이는 최대다수의 최대행복이라는 공리를 따르고 있는 것이다. 그러므로 이러한 주장을 반박하기 위해서는 개인주의적 관점에서 공동체 내에서 선의의 피해와 희생을 당하는 개인의 존엄성 문제로 접근해야 한다.
① (X) 갑의 견해에 반박이 되지 못한다. 갑은 집단 전체의 양적 공리를 따르고 있기에 이러한 진술은 갑의 견해와 상관없이 동시에 참이 될 수 있다.
② (X) 갑의 견해도 그 의도와 동기가 전체 집단을 위한 것이므로 정당화될 수 있기에 반박이 되지 못한다.

③ (O) 갑은 공리주의적 관점에서 집단 전체의 행복을 위해 무고한 개인을 희생시키는 것을 정당화하고 있다. 따라서 좋은 결과가 예상된다고 하여도 희생될 수 없는 개인의 권리가 있다는 사실은 이에 대한 반박이 된다.
④ (X) 갑이 양적 공리주의를 보편 규칙으로 주장할 경우 반박이 되지 못한다.
⑤ (X) 사회적 이익을 위한 개인의 희생을 정당화할 수 있기에 반박이 되지 못한다.

05 ① 　　　　　　　　　　　　　　　　　　　　난이도 중

지문에서 A가 자신의 도덕적 행위의 원칙으로 삼은 것은 자신의 이익 추구 즉, 자신의 명성에 있다. 따라서 이를 유지하면서도 행위를 바꿀 수 있는 반대 사례, 즉 반례를 찾아야 한다.
ㄱ. (O) 지문에서 정한 원칙은 자신의 명성에 손상이 가지 않게 하는 것과 비밀을 지켜야 한다는 것, 그리고 자신의 이익을 위해 더 낫다는 것에 있다. 따라서 나쁜 평판을 받지 않게 하기 위한 원칙에 부합하면서 결정을 바꿀 수 있게 된다.
ㄴ. (X) 이는 자신의 결정을 바꿀 이유가 되지 못한다. 이 경우 자신의 이익을 위한 기준을 바꾸어야 하기 때문이다.
ㄷ. (X) 이 경우 자신의 명성에 손상을 입게 되며, 자신의 이익을 위한 판단과 비밀 유지 원칙 모두 바꾸어야 하기에 적절하지 않다.

06 ⑤ 　　　　　　　　　　　　　　　　　　　　난이도 중

갑과 을의 논쟁을 도표로 구별하면 다음과 같다.

쟁점	갑	을
위급한 상황에 처한 사람 구조 거부	부도덕 행위 → 형사처벌 대상	형사 처벌할 경우, 개인의 자유를 침해
의사상자 보상	도덕 행위 권장, 부도덕적 행위 처벌 당연	처벌과 보상은 별개의 문제
처벌과 보상	도덕의식 고양 → 동일한 결과	A: [처벌과 보상은 다른 결과]

A에서 을은 처벌과 보상이 동일한 결과를 가져오지 않는 반례를 통해 갑의 견해를 반박할 수 있다.
①, ④ (X) 논점을 벗어난 진술이다.
② (X) 갑과 동일한 의견일 뿐이다.
③ (X) 을은 첫 진술에서 법이 도덕을 반영한다는 점에 대해서는 동의한다. 또한 둘째 진술에서 도덕적인 행위에 대한 보상도 인정하고 있다. 따라서 이는 을의 논지에 부합하지 않는 진술이며 동시에 [A]에 들어갈, 갑의 의견에 대한 대응으로서도 부적절하다.
⑤ (O) 을은 부도덕한 이유로 처벌하는 것은 개인의 자유를 침해한다고 진술하였는데, 여기서 도덕적인 행위에 대한 보상은 개인의 자유를 침해하지 않는다고 할 경우, 처벌과 보상은 동일한 결과를 가져오지 않게 됨을 보일 수 있다. 결국 자신의 진술로부터 그와 반대되는 경우 그러한 결과가 나타날 수 없음을 보임으로써 동일한 결과가 나타난다는 갑의 주장에 적절하게 대응할 수 있다.

07 ② 　　　　　　　　　　　　　　　　　　　　난이도 하

ㄱ. (X) 반론이 아닌 갑의 입장에 부합하는 진술이다. 자도 소주 의무 구입 제도가 시행될 경우 소비자의 입장에서도 자신의 선호에 따른 구매에 방해를 받기 때문이다. 따라서 이는 갑의 입장에 부합하는 또 다른 근거에 해당한다.

ㄴ. (X) 오히려 정부의 견해에 반할 수 있다. 자도 소주 의무 구입 제도는 국가가 공익을 위해 보호해야 할 대상으로 자도 소주를 설정하고 일반 소주의 보호 차원에서 실시한 정책이기 때문이다.
ㄷ. (O) 독과점을 보장한다는 갑의 견해에 대한 반론에 해당한다. 자도 소주 의무 구입 제도는 중소 소주 업체를 대기업의 독과점으로부터 보호하는 제도가 될 수 있기 때문이다.

08 ④ 　　　　　　　　　　　　　　　　　　　　난이도 하

제시된 논증을 형식적으로 재구성하면 다음과 같다.
[전제 1] 도박죄가 성립되기 위해서는 반드시 우연에 의하여 승부가 결정되어야 한다.
[전제 2] 운동 경기의 경우 개인의 능력에 의하여 승패가 결정되기에 우연이라 할 수 없다.
[전제 1과 2로부터 소결론] 운동 경기는 도박죄가 아니다.
[결론] 내기 골프는 운동 경기의 일종이어서 도박죄를 구성하지 않는다.
ㄱ. (X) 도박죄의 도박은 반드시 우연에 의해 승패가 결정되어야 하는데, 사기 도박은 승패가 애당초부터 결정되어 있기에 이에 해당되지 않는다.
ㄴ. (O) 이는 [전제 2]에 대한 공략을 통한 비판에 해당한다. 골프 경기에서 승패가 우연에 의해 결정되기 때문이다.
ㄷ. (X) 우연성보다 실력에 의해 승패가 결정된다는 것은 지문의 논증에 부합하는 진술로, 반론을 성립시키지 않는다.
ㄹ. (O) 운동 경기에서도 우연적인 요소가 경기자의 기량과 실력에 상호 작용하여 승패가 결정되므로 결과 예견이 불확실하다는 것은 [전제 2]에 대한 공략을 통한 비판으로 적절하다.

09 ③ 　　　　　　　　　　　　　　　　　　　　난이도 중

ㄱ. (O) 실험 대상인 환자의 구체적 조건을 명시하지 않았기에 보고의 타당성에 문제가 있을 수 있다. 즉 시각 장애의 정도 및 13세 아이의 지적 수준 등이 이에 해당되며 비판 요소가 될 수 있다.
ㄴ. (X) A의 주장에 동의하는 진술이므로 비판이 될 수 없다.
ㄷ. (O) 의사의 보고는 환자의 말을 통해서 확인된 바이다. 따라서 이러한 보고에 작성된 환자의 언어적인 표현이 정확한 것인지 파악되어야 한다. 왜냐하면 환자의 경험은 이전까지 경험하지 못한 것이기에 언어적 표현만으로 그가 사물을 구별하였는지 여부를 알 수 없기 때문이다.

10 ⑤ 　　　　　　　　　　　　　　　　　　　　난이도 하

주의할 점은 동일한 소재를 사용한 진술이라 해도 논지를 찬성하는 논거로 쓰일 수도, 반대하는 논거로 쓰일 수도 있다는 것이다. 따라서 단순히 내용적 일치를 파악하기보다 주장과 근거라는 논증의 분석적 차원으로 접근해야 할 것이다.
① (O) (가)는 오락 프로그램의 증대에 의한 방송의 오락화·상업화를 방지하기 위해 규제가 필요하다는 입장이며, (라)는 방송 프로그램 장르 간 균형성과 다양성 확보를 위해 비율 규제가 필요하다는 입장으로 규제 정책에 찬성하는 논거이다.
② (O) (나)는 오락의 개념이 모호해져서 현실적으로 오락 프로그램 비율 규제 자체가 어렵다는 진술이므로 반대 논거로 사용될 수 있다.
③ (O) (나)는 교양과 오락 프로그램의 경계 설정이 어렵기에 비교적 장르 구분이 명확한 보도 부문에 대한 하한 규정을 하자는 것이다. 이는 오락 프로그램의 상한 규정에 대한 반대 논거에 해당한다.

④ (O) 교양과 오락이 결합된 프로그램이 증가하고 있다는 사실은 오락 프로그램에도 교양의 기능이 포함될 수 있다는 의미이다. 이러한 사실은 (다)에서와 같이 오락 프로그램의 긍정적 측면을 강조할 수 있기에 규제 정책의 반대 논거를 강화할 수 있다.

⑤ (X) 청소년 보호 문제를 프로그램의 내용에 대한 질적 규제로 해결할 수 있다는 주장으로 양적 규제에 대한 반대 입장이다. 그런데 (마)는 규제에 대한 찬성 논거이므로 이와 결합하여 반대 논거를 강화할 수 없다.

11 ③ 난이도 하

① (O) 예측의 성공이 지니는 심리적 효과는 가설이 좋은 증거임을 판단하는 기준이 되지 않는다는 비판이 성립한다.

② (O) 우연적 성공일 뿐이기에 예측의 가치가 높은 것은 아니라는 비판을 하고 있다.

③ (X) 이는 비판이 아니라 오히려 예측이 신뢰할 만한 근거가 된다는 결론에 동의하는 것이 될 수 있으므로 비판이 될 수 없다.

④ (O) 논리적 관계의 중요성을 들어 예측과 같이 증거를 알게 된 시점은 증거의 힘에 대한 평가와 무관하다며 비판하고 있다.

⑤ (O) 과학의 실제 현장에서는 방대하고 다양한 증거들을 설명하는 적절한 가설을 찾는 일이 어렵다면, 예측은 이러한 과학의 실제 현실을 반영하지 못한다는 비판이 가능하다. 또한 예측의 성공 사실이 결정적 증거가 되지 못하는 반례도 존재하기에 주어진 견해는 비판될 수 있다.

12 ③ 난이도 하

① (X) 외부자적 관점에서의 비판에 해당되는 것으로 글쓴이의 내부자적 관점에서의 비판이 아니다.

② (X) 논점을 벗어난 비판이다.

③ (O) 여성을 단순한 희생자가 아닌 적극적 행위자로 여기는 것으로 보아 내부자적 관점에서 비판하고 있음을 알 수 있다.

④ (X) 남성의 시선이 왜곡된 것은 글쓴이의 내부자적 시각과 무관한 진술이다.

⑤ (X) 글쓴이는 젠더로서의 여성에 대한 내부자적 시각도 필요하다는 것이지 외부자적 시각을 부정하는 것은 아니다.

13 ③ 난이도 하

ㄱ. (X) 을은 행정소송에서의 확인소송은 보충성의 원칙이 요구되지 않는다고 전제하고 있을 뿐, 민사소송에서의 확인소송이 보충성의 원칙이 요구되지 않음을 전제하고 있지는 않다.

ㄴ. (X) 을은 행정소송에서의 무효확인소송이 보충성의 원칙이 적용되지 않는다고 주장할 뿐이다.

ㄷ. (O) 을은 행정소송은 민사소송과 목적, 취지 및 기능 등이 다르므로 보충성의 원칙이 민사소송처럼 적용될 수 없다는 입장이다. 따라서 을은 확인소송의 보충성의 원칙을 민사소송에만 한정한다.

14 ⑤ 난이도 하

표의 표면적 결과는 사형 반대론자들의 근거로 사용될 수 있다. 표의 결과에서는 사형 제도가 없는 주가 사형 제도가 있는 주에 비해 1급 살인 및 2급 살인의 범죄율이 더 낮게 나타난다. 따라서 이에 대한 사형 찬성론자들의 입장을 옹호하기 위한 해석이 필요하다. 표의 결과는 귀납적 통계에 의해 이루어졌기에 상황이나 맥락이 이러한 결과에 영향을 미치는 것이 가능하다.

ㄱ. (O) 실제로 사형을 집행하지 않았기에 사형 집행의 위협이 나타나지 않았을 것이다. 그렇기에 표와 같은 결과가 나타날 수 있다고 주장할 수 있다.

ㄴ. (O) 살인 범죄율은 사형 제도뿐 아니라 다양한 사회적 요인에 의해 영향을 받을 수 있다. 또한 그러한 사회적 요인이 사형 제도보다 더 큰 영향을 줄 수 있기에 표의 결과가 나타날 수 있다.

ㄷ. (O) 1967년 이전의 효과가 있을 수 있다면 그 결과는 다르게 나타날 수 있다. 사람들이 제도의 폐지를 인식하지 못할 수도 있으며, 인지한다 해도 이전의 제도가 있었을 때의 행동 패턴이 나타날 수도 있기 때문이다.

15 ① 난이도 하

ㄱ. (O) <이론>에서 증후군 A는 태아 유래 세포를 면역 체계가 외부 침입자로 인식하여 공격하게 되어 발병하는 경로 이외로는 발병할 수 없다고 말하고 있다. 따라서 증후군 A가 나타나는 데에도 불구하고 임신 경험이 있는 환자의 혈액에서 태아 유래 세포가 발견되지 않은 사례는 이에 대한 반박 사례가 된다.

ㄴ. (X) 태아 유래 세포가 있는 사람이라고 해서 모두 증후군 A가 나타나는 것은 아니기에 반박 사례라 볼 수 없다. 면역 체계에 특정한 변화가 생기는 경우에 증후군 A가 나타난다고 주장하기 때문이다.

ㄷ. (X) 면역 체계에 문제가 있다고 해서 모두 증후군 A 증상이 나타나는 것은 아니므로 반박 사례라 볼 수 없다. 면역 체계가 태아 유래 세포들을 외부 침입자로 인식하여 공격하는 특정한 변화가 있는 경우에만 증상이 발생하기 때문이다.

16 ④ 난이도 하

ㄱ. (X) 뇌의 작용을 거시적 차원과 구별하여 미시적 차원으로 취급하고 뇌의 작용으로부터 거시적 차원의 행동을 예상하는 것은 원리적으로 불가능하다는 시각이다. 이는 뇌와 행동의 책임을 구별하는 필자의 논증과 양립할 수 있으며 이를 강화시킬 수도 있기에 반론으로 적절하지 않다.

ㄴ. (O) 뇌와 행동의 결정론적 방식의 일치를 주장하는 것은 이를 부정하는 필자의 논증의 반론이 된다.

ㄷ. (O) 필자는 책임이 사회적 차원에서 존재하기에 사람들 간의 상호작용으로부터 행동의 자유 개념이 발생한다고 주장한다. 그런데 이것이 관행일 뿐이고 인간이 실제 자유롭게 행동하는 것을 보여주지 않는다면 책임과 자유를 연결하고 있는 필자의 주장에 반론이 된다.

17 ② 난이도 상

1) 중간계급의 인종 구성

<표 1> 사회계급에 따른 시민권에 대한 태도

시민권에 대한 태도	긍정적	부정적	계
중간계급	37%	63%	100%

<표 2> 사회계급과 인종에 따른 시민권에 대한 태도

시민권에 대한 태도		긍정적	부정적	계
중간계급	A인종	70%	30%	100%
	B인종	30%	70%	100%

<표 1>에서 중간계급의 37%가 긍정적이었다. 그런데 <표 2>에서 긍정적 태도를 보인 중간계급 사람들은 A인종이 70%, B인종이 30%에 해당한다. 이러한 비율의 사람들을 종합한 결과가 <표 1>에서 나타나듯 전체 37%이다. 이는 A인종의 비율이 70%임에도 불구하고 A인종과 B인종을 합한 비율이 상대적으로 적다는 것을 보여준다. 결국 중간계급에서는 A인종보다 B인종이 더 많은 비율로 분포되고 있다는 것을 추리할 수 있다.

2) 하층계급의 인종 구성

<표 1> 사회계급에 따른 시민권에 대한 태도

시민권에 대한 태도	긍정적	부정적	계
하층계급	45%	55%	100%

<표 2> 사회계급과 인종에 따른 시민권에 대한 태도

시민권에 대한 태도		긍정적	부정적	계
하층계급	A인종	50%	50%	100%
	B인종	20%	80%	100%

<표 1>에서 하층계급의 긍정적 태도 비율은 45%이다. 그런데 <표 2>에서 이 중 A인종의 50%, B인종의 20%가 긍정적 태도를 보인다. 결국 B인종의 긍정 비율이 20%임에도 불구하고 전체를 합쳤을 때에는 45%로 그 비율이 상대적으로 매우 높다. 따라서 하층계급에는 A인종이 B인종보다 더 많은 비율로 구성되어 있음을 추리할 수 있다.

ㄱ. (X) 을의 근거인 <표 2>가 성립하면서 동시에 <표 1>이 성립되기 위해서는 1)에서 추론했듯이, 중간계급에서는 B인종이 더 많은 비율을 차지하고 있기에 비판 근거로 적절하지 못하다.

ㄴ. (O) 2)에서 추론하였듯이, 하층계급에는 A인종이 더 많기에 갑의 추론에 문제가 있음을 지적하는 적절한 비판 근거가 될 수 있다.

ㄷ. (X) 추리를 통해 중간계급에서는 B인종이 더 많고, 하층계급에서는 A인종이 더 많다는 것을 알 수 있다. 그러나 이 사실로 B인종 중 하층계급이 중간계급보다 더 많은지는 추리할 수 없다. 또한 B인종의 중간계급과 하층계급의 인원수 비교만으로 X시 전체 인종의 인원수를 추리할 수 없기에 적절한 비판 근거가 될 수 없다.

18 ④ 난이도 하

ㄱ. (X) 비판이 되기 위해서는 자료에 나타난 상황으로부터 한국의 현실을 긍정적으로 볼 수 없다는 내용이 있어야 한다. 그런데 시장소득 즉, 애초에 정부 개입 없이 시장에서 획득한 소득이 가장 높은 아일랜드가 처분가능소득 즉, 정부에 세금을 납부하거나 보조금을 받은 이후의 재분배에 대한 지니계수 차이가 가장 크다는 사실만으로는 비판이 되기 어렵다. 그렇게 큰 차이가 나는 나라에서 소득불평등이 개선되었다는 결과와 함께 시장소득과 처분가능소득 지니계수 차이가 적은 나라에서 소득불평등이 일반적으로 심하게 나타난다는 추가 자료가 필요하기 때문이다.

ㄴ. (O) 한국의 소득분포통계 조사 방법의 특징 때문에 지니계수가 제시된 자료보다 높을 가능성이 있다면, 주장의 신뢰성은 떨어지게 된다. 따라서 비판 근거로 적절하다.

ㄷ. (O) 소득분포통계 조사 방법이 나라마다 다르다면, 주장에서 다른 나라와 비교한 상위권 및 중위권에 대한 근거는 의미가 없게 된다. 또한 시장소득과 처분가능소득의 지니계수 차이가 중요할 경우, 그 차이가 매우 적은 한국은 소득재분배에 있어 문제가 있을 수 있다.

19 ③ 난이도 하

ㄱ. (O) ㉠에 의하면, 철수는 2시부터 잠을 자다가 죽음에 이른 것으로 이는 인지 기능의 영구한 정지에 해당할 수 있다. 그러나 이러한 지속적인 인지 기능 정지 상태에서도 2시부터 3시 사이에 일어났을 수 있기 때문에 이 시기의 인지 기능 정지를 죽음으로 볼 수 없다. 따라서 ㉠에 대한 반론으로 적절하다.

ㄴ. (O) 부활이 모순 개념이 아니라는 전제가 있을 경우, 부활 사건은 인지 기능의 정지가 기준이 될 수 없다는 것을 보여주는 반례가 된다.

ㄷ. (X) ㉠에 의하면, 주문에 걸려서 인지 기능이 정지된 상태는 영희의 입맞춤이 있다면 다시 인지 기능이 돌아올 수 있기 때문에 영구적인 정지로 보기 어렵다. 이러한 내용은 수정되기 이전의 이론에 대한 반론은 될 수 있지만, ㉠에 대한 반론은 될 수 없다.

20 ③ 난이도 하

ㄱ. (O) 비판의 논증을 재구성하면 다음과 같다.
[근거] 실험 결과는 덕 윤리학이 주장하는 성격 특성이란 존재하지 않음을 보여준다.
[암묵적 가정] 어떤 이론이 가정하고 있는 중심 요소가 실제로 존재하지 않는다면 그 이론에는 심각한 문제가 있다.
[주장] 덕 윤리학은 올바른 윤리 이론일 수 없다.
위 논증을 기호화하면 다음과 같다.
P: 덕 윤리학이 주장하는 성격 특성이 실제로 존재한다.
Q: 덕 윤리학은 올바른 윤리 이론이다.
1. [전제] ¬P
2. [암묵적 전제] ¬P → ¬Q
3. [결론] ¬Q
따라서 옳은 분석이다.

ㄴ. (X) 필자는 덕 윤리학에서 말하는 복합적 경향성이라는 심적 특성을 지녔다고 해서 올바른 행동을 하는 것이 아니라 상황에 따라 올바른 행동이 나타날 수 있다는 점을 지적하고 있다. 그러나 선지의 진술처럼 우리의 행동이 상황에 크게 좌우된다면 좋은 삶을 영위할 수 없다고 가정한 것은 아니다.

ㄷ. (O) 필자는 비판에서 실험 결과를 통해 일관되지 못한 행동임을 보여주며 자신의 견해를 밝히고 있다. 이를 정리하면 다음과 같다.
[가정] 덕 윤리학이 주장하는 친절함의 덕을 지닌 사람이라면 여러 상황 하에서 일관되게 친절한 행동을 하는 성향을 가질 것이다.
[실험 해석] 윤리행위가 일관적으로 발휘되지 않는다.
[결론] 덕 윤리학은 올바른 윤리 이론일 수 없다.
위 논증을 기호화하여 정리하면 다음과 같이 타당한 논증이 되기에 옳은 분석이다.
A: 덕 윤리학은 올바른 이론이다.
B: 여러 상황 하에서 일관되게 친절한 행동을 하는 성향을 갖는다.
1. [가정] A → B
2. [해석] ¬B
3. [결론] ¬A

21 ⑤ 난이도 중

ㄱ. (O) 동일한 사회문화적 환경에서도 다양한 형태의 조직화가 나타난다는 것은 주장에 대한 반론이 된다. 필자에 의하면, 동일한 사회문화적 환경이라면 동일한 조직화가 이루어져야 하기 때문이다.
ㄴ. (O) 필자는 선천적으로 주어진 생물학적 특성과 외부 환경인 사회문화적 요인은 다르다는 점을 전제로 하고 있다. 그런데 이들이 서로 배타적이지 않고 생물학적 요인을 배제할 때에 오류가 나타난다고 말하고 있으므로 반론이 된다.
ㄷ. (O) 서로 다른 사회문화적 환경에서 자랐지만 동일한 특성을 갖는 사례는 주장에 대한 반론이 된다. 서로 다른 환경이라면 그에 따라 형성되는 인간 정신의 조직화도 달라야 하기 때문이다.

22 ⑤ 난이도 중

ㄱ. (O) [A법] 제2조와 제3조에 대해 〈주장〉에서는, 판결 기각의 이유를 기재하지 않는 것은 대법원의 재량에 속하는 선택 사항이라고 진술하고 있다. 그러나 재판을 받을 권리에 상대방이 청구에 응할 의무와 성실히 답할 의무가 있으므로 청구에 응해야 하며 그에 대한 이유도 기재해야 한다. 따라서 앞선 주장에 대한 반대 논거가 될 수 있다.
ㄴ. (O) 제2조에 대한 주장 내용에서 기회 보장적 성격이므로 재판이 기각되는 것은 맞지 않다. 또한 판결의 정당성이 근거제시에 의해 좌우되므로 제3조의 내용에 대해서도 주장의 내용을 반박할 수 있는 근거가 된다.
ㄷ. (O) 판결의 논증 과정이 사실상의 판단기준으로 기능하기에 그러한 논증 자체를 하지 않는 것과 기각 이유를 기재하지 않는 것은 옳지 않다는 반대 논거가 될 수 있다.

23 ⑤ 난이도 하

ㄱ. (O) 제1조에서 '학내'가 학교의 물리적 공간에서 일어난 행위를 대상으로 하게 될 경우, SNS에 게시한 것은 '학내'가 아니므로 징계할 수 없다. 따라서 징계를 반대하는 논거가 된다.
ㄴ. (O) 체벌 사건의 내용을 시민의 알권리를 위해 게시한 것이므로 공익을 위한 표현으로 볼 수 있고 그러한 표현의 자유는 제한 없이 보장되어야 한다면, 징계를 반대하는 논거가 된다.
ㄷ. (O) 수업시간 동안의 학생의 모든 활동을 학내 활동으로 간주해야 할 경우, 실시간 원격수업 중의 활동도 학내 활동이 된다. 따라서 제1조 제1항의 대상이 될 수 있으므로 징계를 찬성하는 논거가 된다.

24 ② 난이도 중

ㄱ. (X) 모순되는 믿음을 가질 수 있다는 내용이 B를 반박하는 것은 아니다. B가 모순되는 믿음을 가질 수 없다고 주장하는 것은 아니며, 단지 평가적 믿음을 갖지 않고도 감정을 경험할 수 있다고 주장할 뿐이다.
ㄴ. (X) 감각만으로도 감정을 가질 수 있다는 내용은 B를 반박하지 않는다. 오히려 B의 주장처럼 믿음 없이도 감정이 가능하기 때문이다.
ㄷ. (O) B가 사례로 든, 언어능력이 없는 동물이나 영유아는 평가적 믿음을 가질 수 없다고 주장하는 것에 대한 반박에 해당한다.

25 ⑤ 난이도 중

① (X) 규정에서 언급한 세 가지 기준 충족 여부와 관련이 없기에 반박으로 적절하지 않다.
② (X) 올림픽과 같은 수준의 대회인지 여부를 알 수 없기 때문에 반박되지 않는다.
③ (X) 경쟁 우위를 제공하지 않았다는 점을 증명하는 것에 해당하지 않기에 반박되지 않는다.
④ (X) 의족 착용과 관련 없는 내용으로 반박에 해당되지 않는다.
⑤ (O) 둘째 근거에 있어서 더 우월한 능력을 제공한다고 판단되어 출전 불허 결정을 내렸는데, 동일한 판단에도 허가 결정이 된 반례를 통해 반박 가능하다.

오류론

p.321

01	02	03	04	05
⑤	⑤	④	⑤	⑤

01 ⑤ 난이도 하

추정적 동의의 원칙은 장기 기증에 대한 국민적 공감대가 형성되어 있다는 것을 전제로 한다. 장기 기증자가 사전에 장기 기증을 거부하지 않는 한 장기 기증의 의사가 있는 것으로 추정하여 장기 적출을 허용하자는 것이다. 그런데 우리의 만성적인 장기 부족 사태의 원인은 우리의 현실, 즉 "가족들은 뇌사자 또는 사망한 자의 신체를 훼손하는 것을 꺼리기 때문에 선뜻 동의하지 않는다."는 점에 있다. 즉, 추정적 동의의 원칙은 장기 기증에 대한 국민적 공감대가 형성되어 있다는 것을 전제로 하는데, 우리의 현실은 오히려 그런 공감대가 형성되어 있지 않다는 것을 보여주고 있는 것이다. 따라서 추정적 동의의 원칙은 우리가 받아들이기에 적합한 원칙이 될 수 없다. 이를 가정 망각의 오류라고 한다.

02 ⑤ 난이도 중

① (X) ㉠과 모순인 명제는 '거짓말 탐지기는 그가 거짓말을 하고 있다는 반응을 보이지 않았다.'이다. 하지만 지문에서는 거짓말 탐지기가 반응을 하더라도 전적으로 믿을 수 없다는 논지이므로 모순되는 전제를 포함하지 않는다.

② (X) 반론을 제기하는 것일 뿐 성급한 일반화의 오류로 볼 수 없다.

③ (X) 이는 조건문의 후건에 해당하는 것으로 전건이 참일 경우 후건이 반드시 참이 된다는 의미일 뿐, 그 자체로 인신공격의 오류는 아니다.

④ (X) 모두가 목격했다는 진술로부터 이미 입증된 사실을 전제로 하고 있다.

⑤ (O) 피고인은 살인을 저지른 사람으로서 사이코패스이기에 거짓말 탐지기의 반응도 나타나지 않는다는 앞 논의의 전제를 동시에 결론으로 한다. 위 논증을 기호화하여 증명하면 다음과 같다.
(A: 피고인은 살인을 하였다, B: 피고인은 자기가 연쇄살인범이라는 사실을 아무런 감정적 동요 없이 단호하게 부인한다, C: 그는 극단적 유형의 사이코패스이다, D: 피고인은 연쇄적으로 살인을 저지른 것이 확실하다.)
1. A
2. B
3. (D & B) → C
4. (A & C) → D
∴ D
5. C → D   1. 4. A 소거
6. (D & B) → D   3. 5. 조건삼단논법
7. D → D   2. 7. B 소거
8. D   7. 생략된 전제
9. D   7. 8. 긍정논법

03 ④ 난이도 상

① (X) ⓐ 가정의 상황이 현실에 부합하지 않는다 해도 주장인 ⓔ에 영향을 미치지 못하기에, 논증에 대한 비판이 되지 못한다.

② (X) Y 바로 전에 X가 아니라 W가 t를 소유했더라도 문제가 되지 않는다. Y 바로 전에 소유한 사람이 대상이 되므로 그것이 X가 되든 W가 되든 상관없기 때문이다.

③ (X) X가 t를 소유할 경우 이는 그다음 t를 소유할 Y를 더 나쁜 상황에 빠뜨린 것이기에 이 경우, Y가 로크의 제한조건에 위배되지 않고 t를 소유할 수는 없다. 제시문은 더 이상 사물 t를 소유할 수 없는 자로 Z를 가정하고, 그 "Z 바로 전에 t를 소유한" 자가 "Y"라고 정의하고 있다. 만약 Y가 소유할 수 있는 사물 t가 여러 개 있어서 그중 일부만 Y가 소유하고 Z가 사용할 만큼 나머지를 남겨놓았다면, 그 순간 그 Y는 제시문에서 정의한 Y가 아니라 X나 W가 되어야 한다. 따라서 제시문에서 규정한 대로 Y가 Z 바로 전에 t를 소유한 자인 한, Y가 로크의 제한조건에 위배되지 않고 t를 소유할 여지는 없다.

④ (O) 제시문의 내용에 따르면 X가 Y를 더 나쁘게 한 방식과 Y가 Z를 더 나쁘게 한 방식에는 질적인 차이가 있다. Y에 의해 나빠진 Z의 상황이란, 'Z가 사용할 수 있는 사물 t가 더 이상 존재하지 않는 상황'을 가리킨다. 반면 X에 의해 나빠진 Y의 상황이란, 'Y가 사물 t를 소유하면 로크의 제한조건을 위배하는 상황'을 가리킨다. 제시문의 논증은 '상황을 더 나쁘게 한다'는 표현이 이러한 애매성에 의존하고 있고, ④는 이 점을 지적하고 있으므로 적절한 비판이다. 또한 논증을 제시한 자는 ⓑ로부터 ⓓ를 도출하는데, "로크의 제한조건에 위배된다."의 정의로 본래 의미인 '다른 사람들도 좋은 상태로 사용할 만큼 (사물들이) 충분히 남아있지 않게 한다.'보다 확대된 "다른 사람들의 상황을 더 나쁘게 한다."라는 매우 느슨한 정의를 이용하고 있다. 이와 같은 느슨한 정의 대신 로크의 원래 정의를 사용할 경우 ⓑ로부터 ⓓ가 도출되지 않는다. ④번 선택지는 바로 이 점을 문제 삼고 있는 것이다.

⑤ (X) 어떤 사물 t를 최초로 소유한 자로서 누군가가 존재할 것이기 때문에 이러한 것이 불가능하다는 진술로는 적절한 비판이 되지 못한다.

04 ⑤ 난이도 하

ㄱ. (O) 다음의 논증 구조를 통해 옳은 진술임을 알 수 있다.
[가정] ㉢ 미래가 과거와 똑같다.
[전제] ㉠ 내가 이전에 먹었던 빵은 나에게 영양분을 제공하였다.
[결론] ㉡ 미래에 먹을 빵도 반드시 나에게 영양분을 제공할 것이다.

ㄴ. (O) ㉢이 거짓일 경우 이후 진행되는 논의에서 필자는 모든 경험은 소용없으며 아무런 추리도 할 수 없다고 말하고 있기에 옳은 진술이다.

ㄷ. (O) 지문에서는 경험을 근거로 하는 어떠한 논증도 미래가 과거와 똑같을 것이라는 점을 증명할 수 없다고 주장하기에 옳은 진술이다.

05 ⑤ 난이도 하

ㄱ. (O) 나이 및 여성이라는 생태학적 단위 속성의 판단으로부터 젊은 사람이라는 개인들의 속성에 대한 판단을 도출하는 A 오류에 해당한다.

ㄴ. (O) 외국인과 내국인 사이의 범죄 증가만으로 피해자와 가해자에 대해서 알 수 없다. 이는 편견 및 선입견에 의한 B 오류에 해당한다.

ㄷ. (O) 집단의 크기가 다를 수 있다는 것을 고려하지 않고 단순히 행위 발생 건수로부터 속단하는 C 오류에 해당한다.

유형 02 | 논쟁 분석

01	02	03	04	05
②	⑤	①	②	③
06	07	08	09	10
④	⑤	②	④	②
11	12	13	14	15
②	④	①	③	③
16	17	18	19	20
④	⑤	③	②	③
21	22	23	24	25
④	③	①	①	④
26	27	28	29	30
③	③	②	②	①
31	32	33	34	35
①	③	④	①	④
36	37	38	39	40
②	①	③	①	③
41	42	43	44	45
②	③	①	⑤	①
46	47	48		
①	①	①		

01 ②   난이도 하

① (X) 갑의 경험적 증거인 최근 자료에 대한 부정은 나타나지 않는다.
② (O) 을은 갑의 논의의 핵심어인 '상품화'에 대해 그 대상이 갑이 지적하듯 아이가 아니라 임신출산 서비스임을 밝히며 이의를 제기하고 있기에 적절한 설명이다.
③ (X) 갑의 진술이 자기모순적이라는 내용은 알 수 없다.
④ (X) 칸트에 대한 서술이 부당한 권위라고 볼 수 없다.
⑤ (X) 을은 갑의 전제에 대한 이의를 제기하고 있을 뿐, 결론이 윤리원칙에 반한다는 것은 나타나지 않는다.

02 ⑤   난이도 중

① (O) 케팔로스는 처음에 사람들이 일반적으로 생각하는 것과는 달리 나이가 불행의 원인은 아니라는 주장을 했다. 따라서 일반적인 의견에 대한 반론의 성격을 가지고 있다고 볼 수 있다.
② (O) 소크라테스가 언급하는 '사람들'의 생각은 케팔로스가 노년에도 불행하지 않은 것은 훌륭한 삶의 방식이 아니라 그의 재산 때문이라는 것이다. 따라서 케팔로스의 처음 주장, 즉 "삶의 방식이 훌륭하다면 노인이 되어도 불행하지 않다."는 생각에 대한 반론의 성격을 가지고 있다.
③ (O) 케팔로스는 소크라테스에게 테미스토클레스의 예와 같은 형식의 반론을 제기하고 있다. 케팔로스 자신은 테미스토클레스로, 소크라테스는 세리포스 사람으로 형식적 유비를 취하고 있다.
④ (O) 케팔로스의 결론은 재산이 없다면 노년을 수월하게 보낼 수 없고 재산이 많다고 하더라도 훌륭한 생활 방식이 없다면 노년을 수월하게 보낼 수 없다는 것이므로 역시 적절한 설명이다.
⑤ (X) 소크라테스의 지적을 통해, 케팔로스는 노년의 불행 원인이 훌륭한 생활 방식을 갖지 못한 것뿐 아니라 재산이 많지 않은 것도 인정하고 있으므로 처음의 주장을 끝까지 견지하고 있다고 볼 수는 없다.

03 ①   난이도 하

지문의 두 견해의 주장을 정리할 필요가 있다. 우선 네트워크 중립성 지지자들의 주장은 다음과 같다.
1) 인터넷 회선을 계층화한다면 사업자들은 자신들의 수익 향상을 위해 고속 회선 운용에만 집중할 것이기 때문에 일반 사용자들의 사용 환경이 악화된다.
2) 중립성이 보장되지 않으면, 자금이 부족하여 충분한 대역폭을 확보할 수 없는 기업들의 성장이 억제되고 기술 혁신이 저해된다.
3) 네트워크 혼잡의 가능성은 높지 않다.
4) 네트워크 고도화 투자 결정은 중립성과 큰 관련이 없다.
5) 계층화는 인터넷의 개방성을 감소시킨다.

계층적 인터넷 지지자들의 주장은 다음과 같다.
1) 대용량 트래픽 서비스를 안정적으로 제공하기 위해서는 서비스를 차등화해야 한다.
2) 일부 소비자들은 더 나은 서비스를 위해 더 많은 요금을 지불할 의사가 있다.
3) 네트워크 혼잡의 문제가 예상되므로 기존의 방식으로는 품질 보장이 어렵다.
4) 네트워크 고도화 필요성이 증가하고 있으나 네트워크 중립성 문제가 걸림돌이 된다.
5) 계층적 인터넷하에서도 개방적 성격은 유지될 수 있다.

ㄱ. (O) 양쪽 3)에 제시된 문제의 쟁점이다.
ㄴ. (O) 양쪽 5)에 제시된 문제의 쟁점이다.
ㄷ. (X) 중립적 인터넷 지지자 주장의 2)에 나타난 내용이지만 계층적 인터넷 지지자들의 반론이 없으므로, 쟁점이라고 말할 수는 없다.
ㄹ. (X) 계층적 인터넷 지지자 주장의 2)에 나타난 내용이지만 중립적 인터넷 지지자들의 반론이 없으므로, 쟁점이라고 말할 수는 없다.

04 ②   난이도 중

① (O) 피부색에 의한 인종 구별이 정치경제적 지배 예속 관계로부터 생겨난 것이라면, 인종의 생물학적 구별을 주장하는 A의 주장은 약화된다.
② (X) 부모 중 하나가 백인이라고 하더라도 다른 한 명의 부모가 흑인일 경우 즉, 흑인의 피가 한 방울만 섞여도 흑인이 된다면, B의 주장처럼 피부색에 의한 구별은 있을 수 없게 된다. 결국 피부색에 의한 구별을 부정하는 B의 견해를 강화하는 사례가 된다.
③ (O) A는 인종들이 있다는 것이 인종들 간의 차별을 정당화하는 것은 아니기에 인종 개념의 사용과 인종 차별을 반대하는 것이 양립 가능하다는 입장으로 이 둘은 동일한 문제가 아니라고 본다. 또한 B도 차이가 차별은 아니라는 진술에서 이 둘을 동일한 문제가 아니라고 보고 있다.

④ (O) B는 생물학적 인종이란 존재하지 않는다고 말하고 있으며, C도 인종은 생물학적 근거가 없으며 인종 개념이 생물학적 실재를 지시하기 때문에 의미를 가지는 것은 아니라고 주장하므로 B와 C 모두 인종이 생물학적 실재라는 것을 부정한다.
⑤ (O) 인종 간의 차이가 자연 선택에 의한 결과라는 진술은 생물학적 실재로서의 인종 개념을 뒷받침하기에 A의 주장을 강화하고 C의 주장을 약화한다.

05 ③   난이도 중

ㄱ. (X) 여러 국가를 거쳐 흐르는 하천의 존재는 한 국가의 강수량에만 의존하는 PAI의 지표가 타당하지 않음을 보여준다. 예를 들어, 하천의 존재가 여러 나라에 걸쳐 있을 경우, 상류에 해당하는 국가가 강수량이 높았음에도 물이 하류에 있는 국가로 이동하기에 PAI의 지표만으로는 물 풍족 국가 여부를 판단하기 어렵게 되어 타당성을 낮추는 결과를 가져온다.
ㄴ. (O) 갑의 주장대로 다목적 댐을 건설해 강수 직후 빗물을 저장하더라도 PAI 지표는 1년 동안의 강수량의 총량을 기준으로 하기에 물 풍족 국가로의 변화는 있을 수 없다.
ㄷ. (O) 갑은 다목적 댐을 만들어 공급을 늘려야 한다고 주장하며, 을은 물의 관리 시스템 측면에서 대안을 제시하기에 옳은 진술이다.
ㄹ. (X) 을은 PAI의 지표가 단순한 산술적 수치이기에 그 타당성을 부정하고 있다. 인구 밀도가 높은 나라와 아프리카 사막의 일부 나라 사례를 통해 수치에 따른 분류가 적절하지 못한 상황에 처할 수 있음을 보이기 때문이다.

06 ④   난이도 상

① (O) A_1의 황금률 비판은 자신이 기준이 되어 다른 사람에게 자신이 원하는 것을 행하라는 것이다. 따라서 내가 도움받기를 싫어한다면 나의 기준에 따라 다른 사람에게 행할 필요가 없게 된다.
② (O) A_1의 비판에 의하면, 자신이 기준이 되기에 교수가 F 학점을 받지 않기를 원한다면 다른 학생에게도 F 학점을 주어서는 안 된다.
③ (O) 대상이 자신이 원하는 것이 아닌, 상대방이 원하는 것이므로 옳은 진술이다.
④ (X) 상대방이 마조히스트일 때 상대방이 원하는 바는 마조히스트적 행위가 아닌 사디스트적 행위이다. 마조히스트는 피학성 성도착자이므로 가학적 행위를 원하기 때문이다.
⑤ (O) B_2에 의하면, 대상의 범위를 확대하여 관련자들 모두를 의미하므로 이에 따른 황금률 해석이 반드시 사디스트적 행위를 명령하지는 않는다.

07 ⑤   난이도 중

① (O) A_2는 B_1의 반론에 대해 선호의 주체를 부모에서 낙태 반대자들의 선호까지 포함하여 선호 최대 충족 행위를 판별하고자 한다. 결국 당사자들의 범위를 넓히고 있으므로 옳은 진술이다.
② (O) 다수 로마시민들의 선호 충족을 위해 소수 노예 검투사들이 희생될 경우, 이는 A_2에 의해 관련 당사자들의 범위를 넓힌 경우이지만 A_1이 주장하는 '선호 최대 충족 원칙'에 의해 정당화될 수 있다. 따라서 B_2는 A_2의 주장에도 불구하고 도덕적 문제가 발생한다고 주장한다.
③ (O) 검투사의 사례 하나만으로 반증하므로 옳은 분석이다.
④ (O) A는 B의 문제 제기에 대해 A_2와 A_3을 통해 선호 최대 충족 행위가 일상의 도덕에 배치될 가능성을 배제하려 한다.
⑤ (X) 당사자들의 '선호'에서 '계몽된 선호'라는 개념을 도입하여 외연을 축소하고 있다.

08 ②   난이도 하

① (O) A_1에서는 자유의지가 있다면 신경생물학적 실체가 있어야 하는데, 특정 시점의 뇌 상태가 이전의 상태에 의해 결정되지 않기에, 의지적 측면이 있는 실체가 없으므로 자유의지는 착각이라고 주장한다. 이에 B_1은 양자적 특성으로 뇌 상태가 결정론적이지 않아도 작동할 수 있다고 반박한다. 결국 실체 여부의 공략이 아닌 결정론적 방식을 문제로 삼고 있다.
② (X) A_2는 양자역학과 자유의지의 차이점을 지적하며 B_1을 비판한다. 그러나 양자역학 이론을 부정하는 것이 아니라 유비적인 연관성이 없다고 반론하고 있을 뿐이다.
③ (O) 자유의지에서 나타나는 선택적 특징이 양자역학에서는 나타나지 않기에 관계의 불일치를 말하며 B_1에 대응한다.
④ (O) B_2도 A_2가 말하는 차이점을 부정하지는 않는다. 다만 그러한 차이에도 자유의지가 복합체를 이루는 과정에서 나타날 수 있다는 가능성을 제시하고 있다.
⑤ (O) A_3은 양자역학과 자유의지의 직접적인 관계가 없음을 지적하나, B_3은 양자역학과 자유의지의 비결정성이라는 공통점이 있으며 이를 밝히는 것이 해결해야 할 문제임을 밝히고 있다.

09 ④   난이도 하

① (O) 갑은 법관이 모든 법을 근거로 고려하여 추론해야 한다고 주장한다. 그렇게 한다면 갑의 세 번째 진술과 같이 법률가들은 같은 사안에 있어서 대부분 동일한 결론을 예측할 수 있다는 점을 알 수 있다.
② (O) 을의 두 번째 진술에서 판결과 다양한 사회적·심리적 배경 사이의 인과 관계도 법적 추론의 대상으로 받아들여야 한다고 주장하기에 옳은 진술이다.
③ (O) 갑은 정당화가 어려울 경우 법적 추론의 목적이 달성될 수 없지만, 을은 결론 예측이 법적 추론의 더 중요한 목적이라고 주장하기에 옳은 진술이다.
④ (X) 을은 결론 예측에 목적이 있기에 인과적 관계도 고려해야 한다고 주장하지만 그렇다고 해서 정당화 관계를 부정하지는 않는다. 갑의 관점에 동의하지 않더라도 법과 판결 사이의 인과적 관계가 성립된다면 예측할 수 있다는 것이 을의 입장이기 때문이다.
⑤ (O) 갑에 의하면, 법률가는 가장 잘 정당화된 것을 근거로 제시해야 한다. 이는 최선의 답을 찾으려는 판사에 가깝다. 한편 을은 판결에 대한 예측 가능성을 목적으로 하기에 의뢰인의 이익을 예상할 수 있어야 하는 변호사의 입장이라 추론할 수 있다.

10 ②   난이도 하

① (O) A_2는 현 세대의 위험편익분석 시 핵폐기물의 위험을 현 세대뿐 아니라 미래 세대까지 떠안게 되기에 발생하는 정의(正義) 문제로 쟁점을 전환한다.
② (X) B_2는 A_2가 지적하는 미래 세대의 위험에 대한 문제에 대해, 진술처럼 핵폐기물 처리 기술의 발전으로 미래의 위험 부담을 줄일 수 있다고 반박할 수 있다. 이는 A의 주장을 반박하여 B의 주장을 강화시킬 수 있다. 따라서 틀린 진술이다.
③ (O) 미래 세대의 핵폐기물 관리 비용까지 포함하면 경제성이 떨어진다는 것이 A_3의 견해이다. 이에 대해 미래에는 경제 성장으로 인해 비용 부담이 줄어들 것이라는 진술은 이에 대한 반론으로 B는 강화된다.
④ (O) 바이오에탄올의 대안적 사례가 성립되기 위한 전제인 세금 부담이라는 현실적인 문제를 들어 비판하고 있다.
⑤ (O) B_4가 지적한 세금 문제가 해결 가능하다는 통계 자료의 제시는 A의 논지를 강화하며 B_4의 견해에 대한 반론이 될 수 있다.

11 ② 난이도 하

① (O) B₁은 민주주의가 실현된 결과인 지방자치의 발전이 오히려 생태문제를 악화시키는 골프장의 사례를 통해 반론을 펴고 있으며, A₂는 지방자치가 소수에 의해 좌우된다는 것에서 민주주의 이념이 제대로 실현되지 않았기 때문이라고 반박하고 있다.
② (X) 그린벨트 지역의 서민 아파트라는 반례 설정은 맞다. 그러나 인간을 넘어서는 주체의 범위 확장은 잘못된 진술이다. 단지 현 세대뿐 아니라 미래 세대의 이익까지도 해당된다고 말하고 있다.
③ (O) B₃은 미래 세대가 지금보다 더 인공적인 것을 좋아할 것이라는 진술로 미래를 비관적으로 전망하며 A의 예측을 비판한다.
④ (O) A₄는 바람직한 삶과 성찰을 통한 깨달음이 민주주의라는 새로운 방향을 제시함으로써, B₃의 의문을 피해 간다.
⑤ (O) 서로가 원하는 이상이 다를 수 있다는 논리로 유사한 형태의 사례에 해당한다.

12 ④ 난이도 하

① (O) ㉠에서 용기는 영혼의 끈기라고 정의하나, ㉡에서 용기는 똑똑한 끈기라고 하여 '끈기' 개념의 외연이 축소되고 있다. 왜냐하면 ㉡에서 용기는 아름다운 것인데 어리석은 끈기는 아름답지 않기에 용기에 포함되지 않기 때문이다.
② (O) 소크라테스는 똑똑한 방식으로 나타나는 끈기도 용기가 되지 못한다는 점을 보여주고 있다. 투자자의 똑똑한 끈기나 의사의 똑똑한 끈기의 사례가 그것이다. 따라서 이는 ㉡에 대한 반례가 된다.
③ (O) (나)에서 라케스가 소크라테스에 동의한 바에 의하면 용기는 똑똑한 끈기인데, (나)의 사례에서 나타난 투자자나 의사의 똑똑한 끈기는 용기에서 배제되므로 용기의 외연은 ㉡보다 더 줄어들 수밖에 없다.
④ (X) (다)에서 라케스가 대답한 내용은 어리석은 끈기도 용기가 된다는 것이다. 따라서 ㉠의 영혼의 끈기가 용기라는 정의에는 똑똑한 끈기와 어리석은 끈기가 모두 포함되기에 양립할 수 있다.
⑤ (O) (다)에서 라케스는 똑똑한 끈기보다 어리석은 끈기 또는 덜 똑똑한 끈기를 인정하므로 ㉡에서 동의한 똑똑한 끈기가 용기라는 진술과 충돌하게 된다.

13 ① 난이도 하

ㄱ. (O) A는 입법자의 의도가 법문 의미 해석의 최우선 기준이기에 입법 기초자의 표상을 기준으로 삼아야 한다고 주장한다. 그러므로 A에게 있어서 국회 속기록과 입법 이유서를 검토하는 것은 중요하다.
ㄴ. (O) B는 입법 당시 입법자의 의도보다 법문의 해석이 문제되는 상황과 시점에서 법 공동체 구성원들의 다수의 견해를 따르자는 것이므로, A는 이에 대해 법의 불확실성 초래로 인한 문제점을 근거로 반박할 것이다.
ㄷ. (X) B는 다수의 표상을 주장하나 C는 당대의 시대정신을 구현하는 것이 기준이라고 주장한다. 그런데 시대정신이 이성에 의해 파악된 것이라고 해서 B와 C의 차별성이 분명해지는 것은 아니다. 다수의 표상도 이성에 의거한 결정일 수 있기 때문이다.
ㄹ. (X) B와 C는 시대적 상황에 따라 법문의 의미를 판단하므로, 내재적으로 고정되어 있다고 볼 수 없다. 따라서 이들에게 있어서 이를 발견하는 것은 불가능한 것이다.

14 ③ 난이도 하

① (X) 대중 교육을 확대해도 대중 교육 수준이 높아지지 않음을 전제하는 것이 아니라, 필리핀의 반례를 통해 대중의 교육 수준이 높았음에도 국민소득이 대만보다 적었음을 보여 주고 있다.
② (X) A₂는 문맹률보다 고등학교 진학률이 대중 교육의 수준을 대표하는 지표라고 파악하고 있다. 따라서 B가 문맹률이 감소해도 경제성장은 미미했다는 근거를 든다고 해도 A₂는 여전히 고등학교 진학률을 대중의 지식수준을 판단하는 기준으로 주장할 수 있다.
③ (O) B₂는 대중 교육이 경제 성장에 직접적인 도움이 되지 못하며 엘리트 교육이 도움이 될 수 있다고 주장한다. B₂를 논증의 형식으로 구성하면 다음과 같다.
[전제] 경제 성장에 직접적인 도움을 주는 교육은 대중 교육이 아니다.
[전제] 경제 발전을 위해서는 전문적 지식이 필요하다.
[생략된 전제] 경제 발전을 위한 전문적 지식이 보편적인 대중 교육의 확대를 통해서 얻어지기 어렵다.
[결론] 전문 지식인을 육성하기 위해 엘리트 교육에 관심을 가져야 한다.
따라서 경제 발전을 위한 전문적 지식이 대중 교육의 확대를 통해서 얻어지기 어렵다고 전제하고 있다.
④ (X) A₃는 전문 지식인의 공급은 대중 교육을 통한 전반적 지식 향상이 선행되어야 가능하다고 주장하는 것이지 전문 지식을 갖추기 위해서 대중 교육만으로 충분하다고 주장하는 것은 아니다.
⑤ (X) 전문 지식인이 필요하다는 사실은 A와 B 모두 인정하는 바이다. 다만 전문 지식인을 육성하기 위해 A는 엘리트 교육보다 대중 교육이 중요하다는 견해이고, B는 엘리트 교육이 대중 교육보다 중요하다는 견해이다.

15 ④ 난이도 하

① (O) Ⓐ는 어떤 이는 나쁜 것을 원한다는 진술이다. 그런데 소크라테스의 마지막 대화에서 아무도 나쁜 것을 원하지 않는다는 Ⓑ의 진술에 대해 메논은 동의하고 있다. 따라서 메논은 Ⓐ의 견해를 바꾸었다는 것을 알 수 있다.
② (O) 대화 중간에 소크라테스가 나쁜 것이 나쁜 줄 아는 자인지 묻자 메논은 전혀 아니라고 대답한다. 여기에서 ㉠처럼 나쁜 것을 좋은 것인 줄로 여기고서 원하는 자는 포함되지 않는다는 것을 인정하고 있다.
③ (O) ㉠에서 나쁜 것을 좋은 것인 줄로 여기고서 원하는 자나 ㉡처럼 나쁜 것이 자신에게 이로울 줄로 여기고서 원하는 자나 모두 ㉢에서 좋은 것을 원하는 자이므로 옳은 분석이다.
④ (X) ㉣의 내용은 나쁜 것이 해로울 줄로 여기면서도 그 나쁜 것을 원하는 자인데, 이후 대화에서 해로움을 당하는 자를 비참한 자로 간주하고 비참하기를 원하는 자는 없으므로 해로움을 당하기를 원하는 자는 없다는 것을 알 수 있다. 따라서 ㉣의 내용처럼 나쁜 것이 해로울 줄로 여기면서도 그것을 원하는 자는 있을 수 없다. 결국 메논은 ㉣의 견해를 유지하지 않는다.
⑤ (O) ㉤처럼 비참하기를 원하는 자가 있다면 Ⓑ에 동의할 필요가 없다. 왜냐하면 ㉤처럼 비참하기를 원하는 자가 없다는 동의가 있어야 Ⓑ가 성립될 수 있기 때문이다.

16 ④
난이도 중

① (O) A의 마지막 진술에서 도덕 교육의 수단은 수치심을 유발하는 냉담한 태도이어야 한다고 주장한다. 따라서 도덕 교육의 수단으로 감정을 활용할 수 있다는 주장에 동의할 것이다.
② (O) A의 두 번째 진술에서 도덕 교육은 기쁨이 동반되지 않더라도 자신이 옳다고 생각하는 원칙에 따라 행위하는 것에 능숙해지도록 가르치는 것이라고 말하고 있으므로 적절한 판단이다.
③ (O) A의 두 번째 진술로부터 도덕적 인간은 스스로 생각하고 판단할 수 있어야 하므로, 그렇지 못한 인간은 도덕적 인간일 수 없다는 주장에 동의할 것이다.
④ (X) B는 마땅히 기뻐하고 괴로워하는 습관을 길러야 한다고 주장한다. 따라서 어떤 행위에 따르는 결과의 좋고 나쁨에 의해서 그 행위의 올바름 여부가 결정된다고 보는 것은 아니다.
⑤ (O) B는 어떻게 의무에 따라 행위하는 인간으로 성장시킬 것인가의 문제는 별도로 고려되어야 하며, 습관을 통해 선행에 기뻐하도록 만들 때에 그 의무도 잘 받아들일 것이라고 주장한다. 또한 도덕적으로 옳은 행위를 실천하는 것을 중요시하기에 실천을 강조함을 알 수 있다.

17 ⑤
난이도 중

① (O) B₁은 바이러스도 유전자와 마찬가지로 자기 복제를 한다는 유사성이 있지만 그렇다고 해서 이기적이라고 할 수 없다고 지적한다. 이는 유전자가 이기적이기에 유기체는 꼭두각시에 불과하다는 주장에 대한 반론이 된다.
② (O) A₂은 B₁이 말하듯 '이기적'이라는 의미가 심성을 의미하지 않고 자기 복제라는 의미에서 자신의 생존 기회를 증진시키는 의미임을 재정의하면서 대응하고 있다.
③ (O) B₂는 복제본이 주체와 다른 독립적 존재임을 지적하면서 자기 복제에 개체의 생존 기회를 증진시키는 '이기적' 의미가 적용되지 않는다고 비판하고 있다.
④ (O) A₃은 유기체의 경우에 개체의 단위가 적용되지만, 유전자의 경우 유형이나 복제본 모두가 적용될 수 있다며 대응하고 있다.
⑤ (X) B₃은 A₁의 주장처럼 복제한 존재와 주체가 생존하는 것이 동일하다는 주장은 '생존'의 의미에 어긋나는 것이라고 반론을 펴고 있다. 따라서 유기체가 유전자의 꼭두각시는 아니라는 견해일 뿐, 유전자가 유기체의 꼭두각시일 수 있다는 주장을 하는 것은 아니다.

18 ③
난이도 하

① (O) 갑은 자발적 결사체가 민주주의를 향상시킨다고 주장하기에 동의하는 반면, 을은 자발적 결사체가 활발했던 곳에서 비민주적 정치체제가 발흥했던 경우들이 있다는 견해이므로 동의하지 않을 것이다.
② (O) 갑은 서로 다른 입장과 목적을 지닌 것이 자발적 결사체이기에 다양한 목소리들이 정부의 정책 결정 과정에 반영된다는 의견에 동의할 것이다. 또한 병도 목적과 무관하게 다양한 자발적 결사체가 생겨나야 한다는 주장이므로 동의할 것이다.
③ (X) 병은 자발적 결사체에서 활동하면서 정치에 참여할 수 있는 통로가 확보된다는 견해이기에 동의한다. 한편 을의 경우, 자발적 결사체는 같은 입장과 목적을 가진 사람들이 활동하기에 시민적 덕목이 길러지지 않는다는 주장이다. 그런데 자발적 결사체를 통해 정치 참여의 기회를 얻는다는 점에 대해 부정하지는 않는다. 다만 자발적 결사체 활동이 배타적이기에 오히려 비민주적 정치체제의 위험성이 있다는 점만 지적할 뿐이다.
④ (O) 갑은 자발적 결사체 활동을 통해 정부가 어느 한 쪽만을 옹호하거나 불투명하게 정책 결정을 하는 일이 줄어든다고 주장한다. 그러므로 정부의 정책 결정 과정에서 투명성이 높아진다는 것에 동의할 것이다. 또한 병도 자발적 결사체는 다양한 집단이 공적 결정에 참여하여 정부로 하여금 보다 공명정대하게 결정하도록 강제한다고 주장하기에 동의할 것이다.
⑤ (O) 을은 자발적 결사체가 같은 입장과 목적을 가진 사람들이 모인 집단이기에 비민주적인 성향이 있다고 보는 반면, 병은 목적이 동질적이든 이질적이든 다양한 결사체들이 많이 생겨나면 민주주의에 긍정적 영향을 준다는 견해이다.

19 ②
난이도 하

① (O) 을은 자유주의 사회의 시민 대다수가 믿고 있는 의무만이 구속력을 갖는다는 갑의 견해를 정당한 근거 없이 유지되어 온 윤리적 통념이라고 비판하고 있다. 따라서 어떤 윤리적 기준에 많은 사람이 찬성한다는 것과 그것이 옳다는 논리는 서로 무관한 문제라 볼 것이다.
② (X) 을이 가난한 나라를 도와주자고 할 경우, 그 근거는 확장된 인간 존엄을 바로세우기 위한 의무론에 있다. 따라서 상호호혜적 이익이 예상되기에 도울 의무가 있다고 주장하지는 않는다.
③ (O) 갑은 가해를 행했을 경우에만 도울 의무가 있다는 소극적 도덕을 주장한다. 따라서 행위주체가 도와줄 수 있는 힘이 있느냐가 원조의 의무에 있어서 핵심이라는 견해에는 반대할 것이다.
④ (O) 을은 무력하여 돕지 않으면 죽게 되는 사람들에 대하여 인간 존중에 기반한 의무론을 주장한다. 따라서 부자 나라는 과거 행위와 상관없이 가난한 나라를 도울 의무가 있다고 볼 것이다.
⑤ (O) 갑은 '가해금지의 원칙'에서 의무가 있을 경우에만 책임이 있다고 주장한다. 따라서 가난한 나라가 부자 나라로부터 도움 받기를 원하는지 아닌지와 상관없이 부자 나라는 가난한 나라를 도울 의무가 있다는 것에 반대할 것이다. 이러한 견해는 오히려 을의 견해에 해당한다.

20 ③
난이도 중

① (X) ⓐ(정체불명의 '우리')는 을의 입장에서 이 세상 모두를 가리키는 것이다. 따라서 이러한 진술은 오히려 을의 견해를 강화시켜 갑에 대한 을의 비판이 더 강해질 수 있다.
② (X) 갑은 최소수혜자에게 혜택을 주는 경우에만 불평등이 허용된다고 주장할 뿐이다. 그렇기에 공동체의 이익 총량을 증대하더라도 최소수혜자에 대한 혜택이 악화될 경우 개인의 권리를 제한하는 것에 반대할 수 있다. 따라서 공리주의자처럼 공동체 전체의 이익 총량 증대가 기준임은 추론할 수 없다.
③ (O) 을에 의하면, 공동선을 이유로 개인의 다원성과 독자성이 위반되어서는 안 된다. 따라서 우연적 재능으로 얻은 혜택에 대해 개인이 우선적 소유권을 가질 수 있음을 부정하지 않는다.
④ (X) 을은 공유 원칙보다 개인의 다원성과 독자성을 우선시하고 있다. 따라서 이 두 가지가 서로 충돌한다고 해도 개인의 다원성과 독자성을 우선하므로 옳지 않은 진술이다.
⑤ (X) 을이 반대하는 까닭이 적절하지 않다. 최소수혜자의 복지 증진은 갑의 기준이며, 을은 개인들의 다원성과 독자성에 위반할 가능성을 근거로 갑의 주장에 반론을 제기하고 있다.

21 ④ 난이도 중

ㄱ. (X) 갑의 경우 시위대가 시민들로부터 물리적 위해를 받을 경우 시위자를 공격하는 사람의 행위를 막아야 하지 시위를 막을 것이 아니라는 입장이다. 따라서 그러한 요소가 시위 허용 여부를 결정하지는 않는다. 갑은 '직접적으로 타인에게 물리적 위해를 줄 것이 분명히 예상되는' 경우에만 시위 허용이 안 된다는 입장이기 때문이다. 또한 을도 물리적 충돌이 생기는 것은 문제의 핵심이 아니며 비도덕적 견해를 지지하는가 여부가 기준이라고 진술하기에 역시 물리적 위해 여부가 기준은 아니다. 따라서 갑과 을은 이에 대해 의견을 같이한다.

ㄴ. (O) 을은 다수의 윤리적 판단이 시위 허용 여부의 기준이라 생각하나, 병은 누군가에게 불쾌하게 받아들여지는지가 기준이기에 이에 대해 서로 다른 의견을 가지고 있다.

ㄷ. (O) 갑은 다른 사람에게 직접적인 물리적 위해를 끼치는지 여부가 시위 허용의 기준이다. 한편 병은 누군가에게 불쾌하게 받아들여지는지가 기준으로 마지막 진술에서 사람들의 눈에 잘 띄지 않는 장소나 시간에 일어나는 시위에 대해서는 수용하고 있다. 따라서 병은 불쾌하게 여길 사람이 시위를 회피할 수 있을 가능성이 시위 허용 여부를 결정하는 데 중요한 요소가 된다. 결국 갑과 병은 이에 대해 서로 다른 의견을 가지고 있다.

22 ③ 난이도 상

ㄱ. (O) 원리A에 대한 반례에 해당하기에 옳은 진술이다.

ㄴ. (X) 철수의 추론은 다음과 같은 연쇄를 지닌다.
[결론: 원인 파악] 수지가 자신에게 전화를 건 사건은 철수가 깜짝 놀란 사건의 원인이다.
[전제: 원리A 적용] 수지가 자신에게 전화를 걸지 않았더라면, 철수가 깜짝 놀라지 않았을 것이다.
[결론: 원인 파악] 철수가 깜짝 놀란 사건은 철수가 접시를 깬 사건의 원인이다.
[전제: 원리A 적용] 철수가 깜짝 놀라지 않았더라면, 철수가 접시를 깨지 않았을 것이다.
[결론: 원인 파악] 수지가 자신에게 전화를 건 사건은 철수가 접시를 깬 사건의 원인이다.
[전제: 원리B 적용] 수지가 자신에게 전화를 건 사건이 철수가 깜짝 놀란 사건의 원인이고, 철수가 깜짝 놀란 사건이 철수가 접시를 깬 사건의 원인이라면, 수지가 자신에게 전화를 건 사건이 철수가 접시를 깬 사건의 원인이다.
이와 같이 철수가 사용한 [전제]에 '수지가 자신에게 전화를 걸지 않았더라면, 자신은 접시를 깨지 않았을 것이다.'라는 전제를 사용하지 않았다. 이는 철수의 추론의 결론으로 볼 수 있을 뿐이다.

ㄷ. (O) 수지는 원리A에 의해 '내가 폭탄을 제거한 사건'이 '네가 출근한 사건'의 원인이라고 추론하고 있다. 따라서 수지는 원리A를 적용하여 '내가 폭탄을 제거하지 않았더라면, 철수는 출근하지 못했을 것'이라는 전제를 사용하고 있다.

23 ① 난이도 하

ㄱ. (O) 규정에 없기에 처벌할 수 없다는 주장의 근거이므로 ㉠은 약화된다.

ㄴ. (X) ㉡은 유사 사례를 다룬 판결을 따르자는 견해인데, 모반을 도운 자는 모반을 행한 자와 같다는 판결은 위 사례와 관련이 없다.

ㄷ. (X) 밀매죄 규정에서 금지 물품이 은에 해당하는 경우 교형이다. 교형보다 1단계 감형하면 유배형이다. 그런데 장사신은 71세이므로 제2조에 의해 속죄금만을 징수하게 된다.

24 ① 난이도 하

ㄱ. (X) 갑은 출생만으로 인간 여부를 결정할 수 없다는 견해이다. 갑은 오히려 태아 발달 정도가 인간으로서의 지위와 관련이 있다고 전제하고 있다.

ㄴ. (O) 을은 의식과 감각 능력을 가진다면 인간이라는 입장이다. 따라서 의식이나 감각을 갖지 않는다면 인간으로서의 지위를 갖지 않는다고 판단할 것이다.

ㄷ. (X) 병은 의식과 감각을 어느 시점에 갖는지를 알 수 없다는 입장이다. 하지만 의식과 감각의 존재 여부가 인간인지의 여부와 무관하다고 주장하는 것은 아니다.

25 ④ 난이도 하

ㄱ. (X) A2는 한 가설이 어떤 사실을 잘 설명한다고 해서 그 가설이 참은 아니라는 견해이다. 따라서 마음과 뇌가 동일하다는 가설이 마음과 뇌 작용 사이의 상관관계를 설명한다는 것을 부정하는 것은 아니다.

ㄴ. (O) B2는 설명하지 못하는 현상이 있기에 천동설은 받아들이기 어렵다는 것을 주장한다. 따라서 설명하지 못하는 중요한 현상이 많은 가설을 거부한다는 것에 동의할 것이다.

ㄷ. (O) B3은 A3이 통증을 느낀다는 것은 알지만 뇌의 신경상태에 대해서는 모르기 때문에 가설이 옳지 않다는 주장을 반박하고 있다. 따라서 X에 대해 잘 알면서 Y에 대해 모른다면, X와 Y는 동일한 것일 수 없다는 가정을 반박하고 있다.

26 ③ 난이도 중

ㄱ. (O) (가)는 저탄수화물 식단이 체중 감량 효과가 뛰어나다고 주장하며, (나)와 (다)는 저탄수화물 식단이 식욕 억제 효과가 있어 체중 감소 효과가 있음을 인정한다.

ㄴ. (X) W 연구팀의 첫 6개월간의 조사 결과에 대해서는 (다)도 인정한다. 다만 12개월에 걸친 추적 결과가 이와 다르다는 것을 지적할 뿐이다.

ㄷ. (O) (나)는 칼로리 섭취량의 감소가 체중 감량의 원인이라는 주장이다. 그런데 저탄수화물 식단과 저지방 식단의 총 칼로리 섭취량 감소가 동일하다면, 저탄수화물 식단의 체중 감량 효과가 칼로리 섭취량 감소에 의한 체중 감량보다 더 뛰어나다고 말할 수 있다. 따라서 이는 (나)의 (가)에 대한 비판을 약화한다.

27 ③ 난이도 상

ㄱ. (O) 갑은 무조건 태아의 상태나 질환 등을 알려 주지 못하게 하는 것은 임신 여성의 알 권리를 침해할 소지가 크다고 주장한다. 따라서 필요가 인정되는 경우 고지할 수 있다고 볼 것이다.

ㄴ. (O) 임신 말기일수록 낙태 건수가 현저히 줄어든다는 것은, 을이 말하는 낙태가 거의 불가능하게 되는 시기가 있다는 견해를 뒷받침하는 진술이다. 따라서 을의 견해를 강화한다.

ㄷ. (X) 유전적 우열성에 대한 호기심의 충족보다 태아의 생명이 더 중시될 이익이라는 진술은 유전적 우열성에 따른 낙태를 방지하기 위해서 태아의 유전적 소질에 대한 궁금증을 참아야 한다는 병의 진술과 일맥상통한다.

28 ② 난이도 중

ㄱ. (X) 갑은 저작물의 요건으로 창의성만 언급하며 가치중립적일 필요를 주장하므로, 음란표현물에 대해서도 창의성을 인정할 수 있다.

ㄴ. (O) 을은 불법행위의 결과물에 재산적 가치를 인정해서는 안 된다는 견해이므로 옳은 진술이다.

ㄷ. (X) 병은 사회적 해악성이 명백히 확인되는 음란물을 인정하지 않는다는 견해일 뿐, 목적이나 방법 등에 따라 달라지는 음란성의 법적 평가를 전제하지는 않는다.

29 ② 난이도 하

ㄱ. (X) 을의 첫 진술로부터 우아함은 지각하는 사람에 따라 다를 수 있다는 것을 추론할 수 있다.

ㄴ. (X) 병의 두 번째 진술에서 음악적 감수성은 각자가 속한 집단에 따라 달라진다고 주장하기에 옳지 않은 진술이다.

ㄷ. (O) 을은 음색, 멜로디 전개 표현 등을 통해서 진짜 성질로서 우아함을 파악할 것이며, 병은 각자가 속한 집단에서 공유하는 음악적 감수성에 의해 우아하다고 받아들일 수 있다.

30 ① 난이도 중

ㄱ. (O) 갑과 을 모두 사회적 지원 등의 사회적 요소만으로 과학 이론의 변화를 판단할 수 없다는 데에 동의하고 있다.

ㄴ. (X) 갑은 첫 진술에서 과학 이론의 변화에 그러한 경우도 있었다고 언급할 뿐이며, 을은 과학 이론의 진보성에 대한 판단이 가능하며 이를 판단하는 기준으로 장래성을 들고 있다. 따라서 을은 T2가 T1의 이론을 유지하고 이에 대해 새로운 설명과 예측을 제공한다면 더 일반적인 이론이라고 평가할 수 있고, 이것이 진보라고 할 것이기에 ㄴ에 동의할 것이다.

ㄷ. (X) 을에 있어서 상대성 이론이 뉴턴 이론보다 더 일반적인 이론이 되려면, 장래성이 있어야 한다. 장래성이란 T2가 T1을 함축하고, 그 이외에 새로운 진술이 추가되었을 때 가질 수 있는 것이다. 그런데 뉴턴 이론을 상대성 이론이 함축하지 않는다면, '더 일반적'이라고 할 수 없을 것이다.

31 ① 난이도 하

ㄱ. (O) B의 입장에서는 오히려 무단 점유가 일어나지 않았더라면 더 낮은 수준의 삶을 누렸을 것이므로 ㉠의 원리에 의할 때 배상이 제공될 이유가 없다. 따라서 갑은 동의하지 않을 것이다.

ㄴ. (X) ㉠의 원리를 을이 받아들이더라도 무단 점유가 없었을 경우 B는 존재하지 않았기에 누릴 만한 삶 자체에 대한 진술은 옳지 않게 된다. 따라서 배상에 동의하지 않을 것이다.

ㄷ. (X) 병 역시 A에게 배상이 이루어졌더라면 A는 B에게 더 나은 교육 기회와 자원을 제공하였을 것이고 B는 더 나은 삶을 살았을 것이라고 주장한다. 따라서 병은 ㉠의 원리에 동의할 것이기에 옳지 않은 분석이다.

32 ③ 난이도 하

ㄱ. (O) 갑은 재물을 재산적 가치가 있는 물건으로 보기 때문에 형법상 재물에 마약이 해당된다고 볼 것이다.

ㄴ. (O) 을은 소유의사가 표출되어 있는 이상 형법상 재물로 보기 때문에 을이 가지고 있는 마약과 연예인이 보관하고 있는 팬레터 모두 형법상 재물로 볼 것이다.

ㄷ. (X) 병은 형법상 재물이 되기 위해서는 금전적 교환가치와 소유 및 거래 적법성이 인정되어야 한다. 따라서 연예인이 보관하고 있지만 거래는 되지 않는 팬레터는 금전적 교환가치가 없기 때문에 형법상 재물로 보지 않으며 마약밀매상이 가지고 있는 법적으로 소유가 금지된 마약도 적법성이 인정되는 것이 아니기 때문에 형법상 재물로 보지 않을 것이다.

33 ④ 난이도 하

ㄱ. (X) 소크라테스는 알지 못하는 것에 대해서 거짓된 판단을 할 수 없다는 견해이다. 이 의미는 판단 자체가 될 수 없다는 의미로 참된 판단을 내릴 수 있다는 것은 옳지 않은 분석이다.

ㄴ. (O) 알지 못하는 것에 대해서 판단이 될 수 없다는 것이므로 옳은 분석이다.

ㄷ. (O) 대상에 대해 알고 있다면 참된 판단을 해야 하므로 알고 있으면서도 거짓된 판단이 가능하다면 이는 소크라테스의 견해에 반하게 된다.

34 ① 난이도 상

ㄱ. (O) 을은 더 많은 사람들이 기쁨을 누릴 수 있기를 원하기 때문에 자신이 공부를 하지 않는 수단을 정당화하고 있다. 그러나 그러한 수단이 정당화되지는 않는다면 을의 논증은 약화된다.

ㄴ. (X) 을이 공부를 하지 않을 때 다른 응시생들도 공부를 하지 않을 수 있다. 이 경우 을이 공부를 하지 않아도 많은 응시생들의 등수가 오르지 않을 수 있으므로 을의 전제가 참이 아닐 수 있다.

ㄷ. (X) 갑은 '다른 사람들이 자신의 등수 때문에 기뻐한다면 그건 그들이 공부를 했기 때문이 아니겠니?'라고 진술한다. 즉 다른 사람들이 자신의 등수 때문에 기쁨을 누리게 된 원인은 그들이 공부를 했다는 것에 있다. 그러므로 '을이 공부를 하지 않는 것'이 타인으로 하여금 기쁨을 누리게 하는 원인이 될 수 없다는 갑의 주장이 참이 될 수 있다. 따라서 갑의 주장이 참이기 위해서 무언가를 하지 않는 것이 다른 것의 원인이 될 수 없다는 가정이 반드시 참일 필요는 없다.

35 ④ 난이도 중

ㄱ. (X) 갑에 의하면 '곱창은 맛있다.'라는 술어에는 'x에게'라는 표현이 숨겨져 있다. 따라서 곱창을 맛있어 하는 사람들의 표현이나 맛없어 하는 사람들의 표현이 모두 '곱창은 x에게 맛있다.'라는 명제로 동일하다.

ㄴ. (O) 영호가 곱창을 맛없어 하기 때문에 갑에 의하면 '곱창은 영호에게 맛있다.'라는 표현은 참이 아니다. 하지만 을에 의하면 '곱창은 맛있다.'라는 문장은 누가 말하든지 동일한 명제를 표현하는 것이기에 참이 될 수 있다.

ㄷ. (O) 을은, 지우가 '곱창은 맛있다.'라고 말하는 경우 영호는 '아니, 곱창은 맛이 없다.'라고 반박할 수 있고 이때 논쟁이 시작된다고 주장한다. 따라서 어떤 명제에 대해 두 사람의 견해가 불일치한다는 점이 논쟁이 되기 위한 필요조건이라는 것이다. 그래서 두 사람의 견해가 하나의 명제에 대해 불일치하는 것이 아니라면 논쟁이 되지 않는다고 갑을 비판하고 있다.

36 ② 난이도 하

구분	A	B	점수
(1)	O	O	+20
(2)	O	X	-80
(3)	X	O	+100
(4)	X	X	0

ㄱ. (X) 갑의 경우 결과값이 최대인 조합인 (3)만 용인한다. 그런데 을의 경우 (3)은 현실에서 선택하려고 할 조합은 아니라고 보기에 (1)을 선택할 것이다. 이 경우 A는 용인될 수 있다.

ㄴ. (O) 병은 결과값이 0이거나 양의 값을 용인하므로 (1), (3), (4)를 용인한다. 따라서 A가 (1)의 경우 용인될 수 있다.

ㄷ. (X) 병의 경우 (1), (3), (4)로 용인될 수 있는 조합은 3개이다.

37 ④ 난이도 중

ㄱ. (X) 갑은 객관적 진실을 강조하며 판사가 직접 증거 수집이나 조사가 가능하다는 견해이다. 이에 따라 객관적 진실을 알기 위해 구속기간 연장 횟수 제한을 없애자는 개정안에 찬성할 수 있다. 그러나 병은 판사가 직접적으로 개입하는 것은 바람직하지 않으며 인권침해가 발생하지 않도록 하는 역할과 의무가 있다는 주장이다. 병에 의하면, 구속기간의 연장 횟수 제한을 없애는 개정안은 인권침해의 위험이 있기에 찬성할 것으로 분석할 수 없다.

ㄴ. (O) 을은 절차를 통한 진실을 강조하며 공정한 기회가 보장되어야 한다는 입장이다. 따라서 적법한 절차를 위반하여 수집된 증거는 인정하지 않을 것이다. 그러나 갑은 객관적 진실을 밝힐 수 있기에 그러한 견해에 반대할 것이다.

ㄷ. (O) 을은 공정한 형사절차를 강조하므로 법원칙에 찬성할 것이며, 병 또한 형사절차는 객관적 진실에 최대한 가까이 접근하고자 마련된 것이므로 이에 찬성할 것이다.

38 ③ 난이도 중

ㄱ. (O) 갑과 병은 현실화되지 않은 순위험은 그 자체로 도덕적으로 그르다는 주장에 동의하므로, 사례의 행위가 도덕적으로 그를 수 있다는 것을 인정한다.

ㄴ. (O) 갑은 모든 순위험 부과 행위는 도덕적으로 그르다는 주장이다. 을과 정은 제한적인 상황에서 순위험 부과 행위가 그르다는 것을 인정한다. 따라서 을이나 정이 순위험 부과 행위가 도덕적으로 그르다고 판단할 경우, 이에 대해 범위나 제한이 없는 갑도 동일하게 판단할 것이다.

ㄷ. (X) 병은 을처럼 순위험이 있다는 것을 알았다면 당사자의 자율적 행위 선택이 바뀔 수도 있는 경우로 한정하는 것에 대해 반대할 뿐이다. 따라서 병이 순위험을 안긴 행위가 타인의 자율적 선택을 침해했을 때 그 행위가 도덕적으로 그른지에 대해 을과 의견이 다른지는 알 수 없다.

39 ① 난이도 중

ㄱ. (O) 갑은 현존하지 않는 욕구는 언제 충족되더라도 이로울 수 없다고 주장한다. 그런데 ⓒ처럼 욕구는 없지만 행위하는 것이 합리적이라고 인정될 경우, 갑의 주장은 약화된다.

ㄴ. (X) 갑은 죽은 사람이 물리적으로 해를 입을 수 없다고 주장하므로 그러한 행위는 죽은 당사자에게 해를 입히는 행위는 아니다. 하지만 을은 어떤 사람의 욕구 충족을 돕는 일은 그 사람의 생사와 무관하게 이로울 수 있다고 주장한다. 따라서 을은 죽은 당사자에게 해를 입히는 행위가 될 수 있기에 갑과 을의 견해는 다르다.

ㄷ. (X) 갑도 어떤 사람에게 이롭거나 해로운 일이 그 사람의 욕구 충족과 관련이 있다는 주장에 동의할 수 있다. 다만 죽은 사람에 대해서만 이를 반대할 뿐이다.

40 ④ 난이도 하

ㄱ. (X) 갑은 인공지능 로봇이 인간의 내면적 상태를 이해하지 못한다 해도 빅 데이터를 활용하여 인간의 행동 패턴을 스스로 찾아낼 수 있다고 주장한다. 그러므로 갑은 이에 동의하지 않을 것이다. 한편 병은 인간의 행동은 내면적 상태가 원인이 되어 나타나기에 견해에 동의할 것이다.

ㄴ. (O) 갑은 행동 패턴이 있다고 전제하고 있으며 을도 주어진 상황에 따라 정해진 규범에 따른 행동을 하는 경향을 인정하기에 패턴이 존재한다는 사실에 동의할 것이다.

ㄷ. (O) 을은 인간의 가능한 행동을 제한하는 규범에 대한 정보를 입력하면 인간의 행동에 대한 예측의 성공률을 높일 수 있다고 주장하며, 병도 규범에 대한 정보가 인간 행동 예측에 필요하다고 주장한다.

41 ② 난이도 중

ㄱ. (X) 갑은 소설에서 나오는 명제가 명시적으로 참이 되거나 암묵적으로 참이 된다고 진술할 뿐이다. 따라서 모든 명제가 참이거나 거짓 둘 중 하나여야 한다는 것을 갑이 전제로 하는 것은 아니다.

ㄴ. (X) 을에 의하면, 〈홈즈의 콧구멍은 두 개다〉는 암묵적으로 참이 되는 명제인데 이는 없다고 말하고 있다. 따라서 을이 이러한 암묵적 참이 되는 명제가 처음에는 참이었다가 나중에 거짓으로 바뀔 수 있다고 주장하는 것은 아니다.

ㄷ. (O) 을은 『호빗』과 『주홍색 연구』의 사례를 통해서 명시되지 않은 명제라도 참이라고 보는 것이 합당한 상황이 있을 수 있다고 진술하고 있다.

42 ③ 난이도 하

ㄱ. (O) 갑은 거짓말에는 상대방이 거짓을 참이라고 믿게 하려는 의도 즉, 속이려는 의도가 있어야 한다고 주장한다. 한편 을은 거짓말은 그런 의도가 없는 경우도 있다고 반박하고 있다.

ㄴ. (O) 갑은 참이지만 듣는 사람이 오해하기 쉬워 도덕적으로 비난할 수 있는 오도적인 말을 인정하며 을도 오도적인 말은 항상 나쁘다고 판단하고 있다.

ㄷ. (X) 갑은 오도적인 말과 거짓말이 동일한 정도로 나쁘다고 진술한다. 그러나 을은 오도적인 말은 항상 나쁘지만 거짓말은 그렇지 않을 수 있다고 하여 나쁜 정도가 다르다고 주장하고 있다.

43 ① 난이도 하

ㄱ. (O) 갑은 정확한 표상과 오표상을 구분하는 것이 중요하다는 주장을 하고 있기에 이들을 정확하게 구분할 확률이 높다는 것이 갑의 견해를 약화하는 것은 아니다.

ㄴ. (X) 을은 지각만으로 정확한 표상과 오표상을 구분할 수 없다는 견해이므로 사례는 을의 견해를 약화하지 않는다.

ㄷ. (X) 갑과 을에 따르면, 둘 모두 대상에 대한 정확한 지각은 가능하다.

44 ⑤ 난이도 하

ㄱ. (O) 갑은 경제 행동은 개인이 자기이익을 추구하는 행동이라고 진술하고 있으며 을도 시장에서의 강압과 기만은 자기이익을 추구하는 과정에서 생겨난다고 주장하고 있다.

ㄴ. (O) 갑은 사회 관계는 경쟁 시장에 방해가 된다고 주장하나 을은 시장의 질서 있는 거래는 사회 관계에 기반하고 있으며 이로부터 시장에서의 신뢰가 형성되고 부정행위를 억제한다고 보고 있다.

ㄷ. (O) 병은 신뢰의 원천은 일반화된 도덕이며 그에 복종해야 한다는 주장이나 을은 행위자의 구체적 사적 관계와 연결망 속에서 시장의 신뢰가 이루어진다고 보고 있으므로 옳은 분석이다.

45 ① 난이도 하

ㄱ. (O) 갑은 형광등의 교체로 인해 피상적인 의미가 추가된 것으로 판단하므로 옳은 분석이다.

ㄴ. (X) 병은 작품이 공적으로 발표되는 순간 완성되므로 이후 승인 행위도 작품의 정체성을 바꾸지 못한다고 주장한다. 따라서 창작자의 사후 승인 행위는 창작 당시 작가의 제작 행위와 동등한 효력을 지니지 않는다.

ㄷ. (X) 을은 작품의 물리적 속성이 변하더라도 의미는 변하지 않는다는 주장이므로 동의하지 않을 것이다.

46 ① 난이도 하

ㄱ. (O) 갑은 판사의 사회적 편견이 사형선고에 영향을 미친다고 보고 있으므로, 판사의 재량을 최소화하고 공통의 기준을 마련하는 것이 개선 방안이 될 수 있다.

ㄴ. (X) 을에게 있어서 정의란 범죄자들을 가능한 한 많이 처벌할 것을 주장하므로, 처벌의 정의가 온전히 실현될 경우 사형선고를 받는 사람의 비율이 줄어들지 않을 것이다.

ㄷ. (X) 10년간 사형선고 기록에서 A인종 편향이 증가했다면, 갑은 사회적 편견에 의한 처벌로 볼 수 있으므로 강화된다. 하지만 을은 의도가 없는 한 영향을 인정하지 않는데 통계만으로 의도를 확인할 수 없으므로 약화되지 않는다.

47 ① 난이도 중

ㄱ. (X) A에 의하면 속일 의도로 거짓을 말하는 것이 거짓말이다. 그런데 갑의 진술은 거짓말이 아니다. 아버지가 뒷산에 숨어 있는 것이 참이기 때문에 속일 의도로 참을 언급했기 때문이다. 하지만 B에 의하면 거짓말이다. 자신이 거짓이라고 믿는 명제를 다른 사람이 참으로 믿게 하려고 말했기 때문이다.

ㄴ. (O) 을은 정보원이 없다는 것을 믿지 않음에도 믿는 척 속이려했기에 C에 의하면 거짓말에 해당한다. 하지만 을은 확신하고 있을 뿐, 실제 참인 것은 아니기 때문에 A는 거짓말이라는 것에 동의하지 않는다.

ㄷ. (X) 병의 진술은 협박에 의한 것으로, 다른 사람이 참으로 믿게끔 하기 위한 것이 아니며 믿는 척 속이려 하는 것도 아니다. 따라서 B와 C가 거짓말이라고 동의하는 것은 아니다.

48 ① 난이도 하

ㄱ. (O) A는 평균을 취하는 방법이므로 갑 0.92와 을 0.15의 평균 0.535로 낮춰야 한다. B도 을의 믿는 정도가 0.50보다 작기 때문에 갑의 믿는 정도는 낮춰야 한다.

ㄴ. (X) C는 갑과 을이 가진 증거에 따라 각자 판단하는 것이므로, 서로 다른 정도로 믿고 있음을 알게 된 후에 동일한 정도로 믿어야 하는 것은 아니다.

ㄷ. (X) A는 갑과 을의 평균이므로 0.91이 된다. 그런데 C는 갑이 자신이 가진 증거에 의한 판단이므로 기존의 0.92가 변할 필요는 없으므로 A가 C보다 크지 않다.

PART 02 논증 영역
03 평가 및 문제해결 정답 및 해설

유형 01 | 법·규범학

p.350

01	02	03	04	05
⑤	③	④	②	①
06	07	08	09	10
①	①	④	⑤	①
11	12	13	14	15
③	②	⑤	④	⑤
16	17	18	19	20
④	④	④	①	⑤
21	22	23	24	25
①	③	④	③	③
26	27	28	29	30
④	①	②	②	②
31	32	33	34	35
④	③	①	①	⑤
36	37			
③	①			

01 ⑤
난이도 중

① (O) 갑과 을 모두 법의 정당성을 추구하며, 그것이 목적과 수단의 정당성, 그리고 상호 간의 이익에서 균형을 이루어야 한다고 생각하고 있다. 따라서 옳은 설명이다.
② (O) 안마사 자격 제한이 시각장애인이 아닌 장애인의 직업 선택의 자유까지 침해할 수 있다면, 법이 시각장애인만을 보호하고 다른 직업을 선택하기 어려운 또 다른 유형의 장애인들의 권리를 보호하지 못하기 때문에 갑의 주장이 약화된다. 따라서 옳은 설명이다.
③ (O) 안마사가 시각장애인에게 적합한 직업이라는 사실이 지적되고 있으므로 갑의 주장을 강화한다. 따라서 옳은 설명이다.
④ (O) 안마사가 시각장애인에게 적합한 직업이라고 하더라도, 시각장애인 중 일부만이 안마사로 일한다면 시각장애인을 보호하기 위한 목적을 달성하기 보다 비시각장애인에게 주는 불이익이 더 크므로 갑의 주장이 약화된다. 따라서 옳은 설명이다.
⑤ (X) 시각장애인 안마사의 일자리 보장, 안마사 자격 시험에서의 시각장애인 우대 등 자격 제한이 아닌 다른 가능한 수단이 주어진다면 을의 반론을 약화하는 것이 아니라 오히려 을의 의견을 따르고 있다고 볼 수 있다. 따라서 옳은 설명이 아니다.

02 ③
난이도 하

ㄱ. (O) 갑은 익명성의 단점을 강조하며 규제 외의 다른 대안을 전혀 고려하지 않고 있다.
ㄴ. (X) 을은 익명성의 단점에도 불구하고 익명성 규제에는 반대하고 있다.
ㄷ. (X) 을은 실제적인 사례를 제시하고 있지 않다.
ㄹ. (O) 갑과 을 모두 익명성의 장점과 단점 모두를 인정한다. 그러나 갑은 단점에, 을은 장점에 초점을 두고 있으므로 적합한 설명이다.

03 ④
난이도 하

(가) (O) 국가가 가족 제도상 법률혼을 일괄 관리하는 것을 옳지 않다고 지적하며, 사실혼 배우자와 법률혼 배우자를 법적으로 동일하게 취급하자는 주장에 해당된다.
(나) (O) 사실혼 배우자와 법률혼 배우자를 서로 달리 취급하는 법 제도를 소개하면서 이들을 동일하게 취급하는 것에 대해 부정적인 입장이다.
(다) (O) 손해 배상의 경우 사실혼 배우자와 법률혼 배우자를 동일하게 취급함을 보임으로써 갑의 일관된 논지를 따르고 있다.
(라) (X) 사실혼 배우자를 법률혼 배우자와 달리 취급하여 상속권 인정이 되지 않는다는 을의 기존 견해와 배치된다. 또한 (라)의 진술 내부에서도 사실혼 배우자에게 상속권을 인정하자는 의견과 동시에 상속권이 인정되지 않는다고 보고 상속 재산을 받을 수 있도록 해 주어야 한다는 모순된 내용도 나타난다.
(마) (O) 사실혼 배우자에 대한 상속권도 법률혼 배우자처럼 동일하게 인정하자는 견해로 갑의 처음 논지와 일관된다.

04 ②
난이도 하

① (X) 법규정이 없더라도 실제로 지켜지면 관습으로서 실효성을 가지며, 국민들의 법적 확신이 있을 경우 관습법으로서 효력을 갖는다는 견해이므로 실효성으로 법의 효력을 이해하는 갑의 논지를 강화한다. 한편 관습법의 성립은 제정 절차와 무관하므로 합법성으로 법의 효력을 이해하는 을의 논지를 약화한다.
② (O) 실제로 지켜지지 않는 규정이라도 법관이 판결에 해당 법규정을 적용할 수 있다는 견해이므로 갑의 논지를 약화하고 을의 논지를 강화한다.
③ (X) 도덕적으로 정당하더라도 실제로 지키지 않으면 법의 효력이 없다는 견해이므로 갑의 논지는 강화되고 병의 논지는 약화된다.

유형 01 법·규범학 129

④ (X) 법이 제정되어 있다면 내용과 상관없이 효력이 있다는 견해이므로 을의 논지는 강화되고 병의 논지는 약화된다.
⑤ (X) 제정된 법이라도 정의와 같은 도덕적 가치를 구현해야만 법으로 인정된다는 견해이므로 병의 논지를 강화하고 을의 논지를 약화한다.

05 ①
난이도 상

① (X) 헌법재판기관 구성원의 선출 방식을 직선제로 변경하더라도 (가)에서의 조건 중 하나인 선거를 통하여 구성원에 대한 정치적 책임 추궁은 할 수 없기에 (가)가 해소되지 못한다. 즉 '선출 방식'과 '임기' 모두를 변경하지 않는 한, (가)의 비판은 해소될 수가 없다. 직접선거로 헌법재판기관 구성원들을 선출한다고 하더라도 이들의 임기를 기존처럼 종신제로 보장한다면 선거는 부정기적으로 이루어질 수밖에 없고, 선거를 통해 정치적 책임을 물을 수 있는 기회를 가질 수 없게 된다.
② (O) 법률에 대해 합헌 결정을 내렸더라도 (가)에서 문제 삼는 것은 헌법재판기관의 구성이기에 해소되지 않는다.
③ (O) (나)는 헌법재판기관의 구성 및 활동이 비민주적이라는 주장이다. 국민의 의사가 반영된 입법부의 법률을 반대할 수 있는 경우 헌법재판 제도 자체가 문제가 된다. 왜냐하면 헌법재판 제도는 법률이 헌법에 합치하는지를 심사하는 것인데, 법률을 반대하는 것은 국민의 의사를 거부할 수 있는 여지를 두는 것이기 때문이다. 따라서 헌법재판 제도 자체가 입법부에 대한 견제 수단으로 적절하지 않다고 주장할 수 있다.
④ (O) (나)는 국민에 의해 선출된 입법부의 결정인 법률을 반대해서는 안 된다는 입장이다. 행정부인 대통령에 의해 임명된 구성원들은 국민의 의사라 할 수 없기 때문이다. 따라서 (나)는 대통령의 결정이 국민 의사의 반영이라고 이해하지 않는다.
⑤ (O) 직접적인 국민의 의사 반영은 다수결에 의한 민주적 선출로 이루어질 수 있기에 옳은 진술이다. (가)에서 '국민의 의사'는 "정기적인 선거를 통하여 국민이 직접 헌법재판기관을 구성하고 …"를 고려할 때, '다수결로 정해진 국민의 의사'라는 의미로 사용되고 있다. 또한 (나)에서도 "국민들이 선출한 대표들의 결정이기 때문에 법률은 당연히 국민 의사의 반영이다"라는 문장에서 '국민의 의사'라는 용어는 국민들에 의한 대표들의 선출, 즉 다수결로 정해진 국민의 의사라는 의미로 쓰이고 있다.

06 ①
난이도 하

ㄱ. (O) 특별검사의 권한남용에 대한 통제수단이 없을 경우 A와 B에서 공통적으로 전제되는 특별검사제도의 의도인 정치적 중립에 문제가 발생한다. 따라서 어느 특검이든 이는 모두 문제가 될 수 있기에 두 주장 모두 약화된다.
ㄴ. (X) 특검이 쉽게 작동되어 정치적 투쟁의 도구로 남용될 위험이 있다면 상설특검에 대한 A의 주장을 약화시키고, 이를 비판하는 B의 주장은 강화된다.
ㄷ. (X) 기존 검찰의 권력형 사건의 수사에 들어가는 사회적 비용이 개별특검의 비용보다 크다면, 개별특검을 주장하는 B는 강화된다. 그런데 개별특검보다 상설특검의 비용이 더 적기 때문에 A도 강화된다.

07 ①
난이도 중

① (X) 사회계약에 참여하는 사람들이 자신이 사형당할 만한 죄를 저지를 가능성을 염두에 두지 않는다면, 갑은 사형을 포함하는 사회계약에 동의할 수 있다. 그러나 갑은 사형을 포함하는 사회계약에 동의하지 않으므로 갑의 논지는 강화되지 않는다.
② (O) 사형이 자유로운 개인의 선택에 의해 행하여진다면, 사형에 누구도 동의하지 않을 것이라는 갑의 주장은 약화된다.
③ (O) 살인 행위가 개인의 보편적 인간성을 이미 파괴한 것이라면, 보편적 인간성을 지켜 반성하게 해야 한다는 병의 논지는 약화된다.
④ (O) 신체의 소멸인 사형을 통해 보편적 인간성을 회복할 수 있다면, 보편적 인간성에 대한 존중으로 처벌을 허용하는 을의 견해는 강화되지만 사형을 통해 보편적 인간성도 사라진다는 병의 견해는 약화된다.
⑤ (O) 보편적 인간성 개념 자체가 허구라면, 이에 근거하여 주장을 펼치는 을과 병의 견해 모두 약화된다.

08 ④
난이도 하

① (O) 법원의 독립된 평가는 (나)의 견해이므로 이에 대한 과중한 책임 부과로 인한 문제 제기는 현실적으로 수행되기 어렵다는 의미이다. 이는 상대적으로 (가)에 유리하다.
② (O) 과학자 집단마다 다른 평가가 나타날 수 있다면 (가)의 견해처럼 과학자 집단의 의견을 따라 나타나야 하는 일관성과 신뢰성을 기대하기 어려우므로 (가)에 불리하게 된다.
③ (O) 법원이 스스로 결정하는 것이 효율적이라면, (나) 견해가 (가)에 비해 더 유리하다.
④ (X) 과학자 집단에서 수용되더라도 법원이 판단해야 된다는 견해이므로 (가)에 불리하고 (나)에 유리하다.
⑤ (O) 과학자 집단이 판단하지 못하더라도 법원이 스스로 판단할 수 있다는 견해이므로 (나)에 유리하다.

09 ⑤
난이도 하

① (O) 을₁은 약물요법을 중지할 경우 다시 신체 기능이 정상으로 복귀하므로 신체 기능의 훼손이 아니라고 주장한다. 이는 일시적인 중지 상태에서 신체 기능 복귀가 가능하다면 훼손은 아니라는 전제가 생략되어 있는 논증이다. 그러나 이러한 잠정적인 제한도 신체 기능 훼손에 해당한다면 주장은 약화된다.
② (O) 을₁이 약물요법도 당사자의 이익을 위한 것이므로 처벌이 아니라고 주장한다. 이에 갑이 동일 논리로 당사자의 교화를 위한 징역형도 처벌이 아니라고 주장한다면 징역형이 형벌이 아니게 된다. 그러나 징역형은 명백한 처벌이기에 을에 대한 갑의 반론이 된다.
③ (O) 을₂에서 예측을 근거로 행위를 해야 한다고 주장하므로 예측의 정확성이 증가한다는 사실은 이를 강화한다.
④ (O) 을₃의 주장이 옳다 하더라도 예산 투입과 같이 효율성의 측면에서는 여전히 문제가 나타나고 있다는 것을 근거로, 갑₃은 자신의 주장을 고수할 수 있다.
⑤ (X) 을₃은 약물요법이 재범률 감소에 효과적이라는 주장을 하고 있다. 그런데 대부분의 약물 투여 대상이 초범이었고 재범자는 약물 비투여자라면, 실험 결과의 개연성은 떨어질 수밖에 없다. 초범인 경우 성폭력범 중 일부는 재범성향이 낮은 자일 것이므로 약물요법과 상관없이 재범인 경우에는 그들의 재범률보다 낮게 나올 것이기 때문이다.

10 ①
난이도 하

① (X) 이론의 전제에는 행위에 따른 이득과 고통을 합리적으로 계산할 수 있다는 내용이 있다. 그러기 위해서 행위에 따른 제재의 내용과 처벌 가능성에 대한 합리적인 판단을 해야 할 것이다. 따라서 합리적 판단이 이루어질 경우 처벌 억제 효과가 있으며, 합리적인 판단이 이루어지지 않을 경우 처벌 억제 효과가 거의 없을 것이다. 그러므로 진술로 인해 이론이 약화되지 않는다.
② (O) 신속성의 기준을 충족하므로 이론은 강화된다.
③ (O) 엄격성에 의하면, 형량이 높아질수록 강도 발생률은 크게 낮아진다. 또한 합리적 판단이 많이 개입하는 유형에 더 효과적이다. 따라서 은행 강도 범죄와 같은 계획적인 범죄 발생률은 크게 감소할 것이며, 우발적인 살인사건 발생률은 미세한 감소를 보일 것이므로 이론을 강화한다.
④ (O) 확실성은 엄격성과 신속성보다 범죄를 억제하는 데 더 효과적이라고 말하고 있다. 따라서 답지의 진술은 이론을 약화한다.
⑤ (O) 음주 단속을 강화하는 경우는 체포 가능성을 높이는 것으로 확실성의 요소를 강화하는 것이다. 한편 형량을 높이는 것은 처벌을 엄격하게 하는 엄격성을 강화하는 것이다. 확실성이 엄격성보다 더 효과적이므로 이론은 강화된다.

11 ③
난이도 하

ㄱ. (O) 갑은 피해자가 사망했다는 것에 대해 피고인의 진술과 주변 사람들의 증언을 고려할 때 확실하다고 주장한다. 또한 병도 모든 증거는 피고인이 살인을 저지른 자가 분명하다고 주장한다. 따라서 갑과 병은 ㄱ의 견해에 동의할 것이다.
ㄴ. (X) 을은 피고인이 피해자를 살해하지 않았다고 합리적으로 의심할 여지가 있다고 주장한다. 따라서 피고인이 살인 사건의 범인이라고 판결을 내리는 것이 옳다는 것에 동의하지 않을 것이다. 또한 병도 시체를 발견하지 못했다면 살인 사건은 성립할 수 없다고 주장하므로 ㄴ의 판결을 내리는 것이 옳다는 것에 동의하지 않을 것이다.
ㄷ. (O) 갑은 피고인이 살인범이라고 확신하고 있다. 한편 을과 병은 피고인의 살해 가능성에 대해 인정하지만 피해자가 발견되지 않았다는 것을 문제 삼고 있다. 따라서 만약 피해자가 살해된 시체로 발견된다면 피고인이 살인범이라는 점에 동의할 것이다.

12 ②
난이도 하

ㄱ. (X) B는 인권을 개별국가의 정치적 맥락 속에서 이룩된 구체적인 산물로 파악하고 있지만, 모든 주권국가들이 보호해야 하는 최소한의 도덕적 인권은 인정하고 있으므로, 보편적 인권을 부정하지 않는다.
ㄴ. (X) C는 인도적 군사개입이 국제법을 준수할 경우에만 인정하고 있다. 그런데 예외적으로 다른 규정에서 정한 바도 역시 국제법과 동일한 내용이다. 따라서 국제법 규정에 준수한다는 C의 견해는 약화되지 않는다.
ㄷ. (O) B는 최소한의 도덕적 인권을 지키기 위해 인도적 군사개입을 할 권한이 있다는 주장이기에 국가의 종교적 가치에 따라 자유를 억압하고 있다는 근거만으로는 인도적 군사개입을 인정할 수 없다고 할 것이다. C도 국제법으로 정한 요건과 한계에 따라서만 인도적 군사개입을 인정하기에 진술만으로 인도적 군사개입을 인정할 수 없다는 입장이다.

13 ⑤
난이도 중

① (O) A는 헌법 제34조의 법적 권리를 인정하지 않고 있다. 따라서 헌법 제34조의 문언에 반하는 해석이라고 비판받을 수 있다.
② (O) B는 법적으로 구체화된 다음에라야 비로소 구체적인 법적 권리를 가진다고 주장하므로 옳은 진술이다.
③ (O) C에 의하면, 권리의 확정적인 내용을 국민이나 국가기관이 여러 요소를 고려하여 판단한다. 그런데 그렇게 확정된 구체적인 내용은 사람마다 달리 이해될 수 있기에, 권리 내용이 불안정하다고 C를 비판할 수 있다.
④ (O) D는 사회의 여건에 따라 법적 권리가 인정될 수도 있다고 주장하므로 옳은 진술이다.
⑤ (X) A는 법적 권리를 부여하고 있지 않기에 법원에 권리 주장을 할 수 없다고 주장할 것이다. B 또한 법률로 구체화한 다음에라야 법적 권리를 지니기에 그것만으로 법원에 권리를 주장할 수 없다고 말할 것이다. 그런데 C는 국민이나 국가기관 스스로가 여러 요소를 고려하여 판단하여 법적 권리의 확정적인 내용을 실현할 수 있기에 국가의 다른 조치가 없어도 권리 주장을 할 수 있다.

14 ③
난이도 중

ㄱ. (O) 일수벌금형제는 행위의 불법 및 행위자의 책임 크기에 따라 벌금 일수를 정하고, 경제적 능력에 따라 일일 벌금액을 차별적으로 정한다. 이는 총액벌금형제에 비해 경제적 능력이 높은 사람은 더 큰 벌금을 내게 되어 더 큰 고통을 부과하게 될 것이다. 따라서 범죄예방 효과는 형벌이 주는 고통에 비례한다면, 경제적 능력이 높은 사람에 대한 범죄예방 효과는 총액벌금형제보다 일수벌금형제가 더 클 것이다.
ㄴ. (O) 일수벌금형제는 경제적 능력에 따라 벌금에 대해 느끼는 고통이 다르다는 전제를 지니고 있다. 그래서 경제적 능력이 동일할 경우 동일한 벌금에 대해 느끼는 고통도 같아야 한다. 그런데 경제적 능력이 같더라도 동일한 벌금을 통해 느끼는 고통의 정도가 다를 수 있다면 일수벌금형제 도입론은 약화될 것이다.
ㄷ. (X) 일수벌금형제에서 일수를 정하는 것은 책임주의 형벌원칙에 부합하며, 일일 벌금액을 정하는 것은 고통평등의 원칙이 충족되는 것이므로 징역형에서 기간을 정할 때에 경제적인 부분을 고려하는 것과는 다르기에 옳지 않은 진술이다.

15 ⑤
난이도 하

ㄱ. (O) X회사의 노사가 인정 판결에 대해 임금협상을 할 때 알았다면, A가 주장하는 노사가 전혀 생각하지 못한 상황은 아니므로 예외적인 경우에 해당하지 않는다.
ㄴ. (O) A는 노사 간의 신의에 반해서는 안 된다는 입장이며 B는 법에 따른 권리행사의 보호 필요성을 강조하고 있다. 따라서 노사관계는 자율적으로 형성되고 발전하는 것이 바람직하다는 요청을 A가 B보다 더 중요하게 생각한다.
ㄷ. (O) A의 경우 노사 서로가 협상 당시 전혀 생각하지 못한 것에 대한 판단 및 합의한 임금수준을 훨씬 초과하는 예상 외의 이익에 대한 판단, 기업 존립의 위태로움에 대한 불확정성 등에 대한 법적 분쟁의 가능성이 예상된다. 그런데 법적 분쟁 가능성은 B를 따를 경우 예외를 인정하지 않으므로 분쟁 여부가 A보다 낮게 될 것이다.

16 ④ 난이도 하

① (O) 갑의 첫 진술에서 인신에 대한 사용권한을 매수자에게 주기 때문에 인간 존엄성 문제가 발생한다고 하였다. 그러나 이는 유모의 경우에도 마찬가지고 유모에게 인신에 대한 사용권한을 주는데도 비난 받지 않는다면, 갑의 견해에 대한 반례가 되어 을의 입장을 강화하게 된다.

② (O) 을은 첫 진술에서 직업선택의 자유를 보장하는 것은 인간 존엄성의 중요한 내용이라고 언급하고 있다. 따라서 성매매의 불법화로 자신의 권리조차 행사할 수 없게 된다면 이는 을의 입장을 지지하는 것이다.

③ (O) 갑의 셋째 진술에 의하면, 성매매가 상호 선택에 의한 것이라 할지라도 문제가 있다. 따라서 노예가 되기로 자발적 선택을 하더라도 이는 억압의 문제가 여전히 나타날 수 있기에 갑의 입장을 강화한다.

④ (X) 갑의 둘째 진술에 의하면, 마약복용은 자율적 선택에 기인하는 것이라 해도 국가 개입이 가능하다. 그런데 마약복용이 행위자가 인지능력을 제대로 발휘하지 못하는 상태에서 행해진다면, 자율적 선택에 기인하는 것이라고 볼 수 없다. 이 경우 갑의 입장은 약화되게 된다. 왜냐하면 갑은 마약복용의 자율적 선택을 유비적으로 성매매에 적용하여 그 경우도 국가의 개입이 가능하다고 주장할 수 있기 때문이다.

⑤ (O) 을의 셋째 진술에 의하면, 우리 사회에서는 성매매 이외에도 여성의 고정된 성정체성을 재생산하는 제도 및 관행이 존재한다. 하지만 이 중 성매매만 법적으로 금지하는 것은 설득력이 없다는 입장이므로 미스 코리아 대회도 여성의 고정된 성정체성을 확대 재생산하는 관행임을 밝힌다면 표본의 수가 증가하여 을의 입장을 강화하게 된다.

17 ④ 난이도 하

① (O) A는 창당준비위원회는 정당이 아니라 일반 결사이므로 '정당법'이 적용되지 않는다는 입장이다. 그런데 정당등록신청을 하지 않을 경우 자동 소멸된다는 내용은 창당준비위원회가 정당에 해당하지 않는다는 것을 의미하므로 A의 설득력을 높인다.

② (O) 집권 여당이 반대당의 성립을 정당등록 이전에 봉쇄할 수 있다면 이는 지문 첫 부분에서 정당존립의 특권을 보장하기 위한 X국 헌법의 취지에 어긋나게 된다. 따라서 A의 설득력을 낮추게 된다.

③ (O) 창당준비위원회가 정당으로서의 실질적인 역할을 수행한다는 것은 B의 설득력을 높이는 진술이다.

④ (X) 실질적 요건을 갖추고 있을 경우 정당에 준하는 것으로 보는 것이 C의 견해이므로 C의 설득력을 낮추지 않는다.

⑤ (O) C는 실질적 요건을 갖추지 못하는 창당준비위원회는 일반 결사와 동일하게 보아야 한다는 견해이다. 그런데 정당설립의 실질적 요건을 강화한다면 정당설립의 어려움을 초래할 것이다. 따라서 이러한 요건을 갖추지 못한 창당준비위원회는 정당보다는 일반 결사로 보아야 한다는 A와 비슷한 결론을 내릴 것이다.

18 ④ 난이도 하

ㄱ. (X) 갑의 주장에 의하면, 손해의 경중을 기준으로 처벌에 차등을 두어야 하기에 결과가 다른 두 경우에 대해 내려진 동일한 처벌은 이에 부합하지 않는다.

ㄴ. (O) 갑의 주장에 의하면, 같은 결과라면 손해의 경중을 기준으로 하기에 동일하게 처벌해야 한다. 한편 을의 주장에 따를 경우 범죄자의 의사의 경중을 고려해야 하므로 비록 손해의 경중이 동일하더라도 후자가 살인의 의사로 행위를 하였으므로 후자를 더 중하게 처벌해야 한다. 따라서 전자를 중하게 처벌한 법원의 태도는 갑과 을 모두의 주장에 부합하지 않는다.

ㄷ. (O) 갑의 주장에 의하면, 전자에게는 손해 발생이 없고 후자에게는 있으므로 후자만 처벌하고 전자는 처벌하지 않는다. 그러므로 갑의 주장에 부합한다. 또한 손해가 발생하지 않은 전자의 경우에는 처벌하지 않는 데에는 을도 동의하는 부분이기에 후자의 경우에만 처벌한 것은 을의 주장에도 부합한다.

19 ① 난이도 하

ㄱ. (O) A의 독점적 출판권을 1년으로 제한하자는 주장에 대한 반론에 해당한다.

ㄴ. (X) A는 창작의 유인책이 제공되지 않으면 작품의 공급이 제한될 수 있기 때문에 작가에게 독점적 권리를 인정해야 한다고 보고 있다. 다만 A는 창작 비용을 회수할 수 있는 정도에서 독점적 권리를 1년으로 제한해야 한다고 주장하고 있을 뿐이다. 만약 어떤 원인에 의해 재화의 공급이 제한될 경우 그러한 재화는 소비해도 줄지 않는 재화가 아니게 된다. A는 독점적 권리가 희소한 재화에 대해서만 인정된다는 입장이므로, 그 재화에 대한 독점적 권리를 인정할 수 있다면 이는 A의 견해와 부합되는 것으로 설득력을 낮추지 않는다.

ㄷ. (X) B는 당사자가 출판사와 자유롭게 계약을 체결하는 것을 자연적 권리로 인정하는 입장이므로, 계약 체결은 당사자가 결정해야 한다는 진술은 B의 설득력을 높이게 된다.

20 ⑤ 난이도 하

ㄱ. (O) A는 국가가 국민의 기본적 권리를 제한하고 침해할 때에는 법적 근거가 있어야 하지만 국민에게 이익이 되는 행정은 근거 없이 시행할 수 있다는 견해이다. 집회의 자유권은 국민의 기본적 권리에 해당하므로 국가의 시위진압행위는 사전에 법적 근거가 필요하다.

ㄴ. (O) B에 의하면, 모든 행정 영역에 있어서 행정작용이 법적 근거가 있어야 이루어질 수 있기에, 법에 규정되지 않은 구호품 지급은 할 수 없다.

ㄷ. (O) C에 의하면, 개인과 공공에 영향을 미치는 중요한 행정의 영역은 사전에 법으로 정해져 있어야 한다. 따라서 무상급식이 공공에 영향을 미치는 중요한 사항일 경우 사전에 법적 근거가 있어야 한다.

21 ① 난이도 상

ㄱ. (X) 을1은 자신에게만 피해를 주는 행위는 처벌의 대상이 아니라는 입장이다. 그런데 사례는 병역 기피 목적의 병역법 위반 사례이며 이는 자신만이 아닌 사회에 피해를 주는 행위이다. 따라서 을1이 약화되지 않는다.

ㄴ. (O) 갑2는 스스로를 해치는 행위는 다른 범죄를 저지를 가능성도 높인다는 것을 근거로 하고 있다. 그런데 이러한 가능성만으로 정당화될 수 없다면 갑2의 주장은 약화된다.

ㄷ. (X) 을2는 타인을 위해할 목적이 아닌 중독은 처벌의 대상이 아니라 예방과 치료 대상이라고 주장한다. 인터넷 중독에 대해 형벌을 가하지 않는 사례는 이러한 을2의 주장을 강화한다.

22 ③ 난이도 중

ㄱ. (O) 초대형 선예망으로 조업을 하는 경우 '돌고래 세이프 라벨'을 부착하는 것이 B국에만 해당하는 차별이기에 이를 철폐할 경우 규정에 부합할 것이다.
ㄴ. (X) 라벨 규정을 완화하였어도 여전히 B국 어선만이 대상이므로 차별이 될 수 있다.
ㄷ. (O) 모든 어선에 규정이 적용된다면, 차별이 일어나지 않기에 적절한 조치이다.

23 ④ 난이도 하

ㄱ. (X) A는 사례를 근거가 없는 차별적 기소라고 판단하고 있으므로, 근거가 있을 경우 A는 강화되지 않는다. 그리고 F는 부당한 의도가 아니면 기소를 인정하기에 오히려 강화된다.
ㄴ. (O) B는 검사의 재량에 따른 기소 여부를 인정하기에 그로 인해 발생하는 문제점은 B의 견해를 약화한다. 한편 C는 검사의 기소권에 대한 독선적 사용과 외부 압력의 문제점을 지적하기에 조사 결과가 강화하는 사례가 된다.
ㄷ. (O) D는 기소의 필요성이 적은 사람의 인권에 대해서 다루며, E는 개인의 인권에 대해서 다루고 있다. 따라서 모두 인권 보호에 대한 사항이지만 보호하고자 하는 대상이 다르다.

24 ③ 난이도 상

ㄱ. (O) A는 개명 신청을 허가해야 한다는 입장이므로, 출생 시점에는 부모가 예외적으로 대신 권리를 행사하는 것일 뿐이며 후에 개명할 수 있다는 견해를 지지할 것이다.
ㄴ. (O) B는 개명이 범죄 은폐의 수단으로 활용될 수 있다고 주장하나, 이름 대신 주민등록번호 또한 범죄자의 동일성 식별 기준이라는 것은 B의 견해를 약화한다.
ㄷ. (X) A는 개명 신청을 범죄행위 위험이 없는 경우에 모두 허용하자는 주장이므로 찬성할 것이다. B는 아동에 한하여 허용하자는 견해이기에 찬성하며, C는 구체적인 기준에 의한 허용을 주장하므로 찬성할 것이다.

25 ③ 난이도 하

① (O) 대법관의 편향적 사고방식이 있더라도 이를 억제할 수 없는 근거 중 하나가 되어 갑의 견해를 강화한다.
② (O) 유전무죄 비판과 더불어 법원의 판결과 사법부에 대한 신뢰도가 낮아졌다면 제도를 도입하여 사법 통제 장치를 마련할 필요가 있으므로 갑의 견해를 강화한다.
③ (X) 투표 방식이 투표자의 의사를 제대로 반영하지 못하여 유명무실해질 수 있다는 을의 견해를 강화하는 진술이다.
④ (O) 실제 대법관이 대중적 인기만을 추구하여 사회적 혼란이 일어난다면 병의 견해를 강화하게 된다.
⑤ (O) 올바른 여론 형성이 어려워 제도의 본래 목적을 달성하기 어렵다는 병의 견해를 강화한다.

26 ④ 난이도 하

ㄱ. (O) ㉠은 예술작품에서 얻게 되는 믿음은 정당화되지 못한다는 주장이다. 그런데 사실주의 소설의 경우에 실제 사건에 대한 증거적 효력이 있는 확인을 기반으로 작성된다면, 이는 정당화될 수 있기에 ㉠을 약화하게 된다.
ㄴ. (X) ㉡은 제도적 보증은 단순히 절차상의 확인만을 보여줄 뿐, 실제 확인이 성공적인 것은 아니라는 견해이다. 따라서 출판 작품이 날조된 것이라고 해도 ㉡이 약화되지는 않는다.
ㄷ. (O) 백과사전은 제도적 보증으로 인해 정당화된 믿음을 가질 수 있으나, 소설은 그렇지 않다는 갑의 견해를 강화한다.

27 ① 난이도 중

ㄱ. (O) 합리적 행위 능력이란 자신의 믿음에 입각해서 자신의 욕구를 달성하는 행동을 수행할 수 있는 능력이다. 따라서 인간의 믿음이나 욕구 같은 것이 행동을 발생시키는 데 아무런 역할을 하지 못한다면 합리적 행위 능력이 있다고 가정하는 이 글의 논지는 약화된다.
ㄴ. (X) 합리적 행위 능력 자체를 인정하고 있기에 '법이 관심을 두는 것은 최소한의 합리성 기준을 충족하는 것'이라는 이 글의 논지가 약화되지는 않는다.
ㄷ. (X) 범죄자들 중 상당수가 범죄 유발의 신경적 기제를 가지고 있다는 사실이 최소한의 합리성 기준의 존재를 입증하는 것은 아니다. 이러한 사실은 오히려 자신의 믿음에 입각한 욕구 달성 행위가 아니라, 신경적 기제에 의해 나타나는 현상이 될 수 있기 때문이다. 따라서 이 사실은 글의 논지를 강화하지는 못한다.

28 ② 난이도 하

ㄱ. (X) R은 해당 법률을 직접적으로 표상하는 법률문장이기에 L이 위헌은 아니다.
ㄴ. (O) 상황에서 국기 소각 행위와 같이 입법 목적과 반대되는 영향이 나타나므로 옳은 판단이다.
ㄷ. (X) X국에서 역사적으로 수차례 전쟁을 거치면서 국기 소각이 국가의 권위를 해하는 행위로서 헌법질서에 반하는 범죄행위로 평가받기에 충분한 것으로 그 맥락적 의미를 지니고 있다. 따라서 L은 위헌이 아니다.

29 ② 난이도 하

ㄱ. (X) A는 보호의무자를 '성인'으로 한정해야 한다는 주장이다. 그러나 보호·감독자가 미성년자가 되는 결과는 이에 상반되는 것이므로 A를 뒷받침하지 못한다.
ㄴ. (X) B는 학대가해자를 철저히 처벌하자는 주장으로 피해자와 가해자를 이분법적으로 나눌 수 있다는 견해이다. 그런데 학대가해자가 아동학대를 경험한 피해자이므로 이분법적으로 나눌 수 없다는 결과는 B를 뒷받침하지 않는다.
ㄷ. (O) B는 학대가해자를 '누구든지'로 유지하기에 미성년자 간의 성적 요구 행위 역시 학대로 보아 처벌할 필요성은 이를 뒷받침한다. 그리고 C 역시 '성적 수치심을 야기하는' 표현은 삭제하자는 주장이므로 아무 부끄러움이나 불쾌감 없이 응한 경우에도 규정이 해당될 수 있으므로 C를 뒷받침한다.

30 ② 난이도 하

ㄱ. (X) 의약품 도매상이 되려는 조건과 제조업자가 되는 조건 및 규정이 다르다고 해서 견해1이 약화되는 것은 아니다. 서로 다른 기준으로 허가된 경우에도 지위가 구분될 수 있기에 '판매'에 해당할 수 있기 때문이다.

ㄴ. (X) 제1조의 판매에 포함되는 수여 개념에 물건 자체의 이전도 포함될 경우, 동일한 회사라 하더라도 '판매'가 성립될 수 있으므로 견해2가 약화된다.

ㄷ. (O) 제2조의 판매 개념이 입법취지에 따를 때에 일반 대중에게 의약품이 유통되는 것을 의미할 경우, 내부적인 거래가 되는 P회사의 사례는 '판매'에 해당되지 않기에 견해2를 강화한다.

31 ④ 난이도 중

ㄱ. (X) A에 따른 불법행위법은 불법행위로 인하여 파괴된 본래 상태를 회복하여 피해자를 구제해야 하므로, 수리비 전액을 배상하도록 한 판결은 A를 약화하지 않는다.

ㄴ. (O) B는 불법행위법의 목적이 손해의 회복과 더불어 불법행위 예방에 있다는 견해이다. 따라서 예방을 위한 메시지로 판결을 할 수 있으므로 옳은 평가이다.

ㄷ. (O) A는 본래 상태의 회복에 목적이 있으므로 피해자의 용서로 해결된 상황이다. 그런데 사회의 자유로운 토론 저해를 이유로 판결한 사례는 이러한 A의 견해를 약화하며, 이는 예방의 메시지로 볼 수 있기에 B를 강화한다.

32 ③ 난이도 중

ㄱ. (O) 드론을 이용하여 촬영한 것은 창문을 통한 촬영이므로 '탐지'에 해당하지 않아서 비밀탐지죄가 적용되는 사례가 아니므로 A는 약화된다.

ㄴ. (X) 제1조와 제2조의 형량 차이의 취지가 위법 또는 적법하게 들어가는 것에 기인할 경우, B가 파악하는 불법수색죄 즉, 적법하게 들어간 사람이 권한 없이 수색한 경우라는 주장은 강화하지 않는다.

ㄷ. (O) 사생활의 안전감을 침해하지 않는 것이라면 A의 위법 기준에 해당되지 않지만 위법으로 판결되었으므로 A는 약화된다. 그리고 수색에 해당되어 위법하다고 판결하였으므로 B를 강화한다.

33 ① 난이도 하

ㄱ. (O) 갑은 직무역량을 갖추기 위한 장기간 훈련 비용을 근거로 개정안에 반대하는 입장이다. 그런데 그러한 시간과 비용 절감이 되는 상황은 이러한 근거가 옳지 않음을 알 수 있으므로 갑의 견해는 약화된다.

ㄴ. (X) 사병, 부사관, 장교 중 선택할 수 있는 직업의 자유가 보장되므로 이를 침해한다는 을의 견해를 약화한다.

ㄷ. (X) 논의의 쟁점은 부사관 및 장교의 복무 기간이 사병과 달리 길다는 데에 있으므로, 사병의 의무복무기간 3년이 정당하다는 내용은 갑과 을의 견해에 영향을 미치지 않는다.

34 ① 난이도 상

ㄱ. (X) 재심이 허용되지 않는 조치에 대한 다른 법적 구제가 가능하다면, ㉠의 견해처럼 권리 침해를 주장하지 못하기에 강화하지 않는다.

ㄴ. (O) 전학 또는 퇴학 조치에 따른 가해 학생의 피해 정도가 다른 조치를 받은 학생보다 피해의 심각성이 크기에 재심을 허용하는 것으로 볼 수 있다. 따라서 그러한 조치는 차별은 아니므로 ㉡은 약화된다.

ㄷ. (X) 모든 학생에게 기회가 제공되어야 한다면, 전학 및 퇴학의 경우를 제외하고는 재심을 허용하지 않아서 학생에게 불리한 조치에 대한 의견 제시 권리를 침해한다는 ㉠을 약화하지 않는다.

35 ⑤ 난이도 중

ㄱ. (O) A에 의하면, 민영화할 경우 국가가 직접 관리하는 경우에 자기가 부담하는 비용을 초과하여 부담하지 않을 것을 조건으로 하기에, 초과된 부분을 국민이 부담하게 할 수 없다.

ㄴ. (O) B에 의하면, 협치가 실패하면 공공재가 관리되지 않는 상태가 되며 이는 편익 감소가 되기에 국가가 직접 관여할 수 있게 된다.

ㄷ. (O) A는 민영화의 경우에도 국가가 직접 하는 경우보다 비용이 초과되지 않도록 통제한다는 조건이 있으므로, 공공재 이용 가격을 통제하면 질적 저하를 막을 수 있다는 것은 A를 강화한다. 하지만 B는 민영화는 질적 하락을 가져온다는 주장이므로 그런 사실은 B를 약화한다.

36 ③ 난이도 중

ㄱ. (O) A는 보복 우려를 구속사유로 도입하자는 주장이다. 그런데 보복 우려가 구속사유로 규정되어 있는지를 불문하고 구속 자체가 인권침해라는 판단이므로, A는 약화된다.

ㄴ. (X) 연구 결과에 의하면 B가 주장하는 조건부 불구속 제도의 실효성이 떨어지기 때문에 B의 견해를 강화하지 않는다.

ㄷ. (O) A와 B의 공통되는 문제의식이기에 옳은 진술이다. A는 구속사유로 보복 우려를 추가하자는 견해이며, B는 구속과 불구속 양자택일의 현재의 한계를 극복하기 위해서 보복 우려가 있는 경우 구속사유에 해당하지 않더라도 피의자에게 간접적으로 인신을 구속하는 조건을 도입하자는 견해이다. 따라서 두 견해 모두 현재 제도로는 인신 구속을 하지 않을 경우 보복 우려를 해소할 수 없다는 점을 인정하고 있다.

37 ① 난이도 중

ㄱ. (O) A는 원칙적으로 제3자는 권리자가 아니기 때문에 권리자의 권리를 행사해서는 안 된다. 그런데 사례에서 c는 권리자 a의 동의를 얻지 않았음에도 법원이 권리를 인정하였으므로 A를 약화한다.

ㄴ. (X) B는 권리가 없는 제3자도 의무자를 상대로 권리를 행사할 수 있다는 견해이다. 그런데 사례에서 e는 권리 행사가 아니라 의무자를 대신하는 것으로 B를 강화하는 것은 아니다.

ㄷ. (X) A는 제3자라 해도 권리자의 권리를 넘겨받기로 약정하거나 의무를 떠맡기로 약정한 경우 당사자가 되는데, h가 i의 권리를 넘겨받기로 약정한 것은 확인될 수 없다. 따라서 법원이 권리를 대신한 것을 인정하지 않았다고 해서 A를 약화하지는 않는다. 또한 B는 제3자의 권리를 인정하기 때문에 사례는 B를 약화한다.

유형 02 | 인문학

p.369

01	02	03	04	05
①	③	⑤	⑤	④
06	07	08	09	10
①	⑤	③	③	③
11	12	13	14	15
①	④	③	①	⑤
16	17	18	19	20
①	①	③	③	①
21	22	23	24	25
①	②	⑤	⑤	②
26	27	28	29	30
③	③	⑤	③	①
31	32	33	34	35
③	③	②	①	⑤
36	37			
②	③			

01 ①
난이도 하

ㄱ. (O) 서로 다른 이념을 가진 단체의 지도자들이 독립 운동을 위해 서로 만나 타협을 이루기도 하였음을 보여주므로 글쓴이의 견해를 지지한다.

ㄴ. (X) 농민 항쟁의 대부분이 일본이 아닌 한국인 기업농을 향한 것이었다고 말하고 있으므로 글쓴이의 견해와 배치된다.

ㄷ. (X) 글쓴이가 일제강점기 한국 사회의 근본적인 문제를 일본인에 의한 경제적 착취로 보고 있는 데 반해, 보기는 경제 영역뿐 아니라 다른 여러 영역으로 시선을 돌리고 있으므로 글쓴이의 견해를 지지하고 있다고 보기 어렵다. 또한 일본 주도 근대화에 긍정적인 시각이므로 더욱 글쓴이와 반한다.

02 ③
난이도 하

ㄱ. (X) 안전벨트를 착용하지 않는 것은 사고가 났을 때 타인에게 해를 끼치는 행위가 아니다. 따라서 갑의 논지에 따르면 이는 규제의 대상이 아니므로 정당화될 수 없다.

ㄴ. (O) 갑의 논지에 따라 정당화될 수 있지만, 그 행위에 동조하지 않은 사람에게 해를 끼치지 않더라도 선이 아닌 악을 선택하는 것은 금지해야 한다는 을의 논지에 따르면 정당화될 수 없다.

ㄷ. (O) 어떤 행위도 타인의 권리를 침해하지 않는 한 규제해서는 안 된다는 갑의 논지와 맞다. 그러나 이 역시 을의 논지에 따르면 규제되어야 할 사항이다.

ㄹ. (X) 구걸하는 것이 타인에게 해를 끼치는지 그렇지 않은지는 명백히 드러나 있지 않기 때문에 갑의 논지와 맞는지 아닌지 판단하기 어렵다. 한편 을의 논지에 비추어 볼 때, 게으름에 의한 구걸 행위를 악으로 규정한다면 규제할 수 있기에 정당화될 수 있다.

03 ⑤
난이도 중

주어진 논증에는 두 개의 주장이 나타나 있다. 우선 ⓒ의 주장과 이에 대한 반론으로 ⓒ을, 다시 재반론으로 ⓔ과 ⓜ을 제시한다. 또한 ⓜ을 근거로 하여 Ⓐ의 주장을 하고 있으며, 이에 대해 ⓞ의 귀류법적 증명을 Ⓚ을 근거로 펼치고 있다.

① (O) 의로운 전쟁이 필요하며 통탄할 이유도 없다면, 전쟁은 악이 아니다. 따라서 옳은 진술이다.

② (O) 의로운 전쟁의 책임이 불의한 이들에게 있다고 해도 전쟁은 커다란 불의이므로 이에는 의로운 전쟁의 필요성에 대한 반론이 형성된다. 따라서 옳은 진술이다.

③ (O) 결론 지시어를 사용하여 주장이 형성된다. 따라서 옳은 진술이다.

④ (O) 전쟁을 숙고하면서 고통을 느끼지 않는 사람의 현존은 모든 사람이 고통스러워한다는 진술의 모순이 성립되므로 약화시킨다. 따라서 옳은 진술이다.

⑤ (X) 모든 인간은 전쟁에 대해 고통을 느끼는 것이 정상이나 이를 느낄 수 있는 인간적 감각을 상실한다면 그 대가로 아무런 고통을 느끼지 않을 수 있다고 Ⓚ에서 말했다. 즉 Ⓚ에서 말하는 인간이 존재하는지 여부는 Ⓐ을 약화시키지 못한다.

04 ⑤
난이도 상

ㄱ. (O) 국제적 권위체인 유엔의 국제적인 무기금수 조치라는 제도를 통해 전쟁이 억지되므로 논증의 설득력을 높여준다.

ㄴ. (O) 교육과 훈련을 통해서 문명에 따라 인간의 덕이 차별적으로 신장된다면 선한 본성의 증가로 사악함으로 인해 발생하는 전쟁이 감소하게 될 것이다. 그 결과 전쟁의 발생 원인이 인간의 본성이라고 할지라도 편중적으로 전쟁이 발생함을 설명할 수 있다. 그러므로 논증의 설득력은 낮아진다.

ㄷ. (O) 정치체제의 전환이 전쟁 방지에 도움이 된다는 주장으로서 필자의 견해와 상반된다.

05 ④
난이도 중

① (O) 스승₁은 대부분의 사람들은 신이나 성인이나 가능한 극단적인 선의 실현처럼 악마나 가능한 극단적인 비도덕적 행위도 할 수 없다고 주장한다. 따라서 테레사 수녀와 같은 예외적인 성인의 사례를 스승이 배제하지는 않을 것이다.

② (O) 스승₂는 똑바로 사는 것이 최선이며, 사회적인 통제가 있기에 그럴 수밖에 없다고 말한다. 이는 제자₂의 규범을 따르다가 피할 수 있는 경우는 규범을 어길 수 있다는 주장에 대한 반론이다. 따라서 보통 사람이 제자₂처럼 할 수 없다는 근거가 덧붙여지면 스승₁의 반박 내용과 동일한 내용으로 스승₂의 설득력은 높아지게 된다.

③ (O) 스승₃은 양심과 먼 이득은 행복을 가져다주지 못한다고 주장한다. 그런데 돈이 행복하기 위해서 반드시 필요한 조건이라면, 돈이 없더라도 행복할 수 있다는 스승₃의 주장은 반박된다.

유형 02 인문학 **135**

④ (X) 스승4는 부정하게 돈을 벌면서 행복할 사람은 드물며, 상호 협조와 애정이 사람을 행복하게 만든다고 주장한다. 그러므로 재산을 좋은 일에 쓰면서 행복을 찾은 경우는 행복의 조건에 대한 스승의 견해에 부합하기에 스승4의 입장을 강화한다.
⑤ (O) 제자5는 스승4의 성향을 갖추려면 '자기 증오'와 '성향의 소멸'이라는 극단적 결과가 나타날 것이라고 주장한다. 이에 스승5는 균형을 주장하고 있다. 따라서 중도의 길이 근거로 제시되어야 할 것이다.

06 ① 난이도 하

① (O) 지문에서는 인공수정할 경우에 나타날 유전적 이질성의 문제를 근거로 복제의 상대적인 우위성을 보여준다. 그런데 복제로 인한 쌍둥이 형제나 자매 간 정체성 갈등 문제가 유전적 이질성 문제보다 더 크다면 필자의 논증은 약화될 것이다.
② (X) 인간 복제를 말하고 있기에 동물 실험에 대한 문제는 무관한 진술이다. 또한 인간 복제뿐 아니라 인공수정도 비판의 대상이 될 수 있기에 적절하지 못하다.
③ (X) 복제 인간의 존엄성 문제는 위 논의와 무관하다.
④ (X) 자녀를 거부하거나 포기하기보다 자녀를 갖는 편이 좋다는 견해는 위 논의와 무관하다. 또한 어떤 방식으로든 자녀를 갖는 것에는 필자가 주장하는 복제 방식도 포함되기에 반박이 될 수 없다.
⑤ (X) 연구목적을 명료하게 해야 된다는 의견은 필자가 서두에 지적한 바와 일치하는 진술이다.

07 ⑤ 난이도 중

A의 견해에 의하면 Z국은 좁은 범위의 신뢰만을 허용하는 문화이기에 저신뢰 사회로 흐를 가능성이 높아야 한다. 그런데 Z국의 일반적 신뢰 수준이 최상위권에 위치하고 있다. 문제는 일반적 신뢰 수준이 최상위권이라는 조사 결과와 저신뢰 사회가 된다는 주장의 모순을 해소할 수 있는 대답을 찾으라는 것이다.
ㄱ. (X) 같은 지역 출신 지인들만을 신뢰할 경우, 좁은 범위의 신뢰로 인해 저신뢰 사회가 될 것이라는 견해에 근거가 될 수 있으나 일반적 신뢰 수준이 최상위권이라는 사실과는 여전히 대립되기에 ㉠에 대한 답이 될 수 없다.
ㄴ. (O) 타인에 대한 불신을 다른 사람에게 밝히는 것을 꺼려 할 경우 일반적 신뢰를 묻는 질문에 솔직한 답을 하지 않고 대부분의 사람들을 신뢰할 수 있다고 대답할 것이다. 이는 실제로는 일반적 신뢰 수준이 낮은데도 설문조사의 결과에 반영되지 않는 경우이다. 이러한 사실이 밝혀진다면 조사 결과와 A의 견해의 모순을 해소할 수 있을 것이다.
ㄷ. (O) 일반적 신뢰 수준을 묻는 질문은 '일반적으로 대부분의 사람들을' 신뢰할 수 있는지에 대한 것이다. 그렇기에 '대부분의 사람들'에 해당하는 사람을 자신의 신뢰 범위 내의 사람들 중에서 찾았다면 대답은 긍정적이었을 것이므로 그 결과도 일반적 신뢰 수준이 최상위권이라는 결과가 나타날 것이다. 따라서 이 경우도 일반적 신뢰 수준이 낮은데도 결과에 반영되지 못한 경우이다. 결국 조사 결과와 A의 견해의 모순을 해소할 수 있다.

08 ③ 난이도 하

ㄱ. (O) A는 놀이하면서 교과를 배우는 것은 일종의 공상이라는 견해이므로 '수학 교과를 놀이하면서 배우는 것은 불가능하다'고 볼 것이다. 하지만 B는 어린이는 일을 하면서 놀이를 하는 것이며, C도 교과를 배우는 동안 놀이를 하는 것이라는 견해이므로 '수학 교과를 놀이하면서 배우는 것은 불가능하다'는 주장에 동의하지 않는다.

ㄴ. (X) A는 학교에서 놀이를 통해 교과를 배우는 것이 아니라, 교과를 배우는 것도 목적의 도달에 숙련되기 위한 일이기에 '학교는 일의 공간'이라는 주장에 동의할 것이다. 한편 B는 어린이는 일을 하면서 놀이를 하기에 '학교는 일의 공간'이라는 주장에 동의할 것이다. 그러나 C는 교과를 배우는 것이 일하는 것이 아니라 놀이하는 것이라는 견해이므로 '학교는 일의 공간'이라는 주장에 동의하지 않는다.
ㄷ. (O) A는 교과를 배우는 것이 목적의 도달에 숙련되기 위해서이기에 '과학을 배우는 이유는 일을 위한 쓸모 때문'이라는 주장에 동의한다. 그러나 C는 교과를 배우는 것은 일이 아니라 놀이라는 견해이므로 이러한 주장에 동의하지 않는다.

09 ④ 난이도 하

① (X) 을은 대체 불가능성을 근거로 갑을 공략하고 있다. 그런데 산모의 생명이나 건강 이외의 다른 이유로 낙태를 할 수 있는가 여부는 이러한 을의 주장에 반론이 될 수 없다. 또한 X에 '산모의 생명이나 건강 이외의 다른 이유로 낙태를 할 수 있다'는 기준을 적용할 경우, X의 낙태 행위는 정당화될 수 있으므로 갑이 비판하는 X의 낙태 행위에 대한 평가와 상반되기에 적절하지 않다.
② (X) 쟁점을 벗어났기에 을의 반박을 약화할 수 없다. 을이 논박하는 쟁점은, X의 행동이 옳지 못한 갑의 근거가 생명은 대체할 수 없는 것에 있기 때문이다. 결국 갑이 그러한 진술을 해도 을이 약화되지 않는다.
③ (X) 태어날 아이를 존재하지 않게 하는 것이나 가졌을 아이를 존재하지 않게 하는가는 대체 가능성과 관련이 없는 내용으로 을에 대한 반론이 되지 못한다.
④ (O) 이미 존재하고 있는 생명이 있는가 여부가 기준이 될 경우 대체 가능성의 대상 범위를 한정하게 된다. 즉 이미 존재하고 있는 존재의 생명은 대체할 수 없다는 기준이 설정된다. 이 경우 Y는 아이가 대체 가능하지 않다고 생각하기에 Y의 대답이 더 정당하다는 을의 반박을 약화할 수 있다. Y의 경우 이미 존재하고 있는 생명이 아니기 때문에 이를 적용할 수 없기 때문이다.
⑤ (X) 누구인지 알고 모르는 관계에 따른 기준의 차이가 있다 해도 을을 약화하지 못한다. 을은 여전히 대체 가능성의 기준으로 반박할 수 있기 때문이다.

10 ③ 난이도 상

ㄱ. (X) 공개 연주 심사가 커튼 심사보다 여성 합격률이 높다는 결과가 여성이 남성보다 인적 자본이 부족하다는 인적 자본 가설을 지지한다고 볼 수는 없다. 인적 자본 가설에 의하면 공개 연주 여부에 관계없이 능력이 좋은 사람이 선택되는데, 합격자가 여성보다 남성이 더 많아야 인적 자본 가설을 지지하기 때문이다. 따라서 인적 자본의 지지 여부는 남성과 여성의 합격률 차이가 제시되어야 하기에 ㄱ의 사례가 인적 자본 가설을 지지한다고 볼 수 없다.
ㄴ. (X) 공개 연주 심사의 결과만으로는 차별 가설을 지지하는지 판단할 수 없다. 차별 가설은 고용주의 편견과 고정 관념으로 인해 나타나는 현상이다. 따라서 공개 연주 심사와 함께 커튼 심사의 결과를 알아야 그 차이를 통해 차별 가설의 지지 여부를 판단할 수 있다.
ㄷ. (O) 커튼 심사의 결과에서 여성의 합격률이 남성의 합격률보다 유의미하게 낮을 경우, 이는 성별에 대한 편견이 아닌 연주 능력 등의 인적 자본이 여성이 남성에 비해 부족하다는 것을 의미한다. 따라서 이러한 결과는 인적 자본 가설을 지지한다.

11 ②

ㄱ. (X) 필자의 주장에 의하면, 혐오를 주는 자극 경험은 병원체를 옮길 수 있다는 것을 각인시키므로 혐오가 더 강하게 나타날 수 있다. 따라서 이 진술은 주장을 약화하지 않는다.

ㄴ. (O) 지문에서 낯선 사람의 분비물은 우리 면역 체계가 방어하기 어려운 낯선 병원체를 전파하기 쉽기 때문에 혐오 정도가 더 심하다고 서술하고 있다. 그런데 이러한 전제의 사례가 옳지 않음이 밝혀질 경우 주장을 약화시킨다.

ㄷ. (X) 첫 단락에서 생존과 같은 고도의 생물학적 충동에서는 혐오 체계가 억제되기도 한다는 진술에 대한 사례가 될 수 있기에, 주장을 약화하지 않는다.

12 ④

ㄱ. (O) 을의 두 번째 진술을 논증으로 구성하면 다음과 같다.
[근거] 진열장과 그 부품들은 성질이 다르다.
[가정] 서로 다른 성질을 지녔다면 서로 다른 사물이다.
[주장] 둘은 별개의 사물이다.

ㄴ. (X) 부품이 진열장 가치의 대가에 포함되어 있다면 을의 논증은 약화된다.

ㄷ. (O) 부품들의 부품까지에도 가격을 설정할 경우, 구성 요소를 무한히 소급하여 적용할 수 있는 소급 오류가 발생할 수 있으므로 옳은 평가이다.

13 ③

ㄱ. (O) B는 인간의 이기성을 부정하거나 이타성만을 주장하고 있는 않다. A에 대한 반박으로서 B를 평가하면 B는 "인간의 행동에는 이기성만으로는 설명되지 않는 어느 정도의 이타성이 존재한다."고 주장하고 있다. 그런데 "변형된 실험"의 결과 이전 실험에서 40% 정도의 관대함을 보이던 갑의 역할을 하던 사람들이 을의 상황이 바뀐다고 10원만을 제안하는 이기성을 보인다면 이타성의 존재를 주장하는 B는 약화된다.

ㄴ. (X) 변형된 실험에서는 을이 갑의 제안을 거부할 수 없다는 것만 조건화되어 있다. 따라서 을이 이기적인 사람이든 아니든 관계없이, 갑이 이기적 존재라면 10원만을 제안할 것이며, B가 말하듯 갑이 이기적인 존재만은 아니라면 40% 이상의 몫을 제안할 수도 있다. 따라서 10원만을 제안할 것이라는 진술은 옳지 않다.

ㄷ. (O) 만약 결과가 10원만을 제시한 것으로 나왔을 경우, 을의 거부 가능성으로 인해 앞의 결과가 나타난 것으로 평가할 수 있다. 하지만, 여전히 갑이 을에게 40% 이상 제안하는 결과가 있었다면, B의 주장처럼 인간이 항상 이기적인 존재만은 아니라는 견해를 강화할 수 있다. 따라서 제안 결과가 B와 유사한지에 따라 을의 거부 가능성에 영향을 받는지 알아볼 수 있다.

14 ①

ㄱ. (O) ㉠은 동물에 대한 논증이므로 진술의 내용과 관계가 없다. 그리고 ㉡에서는 발생적 맥락의 차이가 있으나 이를 크게 문제가 되지 않는 요소로 평가하고 있다. 그런데 이것이 매우 중요한 평가 요소가 된다면 논증은 약화된다.

ㄴ. (X) 동물과 로봇의 소재 차이가 크다면 유비논증은 약화되기에 ㉡은 약화된다. 그러나 ㉠은 영향을 받지 않는다.

ㄷ. (X) 인간보다 우월한 존재에 대한 논의는 ㉠에 해당하므로 이를 부정할 경우 ㉠은 약화된다. 그러나 ㉡는 영향을 받지 않는다.

15 ⑤

ㄱ. (O) A는 수학적 대상 즉, 추상적 대상도 존재한다고 주장하지만, B는 구체적인 물리적 대상만 존재한다는 견해이다. B의 논증은 다음과 같다.
[전제] 수학적 대상은 추상적 대상이다.
[생략된 전제 1] 추상적 대상은 비인과적 대상이다.
[결론 1/전제] 수학적 대상은 비인과적 대상이다.
[전제] 수학적 대상의 존재 여부와 상관없이 구체적인 물리적 대상은 그대로 유지된다.
[생략된 전제 2] 비인과적 대상은 구체적인 물리적 대상이 아니다.
(대우 = 물리적 대상은 인과적 대상이다.)
[생략된 전제 3] 구체적인 대상이 아닌 비인과적 대상은 존재할 이유가 없다.
[결론 2] 수학적 대상은 존재할 이유가 없고, 수학적 대상은 존재하지 않는다.

ㄴ. (O) B는 수학적 대상이 추상적 존재라고 인정하지만, C는 그렇지 않다.

ㄷ. (O) C에 의하면 인과적 관계를 맺을 수 없다면 대상에 대한 성질을 알 수 없으며, 지식을 가질 수 있는 이유는 인과적 관련을 맺을 수 있기 때문이라는 주장이다. 결국 C는 인과적 대상에 대해서만 지식을 가질 수 있다는 입장이다. 이를 논증으로 정리하면 다음과 같다.
[전제] 추상적 대상이 우리와 어떤 인과적 관계도 맺을 수 없다면, 우리는 그 대상이 어떤 성질을 가졌는지도 알 수 없다.
[전제] 우리가 많은 수학적 지식을 가지고 있다는 것은 틀림없는 사실이다.
[생략된 전제] 우리는 인과적 대상에 대해서만 지식을 가질 수 있다.
[결론] 수학적 대상은 추상적 대상이 아니다.

16 ①

ㄱ. (O) 가설 1은 다른 사람의 신체에 대한 물리적 해에 따라 객관적임을 판단한다는 주장이다. 그런데 갑은 신체에 대한 물리적 해인 반면, 을은 사물에 대한 물리적 해이다. 이때 비슷한 결과가 발생한다면 가설 1은 약화한다.

ㄴ. (X) 가설 2는 나쁘다는 도덕적 판단이 더 객관적이라는 주장이다. 갑은 나쁜 행위이며 병은 옳은 행위이다. 따라서 가설 2에 의하면 갑에 더 높은 점수를 부여할 것이다.

ㄷ. (X) 을과 병 모두 사람에 대한 물리적 해가 아니기 때문에 가설 1에 의하면 동일 점수가 부여되어야 한다. 그렇지 않기에 가설 1이 강화되지는 않는다. 한편 가설 2는 약화된다. 나쁜 행위보다 옳은 행위에 더 높은 점수가 부여되었기 때문이다.

17 ①

ㄱ. (O) 공감하는 정도가 높아질수록 도울 가능성이 높아지는 것은 이타적 욕구가 강해지기 때문이라 볼 수 있다. 따라서 가설 A는 강화된다.

ㄴ. (X) 돕지 않는 것이 알려질 경우 사회적 비난이 있기에 행동을 한다는 가설 B는 약화된다. 그렇다는 것에 상관없이 행동 가능성에 차이가 없기 때문이다.

ㄷ. (X) 돕지 않는 것이 알려지지 않는다면 도울 가능성도 높아지지 않기에 가설 B는 강화된다.

18 ③ 난이도 중

ㄱ. (O) A는 공통 감정이라는 보편적 기준을 인정하기에 ㉠을 거부한다.

ㄴ. (X) B는 미적 취향의 기준은 사회 지배층에 의해 생성되기에 피지배자들과의 차별성이 부각되는 과정에서 미적 취향의 기준이 생성된다고 주장한다. 따라서 B는 사회를 구성하는 모든 이의 미적 취향은 동등하게 인정받지 못한다고 전제한다. 그런데 이로부터 모든 이의 미적 취향을 동등하게 인정해야 한다는 것을 주장하는지는 알 수 없기에 옳지 않은 평가이다.

ㄷ. (O) 선택지는 A와 B가 모두 미적 취향이나 평가에 있어서 그 기준이 가변적일 수 있다는 주장과 양립 가능한지를 묻고 있다. A는 편견이나 선입견 때문에 나쁜 작품이 일정 기간 명성을 얻을 수 있으나, 이는 곧 인간의 올바른 공통 감정에 의해 그 평가가 가변적일 수 있다고 하였다. 즉 피카소가 위대한 예술가라고 지금은 평가받을지라도 만약 이것이 편견이나 선입견 때문에 그런 것이라면 이후 위대하지 못한 예술가라고 평가될 수 있다는 의미다. 그리고 B 또한 사회적 관계가 늘 변할 수 있듯이 미적 취향의 기준도 변화할 수 있다고 보았기에 A와 B는 모두 선택지의 주장과 양립할 수 있는 입장이다.

19 ③ 난이도 하

ㄱ. (O) A방식도 B방식만큼 공정하다고 사람들이 생각하리라 믿었다면, 가설 2에서 주장하는 추가 이득에 대한 설득력이 약화된다.

ㄴ. (X) 조작한 사람들이 자신의 업무 할당이 공정하지 않다는 것을 인정한다면, 이기적인 동기로 조작을 가했다는 가설 1의 주장이 적어도 약화되지는 않는다.

ㄷ. (O) 업무 할당 과정이 공개될 경우 조작의 가능성은 떨어지게 된다. 따라서 원래는 공정하게 업무를 할당할 의도가 있었다는 가설 1은 강화되고, 원래부터 공정하게 할 의도가 없었다는 가설 2는 약화된다.

20 ① 난이도 하

ㄱ. (O) A는 공포 영화를 즐길 수 있는 이유는 결국은 고통이나 불쾌감을 상쇄하고도 남을 충분한 보상인 문제 해소로 인한 엄청난 쾌감에 있다고 주장한다. 그런데 소설 원작의 공포 영화를 관람하는 관객들 대부분이 소설을 먼저 읽어 본 사람들이라면 이미 문제 해소 내용을 알고 있기에 그러한 보상으로 영화를 즐긴다고 볼 수 없게 된다. 따라서 A는 약화된다.

ㄴ. (X) B는 공포 영화는 통제 가능한 수준의 고통이나 불쾌감이 적절한 자극제가 되어 정신 건강에 유익하다고 주장한다. 따라서 고통이나 불쾌감이 사람마다 다르다면, 통제 가능하다는 B의 주장은 강화되지 않는다. 또한 A를 약화하지도 않는다.

ㄷ. (X) 호기심을 느낄 만한 대상이 없다면 A는 약화된다. 그러한 대상에 대한 호기심으로 인해 엄청난 쾌감이 있다고 주장하기 때문이다. 하지만 B는 ㉠에 대해 부정하기에 ㉠과 같은 수준의 엄청난 쾌감을 보상하는 영화의 사례는 B의 견해를 약화한다.

21 ① 난이도 중

ㄱ. (O) 필자는 첫 번째 원리에서 모든 정신적인 현상은 물리적 결과를 야기한다고 주장하고 있다. 따라서 물리적 결과를 야기하지 않는 정신적인 현상이 존재한다면 논증은 약화된다.

ㄴ. (X) 원인이 없는 물리적 사건이 있다고 해도 원리 중 부정되는 것은 없다. 특히 두 번째 원리는 '만약 어떤 물리적 사건이 원인을 갖는다면 그것은 반드시 물리적인 원인을 갖는다.'는 것이다. 그러나 원인 없이 일어나는 물리적 사건이 있어도 이는 조건문의 전건을 부정하기에 조건문 전체를 부정하지 못한다.

ㄷ. (X) 필자는 정신적인 현상이 물리적 결과를 야기한다는 것으로부터 정신적 원인은 물리적 원인이라는 결론을 도출하고 있다. 그런데 하나의 정신적 현상이 물리적 결과와 다른 정신적 현상을 야기한다고 해도 정신적 현상이 물리적 결과를 야기한다는 것은 성립한다. 따라서 의도한 결론이 따라 나오지 않는다는 것은 옳지 않다.

22 ② 난이도 하

ㄱ. (X) A도 집단 간 차이가 존재한다는 것을 인정하고 있기에 약화하지 않는다.

ㄴ. (O) B는 인간은 문화나 사회 환경에 따라 다르게 형성될 수 있다는 주장이므로 진술은 이러한 주장을 강화하지 않는다.

ㄷ. (X) 영어교육프로그램의 개선은 환경의 변화에 따른 결과 변화에 해당되므로 A를 약화하고 B를 강화한다.

23 ⑤ 난이도 하

ㄱ. (O) A는 악은 결여가 아니라 존재라는 견해이나, B는 악은 결여라고 판단하고 있다.

ㄴ. (O) A는 악한 것들 중에서 어떤 것은 다른 것보다 더 악하기에 정도의 차이가 있다고 인정한다. 또한 B도 더 비동등성과 비유사성과 같이 더함과 덜함의 정도 차이를 인정한다.

ㄷ. (O) A는 악의 존재 자체를 주장하나, B는 선의 결여 개념으로 악을 정의하기에 선 없이 존재하는 악은 불가능하다는 관점은 B에 의해 더 잘 지지된다.

24 ⑤ 난이도 중

ㄱ. (O) [독해 2]에 대해 철학자들이 '동의하지 않음'으로 응답했다면, 일반인과 철학자가 동일한 판단을 하고 있으므로, 이전에 (가)에 대해 일반인과 철학자의 판단이 다른 이유는 ㉠임을 입증하게 된다.

ㄴ. (O) 일반인들도 [독해 1]에 대해 철학자들과 동일하게 응답했기 때문에 ㉡은 강화된다.

ㄷ. (O) (나)에서 철학자들의 '동의함' 비율이 높았던 이유가 잘못 응답한 것 때문이라면 결과적으로 일반인과 철학자의 의견이 일치한 것이므로 ㉡은 강화된다.

25 ②   난이도 상

[양립론] 결정론을 받아들여도 도덕적 책임을 부과할 수 있다.
[가설] 결정론적 세계에서도 행위자의 마음 상태가 행위 발생에 영향을 미칠 수 있다는 사실을 인정하면, 양립론을 받아들일 가능성이 있다.
(= 양립론을 받아들일 가능성이 없다면, 결정론적 세계에서도 행위자의 마음 상태가 행위 발생에 영향을 미칠 수 있다는 사실을 인정하지 않을 것이다.)
[진술1] 톰의 결심은 그의 행위에 영향을 미친다.
[진술2] 톰에게 도덕적 책임이 있다. (= 양립론 긍정)
[가설] [진술1] → [진술2] = ~[진술2] → ~[진술1]
[가설의 전제] [진술2]는 참

진술1	진술2	가설 평가
O	O	강화
O	X	약화
X	O	무관
X	X	강화

세 번째 경우는 결정론적 세계에서도 행위자의 마음 상태가 행위 발생에 영향을 미칠 수 있다는 사실을 인정하지 않지만, 양립론을 받아들일 가능성이 있는 경우이다. 그런데 이러한 [가설]을 주장하는 갑은 양립론자이다. 그러므로 [가설]의 후건은 참을 전제로 하고 있기에 세 번째의 경우 가설이 약화되는 것은 아니며, 조건화된 가능성에 대한 판단은 할 수 없기에 무관한 사례가 된다.

ㄱ. (X) [진술1]에 동의하지 않는다고 해서 양립 불가론자라고 단정할 수 없다. 양립 불가론에 의하면, 결정론을 받아들이면 자유의지가 존재하지 않기에 도덕적 책임이 없다고 주장한다. [진술1]에 동의하지 않을 경우, 톰의 결심은 그의 행위에 영향을 미치지 못한다는 것이다. 그러나 그렇더라도 결정론적 세계에서 도덕적 책임을 부과할 수 있다고 생각하는 사람인지는 판단할 수 없다. 결국 [진술1]에 동의하지 않아도 도덕적 책임을 부과할 수 있기에 양립 불가론자라고 단정할 수 없다. 반면 [진술2]에 동의하는 사람은 양립론자에 해당한다.

ㄴ. (X) [진술1]과 [진술2]에 모두 동의하는 경우가 많다고 해서 [가설]이 강화되는 것은 아니다. [진술1]에 동의하여도 [진술2]에 동의하지 않는 사람이 더 많을 경우 [가설]은 강화된다고 할 수 없기 때문이다.

ㄷ. (O) [진술1]에 동의하면서 [진술2]에 동의하지 않는 사람이 50명이라면, 이는 모두 [가설]을 약화하는 사례가 된다. 한편 [진술1]에 동의하지 않으면서 [진술2]에 동의하는 50명의 사례는 [가설]과 무관한 사례이다. 따라서 [가설]은 약화된다.

26 ③   난이도 상

① (O) ㉠ 개념 역할 의미론은 단어의 의미 이해가 그 단어의 사용 규칙을 따를 줄 아는 능력에 의존하며, 그렇기에 그러한 규칙에 대한 이해를 기반으로 사용한다는 견해이다. 그런데 인공지능이 외적으로 한국어를 완벽히 구사한다는 사실만으로 인공지능이 규칙을 이해하고 있는지는 알 수 없다. 따라서 그러한 사실만으로 ㉠이 약화되지는 않는다.

② (O) ㉡에 의하면, 단어의 사용 규칙을 따르기 위해서는 규칙을 표현하는 단어들이 언어적으로 명료하게 표현되어야 한다. 그런데 단어 사용 규칙이 언어적으로 표현되어야 하는 것이 아니라면, ㉡의 논증은 약화된다.

③ (X) ㉠에 의하면, 사용 규칙을 이해하지 못하는 것은 그 단어의 의미를 이해하지 못한다는 말이 된다. 즉 단어의 의미를 이해한다면 사용 규칙도 이해한다는 것이다. 따라서 ㉠이 강화되기 위해서는 단어의 의미를 이해하는 것과 사용 규칙을 이해하는 것이 연관되어야 한다. 그런데 ㉢에 있는 모든 단어의 의미를 이해하고 있다는 진술만으로 ㉠이 강화되는 것은 아니다. 오히려 이 진술은 ㉡의 반박 논증 마지막에 '단어에 대해 그 의미를 이해하는 사람은 아무도 없다는 매우 불합리한 결론'임을 밝히는 사례가 될 수 있다.

④ (O) ㉡에 의하면, 규칙을 이해하려면 규칙에 사용된 단어의 의미도 이해해야 한다. 그런데 단어의 의미를 이해하지 못해도 규칙을 이해할 수 있다면 ㉡은 약화된다.

⑤ (O) ㉠은 단어의 의미 이해는 그 단어의 사용 규칙을 이해한다는 것이다. 그런데 단어의 의미를 이해하지 못해도 규칙대로 행위한다고 해서 ㉠이 약화되는 것은 아니다. ㉠이 약화되는 사례는 단어의 의미를 이해하지만 사용 규칙을 이해하지 못하는 경우이기 때문이다.

27 ①   난이도 중

① (O) 인지적 착각인 경우 비난의 대상이 되는 행위(대우)이기에 ㉠은 약화된다.
② (X) 진실이 아닌 경우라 해도 책임이 언제나 전파하는 화자에게 귀속되는 것은 아니라는 ㉠은 약화되지 않는다.
③ (X) 그 자체로 비난의 대상이 아닌 행위에 책임이 귀속되지 않는다는 사실은 ㉠을 약화하지 않는다.
④ (X) 거짓 주장의 의도가 적극 회피 태도에서 비롯된 것으로 도덕적 책임이 귀속될 수 있으므로 ㉠이 강화되는 것은 아니다.
⑤ (X) 인지적 착각이 일어나는 경우는 진실 여부 확인이 가능한 상황이라는 내용은 도덕적 책임 귀속이 가능하기에 ㉠이 강화되는 것은 아니다.

28 ⑤   난이도 중

ㄱ. (O) B에서는 불평등이 존재하고 A에는 존재하지 않기에 불평등이 더 적은 세계가 더 좋은 세계인 경우 A가 B보다 더 좋아야 한다. 그러므로 갑의 결론은 부정된다. 한편 C는 불평등이 존재하지 않기에 B보다 더 좋아야 하므로 을의 결론은 부정되지 않는다.
ㄴ. (O) 을의 기준은 완전 평등과 복지 평균에 있으므로 옳은 판단이다.
ㄷ. (O) 복지 평균은 A가 B보다 더 높기 때문에 갑의 결론은 부정된다. 한편 복지 총합이 기준이 될 경우 을은 부정되지 않으나 병의 결론은 부정된다. A의 복지 총합은 100억이지만 C는 1,010억이기 때문이다.

29 ③   난이도 중

ㄱ. (O) <사례 1>에서 그냥 지나치는 행위는 사회 공리를 높이는 행위가 아니기 때문에 '허용불가능'하다. 또한 그냥 지나치는 행위가 나쁜 이유에 기초한 행위이기에 '비난할 만하며' 이는 또한 다른 모든 대안과 비교할 때 사회 공리를 최소화하므로 전체적으로 비난할 만하다.
ㄴ. (O) <사례 2>에서 빨강 버튼을 누르는 행위는 공리를 극대화하는 방안은 아니기에 '허용불가능'하다. 녹색 버튼을 누르는 행위가 공리를 극대화하는 방안이기 때문이다. 하지만 그 행위 자체는 칭찬할 만한 것이기에 부분적으로 칭찬할 만하다.
ㄷ. (X) 사회 공리를 극대화하는 '허용가능한' 행위는 각 사례에서 존재가능하다. '칭찬할 만한' 행위는 자신이 피해를 겪음에도 불구하고 사회 공리를 높이는 행위이다. 그런데 <사례 1>에서 '허용가능한' 행위는 '당신이 어떠한 손해도 보지 않고 2명을 구하는' 행위이므로 '칭찬할 만한' 행위가 아니다. 자기희생이 따르지 않기 때문이다.

30 ① 난이도 하

ㄱ. (O) <가설>에 의하면, 강제되었다고 판단하면 도덕성을 판단하지 않아야 한다. 그러나 집단 1에서 을의 행동이 강제되었다고 답한 사람인데도 도덕적이라고 답하였으므로 이에 대한 반례가 되어 약화된다.

ㄴ. (X) 자발적 또는 강제적 판단만으로 <가설>을 평가할 수 없다. <가설>을 평가하려면, 자발적인 경우 도덕성을 판단하지만 강제적인 경우 판단하지 않는지 확인해야 하기 때문이다.

ㄷ. (X) 주어진 정보만으로 <가설>을 평가할 수 없다. 만약 집단 1에서 을이 강제적이었고 집단 2에서는 자발적이라고 판단한다면 <가설>은 약화되지 않기 때문이다.

31 ③ 난이도 중

ㄱ. (O) <이론>에 의하면, 남성은 올리브 비누 친숙도가 낮으므로 '올리브 비누-올리브 오일' 순으로 정보가 제시될 때에 호감도는 그 역순으로 제시될 때보다 낮게 될 것이다. 따라서 이러한 결과는 <이론>을 강화한다.

ㄴ. (X) '올리브 비누-올리브 오일' 순으로 제시될 경우 여성은 친숙도가 높아서 호감도도 높게 되며 익숙한 순서대로 주어지므로 정보 처리가 수월하다고 느낄 것이다. 그러나 그 역순은 호감도가 앞의 사례보다 낮을 것이며 수월하다고 느끼는 정도도 낮을 것이다. 남성은 그 반대이므로 옳지 않다.

ㄷ. (O) 올리브 비누에 대한 친숙도가 유사한 사람들에게는 유사한 결과가 나올 것이므로 <이론>과 양립 가능하다. <이론>은 서로 차이가 있는 집단을 대상으로 하기 때문이다.

32 ② 난이도 중하

ㄱ. (X) 평소에도 이기적인 행동을 하는 사람들이기에 그러한 결과가 나타난 것으로 볼 수 있으므로 행동을 좌우하는 결정적 요인이 성격이라는 것을 뒷받침할 수 있는 사례이다. 따라서 ㉠을 강화하지 않는다.

ㄴ. (X) 갑의 실험에 참여한 사람 중 이타적 성격을 지녔다고 알려진 사람이 압도적으로 많았음에도 실험 결과는 빵 냄새를 맡았는지 여부에 따라 매우 달랐다. 그러므로 성격보다 상황적 요소가 행동을 좌우한다는 ㉠을 약화하지 않는다.

ㄷ. (O) 고가의 경품이 당첨되는 여부에 따라 결과가 다르게 나타났다는 것은 상황적 요소가 행동을 좌우한다는 ㉠에 부합하는 사례가 되어 강화한다. 한편 친사회적 행동을 유발한 요인이 아주 사소하거나 하찮은 것일 수도 있다는 ㉡을 약화하는 것은 아니다. 친사회적 행동을 유발한 요인이 아주 사소하거나 하찮은 것이 아니라는 반례에 해당하는 것은 아니기 때문이다.

33 ② 난이도 하

ㄱ. (X) 갑은 『조선왕조실록』이 비허구로 실제 일어났던 일임을 주장할 뿐, 그것을 읽으면서 상상에 참여하는 것이 적절한지는 알 수 없다.

ㄴ. (O) 을은 비허구작품의 내용에 대한 믿음을 가지는 것이 적절한 감상이라고 주장하며 병도 그것이 적절하다는 견해이다.

ㄷ. (X) 병은 비허구작품을 감상하면서 상상에 참여하는 것이 부적절하다는 것에 반대할 뿐, 허구작품 중 상상에 참여하는 것이 부적절하다는 것에 대해서는 논의하지 않는다.

34 ① 난이도 중

ㄱ. (O) 갑은 상상만으로도 보조운동피질이 반응한다는 가설을 적용하기에 A와 동일한 실험 결과는 갑의 견해를 강화한다.

ㄴ. (X) 갑은 B가 보조운동피질 반응이 되지 않아서 최소의식상태가 아니라고 결론을 내렸다. 그런데 최소의식상태가 있는 정상 피험자들도 반응하지 않았으므로 그러한 갑의 결론은 강화되지 않는다.

ㄷ. (X)
(1) 실험에서 탁구를 하는 상상을 하라는 지시를 받았지만 보조운동피질 반응이 없었다는 사실은 ㉠을 약화하는 사례이다.
(2) ㉠에서는 자신이 상상하는 상황을 전제로 한 것인데 사례에서는 다른 사람의 행위를 상상하였으므로 ㉠과 관련 없는 내용이다. 따라서 ㉠이 강화되지 않는다.

35 ⑤ 난이도 중

ㄱ. (O) 옳은 믿음으로 받아들일 수 있는 것과 그렇지 않은 것을 구분하는 별도의 사고는 '틀린 믿음 과제'에서 확인할 수 없으므로 ㉡처럼 판단할 수 없다. 따라서 이를 약화한다.

ㄴ. (O) '틀린 믿음 과제'와 동일한 형식의 귀결이므로 ㉡을 강화한다.

ㄷ. (O) 양육자의 존재 여부에 따라 답변이 달라지는지를 알아보는 실험으로 ㉡과 무관하다.

36 ② 난이도 하

ㄱ. (X) 갑은 옳고 그름을 평가하는 독립적인 도덕적 참이 있으며 이를 선험적인 심적 능력으로 알 수 있다고 주장한다. 따라서 노력한 결과로부터 알 수 있는 도덕 이론이 있다고 해서 강화되는 것은 아니다.

ㄴ. (X) 생존과 번식은 자연선택에 의한 진화론으로 설명할 수 있는 내용으로 을의 견해를 약화하지 않는다.

ㄷ. (O) 선험적으로 타고난 심적 능력으로 파악하는 것으로 갑을 강화하고 을을 약화한다.

37 ③ 난이도 중

ㄱ. (O) 타인의 관점을 가질 수 있는 것은 곧 타인이 되는 것을 의미한다. 따라서 갑을 강화하며 상상만으로 윤리적 선의 행위가 어렵다는 것은 상상만으로 윤리적 행위가 될 수 있다는 을을 약화한다.

ㄴ. (X) 을도 상상하는 것으로 현실적 관점 전환을 할 수 있고 이러한 관점 전환은 타인에 대한 왜곡된 이해를 초래하지 않는다고 주장한다. 그런데 관점의 전환 없이도 타인을 이해할 수 있고 도덕적 삶이 가능하다면 을의 주장을 강화하지 않는다.

ㄷ. (O) 병은 을과 같은 상상을 통한 관점 전환을 통한 이해가 오히려 타인을 무비판적으로 받아들일 수 있다고 주장한다. 그런데 반대로 타인을 비판할 수 있다면 병의 주장을 약화한다.

유형 03 | 사회과학

01	02	03	04	05
④	④	②	③	⑤
06	07	08	09	10
③	⑤	⑤	⑤	④
11	12	13	14	15
③	①	①	①	④
16	17	18	19	20
①	④	⑤	④	⑤
21	22	23	24	25
⑤	②	③	②	②
26	27	28	29	30
②	①	①	①	①
31	32	33		
①	②	②		

01 ④ 난이도 하

① (O) A는 공직자를 능력이 아니라 정당에 대한 충성도를 기준으로 선발해야 한다고 주장한다. 시민이 지지하는 정당에 충성하는 인물이라고 해도 행정의 전문성이 떨어진다면 시민들의 신뢰를 받을 수 없다. 따라서 행정의 전문성을 촉진할 필요성이 부각된다면 A의 주장은 약화된다고 볼 수 있다.
② (O) C는 공직자를 사회의 모든 집단으로부터 인구 비례에 따라 선발할 것을 요구한다. 그러나 만일 사회 구성원을 집단별로 구별하기가 어렵다면 그로부터 인구 비례에 따라 공직자를 선발하는 것 자체가 어려워질 것이다. 따라서 C의 주장이 약화된다.
③ (O) 특정 집단의 사람들은 공무원을 채용하는 시험을 통과할 수 있는 능력을 갖출 수 없다고 해보자. 그렇다면 그들은 공무원이 될 수 없고, 자신들의 이익을 대변할 수 없을 것이다. 그러므로 공무원을 시험이 아닌 비례 대표제로 뽑아야 한다는 C의 주장이 힘을 얻을 수 있게 된다.
④ (X) A는 B보다 공무원의 집권자에 대한 충성을 중요시한다. 그러나 A가 B보다 공무원의 신분보장을 중요시하지는 않는다. 집권자에 대한 충성을 중요시하기 때문에 충성심이 떨어지면 공무원의 신분이 보장되기 어렵다. 반면, B는 철저히 공무원의 능력에 비중을 두기 때문에 공무원은 스스로의 능력에 의해 자신의 신분이 보장된다. 따라서 이것이 옳지 않은 선택지이다.
⑤ (O) C는 모든 인간이 정치적으로 중립적일 수 없으므로, 그 사실을 인정하고 모든 공무원들이 자신이 속한 집단의 이익을 대변하도록 비례 대표제를 시행할 것을 주장한다. 공무원의 중립성은 애초에 불가능하다고 보고, 오히려 그것을 적극 활용해야 한다는 것이다. A 역시 공무원의 정당에 대한 충성도를 임용의 기준으로 삼는다. 이는 그 자체로 공무원의 정치적 중립성을 포기하고 있는 것이라 볼 수 있다. 반면, B는 공무원 임용의 기준을 능력, 적성 등에 두어야 한다고 주장한다. 정치적인 성향이나 이해관계 등은 전혀 고려하지 않고 있는 것이다. 따라서 B가 A와 C보다 정치적으로 중립적인 공무원이 더 바람직하다고 생각하고 있다.

02 ④ 난이도 중

제시된 정보를 정리하면 다음과 같다.
- 갑: 직무 몰입도 높음 → 직장 만족도 높음
  직무 몰입도 낮음 → 직장 만족도 낮음
  ∴ 직무 몰입도가 직장 만족도 결정함
- 을: 일찍 출근함 → (직무 몰입도 높음 & 직장 만족도 높음)
  not 일찍 출근함 → (직무 몰입도 낮음 & 직장 만족도 낮음)
- 병: 을의 견해 동의, 근속 기간이 깊 → 빨리 출근함
- 정: 직장 만족도 높음 → 직무 몰입도 높음
  직장 만족도 낮음 → 직무 몰입도 낮음
  ∴ 직장 만족도가 직무 몰입도 결정함

① (X) 일찍 출근함 & 직무 몰입도 높음 & 직장 만족도 높음
- 갑: 갑의 경우에 부합되어 강화된다.
- 을: 강화된다.
∴ 둘 모두 강화되는 진술로 상대적인 우위를 판단할 수 없다.
② (X) 직장 만족도 높음 & 직무 몰입도 낮음
- 갑: 약화되지 않을 뿐 강화되는 것은 아니다.
- 정: 약화된다.
③ (X) 직무 몰입도 높음 & 직장 만족도 낮음
- 갑: 갑은 약화된다.
- 정: 후건이 긍정되면, 전건은 부정이 되더라도 참이다. 따라서 강화되지 않는다.
④ (O) 일찍 출근함 & 직무 몰입도 낮음
- 을, 병: 일찍 출근하면 직무 몰입도가 높아야 하지만 선지는 반대의 진술이므로 약화된다.
⑤ (X) 근속 기간 깊 & 직장 만족도 낮음
- 을: 근속 기간에 대한 논의는 병에만 해당하므로 을과 무관한 진술이다.
- 병: 근속 기간 깊 → 빨리 출근함 → 직장 만족도 높음이 되어야 하므로 약화된다.

03 ② 난이도 상

c 계급은 구체제 부문 국영노동자들이며 이들은 개혁이 진행됨에 따라 지속적으로 완만한 하향 곡선을 그리고 이득이 감소한다. 한편 b 계급인 구관료 및 내부자 집단은 R_1까지 가장 높은 이익을 보이다가 이때부터 R_2까지 급격한 이익의 하락이 이루어진다. 이는 b 계급이 이러한 하락세로 인해 추가되는 개혁에 대해 부정적으로 대처하리라고 예상할 수 있는 부분이다.
① (X) a와 달리 b는 R_1 이전까지는 자신들의 이익이 늘어나서 체제 전환에 의한 개혁에 동의할 개연성이 높다.
② (O) R_1에서 이익이 정점에 달한 b는 개혁이 추가 진행될 경우 이익이 감소될 것이다. 그러므로 b 계급은 그 상태에 머무르고자 할 것이다. 결국 계속적 개혁 진행과정에서 추가적인 개혁에 저항할 개연성은 갑의 주장에서 기득권인 b를 더 주의 깊게 관리해야 한다는 주장의 근거가 된다.
③ (X) R_1 이후에 b는 이익이 줄어들고 a는 이익이 늘어나기 때문에 상호 대립할 개연성이 높다.
④ (X) 급진적 개혁과 점진적 개혁의 시간과 비용에 관한 진술은 그래프 상의 정보로는 알 수 없다. 따라서 갑의 주장에 대한 근거는 되지 못한다.
⑤ (X) R_2까지 이득을 얻은 a와 b가 집단행동에 나서지 않을 것이라는 사실은 알 수 없는 내용이며, 갑의 주장에 대한 근거로 적합하지 않다.

04 ③ 　　　　　　　　　　　　　　　　　　　　난이도 중

ㄱ. (O) 지능이 높은 청소년은 자신에게 불리한 증거를 노출시키지 않을 수 있다면, 지능이 낮은 청소년들이 공식 통계 속에 더 많이 포함되었을 것이다. 그렇다면 지능이 높고 낮음에 관계없이 청소년들이 범죄를 저지르는 비율이나 빈도에는 큰 차이가 없다는 것을 의미하게 된다. 따라서 A가 주장하듯 지능이 낮은 청소년이 반드시 더 많은 범죄를 저지르는 것은 아니다.

ㄴ. (O) A의 견해는 지능과 범죄의 관계는 공식 통계적 관계일 뿐이라는 것이다. 따라서 비록 통계의 분석 결과 소년범죄자의 저지능자 비율이 낮다 해도 A 견해의 설득력을 낮추지는 않는다. 또한 소년범죄자 집단이 범죄 청소년 전체를 대표하지도 않는다.

ㄷ. (X) B의 견해에 따르면 흑인이나 백인의 차이로 인해 지능지수의 차이가 나타나는 것이 아니라, 문화 교육적 배경의 차이로 지능지수 검사지가 중산층에게 보다 익숙한 용어와 내용으로 작성되었기 때문에 차이가 있다는 것이다. 따라서 인종과 지능의 관계가 아니라 사회 계층과 지능 간의 관계가 이루어진다는 ㄷ은 B의 견해를 강화하게 된다.

05 ⑤ 　　　　　　　　　　　　　　　　　　　　난이도 상

ㄱ. (O) 갑은 피해의 크기는 범죄자의 의도가 아니라 흉기의 치명성에 있다고 주장한다. 충동적인 범죄는 범죄 이전에 분명한 의도를 가지고 행해지는 범죄가 아니다. 결국 피해자의 피해 정도는 흉기에 의해 결정될 것이다. 한편 을은, 범죄자는 자신의 범죄 의도에 따라 흉기를 선택할 것으로 주장했으므로 계획범죄를 설명하는 데에 적합하다.

ㄴ. (O) 총기 소유가 목표 달성에 용이하다는 것은 흉기의 선택에 주관적 목적 즉, 의도가 포함된다는 것이므로 을의 주장을 강화한다.

ㄷ. (O) 갑에 의하면, 피해의 크기는 범죄자의 의도가 아니라 흉기의 치명성에 의한 것이다. 그런데 진술처럼 치명적인 흉기가 사용된 범죄 사건이 덜 치명적인 흉기가 사용된 범죄 사건보다 피해자의 피해 정도가 적다면 이는 갑의 반례가 되어 주장을 약화한다. 그러나 을의 주장에 따르면, 흉기 그 자체가 피해를 유발하거나 피해의 크기를 결정하는 것은 아니며, 흉기는 상황에 따라 피해자의 순응을 쉽게 이끌어 낼 수 있어서 흉기의 사용이 불필요하게 되는 경우도 있다고 했다. 따라서 연구 결과는 을의 설득력을 높인다.

06 ③ 　　　　　　　　　　　　　　　　　　　　난이도 상

ㄱ. (O) A는 각성 수준이 높을수록 기억의 정확성이 떨어진다고 말하나, B는 핵심 요소에 주의력이 집중되기에 각성 수준이 높을수록 기억의 정확성이 높아진다고 말한다. 따라서 A와 B는 서로 다른 결론에 이를 것이다.

ㄴ. (X) 높은 각성 수준에서 기억이 정확하다는 실험 결과는 A를 약화한다. A는 각성 수준이 낮거나 높을수록 기억의 정확성이 떨어진다고 주장했기 때문이다. 한편 B는 각성 수준이 높을 때에 주의력이 핵심 요소에 해당하는지에 따라 서로 다른 결과가 나타날 수 있기에 단적으로 약화시킬 것이라고 예상할 수 없다.

ㄷ. (O) 강도가 빈손으로 협박할 경우는 각성 수준이 중간 정도일 것이다. 그런데 이러한 상황에서 강도가 총을 들고 협박하는 경우가 된다면, A는 각성 수준이 높아졌기에 기억의 정확성은 낮아진다고 주장할 것이다. 그런데 B는 각성 수준이 높을 때에 핵심 요소에 대한 기억력도 높아진다고 하였으므로 무기인 '총'에 대한 기억의 정확성은 높을 것이다. 그러나 핵심 요소의 범위에서 벗어난 '얼굴'에 대해서는 잘 기억하지 못할 것이라고 예상할 것이다.

07 ④ 　　　　　　　　　　　　　　　　　　　　난이도 하

남녀 간 하위문화 수용 정도의 차이를 정리하면 다음과 같다.

구분	하위	중간	상위
남자	수용 정도 동일	가장 높음	
여자	(여자: 가장 낮음)	중간 높음	가장 높음

선지 판단에서 주의할 점은 심리적 소진이나 직무 스트레스가 높다면 하위문화의 수용이 적다는 것을 의미하며, 심리적 소진이나 직무 스트레스가 낮다면 하위문화 수용이 많다는 것을 의미한다는 것이다.

① (X) 하위문화의 수용성은 상위계급 여자 경찰관과 중간계급 남자 경찰관이 가장 높다고 지문에서 밝히고 있을 뿐, 이들 간의 상대적인 문화 수용 정도에 대해서는 알 수 없다. 따라서 이들 간의 비교에 의해 상대적 우위가 나타난다고 해서 이론이 약화된다고 볼 수 없다.

② (X) 직무 스트레스가 낮다는 것은 하위문화 수용이 높다는 것이다. 지문에서 성별과 계급이 같을 경우 수사부서가 대민부서보다 문화수용성이 높다고 밝히고 있다. 이는 동일한 조건에서는 수사부서의 문화수용성이 대민부서보다 높다는 것이다. 또한 하위계급에서는 성별 차이가 없다고 했으므로, 중간계급 여성이 하위계급 남성보다 문화 수용 정도가 높다. 따라서 중간계급 여자 경찰관의 직무 스트레스가 하위계급 남성보다 낮다면 이론을 강화한다.

③ (X) 남자는 하위문화 수용 정도가 중간계급이 가장 높기에 상위계급 남성보다 직무 스트레스가 낮다. 따라서 이론을 강화한다.

④ (O) 같은 부서인데 남자가 중간계급이라 문화 수용 정도가 가장 높은 반면, 여자는 하위계급이기에 그렇지 않다. 따라서 남자가 심리적 소진이 더 많이 감소해야 한다. 그런데 그렇지 않다면 이론을 따르지 않는 것이므로 약화된다.

⑤ (X) 여자는 상위계급이라 문화 수용 정도가 높은 반면, 남자는 하위이며 성별 차이가 없기에 낮다. 따라서 남성은 여성에 비해 직무 스트레스가 높으므로 이론을 강화한다.

08 ③ 　　　　　　　　　　　　　　　　　　　　난이도 상

(가)와 (나)는 중퇴가 비행의 원인이라는 주장이다. 한편 (다)는 중퇴가 비행을 저지르는 주요 요인인 학교에서의 문제를 벗어나게 해서 오히려 비행을 막는다는 주장이다.

주의할 점은 (라)이다. (라)에서는 중퇴와 비행 간의 높은 상관관계를 인정한다. 그러나 인과관계는 인정하지 않는다. 이들은 모두 공통 원인의 결과이기 때문이다. 그래서 중퇴와 비행을 인과로 볼 때에 '공통 원인 무시의 오류'가 발생한다. 이를 도식화하면 다음과 같다.

ㄱ. (O) (가)는 중퇴를 미래 성공 기회를 제약하는 요인으로서 이로 인한 좌절 경험이 비행을 유발한다고 말한다. 반면 (다)에서는 학교에서의 부정적 경험으로 인해 비행을 저지르며, 중퇴는 이를 피하게 하므로 이 비행 요인들의 영향을 벗어나게 한다고 말한다. 따라서 중퇴 이유에 따라 상반된 방향으로 일관되지 않게 되었다면 어느 하나의 주장으로 비행을 설명할 수 없게 된다.

ㄴ. (X) (라)에서는 중퇴와 비행 사이에 높은 상관관계가 있는데, 여기에는 공통 원인이 있다고 말한다. 먼저 중퇴 이후에 비행을 하지 않았으므로 (가) 주장은 약화된다. 그러나 (라)는 중퇴와 비행을 나타나게 하는 공통 원인이 존재한다는 견해이다. 따라서 중퇴 이전 재학 중에 비행을 저지르고 중퇴 이후에도 비행을 저질렀을 경우 (라)를 강화하게 된다. 그러므로 중퇴 이전에 비행을 하지 않았던 청소년이 중퇴 이후에도 비행을 하지 않았다는 사실은 (라)를 강화할 수 없다.

ㄷ. (O) (나)에서는 중퇴가 부모와의 유대를 약화시키는 원인으로 제시되고 부모와의 유대가 약해지면 점차 더 비행을 저지른다고 말한다. 따라서 (나)의 견해는 강화된다. 한편 (다)는 중퇴 후 비행이 없어져야 하므로 약화 근거가 된다.

09 ⑤
난이도 중

① (O) 손턴은 파운드화 가치 안정에만 초점을 맞춘 정책에 비판적이었고 물가상승의 원인이 통화량 증가가 아닌 다른 것일 수 있었음을 인정하였기에 반지금파의 입장을 같이 했다. 따라서 금태환의 한시적 정지에 대한 입장은 반지금파에 가까웠을 것이다.
② (O) 물가상승의 원인이 은행권의 초과발행이 아닌 흉년으로 인한 곡물가 상승과 같은 외적 요인에 기인할 수 있다면, '지금파'의 논지는 약화되고 '반지금파'와 손턴의 논지는 강화될 것이다.
③ (O) 재산을 금융자산으로 보유한 사람들은 물가가 상승할 경우 손해를 보기 때문에 물가상승의 결과가 나타나는 정책에 반대하는 '지금파'를 지지할 것이다. 한편 농산물을 판매해야 할 사람들은 불황이 심화될 경우 손해를 보기 때문에 불황을 심화시키는 정책에 반대하는 '반지금파'를 지지할 것이다.
④ (O) '지금파'는 금보유량에 비례하는 은행권 발행을 주장하므로 가장 엄격한 원리에 의한 제약을 주장할 것이다. 손턴도 경제적 상황에 따라 규율원리의 필요성을 주장했다. 따라서 가장 엄격한 원리 적용을 주장하는 부류는 '지금파'이며, 다음으로 손턴, 마지막으로 '반지금파'일 것이다.
⑤ (X) 지문에 따르면 '지금파'는 잉글랜드은행의 규율원리 준수 여부에 따라 통화량 변동 및 물가 변동이 온다는 입장이다. 그런데 ⑤는 규율원리의 준수 여부와 무관하게 통화량이 변동되는 사례를 기술하고 있으므로 이 사례는 지금파의 논지를 약화한다. ⑤가 제시하는 상황은 사업가들이 은행권을 사용하지 않고 보관하기 때문에 통화량이 줄어드는 상황인데, 이것은 은행권이 초과발행되는 것이 아니라 은행권이 과소유통되는 상황이며, 이로 인해 물가가 더욱 하락하고 불황이 더욱 심화되는 경우이므로 '지금파'의 논지를 약화하게 되는 것이다. 이 사례는 물가상승의 원인이 통화량 증가가 아닌 다른 것일 수 있음을 인정하며 경기 상황에 따른 능동적인 대응의 필요성을 역설했던 손턴의 논지를 강화한다.

10 ④
난이도 하

① (O) 양육 수당과 무상 교육의 확대는 젊은 세대들의 출산에 따른 경제적 부담이 높은 사회적 환경을 바꾸는 것을 의미하며, 그 결과로 국가 경제력이 높아졌으므로 (가)의 설득력을 높인다.
② (O) (나)에서 현대는 더 이상 인구수가 국가 경제력을 결정하지 않는다고 주장하므로 옳은 진술이다.
③ (O) (가)에서는 고령화에 따른 문제 해결을 위해 출산율을 높여 경제 활동 인구를 증가시켜 사회적 부양 비용을 충당하자고 주장한다. 그러나 노인에게 직접적으로 일자리를 많이 만드는 것이 고령화 문제 해결 방안이라고 한다면 이러한 주장은 설득력이 낮아지게 될 것이다.
④ (X) 인구 감소에도 과학 기술의 발전으로 삶의 질이 향상된다는 진술은 (나)의 설득력을 높인다.
⑤ (O) 경제적 부양 부담에 의한 문제는 (가)와 (나) 모두가 지적하는 바이며, 이것이 국가 경제력 향상을 통해 완화될 수 있다는 점도 모두 인정하는 바이다. 다만 저출산을 바라보는 시각과 문제 해결 방식이 서로 다를 뿐이다.

11 ③
난이도 상

ㄱ. (O) 만약 사치성 소비를 위한 온실가스 배출 권리와 필수 수요 충족을 위한 온실가스 배출 권리에 차별을 둘 경우, A의 단순히 인구수에 비례하여 할당하는 방식은 문제가 된다. 사치성 소비를 하는 개인의 온실가스 배출량이 필수 수요 충족을 위한 온실가스 배출량보다 적어야 하기 때문이다. 따라서 A는 약화된다.

ㄴ. (O) 주어진 비판을 분석하면 다음과 같다.
[결론] 과거 세대의 행위에 대해서는 현재 세대에게 책임을 지울 수 없다.
[생략된 전제] 과거 세대의 행위와 현재 세대의 행위는 무관하기에 별개로 고려되어야 한다.
과거 화석 연료를 이용해 산업화 과정을 거친 국가들은 B가 지적하듯 온실가스를 많이 배출한 국가에 해당한다. 그리고 그 국가들이 현재 1인당 국민 총생산도 일반적으로 높다는 사실은, 과거 세대의 행위로 인해 현재 세대가 높은 이익을 취한 것에 해당한다. 따라서 B는 주어진 '비판'을 약화할 수 있다.

ㄷ. (X) 현재 인구가 많은 국가일수록 과거에 온실가스를 더 많이 배출했을 경우, A에 의하면 과거의 경력에 관계없이 현재 인구가 많은 국가는 그만큼의 인구에 비례한 배출권을 가질 수 있다. 따라서 인구가 많은 국가는 그만큼 많은 배출권을 가질 수 있기에 현재 인구가 많은 국가는 A의 견해에 동의할 것이다. 한편 C에 의하면, 인구가 많은 국가일수록 온실가스를 더 많이 배출했어도 그러한 국가와 자연재해의 피해를 크게 입은 국가가 일치하지 않으므로, 배출량을 제한함으로써 얻을 이익이 온실가스를 더 많이 배출한 국가일수록 더 크다고 할 수 없다. 그러므로 현재 인구가 많은 국가가 더 많이 피해가 경감되는 국가는 아니기에 배출 제한 이후 국제적 비용을 더 많이 지불해야 하는 것은 아니다. 그렇다면 현재 인구가 많은 국가는 C의 견해에도 동의할 것이다. 따라서 현재 인구가 많은 국가가 A보다는 C에 동의한다는 진술은 주어진 자료만으로 알 수 없는 사실이다.

12 ①

난이도 하

① (O) ㄱ은 연령대가 높을수록 자살률이 증가한다는 자료를 근거로 하여, 기혼자의 평균 연령이 미혼자보다 높으므로 당연히 기혼자가 미혼자의 자살률보다 140 이상과 97.9 이하로 더 높아야 한다고 예상한다. 즉 최소 43%가 높아야 한다(140/97.9). 그런데 실제 자살률은 미혼자가 기혼자보다 더 높다고 밝히고 있다. 이는 결혼이 자살을 예방하는 데 큰 영향을 미쳤다는 것을 의미한다. 따라서 병의 미혼자와 기혼자의 자살률의 차이가 12%에 불과하기에 결혼이 자살을 억제하는 효과를 인정할 수 없다는 견해에 대한 반박 자료로 을이 사용할 수 있다.
② (X) ㄴ은 미혼자의 자살률이 기혼자보다 높다는 자료이므로, 병이 을의 주장을 반박하는 근거가 아니라, 오히려 을의 주장을 뒷받침하고 병의 주장을 반박하게 되므로 옳지 않다.
③ (X) ㄷ은 사별한 사람의 자살률이 미혼자보다 높다는 통계이다. 이는 갑이 주장하는 결혼이 자살에 영향을 준다는 직접적인 자료는 아니다. 결혼 후 사별한 사람의 통계를 결혼한 사람 전체에 적용할 수는 없기 때문이다. 만약 결혼한 후 사별한 사람을 결혼한 사람 집단으로 본다면, 여성의 경우 미혼자의 자살률이 결혼한 사람에 비해 84%에 불과하기에 결혼이 자살에 영향을 미친다고 추리할 수 있다. 하지만 남성의 경우 미혼자의 자살률이 결혼한 사람에 비해 32% 더 크기에 결혼이 자살을 막는다는 주장도 있을 수 있다. 결국 결혼 후 배우자와의 사별이 자살에 미치는 효과가 성별로 다르게 나타난다는 사실만 추론할 수 있을 뿐이다.
④ (X) ㄹ은 혼인 건수는 큰 변화가 없었지만 자살률이 3배 증가했다는 진술이다. 이는 결혼은 자살을 막는 효과가 있다는 을의 견해를 강화하지 못한다. 혼인 건수에 큰 변화가 없다면 자살률도 일정하게 유지되어야 하기 때문이다. 이러한 사실은 결혼 이외의 다른 변인이 자살에 영향을 미쳤다는 것을 보여줄 뿐이다.
⑤ (X) 병은 결혼의 자살 예방 효과를 확신하기 어렵다는 견해이다. ㄹ은 결혼 이외에 다른 변인이 자살에 영향을 미쳤다는 사실을 보여줄 뿐, 결혼의 자살 예방 효과에 대해서는 말해주는 바가 없다. 따라서 ㄹ은 병을 약화하지 않는다.

13 ①

난이도 하

ㄱ. (O) 기온이 높을수록 공격 행동이 나타나는 것이므로 A를 강화한다.
ㄴ. (X) B는 중간 정도의 기온에서 공격성이 많이 나타난다는 견해이다. 그런데 한여름 낮 기온이 30도가 넘는 상황에서 냉방 장치가 가동되는 곳이 냉방 장치가 가동되지 않은 곳보다 폭력 범죄가 더 많이 발생한다는 연구 결과는 B의 주장에 부합한다. 따라서 B가 약화되지 않는다.
ㄷ. (X) 주어진 사례는 기온의 차이에 의해 폭력 범죄의 양상이 달라지는 것이 아니라, 사람들의 다수에 따라 달라짐을 보여 주고 있다. 따라서 C를 약화하지 않는다.

14 ①

난이도 하

ㄱ. (O) A는 교사의 높은 기대와 관심의 긍정적 효과인 학습 성적 향상이 나타나며, 그렇지 못할 경우 부정적 효과가 나타난다는 견해이므로 이를 강화한다.
ㄴ. (X) B의 견해는 교사의 과거 경험에 의한 정확한 예측에 의한 산물이라는 주장이다. 그런데 경험이 많은 교사 사이에서의 기대 수준과 성적의 편차가 경험이 적은 교사들 사이에서보다 더 클 경우, B는 강화될 수 없다. B에 의하면, 교육 경험이 많을수록 교사의 예측 정확성이 높기 때문에 그들 간의 편차가 작을 것이기 때문이다.

ㄷ. (X) 주어진 결과는 교사의 기대와 학생들의 성적 간에 유의미한 관계가 있다는 것을 말해준다. 그런데 이러한 관계는 A와 B 모두에서 전제되는 사실이다. A와 B는 그러한 결과가 나타나는 이유에 대해 서로 다른 견해를 지니고 있을 뿐이다.

15 ④

난이도 하

ㄱ. (O) 한 선거구에서 1명의 당선자를 선출하므로 이는 양당제의 A제도에 해당한다.
ㄴ. (X) Y국 선거제도가 한 선거구에서 1명을 초과하는 당선자를 선출할 경우 다당제의 B제도를 강화한다.
ㄷ. (O) 단순다수제인 A제도에 해당하므로 약화한다. ㉠에 의하면, Y국의 선거제도가 단순다수제라면 지문에 의해 전략적 투표를 할 것이기에 결과적으로 8개의 정당이 의석을 점유할 수 없기 때문이다.
ㄹ. (O) X국이 양당 체제, Y국이 다당 체제임을 알 수 있다. 전략적 투표는 양당체제에서 나타나기 때문에 Y국보다 X국에서 많이 일어난다면, ㉠의 주장을 강화한다.

16 ①

난이도 하

ㄱ. (O) B1은 인하할 경우 기존에는 대출을 받았지만 이후 받을 수 없는 사람이 늘어날 것이라고 주장한다. 그러나 A2는 대출 규모가 커지기 때문에 더 많은 사람들이 대출 혜택을 받을 수 있다고 반박한다. 그런데 대출 규모가 커졌지만 이후 받을 수 없는 사람의 수가 증가하였다는 데이터는 이러한 A2의 견해를 약화하게 된다.
ㄴ. (X) B2는 대출 규모가 확대되더라도 35%일 때 대출을 받을 수 없던 사람들이 대출을 받게 되지는 않을 것이라 예측한다. 이는 정책 시행 전부터 35% 초과 금리에서 대출을 받을 수 없는 사람들은 정책이 시행되더라도 여전히 대출을 받지 못한다는 것을 의미한다. 그런데 그 시기에도 35% 초과 대상자가 거의 없었다는 데이터는 B2의 주장을 강화하지 않는다.
ㄷ. (X) B3은 A3의 주장처럼 장점이 나타난다고 해도 그로 인해 발생하는 단점도 있다는 것을 지적하고 있다. 따라서 A3이 주장한 장점을 B3도 일부 인정하고 있다.

17 ④

난이도 중

ㄱ. (O) A 설계는 편견에 따른 차별적 선택에 대한 내용과 관련 없는 것으로 ㉠의 타당성을 검증하지 못한다.
ㄴ. (O) 야간보다 주간에 운전자를 더 잘 식별할 수 있으므로 주간에 단속한 결과와 야간의 결과를 비교할 수 있기 때문이다.
ㄷ. (O) 경찰 단속 결과와 갑의 관찰 결과가 유사한 경우, 경찰이 차별적으로 선택하여 단속한다는 ㉠은 약화된다.
ㄹ. (X) 모집단의 인종 비율이 아닌 모집단 중 실제 과속을 한 인종 비율이 준거 집단이 되어야 비교할 수 있으므로 ㉠의 타당성을 뒷받침하는 논거가 될 수 없다.

18 ⑤ 난이도 하

① (X) A는 지역 간 경제 격차는 시장 논리에 따라 자연히 완화될 수 있기에 국가의 개입은 오히려 이러한 자연스러운 지역 간 균등화를 방해한다고 주장한다. ㄱ에서는 세계적으로 지역 간 자본과 노동의 집중화가 나타나며 이는 국가의 노력으로도 시정되지 않는다는 사례가 제시된다. 이는 A가 주장하는 시장 논리에 따라 자연히 완화될 수 있다는 견해를 강화하지 않는다.

② (X) B는 지역 간 경제적 격차는 심화되는 경향이 있다고 주장한다. 따라서 ㄱ에서 나타난 지역 간 격차가 존재한다는 것이 B를 약화하지는 않는다. C는 지역 간 경제 격차는 국가의 경제 발전 전략으로 생겨난 것이기에 국가의 개입으로 해소된다는 견해이다. 하지만 ㄱ의 사례는 이에 대한 반례가 될 수 있다. 그렇게 해소된 경우가 없기 때문이다.

③ (X) ㄴ에서는 젠트리피케이션(gentrification)에 대해 제시한다. B는 자본과 노동은 발전된 곳을 쉽게 떠나려고 하지 않는다고 주장하나 이 사례는 이에 대한 반례가 되기에 강화하지 않고 약화하게 된다.

④ (X) ㄴ의 사례는 부동산 가격이 오름에 따라 나타나는 지역의 쇠퇴 현상을 지적하고 있다. 따라서 지역 간 경제적 격차는 시장 논리에 따라 자연히 완화된다는 A의 견해를 강화하지는 못한다. 또한 C는 국가가 지역 간 격차를 해소할 수 있다는 견해이지만, ㄴ은 국가가 지역의 쇠퇴를 막을 수 없다는 사례이므로 C를 강화하지 못한다.

⑤ (O) C는 국가의 경제 발전 전략으로 생겨난 지역 간 경제적 격차는 국가의 개입으로 해소될 수 있다고 주장한다. 그러나 ㄷ의 사례는 국가의 노력에도 해소될 수 없던 사례로 C를 약화한다.

19 ④ 난이도 하

ㄱ. (X) 갑은 보조금이 높으면 소비자가 더 쉽게 사업자를 전환할 수 있다고 주장한다. 그런데 보조금상한제를 실시할 경우 보조금을 높게 설정할 수 없기 때문에 사업자 전환이 쉽게 이루어지지 않을 것이다. 따라서 보조금상한제 이후에도 소비자가 사업자를 전환하는 비율이 증가했다는 사실은 갑의 주장을 강화하지는 못한다.

ㄴ. (O) 을은 보조금 제한으로 인한 요금 경쟁 때문에 요금이 낮아질 것이라고 주장한다. 따라서 이러한 견해는 정부가 요금 인하를 위해 보조금상한을 낮추는 정책의 근거가 될 수 있다.

ㄷ. (O) 갑은 보조금이 높으면 요금 인하가 될 것이라고 주장하기에 보조금상한제는 요금 인하 효과의 측면에서 반대할 것이다. 그러나 병은 보조금을 높이면 요금도 상승될 것이라고 주장하기에 보조금상한제가 요금 인하를 위해 필요하다고 판단할 것이다.

20 ⑤ 난이도 하

① (O) 실험자극이 있었으므로 사후조사가 사전조사보다 더 낮게 나타나야 한다.
② (O) 실험자극이 있던 경우가 없던 경우보다 더 낮아야 한다.
③ (O) 실험자극이 있던 경우가 없던 경우보다 더 낮아야 한다.
④ (O) 실험자극이 있던 경우가 없던 경우보다 더 낮아야 한다.
⑤ (X) 집단 1처럼 사전조사가 있는 경우 이에 대해 민감해지고 실험자극도 있었으므로 집단 4보다 더 낮게 나타나야 한다. 하지만 집단 4가 더 낮게 나타난다면 ㉠에 대한 입증이 될 수 없다.

21 ⑤ 난이도 상

ㄱ. (O) 8-2안을 수용하면 2,000원을 받고, 반응자가 거부하면 0원을 받기 때문에 기대 수익을 최대화하는 행위를 선택한다는 〈가설 1〉에 의하면 반응자는 제안에 무조건 수용해야 한다. 그런데 거부가 60%이기에 〈가설 1〉은 약화된다.

ㄴ. (O) 제안자의 입장에서 5-5안은 반응자가 100% 수용하기에 기대 수익은 5,000원이다. 그리고 8-2안은 반응자가 20% 수용하기에 기대 수익은 8,000 × 0.2 = 1,600원이다. 동전안은 반응자가 80% 수용하므로 기대 수익은 6,500원(앞면 5,000원 1/2 + 뒷면 8,000원 1/2)의 80%인 5,200원이 된다. 〈가설 1〉은 제안자가 기대 수익이 가장 높은 동전안을 제안할 것이라 예상하므로 옳은 진술이다.

ㄷ. (O) 〈가설 2〉는 불공정한 행위가 상대방에게 발각되지 않을 가능성이 높을수록 그 행위를 할 가능성이 높다는 견해이다. [실험 2]에서 반응자는 8-2안이 동전을 던져 나온 결과인지 제안자의 불공정한 제안인지 알 수 없다. 따라서 제안자가 8-2안을 제안하여도 반응자가 동전안의 결과인지 알 수 없기 때문에 불공정한 8-2안이 발각되지 않을 가능성이 높은 상황에 해당한다. 따라서 옳은 진술이다.

22 ② 난이도 중

ㄱ. (X) A 견해는 심각한 피해를 입은 피해자들은 VIS를 제시하고 피해가 심각하지 않은 피해자들은 VIS를 제시하지 않는다고 본다. 따라서 A 견해가 강화되기 위해서는, 피해가 심각할수록 양형 정도가 높아졌다는 사실과 피해가 심각할수록 VIS를 제시하는 피해자들이 많다는 사실이 있어야 한다. 그런데 P에서는 이러한 사실을 확인할 수 있는 실험설계가 되어 있지 않다. 따라서 P로는 A 견해의 강화 여부를 알 수 없다.

ㄴ. (O) B 견해는 피해 내용과 강한 감정 모두로부터 영향을 받는다는 입장이다. 따라서 Q에서 [집단 1]이 [집단 2]보다 강한 감정이 표현되므로 형량이 높고 [집단 2]가 [집단 1]보다 심각한 내용이므로 형량이 더 높게 되어 B를 강화한다.

ㄷ. (X) Q에서 [집단 1]과 [집단 2]는 모두 같은 내용의 VIS를 제시한 상황이기에 A 견해에 따르면 평균 형량에 유의미한 차이가 없어야 한다. 따라서 이러한 결과는 A 견해를 강화한다.

23 ③ 난이도 중

ㄱ. (O) 지문에서는 1960년대 이래 증가해 왔던 범죄가 1990년대 초반 이후 감소한 현상을 소개한다. 이는 납 배출이 증가하면서 폭력 범죄가 증가하였고 납 배출이 감소하면서 범죄가 감소하였다는 내용을 근거로 ㉠을 주장하고 있다. 그리고 실제 아동의 납 농도 측정결과 2000년 평균 혈중 납 농도가 1990년의 절반 수준으로 낮아졌다는 사실은 ㉠을 강화한다.

ㄴ. (X) 1970년대보다 1990년대에 범죄가 감소되었기에 ㉠의 주장을 약화하지 않는다.

ㄷ. (O) 납 농도와 범죄에 양의 상관관계가 있다는 것이 ㉠이므로, 범죄를 저지른 청소년이 그렇지 않은 청소년보다 납 농도가 높다는 연구 결과는 ㉠을 강화한다.

24 ② 난이도 하

ㄱ. (X) A는 기술 변화로 인해 일자리를 통한 소득 기회가 감소할 수 있다고 주장한다. 따라서 신규로 창출될 일자리보다 사라질 일자리가 많다는 연구 결과는 A를 약화하지 않는다.

ㄴ. (X) 재정 여건이 허락하는 범위에서 지급되는 기본소득의 수준이 너무 낮아 실효성이 없다는 것이 B의 주장이다. 그런데 전국민재난지원금 역시 일시적으로 지급되며 그 수준도 낮게 되어 자영업자들에게 실질적 도움이 되지 못한다는 내용은 B를 약화하지 않는다.

ㄷ. (O) 기본소득을 지급할 때 소득 최하위 분위의 소득 점유율 대비 소득 최상위 분위의 소득 점유율이 감소한 것은 양극화 완화에 도움이 된 것이므로 C는 강화되고 기본소득이 상대적으로 효과적이지 못하다는 D를 약화한다.

25 ② 난이도 중

ㄱ. (X) B에서 자선 단체의 기부액은 10이며, E에서는 4이다. 이때 총 기부액 즉, 참가자의 기부액과 다른 기부자인 자선 단체의 기부액과의 합을 동일하게 한다면, b + 10 = e + 4가 되어야 한다. 이에 따라 b = e - 6이 되므로 이는 ㉠을 강화한다. ㉠에 의하면 기부자의 총 기부액이 우선 결정되기 때문이다. 한편 ㉡이 강화되는 것은 아니다. 효용에 더하여 기부자 자신의 감정적 효용까지 고려되는 결과는 여기서 확인할 수 없기 때문이다.

ㄴ. (X) ㉠에 의하면, 총 기부액은 수혜자가 필요한 금액으로 결정된다. 그리고 총 기부액은 참가자의 기부액 + 자선 단체의 기부액이다. a와 e의 자선 단체의 기부액은 4로 동일하기에 참가자의 기부액도 동일하게 된다. 따라서 e - a = 0이다. 또한 c와 f도 자선 단체의 기부액이 28로 동일하므로 f - c = 0이다. 따라서 e - a = f - c가 되어야 한다. 따라서 e - a보다 f - c가 큰 것은 ㉠을 강화하지 않는다.

ㄷ. (O) 수혜자에게 필요한 총 기부액이 결정되어 있으므로 순수이타주의 가설에 의할 때에 A의 총 기부액과 B, C, D 상황에서의 총 기부액(참가자의 기부액 + 자선 단체의 기부액)은 동일하다. 따라서 순수이타주의 가설에 의하면 a + 4 = b + 10 = c + 28 = d + 34가 된다. 그렇다면 a - 30 = b - 24 = c - 6 = d가 되어야 한다. 그런데 a - 30 < b - 24 < c - 6 < d가 되는 것은 기부자의 효용과 수혜자의 효용의 합뿐만 아니라 기부자 자신의 감정적 효용까지도 포함될 수 있다는 의미이므로 ㉡을 강화한다.

26 ② 난이도 중

ㄱ. (X) 2019년 7월부터 2022년 7월의 1세 이하 인구에 차이가 없다면 2020년 1월부터 시작한 COVID-19로 인한 출생률 감소를 주장하는 논증은 약화된다.

ㄴ. (X) 논증에서는 저소득 계층과 청년층에서 소득이 줄어들 것이라 전제하고 있다. 그런데 국내총생산만 보고 이러한 계층의 소득 감소 여부를 확인할 수 없으므로 논증이 약화되는 것은 아니다.

ㄷ. (O) 필자는 보육 시설의 폐쇄 및 제한 운영으로 인해 자녀 양육이 어려워 출산 계획을 미루거나 포기할 것이므로 출생률은 감소할 것이라고 주장한다. 이러한 주장이 참일 경우 경제활동 여성의 임신율은 낮아져야 하는데, 그렇지 않기 때문에 이 논증은 약화된다.

27 ① 난이도 하

ㄱ. (O) A는 노동조합으로 인한 조합원과 비조합원이나 무조합원과의 임금 격차를 인정하므로 A를 강화한다. 하지만 B는 노동조합이 있는 회사의 조합원과 비조합원의 임금 수준이 전반적으로 높아질 것이라는 주장이므로, 조합원과 비조합원의 임금 차이가 있다는 것은 B를 약화한다.

ㄴ. (X) A는 노동조합이 독점적 노동 공급원이기에 조합원과 비조합원이나 무조합원과의 임금 차이가 일어난다는 견해이다. 그런데 남녀 사이의 임금 격차에 대해서는 알 수 없다. A의 견해에서는 전체 노동자를 대상으로 하기 때문이다. 따라서 A가 약화되지 않는다.

ㄷ. (X) B는 노동조합의 활동으로 인해 기업 전반의 임금 수준이 높아질 것이라고 주장한다. 따라서 노동조합이 있는 회사의 전반적인 임금 수준이 높아질 것이기에 조합원들과 비조합원들의 임금이 유사하다고 해서 B가 약화되지는 않는다.

28 ① 난이도 하

ㄱ. (O) ㉠에 의하면 대리인은 비용 대비 자신의 이익을 위해 집을 빨리 매매하려고 한다. 그런데 자신 소유의 집을 팔 때에는 ㉠이 나타나지 않기에 더 큰 이익을 위해 높은 가격에 집을 내놓게 되어 오랫동안 시장에 머무르게 될 것이다.

ㄴ. (X) ㉠에 의하면, 중개인은 수수료가 높아질 경우 더 높은 수수료를 받기 위해 시장에 머무는 기간이 높아질 가능성이 높다. 따라서 보기의 사례는 강화 사례가 아니다.

ㄷ. (X) 마지막 문장에서 필자는 ㉠에 따르면, 중개인이 가진 정보가 집주인보다 상대적으로 많기에 중개인의 제안에 집주인이 넘어가기 쉽다고 주장한다. 그런데 중개인이 집값을 낮게 제안하더라도 이미 시세를 잘 알고 있는 집주인이 그러한 제안을 받아들이지 않을 수 있다. 그러므로 ㉠에서 말하는 비대칭성에 의한 문제가 발생하지 않을 수 있으므로, 강화되는 것은 아니다.

29 ③ 난이도 중

ㄱ. (O) A는 부정적 표현을 지닌 얼굴에 대한 기억률이 중성적 표정에 대한 기억률보다 높다는 주장이다. 그런데 실험 1의 결과 기억률이 유사하다면 A를 약화한다.

ㄴ. (X) 실험 2는 부정적 표정의 얼굴 학습 후에 이루어졌기에 표정의 일치 여부에 따라 기억률이 달라진다는 B를 평가하기 위한 것이다. 따라서 두 집단의 기억률이 유사하다면 B를 약화하지만 A와는 관련 없다.

ㄷ. (O) B는 A가 주장하듯 부정적, 중성적 표정 차이가 아닌 학습과 검사 시 표정의 일치 여부로 기억률 차이를 판단한다. 따라서 실험 1의 기억률이 유사할 경우 A는 약화되며 실험 2의 기억률 차이는 B에 부합하기에, 결과적으로 B를 강화한다.

30 ① 난이도 중

ㄱ. (O), ㄷ. (X) 실험집단에서는 여성이 따로 작업하는 환경이며 이때 창조적 표현 점수가 통제집단보다 높았다면 ⊙은 강화된다.
ㄴ. (X) 전체 점수의 합의 비교만으로 ⊙을 판단할 수 없다. ⊙에서는 통제집단에서보다 여성의 창조성이 실험집단에서 상대적으로 더 잘 발휘된다는 내용이기 때문이다.

31 ① 난이도 하

ㄱ. (O) 정책이 미치는 영향이 더 작은 국회의원 선거에서 대통령 선거보다 ⊙이 더 높았기에 가설을 강화된다. 정책에 미치는 영향이 더 큰 선거일수록 후보 특성 요인보다 정책 요인이 상대적 영향력이 더 크기에, 반대인 경우 그렇지 않게 나타날 수 있기 때문이다.
ㄴ. (X) 대통령이 보수 정당 소속일 때에 진보 정당 지지자의 국회의원 개인적 특성에 따른 선거율이 반대의 경우에 비해 낮다는 정보만으로 가설이 약화되는지 판단할 수 없다. 가설은 정책에 미치는 영향이 더 큰 선거일수록 정책 요인이 후보 특성 요인보다 상대적 영향력이 크다는 내용이므로 선거 간의 비교가 대상이기 때문이다.
ㄷ. (X) 이 정보만으로는 가설을 강화하지 않는다. 가설을 입증하는 사례가 아니기 때문이다.

32 ② 난이도 중

ㄱ. (X) B가 약화되는 것은 아니다. 배우자 있는 사람들의 금연율이 높은 이유가 건강한 사람끼리 선택하여 결혼하기 때문일 수도 있기 때문이다.
ㄴ. (X) 부부 관계의 좋고 나쁨은 B의 견해와 관련을 확인할 수 없으므로 B가 강화되는 것은 아니다.
ㄷ. (O) A에 의하면, 결혼한 사람들은 질병에 대해 서로 도움이 되기 때문에 건강상태가 좋아지므로 사례는 A를 강화한다. 한편 B는 건강한 사람끼리 결혼하고 건강이 나쁜 사람은 결혼할 확률이 낮다는 주장이므로 사례는 B를 약화한다. 사례에서 결혼 그룹이 미혼 그룹에 비해 건강상태가 나쁘기 때문이다.

33 ② 난이도 하

ㄱ. (X) X국 이주민은 K국 동포이기 때문에 A에 의하면 시민들은 찬성할 것이나, 일자리를 놓고 경쟁하기 때문에 B에 의하면 반대할 것이다.
ㄴ. (X) A에 의하면 같은 동포이기 때문에 동일한 긍정적 평가를 받아야 한다. 그런데 두 이주민 사이에 찬성 정도에 차이가 있으므로 A가 강화된다고 보기 어렵다. 한편 Z국 이주민들이 X국 이주민보다 규모가 작고, X국 이주민은 일자리를 두고 경쟁관계에 있다. 따라서 B에 의하면 Z국 이주민 유입의 찬성 정도가 X국보다 클 것이므로 약화되지 않는다.
ㄷ. (O) W국 이주민은 K국과 다른 민족이고 주요 일자리에 유입되므로 A와 B 모두 반대한다고 판단할 것이다. 그러나 Z국 이주민은 K국 동포이고 Y국 이주민은 다른 민족이므로 찬성 정도는 A는 Z국이 더 커진다고 판단할 것이다. 그리고 Z국 이주민의 규모는 작고 Y국 이주민은 시민들이 선호하지 않는 일들을 주로 하기에 이 정보만으로 B에 의한 정도 차이는 확인할 수 없지만 Y국 이주민이 더 클 수도 있다. 따라서 찬성 정도 차이가 W, Y, Z국 순으로 커진다면 A와 B 모두 강화된다.

유형 04 | 과학기술

p.405

01	02	03	04	05
③	③	⑤	⑤	⑤
06	07	08	09	10
①	③	②	①	⑤
11	12	13	14	15
④	③	④	③	③
16	17	18	19	20
②	③	③	②	②
21	22	23	24	25
④	①	②	①	⑤
26	27	28	29	30
③	⑤	④	③	①
31	32	33	34	35
②	④	⑤	③	④

01 ③ 난이도 중

지문의 논증을 형식적으로 구성하면 다음과 같다.
[전제 1] 이종 이식 과정에서 돼지의 내인성 레트로 바이러스는 인간 신체를 감염시킬 수 있다.
[전제 2] 인간에게 돼지의 레트로 바이러스가 감염될 경우 다른 사람에게도 전염될 위험이 있다.
[전제 3] 이종 이식자에 대한 관리는 윤리적인 문제를 야기한다.
[결론] 이종 이식 연구를 중단해야 한다.
선택지에서 이러한 내용에 대한 반론이 효과적으로 이루어지기 위해서는 제시된 각 전제들의 진정성을 떨어뜨리는 반례를 제시하는 내용이 포함되어야 한다.
① (X) 필자의 [전제 3]에 부합하는 내용이다.
② (X) 비용이 수익보다 큰 경우 이종 이식 연구를 중단해야 하므로 이는 제시된 논증의 강화 요소에 해당한다.
③ (O) [전제 2]를 공략하여 반론을 형성한다.
④ (X) [전제 1]의 가능적인 상황에 대한 반증으로 전체적인 논증의 결론을 약화시키지는 못한다.
⑤ (X) [전제 1]을 강화시키는 진술이다.

02 ③ 난이도 중

① (O) 1990년대의 발견은 지하 깊은 곳에서 박테리아가 살고 있다는 것이었다. (가)는 물이 그 깊이까지 스며든다는 것을 말하고 있다. 따라서 박테리아가 온도가 아닌 물의 존재에 좌우된다는 가설을 지지하는 증거로 사용될 수 있다.
② (O) (나)는 다른 경로를 통해 지하수로 유입된 박테리아를 발견한 것이므로 원래 그곳에서 살고 있었던 박테리아가 아닐 것이라는 주장이다. 이는 가설을 의심하게 만드는 주장이라고 할 수 있다.

③ (X) (다)는 주어진 정보와 가설만으로는 직접 추론될 수 없는 주장이다. 더 효율적으로 에너지를 이용할 수 있지만 물이 없으면 살 수 없는 존재가 없다고 단언하기에는 주어진 정보가 충분치 못하다.
④ (O) 지하에서 채집된 박테리아들이 산소가 없는 환경에서만 살 수 있는 종류라면, 발견된 박테리아들이 지상에서 다른 경로로 유입되었다는 주장을 반박할 수 있다. 따라서 (라)는 (나)를 반박하여 가설을 지지한다.
⑤ (O) 주어진 정보만으로는 박테리아의 생존 방식을 직접 추론할 수 없고, 추가적 정보와 분석의 도움을 받아야 추론할 수 있다. 또한 (마)는 가설을 직접 지지하는 증거라고 볼 수도 없다. 온도가 아니라 물의 존재에 의존한다는 가설과는 직접적인 관련이 없기 때문이다.

03 ⑤ 난이도 중

ㄱ. 그 자체만으로는 가설을 확증하지도 반증하지도 못한다. 자외선과 백혈구의 관계는 정상 세포가 암세포로 전환되는 과정을 설명하지 못한다.
ㄴ. 단순한 한 번의 공격으로 암세포의 단순 증식이 설명되므로 유리한 사례다.
ㄷ. 정상 세포와 암세포의 관계를 말하지 못하고 있으므로 중립 사례다.
ㄹ. 역시 정상 세포와 암세포의 관계를 말하고 있지는 않다. 엑스선에 의한 유전적 변이가 다음 세대로 전해지는 현상은 암세포의 증식과는 관계가 없다.
ㅁ. 암의 발생이 나이에 따라 가파르게 상승하는 곡선을 그린다면, 한 번의 공격으로 정상 세포가 암세포로 전환되어 증식하기보다, 다른 여러 요인들이 꾸준히 작용한 결과라고 보는 것이 더 적절한 해석이다. 따라서 불리한 사례라고 할 수 있다.

04 ⑤ 난이도 하

[가설(결론)] 인류 역사의 발달은 지리 및 생태계의 변화와 결합으로부터 나온 창의적 충동에 기인한다.
[전제 1] 대륙의 발전 속도가 다른 것은 지리 및 생태적 환경에 그 원인이 있다.
[전제 2] 유라시아의 사례: 교통의 요충지에 인구가 집중되어 발명과 확산이 이루어졌으며 지리적으로 비슷한 위도나 기후로 인해 가축과 작물은 다른 지역으로 전파되었다.
① (O) 고립된 지대의 상대적 낙후는 지리 및 생태적 환경에 의한 것으로 가설에 부합한다.
② (O) [전제 2]의 유라시아 대륙의 구체적 사례로 바그다드와 장안을 보여주므로 가설에 부합한다.
③ (O) 지리적인 고립으로 인한 결과를 말하고 있으므로 가설에 부합한다.
④ (O) [전제 2]에서 말하는 지리적 한계로 인해 나타나는 가축의 사례로 가설에 부합한다.
⑤ (X) 교육 체제와 두뇌에서 문명의 발달 요인을 찾는 것은 다이아몬드의 문명 발달 기원은 생태 환경적 요인이라는 가설에 대한 경쟁 가설로 다이아몬드의 가설을 지지하지 못한다.

05 ⑤ 난이도 상

ㄱ. (O) 갑과 을 모두 열매가 산포의 목적으로 각각 붉은색과 캡사이신 성분을 이용하여 씨를 산포하고, 발아가 가능한 동물에게만 먹힌다고 주장한다.
ㄴ. (O) 산포 및 발아를 위해 적합한 대상을 선택하는 방향으로 진화가 되었다는 것은 갑과 을 모두의 견해에서 나타난다.
ㄷ. (O) 을의 주장은 식물이 발아와 산포가 가능한 동물에게만 먹힌다는 것이다. 따라서 동물 A가 캡사이신이 없는 고추를 먹을 수 있으나, 발아가 되지 않는다는 것이 증명되면, 그렇기 때문에 캡사이신을 합성하여 그들에게는 먹히지 않는다는 을의 주장을 강화한다.

06 ① 난이도 하

① (O) 기술적 한계를 보정하기 위한 수정이라고 다윈이 직접 밝혔다면, 이는 사진이 이해를 돕기 위한 예시에 해당한다는 의미이므로 A는 약화되고 B는 강화된다.
② (X) 문제가 되는 사진이 결정적 역할을 하지 못한다면, 사진을 조작해서까지 자신의 주장을 옹호할 필요가 없다. 그러므로 A의 설득력은 낮아진다.
③ (X) 다윈의 책 출간 이후 이루어진 연구로 다윈의 당시 주장이 정당하다는 것을 알 수 있다. 그런데 A와 B의 쟁점은 책을 출판할 당시의 다윈이 어떤 의도로 사진을 사용했는가에 있다. 따라서 A와 B의 설득력과는 무관하다.
④ (X) 당시의 기술이 사용된 것이라는 사실은 양쪽 주장에 영향을 미치지 않는다.
⑤ (X) 당시에 예시와 증거의 구별 기준이 분명하지 않았다면, A와 B의 견해 대립은 무의미하게 될 수 있다. 이 경우 다윈의 의도를 파악하기 어려우므로 A와 B 어느 한쪽의 설득력이 높다고 할 수 없다.

07 ⑤ 난이도 중

① (X) 오바마나 아인슈타인과 같은 유명인의 얼굴을 알아본다는 사실은 측두엽 얼굴 인식 영역이 아무런 손상을 입지 않았다는 것이다. 두 가설 모두 이에 대한 문제가 아니라는 입장이므로 두 가설 모두에 지지 사례가 될 수 있으며 약화하지 않는다.
② (X) 두 가설이 옳다면, 이들은 모두 A가 부모 얼굴에 대한 GSR 시험에 아무 반응이 없을 것으로 예측할 것이다. 따라서 이 사실은 두 가설 모두 지지하는 사례로 해석될 수 있다.
③ (X) A가 정상적인 감정을 느낀다는 사실은 <가설2>를 약화시킨다. 그러나 <가설1>은 약화되지 않는다. 선지에서 농담에 웃는다는 것은 음성 인식에 관련된 것이며, 자신의 처지에 대한 감정을 보이기 때문에 얼굴 인식에 대해서만 문제가 있다는 <가설1>을 상대적으로 강화시키는 사례이다.
④ (X) 낯익은 사람을 알아본다는 사실은 얼굴 인식 영역에 아무런 문제가 없음을 보여준다. 별다른 감정을 느낄 이유가 없는 사람이므로 부모와 같은 감정적 반응과 무관하기에 가설에 대한 판단과 연관되지도 않는다. 따라서 두 가설과 무관한 사례이다.
⑤ (O) 전화를 통해서는 부모에게 정상적인 친근감을 보인다는 사실은 감정 반응에 문제가 있다는 <가설2>를 약화시킨다. 또한 그러한 사실은 음성 인식은 정상적이나 시각 인식에 문제가 있다는 것을 의미한다. 음성 인식은 시각과는 다른 경로로 편도에 도달한다. 따라서 편도까지 오는 과정의 문제이므로 <가설1>은 강화된다.

08 ②
난이도 중

① (O) (가)에서 지적한 문제가 기술의 발달로 보완되므로 (가)의 주장을 약화시키게 된다.
② (X) (나)에서 주장하는 바는 기온 관측 자료가 150년에 걸쳐 나타난 것뿐이기에 이러한 부분적인 자료를 통해 기후 변화를 판단할 수는 없다는 것이다. 그런데 진술에서는 오늘날 기상 자료의 신뢰도를 말하고 있다. 이는 (나)에서 양적 차원의 문제를 제기한 것에 대해 질적 차원의 논의를 하고 있는 것으로 무관한 진술에 해당하여 (나)를 약화시키지 못한다.
③ (O) (다)에서는 과거에도 대기 중 온실가스 농도 상승이 있었고, 그에 상응하여 기온의 상승과 하강이 1천 년에 0.1°C 정도 있었다고 기술되어 있다. 그런데 오늘날 기온 상승 속도가 전례 없이 빠르다면 과거에 있었던 기온 상승 현상과 다르다는 것을 입증하는 것이기에 (다)의 주장은 약화된다.
④ (O) (다)에서는 기온 상승과 온실가스 농도 변화 사실에 있어서 원인과 결과가 불확실하다고 주장한다. 그런데 온실가스가 해수로 녹아든다면, 그것이 해수 온도 상승의 원인이 되므로 인과적 관계를 파악할 수 있다. 따라서 (다)의 주장을 약화한다.
⑤ (O) 장파복사에너지의 흡수가 지상 기온에까지 영향을 미칠 수 있다는 것을 입증할 수 있기에 (라)의 주장은 약화된다.

09 ②
난이도 상

ㄱ. (X) 세 가지 경우 모두에서 중위도 지상기압이 낮아지게 되기에 중위도 동아시아 지역의 겨울 지상기압이 가장 높은 원인이 아니라, 오히려 가장 낮은 원인이 된다.
- ⓐ에서 북극권 지상기온이 더욱 낮아지기에 상대적으로 중위도 지상기온이 높다. 그럴 경우 중위도 동아시아 지역에서는 저기압이 나타난다.
- ⓒ가 나타나면 동아시아가 포함된 중위도 서부 해역의 수온이 더욱 높아진다. 그럴 경우 기압이 낮아지게 된다.
- 엘니뇨가 나타나면 중위도 동아시아 지역에는 이상고온이 나타나므로 지상기압이 낮아진다.

ㄴ. (O) 중위도 동아시아 지역에 겨울 한파가 발생할 가능성이 가장 높기 위해서는 북극권의 찬 공기가 중위도로 내려오는 경우이고, 이 조건은 북극권과 중위도 간에 기압 차이가 작은 경우이다. 그리고 기압 차이가 작으려면 북극권과 중위도 지역의 기온차가 작아져야 한다.
- ⓑ 북극권의 지상기온이 높아지며, 중위도 지역의 지상기온은 상대적으로 낮아진다.
- ⓓ 중위도의 수온은 낮아진다.
결국 북극권은 지상기온이 높아지고 중위도 지역은 지상기온이 낮아져 두 지역의 기온 차이가 가장 적게 된다. 이에 따라 지상기압의 차이도 가장 적게 되기에 한파 가능성이 가장 높게 된다.

ㄷ. (X) 적도 태평양 동부 해역의 기온 변화 특성은 엘니뇨의 해에 동부 해역 수온이 상승하게 되는 것이다. 그런데 ⓐ에 의해 동부 열대 태평양의 수온이 높아지므로 기온 변화 특성은 강화된다.

10 ⑤
난이도 상

① (X) 최대 속도가 빠른 동물인 매가 큰 눈을 가지므로 강화되는 사례이다.
② (X) 척추동물의 경우 몸이 클수록 더 큰 눈을 가지고 또한 이동속도도 빠르다고 진술하고 있다. 이는 필자의 견해를 강화시켜주는 사례로 사용할 수 있다. 단, 전체 몸의 크기에 비해 상대적인 눈의 크기는 논의 영역에서 벗어난 진술이기에 고려할 필요가 없다.
③ (X) 큰 눈을 가진 동물이 빠른 순간 속도를 가진다는 것이 필자의 주장인데, 진술에서는 '평균 이동속도'를 말하므로 주장과 무관한 진술로서 논지를 약화시키는 자료로 사용될 수 없다.
④ (X) 날지 못하는 쪽으로 진화한 새들이 다른 새들에 비해 눈 크기가 작다는 것은 날 수 있는 새들이 눈 크기가 더 크고 더 빠르다는 것을 추리할 수 있게 하기에 논지의 약화 사례가 될 수 없다. 또한 빨리 움직일 수 있는 큰 눈을 가진 타조의 사례는 논지에 대한 강화 사례이다.
⑤ (O) 매보다 최대 속도가 느린 새들 중에 매보다 더 큰 눈을 가진 새들이 있다는 사실은 논지를 약화시킨다. 또한 그러한 새와 비교할 때에 매가 상이 맺히는 망막 부분에 존재하는 시각세포가 더 많다고 하였으므로 눈이 클수록 예민한 시력을 갖는다는 사실도 약화시키게 된다.

11 ④
난이도 하

① (X) 우리와 다른 지각 방식으로 착시가 나타나는 경우로 가설을 강화하는 사례가 아니다.
② (X) '뮐러-라이어' 착시는 <그림 2>와 같이 오목하고 볼록한 모서리에 대한 경험에 의해 형성된 배경 지식 때문에 발생한다. 그런데 둥근 곡선 모양으로 대체하여도 동일한 착시가 나타난다면, 모서리와 관련된 배경 지식의 영향을 받지 않아도 착시가 나타난 것이다. 이 경우 가설을 약화하게 된다.
③ (X) 가설은 시각 경험이 배경 지식으로 작용하여 평면적 형태의 지각에 영향을 끼쳐 착시가 나타난다는 것이다. 그런데 두 선분의 길이가 서로 같음을 확인하여도 뮐러-라이어 착시가 나타난다는 것은 착시가 견고한 현상이라는 것뿐, 경험 지식에 의한 착시에 대한 가설과는 무관하다.
④ (O) 모서리에 대한 경험이 없는 경우 뮐러-라이어 착시를 일으키는 배경 지식이 없으므로 착시는 발생하지 않을 것이다. 그러므로 이는 가설을 강화하는 사례이다.
⑤ (X) 거리의 차이에 의한 지각의 문제로 가설과 무관한 진술이다.

12 ③
난이도 하

① (X) A는 군집을 이루는 이유가 집단에 합류함으로써 개체가 얻는 이익이 홀로 생활할 때에 비해 크기 때문이라는 가설이다. 그런데 선지의 살충제의 훈증 여부에 따른 생존율의 변화는 이와 무관하다.
② (X) 먹이를 얻기 위해 군집을 떠나는 방식은 먹이 찾기에 효율적인 정보를 얻기 위해 군집 생활을 한다는 A의 설득력을 낮추는 사례이다.
③ (O) 동박새 수컷들의 노래를 부르는 방식과 이에 따른 암컷의 선호는 배우자를 선택할 때에 나타나는 수컷들의 '복잡한 노래'라는 동일한 규칙이 적용된 행위의 사례가 된다. 또한 일반적으로 암컷이 강한 수컷을 선호한다는 사례에도 부합하는 것이다. 따라서 B의 설득력을 높이는 사례이다.
④ (X) 체온을 유지하는 수컷들의 추위를 견디는 방식을 보여주는 사례이다. 이는 A가 말하는 집단에 합류함으로써 개체가 얻는 이익이 홀로 생활할 때에 비해 큰 경우의 사례가 될 수 있기에 A의 설득력을 높일 수 있다. 하지만 B의 견해처럼 동일한 규칙 적용에 의한 부산물로서 군집 생활을 보는 것과는 무관하기에 B의 설득력을 높이지는 않는다.
⑤ (X) B는 새들의 군집 생활이 본능적으로 동일한 규칙을 적용한 부산물에 불과하다는 가설인데, 푸른박새들의 새로운 행동 전파는 이에 해당하는 사례로 보기 어렵다.

13 ④ 난이도 하

① (X) ㉠은 이끼가 대기 중의 이산화탄소를 흡수하여 그 양을 줄임으로써 빙하기가 시작되는 데 중요한 역할을 하였다는 가설이다. 따라서 오르도비스기에도 이산화탄소가 온실 기체로 기능하였다는 사실이 전제되어 있다.
② (X) ㉠은 이산화탄소 양이 급격히 감소하여 지구가 급격히 냉각되었다는 것을 전제로 하기에 선지의 진술은 원인과 결과가 바뀐 본말전도의 오류에 해당한다.
③ (X) 해조류의 생장 과정에 이끼의 번성을 억제하는 성분이 포함되어 있었다면 이끼의 빙하기에 대한 역할이 축소될 수 있기에 ㉠은 약화될 것이다.
④ (O) 이끼의 번성이 빙하기의 원인이라는 가설 ㉠은 두 가지의 이산화탄소 흡수 과정을 설명하고 있다. 우선 석회암이 만들어지는 과정에 필요한 것은 이산화탄소와 칼슘과 마그네슘인데, 이끼는 칼슘과 마그네슘을 암석으로부터 분리하여 이산화탄소의 흡수를 촉진한다. 또 다른 방식은 이끼로 인한 풍화로 인과 철 등 유기물을 바다로 유입하는데 이것들이 해조류를 번성하게 하고 이들에 의해 이산화탄소를 흡수한다는 것이다. 그런데 이 중 석회암의 형성 과정에서 흡수되는 이산화탄소 양보다 이끼가 방출하는 이산화탄소 양이 더 많다면 결과적으로 대기 중의 이산화탄소 양을 더 늘리게 된다. 그럴 경우 ㉠은 약화된다.
⑤ (X) 오르도비스기 초기에는 지구 대기에 현재 수준의 14~22배에 이를 것으로 추정되는 이산화탄소가 있었다. 빙하기는 현재 수준의 8배 이하의 이산화탄소 농도가 되어야 시작될 수 있다. ㉠에서는 빙하기 시작의 원인을 이끼의 작용으로 설명하고 있다. 이끼로 인해 이산화탄소의 감소가 급격하게 되었다는 것이다. 그런데 이 논거를 그대로 오늘날의 상황에 적용할 수는 없다. 동일한 상황임을 증명하는 정보가 없기 때문이다.

14 ③ 난이도 중

ㄱ. (O) 필자는 지구의 모든 생물들이 DNA라는 공통 유전물질을 가지고 있다는 전제를 가지고 있다. ㄱ은 이에 대한 반박이 되기에 전제의 신뢰성을 떨어뜨려 논증의 설득력을 약화하게 된다.
ㄴ. (O) 이는 DNA를 사용해야 할 필연적 이유로 작동하여, 이를 전제로 하는 결론인 지구의 모든 생물종들이 하나의 원시 조상으로부터 유래했다는 사실을 약화한다. DNA 사용이 모든 생명체들의 특징일 뿐이기에 원시 조상의 수와 관련이 없어지기 때문이다.
ㄷ. (X) 이는 지구에 존재했던 다양한 생물종들이 모두 하나의 원시 조상으로부터 유래했다는 다윈 주장의 합리성을 지지하는 필자의 논증을 오히려 강화시킬 수 있다.

15 ③ 난이도 상

ㄱ. (O) 제시된 결과를 표로 나타내면 다음과 같다.

구분	세포성분	혈액 온도	액체성분
사례 (1)	정상	모기의 체온	적음
사례 (2)	적음	모기의 체온	많음

혈액 온도는 변하지 않는데, 세포성분의 양에 따라 액체성분의 분비에 차이가 있다. 따라서 차이법에 의해 세포성분 함유가 액체성분 분비의 양을 결정한다는 것을 알 수 있으므로 A는 강화된다.

ㄴ. (O) 제시된 결과를 표로 나타내면 다음과 같다.

구분	세포성분	혈액 온도	액체성분
사례 (1)	없음	인간의 체온	분비됨
사례 (2)	없음	모기의 체온	분비 안 됨

세포성분은 두 사례 모두 없어 동일한데, 혈액 온도에 의해 액체성분의 분비가 결정되므로 B가 강화된다.

ㄷ. (X) 제시된 결과를 표로 나타내면 다음과 같다.

구분	세포성분	혈액 온도	액체성분
사례 (1)	정상	모기의 체온	적음
사례 (2)	적음	인간의 체온	많음

위 결과로부터 A와 B 가설이 모두 강화된다고 말하기 어렵다. 다음과 같이 추론할 수 있기 때문이다.
1) 혈액 온도와 무관하게 세포성분의 많고 적음에 따라 반비례적으로 액체성분의 분비량 차이가 생겼다고 할 수 있다. 이 경우 A는 강화되며 B는 약화된다.
2) 세포성분과 액체성분의 분비는 무관하며 혈액의 온도가 액체성분 분비량을 결정한다고 할 수도 있다. 이 경우 A는 약화되며 B는 강화된다.
3) 세포성분과 혈액 온도 모두가 영향을 미쳐서 액체성분 분비량이 결정될 수도 있는데, 이 경우 A와 B는 모두 강화될 수 있다.
결국 A와 B 모두 강화될 수도 있고 어느 한 견해는 약화되고 다른 견해는 강화될 수도 있다. 따라서 A와 B 가설을 동시에 약화시키지 않을 뿐, A와 B 모두 강화된다고 단정할 수 없다.

16 ② 난이도 중

ㄱ. (X) 두 동물 모두 쓴맛 수용체 유전자의 개수가 줄어든 결과는 서로 가깝지 않은 다른 종들 간의 적응의 결과로 유사한 형질을 보이는 사례이므로 (B)를 강화한다. 하지만 (A)를 약화하지는 않는다. (A)는 유전자가 필요 없을 경우 버린다는 것인데, 이를 약화하기 위해서는 유전자가 필요 없음에도 불구하고 버리지 않는다는 내용이 있어야 한다. 그러나 이러한 내용은 확인할 수 없다.
ㄴ. (O) 두 동물 모두 단맛 및 감칠맛 유전자에 돌연변이가 일어나 기능을 할 수 없게 되었다는 것은 필요 없는 유전자를 버린다는 (A)를 강화한다. 또한 서로 가깝지 않은 다른 종들 간의 유사한 적응 결과의 사례이므로 (B)도 강화한다.
ㄷ. (X) 진화의 결과로 비타민C 합성 유전자의 기능을 할 수 없게 된 것은 유전자가 필요 없는 경우 버린다는 (A)를 강화한다. 그러나 서로 다른 종이 아닌 진화적으로 가까운 종들의 관계이기에 (B)와 무관하므로 (B)를 약화하지 않는다.

17 ③ 난이도 중

ㄱ. (O) ㉠은 대뇌피질의 전담 영역이 각 영역의 고유한 물리적 특징에 의해 결정되는 것이 아니라, 다른 영역들과의 연결 양상에 의해 결정된다는 주장이다. 따라서 겉모습이나 구조가 균일하다는 진술은 각 영역의 물리적 특성에 의해 전담 영역이 결정되는 것이 아니라는 주장을 강화하게 된다.
ㄴ. (X) ㉡에서 주장하는 것은 특화된 영역들에 대한 논의가 아니라 대뇌피질로 들어오는 입력 유형이 동일하다는 것이다. 따라서 특화 영역의 확인은 이러한 진술에 영향을 미치지 못한다.
ㄷ. (O) 갈퀴를 몸의 일부로 여긴다는 것은 외부 세계와 몸 사이의 경계가 바뀐 사례로 ㉢을 강화한다.

18 ③ 난이도 중

ㄱ. (O) <실험 1>의 A와 B 그룹에서 질문에 95% 이상이 모두 '예'라고 대답하였으므로, A와 B의 공통적인 요소는 가짜라고 말한 것에 있다. 따라서 비언어적 행동과 일치하는 믿음을 갖는다는 <가설 2>는 약화된다. <가설 2>가 강화되기 위해서는 비언어적 행동과 일치해야 하므로 서로 다른 답변이 나와야 하기 때문이다. 즉 A 그룹에서는 '예' 비율이 낮아야 하고 B 그룹에서는 높아야 한다.

ㄴ. (O) <가설 2>는 비언어적 행동과 일치하는 믿음을 주장하므로 ㄱ의 설명처럼 A 그룹과 B 그룹에서 서로 다른 비율로 결과가 나타나야 한다. 따라서 A 그룹이 20% 이하, B 그룹이 90% 이상이라면 <가설 2>는 강화된다.

ㄷ. (X) <실험 2>의 두 그룹 간의 차이는 단 한 번 아내에게 가짜라고 말한 것과 매일 말하는 것에 관련된 언어적 차이이다. 실험 결과 이에 따라 서로 다른 비율이 나타났기에 <가설 1>은 강화된다.

19 ② 난이도 상

구분	손상: p53 발현량	암 발생률
돌연변이 A	증가	정상과 동일
돌연변이 B	증가	높음
돌연변이 C	동일(not 변화)	높음
정상	증가	A와 동일
p53 제거	없음	높음

ㄱ. (X) 돌연변이 A는 p53 발현량이 증가하였고, 물질대사 억제 기능이 남아있으며, 암 발생률이 정상 생쥐와 동일하다. 즉 돌연변이가 되었다 해도 정상과 동일하게 발현량의 증가에 따른 암 발생률이 나타나기에 가설이 약화되지는 않는다.

ㄴ. (O) 가설에서는 물질대사 억제 기능에 의해 암 발생이 억제된다고 주장한다. 이는 물질대사 억제 기능이 없을 경우 암 발생은 억제되지 않는다는 것을 의미한다. 그런데 b는 p53이 증가했지만 ㄴ에서 b는 물질대사 억제 기능이 사라졌다고 하였으므로 그러한 결과로 암 발생률이 정상보다 더 증가한 것으로 볼 수 있다. 따라서 가설은 강화된다.

ㄷ. (X) 가설은 p53 단백질이 증가한 상태에서 물질대사 억제 기능이 남아있을 때에 암이 억제된다고 주장한다. 그런데 c의 경우 p53 단백질의 발현량이 증가되지 않았기에 그것이 원인이 되어 암 발생이 증가되었는지, 돌연변이 단백질에 의한 세포자살 유도 기능 상실이 원인인지, 물질대사 억제 기능 상실이 원인인지 알 수 없다. 따라서 적절하지 못하다.

20 ② 난이도 하

ㄱ. (X) 전하량 계산 등의 추가적인 분석이 이루어지지 않았기에 A와 같이 부정행위라 판단할 수 없다.

ㄴ. (X) 모든 데이터와 논문에 사용된 데이터에 계산 차이가 많이 있었다면 A의 견해처럼 선별적인 데이터 요리가 있었을 가능성이 있다. 따라서 A는 강화된다.

ㄷ. (O) 실험 조건에 충족되지 못한 즉, 최적으로 맞춰지지 않은 상태에서의 데이터라는 사실은 B의 견해를 강화한다.

21 ④ 난이도 상

실험에서 물질 X에 의해 활성산소가 분비되고 초파리는 건강하게 생존한다는 것을 알 수 있다.

- 세균 A: 활성산소를 분비하지 않지만 초파리는 건강하게 생존한다. 따라서 A는 병독균이 아니다.
- 세균 B: 적정량 활성산소가 분비되고 초파리가 건강하게 생존한다. 따라서 B는 유익균에 해당한다.
- 세균 C: 활성산소가 분비되지 않고 초파리를 죽게 만드는 병독균에 해당한다.
- 세균 D: 물질 X가 다량 분비되어 염증을 일으킨다.
- 세균 A + C: A는 병독균이 아니지만 C가 병독균이다. 그리고 둘 다 활성산소가 분비되지 않아 초파리를 죽게 만든다.
- 세균 B + C: 병독균 C가 있지만 유익균 B에 의해 적정량 활성산소가 분비되어 초파리가 건강하게 생존한다.

ㄱ. (X) A + B: 병독균의 성장 저해에 대해서는 확인할 수 없다.

ㄴ. (O) 병독균 C 투입 시 활성산소의 분비가 되지 않아서 죽음에 이를 수 있지만, 물질 X로부터 활성산소가 분비되어 초파리는 건강하게 생존한다. 따라서 활성산소가 병독균을 저해한다는 가설이 강화된다.

ㄷ. (O) C가 투입되면서 동시에 D도 투입된 것으로, 주입 시 활성산소가 다량 분비되어 염증이 일어난 증세가 그대로 나타난다. 하지만 병독균의 성장은 저해되어 나타나지 않음을 확인할 수 있다.

22 ① 난이도 하

ㄱ. (O) 과학 연구가 가능하기 위해서는 개념이 먼저 정의되어야 한다는 것이 A이론이다. 그런데 과학의 역사에서 실험은 용어의 정의보다 앞선 경우가 많다는 사실은 이러한 견해를 약화한다.

ㄴ. (X) A이론은 개념 정의가 과학적 연구에 앞선다고 주장한다. 이는 과학적 연구와 개념의 정의를 구별하고 있다는 의미이다. 따라서 개념의 정의와 과학 활동이 구별될 수 없는 동일한 것이라는 사실은 A이론을 약화한다.

ㄷ. (X) 甲은 둘째 근거에서 과학에서 용어의 정의는 끊임없이 변화한다고 주장하기에, 진술은 甲의 주장을 지지하는 사례이므로 甲의 주장을 약화하지 않는다.

23 ② 난이도 하

ㄱ. (X) P는 폐암과 흡연과의 관련성이 낮다고 주장하고 있다. 그런데 비흡연 집단이 흡연 집단에 비해 폐암 발병률이 낮다면 P의 주장은 약화될 수 있다.

ㄴ. (X) 갑이 유전적인 영향력 및 흡연과 관련성이 높은 소세포암이 아닌 비소세포암이라면 P의 주장은 약화되지 않는다.

ㄷ. (O) 소세포암은 흡연과 관련성이 높기에 갑의 주장을 강화한다.

24 ① 난이도 중

ㄱ. (O) 강한 독성을 가진 개체와 의태하는 것이 유리하므로 옳은 진술이다.

ㄴ. (X) ⓒ은 유사한 종류의 자극도 회피하려고 한다는 주장이므로 약화하지 않는다.

ㄷ. (X) ⓒ은 유사한 종류의 자극도 회피하려고 한다는 주장으로 약화하는 것은 아니다. 전혀 다르게 생긴 독 있는 개구리는 무관한 사례다.

25 ⑤ 난이도 중

ㄱ. (O) 실험 결과로부터 A단백질이 있을 때에만 HCO_3^- 수송으로 전환됨을 알 수 있다.

ㄴ. (O) A단백질이 있고 Cl^- 농도가 낮을 때에만 변화시키기 때문에 옳은 진술이다.

ㄷ. (O) 실험 결과 3번째와 7번째에 변화가 일어나는데, 10분 후 3번째 결과에서는 HCO_3^-가 보이지 않지만 7번째에는 나타난다. 이를 통해 7번째처럼 기능을 유지하기 위해서는 B단백질이 중요한 역할을 한다는 것을 알 수 있다.

26 ③ 난이도 중

ㄱ. (O) 이론에서는 개념을 사용하여 특성을 확인한다고 주장하고 있다. 그런데 느낌에 의거해 답변을 한다고 해서 이론이 약화되는 것은 아니다. 만약 개념을 파악한다면 그 사람은 이를 통해 그 특성을 확인할 수 있기 때문이다.

ㄴ. (X) 각 특성을 그 대상이 가지는지 확인하는 데 소요되는 시간은 새 종류마다 달라질 수 있다. 따라서 이론을 약화하지는 않는다.

ㄷ. (O) 인간이 이성적 동물이라는 진술에는 인간은 동물이고, 인간은 이성적이라는 2개념이 나타난다. 그런데 어떤 대상을 동물이라고 판단하는 것은 1개의 개념만으로 바로 파악될 수 있다. 그래서 실험에서도 참새보다 펭귄이 오래 걸린 것이다. 새의 일반적인 개념은 날아다닌다는 특징이 있는데, 참새는 이를 바로 확인할 수 있지만 펭귄은 날지 못하기에 참새에 적용한 개념을 사용하기 어렵다. 따라서 사례에서 후자보다 전자가 새임을 파악하는 시간이 더 짧다면 이는 이론을 약화하게 된다.

27 ② 난이도 상

ㄱ. (X) ㉠은 대륙의 분리 이동으로 인해 호랑이 카멜레온의 조상 거주지가 바뀌었다는 내용인데, 코모로 제도가 대륙과 연결된 적이 없는 경우 발생한 진화 사례는 이 주장을 강화하지 못한다.

ㄴ. (X) 서인도양의 해류가 서쪽에서 동쪽으로 흘렀다는 결과는, 호랑이 카멜레온이 마다가스카르 또는 아프리카에서 북동쪽으로 1,100km 떨어진 세이셸 제도로 뗏목을 타고 도착했다는 ㉡의 주장을 약화하지 않는다. 해류를 타고 본토에서 이주한 후 독립적으로 진화할 수 있기 때문이다.

ㄷ. (O) ㉠은 인도-마다가스카르와 아프리카가 먼저 분리되었고 이후 인도와 마다가스카르가 분리된 다음, 최종적으로 인도와 세이셸 제도가 분리되었다는 대륙의 분리에 근거하고 있다. 이에 따르면 원래 조상은 아프리카에서 먼저 출현해야 하나 ㄷ은 그렇지 못하기 때문에 ㉠은 약화된다. 그리고 ㉡은 뗏목으로 이동한 경우이므로 어느 것이 나중에 출현했는가와는 무관하기에 약화되지 않는다.

28 ② 난이도 상

ㄱ. (X) ㉠에 의하면 물질이 연소하는 과정에서 화합물과 열이 발생한다고 하였다. 따라서 기체가 생성된다는 사실은 ㉠과 무관하기에 ㉠을 약화하지도 강화하지도 않는다.

ㄴ. (O) ㉠에 의하면 열은 기체 산소 내 열소가 공기 중으로 빠져나가기 때문에 발생한다. 그런데 기체 산소가 없어도 열이 방출될 경우 이는 ㉠을 약화한다.

ㄷ. (X) 열소는 질량이 없는 물질이므로 공기 중에 방출되더라도 공기의 질량은 증가하지 않는다. 따라서 ㉠을 약화하지 않는다.

29 ③ 난이도 상

ㄱ. (O) 동일한 X1에 대해 X2와 Y2 모두 바이러스에 감염되지 않았으나, X2에는 특정 장내 세균이 있고 Y2에는 없었다. 결국 특정 장내 세균에 의해 서로 다른 결과가 나타난 것이므로 ㉠은 강화된다.

ㄴ. (O) 동일하게 Y2와 배양했는데, X1과 Y1은 모두 감염되었지만 X1은 특정 세균이 있었고 Y1은 없었다. 결국 특정 장내 세균의 존재에 의해 결과가 달라졌으므로 ㉠은 강화된다.

ㄷ. (X) X1과 Y2는 특정 장내 세균 여부와 바이러스 감염 여부가 모두 다르므로 특정 장내 세균에 의한 결과로 볼 수 없다. 바이러스 감염 때문에 다른 결과가 나타난 것일 수 있기 때문이다. 따라서 ㉠이 입증되는 것은 맞지만 강화되는 것은 아니다.

30 ① 난이도 중

ㄱ. (O) 십이지장에서 분비되는 물질이 인크레틴에 의한 인슐린 분비를 감소시키는 '항인크레틴'이 된다. 따라서 십이지장을 우회하면 이러한 '항인크레틴'을 피할 수 있어서 인크레틴 분비에 의한 혈당 조절이 이루어질 수 있기에 ㉠이 강화된다.

ㄴ. (X) 십이지장을 우회하는 것이 당뇨병 치료에 효과가 있다는 ㉠을 강화하는 것은 아니다. 십이지장으로 연결된 경우에도 혈당 개선이 되기 때문이다.

ㄷ. (X) 십이지장을 우회하지 않을 때에 혈당 개선이 없으므로 십이지장을 우회할 때에 혈당 개선이 있다는 ㉠을 강화할 수 있으므로, ㉠을 약화하지 않는다.

31 ② 난이도 중

ㄱ. (X) 입 없이 먹이를 몸 안으로 흡수하는 생물의 행동에 대한 일상적 설명에는 '잡아먹다'가 잘 쓰이지 않는다는 직관보다는 과학적 근거가 된다는 논증을 제시하고 있다. 따라서 직관이 과학적 근거보다 더 좋은 의미론적 근거가 있는 것이 아니므로, 단순히 직관에 부합하는 사실만으로 논증이 약화되는 것은 아니다.

ㄴ. (X) 주어진 사례는 사실적인 직관에 해당한다. 따라서 과학적 근거와는 관련이 없기에 논증을 약화하지 않는다.

ㄷ. (O) 필자가 주장하는 것과 같이 상어와 대구의 개체군 관계로부터 겨우살이와 참나무의 사례로 확장하듯, 다른 대상인 박테리아와 사람 관계로 확장할 수 있다는 과학적 근거가 될 수 있으므로, 이 논증은 강화된다.

32 ④ 난이도 중

ㄱ. (X) 수라니 연구팀은 유전자가 부모 중 어느 쪽으로부터 유전되었느냐에 따라 유전자 활성이 다를 수 있다는 것을 실험적으로 입증하였으므로 ㉠을 강화하지 않는다.

ㄴ. (O) 어미 또는 아비로부터 유전되는 유전자 활성이 다를 수 있다는 ㉡을 강화하는 사례이다.

ㄷ. (O) 어미로부터 물려받은 자식의 DNA의 메틸화가 많이 되어 있다면 이는 조절 단백질이 메틸기를 매개로 DNA에 결합하는 기작이 있었음을 의미하기에 옳은 판단이다.

33 ⑤ 난이도 중

ㄱ. (O) ㉠가설은 호박벌이 꽃가루를 얻기 위한 행동으로 보는데, 이에 부합하는 사례이므로 강화된다.

ㄴ. (O) ㉡은 잎에 가해진 물리적 상처로 인해 개화를 유도한다는 것인데, 사례에서 물리적 상처가 있음에도 개화시기가 빨라지지 않았으므로 가설을 약화한다.

ㄷ. (O) ㉢은 호박벌 타액에 있는 물질이 개화를 유도한다는 가설이며, 사례는 이에 부합하는 사례로 강화된다.

34 ③ 난이도 중

ㄱ. (O) ㉠가설은 포유류를 회피하고 조류를 선택한 진화의 결과라는 것인데, 포유류가 회피하는 것이 아닌 오히려 선택하는 사례이므로 약화된다.

ㄴ. (O) ㉡가설은 습한 토양의 곰팡이에 대한 저항을 높이기 위해서 진화하였다는 내용이다. 그래서 습한 토양에서 자란 고추가 건조한 토양에서 자란 고추보다 매운맛이 강한 사례는 강화에 해당한다.

ㄷ. (X) TRPVI가 결핍될 경우 통증을 발생하지 않기에 매운 고추를 섭취할 수 있다. 하지만 ㉠에 의하면 조류가 씹지 않고 장의 길이도 짧기에 온전한 고추씨의 비율이 조류인 앵무새가 포유류인 선인장쥐보다 높을 수 있다. 따라서 조사 결과는 ㉠을 강화한다. 하지만 습한 토양에서 곰팡이에 대한 저항성을 높이기 위해서 캡사이시노이드를 발생시킨다는 ㉡을 약화하는 것은 아니다. ㉡은 조류와의 관계는 캡사이시노이드를 축적한 후 부수적으로 생겨난 것으로 보기 때문이다.

35 ④ 난이도 상

ㄱ. (O) 일부 Sr이 La로 치환될 경우, 2+에서 3+가 된다. 이때 전하중성 조건을 만족하기 위해서는 기존의 Ti4+가 Ti3+로 줄어들어야 한다. 따라서 ㉠은 강화된다.

ㄴ. (X) 일부 Ti가 Al으로 치환되면, 4+에서 3+로 줄어든다. 이 경우 나머지 것에서 +1이 되어야 한다. 그러므로 Ti가 낮은 전자 상태가 되어서는 안 된다.

ㄷ. (O) 일부 O가 결핍될 경우 2-가 되지 않아서 +2가 된 것과 같은 상태가 된다. 그렇다면 다른 전자가 줄어들어야 하므로 ㉠은 강화된다.

이 책에는 법학전문대학원협의회의 법학적성시험 문제가 수록되어 있습니다. 해당 문제의 저작권은 법학전문대학원협의회에 있습니다.